D1704048

ICHS
International Cultural-historical
Human Sciences
Herausgegeben von
Hartmut Giest und Georg Rückriem
Band 20

Wolfgang Jantzen

Allgemeine Behindertenpädagogik

Teil 1:
Sozialwissenschaftliche und psychologische Grundlagen

Teil 2:
Neurowissenschaftliche Grundlagen, Diagnostik, Pädagogik
und Therapie

Wolfgang Jantzen

Allgemeine Behindertenpädagogik

Teil 1
Sozialwissenschaftliche und psychologische Grundlagen

Teil 2
Neurowissenschaftliche Grundlagen, Diagnostik,
Pädagogik und Therapie

Berlin 2017

ICHS
International Cultural-historical Human Sciences

ist eine Schriftenreihe, die der kulturhistorischen Tradition verpflichtet ist – das ist jene, vor allem von Lev S. Vygotskij, Aleksej N. Leont'ev und Aleksandr R. Lurija entwickelte theoretische Konzeption, die den Menschen und seine Entwicklung konsequent im Kontext der Kultur und der gesellschaftlich historischen Determination betrachtet. Dabei kommt der Tätigkeit als der grundlegenden Form der Mensch-Welt-Wechselwirkung für die Analyse der menschlichen Entwicklung und Lebensweise entscheidende Bedeutung zu, sowohl unter einzelwissenschaftlichen Aspekten und deren Synthese zu übergreifender theoretischer Sicht als auch im Hinblick auf praktische Problemlösungen. Die Schriftenreihe veröffentlicht sowohl Texte der Begründer dieses Ansatzes als auch neuere Arbeiten, die für die Lösung aktueller wissenschaftlicher und praktischer Probleme bedeutsam sind.

Bibliografische Informationen der Deutschen Nationalbibliothek:
Die Deutsche Nationalbibliothek verzeichnet diese Publikation in der deutschen Nationalbibliografie; detaillierte bibliografische Informationen sind im Internet unter: **<http://dnb.ddb.de>** abrufbar.

Wolfgang Jantzen
Allgemeine Behindertenpädagogik (in 2 Teilen)

© 2007: Lehmanns Media GmbH • Verlag • Berlin
2017: unveränderter Nachdruck

www.lehmanns.de • www.ich-sciences.de

ISBN: 978-3-86541-172-3

Druck: Totem • Inowrocław • Polen

Vorwort zur Neuauflage

Beide Bände der „Allgemeinen Behindertenpädagogik", 1987 (zweite Auflage 1992) und 1990 erstmals veröffentlicht, erscheinen nun als Nachdruck in einem Band. Der hier vorgelegte Entwurf einer „synthetischen Humanwissenschaft" hat innerhalb und außerhalb des Faches viel Aufmerksamkeit gefunden.

Oft hat er jedoch die Diskussion eher unterschwellig angeregt als offen zitiert zu werden. Denn die dem historischen und dialektischen Materialismus verpflichteten erkenntnistheoretischen und methodologischen Grundpositionen eines „psychologischen Materialismus" (Vygotskij) und einer „marxistischen Anthropologie" (vgl. hierzu auch Jantzen 2001, 2006) fanden Ausgrenzung und Gegner in beiden Lagern der ehemaligen Systemauseinandersetzung zwischen Ost und West. Und wurde der erste Band der „Allgemeine Behindertenpädagogik" in Zeiten der Perestroika hofiert und in einer Reihe von Rezensionen glänzend besprochen, so dauerte es ca. 4 Jahre nach dem Erscheinen, bis endlich der 2. Band in einer größeren Fachzeitschrift besprochen wurde.

Schon länger hätte ich gerne eine überarbeitete Fassung publiziert, aber letztlich war trotz langjähriger Bemühungen bei meinem Verlag hierzu keine Einigung möglich – beide Bände liefen aus. Andererseits bin ich dem Verlag Beltz in Weinheim ausdrücklich zu Dank verpflichtet, insofern ich sofort nach Auslaufen die Rechte für beide Bände zurückerhielt und auf diese Weise eine Neuauflage möglich wurde. Dass dies anders als ursprünglich geplant in Form eines Nachdrucks und nicht einer gänzlichen Neubearbeitung erfolgt, ist einer Reihe von Belastungen geschuldet.

Zum einen ist dies die Abwicklung des von mir mit aufgebauten Studiengangs Behindertenpädagogik an der Universität Bremen. Obgleich wir uns interdisziplinär ebenso wie international hoher Anerkennung erfreuen und alle internen Universitätskriterien eines Elitestudienganges erfüllen, natürlich mit der Ausnahme, kaum Drittmittel einwerben zu können, passt dieses Fach wohl nicht so recht zum Selbstverständnis einer dem Neoliberalismus verpflichteten „Elite"-Universität.

Zum anderen ist die Planung und Realisierung eines 10-bändigen Enzyklopädischen Handbuchs der Behindertenpädagogik „Behinderung, Bildung und Partizipation" zu nennen, dessen erste Bände 2008 erscheinen sollen.

So erscheinen die „Gelben Seiten", wie die Studenten respektlos/respektvoll die „Allgemeine Behindertenpädagogik" nannten, unverändert. Als kleine Referenz an diese Benennung blieb der über den Umschlag verlaufende gelbe Balken.

Leider erfolgt der Nachdruck nochmals ohne Index. Bei der Erstauflage bin ich damals an dem Versuch, einen solchen Index zu erstellen, gescheitert, erschöpft durch die Realisierung beider Bände, eine Aufgabe, die nur mit äußerster Inanspruchnahme aller Kräfte gelungen war. Aber das Problem lag auch in der Sache: Beide Bücher waren so dicht und wenig redundant geschrieben, dass eine mittlere Ebene für den Index (nicht zu viele, aber auch nicht zuwenig Stichworte) tatsächlich auch sehr schwer zu realisieren ist. Und dieser sachliche Einwand gilt auch heute noch.

Trotzdem gibt es Möglichkeiten, sich in beiden Bänden gut zurechtzufinden. Zum einen liefern die Abbildungen, die jeweils Modellvorstellungen über Zusammenhänge entwickeln und nach einheitlichen Grundprinzipien aufgebaut sind, einen guten Wegweiser durch das Buch. Zum anderen ist dies über die detaillierte Untergliederung der einzelnen Kapitel möglich. Und zum dritten ist es keineswegs notwendig, alle Kapitel in der angegebenen Reihenfolge zu lesen.

So kann ohne Schwierigkeiten auch mit einem der diagnostischen, pädagogischen und therapeutischen Kapitel im Band 2 begonnen werden, sofern das pädagogische Interesse überwiegt.

Leser/innen mit vorwiegend humanbiologischen und neurowissenschaftlichen Interessen finden möglicherweise über die Kapitel 7 und 8 einen guten Zugang. Ersteres versucht eine allgemeine Theorie funktioneller Systeme weiterzuentwickeln und in neuer Weise zu begründen. Dies geschieht vor allem über die Grundannahme der rein zeitlichen Struktur emotionaler Prozesse, die schon ausgangs Kap. 6 als Hypothese entwickelt wurde.

Kapitel 8 liefert den Versuch eines Überblicks über die neuropsychische Organisation des menschlichen ZNS, der mir auch heute noch, trotz bahnbrechender Forschungen auf dem Gebiet der Neurowissenschaften, in allen wesentlichen Grunddimensionen als hochaktuell und wissenschaftlich vertretbar erscheint. Natürlich würde ich heute, so wie in anderen Kapiteln auch, das eine oder andere verändern und viel Neues bedürfte der Diskussion. So z.B. die Rolle der Spiegelneuronen und die Verbindung dieser Forschung mit der Debatte um die „theory of mind" oder die erhitzte Debatte zwischen Neurowissenschaftlern und Philosophen um die Natur des „freien" Willens.

Psychologinnen und Psychologen und alle anderen, die an persönlichkeits- und entwicklungspsychologischen Grundlagen ebenso interessiert sind wie an der Konzeption einer verallgemeinerten Theorie („unifying theory") zu Problemen der Entwicklungspsychologie und Entwicklungspsychopathologie, werden mit Gewinn mit den Kapiteln 4 bis 6 beginnen. Es empfiehlt sich hier ebenso wie bei einem Beginn der Lektüre mit den beiden ersten Kapiteln, die eine sozialwissenschaftliche und historische Grundlegung skizzieren, danach auf jeden Fall einen Blick in Kapitel 3 bezüglich der methodologischen Grundlagen der entwickelten Konzeption zu werfen. Und wer nicht mit Kapitel 1 begonnen hat, sollte spätestens jetzt dort einen Blick hineinwerfen.

Natürlich sind die in dem gesamten Buch angesprochenen Fragen in vielfältiger Hinsicht weiterbearbeitet worden. Interessierte Leserinnen und Leser werden hierzu unter meiner Homepage (www.basaglia.de) ebenso reichhaltiges Material finden wie in einigen wichtigen Publikationen, auf die ich in gebotener Kürze verweise: Dies sind insgesamt vier Sammelbände zu ethischen Problemen und zur Grundlegung einer materialistischen Anthropologie (Jantzen 1993, 1994, 1998, 2004), zwei Bände zu Fragen einer rehistorisierenden Diagnostik (Jantzen und Lanwer-Koppelin 1996, Jantzen 2005), sowie die Auswertung von mir initiierter Prozesse „Deinstitutionalisierung in einer Großeinrichtung" (Jantzen 2003) und ein Sammelband zu Problemen der Qualitätssicherung (Jantzen u.a. 1999). Von zusätzlichem Interesse könnte auch ein Blick in die von Georg Feuser und Ernst Berger zu meinem 60. Geburtstag herausgegebene Festschrift sein (Feuser und Berger 2002).

Natürlich bin ich sehr erfreut, dass die Neuauflage in der von Hartmut Giest und Georg Rückriem herausgegebenen Reihe „ICHS – International Cultural-historical Human Sciences" erfolgt, denn in inhaltlicher Hinsicht gibt es kaum einen besseren Platz. Ich danke beiden Herausgebern für ihr Entgegenkommen und ihre schnelle Entscheidung.

Denn: Immer entstanden meine Arbeiten auf dem Hintergrund des Dialogs mit Studentinnen und Studenten in meinen Lehrveranstaltungen, im methodologischen Diskurs insbesondere mit der kulturhistorischen Theorie/ Tätigkeitstheorie von Vygotskij, Leont'ev und Lurija sowie zahlreichen ihrer Mitarbeitern, aber auch zahlreichen weiteren philosophischen und methodologischen Positionen, in Reflexion auf die Praxis bei vielfältiger Eingebundenheit in eine solche und nicht zuletzt in immer erneuter und gründlicher Rezeption des aktuellen nationalen und internationalen Forschungsstandes zu allen relevanten Fragen.

Auf diesem Hintergrund gelesen sind die beiden Bände der „Allgemeinen Behindertenpädagogik" zugleich eine Einladung, an diesen Diskursen teilzunehmen und unserem Fach als „synthetische Humanwissenschaft par excellence" diesen Platz auch mit Erfolg zu erkämpfen. Eine subjektbezogene und sozial- wie humanwissenschaftlich fundierte Behindertenpädagogik, zum Teil immer noch ärmliches und verachtetes Mitglied am Tisch der Wissenschaften, hat m. E. der Eckstein einer jeglichen humanwissenschaftlichen Debatte zu sein, die zu Recht von sich behaupten will, ebenso „human" wie „wissenschaftlich" zu sein.

Wolfgang Jantzen   Bremen, im November 2006

Literatur:

E. Berger und G. Feuser (Hrsg): Erkennen und Handeln. Momente einer kulturhistorischen (Behinderten-)Pädagogik und Therapie. Berlin: Pro Business, 2002

Jantzen, W.: Psychologischer Materialismus, Tätigkeitstheorie, Marxistische Anthropologie. Gastvorlesung auf dem Wilhelm-Wundt-Lehrstuhl der Karl-Marx-Universität Leipzig im Wintersemester 1987/88. Hamburg: Argument 1991, Erweitere Neuauflage Bonn: PRV 2006

Jantzen, W.: Das Ganze muß verändert werden. Zum Verhältnis von Behinderung, Ethik und Gewalt. Berlin: Edition Marhold 1993

Jantzen, W.: Am Anfang war der Sinn. Zur Naturgeschichte, Psychologie und Philosophie von Tätigkeit, Sinn und Dialog. Marburg: BdWi-Verlag 1994

Jantzen, W.: Die Zeit ist aus den Fugen (Behinderung und postmoderne Ethik - Aspekte einer Philosophie der Praxis). Marburg: BdWi-Verlag 1998

Jantzen, W.: „... die da dürstet nach der Gerechtigkeit" - Deinstitutionalisierung in einer Großeinrichtung der Behindertenhilfe. Berlin: Edition Marhold 2003.

Jantzen, W.: Materialistische Anthropologie und postmoderne Ethik. Methodologische Studien. Bonn: Pahl-Rugenstein-Nachfolger 2004.

Jantzen, W.: „Es kommt darauf an, sich zu verändern ..." - Zur Methodologie und Praxis rehistorisierender Diagnostik und Intervention. Gießen: Psychosozial-Verlag 2005.

Jantzen, W.: Marxismus und Behinderung. Perspektiven einer synthetischen Humanwissenschaft. Abschiedsvorlesung Universität Bremen. 25.7.06. Behindertenpädagogik 45 (2006) 4, 347 ff.

Jantzen, W.; Lanwer-Koppelin, W. (Hrsg.): Diagnostik als Rehistorisierung. Berlin: V. Spiess (Ed. Marhold) 1996

Jantzen, W.; Lanwer-Koppelin, W.; Schulz, Kristina (Hrsg.): Qualitätssicherung und Deinstitutionalisierung - Niemand darf wegen seiner Behinderung benachteiligt werden. Berlin: V. Spiess (Ed. Marhold) 1999

Anmerkung des Verlags

Das vorliegende Buch wurde ursprünglich in zwei Bänden herausgegeben, beide Bände sind restlos vergriffen. Der Verlag Lehmanns Media – LOB.de hat sich aufgrund der noch immer großen Nachfrage nach diesen Werken zu einer Neuauflage entschieden und bietet erstmals das komplette Werk in einem Band an.

Da eine völlige Neufassung der beiden Bücher aufgrund ihres Umfanges hohe Kosten verursacht hätte, die an den interessierten Leser weitergegeben werden müssten, hat sich der Verlag für einen unveränderten Reprint durch Zusammenfassen der Bände entschlossen. Dies hat natürlich Auswirkungen auf die Paginierung, die sich ab Teil 2 (ab Seite 368) wiederholt, während die Kapitelbezeichnung durchgehend erscheint. Dafür bitten wir um Ihr Verständnis.

Teil 1

Sozialwissenschaftliche und psychologische Grundlagen

Teil 2

Neurowissenschaftliche Grundlagen, Diagnostik, Pädagogik und Therapie

TEIL 1

Sozialwissenschaftliche
und
psychologische Grundlagen

Inhaltsverzeichnis

VERZEICHNIS DER ABBILDUNGEN UND TABELLEN:

Vorwort

Dieses Buch, das in zwei Bänden erscheint, fällt aus dem üblichen Rahmen von Büchern über Behindertenpädagogik. Es beansprucht, eine allgemeine Darstellung des Fachgebiets zu geben, aber schon ein erster Blick in das Inhaltsverzeichnis zeigt eine ungewöhnliche Gliederung. In dem vorliegenden Band 1 ist von Pädagogik im engeren Sinn überhaupt noch nicht die Rede Er beginnt mit zwei sozialwissenschaftlichen Kapiteln, gefolgt von einem methodologischen und beinhaltet dann drei sehr ausführliche Kapitel, die Fragen der Psychologie und Psychopathologie gewidmet sind.

Auch der in Arbeit befindliche Band 2 weist dem Inhaltsverzeichnis nach keine der traditionellen Gebiete auf, die man unter dem Titel Behindertenpädagogik erwartet, also z. B. Körperbehinderung, Lernbehinderung u. a. Er wird zunächst zwei Kapitel zu biologischen Grundfragen umfassen: Neben einer Einführung in neurobiologische Grundfragen (Kap. 7), wird in Kapitel 8 ein Überblick über neuropsychologische Regulationszusammenhänge zu geben versucht, wie über ihre Störung bei örtlicher Hirnschädigung. Erst die vier folgenden Kapitel nähern sich dann dem Bereich, den man unter dem Sammelbegriff „Pädagogik" erwartet: Kapitel 9 befaßt sich mit Fragen der psychologischen und pädagogischen Diagnostik, Kapitel 10 behandelt Probleme „basaler" Pädagogik, Kapitel 11 setzt sich mit Schulpädagogik und insbesondere Didaktik auseinander und Kapitel 12 ist Problemen der Therapie (Psycho- und Physiotherapie) gewidmet.

Warum also dieser Aufbau? Das Wissen über den Menschen, über die sozialen, psychologischen und biologischen Seiten seiner Existenz ist ungeheuer angewachsen, aber seine Anwendung zum Nutzen der Menschen ist damit in keiner Weise garantiert. Dies gilt nicht nur im Bereich der Behindertenpädagogik. Was uns fehlt ist viel weniger Einzelwissen, als eine systematische theoretische und praxisbezogene Durcharbeitung des Einzelwissens.

Dies um so mehr, als eine Vielzahl ideologischer Momente in Pädagogik und Behindertenpädagogik unreflektiert mitgeschleppt wird, von denen manche noch aus dem vorigen Jahrhundert stammen. Dies wird sichtbar in der Verteidigung von Sonderinstitutionen gegenüber Befürwortern der Integration Behinderter, in dem außerordentlich starken Einfluß medizinischer Fachgebiete in Bereichen, in denen es um pädagogisches und soziales Handeln geht, oder in der fehlenden Ausarbeitung didaktischer und pädagogischer Konzeptionen, nicht nur in der Sonderschule oder in der Behindertenpädagogik, sondern in der Pädagogik schlechthin.

Zudem gibt es bis heute keine die Pädagogik wie Behindertenpädagogik übergreifende allgemeine Theorie Die sogenannte allgemeine Pädagogik spart von jeher Fragen der Behinderung aus, und die sogenannte „Sonderpädagogik" behandelt pädagogische Prozesse nicht als Verbesonderung eines Allgemeinen, sondern als etwas Andersartiges, als defekthafte Prozesse des Lernens und der Entwicklung.

Und schließlich gibt es, meist ohne Berührungspunkte zu Fragen der Behinderung im engeren Sinne, eine umfassende Entwicklung von psychotherapeutischen Methoden und Theorien, deren Resultate in ihrer Bedeutung für Pädagogik und Behindertenpädagogik bestenfalls in Ansätzen aufgearbeitet sind.

Ich könnte eine Vielzahl weiterer Defizite und Mängel aufzeigen Doch darum geht's in diesem Buch nicht. Es geht um den Versuch, das ganze Gebiet von Pädagogik, Behindertenpädagogik, Psychotherapie usw. noch einmal gänzlich neu zu untersuchen. Es geht um die Frage, wie Menschen, die als behindert oder psychisch krank gekennzeichnet sind, leben und lernen. Und es geht darum, daß sie prinzipiell in allen Formen ihres Lernens und ihrer Persönlichkeitsentwicklung Menschen mit menschlichen Bedürfnissen sind. Und darum daß wir, die „Gesunden" und „Normalen" in unserer Gesundheit und Normalität immer auch Momente von Leiden und Destabilisierung finden, unsere scheinbare Normalität ebenso wie die scheinbare Anormalität der Behinderten oder psychisch Kranken nichts anderes als eine sozialen Umständen geschuldete Fiktion ist.

Um die angesprochenen Fragen zu lösen, ist es notwendig, eine allgemeine Behindertenpädagogik zu schreiben, die gleichzeitig allgemeine Pädagogik und allgemeine Psychotherapie ist. Es geht also um eine allgemeine Wissenschaft von der Möglichkeit, humanes Leben und Lernen für alle zu realisieren. Eine solche Wissenschaft als Psychologie und Pädagogik stößt hart auf die Grenzen eines Gesellschaftssystems, das auf sozialer Ungleichheit aufgebaut ist. Und wer bekommt diese Ungleichheit stärker zu spüren, als der, der durch Behinderung oder psychische Krankheit „anormal", nicht funktions- und arbeitsfähig ist, und der sozial ausgeschlossen wird.

Wenn also von Möglichkeiten humanen Lebens gesprochen wird, dann ist dies auch eine Frage des Gesellschaftssystems. Diese Frage kann nicht im Mittelpunkt eines Buches über Pädagogik stehen, aber es wäre absolut sträflich, die sozialen Zusammenhänge von Behinderung und psychischer Krankheit speziell und von Bildung, Erziehung und Kulturprozeß allgemein zu vernachlässigen.

So versuche ich also in diesem Buch jenes Unterfangen für die Pädagogik und insbesondere die Behindertenpädagogik in Angriff zu nehmen, das für den Bereich der Psychologie *Wygotski* in seinem Buch „Die Krise der Psychologie in ihrer historischen Bedeutung" als Schaffung einer „allgemeinen Psychologie" für zwingend notwendig erachtet hat. Er versteht hierunter eine „Philosophie" des Fachgebiets Psychologie, also eine Theorie, die nicht unmittelbar die Empirie, sondern die verschiedenen psychologischen Theorien und die Einzelwissenschaften innerhalb der Psychologie untersucht (die Tierpsychologie, die häufig als „allgemein" gekennzeichnete theoretische Psychologie – Wahrnehmung, Lernen, Motivation usw. – als Psychologie des Durchschnittsmenschen, die Entwicklungspsychologie und die Pathopsychologie). Eine solche Untersuchung ist deshalb außerordentlich kompliziert, da eine Theorie auf die andere unmittelbar nur eklektisch bezogen werden kann. Daher ist immer wieder der Rückgriff auf die gemeinsamen Gegenstandsbereiche der Theorien notwendig. Und es ist notwendig, durch die systematische theoretische Arbeit bisherige theoretische Lücken zu schließen.

Ein derartiges Unterfangen ist zwar gegenwärtig für Psychologie oder Pädagogik ungewöhnlich, aber in den Naturwissenschaften eine Selbstverständlichkeit Hier finden wir exakt definierte Begriffsgefüge mit wohldefinierten Grundbegriffen und eigene Teilwissenschaften wie theoretische Physik, Chemie oder Biologie, die sich mit der Modellierung von allgemeinen Theorien befassen.

Für das Gebiet der Behindertenpädagogik heißt dies, vielfältige und umfangreiche Forschungs- und Praxisfelder aufzuarbeiten. Alle in diesem Buch behandelten Wissenschaftsbereiche befassen sich mit Problemen der Behinderung, wobei zum Teil ihre theoretische Aufarbeitung noch nicht hinreichend ist, um die theoretische Modellierung von Fragen der Pädagogik befriedigend zu lösen. Nicht in dem Sinne, daß Pädagogik immer diesen Vorlauf braucht. Sie hat zum Teil Ergebnisse entwickelt, so in den Werken der „großen" Pädagogen, zu deren theoretischer Modellierung die Psychologie noch geraume Zeit brauchen wird. Aber genau diese Modellierung ist notwendig, damit gute Pädagogik nicht die herausragende Praxis „großer" Pädagogen und Pädagoginnen bleibt, sondern systematisch gelehrt und zum Allgemeingut gemacht werden kann.

Bei der Bearbeitung dieser Fragen habe ich mich immer wieder an der „Tätigkeitstheorie" orientiert, also an dem Werk der Autoren der „kulturhistorischen Schule" der sowjetischen Psychologie, insbesondere an *Leontjew, Luria* und *Wygotski*. Ohne diesen Hintergrund wäre mir die Lösung wichtiger Fragen nicht möglich gewesen. Gleichzeitig hat die langjährige Arbeit, deren Ergebnis ich jetzt vorlege, zu einem tiefen Respekt vor einer Reihe nichtmarxistischer Autoren geführt, deren Denkansätzen ich mich bei aller notwendigen Kritik verpflichtet sehe. Ich will exemplarisch hier nur die naturwissenschaftlich-materialistische Tradition in der Psychoanalyse nennen, auf die ich an etlichen Stellen zurückkomme.

Da dieses Buch eine „allgemeine Behindertenpädagogik" zu entwickeln versucht, wird der Leser/die Leserin vergeblich nach Kapitelüberschriften suchen, die Detailprobleme wie Sprachbehinderung, geistige Behinderung usw. behandeln. Die systematische Ausarbeitung derartiger Probleme ist späteren Arbeiten zu einer speziellen Behindertenpädagogik vorbehalten. Trotzdem findet sich sehr viel zu diesen Fragen im vorliegenden wie im folgenden Band.

Trotz aller Bemühungen, klar und verständlich zu schreiben, immer wieder das wesentliche hervorzuheben, wird die Lektüre des Buches nicht einfach sein. Sie wirft viele Fragen in neuer Perspektive auf und führt zum Teil in Gebiete (so z. B. im Band 2 in Neurobiologie und Neuropsychologie), in denen die Leser(innen) im Regelfall nicht viele Vorkenntnisse haben. Das Buch wird daher ein Arbeitsbuch sein, in dem vor- und zurückgeschlagen werden muß, verglichen und quergelesen. Es wird viele Überlegungen erst beim mehrmaligen Lesen hergeben. Um die Lektüre zu erleichtern, habe ich jedem Kapitel nochmals ausgewählte Literatur angefügt, zum Teil besonders als zur Einführung geeignet hervorgehoben.

Schließlich möchte ich stellvertretend für viele andere Georg *Feuser* für lange Jahre der Zusammenarbeit danken, die wichtige Denkansätze für dieses Buch geliefert hat Unsere Arbeitsbedingungen und insbesondere Georg *Feusers* umfassendes Engagement in dem praktischen wie theoretischen Vorantreiben integrativer Erziehung für behinderte und nichtbehinderte Kinder haben unser ursprüngliches Vorhaben, es zusammen zu schreiben, leider nicht ermöglicht.

Bremen, im März 1987   Wolfgang Jantzen

1 Behinderung und Gesellschaftsstruktur: Perspektiven eine Soziologie der Behinderung

Bevor man sich mit dem Gegenstand einer Wissenschaft in Details beschäftigt, ist es notwendig, sich über ihn genauer zu verständigen, ihn zu definieren. Dies geschieht noch nicht auf dem Gebiet der Pädagogik, zu dem wir erst wesentlich später in diesem Buch gelangen. Vorerst geht es mir um eine theoretische Rekonstruktion des ganzheitlichen Menschen, d. h. um die eigenständige Dimension der biologischen, psychologischen und sozialen Ebene der Lebensprozesse der Menschen wie ihrer wechselseitigen Zusammenhänge. Ich halte dieses Vorgehen für unumgänglich, da wir ohne diese Zusammenhänge zu klären weder wissen, wo wir mit Pädagogik eingreifen, in was wir eingreifen, noch, was Pädagogik eigentlich ist. Behinderung ist in diesen verschiedenen Problemzusammenhängen, die ich erörtern will, kein gesondertes Problem, das einer besonderen Psychologie oder Pädagogik bedürfte. Sie ist eine Möglichkeit menschlichen Lebens, die genau wie jede andere unter den Gesichtspunkten der Verbesonderung des Allgemeinen, d. i. Menschsein, Humanität, im einzelnen zu untersuchen und zu begreifen ist Dies ist einer der Gründe, warum in diesem Buch viel von Soziologie, Psychologie, Humanbiologie, Pädagogik usw. geredet wird, ich aber oft das Attribut „Behinderung" dabei auslasse oder auch warum dieses Buch nicht eine Aufzählung sogenannter unterschiedlicher Behinderungsformen wie z. B. Lernbehinderung, geistige Behinderung, Autismus usw in säuberlich voneinander unterschiedenen Kapiteln vornimmt.

Indem ich Behinderung als eine Möglichkeit menschlichen Lebens begreife, heißt dies in keiner Weise, daß ich sie aufgrund des in ihr enthaltenen Leidens irgendwie mystifiziere oder ihre Existenz, wo irgendwie vermeidbar, trotzdem befürworte: Auch Armut, Hunger, Entfremdung betrachten wir als Möglichkeiten menschlichen Lebens und bekämpfen sie zugleich entschieden. Um nicht ein neues Mißverständnis hervorzubringen: Wir bekämpfen sie nicht am einzelnen Menschen als Ausdruck eines Widerstandes, der sich unserem Willen entgegenstellt, als Störpotential, wie dies in der Geschichte von Psychiatrie und Behindertenpädagogik durch aggressive Therapien zum Ausdruck kommt, wie z. B. Fixierung, Schockbehandlung, aber auch Psychopharmaka, Haltetherapie oder jede als praktizierbares Rezept gedachte Therapieform. Wir bekämpfen sie als Ausdruck historisch entstandener und historisch veränderbarer Lebensumstände, indem wir diese zu verändern versuchen.

Erneut muß ich ein weiteres mögliches Mißverständnis ausräumen: Häufig wird unterstellt, nach Auffassung der materialistischen Behindertenpädagogik sei eine Aufhebung von Behinderung erst im Sozialismus möglich, die gesellschaftstheoretische Betrachtung führe dazu, den aktuellen pädagogischen Aufgaben zu verweigern. Was für ein Unsinn! Er ist Resultat eines Denkens, das Individuum und Gesellschaft voneinander trennt und nicht sieht, daß es außerhalb gesellschaftlicher Verhältnisse menschliche Individualität, menschliche Existenz nicht gibt und nicht geben kann: Auch der auf der Insel schiffbrüchige Robinson ist über seine im gesellschaftlichen Kontext Englands erworbenen Fähigkeiten und Fertigkeiten ebenso wie die aus dem Schiffbruch geretteten Werkzeuge in gesellschaftliche Verhältnisse eingebettet und existiert nicht außerhalb von ihnen

Umgekehrt: Indem sich dieses Denken von Gesellschaft abwendet und dem einzelnen zu, bleibt es trotzdem im Kontext von Gesellschaft und stabilisiert möglicherweise durch seine Weigerung, radikal zu denken, sich nicht vorschnell Grenzen zu setzen, gerade jene Verhältnisse, die es im pädagogischen Raum eigentlich aufheben will. Nehmen wir ein Beispiel: Unter Bedingungen des Sozialabbaus schützt die beste pädagogische Arbeit nicht davor, daß die Pflegesätze in einer Einrichtung für Behinderte heruntergesetzt werden; ein Einschnitt in den Arbeitsmöglichkeiten, der jedoch u. U. durch gewerkschaftliche Arbeit, Mobilisierung der Nachbarschaft usw. verhindert werden kann und dann natürlich umso mehr, je besser und bewußter auch die pädagogische Arbeit ist.

Nochmals: Ich beharre auf der Einheit dieser Zusammenhänge und möchte Untrennbares nicht auseinanderreißen und gegeneinanderstellen. Trotzdem ist diese Einheit widersprüchlich, weist zahlreiche Aspekte auf, über die wir uns verständigen müssen. Ich werde im folgenden zunächst über die dabei auftretenden soziologischen und historischen Fragen schreiben. Ich möchte aber schon hier betonen, daß ich eine Pädagogik und Therapie anstrebe und darzustellen versuche, die im solidarischen Miteinander mit den Betroffenen und ihren Familien das Ändern der Umstände beginnt. In einer derartigen pädagogischen Arbeit kann zwar nicht unmittelbar das gesellschaftliche Ganze geändert werden; ohne sie kann ich mir als Pädagoge jedoch auch eine Änderung des Ganzen nicht vorstellen. Ich stelle diese Zusammenhänge und Überlegungen nun zunächst ein Stück hintenan und beginne mit Überlegungen zum Gegenstandsbereich dieses Buches: Was ist Behinderung?

1.1 Eine erste Definition von Behinderung

In der Definition des *Weltgesundheitsamtes*, das sich dabei auf Erörterungen der Weltgesundheitsorganisation (WHO), bezieht, werden *Schädigung, Leistungsminderung* und *Behinderung* unterschieden. In den Unterschieden dieser Begriffe kommen zum Ausdruck die Unterschiede zwischen der biologisch-defektologischen Seite, der Fähigkeitsentwicklung und -entäußerung als Ausdruck der psychologisch-subjektiven Seite und schließlich der Seite der sozial gegebenen Tätigkeitsmöglichkeiten.

Schädigung ist eine „dauernde oder vorübergehende psychologische, physiologische oder anatomische Einbuße und/oder Anomalie" (*Weltgesundheitsamt* 1981, S. 32). Als Beispiele werden medizinisch ausmachbare Befunde genannt: Z. B. Herzinfarkt, Gehirninfarkt, Gehirnthrombose, aber auch psychologische Störungen, für die man einen ausmachbaren organischen Grund annehmen kann oder annimmt: „geistiges Zurückbleiben", „Wahrnehmungsstörungen".

Leistungsminderung ist nach Auffassung des Weltgesundheitsamtes die teilweise oder gänzliche Unfähigkeit, „jene Tätigkeiten auszuüben, die für motorische oder geistige Funktionen notwendig sind, nach deren Bereich und Art sich die normale Befähigung eines Menschen bestimmt, wie gehen, Gewichte heben, sehen, sprechen, hören, lesen, schreiben, zählen, Interesse an der Umwelt haben und mit ihr in Kontakt treten" (ebd).

Behinderung wird ausschließlich definiert als eine „vorhandene Schwierigkeit (für die Leistungsminderung und/oder Schädigung verursachende Faktoren sind), eine oder mehrere Tätigkeiten auszuüben, die in bezug auf das Alter der Person,

16

ihr Geschlecht und ihre soziale Rolle im allgemeinen als wesentliche Grundkomponenten der täglichen Lebensführung gelten, wie etwa Sorge für sich selbst, soziale Beziehungen, wirtschaftliche Tätigkeit" (ebd.).

Ich kann der Benennung dieser Ebenen (biologische, psychologische, soziale) durchaus zustimmen. Nicht zustimmen kann ich den angesprochenen Annahmen zur Kausalität, zur Verursachung. Selbstverständlich führen körperliche Schäden zu sozialen Etikettierungsprozessen und zur Einschränkung von Leistungen, ohne Zweifel führt individuell eingeschränkte Leistung zum Herausfallen aus Systemen sozialer Sicherheit, aber doch nicht unmittelbar! Aus der Blindheit folgert nicht zwangsläufig die eingeschränkte Lebensfähigkeit, z. B. später nur Körbe flechten zu können. Diese resultiert nur und insofern, wenn die sozialen und familiären Prozesse, die durch den Ausfall der optischen Analyse und Synthese nicht gegebenen Aneignungsmöglichkeiten der Welt nicht auszugleichen vermögen. Etwa, wenn ein Kind, statt nun in der motorischen Erfahrung der Welt, verbunden mit der akustischen, angehalten zu werden, beim Anprobieren eines neuen Kleidchens genötigt wird, still zu stehen, es gehindert wird, den Stoff zu befühlen oder es selbst in der eigenen Wohnung sich nur mit Hilfe bewegen darf (vgl. *Daoud-Harms* 1986). Oder: aus der eingeschränkten Leistungsfähigkeit durch Krankheit ist nicht das Problem langfristig arbeitsloser Menschen begreifbar, also der soziale und hauptsächliche Zusammenhang ihrer Vermittlung in neue Berufe, die aufgrund bestimmter Prioritäten in der Wirtschaftspolitik, ökonomischen Verhältnissen, Klassen- und Herrschaftsverhältnissen nicht gewährleistet ist. Formulieren wir dieses Problem mit Edwin *Hoernle* (1983, S. 145):

„Wir müssen einen Schritt weiter gehen und außer den natürlichen Ursachenreihen auch die sozialen Ursachen aufsuchen. Nehmen wir ein Beispiel: Wir haben die Symptome der „Proletarierkrankheit", der Tuberkulose, kennengelernt und ihre ständig wachsende Ausdehnung unter den Proletariermassen festgestellt. Wie entsteht die Tuberkulose? Ein Kind hat vielleicht zu Hause, vielleicht in der Schule gehört, daß ein Bazillus der Erreger dieser Krankheit ist. Also ist die Ursache in diesem Bazillus zu suchen. Aber das ist nur die halbe Wahrheit, denn der Tuberkelbazillus kann allein die Krankheit nicht hervorrufen. Er muß in ein Milieu geraten, das seine Entwicklung begünstigt. Und damit kommen wir auf die zweite, ebenso wichtige Ursachenreihe, auf die gesellschaftliche. . . . Und das Resultat unserer Untersuchungen wird darin bestehen, daß wir feststellen: Die Ursache der Tuberkulose als *Massenseuche*, nicht als vereinzelt zufällige Erscheinung, ist die Klassenlage des Proletariats, ist der Kapitalismus."

Auch die Verhältnisse zwischen der biologischen Ebene und der psychologischen Ebene sind keineswegs so, daß biologisch ausmachbare Gefährdungen und Risiken zwangsläufig zu psychischer „Anormalität" führen. Dies hängt vielmehr vom jeweiligen *Kontext* ab. Nehmen wir als Beispiel die durch Stoffwechselstörungen bei der Phenylketonurie (PKU) hervortretende geistige Behinderung von Kindern. Es ist keineswegs so, daß sich die Vererbung, die durch ein einzelnes rezessives Autosom erfolgt (also ein Gen, das nur dann wirkt, wenn es nicht von einem dominanten Gen unterdrückt wird und das nicht auf dem Geschlechtschromosom liegt), ohne weiteres in Verhalten umsetzt. Nicht alle betroffenen Kinder sind stark gestört, manche gelten sogar als normal und eine Störung tritt dann nicht auf, wenn das Kind mit einer Diät behandelt wird, in der Phenylalanin (eine essentielle Aminosäure zum Aufbau von körpereigenen Proteinen) vermieden wird Vererbt wird also nicht das „Verhalten" oder die „Handlungen", sondern die Physiologie des Stoffwechsels Und wenn man es genauer untersucht: Auch auf genetisch bestimmte molekulare Strukturen muß eine Umwelt in bestimmter Art und Weise reagieren, damit eine spezifische Entwicklung stattfindet Ich werde diese Probleme im einzelnen in Kapitel 7 im Zusammenhang biologischer Grundlagen andiskutieren und führe hier nur dieses Beispiel an, um zu belegen, daß Kausalitätsannahmen, wie in der Definition des Weltgesundheitsamtes getroffen, in dieser Weise nicht haltbar sind. Denkt man in Kontexten, so zeigt es sich, daß je nach bisheriger biologischer und psychologischer Entwicklung Individuen *unterschiedlich sensibel* für bestimmte Aspekte des Kontextes sind und aufgrund dieser Entwicklungsstruktur diese Individuen bestimmten Merkmalen des Kontextes *selektiv ausgesetzt* sind. Um ein Beispiel zu nehmen: Ein Kind mit einer sogenannten minimalen cerebralen Dysfunktion (MCD) ist gegenüber bestimmten sehr komplexen Situationen schulischen Lernens eher sensibel als ein anderes Kind, leichter frustiert, schneller ablenkbar, unruhig usw., andererseits ist für die Entwicklung dieser Symptomatik Voraussetzung, daß immer wieder Umwelten auftreten, die das Kind selektiv bestimmten Belastungen aussetzen. Sind die Umwelten anders, dann zeigen Kinder mit gleichem Risiko zu einem früheren Zeitpunkt keineswegs die traditionell der MCD zugeschriebenen Folgen, wie dies eine Reihe von Längsschnittuntersuchungen unterdessen belegen

Entsprechend diesen Ergebnissen wie meiner eigenen langjährigen Forschungsarbeit gehe ich von einem Zusammenhang zwischen biologischer, psychologischer und sozialer Ebene aus, in dem in der kindlichen Entwicklung die je höheren Ebenen zunehmend die dominierenden und ausschlaggebenden für die weiteren Entwicklungsmöglichkeiten werden, ohne die Eigenständigkeit der niederen Ebenen zu negieren. Ohne diese existiert menschliches Leben, menschliche Entwicklung nicht. Aber trotzdem sind es die sozialen Bedingungen, die aus der bloßen allgemeinmenschlichen Möglichkeit das machen, was wir als spezifische, psychische Dimensionen des Menschen aufspüren. Diese sind als Sprache, Denken, Persönlichkeit zwar jedem Menschen möglich, hängen aber in ihrer inhaltlichen Entwicklung von dem jeweiligen Kontext ab, in dem sich das Individuum aktiv entwickelt und entwickeln kann.

Daher ist es der erste Schritt, diese Kontexte genauer zu untersuchen. Es ist also zu fragen, mit welchen theoretischen Mitteln wir Gesellschaft beschreiben und untersuchen können und wo in der gesellschaftlichen Realität jene Bedingungen „selektiver Exposition" systematisch entstehen, von denen ich (angelehnt an *Sarbin und Mancuso* 1982, S 146) gesprochen habe.

Als *Arbeitsdefinition* für unser vorläufiges Verständnis von Behinderung will ich die folgende, die 1973 von mir vorgeschlagen wurde, vorerst benutzen:

„Behinderung kann nicht als naturwüchsig entstandenes Phänomen betrachtet werden. Sie wird sichtbar und damit als Behinderung erst existent, wenn Merkmale und Merkmalskomplexe eines Individuums aufgrund sozialer Interaktion und Kommunikation in Bezug gesetzt werden zu gesellschaftlichen Minimalvorstellungen über individuelle und soziale Fähigkeiten. Indem festgestellt wird, daß ein Individuum aufgrund seiner Merkmalsausprägung diesen Vorstellungen nicht entspricht, wird Behinderung offensichtlich, sie existiert als sozialer Gegenstand erst von diesem Augenblick an".

Als Merkmale und Merkmalsausprägungen wurden in dieser Definition Defekte, Schädigungen, Störungen sowohl auf biologischer wie psychologischer Ebene betrachtet Dies ist der eine Aspekt, in dem diese Definition im Verlauf dieses Buches präzisiert werden muß: Wie sind die Zusammenhänge zwischen biologischem Defekt und psychischer Entwicklung? Ich werde diese Frage in dem Kapitel zur allgemeinen und speziellen Psychopathologie näher behandeln (Kap. 6) Der andere Aspekt, der hier noch zu kurz gegriffen ist, liegt darin, daß in der Definition von Kommunikation und Interaktion die Rede ist. Es wird noch nicht von *gesellschaftlicher Produktion* und von *Arbeit* gesprochen, die in letzter Konsequenz diese Prozesse bestimmen. Die „Interaktionen" und „Kommunikationen" mit einem aus Gründen von Gesundheitsschädigung unter den Bedingungen der Massenarbeitslosigkeit nicht mehr vermittelbaren Arbeitslosen bestimmen sich in letzter Konsequenz über die gesellschaftliche Organisation der Arbeit Bei Vollbeschäftigung und Ausbau der beruflichen Rehabilitation Ende der 60er/Anfang der 70er Jahre wäre im Unterschied zu heute die sofortige Vermittlung wie finanzielle Absicherung überhaupt kein Problem gewesen. Daran ändert keinerlei wohlgemeinte Kommunikation und Interaktion etwas

1.2 Die allgemeine Struktur des Arbeitsprozesses

Für die Entwicklung eines Verständnisses des sozialen Kontextes von Behinderung gehe ich daher von Arbeit und Produktion als den Grundlagen des gesellschaftlichen Lebens aus. Was die Menschen sind, das produzieren sie Aber, so hatten Karl *Marx* und Friedrich *Engels* zugleich festgestellt: Sie produzieren ihr Leben unter historisch vorgefundenen Bedingungen: Produktionsverhältnissen, Recht, Staat, Verkehr, Kultur usw. Dieser gesellschaftliche Körper, Ausdruck der bisherigen menschlichen Geschichte, ist nicht Ausdruck einer außerirdischen Schöpfung, sondern der materiellen Produktion als Selbstentwicklungsprozeß der Menschen selbst. Er entsteht, indem die Menschen innerhalb der Natur zugleich dieser Natur als Naturmacht gegenübertreten und damit die Möglichkeiten ihrer eigenen, menschlichen Natur selbst entwickeln. Dies wird möglich, ich komme später hierauf noch genau zu sprechen, weil im Tier-Mensch-Übergangsfeld die bisherige Entwicklung eine neue Qualität anstrebt, die spätestens mit dem Auftreten des „homo sapiens" irreversibel, nicht mehr umkehrbar erreicht ist: Der Mensch wird vom werkzeuggebrauchenden zum werkzeugproduzierenden Lebewesen, zum „tool-making-animal". Damit tritt im Ausdifferenzierungsprozeß der materiell gegebenen Welt eine neue Qualität auf: Lebewesen existieren, die unter Anwendung von Naturgesetzen, die sich in den Werkzeugen aber auch später in der Sprache auskristallisieren, sich vergegenständlichen. Diese Werkzeuge werden zur weitergebbaren Erfahrung, in welcher Weise Menschen systematisch auf die umgebende Natur einwirken können. Im Herausarbeiten dieser gesetzmäßigen Zusammenhänge in der Anwendung und sodann in der (über das Werkzeug oder sprachliche Symbole vermittelten) Weitergabe der Erfahrung entsteht ein *soziales Erbe*. Dieses bezieht sich niemals nur auf die Aneignung der sogenannten Natur vermittels Werkzeugform, vielmehr ebenso und von Anfang an auf die in dieser Aneignung eingegangenen Verhältnisse zwischen den Menschen wie das Begreifen der eigenen Tätigkeit selbst. Zugleich mit den Produktionsverhältnissen entstehen Anfänge von ideologischen Verhältnissen, wie z. B. Mythen, Rituale, Religionen usw. Es entstehen moralische Verhältnisse, die sich in unterschiedlicher Weise auf die Angehörigen des eigenen Stammes, Gemeinwesens usw. beziehen.

All diese Formen von Subjektivität entstehen jedoch, weil die objektiv-reale Welt (dies ist die äußere Natur, dies sind die sozialen Zusammenhänge, die anzueignenden eigenen Tätigkeitsformen und das eigene Selbst) unabhängig davon existiert, ob sie bereits in ihren gesetzmäßigen Zusammenhängen in der Tätigkeit erfahren wird und im psychischen Abbild sich niederschlägt. Subjektivität wie objektiv-reale Welt stehen also in unauflöslichem Zusammenhang, der sich über die Tätigkeit vermittelt Diese *Tätigkeit* hat ab menschlichem Niveau, dies hatte ich hervorgehoben, generell die *Struktur von Arbeit,* ist also ewiger Stoffwechsel des Menschen mit der Natur, von dem weder nach Seiten des *Objekts,* also hier den gesellschaftlichen Verhältnissen, abstrahiert werden darf, noch nach Seiten des *Subjekts.* Weder gibt es Subjektivität ohne Tätigkeit, noch ist die objektiv-reale Welt ohne Tätigkeit erfahrbar. Der Analyse von Arbeit kommt somit die zentrale Rolle zu für die Erschließung der gesellschaftlichen Zusammenhänge wie der Aneignung der Natur einerseits, wie der Herausbildung der Subjektivität andererseits.

Damit wir diese Analyse erfolgreich vornehmen können, ist es notwendig, unser Alltagsverständnis von Arbeit hinter uns zu lassen und hier zu brauchbaren Definitionen zu gelangen. Eine solche *Definition,* die sowohl in ökonomischer und soziologischer wie in psychologischer Hinsicht tragfähig ist, ist von Karl *Marx,* insbesondere im „Kapital" herausgearbeitet worden. Hier werden im 1. und 5. Kapitel des Bandes 1 die allgemeinen Bestimmungen des *Arbeitsprozesses* vorgenommen, indem dieser zunächst unabhängig von jeder gesellschaftlichen Form erörtert wird. Der Arbeitsprozeß ist grundsätzlich durch die Subjektivität der Menschen vermittelt. Er zielt auf die Erstellung von Produkten, die einen *Zweck* für den Produzenten haben, ökonomisch gesehen: einen „Gebrauchswert". Dabei erlischt der Prozeß der Arbeit im Produkt: „Die Arbeit hat sich mit ihrem Gegenstand verbunden. Sie ist vergegenständlicht, und der Gegenstand ist verarbeitet" (S 195). Zugleich verändert der Arbeiter jedoch sich selbst, seine eigene Natur, indem er seine allgemeinen menschlichen Möglichkeiten den Spezifika des jeweiligen Arbeitsprozesses unterwirft und dabei über das Werkzeug den Gegenstand und über den Gegenstand das Werkzeug aneignet, also in diesem Wechselverhältnis entsprechende Tätigkeitsformen entwickelt, d. h. neue *Fähigkeiten* aufbaut. Dieser Prozeß läßt sich von seiner äußeren Seite her, sozusagen vom „Standpunkt des äußeren Beobachters", nach *einfachen Momenten* untergliedern: Es sind dies die *zweckmäßige Tätigkeit* oder die Arbeit selbst, ihr *Gegenstand,* auf den sie sich jeweils bezieht (Naturmaterialien, Rohmaterialien oder im Prozeß der Konsumtion das Nahrungsmittel, die Wohnung usw.) und schließlich die *Produktionsmittel,* die Werkzeuge. Dabei gibt das Verhältnis von Tätigkeit, Mittel und Gegenstand über die Formveränderungen des Gegenstandes bis zum Produkt Hinweise auf den Zweck der Arbeit bzw. das Produkt auf den Gebrauchswert der Arbeit

Betrachtet man den Prozeß von der *inneren Seite* her, sozusagen aus dem über das Subjekt in der Arbeit sich realisierenden Strom der Tätigkeit heraus, so geht der Zweck der Tätigkeit vorweg, ist aber nur auf der Basis der bisherigen Tätigkeit denkbar. Diesen Prozeß der *vorgreifenden Widerspiegelung* als Kennzeichen der Struktur der inneren Tätigkeit, des Denkens, kennzeichnet *Marx* (Das Kapital, Bd. 1, S. 192) wie folgt, wobei ich auf den psychologischen Zusammenhang im entsprechenden Teil dieses Buches (Kap. 4 u. 5) vertieft zu sprechen komme:

„Wir unterstellen die Arbeit in einer Form, worin sie dem Menschen ausschließlich angehört. Eine Spinne verrichtet Operationen, die denen des Webers ähneln, und eine Biene beschämt durch den Bau ihrer Wachszellen manchen menschlichen Baumeister. Was aber von vornherein den schlechtesten Baumeister vor der besten Biene auszeichnet, ist, das er die Zelle in seinem Kopf gebaut hat, bevor er sie in Wachs baut. Am Ende des Arbeitsprozesses kommt ein Resultat heraus, das beim Beginn desselben schon in der Vorstellung des Arbeiters, also schon ideell vorhanden war. Nicht daß er nur eine Formveränderung des Natürlichen bewirkt; er verwirklicht im Natürlichen zugleich seinen Zweck, den er weiß, der die Art und Weise seines Tuns als Gesetz bestimmt und dem er seinen Willen unterordnen muß "

Ich habe also bisher die psychologische Seite des Prozesses angesprochen, die Veränderungen und Bewegungen am subjektiven Pol durch die Tätigkeit. Dabei ist dieser Pol selbst zugleich Abbild und Tätigkeit wie auch Psychisches und Physiologisches, ein Zusammenhang, auf den ich noch zu sprechen komme

Die bis hierher erörterten Zusammenhänge habe ich in Abbildung 1 zusammengefaßt dargestellt. Ich möchte an dieser Stelle erklären, warum ich mich in diesem Buch einer Reihe von zusammenfassenden Abbildungen bediene. Ich sehe in ihnen die Möglichkeit, komplexe Zusammenhänge simultan darzustellen, Zusammenhänge die sich bei einem dem Textverlauf folgenden Lesen in ihrer Komplexität oft schwer erschließen Soweit irgend möglich habe ich diese Abbildungen jeweils nach dem Schema „Subjekt – Tätigkeit – Objekt" aufgebaut, so daß die verschiedenen Abbildungen selbst einen zusammenfassenden Überblick über die Ausführungen liefern.

Abbildung 1: Die allgemeine Struktur von Arbeit

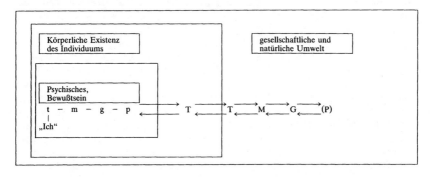

T:	Arbeitstätigkeit	m:	Werkzeugbedeutungen
M:	Arbeitsmittel	g:	Gegenstandsbedeutungen
G:	Arbeitsgegenstand	p:	antizipiertes (im Kopf gebautes) Produkt als
(P):	zu realisierendes Produkt bzw P: realisiertes		ideales Maß
	Produkt	„Ich":	individuelle bzw persönliche Ichbedeutung,
t:	Tätigkeitsbedeutungen		verallgemeinertes bzw reflexives Ich

Setzen wir also auf der Seite des *Subjekts* Bewußtsein als Widerspiegelung der bisherigen Tätigkeitsformen (der Baumeister kann nur im Rahmen seiner bisherigen Erfahrungen im Kopf bauen), als Setzen eines idealen Maßes (Modell der Handlung als Mittel ihrer Regulation), als Prozeß der sich insbesondere über die Sprache vermittelt und sich in der hierarchischen und sinnhaft gerichteten Struktur der Persönlichkeit niederschlägt, so sieht dies nach Seiten des *Objekts* anders aus: Hier ist nicht die psychische Struktur entscheidend, die wir in dieser Form sowohl in der produktiven Arbeit selbst, in der Reproduktion der eigenen Existenz im (körperliche, kulturelle usw.) Konsum, wie im sozialen Verkehr und in der Sprache wiederfinden, sondern das *Resultat*. Entweder es entspricht, nachdem der Prozeß im Produkt erloschen ist, sich also dieses vom Produzenten gelöst hat, dem Zweck, den der Produzent in es gelegt hat, oder es entspricht ihm nicht. Im ersten Fall beendet es seine psychologische Existenz und beginnt seine ökonomische (bzw. auch kulturelle) Existenz als *Gebrauchswert*. Im zweiten Fall ist das Ding nutzlos, damit aber auch die in ihm enthaltene Arbeit, zählt nicht als Arbeit, vermag weder Gebrauchswert noch Wert zu bilden.

1.3 Gesellschaftswissenschaftliche Grundbegriffe I: Wertgesetz, Klassen, Mehrwertgesetz, Kapital

Mit der Kategorie *Wert* stoßen wir auf eine zweite Seite der Verobjektivierung des Arbeitsprozesses in den Produkten. Er ist als Qualität in einer bestimmten sozialen Form sichtbar, die das Arbeitsprodukt annimmt, in der *Ware* Die Analyse der Austauschbeziehungen in warentauschenden Gesellschaften führte *Marx* zu der Frage: Welche materielle Eigenschaft des Produktes ist es, die den Tausch vermittelt? Nehmen wir ein Beispiel, was vermittelt die Möglichkeit eines Tausches zwischen einer Lederjacke und einem Fahrrad oder Büchern? Das Geld als allgemeines Äquivalent, als „tertium comparationis", also gemeinsames Maß, auf das ich beide Dinge beziehen kann. Was aber ist die materielle Substanz, die das Geld mißt? Das Metermaß mißt Länge, das Hohlmaß Volumen und der Kilostein oder 100-g-Stein Gewicht. Die Nützlichkeit eines Dings macht es zum Gebrauchswert, was aber macht es zum Wert, der sich im *Tauschwert* ausdrückt, dann also, wenn das Ding, vorausgesetzt seine Nützlichkeit, zur Ware wird? Die Entdeckung von Karl *Marx* ist es, daß hier keine geheimnisvolle Substanz zugrundeliegt oder das Geld von Anfang an seinen Wert in sich trägt, sondern daß der Wert als „bloße Gallerte unterschiedsloser menschlicher Arbeit" verbleibt, wenn man vom Gebrauchswert abstrahiert, also „Verausgabung von menschlicher Arbeitskraft ohne Rücksicht auf die Form ihrer Verausgabung": Wieviel Stunden durchschnittlicher gesellschaftlicher Arbeitszeit stecken im Fahrrad, in den Büchern, in der Lederjacke, oder um ein weniger kompliziertes Beispiel zu nehmen, in dem Topf Honig oder dem Kilo Salz, das der Händler in das Dorf mitbringt und wieviel in dem Topf oder dem Schmuckstück, das er dagegen tauscht?

Karl *Marx* nennt diese Seite des Arbeitsprozesses, also die wertbildende, die von der Art des Gebrauchswerts abstrahiert, die gemessen wird als Verausgabung von körperlichen und psychischen Kräften, *abstrakte Arbeit*. Die gebrauchswertschaffende, nützliche Seite dieses Prozesses nennt er *konkrete Arbeit* Dabei ist die abstrakte Arbeit wertbildende Potenz nicht schlechthin, sondern in der Weise, in der sie *gesellschaftlich durchschnittlich* verausgabt wird, also unter Voraussetzung bestimmter Geschicklichkeit, Werkzeuge und Produktionsverfahren. Zur Herstellung einer Lederjacke wird z. B. bei gleich günstigem Einkauf des Leders vom einen Kürschner zehn Stunden Arbeitszeit verausgabt, vom anderen aber fünfzehn Stunden. Ist nun die Marktsituation so, daß der erste Kürschner die gesamte Nachfrage decken kann, so kann auch der zweite Kürschner unabhängig von der real aufgewendeten Arbeitszeit, nur von einer gesellschaftlich durchschnittlich wertbildenden Übertragung seiner Arbeit auf das Produkt ausgehen. D. h. er wird einen Preis erzielen, der in etwa einer wertbildenden Arbeitszeit von 10 Stunden entspricht. Auf der Basis dieser und weiterführender Überlegungen formuliert Karl *Marx* für alle warenproduzierenden Gesellschaften als elementares ökonomisches Gesetz das *Wertgesetz*: Die Proportionen, nach denen sich Waren austauschen, werden letztlich von der abstrakten Arbeit bestimmt in Form gesellschaftlich durchschnittlicher Arbeit, die für die Produktion dieser Waren benötigt wird.

Hinter der unmittelbar sichtbaren Entwicklung der Produktivkräfte, die sich konkret erfaßbar im Werkzeug und im Produkt niederschlagen wie an den Produzenten als Trägern von Fähigkeiten der Produktion ausgemacht werden können, tauchen nun *funktionale Eigenschaften* zwischen Produzenten und Produkten auf, die wohl über das Geld als allgemeines Äquivalent für den Werttausch sichtbar gemacht werden können, als solche aber unsichtbar bleiben. Der Wert bleibt funktionale Eigenschaft, drückt sich lediglich im Tauschwert als Preis oder Lohn aus. Dieser ist aber zugleich von den Bedingungen des Marktes beeinflußt. In den gesellschaftlichen Beziehungen eröffnet sich mit der Entstehung des Handels damit die Perspektive, nicht mehr Gebrauchswerte als Träger konkreter Arbeit für die Stillung der eigenen Bedürfnisse zu schaffen oder durch Tausch anzueignen, sofern man selbst nicht zur Herstellung fähig ist. Es entsteht nun auch die Möglichkeit, Gebrauchswerte als Träger von Wert anzueignen, sie also unter der Perspektive geronnener Arbeit als Geld und Gold zu horten und zu vermehren Diese Perspektive drückt sich gesellschaftshistorisch in den unterschiedlichen Formen des Privateigentums und der Klassenherrschaft aus, wie im Entstehen des Kaufmannsstandes, der davon lebt, Waren unter Wert zu kaufen und möglichst über Wert zu verkaufen, sofern die Produkte als Waren nicht durch Raub angeeignet werden. Nicht ohne Grund ist der römische Gott Merkur zugleich der Gott der Diebe und Kaufleute

Die gesellschaftlichen Verhältnisse komplizieren sich also praktisch und ideologisch, denn zugleich wird die Aneignung des Werts als Selbstzweck ideologisch mystifiziert, den Oberen als göttliches Recht zugesprochen usw., wie dies in der Entstehungsgeschichte der Religionen sich vielfach belegen läßt. Es entsteht für die Individuen mehr und mehr eine Situation, die es erforderlich macht, um die Bedingungen der eigenen Existenz zu begreifen, über die unmittelbar sichtbaren Bedingungen hinaus diese funktionalen Eigenschaften im gesellschaftlichen Verkehr sich mitanzuzeigen. Diese Situation tritt massenhaft als Notwendigkeit wie Möglichkeit erst mit der Entstehung der Lohnarbeit auf.

Der Lohnarbeiter selbst muß nunmehr, um seine Arbeitskraft als Ware verkaufen zu können, gleichzeitig sich gewerkschaftlich und politisch assoziieren, um diesen Verkauf abzusichern. Diese doppelte Perspektive der gesellschaftlichen Aneignung hat Klaus *Holzkamp* mit dem Begriff der restringierten bzw erweiterten *Handlungsfähigkeit* analysiert. Erweiterte Handlungsfähigkeit überwindet den bloßen Augenschein der Verhältnisse und schließt die Aneignung der hinter der gesellschaftlichen Oberfläche wirkenden funktionalen Eigenschaften mit ein. Prinzipiell ist in der Entwicklung der Individuen im Sinne der Durchsetzung ihrer Fähigkeit zur gesellschaftlichen Arbeit jetzt jedoch nicht mehr nur nach der unmittelbaren Aneignung der Produkte ihrer Arbeit oder eines Teils derselben zu fragen, sondern zugleich nach der Aneignung der gesellschaftlichen Zusammenhänge, in denen sie produzieren.

Diese Zusammenhänge sind durch Klassenverhältnisse gekennzeichnet, wobei ich mit *Lenin* (Die große Initiative, S. 255) gesellschaftliche *Klassen* nach folgenden Gesichtspunkten definiere:

1) Nach ihrem Platz in einem geschichtlich bestimmten System der gesellschaftlichen Produktion,
2) nach ihrem (größtenteils in Gesetzen fixierten und formulierten) Verhältnis zu den Produktionsmitteln (also die Frage des Eigentums),
3) nach ihrer Rolle in der gesellschaftlichen Organisation der Arbeit und folglich nach der Art der Erlangung und der Größe des Anteils am gesellschaftlichen Reichtum über den sie verfügen. Klassen sind also „Gruppen von Menschen, von denen die eine sich die Arbeit einer anderen aneignen kann infolge der Verschiedenheit ihres Platzes in einem bestimmten System der gesellschaftlichen Wirtschaft", also z. B. Herren und Sklaven, Adel und tributpflichtige oder leibeigene Bauern, Kaptitalisten und Arbeiter.

Wir untersuchen also zunehmend, wie sich in der gesellschaftlichen Entwicklung der Arbeit gesellschaftliche Ungleichheit herzustellen vermag, wobei ich in diesem Kapitel verschiedene gesetzmäßige Zusammenhänge herausarbeite, um dann die konkret-historischen Aspekte im Zusammenhang von Behinderung und Behindertenpädagogik im nächsten Kapitel zu analysieren. Dies schafft die Grundlagen des Begreifens von sozialen Strukturen, in denen Behinderung und Krankheit als Massenerscheinung aufzutreten vermögen. Dies wird im folgenden sehr schnell deutlich werden. Zunächst muß ich die Leser(innen) noch etwas um Geduld bitten, um die bisher entwickelten Gesetzmäßigkeiten auf das Niveau der kapitalistischen Gesellschaftsformation hin zu verfolgen. Diese Gesellschaftsformation will ich dann in ihrer inneren Struktur, in ihren Widersprüchen und wechselseitigen Entsprechungen vertieft analysieren. Schwerpunkt dieses Kapitels soll es dann sein, die anfänglichen Überlegungen zur sozialen Bestimmtheit von Behinderung in einem nunmehr ein ganzes Stück konkretisierten Gesellschaftsverständnis erneut aufzugreifen.

Das zentrale ökonomische Gesetz der kapitalistischen Gesellschaftsformation ist das *Mehrwertgesetz*. Es erklärt die Verteilung und Aneignung der Werte in dieser Gesellschaft, die durch eine typische Produktionsweise (widersprüchliche Einheit von Produktivkräften und Produktionsverhältnissen) gekennzeichnet ist. Die gesellschaftliche Arbeit schlägt also um in neue Formen der Produktion wie der Aneignung der Produkte. Arbeit als Prozeß bleibt übergreifendes Moment, um die gesellschaftliche Entwicklung zu begreifen. Zugleich muß diese Entwicklung in ihrer Struktur, ihren inneren Zusammenhängen, ihren Wechselwirkungen, die sich historisch verändern, erfaßt werden, um diesen Prozeß theoretisch als ganzen begreifen zu können. D. h. neben jenem *übergreifenden Moment*, der Arbeit, ist der Zusammenhang der *inneren Momente* zu rekonstruieren, um die

24

Gesetzmäßigkeiten auf der Objektseite – und dies ist der gesellschaftliche „Kontext" als historisch gewordene *Totalität* von Verhältnissen – begreifbar zu machen. Totalität bedeutet dabei nicht unendliche Vielfalt und Vielzahl, sondern die Struktur dieser Verhältnisse als inneren Zusammenhang zu begreifen und theoretisch zu reproduzieren, ohne dabei von ihrer Geschichtlichkeit zu abstrahieren. Unter *Gesellschaftsformation* ist dementsprechend ein bestimmter Typ der Mensch-Natur-Gesellschafts-Verhältnisse zu begreifen, der sich in der Organisation der Produktion, also in den Produktions- und Klassenverhältnissen, gesetzmäßig von anderen unterscheidet. In diesem Sinne erörtere ich nun den Kapitalismus.

Grundbegriff, um die innere Struktur der Produktionsweise in dieser Gesellschaftsformation zu begreifen, ist der Begriff des *Kapitals*. Mit der Entwicklung des Handels im ausgehenden Feudalismus, verbunden mit der Befreiung der neuen Klasse, des Bürgertums, aus den Denkbeschränkungen des Mittelalters, also verbunden mit der bürgerlichen Aufklärung, kommt es zur Akkumulierung großer Wertmassen als Kaufmannskapital. Wesen dieses Kaufmannskapitals ist es, daß Geld verausgabt wird (im Einkauf) um mehr Geld (im Verkauf) zu erhalten. Geld selbst wird also wertbringend, sich selbst verwertend eingesetzt. Dadurch wird es zu Kapital. *Kapital* ist also zu definieren als *sich selbstverwertender Wert*. Es ergibt sich der folgende Kreislauf: G – W – G'. Geld wird in Waren umgesetzt, die verkauft werden, um ein „mehr-an-Geld" (G') zu erreichen. Am Ende dieses Prozesses hat sich der in Geld ausgedrückte bisherige akkumulierte Wert G um den Anteil G' – G (einen Anteil, den wir als *Neuwert* bezeichnen) zu dem neuen akkumulierten Wert G' vermehrt. Nun wissen wir aber bereits, daß Werte nicht in diesem Kreislauf entstehen können, sondern nur dort, wo nützliche Dinge, Gebrauchswerte entstehen, entweder als Naturprodukte, die der Natur durch menschliche Arbeit entrissen werden (z. B. landwirtschaftliche Produkte, Bodenschätze usw.) oder durch Veredelung aus Rohstoffen geschaffen werden. Der Kaufmann kann also lediglich durch geschickte Organisation der *Zirkulation*, der Ware-Geld-Kreisläufe, Kapital akkumulieren, nicht durch die Produktion selbst, da er diese seinen Lieferanten überläßt. Läßt er jedoch andere gegen Lohn für sich produzieren, so kann er sich über das Resultat dieser gebrauchswertschaffenden Tätigkeit zusätzlichen Wert aneignen. Dies wird allerdings im großen Maße erst dann attraktiv, wenn Produktionsmittel zur Verfügung stehen, die einen optimalen Wirkungsgrad dieser Arbeitskraft sichern, denn die Arbeiter selbst verursachen Kosten durch die Notwendigkeit, das eigene Leben und die eigene Arbeitskraft zu erhalten. Diese Kosten müssen auf jeden Fall durch den Lohn abgedeckt werden.

Mit der Entwicklung der Produktivkräfte, der technischen Erfindungen, der Wissenschaft usw. aber auch noch im Aufgreifen der durch diese Technik sich verändernden alten handwerklichen Formen, z. B. in der Weberei, wird es für das Kaufmannskapital nicht nur interessant, sondern aufgrund der Konkurrenz und der Aufteilung der Märkte auch zunehmend notwendig, Produktionsmittel zu erwerben, um an ihnen durch die Anwendung lebendiger Arbeit Werte zu schaffen. Wer den Webern an den alten Webstühlen gewebtes Tuch abkauft, wird auf dem Markt weniger Tuch anbieten können, als der, der ihnen technisch bessere Webstühle mit einem weitaus größeren Wirkungsgrad zur Verfügung stellt, auf denen mit dem gleichen Einsatz von Arbeitskräften in der gleichen Arbeitszeit ein Vielfaches an Garntuch verarbeitet werden kann. Beim Spinnen, ebenfalls eine der ersten industrialisierten Tätigkeiten, können wir folgende Steigerungsraten in Gramm (Garn) pro Arbeitsstunde feststellen:

1. Spinnen mit Handrad, bis 1800: 8,1 Gramm;
2. Crompton 1779: „Mule-Jenny", 16 Spindeln, 1,5 Beschäftigte: 32 Gramm;
3. „Mule-Jenny" 1800–1830; Heimindustrie, 216 Spindeln, angetrieben durch Pferdegöpel, 4–5 Beschäftigte: 120 Gramm;
4. Halb-Selfaktor Mule Jenny, Drehung des Vorgarns geschieht ohne Zutun des Spinners, 1840, angetrieben mit Wasserkraft, 1000 Spindeln, 20 Beschäftigte; 360 Gramm.

Der Wirkungsgrad der Arbeitskraft multipliziert sich in diesen vier Etappen im Zeitraum von etwa 40 Jahren um die Faktoren 4, 15 und schließlich 44, 1880 mit Einführung des Selfaktors um den Faktor 80 und 1965 mit der Ringspinnmaschine ist das Resultat in Gramm Garn pro Arbeitsstunde 1481 mal größer als beim Spinnen mit dem Handrad (Daten nach *Haug* u.a. 1978, S. 140 f.).

Mit der Umwälzung der feudalen Verhältnisse entsteht also nicht nur die Möglichkeit, über das Privateigentum an Produktionsmitteln in erhöhter Weise Profit zu erlangen, Kapital zu akkumulieren, es entsteht auch die Notwendigkeit, wenn der Kaufmann als Kapitalist überleben will (abgesehen von jenen, die nach wie vor ihren Platz im Handel oder in dem Handel mit Geld (Bankgeschäft) finden). Die Entwicklung der Produktivkräfte wirkt zurück auf das Umschlagen in neue Produktionsverhältnisse, trägt unglaublich zur Beschleunigung dieses Prozesses bei, wobei der Wandel der Produktionsverhältnisse durch die Akkumulierung großer Kapitalbeträge bei den Kaufleuten selbst zum beschleunigenden Faktor der Umwandlung wird. Dieser Prozeß der Umwandlung wird zusätzlich verstärkt durch die Anpassung der alten Klasse, des Adels, an die neuen Bedingungen im Merkantilismus und Absolutismus, also mit der Durchorganisation von Gesellschaftssystemen, nehmen wir z. B. Preußen, nach Gesichtspunkten der Rationalität. Es entsteht also ein sich selbst beschleunigender gesellschaftlicher Prozeß, in dem sich der Übergang zu qualitativ anderen Produktionsverhältnissen, zu einer neuen Produktionsweise, zur kapitalistischen Gesellschaftsformation vollzieht.

Kern dieses Übergangs sind die veränderten Wertschöpfungsverhältnisse, vor deren Durchsetzung durch die mit ihnen verbundene Klasse des Bürgertums schließlich auch der Adel als herrschende Klasse weichen muß. Der Kern dieses Umschlags liegt in der Erweiterung des Kreislaufes G – W – G', der nun die folgende Form annimmt:

$$G - PM \underset{RSt}{\overset{AK}{<}} - P - W' - G'$$

Abkürzungen:
G: Geld; PM: Produktionsmittel; AK: Arbeitskraft; RSt: Rohstoffe; P: Produkt; W': um den Mehrwert als Teil des Neuwerts erhöhter Warenwert; G': um den Mehrwert erhöhter Geldausdruck des Kapitalbestands

Ein Teil des Geldkapitals wird als *fixes Kapital* langfristig in Produktionsmitteln angelegt bzw. mittelfristig als *zirkulierendes Kapital* in den Rohstoffen und den

Löhnen, ein Teil bleibt für kurzfristige Ausgaben flüssig. Im Produktionsprozeß selbst wird nunmehr an den von dem Kapitalisten gestellten Produktionsmitteln, an denen er Privateigentum besitzt, die durch den Lohn als Preis erworbene Verfügbarkeit über die Arbeiter wertschaffend umgesetzt. Der Arbeiter vollzieht gesellschaftlich gebrauchswertschaffende Arbeit durch die Anwendung der Produktionsmittel auf die Rohstoffe und deren Veredelung zu Produkten, also gesellschaftlichen Gütern. Diese haben für die Arbeiter jedoch nicht unmittelbar Gebrauchswert, Gebrauchswert hat für sie lediglich der Lohn als Kaufpreis ihrer Arbeitskraft, Wertausdruck ihres Arbeitsvermögens. Auch für den Kapitalisten haben diese Güter als nützliche Produkte keinen Gebrauchswert. Ihr Gebrauchswert liegt darin, daß sie Warenform annehmen können und durch den Verkauf das in ihnen angelegte zirkulierende Kapital ebenso wie der in ihnen durch die Produktion niedergeschlagene Neuwert aneigenbar wird, also aus dem W' sich das G' realisiert

Die Durchsetzung der neuen Form der Produktion verlangt zugleich die Veränderung der gesellschaftlichen Verhältnisse, die dieser entgegenstehen. Rechts- und Staatsverhältnisse müssen sich durchsetzen bzw durchgesetzt werden, die diese Entwicklung unterstützen und garantieren. Insbesondere – ich greife dies als einen Aspekt der Veränderung der Totalität der gesellschaftlichen Zusammenhänge durch diesen Übergang auf – muß sich die Verfügbarkeit über die Arbeitskraft als Ware ändern, wobei diese Ware auf Dauer selbst in einem Zustand sein muß, der ihre Anwendung in der Produktion rationell ermöglicht Bisher war die Produktion vor allem an Grund und Boden gebunden.

Die Kaufleute suchten die Orte auf, an denen produziert wurde Indem sie selbst zu Produzenten werden, versuchen sie die natürlichen Distributionsbedingungen ebenso wie die bisher entstandenen gesellschaftlichen zu ihren Gunsten umzugestalten. *Distribution* meint die natürlichen und gesellschaftlichen Bedingungen der Verteilung der Produkte und der Menschen, also z. B. das Verhältnis der Orte der Produktion zu denen des Konsums, die natürlichen und gesellschaftlich geschaffenen Verkehrswege, rechtliche Regelungen dieser Verteilung wie Zölle usw. Bei der Umgestaltung der Distributionsbedingungen ist das Kapital an die Voraussetzungen zur Beherrschung der Produktion gebunden. Solange noch Wasser als Energiequelle benutzt wird, kann die Industrie nur dort entstehen, wo Wasser zur Verfügung steht. Zu dem Zeitpunkt aber, wo die Energieerzeugung auf Maschinen übertragen wird, die wie die Dampfmaschine oder später der Elektromotor überall verfügbar sind, werden die Standorte der Industrie von anderen Bedingungen bestimmt. Unter anderem ist dies die Verfügbarkeit über Rohstoffe: Diese müssen am Ort sein oder die Transportbedingungen müssen günstig sein; oder es ist die Verfügbarkeit über Arbeitskräfte oder auch die bessere rechtliche und steuerliche Situation, die der eine Standort gegenüber dem anderen zu bieten vermag, die bereits vorhandene zuliefernde Industrie usw.

Damit diese Standortveränderungen möglich werden, müssen sich die alten feudalen Rechtsstrukturen ändern, insbesondere Arbeitskräfte müssen zu den Orten der Produktion strömen können und dort ihr Leben fristen. Ich werde im folgenden Kapitel im einzelnen erörtern, wie durch diese Gesetzmäßigkeiten bedingt sich die Rechtsform des alten Armenrechtes ändert, die Unterstützungsleistungen sich vom Heimatort an den Wohnort verlagern, Systeme der sozialen Infrastruktur (Gesundheit, Rentenversicherung, Bildung) entstehen, um die Reproduktion der Arbeitskraft zu sichern usw.

Kern dieser neuen Verhältnisse ist eine neue Form der *Ausbeutung,* auf deren Basis dieses System aufgebaut ist. Der neue Zirkulationszusammenhang des Kapitals funktioniert nur dann, wenn der Neuwert, der in der Produktion geschaffen wird, so aufgeteilt wird, daß der Arbeiter den durch Zuschuß seiner Arbeitskraft erst entstandenen Wert nicht vollständig erhält, sondern zu möglichst geringen Teilen, wenn es also dem Kapitalisten gelingt, die Arbeitskraft möglichst preisgünstig und möglichst weit unter dem Wert, den sie an seinen Produktionsmitteln schafft, einzukaufen. Anderenfalls hätte sich für ihn nichts positiv geändert. Sein Bemühen ist es also, von den gesamten ihm in Kapitalform zur Verfügung stehenden Werten einen möglichst geringen Teil auf die Arbeitskraft zu übertragen, damit der verbleibende Neuwert möglichst groß ist. Den Teil des Neuwertes, der als Lohn oder andere finanzielle und nichtfinanzielle Leistungen auf den Arbeiter übertragen wird (direkt oder durch gesellschaftliches Fonds wie z. B. Krankenversicherung, Altersversorgung usw.) bezeichnet *Marx* als *variables Kapital* (v). Den Teil des Neuwertes, den der Kapitalist sich aneignet, bezeichnet er als *Mehrwert.* Es ist Bestreben des Kapitalisten dieses Verhältnis, also die *Mehrwertrate,* möglichst günstig für sich zu gestalten: m/v sei maximal. Neben der Gestaltung einer optimalen Mehrwertrate ist für den Kapitalisten außerdem die *Masse des Mehrwerts* von Bedeutung, die er aneignen oder bewegen kann Deshalb kann er zu bestimmten Zeiten und bei großer Kapitalmacht, etwa durch Dumpingpreise u. ä., durchaus darauf verzichten, eine maximale Mehrwertrate zu realisieren, weil er über den massenhaften Umsatz dies ausgleicht, sich neue Märkte erobert. Er wird dann einen bestimmten möglichen Teil des Mehrwerts nicht realisieren, um den Umsatz zu erhöhen und damit die Mehrwertmasse, nicht aber die Arbeitslöhne erhöhen, da sie aus seiner Logik betrachtet nicht wertschaffenden, sondern wertverzehrenden Charakter haben.

Die Perspektive des Kapitalisten, obwohl ökonomisch-funktional von dem *Mehrwertgesetz* geregelt, bestimmt sich jedoch nicht unmittelbar aus dieser Sicht, sondern aus einem eher an der Oberfläche der gesellschaftlichen Zusammenhänge liegenden Sachverhalt. Da der Kapitalist die Produktionsmittel, an denen er Privateigentum hat, nicht als Resultat bisheriger Ausbeutungszusammenhänge sieht (feudaler wie bisheriger kapitalistischer), existiert für ihn lediglich die Perspektive, wie sich sein gesamtes Kapital verzinst, welchen *Profit* er macht. Das Mehrwertgesetz, obwohl Grundlage seines Handelns und der Ausbeutung in der neuen Gesellschaftsformation, wird ihm nicht sichtbar.

Halten wir fest: Die gesamten gesellschaftlichen Zusammenhänge verändern sich von innen heraus über die neue Form der Vermittlung von Subjekt und Objekt der Produktion. Zugleich entwickeln sich neue antagonistische Klassenverhältnisse, in denen diese Vermittlung stattfindet Hauptklassen sind: (1) die *Kapitalistenklasse,* die sich des Mehrwertgesetzes zur Abschöpfung und privaten Akkumulation gesellschaftlich produzierter Werte bedient; Voraussetzung hierfür ist das Privateigentum an den Produktionsmitteln, das durch Rechtsverhältnisse vielfach gesichert und garantiert wird (2) Die *Arbeiterklasse.* Die Klassenzugehörigkeit zur Arbeiterklasse bestimmt sich dadurch, daß Arbeiter über keine andere Ware als ihre Arbeitskraft verfügen und, da sie keine Produktionsmittel besitzen, diese Arbeitskraft an die Produktionsmittelbesitzer verkaufen müssen, um über den Lohn die für ihre *Konsumtion* notwendigen Güter zu kaufen. Um ihre *Arbeitskraft* wieder zu *produzieren*, bedürfen die Arbeiter der Wertübertragung aus jenen Gütern, die sie zu ihrer Reproduktion kaufen (können): Nahrungsmittel, Kleidung, Wohnung, Leistungen der öffentlichen materiellen Infrastruktur: Elektrizität, Straßenbahnen usw. wie der sozialen Infrastruktur: Bildung, Versorgung im Krankheitsfall usw. Die so in der privaten Verantwortung des Arbeiters (re)produzierte Arbeitskraft wird sodann im Prozeß der Arbeit, der Produktion der Güter konsumiert und bedarf wiederum der Erneuerung, der Reproduktion.

Ich habe diese Zusammenhänge in *Abbildung 2* zusammengefaßt. Diese Abbildung enthält darüber hinaus einige weitere Problemebenen, auf die ich im folgenden zu sprechen komme. Um Mißverständnisse zu vermeiden: Ich sprach von den Hauptklassen der Gesellschaft, deren Auseinandersetzung und Entwicklung den gesellschaftlichen Prozessen ihre Entwicklungsrichtung und neue Struktur gibt. Ich habe also sozusagen die „Magistrale" dieser Entwicklung untersucht. Selbstverständlich existieren weiterhin und bis heute weitere soziale Klassen (etwa Bauern und Handwerker, die Produktionsmittel besitzen und zugleich mit ihnen selbständig arbeiten). Diese in vorkapitalistischen Gesellschaften bereits entstandenen Sonderverhältnisse wie auch neue Sonderverhältnisse, die im Kapitalismus entstehen, werden hier nicht mit dem Begriff der Klasse bezeichnet sondern mit dem der *Schicht,* speziell der *Mittelschicht,* da die Bedingungen ihrer Existenz wesentlich mitbeeinflußt sind von den Lebensbedingungen wie Klassenauseinandersetzungen der Hauptklassen (zu näheren Details s. Abb. 3).

Abbildung 2 Gesellschaftliche Produktion, Staat und Infrastruktur

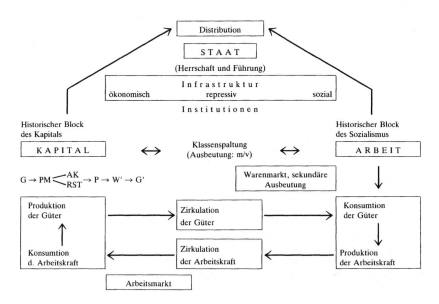

29

1.4 Behinderung und soziale Lage

Bevor ich nun meine Analyse fortführe, einige Bemerkungen zum Zusammenhang der bisher erarbeiteten Sachverhalte mit dem Problem der *Behinderung* Unter den Bedingungen einer Gesellschaft, die auf Beziehungen der formalen Gleichheit zwischen Warenbesitzern aufbaut, ist der nicht in der Lage, diese Beziehungen wahrzunehmen und damit sich selbst am Leben zu erhalten, der über keine Waren verfügt, oder dessen Waren schlechtere Qualität haben. Wer jedoch auf die Arbeitskraft als einzige Ware, die er verkaufen kann, verwiesen ist, muß diese in gesellschaftlich durchschnittlich verlangter Weise ausgebildet haben und Möglichkeiten zur Ausbildung gehabt haben, sonst mißlingt der Verkauf Insbesondere mißlingt dieser Verkauf zunehmend dann, wenn sich die gesellschaftlichen Bedingungen krisenhaft verändern. Als Anzeichen einer reduzierten Qualität der Arbeitskraft als Ware treten dann auf: Alter, Geschlecht, Gesundheit, Bildungsgrad usw.. Es resultiert für große Teile der Bevölkerung damit der Tatbestand, nur noch über *„Arbeitskraft minderer Güte"* zu verfügen In besonderer Weise sind von diesem Zusammenhang jene Menschen betroffen, die deutlich sichtbare körperliche, psychische und geistige Einschränkungen aufweisen, so in der Terminologie des Bundessozialhilfegesetzes (BSHG), also behindert sind. In einer warenproduzierenden Gesellschaft, in der die Arbeitskraft selber Ware ist, ist die Behinderung damit grundsätzlich „Arbeitskraft minderer Güte" Wiederum: dies ist eine Feststellung auf der Ebene allgemeiner Gesetzeszusammenhänge. Inwieweit sich dieser Zusammenhang im Einzelfall durchsetzt, ist abhängig von den gesamten komplizierten Zusammenhängen und Auseinandersetzungen in dem gesellschaftlichen „Kontext", in dem der Betroffene lebt; z. B. offenbart sich dieser Zusammenhang in seiner nackten kapitalistischen Rationalität am deutlichsten in der Vernichtung von Behinderten, aber auch zahlreichen anderen in ihrer Arbeitskraft eingeschränkten Menschen, im Faschismus Trotzdem besteht dieser Zusammenhang auch in der bürgerlichen Demokratie, wie es ein Blick in die Arbeitslosenstatistiken dieser Tage ebenso nachweist, oder in das Schwerbehindertengesetz, das für die Tätigkeit in Werkstätten für Behinderte als Voraussetzung ein „Mindestmaß wirtschaftlich verwertbarer Arbeitsleistung" (§ 52, Abs. 3) verlangt. Die Tatsache, über „Arbeitskraft minderer Güte" zu verfügen, müßte auch gesamtgesellschaftlich nicht zwangsläufig zur individuellen Benachteiligung führen, wenn es gelänge, eine gesellschaftliche Wertverteilung zu erreichen, die eine bessere Wertübertragung in die Erstellung der „Arbeitskraft" von Behinderten garantiert Dies wäre eine Verteilung, die auf der Grundlage der Erkenntnis, daß das Recht auf Arbeit erstes Menschenrecht ist, durch gesellschaftliche Umverteilung des Eigentums und der Werttransfers Arbeitsplätze für alle schafft. In der Tendenz ist eine solche Gesellschaft eine sozialistische Gesellschaft. Darüber wäre mit Sicherheit vieles zu sagen: dies ist jedoch nicht das Thema meines Buches.

Es verwundert bei den bisherigen Überlegungen nicht, daß es deutliche Zusammenhänge von Behinderung und Sozialstruktur gibt: Umweltbelastungen, Streß, fehlende Ernährung, ungünstige Lebensbedingungen usw treffen vor allem die lohnabhängige Bevölkerung und insbesondere die *Reservearmee*, also die von Arbeitslosigkeit unmittelbar oder z. B. durch Kurzarbeit, stundenweise Heimarbeit usw. betroffene Bevölkerung. Entsprechend deutlich sind die Quoten der Überpräsentation der unterschiedlichen Formen von Behinderung in diesen Bevölkerungsschichten. Wiederum: Dies gilt als allgemeines Gesetz. Natürlich gibt es auch belastende Lebenszusammenhänge, die in besonderer Weise die sogenannten Mittelschichten treffen, so z. B spezifische Formen des Arbeitsstresses, die vorrangig Herz- und Kreislaufkrankheiten hervorbringen oder Vorlieben im Medikamentengebrauch wie bestimmte ärztliche Gewohnheiten, Medikamente zu verschreiben: Aus solchen Zusammenhängen erklärt sich auch die scheinbar schichtenunspezifische Verteilung der Mißbildungen durch Contergan. Aber das sind Ausnahmen. Bevor ich diese Zusammenhänge, die von der *Epidemiologie,* der Wissenschaft von der sozialen Verteilung von Krankheiten, untersucht werden, näher darstelle, einige Anmerkungen zum Zusammenhang von Klasse und Schicht.

Marxistische Wissenschaftler halten es für sinnvoll, zu einer *Schichtengliederung* nicht aufgrund des Einkommens oder des beruflichen Ansehens u. a. mehr zu gelangen, da sich hierin lediglich gesellschaftliche Unterschiede in Oberflächenerscheinungen niederschlagen. Solche Einteilungen sind in der gesamten „bürgerlichen" Wissenschaft durchaus üblich Stattdessen plädieren sie für ein Schichtungsmodell, das sich an den grundlegenden Klassenverhältnissen in der Gesellschaft, an der ökonomischen Sonderstellung bestimmter Schichten innerhalb der Klassen wie zwischen den Klassen orientiert (bzw zusätzlich zu den ökonomischen Kriterien politische und soziologische Kriterien verwendet wie z. B. die Zugehörigkeit zur Intelligenz).

Meine Analyse folgt den verschiedenen Publikationen des *Instituts für marxistische Studien und Forschungen (IMSF),* und wurde für das Problem der Behinderung erstmals in „Sozialisation und Behinderung" (Jantzen 1974) vorgelegt. Das Schichtengefüge einer Gesellschaft ist somit als Feingliederung der Klassenstruktur zu verstehen, sozusagen als eine Momentaufnahme der in dieser sich ausdrückenden historischen Prozesse der Differenzierung. Diese Zusammenhänge habe ich in *Abbildung 3* dargestellt, in der neben der Schichtung selbst einige Prozesse der Differenzierung zwischen den Schichten besonders erwähnt werden: Es sind dies die Prozesse der Proletarisierung, der Pauperisierung, der Deklassierung, aber auch der Prozeß der Verelendung, auf den ich zusätzlich verweisen will. Ich werde diese Prozesse in einem zweiten Schritt bei der Darstellung behinderungsspezifischen Materials erläutern, wenn ich über die sozialen und ökonomischen Folgen des Eintretens von Behinderung spreche.

Abbildung 3 Klassen und Schichten im Kapitalismus der Bundesrepublik

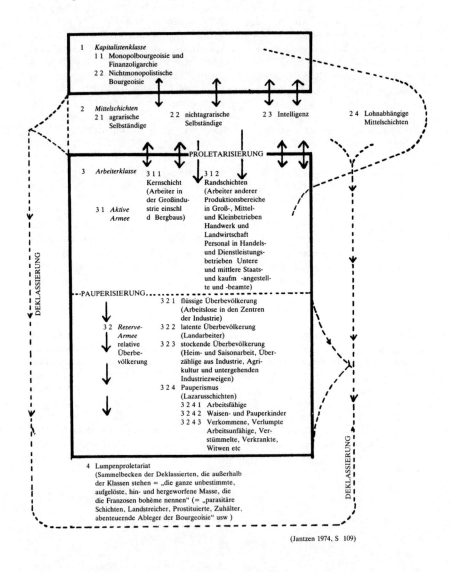

1 *Kapitalistenklasse*
  1 1 Monopolbourgeoisie und Finanzoligarchie
  2 2 Nichtmonopolistische Bourgeoisie

2 *Mittelschichten*
  2 1 agrarische Selbständige   2 2 nichtagrarische Selbständige   2 3 Intelligenz   2 4 Lohnabhängige Mittelschichten

PROLETARISIERUNG

3 *Arbeiterklasse*
  3 1 *Aktive Armee*

  3 1 1 Kernschicht (Arbeiter in der Großindustrie einschl d Bergbaus)

  3 1 2 Randschichten (Arbeiter anderer Produktionsbereiche in Groß-, Mittel- und Kleinbetrieben Handwerk und Landwirtschaft Personal in Handels- und Dienstleistungsbetrieben Untere und mittlere Staats- und kaufm -angestellte und -beamte)

  PAUPERISIERUNG

  3 2 *Reserve-Armee* relative Überbevölkerung

  3 2 1 flüssige Überbevölkerung (Arbeitslose in den Zentren der Industrie)
  3 2 2 latente Überbevölkerung (Landarbeiter)
  3 2 3 stockende Überbevölkerung (Heim- und Saisonarbeit, Überzählige aus Industrie, Agrikultur und untergehenden Industriezweigen)
  3 2 4 Pauperismus (Lazarusschichten)
    3 2 4 1 Arbeitsfähige
    3 2 4 2 Waisen- und Pauperkinder
    3 2 4 3 Verkommene, Verlumpte Arbeitsunfähige, Verstümmelte, Verkrankte, Witwen etc

4 Lumpenproletariat
(Sammelbecken der Deklassierten, die außerhalb der Klassen stehen = „die ganze unbestimmte, aufgelöste, hin- und hergeworfene Masse, die die Franzosen bohème nennen" (= „parasitäre Schichten, Landstreicher, Prostituierte, Zuhälter, abenteuernde Ableger der Bourgeoisie" usw)

DEKLASSIERUNG

(Jantzen 1974, S 109)

Zunächst will ich an einigen Daten meine Behauptung belegen, daß das Auftreten von Behinderung eng mit sozialer Schichtung verknüpft ist. Die folgende Tabelle zur sozialen Herkunft von Sonderschülern unterschiedlicher Schulformen geht zwar nicht von einem Schichtungsmodell aus, das unseren Anforderungen exakt entspricht, vermittelt jedoch auch so ein deutliches Bild:

Tabelle 1· Sonderschulzugehörigkeit und soziale Schicht der Herkunftsfamilie

Schicht	% Bev.	% GB	% SB	% LB
Oberschicht:	0,5	0,2	0	0
Obere Mittelschicht:	6	4,1	2	0,3
Mittlere Mittelschicht:	11	3,5	6	1,5
Untere Mittelschicht:	38	17,6	29	7,3
Obere Unterschicht:	30	32,8	35	37,5
Untere Unterschicht:	13	19,4	27	48,1
Sozial Verachtete:	2	22,4	1	5,3
Anzahl der Untersuchten (N):		680	891	397

Die Daten sind verschiedenen Untersuchungen Ende der 60er/Anfang der 70er Jahre entnommen (vgl *Jantzen* 1977, S. 111 bzw. 1974 S. 115)

Die in der Oberflächenerfassung sozialer Schichten sich ausdrückenden Lebens- und Arbeitszusammenhänge führen, so zeigen diese Zahlen, die symptomatisch für die Verhältnisse im Bereich Behinderung sind, deutlich in verstärktem Umfang zu dem sozialen Tatbestand Behinderung. Diese Zusammenhänge sind zudem in einer Reihe von Längsschnittsuntersuchungen herausgearbeitet, auf die in Kürze eingegangen werden soll. Resultat ist es, so in der Rostocker Untersuchung (*Meyer-Probst und Teichmann* 1984), in der Untersuchung von *Ondarza-Landwehr* (1979) sowie in der Untersuchung von *Werner* (1982, 1983), daß Indikatoren wie z. B. Interaktionsverhältnisse in der Familie, soziale Lage der Familie, Kindergartenbesuch, Lebens- und Arbeitssituation der Familienangehörigen usw. bei Kindern, die in ihren ersten beiden Lebensjahren starke biologische Belastungen, insbesondere des Zentralnervensystems aufwiesen, viel besser vorherzusagen vermögen, ob diese Kinder später als behindert gelten oder nicht, als die biologischen Daten. Der Schichtzusammenhang wirkt sich freilich nicht nur im nachgeburtlichen Bereich aus, sondern auch schon vorgeburtlich: Die Abortraten und Raten der Säuglingssterblichkeit sind bei Müttern aus der Arbeiterklasse, insbesondere solchen, die während der Schwangerschaft in der materiellen Produktion tätig sind, wesentlich höher. Umweltkatastrophen und Belastungen treffen die Angehörigen der arbeitenden Bevölkerung weitaus mehr als die der herrschenden Klasse Dies sind Zusammenhänge, die sich bei einem Blick auf die Verhältnisse in den sogenannten Entwicklungsländern noch um vieles deutlicher zeigen.

Von Schädigung oder Leistungsminderung im Sinne der Definition des Weltgesundheitsamtes betroffene Menschen fallen insgesamt wesentlich leichter sozialen Prozessen der Verschlechterung der Lebenslage zum Opfer, wie ich das am Beispiel der von Gesundheitsschädigungen betroffenen Arbeitslosen schon benannt habe. Prozesse der „sozialen Mobilität", wie dies die „bürgerliche" Soziologie nennt, wirken sich für diese Menschen häufig bloß als *Abwärtsmobilität* aus Derartige Prozesse lassen sich begreifen als Ausdruck gesamtgesellschaftlicher Tendenzen und Prozesse, die ich als Pauperisierung, Verelendung usw. schon im Zusammenhang mit Abbildung 3 benannt habe. Was ist hierunter im einzelnen zu verstehen? Unter *Verelendung* versteht man im *absoluten* Sinn, daß die über das variable Kapitel (in dessen Zentrum die Lohnausgaben stehen) vermittelten Werttransfers an die Arbeiterklasse unter das historisch erreichte Niveau, das zur Reproduktion der eigenen Arbeitskraft erforderlich ist, sinken: Wenn also die Realkaufkraft der Renten sich reduziert, die Preisentwicklung in eklatentem Widerspruch zur Anpassung des „Warenkorbs" als Grundlage der Bemessung der Sozialhilfe steht, wenn Löhne nicht der Inflation angepaßt werden, aber auch wenn öffentliche Leistungen wie Bibliotheken, Schwimmbäder, Straßenbahnen usw. teurer werden bzw. zum Teil abgebaut werden. Als *relative Verelendung* wird der Prozeß begriffen, in dem sich ein prozentual immer größerer Anteil der gesellschaftlichen Werte in den Händen der Kapitalistenklasse konzentriert: Wenn also statt Beschäftigungsprogramme auf breiter Basis durchzuführen, um die Arbeitslosigkeit zu bekämpfen, immer größere Wertanteile als Subventionen an Konzerne übertragen werden oder als Steuerbegünstigungen bzw. wenn immer bessere Bedingungen für den Profit des Kapitals entstehen Beide Formen der Verelendung sind u. U. auch dann festzustellen, wenn die Löhne steigen. Es geht hier um die Proportionen: Bei der absoluten Verelendung darum, ob die gestiegenen Löhne und sonstigen Werttransfers in Anbetracht der veränderten Lebens- und Arbeitsverhältnisse noch die Reproduktion des Werts der Arbeitskraft sichern wie vorher, und bei der relativen Verelendung, wie der erschaffene Neuwert auf die beiden Klassen in seiner Gesamtmasse prozentual aufgeteilt wird.

Folge dieser Verelendungsprozesse wie der strukturellen Veränderung der Lebens- und Arbeitsprozesse sind z. B. *Proletarisierungsprozesse*. Angehörige der selbständigen Mittelschichten sind genötigt, ihr Handwerk, ihren Bauernhof, ihr Geschäft aufzugeben und um Lohnarbeit nachzusuchen, werden also Angehörige der Arbeiterklasse, des Proletariats. Für viele wirkt sich dieser Prozeß der Existenzvernichtung in der momentanen Situation unmittelbar als Pauperisierung aus: Sie verarmen, weil sie keinen neuen Arbeitsplatz finden oder nur eine teilweise Beschäftigung; werden also Teile der Reservearmee ebenso wie dies die arbeitslosen Arbeiter sind. Diesen Übergang in die Reservearmee bezeichnet man als Prozeß der *Pauperisierung*. In diesen Prozessen werden die Menschen vereinzelt, sind nicht mehr mit Kollegen über die Kooperation verbunden, fühlen sich als Arbeitslose in der Nachbarschaft isoliert, oder als Rentner bzw. als Sozialhilfeempfänger. Sie sind auch faktisch isoliert, weil sie nicht mehr über die üblichen materiellen, insbesondere finanziellen Grundlagen verfügen, um an dem üblichen gesellschaftlichen Verkehr, den vorher aufrechterhaltenen sozialen Beziehungen teilzunehmen. In diesem Prozeß werden also objektiv (und in Folge ihrer veränderten Tätigkeitsmöglichkeiten verstärkt auch subjektiv) die Zusammenhänge und Beziehungen zur eigenen Klasse zerstört: Diesen Vorgang bezeichnet die marxistische Klassenanalyse als *Deklassierung*

1.5 Gesellschaftswissenschaftliche Grundbegriffe II: Staat und Infrastruktur

Mit der Anwendung der Ergebnisse zur ökonomischen Grundlage der gesellschaftlichen Prozesse auf das Problem der Behinderung haben wir den Bereich der ökonomischen Analyse bereits verlassen und wenden uns soziologischen

Fragestellungen zu. Die *politische Ökonomie* fragte nach der inneren Verfaßtheit der über die Produktion und die Warenform regulierten Austauschverhältnisse in einer Gesellschaftsformation, sie fragte nach den ökonomischen Verhältnissen, die die Menschen in ihrer Produktion historisch eingegangen sind, nicht aber nach der komplizierten Verbindung dieser Verhältnisse mit zahlreichen anderen gesellschaftlichen Sphären, die zugleich mit diesen Verhältnissen und auf ihrer Basis entstanden sind, bzw. in ihnen neue Form annehmen (so etwa die Klassenstruktur), wie auch die ökonomischen Verhältnisse absichern. Abgesichert werden diese Verhältnisse durch Herrschaft und Führung, die gekoppelt sind an die Funktionen des Staates. Auch hier müssen wir uns erneut von unseren Alltagsbegriffen lösen, um diesen Zusammenhang zu erfassen. Die *Soziologie* fragt jedoch nicht nur nach dieser Seite des gesellschaftlichen Prozesses sondern ebenso, wie die Menschen als Subjekte ihrer Geschichte sich mit der so vorgefundenen Objektivität auseinandersetzen. Sie fragt dies bezogen auf einzelne Menschen und wird hier zur Sozialpsychologie. Sie fragt aber vor allem auch nach Prozessen kollektiver Subjektivität, also der Vereinigung von Menschen in diesem gesellschaftlichen Prozeß, um gemeinsam ihre Ziele durchzusetzen; nach den materiellen und ideologischen Formen, die hierbei entstehen usw..

Ich werde diese Frage aufgreifen. Zunächst will ich mich jedoch mit der Analyse des *Staates* als zentralem gesellschaftlichen Verhältnis befassen, das die Aufrechterhaltung der inneren Strukturen einer Gesellschaft sichert, also die Aufrechterhaltung des Zyklus von Produktion, Zirkulation und Konsumtion vermittels der Distribution, der gesellschaftlichen Verteilung von Menschen, Dingen und Prozessen. Obwohl dieser Staat scheinbar neutraler Vermittler zwischen den Klassen ist, zeigt eine genaue Analyse, daß er eben diese Funktion nicht wahrnimmt, vielmehr ihr Postulieren selbst ein klassenspezifischer Prozeß ist, mit dem die Führung der herrschenden Klasse gesichert werden soll. Was ist nun der Staat? Diese Frage soll unter Rückgriff auf einige Aussagen der *marxistischen Staatstheorie* geklärt werden: Im ersten Schritt will ich die Auffassung von *Marx, Engels* und *Lenin* darstellen, im zweiten Schritt ihre Konkretisierung für westeuropäische Gesellschaften durch Antonio *Gramsci*. (*Gramsci* leitete von 1924 – 1926 die Italienische Kommunistische Partei, wurde ungeachtet seiner parlamentarischen Immunität von den Faschisten verhaftet, 1928 zu 20 Jahren Kerkerhaft verurteilt, an deren Folgen er 1937 starb. Seine Theorie wurde nicht nur für die italienischen Kommunisten bedeutsam Auf ihn berufen sich auch erhebliche Teile der Sozialisten sowie marxistische Kräfte innerhalb der SPD in der BRD. Für Psychiatrie und Behindertenpädagogik hat seine Analyse der sozialen Rolle der Intelligenz eine erhebliche Bedeutung. Überlegungen der demokratischen Psychiatrie Italiens gehen unmittelbar auf ihn zurück; vgl. den von F. *Basaglia* herausgegebenen Band „Befriedungsverbrechen"). Schließlich will ich die Darstellung der Analyse *Gramscis* mit einigen Aspekten der aktuellen, marxistischen, staatstheoretischen Diskussion in der BRD verbinden. Ich werde also jene Zusammenhänge aus Abbildung 2 aufgreifen, die ich bisher nicht erörtert habe, um eine vertiefte Vorstellung von dem zu erlangen, was am Anfang noch relativ amorph und diffus „gesellschaftlicher Kontext" genannt wurde.

In seinem Werk „Der Ursprung der Familie, des Privateigentums und des Staats" bestimmt Friedrich *Engels* den Staat wie folgt (alle folgenden Zitate nach *Lenin* „Staat und Revolution"): „Der Staat ist also keineswegs eine der Gesellschaft aufgezwungene Macht; ebensowenig ist er ‚die Wirklichkeit der sittlichen Idee' wie Hegel behauptet. Er ist vielmehr ein Produkt der Gesellschaft auf bestimmter Entwicklungsstufe; er ist das Eingeständnis, daß diese Gesellschaft sich in einen unlösbaren Widerspruch mit sich selbst verwickelt, sich in unversöhnliche Gegensätze gespalten hat, die zu bannen sie ohnmächtig ist" (S. 398). Um diese Widersprüche zu lösen, entsteht der Staat als scheinbar über der Gesellschaft stehende Macht *Marx* bestimmt diesen Staat als „ein Organ der Klassen*herrschaft*, ein Organ der *Unterdrückung* der einen Klasse durch die andere, (er) ist die Errichtung derjenigen „Ordnung", die diese Unterdrückung sanktioniert und festigt, indem sie den Konflikt der Klassen dämpft" (S 399). *Lenin* selbst fügt als Definition hinzu: „Der Staat ist das Produkt und die Äußerung der *Unversöhnlichkeit* der Klassengegensätze Der Staat entsteht dort, dann und insofern, wo, wann und inwiefern die Klassengegensätze objektiv *nicht* versöhnt werden *können*" (ebd.). Wiederum: es geht nicht um das subjektive Wollen, die subjektiven Ansichten und Einsichten der einen oder anderen Personen oder Gruppen in diesem Staatsapparat, sondern um seine objektive Funktion. Genauso wie den Angehörigen der herrschenden Klasse, der Bourgeoisie, die Produktion unter dem Gesichtspunkt des Profits und nicht des Mehrwerts *erscheint,* ihnen die gesellschaftlichen Auseinandersetzungen auf der Basis der Gleichheit der Rechte von Warenbesitzern und nicht als Klassenkampf erscheinen, so erscheint ihnen der Staat als Garant der rechtlich und polizeilich abgesicherten Ordnung, die selbst als ewig und natürlich betrachtet wird. „Freiheit", als Freiheit des Profits und der Ausnützung einer historisch gewordenen Rechtsordnung, die für naturgegeben und ewig gehalten wird, ist als ewiges Naturrecht selbst den Grundrechten des Grundgesetzes (insbesondere der Gleichheit) vorrangiges Prinzip, das der Staat zu schützen hat, so F. J. *Strauß* in „Gebote der Freiheit". Die Gleichheit wird nicht unter dem Gesichtspunkt der optimalen Entfaltung aller menschlichen Kräfte und Fähigkeiten des je einzelnen im Prozeß der Menschheit gesehen, es gilt nur jene Gleichheit der Rechte als formaler Anspruch, der alles an seinem gesellschaftlichen Platz läßt: „Jedem das Seine". Analysiert man nun die Funktion des Staates auf der Basis der durch die Mehrwertproduktion gegebenen Ausbeutung (als ökonomischer Prozeß!) und der aus ihr resultierenden Klassenteilung wie den mit ihr verbundenen sozialen Differenzierungsprozessen (Verelendung usw.), so gelangt man von der Erscheinungsebene zum *Wesen.* Der Staat ist nicht neutrale Schiedsstelle, nicht parlamentarischer, juristischer, polizeilicher Apparat, der jedem in gleicher Weise zur Durchsetzung der Grund- und Menschenrechte verhilft, sondern ein *historischer Handlungszusammenhang,* der über die bestehenden staatlichen Institutionen sich realisiert Deswegen heißt „Stürzen des Staates" bei *Marx, Engels* oder *Lenin* auch nicht den Zustand einer Anarchie herzustellen, sondern vielmehr diese Institutionen durch die Arbeiterklasse zu besetzen und damit den Staat als Handlungszusammenhang des Kapitals zu beseitigen Wie diese Vorstellungen über den Übergang im einzelnen sind, kann der zitierten Schrift von *Lenin* entnommen werden. Eine hervorragende und interessante Analyse der im Zusammenhang des Stalinismus aufgetretenen Probleme im Staatsapparat der Übergangsgesellschaft hat *Hofmann* in seiner Schrift „Was ist Stalinismus?" vorgenommen. Ich verweise auf diese Literatur und beschränke mich darauf, die Rolle des Staates in der kapitalistischen Klassengesellschaft weiter und genauer zu bestimmen.

Wesentliche *Funktionen* des Staates sind gegenüber der alten „Gentilordnung", also jener Form der gesellschaftlichen Organisation, aus der sowohl Privateigentum, Klassen wie Staat entstanden, die folgenden: 1) Die Einteilung der Staatsangehörigen nach dem Gebiet. Dies meint nicht nur bezüglich der äußeren Grenzen, sondern auch im Staate selbst, also den innergesellschaftlichen Distributionszusammenhang. 2) Die Errichtung einer öffentlichen Gewalt, die „in besonderen Formationen bewaffneter Menschen (besteht), die Gefängnisse und anderes zu ihrer Verfügung haben" (S. 401). Diese öffentliche Gewalt realisiert sich in unserer Gesellschaft nicht nur über Polizei, Militär, Grenzschutz usw., sondern z. B. auch in dem in der Psychiatrie auf der Basis des Rechtsverhältnisses der „Entmündigung" bzw. der „Sicherheitsverwahrung" bestehenden besonderen Gewaltverhältnis. 3) Eintreibung von Steuern und Staatsschulden zur Aufrechterhaltung dieser Gewalt, insbesondere durch Beamte „als Organe der Gesellschaft *über* der Gesellschaft" (S. 403), die sowohl korrumpiert sind durch die ihnen zugestandenen Machtbefugnisse in der Ausübung der Herrschaft wie durch ökonomische und rechtliche Privilegien. Ausdruck des Verhältnisses von Beamtenapparat und herrschender Klasse ist das Entstehen der Bürokratie, die Georg *Lukács* zu recht am Beispiel des preußischen absolutistischen Staates den „reaktionären Kompromiß" zwischen Kleinbürgertum und Adel nennt (1979, S. 42)

Die *Aufhebung* des Staates besteht demnach in seiner Umwandlung in „Vertretungskörperschaften", deren Mitglieder ebenso wie die Beamten der gesellschaftlichen Kontrolle und Abwählbarkeit bzw. Absetzbarkeit durch die Arbeiterklasse unterliegen.

Die Erfahrungen des Faschismus lehren jedoch, und dies hat insbesondere *Gramsci* herausgearbeitet, daß es nicht nur der Staat als Gewaltapparat ist, der zwecks Aufhebung der Klassenherrschaft „gestürzt" werden muß. Vielmehr ist dieser Staat in vielfältigen ideologischen Prozessen bei der Bevölkerung verankert. Insbesondere ist er in jenem Bereich *hegemonial* verankert, ist sein Führungsanspruch also unwidersprochen, den *Gramsci* im Unterschied zum bisher dargestellten Gewaltapparat als „*zivile Gesellschaft*" bezeichnet. Der „*integrale Staat*", also der Staat in seiner Gesamtheit, besteht aus „politischer Gesellschaft", dies ist der Teil, den ich bisher analysiert habe, und jenem Teil (also der „zivilen Gesellschaft"), in dem *ideologisch* die Herrschaft durch besondere Institutionen und Gruppen von Menschen abgesichert wird. Diese Gruppen von Menschen befinden sich in einem unendlich differenzierten Apparat, der in der russischen Gesellschaft zum Zeitpunkt der Oktoberrevolution in vergleichbarer Weise nicht zu finden war: In vielfältigen *Institutionen* der Gesellschaft, die mit der materiellen Produktion unmittelbar nichts zu tun haben, also Schule, Kirche, Universität, Gesundheitswesen usw.. In diesen Bereichen, das zeigte die Entwicklung des Faschismus, fand dessen menschenverachtende Ideologie ihre ideologische Basis. Hier waren also Inhalte vorgedacht worden, die genau den Interessen der herrschenden Klasse entsprachen. Und man weiß: Damals wie heute ist dieser Prozeß des Vordenkens von der herrschenden Klasse zum Teil über den Beamtenstatus, z. T. über andere Gratifikationen und Maßnahmen aktiv gefördert worden. Die in diesen Bereichen arbeitenden *Intellektuellen* erwiesen sich als „Commis", also Handlungsgehilfen der Bourgeoisie Wir werden im folgenden Kapitel in der Geschichte der Psychiatrie, Behindertenpädagogik, Sozialpolitik usw zahlreiche Beispiele hierfür kennenlernen. Diese Intellektuellen – es sind jene, von denen *Basaglia* (1975) als „Befriedungsverbrechern" spricht – begreifen sich selbst in einer besonderen Weise: Aufgrund ihrer beruflichen Funktionen denken sie, daß sie über den Klassen stehen. Denn Universitätsprofessoren, Lehrer, Ärzte, Pfarrer gab es doch schon vor dem Kapitalismus und gibt es unabhängig von ihm, oder? *Gramsci* bezeichnet sie daher als „*traditionelle Intellektuelle"*. Hiervon unterscheidet er die „*organischen"* Intellektuellen, also jene, die als Intellektuelle, d. h. als denkende Menschen, sich entweder auf die Seite des Kapitals oder auf die Seite des Proletariats geschlagen haben.

Der Staat selbst, als „integraler Staat", also ‚politische' wie ‚zivile' Gesellschaft, ist somit selbst Ort von Klassenkämpfen, in denen es vorrangig und zuerst um die Durchsetzung der Hegemonie der Arbeiterklasse gehen muß. Dies geschieht in einem Bündnis zahlreicher Kräfte, das selbstverständlich die in den Traditionen der bürgerlichen Aufklärung stehenden Wissenschaftler, Ärzte, Lehrer ebenso einschließt, wie jene Christen, die eine humanistische Auffassung des Christentums praktizieren (z. B. „Theologie der Befreiung"). Aber der Zwiespalt ist nicht nur zwischen den Menschen, er geht auch durch die Menschen hindurch. Oft entsprechen ihre Ideologien, also z. B. wie Behinderte von Psychiatern und Pädagogen gesehen werden, nicht ihren Zielen, für behinderte Menschen ein humanes Leben durchzusetzen. Deshalb sind krisenhafte, „*kathartische"* Situationen in diesen Kämpfen im Überbau möglich, wenn traditionelle Intellektuelle mit diesen Widersprüchen unausweichbar konfrontiert sind, sie zum Nachdenken über den Widerspruch zwischen Zielen und Mitteln genötigt sind. Dies geschieht dort am ehesten, wo die Entwicklung der gesellschaftlichen Arbeitsprozesse neue Formen der Arbeit und neue Formen der Kooperation hervorbringt, d. h. wenn im Bestreben nach der Bewältigung dieser Prozesse die *Widersprüche* offensichtlich werden. *Klassenkampf* im gesellschaftlichen Überbau findet also statt. Es geht um Gewinnung der Hegemonie der Arbeiterklasse, also um die Durchsetzung von Vernunft und Humanismus sowohl in den Köpfen der einzelnen wie in den historisch vorgefundenen Institutionen. Dieser Kampf ist disproportional, die Bedingungen in dieser komplizierten „zivilen" (aber auch in der „politischen") Gesellschaft werden von der herrschenden Klasse diktiert. Der Kampf um Hegemonie findet sozusagen in einem komplizierten System von „Schützengräben und Kasematten" statt, mit dem und in dem die herrschende Klasse sich hegemonial verteidigt, wobei sie in diesen Kämpfen durchaus Gewalt einsetzt. Zivile Gesellschaft: Das ist Hegemonie gepanzert mit Zwang. Trotzdem können aber gesellschaftliche Teilbereiche hegemonial erobert werden. Also in unserem Fach: Fortschrittliche Praxis in Kindergärten, Schulen, Heimen, Stadtteilen usw. kann durchgesetzt werden, lange bevor die Frage der Machtübernahme und der Zerschlagung der Gewalt des bürgerlichen Staates auf der Tagesordnung steht. Und: Der Kampf um Hegemonie verbessert zugleich die Voraussetzung für die Lösung der Staatsfrage und den Übergang zum Sozialismus. Ja er scheint, wie dies die vielfältigen Erfahrungen seitdem ergeben, wesentliche Voraussetzung für einen nicht kriegerischen Übergang zu sein.

Einige Fragen bleiben in der Analyse *Gramscis* noch offen, die in der neueren staatstheoretischen Diskussion zunehmende Beachtung gefunden haben. Es ist dies insbesondere die Frage nach dem Verhältnis der Institutionen in der „zivilen" Gesellschaft zur materiellen Produktion. Welche Bedeutung haben die Institutionen, in denen die „traditionellen" Intellektuellen die Hegemonie der herrschenden Klasse garantieren, für die Reproduktion der Gesellschaft. Diese Frage ist auch in einer weiteren Hinsicht interessant: Vermag ihre Beantwortung doch ein Stück weit die objektiven Aufgaben dieser Menschen zu klären, durch deren neue Stellung eine „Katharsis" in ihrem Denken erreicht werden kann, sie also für den *„historischen Block"* des Sozialismus und gegen den „historischen Block" des Kapitals gewonnen werden können

Die Gesamtheit der Bereiche, in denen der Staat die materiellen Voraussetzungen für die Produktion organisiert, der Gewaltapparat wie jene Bereiche, die wir als „zivile" Gesellschaft kennengelernt haben, kann sinnvoll mit der Kategorie *„Infrastruktur"* definiert werden Mit der zunehmenden Entwicklung des gesellschaftlichen Prozesses und seiner notwendig größeren inneren Ausdifferenzierung kommt es zu einer zunehmenden Trennung des produktiven Produktionsprozesses (also der Produktion von Gütern) und ihm vor-, neben- und nachgelagerter Bereiche (Bereitstellung von Dienstleistungen bzw. Schaffung einer materiellen Infrastruktur wie Verkehrsnetz, Elektrizität usw.). Es kommt also zu einer zunehmenden Trennung von *produktiver Arbeit* und darüber hinausgehender *notwendiger Arbeit,* um die Reproduktion der Gesellschaft als Ganzes zu gewährleisten Es entsteht dienstleistende Arbeit als der produktiven Arbeit „subordinierte Sekundärarbeit", so *Güther,* der eine umfassende Analyse dieser Zusammenhänge vorgenommen hat. Diesen Gedankengang, der auch in der vor einiger Zeit publizierten umfangreichen Staatsanalyse des *IMSF* aufgegriffen wird („Der Staat im staatsmonopolistischen Kapitalismus der Bundesrepublik"), will ich in einigen Aspekten darstellen: Es entstehen neben der Produktion und um die Produktion herum *allgemeine Produktionsbedingungen,* die diese erst ermöglichen und garantieren. Dies ist der Bereich der Infrastruktur, der die Entstehung der unterschiedlichen, bereits von der Staatsfunktion her diskutierten Bereiche, aus der Sicht der Ausdifferenzierung der Funktionen des „gesellschaftlichen Gesamtarbeiters" sichtbar macht.

Entsprechend dessen Funktionsgliederung lassen sich drei große Infrastrukturbereiche unterscheiden:

1) *Materielle Infrastruktur·* Dies ist jener Bereich, der unmittelbar die Voraussetzungen für die Durchführung der Produktion schafft: Ausbau von Verkehr und Energieversorgung, Handel, Banken, Versicherungen, Absatz- und Marktforschung.

2) *Repressive Infrastruktur.* Hier ist die Einheit des staatsmonopolistischen Apparates gemeint, also die objektive Verbindung zwischen Staat und Monopolen, die sich in den Repressionsapparaten, wie Polizei, Militär usw. ausdrückt, die aber zugleich auch die Verwaltungsfunktionen des Kapitels wie des Staates umfaßt. Wer die Abstimmung dieser Apparate im Versuch des Brechens des Streiks der Drucker für die 35-Stundenwoche verfolgt hat, als unter Polizeischutz mit Hubschraubern die Zeitungen ausgeflogen wurden, oder die enge Verflechtung zwischen Großkapital und Parteien, die im Flick-Skandal ans Tageslicht kam, oder die Finanzierung der Hitlerfaschisten durch das Großkapital, den wird dieser Zusammenhang nicht überraschen.

3) *Soziale Infrastruktur:* Hier geht es um nichtmaterielle Dienstleistungen, die vorrangig auf die Reproduktion der Arbeitskraft zielen: Gesundheit, Bildung, Soziales, Kommunikation, Freizeit Es geht hier um die historische Absicherung der Wiederherstellung des Werts der Arbeitskraft, also um Bewegungen des

variablen Kapitals. Sozialpolitik als Ausdruck des Kampfes um Werterhaltung der Arbeitskraft ist somit eine Frage, die aufs engste im Zusammenhang von Tarif- und Lohnpolitik gesehen werden muß. Dies geschieht fundiert und gründlich in den Analysen von *Danckwerts* für den Bereich der Sozialarbeit („Grundriß einer Soziologie sozialer Arbeit und Erziehung"), von *Bäcker* u. a. für den Bereich der Sozialpolitik insgesamt („Sozialpolitik") wie in einer schon etwas älteren Publikation von einem Autorenkollektiv aus der DDR unter Leitung von *Petrak* („Proletariat in der BRD"). Ich empfehle diese Publikationen in dieser Reihenfolge zur vertiefenden Lektüre.

Natürlich ist es nicht so, daß diese drei Bereiche der Infrastruktur völlig voneinander getrennt sind, sie gehen ineinander über, ihre Funktionen vereinen sich z. T. in einzelnen Institutionen. So dient der Bau von Netzen des Verkehrs und der Energieversorgung zugleich auch Anforderungen der repressiven Infrastruktur wie der sozialen Infrastruktur, oder die Schaffung von Einrichtungen der sozialen Infrastruktur dient zugleich Zwecken der repressiven Infrastruktur, wie im Falle von Sonderschulen, psychiatrischen Anstalten usw., in die Menschen erst durch staatlich gesicherte Gewaltverhältnisse gelangen usw.. Daneben gibt es Einrichtungen der repressiven Infrastruktur, wie die im Rahmen der inneren Ausgestaltung der NATO-Strategie durch Gesundheitssicherungsgesetz, Zivilschutzgesetz, Militärmedizin usw. geschaffenen Krankenhausbetten für den sogenannten Verteidigungsfall, die prinzipiell auch der sozialen Infrastruktur zugänglich gemacht werden können.

Soziale Infrastruktur ist also jener Bereich, in dem vielfältige und unterschiedliche *Institutionen* bestehen, die in historischen Klassenauseinandersetzungen entstanden sind, um unter gegebenen gesellschaftlichen Bedingungen die *Werterhaltung* der Arbeitskraft zu sichern. Sie sind ebenso Ausdruck der Kämpfe der Arbeiterbewegung wie der Logik des Kapitals wie der zahlreichen dazwischen stehenden Schichten und Gruppierungen, als Auseinandersetzung der beiden historischen Blöcke. Die Entstehung der Institutionen in ihrer konkreten Ausprägung und Differenzierung, von regionaler bis zu nationaler Ebene hin kann nur aus der Analyse der historischen Prozesse herausgearbeitet werden. Dies versuche ich im folgenden Kapitel darzustellen.

1.6 Gesellschaftliche Verhältnisse und Behinderung

Bevor ich nun in wenigen Bemerkungen noch auf die Analyse der Kräfteverhältnisse eingehe, die zum „historischen Block" des Sozialismus führen, also die dem Kapitalverhältnis entgegengesetzte Bewegung aufgreife, einige Bemerkungen zu den analytischen Folgerungen aus dem bisherigen Vorgehen für die Problematik der *Behinderung*. Ich beziehe mich hier auf die in Abbildung 2 vorgelegte Zusammenfassung, die es den Leser(innen) schnell ermöglichen wird, die jeweiligen Gedankengänge wieder aufzugreifen.

Behinderung, so hatten wir bereits festgestellt, ist aus der Sicht der kapitalistischen Produktion (1) *„Arbeitskraft minderer Güte"*.

2. Aus Sicht der Zirkulationssphäre, also der Zirkulation von Waren und Menschen zwischen Produktion und Konsumtion, ist Behinderung *reduzierte Ge-*

schäftsfähigkeit. Der „Behinderte" ist nicht in der Lage, seine Arbeitskraft selbständig und in üblicher Weise zu Markte zu tragen, wobei die Grade seiner Geschäftsfähigkeit sich bestimmen aus dem im Bürgerlichen Gesetzbuch (BGB) in den §§ 104 bzw. 114 festgelegten Stufen aufgehobener bzw. eingeschränkter Geschäftsfähigkeit. Dies ist der rechtliche Status der wahrgenommenen Einschränkung, die jedoch faktisch weit darüber hinaus reicht: Wenn Körperbehinderte keine Fahrdienste zur Verfügung gestellt bekommen, ist ihre gesellschaftliche Zirkulation ebenso eingeschränkt wie wenn Blinde keinen Vorleser, Hörgeschädigte kein Hörgerät oder Gehörlose keinen Dolmetscher erhalten usw..

3 Aus Sicht der Konsumsphäre, also des Verbrauchs von Gütern zu Zwecken der Reproduktion der Arbeitskraft, fallen Behinderte aus der Norm der sozialen Konsumfähigkeit. Sie stören die öffentliche Sitte und Ordnung, wenn sie als Obdachlose oder Alkoholiker auf Plätzen oder in Parks sitzen, als spastisch gelähmte Menschen ein Lokal aufsuchen, oder in Urlaub fahren wollen usw.. Behinderung ist unter diesem Aspekt *reduzierte soziale Konsumfähigkeit,* die wenn sie zu auffällig wird, nicht zu einer Schaffung verbesserter Lebensmöglichkeiten für die Betroffenen führt, sondern zum sozialen Ausschluß und zum Einschluß in besonderen Institutionen der Gewalt.

4 Aus Sicht der Distributionsverhältnisse, die das kapitalistische System vermittelt über den Staat aufrechterhalten, ist Behinderung *reduzierte Ausbeutungsbereitschaft.* Sie ist dies *objektiv,* indem sie sich nicht ohne zusätzliche Investitionen in die Belange der Kapitalverwertung fügt: Einen Behindertenarbeitsplatz zu schaffen, bedeutet sowohl höhere Ausgaben an konstantem Kapital: z. B. muß für einen Blinden erst eine entsprechende Schreibplatzausstattung angeschafft werden, als auch höhere Ausgaben an variablem Kapital: Die Reproduktionskosten, die Ausbildungskosten sind im Vergleich gegenüber einem Nichtbehinderten höher. Der erste Tatbestand wirkt sich direkt auf den Profit aus (also auf das Verhältnis von konstantem und variablem Kapital zu dem aneigenbaren Mehrwert). Der zweite Tatbestand wirkt sich auf den Profit vermittelt über die Reduzierung der Mehrwehrtrate aus. Hier liegt der ökonomische Grund, warum Behinderte in der Konjunktur, nicht aber in der Krise eingestellt und qualifiziert werden. Zugleich bezieht sich der Tatbestand der reduzierten Ausbeutungsbereitschaft auf die *subjektive* Seite: Von Anfang an ist unterstellt, daß der Behinderte möglicherweise arbeitsunwillig ist: So kann Schwerbehinderten ihr Recht auf einen geschützten Arbeitsplatz gemäß § 32 SchwBG. entzogen werden, wenn sie einen zumutbaren Arbeitsplatz ohne Grund aufgeben, sich weigern an der beruflichen Rehabilitation teilzunehmen usw.. Geht die Widerspenstigkeit noch weiter, so ist schnell die psychiatrische Klassifikation als Psychopath zur Hand, und auch der Versuch, mit diesem Etikett Angehörige der Arbeiterbewegung zu klassifizieren, ist Legion.

5 Aus Sicht der sekundären Ausbildung in der Konsumsphäre ist Behinderung *reduziertes Gebrauchswertversprechen, Ästhetik des Häßlichen.* Sekundäre Ausbeutung meint: Auf dem Warenmarkt wird durch Werbung, Verpackung, Verkaufsmethoden usw. versucht, sich einen Teil des Werts anzueignen. Die Ästhetik der Waren wird so gestaltet, daß den Käufern Jugend, Schönheit, lange Gesundheit usw versprochen werden. Behinderte, psychisch Kranke, alte Menschen, abgearbeitete Menschen passen nicht in dieses Bild. Sie werden unter dieser Dimension als sozial abstoßend und auffällig empfunden. (Eine ausführli-

che Analyse dieses Zusammenhangs findet sich bei *Jantzen* „Sozialisation und Behinderung" S. 142 ff.)

6. Aus Sicht der antagonistischen Gegensätze zwischen den Klassen einer Klassengesellschaft ist Behinderung in besonderer Weise *Anormalität und Minderwertigkeit,* weil sie die Aneignung des gesellschaftlichen Reichtums durch die herrschende Klasse stört. Menschenverachtende Ideologien unterschiedlichster Form, auch aus der vorkapitalistischen Zeit, wie Chauvinismus, Rassismus, Sexismus, setzen sich fort und finden ihre neue Form. Ich werde dies im folgenden Kapitel näher darstellen.

7. Als gesellschaftliche Form des Umgangs mit den Betroffenen entwickelt sich der *gesellschaftliche Ausschluß,* der nicht nur Behinderte trifft, aber diese in besonderer Form und Schwere. Wenn auch alle diese Prozesse nicht nur behinderte Menschen treffen, so ist doch Behinderung im Kapitalismus ihr „auskristallisierter" Ausdruck. Unter gesellschaftlichem Ausschluß verstehe ich nicht nur die extremste Form des Einschlusses in die Anstalt. Ausschluß vollzieht sich in verschiedenen Etappen: Auch der Ausschluß aus dem Produktionsprozeß und der Übergang in die Reservearmee ist ein solcher, abgesehen davon, daß für die arbeitende Bevölkerung durch die Verfügungsmacht des Kapitals über die produzierten Werte generell ein Ausschlußverhältnis existiert. Der Übergang in die Reservearmee würde demnach eine erste Stufe des Ausschlusses bedeuten, insofern der Lohn wegfällt bzw. sich reduziert. Die Analyse der Hausarbeit von Frauen oder der Arbeit in sogenannter Arbeits- und Beschäftigungstherapie zeigt, daß es eine weitere Stufe gibt, von der ausgeschlossen werden kann: es ist dies der Ausschluß von gesellschaftlicher Arbeit schlechthin Über diesen Ausschluß hinaus geht sodann der Ausschluß von Zirkulation und Konsumtion und der Einschluß in die Anstalt. (Ich verweise auf die genauere Analyse dieses Zusammenhangs bei *Kuckhermann* und *Wigger-Kösters* „Gerade wenn es mir schlecht geht, brauche ich einen Arbeitsplatz"). Institutionen, die diesen Ausschluß für Behinderte in irgend einer Form spezifisch absichern, sie also durch Einschluß oder zeitweiligen Einschluß in diese Institution von anderen Teilen des gesellschaftlichen Lebens isolieren, nenne ich mit Franco Basaglia *„Institutionen der Gewalt".* Um nicht mißverstanden zu werden, selbstverständlich gehören solche Institutionen nicht durchgängig der repressiven Infrastruktur an. Sie nehmen z. T. wie Heime, Sonderschulen usw. auch reproduktive Aufgaben wahr, allerdings unter der Bedingung der vorherigen Zuteilung der Menschen zu diesen Institutionen durch Rechtsverhältnisse wie andere Ausdrucksformen staatlicher Gewalt. Aus meinen Ausführungen zur allgemeinen und speziellen Psychopathologie (Kap. 6) wird deutlich, wie durch solche Formen des Ausschlusses systematisch isolierende Bedingungen entstehen, die in der Gesamttendenz ihrer Wirkung (wiederum als allgemeines Gesetz formuliert) Persönlichkeitszerstörung bewirken.

1.7 Gegentendenzen

Einen letzten Gedankengang will ich noch aufgreifen: Mit welchen soziologischen Kategorien können wir die Organisation der Gegentendenzen beschreiben?

Zunächst einmal: Dies ist nicht ohne *philosophische Anthropologie* möglich. Wir müssen also erneut jene Überlegungen vom Wesen des Menschen aufgreifen, die ich an den Anfang dieses Kapitels gestellt habe.

Aus dem Wesen menschlicher Arbeit resultiert, daß Menschen sich die Bedingungen ihrer je historischen Menschwerdung aneignen müssen, indem sie sich auf die historisch vorgefundene Objektivität beziehen: Also die Einheit von Produktion und Reproduktion, Natur und Gesellschaft, sozialem Verkehr, Kultur und Sprache usw.. Das Psychische der Menschen, ihre Persönlichkeit, ihre Subjektivität sind zwar naturgeschichtlich gewordene, allgemeine Möglichkeit, sind in ihren je spezifischen Momenten jedoch nicht gegeben, sondern aufgegeben, hängen von der Vermittlung zwischen Subjekt und objektiver Welt in der Tätigkeit ab. Klassengesellschaften erweisen sich aus dieser Sicht jeweils als Gesellschaften, in denen nicht nur die Aneignung der materiellen Produktion großen Teilen dieser Gesellschaft vorenthalten wird, sondern auch die Aneignung des Gattungserbes in allen gesellschaftlichen Bereichen, so z. B. durch Aufrechterhaltung menschenverachtender Ideologien im hegemonialen Apparat. Mit der Entstehung der *Arbeiterklasse* entsteht jedoch eine Klasse, die aufgrund ihrer Stellung zu den Produktionsmitteln, wie der Tatsache, daß ihre Arbeitskraft ihr einziges Produktionsmittel ist, objektiv kein Interesse an einer Klassenherrschaft hat, es sei denn, die unmittelbar nach der Revolution über die bisher herrschenden Klasse notwendige „Diktatur des Proletariats" (die im übrigen nichts mit dem bürgerlichen Diktaturbegriff gemein hat, sondern in ihrem Wesen Herrschaft der Arbeiterklasse meint, um die Konterrevolution zu verhindern: Und wer wäre nicht froh, wäre dies z. B. in Chile gelungen!). Die Arbeiterklasse kann also als erste Klasse umfassend auf der Verwirklichung aller Menschen in der Aneignung ihres Gattungswesens bestehen, des vorgefundenen sozialen Körpers „Gesellschaft", des vorgefundenen ideellen und materiellen Reichtums. Diese Forderung haben schon Teile des aufgeklärten Bürgertums in der bürgerlichen Revolution vertreten. Ihnen fehlte damals jedoch noch die Basis, die „materielle Gewalt" der Massen, in deren Interesse diese Prozesse objektiv liegen. Die Arbeiterklasse mußte als Klasse erst entstehen, damit diese Perspektive der Verwirklichung des Menschen in der Menschheit ihren objektiven Träger fand.

Dies ist der Ausgangsort, an dem sich das Verständnis von *Moral* und *Humanität* zugleich tiefgreifend ändert: Hatte doch Immanuel *Kant* als *kategorischen Imperativ*, als Richtschnur der Moralität individuellen Handelns formuliert: „Handle so, daß die Maxime deines Willens jederzeit zugleich als Prinzip einer allgemeinen Gesetzgebung gelten könne" („Kritik der praktischen Vernunft" § 7; vgl. Klaus u. Buhr, S. 610 f.), so wird diese Frage von *Marx* völlig anders beantwortet. Die Antwort von *Kant*, Appell an die individuelle Vernunftfähigkeit des Menschen, findet ihre Grenze dort, wo der Staat als allgemeiner Hüter der Gesittung betrachtet wird. Auch in einem faschistischen Staat ist Handeln möglich, das zum Maßstab allgemeiner Gesetzgebung werden kann. Die Vollstrecker der „Euthanasie" dachten, so zu handeln. Aber dieses Handeln war weder human noch moralisch.

Wie also löst *Marx* dies Problem: In der „Einleitung zur Kritik der Hegelschen Rechtsphilosophie" (MEW Bd. 1, S. 385) formuliert er wie folgt: Wirksam wird die bisherige Kritik der herrschenden Verhältnisse dort, wo sie die Massen erfaßt und dies kann sie, indem sie radikal wird. Radikal sein aber ist ein Ding an der

Wurzel fassen. „Die Wurzel für den Menschen ist aber der Mensch selbst." Insofern ist die Kritik radikal, indem sie den kategorischen Imperativ formuliert, *„alle Verhältnisse umzuwerfen*, in denen der Mensch ein erniedrigtes, ein geknechtetes, ein verlassenes, ein verächtliches Wesen ist." Die Frage der Moralität des Handelns ist damit vom Kopf auf die Füße gestellt. Nicht mehr der Staat als Träger der Moral, vielmehr der je einzelne Mensch als Individuum und in den Formen seiner Kooperation und kollektiven Subjektivität! In welche Bewegungen reiht er sich ein? Wie stellt er hier die Frage des moralischen und humanen Handelns? Wie stellen diese Bewegungen selbst diese Frage und welche Folgen hat dies für ihr Handeln? An diesem Punkt hat eine *marxistische Soziologie der Behinderung* in der bürgerlichen Gesellschaft anzusetzen, die unter je historischen Bedingungen die Soziologie und Geschichte der realisierten und vergessenen Alternativen, der sozialen und humanen Bewegungen rekonstruiert. Dabei wird deutlich: Moralisches Handeln ist dem je einzelnen möglich, die Frage jedoch des Kräftezusammenhangs, der Formierung des historischen Blocks, der für Humanität, Vernunft und Moral steht, muß nicht unbedingt erkannt werden. D. h. auch in dieser Perspektive bleibt dann ein Teil der gesellschaftlichen Verhältnisse unbegriffen, nicht angeeignet. Und wer diese Verhältnisse nicht begreift, trägt, ob er es will oder nicht, immer wieder zu ihrer Aufrechterhaltung und Stabilisierung bei, kann integriert werden. Dies beweist die Geschichte der auf dem Gebiet der Behindertenpädagogik und Psychiatrie tätigen „Helfer" tausendfach.

Als Gegenteil von „gut" erweist sich hier immer wieder nicht „schlecht" sondern „gut gemeint", also die mangelnde Reflexion der Bedingungen des eigenen Handelns und damit auch die mangelnde Selbstreflexion. Jedem Pädagogen, Therapeuten, Arzt usw., der heute mit Behinderten arbeitet, muß gesagt werden: Die persönliche Betroffenheit, das moralische Engagement, entwürdigende Verhältnisse in diesem Lebensbereich zu beseitigen, sind gut. Aber Ihr lauft Gefahr, sie aufs neue zu stabilisieren, wenn Ihr Euch nicht der gesellschaftlichen Zusammenhänge und Folgen eures Handelns ständig und zugleich vergewissert. Dies hat die Geschichte des Faches oft genug und immer wieder erwiesen.

Ich habe versucht, in diesem Kapitel Perspektiven einer Soziologie der Behinderung aufzuzeigen, jenen gesellschaftlichen Zusammenhang für den historischen Standort „kapitalistische Gesellschaft" zu konkretisieren, wo aus Schädigung und Leistungsminderung Behinderung wird. Behinderung ist also jener Begriff, der auf die soziale, gesellschaftliche Ebene der Analyse des ganzheitlichen Menschen, seiner Tätigkeitszusammenhänge zielt. Beim Aufzeigen dieser Perspektive habe ich versucht, die allgemeinsten Gesetzmäßigkeiten herauszuarbeiten. Vieles hiervon werde ich im folgenden sozialhistorischen Kapitel vertiefen. Aber auch in späteren Kapiteln dieses Buches werde ich Fragen und Probleme auf dieser sozialen Ebene aufgreifen (vgl. Kap. 11 und 12).

Vertiefende und weiterführende Literatur:
(E: zur Einführung geeignet)

Bäcker, G. u. a.: Sozialpolitik – Eine problemorientierte Einführung. Köln: Bund 1980

Basaglia, F.: Die negierte Institution oder Die Gemeinschaft der Ausgeschlossenen. Frankfurt/M.: Suhrkamp 1973 (E)

Basaglia, F. u. a.: Befriedungsverbrechen. Über die Dienstbarkeit der Intellektuellen. Frankfurt/M.: EVA 1980

Danckwerts, D.: Grundriß einer Soziologie der sozialen Arbeit und Erziehung. Weinheim: Beltz 1981, 2. Aufl. (E)

Eckert, R.: Politische Ökonomie des Kapitalismus Eine Einführung Frankfurt/M.: Marxistische Blätter 1980 (E)

Engels, F.: Vom Ursprung der Familie, des Privateigentums und des Staats. MEW Bd. 21, S. 25–173. Berlin/DDR: Dietz 1972

Gramsci, A.: Philosophie der Praxis. Eine Auswahl. Frankfurt/M.: Fischer 1967

Gramsci, A.: Zu Politik, Geschichte und Kultur. Frankfurt/M.: Röderberg 1980

Gramsci, A.: Marxismus und Kultur. Berlin/West: VSA 1983

Gruppi, L.: Gramsci – Philosophie der Praxis und die Hegemonie des Proletariats. Berlin-West: VSA 1977 (E)

Hofmann, W.: Was ist Stalinismus? Heilbronn: Distel 1984 (Nachdruck aus: ders : Stalinismus und Antikommunismus. Frankfurt/M.: Suhrkamp 1967)

Holz, H. H. und Sandkühler, H. J.: Betrifft: Gramsci. Köln: Pahl-Rugenstein 1980

Institut für marxistische Studien und Forschungen (IMSF): Der Staat im staatsmonopolistischen Kapitalismus der Bundesrepublik. Frankfurt/M : IMSF 1981

Jantzen, W.: Sozialisation und Behinderung. Gießen: Focus 1974 (E)

Jantzen, W. (Hrsg.): Soziologie der Sonderschule. Weinheim: Beltz 1981

Kuckhermann, R. und Wigger-Kösters, Annegret: „Gerade wenn es mir schlecht geht, brauche ich einen Arbeitsplatz" – Eine Studie zur Arbeitsrehabilitation. Köln: Pahl-Rugenstein 1985

Lenin, W. I.: Staat und Revolution. LW Bd. 25, S. 393–507. Berlin/DDR: Dietz 1972

Marx, K.: Das Kapital. Bd. 1. MEW Bd. 23. Berlin/DDR: Dietz 1970

Petrak, H. u. a.: Proletariat in der BRD. Berlin/DDR: Dietz 1974

2 Die historische Herausbildung des sozialen Tatbestands „Behinderung"

Bevor ich in Kürze die historische Dimension von Behinderung darstelle, sind einige Bemerkungen zu meinem Verständnis einer Sozialgeschichte der Behinderung erforderlich. Ob ein historischer Ansatz sich zu recht sozialgeschichtlich nennen kann, entscheidet sich in der Frage, inwieweit er über eine *Theorie des Sozialen* verfügt. Ich habe im ersten Kapitel wesentliche Aspekte einer solchen Theorie entwickelt, die nicht voraussetzunglos entsteht, sondern in der historischen Forschung selbst zugleich eine ihrer Hauptquellen hat. Auf dieses Verhältnis von Geschichte eines Gegenstandsbereichs und aktueller Ausprägung als Einheit von Struktur und Funktion komme ich unter methodologischen Gesichtspunkten im nächsten Kapitel zurück. Hier will ich ausdrücklich betonen, daß dieses Vorgehen etwas gänzlich anderes ist, als häufig unterstellt (so z. B. durch *Ellger-Rüttgardt* 1985): Ich gehe nicht von dogmatischen Setzungen aus; die verwendeten Kategorien müssen sich für die Erarbeitung und ganzheitliche Fassung des historischen Prozesses selbst als adäquate erweisen, sie müssen bestimmten methodologischen Grunderfordernissen genügen. Allein aus Gründen der Darstellung, einer besseren didaktischen Struktur für die Leser(innen), habe ich dieses Buch mit dem soziologischen und nicht mit dem historischen Teil begonnen. Gerade die vorweg entwickelten soziologischen und ökonomischen Zusammenhänge sind insbesondere Ausdruck von in historischer Forschung gewonnenen Einsichten. Bevor ich im folgenden sowohl die Entwicklung des Problems Behinderung wie den gesellschaftlichen Umgang mit ihm innerhalb einer gesellschaftlichen Geschichte der Armut und der Armutsbewältigung, wie dies *Tennstedt* (1981) vorschlägt, darstelle, und in diesem Prozeß die Ausdifferenzierung der Behindertenpädagogik, sollen in einigen *Vorbemerkungen* die Gesichtspunkte festgehalten werden, von denen ich hierbei ausgehe:

1. Ich betrachte die Geschichte der Behinderung und der Behindertenpädagogik als Teil einer *Geschichte von Klassenkämpfen* In dieser Geschichte von Klassenkämpfen muß nicht nur die gesellschaftliche Verteilung der Armut und ihr Umgang mit ihr spezifiziert werden, insbesondere sind auch die unterschiedlichen Staatsfunktionen und infrastrukturellen Maßnahmen herauszuarbeiten. Schließlich sind in besonderer Weise die ideologischen Auseinandersetzungen in der „zivilen Gesellschaft" zu berücksichtigen, die Rolle der Intelligenz in den jeweiligen historischen Abschnitten, also die Ideologiebildung als spezifische Form des Klassenkampfes im gesellschaftlichen Überbau. Die Geschichte der Behindertenpädagogik ist hiervon lediglich ein Spezialproblem.

2. Geschichte kann nur im Zusammenhang der *widersprüchlichen Entwicklung von Produktivkräften und Produktionsverhältnissen* erfaßt werden. Indem sich die materiellen Voraussetzungen der Produktion, die Verfahren und Maschinen, insbesondere auch die Voraussetzungen für das Entstehen der Hauptproduktivkraft, den Menschen ändern, bedarf es einer Umgestaltung und Veränderung der gesellschaftlichen Verhältnisse, in denen die Produktion stattfindet. Diese Umgestaltungen erfolgen nicht automatisch, sondern sind ihrerseits Resultat der Auseinandersetzung der Klassen in dieser Gesellschaft. So trägt zwar die *Bismarcksche* Sozialgesetzgebung in den 80er Jahren des vorigen Jahrhunderts ebenso wie

die Veränderungen im Schulsystem zu dieser Zeit der Weiterentwicklung der Produktivkräfte Rechnung, ist zugleich aber in ihrem Ausmaß und ihrem Herrschafts- wie Führungszusammenhang nur aus den aktuellen Klassenkämpfen dieser Zeit heraus zu begreifen.

3. In der Entwicklung der Reproduktion der Arbeitskraft gibt es *Ungleichzeitigkeiten*. Diese Ungleichzeitigkeiten wirken zugleich als vergegenständlichte Bedürfnisse, wenn sie von den Herrschenden nicht materiell und ideell kompensiert werden. Die Tatsache, daß für Teile der Bevölkerung eine Krankenversicherung existiert, macht andere Teile darauf aufmerksam, daß sie eine solche Versicherung noch nicht haben Die Existenz von Schulen für geistig Behinderte macht Eltern an anderen Orten darauf aufmerksam, daß diese Beschulung möglich ist, die erste gemeinsame Beschulung mit Grundschülern, daß die Forderung nach Integration verwirklichbar ist usw..

4. Die Entwicklung der *Ideologien* darf man nicht als Entwicklung für sich betrachten. In ihnen spiegeln sich vom jeweiligen klassen- und schichtenspezifischen Standort, den jeweiligen Berufs- und Lebenserfahrungen her soziale Verhältnisse wider. Ihre Wirksamkeit wird jedoch nicht durch ihre innere Rationalität alleine bestimmt, sondern zugleich und vor allem durch die real vorhandenen gesellschaftlichen *Interessenkonstellationen*. Nur so ist es verständlich, daß weit vorwärtsreichende frühbürgerliche Systeme der Behindertenpädagogik, wie das von *Georgens* und *Deinhardt,* aber vor allem das von *Séguin,* später wieder völlig in Vergessenheit geraten konnten.

Natürlich ist es auch nicht andeutungsweise möglich, hier eine abgeschlossene Geschichte der Ausdifferenzierung von Behinderung in Deutschland und in der Bundesrepublik vorzulegen: Forschungsstand wie Umfang der Probleme stehen dem entgegen Trotzdem halte ich es für möglich und sinnvoll, hier eine Orientierung zu geben, die hilft, sich in den aktuellen Diskussionen und Strukturen besser zurechtzufinden. Darüber hinaus werde ich eine Reihe von Literaturhinweisen zum gezielten Weiterstudium in diesem für die Anlage aktueller Sozial- und Bildungspolitik so bedeutsamen Forschungsbereich geben.

2.1 Strukturen in der Entstehungsphase der bürgerlichen Gesellschaft bis 1848 und bis zum Beginn des Kaiserreichs 1870/71

Mit dem Zerfall der mittelalterlichen Strukturen, der Expansion der Städte und des Bürgertums, dem Absolutismus und Merkantilismus als Strategie des Adels, unter den neuen Bedingungen als Klasse zu überleben, verändern sich die gesundheitlichen und Lebensvoraussetzungen großer Teile der Bevölkerung tiefgreifend. Tauchte in der mittelalterlichen Ständegesellschaft das Problem von Armut und gesundheitlichem Schaden noch generell als „*Dürftigkeit*" gegenüber den durchschnittlichen Lebensansprüchen des eigenen Standes auf, so ändert sich diese Sichtweise massiv. Die freigesetzten Bettler- und Landstreicherheere veränderten grundsätzlich die Situation. Die Gefahr für die Sicherheit des Eigentums und die öffentliche Ordnung ließen an die Stelle der Almosenpolitik zunächst eine restriktive Blutgesetzgebung treten, die Bettelei mit Körperstrafen, ja sogar dem Tode belegte. Diese Politik machte mit der zunehmenden Entfaltung des

Merkantilismus und Absolutismus einer *ökonomisierten Armenpolitik* mehr und mehr Platz. An die Stelle der Körperstrafen traten Freiheitsstrafen und Arbeitszwang; die Unterbringung im Arbeitshaus, Zuchthaus, Waisen- und Findelhaus, Armenhaus wurde das Mittel des Umgangs mit Kindern, Greisen, Kranken, Gebrechlichen, Dirnen und Obdachlosen. Eine Ausdifferenzierung einzelner „Behinderungsformen" erfolgte an anderer Stelle: In den Bemühungen der herrschenden Klassen um die Reproduktion des eigenen Nachwuchses. So kommt es in Spanien um 1600 zu den ersten wirksamen Systemen der Unterrichtung Taubstummer. Die Stummheit wird als Folge der Gehörlosigkeit erkannt. Die Ursache des verstärkten Interesses des Adels an der Förderung seiner durch degenerative Erkrankungen häufiger von Gehörlosigkeit betroffenen Kinder liegt in der rechtlichen Aberkennung der Erbfolgefähigkeit bei fehlender Sprache.

Ich greife dieses Moment deshalb auf, weil die frühe Entwicklung der Behindertenpädagogik sich nahezu ausschließlich auf eine Pädagogik für die herrschende Klasse bezieht: zunächst für den Adel, später für die Bourgeoisie. Proletarier und proletarische Kinder, bzw. vor der Entstehung des Proletariats Angehörige der armen Volksschichten, sind Gegenstand polizeilicher und armenpolitischer Maßnahmen. Für sie gilt: *„Repression ersetzt die fehlende Fürsorglichkeit gegenüber dem Fremden Kranke werden so dem sicheren Tod auf freiem Feld ausgesetzt Nur wenige der Abgeschobenen sind so kräftig, daß sie sich einreihen können in das namenlose Heer der heimatlosen Bettler und Vaganten, das sich zu einer gewaltigen Landplage auswächst, gegen das eine Verordnung nach der anderen erlassen wird und auf das, vor allem in Süddeutschland, regelrechte Jagden durch das Militär veranstaltet wurden"* (Tennstedt 1981, S 20).

Die Flut dieser Menschen, für deren Behandlung neue Grundsätze entwickelt werden mußten, war so groß, daß sie in einzelnen Teilen Deutschlands bis zu 25 % der Bevölkerung umfaßte Erst mit dem Wandel zur kapitalistischen Gesellschaftsformation, der Durchsetzung der neuen Produktionsverhältnisse wie der Fortentwicklung der Produktivkräfte, sollten sich neue Formen der Armenpolitik durchsetzen.

Hierfür waren ökonomische Momente von Bedeutung, jedoch auch politische und weltanschauliche Veränderungen Ökonomisch veränderten sich mit der Entwicklung der Fabriken und der Verlagerung der Produktion von den Manufakturen in die Fabriken die infrastrukturellen Voraussetzungen der Nutzung der Arbeitskraft Die Fabrik war standortgebunden. Sie erforderte das Auftreten des Verkäufers der Arbeitskraft an ihrem Standort. Mit dem Verlassen des *Heimatwohnsitzes* verlor der Arbeiter jedoch jegliche Form des Anspruchs an Untersützung, befand sich bei Verlust seines Arbeitsplatzes durch Kündigung, Krankheit, Invalidität in der gleichen Lage, wie die Angehörigen der armen Volksschichten. Die neue Produktionsweise erhöhte damit das Problem der gesellschaftlichen Armut und die Bedrohung für Eigentum und öffentliche Ordnung, die hiervon ausging. Als Lösungsweg wurde hier die Veränderung der Unterstützungsvoraussetzungen beschritten. Mit dem Gesetz vom *Unterstützungswohnsitz* wurde erstmals in Preußen 1842 die Armenunterstützung vom Heimatort an den Wohnort übertragen, wobei Voraussetzung war, mindestens drei Jahre hier seinen ununterbrochenen „gewöhnlichen Aufenthalt" gehabt zu haben, ohne der öffentlichen Armenpflege zur Last zu fallen Diese Karenzzeit wurde 1855 auf ein Jahr verkürzt Mit der Reichsgründung wurde das Gesetz auf die übrigen Gebiete, außer Bayern und Elsaß-Lothringen, durchgesetzt. Ab 1913 galt es als Prinzip der Unterstützung am Wohnort für das gesamte Reich. Armenunterstützung bedeutete jedoch zugleich Verlust der bürgerlichen Ehrenrechte, des aktiven und passiven Wahlrechts. Aus der Armenunterstützung waren keinerlei Rechtsansprüche ableitbar, sie war lediglich so hoch, daß das physische Existenzminimum abgesichert wurde Dieser Grundsatz sollte sich erst in der Weimarer Republik ändern. Gleichzeitig war die Zuerteilung der Unterstützung an die Bereitschaft zu Arbeitsleistungen gekoppelt. „Arbeit statt Almosen" als Kern der Armenpolitik wurde insbesondere durch das sogenannte *Elberfelder System* optimiert. Vereinzelung der Überprüfung durch ehrenamtliche Armenpfleger aus dem Bürgertum ermöglichte die exakte Unterscheidung in Arbeitsfähige und Arbeitsunfähige. Wurde die angebotene Arbeit abgelehnt, so erfolgte die Streichung der Unterstützung. Bestand Arbeitsunfähigkeit erfolgte eine Versorgung mit dem Notwendigsten oder die Unterbringung in einer Anstalt. Diese individualisierende Methode führte in der Stadt Elberfeld trotz Ansteigen der Einwohnerzahl um ca. 50 % und einem erheblichen Steigen der Unterstützungssätze (1828: 4 Taler, 1852: 11 Taler und 1867: 18 Taler) im Zeitraum von 1847 bis 1867 nahezu zur Halbierung der Kosten und schuf damit das Vorbild für die spätere Gestaltung der Armenpflege im deutschen Kaiserreich.

Neben dieser, der Ökonomie der kapitalistischen Gesellschaft unmittelbar entspringenden Umstrukturierung gibt es eine Reihe von politischen und ideologischen Auswirkungen in einzelne Bereiche einer beginnenden Behindertenpädagogik, die den Errungenschaften der *Französischen Revolution* bzw. dem Kampf des aufgeklärten Bürgertums in Deutschland um seine Durchsetzung als Klasse im *Vormärz*, also vor 1848, entspringen Die Setzung der Menschen als rechtlich gleiche unter den Postulaten Freiheit, Gleichheit, Brüderlichkeit führt dazu, daß auch für körperlich geschädigte Menschen, Blinde, Gehörlose, psychisch Kranke, Idioten im „Droit commun" (hier für die Gruppe der Blinden) bzw. in den allgemeinen Auffassungen des Alltagslebens Ansprüche auf Bildung und Entwicklung sichtbar werden. Die Postulierung und Praktizierung der Beeinflußbarkeit des Wahnsinns durch Arbeit wie moralische Erziehung durch *Pinel,* die Entdeckung der Bildungsfähigkeit der Blinden durch *Diderot* und *Haüy,* die der Taubstummen durch *Pereira* bzw. den *Abbé de l'Epée,* der Idioten durch *Itard* aber insbesondere durch *Séguin* sind in Frankreich Ausdruck dieser Prozesse

Wenn auch diese Prozesse in der Praxis noch wesentlich auf die Kinder des Bürgertums bezogen sind, so deuten sich doch in den dahinterstehenden Auffassungen weit darüber hinausreichende Ansprüche an. Insbesondere ist es der utopische Sozialismus des Grafen *St. Simon,* der sich in Frankreich auf diese Bewegungen auswirkt. Die neue philosophische Grundlage, die die Einheit des Menschen in der Menschheit formuliert, Menschheit als Gattungswesen, als sozialen Prozeß bestimmt, in dem der Mensch erst zum Menschen wird, seine Persönlichkeit entfaltet, wird insbesondere von *Séguin* zum Ausdruck gebracht.

Edouard *Séguin,* politischer Freund und Zeitgenosse von Victor *Hugo,* mit dem er sich verbunden weiß im Kampf der Durchsetzung der Menschenrechte und Erziehungsansprüche der *„Elenden",* entwickelt in den 40er Jahren des vorigen Jahrhunderts die Grundlagen einer Idiotenerziehung in Theorie und Praxis, die von der Bildungsfähigkeit aller Menschen ausgeht. Seine philosophische Grundlage bestimmt er wie folgt: In seinem 1912 ins Deutsche übertragene

Buch „Die Idiotie und ihre Behandlung nach physiologischer Methode" (erstmals 1866 in den USA nach seiner Emigration 1850 erschienen) bezieht er sich auf die pädagogischen Erfahrungen des Arztes *Itard* in der Erziehung des Wildjungen von Aveyron und stellt fest, daß dessen Ansichten (vgl. hierzu *Malson* bzw. *Lane*) unter mißlichen Umständen formuliert wurden, da die philosophische Schule, der er angehört habe, vor ihm ihren Geist ausgehaucht habe und um 1830 bis 1840 drei philosophische Schulen um die Herrschaft über dieses Jahrhundert gestritten hätten: Die Schule des „göttlichen Rechts . . . maß der Unterdrückung der vielen durch die wenigen nach gewissen Gesetzen der Vererbung und der Priesterschaft einen göttlichen Ursprung bei; zwischen den Individuen gäbe es nur Gehorsam und Autorität; Erziehung sei ein begrenztes Privileg. Dann die eklektische Schule, deren höchstes Ziel „Klassifikation nach der Kapazität und Belohnung nach der Produktion" war; Fortbestehen von Klassen, wenn nicht gar von Kasten; die Erziehung wie alles andere sei nur für die mutmaßlich Fähigen. *Séguin* bemerkt zu dieser „Schule" (in der sich die allgemeine Ideologie der kapitalistischen Gesellschaft widerspiegelt, die sich vom aufklärerischen Gleichheitsgrundsatz für alle Menschen bereits gelöst hat): „In der Tat eine liberale Schule, die vom Fötus an klassifizierte, vom Embryo an ungleichbar machte." Er stellt als seine Position und als die Fortführung von *Itards* Gedanken diesen Ansichten die „christliche Schule", den St. Simonismus gegenüber, d. h. eine sozialistische Auffassung, die wir am ehesten mit der heutigen Theologie der Befreiung vergleichen können, „die für eine soziale Anwendung des Evangeliums, für die schnellste Erhebung der Niedrigsten und Ärmsten durch alle Mittel und Einrichtungen, am meisten durch freie Erziehung kämpfte" (S. 38). Auf das pädagogische System *Séguins*, dessen Buch noch heute als das beste und weitreichendste Werk zur Geistigbehindertenpädagogik gelten darf, werde ich in Kapitel 10 über „Basale Pädagogik" noch näher zu sprechen kommen. Hier kam es darauf an, aufzuzeigen, wie bereits zu dieser Zeit philosophische und politische Auffassungen zur Frage der Erziehung und Bildung behinderter Menschen entstanden, die gänzlich andere Perspektiven enthielten als jene, die sich historisch durchsetzten.

Auffassungen wie die von *Séguin* oder der fortschrittlichen französischen Psychiater und Behindertenpädagogen existierten auch in dem zu dieser Zeit noch in zahlreiche Kleinstaaten zersplitterten Deutschland. Hier kann aufgrund der politischen und ökonomischen Rückständigkeit die *bürgerliche Revolution* sich jedoch nicht durchsetzen; sie wird 1848 niedergeschlagen. Eine Folge davon ist die Emigration fortschrittlicher Ärzte und Pädagogen, eine andere Folge ist die Durchsetzung veränderter Denkformen über Behinderung und psychische Krankheit sowie über die Zusammenhänge von Krankheit und sozialer Lage allgemein. Obwohl auch in dieser Zeit noch von *Georgens* und *Deinhardt* in ihrem Werk „Heilpädagogik" eine dem Gedanken der Einheit des Menschen in der Menschheit verpflichtete Theorie von Erziehung und Bildung behinderter Menschen vorgelegt wurde, waren die sozialen Umstände doch bereits so verändert, daß in den entstehenden sozialen Infrastrukturen der „zivilen Gesellschaft" sich andere ideologische Auffassungen durchsetzten. Im Zusammenhang der gescheiterten bürgerlichen Revolution war bereits die *Arbeiterklasse* als neue Klasse mit in Erscheinung getreten. Ihre Ansprüche werden vom Bürgertum und Kleinbürgertum sowohl als Ausdruck des Kommunismus der Handwerksgesellen, als die

Forderung der Beseitigung des Privateigentums an den Produktionsmitteln wahrgenommen als auch in einer neuen und bedrohlichen militanten Form des bisherigen Pauperismus, der Eigentum und Ordnung bedrohenden Armenheere. Diese Ansprüche konfrontierten die bürgerliche Klasse mit dem *„Gespenst des Kommunismus"*, das in Europa umging, so *Marx* und *Engels* im „Manifest der Kommunistischen Partei". Die nach dem Niederschlagen der Revolution entstehende Sozial- und Bildungspolitik ist durchgängig von dieser Sichtweise geprägt. Durch die erste proletarische Revolution, die Pariser Kommune von 1871, verschärft sich der Antisozialismus im Denken der traditionellen Intelligenz und ist im Kaiserreich bis 1918 mit allen Mitteln geförderte Staatsdoktrin. Auf die ideologische Giftküche dieser Epoche von 1870/71 bis 1918 werde ich noch zu sprechen kommen. In ihr entstehen alle jene menschenfeindlichen Ideologien, die in der Sozial- und Bevölkerungspolitik des Hitlerfaschismus später ihre fürchterliche Realisierung finden.

Zurück jedoch zur Zeit von 1848 bis 1871. Sie ist gekennzeichnet durch die preußische Annexionspolitik, die 1870/71 zur Reichsgründung führt und zu dem Klassenkompromiß zwischen Bourgeoisie und Junkertum im Kaiserreich. Sie ist gekennzeichnet durch eine massive Entwicklung der Produktivkräfte, und sie ist gekennzeichnet durch die Herausbildung der *Arbeiterklasse* als „Klasse für sich", d. h. als Klasse, die auf der Basis zahlreicher, trotz schwierigster Bedingungen und Koalitionsverbot geführter Streiks Kampferfahrungen sammelt, sich in Hilfsvereinen, Arbeitervereinen, Gewerkschaften und Parteien zunehmend organisiert. 1863 entsteht der „Allgemeine Deutsche Arbeiterverein", die Organisation der Lassallianer. Zur gleichen Zeit entsteht der „Verband Deutscher Arbeitervereine", in dem August *Bebel* Einfluß gewinnt. *Bebel* rezipiert zusammen mit Wilhelm *Liebknecht* den Marxismus, beide gründen 1866 die sächsische Volkspartei. 1867 wird *Bebel* Abgeordneter des Norddeutschen Reichtags und 1869 wird in Distanzierung zu den Lassallianern in Eisenach die „Sozialdemokratische Deutsche Arbeiterpartei" gegründet. In dieser Zeit entstehen zahlreiche Vorformen von Hilfsvereinen auf seiten der Arbeiterklasse wie gesetzliche Regelungen auf seiten des bürgerlich-junkerlichen Staates, die zu einer Ausgestaltung einer neuen sozialen Infrastruktur führen, in der später dann Probleme von Behinderung, Krankheit oder psychischer Abweichung in neuer Weise gesehen werden. Ich greife diese Differenzierungen hier im einzelnen nicht auf (vgl. zu Details *Tennstedt* 1981), sondern befasse mich im folgenden Abschnitt mit dem neuen qualitativen Niveau, das sie durch *Bismarck*sche Sozialpolitik erhalten.

Für den Zeitraum von 1848 bis 1870/71 ist zuvor auf drei *Linien des bürgerlichen Denkens* zu verweisen, die in der traditionellen Intelligenz des Kaiserreichs in den dort veränderten sozialen Infrastrukturen wesentliche Grundlagen der weiteren Ideologieentwicklung im Gebiet von Behindertenpädagogik und Psychiatrie schaffen. Es sind dies sozialpädagogische, schulpädagogische und medizinische Theoriebildungsprozesse, die wir mit den Stichworten: Innere Mission, Herbartianismus und naturwissenschaftliche Medizin kennzeichnen können

Die Entwicklung der *Inneren Mission* als Prototyp der Wohlfahrtsverbände in Deutschland geht auf Johann Heinrich *Wichern* zurück. Hier interessiert nicht die institutionelle Ausdifferenzierung dieses Bereichs in zahlreiche einzelne Institutionen und Strukturen, auch nicht die führende Rolle, die die Innere Mission zunehmend in der zweiten Welle der Rettungshausbewegung, also der Gründung der „Idiotenanstalten" ab den vierziger Jahren des vorigen Jahrhunderts spielt, insbesondere dann im Kaiserreich in der „Konferenz der Idiotenanstalten". Hier interessiert vielmehr die pietistische Denkform, mit der *Wichern* gegen das „Medusenhaupt" des Kommunismus auftritt, wie die aus ihr gezogenen praktisch-pädagogischen Folgerungen. Durchgängiges Thema für den sozialen Auftrag der Inneren Mission ist die Lehre von den zwei Regimenten Gottes:

Dies ist zum einen das himmlische Regiment, vor dem alle Menschen gleich sind und das, die himmlische Gleichheit vorwegnehmend, in der christlichen Gemeinde der Gläubigen sich realisiert. Zum anderen ist dies das irdische Regiment, das sich in Auseinandersetzung mit dem Ansturm des Satanischen auf Erden zu entfalten hat. Dieses irdische Regiment ist als Ausdruck der Autorität Gottes, also die von ihm der Obrigkeit verliehene Autorität zu begreifen: Jedermann sei untertan der Obrigkeit, die Gewalt über ihn hat. Wer jedoch diese Obrigkeit, die herrschende gesellschaftliche Ordnung – in ähnlicher Weise statisch und konservativ gedacht wie in der katholischen Ordnungslehre des *Thomas von Aquin* – in Frage stellt, Änderungen entweder revolutionär durchzusetzen versucht oder im Alltag gegen Eigentum, Sitte und Ordnung usw. verstößt, drückt den Ansturm des Satanischen aus Verwahrlosung im Einzelfall wie in sozialen Gruppierungen und Prozessen zu bekämpfen, dies ist die selbstgegebene Stoßrichtung der Inneren Mission. Die Stoßrichtung ihrer Aktivitäten ist damit (1) sozialpolitisch, als Stützung der herrschenden Ordnung und Gegenbewegung gegen die Arbeiterbewegung (2), sozialpädagogisch, im Aufbau von zahlreichen Einzelmaßnahmen der Erziehung zu Moral und Sittlichkeit, und (3) religionspädagogisch, als Erweckungs- und christliche Erneuerungsbewegung, zu begreifen. Die sozialpädagogische Linie realisiert sich zuerst in dem Projekt des „Rauhen Hauses" in Hamburg, einem Heim für verwahrloste Jugendliche. Familien aus der Retorte, Vermittlung kleinbürgerlicher Moral und Entfremdung von der eigenen Klasse, das sind die Methoden, mit denen dem Elend der proletarischen Jugendlichen begegnet wird. Und sofern diese nicht freiwillig sich anpassen und ändern, geschieht dies mit allen Mitteln des Terrors, die sich aus der Tatsache des weltlichen Regiments Gottes legitimieren (vgl. *Köhler* 1977). Es ist dies die ideologische Linie, die die christliche Heim- und Anstaltserziehung bis heute noch prägt (vgl. *Jantzen:* „Die Beharrlichkeit der Ideologie in Wohlfahrtspflegeeinrichtungen für psychisch Kranke und Behinderte").

Im *schulpädagogischen Bereich* liegt mit der Lehre des preußischen Philosophen *Herbart* (1776–1841) ein differenziertes pädagogisches System vor. Es ist zugleich reaktionär in seinen staatstheoretischen Auffassungen und weitaus differenzierter als frühere Systeme in seiner komplexen Erfassung pädagogischer Prozesse. Mit der Niederlage der Revolution von 1848 wird in den Volksschulen, soweit die Volksschulpflicht schon durchgesetzt ist, der Unterricht auf bloße Gesinnungsbildung reduziert, gleichzeitig schreitet aber die Weiterentwicklung im höheren Schulwesen im Sinne größerer Ausdiffenzierung vorwärts (zu den näheren Einzelheiten siehe *Günther* u. a. „Geschichte der Erziehung"). Mit der Aufnahme der Realien in den Unterricht (1873), also insbesondere mathematischer und naturwissenschaftlicher Tatbestände, mit der Durchsetzung der Schulpflicht im Kaiserreich, mit der Notwendigkeit einer effektiven Pädagogik in außerordentlich großen Klassen, 70, 80 und mehr Schüler, wird im *Herbartianismus* all jenes aus der Herbartschen Lehre neu aufgegriffen, was diesen Unterricht unter Massenbedingungen planbar und vollziehbar macht. Es sind dies neben den „Formalstufen" des Unterrichts (Klarheit, Assoziation, System, Methode), die es ermöglichen sollen, Unterrichtsprozesse nach Denkvoraussetzungen der Schüler auszurichten, vor allem die Konzeption des „erziehenden Unterrichts" und die „Kinderfehlerlehre". Die Konzeption des erziehenden Unterrichts stellt die Gewinnung von Zucht im Sinne der Selbstdisziplin des preußischen Untertanen in den Mittelpunkt. Solange diese Zucht als Möglichkeit der Selbsterziehung nicht gegeben ist, erfordert die Erziehung das Moment der „Regierung", d. h. die äußere Erzwingung und Durchsetzung der verlangten Haltung: Dies geschieht u. a. durch körperliche Züchtigungen, Hunger, Freiheitsentzug, u. U. verschärft durch Händebinden und Einsperren in ein finsteres Zimmer usw.. „Regierung" ist nicht nur bei jüngeren Kindern angebracht, sondern bei all jenen Kindern, die Kinderfehler aufweisen: sei dies Geschwätzigkeit, Zappeln, ungenaues Arbeiten usw. Insbesondere, so arbeitet dies die Aktualisierung der Herbartschen Lehre im Kaiserreich dann heraus, ist „Regierung" jenes pädagogische Instrument, das in der Erziehung behinderter Kinder und Jugendlicher eine zentrale Stelle hat. Beide pädagogisch-praktischen Linien führen also in der Praxis zu weitreichend ähnlichen Konsequenzen: Im Endeffekt rechtfertigen sie jede Art des Terrors, insbesondere gegen verwahrloste oder behinderte Kinder, aber auch bereits gegen jede kleine Abweichung vom bürgerlichen Alltag. Dies geschieht mit dem Argument der Naturnotwendigkeit dieser Eingriffsweise, zum einen um der „Verwahrlosung" als Ausdruck des Satanischen Herr zu werden, ein Zugriff, der aus dem Missionsauftrag abgeleitet wird, zum anderen, um über „Regierung" die von Natur aus undisziplinierte Haltung von Kindern und Behinderten in die notwendigen Formen bürgerlicher Ordnung zu zwängen. Anstelle der möglichen allseitigen Entwicklung der Kräfte durch die Gestaltung menschlicher Verhältnisse in der Erziehung auf der Basis von *Séguins* „physiologischer Erziehung" oder *Georgens und Deinhardts* „Heilpädagogik", aber auch dem Humanismus eines *Pestalozzi* hat sich eine *„schwarze Pädagogik"* entwickelt, wie sie schlimmer nicht sein könnte.

Sie findet ihre systematische Ergänzung und Vervollständigung in der biologistischen Wende der *naturwissenschaftlichen Medizin* nach 1848, die in eine ewig gleichbleibende biologische Grundlage das verlegt, was sozialen Verhältnissen geschuldet ist. Die Auffassungen der aufgeklärten bürgerlichen Sozialmedizin des Vormärz, die einen engen Zusammenhang von Krankheit und sozialer Lage sah, werden vergessen oder schlimmer noch, werden in Anbetracht der großen Entdeckungen der naturwissenschaftlichen Medizin als vorwissenschaftlich belächelt: Wieso soll die Tuberkulose ein Ausdruck des sozialen Elends sein, wenn ihre Ursache der Tuberkelbazillus ist? Dies ist jene biologisierende Haltung, die im Kaiserreich dann in der Psychiatrie ihre menschenverachtende, und bis heute die Behindertenpädagogik in Deutschland determinierende, Variante erhält, die sich in den Dogmen der vorgeblichen Bildungsunfähigkeit, Unverständlichkeit und Unerziehbarkeit von Menschengruppen niederschlägt. Ich dokumentiere die Ergebnisse dieses Biologismus in Abbildung 4 (s. S. 58), will aber, bevor ich diese Fragen im Detail aufgreife, zunächst die Frage der Infrastrukturentwicklung im deutschen Kaiserreich behandeln.

2.2 Sozialistengesetz und Sozialgesetzgebung, Infrastruktur und antiproletarische Ideologieentwicklung in der ‚zivilen Gesellschaft': Das deutsche Kaiserreich von 1870/71 bis 1918

Daß die *Armengesetzgebung* reichseinheitlich durch das Unterstützungswohnsitzgesetz geregelt wird, hatte ich schon erwähnt. Dabei gibt es im Kostenausgleich zahlreiche komplizierte Rechtsprobleme der Gemeinden untereinander und zu den Landarmenverbänden. Diese Probleme verschärfen sich durch die ökonomisch veränderte Situation (Gründerkrise 1873), die zu großen Wachstumsschwierigkeiten bis in die neunziger Jahre führt. Als Folge der anhaltenden Depression steigt die Arbeitslosigkeit in einem bisher unbekannten Ausmaß an. Die auf der Suche nach Beschäftigung umherwandernden Arbeitskräfte werden für die Zeit um 1880 auf 200 000 bis 500 000 geschätzt. Es kommt in diesem Kontext zur Bildung einer Interessenvertretung der Gemeinden, um sich in den politischen Entschädigungsprozessen z. B gegen die Großindustrie oder die Landwirtschaft oder andere gesellschaftliche Gruppen durchsetzen zu können: 1881 wird der „Deutsche Verein für Armenpflege und Wohltätigkeit" gegründet, später dann „Verein für öffentliche und private Fürsorge". Über diesen Verein erfolgt die Propagierung des „Elberfelder Systems" in den Gemeinden, das jedoch seine Grenzen findet an der fehlenden Bereitschaft im Bereich der kirchlichen Wohltätigkeit, die Namen ihrer Adressaten preiszugeben. D. h. hier entstehen bereits Konflikte zwischen öffentlicher und privater Fürsorge die im Spannungsfeld staatlicher und von den Wohlfahrtsverbänden entwickelter infrastruktureller Leistungen bis heute festzustellen sind.

Die Strukturen von regionaler und überregionaler Armenhilfe differenzieren sich, wobei die Hilfe der Landarmenverbände vor allem auf die Arbeitsunfähigen zielt: 1891 wird das Gesetz vom Unterstützungswohnsitz ausgedehnt auf die Gruppen der „hilfsbedürftigen Geisteskranken, Idioten, Epileptiker, Taubstummen und Blinden" Die Verpflichtung zur öffentlichen Versorgung der Krüppel wird erst sehr viel später durch das „Gesetz betreffend die öffentliche Krüppelfürsorge" vom 6. 5. 1920 geregelt. Die Zahl der privaten Wohlfahrtsvereine und Verbände nimmt zu. Zunehmend organisieren sie sich in nationalen Dachverbänden: 1848 die Innere Mission, 1863 das Rote Kreuz, 1897 die Caritas, 1917 die Zentralwohlfahrtsstelle der Juden, 1919 die Arbeiterwohlfahrt und 1924 der DPWV (Deutscher Paritätischer Wohlfahrtsverband).

Nicht nur die Infrastrukturen in der Armenfürsorge entwickeln sich (im staatlichen wie im Bereich der freien Wohlfahrtpflege), es entsteht als Reaktion auf die Arbeiterbewegung sozusagen eine zweite Etage der sozialen Infrastruktur: die *Arbeitergesetzgebung* Sie ist sowohl Resultat der Weiterentwicklung der Produktivkräfte als auch ein Ausdruck der Klassenkämpfe zwischen Kapital und Arbeit. Die eine Seite dieser Kämpfe drückt das *„Sozialistengesetz"* aus, das von 1878 bis 1980 die Sozialdemokratie verbietet und erst durch das Bergarbeiterstreiks von 1889 letztlich zu Fall gebracht wird. Ergebnis: Die SPD wird mit 19,7 % stärkste Partei im Reichstag, *Bismarck* tritt zurück und wird von *Caprivi* abgelöst Die andere Seite: In der *Sozialgesetzgebung*, so die Kaiserliche Botschaft vom 17. 11. 1881, wird davon ausgegangen, „daß die Heilung der sozialen Schäden nicht ausschließlich auf dem Wege der Repression sozialer Ausschreitungen, sondern gleichmäßig auf dem der positiven Förderung des Wohles der Arbeiter zu suchen sei." 1881 wird die gesetzliche *Krankenversicherung* für die Arbeiter eingeführt und löst in der Folge mehr und mehr das System der alten Hilfsvereine ab. Insbesondere nach Fall des Sozialistengesetzes werden die Mitbestimmungsmöglichkeiten in den Krankenkassen (damals und bis zum Faschismus hin noch zwei Drittel Stimmanteil der Versicherten) aktiv ausgenützt, was bis in die Weimarer Republik hinein durchgängig und immer wieder in scharfe politische Auseinandersetzungen zur sich formierenden Ärzteschaft führt. 1884 wird die *Unfallversicherung* verabschiedet. Ihre Durchsetzung läßt ein infrastrukturelles Netz in zweierlei Hinsicht entstehen. Die unternehmerisch geleiteten Berufsgenossenschaften in dem nunmehr zur Koordination gegründeten „Verband der Deutschen Berufsgenossenschaften" und das Reichsversicherungsamt arbeiten Unfallverhütungsvorschriften aus (zur Entwicklung des Arbeitsschutzes in dieser Zeit siehe *Tennstedt* 1981). Zum anderen führt das Bestreben der Berufsgenossenschaften, möglichst günstige Abschlüsse zu erzielen, zur „Rentendrückerei". Es wird bei vielen Unfallsfolgen in Abrede gestellt, daß sie etwas mit dem Unfall zu tun haben bzw. es werden abschreckende Rehabilitationsexperimente mit Arbeitern durchgeführt, die eine Rente beanspruchen. 1889 entsteht dann das *Invaliditäts- und Alterssicherungsgesetz,* das zwar den Invaliden und Altersrentnern kaum den Satz der Armenunterstützung garantiert, jedoch ihnen im Unterschied zu dort ihre Bürgerrechte (insbesondere das Wahlrecht) nicht abspricht. Es treibt damit zugleich die politische Differenzierung zwischen arbeitender Bevölkerung und Armutsbevölkerung voran, im Rahmen derer Armut mehr und mehr als individuelles Problem verwaltbar gemacht wird. (Zum Zusammenhang dieser Entwicklungsprozesse verweise ich auf die vorzügliche Geschichte der Sozialfürsorge von *Landwehr und Baron,* auf das bereits mehrfach erwähnte Buch von *Tennstedt* zur „Sozialgeschichte der Sozialpolitik in Deutschland" und das Buch von *Sachße und Tennstedt:* „Geschichte der Armenfürsorge in Deutschland").

Machen wir uns hier folgendes deutlich: Mit diesen unterschiedlichen Gesetzen und den Institutionen, die sich zu ihrer Durchführung entwickeln, entsteht ein umfassendes *Netz von diagnostischen Eingriffen* in den Lebenszusammenhang der Bevölkerung. In ihm kann im Einzelfall zunehmend „normal" und „anormal", „gesund" und „krank", „arbeitsfähig", „arbeitswillig", „arbeitsunwillig" und „arbeitsunfähig" festgestellt werden. Diese Feststellungen sind nicht wertneutral, sondern unterliegen, wie dies am Beispiel der Unfallrenten bereits benannt wurde, klassenspezifischer Wahrnehmung und Ideologie. Erst in diesem Netz von Zusammenhängen, das durch den schulischen und den Jugendhilfebereich ergänzt wird, entstehen die Voraussetzungen, unter denen eine wissenschaftliche und sozialpolitische Systematisierung der Tatbestände „Behinderung" und „psychische Krankheit" möglich wird. Bevor ich hierauf eingehe, einige Daten zur *schulischen Entwicklung* und zur *Jugendpolitik.*

Mit der Gründung des Kaiserreiches einher geht die allgemeine Beschulung. Im Volksschulbereich entstehen als deren Resultat Hilfsklassen und *Hilfsschulen* für, wie es zunächst heißt, „schwachbefähigte" Kinder. Die bis etwa 1910 noch feststellbaren Versuche (Berlin, Mannheim), das Problem der schlechter lernenden Kinder im Zusammenhang der Volksschule durch innere Differenzierung oder Nachhilfeklassen zu lösen, geraten zunehmend unter Beschuß durch eine biologistisch argumentierende Hilfsschullehrerschaft, die ihre Schüler sehr bald als „schwachsinnig" sieht Schwachsinn bedeutet nicht nur Intelligenzschwäche im heutigen Sinn sondern zugleich moralischer Schwachsinn und „psychopathische Minderwertigkeit". Nicht nur gegenüber den Nachhilfebemühungen in den Volksschulen, auch gegenüber den Beschulungsversuchen der „Idiotenanstalten" setzen sich die Hilfsschulen durch. Sie bilden die Hauptstruktur des sich entwik-kelnden Sonderschulwesens, dessen Formen im wesentlichen bis zum Beginn der Weimarer Republik vorhanden sind (also Schulen für Blinde, für Gehörlose, für Schwerhörige, für Sprachbehinderte, für krüppelhafte Kinder, d. h. Körperbehin-derte, für Sehbehinderte Neu kommen in der Bundesrepublik nur noch die Verhaltensgestörtenschulen, die Schulen für Geistigbehinderte und die Kranken-hausschulen hinzu). Die Ausbreitung der Hilfsschulen als zahlenmäßig bedeu-tendster Form des Sonderschulwesens erfolgt rapide: 1900 umfassen sie ca. 8000 Kinder in 90 Städten, 1920 ca. 43 000 Kinder in 320 Städten. Im Bereich der höheren Schulen treten Lern- und Verhaltensprobleme in der Zeit vor und um 1900 unter dem Gesichtspunkt der „Überbürdung", heute würde man von „Schul-streß" sprechen, sowie der „nervösen" oder „psychopathischen" Konstitution auf. Eine umfassende pädagogische Theorie zur Beschreibung all dieser Formen der Abweichung wird insbesondere von *Strümpell* in Tradition der *Herbart*schen *Kinderfehlerlehre* versucht. Dieser Beschreibungsversuch setzt sich jedoch – ob-wohl er sie aufzunehmen versucht – nicht gegen die psychiatrische Lehre von den *„psychopathischen Minderwertigkeiten"* durch, die Hintergrundtheorie für die ge-samten Abweichungen im Kindes- und Jugendalter wird. *Kindheit* und *Jugend* kommen mit der Durchsetzung der Beschulung, den Arbeitsschutzbestimmungen für Kinder und Jugendliche sowie ihrer Entdeckung als eigene Lebensphasen durch das Bürgertum zunehmend in den Blick der Sozial- und Bevölkerungspoli-tik. U. a. durch Festsetzung der Strafunmündigkeitsgrenze im § 55 des Reichs-strafgesetzbuches von 1872 mit zwölf Jahren weitet sich die Zwangserziehung durch Erziehungs- und Besserungsanstalten aus, die sich nach 1900 zunehmend auf den Tatbestand der drohenden Verwahrlosung bezieht. Folie dieses Denkens bietet wieder einmal das in die Städte strömende bzw. dort lebende Proletariat in den Formen seiner Pauperisierung und Deklassierung. Um der drohenden Krimi-nalität und Jugendverwahrlosung Herr zu werden, entwickelt sich die *Jugendfür-sorge*. Erste Jugendämter und Jugendgerichte entstehen noch vor dem ersten Weltkrieg, erfahren ihre umfassende gesetzliche Vereinheitlichung jedoch erst in der Weimarer Republik. Gleichzeitig entstehen ab 1900 sowohl die bürgerliche wie die Arbeiterjugendbewegung. Auf letztere versucht der Staat mit eigenen Maßnahmen Einfluß zu nehmen, insbesondere auch mit finanzieller Unterstüt-zung der zahlreichen Vereine, die sich der „Jugendpflege" annahmen. Über die Entwicklung der Jugendpflege selbst informiert das Buch von *Krafeld* „Geschich-te der Jugendarbeit" (wenn auch mit deutlichen Einschränkungen für die Ge-schichte der Arbeiterbewegung in diesem Bereich nach dem Zweiten Weltkrieg); zur Entwicklung der Fürsorgeerziehung verweise ich auf *Ahlheim* u. a. „Gefessel-te Jugend", für die Situation der proletarischen Kinder und Jugendlichen zu dieser Zeit auf das hervorragende Buch von Otto *Rühle* „Das proletarische Kind", erstmals 1913 und umfassend überarbeitet 1922 erschienen.

Kehren wir zurück zu den Prozessen der Ideologiebildung in dieser Epoche, für die auf unserem Gebiet insbesondere die *Psychiatrie* steht. Den Wandel der

Blickweise gegenüber dem aufgeklärten Bürgertum macht insbesondere ein damals weitverbreitetes Buch von Paul *Sollier* deutlich mit dem Titel „Der Idiot und der Imbezille". Die Bildungsfähigkeit geistig behinderter Menschen wird in strikter Absetzung von *Séguin* geleugnet. Idioten sind geborene Asoziale, bestenfalls dressierbare Automaten.

Und im Imbezillen leuchtet erneut jenes menschenverachtende Zerrbild auf, das seit den Armenheeren im Übergang zum Kapitalismus und der Entwicklung des Proletariats immer wieder die Folie für kleinbürgerliches Denken liefert: Der Imbezille ist der geborene Antisoziale, der raubt, mordet, Frauen und Kinder schändet. Er ist das zuchtloseste Individuum, das es gibt. Er vergeht sich vor allem gegen das bürgerliche Eigentum und bedarf der Verschließung in besondere Verwahranstalten. Geschärft ist *Solliers* Blick durch die Erfahrungen der Pariser Kommune, die die demokratisch kontrollierte Umstrukturierung der Staatsstrukturen auf die Tagesordnung gesetzt hatte, Auflösung des Berufsbeamtentums usw. und von hier wie von der Bedrohung des Privateigentums her erneut das „Medusenhaupt" des Kommunismus aufleuchten ließ.

Modus der Theoriebildung ist in der traditionellen Intelligenz dieser Zeit durchgängig der folgende: Soziale Probleme der Armut, der Verelendung, der Krankheit, der Anormalität werden auf individuelle psychische Probleme zurückgeführt, wie z. B. „guter" oder „schlechter" Charakter, „Arbeitswille" oder „Arbeitsscheu" usw. Diese selbst werden im Falle der Abweichung auf biologische Veränderungen zurückgeführt. Ich nenne einen solchen Typus der Theoriebildung *Psychologisierung* bzw. *Biologisierung*. Eine solche Theoriebildung kann sich insbesondere auf Ergebnisse der naturwissenschaftlichen Medizin zurückbeziehen, die in der Tat bei Schwachsinn deutliche Korrelationen mit körperlichen Veränderungen gefunden hatte, bzw. am Modell der durch Syphillis hervorgerufenen progressiven Paralyse auch *einen* Prozeß psychischer Erkrankung auf innere biologische Strukturen zurückführen konnte. In diesem Zusammenhang entsteht nicht nur *Lombrosos* Theorie des „geborenen Verbrechers", die Lehre von der Angeborenheit der Intelligenz durch *Galton* und später *Burt* in Großbritannien oder die von der biologischen Minderwertigkeit anderer Rassen, sondern auch das bis heute in seinen Grundstrukturen gültige Lehrgebäude der Psychiatrie durch den deutschen Psychiater Emil *Kraepelin*.

Kraepelin hinterfragt nicht mehr die sozialen Ursachen von Krankheit. Er hinterfragt ebenfalls nicht mehr die normativen gesellschaftlichen Prozesse, die in Schule, Betrieb, Alltag zur Auffälligkeit führen. Er nimmt vielmehr die dort gegebenen Definitionen als real auf; und er versucht, die ihm so als Krankheitsverläufe zu Augen kommenden sozialen Prozesse zu klassifizieren. Das Bemühen um exakte Diagnose paart sich zugleich mit einem weitgehenden therapeutischen Nihilimus. Unter der Bedingung der massenweisen psychiatrischen Institutionalisierung nimmt er die Prozesse der Hospitalisierung der Insassen nicht als Folge des sozialen Ausschlusses wahr, sondern als Ausdruck von in diesen Menschen steckenden Krankheitsfaktoren biologischer, endogener Art, die ihren Verlauf nehmen Entsprechend baut er eine Krankheitslehre nach Art dieser Verlaufstypen auf, die er *„Krankheitseinheiten"* nennt. Dies führt zu einer Dogmatisierung einer Reihe von Dimensionen menschlicher Existenz als pädagogisch und therapeutisch unbeeinflußbar, wobei es graduelle Abstufungen sowohl nach Schweregrad, als nach Nähe des Befundes zur bürgerlichen Lebensnormalität gibt. Die sich als Wissenschaft etablierende Psychiatrie ist von Anfang an klassenspezifischer Handlungszusammenhang: Die Patienten der eigenen Klasse werden durch Gespräche, freundliche Umgebung u a m. zu beinflussen versucht; die Angehörigen des Proletariats, aber auch anderer nicht in besonderem Ansehen stehender Schichten sind durchgängig extremem Terror ausgesetzt. Einen Überblick über die allgemeine Struktur dieses Denkens liefert *Abbildung 4.*

Abbildung 4 Gesellschaftlicher Störungszusammenhang und Nosologie von psychischer Krankheit und Behinderung

Dimensionen bürgerlichen Denkens:	Psychiatrische Dogmen:	Nosologische Kategorien:
Körperliche Unversehrtheit als Rechtstatbestand und medizinischer Begriff der Normalität	Körperliche Defektivität als Endogenität und biologische Verursachung der psychischen Abweichung	Sinnesdefekt Körperbehinderung Hirnschädigung Erbschädigung
Bildungsfähigkeit als Erreichbarkeit der bürgerlichen Geschäftsfähigkeit	Bildungsunfähigkeit (Störung des Intellekts)	Schwache Begabung Debilität Imbezillität Idiotie
Erziehbarkeit als Einfügung in die bürgerliche Normalität	Unerziehbarkeit (Störung der Abstimmung zwischen Trieb- und Intellekt)	Neurose Verwahrlosung Psychopathie endogene bzw. praktische Unerziehbarkeit
Rationalität des Denkens und Handelns	Unverständlichkeit (Störung des Willens und Gemüts)	Exogene Psychosen endogene Psychosen (manisch-depressiver und schizophrener Formenkreis)

Dimensionen bürgerlichen Denkens wie körperliche Unversehrtheit, Bildungsfähigkeit, Erziehbarkeit und Rationalität des Denkens und Handelns schlagen um in psychiatrische Dogmen der körperlichen Defektivität als *endogene Prozesse* sowie der *biologischen Verursachung der psychischen Abweichung,* der *Bildungsunfähigkeit,* der *Unerziehbarkeit* und der *Unverständlichkeit.* Dabei verbinden sich jeweils (soweit diese überhaupt vorhanden sind) medizinisch-naturwissenschaftliche Diagnosen mit einem aufgeblähten alltagspsychologischen „Begriffs"-Instrumentarium, in dessen innerer Struktur der Ausschluß der „Minderwertigen" immer bereits vorgedacht ist.

Psychopathie ist der Begriff, der jene Bereiche abdeckt, die der bürgerlich-medizinische Gesundheits- wie Krankheitsbegriff offenlassen. Psychopathie ist jede Form der Abweichung von der gesellschaftlichen Normalität: sie wird als Minderwertigkeit, und zunehmend als konstitutionell-biologische Minderwertigkeit begriffen, die im psychischen und sozialen Prozeß ihren Ausdruck findet. Psychiatrische Lehre und Sozialdarwinismus verknüpfen sich hier aufs Engste. Sozialdarwinistische Denkweisen in Psychiatrie und Behindertenpädagogik, die vor allem in dieser Zeit entstehen, stehen in einem nichtentflechtbaren Zusammenhang mit der Gesamtstruktur des reaktionär werden bürgerlichen Denkens, das sich von den Traditionen der Aufklärung in breiten Kreisen zunehmend abwendet. Was einerseits als minderwertig, psychisch krank, behindert oder psychopathisch theoretischer Ausdruck dieses Prozesses nach seiten des Proletariats hin ist, das ist andererseits der Zusammenhang von Elite, Kultur und Persönlichkeit nach Seiten der herrschenden Klassen wie der traditionellen Intelligenz.

Die allgemeine Struktur dieses Denkens ist insbesondere von Georg *Lukács* in „Die Zerstörung der Vernunft" nachgewiesen worden. Ich will in einem thesenartigen Exkurs die wichtigsten Momente des inneren Zusammenhangs dieses reaktionär gewordenen Denkens herausarbeiten.

2.3 Elite, Masse, Persönlichkeit – Ein Exkurs zur Struktur konservativen Denkens im imperialistischen Deutschland

Unter *konservativem Denken* oder Konservativismus verstehe ich mit *Elm* Denkformen und Strömungen in Politik, Ideologie, Gesellschaftstheorie, die die Existenzbedingungen historisch überlebter Klassen, Schichten und Gruppen widerspiegeln und deren Interessen und Bestrebungen in weltanschaulich-ideologischer Hinsicht entschieden zum Ausdruck bringen. Die „Kernposition" des konservativen Denkens besteht darin, „die Eigentums-, Ausbeutungs- und Herrschaftsverhältnisse der antagonistischen Klassengesellschaft einschließlich der darauf gegründeten Privilegien, Normen und Ideologien bedingungslos zu rechtfertigen und zu verteidigen" (so *Elm* 1982, S. 18). Unter *Imperialismus* verstehe ich jene Form der Weiterentwicklung des Kapitalismus, die sich aus der Macht des Monopolkapitals und seiner Verflechtung mit dem Staatsapparat als zunehmend einheitlichem Handlungsapparat ergibt.

Konservatives Denken in der kapitalistischen Gesellschaft ist meist gekoppelt mit Kulturpessimismus, Negierung der Erkennbarkeit der Welt im Bereich der gesellschaftlichen Gesetze und der Gesetzmäßigkeiten in der Entwicklung der Persönlichkeit, die zum Gegenstand eigener und nach anderen Gesetzen verfahrender Wissenschaften, der Geisteswissenschaften erklärt werden. Dies läßt nicht den Umkehrschluß zu, daß in den Geisteswissenschaften durchweg konservativ gedacht wird, da das wissenschaftliche Denken jeweils nicht nur ideologisch, sondern auch und vorrangig von seinem Gegenstand bestimmt wird. Ein wesentliches Merkmal des Konservatismus ist sein *Menschenbild:* Eine aus Gesetzen der Natur begründete Ungleichheit der Menschen steht im Vordergrund Die durch die Klassenteilung der Gesellschaft entstandenen Unterschiede werden negiert und zu biologischen erklärt. Das Aufrechterhalten dieser Verhältnisse wird als Garant jedes Fortschritts gesehen. Während einerseits die Herrschenden wie die traditionelle Intelligenz aufgrund ihres gesellschaftlichen „Oben" als biologisch und damit sozial hochwertig gedacht werden, werden andererseits die Massen, die arbeitende Bevölkerung und inbesondere deklassierte, pauperisierte, kranke und behinderte Menschen als biologisch minderwertig eingeordnet. Im Spannungsfeld der Begriffe „Elite" und „Masse" läßt sich folgende allgemeine Struktur dieser Theorien skizzieren:

1. Die dem Adel als herrschende Klasse im Feudalismus als durch Vererbung zuerkannte (biologische) Höherwertigkeit löst sich durch die bürgerliche Revolution von dieser Klasse. Der Gedankengang der biologischen Höherwertigkeit wird jedoch im Reaktionärwerden der Bourgeoisie als Klasse wieder aufgegriffen. Ihre Elitestellung in der Gesellschaft wird als Ausdruck ihrer durch Leistung unter Beweis gestellten biologischen Höherwertigkeit erklärt.

2. Hierzu wird die theoretische Grundstruktur des Darwinismus herangezogen Die Lehre *Darwins* übernimmt die von *Malthus* beschriebene Erscheinungsform der kapitalistischen Ausbeutung und des freien Wettbewerbs als Kategorie der „natürlichen Auslese". Einerseits ist der kapitalistische Wettbewerb wesentliche Denkvorlage, um den Evolutionsgedanken mit dem Konzept der natürlichen Auslese zu verbinden („struggle for life" und „survival of the fittest"). Andererseits verhinderte aber gerade diese Verbindung, noch verbliebenen Umstimmigkeiten im Darwinismus im Detail nachzugehen, da dieses Konzept alles zu erklären schien. Darüber hinaus wurde es möglich, die in der Natur gefundenen Prinzipien der natürlichen Auslese nunmehr auf den Gesellschaftsprozeß in der Form des Sozialdarwinismus zurückzubeziehen.

3. So entsteht die Denkform, den menschlichen Fortschritt an der Beherrschung der Produktivkräfte durch die „biologisch überlegene" herrschende Klasse zu bestimmen Gleichzeitig werden damit die sich in den Produktionsverhältnissen ausdrückenden sozialen Widersprüche als Last des Fortschritts begriffen, als Empörung der „descendents" (*Nietzsche*), „Aufstand der Massen" (*Ortega y Gasset*), Verfall der Kultur und „Untergang des Abendlandes" (*Spengler*) bzw. Revolte der biologisch Minderwertigen, der „Untermenschen" (so die Faschisten).

4. In diesem nunmehr auf der Basis des „survival of the fittest" sozialdarwinistisch begriffenen historischen Prozeß erscheinen der Kapitalismus und der bürgerliche Staat als Wohltat für die Menschheit, indem sie deren Fortschritt garantieren. Sie erscheinen zugleich als einziges Mittel über biologische, psychologische und soziale Kontrolle und letztlich Absterben (gegebenenfalls durch aktive Vernichtung!) der Minderwertigen eine humane Gesellschaft zu erreichen. Sozialdarwinismus und Sozialpolitik verbinden sich in Maßnahmen der Eugenik, Sozialhygiene und Bevölkerungspolitik: hier zunächst noch vor allem theoretisch, im Hitlerfaschismus, später dann in einer nie gekannten Weise praktisch.

5. In diesem Kontext kommt den „Eliten" eine Doppelfunktion zu:
– Garant des gesellschaftlichen Fortschritts durch die Weiterentwicklung der Produktivkräfte zu sein,
– Garant der positiven Entwicklung der Menschheit gegen die Minderwertigen, die Deszendenten zu sein, oder wie es bei *Eysenck* moderner heißt: Die „Herrschaft der Mittelmäßigkeit" zu verhindern.

6. Dies verlangt eine unterschiedliche Ethik im Umgang mit den biologisch Gleichwertigen und jenen, die nach innen wie außen zu den Minderwertigen

gehören. Diese doppelte Ethik wird seit *Nietzsche* und *Spencer* von den Herrschenden und ihren Ideologen als sich wechselseitig negierende formuliert. So argumentiert *Spencer* (vgl. *Koch* 1973, S. 46), die Funktion der Familie bestehe darin, die Jungen und Schwachen zu schützen Die Funktion der Gesellschaft sei es, die Stärksten zu belohnen. Die Familie müsse das Kind schützen und erziehen, die Männer müßten sich vor ihre Frauen stellen. Für die menschliche Gesellschaft seien solche Funktionen lebensgefährlich. Die Familienethik habe keinen Platz in der Ethik der Gesellschaften. Die Ethik der Angehörigen der Eliten untereinander beinhaltet nun Teile beider Ethiken. Sie wird zum einen auf der Basis einer Familienethik bestimmt, die für kleine Gruppen, Nachbarschaft, Freundschaft gilt und auch in den Beziehungen der Herrschenden präsent ist. Längs dieser Dimension wird dann etwa, um dies am aktuellen Beispiel zu demonstrieren, die „Solidarität der Demokraten" oder die „Sozialpartnerschaft" beschworen. Diese allgemeinmenschliche Ethik ist der Form nach der bürgerlichen Aufklärung entnommen und wird der einzelnen Familie durch Rechtsverhältnisse und Normen sowohl zugestanden wie abgefordert. Sie ist in allgemeinen Rechtsprinzipien, z. B. den Grundrechten des Grundgesetzes kodiert, kann aber nicht allgemein menschlich angewendet werden, will man die Minderwertigen bekämpfen wie sich zugleich gegen die anderen Angehörigen der Eliten durchsetzen. D. h. die „Ethik" zur Bekämpfung der Massen als Herrenmoral der herrschenden Klasse wird gegen die auf Familienebene zugestandene ja sogar abgeforderte allgemein-menschliche Ebene bestimmt Aktuell: Die Familien sollen zusätzliche Sozial- und Bildungsaufgaben übernehmen, sich jedoch zugunsten der Investitionen für die Konzerne mit weniger Einkommen bescheiden, so die Ausrichtung der Politik der Bundesregierung *Kohl*. Die aus dem Aspekt der Herrschaft abgeleitete Ethik ist somit scheinbar die übergeordnete allgemein-menschliche, die die kapitalistischen Klasseninteressen als für die ganze Menschheit als überlebensnotwendig postuliert.

7. Entsprechend zielt die sozialdarwinistische Auffassung der kapitalistischen Gesellschaft nach außen auf die Eliminierung bzw. Unterwerfung „lebensunfähiger" oder den „Aufstand der Massen" unterstützender „Rassen", Gesellschaften und Staaten. Diese Auffassung legitimiert nicht nur den Krieg, sondern hält ihn im Menschheitsinteresse für unabdingbar. Das deutsche Kaiserreich trieb eine solche Politik mit der Ausrottung der Hereros und Hottentotten in Südafrika; die aktuelle Kampagne *Reagans* gegen die Sowjetunion als „Reich des Bösen" ordnet sich in gleicher Weise diesem Denkmuster unter. Nach innen zielt diese Auffassung auf Zurückdrängung, Erfassung und Ruhigstellung wie gegebenenfalls Vernichtung (so im Faschismus) „lebensunfähiger" bzw. widerspenstiger Individuen. Hier kann man historisch wie aktuell als Beispiel auf die Militärpsychiatrie verweisen (vgl. hierzu insbesondere *Siemen* „Das Grauen ist vorprogrammiert")

8. Diese Denkstrukturen bedürfen ihrer Übersetzung in unterschiedlichste, dem Alltagsbewußtsein auf der Ebene der Anschauung zugängliche Bereiche, innerhalb derer sodann die Ausdifferenzierung der Theorie erfolgt. Eliten werden als Träger des Geistes, der Kultur, des Fortschritts gekennzeichnet und erlebbar gemacht, als rational, gefühlsbeherrscht usw. gekennzeichnet. Massen dagegen werden als emotional und unberechenbar reagierend beschrieben, triebbeherrscht. Häufig finden psychopathologische Kategorien hier ihre Anwendung wie „enthemmt", „fanatisch" bzw generell nichtmenschlich (so sprach *Strauß* von

„gehirnamputierten" Demonstranten oder von Menschen, die sich wie Tiere benehmen und für die menschliche Gesetze daher nicht gelten u. a. m.).

9. Die Struktur dieser Theorien verlangt es, im Einzelfall die Zuordnung zur Elite oder Masse vornehmen bzw. prognostizieren zu können. Dies ist der logische Ort, an dem biologistische Begabungs- und Intelligenztheorien wie Theorien der Persönlichkeit entstehen. Intelligenz ist in dieser Sicht nicht das Resultat kultureller Prozesse und fehlender Bildung, sondern die Voraussetzung zur schlechteren Aneignung der Kultur bzw zur geringen Bildungsfähigkeit (vgl. zum Bereich der Intelligenztheorien die ausführliche Arbeit von *Gould* „Der falsch vermessene Mensch"). Als wichtigste Persönlichkeitstheorie hat sich in diesem ideologischen Zusammenhang die Schichttheorie der Persönlichkeit erwiesen, die insbesondere in der Weimarer Republik, im Hitlerfaschismus sowie in den ersten 20–25 Jahren der Bundesrepublik eine sehr große Rolle gespielt hat. Deren Struktur ist es, verschiedene Schichten der Persönlichkeit wie z. B Vitalsphäre, Triebsphäre, Intellekt und Geist zu postulieren Das Vorwiegen der höchsten Ebenen bei gleichzeitiger Hemmung der niederen und organischer Durchgestaltung ihrer Wechselwirkungen kennzeichnen die Persönlichkeit und den Charakter der Eliteangehörigen. Die fehlerhafte Ausbildung der Schichten der Persönlichkeit bzw. ihrer pathologische Mischung bzw. das Überwiegen niederer gegenüber höherer Schichten ist Kennzeichen der den Massen zugerechneten Individuen. Diese Theorie hatte ebenso wie die Begabungstheorie tiefe Auswirkungen auf das Gebiet von Behindertenpädagogik und Psychiatrie. Sie ist bis heute noch in einflußreichen Theorien beider Fachgebiete präsent. Gleichzeitig muß man sehen, daß sie in der Gegenwart (aufgrund des Wandels der Psychologie zu einer auf der Basis statistischer Methoden und Verarbeitungsverfahren sich als exakte, positivistische Wissenschaft verstehenden Psychologie) an Boden verloren hat und durch Persönlichkeitstheorien neuen Typs ersetzt wurde. Entsprechend der statistisch (faktorenanalytisch) über zahlreiche Testdimensionen gewonnenen Auffassung der Persönlichkeit als „unique pattern of traits", einzigartige Konstellation von Persönlichkeitseigenschaften (*Guilford*), verortet der moderne Biologismus und Psychologismus Persönlichkeitsprozesse auf zahlreichen unipolaren oder bipolaren Eigenschaftsdimensionen. Hier trifft er sich mit der sogenannten Sozialbiologie. Diese wendet aufgrund vergleichender Verhaltensforschung im Tierreich gefundene biologische Dimensionen des Verhaltens auf den Menschen zurück Derartige Dimensionen sind dann z. B. Altruismus versus Egoismus und Aggressivität, Kooperativität gegenüber den Angehörigen der eigenen Gruppe versus Aggressivität gegenüber Fremden, Kreativität versus dem Wunsch zu besitzen und zu dominieren usw. (so in dem grundlegenden Buch von *Wilson* über „Sociobiology") bzw. in der aktuellen Psychologie der Rechtskräfte Konsens versus Neid, Verantwortung versus Anspruchsdenken usw.

10. Die Produzenten dieser Ideologien organisieren sich in zahlreichen Vereinigungen wissenschaftlicher, pseudowissenschaftlicher und politischer Art und erfahren historisch wie aktuell jeweils erhebliche Unterstützung durch das Kapital.

Zu weiteren Details verweise ich auf die unten angegebene einschlägige Literatur, insbesondere auf die Arbeiten von *Schneck* „Die Entwicklung der Eugenik als soziale Bewegung in der Epoche des Imperialismus" sowie zur aktuellen Situation M. *Billig* „Die rassistische Internationale" Über die in der Literatur angeführten Verbände informiert von 1789 bis 1945 im Regelfall ausführlich und hervorragend das vierbändige „Lexikon zur Parteiengeschichte" (Hrsg. D. *Fricke* u. a.).

Ich möchte erneut festhalten und betonen, daß ich die objektive Struktur von Zusammenhängen herauszuarbeiten versucht habe, daß es im Einzelfall viele widersprüchliche Varianten dieses Denkens gibt, in denen nicht unbedingt alle Momente auftauchen müssen. Andererseits finden sich in der Geschichte von Psychiatrie und Behindertenpädagogik, Sozial-, Bildungs- und Gesundheitspolitik immer wieder diese Argumentationsstränge. Für nähere Details innerhalb der Theorieentwicklung in Psychiatrie und Behindertenpädagogik selbst verweise ich auf meine „Sozialgeschichte des Behindertenbetreuungswesens", sowie *Jantzen* und *Reichmann* „Behindertenpädagogik, Theorien". Ich denke jedoch, mit dieser allgemeinen Analyse den Leser(innen) bessere Grundlagen zur kritischen Lektüre vermittelt zu haben, als durch den Versuch einer Theoriegeschichte der Behindertenpädagogik selbst, die ohnehin nur sehr knapp und kursorisch sein könnte.

2.4 Die Entwicklung in der Weimarer Republik

Mit der Darstellung der allgemeinen Form der Ideologie, innerhalb derer sich Kinder- und Jugendpsychiatrie, Erwachsenenpsychiatrie wie Behindertenpädagogik entwickeln und die darüber hinaus das Denken über Behinderte und psychische Kranke zutiefst prägt, habe ich ideologiegeschichtlich bereits die wesentlichen Strukturen benannt, die auch für die Weimarer Republik gelten. Sie existieren nicht nur weiter, sondern verschärfen sich: Die Debatte um wirksame Maßnahmen gegen die „Minderwertigen" wird in großen Teilen der traditionellen Intelligenz geführt. Im Kernpunkt dieser *„sozialhygienischen" Strategien* steht neben Volksaufbesserung durch positive Eugenik vor allem die Auseinandersetzung um die Leistungen des „Sozialstaates" für Arme, Arbeitslose, Behinderte Dabei hat sich die Situation durch die vier Millionen Kriegsbeschädigten des Ersten Weltkrieges entscheidend verschärft. Im Rechnungsjahr 1927, einem Jahr mit vergleichbar niedriger Arbeitslosigkeit von 8,8 %, waren es immerhin fast genau so viel Kriegsbeschädigte wie Sozialrentner (1,01 gegenüber 1,15 Millionen), die Fürsorgeunterstützung erhielten. Politisch verschärft ist die Situation durch die in Rußland geglückte proletarische Revolution. Diese vermochte sich in Deutschland selbst in der Novemberrevolution von 1918 zwar nicht durchzusetzen, trotzdem erreichten auf dem Hintergrund der gänzlichen Umgestaltung des öffentlichen Lebens durch den Übergang von der Monarchie zur Republik die Klassenauseinandersetzungen eine enorme Schärfe Ruhrkampf und Kapp-Putsch sind nur zwei Stichworte unter vielen, die hier zu nennen sind. Die Gefahr der proletarischen Revolution war ideologisch als Problem der „Kontraselektion" näher gerückt: Die Besten waren im Krieg gefallen, und die „Psychopathen" reckten nun ihre Hand nach der gesellschaftlichen Macht aus. Die Führer der gescheiterten Münchener Räterepublik, z. B. Ernst *Toller* oder Erich *Mühsam* waren von den Psychiatern *Kraepelin* und *Kahn* als Psychopathen klassifiziert worden. Je nach Standort vermutete man in der deutschen Jugend bis zu 20 % Psychopathen und sah insgesamt das deutsche Volk dem degenerativen Untergang geweiht. Die möglichen Maßnahmen positiver Eugenik und der Sozialpolitik, die zunehmend den Arbeitslosenheeren nicht gewachsen war (1929 14,6%, 1930 22,7%, 1931 34,7% und 1932 44,4%) erfuhren zunehmend ihre Ergänzung durch *radikalere Forderungen* wie Asylierung, Zwangssterilisation und auch „Vernichtung lebensunwerten Lebens". Nicht, daß sich diese Positionen bereits mehrheitlich durchgesetzt hätten: Weder das Bewahrgesetz, das nach § 73 des Reichsjugendwohlfahrtsgesetzes möglich gewesen wäre, noch die Sterilisation und schon gar nicht die „Euthanasie" wurden noch in der Weimarer Republik Wirklichkeit. Aber sie hatten, und dies in allen Bereichen traditioneller Intelligenz, die mit den Problemen von Armut, Behinderung, Verwahrlosung aber auch dem politischen Kampf des Proletariats konfrontiert waren, ihre zunehmende Zahl an Befürwortern.

Dies ist nicht so zu verstehen, als sei es ein geradliniger Prozeß der Zunahme menschenverachtenden Denkens gewesen: eher schon eine zunehmende *Polarisierung* im Zusammenhang der Klassenkämpfe. Es entstanden nicht nur pädagogische Alternativen im Kontext der Reformpädagogik, der Psychoanalyse, der Individualpsychologie aber auch erheblicher Teile der Jugendbewegung, es kam auch zumindest gegen Ende der Republik zu einer deutlichen Annäherung von Teilen der „traditionellen Intelligenz" und der Arbeiterbewegung, insbesondere im kulturellen Bereich, aber auch in der Gesundheitspolitik, Bildungspolitik, Sozialpolitik. Die genaueren Verhältnisse in dieser Entwicklung sind nicht nur für das Fachgebiet der Behindertenpädagogik oder der Kinder- und Jugendpsychiatrie weitgehend noch unerforscht. Trotzdem läßt sich festhalten, daß es bestimmte Wissenschaftsbereiche und Praxisbereiche waren, innerhalb derer der aktive „sozialhygienische" Eingriff mit negativen eugenischen Maßnahmen am weitesten vorgedacht worden war, der Sozialdarwinismus am tiefsten Fuß gefaßt hatte: Es waren dies wissenschaftlich inbesondere Rassenbiologie und Humangenetik, wissenschaftlich und praktisch die Psychiatrie, praktisch aber auch die Hilfsschulpädagogik und Anstaltspädagogik, innerhalb derer zumindest die Frage der Zwangssterilisation nach der Machtübernahme durch den Faschismus offene Unterstützung fand (vgl. hierzu die schon genannten Arbeiten von *Schneck* und von *Siemen* sowie *Nowak* „‚Euthanasie' und Sterilisierung im ‚Dritten Reich'" und *Berner* „Behindertenpädagogik und Faschismus").

Diese Prozesse der *präfaschistischen Ideologieentwicklung* fanden statt unter den historisch vorgefundenen Bedingungen der Ideologie wie der gesellschaftlichen Praxis und in den veränderten und differenzierteren sozialen Infrastrukturen In diesen Lebenszusammenhängen stellte sich leicht der Eindruck her, bei entsprechender Beeinflussung durch konservative Ideologie, nicht der weitere Entwicklungsprozeß des Kapitals sei Schuld an der komplizierten politischen und gesellschaftlichen Situation, sondern die Zunahme der biologisch Minderwertigen Dies konnte umso leichter geschehen, je mehr diese Berufsgruppen innerhalb der traditionellen Intelligenz bereits vorher humane Denkinhalte der bürgerlichen Aufklärung preisgegeben hatten, konservativ geworden waren. Die veränderten und verfeinerten Infrastrukturen wurden dann für sie jeweils nur noch deutlicher der Anlaß, in ihren Alltagserfahrungen das sozialdarwinistisch-konservative Weltbild bestätigt zu finden.

Einige Bemerkungen nun zu diesen infrastrukturellen Änderungen, zum Ausbau des „Sozialstaats" in der Weimarer Republik (zu den Details vgl. *Baron* und *Landwehr* bzw. *Jantzen* „Sozialgeschichte . .").

Kennzeichnend für die Armenpolitik dieser Zeit ist der Versuch zur zunehmenden *Vereinheitlichung der Fürsorge*, auch wenn es nicht, wie zunächst geplant, zu einem „Reichswohlfahrtsgesetz" kommt. Als erstes einer Reihe von Gesetzen wird das „Reichsjugendwohlfahrtsgesetz" (RJWG) im Juni 1922 verabschiedet, jedoch erst am 1. 4. 1924, wesentlich eingeschränkt durch Notverordnungen, in Kraft gesetzt. Pflegekinderaufsicht, Amtsvormundschaft und Fürsorgeerziehung werden geregelt; wesentliche Teile wie die Pflicht zur Errichtung von Jugendämtern, die Verpflichtung zur Durchführung der Jugendpflege sowie die Kostenregelung für hilfsbedürftige Minderjährige wurden jedoch nicht rechtswirksam. Im Dezember 1923 wird anstelle eines Reichswohlfahrtsgesetzes die „Reichsverordnung über die Fürsorgepflicht" (RFV) erlassen sowie im Dezember 1924 ein einheitliches Ausführungsgesetz zu dieser mit den „Reichsgrundsätzen über Voraussetzung, Art und Maß der öffentlichen Fürsorge" (RGr). Beide Gesetze treten am 1. 1. 1925 in Kraft. In den Mittelpunkt der Fürsorge tritt anstelle der Bemessung auf der Basis des physischen Existenzminimums die Bemessung auf der Basis des notwendigen Bedarfs. Das Wort „arm" wurde strikt vermieden, die Einschränkung der bürgerlichen Rechte fiel dort Die Fürsorge gestaltete sich unterschiedlich nach Gruppen von Bedürftigen: gehobene Fürsorge für Kriegsopfer, Sozialrentenfürsorge für die Rentner, deren Rente nicht mehr ausreichte, Fürsorge für hilfsbedürftige Minderjährige und schließlich die „einfache" Fürsorge. Hinzu kamen Aufgaben der Vorbeugung als Gesundheits-, Wirtschafts- und Erziehungsfürsorge.

Alle Maßnahmen erweisen sich jedoch immer wieder eingeschränkt und bestimmt durch das Dauerproblem: Die Arbeitslosigkeit. Zwar kam es 1927 mit dem Gesetz über Arbeitsvermittlung und Arbeitslosenversicherung (AVAVG) erstmals zu einer umfassenden Regelung des *Reproduktionsrisikos Arbeitslosigkeit;* mit den steigenden Zahlen der Arbeitslosen war die Fürsorge jedoch letztlich immer wieder der Bereich, der die materielle Versorgung zu garantieren hatte. Dies führte zu einer massiven Einschränkung der zahlreichen anderen in der gesetzlichen Neuordnung vorgesehenen Aufgaben. Während von den Arbeitslosen insgesamt 1928 18,3 % Fürsorge und 81,7 % Arbeitslosenunterstützung erhielten (bei 1,208 Millionen Arbeitslosen), waren es im März 1933 bei 5,598 Millionen Arbeitslosen 52,6 %, die Fürsorge und 47,4 %, die Leistungen nach dem AVAVG erhielten

Zu erwähnen ist für die rechtliche Ordnung des Problems *Kindheit und Jugend* außerdem das Jugendgerichtsgesetz (JGG) von 1923, das für Jugendliche zwischen 14 und 18 Jahren die Möglichkeit gerichtlich ausgesprochener erzieherischer Maßnahmen verfügt. Die Zahl der verurteilten Jugendlichen sinkt hierdurch etwa auf ein Drittel (1923: 86 000, 1926: 24 000). Mit den Maßnahmen des JGG sowie den Ausdifferenzierungen im Bereich der öffentlichen und privaten Jugendfürsorge und -pflege aufgrund der RJWG, der Entstehung von Jugendämtern, der Weiterentwicklung der Wohlfahrtsverbände in diese Bereiche hinein, ihrer Koordination über den Allgemeinen Fürsorgeerziehungstag (AFET), fanden *Sozialpädagogik, Heilpädagogik* und *Kinder- und Jugendpsychiatrie* ein reichhaltiges Betätigungsfeld

Während die Entwicklung von Sozialpädagogik und Heilpädagogik insbesondere sich in der in den Institutionen betriebenen Art von Pädagogik niederschlägt, nimmt die *Kinder- und Jugendpsychiatrie* vor allem diagnostische und Verteilungsaufgaben zwischen den Institutionen, insbesondere aber zwischen Justiz und Pädagogik wahr Sie wird damit zur Kontrollwissenschaft par excellence im „sozialhygienischen" Sinn Die aufgearbeiteten Biographien und Kontinuitäten belegen dies deutlich. C. W. G. *Villinger* leitet zu Beginn der 20er Jahre die Kinderabteilung an der Psychiatrischen Klinik in Tübingen, ist ab 1927 am Jugendamt in Hamburg tätig, ab 1933 leitender Arzt in Bethel, wo er aktiv die Durchsetzung der Zwangssterilisation realisiert Er ist ab 1939 Ordinarius in Breslau, gleichzeitig beratender Psychiater für den Wehrbereich VIII sowie im „Euthanasie"-Programm der Faschisten als Gutachter beteiligt. Er ist Schriftleiter der „Zeitschrift für Kinder und Jugendforschung", aus der nach dem Krieg zunächst das „Jahrbuch für Kinder- und Jugendpsychiatrie", später die „Zeitschrift für Kinder- und Jugendpsychiatrie" hervorgeht. 1945 flüchtet er nach Tübingen, wird 1946 Ordinarius für Psychiatrie in Marburg. Er gilt als der „Vater der Kinder-, Jugend- und Sozialpsychiatrie" in Deutschland, ist Mitbegründer der „Lebenshilfe für geistig Behinderte" und beeinflußt im Wiedergutmachungsausschuß des Deutschen Bundestages wesentlich die Frage der nichtgewährleisteten Entschädigung für Zwangssterilisierte usw.. Durchgängig ist seine engste Verbindung mit der Justiz, durchgängig ist seine Forderung nach wirksamer Bekämpfung der Psychopathen, verwahrlosten Jugendlichen usw.. Auch nach dem Krieg verlangt er zunächst noch Arbeitslager und Bewahranstalten und gibt sich erst in den 50er Jahren „liberaler".

Auch über die *Hilfsschulpädagogik* selbst gibt es nicht viel Rühmliches zu berichten: Die Anzahl der in Hilfsschulen beschulten Kinder steigt zwar bis in die dreißiger Jahre auf das Doppelte: 1927/28 bestehen in 750 Städten 3966 Hilfsschulklassen mit 71 902 Schülern. Die in ihnen betriebene Pädagogik ist jedoch, trotz Selbstbekundungen von einer „Blütezeit", im wesentlichen die „schwarze Pädagogik" des Herbartianismus Beeinflussungen durch die Reformpädagogik oder psychoanalytische Ansätze wie den von *Aichhorn* gibt es nur in sehr geringem Umfang. In der außerschulischen Heilpädagogik, insbesondere in der „Psychopathenfürsorge" scheint dies ein ganzes Stück anders und differenzierter gewesen zu sein. Insgesamt ist die Frage verschütteter Alternativen gegenwärtig noch nicht beantwortbar, da auch zur Gesundheits-, Sozial- und Bildungspolitik der Arbeiterbewegung wie der fortschrittlichen Kräfte des Bürgertums wesentliche Forschungen noch ausstehen

Fassen wir zusammen: In der Weimarer Republik erfolgt eine weitere Ausdifferenzierung der sozialen Infrastruktur, eine vielfältige Entwicklung institutioneller Zusammenhänge Sie macht aus der Sicht konservativer Ideologie den Gesamtzusammenhang von Behinderung zunehmend detaillierter als „Minderwertigkeit" und „Belastung des Volksganzen" in immer genaueren Details bestimmbar. Hier vermögen die bevölkerungspolitischen Maßnahmen der *Hitler*faschisten in vielerlei Hinsicht unmittelbar anzuknüpfen. Auch die nun folgende Epoche des Faschismus werde ich hier unter dem Gesichtspunkt des Zusammenhangs von infrastrukturellen und ideologischen Prozessen behandeln wie auf die veränderten Staatsfunktionen eingehen. Bezüglich der ökonomischen Ursachen und Zusammenhänge muß ich aus Platzgründen auf die entsprechende Literatur verweisen

2.5 Die Behindertenpolitik des Hitler-Faschismus: Erfassung zur Vernichtung: 1933–1945

Als Resultat der zunehmend *schweren Wirtschaftskrise* in den letzten Jahren der Weimarer Republik, die ich oben schon in den Kennziffern der Arbeitslosigkeit angedeutet habe, kam es zur ungeheueren *Zuspitzung der Klassenkämpfe*. Diese Klassenkämpfe führte das Kapital nicht nur in Unterstützung der reaktionärsten Kräfte in der repressiven Infrastruktur, im Militär und in der Polizei, sondern insbesondere auch in der sozialen Infrastruktur, in der „zivilen Gesellschaft". Vor langer Zeit getätigte Investitionen rentierten sich nun für die herrschende Klasse, indem sich die reaktionärsten Elemente der Ideologie des Sozialdarwinismus über die NSDAP in Massenbewußtsein umzusetzen vermochten. Ich verweise neben der bekannten *finanziellen Unterstützung* der Nazis durch die Großindustrie auf zwei sehr viel frühere Ereignisse, um die *Kontinuität des militanten Antikommunismus* und des, wie oben herausgearbeitet, notwendig menschenfeindlichen Denkens der herrschenden Klasse zu belegen. Wesentliche Anstöße erhielt der Sozialdarwinismus mit einem Preisausschreiben vom 1 Januar 1900, das sozusagen die reaktionäre Ideologieentwicklung im imperialistischen Deutschland mit einem Paukenschlag einleitete: Die wissenschaftliche Welt war aufgefordert, die Frage zu beantworten „Was lernen wir aus den Prinzipien der Descendenztheorie in bezug auf die innerpolitische Entwicklung und Gesetzgebung im Staat?" Den ersten Preis erhielt der Arzt Wilhelm *Schallmeyer* für seine Arbeit „Vererbung und Auslese im Lebenslauf der Völker, eine staatswissenschaftliche Studie aufgrund der neueren Biologie". Diese wie weitere Arbeiten zu dieser Preisfrage spielten eine außerordentlich große Rolle für die Entwicklung des Sozialdarwinismus. Die 50 000 Reichsmark, die, wie sich später herausstellte, der Essener Großindustrielle Friedrich Alfred *Krupp* ausgesetzt hatte, hatten sich mehr als gelohnt. Und erst recht hatte es sich nicht als verfehlt erwiesen, daß am 10. 1. 1919 eine Beratung führender Industrieller stattgefunden hatte, auf deren Tagesordnung als einziger Punkt das Referat von Dr. Eduard *Stadtler* über „Bolschewismus als Weltgefahr" stand. Nach diesem Referat schlug Hugo *Stinnes* die Aufbringung einer Versicherungsprämie von 500 Millionen Mark zur Bekämpfung des Bolschewismus vor. Diese Summe wurde noch am gleichen Tage bewilligt. (Zur Liste der Preisträger im *Krupp*-Preisausschreiben s. *Schneck* 1984, 29; zum Antibolschewismus-Fond s. *v. Törne* 1981, S 71 f.) Man weiß, daß diese Summe wie folgende Spenden unter anderem und in zunehmendem Maße den Faschisten zugutekamen.

Mit der Durchsetzung des Hitler-Faschismus in der *Machtübernahme* am 30. 1. 1933 kehrte die sozialdarwinistische Ideologie zu ihrer materiellen Basis zurück: In Einklang zwischen sozialdarwinistischem Denken insbesondere im Kleinbürgertum, also den Schichten der traditionellen Intelligenz, und den ökonomischen Interessen des Großkapitals wurde das System der Herrschaft als nationalsozialistischer Führerstaat neu durchformiert. Dabei setzten sich innerhalb der Großindustrie in der Auseinandersetzung der Schwerindustrie und der IG-Farbengruppe im Faschismus sowie ihrem gemeinsamen Interesse an Expansion und Hochrüstung in Folge die aggressivsten Kräfte des Groß- und Finanzkapitals in ihrem politischen Einfluß auf den Staat durch. Eine *Verschmelzung von Hegemonie, Herr-*

schaft und Ökonomie erfolgte, die in den Mittelpunkt die absolute Steigerung der Ausbeutung durch aggressive Macht- und Bevölkerungspolitik nach innen wie nach außen durchsetzte. Es entstand jenes Herrschaftssystem, das sich hegemonial insbesondere auf die Zustimmung der kleinbürgerlichen Massen stützte und das diese Hegemonie durch einen Herrschaftsapparat ausbaute, der jede Form politischer Opposition liquidierte. Unter den neuen hegemonialen Bedingungen, die insbesondere durch das widersprüchliche Bewußtsein der traditionellen Intelligenz wie den Grad der absoluten Unterdrückbarkeit der Arbeiterklasse gekennzeichnet waren, wurde eine aktive Bevölkerungs- und Sozialpolitik betrieben, die jeden Schwachen, jeden Arbeitsunfähigen nur noch als Kostenfaktor, unnützen Esser sah und sehen konnte. Es kam also zu einer Vereinigung der Durchsetzung des Mehrwertgesetzes in Ökonomie, politischer und ziviler Gesellschaft. Nur aus dieser Sicht kann die Anlage der gesamten Bevölkerungspolitik nach innen wie außen begriffen werden, wie es zunehmend insbesondere die Arbeiten aus dem Arbeitskreis um Götz *Aly*, Karl-Heinz *Roth* und Heidrun *Kaupen-Haas* nahelegen.

Der *Wert des Menschen* als Kern der Bevölkerungspolitik wurde restlos vom kapitalistischen Areits- und Verwertungsprozeß her bestimmt: Friedrich *Zahn*, Leiter des Bayerischen Statistischen Landesamtes in einem Aufsatz 1934 „Vom Wirtschaftswert des Menschen als Gegenstand der Statistik" sieht dies so: „Der einzige Wert des Menschen, welcher unmittelbar Gegenstand der Statistik sein kann, ist sein Wirtschaftswert. In der Geldwirtschaft ist dies der Wert der menschlichen Arbeitskraft." Dieser Wert berechnet sich nach den Grundsätzen der Versicherungswirtschaft „unter Berücksichtigung von Alter, Gesundheit, Berufsgefahren, noch zu erwartendem Lebenseinkommen" und gliedert sich in den „Kostenwert" (Aufzuchts- und Ausbildungskosten) einerseits und den „Ertragswert" andererseits, also das ganze Lebenseinkommen. Zieht man die Kosten vom Ertrag ab, so hat man den *„Nettoertragswert"* des „lebenden Menschenkapitals" (zit. nach *Aly* u. *Roth* „Die restlose Erfassung", S 91).

Diese Logik sieht dann in Schulbüchern wie folgt aus: In „Erbe und Schicksal" von *Tornow* und *Weinert* (1942, S. 187) wird erfaßt, was geschädigte Menschen kosten, die durch besondere Maßnahmen brauchbar gemacht werden können: Ein Hilfsschüler jährlich 200,– RM, ein bildungsfähiger Geisteskranker jährlich 950,– RM, ein blind- oder taubgeborener Schüler jährlich 1500,– RM, dagegen ein normaler Volksschüler im gleichen Zeitraum etwa 125,– RM.

Es ist nur allzu logisch, auf der Basis solcher Berechnungen, die auch in der Weimarer Republik bereits weitverbreitet waren, *sozialpolitische und sozialhygienische Maßnahmen* zu verlangen: Einschränkung von Leistungen und negative Eugenik. Wie sind diese durchsetzbar? Nur in einer konsequenten *Weiterentwicklung der gesetzlichen und infrastrukturellen Voraussetzungen* der Sozial- und Bevölkerungspolitik, soweit sie insgesamt hegemoniefähig ist. Dieses Prinzip gilt auch in jener Politik, die in der Öffentlichkeit nicht verankert werden kann: der aktiven „Ausmerze" der psychisch kranken, behinderten, chronisch kranken und alten Menschen in den „Euthanasie-Programmen", die seit 1939 durchgeführt wurden Nachdem letztlich die benötigte Konsensfähigkeit mit der evangelischen und katholischen Kirche durch die Erklärung vom 27. 11. 1941 aus Rom scheitert, dies sei ein „unmenschliches und frevelhaftes Verbrechen", können diese Maßnahmen nicht öffentlich durchgeführt werden (vgl *Klee* S. 278 ff.). Trotzdem werden sie gegenüber jenen Teilen der traditionellen Intelligenz durch Verwaltungsakte legitimierbar, die dies gewohnt ist: Es sieht so aus, als habe gerade die Verwaltungsbürokratie des Staatsapparates im weitesten Sinn nicht nur die „Euthanasie" mit vorbereitet, sondern nach ihrem offiziellen Ende die weiteren Maßnahmen, die bis Kriegsende regelmäßig stattfanden, in voller Kenntnis der Sachverhalte bürokratisch korrekt abgewickelt. Götz *Aly* weist in dem Artikel „Medizin gegen Unbrauchbare" nach, daß der Deutsche Gemeindetag von Anfang an durch Verwaltungsanordnungen die Verteilung und Aufbewahrung der Urnen regelte. Bei der Rundreise einer Kommission durch Hunderte von Anstalten, die im Oktober 1941 erfolgte, wurde der weiteren Planung und Rationalisierung der Tötungsaktion nur zweimal widersprochen. Bevor ich die wichtigsten Daten dieser Bevölkerungspolitik benenne, möchte ich jedoch deutlich machen, wo und warum sie auf *Widerstand* stieß, und wie sie *legitimiert* werden konnte.

Wesentliche und erste Ursache dieser Legitimierung war die *Ausschaltung* jeglicher *politischer Opposition* aus den Reihen der Arbeiterbewegung und der bürgerlich-demokratischen Intelligenz. Dies war nur möglich, indem man zugleich mit *systematischer Propaganda* diese Kräfte als asozial, antinational und gegen die Belange der Volksgemeinschaft gerichtet zu klassifizieren versuchte. Insbesondere vermochte die Übernahme zahlreicher Symbole, Rituale und Traditionen der Arbeiterbewegung, losgelöst von ihrem Inhalt, Teile der Arbeiterklasse zu verwirren und zu binden, obwohl niemals in der Weise wie Mittelschichten und traditionelle Intelligenz. Innerhalb dieser wurde insbesondere an die Verantwortung für das übergeordnete Gemeinschaftswohl aufgrund der allgemeinen Strukturen sozial-darwinistischen Denkens angeknüpft. Der Ansturm der Massen, der Minderwertigen mußte mit allen Mitteln aufgefangen werden. Die gleichzeitige *Gesetzesform* dieser Mittel in einem quasilegalen Prozeß des Ausbaus der Herrschaft lieferte dabei die Legitimation. Die Verantwortung war an die Obrigkeit abgegeben, die legitim die Gewalt hatte und so die „Verwahrlosung" bekämpfte: So mußte es aus der Sicht der Lehre von den zwei Regimenten Gottes aussehen. So mußte es jedoch auch aussehen in der reaktionär gewordenen Philosophie. Dies meint nicht nur die von den Philosophen betriebene, sondern die im Alltagsdenken, in Presse, Vereinen usw. sich niederschlagende Weltanschauung. Der *Kant*sche Kategorische Imperativ reduzierte sich unter diesen Bedingungen auf die Anerkennung nahezu jeder staatlichen Maßnahme, sofern sie Gesetzeskraft erlangte, also in einem Prozeß der scheinbar „legalen" Entstehung nach „demokratischen" Prinzipien vor Augen trat. Da das *Hitler*-Regime mit Wahlen an die Macht kam, die legalen Möglichkeiten der Gesetzgebungsmaschinerie früh und voll beherrschte, auf „legalem" Wege Berufsverbote, Rassengesetze, Ehegesetze usw. erließ, erschien dies im Alltag so lange und insoweit legitim, wie es nicht die eigenen Lebensbelange unmittelbar berührte. Diese selbst schienen sich zu verbessern: Die Arbeitslosigkeit schwand (wenn auch zum Teil durch den Arbeitsdienst und den Aufbau der Wehrmacht); an Gefühle einer wiedergewonnenen Stärke, nationalen Einheit usw. wurde appelliert; der Klassenkampf selbst, als Ansturm der „Minderwertigen" wahrgenommen, verschwand aus dem Alltagsbild, das damit zunehmend harmonischer wurde. Die Judenpogrome, die Sozialistenverfolgungen störten zwar immer wieder dieses Bild, wurden aber aufgrund der in den Köpfen tief verankerten außerfamiliären, gesellschaftlichen Ethik als notwendig hingenommen, um das Volksganze zu retten. Ebenso stießen die Rüstungspolitik und die Eröffnung des Krieges nicht auf tiefgreifende Ablehnung. In der Einheit von Herrschaft und Hegemonie wurde die allgemeine Struktur *sozialdarwinistischen Denkens* vertieft verankert, die in vielerlei Hinsicht ihre Wurzeln im Kaisertum, in der „guten alten Zeit", hatte.

Dies erklärt, warum die Kirchen ohne wesentlichen Widerstand den Maßnahmen der Zwangssterilisation zustimmten, ja Teile der evangelischen wie der katholischen Kirche sogar bereit waren, die Euthanasie hinzunehmen, von den Maßnahmen der Judenverfolgung ganz zu schweigen. Es verwundert nicht, daß sich bei dieser allgemeinen Organisation und Orientierung des Denkens auch jene Teile der Bevölkerung, die sich eher im Verborgenen bewegten, oft eher als „Avantgarde" fühlten, als tiefgreifende Skrupel zu entwickeln: So die Durchführer der „Euthanasie" nach 1941, die SS, aber auch Teile der Wehrmacht, letztere insbesondere im Umgang mit Partisanen und Kriegsgefangenen. Sie folgten also zum einen der *herrschenden Ethik des Imperialismus,* all das auszumerzen, was Deutschland, dem eigenen Volk entgegenstand und es schädigte, bezogen dies andererseits unmittelbar darauf, die eigentlich menschlichen Werte ihres Alltags, also ihre Familie, ihre Kinder, ihre eigene mystifizierte dumpfe Gefühlswelt zu schützen. Gleichzeitig zeigt es sich hier aber auch, daß sich über die Existenz ideologischer Gruppierungen, die über Reste einer der *bürgerlichen Aufklärung* oder aber dem *humanistischen Gehalt des Christentums* entspringenden *Ethik* verfügten, ein ständiges und permanentes Widerspruchspotential bilden mußte, soweit ihr Begriff von Humanität in zu tiefen Gegensatz mit den Nazis trat. Ebenso bestand dieses *Widerspruchs- und Widerstandspotential* unmittelbar in der *Arbeiterklasse,* die in der Einschränkung ihrer betrieblichen und sozialen Rechte in einer Reihe von NS-Gesetzen zugleich mit der objektiven Verschlechterung einer Reihe von Arbeitsbedingungen unmittelbarer mit dem Klassencharakter des Naziregimes konfrontiert wurden. Zugleich bestand, vor allem in der traditionellen Intelligenz, jenes Verhältnis, das man als „Wissen, aber Nicht-Wissen-Wollen" charakterisieren kann. Es war der Konflikt zwischen beiden Formen der Ethik: Der permanente Widerspruch, die eigenen ethischen Prinzipien im Umgang mit der Familie, den Nachbarn und Freunden nicht im Staats- und Gesellschaftsganzen praktizieren zu können, wie immer wieder zu erfahren, daß in bestimmten Bereichen (etwa im Schweigen zur Verhaftung eines Nachbarn, dem Zerstören der jüdischen Geschäfte, dem Vorgehen im Krieg, insbesondere auch gegen die Zivilbevölkerung) eine Antiethik zu dieser eigenen Ethik bestand. Dies konnte zwar in der Alltagsphilosophie hingenommen werden, war aber in der unmittelbaren Konfrontation mit der Praxis nicht so leicht auflösbar.

Es mag bei diesen Ausführungen bleiben, mit denen auch begriffen werden kann, warum nach dem Kriege, jeder irgendwo Widerstand geleistet haben wollte, selbst Hermann *Göring,* wie Erich *Fromm* (1963, S 155) am Beispiel von Gesprächen eines amerikanischen Psychologen mit gefangenen Naziführern zitiert: „Sehen Sie, ich bin gar nicht so schlecht; ich bin nicht so schlecht wie *Hitler; Hitler* tötete Frauen und Kinder. Ich nicht. Bitte glauben Sie mir." Der wahrgenommene eigene ethische Widerstand als innerer Konflikt, der zugunsten des Machtgewinns durch die Identifikation mit den Herrschenden nicht wahrgenommen werden wollte/konnte, wird die Basis, sich unter anderen Machtbedingungen mit diesen erneut zu liieren So kann man sich als aktiver Widerstandskämpfer gegen die Nazis fühlen, die schließlich und folgerichtig auf den Mythos des Mannes *Hitler* zusammenschrumpfen müssen (vgl. Holzkamp-Osterkamp 1981).

Im folgenden nun einige *Daten* zur *Sozial- und Bevölkerungspolitik,* zum Ausbau des Apparats der repressiven wie sozialen Infrastruktur: In der ersten Phase nach der Übernahme der Macht wurden die Gegner mit einer Reihe von Gesetzen und Terrorakten zerschlagen.

Februar/März 1933· Terror gegen die Kommunisten; faktisches Verbot der KPD, Enteignung ihres Vermögens, Annulierung ihrer Reichstagsmandate.

24. März 1933 „Gesetz zur Behebung der Not von Volk und Reich" (Ermächtigungsgesetz).

März/April 1933: Terrorwelle gegen Freie Gewerkschaften und Betriebsräte.

2. Mai 1933: Besetzung der Gewerkschaftshäuser durch SA und SS, Auflösung der Freien Gewerkschaften und Beschlagnahme ihres Vermögens.

22. Juni 1933: Verbot der SPD.

Viele andere Gesetze wären anzufügen: Das Berufsverbotsgesetz zur „Wiederherstellung des Berufsbeamtentums", die Veränderung der Sozialgesetzgebung, Arbeitsgesetzgebung, Familiengesetzgebung (z. B. Verlust des passiven Wahlrechts der Frauen 1933) usw Eine solche Aufzählung von Gesetzen und Verordnungen würde viele Seiten füllen. Ich erwähne daher nur noch die Etappen und die Einbindung der aktiven sozialhygienischen Politik gegen die biologisch und sozial „Minderwertigen".

Es ging nicht einfach nur um Biologie als Gesellschaftspolitik, wie gemeinhin angenommen. Dies erscheint so in der ersten Phase, wo die biologistische Begründung von Gesetzen im Vordergrund steht: so etwa im „Gesetz zur Verhütung erbkranken Nachwuchses", nach dem 1933–1938 ca. 200 000 bis 300 000 Menschen zwangssterilisiert wurden, oder in dem Ehegesundheitsgesetz und den Nürnberger Rassegesetzen, die die gesetzliche Grundlage für die Diskriminierung und Aussonderung der Juden, Sinti und Roma lieferten. Darum ging es auch nicht in den verschiedenen „Euthanasie"-Aktionen, denen 1939 bis 1941 ca 120 000 behinderte, chronisch kranke, psychisch kranke oder alte Menschen zum Opfer fielen (und in den Jahren danach wie in den besetzten Ostgebieten wohl noch einmal das Doppelte). Und darum ging es auch nicht in den Judenpogromen und der Vernichtung im KZ ab 1942 Es ging vielmehr um aktive Bevölkerungspolitik im Sinne der Vernichtung aller für den Arbeits- und Verwertungsprozeß unbrauchbaren Menschen im eigenen Land wie aggressive imperialistische Aggression nach außen unter den gleichen *bevölkerungspolitischen Kriterien*:

1) Vernichtung des Widerstands gegen die Herrschaft. Dies wurde als Tatbestand der Asozialität begriffen.

2) Vernichtung aller unnützen Esser und nichtbenötigten Arbeitskräfte Dies wurde als rassenhygienische Maßnahme dargestellt.

3) Verzicht auf weitgehende soziale, Bildungs- und Gesundheitsansprüche für große Teile der arbeitenden Bevölkerung.

All dies waren, erinnern wir uns an die Äußerungen von *Zahn,* Kostenfaktoren, die den Nettoertragswert des Menschen beeinflußten. Die vorliegenden Arbeiten zu Sozialpolitik, Bevölkerungspolitik, Ausbau der Statistik, Gesetzgebung zeigen die tiefgehende Berechtigung dieser Interpretation. Es mag genügen, dies nochmals zu illustrieren:

1) Das „Gesetz über die Behandlung Gemeinschaftsfremder" von 1944 trat

nicht mehr in Kraft. Es sah bevölkerungspolitische Maßnahmen für die seit Anfang der vierziger Jahre in der Statistik bereits zunehmend getrennten und in Einzelerfassung verdateten vier Kategorien vor: 1. asoziale Personen, 2. tragbare Personen, 3. Durchschnittsbevölkerung, 4. erbbiologisch besonders hochwertige Personen. Die scheinbar biologischen Klassifizierungen waren längst zu soziologischen Kategorien geworden. Was Sondererfassung und Behandlung für die 1,6 Millionen statistisch ausgemachten Asozialen bedeuten sollte, war durch die schleichende Einführung des Gesetzes vorher, durch Zwangssterilisationen und Vernichtungsmaßnahmen einerseits wie aggressive therapeutische und Zwangsmaßnahmen andererseits gut bekannt.

2) In den KZ's und insbesondere in der ökonomischen Verwendung der Kriegsgefangenen durch die Konzerne und in der Kriegswirtschaft wurde weitgehend das Prinzip der „Vernichtung durch Arbeit" als ökonomischste Variante praktiziert.

Alle uns heute zur Verfügung stehenden Daten belegen nur zu deutlich, daß jene Einschätzung, die auf dem 7. Weltkongreß der Kommunistischen Internationale 1937 in Moskau durch Georgi *Dimitroff* vorgetragen wurde, das *Wesen des Faschismus* zentral erfaßt: Der Faschismus an der Macht, das ist die „offene, terroristische Diktatur der reaktionärsten, am meisten chauvinistischen und am meisten imperialistischen Elemente des Finanzkapitals" (1975, S. 93).

2.6 Einige weiterführende Hinweise zur Entwicklung in der Bundesrepublik Deutschland

Ein erster Versuch einer Darstellung der Entwicklung des sozialen Tatbestands Behinderung findet sich bei *Jantzen* „Sozialgeschichte . . ." Aus inhaltlichen Gründen wie aus Gründen des Umfanges meiner Darstellung will ich hier die Entwicklung der Bundesrepublik nicht mehr aufgreifen. Die Kürze der vergangenen Zeit wie die Vielfältigkeit des Prozesses würden eine umfangreiche Darstellung verlangen, am Ende derer die Überlegungen des ersten Kapitels für die aktuelle Situation konkretisiert werden müßten Es müßte also aus der Geschichte heraus nunmehr die Soziologie der Behinderung in der BRD geschrieben werden. Dies ist weder vom Charakter dieses Buches her, noch von dem gegenwärtigen Forschungs- und Kenntnisstand in befriedigender Weise möglich. Ergänzend zur historischen Literatur in den weiterführenden Hinweisen möchte ich auf *Albrecht* u. a. „Geschichte der Bundesrepublik" verweisen. Neben den in Kapitel 1 bereits gegebenen Hinweisen, z. B. auf *Bäcker* u. a. „Sozialpolitik" sowie die Publikationen des IMSF zur Staatstheorie und zur Klassenanalyse, sollten zur aktuellen Situation unbedingt die jährlichen Gutachten der Memorandumsgruppe herangezogen werden. Zur Situation der Wohlfahrtsverbände empfehle ich R. *Bauer* „Handbuch der Wohlfahrtsverbände" sowie *Bauer* und *Dießenbacher* „Organisierte Nächstenliebe", zur Soziologie der Behinderung neben der schon genannten Literatur die beiden Bände von *Heinze* und *Runde* „Chancengleichheit für Behinderte" sowie „Lebensbedingungen Behinderter im Sozialstaat". Ich denke, daß sich der Leser/die Leserin aus der bisherigen Lektüre eine Forschungsperspektive entwickeln kann, auch wenn er/sie die hier entwickelte in jeder Einzelheit teilt Worauf es mir ankam, war deutlich zu machen, daß wir uns mit unseren pädagogischen, psychologischen, therapeutischen Überlegungen in einem historischen Handlungszusammenhang befinden, der unsere Praxis bestimmt, und den in der Behindertenpädagogik arbeitende Kolleginnen und Kollegen sich aneignen müssen. Wer aus der Geschichte nicht lernt, dies zeigen die historischen Lehren, ist verurteilt sie zu wiederholen. Dies gilt für das Gebiet der Pädagogik und Politik im Zusammenhang von Behinderung und psychischer Krankheit in besonderer Weise. Viele der ideologischen Strömungen, die ich als mit Beginn dieses Jahrhunderts bereits existent angeführt habe, haben heute noch ihren Einfluß: Die *Wicher*nche Auffassung der Sozialpädagogik, der Herbartianismus, die psychiatrische Doktrin *Kraepelins, Solliers* Auffassungen über geistige Behinderung, der Sozialdarwinismus usw. Und auch die institutionellen Differenzierungen und Verbindungen sind nur aus der Geschichte zu begreifen. Hinzu kommen die vielen Karrieren der aktiven Mittäter, die für die BRD noch insgesamt sehr wenig aufgearbeitet sind. Was *Friedrich* in seinem wichtigen Buch „Die kalte Amnestie" für zahlreiche Bereiche des öffentlichen Lebens darstellt, bedarf für Behindertenpädagogik, Sozialpädagogik, Psychiatrie und Sozialpolitik der systematischen Ergänzung. Nicht um einzelne Menschen an den Pranger zu stellen, aber um Kontinuitäten in der Wirkweise von Ideologie und Praxis begreifen zu können. Die historische Analyse mit sozialwissenschaftlichen Mitteln ist und bleibt eine wesentliche Quelle unserer Handlungsfähigkeit.

Vertiefende und weiterführende Literatur:
(E: zur Einführung geeignet)

Ahlheim, Rose u. a : Gefesselte Jugend: Fürsorgeerziehung im Kapitalismus. Frankfurt/M.: Suhrkamp 1972 (E)

Albrecht, U. u. a : Geschichte der Bundesrepublik. Köln: Pahl-Rugenstein 1979

Aly, G.: Medizin gegen Unbrauchbare. In: Beiträge zur nationalsozialistischen Gesundheits- und Sozialpolitik. Bd. 1. Berlin/West: Rotbuch 1985, 9–74

Aly, G. und Roth, K. H.: Die restlose Erfassung. Berlin/M.: Rotbuch 1984 (E)

Baron, R., Landwehr, R. (Hrsg.): Geschichte der Sozialarbeit. Hauptlinien ihrer Entwicklung im 19. und 20. Jahrhundert. Weinheim: Beltz 1983 (E)

Bauer, R.: Wohlfahrtsverbände in der Bundesrepublik. Weinheim: Beltz 1978

Bauer, R. und Dießenbacher, H. (Hrsg.): Organisierte Nächstenliebe. Wohlfahrtsverbände und Selbsthilfe in der Krise des Sozialstaats Opladen: Westdeutscher Verlag 1984

Berner, H. P.: Behindertenpädagogik und Faschismus. Behindertenpädagogik 23 (1984) 4, 306–332 und 24 (1985) 1, 2–37

Billig, M.: Die rassistische Internationale. Frankfurt/M.: Neue Kritik 1981

Ebbinghaus, Angelika, Kaupen-Haas, Heidrun, Roth, K. H.: Heilen und Vernichten im Mustergau Hamburg. Hamburg: Konkret Literatur 1984

Ellger-Rüttgart, Sieglind: Der Hilfsschullehrer. Sozialgeschichte einer Lehrergruppe (1880–1933). Weinheim: Beltz 1980

Elm, L. (Hrsg.): Leitbilder des deutschen Konservatismus. Köln: Pahl-Rugenstein 1984

Friedrich, J.: Die kalte Amnestie. NS-Täter in der Bundesrepublik. Frankfurt/M.: Fischer 1985

Gould, S. J.: Der falsch vermessene Mensch. Stuttgart: Birkhäuser 1983

Günther, K. H u. a.: Geschichte der Erziehung. Berlin/DDR: Volk und Wissen 1969, 9. Aufl.

Heinze, R. G. und Runde, P.: Lebensbedingungen Behinderter im Sozialstaat. Opladen: Westdeutscher Verlag 1982

Jantzen, W.: Fragmente zu einer Sozialgeschichte der Behinderung. In: ders.: Sozialisation und Behinderung. Gießen: Focus 1974, 35–99

Jantzen, W.: Sozialgeschichte des Behindertenbetreuungswesens. München: Deutsches Jugendinstitut 1982 (E)

Jantzen, W.: Die Beharrlichkeit der Ideologie in Wohlfahrtspflegeeinrichtungen für psychisch Kranke und Behinderte. In: R. Bauer (Hrsg): Die liebe Not. Zur Historischen Kontinuität der „Freien Wohlfahrtspflege". Weinheim: Beltz 1984, 105–122

Jantzen, W. und Reichmann, E.: Behindertenpädagogik, Theorien. In: E. Reichmann (Hrsg.): Handbuch der kritischen und materialistischen Behindertenpädagogik. Solms/Lahn: Jarick 1984, 88–103 (E)

Klee, E.: „Euthanasie" im NS-Staat. Frankfurt/M.: Fischer 1983 (E)

Krafeld, F. J.: Geschichte der Jugendarbeit. Von den Anfängen bis zur Gegenwart. Weinheim: Beltz 1984

Koch, H.: Der Sozialdarwinismus. Seine Genese und sein Einfluß auf das imperialistische Denken. München: C. H. Beck 1973

Köhler, E.: Arme und Irre. Die liberale Fürsorgepolitik des Bürgertums. Berlin/ West: Wagenbach 1977

Lukács, G.: Die Zerstörung der Vernunft. 3 Bde. Bd. 1: Irrationalismus zwischen den Revolutionen, Bd. 2: Irrationalismus und Imperialismus. Bd. 3: Irrationalismus und Soziologie Neuwied: Luchterhand 1979, 2 Aufl ; 1980 2. Aufl.; 1974

Mason, T. W.: Sozialpolitik im Dritten Reich. Arbeiterklasse und Volksgemeinschaft. Opladen: Westdeutscher Verlag 1977

Nowak, K.: „Euthanasie" und Sterilisierung im „Dritten Reich". Die Konfrontation der evangelischen und katholischen Kirche mit dem „Gesetz zur Verhütung erbkranken Nachwuchses" und der ‚Euthanasie'-Aktion. Göttingen: Vandenhoek & Ruprecht 1978

Opitz, R.: Faschismus und Neofaschismus. Frankfurt/M.: Marxistische Blätter 1984

Petzold, J.: Die Demagogie des Hitlerfaschismus. Frankfurt/M.: Röderberg 1983

Reichmann, E.: Historische Kenntnisse. In: ders. (Hrsg.): Handbuch der kritischen und materialistischen Behindertenpädagogik. Solms/Lahn: Jarick 1984, 278–283 (E)

Romey, S.: Faschismus. In: E. Reichmann (Hrsg.): Handbuch der kritischen und materialistischen Behindertenpädagogik. Solms/Lahn: Jarick 1984, 187–220

Roth, K. H. (Hrsg.): Erfassung zur Vernichtung. Von der Sozialhygiene zum „Gesetz über Sterbehilfe". Berlin/West: Verlag Gesundheit 1984

Rühle, O.: Das proletarische Kind in der bürgerlichen Gesellschaft. München: Langen 1922

Runde, P. und Heinze, R. G : Chancengleichheit für Behinderte. Neuwied: Luchterhand 1979

Sachße, C. und Tennstedt, F.: Geschichte der Armenfürsorge in Deutschland Vom Spätmittelalter bis zum 1. Weltkrieg. Stuttgart: Kohlhammer 1980

Schneck, P.: Die Entwicklung der Eugenik als soziale Bewegung in der Epoche des Imperialismus. In: H. M. Dietl u. a.: Eugenik. Entstehung und gesellschaftliche Bedingtheit. Jena: G. Fischer 1984, 24–58 (E)

Siemen, H. L.: Das Grauen ist vorprogrammiert. Psychiatrie zwischen Faschismus und Atomkrieg Gießen: Focus 1982 (E)

Tennstedt, F.: Sozialgeschichte der Sozialpolitik in Deutschland. Vom 18. Jahrhundert bis zum Ersten Weltkrieg. Göttingen: Vandenhoek & Ruprecht 1981 (E)

Tennstedt, F.: Sozialgeschichte der Sozialversicherung (Kranken-, Unfall- und Rentenversicherung). In: M. Blohmke u. a. (Hrsg.): Handbuch der Sozialmedizin in drei Bänden. Bd. 3. Stuttgart: Enke 1976, 385–492

Törne, V. v.: Antikommunismus: Die Grundtorheit unseres Jahrhunderts. In: ders.: Zwischen Geschichte und Zukunft. Berlin/West: Aktion Sühnezeichen/Friedensdienste e. V 1981, 63–78

3 Methodologische Grundfragen einer materialistischen Behindertenpädagogik

In Kapitel 1 habe ich erörtert, warum es notwendig ist, von Kontexten der Entwicklung auszugehen, um das Problem der Subjektivität nicht zu verfehlen. Die Tätigkeit der Individuen als Vermittlung von Subjekt und Objekt (ohne dieses logische Bindeglied gibt es weder Subjekt noch Objekt!) kann nur begriffen werden, wenn untersucht wird, auf welche Gegebenheiten sich das Subjekt bezieht und welches die gattungsnotwendigen wie realen Bedingungen sind, auf die es sich beziehen kann. Aus dieser Perspektive heraus habe ich im ersten Schritt das präzisiert, was als gesellschaftlicher Kontext meist unvermittelt der Frage der Behinderung und psychischen Krankheit gegenübergestellt wird. „Behinderung und Gesellschaft" oder „Gesellschaftliche Integration von Behinderten" sind Schlagwörter in der Diskussion, die eine solche Gegenüberstellung abstrakt-allgemein vornehmen. Dabei geht verloren, daß Gesellschaft selbst von Menschen hervorgebracht ist und es Behinderung außerhalb von Gesellschaft nicht gibt. Ebenso geht verloren, daß Behinderte immer und grundsätzlich in Gesellschaft integriert sind, dies jedoch abhängig von den Klassenverhältnissen. Auch der Faschismus wies eine spezifische Form der Integration Behinderter auf, eine Integration, die gänzlich der ökonomischen Logik des Kapitals untergeordnet war. Man kann diese Fragen also nur untersuchen, wenn man Subjekt und Objekt nicht ständig aufs neue einander isoliert gegenüberstellt.

Wir finden eine solche abstrakt-allgemeine Gegenüberstellung nicht nur am Übergang zwischen Individuum und Gesellschaft, sondern in vergleichbarer Weise auch am Übergang von Biologie zu Psychologie. Statt zu fragen, wie beide Bereiche in der Tätigkeit ineinander übergehen, sich vermitteln, wechselseitig voneinander abhängen und selbst wieder im Kontext der gesellschaftlichen Realität sich entwickeln und von diesem bestimmt werden, werden sie in der Regel häufig als parallele Reihen gedacht. Ein solches Denken ist für Behindertenpädagogik und Psychiatrie nicht nützlich. Niemand wird die organische Seite von Behinderung leugnen; niemand wird umgekehrt auch bei schweren Zuständen psychischer Verwirrung leugnen, daß dies Rückwirkungen auf die biologische Organisation der höheren Nerventätigkeit hat. Wie aber solche Rückwirkungen bzw. Übergänge zwischen Biologischem und Psychischen zu denken sind, bleibt in der Regel völlig ungeklärt.

Ich gehe in diesem Buch auf diese Zusammenhänge an späterer Stelle ein und will hier damit lediglich folgendes illustrieren: Behinderung unter dem Gesichtspunkt der Vermittlung von Subjekt und Objekt in der Tätigkeit zu untersuchen, verlangt einen *völligen Umbau bisheriger wissenschaftlicher Forschung*. Die Ebenen des Biologischen, Psychischen und Sozialen dürfen nicht mehr als voneinander getrennt, als parallele Ereignisreihen behandelt werden. Im Mittelpunkt steht vielmehr, ihre wechselseitigen Übergänge und Vermittlungen zu untersuchen. Dies ist jedoch eine Frage, die mit den Mitteln der Behindertenpädagogik alleine (oder entsprechend mit denen der Biologie, der Psychologie oder der Gesellschaftswissenschaften) nicht lösbar ist. Insofern ist es erforderlich, die notwendige einheitliche Wissenschaftsentwicklung methodologisch zu reflektieren, d h. sich auf philosophische, erkenntnistheoretische und wissenschaftstheoretische Zusammenhänge zu beziehen. Diese stelle ich auf der Basis des historischen und dialektischen Materialismus dar, weil er m. E die bisher einzige Wissenschaftsauffassung ist, die philosophisch wie einzelwissenschaftlich Möglichkeiten der einheitlichen Behandlung unseres Gegenstandsbereichs „Behinderung" ermöglicht.

Ich werde also im folgenden *philosophische Fragen* erörtern. Sie beziehen sich auf die Möglichkeit, Wissenschaft zu betreiben, geordnete Erkenntnisse zu erlangen sowie auf die theoretischen und empirischen Verfahren, die hierzu verwendet werden können (vgl. Stichwörter „Methode" und „Methodologie" in G. *Klaus* und M. *Buhr* „Philosophisches Wörterbuch". Ich empfehle bei der weiteren Lektüre dieses Kapitels auch für weitere Begriffe wie z. B. „Dialektik" u a. m. die parallele Lektüre der entsprechenden Stichwörter dieses Wörterbuchs (Soweit nicht anderes angegeben zitiere ich jeweils nach der 13. Auflage, 1985).

3.1 Verschiedene Ebenen von Wissenschaft

Bevor ich auf Details eingehe, will ich zunächst klären, auf welcher Ebene wissenschaftlicher Analyse wir uns damit bewegen. In einem Aufsatz über „Wissenschaftsentwicklung, Theoriegeschichte und Entwicklungstheorie" nennen *Erpenbeck* und *Röseberg* (1977) vier *Ebenen der Analyse von Entwicklungsprozessen innerhalb der Theorie,* d. h. innerhalb der wissenschaftlichen Verarbeitung und Reflexion. Sie beziehen sich dabei auf die Entwicklung in den *Naturwissenschaften,* also einen der drei von mir genannten Theoriebereiche, Ebenen des Gegenstandes. Da ich das Problem der Ebenen der Theorie und der Ebenen des Gegenstandes nicht gleichzeitig behandeln kann, stelle ich das letztere noch etwas zurück. Vier Ebenen sind also in der wissenschaftlichen Analyse zu unterscheiden, wobei diese jedoch „nicht metaphysisch getrennt werden dürfen. Ihr dialektisches Zusammenspiel innerhalb des Gesamtzusammenhanges unseres komplexen Problems kann aber nur dann adäquat erfaßt werden, wenn die Besonderheiten jeder dieser Ebenen genügend berücksichtigt sind" (S. 139). Im einzelnen werden unterschieden:

Ebene 1. Struktur-, Prozeß- und Entwicklungszusammenhänge in der objektiven Realität (der Natur und der Gesellschaft). *Erpenbeck* und *Röseberg* nennen dies die Ebene der „objektiven Dialektik der Natur". Es ist dies die Ebene der unabhängig davon existierenden Zusammenhänge (der von Menschen gemachten wie in der Natur vorgefundenen), ob wir sie als Zusammenhänge in unserem Bewußtsein erkennen oder nicht. Greifen wir auf die Analyse des Arbeitsprozesses in Kapitel 1 zurück: Es geht hier z. B. um die objektiven Naturgesetzlichkeiten wie die bisher gewonnenen Erfahrungen in der Gesellschaft, auf die unser Baumeister beim Bauen des Produktes im Kopf zurückgreifen kann und muß. Ob er sie in seiner bisherigen Tätigkeit jedoch angeeignet hat, sie also zu einem „Ding für ihn" geworden sind, ist bereits eine andere Analyseebene. Dies gilt ebenso für die Aneignung psychologischer und sozialer Zusammenhänge.

Ebene 2: Einzelwissenschaftliche Theorien über die Zusammenhänge in der objektiven Realität. Als ein Beispiel für diese Ebene z. B. in der Pädagogik, könnte man Theoriebildung über Unterrichtsprozesse, Strukturen des Lernens u. a. nennen. Auf der Ebene der biologischen Prozesse würden wir uns z. B. mit der Frage der physiologischen Strukturen und Prozesse bei Trisomie 21 (Down-Syndrom), Autismus oder Gehörlosigkeit befassen.

Ebene 3. Entwicklung der einzelwissenschaftlichen Theorien (in dem von *Erpenbeck* und *Röseberg* untersuchten Bereich: Entwicklung der naturwissenschaftlichen Theorien). Wie können wir eine einheitliche Theorie der Pädagogik entwickeln oder eine einheitliche Theorie der Auswirkung biologischer Defekte auf die Möglichkeiten der Vermittlung von Subjekt und Objekt? Ebene 3 würde sich unmittelbar mit der Entwicklung dieser Theorien auf der Basis der Befunde und Untersuchungen in Ebene 2 beziehen, die sich immer auf Ebene 1, also die reale Existenz der Zusammenhänge rückbezieht Die folgende Ebene würde schließlich nach den Möglichkeiten der Untersuchung der Ebene 3 fragen, also nach den allgemeinen methodologischen Prinzipien in deren Untersuchung.

Ebene 4 ist also die *„Ebene der Untersuchung der Entwicklung naturwissenschaftlicher Theorien"*. Offen bleibt nunmehr eine fünfte Ebene: Wie kann eine einheitliche Theoriebildung erfolgen, die sich nicht nur auf den naturwissenschaftlichen Bereich bezieht, sondern zugleich auf den subjektwissenschaftlichen wie den gesellschaftswissenschaftlichen?

Um diese Frage genauer behandeln zu können, greife ich eine *Klassifikation* von Klaus *Holzkamp* auf, die sich ebenfalls mit den verschiedenen *Ebenen des Erkenntnis- und Wissenschaftsprozesses* befaßt, diesmal allerdings am Beispiel der *Psychologie*. In seinem Buch „Grundlegung der Psychologie" unterscheidet *Holzkamp* folgende vier Bezugsebenen (S. 27 ff.):

a) Die *philosophische Ebene* Dies ist die Ebene der materialistischen Dialektik, also einer einheitlichen philosophischen Theorie, die in den Einzelwissenschaften bzw. den anderen Ebenen allgemein die Probleme der Einheit der Welt und ihrer Erkennbarkeit untersucht. Wie eine solche Untersuchung vor sich geht, werde ich weiter unten darstellen. Deutlich ist, daß es sich hierbei im Vergleich zu *Erpenbecks* und *Rösebergs* Argumentation um eine weitere Ebene handelt, die den in den Ebenen 2 bis 4 entwickelten naturwissenschaftlichen Zusammenhang übergreifend verläßt und nach der Reproduzierbarkeit der auf Ebene 1 festgestellten Einheit der Welt, objektiven Realität im Denken fragt. Während also Ebene 1 die Einheit der Welt als „Realkonkretum" benennt, unabhängig davon, ob wir sie begrifflich wie in der Praxis bereits erfaßt haben, bezieht sich die *Ebene 5*, also die *philosophische Ebene,* auf die Möglichkeit, diese Einheit im Denken herzustellen. Wie kann also die Einheit der Welt im Zusammenhang der benannten Ebenen des Biologischen, des Psychischen und des Sozialen (und natürlich unter Einbezug der naturwissenschaftlichen Fragen in der Entwicklung von Subjekt und Objekt in der Natur- und Gesellschaftsgeschichte) in der Theorie, im „Gedankenkonkretum" herausgearbeitet werden?

b) Die *gesellschaftstheoretische Ebene.* Dies ist die Ebene des „historischen Materialismus", also der marxistischen Theorieauffassung über die Gesetzmäßigkeiten im gesellschaftlichen Prozeß und in der Gesellschaftsgeschichte. Diese Zusammenhänge habe ich als solche in den Kapiteln 1 und 2 untersucht. Es wird hierbei sichtbar, daß die „gesellschaftstheoretische Ebene" logisch der Ebene 4 von *Erpenbeck* und *Röseberg* entspricht. Problematisch erscheint mir, daß nicht nach dem Spezifischen der Bewegungsform des Psychischen in der Tätigkeit gefragt wird, sondern dieses nach Auffassung von Holzkamp in der gesellschaftstheoretischen Ebene aufgeht. Meiner Auffassung nach wären hier *nebeneinander* biologische, psychologische und soziale Theoriebildungsprozesse anzusiedeln (also Dialektik der Natur, psychologischer und historischer Materialismus). Dabei wären mit den auf Ebene 5 (philosophische Ebene) gewonnenen Mitteln die Probleme der Übergänge zwischen diesen verschiedenen Bewegungsformen zu ermitteln.

c) Die *kategoriale Ebene*. Mit Kategorien sind hier Grundbegriffe gemeint, „mit welchen in einer empirischen Wissenschaft oder in übergreifenden Arbeitsrichtungen innerhalb dieser Wissenschaft . . ihr *Gegenstand*, seine Abgrenzung nach außen, seine innere Struktur, bestimmt sind (in der Physik sind derartige Kategorien etwa „Masse", „Energie", „Kraft" etc.)" (S. 27) Für die Psychologie nennt *Holzkamp* vergleichbar „Psychisches", „Tätigkeit", „Bedeutung", „Aneignung", „Handlungsfähigkeit".

Als letzte Ebene schließlich wird aufgeführt die d) *einzeltheoretische Ebene*. Auf dieser Ebene geht es um „aktualempirische" Erscheinungen, Bereichstheorien.

Es zeigt sich, daß die Ebenen c und d bei *Holzkamp* weitgehend den Ebenen 3 und 2 bei *Erpenbeck* und *Röseberg* entsprechen. Wichtig ist nun, daß der Theoriebildungsprozeß sich nicht, wie oft in einem verkürzten Verständnis von Methodologie und Methoden geglaubt wird, lediglich auf die Ebene 2 (einzelwissenschaftliche Theorien) bezieht, sondern daß die Ebenen 3 bis 5 ebenso der Berücksichtigung bedürfen. Auf diesen Ebenen werden jedoch *theoretische* Verfahren im Entwicklungsprozeß der Wissenschaft eingesetzt (z. B. Induktion, Deduktion, Dialektik, Analyse, Synthese) sowie diese Verfahren selbst untersucht. Die häufig in der Diskussion um Methodologie im Vordergrund stehenden empirischen Methoden (Längsschnitts- und Querschnittsuntersuchungen, klinisch-biographische Methode, Experiment) beziehen sich lediglich auf die einzeltheoretische Ebene

Ich will diese Zusammenhänge nochmals zusammenfassend benennen, um im nächsten Schritt die Problematik der zu unterscheidenden Ebenen des Gegenstandes aufzugreifen. Ebenen der wissenschaftlichen Auseinandersetzung mit einem Gegenstandsbereich sind demnach:

Ebene 1 Zusammenhänge in der objektiven Realität („Realkonkretum");

Ebene 2: Aktualempirische, einzelwissenschaftliche Theorien (z. B. die Theorie der etappenweisen Herausbildung psychischer Funktionen, auf die ich in Kapitel 11 näher eingehe);

Ebene 3. Die Kategorialanalyse innerhalb der Einzelwissenschaften (Physik, Biologie, Pädagogik, Psychologie usw.);

Ebene 4. Die Analyse naturwissenschaftlicher, subjektwissenschaftlicher und gesellschaftswissenschaftlicher Theoriebildungsprozesse entsprechend den zu unterscheidenden Ebenen der Bewegungsformen in der objektiven Realität;

Ebene 5: Philosophische Analyse der Erkennbarkeit der Welt, der Gesetzmäßigkeiten des wissenschaftlichen Erkenntnisprozesses usw.. Dies ist die Ebene, auf der das „Realkonkretum" in allgemeinster Form zum „Gedankenkonkretum" wird, z. B. in den Termini der philosophischen Fachsprache, also ihren Kategorien, in logischen Kalkülen usw. Deutlich wird: Der Gegenstand der Philosophie ist damit kein fiktiver, sie greift die in den Einzelwissenschaften gewonnenen Teile der Erkenntnis auf und formuliert allgemeine Regeln, mittels derer die begriffliche Erkenntnis der objektiven Realität verbessert werden kann.

3.2 Ebenen des Gegenstandsbereiches: Zum Verhältnis der biologischen, der psychologischen und der sozialen Ebene

Ich kehre nunmehr zurück zur Analyse der Zusammenhänge auf Ebene 1, die wir mit den Mitteln der Ebenen zwei bis fünf vornehmen können, und frage nach den *Ebenen des Gegenstandes* selbst, mit dem wir uns hier befassen, also mit dem Zusammenhang der *biologischen,* der *psychischen* und der *sozialen* Ebene in der Analyse von Behinderung. In den letzten Jahren ist die relative Eigenständigkeit dieser drei Ebenen von einer Reihe von Autoren zunehmend betont worden. Es ist davor zu warnen, eine dieser Ebenen auf die je anderen zu reduzieren. Ein solches Verfahren nenne ich, so wurde dies bereits in Kapitel 2 erörtert, im Falle der Reduktion von Psychischem bzw. Sozialem auf Biologisches „Biologismus", im Falle der Reduktion von Sozialem auf Psychisches „Psychologismus" (und entsprechend im Falle der Reduktion des Biologischen auf Psychisches ebenso). Und bei der Reduktion biologischer und psychischer Sachverhalte auf Soziales und Ökonomisches werde ich von „Soziologismus" und „Ökonomismus" sprechen. Ich meine also, daß es neben Naturwissenschaften und Gesellschaftswissenschaften einen eigenständigen Bereich der Subjektwissenschaften gibt, der einer spezifischen Existenzform von Prozessen in der objektiv-realen Welt entspricht.

Am präzisesten wurde dieser Sachverhalt bisher von A. N. *Leontjew* in „Tätigkeit, Bewußtsein, Persönlichkeit" in den „Schlußbemerkungen" benannt. Hauptaufgabe zukünftiger Forschung sei es, so *Leontjew*, die *Übergänge* zwischen diesen Ebenen zu erforschen:

„Der ganzheitliche Mensch kann . als Gegenstand der Psychologie nur aufgrund einer speziellen Untersuchung der gegenseitigen Übergänge der einen Ebene auf die andere, die im Laufe der Entwicklung entstehen, verwirklicht werden. Eine solche Untersuchung muß darauf verzichten, diese Ebenen als übereinander liegend zu betrachten oder gar die eine Ebene auf die andere zu reduzieren . . Das allgemeine Prinzip, dem die Beziehungen zwischen den Ebenen folgen, besteht darin, daß die jeweilige höhere Ebene stets die führende bleibt, sie sich aber nur mit Hilfe der tiefer liegenden Ebenen realisieren kann und darin von ihnen abhängt." Bei der Untersuchung der Übergänge ist zudem zu beachten, daß wir es „nicht mit einer Bewegung in einer Richtung, sondern in zwei Richtungen und zudem noch mit einer spiralförmigen Bewegung zu tun haben" (S. 220 f.).

Leontjew ist der Meinung, daß sich im Verlauf der Entwicklung die Beziehungen zwischen den Ebenen verändern und es in diesem Zusammenhang zu qualitativen Neubildungen in der Entwicklung kommt. Ich werde dies inhaltlich im Detail in den folgenden Kapiteln behandeln. Hier greife ich das Problem auf, wie wir auf allgemeiner Ebene (Ebene 5) philosophisch-methodologisch diese Fragen bewältigen können. Zuvor ist darauf hinzuweisen, daß wir eines theoretischen Instrumentariums bedürfen, um die in diesem Zusammenhang auftretenden Probleme der Entwicklung und Bewegung wie der unterschiedlichen Zeitstrukturen zu begreifen

Indem sich *Bewegungsformen der Materie* trennen, unterliegen sie zugleich *verschiedenen Zeitdimensionen,* ein Tatbestand, auf den besonders *Ananjew* („Der Mensch als Gegenstand der Erkenntnis") verweist Neben der *physikalischen* Zeit, die sich als aus den Eigenschaften unseres Planetensystems abgeleitete Zeitstruktur bestimmt, sind *biologische, psychologische* und *historische* Zeit zu unterscheiden, die sich jeweils auf physikalische Zeit zurückbeziehen lassen. Damit ist folgendes gemeint: Die Schnelligkeit eines biologischen Entwicklungsprozesses ist zwischenartlich und innerartlich nicht die gleiche. So dauert die Entwicklungsspanne bis zur sexuellen Reifung und dem Abschluß des Körperwachstums bei Menschen weitaus länger als bei subhumanen Primaten, und bei diesen wesentlich länger als bei niedrigen Säugetieren. Entsprechend unterschiedlichen Ernährungsbedingungen wie sozialen Zusammenhängen finden sich erhebliche Unterschiede in diesen Zeitparametern auch innerhalb der Menschheit selbst.

Vergleichbares läßt sich in der Entwicklung der psychologischen Zeit feststellen. Entwicklungsstufen folgen zwar mit Gesetzmäßigkeit aufeinander, ihre zeitliche Ausprägung in bestimmten Lebensaltern ist jedoch nicht nur von den biologischen Strukturen abhängig auf denen sie der biologischen Form nach beruhen, sondern von der Vermittlung sozialer Möglichkeiten zur Tätigkeit in die Prozesse des Psychischen So verfügen afrikanische Kinder, die im eigenen Dorf verbleiben (so eine Untersuchung im Senegal) im Alter von elf bis dreizehn Jahren noch nicht über die Strukturen oberbegrifflichen Denkens und damit einen anderen Modus des Denkens, als Kinder die die Schule in der Stadt besuchen (*Bruner* u. a. 1971). Oder besser gesagt: Sie verfügen über sie der biologischen und individuellen Möglichkeit nach, die sich aber unter den gegebenen sozialen Bedingungen nicht als Wirklichkeit realisiert.

Ebenso haben gesellschaftliche Prozesse ihre Eigenzeit. Die Prozesse des Übergangs vom Feudalismus zum Kapitalismus fanden in unterschiedlichen Ländern zu unterschiedlichen Zeiten und unter unterschiedlichen Umständen statt. Daß dieser Übergang wie in den Niederlanden oder England früher gegenüber Frankreich erfolgte bzw. in der mißlungenen Revolution von 1848 in Deutschland sich dort in anderer und durch die Allianz von Junkertum und Bourgeoisie im Kaiserreich in reaktionärer Weise gebrochener Form vollzogen hat, hing ab von der *Gesamtheit* wie *Dichte* der historischen Ereignisse. Im Übergang selbst, hierauf machen *Loi* und *Schinkaruk* in einer Untersuchung „Die Zeit als Kategorie sozialhistorischen Seins" aufmerksam, verändert sich zugleich die Dichte der historischen Zeit. Ereignisse in allen Gesellschaftsbereichen erfolgen innerhalb kürzester Zeit im Zusammenhang des Umschwungs oder der Revolution, die vorher Jahrzehnte oder auch Jahrhunderte nicht möglich waren und verändern tiefgreifend alle gesellschaftlichen Verhältnisse.

Ich belasse es an dieser Stelle dabei, dieses Problem anzudeuten. Innerhalb der Philosophie liefert die materialistische Dialektik Möglichkeiten, diese Fragen in der weiteren Darstellung in den jeweiligen einzelnen Gegenstandsbereichen zu entwickeln. Die Wichtigkeit dieser Frage wird jedoch sofort sichtbar, wenn wir bei der Untersuchung von Behinderung und psychischer Krankheit auf Diskrepanzen in diesen Zeitgefügen stoßen, z. B daß die üblicherweise in physikalischen Einheiten als normal bestimmte Entwicklung eines Kindes sich so nicht realisiert. Heißt dies aber nun, daß die Eigenzeiten der biologischen oder psychologischen Entwicklung ebenfalls aufgehoben sind oder nicht vielmehr, daß ein deutlicher Bruch zwischen diesen Dimensionen und den sozialen Zeitprozessen (Stoffvermittlung in der Schule, Entfaltung affektiver wie kognitiver Strukturen in der Mutter-Kind-Dyade usw.) stattfindet?

Bevor ich im einzelnen die Mittel darstelle, mit denen die dialektisch-materialistische Theorie mit diesen Fragen umzugehen vermag, soll zunächst die allgemeine Lösung des Ebenen-Problems in der materialistischen Philosophie, also bei *Marx, Engels* und *Lenin* in Kürze angedeutet werden. Ich verweise nochmals darauf, daß dies keine willkürlichen Setzungen sind, sondern entsprechend den von mir skizzierten Ebenen wissenschaftlicher Theoriebildung gewonnene allgemeine theoretische Aussagen.

Ausgangspunkt der Philosophie des historischen und dialektischen Materialismus ist die *monistische*, d. h. einheitliche *Beantwortung der Grundfrage der Philosophie*. Psychisches und Bewußtsein gehören nicht einer anderen Welt an, sind nicht Ausdruck einer absoluten Idee, sondern selbst Resultat eines historischen Prozesses der Ausdifferenzierung der materiellen Welt.

Der historische und dialektische Materialismus wendet sich in dieser Auffassung gegen den *Dualismus* und den *Idealismus* objektiver wie subjektiver Art (vgl. zum folgenden *Dawydow* und *Illesch*). So sah *Descartes* die Materie als von Gott geschaffen, als Ausdruck einer absoluten Idee, die allerdings in sich die Eigenschaft der Ausdehnung, der Bewegung der unendlichen Differenzierung hat. Dies führt konsequenterweise in der Psychologie zu einem Dualismus, indem einerseits biologisch-naturwissenschaftliche Vorgänge materialistisch untersuchbar werden, andererseits sich die Idee hält, das Denken als Ausfaltung einer geistigen Substanz erklären. Entsprechend ist von zwei Reihen von Ereignissen auszugehen, die parallel zu einander verlaufen: den physiologischen und den psychologischen Prozessen (Parallelismus). Eine allgemeine Form erhielt dieser (psycho-physische) Dualismus in der Lehre des Niederländers *Geulincx*, dem *Occasionalismus* (Occasio: Gelegenheitsursache). Die Verbindung von Körper und Geist erfolge nicht als Wechselwirkung Vielmehr seien beide als voneinander unabhängige Reihen von Ereignissen existent. Veränderungen in der einen geschehen nicht infolge, sondern bei Gelegenheit der Veränderung in der anderen. Dies sei möglich durch das ständige Eingreifen einer höheren unfaßbaren Kraft. Diese Kraft ist Gott. Folglich ist jede Handlung vom Willen Gottes und der Kraft Gottes abhängig, die Aktivität, die Tätigkeit ist eine Folge der Kraft Gottes. Die einheitliche Grundlage der dualistischen Theorie wird in dieser Form die „göttliche Substanz".

In der Theorie von *Malebranche* wird dieses Verhältnis dann ausgeweitet in ein dreigliedriges Schema: Die menschliche „Seele" steht zwischen dem „Körper" und der „göttlichen Substanz". Zwischen diesen drei Substanzen bestehen Beziehungen, insofern die Empfindungen Modifikationen der Seele sind, die ihren Platz im Gehirn zugewiesen bekommt Statt Übergänge zwischen den verschiedenen Bereichen erforschen zu können, bleibt der Dualismus von Materie und Idee erhalten. Er wird nur scheinbar durch den *Begriff der „Seele"* vermittelt, der in Wirklichkeit gänzlich entleert gebraucht wird: Entweder wird „Seele" nunmehr gänzlich auf Gehirnfunktionen reduziert, und damit löst sich der Idealismus in mechanischen Materialismus auf, der nur noch der physiologischen Prozesse als Basis von Bewußtsein und Psychischem analysiert. Oder aber das Seelische wird parallel zum Körperlichen nach den Gesetzen der mechanischen Kausalität gedacht. Es erscheint als zusammengesetzt aus „Vermögen", aus „Assoziationen", aus den unterschiedlichsten Funktionen des Psychischen. Es wird, da nur der „Introspektion" zugänglich, so zum Gegenstand von Geisteswissenschaften.

Alle diese Formen des Denkens über Psychisches schlagen sich bis heute Psychologiekonzeptionen nieder, auch wenn sie ursprünglich nur als philosophische Ideen formuliert sind. Sie negieren das Primat der Materie und die Einheit der materiellen Welt wie die spezifischen Übergänge zwischen Materiellem und Ideellem.

„Die Formen des Seins . . . kann das Denken niemals aus sich selbst, sondern eben nur aus der Außenwelt schöpfen", so zitiert *Lenin* in seinem grundlegenden philosophischen Werk „Materialismus und Empirokritizismus" einen Gedanken von *Engels* (S. 32). Die Welt ist nicht nur meine Vorstellung, wie gegen den subjektiven Idealismus argumentiert wird. Vielmehr betrachtet der *Materialismus* „in vollem Einklang mit der Naturwissenschaft als das ursprünglich Gegebene, die Materie, als das Sekundäre – Bewußtsein, Denken und Empfindung" (S. 37), die damit selbst als Ausdifferenzierungsprodukt der Materie begriffen werden. *Materie* als philosophische Kategorie widerspiegelt in dieser Abstraktion das *Allgemeine*, also die allen Dingen und Verhältnissen, wie qualitativ und quantitativ verschieden sie auch sein mögen, *gemeinsame Eigenschaft „objektive Realität zu sein*, außerhalb unseres Bewußtseins zu existieren" (S. 260). Diese existiert nicht als selbständige Substanz, sondern in ihrer Ausdifferenzierung, Entwicklung, Bewegung.

Die Empfindung wird damit einerseits als abhängig vom Gehirn, von den Nerven, der Netzhaut usw. begriffen. In dieser Hinsicht sind Empfindung, Gedanke, Bewußtsein das höchste Produkt der in besonderer Weise organisierten Materie (S. 47). Andererseits dürfen Empfindung, Gedanke, Bewußtsein genau hierauf nicht reduziert werden, da sie ein bestimmtes Verhältnis des tätigen Organismus zur objektiv realen Welt darstellen: Sie sind *Widerspiegelung, Abbild* der objektiv realen Welt, beziehen sich auf diese und nur auf diese. Wenn diese Widerspiegelung auch je nur eine annähernde ist, so ist es zugleich „unrichtig, diese Annäherung oder Vereinfachung als ‚willkürlich' zu bezeichnen" (S. 57). So argumentiert *Lenin* gegen jene Auffassung, die die objektive Realität negiert und sie nur für ein Produkt unseres Bewußtseins hält (subjektiver Idealismus).

Mit der Kategorie der *Materie in Bewegung* wird eine *historische Herangehensweise* möglich, die einen Teil des oben dargestellten Ebenenproblems zu lösen vermag: Das Psychische ist Resultat der Entwicklung der lebendigen Materie, ist Resultat der Hirnprozesse und ist zugleich von diesen unterschieden. Allgemeine Lebensvoraussetzung und folglich Bestandteil des Begriffs von Subjektivität ist es, daß das Subjekt sich in der Tätigkeit auf das Objekt, also die objektiv-reale Welt der außerhalb seiner Psyche existenten Natur- und Lebenszusammenhänge bezieht. Dies geschieht durch seine *Tätigkeit*, deren Bestandteil das Abbild, die Widerspiegelung ist. Abbild, Widerspiegelung selbst müssen daher prozeßhaft begriffen werden: einerseits als Resultat der Hirnprozesse, der biologischen Form nach, andererseits dem Inhalt nach als Resultat der Vermittlung von Subjekt und Objekt über die Tätigkeit nach dem Pol des Subjekts hin.

Ich werde diese Überlegungen innerhalb der Kapitel über Psychologie und Biologie vielfältig wieder aufgreifen. Im folgenden untersuche ich, wie auf allgemein-philosophischer Ebene das *Verhältnis von psychischer und sozialer Ebene* bei den Klassikern des historischen und dialektischen Materialismus gelöst ist. Ich greife dabei insbesondere auf die „Deutsche Ideologie" von *Marx* und *Engels* wie auf die „Thesen über Feuerbach" von *Marx* zurück.

In der „Deutschen Ideologie" wird erstmals umfassend und systematisch die *historische Determiniertheit* der Lebens- und Bewußtseinsprozesse der Menschen herausgearbeitet. Bewußtsein wird als gesellschaftliches Produkt bestimmt, das es bleibt, „solange überhaupt Menschen existieren" (S. 31). Der wirkliche geistige Reichtum des Individuums hängt damit ab von den möglichen sozialen Beziehungen, die zu seinen wirklichen werden müssen. „Diese Summe von Produktivkräften, Kapitalien und sozialen Verkehrsformen, die jedes Individuum und jede Generation als etwas Gegebenes vorfindet, ist der reale Grund dessen, was sich die Philosophen als „Substanz" und „Wesen des Menschen" vorgestellt haben" (S. 38). Das *menschliche Gattungswesen* offenbart sich im Prozeß der menschlichen Produktion im weitesten Sinne: also in dem „sozialen Erbe", den bisher gesellschaftlich angeeigneten „Dingen für uns", innerhalb derer sich die je neue Generation entwickelt, auf die sie sich bezieht, in denen sie den gesellschaftlichen Prozeß vorantreibt. Die historischen Resultate der Produktion (der materiellen wie der ideellen) sind sozusagen das vergegenständlichte Psychische, das als Resultat menschlicher Produktion nunmehr Voraussetzung zur Produktion der Menschen wird.

Diese *Produktion der Menschen* selbst als Menschen wird jedoch nicht passiv gesehen, sondern als *aktiv* und *tätig*, wie in den „Thesen über Feuerbach" herausgearbeitet wird. *Feuerbachs* Fehler ist es, nur das theoretische Verhalten der Menschen als echt menschlich zu betrachten, Er faßt daher den Gegenstand, die Wirklichkeit nur unter der Form des Objekts, nicht die Subjektivität, die aktive, tätige Seite, die „sinnlich menschliche Tätigkeit, Praxis". Die Frage, ob dem menschlichen Denken gegenständliche Wahrheit zukommt, ist jedoch keine theoretische, sondern eine praktische. Denken und religiöses Gemüt, das *Feuerbach* analysiert, sind selbst Resultat einer historischen Epoche. Das menschliche Wesen ist daher nicht eine jenseits von Praxis gedachte Denkfähigkeit, sondern diese entsteht unter historischen Umständen, durch ihren Bezug auf die möglichen gesellschaftlichen Vergegenständlichungen, Resultate und Prozesse der gesellschaftlichen Praxis Insofern ist das *menschliche Wesen* kein inneres Abstraktum, sondern seiner Wirklichkeit nach das Ensemble der gesellschaftlichen Verhältnisse (S. 5—7). Dies bedeutet nun alles andere, als den Menschen auf diese Verhältnisse zu reduzieren. Aber, sie sind ihm nicht einfach gegeben, sondern aufgegeben. In ihnen und durch sie hindurch entfaltet er in seiner Tätigkeit die Möglichkeit seiner Humanität. Er wird Persönlichkeit, bezieht sich auf den Menschen als Menschen und damit auf den Prozeß der Menschheit. Die *Möglichkeiten* der menschlichen Entwicklung im „Ensemble der gesellschaftlichen Verhältnisse" werden in diesem Prozeß der Aneignung in der sinnlich praktischen Tätigkeit zur *Wirklichkeit*, zum inneren Konkretum, also zur Entfaltung des Psychischen und der Gerichtetheit der Persönlichkeit.

Die Form dieser Entfaltung ist als *anthropologische Grundbestimmung* in der begrifflichen Fassung von *Arbeit* bestimmt: als ewiger Stoffwechsel des Menschen mit der Natur, als Naturnotwendigkeit menschlicher Tätigkeit. Arbeit ist damit nach seiten des Individuums in jener Gattungsallgemeinheit unterstellt, wie ich dies in Kapitel 1 dargestellt habe Zugleich wird sie sichtbar und bezogen auf die je gegebenen gesellschaftlichen Verhältnisse. Innerhalb derer bringt sie sich im aktiven Prozeß der individuellen Entwicklung selbst hervor (auf der Basis der oben behandelten Übergänge zwischen Biologischem, Psychischem und Sozialem). Sie kann sich hervorbringen insoweit sie über menschliche Tätigkeit, Kooperation ihre Vermittlung mit dem historischen Prozeß und den in ihm angelegten Möglichkeiten erfährt. Ändern der Umstände und Selbstveränderung sind somit als einheitlicher Prozeß der (revolutionären) Praxis zu begreifen, dies gilt für den Erzieher wie den Erzogenen: *Im Prozeß der Arbeit als Formwechsel in der äußeren Welt verändert sich zugleich der Arbeiter selbst.* Damit ist in allgemeiner Form der Übergang der sozialen und der psychologischen Ebene untersuchbar geworden Er wird als historischer Prozeß begriffen, innerhalb dessen *Entwicklung als Aneignung* der bisherigen menschlichen Produktion *sowie als Vergegenständlichung*, Praxis, Tätigkeit begriffen werden kann. In der Aneignung wird der Aneignende selbst zum Produzierenden, nur in der Produktion kann er aneignen.

Es wird deutlich, daß damit das Problem der Erkennbarkeit der Welt als historisches behandelbar wird: je abhängig von den bisherigen gesellschaftlichen Prozessen wie der Arbeit der lebendigen Menschen, die die Erkenntnis über den bisherigen Stand hinaus treiben. Auf diesen Überlegungen fußt die marxistische Lehre der *Erkennbarkeit der Welt*, die sich gegen jede Philosophie wendet, die diese Erkennbarkeit prinzipiell verneint (Agnostizismus). Die Marxistische Philosophie wendet sich daher gegen das Postulat der Unerkennbarkeit der Materie als philosophisch-erkenntnistheoretische Setzung. Indem sie den Prozeß der Erkenntnis selbst historisch betrachtet, vermag sie Erkennbarkeit als Möglichkeit zu unterscheiden von der historischen Realisierung der Erkenntnis. Die objektivreale Welt ist ihrer Möglichkeit nach erkennbar, d. h. in der menschlichen Praxis, im Bewußtsein müssen sich die Strukturen dieser Objektivität widerspiegeln. Insofern und insoweit ist Wissen objektiv, tragen Praxis und Wissenschaft *objektive Wahrheit* in sich. Diese Wahrheit existiert freilich immer nur *in relativer, historischer Form* im Prozeß der Arbeitsteilung in der menschlichen Praxis, *nicht* als *absolute Wahrheit*. Nur im historischen Prozeß nähert sich die Menschheit diesem Erkenntniszustand an. Wissenschaft selber wird damit als historischer Prozeß faßbar und begreifbar.

In dieser Auflösung der Zusammenhänge in Geschichte bedarf es einer bestimmten *Methodologie*, die ich im folgenden darstellen will. Ich nehme diese Darstellung hier vor, da ich mich bereits auf die Ergebnisse der ersten beiden Kapitel beziehen kann und meine Aussagen hierdurch nicht abstrakt bleiben. Zum anderen diskutiere ich diese Zusammenhänge nicht erst später, weil ich den Leser(innen) in den folgenden Kapiteln mit der inhaltlichen Erörterung zugleich die Anwendung allgemeiner methodologischer Prinzipien vermitteln will. Insofern sind die Darstellungen in diesem Kapitel dem gesamten restlichen Buch nicht äußerlich, sondern erfahren im weiteren Fortgang ihre Erweiterung und Vertiefung. Ich gehe im folgenden zunächst auf die Prinzipien der theoretischen Erkenntnisgewinnung ein, beziehe mich also insbesondere auf die Ebene der Kategorialanalyse wie die darüber liegenden Ebenen. Dies geschieht unter den Gesichtspunkten der Erfassung der Totalität des Gegenstandes, seiner Historizität wie seiner inneren Widersprüche und ihrer dialektischen Vermittlung. Auf die aktualempirische Ebene werde ich am Schluß dieses Kapitels eingehen.

3.3 Allseitige Erfassung des Gegenstandes

Wie erfaßt man einen Gegenstand in seinen allseitigen Zusammenhängen? Diese Frage stellen sich auch andere Wissenschaftsansätze, so z. B. der französische Strukturalismus oder die Systemtheorie. Wesen und Methode des Strukturalismus legt *Lévi-Strauss* wie folgt dar:

„Erstens muß man einzelne Fakten sammeln und analysieren und eine möglichst vollständige Liste derselben aufstellen; zweitens muß man die Wechselbeziehungen zwischen den Fakten ermitteln, sie in Gruppen zusammenfassen und die inneren korrelativen Beziehungen klären, drittens muß man alles zu einem einheitlichen Ganzen synthetisieren, ein System entsprechender Elemente aufbauen und damit das einheitliche, ganzheitliche Forschungsobjekt schaffen." Es geht also um die Erfassung der *„Struktur als eines bestimmten Systems, das durch einen gesetzmäßigen Zusammenhang gesteuert wird"* (zit. nach L. *Sève* „Über den Strukturalismus", S 134). Insoweit, so arbeitet *Sève* heraus, gibt es auch wenig Meinungsverschiedenheiten mit dem Marxismus. Diese treten erst auf in der Bestimmung der weiteren Schritte.

Ich kann hier nicht auf die umfangreiche Diskussion um Strukturalismus, Systemtheorie und Marxismus eingehen, sondern folge zunächst unmittelbar der Entwicklung der methodologischen Prinzipien, die *Marx* selbst in der Einleitung der „Grundrisse der Kritik der politischen Ökonomie" gibt. Dies hat unter anderem für meine Darstellung den Vorteil, daß sich die Entwicklung dieser Prinzipien auf Sachverhalte bezieht, in deren Zusammenhänge ich in Kapitel 1 bereits eingeführt habe. Ich meine, in dem methodologischen Vorgehen von *Marx* verschiedene Schritte unterscheiden und herausarbeiten zu können, die uns ein wesentliches Forschungsinstrumentarium zur Kategorialanalyse liefern. Es geht in dieser Einleitung sowohl um die inneren Zusammenhänge von Produktion, Konsumtion, Distribution und Austausch (Zirkulation) wie um die Methode der Entwicklung einer allgemeinen ökonomischen Theorie. Der erste Schritt, den *Marx* bestimmt, ähnelt im wesentlichen der strukturalistischen Auffassung. Ich will dies mit einem ausführlichen Zitat dokumentieren:

„Es scheint das Richtige zu sein, mit dem Realen und Konkreten, der wirklichen Voraussetzung zu beginnen, also z. B. in der Ökonomie mit der Bevölkerung, die die Grundlage und das Subjekt des ganzen gesellschaftlichen Produktionsakts ist. Indes zeigt sich dies bei näherer Betrachtung (als) falsch. Die Bevölkerung ist eine Abstraktion, wenn ich z. B. die Klassen, aus denen sie besteht, weglasse. Diese Klassen sind wieder ein leeres Wort, wenn ich die Elemente nicht kenne, auf denen sie beruhen. Z. B. Lohnarbeit, Kapital etc. Diese unterstellen Austausch, Teilung der Arbeit, Preise etc. Kapital z. B. ohne Lohnarbeit ist nichts, ohne Wert, Geld, Preis etc. Finge ich also mit der Bevölkerung an, so wäre das eine chaotische Vorstellung des Ganzen und durch nähere Bestimmung würde ich analytisch immer mehr auf einfachere Begriffe kommen; von dem vorgestellten Konkreten auf immer dünnere Abstrakta, bis ich bei den einfachsten Bestimmungen angelangt wäre. Von da aus wäre nun die Reise wieder rückwärts anzutreten, bis ich endlich wieder bei der Bevölkerung anlangte, diesmal aber nicht als bei einer chaotischen Vorstellung eines Ganzen, sondern einer reichen Totalität von vielen Bestimmungen und Beziehungen" (S. 21). Der erste Weg wurde von den Ökonomen des 17. Jahrhunderts gegangen, die jedoch immer damit endeten, bei den „immer dünne-

ren Abstrakta" zu bleiben. Erst die ökonomischen Systeme, die auf den einmal mehr oder weniger fixierten und abstrahierten einzelnen Momenten wieder aufbauen (wie Teilung der Arbeit, Geld, Wert usw.), gelangen zur offenbar wissenschaftlich richtigen Methode. Das Konkrete (als „Gedankenkonkretum", nicht mehr als bloße Anschauung des „Realkonkretums") wird nunmehr in der Theorie konkret, weil es die „Zusammenfassung vieler Bestimmungen ist. Einheit des Mannigfaltigen".

Diese Bestimmungen dürfen jedoch nicht als Elemente einer Struktur betrachtet werden, sondern müssen in den prozeßhaften Wechselbeziehungen dieser Elemente gesucht werden. Dies heißt von dem System, der Struktur eines Zusammenhangs zur Erfassung seiner *Totalität* voranzuschreiten Betrachten wir, wie Marx selbst verfährt: Der Übergang vom Systemdenken zum Denken einer Totalität geschieht, indem die jeweiligen *einzelnen Glieder des Systems als Moment ihrer Wirkung auf das Ganze* untersucht werden. Was tragen sie im Zusammenhang aller weiteren Momente zur Bewegung des Systems bei? So gefaßt interessieren zunächst die *Grundformen der Bewegung* in dem System selbst als zentrale Momente seiner Entwicklung: Marx beginnt seine Analyse in diesem Text daher nicht mit dem Geld oder der Ware, sondern den Prozessen, in denen diese Geld oder Ware sind bzw. werden: In der Analyse der Wechselverhältnisse von Produktion, Zirkulation, Distribution und Austausch, in die die anderen Kategorien miteingehen. Erst Begriffe wie Arbeit, Teilung der Arbeit, Güter, Waren usw. erlauben die Bestimmung von Prozessen wie Produktion und Zirkulation usw. Indem die Abhängigkeit der je anderen Momente aus dem Gesichtspunkt eines der Momente bestimmt wird, erscheint ein sich wechselseitig bestimmender Zusammenhang *innerer Momente* in einer Gesellschaft, mit der diese jetzt nicht mehr als System, sondern Totalität, *sich entwickelnder Zusammenhang* begriffen werden kann Zugleich wird der Motor dieses Zusammenhang, das in letzter Konsequenz die Entwicklung bestimmende Moment, die Produktion sichtbar. Diese ist das *übergreifende Moment*. Die Struktur einer Gesellschaft ist also durch die inneren Entsprechungen der unterschiedlichen Momente, wie ihr Vorantreiben, ihre Entwicklung durch das übergreifende Moment zu begreifen. In diesem historischen Prozeß organisiert sich Gesellschaft auf unterschiedlichen qualitativen Niveaus.

Indem Gesellschaft jetzt als Totalität von Zusammenhängen in ihrer Entwicklung bestimmt wird, deren innere Momente sich entsprechen müssen, kann Marx in der Entwicklung neue *Qualitäten des Gesamtzusammenhangs* der Gesellschaft feststellen, die mit den Gesetzen der Dialektik beschreibbar sind: Also Entwicklungsstufen in der Gesellschaftsentwicklung festhalten, die er mit dem Begriff „ökonomische Gesellschaftsformation" benennt. Diese ist gekennzeichnet durch die Art und Weise der in der Produktion eingegangenen Verhältnisse, von den Werkzeugen und Produktionsinstrumenten (also den Produktivkräften) wie ihrer Verteilung in Prozessen von Macht und Herrschaft, also den Klassenverhältnissen. Die *inneren Entsprechungen* von Produktivkräften und Produktionsverhältnissen wie die zwischen ihnen auftauchenden Widersprüche (vgl. die Analyse des Übergangs vom Feudalismus zum Kapitalismus in Kapitel 1) erweisen sich damit als Kern eines Begriffs der Totalität einer Gesellschaftsformation An die Stelle der ursprünglichen „dürren Abstraktion" ist nunmehr eine *verständige Abstraktion* getreten, die als allgemeinste Abstraktion Zusammenhänge untersuchbar macht. Können wir somit den ersten methodologischen Schritt als *Ermittlung und Systematisierung aller Zusammenhänge und Systembildung* im Sinne des Strukturalismus begreifen, so ist der zweite Schritt als *Übergang vom System zur Totalität* zu kennzeichnen und damit zur *Gewinnung einer Ausgangsabstraktion.* Ausgangsabstraktion insofern, als die gedankliche Reproduktion der „Einheit des Mannigfaltigen" von ihr aus möglich ist. Die Ausgangsabstraktion ist somit nicht willkürlich, dogmatisch, sondern auf dem Wege der Kategorialanalyse gewonnen, die sich ihrerseits auf die je zugängliche(n) einzelempirische(n) Ebene(n) beziehen mußte. Auf welcher Ebene die Kategorialanalyse selbst ansetzt (Ebenen 3 bis 5) wird bestimmt durch den Ausschnitt der objektiven Realität, der untersucht werden soll.

Nun zeigt es sich, daß die Ausgangsabstraktion nicht unmittelbar Ausgangspunkt der Rekonstruktion der Wirklichkeit im Denken sein kann, sondern eines Vermittlungsschrittes bedarf, den *Marx* mit *„Aufsteigen vom Abstrakten zum Konkreten"* bestimmt. Dieser Zusammenhang wird oft mißverstanden, weil mit „Konkretem" das „Realkonkrete" unterstellt wird. Aus diesem Mißverständnis heraus wird dann geglaubt, aus den gewonnenen Abstraktionen deduktiv Folgerungen für den Prozeß der Praxis ableiten zu können. Eine solche Möglichkeit gibt es nicht und kann es nicht geben, wie meine Überlegungen zum Arbeitsbegriff wie zur Frage der Wahrheit bereits deutlich gemacht haben: Die Praxis ist immer reichhaltiger als das Bewußtsein. Sie kann daher zwar in den Bedeutungskonfigurationen des Bewußtseins als „Einheit des Mannigfaltigen" antizipiert werden, aber die Angemessenheit dieser Bedeutungskonfigurationen (also des „Gedankenkonkretums") erweist sich in der Praxis. Die Möglichkeit, theoriegeleitet Praxis zu betreiben, bedeutet daher nicht, sie aus den allgemeinen Abstraktionen vorwegbestimmen zu können, sondern sie in der Entwicklung des Gedankenkonkretums reichhaltig und vielfältig zu modellieren.

Wie also gelangt man von der allgemeinen Abstraktion zum Gedankenkonkretum? Die allgemeine Abstraktion, so zeigte es sich, ist allen historischen Prozessen der Produktion und Reproduktion in gleicher Weise gemeinsam. Sie hebt das Allgemeine in verständiger Weise heraus und macht damit die jeweiligen historischen Konkretionen (Realkonkretum) analysierbar. Um adäquat analysieren zu könne, ist es jedoch notwendig, den *historischen Ausgangspunkt der Analyse* zu bestimmen. Da das Historische selber als Prozeß gesehen wird, der durch seine inneren Entsprechungen, Wechselwirkungen, Momente sich entwickelt und entfaltet, kann das Entstehen der inneren Zusammenhänge und Strukturen an dem Anfang dieses Prozesses nur als Möglichkeit gedacht werden. Eine materialistische Auffassung verbietet eine teleologische Auffassung etwa als Entfaltung einer absoluten Idee, z. B des Weltgeistes, wie in der Auffassung von *Hegel.* Erst indem aus Möglichkeit Wirklichkeit wird, entfalten sich die Gesetzmäßigkeiten des Prozesses, kommt es zur zunehmenden inneren Ausdifferenzierung. Deswegen verbietet es sich, früher auftretende Formen von Arbeit, Eigentum, aber auch Persönlichkeit, unmittelbar gleich ihrem heutigen Ausdruck zu setzen. Ein Vergleich ist nur möglich, wenn ihr innerer, gesetzmäßiger Zusammenhang im Prozeß des Werdens entschlüsselt wird und damit die verschiedenen dialektischen Übergänge, innerhalb derer die Entwicklung in neue Qualitäten umschlägt. Um dies zu untersuchen, darf man nun nicht vom Werden als Möglichkeit sondern muß *vom Gewordensein als Wirklichkeit* ausgehen. So verweist *Marx* gleich in den

Eingangspassagen der Grundrisse darauf, daß das vereinzelte und selbständige Individuum selbst ein Produkt des historischen Prozesses ist:

„Je tiefer wir in der Geschichte zurückgehen, je mehr erscheint das Individuum, daher auch das produzierende Individuum, als unselbständig, einem größeren Ganzen angehörig. erst noch in ganz natürlicher Weise in der Familie und der zum Stamm erweiterten Familie; später in dem aus dem Gegensatz und Verschmelzung der Stämme hervorgehenden Gemeinwesen in seinen verschiedenen Formen. Erst in dem 18. Jahrhundert in der ‚bürgerlichen Gesellschaft', treten die verschiedenen Formen des gesellschaftlichen Zusammenhangs dem einzelnen als bloßes Mittel für seine Privatzwecke entgegen, als äußerliche Notwendigkeit. Aber die Epoche, die diesen Standpunkt erzeugt, den des vereinzelten einzelnen, ist gerade die der bisher entwickelsten gesellschaftlichen (allgemeinen von diesem Standpunkt aus) Verhältnisse. Der Mensch ist im wörtlichsten Sinn ein ‚zoon politikon', nicht nur ein geselliges Tier, sondern ein Tier, das nur in der Gesellschaft sich vereinzeln kann" (S. 6).

Insofern resultiert auch für die Wissenschaft, daß ihre Abstraktionen sich auf das Realkonkretum und dessen Abstraktionen beziehen müssen.

Die *Realabstraktion* „abstrakte Arbeit" (vgl. Kapitel 1) entsteht mit dem Warentausch. Ihre wissenschaftliche Erfassung im „Gedankenkonkretum" setzt ihre praktische Existenz ebenso voraus, wie die reale Entwicklung des Kapitalismus und die Entfaltung seiner inneren Gesetzmäßigkeiten der Erfassung des Mehrwertgesetzes vorausgeht. Gerade dies schließt nicht die bewußte Planbarkeit von Entwicklung und den über das Denken vermittelten Eingriff in die Zukunft aus, sondern ermöglicht ihn erst. Nur aus den Prozessen der Vergangenheit und ihrer denkenden Verallgemeinerung wird in der Gegenwart die Zukunft vernünftig antizipierbar. Die *allgemeinsten Abstraktionen im Realkonkretum* also, so *Marx*, sind selbst Resultat der historischen Entwicklung und existieren überhaupt nur „bei der reichsten konkreten Entwicklung, wo eines vielen gemeinsam erscheint, allen gemein. Dann hört es auf, nur in besonderer Form gedacht werden zu können" (S. 25). Die *allgemeinen Abstraktionen im Gedankenkonkretum,* die mit den Kategorien „Produktionsweise", als innerer Widerspruch wie innere Entsprechung von Produktivkräften und Produktionsverhältnissen, sowie „Gesellschaftsformation" als qualitativ unterschiedene Formen der Produktionsweise bestimmt wurden, sind nunmehr zu *konkretisieren.* Diese Konkretion geschieht in der Analyse der *Totalität der kapitalistischen Gesellschaftsformation.* Ihr inneres Gesetz wird im Mehrwertgesetz aufgedeckt, mit dem die qualitative Eigenart dieser Gesellschaftsformation gegenüber der vorausgehenden bestimmt werden kann. Da diese Bestimmung nur durch die Kategorialanalyse möglich war, ist zugleich der Punkt erreicht, wo die Kategorien nunmehr erneut ihre wechselseitige Bestimmung und Konkretion erhalten, so wie ich dies in einigen Aspekten im Kapitel 1 dargestellt habe. Der entfaltete Begriff der reichhaltigsten gesellschaftlichen Verhältnisse ermöglicht es nunmehr auch das Gewordensein dieser Zusammenhänge aus der Geschichte zu analysieren, indem nach den *wesentlichen Bedingungen der Entwicklung* gefragt wird. Die realempirische Ebene der Geschichte wird Gegenstandsbereich der Kategorialanalyse. Nachdem die Struktur des Gewordenseins erfaßt ist, ist die Genese des Werdens zu begreifen, um damit in einem neuen empirischen Zugang die Verallgemeinerungen im Gedankenkonkretum zu erweitern und zu vertiefen. Auf diesen Schritt, den wir als *Aufsteigen im*

Gedankenkonkretum kennzeichnen können, bezieht sich die *logisch-historische Methode* des historischen und dialektischen Materialismus. Nicht die historische Analyse ist hierbei das wesentliche Moment, sondern das Durchdringen der inneren Logik, der gesetzmäßigen Zusammenhänge des Historischen.

Da dieses ein Prozeß voller Widersprüche, inneren Entsprechungen, quantitativen Entwicklung wie Umschlagen in neue Qualitäten ist, bedarf die logische Rekonstruktion einer Methode, die diese Prozesse faßbar macht. Dies ist die *dialektische Methode.* Ich habe in Kapitel 2 bereits ein Stück weit demonstriert, wie fruchtbar die Rückwendung der kategorialanalytisch herausgearbeiteten Zusammenhänge für die Analyse historischer Prozesse ist. Wiederum: nicht als Dogma, denn auch die Kategorien wurden nicht nur aus aktualempirischen sondern gleichzeitig aus historisch-empirischen Untersuchungen gewonnen. Eine angemessene Theorie, die nach hinten geschlossen, jedoch nach vorne offen, der Veränderbarkeit zugänglich ist, ermöglicht eine vertiefte Durchdringung der Gewordenheit eines Gegenstandes, wie sie sich in dieser Durchdringung selbst modifiziert und konkretisiert Die historisch-logische Methode, wiederum ein Bereich zu dem umfassende Literatur vorliegt, die ich hier nicht im einzelnen referieren kann, ermöglicht es sozusagen eine *Magistrale* durch die historische Entwicklung zu legen, von den sinnlich vielfältigen Erscheinungsformen zu abstrahieren und die Gesetzmäßigkeiten des Werdens bezogen auf die des Gewordenseins zu erarbeiten In diesem Sinne ist die folgende Äußerung von *Marx* zu lesen, nach der ich dann zu der Behandlung der Dialektik als Methode übergehe:

„In der Anatomie des Menschen ist ein Schlüssel zur Anatomie des Affen. Die Andeutungen auf Höheres in den untergeordneten Tierarten können dagegen nur verstanden werden, wenn das Höhere selbst schon bekannt ist. Die bürgerliche Ökonomie liefert so den Schlüssel zur antiken etc. Keineswegs aber in der Art der Ökonomen, die alle historischen Unterschiede verwischen und in allen Gesellschaftsformationen die bürgerlichen zu sehen" (S. 26)

3.4 Was ist Dialektik?

Alle bisher erarbeiteten Überlegungen beziehen sich auf eine allgemeine Methodologie, die in keiner Weise auf die Gesellschaftswissenschaften beschränkt ist. Da in diesem Buch jedoch bisher nur Beispiele aus ihnen zur Verfügung stehen, werde ich die dialektischen Prinzipien zum großen Teil angelehnt an diese Beispiele darstellen Eine Anwendung und Vertiefung dieser Prinzipien werde ich insbesondere in Kapitel 5 zu Problemen der Entwicklung des Psychischen wie in Kapitel 7 zu biologischen Grundlagen vornehmen. Zur parallelen Lektüre verweise ich erneut auf das „Philosophische Wörterbuch" von *Klaus* und *Buhr* (1985), diesmal u. a. auf die Stichwörter: Dialektik, dialektischer Sprung, Negation, Negation der Negation, Qualität und Quantität sowie Widerspruch.

Dialektik, das ist sowohl die *Bewegungsform der Materie* wie eine *Methode des Denkens.* Dieser Zusammenhang bestimmt sich aus dem von mir entwickelten Verhältnis von Realkonkretum und Gedankenkonkretum, also den Prozessen in der objektiven Realität wie ihrer theoretischen Modellierung in den verschiedenen Ebenen der Kategorialanalyse. Dialektik als Methode wird entsprechend den hier andiskutierten Verallgemeinerungsgraden auf der Ebene der philosophischen

Analyse herausgearbeitet und bestimmt. Ich verweise hierzu auf meine bisherigen Ausführungen wie auf die in der weiterführenden Literatur getroffenen Aussagen Die Dialektik ist demnach der *qualitative, diskontinuierliche Übergang* in einem realen Entwicklungsprozeß, also Ausdruck der Bewegungsformen der Materie Die dialektische Methode modelliert die Form und Gesetzmäßigkeit dieses Übergangs innerhalb der wissenschaftlichen Untersuchung. Zunächst einmal: Ein solcher Übergang erfolgt *sprunghaft*, wie dies aus einem längeren, in *Lenins* Konspekt zu *Hegels* „Wissenschaft der Logik" wiedergegebenen Zitat *Hegels* deutlich wird (S. 115 f.):

„Es gibt keinen Sprung in die Natur, wird gewöhnlich gesagt; und die gewöhnliche Vorstellung, wenn sie ein Entstehen oder Vergehen begreifen soll, meint, wie erinnert, es damit begriffen zu haben, daß sie es als allmähliches Hervorgehen oder Verschwinden vorstellt. Es hat sich aber gezeigt, daß die Veränderungen des Seins überhaupt nicht nur das Übergehen einer Größe in eine andere Größe, sondern Übergang von Qualitativen in das Quantitative und umgekehrt sind, ein Anderswerden, das ein Abbrechen des Allmählichen und ein qualitativ Anderes gegen das vorhergehende Dasein ist. Das Wasser wird durch die Erkältung nicht nach und nach hart, so daß es breiartig würde und allmählich bis zur Konsistenz des Eises sich verhärtete, sondern ist auf einmal hart, schon mit der ganzen Temperatur des Eispunktes, wenn es ruhig steht, kann es noch seine ganze Flüssigkeit haben, und eine geringe Erschütterung bringt es in den Zustand der Härte."

Es ist wichtig, das Sprunghafte dieses Übergangs vor Augen zu haben; bürgerliche Wissenschaftler sprechen in jüngster Zeit hier von „Symmetriebrüchen" (vgl. *Jantsch* 1979), und nicht zu versuchen, den dialektischen Umschlag selbst zu quantifizieren. So gibt es in der Anthroposoziogenese, also der Untersuchung der Mensch- und Gesellschaftsentstehung, Auffassungen, die eine erhebliche zeitliche Dauer eines dialektischen Sprungs suggerieren: An einem Punkt erfolgt der dialektische Umschlag, dies ist der sogenannte *Induktionspunkt,* an einem sehr viel späteren erst die endgültige Stabilisierung der Gattung Menschheit. Man könnte den Induktionspunkt z. B. beim ersten Werkzeuggebrauch von Australopithecinen (ca. 2 Millionen Jahre zurück) festlegen, oder beim Gebrauch des Feuers durch den Präsapiens vor ca. 500 000 Jahren und den *Irreversibilitätspunkt* an der Stelle, wo die Gesetzmäßigkeiten der biologischen Evolution (Mutation, Selektion, Variation) durch die soziale Entwicklung wie weitere biologische Entwicklung soweit aufgehoben sind, daß die Gattung nicht mehr aus Gründen ihrer biologischen Angepaßtheit ausstirbt. (Man könnte also das Aussterben des Neandertalers und die Weiterexistenz des homo sapiens als Kriterium nehmen.) Ich halte solche Abgrenzungen zur Klassifizierung von Entwicklungszeiträumen für geeignet, nicht aber für geeignet, die Dialektik zu ersetzen. Hier muß man genauer hinsehen. Was als Prozeß erscheint, erweist sich dann als eine *Reihe von dialektischen Sprüngen,* die jeweils ebenso bisherige Widersprüche lösen, wie neue aufwerfen. Dabei ist jeder einzelne Sprung *primär* abhängig von der bisherigen Gegebenheit des Objekts, in unserem Falle also dem Subjekt als Objekt der Forschung betrachtet, und *sekundär* von den jeweiligen Bedingungen, unter denen er erfolgt Die veränderten Umgebungsbedingungen im Tier-Mensch-Übergangsfeld konnten nur deshalb Evolutionsbedingungen für die Gattung Mensch werden, weil diese Selektion an hochentwickelten Primaten mit bestimmten kognitiven Strukturen und Bereichen und mit bestimmter körperlicher Organisation ansetzen konnte. Da der evolutionäre Druck jedoch sowohl an den äußeren Bedingungen der Tätigkeit ansetzt, wie über die körperliche Umorganisation der organismischen Bedingungen zur Tätigkeit vielfache Ungleichgewichte im Organismus selbst aufwirft, die zu lösen sind (innere Selektion), zerfällt der scheinbar lineare Prozeß zwischen Induktionspunkt und Irreversibilitätspunkt in eine Reihe von dialektischen Sprüngen, die jeder für sich analysiert werden können und müssen (Was in diesem Falle real nicht ohne weiteres möglich ist, da die Zusammenhänge nachträglich erschlossen werden, trotzdem als methodologisches Prinzip zu gelten hat.)

Aus dieser Sicht erscheint mir auch die von *Holzkamp* vorgeschlagene Trennung von *Funktionswechsel* und *Dominanzwechsel* nicht falsch, aber doch noch nicht hinreichend zu sein, um die Probleme dieser Übergänge restlos zu klären Den Begriff Funktionswechsel greift *Holzkamp* aus einer Arbeit von *Beurton* auf („Dialektik in der biologischen Evolution"). *Beurton* sieht in ihm das Kernprinzip der Evolution und erläutert diesen Begriff an der Wandlung eines Organs (der Flossen eines Fisches) in ein anderes mit einer neuen Funktion (Beine). Dabei ist eine Phase des Hin-und-her im Funktionswechsel (S. 923) gegenüber der endgültigen Stabilisierung der neuen Funktion zu unterscheiden. *Holzkamp* analysiert diesen Übergang in fünf Schritten: 1. Aufweis der realhistorischen Dimensionen der früheren Stufe. 2. Aufweis der objektiven Veränderungen der Außenweltbedingungen, mit denen der Entwicklungswiderspruch in seinem „Umwelt-Pol" zustande kommen soll. 3. Aufweis des Funktionswechsels der (im ersten Schritt) aufgewiesenen relevanten Dimensionen als „Organismus-Pol" des Entwicklungswiderspruchs. Entstehung des ersten qualitativen Sprungs, Herausbildung der neuen Funktion als eine der früheren Stufe noch untergeordnete Partialfunktion 4. Dominanzwechsel zwischen der für die frühere Stufe relevanten und charakteristischen Funktion und der neuen Funktion (zweiter qualitativer Sprung). Diesen Vorgang versteht Holzkamp als „punktuelles Umkippen". 5. Aufweis der Umstrukturierung und neuen Entwicklungsrichtung des Gesamtsystems (S. 78 ff.).

Was meines Erachtens hier verloren geht, ist die Vielfältigkeit des Funktionswechsels in über die *Tätigkeit* vermittelten unterschiedlichen Bereichen. Im Übergang vom Wasser zum Land ändern sich nicht nur die Flossen, es ändert sich der Atmungsprozeß usw Gleichzeitig muß nach dem Motor dieser Entwicklung im Sinne eines *aktiven Bedürfnisses der Tätigkeit* und nach der Qualität *der Widerspiegelung* gefragt werden. Es müssen also die ebenenspezifischen Übergänge in biologischer und psychologischer Hinsicht bestimmt werden wie ihre wechselseitigen Abhängigkeiten und Hierarchien geklärt werden. Ich werde diese Fragen in Kapitel 5 und 7 wieder aufgreifen Nicht daß ich meine, sie könnten gegenwärtig bereits vollständig gelöst werden. Es war mir jedoch wichtig, auf offene Probleme und mögliche Mißverständnisse zu verweisen, bevor ich nun die Problematik des dialektischen Sprungs aus diesem Kontext herauslöst darstelle.

Der *dialektische Sprung* bedeutet die Unterbrechung der Kontinuität und Allmählichkeit und stellt einen neuen diskreten Zustand, eine neue Qualität des Objektes dar. Dabei können Sprünge *systemerhaltender* wie *systemzerstörender* Art unterschieden werden, wobei dieser Unterschied nicht absolut ist, sondern abhängig vom Bezugssystem „Außerhalb jedes Zusammenhangs betrachtet ist der Sprung letztlich immer beides: er zerstört einerseits immer etwas, sei es ein

Verhalten, einen Zustand oder ein System, und es bleibt im Sprung andererseits auch immer etwas erhalten, sei es das Verhalten, der Zustand oder das System" (*Klaus/Buhr*, S. 277). Die *dialektischen Grundgesetze* mit denen dieser Übergang beschrieben wird, der immer unter dem Gesichtspunkt der größtmöglichen Adaptivität des Systems (des Zustands, des Verhaltens) erfolgt, sind die folgenden: 1. Das Gesetz der *Einheit und des „Kampfes" der Gegensätze* (oft auch als das *Gesetz des dialektischen Widerspruchs* bezeichnet). 2. *Das Gesetz der Negation der Negation.* 3. *Das Gesetz des Umschlags von Quantität in Qualität.*

Ich will in Kürze diese Gesetze erläutern, die wir insbesondere auch für die Fassung der im Kapitel 5 dargestellten Entwicklungsprozesse benötigen. Insgesamt leisten sie, das Bestehen unterschiedlicher qualitativer Zustände auf natürliche Weise zu klären, es als Resultat von Entwicklung und innerer Ausdifferenzierung der materiellen Welt zu untersuchen.

Zu 1.: *Klaus* und *Buhr* definieren Einheit und „Kampf" der Gegensätze wie folgt:

„Unter der *Einheit der Gegensätze* versteht man, daß die den Dingen, Prozessen, Systemen usw. innewohnenden gegensätzlichen Tendenzen nicht losgelöst und unabhängig voneinander existieren, sondern einander voraussetzen, sich gegenseitig bedingen und durchdringen, voneinander abhängen, eine nicht ohne die andere bestehen kann ‚Kampf' der Gegensätze hingegen bedeutet, daß diese einander ausschließen, miteinander im Widerstand sind, gegeneinander wirken. Die Einheit der Gegensätze ist die Grundlage für die relative Stabilität, das relative Gleichgewicht, die relativ beständige Existenz der Dinge, Systeme usw. . . . Sie existiert in der Form nicht eines statischen, sondern eines dynamischen Gleichgewichts . . Der 'Kampf' der Gegensätze läßt den dialektischen Widerspruch aber nie zur absoluten Ruhe, zum absoluten Gleichgewicht kommen"* (S. 300).

Wir haben uns diese Zusammenhänge bei der Analyse der kapitalistischen Gesellschaftsformation und des Problems Behinderung vor Augen geführt. Abbildung 2 faßte die inneren Zusammenhänge und Gegensätze zusammen (S. 29). Es fanden sich dort vielfältige innere Entsprechungen und Widersprüche: So z. B. die innere Entsprechung und der sich entwickelnde Widerspruch zwischen Produktivkräften und Produktionsverhältnissen, der zum Übergang vom Feudalismus zum Kapitalismus führte oder aber die wechselseitige Entsprechung der Klassen im Kapitalismus, die hervorgeht aus dem den Produktionsverhältnissen innewohnenden Widerspruch von Kapital und Arbeit, objektiv ausgedrückt im Mehrwertgesetz und dem zugleich hieraus entspringenden „Kampf" der Gegensätze. Es sind jene Zusammenhänge, auf die wir erneut bei der Analyse des Übergangs vom System zur Totalität in der Darstellung in diesem Kapitel gestoßen sind.

Zu 2.: Jede Entwicklung vollzieht sich als eine *dialektische Negation* bestehender Qualitäten. Die neue Qualität bewahrt alles Positive der Entwicklung auf der alten Stufe in sich auf, bleibt aber auf der alten Entwicklungsstufe nicht einfach stehen. Sie löst einerseits den Widerspruch, negiert also die alte Qualität. Sie entfaltet andererseits den Widerspruch auf neuem Niveau, negiert also zugleich seine Auflösung und damit sich selbst als neue Qualität.

Ich verdeutliche dies an einem Beispiel. Daß die neue Qualität „Positives" in sich aufhebt, ist aus der Sicht der Entwicklungslogik des Prozesses, in der sie sich entwickelt, bestimmt. Es ist nicht unmittelbar ein wertendes Urteil vom Standpunkt der Humanität, der Menschheit. Dies wird an der neuen Qualität der kapitalistischen Herrschaft im Faschismus sichtbar. Was wird negiert? In der Logik der Entwicklung des Kapitalverhältnisses verschärfen sich zunehmend die antagonistischen (d. h. in diesem System nicht aufhebbaren) Widersprüche zwischen Lohnarbeit und Kapital (als Indikator hierfür habe ich u. a. die steigenden Arbeitslosenziffern benannt). Auf Widersprüche in der Ideologie habe ich ebenfalls ausführlich verwiesen. Die Machtergreifung der Hitlerfaschisten negiert nunmehr diese Widersprüche zugunsten des Kapitals, indem sie die Logik der Mehrwertproduktion, abgesichert durch den Ausbau der Herrschaft und der Hegemonie, in besonderer Weise zum Ausdruck bringt. Gleichzeitig negiert sie sich als neue Qualität selbst, indem sie das Grundverhältnis, dem der Widerspruch Arbeiterklasse und Kapital entspringt, auf neues Niveau hebt. Dieser Widerspruch drückt sich nunmehr vielfältig an anderen Stellen aus. Er entfaltet sich als Widerspruch zwischen Terror, Barbarei, Unmenschlichkeit einerseits und Humanismus, Gattungsnormalität, Widerstand usw. andererseits aufs neue.

Ich füge ein Beispiel von *Engels* an, mit dem dieses Gesetz erläutert wird („Dialektik der Natur", S. 130): „Jeder neue Fortschritt der Zivilisation ist zugleich neuer Fortschritt der Ungleichheit." Die Fürsten, die sich die Völker im Prozeß der Zivilisation geben, um ihre Freiheit zu schützen, werden mit Notwendigkeit die Unterdrücker der Völker und „steigern diese Unterdrückung bis auf den Punkt, wo die Ungleichheit, auf die äußerste Spitze getrieben, wieder in ihr Gegenteil umschlägt, Ursache der Gleichheit wird: vor den Despoten sind alle gleich, nämlich gleich Null". Die damit auf neues Niveau gehobene Gleichheit in der Negation der Ungleichheit (diese als notwendige Negation der Ungeschütztheit der Urgesellschaft begriffen) entfaltet den Widerspruch in neuer Weise, der nunmehr auf Aufhebung der Herrschaft drängt

Ich habe dieses am meisten mißverstandene Gesetz der Dialektik an zwei Beispielen erläutert, da wir wesentlich auf es zurückgreifen müssen, um später in dieser Arbeit Gesetze und Übergänge der psychischen Entwicklung zu modellieren. Es hilft, genau die inneren Strukturen des Übergangs zu analysieren: Was wird negiert, was wird aufbewahrt, wie wird der Widerspruch negiert und wie entfaltet er sich neu? Dies sind die analytischen Fragen, die in der Untersuchung qualitativer Übergänge zu stellen sind.

Zu 3: Ein *Umschlag von der Quantität in die Qualität* kann in unterschiedlichen Formen erfolgen. So nennen *Klaus* und *Buhr* (S. 1000 ff.) z. B Zu- und Wegnahme von Elementen, Zufuhr bzw Wegnahme von Energie, von Bewegung, Gleichbleiben der Zahl der Elemente eines Systems, aber Veränderung von deren innerer Anordnung und Koppelung. Wir können für unsere Zwecke von diesen Formen abstrahieren. Wichtig ist es jedoch, auf das zentrale Problem hinzuweisen, das Klaus und Buhr am Spezialfall zweier widersprüchlicher Teilsysteme (Arbeiterklasse und Bourgeoisie) wie folgt bestimmen: „Die auf Gegensätzen beruhende Struktur des Systems bleibt solange erhalten, solange ein relatives Gleichgewicht zwischen den quantitativ wachsenden Teilsystemen gewahrt bleibt Sie verändert sich bzw. wird zerstört, wenn eines der beiden Teilsysteme ein wesentliches quantitatives Übergewicht erhält" (1972, S. 899). Innerhalb der Entsprechungen und Widersprüche der Totalität eines Zusammenhangs kann nun auf dieser Basis nach quantitativen Veränderungen gefragt werden, die qualitative Umschläge vorbereiten. Welche Dimensionen sind es, deren quantitative Zunahme die Stabilität des Systems verändert, und die nach einer neuen qualitativen Lösung des Widerspruchs verlangen? In welchen Bereichen des Systems und warum bilden sich *kritische Quantitäten*, die den Umbruch zum späteren Zeitpunkt vorbereiten? Sicherlich können die von uns im Kapitel 2 ideologiekritisch herausgearbeiteten allgemeinen Denkformen über Elite, Masse, Persönlichkeit im Sinne der Herausbildung einer kritischen Quantität betrachtet werden. Gleichzeitig wird bei diesem Beispiel deutlich, daß man den Gesamtzusammenhang des Systems, seine Totalität im Auge behalten muß, von den Hauptwidersprüchen und inneren Entsprechungen ausgehen muß, um den Umschlag zu begreifen. Insofern können Gegensätze in einer Reihe von inneren Momenten dieses Zusammenhangs gleichzeitig auftreten, sich ineinander vermitteln. Diese Fragen sind für die Entwicklungspsychologie wie die Pädagogik von hoher Bedeutung, insofern das Herausbilden kritischer Quantitäten, die Konfrontation mit entwicklungsrelevanten Widersprüchen in der Tätigkeit Kern jeder erzieherischen, pädagogischen aber auch therapeutischen Arbeit sind

Ich fasse an dieser Stelle die *verschiedenen Schritte und Dimensionen der Denkmethode des historischen und dialektischen Materialismus* zusammen, der wir uns in der Kategorialanalyse im Rahmen dieser Arbeit bedienen und bedienen müssen. Bedienen müssen deshalb, weil m E. Behindertenpädagogik als Fach nicht dargestellt werden darf, ohne die Probleme der ganzheitlichen Analyse der Lebensbedingungen behinderter Menschen zu lösen. Diese Lösung verlangt jedoch das Begreifen sowie die Vermittlung der drei Ebenen des Gegenstandsbereichs, also der biologischen, psychologischen und sozialen Ebene in einer im besten Sinne *synthetischen Theoriebildung* Befunde aus diesen Bereichen dürfen nicht nebeneinanderstehen, sondern müssen in den Übergängen zwischen diesen Ebenen, so wie *Leontjew* dies forderte, systematisch und kategorial aufeinander bezogen werden, also als Totalität und in Entwicklung analysiert werden

Eine gute Zusammenfassung der hierzu entwickelten Schritte findet sich bei *Lenin*, der das Vorgehen der *dialektischen Logik als Methode* wie folgt beschreibt („Noch einmal über die Gewerkschaften . . ", S. 515):

„Die formale Logik . . nimmt die formalen Definitionen, wobei sie sich von dem leiten läßt, was am üblichsten ist oder was am häufigsten in die Augen springt, und beschränkt sich darauf. Nimmt man dabei zwei oder mehrere verschiedene Definitionen und vereint diese ganz zufällig . . , so erhalten wir eine eklektische Definition, die auf verschiedene Seiten des Gegenstands hinweist und sonst nichts. Die dialektische Logik verlangt, daß wir weitergehen Um einen Gegenstand wirklich zu kennen, muß man alle seine Seiten, alle Zusammenhänge und ‚Vermittlungen' erfassen und erforschen. Wir werden das niemals vollständig erreichen, die Forderung nach Allseitigkeit wird uns aber vor Fehlern und vor Erstarrung bewahren Das zum ersten. Zweitens verlangt die dialektische Logik, daß man den Gegenstand in seiner Entwicklung, in seiner ‚Selbstbewegung' (wie Hegel manchmal sagt), in seiner Veränderung betrachte . . . Drittens muß in die vollständige ‚Definition' eines Gegenstandes die ganze menschliche Praxis sowohl als Kriterium der Wahrheit wie auch als praktische Determinante des Zusammenhangs eines Gegenstandes mit dem, was der Mensch braucht, eingehen Viertens lehrt die dialektische Logik, daß es eine abstrakte Wahrheit nicht gibt, daß die Wahrheit immer konkret ist'."

Am Beispiel der Kapital-Analyse von *Marx* arbeitet Gudrun *Richter* (S. 51 f.) eine Kennzeichnung der *einzelnen Schritte* heraus, wie ich sie hier ähnlich entwikkelt habe, die ich zum besseren Verständnis und als Zusammenfassung zitieren will:

1. „Marx löst die an der Oberfläche der kapitalistischen Gesellschaft erscheinenden ‚Dinge' (Ware, Geld, Kapital etc.) in gesellschaftliche Verhältnisse auf."

2. „Durch die Auffassung der Strukturen gesellschaftlicher Wirklichkeit als dialektisch-widersprüchlich gewinnt Marx eine weitere Bestimmung. Strukturen sind sich bewegende Verhältnisse."

3. „Sind die Strukturen gesellschaftlicher Wirklichkeit dergestalt nichts anderes als sich bewegende Verhältnisse in ihrer inneren Widersprüchlichkeit, so ist auch die Entwicklungslogik dieser Wirklichkeit nur denkbar in untrennbarem Zusammenhang mit ihrer geschichtlichen Entfaltung. Das Logische, die objektive Gesetzmäßigkeit, ist nur denkbar als das Logische des Historischen".

3.5 Wissenschaft und Praxis

Einen Aspekt der Kennzeichnung der dialektischen Logik bei *Lenin* will ich im folgenden noch aufgreifen: Er spricht unter Punkt 3 von der ganzen *menschlichen Praxis* als Kriterium der Wahrheit und als praktischer Determinante des Zusammenhangs eines Gegenstands mit dem, *was der Mensch braucht.* Diese Aussage impliziert ein bestimmtes Verhältnis der Wissenschaft zur Praxis. Wissenschaft ist als gesellschaftliche Tätigkeit im Zusammenhang der Praxis der Menschheit zu betrachten. Sie impliziert ferner eine parteiliche Stellung der Wissenschaft und der Wissenschaftler, indem die Gegenstände der Erkenntnis unter der Perspektive dessen, was der Mensch braucht, sichtbar werden „Was der Mensch braucht" ist wiederum keine abstrakte Setzung sondern historisch-logisch aus der Analyse von Menschheit als Prozeß bestimmbar. Beide Aspekte will ich etwas vertiefen, bevor ich auf die der einzeltheoretischen Ebene zuzuordnenden empirischen Verfahren eingehe.

Kröber und *Laitko* (1975, S. 111 f.) definieren *Wissenschaft* zum einen als „historisch determiniertes Produkt und aktuell notwendiges Glied gesellschaftlicher Arbeitsteilung". Sie führen aus: „Die Ausführung wissenschaftlicher Tätigkeiten entspringt sozialen Erfordernissen, ebenso wie die Bestimmung ihrer Inhalte und ihres Umfanges. Diese Erfordernisse sind weder abstrakt-menschliche noch erwachsen sie ausschließlich aus der Wissenschaftsentwicklung selbst; sie existieren stets in einer historisch-konkreten Gestalt, als Reproduktionserfordernisse in einer bestimmten Produktionsweise, die in einem bestimmten Klasseninteresse repräsentiert werden". Wissenschaft ist also stets *historisch* und *formationsgebunden.* Ihre Interessen, die Auswahl der Arbeitsgegenstände wie die Wirkweise ihrer Ergebnisse können aus diesem Kontext nicht gelöst werden Zugleich bezieht sich Wissenschaft als Tätigkeitsprozeß auf die *objektive Realität,* trägt bei zu dem Transformationsprozeß der in der objektiven Realität in Natur und Gesellschaft vorhandenen „Dinge an sich" in „Dinge für uns" (*Engels*) Insofern ist sie eine spezifische Form gesellschaftlicher Arbeit. Sie ist in dieser Hinsicht nach *Kröber* und *Laitko* „systematische Erkenntnistätigkeit, die die wesentlichen, notwendigen und allgemeinen Zusammenhänge der Realität – die objektiven Gesetze – gesellschaftlich verfügbar und praktisch nutzbar macht", sie ist *„allgemeine Arbeit"*

Was ist hierunter zu verstehen? In einem Aufsatz „Wissenschaft als allgemeine

Arbeit" wird dieser Aspekt durch Peter *Ruben* (1978) einer näheren Bestimmung unterzogen: Wissenschaft hat ihre „artspezifische Besonderheit" darin, das *Allgemeine* der materiellen Produktion zum Gegenstand zu haben. Sie schafft nicht einzelne Produkte, sondern Modelle, Abbilder, Maßeinheiten, Theorien. Sie ist somit werkzeugproduzierende Tätigkeit, also Arbeit. Zugleich ist sie aber eine besondere Art von Arbeit, die sich als konkrete Arbeit nicht auf das Einzelne in der Produktion richtet, also z. B auf die Produktion eines Gutes wie Hemd, Auto, Computer usw.. Sie entwickelt vielmehr materielle Gegenstände als Zeichen unter der Bestimmung „als „*Vergleichmittel* für artgleiche Dinge *zu dienen*" (S 32). „Neben der subjektiven Arbeitsbedingung (Arbeitskraft), also der Fähigkeit des Abbildens, haben wir als wissenschaftliches Arbeits*mittel* (Werkzeug) den Standard (also das Modell, das Meßverfahren, die Theorie; H. d. V) und als wissenschaftlichen Arbeits*gegenstand* die auswählbaren Sachverhalte der Natur" (S. 34). Wissenschaft ist also (1) aus Sicht der materialistischen Geschichtsauffassung „historisches Produkt der theoretischen Aneignung der Wirklichkeit auf der Grundlage bzw. im Gefolge der praktischen Aneignung der Wirklichkeit durch die Menschen". Sie ist (2) aus Sicht der materialistischen Dialektik „erkennende Widerspiegelung der Wirklichkeit", die sich in Form der allgemeinen Arbeit realisiert. Sie ist (3) aus der Sicht der politischen Ökonomie eine soziale Erscheinung, Ausprägungsform des gesellschaftlichen Reproduktionsprozesses, „die in bestimmter Weise mit den jeweiligen Produktionsverhältnissen verbunden ist" (*Mocek* „Gedanken über Wissenschaft", S. 112 ff).

Praxis, so ist nunmehr deutlich, ist nicht die jeweils individuelle Tätigkeit des Wissenschaftlers oder Praktikers, sondern der Prozeß der gesellschaftlichen Praxis der Menschheit, zu dem Wissenschaft und ihre Ergebnisse in einem bestimmten Verhältnis stehen (vgl. *Klaus/Buhr* S. 964–971). Das Praxiskriterium der dialektischen Logik fragt damit nicht nach der Tätigkeit des je Einzelnen, sondern auch wenn sie sich auf die Tätigkeit des je Einzelnen z B. als pädagogische oder therapeutische bezieht, nach deren Zusammenhang mit dem Prozeß der Menschheit, also der gesellschaftlichen Praxis. Damit bedarf es aber prinzipieller Kriterien für die Haltung der Wissenschaft und des Wissenschaftlers gegenüber der gesellschaftlichen Praxis der Menschheit, in die historisch seine Arbeit eingebunden ist, von deren ökonomischer und Klassenstruktur Wissenschaft als System determiniert ist. Es bedarf also durchgängig der Frage danach, „was der Mensch braucht", wobei Mensch als Mensch im Prozeß der Menschheit betrachtet wird Wir kehren damit zurück zu den gesellschaftstheoretischen Bestimmungen in Kapitel 1. Der Frage der *Parteilichkeit* kann sich der Wissenschaftler nicht entziehen, ob *Kant'*scher oder *Marx'*scher kategorischer Imperativ (vgl. S 43 f.), vor dieser Entscheidung steht er prinzipiell und immer Sie ist keine dem Wissenschaftsprozeß äußerliche, sondern ihm als Prozeß menschlicher Tätigkeit immanente Eigenschaft In welcher Weise sie zum Tragen kommt, hängt selbstverständlich ab von der jeweiligen Ebene des wissenschaftlichen Arbeitsprozesses Gerade aber weil die einzeltheoretische Ebene häufig dazu verleitet, bloß in der Anwendung bestimmter standardisierter Verfahren der Datenerhebung, des Messens und des Experiments die Wissenschaftlichkeit des Vorgehens zu begründen, war es notwendig diese Zusammenhänge vorweg zu klären, bevor wir nun im folgenden auf die einzeltheoretische Ebene und die empirischen Verfahren der Erkenntnisgewinnung eingehen.

3.6 Empirische Verfahren der Erkenntnisgewinnung

Ich will zunächst allgemeine Probleme dieser empirischen Ebene benennen, und dann auf die Problematik empirischer Verfahren eingehen. Hier sind wiederum solche zu unterscheiden, die einerseits Material im Zusammenhang historischer Prozesse sichern: also archivalische, ethnographische, völkerkundliche Studien bezogen auf den Geschichtsprozeß, biographische bzw „klinische" Methoden zur Erfassung individueller Entwicklungsverläufe und naturhistorische Forschungen sowohl zur Entwicklung der biologischen Organisation wie zur Entwicklung des Psychischen und der Tätigkeit. Andererseits sind Probleme des Messens und der meßtheoretischen Verarbeitung empirischer Daten anzusprechen, also Tests, Längs- und Querschnittsstudien, sowie als Sonderproblem das Experiment.

Das *allgemeine Problem* der einzeltheoretischen Ebene liegt darin, die in der objektiven Realität vorhandenen Zusammenhänge zu erfassen und auf die Ebene der Wissenschaft zu transformieren, um sie dort zu bearbeiten. Aus dem „Realkonkretum" muß also (1) ein *„Vorstellungskonkretum"* erstellt werden, in dessen Bearbeitung dann (2) die Kategorien gewonnen werden, das „Gedankenkonkretum" ermittelt wird; immer natürlich unter der Perspektive der Anwendung der erforschten Gesetzmäßigkeiten im Prozeß der Praxis Dies wirft verschiedene Probleme auf, da der Gegenstand selbst, die objektive Realität auf Grund ihrer räumlich-zeitlichen Ausdehnung wie den Möglichkeiten der Menschen, sie sinnlich zu erfassen, nicht unmittelbar gegeben ist. Historische Prozesse sind abgelaufen und können nur aus ihren Resultaten erschlossen werden. Aktuelle Geschehnisse, wie z. B. gesellschaftliche Prozesse haben eine räumlich-zeitliche Ausdehnung, die mit den Sinnen unmittelbar nicht erfaßbar ist Es bedarf ihrer Transformation in Meßwerte, Kennziffern, Verhältnisgleichungen usw.. Astronomische oder mikrobiologische Prozesse sind dem menschlichen Auge nicht unmittelbar zugänglich Es bedarf der Unterstützung durch Teleskop oder Mikroskop. Für zahlreiche Wirkungen in der Natur verfügen wir nicht über entsprechende Sinnesorgane Sie bedürfen, so z. B magnetische Wellen bzw. andere nicht sichtbare oder nicht hörbare Wellenbereiche oder starke und schwache Wechselwirkung in der Physik usw , der Transformation in für uns wahrnehmbare Dimensionen durch „künstliche" Sinnesorgane. Dabei steht jeweils die Frage, welche Eigenschaften und wieviele Eigenschaften werden in diesem Prozeß der empirischen Bearbeitung von dem „Realkonkretum" in das „Vorstellungskonkretum" transformiert Dies wiederum hängt ab von dem bisherigen Wissen über den Gegenstandsbereich, also von einer Theorie des Gegenstandes. Es wiederholt sich zwischen Theorie und Empirie ständig jenes Problem, auf das *Klaus* und *Buhr* (Stichwort „Methode", S. 793) aufmerksam machen: „Um eine Methode schaffen zu können, benötigt man eine Theorie; andererseits benötigt man für das Aufstellen einer Theorie bereits eine Methode"

Diesem Dilemma entgeht man nur, wenn man sich die *Prozeßhaftigkeit der Erkenntnis* immer wieder vor Augen hält. Die Empirie bedarf der Reflexion durch die Theorie. Die auf Basis der Theorie gewonnenen Ergebnisse müssen sich als Werkzeuge erweisen, um wirkungsvoll in die objektive Realität im Prozeß gesellschaftlicher Praxis verändernd einzuwirken. Hinter der sinnlichen Erscheinung liegen also die Eigenschaften des Gegenstandes in der realen Welt, hinter ihrem sinnlichen Eintreten in das Bewußtsein liegt ihre Rekonstruktion in den

Bedeutungen, den Kategorien menschlicher Tätigkeit. Diese werden zu „Knotenpunkten" der Erkenntnis, mit denen der Mensch sich aus dem Netz der Naturerscheinungen heraushebt, sich zu ihnen in ein bewußtes Verhältnis setzt. Die Frage des wissenschaftlichen Fortschritts ist damit an die einzelwissenschaftliche Ebene, ihre in der Empirie erfolgenden Transformation des Gegenstandes in ein „Vorstellungskonkretum" (und selbstverständlich hier auch ihre erste verallgemeinernde Verarbeitung) unabdingbar gebunden, darf aber zugleich nicht auf diese Ebene reduziert werden. *Die in der Empirie vorgenommenen Transformationen ersetzen nicht die Theorie des Gegenstandes.*

Ich möchte dies mit einem Beispiel aus der Entwicklungspsychologie verdeutlichen: Im Vorschulalter beurteilen Kinder die Menge der Flüssigkeit in einem Meßbehälter leicht nach ihrer (in Zentimetern ausdrückbaren) Höhe. Sie messen also Volumen mit einem Längenmaß und nicht mit einem Hohlmaß. Selbstverständlich ist der Gegenstand mit diesem Maß erfaßbar, allerdings wird nicht zu seinem Wesen vorgedrungen. Hier bedürfte es der Erfassung mit einem Hohlmaß. Wenn Kinder frühzeitig lernen, daß jede Eigenschaft des Gegenstandes ihr eigenes Maß hat, also Volumen mit Hohlmaßen, Gewicht mit Gewichtsmaßen (ebenso Kraft und Last mit Gewichtsmaßen), Ausdehnung im Raum mit Längenmaßen, Ausdehnung in der Zeit mit Zeitmaßen usw. zu messen ist, erschließen sie sich schneller die Eigenschaften der Gegenstände und wenden die adäquaten Maße an.

Maße müssen *dem Gegenstand angemessen* sein, dieser selbst bestimmt die Adäquatheit der Maßdimensionen. Der materialistische Ansatz negiert also keineswegs die systematische empirische Erfassung der Welt und schon gar nicht standardisierte Meßverfahren − ein Vorwurf, der leicht erhoben wird, wenn man vorrangig Theorie betreibt, da dies auf der Oberfläche wie das alte geisteswissenschaftliche Spekulieren aussieht. Er fordert jedoch eine systematische Verbindung empirischer und theoretischer Arbeit und das Begreifen der Wechselbeziehungen beider Ebenen. Beide Ebenen liefern *unterschiedliche Formen der Verallgemeinerung,* wie dies *Dawydow* auch in philosophischer Hinsicht sehr gründlich in seinem Buch „Arten der Verallgemeinerung im Unterricht" herausgearbeitet hat

Ich halte fest: *Theoretische Verallgemeinerung* ist das von mir in diesem Kapitel bisher dargestellte logisch-historische, dialektische Verfahren der Gewinnung und Entfaltung des „Gedankenkonkretums"; *empirische Verallgemeinerung* ist die systematische Komplexitätsreduktion im Übergang von der Ebene des „Realkonkretums" zum „Vorstellungskonkretum" und die hiermit verbundenen mathematischen und logisch-formalen Umformungen eines Sachverhalts.

Bei jedem Verfahren der empirischen Erfassung stellt sich die Frage seiner *Objektivität, Reliabilität* und *Validität* Die Lösung dieser Fragen darf jedoch nicht vorrangig in der Standardisierung der Verfahren gesucht werden, sondern in der Frage der angemessenen Transformation der Logik des Gegenstandes in die Logik des Denkens. Um nicht mißverstanden zu werden, ich negiere in keiner Weise den Anspruch, daß Meßverfahren objektiv, reliabel und valide sein sollen: Zwei Beobachter sollen bei Anwendung des Verfahrens zum gleichen Ergebnis kommen, das Ergebnis soll nicht zufällig sondern wiederholbar sein und es soll in systematischem Zusammenhang mit dem stehen, was gemessen wird Ich wende mich jedoch dagegen, diese Kriterien *bloß* auf der Ebene der empirischen Verallgemeinerung zu verwenden Auch empirische Methoden, in denen die Verwendung mathematisierter Verfahren, also Messung im exakten Sinn nicht möglich ist, können objektiv, reliabel und valide sein, wie ich dies in Kürze an den *historischen Methoden* im weitesten Sinne belegen will.

Nach welchen Gesichtspunkten wertet der Historiker Archivmaterial aus? Nach welchen Gesichtspunkten der Ethnologe Tätigkeitsstrukturen in einer von ihm beobachteten unbekannten Gesellschaft? Gerade weil es hier bei der faktischen Unbegrenztheit des Materials keine Auflösung in Meßverfahren geben kann, wird die Frage von Objektivität, Reliabilität und Validität in anderer Weise zu lösen versucht. Sie erweist sich vor allem als ein Problem der Entwicklung der Allseitigkeit der Theorie und hierin der Kontrolle und Überwindung der eigenen historischen Beschränktheit der Wahrnehmung. *Archivmaterialien* z. B. sind nicht „selbstredend". Wer dies glaubt, sitzt schnell und zwangsläufig peinlichen Mißverständnissen auf, die ihm sein Alltagsbewußtsein suggeriert. So z. B. *Höck* („Die Hilfsschule im Dritten Reich" 1979) der den oben bereits kurz zitierten *Tornow*, Nazi-Spitzenfunktionär im Hilfsschulbereich, zum Widerstandskämpfer hochstilisiert, der zu retten versucht habe für die Hilfsschule, was zu retten war *Höck* schließt dies daraus, daß *Tornows* Argumentation „mehrdimensional" war, nicht bloß sich auf unmittelbar biologistische Elemente bezog, die er zum Wesen des Nazi-Denkens erklärt. Eigene ideologietheoretische Analysen zeigen jedoch, was von solcher Mehrdimensionalität in der faschistischen Sozialpolitik zu halten ist: Auf allen Dimensionen bleibt der „Minderwertige" „minderwertig", ein unnützer Esser Umgekehrt: Die Auswahl von Archivmaterialien wird durch die Theorie bestimmt. Wer nach einzelnen Personen und ihren Lebensläufen forscht, wird in den Materialien nach Aufenthaltsort, Schriftverkehr usw dieser Personen forschen Wer sie als Subjekte begreift, die sich auf eine sozial vorgefundene Infrastruktur, gesellschaftliche Struktur mit sozial vorgefundenen Denkmitteln beziehen, wird nach dem Netz der sozialen Zusammenhänge forschen, in denen sie sich bewegen – nach Gesetzen, Gestaltung der Sozialpolitik usw – und entsprechend andere Schwerpunkte setzen

In der Ethnologie, aber auch in der Beobachtung von Minoritäten im eigenen Land – Homosexuelle, Behinderte, psychisch Kranke, Kriminelle usw – hat dies zum Ansatz der *teilnehmenden Beobachtung,* der *Handlungsforschung* oder auch der *Ethnomethodologie* geführt. Ich kann auf diese Ansätze im einzelnen nicht eingehen, ihr wesentliches Prinzip ist es jedoch, Objektivität, Reliabilität und Validität durch die Kontrolle der subjektiven Vorannahmen, Einstellungen und impliziten Theorien des Beobachters zu erreichen, also die implizite Theorie des Beobachters als mögliche Verfälschung der Beobachtung im methodologischen Brennpunkt zu haben Objektivität wird erreicht durch die kontrollierte Zurückhaltung des Beobachters, Reliabilität durch die Bestimmung der wesentlichen Dimensionen der Beobachtung, Validität durch Entwicklung der Dimensionen der Beobachtung aus der inneren Bewegung des Gegenstandes selbst Die Verbindung zum Strukturalismus ist eng Entsprechend bestehen interessante Übereinstimmungen mit der materialistischen Herangehensweise an Subjektivität z. B bei *Holzkamp* („Grundlegung der Psychologie", Kap. 9) oder *Schneider* „Sozialwissenschaftliche Methodenkrise und Handlungsforschung", die diese Problematik allerdings nicht durch Rückzug, sondern durch aktive, jedoch theoretisch kontrollierte Teilnahme des Beobachters lösen

Auch in der *naturhistorischen Forschung* zur Genese des Psychischen oder zur Evolution biologischer Strukturen, wird keineswegs nur mit quantitativen Mitteln gearbeitet. Es geht hier um den *Aufweis von Möglichkeitsformen,* die oft für die Theoriebildung völlig ausreichend sind, obwohl sie sich nur einmal für den Beobachter sichtbar ereignet haben. Die Entdeckung von Jane van *Lawick-Goodall* bei wilden Schimpansen, daß diese Grashalme als „Werkzeuge" benutzen, um Termiten aus ihren Bauten zu holen, oder Stöcke bei Bedrohung durch eine Leopardenattrappe, haben unsere Kenntnisse über den kognitiven Bereich der Schimpansen ebenso erweitert und gefestigt wie die Experimente, die Wolfgang *Köhler* unmittelbar nach der Jahrhundertwende auf Teneriffa durchführte, oder die jüngeren Untersuchungen zum Symbolgebrauch von Schimpansen durch *Premack, Gardner, Rumbough* und andere Forscher. Für die Evolutionstheorie hatte Ernst *Haeckel* bereits ein „missing link" postuliert, bevor der erste Schädel von „homo erectus" gefunden wurde.

Diesen Gedanken greifen für die *Analyse biographischer Entwicklung* verschiedene marxistische Autoren auf, insbesondere *Leontjew, Luria* und *Holzkamp.* *Leontjew* und *Luria* verweisen vielfach auf die Möglichkeit, im Bereich von Behinderung, psychischer Krankheit aber auch außergewöhnlicher Entwicklung, wie am Beispiel eines Gedächtniskünstlers (*Luria* „The mind of a menmonist" bzw. *Leontjew* im letzten Kapitel seiner "Psychologie des Gedächtnisses"), im Einzelfall (wie allgemein) die Entwicklung der Dimensionen des Psychischen quasi unter der Zeitlupe sehen zu können, in besonderer Klarheit. Eine Einführung in diese Betrachtungsweise findet sich bei A. R. *Luria* „The making of mind" in Kapitel 10: „Romantic Science". Klaus *Holzkamp* geht in seiner Analyse von Subjektivität und der Entwicklung der relevanten Kategorien ihres Begreifens ein Stück weiter. In dieser Perspektive kann jeder Mensch Einzelfall sein. Im intersubjektiven Prozeß der gemeinsamen Tätigkeit werden im Bezug der Kategorien auf „je mich" die Verallgemeinerungen wie Besonderheiten des individuellen Lebensprozesses sichtbar und erfaßbar. Es geht hier logisch und methodologisch um das gleiche Problem, das wir im Zusammenhang Gesellschaftsanalyse und historischer Materialismus aufgegriffen haben: Um die logisch-historische Herausarbeitung der Entwicklungslogik, d. i. das Wesen der Subjektivität. Dieser Prozeß ist durch die Erfassung der Totalität von Bestimmungen und Wechselwirkungen möglich, wie ich sie für die Entwicklung und Struktur des Psychischen in den nächsten Kapiteln darstellen werde. Indem wir die Strukturen des Psychischen, seine qualitativen Übergänge, die Niveaus der Widerspiegelung usw. allgemein entwickeln, haben wir beim je Einzelnen jeweils die Möglichkeit im Prozeß subjektiver Rekonstruktion vom Realhistorischen zum Logisch-historischen vorzudringen. Ich werde diese Probleme im Detail in dem Kapitel über Diagnostik wieder aufgreifen (vgl. auch *Jantzen* 1982 b). Für unser Verständnis von Empirie bedeutet dies, daß der *Einzelfall* eine *Quelle objektiven, reliablen und validen Wissens* sein kann und diese Dimensionen nicht nur lediglich auf der Ebene von Meßverfahren realisierbar sind (vgl. auch *Luria u. Artem'eva* 1970 zur inhaltlichen wie mathematisch-logischen Beweisführung für dieses Argument).

An dieser Stelle will ich das Problem der *Meßverfahren* selbst nochmals aufgreifen. Ich sagte, es sind Verfahren der *Komplexitätsreduktion* und in ihr der *empirischen Verallgemeinerung.* Z. B. gruppieren Varianzanalysen, t-Tests, Pfadanalysen, Faktorenanalysen nur die verschiedenen Dimensionen von Variablen (also veränderlichen Meßgrößen), die von vorneherein in sie eingegangen sind. Sie vermitteln empirische Oberbegriffe für eine Vielzahl von Personen in einer Vielzahl von Variablen. Warum aber z. B. Variablen miteinander korrelieren, ob dies eine gemeinsame Eigenschaft des Gegenstandes ist oder der gemeinsamen Bewegung des Gegenstandes mit anderen in einem größeren System geschuldet ist, vermögen sie selbst nicht zu entscheiden. Nehmen wir ein Beispiel: Der Leistungszuwachs von Schülern, ihr Größenwachstum, das Voranschreiten der Alphabetisierung in Nicaragua wie die Ausdehnung von Mexico-City korrelieren miteinander. Diese Korrelation kommt ausschließlich zustande, weil es sich um in der physikalischen Zeit verlaufende und in dieser und an ihrem Maßstab progressiv verändernde Prozesse handelt Oder in der Faktorenanalyse der Intelligenz: Je nach Lage des Koordinatensystems der Faktorenachsen können Daten so gruppiert werden, daß ein „Primärfaktor" der Intelligenz sichtbar wird, der dann „allgemeine Intelligenz" genannt wird, oder sechs bis sieben „Sekundärfaktoren" wie Rechnen, Abstraktionsvermögen, Gedächtnis, Wortflüssigkeit usw. Von der Vorannahme über die meßbaren Dimensionen hängt also die Zusammenfassung ebenso ab, wie auch ihre Interpretation nicht „selbstredend", sondern von vorgefaßten Alltagsurteilen, wissenschaftlichen Theorien bzw. beiden zusammen abhängig ist (vgl. zu dieser Problematik in der Geschichte der Intelligenzmessung ausführlich und vorzüglich S. J. *Gould* „Der falsch vermessene Mensch", besonders Kap. 6).

Was ist das Wesen eines solchen Maßes, das, wenn es als „selbstredend" betrachtet wird, allzuleicht zur „Verdinglichung" von Tatbeständen führt? Ich will diese Frage in Kürze philosophisch-erkenntnistheoretisch erörtern. Das *„Maß" eines Dings* (vgl. *Klaus* und *Buhr* S. 743 ff.) ist nach *Hegel* die *dialektische Einheit von Qualität und Quantität*. Jede Qualität ist quantitativ bestimmt und damit meßbar. „Das Maß gibt an, bis zu welcher (unteren oder oberen) Grenze eine Veränderung vor sich gehen kann, ohne eine Änderung der Qualität nach sich zu ziehen. Wird diese Grenze überschritten, so tritt eine Qualitätsänderung ein." Das Maß wird in diesem Sinne jedoch nicht als ein starrer, für alle Dinge, Systeme usw. gleiches Maß betrachtet, es hängt vielmehr vom Typ des jeweiligen Systems, seinen inneren Entsprechungen und Widersprüchen ab, also von seiner Selbstorganisation und Selbstregulation. In anderer Hinsicht, insofern es zugleich objektive Raum-Zeit-Koordinaten widerspiegelt, ermöglicht es das Maß, unterschiedliche Systeme „nach der Beschaffenheit ihres Stabilitätsbereichs" zu untersuchen Stabilitätsbereiche von Systemen dürfen jedoch auf dem Niveau lebendiger Systeme niemals bloß auf der biologischen Ebene untersucht werden

Sofern wir von dem System „Subjekt – Tätigkeit – Objekt" nach Seiten des Subjekts abstrahieren, müssen Systemeigenschaften des *Subjekts* als Einheit und Unterschiedenheit von biologischen Systemeigenschaften und Systemeigenschaften der Öffnung zur Objektseite, also der Widerspiegelung, des Abbilds, des Psychischen untersucht werden. Dies gilt auch dann, wenn wir die Ebene der Untersuchung des psycho-biologischen Subjekts Mensch verlassen und innerorganismische Zusammenhänge untersuchen. Auch die einzelnen Zellen verfügen über ihren kognitiven Bereich, über stammesgeschichtlich fixierte Fähigkeiten zur Widerspiegelung und zur Tätigkeit, die sich auf die je anderen Zellen und biochemischen wie physikalischen Zustände des Organismus beziehen. Ich werde dies u. a. in Kapitel 7 genauer erörtern. Abstrahieren wir nach der Seite des

Objekts, in diesem Falle etwa nach Gesellschaft, aber auch der menschlichen Gattung allgemein (oder auf tierischem Niveau zur entsprechenden tierischen Gattung in einem gegebenen ökologischen System, die für das je einzelne Subjekt objektive Realität ist), so müssen wir diese Zusammenhänge in gleicher Weise berücksichtigen: Ohne den Tätigkeitsbereich zwischen Subjekt und Objekt gibt es kein Objekt für das Subjekt. Wenn wir also Subjekte in ihrem Populationsbezug untersuchen bzw. in ihren je gegebenen Objektbereichen, dürfen wie die gefundenen Dimensionen und Qualitäten weder in den einen noch in den anderen Bereich a priori verlegen. Wir müssen sie vielmehr als in der Tätigkeit eingegangene Verhältnisse untersuchen, wollen wir sie nicht verdinglichen.

Als Beispiel nochmals die *Intelligenzforschung.* In der Abstraktion von dem System Subjekt–Tätigkeit–Objekt nach dem Subjekt hin stellen wir bestimmte Fähigkeiten konkreter Art fest. Diese können als angeborene oder erworbene allgemeine Eigenschaft „Intelligenz" verdinglicht werden Der dem Individuum zugeschriebene IQ ist Ausdruck dieser Verdinglichung. Tatsächlich ist dieser IQ aber nicht dem Individuum innewohnende Qualität, sondern bezieht sich auf das Verhältnis des Individuums zu seiner Gattung, seinen Populationsbezug. Auch wenn dieser durch scheinbar objektive, reliable und valide Messung des Individuums als Individuum keine Rolle spielt, ist er doch gerade die meßtheoretische Voraussetzung zur Definition der Intelligenz: nicht das „allgemeine Denkvermögen" wird gemessen, sondern das „allgemeine Denkvermögen" bezogen auf die momentane Ausprägung dieses Denkvermögens als durchschnittliches abstraktes Denkvermögen aller Individuen einer Population (repräsentiert über die Eichstickprobe), d. h. der menschlichen Gesellschaft Quantifiziert wird also nicht eine Substanz im Individuum, quantifiziert wird ein über Tätigkeit (deren Form im Test sozial vorgegeben wird) vermitteltes Verhältnis zur Gattung. Als solches Verhältnis ist es nicht mehr Verausgabung *konkreter,* Gebrauchswert schaffender Arbeit, sondern substantialisiertes „allgemeines", d. h. historisches durchschnittliches Denkvermögen. Dies ist aber nichts anderes als ein Ausdruck *abstrakter Arbeit,* wie wir sie im ersten Kapitel bestimmt haben. Der IQ ist also allgemeiner Wertausdruck der Arbeitskraft. Er wird bestimmt durch die bisherigen (gebrauchswertbezogenen) Aneignungsformen des Individuums und die Aneignungsmöglichkeiten des Objektbereichs Gesellschaft, also die Zugänglichkeit von Erziehung, Bildung, Unterstützung, Arbeit usw.

Es sollte nunmehr deutlich sein, daß Maße sich auf selbstregulierende Systeme beziehen, innerhalb derer sie quantitative Teilgrößen bestimmen. Sie ermöglichen zugleich durch ihren objektiven Raum-Zeit-Bezug den Vergleich der Entwicklungseigenschaften und inneren Dimensionen von verschiedenen Systemen. Wird der Systembereich, innerhalb dessen die Messung ansetzt, nicht exakt bestimmt, wird das gemessene Resultat zu einer „Verdinglichung". Es führt in der Theorie dann sein eigenes Leben, ohne daß in dieser die Reichhaltigkeit der inneren Zusammenhänge, die in der objektiv realen Welt existieren, noch erfaßt würden und modellierbar wären. Ein solches verdinglichtes Maß ist dann im Marxschen Sinne in der Tat eine dürre Abstraktion, die mit dem wirklichen Leben kaum noch in irgendeinem Bezug steht. Daß sie trotzdem Realität widerspiegelt, wie ich dies am Beispiel des IQ analysiert habe, der sich als Wertausdruck bisher in der Erziehung, Bildung usw. vergegenständlichter menschlicher Arbeit erweist, ist unbestritten, eröffnet sich jedoch nur durch die theoretische

Analyse und nicht „selbstredend". Ich habe damit klargestellt, daß in der materialistischen Wissenschaft empirische Meßmethoden in keiner Weise abgelehnt werden Prinzipiell muß immer sowohl das System, innerhalb dessen die gemessene Quantität als Qualität existiert, analysiert werden, als auch der Stabilitätsbereich der quantitativen Dimensionen selbst. Es ist also nach ihren qualitativen Übergängen und Veränderungen zu fragen . Damit komme ich auch nicht zu einer generellen Ablehnung der „Variablenpsychologie" und aus ihr abgeleiteter Experimente, wie *Holzkamp* („Grundlegung . . .", Kap. 9), sondern zu der Forderung, die *Kriterien* für die Anwendung dieser Verfahren *vom Inhalt her* zu bestimmen

Objektivität, Reliabilität und Validität der Meßverfahren sind ebenso selbstverständliche Forderungen wie Kontrollierbarkeit, Varierbarkeit und Wiederholbarkeit für das Experiment Nur: Die formale Beachtung dieser Kriterien führt lediglich zur empirischen Verallgemeinerung. Meine Forderung lautet daher, die Verwendung dieser in formaler Hinsicht so zu handhabenden Verfahren der inhaltlichen Objektivität, Reliabilität und Validität unterzuordnen. Dabei ist die *Validität* aus der *Selbstbewegung des Gegenstandes,* des Systems, also aus seiner Entwicklungslogik zu bestimmen. *Reliabilität* wie *Objektivität* sind aus dieser Entwicklungslogik abgeleitete Dimensionen, die nach der wiederholbaren und intersubjektiv vergleichbaren Reproduktion der Logik des Gegenstandsbereichs und nicht der Verfahren fragen *Experimente* müßten daher ebenfalls der Logik dieser Entwicklung folgen, sie müßten in dieser Entwicklung *geplante Möglichkeitsräume* modellieren So etwa in der therapeutischen Arbeit: Ohne instrumentelle Verhältnisse einzugehen, bei Erhaltung voller intersubjektiver Offenheit, können diese Prozesse zugleich in ihren Grundlinien theoretisch modelliert werden und in der logisch historischen Rekonstruktion ihrer Abläufe ausgewertet werden Es können somit gezielt Veränderungen erschlossen werden. Ähnlich ist dies in Unterrichtsexperimenten möglich, die von der Entwicklungslogik des Lernens und des Aufbaus des Psychischen her das Erreichen einer qualitativ höheren Stufe in schnellerer Zeit und für die Lernenden befriedigender modellieren

Um ein Beispiel zu geben, verweise ich auf ein Lernexperiment von *Galperin* („Zur Untersuchung der intellektuellen Entwicklung des Kindes") Im Anfangsunterricht im Vorschulbereich wurde der Begriff der Zahl eins bzw. zwei usw nicht mehr einfach nur vorgegeben, sondern auf der Basis theoretischer Vorhersagen über die Struktur des Aneignungsprozesses wie folgt eingeführt: 1. Die Kinder lernten, Gegenstände zu messen und, daß jede Eigenschaft des Gegenstandes ihr Maß hat. 2. Die Kinder lernten dabei, ein betreffendes Maß richtig abzunehmen 3 Die Kinder lernten im Umgang mit Mengen, die sie am Beispiel von je 15–20 Einzelelemente umfassenden zwei Arten von Gegenständen untersuchten, Mengen zu schätzen und zu vergleichen 4. Erst jetzt lernten sie konkrete Zahlen. Die Zahl eins wurde eingeführt als das, was einer Maßeinheit entspricht und sich selbst gleich ist usw.. Ein Vergleich mit Kindern gleichen Alters aus anderen Vorschulbereichen ergab, daß die Kinder der Experimentalgruppe bereits ein neues und höheres Entwicklungsniveau erreicht hatten. Während die Kinder der Kontrollgruppe Aufgaben wie die oben erwähnte zur Abschätzung des Volumens der von einem Meßzylinder in den anderen gegossenen Flüssigkeit ohne Schwierigkeiten lösen konnten (16 Aufgaben dieses Typs zu nahezu 100 %), konnten die Kinder der Kontrollgruppe diese Aufgaben nur zu etwa 40 % lösen Diese experimentelle Anordnung erfüllt alle *Anforderungen* des *klassischen Experiments* Sie ist kontrollierbar, wiederholbar, variierbar: Jedoch nur auf der Basis der theoretischen Gesetze, mit denen dieser Übergang vorhergesagt und analysiert wurde.

Ich werde auf die Probleme, die sich aus den Erörterungen dieses Kapitels für die Umstrukturierung, den gänzlichen Umbau der Behindertenpädagogik als Wissenschaft ergeben, in dieser Arbeit noch vielfältig zu sprechen kommen. Ich fasse zusammen: Dieser Umbau erfordert eine ständige methodologische Reflexion und Kontrolle auf allen in diesem Kapitel genannten Ebenen. Wir haben allgemeine Fragen des Übergangs zwischen der biologischen, der psychologischen und der sozialen Ebene ebenso zu spezifizieren, wie die Zusammenhänge von Behinderung, Defekt, Tätigkeit, Persönlichkeit usw auf diesen Ebenen nachzuweisen Schließlich haben wir auf dieser Basis zahlreiche Einzelbefunde kategorialanalytisch neu zu ordnen, um alle diese Fragen in Diagnostik, Pädagogik und Therapie wiederaufgreifen zu können. In diesem Zusammenhang werden wir zudem eine Reihe von einzeltheoretischen und empirischen Fragen zu erörtern haben. Ich habe die methodologischen Überlegungen an diese Stelle des Buches gestellt, um es den Leser(innen) zu ermöglichen, zugleich mit der weiteren Lektüre ihre Angemessenheit zu überprüfen und mit der Aneignung des Gegenstandsbereichs auch eine Aneignung der Methodologie vornehmen zu können.

Vertiefende und weiterführende Literatur:
(E: Zur Einführung geeignet)

Ananjew, B. G.: Der Mensch als Gegenstand der Erkenntnis. Berlin/DDR: DVW 1974

Beurton, P.: Zur Dialektik in der biologischen Evolution. Deutsche Zeitschrift für Philosophie 23 (1975) 7, 913–925

Dawydow, W. W.: Arten der Verallgemeinerung im Unterricht. Berlin/DDR: Volk und Wissen 1977

Dawydow, W. W und Illesch, J. E : Die historischen Wurzeln des psychophysischen Parallelismus. Sowjetwissenschaft: Gesellschaftswissenschaftliche Beiträge 35 (1982) 444–457 (E)

Deutsche Zeitschrift für Philosophie (6 Hefte jährlich, Berlin/DDR: DVdW)

Dialektik – Beiträge zu Philosphie und Wissenschaften (in Buchform erscheinendes Periodikum, Köln: Pahl-Rugenstein)

Engels, F.: Herr Eugen Dührings Umwälzung der Wissenschaft (Anti-Dühring). MEW Bd. 20, Berlin/DDR: Dietz 1972, 1–303

Engels, F.: Dialektik der Natur. MEW Bd 20, Berlin/DDR: Dietz, 1972, 305 ff.

Erpenbeck, J. und Röseberg, U.: Wissenschaftsentwicklung, Theorieentwicklung und Entwicklungstheorie: Über Theoriendynamik und Weltanschauung in den Naturwissenschaften. Deutsche Zeitschrift für Philosophie 25 (1977) 2, 133–149 (E)

Friedrich, W. und Hennig, W.: Der sozialwissenschaftliche Forschungsprozeß. Berlin/DDR: DVdW 1975 (E)

Gould, S. J.: Der falsch vermessene Mensch. Basel: Birkhäuser 1983, Kapitel 6: Die Faktorenanalyse und die Verdinglichung der Intelligenz. S. 259 ff. (E)

Grezki, M N : Logisches und Historisches in der Marxschen Lehre von der gesellschaftlichen Entwicklung. Sowjetwissenschaft: Gesellschaftswissenschaftliche Beiträge 36 (1983) 5, 611–620

Hahn, E.: Grundlagen des historischen Materialismus. Berlin/DDR: Dietz 1976 (E)

Heidtmann, B. u. a.: Marxistische Gesellschaftsdialektik oder „Systemtheorie der Gesellschaft"? Frankfurt/M.: Marxistische Blätter 1977

Hörz, H. und Röseberg, Z : Materialistische Dialektik in der physikalischen und biologischen Erkenntnis Frankfurt/M.: Marxistische Blätter 1981 (E)

Hörz, H. und Wessel, K.-F : Philosophische Entwicklungstheorie. Berlin/DDR: DVdW 1983 (E)

Holzkamp: K.: Grundlegung der Psychologie. Frankfurt/M.: Campus 1983, Kap. 1, 2, 9

Jantzen, W.: „Kritische Psychologie" als Kritik und Grundlegung der Psychologie? Demokratische Erziehung 10 (1984) 9, 29–32

Kedrow, B. M : Friedrich Engels über die Dialektik der Naturwissenschaft. Köln: Pahl-Rugenstein 1979 (E)

Klaus, G. und Buhr, M.: Philosophisches Wörterbuch, 2 Bände. Berlin/West: Das europäische Buch 1985, 13. Auflage (und Leipzig: Verlag Enzyklopädie 1972, 8. Auflage) (E)

Kröber, G. und Laitko, H.: Der marxistisch-leninistische Wissenschaftsbegriff und das System der Wissenschaften. In: H J. Sandkühler (Hrsg.): Marxistische Wissenschaftstheorie. Frankfurt/M.: Fischer-Athenäum 1975, 110–148 (E)

Lenin, W. I.: Materialismus und Empiriokritizismus, LW Bd. 14, Berlin/DDR: Dietz 1973

Lenin, W I.: Konspekt zu Hegels „Wissenschaft der Logik. LW Bd. 38, Berlin/DDR: Dietz 1973, 77–229

Leontjew, A. N.: Tätigkeit, Bewußtsein, Persönlichkeit. Berlin/DDR: DVdW 1979 bzw. Köln: Pahl-Rugenstein 1982

Loi, A. N. und Schinkaruk, J. W.: Die Zeit als Kategorie sozialhistorischen Seins Sowjetwissenschaft: Gesellschaftswissenschaftliche Beiträge 34 (1981) 142–155

Luria, A. R : The Making of Mind. A Personal Account to Soviet Psychology. Cambridge/Mass.: Harvard U P. 1979, Kap. 10

Marx, K.: Thesen über Feuerbach. MEW Bd 3. Berlin/DDR: Dietz 1969, 5–7

Marx, K.: Grundrisse der Kritik der politischen Ökonomie, Frankfurt/M.: EVA o J.

Marx, K. und Engels, F : Die deutsche Ideologie, MEW Bd. 3. Berlin/DDR: Dietz 1969, 9–530

Mocek, R.: Gedanken über die Wissenschaft. Berlin/DDR: Dietz 1980 (E)

Pawlow, T.: Die Widerspiegelungstheorie. Berlin/DDR: DVdW 1973 (E)

Richter, Gudrun: Zur Dialektik von Logischem und Historischem. In: Heidtmann, B. u. a. a. a. O., 139–199 (E)

Ruben, P.: Wissenschaft als allgemeine Arbeit: Über Grundfragen der marxistisch-leninistischen Wissenschaftsauffassung. In: ders.: Dialektik und Arbeit der Philosophie. Köln: Pahl-Rugenstein 1978, 9–51 (E)

Sandkühler, H. J.: Praxis und Geschichtsbewußtsein. Studie zur materialistischen Dialektik, Erkenntnistheorie und Hermeneutik. Frankfurt/M : Suhrkamp 1973 (E)

Sève, L.: Über den Strukturalismus. Marxismus-Digest 9 (1972) 1, 131–150
Wygotski, L. S.: Die Krise der Psychologie in ihrer historischen Bedeutung. In: ders.: Ausgewählte Schriften. Bd 1. Köln: Pahl-Rugenstein 1985, 9–277

4 Psyche und Tätigkeit I: Die Intrasystembeziehungen des Psychischen

In den nun folgenden Kapiteln will ich im einzelnen auf Fragen und Probleme der Psychologie eingehen. Dabei folge ich methodologisch dem bisherigen Aufbau des Buches wie den im vergangenen Kapitel dargestellten Überlegungen. In diesem Kapitel entwickle ich Psychisches, Bewußtsein, Persönlichkeit unter dem Gesichtspunkt der Totalität dieses Zusammenhangs. Ich untersuche also die *Zusammenhänge der inneren Momente des psychischen Prozesses* wie Sinn, Bedürfnis, Emotion, Motivation, Einstellung, Tätigkeit, Handlung, Operation, Wille, Aufmerksamkeit, Fähigkeit, Fertigkeit usw., also die Intrasystembeziehungen der je einzelnen Momente im Gesamtzusammenhang des Psychischen. Im nächsten Kapitel befasse ich mich mit Fragen der logisch-historischen Rekonstruktion der Entwicklungsprozesse in Phylogenese, Soziogenese und Ontogenese in ihren dialektischen Übergängen, in ihrer Bewegung.

Der Leser/die Leserin wird jetzt sofort einhaken und fragen: Der zweite Schritt war doch nach Gewinnung der allgemeinen Abstraktion (die, wie zu sehen ist, in diesem Kapitel über die Untersuchung der Totalität der Persönlichkeit gewonnen werden soll) das „Aufsteigen vom Abstrakten zum Konkreten"! Richtig. Wenn der Mensch ein *„zoon politikon"* ist, „nicht nur ein geselliges Tier, sondern ein Tier, das nur in der Gesellschaft sich vereinzeln kann" (*Marx:* Grundrisse . S 6), so ist *Persönlichkeit als Totalität* unter dem Gesichtspunkt ihrer *historisch je größten Vereinzelung* zu untersuchen, um von der allgemeinen Abstraktion zum Gedankenkonkretum zu kommen Entsprechend hatte ich bereits in meiner ersten Publikation, in der ich die Probleme der Behindertenpädagogik mit den Mitteln der materialistischen Psychologie zu fassen versuchte, folgendes Zitat aus dem Buch „Marxismus und Theorie der Persönlichkeit" des französischen Philosophen Lucien *Sève* vorweggestellt: „Sind die großen Menschen, Ausnahme einer Epoche *insofern, als die gewaltige Mehrheit der übrigen Menschen durch die gesellschaftlichen Bedingungen verkrüppelt wird,* nicht in gewissem Sinn die normalen Menschen dieser Epoche und ist der Regelfall der Verkrüppelung nicht gerade die *Ausnahme,* die Erklärung verlangt?" (S. 203; vgl *Jantzen* 1976).

In einer unlängst erfolgten Auseinandersetzung mit Klaus *Holzkamp* habe ich genau diesen Gedanken in den Mittelpunkt gestellt, um zu einer wirklich konkreten Psychologie zu gelangen (vgl. *Jantzen* 1984) Trotzdem besteht aber folgendes Problem: Diese Vereinzelung ist zum einen Ausdruck der allgemeinen Möglichkeiten der Gattung Mensch, wie im allgemeinen Arbeitsbegriff und in der ersten Untersuchung des Systems „Subjekt – Tätigkeit – Objekt" in Kapitel 1 bereits dargestellt Diese Möglichkeiten werden unter konkret historischen Bedingungen (Kap. 1 und 2) zur Wirklichkeit der Behinderung wie des Genies. Zum anderen kann ich hier nicht nach Erörterung der Intrasystemzusammenhänge des Psychischen unmittelbar zu Problemen der Behinderung übergehen. Die logische Rekonstruktion der Naturgeschichte des Psychischen und der Soziogenese als Geschichte der Entfaltung menschlicher Möglichkeiten, die in der Ontogenese und Aktualgenese zur Wirklichkeit werden können, muß vorwegehen. Gleichzeitig müssen damit aber auch Ontogenese und Aktualgenese ein erstes Mal unter den Bedingungen ihrer *allgemein menschlichen Möglichkeit* dargestellt werden. Erst dann kann ich in Kapitel 6 die Frage der Intrasystembeziehungen des Psychischen im Falle von Behinderung und psychischer Krankheit untersuchen wie ihre onto-genetische Entwicklung: Also die *Psychopathogenese* Gerade weil sie eine Pro-blematik darstellt, die *nur* mit entwickelten allgemeinpsychologischen wie ent-wicklungspsychologischen Kategorien faßbar ist, sind *zwei* methodologische Durchgänge entsprechend den vorweg erörterten Prinzipien notwendig, um die Gesetzmäßigkeiten der Psychopathogenese zu erfassen

Soweit zum Vorgehen. Erinnern wir uns: Ich hatte bereits in den vorweggegan-gen Kapiteln einige Aspekte des marxistischen Menschenbildes entwickelt. Diese philosophischen Grundlagen will ich aufgreifen und vertiefen, um von hier aus das Problem der Persönlichkeit dann mit Mitteln der Psychologie selbst zu unter-suchen.

4.1 Die marxistische Auffassung vom Menschen als Persönlichkeit

In den Thesen über *Feuerbach* hatte *Marx* die sinnlich-praktische Tätigkeit der Menschen in den Mittelpunkt gestellt. Diese Menschen sind im System „Subjekt – Tätigkeit – Objekt" mit ihrem Gattungswesen verbunden, das außerhalb von ihnen im „Ensemble der gesellschaftlichen Verhältnisse" liegt. „Diese Summe von Produktivkräften, Kapitalien und sozialen Verkehrsformen, die jedes Indivi-duum und jede Generation als etwas gegebenes vorfindet, ist der reale Grund dessen, was sich die Philosophen als „Substanz" und „Wesen des Menschen" vorgestellt . . haben", so *Marx* und *Engels* in der „Deutschen Ideologie" (S 38) Die Menschen eignen sich in ihrer Tätigkeit also ihr Gattungswesen an, das sich „außermittig" (*Sève*) von ihnen befindet, das ihnen „nicht gegeben sondern aufgegeben" ist (*Leontjew*). Dieses Wesen ist also keine innere Substanz, die sich biologisch oder psychologisch aus sich heraus entfaltet, ist kein „inneres Abstrak-tum". Es ist vielmehr die in der Tätigkeit gewonnene *innere Konkretion* dieses Ensembles der gesellschaftlichen Verhältnisse Der Mensch wird zum Menschen also nur durch seine Tätigkeit, die grundsätzlich gesellschaftliche Tätigkeit ist Nicht daß er sich mit diesem Gattungswesen vermitteln muß, um Mensch zu sein, ist die Frage, sondern ob und inwieweit dies historisch jeweils gelingt

Die innere Seite des Verhältnisses „Subjekt – Tätigkeit – Objekt" ist nach seiten des Subjekts dabei unter den Gesichtspunkten der historisch entwickelten *vorgreifenden Widerspiegelung* zu begreifen. Dies habe ich in Abbildung 1 am allgemeinen Arbeitsbegriff entwickelt. *Bewußtsein* und *Persönlichkeit* sind folg-lich Dimensionen, die die spezifische Qualität des Widerspiegelungsprozesses der objektiv-realen, d. h. gesellschaftlichen Welt auf *menschlichem Niveau* kenn-zeichnen. Diese Widerspiegelung ist nur möglich durch eine auf menschlichem Niveau andere und höhere Form der Tätigkeit verglichen mit den Tieren: durch Arbeit *Arbeit* ist also die *notwendige und allgemeine Form* des „Stoffwechsels" des Menschen mit der Natur, „ein Prozeß, worin der Mensch seinen Stoffwechsel mit der Natur durch seine eigene Tat vermittelt, regelt und kontrolliert. Er tritt dem Naturstoff selbst als eine Naturmacht gegenüber. Die seiner Leiblichkeit angehörigen Naturkräfte, Arme und Beine, Kopf und Hand, setzt er in Bewe-gung, um sich den Naturstoff in einer für sein Leben brauchbaren Form anzueig-nen. Indem er durch diese Bewegung auf die Natur außer ihm wirkt, verändert er zugleich seine eigene Natur" (*Marx*, Das Kapital Bd 1, S. 192). Die Herausbildung der schöpferischen Potenzen des Menschen ist damit Resultat der gesellschaftlichen Arbeit. In ihr ist er arbeitsteilig mit dem sozialen Erbe, also den historisch vorgefundenen und entwickelten Produktivkräften, Kapitalien und sozialen Verkehrsformen, verbunden. Aber er ist nicht nur *Objekt* dieses Prozesses seiner Selbstentwicklung, Herausbildung seiner schöpferischen Anlagen; er ist zugleich sein *Subjekt*.

Die Fähigkeit zur produktbezogenen, gebrauchswert- und wertschaffenden Arbeit kann er auf sich selbst anwenden. Und er muß sie auf sich selbst anwenden in der Konsumtion: „Das Produkt der individuellen Konsumtion ist daher der Konsument selbst" (*Marx*, Das Kapital Bd. 1, S. 198). Diese Konsumtion ist nun aber nicht die Befriedigung natürlich gegebener Bedürfnisse, sondern die *Bedürfnisse*, die in der Konsumtion (wie in der Produktion) gestillt werden, sind selbst *historischer Natur*:

„*Hunger ist Hunger, aber Hunger, der sich durch gekochtes, mit Gabeln und Messer gegeßnes Fleisch befriedigt, ist ein anderer Hunger als der rohes Fleisch mit Hilfe von Hand, Nagel und Zahn verschlingt*" so Marx in den „Grundrissen . . ." (S. 13)

Nicht nur der Gegenstand der Konsumtion sondern auch ihre Art und Weise werden durch die Produktion bestimmt, auf deren Gegenstände sich das Bedürfnis bezieht. Insofern entsteht es erst, wird geschaffen durch die historisch mögliche Wahrnehmung dieser Gegenstände. Folglich kann *Marx* (S. 14) bestimmen:

„*Die Produktion liefert dem Bedürfnis nicht nur ein Material, sondern sie liefert dem Material auch ein Bedürfnis*" (*ebd.*) und „*Die Produktion produziert daher nicht nur einen Gegenstand für das Subjekt sondern auch ein Subjekt für den Gegenstand Die Produktion produziert die Konsumtion daher, 1) indem sie ihr das Material schafft, 2) indem sie die Weise der Konsumtion bestimmt, 3) indem sie die erst von ihr als Gegenstand gesetzten Produkte als Bedürfnis im Konsumenten erzeugt. Sie produziert daher Gegenstand der Konsumtion, Weise der Konsumtion, Trieb der Konsumtion. Ebenso produziert die Konsumtion die Anlage des Produzenten, indem sie ihn als zweckbestimmendes Bedürfnis sollizitiert*" (betreibt; d V).

Die *Vereinzelung der menschlichen Fähigkeiten* erfolgt also *durch die Gattung und in der Gattung*. In dieser Vereinzelung ist der Mensch jedoch als Persönlichkeit, so *Sève* (1972) eine „Struktur eigener Ordnung", die keineswegs im Gesellschaftlichen aufgeht. Die *Persönlichkeit* ist ihrem Wesen nach von der Gesellschaft abhängig, „behält aber dabei im Vergleich ihre grundsätzliche Eigenart" (S. 265). Daher gilt:

„Das Individuum ist *einmalig im wesentlich Gesellschaftlichen seiner Persönlichkeit und gesellschaftlich im wesentlich Einmaligen seiner Persönlichkeit*; das ist die Schwierigkeit, die zu bewältigen ist" (*Sève* 1972, S. 237).

Wir gelangen damit zu dem Problem der eigenständigen Ebenen in der Untersuchung des ganzheitlichen Menschen, auf das ich oben bereits mit *Leontjew* aufmerksam gemacht habe. Die Eigenständigkeit der psychologischen Ebene wird dann erhalten und nur dann, wenn sie weder aus den bisher erörtertem Kontext herausgelöst wird, noch in ihm aufgeht: Wenn sie also systematisch im System „Subjekt – Tätigkeit – Objekt" untersucht wird, das sich auf menschlichem Niveau darstellt als System *„Persönlichkeit – Arbeit* – objektive Realität in

Natur und Gesellschaft als Ausdruck der *gesellschaftlichen Produktion*". Es wird deutlich: Tätigkeit, Arbeit ist wiederum das *übergreifende Moment* in der Totalität dieses Zusammenhangs. Die Persönlichkeit entwickelt sich nur über die Tätigkeit und sie existiert nur in der Tätigkeit jeweils bezogen auf das historisch vorgefundene Ensemble der gesellschaftlichen Verhältnisse. Ihre *inneren Momente* wie Bedürfnis, Motiv, Einstellung usw können und müssen nach seiten des Subjekts hin analysiert werden, sind nicht einfach mit Tätigkeitsstrukturen, also der Vermittlung von Subjekt und Objekt gleichzusetzen. Trotzdem muß die Analyse die Bedeutung des übergreifenden Moments der Tätigkeit im Auge behalten

Um Persönlichkeit zu werden, sich als Mensch zu entfalten, ist der je einzelne Mensch auf ein spezifisches *Verhältnis zur Gattung* angewiesen, dessen *Perspektive Marx* wie folgt bestimmt:

„In fact aber, wenn die borniert bürgerliche Form abgestreift wird, was ist der Reichtum anders, als die im universellen Austausch erzeugte Universalität der Bedürfnisse, Fähigkeiten, Genüsse, Produktivkräfte etc. der Individuen? Die volle Entwicklung der menschlichen Herrschaft über die Naturkräfte, die der sogenannten Natur sowohl, wie seiner eigenen Natur? Das absolute Herausarbeiten seiner schöpferischen Anlagen, ohne andere Voraussetzung als die vorhergegangene historische Entwicklung, die diese Totalität der Entwicklung, d. h der Entwicklung aller menschlichen Kräfte als solcher, nicht gemessen an einem vorhergegebenen Maßstab, zum Selbstzweck macht? wo er sich nicht reproduziert in einer Bestimmtheit, sondern seine Totalität produziert? Nicht irgend etwas Gewordenes zu bleiben sucht, sondern in der absoluten Bewegung des Werdens ist" (Grundrisse . S 387).

Diese Perspektive der universellen Entfaltung der Persönlichkeit ist *nur* in der Gesellschaft möglich und zugleich *nicht* in ihr möglich, da sie Klassengesellschaft ist, von Ausbeutung und Entfremdung zerrissen Die je gegebenen Klassenverhältnisse verhindern ihre Realisierung und doch kann diese Realisierung nicht außerhalb von ihnen erfolgen Welche Perspektiven also sind möglich? Wie bereits in den *Feuerbach*-Thesen entwickelt, können der Prozeß der Veränderung dieser Verhältnisse und die Selbstveränderung nicht getrennt werden Trotzdem sind beide nicht durcheinanderzuwerfen und zu verwechseln. Nur *in den entfremdeten Verhältnissen* ist die *Überwindung* dieser Verhältnisse möglich. *Sève* (1978, S 87) drückt dies so aus:

„Nein, wie ein Vogel, dem die Luft als Hindernis erscheinen mag, in Wirklichkeit nicht im luftleeren Raum fliegen kann, so werden die Menschen sich nicht frei entfalten und untereinander von Entfremdung freie Beziehungen anknüpfen können, ohne diesen kollosalen objektiven Körper der Menschheit zu durchlaufen, der bei weitem nicht irgend ein „Fluch" ist, sondern vielmehr gerade das, wodurch die Menschen sich Schritt für Schritt ihrer ursprünglichen Tierhaftigkeit entrissen haben. Die unaufhörliche erweiterte Vergegenständlichung der Menschheit für die Entfremdung verantwortlich zu machen, ist ein typisch reaktionärer Irrtum".

Wie aber diese Verhältnisse aufheben? Schon in den „Philosophisch-ökonomischen Manuskripten von 1844" gelangt *Marx* zu folgender Auffassung (S. 567):

„Setze den Menschen als Menschen und sein Verhältnis zur Welt als Menschliches voraus, so kannst du Liebe nur gegen Liebe austauschen, Vertrauen nur gegen Vertrauen etc Wenn du die Kunst genießen willst, mußt du ein künstlerisch

gebildeter Mensch sein, wenn du Einfluß auf andere Menschen ausüben willst, mußt du ein wirklich anregend und fördernd auf andere Menschen wirkender Mensch sein. Jedes deiner Verhältnisse zum Menschen – und zur Natur – muß eine bestimmte, dem Gegenstand deines Willens entsprechende Äußerung deines wirklichen individuellen Lebens sein. Wenn du liebst, ohne Gegenliebe hervorzurufen, d. h. wenn dein Lieben als Lieben nicht die Gegenliebe produziert, wenn du durch deine Lebensäußerung als liebender Mensch dich nicht zum geliebten Menschen machst, so ist deine Liebe ohnmächtig, ein Unglück".

Obwohl noch nicht die Struktur des gesellschaftlichen Zusammenhangs, in dem dies möglich wird oder systematisch verunmöglicht wird, erkannt ist, ist auf der psychologischen Ebene diese Einsicht bereits zutiefst materialistisch: Gedacht im Verhältnis Subjekt – Tätigkeit – Objekt, in dem das Objekt der Tätigkeit, also in diesem Falle der andere Mensch (der als Subjekt zugleich Objekt ist) sich nur verändert, wenn die Tätigkeit den Gesetzmäßigkeiten seiner Selbstbewegung entspricht.

Der abstrakte Humanismus dieser Äußerungen ist tendenziell bereits überwunden mit der „Einleitung der Kritik der *Hegel*schen Rechtsphilosophie". In dieser wird die Frage nach der materiellen Gewalt der Idee gestellt: Unter welchen Bedingungen vermag sich die *Idee der Humanität* durchzusetzen. Sie wird *dann* zur materiellen Gewalt, wenn sie die Massen ergreift Und sie kann die Massen ergreifen, wenn sie als Wesen des Radikal-Werdens den Menschen selbst, die Humanität begreift Daraus folgt der *kategorische Imperativ*, alle Verhältnisse umzuwerfen, „in denen der Mensch ein erniedrigtes, ein geknechtetes, ein verlassenes, ein verächtliches Wesen ist" (S. 385).

Wer aber sind die *Massen*, die dieses vermögen? Die Bestimmung erfolgt im „Manifest der Kommunistischen Partei" von 1848: Die *Arbeiterklasse*, das Proletariat ist es. Die Klasse, die nur das Eigentum an ihrer Arbeitskraft als Produktionsmittel hat und deren Interesse es zwangsläufig ist, alle Verhältnisse des Privateigentums an den Produktionsmitteln aufzuheben, damit aber zugleich den ökonomischen Kern der Entfremdung, die kapitalistische Ausbeutung Einerseits hat das Kapital die Lohnarbeit hervorgebracht, andererseits ist es die Form der Lohnarbeit, die mit Gesetzmäßigkeit auf die Aufhebung des Kapitalverhältnisses dringen muß, damit sich die Arbeiter als Menschen entfalten können „Der Fortschritt der Industrie, dessen willenloser und widerstandsloser Träger die Bourgeoisie ist, setzt an die Stelle der Isolierung der Arbeiter durch die Konkurrenz ihre revolutionäre Vereinigung durch die Assoziation. Mit der Entwicklung der großen Industrie wird also unter den Füßen der Bourgeoisie die Grundlage selbst hinweggezogen, worauf sie produziert und die Produkte sich aneignet. Sie produziert vor allem ihre eigenen Totengräber" (S 473 f.)

Die bewegende Kraft, die in diesen entfremdeten Verhältnissen mit Gesetzmäßigkeit nach ihrer Aufhebung verlangt, ist also bestimmt: Das Proletariat. „Die Proletarier können sich die gesellschaftlichen Produktivkräfte nur erobern, indem sie ihre eigene bisherige Aneignungsweise und damit die ganze bisherige Aneignungsweise abschaffen" (S 472) Um dies durchzusetzen, um „persönlich zur Geltung zu kommen", befinden sich die Proletarier zwangsläufig auch im „direkten Gegensatz zu der Form, in der die Individuen der Gesellschaft sich bisher einen Gesamtausdruck gaben, zum Staat, und müssen den Staat stürzen, um ihre Persönlichkeit durchzusetzen" (*Marx/Engels* „Die deutsche Ideologie . . S. 77)

Damit ist unter den Bedingungen des Kapitalismus die Perspektive der Entfaltung der Persönlichkeit bestimmt

In dieser Negation der früheren Ansichten sind jedoch die Analysen der „Philosophisch-ökonomischen Manuskripte" ebensowenig verworfen wie das gesamte Erbe der klassischen deutschen Philosophie: Also der *Humanismus* des aufgeklärten Bürgertums. Er ist in die neue Form transformiert, in *doppelter Negation* aufgehoben Dies wird deutlich im „Kapital". Dort heißt es in einer Fußnote (S. 67): „*In gewisser Hinsicht geht's dem Menschen wie der Ware. Da er weder mit einem Spiegel auf die Welt kommt noch als Fichtescher Philosoph Ich bin ich, bespiegelt sich der Mensch zuerst in einem anderen Menschen. Erst durch die Beziehung auf den Menschen Paul als seinesgleichen bezieht sich der Mensch Peter auf sich selbst als Mensch. Damit gilt ihm aber auch der Paul mit Haut und Haaren, in seiner paulinischen Leiblichkeit als Erscheinungsform des Genus Mensch.*"

In „Tätigkeit, Bewußtsein, Persönlichkeit" macht *Leontjew* ausdrücklich darauf aufmerksam, daß hier nicht der je einzelne Mensch gemeint ist, der noch in dem abstrakten Humanismus des Zitats aus den „Philosophisch-ökonomischen Manuskripten" im Vordergrund stand. „Aber der Mensch als Gattung, als Gattungswesen, bedeutet bei *Marx* nicht die biologische Art *Homo sapiens*, sondern die menschliche Gesellschaft In ihr, in ihren personifizierten Formen sieht der Mensch sich eben als Menschen" (S 218) Und auf sie, unter der Perspektive des *Marx*schen Imperativs muß er sich beziehen, so füge ich hinzu, um Mensch werden zu können, seine Persönlichkeit auch unter den Bedingungen der Entfremdung zu entfalten. Die doppelte Negation der Passage aus den Manuskripten von 1844 bringt für mich am deutlichsten noch einmal *Sève* (1985) zum Ausdruck (S 234): „Vom ethischen Standpunkt aus bin ich für alles verantwortlich, worauf ich einwirken kann. Nur für dieses, aber für dieses alles."

Soweit zu einigen philosophischen Aspekten der Untersuchung der Persönlichkeit und ihrer Entwicklung. Es war wichtig, sie hier nochmals voranzustellen, um Mißverständnisse über die Zusammenhänge zu vermeiden, in denen jetzt die psychologische Ebene der Analyse entwickelt wird. Zum anderen werden wir auf alle diese Überlegungen zurückkommen, wenn ich in den letzten vier Kapiteln der Arbeit die Problematik von diagnostischer, pädagogischer und therapeutischer Tätigkeit entwickeln werde. Deutlich wurde aus den bisherigen Überlegungen, daß bei der Untersuchung der subjektiven Seite des Systems „Subjekt – Tätigkeit – Objekt", also zunächst der Probleme der inneren Zusammenhänge und der Entwicklung des Psychischen, die Tätigkeit das übergreifende Moment darstellt. Persönlichkeit selbst bedarf als historisches Produkt wie Zentrum der Tätigkeit, als Totalität in ihren inneren Zusammenhängen und Entsprechungen, der Untersuchung. Die Kategorie der *Persönlichkeit* hat damit, wie ich im folgenden noch im Detail belegen werde, für die Psychologie den gleichen *logischen und ontologischen Status* wie die Kategorie „ökonomische Gesellschaftsformation" für die politische Ökonomie und Soziologie

Um den Leser(inne)n ein Vorverständnis von dem zu ermöglichen, was Persönlichkeit meint, stelle ich einige Zitate und Definitionen vorweg. Für Sève, der sich dieser Frage philosophisch nähert, ist Persönlichkeit eine *Neubildung im Prozeß der Ontogenese*, die erst in der Tätigkeit entsteht. In gleichem Sinn argumentiert *Leontjew*

Sève definiert Persönlichkeit als „lebendiges System von gesellschaftlichen Verhältnissen zwischen den Verhaltensweisen" (1972, S. 194 ff.). Man merkt dieser Definition ebenso die fehlenden psychologischen Detailkenntnisse wie die Beeinflussung durch den französischen Strukturalismus an, obwohl Sève andererseits mit *Politzer* eine Wissenschaft vom konkreten Individuum fordert. Individuen sollen also nur in ihren Tätigkeitsverhältnissen untersucht werden, nicht von ihnen losgelöst als „Verdinglichungen" wie in den unterschiedlichen Varianten bürgerlicher Psychologie. *Wygotski* („Denken bei Schizophrenie" 1934, deutsch 1984, S. 46) hebt als Merkmal der entwickelten Persönlichkeit neben der Fähigkeit zur Begriffsbildung die Entwicklung eines „sozialen Selbst" und den „Ausblick auf die Welt" hervor. Ich selbst hatte 1978 so definiert (man merkt noch den Einfluß von *Sève*):

„*Unter Persönlichkeit soll das lebendige System der bewußten Strukturierung von Raum und Zeit mittels Gegenständen, kooperativen Verhältnissen, kommunikativen Zeichen, eigenen Fähigkeitsstrukturen verstanden werden, das in seiner entwickelten Form als Lebensplanung, Lebensperspektive in der subjektiv-bewußten Koordination von eigenen Bedürfnissen und objektiv gegebenen realen Lebensbedingungen im Hinblick auf Realitätskontrolle gekennzeichnet werden kann" (Jantzen 1979, S. 26)*

Für *Leontjew* (1979, S. 213) ist die Persönlichkeit eine *neue Qualität* im Verlauf der Ontogenese, die dadurch gekennzeichnet ist, daß sie aufhört „als Resultat der direkten Überlagerung durch äußere Einflusse zu gelten. Sie gilt als das, was der Mensch aus sich macht, indem er sein menschliches Leben bewältigt." Dabei verläuft die Genese der Persönlichkeit in *doppelter Geburt*: Zum einen in der frühen Kindheit mit der Koordination der Motivhierarchien, wenn sich beim Kind das erste Mal „deutliche Formen einer Polymotiviertheit zeigen und die Koordiniertheit seiner Handlungen sichtbar wird" (S. 201). Dies ist der Fall mit dem Übergang vom Kleinkind- zum Vorschulalter, mit dem *Entstehen des „verallgemeinerten Ichs"*. Die zweite Geburt der Persönlichkeit ist die Geburt der *„bewußten Persönlichkeit"* ausgangs der Pubertät, verknüpft mit der Entstehung des *„reflexiven Ichs"*. „Sie führt zur Entfaltung des gesellschaftlichen Wesens des Subjekts" (S. 203). Dieses besteht im wesentlichen „im Bewußtwerden seiner Selbst im System der gesellschaftlichen Beziehungen. Das Bewußtwerden seines ‚Ich' ist auch nichts anderes" (S 217). Da die Persönlichkeit durch die objektiven Umstände geschaffen wird, „jedoch nur über die Gesamtheit der Tätigkeit des Subjekts, das seine Beziehung zur Welt realisiert", ist die erste Grundlage, der *erste Parameter* der Persönlichkeit die *Vielfältigkeit der Beziehungen* des Individuums zur Welt (S 207). Um Persönlichkeit zu bestimmen, unterscheidet *Leontjew* jedoch noch *zwei weitere Parameter*: Es ist dies zweitens der *Hierarchisierungsgrad der Tätigkeiten und Motive*. Er ist abhängig von den Entwicklungsstufen des Psychischen in der Ontogenese wie von der Zugänglichkeit sozialer Begriffe, gesellschaftlicher Bedeutungen im Prozeß der Erkenntnis in der Tätigkeit (S. 208 f.). Schließlich fragt *Leontjew* nach dem dritten und „kompliziertesten" Parameter der Persönlichkeit, nach dem, „was nicht ganz zutreffend als ‚die Gerichtetheit der Persönlichkeit' bezeichnet wird " Es sind dies die inneren Wechselbeziehungen der hauptsächlichen Motivationslinien, die über den „persönlichen Sinn" koordiniert sind (S. 210 f.). *Leontjew* nennt dies den „allgemeinen Typ der Persönlichkeitsstruktur"

Ich belasse es bei diesen Definitionen, die eine erste Orientierung über die inhaltlichen Aspekte des Begriffs Persönlichkeit liefern sollten. Was damit gemeint ist, kann erst deutlich werden, wenn im folgenden der Weg zu diesen Definitionen nachgezeichnet wird. Es müssen die Entstehungszusammenhänge und Intrasystembeziehungen des Psychischen, des Bewußtseins und der Persönlichkeit bestimmt werden. Die Lösung dieser Fragen ist wesentlich mit der Geschichte der *kulturhistorischen Schule* der sowjetischen Psychologie verknüpft. Dieser Ansatz wurde zunächst von L. S. *Wygotski* und dann unter Mitarbeit von A. N. *Leontjew* und A R. *Luria* (und natürlich einer Vielzahl von weiteren Wissenschaftlern) ab den 20er Jahren in der Sowjetunion entwickelt. Er hat aber erst in der nachstalinistischen Ära in der Sowjetunion seine volle Bedeutsamkeit erhalten. Ich kann auf die Geschichte dieser Theorie und die sehr umfangreichen Arbeiten der „Troika", so wurden diese drei Autoren bald genannt, hier nur verweisen. Eine Einführung bietet *Jaroschewskis* „Geschichte der Psychologie im 20. Jahrhundert" aber vor allem auch *Lurias* wissenschaftliche Autobiographie „The Making of Mind"

4.2 Der Dualismus von Leib und Seele

Ausgehend von den Zusammenhängen der marxistischen Auffassung vom Menschen, insbesondere auch von dem in Kapitel 1 dargestellten allgemeinen Arbeitsbegriff, versuchten die Autoren der kulturhistorischen Schule eine gänzliche Umgestaltung der Psychologie zu einer nunmehr marxistischen Wissenschaft. Das erste Problem, auf das sie bei dem Versuch dieser Umgestaltung stießen, war das *Problem des Bewußtseins*. Dieses Problem war durchgängig in der Psychologie auf der Basis des cartesianischen *Dualismus* zu lösen versucht worden. Ich habe die grundlegende dualistische Annahme von *Descartes* bereits in Kapitel 3 erwähnt *Leib und Seele* wurden als zwei parallele Reihen leiblicher und psychischer Ereignisse betrachtet. Seit *Geulincx* und *Malebranche* wurde im Occasionalismus (occasio: Gelegenheitsursache) die scheinbare Einheit von Körper und Geist als durch das Eingreifen einer höheren Instanz vermittelt angesehen, der Dualismus weitete sich also zum Trialismus: Körper – Seele – göttliche Substanz.

Zwei Wege der Entwicklung der Psychologie ergaben sich auf diesem philosophischen Hintergrund. Der eine war der Weg der Reduktion des Seelischen auf die *Hirnprozesse*, wie es z. B. auch im mechanischen Materialismus der naturwissenschaftlichen Neurologie und Psychiatrie geschah. Insofern dieser Weg die Eigenarten des Psychischen als Widerspiegelung gänzlich negiert, wird er zum Weg des Biologismus und spielt für die Geschichte der Psychologie selbst keine weitere Rolle Bedeutsam bleibt jedoch jener Weg, in dem Hirnprozesse mit *elementaren psychischen Empfindungen* als verknüpft analysiert wurden. Es ist dies der Fall in der Psychophysiologie *Fechners*, die sich insbesondere mit der Erforschung der Wahrnehmungsprozesse verbindet. Aus der Gewinnung elementarer Einheiten des Psychischen und ihrer Verifizierung in der psychophysiologischen Forschung wird gefolgert, *über die Analyse der elementaren Prozesse des Psychischen zu den höheren Funktionen des Bewußtseins* vordringen zu können In der *Assoziationspsychologie Wundts* wird dieses Vorgehen zugleich experimentell entwickelt und mit der Methode der Introspektion verbunden. Der Weg der additiven Rekonstruktion des Psychischen aus elementaren Einheiten muß jedoch scheitern.

Ausdruck dieses Scheiterns ist als extreme Variante der *Behaviorismus*, der zunächst gänzlich auf den Bewußtseinsbegriff und damit auf den Seelenbegriff verzichtet Er entwickelt eine Psychologie als Wissenschaft vom Verhalten, in der aus methodologischen Gründen zunächst auf jede Aussage zum Subjekt der Tätigkeit verzichtet werden müsse. Dieses wird zur „black box" Prozesse im System Subjekt – Tätigkeit – Objekt werden damit transformiert in ein *System „Objekt – Verhalten – Objekt"* Ein äußeres Objekt, das unter aus dem Zusammenhang „Objekt – Verhalten" erschließbaren bedürfnisrelevanten Bedingungen (Verstärkung) in dieses System eingeführt wird, wird zum *Stimulus*. Ob die Verknüpfung des Stimulus gelingt, ob also bedürfnisrelevante Bedingungen vorlagen, wird sodann rückwirkend aus dem Glied „Verhalten – Objekt", also aus der *Reaktion* erschlossen Der Forschung zugänglich sind damit jeweils nur die Objekte, die als Stimuli eine Reaktion bewirken, so wie jene, auf die sich eine Reaktion bezieht. Verhalten wird damit meßbar auf der Basis von Objektreihen Gleichzeitig bedarf es bestimmter Rückschlüsse auf die im Individuum selbst ablaufenden vermittelnden Objektreihen, also die Verstärkungsmechanismen Dies geschieht in der Ausweitung des Schemas S – R (Stimulus – Reaktion) auf das Schema S – O – R (Stimulus – Organismus – Reaktion) bzw. später S – O – R – KV – K (Stimulus – Organismus – Reaktion – Kontingenzverhältnisse – Konsequenz). Kontingenzverhältnisse meint die Art der Einsetzung von Verstärkern, Konsequenzen die Bedeutung des Resultats des Verhaltens als neuer Stimulus. Man sieht, daß mit diesem Schema sich grundsätzlich nichts ändert, es sei denn, es werde O, also der Organismus als aktives Subjekt der Tätigkeit gefaßt. Dies ist in keiner Weise der Fall: Entweder wird O in Termini von psychophysiologischen elementaren Prozessen beschrieben oder es wird als zwischen der Variation der Objektreihe der Stimuli und der Reaktionen liegende eigenständige Objektreihe von „intervenierenden Variablen" betrachtet Es ist dies das klassische mechanische Weltbild Das Subjekt ist passiv und erlangt Aktivität nur unter der Perspektive der Manipulation, des Bedingens.

Ausgehend vom gleichen Problem, jedoch in eine gänzlich andere Richtung, hatte sich die Lehre *Setschenows* und *Pawlows* entwickelt Ihre *„Reflexologie"* ist zutiefst und deutlich vom Behaviorismus unterschieden Für beide war psychische Tätigkeit Widerspiegelung, die sie in ihren elementaren, psychophysiologischen Funktionen untersuchen. Während der *klassische Reflexbegriff* sich auf nach dem Modell des Behaviorismus funktionierende, elementare physiologische Prozesse des Rückenmarks bezieht (im „Reflexbogen" bewirkt ein Reiz unmittelbar das Feuern von Nervenzellen, also die Reaktion), wird bei *Setschenow* und *Pawlow* dieser Begriff auf der Ebene der Ganzheitlichkeit des psychophysischen Organismus verwendet Reflexe, das sind *Reflexe der Großhirnrinde·* Ganzheitliche Systeme der Verbindung von Subjekt zu Objekt in der Tätigkeit.

Betrachten wir dies in Kürze an dem klassischen Beispiel der Konditionierung eines Hundes: Im „ersten System", also im System der gattungsspezifischen Widerspiegelungsleistungen auf gattungsnormale Umwelten, d h. dem System der in Erbkoordinationen festgelegten Widerspiegelungsfunktionen, existiert der unbedingte Reflex (UCR) des Speichelflusses bei Geruch und Nahrung. Durch die zeitliche Nähe eines Glockentones wird dieser, nunmehr im Rahmen des „ersten Signalsystems" zum Signal für die Nahrung. Er vermittelt als erworbene vorgreifende Widerspiegelungsleistung, also als bedingter Reflex (CR), Subjekt und Objekt in der Tätigkeit Diese Tätigkeit ist nicht nur durch die je einzelne reflektorische Verknüpfung als Widerspiegelungsleistung vermittelt, sondern durch komplexe Erregungs- und Hemmungssysteme der Großhirnrinde, die ihren Ausdruck finden in „dynamischen Stereotypen", also psychophysischen Einstellungssystemen des Subjekts auf die lebensrelevanten Bedingungen der objektivrealen Welt (vgl. zur Einführung *Wazuro*: Die Lehre Pawlows von der höheren Nerventätigkeit und *Asratjan*. Das wissenschaftliche Erbe Pawlows)

Die Reflexologie ging somit im Unterschied zum Behaviorismus von dem System Subjekt – Tätigkeit – Objekt aus, bestimmte Subjektivität jedoch lediglich auf der elementaren psychophysiologischen Ebene, ohne deren Hierarchie zu begreifen, also insbesondere das Bewußtsein als neue Qualität des Psychischen auf menschlichem Niveau Subjektivität wurde in der Reflexologie untersucht als allgemeine Eigenschaft der Hirntätigkeit von Lebewesen, zumindest ab Säugetierniveau In der Folge fand der Begriff des unbedingten wie des bedingten Reflexes eine Ausweitung auf nahezu alle Formen des Lebendigen. Die Weiterentwicklung der reflexologischen Theorie insbesondere durch *Anochin* (aber auch durch *Bernstein*), werde ich in Kapitel 7 darstellen Es ist dies die allgemeine Theorie der Bildung „funktioneller Systeme" als psycho-physiologische Basis der Architektur der Tätigkeit.

Der *Mangel* dieser Theorie für eine Psychologie der *spezifisch menschlichen* Funktionen des Bewußtseins und der Persönlichkeit war offensichtlich Wenn deren Wurzeln im sozialen Erbe, in der Geschichte, im „Ensemble der gesellschaftlichen Verhältnisse" liegen, wie hatte man sich die Besonderheit dieser Vermittlung als reflektorisches Geschehen zu denken? Was war das *vermittelnde Glied*, das die Möglichkeiten der vorgreifenden Widerspiegelung als Reflexe des Gehirns mit der Sozialhistorie verband? Die von *Wygotski* gefundene Lösung, die ich hier zunächst lediglich nenne und später weiter ausführe, ist die: Das vermittelnde Glied ist das Werkzeug als Träger der Bedeutungen menschlicher Praxis. Insbesondere ist es das sprachliche *Werkzeug als Zeichen* und damit als *Träger von Bedeutungen*, die in der Sozialgeschichte entstanden sind. Sie organisieren sich, vermittelt über das Zeichen, in neuer Weise im Psychischen in der Form von Sinnfeldern, semantischen Feldern Die Vermittlung der Bedeutung über das Zeichen in die psychischen Prozesse ist jedoch nur in der Tätigkeit möglich

4.3 Der Dualismus von Emotion und Kognition

Die Reduktion des Psychischen auf den Versuch seiner additiven Rekonstruktion in der Assoziationspsychologie oder im Behaviorismus war die eine Folge des Dualismus, der gesetzmäßig zur „Krise der Psychologie" führte Diese Krise hat *Wygotski* (1985 b) in einem jetzt auf Deutsch vorliegenden Buch ausführlich analysiert Ich verweise hier zur Vertiefung auf Band I der zweibändigen deutschen Ausgabe der Werke Wygotskis. Man braucht jedoch nicht alle Details dieser Kritik der Krise der Psychologie zu kennen, um das wesentliche an ihr zu entwickeln, zumal Wygotski in späteren Arbeiten auf eine *zweite Form des Dualismus* in der bürgerlichen Psychologie stößt: den Dualismus von *Bewußtsein und Emotion.* Dieser Frage hat er kurz vor seinem Tod 1934 ein umfassendes Buch gewidmet, das unterdessen in der 6-bändigen sowjetischen Ausgabe (die z. Z. ungekürzt in Englisch erscheint) bereits auf Russisch zugänglich ist. Aus ihm ist 1972 ein kurzer Teilabschnitt in englischer Sprache erschienen und 1985 (c) auf deutsch, der sich mit „Spinozas Theorie der Emotionen im Lichte der gegenwärtigen Psychoneurologie" befaßt.

Während der Dualismus Leib-Seele in seinen Auswirkungen als Verhinderung der Entwicklung einer monistischen Psychologie im Behaviorismus besonders zum Ausdruck kommt, ist der Dualismus Emotion-Kognition in besonderer Weise mit dem Weg der *geisteswissenschaftlichen, introspektiven Psychologie* verknüpft. In dieser Psychologie wurde erkannt, daß das Bewußtsein nicht mit den Mitteln der Zusammensetzung aus elementaren psychischen Prozessen begriffen werden kann Einerseits wird das Bewußtsein als Gegenstand der Introspektion, der Selbstbeobachtung in dieser Perspektive als Ganzes sichtbar, andererseits entzieht es sich jedoch auf besondere Weise der wissenschaftlichen Erfassung. Sinn, Emotion, Motiv sind immer zugleich Bestandteil der Selbstbeobachtung, auch wenn wir versuchen, sie als Gegenstand unserer Beobachtung zu setzen. Insofern entzieht sich unter diesem Gesichtspunkt der Beobachtung eine bestimmte Sphäre des Psychischen generell der kausalen Erklärung und ist nur dem Verstehen zugänglich Bei *Münsterberg,* der diesen Widerspruch im Bereich der geisteswissenschaftlichen Psychologie besonders hervorgehoben hat, resultiert daher der Dualismus von Emotion und Kognition, damit von *Verstehen* und *Erklären* aus zwei unvereinbaren Beobachtungsweisen (nach *Wygotski* 1972, S 371 f.). Auf der einen Seite ist der Sinn unseres Fühlens und Wünschens in jeder unserer Handlungen unmittelbar präsent. Wir können also die inneren Relationen unserer Handlungen in dieser Weise verstehen Auf der anderen Seite können wir unsere Erfahrungen als *geistig aktive Person* mit unseren Erfahrungen als *einfacher Beobachter* konfrontieren In diesem Falle kommen wir zur Beschreibung und Erklärung von Elementen und ihrer Effekte. In dem damit entwickelten Dualismus ist unschwer jener der Lebensphilosophie wiederzuerkennen, die als allgemeine Philosophie des Imperialismus in Deutschland das Prinzip der vernünftigen Erklärbarkeit der Welt preisgibt und im Prozeß der „Zerstörung der Vernunft" (so *Lukács*) letztlich den Übergang der traditionellen Intelligenz zu den Positionen des Faschismus in allgemeinster Form zum Ausdruck bringt. Ich habe diese Zusammenhänge bereits im Kapitel 2 an den allgemeinen Formen bürgerlicher Ideologiebildung erörtert.

Diese Denkform verknüpft sich präzise mit der Auflösung des Dualismus von Leib und Seele nach der dem Behaviorismus entgegengesetzten Seite. In der alten Tradition geisteswissenschaftlicher Psychologie, so z. B. im psychologischen System von *Herbart,* wird die *Entwicklung des Psychischen* als *Verknüpfung der Seele* (als Ausdruck der göttlichen Substanz) *mit den Ereignisreihen der körperlichen Existenz* wie der äußeren Welt betrachtet. Über den Körper entstehen die Wahrnehmungen und Empfindungen innerhalb der inneren Substanz Seele sich in Form des Denkens und der Wahrnehmungen vergegenständlichen kann Ob den Wahrnehmungen selbst Realitätsgehalt zukommt, kann hierbei offen bleiben und bleibt offen (vgl. auch *Lenins* Analyse dieser schon alten Denkformen, die von ihm bereits bei dem objektiven Idealisten *Berkeley* ausgemacht werden und die seitdem Bestand jeder idealistischen Psychologie sind; *Lenin:* „Materialismus und Empiriokritizismus", besonders die Einleitung). *Wie* sich das Seelenleben entfaltct, ist damit von den *biologischen Voraussetzungen* des Körpers abhängig. Gleichzeitig verweist das entfaltete Seelenleben sowohl als Bewußtsein wie als Gefühl, das die geisteswissenschaftlichen Psychologen bei sich selbst wahrnehmen, darauf, daß es Resultat qualitativ höherwertiger Prozesse ist. Insofern verbindet sich die lebensphilosophisch-introspektive Psychologie nahtlos mit all den Formen des Biologismus, Psychologismus und Kulturpessimismus, die ich in Kapitel 2 zusammenhängend analysiert habe Diese Aufspaltung von Verstehen und Erklären, Gefühl und Verstand, und damit die Zerstörung der Vernunft, nimmt extreme Formen an. So kennzeichnet *Klages* z. B die Seele, das Pathische, Fühlende als das eigentlich Menschliche und stellt dieser das rationale Kalkül, den Geist als lebensfeindlichen Widersacher entgegen In dieser Form kann dann die lebensphilosophische Bewußtseinstheorie unmittelbar vom Faschismus aufgegriffen werden und in *Rosenbergs* „Mythos des 20. Jahrhunderts" ihren Ausdruck finden (vgl. *Lukács,* Bd. 2, Kap. 4, Abschnitt VII in: „Die Zerstörung der Vernunft").

Auch hier entwickelt *Wygotski* eine andere *Perspektive,* deren Einlösung ihm nicht mehr vergönnt war; er starb im Alter von erst 38 Jahren an Tuberkulose. In der Entwicklung dieser Perspektive greift er auf Baruch *Spinozas* „Ethik" zurück *Spinoza* ist *Monist* und *Materialist.* Im Unterschied zum Dualismus des *Descartes* sucht er den Schlüssel zum Psychischen nicht mehr in der Untersuchung der Prozesse der Körperbewegungen, sondern in der „Erforschung der Bewegung des denkenden Körpers in der erkennbaren materiellen Welt" (*Dawydow/Illesch* 1982, S 456) Wie ist diese Selbstbewegung gedacht? *Wygotski* hebt hervor (1972, S 377): „*Spinoza* betrachtete den Instinkt der Selbsterhaltung, oder das Heranwachsen des ‚Ich' als ein Bemühen nach der Vollständigkeit geistiger Zustände, nach der Meisterung des Selbst, nach der Entwicklung der eigenen Kräfte und Motivationen". Entwickeln wir diese Überlegungen *Spinozas* ein Stück (vgl *Klaus/Buhr* Philosophisches Wörterbuch: „Spinozismus").

Im Unterschied zur Lebensphilosophie und zur verstehenden Psychologie wird im Monismus *Spinozas* die Einheit von *Vernunft und Affekt* nicht unterschiedlichen Erkenntnisdimensionen, naturwissenschaftlichem Erklären und geisteswissenschaftlichem Verstehen, zugewiesen. Sie werden stattdessen als *dialektische Einheit* betrachtet, deren innere Verhältnisse wie folgt bestimmt werden Drei Grundaffekte (Begierde, Lust und Schmerz) münden im Selbsterhaltungstrieb. Gut ist, „das zu tun, wovon man von seiner Natur gedrängt wird. Begierde und Vernunft sind für *Spinoza* gleichberechtigt, insofern sie gleichmächtig sind. Denn soweit sie Macht haben, sich zu verwirklichen, sind sie wirklich, natürlich" Die Vernunft ist in der Ethik *Spinozas* „Dienerin der Affekte". Das drückt sich darin aus, daß sie sich erst auf dem Boden einer gleichmäßigen Entfaltung des affektischen Lebens voll verwirklicht Ohne den lediglich ordnenden Beitrag der Vernunft fällt der Mensch jedoch unter eine gefährliche Herrschaft der Leidenschaften Die Vernunft macht sie erkennbar und beherrschbar. Je klarer und deutlicher die Erkenntnis der natürlichen Gesetze, je größer die *Einsicht* des Menschen in die Naturgesetze, desto größer die *Freiheit* zur Verwirklichung seines Lebens" (*Klaus/Buhr* S. 1158). *Affekte* sind also die *Voraussetzung* der Bewegung des denkenden Körpers in der erkennbaren materiellen Welt. Sie sind zugleich in ihrer Ausformung und Entwicklung das *Ergebnis* dieser Bewegung als Prozeß der *Entfaltung der Vernunft.*

Dieses Verhältnis [der (1) Entwicklung der Affekte als Basis und Resultat der Entwicklung der Vernunft und der (2) Vernunft als Resultat der Affekte wie als Voraussetzung ihrer naturnotwendigen Verwirklichung im Prozeß der Gewinnung der Einsicht in die Naturgesetze] wird bei den Autoren der kulturhistorischen Schule in der Dialektik von *Sinn* und *Bedeutung* untersucht. Im System „Subjekt – Tätigkeit – Objekt" können gesellschaftliche Bedeutungen vermittelt über das Werkzeug oder das sprachliche Zeichen als Werkzeug nur dann zu Bedeutungen für das Individuum werden, wenn es im Prozeß ihrer Anwendung ihre Adäquatheit für die Entwicklung seiner Lebensprozesse erfährt. *Die Bedeutungen existieren daher im Subjekt selbst nur im Medium des Sinns, also der integrierten affektiven Bewertung seiner eigenen gegenwärtigen Lebensprozesse wie den Dimensionen seiner Zukunft. Dieser Sinn selbst ist aber Resultat des Erwerbs der Bedeutungen*

Ich will im folgenden diese Ergebnisse nicht unmittelbar darstellen, sondern mich ihnen über zwei weitere Zwischenschritte nähern. Zum einen will ich an Hand der Darstellung und Kritik der Positionen der Gestaltpsychologie die Problematik des Aufbaus der „Bedeutungen" herausarbeiten und hier die von *Leontjew* (1981 a) in dem posthum erschienenen Aufsatz „Psychologie des Abbilds" herausgearbeitete Lösung vorstellen. Zum anderen will ich in Darstellung und Kritik einiger Positionen der Psychoanalyse die weiterreichende Bedeutung der Kategorie „Sinn" entwickeln. Erst dann werde ich eine zusammenfassende Darstellung der Intrasystembeziehungen des Psychischen vornehmen

4.4 Die gestaltpsychologische Auffassung vom Aufbau des psychischen Abbilds

Die *Gestaltpsychologie* ist historisch als eine Reaktion auf die allgemeine Krise der Psychologie zu begreifen, die ich in groben Zügen bisher dargestellt habe. Einerseits wandten sich die Gestaltpsychologen gegen den psychophysischen Atomismus, andererseits gegen die introspektive Psychologie, insofern sie an der naturwissenschaftlichen Erklärungsmethode festhielten Unter Gestalten wurden Strukturen, insbesondere Wahrnehmungsstrukturen höherer Ordnung betrachtet In den Experimenten zur Rekonstruktion unvollständiger Wahrnehmungsvorlagen wie in den Experimenten zur Wahrnehmungstäuschung hatten sich Ergänzungen des Gesehenen und Gehörten usw. ergeben, die nicht unmittelbar der vorgegebenen Information und dem dieser nachgeordneten Prozeß der Nervenleitung geschuldet waren. So wurde eine kreisförmige Anordnung von Punkten als Kreis wahrgenommen, das zeitlich verzögerte Aufleuchten eines zweiten Lichtpunktes in Abstand von dem ersten Lichtpunkt als Bewegung des ersten Lichtpunktes usw.. Die Gestaltpsychologie stieß damit erneut in die Geschichte der Psychologie auf die Problematik des *psychischen Abbilds.* Es ist ihr historisches Verdienst, das Abbild wieder zum Gegenstand der Psychologie gemacht zu haben, so *Jaroschewski* (S. 248 ff.).

Die Gestalten selbst wurden im wesentlichen unhistorisch gesehen, als Ausdruck von Organisationsprinzipien der Prozesse des Psychischen Immerhin: Im Unterschied zu den anderen bisher dargestellten Positionen wurde sowohl am Prinzip festgehalten, daß das Psychische der rationalen Erklärung zugänglich ist, wie daß es nicht additiv aus Prozessen niederer Ordnung zusammengesetzt werden kann Die Gestalten selbst wurden als Ausdruck von *psychophysischen Feldern* auf der Basis der höheren Nervenprozesse betrachtet. Die Zuordnung der elementaren physiologischen Prozesse zu den höheren Qualitäten der Gestalt als psychologischer Prozeß wurde nach dem Prinzip der *Isomorphie* zu begreifen versucht

Aus den vielfältigen Ansätzen in dieser Theorie möchte ich besonders Kurt *Goldstein* und Wolfgang *Köhler* erwähnen *Goldstein* war Neurologe. Er befaßte sich insbesondere mit der Aufklärung psychophysiologischer Prozesse bei Aphasikern (Aphasie: Sprachstörung, Sprachverlust aufgrund von Hirnverletzungen, -blutungen, -tumoren oder sonstiger neurologischer Erkrankungen). Für *Goldstein* haben einzelne Gebiete des Gehirns eine jeweils besondere Bedeutung für die Regulierung der psychophysiologischen Prozesse Ihre Gesamtheit ermöglicht jedoch erst den Zusammenhang der Figur-Hintergrund-Vorgänge, die bei Hirnverletzung, so seine Auffassung, so gestört werden, daß ein Übergang von abstrakter zu konkreter Einstellung im Denken erfolge Die höheren Hirnbereiche sind also zum einen, so nimmt er an, jeweils integrativ in ihrer Gesamtheit am psychologischen Prozeß beteiligt, gleichzeitig spezifisch an der Verarbeitung einzelner psychophysiologischer Bereiche wie z. B optische oder akustische Wahrnehmung, Motorik usw. Ich komme auf diese Zusammenhänge ebenso wie auf ihre Kritik durch die Theorie der kulturhistorischen Schule in Kapitel 8 zurück.

Köhler ging von einer Isomorphie zwischen dem vorrangigen psychischen Prozeß und dem diesen zugrundeliegenden psychophysiologischen Prozeß aus. Dieser mußte in irgendeiner Form gleichartig sein, mußte also den Gestaltprinzipien der psychologischen Ebene entsprechen. Die hieraus resultierenden Widersprüche konnten von den Vertretern der Gestalttheorie nicht gänzlich gelöst werden, wenn auch moderne Vertreter wie *Gibson* oder *Pribram* in dieser Frage wesentlich weitergehende Lösungen entwickelt haben. Wie hatte man sich einen als Isomorphie erneuerten Leib-Seele-Parallelismus zu denken, in dem sowohl die Fehler der introspektiven Methode wie die Fehler der mechanistischen Assoziationspsychologie und des Behaviorismus vermieden werden sollten? Die Postulierung von Gestalten einerseits und basalen psychophysiologischen Prozessen andererseits führte dazu, die Universalität der Gestalten ebenso zu untersuchen wie ihre Veränderbarkeit und Entstehung. Es tauchte also die Frage auf, wie universell diese Gestalten sind, unter welchen Bedingungen sie in der Entwicklung des Psychischen entstehen und welches die psychophysiologischen Mechanismen im Wahrnehmungsapparat wie im Gedächtnis sind, die sie aufrechterhalten Die Frage nach der Isomorphie zwischen physiologischem Prozeß und Gestalt wandelte sich in die Frage nach dem *Prozeß der Wahrnehmung* selbst und seinen Zusammenhängen mit den *Strukturen des Gedächtnisses*

Hier möchte ich insbesondere auf das bahnbrechende Buch von *Gibson* „Die Sinne und der Prozeß der Wahrnehmung" verweisen. *Gibson* geht davon aus, daß Wahrnehmungsleistungen eine je gattungsspezifische Geschichte haben, die mit der Entwicklung der ökologischen Situation der Gattung verkoppelt ist. In dieser ökologischen Situation werden Gegebenheiten der äußeren Welt zu relevanten

Reizen für die Individuen einer Gattung bzw. für das je einzelne Individuum. Damit sie dies werden können, muß das Individuum über spezifische Sinnesorgane und zentrale Verarbeitungsmöglichkeiten verfügen, um Gegebenheiten der äußeren Welt wahrnehmen zu können. Die Gegebenheiten der äußeren Welt bedürfen also der Transformation in ein den spezifischen Tätigkeitsmöglichkeiten des Subjekts zugängliches Medium: so z. B. für den Prozeß des Sehens der Lichtwellen, für den des Hörens der Schallwellen usw.. Insofern muß für die Frage der Wahrnehmung die Physik in eine ökologische Physik transformiert werden: Welche Hinweise liefert das *Medium* über die *realen Eigenschaften der gegenständlichen Welt,* die nur über dieses Medium erfahren wird? Die Prozesse der Wahrnehmung sind also in ihrer physikalischen Seite nur im System „Subjekt – Tätigkeit – Objekt" als Ausdruck naturhistorischer wie individualhistorischer Entwicklung zu begreifen. Insofern würde *Gibson* die *Marxsche* Bemerkung, daß die Entwicklung der fünf Sinne ein Werk der gesamten Weltgeschichte ist, bis auf die Zahl fünf voll unterstreichen. Was aber sind seine Vorstellungen nach der Seite des Subjekts hin, was macht diesen Prozeß der Wahrnehmung möglich? *Gibson* spricht hier von *Invarianzbildungen* im Gedächtnis. Obwohl die anatomischen Einheiten des Systems (also des Lebewesens, in diesem Falle des Menschen) jeweils sehr wechselhaft arbeiten, verändert sich die „Struktur der Teile der optischen Situation nicht von einem Augenblick zum nächsten" (S. 320). *Gestalten* sind also *situationsbezogene invariante Gedächtnisstrukturen,* die stammesgeschichtlich fixiert sind oder individuell erworben werden

Wie dieser Prozeß psychophysiologisch zu begreifen ist, hat vor allem Karl *Pribram* untersucht, der damit das Isomorphieproblem einer neuen Lösung zuführt. Da ich diese Lösung des Problems in Kapitel 7 und 8 noch näher darstellen werde hier nur der Kern seiner Annahmen: *Pribram* geht aus von der *holographischen Speicherung* von Inhalten der Wahrnehmung und des Denkens. Ein Hologramm ist eine mit Laserstrahlen herstellbare dreidimensionale Fotografie, bei der jeder Punkt der Platte die gesamte Information enthält. Mit zunehmender Zerstörung der Platte wird das Bild unschärfer, verschwindet jedoch nicht vollständig. In solcher Weise arbeitet, so Pribram, das Gedächtnis im gesamten Gehirn. Es kann so arbeiten, weil es auf jeder Stufe, in jedem sensorischen Apparat wie in den unterschiedlichen Funktionen der höchsten kortikalen Felder, nach einem vergleichbaren Modus funktioniert. Es kodiert Informationen in Form von *bioelektrischen Schwingungen.* Diese werden biochemisch umkodiert ins *Langzeitgedächtnis* und sind jederzeit durch vergleichbare Schwingungen wieder aktivierbar. In diesen Schwingungen, diesen Frequenzen übertragen sich die Eigenschaften der äußeren Welt in Wahrnehmung und Denken „Im Bereich von Frequenzen geht es allein um die Dichte von Ereignissen" so *Pribram* (1979, S 38) „Zeit und Raum sind zusammengebrochen. Gewöhnliche Grenzen von Zeit und Raum verschwinden. Sie werden rekonstruiert, wenn Transformationen in den Bereich der Bilder und Objekte vorgenommen werden." *Invarianzen* sind also *bioelektrische Frequenzmuster,* die auf der Basis biochemischer Kodierung im Gedächtnis jederzeit aktiviert werden können. In diesen Frequenzmustern ist die *lebensrelevante Information* über die äußere Situation für das Individuum kodiert.

Eine Isomorphie im Sinne *Köhlers* besteht also zwischen den über das Medium des jeweiligen sinnlichen Prozesses dem Organismus zugänglichen Strukturen der äußeren Welt und den in bioelektrischen Frequenzen ablaufenden Verarbeitungsmustern im Zentralnervensystem Dabei ist die Situation ein Ausdruck vergangener, in der Tätigkeit erfahrener, ökologisch für die Gattung und das Individuum relevanter Situationen, das Frequenzbildungsmuster ein Resultat der vergangenen Tätigkeiten in Situationen. Das *Psychische* wird damit begreifbar als sich in der Tätigkeit über die Frequenzanalyse der sinnlichen (motorischen und sensorischen) Erfahrungen im ZNS aufbauender *Selbstorganisationsprozeß des Abbilds.* Die *basalen Invarianzen* dieses Selbstorganisationsprozesses sind *Gestalten.* Gestalten sind *situationsrelevante Abbilder,* die Wahrnehmung und Tätigkeit steuern (vgl. auch *Stadler* 1981).

Dies alles ist nunmehr bereits im System „Subjekt – Tätigkeit – Objekt" erforscht. Es gilt jedoch zunächst einmal, wie wir das bei der Reflexologie schon gefunden haben, nur in allgemeiner Form für den Menschen. Zu seinen Gattungsspezifika Bewußtsein, Persönlichkeit, Sprache und Arbeit wird nicht vorgedrungen. Hierzu ist es nötig, einen Schritt weiterzugehen.

Die Lösung dieser Fragen wurde insbesondere durch A. N. *Leontjew* erarbeitet. Sie wird in entwickelster Form in einem fragmentarischen Aufsatz „Psychologie des Abbilds" dargestellt. Dieser Aufsatz entstand im Zusammenhang der Arbeiten an einem Buch zu diesem Thema, das *Leontjew* (gestorben 1979) nicht mehr abschließen konnte. Mit dieser Argumentation greift *Leontjew* erneut Überlegungen auf, die er schon in den Manuskripten der Charkower Zeit (in den dreißiger Jahren) in Grundzügen entwickelt hatte. Sie sind in deutscher Sprache besonders durch sein Buch „Tätigkeit, Bewußtsein, Persönlichkeit" bekannt Ich beginne bei diesen Überlegungen, um dann die Lösung des Problems des psychophysischen Parallelismus entsprechend der „Psychologie des Abbilds" vorzustellen.

4.5 Die Auffassung der „kulturhistorischen Schule" vom Aufbau der Bedeutungen

Zusammen mit *Wygotski* und *Luria* hatte *Leontjew* bis zu Beginn der 30er Jahre die Grundlagen der *Theorie der kulturhistorischen Schule* geschaffen Die *höheren psychischen Funktionen* waren als *historisch, kulturell* und *instrumentell* begriffen worden Sie entstehen als Resultat des *historischen* Prozesses der Menschheit, dessen Basis die materielle Produktion ist. Das in den Resultaten der Gattungsgeschichte vorliegende Erbe, das zugleich die vergegenständlichte Psychologie dieser Prozesse enthält, präsentiert sich in der jeweiligen *Kultur* als für das Individuum anzueignendes. Von der Strukturiertheit dieses Zusammenhangs, also Produktion, Distribution, ökonomische Basis und politischer, rechtlicher, infrastruktureller, ideologischer Überbau (vgl. Kap. 1), hängt es ab, in welcher Position Menschen sich das Gattungserbe aneignen und anzueignen vermögen. Der Aneignungsprozeß selbst, der nur in der Tätigkeit und durch die Tätigkeit erfolgen kann, macht soziale Werkzeuge und Mittel zu *individuellen Werkzeugen und Mitteln.* Indem diese Mittel erworben werden, werden *interpsychische* Prozesse zu *intrapsychischen. Wygotski* beschreibt dies in elementarer Form am Aufbau der Geste beim kleinen Kind: Das Kind greift nach etwas; dies ist die „Geste an sich". Andere Menschen begreifen die Intention dieses Greifens. Die Geste wird zur „Geste für andere" Indem die anderen in der gemeinsamen Tätigkeit dem Kind dazu verhelfen, den Gegenstand seiner Geste zu erreichen, wird diese nunmehr für es selbst zur Geste („Geste für es"). In gleicher Weise wird die Funktionalität der Wörter der Sprache angeeignet, als *Zeichen,* die eine *Bedeutung* tragen, also Werkzeug zu einem bestimmten, historisch gewordenen Zweck sind Mit der Aneignung der Gesten und Wörter, also der *Sprache,* und dem Aufbau entsprechender Sinnfelder, *semantischer Felder,* innerhalb deren das Zeichen jeweils seine bestimmte Funktion als Mittel hat, beginnt das Kind nicht mehr unmittelbar zu handeln, es handelt vermittelt über die sozialen Bedeutungen der Zeichen. Es wendet sie im Prozeß seiner Lebenstätigkeit an (vgl. *Rissom* 1981) Es bedarf also jeweils zunächst der gemeinsamen kooperativen Tätigkeit, damit die in diesem interindividuellen Prozeß erfahrene Bedeutung der Zeichen als Werkzeuge dann alleine, intraindividuell, intrapsychisch benutzt werden kann Wir erinnern uns: Dies entspricht den allgemeinen Überlegungen von *Marx* zum Arbeitsbegriff, die ich an mehreren Stellen bereits systematisch entwickelt habe.

Nun stieß *Wygotski* zunehmend in seinen Arbeiten, die vor allem zu der Entwicklung des Denkens im Zusammenhang mit der Aneignung und der Entwicklung der Sprache erfolgt waren, auf das Problem, daß hinter dem Denken noch eine andere Sphäre stand: Er stieß auf die Zusammenhänge von *Sinn, Affekt und Intellekt.* Deren Erforschung stellte er in den letzten Jahren seines Lebens in den Mittelpunkt seiner Arbeit. Für *Leontjew* verknüpfte sich hiermit die Befürchtung, die schon erworbenen Einsichten könnten wieder preisgegeben werden. Es war die Befürchtung, daß die Unterschiede zwischen *individuellem Bewußtsein* und *gesellschaftlichem Bewußtsein* erneut verwischt würden, die Emotionen und nicht die Bedeutungen, die Begriffe, zum wesentlichen des Psychischen erklärt würden (vgl. *Leontjew* 1988 b und c) Daher nahm er erneut und vertieft die Analyse der Entstehung der Bedeutungen für das Subjekt in der Tätigkeit auf.

Er beschränkte dabei die Untersuchung des Übergangs der Bedeutungen nicht auf die Kommunikation und den sprachlichen Verkehr; d. h. er betrachtete Arbeit analytisch als primäre und sprachliche Tätigkeit als hierzu in sekundärem Verhältnis stehende soziale Voraussetzung für den Aufbau des Bewußtseins. Die Evolution der Sprache sei auf dem Hintergrund der Evolution der Arbeit zu erklären Als Ergebnis der diesen Zusammenhängen gewidmeten theoretischen wie empirischen Arbeiten kommt er zu folgenden Erkenntnissen: *Alle inneren Prozesse sind nach dem Muster der äußeren Tätigkeit aufgebaut* (Dies ist genau jener Zusammenhang, den ich in diesem Buch bereits in Abb. 1 systematisch darzustellen versucht habe.) Alle *inneren Prozesse* sind damit ihrer Form nach ebenfalls *Tätigkeit.* Zu dem psychischen Abbild darf die Tätigkeit nicht als etwas äußeres hinzugefügt werden, obwohl es sich zugleich von der Tätigkeit unterscheidet. Tätigkeit ist also nicht bloß Bedingung und Ausdruck der Widerspiegelung, sondern *Widerspiegelung ist selbst Tätigkeit,* so kritisiert *Leontjew* hier den sowjetischen Psychologen *Rubinstein* Tätigkeit ist Prozeß, Agens der Umgestaltung der Beziehungen zwischen Subjekt und Objekt, von Beziehungen, die außerhalb dieser Tätigkeit nicht existieren Sie ist damit deren übergreifendes Moment, innerhalb dessen sich die Einheit und der Gegensatz von Subjekt und Objekt je neu bestimmen Wenn Arbeit die primäre und Sprache die sekundäre Form der Tätigkeit ist, so bleiben die in beiden vorhandenen Strukturen der

Tätigkeit auch in den inneren Prozessen erhalten, d h. *die Tätigkeit bleibt prinzipiell gegenständlich*

Gegenständlich ist dabei nicht im Sinne des physikalischen Gegenstandes gemeint, sondern so, daß jede Tätigkeit prinzipiell ein *Objekt* hat, auf das sie sich bezieht Dies kann auch das Subjekt selbst in seiner praktischen Tätigkeit, aber auch in seinem auf sich selbst bezogenen (inneren) Denken, sein. Damit gewinnt der Begriff des Gegenstands seine psychologische Dimension. Auch die *Prozesse des Denkens selbst sind Tätigkeit und gegenständlich,* jedoch muß der Charakter dieses Gegenstandes bestimmt werden. Er ist unabhängig von der äußeren Form, in der der Gegenstand auftritt: Also z. B. als realer Hammer oder reale Zange, als gesprochenes Wort Hammer oder Zange, als Piktogramm, als geschriebenes Wort, als Gedanke bei der antizipierenden Lösung eines Problems. Die Gegenständlichkeit liegt jeweils in der Bedeutung. *Die Bedeutung existiert damit als Gegenständlichkeit unabhängig von der sinnlichen Form, die der Gegenstand annimmt.* Für einen Blinden, der über Braille-Schrift sich Bedeutungen aneignet, sind dies die gleichen, die sich der Normalsehende über die Schreibschrift oder der Gehörlose über die Gebärdensprache aneignet. Die *Bedeutungen* und nicht die Gestalten, so wird nunmehr deutlich, sind daher die *Invarianzen des Denkens.* Entsprechend hatte ich in Abbildung 1 vom Standpunkt des inneren Beobachters aus bereits von Gegenstandsbedeutungen, Werkzeugbedeutungen, Tätigkeitsbedeutungen, Produktbedeutungen, Bedeutung des reflexiven Ichs gesprochen Diese Bedeutungen liegen nicht bei Geburt im Psychischen fertig vor, sondern entstehen in der Tätigkeit, im Prozeß der Aneignung. Die Entwicklung des Psychischen ist damit als Prozeß des Aufbaus und Erwerbs von Bedeutungen zu begreifen. Dies wurde ansatzweise auch bereits in *Leontjews* Definitionen zu Persönlichkeit klar, deren erste und zweite Geburt als unterschiedliche Stufen des Bedeutungserwerbs im Verhältnis des eigenen Ich zum Prozeß der Menschheit begriffen wurde

Was nun ist das Wesen dieser Bedeutungen? Dieser Frage geht *Leontjew* in dem Aufsatz „Psychologie des Abbilds" erneut nach. Das *Abbild* ist für *Leontjew* die *„Orientierungsgrundlage" des Verhaltens* Wie bereits bei *Gibson* entwickelt, so bemerkt auch *Leontjew* „Es muß nicht von der vergleichenden Anatomie und Physiologie ausgegangen werden, sondern von der *Ökologie* In ihrer Sicht − zur Morphologie der Sinnesorgane usw. *Engels.* „Was Licht und Nicht-Licht ist" hängt davon ab, ob dieses Tier ein Nacht- oder ein Tagtier ist" (S. 15) Er folgert: So wie der *Gegenstand* ein *„Knoten von Eigenschaften"* ist, die also über seine sinnlichen Zugänge in den je entsprechenden Medien Sehen, Hören, Tasten usw zugänglich sind, so ist das *Abbild* ein *„Knoten modaler Empfindungen".* Die je einzelnen sinnlichen Eigenschaften des Gegenstandes sind also im Psychischen einheitlich repräsentiert. In dieser einheitlichen Erfassung sind hinter den sinnlichen Eindrücken die realen Eigenschaften des Gegenstandes für das Subjekt repräsentiert. Das Abbild entsteht also auf der Basis der Gemeinsamkeit der unterschiedlichen Sinneseindrücke von dem Gegenstand für das Subjekt Es ist daher nicht sinnlich. Es ist von den unmittelbar wahrnehmbaren Raum- und Zeiteigenschaften des Gegenstandes gelöst. Dies wiederum entspricht genau dem bereits von *Pribram* zitierten Gedankengang.

Die Charakteristiken des Abbilds ändern sich nun entscheidend beim Übergang zum Menschen Bei ihm erlangt, so *Leontjew,* „die Welt im Abbild eine fünfte Quasidimension" (S. 17). „Das ist der Übergang *durch die Sinnlichkeit über die Sinnlichkeit hinaus, durch die sensorischen Modalitäten zur amodalen Welt.* Die gegenständliche Welt tritt in einer Bedeutung auf = Das Weltbild füllt sich mit Bedeutungen" (ebd). *Leontjew* hat diesen Gedanken nicht mehr systematisch auf eine Überarbeitung seines gesamten Werkes anwenden können. Ich versuche dies hier in einigen Aspekten. Im Kapitel über Entwicklungspsychologie werde ich diese Zusammenhänge vertieft behandeln. Im Prozeß der Arbeit erreicht die Menschheit als Gattung die Möglichkeit, Werkzeuge zu produzieren, die als soziales Erbe die Erfahrungen von Generation zu Generation weitergeben Nach der subjektiven Seite bedeutet dies die Fähigkeit, über die vorhandenen Strukturen der Situation hinaus mit sozial angewendeten Werkzeugen deren Veränderung denken und antizipieren zu können. Die individualpsychologische Dimension des *bewußten Denkens der Zukunft* entsteht. Damit entsteht *Bewußtsein als fünfte Quasidimension der Bedeutungen im „sematischen Feld".* In den Bedeutungen, die sozialer Herkunft sind, kann sich das Individuum losgelöst von den Dimensionen von Raum und Zeit im Augenblick zugleich auf die Zukunft beziehen. Im Unterschied zu den Tieren, die sich selbstverständlich in ihrer vorgreifenden Widerspiegelung auch auf die Zukunft beziehen, ist dieser Prozeß bewußt Er ist deshalb bewußt, weil im ontogenetischen Prozeß der Persönlichkeit eine *Bedeutung des „Ich"* entstanden ist. Diese entsteht in der ersten Geburt der Persönlichkeit auf der Basis des Spiegelns im je anderen Menschen Im Alter von ca drei Jahren differenziert sich sowohl der Begriff des Ich wie der Begriff der Konstanz der Tätigkeit anderer Menschen als Vater, Mutter, Doktor, Eisenbahner usw. aus. Damit ist das Kind jedoch noch nicht in der Lage, sich selbst im Prozeß der sozialen Entwicklung der Menschheit zu sehen. Erst in der zweiten Geburt der Persönlichkeit, nach Aneignung der sozialen Bedeutungen der Gegenstände, der historisch entwickelten sozialen Werkzeuge (z. B. im schulischen Lernen), der sozialen Bedeutung seiner eigenen Tätigkeitsformen und seiner selbst im Verhältnis zum Prozeß der Menschheit, wird die weitere Entwicklung des Bewußtseins verständlich. Auf diese Entwicklung gehe ich im folgenden Kapitel ausführlich ein Resultat ist jene allgemeine Struktur, die ich im ersten Kapitel an der Analyse der Arbeit (vgl. Abb. 1) bereits herausgearbeitet habe.

Auf dem Hintergrund dieser Überlegungen kann mit *Leontjew* das *psychophysische Problem* als gelöst betrachtet werden (S. 19): *„Das Eingeschlossensein lebendiger Organismen, des Systems ihrer Organe, ihres Gehirns in die gegenständliche, gegenständlich-diskrete Welt führt dazu, daß das System dieser Prozesse mit einem Inhalt versehen wird, der von ihrem eigenen Inhalt verschieden ist, mit einem Inhalt, der der gegenständlichen Welt selbst zugehört. Das Problem dieser ‚Zuteilung' schafft den Gegenstand der psychologischen Wissenschaft!"* Um nun *Bewußtsein* herausbilden zu können, dies ist ein Spezialfall dieser Zuteilungsprozesse, ist zum einen die allgemeine Natureigenschaft der *Fähigkeit zur Arbeit* nötig. Zum zweiten ist ein *Medium* nötig, in dem die im Arbeitsprozeß aber auch im Konsumtionsprozeß erworbenen Bedeutungen *losgelöst vom Augenblick,* losgelöst von den unmittelbaren Vergegenständlichungen aufbewahrt und weitergeben werden können. Dieses Medium ist die *Sprache* Sie ist ein historisch entwickeltes Zeichenkörpersystem, in dem mit einer endlichen Zahl von Elementen (26 Buchstaben, 10 Ziffern) eine Unendlichkeit von Zusammenhängen modelliert werden kann. Keineswegs ist Sprache nur an das motorisch-akustische

Zeichenkörpersystem der Lautsprache oder an das optisch-motorische Zeichen-körpersystem der Schriftsprache gebunden und damit an deren eindimensionale sequentielle Realisierung

Auch andere Zeichenkörpersysteme sind möglich: So das taktil-motorische System des „Lormens" bei Blind-Taubstummen, das taktil-motorische System der Brailleschrift oder aber Zeichenkörpersysteme, die sich weiterer Dimensionen von Raum und Zeit bedienen. Die in der Erziehung schwer körperbehinderter Menschen verwendete Symbol-Kunstsprache Bliss-Symbolics benutzt Symbole in einer zweidimensionalen räumlichen Anordnung; die hochstandardisierten Ge-bärdensprachen der Gehörlosen im angloamerikanischen Raum (British Sign Language, American Sign Language) verwenden den dreidimensionalen Raum zur Realisierung des Sprachprozesses. Das übliche *akustisch-motorische Sprachsy-stem* ist das, das sich unter den historischen Bedingungen des Menschwerdungs-prozesses als das sinnvollste, weil von der *Modulierungs- und Kontrastbildungsfä-higkeit* effektivste, hat entwickeln können (vgl *Holste* 1987) Es ist deshalb auch die am meisten standardisierte Form, die am besten den Transfer von Bedeutun-gen erlaubt.

Wesen dieses Transfers ist es, die Gegenständlichkeit der Gattungserfahrungen an den je einzelnen Menschen zu vermitteln, und damit im sozialen Verkehr der Gattung untereinander jeweils die akkumulierten Bedeutungen aus dem Gattungs-erbe zur Verfügung zu haben. Dies geschieht in der ontogenetischen Entwicklung nicht auf einmal Verschiedene Niveaus im Aufbau der Sprache werden durchlau-fen (vgl. *Luria* „Sprache und Bewußtsein").

In der Tätigkeit auf diesen Niveaus werden jeweils qualitativ neue Niveaus der Bedeutungen, des psychischen Abbilds erreicht Die Sprache kann hierbei zuneh-mend als eigenständige Ebene der Realität benutzt werden, auf die sich die Denkprozesse beziehen können. Die Tätigkeit, nunmehr auf die zunehmend innerlich präsente Sprache bezogen, kann als Denktätigkeit auf der Ebene des Bewußtseins, z. B. des wissenschaftlichen Denkens, sich gänzlich von der äußer-lich sichtbaren Tätigkeit lösen. Trotzdem behält sie alle Eigenschaften dieser Tätigkeit. Sie erfolgt in Bedeutungen und bezieht sich auf die in der Ebene der inneren Sprache, und wenn es schwierig ist in der lautsprachlichen Ebene des äußeren „lauten Mitdenkens", repräsentierten Zusammenhänge der äußeren Welt. Diese sind in ihren Bedeutungen amodal, nicht sinnlich. Sie sind dem einzelnen Individuum als gegenständliche Basis seines Denkprozesses, als Objekt auf das er sich bezieht, *nur über die Modalität des Zeichenkörpersystems zugäng-lich,* an das sie gebunden sind. Unsere innere Sprache beruht auf akustischen oder optischen Vorstellungen von lautsprachlichen oder schriftsprachlichen Kon-figurationen, die innere Sprache gehörloser Menschen weit eher auf bildhaft-optischen Repräsentationen Und wiederum gilt in der wechselseitigen Kommuni-kation das, was *Leontjew* generell über die Aneignung der gegenständlichen Welt herausgearbeitet hat. Hinter den modalen Eigenschaften der von anderen Men-schen gehörten Sprache verbergen sich die Bedeutungen. Besonders deutlich wird dies für uns beim Hören einer Fremdsprache, die wir nicht verstehen. Und wie die im sozialen Verkehr wahrgenommene *sprachliche Bedeutung* hinter der Mo-dalität liegt, *Knoten der modalen Eigenschaften des Gegenstandes* ist, so existiert auch die im Bewußtsein repräsentierte *Bedeutung des Wortes als Knoten hinter den modalen Empfindungen dieses Wortes* Deshalb ist das Denken zugleich gegenständlich und amodal, entledigt jeglicher über einzelne Rezeptorensysteme wahrnehmbaren sinnlichen Besonderheiten.

Um dies zu verdeutlichen, will ich ein längeres Zitat eines blind-taubstummen sowjetischen Psychologen wiedergeben, um dann auf die Frage des Sinns und der Emotionen zunächst in Darstellung und Kritik der Psychoanalyse einzugehen Sergej *Sirotkin* vergleicht die Wahrnehmung und das Denken von Blinden und Sehenden wie folgt (S. 225): *„Der Sehend-Hörende kann sich beispielsweise einen Tisch in beliebiger Farbe, Form und künstlerischer Gestaltung vorstellen, der Blindtaube warm oder kalt, rauh oder glatt . . Doch weder die Sehend-Hörenden noch die Blindtauben werden den Tisch mit den Beinen nach oben kehren oder ihm eine weiche Oberfläche geben, denn damit würde man das Wesen des realen Tisches, seine Fähigkeit, Geschirr, Bücher usw. zu tragen und ein Arbeitsplatz für den Menschen zu sein, verletzen. Die Gemeinsamkeit der Psyche (der geistigen Welten) des Blindtauben und des Sehend-Hörenden ist an den Ergebnissen ihrer Tätigkeit, an ihren Zielen und an Aufgaben zu erkennen. Handeln sie auch auf verschiedene Weise und mit verschiedenen Mitteln, so erreichen sie doch die gleichen Ziele und Ergebnisse (abgesehen von geringfügigen individuellen Abweichungen) Selbst die emotionelle Verfassung eines Menschen wird vom Blindtauben und Sehend-Hörenden identisch bestimmt, wenngleich mit unterschiedlichen psychischen Mitteln. Der Sehend-Hörende sieht den Gesichtsausdruck und die Haltung des anderen Menschen, er vernimmt die Intonation seiner Stimme und schließt daraus ohne weiteres, ob sein Gesprächspartner fröhlich oder traurig, erfreut oder verärgert ist Der Blindtaube hingegen stellt dies durch die Berührung der Hand oder anderer Körperteile des Gesprächspartners mit der eigenen Hand fest. Die Emotionen treten nicht weniger deutlich in den Hand- und Körperbewegungen, in der ‚Intonation' der daktylen Sprache, sogar im Händedruck zutage "*

Bewußtsein entsteht also in Form der in der Tätigkeit erworbenen Bedeutungen. Diese Bedeutungen werden auf jedem Niveau zum „idealen Maß" (*Leontjew* 1979) der Tätigkeit Dabei bedarf die Vermittlung der vom je einzelnen Menschen aus dem Gattungserbe angeeigneten Bedeutungen mit der Gattung eines besonderen gegenständlichen Mediums. Dieses Medium ist die Sprache

Ich werde diese Zusammenhänge später erneut behandeln. Zunächst ist die Frage des noch ungelösten *Dualismus von Emotion und Kognition* wiederaufzugreifen Bevor ich eine Lösung in der Tradition der Forschungen der kulturhistorischen Schule darstellen werde, ist zunächst noch der Beitrag der Psychoanalyse zu würdigen, die eine eigenständige Lösung der Krise der Psychologie versucht

4.6 Das Emotionsproblem und die Psychoanalyse

Es kommt mir nicht darauf an, den lebensphilosophischen Hintergrund der psychoanalytischen Theorie zu kritisieren (vgl. z. B *Steigerwald* 1980, Kap. 4) Ich denke, der marxistischen Kritik an dem philosophischen Hintergrund oder an der ungenügenden Erfassung der gesellschaftlichen, sozialen Ebene in der Analyse des ganzheitlichen Menschen ist wenig hinzuzufügen Was aber ist mit dem eigenständigen Forschungsgehalt der Psychoanalyse auf der *psychologischen Ebene*? Ist hier in der Tat alles zu verwerfen, wie einige vordergründige Kritik immer wieder postuliert? Oder liegen hier nicht tiefe Einsichten vor, die in einem systematischen Neubegreifen des Gegenstandsbereichs in doppelter Negation auf höherer Ebene aufgehoben werden können und müssen? Es nützt wenig, immer wieder die Fehler der Psychoanalyse zu beschwören, ohne den Gegenstandsbereich, auf den sich ihre Theorie bezieht, neu zu bearbeiten. In ähnlicher Richtung argumentiert, wenn auch von anderen Voraussetzungen ausgehend, Klaus *Holzkamp* (1984, 1985). Seiner Ansicht nach liegt die besondere subjektwissenschaftliche Qualität der Psychoanalyse darin, Begriffe „für" Menschen, statt über „Menschen" entwickelt zu haben (1985, S. 55). Aber auch *Holzkamp* vermag keine neue Lösung für das Konzept der psychoanalytischen Triebtheorie und der Libido zu liefern, das immer wieder in der Kritik als der irrationale Kern der Psychoanalyse hervorgehoben wird.

Wie aber, wenn dies gar nicht so wäre? Wenn dies genau der Punkt wäre, an dem die Psychoanalyse vom Kopf auf die Füße gestellt werden muß? Vieles spricht dafür, wobei ich eine Reihe von Argumenten zum Neubegreifen der psychoanalytischen Forschung erst in den nächsten beiden Kapiteln entwickeln werde. Hauptbestandteile sind innerhalb dieser Theorie die Trieblehre, die Entwicklungspsychologie und die Persönlichkeitstheorie, insbesondere auch die des psychopathologischen Prozesses. Dabei sind die Begriffe des *Triebes* und der *Libido* in der Tat, wie dies auch *Holzkamp* hervorhebt (1984, S. 28) die entscheidenden, ohne die das gesamte System nicht schlüssig ist.

Im Unterschied zur geisteswissenschaftlichen Psychologie bleibt *Freud* trotz einer allgemeinen lebensphilosophischen Beeinflussung seines Denkens Naturwissenschaftler. Er unterscheidet scharf zwischen biologischen Prozessen und psychologischen Prozessen. Die im „Projekt einer wissenschaftlichen Psychologie" von ihm getroffenen Aussagen zum Verhältnis von physiologischem und psychologischem Prozeß sind insbesondere von *Spitz* in drei Arbeiten aufgegriffen und nach seiten der Psychologie weiterentwickelt worden („Diacritic and Coenesthetic Organizations"; „Eine genetische Feldtheorie der Ichbildung", „Brücken"). Ich werde in den beiden folgenden Kapiteln hierauf eingehen. Die neuropsychologische Seite dieser Arbeit ist von Karl *Pribram* mehrmals dargestellt worden (z. B.: „The Foundation of Psychoanalytic Theory: *Freud*'s Neuropsychological Model", 1968) und wird auch in einem 1976 zusammen mit *Gill* publizierten Buch „*Freud*'s 'Project' Re-assesed" außerordentlich positiv gewürdigt. Da ich das Problem des psychophysischen Dualismus bereits dargestellt habe, beschränke ich mich hier auf die Problematik des Dualismus von Emotion und Kognition und ihre Erfassung in der psychoanalytischen Theorie.

Dieses Verhältnis wird von *Freud* in seiner letzten Arbeit „Abriß der Psychoanalyse", die 1938 begonnen und aufgrund seines Todes 1939 nicht mehr abgeschlossen wurde, wie folgt untersucht. *Freud* geht davon aus, daß das *Seelenleben* die *Funktion eines Apparates* ist, dessen Wechselbeziehungen untersuchbar sind. Er unterscheidet die durch die niederen, subkortikalen Teile des Gehirns realisierten psychischen Funktionen (ihnen ist die Instanz des „Es" zugeordnet) von den Einflüssen der Außenwelt, die, vermittelt über die Funktionsweise der Rindenschichten des Gehirns, dem „Es" eine bestimmte Entwicklung aufnötigen Die dem „Es" entstammenden *Triebe* werden in der Umwandlung der psychischen Prozesse vom *Primärprozeß* in den *Sekundärprozeß* an *Objekte* gebunden. Im Verlauf dieser Objektbindung entsteht das „Ich", das zwischen „Es" und Außenwelt vermittelt Dies geschieht, indem es „Herrschaft über die Triebansprüche gewinnt, entscheidet, ob sie zur Befriedigung zugelassen werden sollen, diese Befriedigung auf die in der Außenwelt günstigen Zeiten und Umstände verschiebt oder ihre Erregungen überhaupt unterdrückt" (S. 10). Die Tätigkeit wird dabei durch das Empfinden von Lust oder Unlust geleitet. Im Prozeß dieser Tätigkeit entsteht dann als spätes Produkt eine Abspaltung des „Ich" als Ausdruck der sozialen Normen, das „Über-Ich". Ich spare diesen Aspekt hier aus, da er in der Entwicklungspsychologie der Persönlichkeit mit dargestellt und neu begriffen werden soll. Hinter den Bedürfnisspannungen des „Es" als lokalisierter Ort, stehen Triebe, so *Freud*. Er fragt nun, gibt es eine einheitliche Kategorie für diese Triebe, einen oder wenige *Grundtriebe*, auf die man sie zurückführen kann?

Als solche Grundtriebe bestimmt er *Eros* und *Destruktionstrieb*. Der erste führe auf das Ziel hin, größere Einheiten herzustellen und zu erhalten, der zweite auf das Gegenteil, Zusammenhänge aufzulösen. Erinnern wir uns der Zeit, in der dies geschrieben ist: In der Physik gilt der *zweite Hauptsatz der Thermodynamik* uneingeschränkt. Er besagt im wesentlichen, daß Systeme fern vom Gleichgewicht nicht möglich sind. Ungleichgewicht muß sich in Entropie, also maximale Gleichverteilung aller Elemente, Chaos auflösen. Die Entwicklung einer Thermodynamik lebendiger Systeme durch die Systemtheorie *Bertalanffys* und insbesondere die biologische Theorie der Selbstorganisation lebendiger Systeme, die mit dem Werk von *Prigogine* einen entscheidenden Durchbruch erhielt, war noch nicht erfolgt. *Freund* nahm jedoch einerseits Organisationsprozesse des Psychischen auf höheres Niveau wahr; andererseits konnte es diese nach den Gesetzen der Thermodynamik und des klassischen Mechanismus in der Physik nicht geben Insofern drückt der Destruktionstrieb genau jene Tendenz zur Entropie des zweiten Hauptsatzes der Thermodynamik aus. Aber auch der diesem Trieb entgegengesetzte Eros ist nach den Gesetzen der klassischen Thermodynamik gedacht Die Entwicklung der Organisationsprozesse des Psychischen resultiert aus der dialektischen Einheit beider Funktionen. „In den biologischen Funktionen wirken die beiden Grundtriebe gegeneinander und kombinieren sich miteinander . . . Dieses Mit- und Gegeneinander der beiden Grundtriebe ergibt die ganze Buntheit der Lebenserscheinungen" (S 12).

Die Möglichkeit des Eros im Widerspruch zum Destruktionstrieb, der in letzter Konsequenz Todestrieb ist, Stufen höherer Entwicklung hervorzubringen, liegt darin, daß er mit einem *primären Quantum an Energie* ausgestattet ist. Dieses verknüpft sich nach dem Prinzip der Lust wie Vermeidung von Unlust mit den Prozessen der Realität, die die Herausbildung des „Ich" vorantreiben „Einen Anfangszustand stellen wir uns in der Art vor, daß die gesamte verfügbare Energie des Eros, die wir von nun an *Libido* heißen werden, im noch undifferenzierten Ich-Es vorhanden ist und dazu dient, gleichzeitige Destruktionsneigungen zu neutralisieren" (S. 12 f.). Einige Sätze weiter differenziert *Freud* diese Annahme: Im „Ich" ist anfänglich der ganze verfügbare Betrag der Libido gespeichert, also in den im Vergleich zu den subkortikalen Prozessen höheren Prozessen in der Rindenschicht des Neokortex Von hier aus kommt es dann zu Besetzung der Objekte mit Libido, der Herausbildung der Fixierung an bestimmte Objekte. Dies erfolgt mit großer Beweglichkeit und kann zugleich bei einzelnen Objekten ein ganzes Leben anhalten. Obwohl also den höheren Hirnprozessen zugeordnet, wird die Libido selbst als ein bestimmtes Quantum an Energie angenommen, das im Verlauf der Lebensprozesse sich ausdifferenziert Diese Entfaltung kann zugleich nach den Gesetzen der klassischen Thermodynamik als Prozeß zunehmender Entropiebildung eines ursprünglichen einheitlichen, ganzen Systems mit bestimmter Energie betrachtet werden. Diese Energie teilt sich jetzt immer weiter auf, das energetische Ungleichgewicht verschwindet. Die Libido selbst ist also als neokortikale Funktion gegenüber den somatischen Quellen, den vielfältigen Trieben, die sie zusammenfaßt, gedacht.

In diesem *Triebkonzept* spielen nun bestimmte Triebe eine führende Rolle. Dies sind die an *erogene Zonen* gekoppelten unterschiedlichen Manifestationen des Sexuallebens. Mit *Sexualleben* selbst meint *Freud* nicht die genitale Lustgewinnung, sondern die Lustgewinnung aus Körperzonen, die erst nachträglich in den Dienst der Fortpflanzung gestellt werden. Es geht jeweils insbesondere um den Lustgewinn aus spezifischen Formen des *innerartlichen Körperkontaktes*. „Es ist unverkennbar, daß die Libido somatische Quellen hat, daß sie von verschiedenen Organen und Körperstellen her dem Ich zuströmt. Man sieht das am deutlichsten an jedem Anteil der Libido, der nach seinem Triebziel als Sexualerregung bezeichnet wird. Die hervorragendsten der Körperstellen, von denen diese Libido ausgeht, zeichnet man durch den Namen *erogene Zonen* aus, aber eigentlich ist der ganze Körper eine solche erogene Zone" (S 14) Soweit die Darstellung aus dem Abriß der Psychoanalyse.

Was ist die Leistung *Freuds?* Entgegen der lebensphilosophischen Trennung von Erklären und Verstehen, entwickelt *Freud* auf naturwissenschaftlicher Basis, jedoch in strenger Unterscheidung der biologischen und der psychologischen Ebene des ganzheitlichen Menschen, eine *allgemeine Theorie der emotional-affektiven Entwicklung* des Menschen. Wie in der Herangehensweise von *Spinoza* wird Freiheit als im Prozeß der Sublimierung der Affekte in höheren Funktionen des Psychischen, im Prozeß der Vernunft als erreichbar betrachtet. *Wo Es war soll Ich werden*, so *Freud* an anderer Stelle. Der Entwicklungsprozeß selbst kann nur dann in harmonischer Weise verlaufen, wenn die Ansprüche aus Es, Ich und Über-Ich sich ausgleichen. Sagen wir es modern: wenn das fern vom Gleichgewicht existierende lebendige System die durch den Austausch mit der Umwelt hervorgebrachten inneren Ungleichgewichte löst, wenn es sich selbst entsprechend den äußeren Fluktuationen auf neuem Niveau stabilisiert, also in einen neuen geordneten Zustand übergeht

Der *Denkfehler* liegt also nicht darin, daß *Freud* nicht im System „Subjekt – Tätigkeit – Objekt" denken würde Nach seiten des Objekts denkt er nicht Gesellschaft, aber diese Kritik hatte ich bereits genannt und zurückgestellt Der zentrale Denkfehler liegt nach seiten des Subjekts darin, daß er, bei aller Differenziertheit der Darstellung der inneren Zusammenhänge des Psychischen, letztlich eine *fixe, abstrakte unveränderbare Größe* formuliert: Das *Quantum der libidinösen Energie* Dies verschließt ihm die Augen für die Lösung, die so nahegelegen hatte: Die Entstehung der Libido an die Entwicklung des Psychischen in der Tätigkeit selbst zu binden, sie zu koppeln an die Reichhaltigkeit der innerartlichen Beziehungen.

Diese realisiert sich in der frühen Kindheit als sozialbiologisch notwendige Grundlage der Entwicklung über den Körperkontakt mit der Mutter, weitet sich aus auf normale nichtentfremdete menschliche Beziehungen und führt zum Spiegeln im je anderen Menschen wie im Prozeß der Menschheit. Bezogen auf diesen kann der entwickelte „persönliche Sinn" der Tätigkeit gesehen werden (vgl Kap

6). In der Verantwortlichkeit für alles, auf das der Mensch einwirken kann, als zentraler Gesichtspunkt der Ethik (*Sève*), eröffnet sich zugleich die Perspektive reichhaltiger affektiver Beziehungen. Diese entstehen als Resultat der Vergegenständlichung des eigenen Willens in der Gestaltung menschlicher Verhältnisse, innerhalb derer, so *Marx*, der liebende Mensch selbst zum liebenswerten Menschen wird. Es wird deutlich, welche Lösung ich vorschlage: Den *Freund*schen Begriff der *Libido* durch den *Leontjew*schen des *Sinns* zu ersetzen, eine starre Größe, ein inneres Abstraktum, durch ein sich *historisch entwickelndes Verhältnis*, also einen Prozeß der Selbstorganisation des Psychischen zu ersetzen.

4.7 Die Kategorie des „Sinns"

Ich erläutere im folgenden diese Kategorie des Sinns, um sodann unmittelbar zur Darstellung der Intrasystemzusammenhänge des Psychischen überzugehen. In dessen Untersuchung lassen sich nicht nur die Kategorie der Libido sondern auch die anderen psychoanalytischen Begriffe in qualitativ neuer Weise begreifen. Dabei zeigt es sich, daß *Freud* in vielerlei Hinsicht recht hatte: Die Zusammenfassung der je einzelnen Emotionen nach ihrer positiven wie negativen Valenz erfolgt im Prozeß der arbeitsteiligen Integration der Großhirnrinde. Dem Gedächtnisbildungsprozeß dieses emotionalen Apparates entspricht der individuelle und persönliche Sinn, der sich im Verlauf des Lebens organisiert. Für die Entwicklung sämtlicher Sinngebungsprozesse ist das Verhältnis zur Gattungsnormalität von entscheidender Bedeutung. Doch davon später.

Bereits in den Manuskripten aus der Charkower Zeit bestimmt *Leontjew* skizzenhaft die Rolle des Sinns („Materialien über das Bewußsein" in: Werke Bd. 1, 1988). Über die psychophysiologischen Funktionen entsteht die Materie des Abbilds, ihr übergeordnet sind Bedeutung wie Aufgabe und damit die Gerichtetheit der Tätigkeit: „Sinn ist die Intention der Bedeutung" Als nächsthöhere Ebene in dieser Skizze ist vermerkt: „Sinn (vernünftiges) Ziel Die Beziehung des Motivs zum Zweck – bestimmende Einheit". In „Probleme der Entwicklung des Psychischen" (1973) wird diese Kategorie weiterentwickelt. Ich greife hier nur die Kategorie *„biologischer Sinn"* auf Die Entwicklung zum persönlichen Sinn will ich an der in diesem Kapitel folgenden Abbildung dann im Gesamtzusammenhang der Intrasystembeziehungen des Psychischen vornehmen und ihr Verständnis in den beiden folgenden Kapiteln vertiefen.

Biologischer Sinn ist für *Leontjew* die *„Beziehung einer einwirkenden Eigenschaft zur Befriedigung eines organischen Bedürfnisses"* (S. 156). Am Beispiel der Vibration eines schwingenden Körpers in einem Spinnennetz wird erläutert, wie die Spinne auf dieses Signal hin aktiv wird. *Leontjew* bemerkt: „Nun bleibt der biologische Sinn irgendeiner Einwirkung für das Tier nicht konstant; er ändert und entwickelt sich im Laufe seiner Tätigkeit je nach dem objektiven Zusammenhang mit den übrigen Umwelteigenschaften." Dies wird erörtert am Beispiel einer Kröte, für die Regenwürmer bzw. Spinnen als Nahrung den Signalcharakter einer länglichen bzw. runden Form hervorbringen, also daß die Kröte auf Streichhölzer resp. Moosstückchen reagiert (in *Freuds* Terminologie: Objektbesetzungen vornimmt). „Diese Sinnzusammenhänge, die im Leben der Tiere entstehen, sind bedingte Verbindungen besonderer, ja sogar außergewöhnlicher Art. Sie unterscheiden sich eindeutig von den bedingten Verbindungen, die den Mechanismus des *Verhaltens* bilden, das heißt von den Verbindungen, mit deren Hilfe das Verhalten der Tiere zustande kommt" (S. 156). Dabei bilden sich Verbindungen der ersten Art schnell, „auf Anhieb", werden aber ebenso schnell wieder gelöscht. „Verbindungen der zweiten Art entstehen und erlöschen dagegen langsam" (S. 157).

Ich will diesen Sachverhalt im Detail analysieren. Was *Leontjew* beschreibt, ist ein aus der Ethologie wohlbekannter Zusammenhang. Ein in *Erbkoordinationen* der Gattung *festgelegtes Verhalten* wird durch einen *Schlüsselreiz* ausgelöst. Dies geschieht in Form des *angeborenen Auslösemechanismus* (AAM). Schlüsselreize wirken nur in bestimmten Lebenssituationen, wo entsprechende physiologische Bedarfszustände der Tiere bestehen. Soweit die vergleichende Verhaltensforschung. Damit ist die Tätigkeit der Tiere jedoch nur auf der physiologisch-biologischen Ebene beschrieben, nicht auf der Ebene des Psychischen. Auch bei sehr einfachen Lebewesen, bei Einzellern, vermutlich bereits bei Genen als einzelnen Regulationsabschnitten auf Chromosomen, müssen wir die Fähigkeit zur *vorgreifenden Widerspiegelung* annehmen, so zeigen dies vielfältige Experimente. Auf einige dieser Sachverhalte komme ich im folgenden Kapitel und insbesondere in Kapitel 7 zu sprechen. Alle Einzeller verfügen bereits über die Fähigkeit zur *Bewegung*. Diese Fähigkeit haben auch die einzelnen Zellen in Mehrzellern behalten. Der Prozeß der Tätigkeit und vorgreifenden Widerspiegelung ist jedoch in seiner amodalen Ebene noch gänzlich durch *für alle Individuen der Gattung gleiche Abbilder* gesteuert. Neue Abbilder können erst auf einem relativ hohen Evolutionsniveau, insbesondere mit dem Übergang zur Säugetierevolution aufgebaut werden. Während die Kröte mit angeborenen Invarianzen, Gestalten, also Abbildern als Bedeutungen der Nahrung für die Gattung, ausgestattet ist, muß eine Katze das Mäusefangen erst erlernen. Sie kann daher auch lernen, mit einem Ball, einem Papierkügelchen zu spielen, Eidechsen zu fangen, Vögel zu fangen usw..

Dennoch muß es bereits auf elementarem Evolutionsniveau auch Bewertungen auf der Ebene des Psychischen dafür geben, ob die jeweilige Tätigkeit den gattungspezifischen Nahrungsbedürfnissen oder Fortpflanzungsbedürfnissen entspricht. Daß das einzelne Lebewesen das *Artverhalten* realisiert, muß *psychologisch* abgesichert sein. Dies geschieht durch Prozesse der *emotionalen Bewertung*. Physiologische Bedarfszustände des Organismus werden also (ab dem Zeitpunkt, wo Nervennetze bestehen) in bioelektrischer Frequenzdarstellungsweise als Informationen über den Objektbereich Körper in psychologische Zustände des Nervensystems übersetzt. Sie haben als *Bedürfniszustände* dann aktivierenden, richtenden Charakter. Mit dem *Auffinden des Schlüsselreizes,* ebenfalls im Nervensystem, transformiert über entsprechende Frequenzbildungsmuster, erfolgt zugleich, ebenfalls in Termini von bioelektrischen Mustern, eine Überprüfung des Verhältnisses von Handlungsgewißheit/ungewißheit und Stärke des Bedürfnisses. Dieser *Vergleichsvorgang* ist die *positive oder negative Emotion*. Auf der Ebene der AAM selbst sind die Emotionen für alle Individuen der Gattung in gleicher Weise *festgelegt,* da sowohl die Abbilder wie die an diese geknüpften Bedürfnisse ebenfalls konstant sind. *Variabel* sind nur die sensorischen Wahrnehmungen und motorischen Tätigkeiten, um den Gegenstand zu erreichen, auf den das Bedürfnis zielt. In dieser emotionalen Erregung und Integration im Augenblick drückt sich zugleich der *biologische Sinn* aus. Dieser ist aber mehr als die je einzelne emotionale Bewertung Er umfaßt die lebensgeschichtliche *Gesamtheit der Bewertungen des emotionalen Apparates,* die gekoppelt an die Abbilder für jedes Individuum der Gattung in gleicher Weise festgelegt sind. Die Tätigkeit der Frösche, aber noch deutlicher der Insekten, wird durch zahlreiche Schlüsselreize aktiviert, die dann jeweils zu einem relativ starren Verhaltensmuster führen. Hier ist in der Tat der Sinn die für den gesamten Lebensprozeß angelegte Energie, individuell nicht veränderbar. Mit der Möglichkeit des Aufbaus neuer Abbilder, neuer Bedeutungen ändert sich dies jedoch grundsätzlich.

Ich habe versucht, diese Zusammenhänge in *Abbildung 5* zu modellieren, die ich jetzt Schritt für Schritt erläutere:

4.8 Sinn, Emotion und hierachischer Aufbau der Persönlichkeit

Abbildung 5 Sinn, Emotion und hierarchischer Aufbau der Persönlichkeit

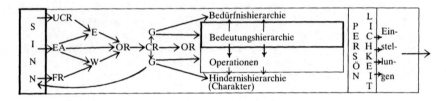

UCR:	unbedingter Reflex	G:	Gedächtnis
EA:	emotionaler Apparat	OR:	Orientierungsreflex
FR:	Freiheitsreflex	CR:	Bedingter Reflex
E:	Emotion $(E = f\,B, \triangle\,I)$		Bedürfnis: $B = E / \triangle\,I$
W:	Wille $(W = \triangle\,I / E)$		$\triangle\,I = I_v - I_n$

bzw. auf Einstellungsebene
$\triangle\,I_e - \triangle\,I_r$

Die Indizies für I (= Information) bedeuten: v: vorhanden, n: notwendig, e: erwartet, r: real

Diese Abbildung versucht, ausgehend von der reflexologischen Ebene die allgemeinen Zusammenhänge der Entwicklung und Struktur des Psychischen zu modellieren. Sie wird im folgenden durch eine Reihe weiterer Abbildungen erweitert und spezifiziert Ich orientiere mich hier vor allem an den psychophysiologischen Arbeiten von *Simonov* (1975, 1982, 1984, 1986). *Simonov* ist *Pawlow*-Schüler der zweiten Generation Sein unmittelbarer akademischer Lehrer war E. A. *Asratjan* Grundgedanke ist hier, wie bei *Leontjew* selbst, folgender: Kein lebendiges System kann lernoffen sein, wenn es nicht basale, psychobiologisch fixierte Strukturen, Erbkoordinationen gibt, die dies ermöglichen. Dies sind die im „ersten System" *(Pawlow)* festgelegten angeborenen Verhaltensstrukturen Ich werde später, insbesondere in Kapitel 7, darlegen, daß sie zu ihrer Reifung selbst bereits Umwelteinflüsse benötigen, und daß sie sehr schnell und grundlegend ihren Charakter wandeln, d. h. von unbedingten zu bedingten Tätigkeitsmustern werden. Als basale, im Gattungserbe fixierte *reflektorische Strukturen,* die sich auf die Vermittlung von Außenwelt und Organismus beziehen, unterscheidet *Pawlow* 1. unbedingte Reflexe, 2. den Orientierungsreflex und 3. den Freiheitsreflex. Unbedingte Reflexe sind in Form von AAM koordinierte elementare Zusammenhänge des Systems „Subjekt – Tätigkeit – Objekt". Ihre innere Architektur wird im Zusammenhang der Darstellung von *Anochins* Theorie des funktionellen Systems in Kapitel 7 deutlich werden. Aus ihrer Verknüpfung mit dem *Orientierungsreflex* entstehen nach *Asratjan* die bedingten Reflexe. Der *Orientierungsreflex* reagiert nicht auf den spezifischen Signalcharakter eines Gegenstandes der äußeren Welt, sondern lediglich auf seinen *Neuigkeitsgrad* Dieser wird durch Zellsysteme bestimmt, die bei Neuigkeit „feuern", sich also bioelektrisch entladen und sich mit Anhalten des Reizes habituieren (an ihn gewöhnen). Man bezeichnet diese Zellsysteme auch als „Novelty-Detectors". Eine Verknüpfung von einem unbedingten Reflex mit dem Orientierungsreflex ist nur dann möglich, wenn zugleich eine Wertigkeit für den Organismus besteht. *Spitz* (1974, S. 1017) formuliert dies so: *„Die Wahrnehmung kann erst Existenz erwerben, nachdem der Affekt ihr Leben eingehaucht und biologische Dauer verliehen hat."*

Emotionen selbst, so *Simonow,* sind abhängig von der *Stärke des Bedürfnisses* wie dem Grad der *pragmatischen Ungewißheit,* der Handlungsungewißheit. Die Handlungsungewißheit/gewißheit bestimmt *Simonov* als das *Verhältnis von vorhandener Information,* um ein Resultat zu erzielen, *und notwendiger Information.* Überwiegt die vorhandene über die notwendige Information, so erhält die Emotion ein *positives* Vorzeichen. Es entsteht also ein Zustand der Lust. Überwiegt die notwendige Information die vorhandene Information, kann also die Handlung infolge dieses Informationsdefizits nicht bewältigt werden, so erhält die Emotion ein *negatives* Vorzeichen Unlust entsteht (*Simonov* 1975). Die Informationsdefizite können sich dabei auf unterschiedliche Systeme im Apparat des Psychischen beziehen. Die Einschränkung von Bewegungen führt zu einer anderen Form emotionaler Bewertung als die schnelle und unvorhergesehene Veränderung der Wahrnehmungssituation. Eine Verletzung des Organismus bewirkt eine andere emotionale Qualität der Unlust (Schmerz), als fehlende Nahrung (Unlust in Folge von Hunger) oder inadäquate Nahrung (Ekel). Die Anlayse dieser unterschiedlichen Quellen emotionaler Bewertung ist Aufgabengebiet einer Theorie der *differentiellen Emotionen,* auf die ich noch eingehe. Die von unterschiedlichen funktionellen Systemen des Organismus ausgehenden emotionalen Qualitäten werden also zum einen jeweils im Verhältnis zur Informationsdifferenz gewertet, zum anderen im Verhältnis zur Stärke des Bedürfnisses.

Diesen Zusammenhang hat *Simonov* in verschiedenen Formeln modelliert, die ich zum Teil aufgegriffen und zum Teil verändert und weiterentwickelt habe. Die *Emotion* selbst ist dabei nicht als differentielle Emotion zu begreifen, sondern als die *Zusammenfassung der differentiellen Emotionen im emotionalen Apparat.* Dieser ist gekoppelt an die je *höchste Ebene des Abbilds und der Tätigkeit* des Organismus. Auf dieser Ebene entscheidet sich, ob die vorhandenen Informationen ausreichen zur Bewältigung der Information oder nicht. Wie *Spitz* (1974) richtig vermutet, sind diese Prozesse an in der Zeit organisierte Strukturen des Organismus, *innere Zeitgeber* gekoppelt. Ich werde dieses Problem in Kapitel 6 bis 8 näher behandeln. In diesem biologischen Zeitgebungsprozeß gibt es Zellgruppen, die auf inadäquate Vermittlung von inneren und äußeren Zuständen hin feuern. Diese sind die psycho-biologische Basis der negativen Emotionen. Ebenfalls gibt es Zellgruppen, die auf die adäquate Vermittlung von inneren und äußeren Ereignisreihen hin feuern. Diese sind die biologische Basis der positiven Emotionen. Die an unterschiedliche Zeitgeber in den einzelnen Systemen gekoppelten differentiellen Emotionen werden in den Zeitgebungsprozessen des gesamten Systems integriert. Auf der Basis der verschiedenen psychobiologischen Zeitstrukturen des Systems entsteht die gesamte, d. h. *integrierte, biologische Zeitstruktur*. Es entsteht als Resultat der Vermittlungsprozesse mit der Außenwelt, der Widerspiegelung und der Tätigkeit, die *psychologische Zeitstruktur des Systems*.

Da diese Prozesse in der Zeit stattfinden, können die Formeln von *Simonov* nicht unverändert weiterverwendet werden. In dem Augenblick, in dem das Lebewesen eine Handlung einleitet, sind in Form der Antizipation aufgrund der vergangenen Erfahrung bereits *Wahrscheinlichkeitsvorhersagen* vorhanden, ob die Handlung erfolgreich zu Ende geführt werden kann. Mit Beginn der Handlung stellt sich daher die vorhandene Information dar als (emotional überprüfte) Abschätzung des Verhältnisses von vorhandener zu notwendiger Information. Der Sinn, d.i. die Gesamtheit der Gedächtnisbildungsprozesse des emotionalen Apparates, realisiert sich aufgrund der in der Außenwelt, auf der Basis des Orientierungsreflexes, wahrgenommenen Strukturen als Antizipation der Bewältigbarkeit der Aufgabe. Es entsteht eine Einstellung, die ich als *erwartete Informationsdifferenz* gekennzeichnet habe. In der erwarteten Informationsdifferenz wird das Verhältnis von bisheriger Erfahrung und Neuigkeit der Situation bewertet und aufgrund positiver oder negativer emotionaler Bewertung wird die Handlung begonnen oder nicht. Nun kann es sein, daß eine Handlung begonnen wird, während dieser Handlung jedoch sich die erwartete Informationsdifferenz so schnell gegen Null bewegt, daß dieser Wert und das Umschlagen in den negativen Bereich vor Beendigung der Handlung erreicht wird. Dieser Gradientenabfall führt dann zum Abbruch der Handlung, ohne daß auf das weitere Mißlingen des Ergebnisses noch gewartet wird.

Über den *Sinngebungsprozeß als Gedächtnisbildungsprozeß des emotionalen Apparates* wird also jeweils die Vermittlung von unbedingtem Reflex und Orientierungsreflex vorgenommen. Auf der Basis der unbedingt-reflektorischen Strukturen, der AAM des Organismus insgesamt, ist dieser Sinngebungsprozeß noch gänzlich für alle Individuen der Gattung in gleicher Weise festgelegt. Er ist an die gattungsspezifisch fixierten Abbilder gebunden, da er in positiver wie negativer Hinsicht jeweils vom Bewältigungsgrad der Situation abhängt, der in ihm antizipiert wird. Entstehen jedoch *individuell neue Abbilder*, so muß sich der Sinn an diese koppeln und auf dieser Basis die Möglichkeit der Durchsetzung von Bedürfnissen und der Realisierung von Handlungen für das Individuum emotional bewerten. Sind also die ersten bedingt-reflektorischen Strukturen entstanden, so fängt der *Sinn* sich an zu *verändern*.

Dabei müssen wir wiederum *zwei Etappen* unterscheiden: Werden im bedingten Reflex die Abbilder jeweils nur an neue Sinneseindrücke gekoppelt, oder entsteht hinter diesen Sinneseindrücken eine neue Struktur des Abbilds? Ob eine neue Struktur des Abbilds entstehen kann, ist natürlich an Nervennetze gebunden, die dies ermöglichen. Ich beziehe mich hier insbesondere auf das menschliche Niveau (bzw. auch auf das Säugetierniveau allgemein). Ein neues Abbild muß dann entstehen, wenn die über die neuen Niveaus der Tätigkeit aufgrund des bedingten Reflexes gemachten Erfahrungen in Widerspruch zur alten Struktur des Abbilds treten. Ich werde diesen Prozeß im folgenden Kapitel am Problem der Organisatoren des Psychischen ausführlich darstellen. Festgehalten werden soll hier, daß mit der Entwicklung der bedingten Reflexe einerseits kognitive Schemata *(Piaget)*, Abbilder, mit neuen sinnlich wahrnehmbaren Situationselementen gekoppelt werden, die Signalcharakter erhalten. *Piaget* spricht hier vom Vorgang der *Assimilation* des Objektes an ein kognitives Schema, *Freud* von der *Objektbesetzung.* Andererseits erfolgt zu bestimmten Zeitpunkten, wenn Struktur der Tätigkeit und Abbild der Tätigkeit in Gegensatz treten, eine innere Umorganisation des Abbildes. *Piaget* spricht hier davon, daß das kognitive Schema an neue Gegebenheiten *akkomodiert* wird, *Spitz* vom Aufbau eines neuen *Organisators* des Psychischen.

Auf diesem Weg erfolgen also Umstrukturierungsprozesse des Psychischen, indem neue Abbilder entstehen, und damit *Begriffshierarchien, Abbildhierarchien.* Diese gehen gleichzeitig einher mit der Ausweitung der Handlungen in Form von über bedingt-reflektorische Muster herausgebildeten *Operationen.* Diese hängen jeweils von der Qualität des Abbildes selbst ab. Deshalb kann auch eine Neubildung von Operationen, so weist dies *Leontjew* in „Probleme der Entwicklung des Psychischen" nach, erst dann erfolgen, wenn neue Abbilder vorhanden sind. Umgekehrt entstehen die Abbilder nur aufgrund des Davoneilens der Tätigkeit, und damit auch der den Operationen zugrundeliegenden Tätigkeitsmustern, gegenüber dem alten Abbild. *Leontjew* formuliert diesen Zusammenhang so („Die psychologische Erforschung des Sprechens" Werke Bd. 1, 1988): *„Die Bedeutung als Verallgemeinerung, deren Träger das Wort ist, tritt in zweierlei Weise auf: dem Bewußtsein zugehörig ist es Widerspiegelung von Wirklichkeit, ihr Abbild; aber gleichzeitig ist die Bedeutung von ihrer Struktur her ein System von Operationen, in der Struktur der Bedeutung kristallisierter Tätigkeit. Man darf diese Seiten nicht gleichsetzen. Sie sind einander gerade ein Abbild und Tätigkeit, ein 'Ding' und 'Prozeß' entgegengesetzt, aber sie bilden eine Einheit. Die Bedeutung ist die Einheit dieser Gegensätze."*

Insofern das Abbild *Resultat der Tätigkeit* ist, ist es zugleich ein *System von Operationen.* Insofern es sich auf die hinter der Sinnlichkeit des Gegenstand liegende *Bedeutung für das Subjekt* bezieht, ist es *Abbild.*

4.9 Physiologischer Bedarf und psychologische Bedürfnisse

Gehen wir nunmehr über zu Behandlung der weiteren in Abbildung 5 behandelten Zusammenhänge. Im Zentrum der Entwicklung des Psychischen stehen Abbild und Tätigkeit. Die Sinngebungsprozesse und emotionalen Prozesse sind aufs engste mit ihnen verknüpft. Auf der anderen Seite sind sie jeweils ein Ausdruck der Stärke der Bedürfnisse. Ich hatte oben schon mit *Marx* darauf verwiesen, daß *Bedürfnisse* selbst als historisch begriffen werden müssen. Trotzdem ist es wichtig, diesen Zusammenhang hier auf einer elementaren psychobiologischen Ebene nochmals zu verdeutlichen. In der Terminologie von *Simonov* drückt sich das

Bedürfnis in der jeweiligen Situation aus als *Verhältnis der Emotionen zur Informationsdifferenz.* Ist das Bedürfnis schwach, so wird bei gleichbleibender Informationsdifferenz die emotionale Erregung geringer sein. Gleichzeitig ist das Bedürfnis auch ein Resultat der bisherigen emotionalen Bewertung von Handlungsmöglichkeiten für das Subjekt auf der Basis der Sinngebung und der integrativen Leistung des emotionalen Apparates. Ist eine Handlung also gelungen, hat sie ein ursprünglich schwaches Bedürfnis in unerwartet starker Weise befriedigt, so ändert sich damit auch die Stärke des Bedürfnisses.

Hier ist nun der Ort, um einiges über den *allgemeinen Charakter von Bedürfnissen* zu sagen Von entscheidender Bedeutung ist es, die Ebene der *psychologischen Bedürfnisse* von der Ebene des *biologischen Bedarfs* zu unterscheiden. Bedürfnisse sind psychologische Dimensionen der Tätigkeit und des Abbilds Sie resultieren aus vergangenen Erfahrungen in der Tätigkeit unter dem Aspekt des Verhältnisses von emotionaler Bewertung und pragmatischer Ungewißheit. Die Herstellung von Handlungsgewißheit und die positive emotionale Bewertung bewirken eine positive Gerichtetheit der Bedürfnisse auf bestimmte Bereiche der objektiven Realität. Die erfahrene Handlungsungewißheit und das Mißlingen von Handlungen sowie die im Verhältnis hierzu auftretenden negativen Emotionen bewirken eine Gerichtetheit auf Vermeidung. Jeweils ist das Bedürfnis aber abhängig von der Vermittlung von Subjekt und Objekt in der Tätigkeit. Es geht in dieser nicht primär um die Befriedigung eines physiologischen Bedarfs sondern um Befriedigung psychologischer Bedürfnisse. Dies belegen z. B. auch die *Selbstreizungsexperimente* bei Ratten und anderen Säugetieren. Obwohl Nahrung vorhanden war, wurde diese nicht genommen, sondern Zentren gereizt, die eine emotional positive Bewertung hervorbrachten. Der Trieb nach Essen, d. h. der organische Bedarf, dessen Gradient zunehmend stieg, wurde also nicht befriedigt. Stattdessen wurde er zur Induktion eines ständig neuen Bedürfnisses genutzt, das durch das Drücken der stimulierenden Taste immer wieder psychologisch befriedigt wurde, indem eine positive Emotion resultierte.

Es ist also gänzlich unsinnig, sinnlich-vitale Bedürfnisse höheren Bedürfnissen gegenüberzustellen (so in der Tendenz *Holzkamp*), da dies die Ebenen der Analyse durcheinanderbringt. Es gibt auf der einen Seite einen *sinnlich-vitalen Bedarf* des Organismus, der auch den höchsten Informationsverarbeitungssystemen zugrunde liegt. Auf diesem Niveau ist es der durch die Funktionsweise des Zentralnervensystems hervorgebrachte *Bedarf nach neuen Eindrücken.* Spätestens ab Säugetierniveau bewirkt die Unterdrückung dieses Bedarfs schwere Schädigungen. Auf die Folgen solcher isolierenden Bedingungen gehe ich in Kapitel 6 ein Auf der anderen Seite gibt es *psychologische Bedürfnisse,* die sich auf den *Umgang mit Neuigkeit* und die *Vermeidung von Ungewißheit* beziehen. Steigt die Neuigkeit zu sehr an, so kommt es zu negativen Emotionen, die nunmehr als zu hoher Grad von Neuigkeit zum Objekt der Tätigkeit werden. Die Tätigkeit richtet sich auf die Vermeidung der negativen Emotionen z. B. durch Flucht oder Aggression. Sinkt der Neuigkeitsgrad zu sehr ab, so bewirkt dies die Aktivierung aufgrund innerer Schrittmacher und damit die aktive Suche nach Neuigkeit. Diese wird auf Bedürfnisebene angeregt durch die positive emotionale Bewertung gelungener Informationsverarbeitungsprozesse. Deren ständige Basis ist der Orientierungsreflex, der die aktive Zuwendung des Organismus zur Umwelt erzwingt. Zur *Verarbeitung von Neuigkeit* gehört also jeweils die

Vermeidung von Ungewißheit, da sonst die emotionale Bewertung negativ wird. Zur *Vermeidung von Ungewißheit* selbst gehört aber notwendigerweise die Verarbeitung von Neuigkeit, da sonst die Ungewißheit durch die neuen Eindrücke steigt und wiederum negative Emotionen resultieren Durch dieses Bewertungssystem ist gesichert, daß Organismen selbst aktiv die Bedingungen ihrer Tätigkeit suchen, die die Herausbildung der gattungsgeschichtlich notwendigen psychischen Abbilder auch tatsächlich realisieren.

Zu diesem Prozeß des Aufbaus des psychischen Abbilds gehört notwendigerweise das *Abbild von den anderen Mitgliedern der Gattung,* da andernfalls diese aussterben würde. Es entwickeln sich also zahlreiche unbedingt-reflektorische Strukturen, die genau dieses Verhältnis basal absichern. So zielen beim Säugling nahezu alle feststellbaren unbedingt- und bedingt-reflektorischen Strukturen auf einen gattungsadäquaten Austausch in der Tätigkeit mit der Mutter. Die Entwicklung der Sinne, hier komme ich auf die Erörterungen von *Gibson* zurück, *ökologisch* zu verstehen, heißt nicht nur die physikalische Umwelt miteinzubeziehen, sondern zuerst und vorrangig die belebte, also die *soziale Umwelt.* Die Entwicklung der fünf Sinne ist ein Werk der ganzen Weltgeschichte, so hatte ich Karl *Marx* zitiert. Aber in dieser Geschichte mußten sich zunehmend auch sinnliche Strukturen entwickeln, die sich vorrangig auf die Beziehungen zur Gattung selbst erstrecken.

Hier ist *Freud* aufzugreifen. Die Entwicklung des Sinnesorgans Haut, also des Körpers selbst als Träger sinnlicher Qualitäten, erreicht mit der *Säugetierentwicklung* eine gänzlich neue Dimension. Der *Körper und die Haut* werden zum *Sinnesorgan der Vermittlung der innerartlichen Beziehungen* par excellence. Die Entwicklung der neuen Qualität der ZNS ist eng an die Konstanthaltung der Körpertemperatur gekoppelt, da nur sie die Myelenisierung der Nerven sichert. Dadurch erst ist schnelle Nervenleitung möglich. Die Konstanthaltung der Körpertemperatur ist von einer anderen Qualität der Haut abhängig, die über Luftpolsterbildung gegen Temperaturverlust sichert Dies wird erreicht durch Federpolster oder Behaarung. Federn wie Haare erzwingen ständige Körperpflege, da sie bei Verkleben ihre Funktion nicht erfüllen. Diese Körperpflege muß wiederum durch entsprechende affektive Qualitäten abgesichert sein, also durch entsprechende *Rezeptorensysteme.* Diese sprechen auf spezifische Weise auf Wärme und Kälte, Berührung usw. an. Mit diesen Schutzsystemen wird das Eindringen in vorher nicht zugängliche Lebensräume erleichtert. Zugleich ermöglicht die Evolution des ZNS zunehmend die Herausbildung neuer Abbilder im Prozeß der Ontogenese.

Damit sind Individuen zum Zeitpunkt ihrer Geburt aber zunehmend noch nicht individuell lebensfähig und bedürfen der Versorgung durch die Elterntiere. Damit diese Versorgung möglich ist, müssen diese Elterntiere zunächst ihr Junges über prägungsähnliche Vorgänge positiv affektiv identifizieren, damit bei ihnen ein Bedürfnis zur Aufzucht dieses und nur dieses Jungtieres entsteht. Dies geschieht bei den Vögeln vor allem durch optische Identifikationsvorgänge, bei den Säugetieren vor allem durch Geruch. Gleichzeitig mit der Identifizierung muß bei den Alttieren nicht nur das *Bedürfnis nach Versorgung* der Jungtiere mit Nahrung entstehen, sondern auch das *Bedürfnis nach Pflege* der Jungen, insbesondere Hautpflege, da andernfalls die weitere Entwicklung nicht gesichert wäre. Die Jungen selbst müssen die Hautpflege, für die sie zwar über Erbkoordinationen verfügen, erst in adäquater Weise lernen usw. Es entstehen also *soziale Systeme mit Aufzuchttraditionen*, ohne die die Gattung wie das Individuum nicht überleben können. So las ich vor kurzer Zeit den Bericht über eine Schimpansin, die als Zootier nicht gelernt hatte, Schimpansenjunge artspezifisch großzuziehen. Sie legte es nicht an die Brust, sondern entwickelte die Fähigkeit es zu „beruhigen", indem sie dem wimmernden Kleintier den Finger in den Mund drückte. Obwohl die Wärter es ihr beibringen konnten, das Junge zu stillen, verwendete sie in einer Nacht wieder das alte Muster und erstickte das Jungtier.

Es wird deutlich: Bedürfnis nach neuen Eindrücken bezieht sich nicht nur auf die physikalisch gegenständliche Welt sondern auch jeweils auf den innerartlichen Verkehr. Gerade diese Eindrücke sind in sehr hohem Grade mit *positiven affektiven Strukturen* verknüpft. Diese sind aber nicht wie *Freud* annahm, als von Anfang an durchgängige Quantität an Libido vorhanden. Sie organisieren sich im Prozeß der sozial befriedigenden bzw. unbefriedigenden Beziehungen über die Gedächtnisbildung des emotionalen Apparates als individueller und persönlicher Sinn. Dabei spielt der innerartliche Körperkontakt eine große Rolle, vermag sich aber später durchaus auf die sprachliche und Arbeitsebene zu verlagern, über die reichhaltige Beziehungen zu anderen Menschen erfahrbar und eingehbar sind. Insofern muß bei der Entwicklung der Bedürfnisse die Totalität dieser Zusammenhänge gesehen werden. Entsprechend wandelt sich auch, darauf macht *Michailow* (1983) aufmerksam, mit dem Entstehen der Ich-Funktionen das Bedürfnis nach neuen Eindrücken auf sich selbst bezogen zunehmend in das Bedürfnis nach Selbstverwirklichung.

Die *Bedürfnishierarchien* des Individuums sind damit abhängig von den Abbildhierarchien und der Entwicklung des Sinns wie diese wieder in Abhängigkeit von den Bedürfnissen stehen. Zentrales Bedürfnis ist das Bedürfnis nach *neuen Eindrücken*, das sich auf menschlichem Niveau niederschlägt im Bedürfnis nach *Selbstverwirklichung* (bezogen auf die Produktion des Individuums selbst), im Bedürfnis nach *Spiegelung im je anderen Menschen wie in der Menschheit* (also Herstellung von gattungsnormalen sozialen Beziehungen) wie im Bedürfnis nach *gesellschaftlicher Arbeit* als zentraler Form der Vermittlung von Subjekt und Objekt in der Tätigkeit. Insofern ist Arbeit erstes Bedürfnis des Menschen und zugleich erstes Menschenrecht.

4.10 Emotion, Affekt und Wille

Es bleibt nunmehr noch ein weiterer Aspekt aus Abbildung 5 aufzugreifen und zu behandeln. Es ist dies die Dimension der sich auf der Basis des Freiheitsreflexes entwickelnden *Willensfunktionen*. Unter *Freiheitsreflex* versteht *Simonov* folgenden Zusammenhang, den ich ausführlich zitiere, da dieser Gedanke in der bisherigen deutschsprachigen psychophysiologischen Diskussion keine Rolle gespielt hat. Der „Freiheitsreflex" wurde erstmals von *Pawlow* beschrieben. Dieser sah in den Versuchen der Tiere, sich der Begrenzung ihrer motorischen Aktivität zu „widersetzen" wesentlich mehr als nur eine Abwehrreaktion. „Der ‚Freiheitsreflex' ist eine selbständige Verhaltensform, für die ein Hindernis ein ebenso adäquater Reiz ist, wie die Nahrung für die Nahrungsbeschaffung, der Schmerz für die Abwehrreaktion oder ein neuer und unerwarteter Reiz für die Orientierungsreaktion." Dieser Gedanke wurde, so *Simonov* (1981 S. 116 f.), von *Pawlow* weiterentwickelt und experimentell modelliert. Die *„Reaktion des Überwindens"* *ergänzt* bei Vorhandensein eines Hindernisses das Bedürfnis, welches primär das Verhalten initiierte (Nahrung, sexuelles Verhalten usw.) und spielt eine wichtige Rolle bei der Formierung adaptativer Handlungen. Dabei muß für den Menschen, so führt *Simonov* weiter aus, ein Hindernis nicht unbedingt ein äußeres Hemmnis sein. „Ebenso kann es ein konkurrierendes Bedürfnis sein" (ebd., S. 117).

Den *Zusammenhang von emotionaler Bewertung und willentlicher Bewertung* kennzeichnet er wie folgt (S. 118):

„Die Vorzüge der Emotionen werden auf dialektische Weise zu ihren Nachteilen. Es geht nicht nur um unrationelle Verschwendung emotionaler Reaktionen. Durch die Generalisierung der Suche nach einem Ausweg enthalten die Emotionen immer die Gefahr eines Entfernens vom Ziel, die Gefahr einer ‚blinden' Variantenauswahl nach der Methode von Versuch und Irrtum. In dieser Beziehung kompensiert der Wille die empfindlichen Seiten einer emotionalen Erregung und ermöglicht die Beibehaltung des ursprünglichen Zieles. Außerdem kann das willkürliche Verhalten solange als Quelle positiver Emotionen dienen, bis das endgültige Ziel erreicht ist. . . . Aber auch der Wille hat seine ‚Achillesferse' in Form der zu starken Lokalisation der Lösungssuche. Er verhindert das ‚Verwerfen' von Lösungswegen, das für die schöpferischen Ideen und das prinzipiell neue Herangehen an eine Aufgabe notwendig ist. Deshalb muß wahrscheinlich die Vereinigung eines starken Willens (‚die Geduld über ein und dasselbe nachzudenken' wie Newton sagte) mit einem bestimmten Grad an emotionaler Erregbarkeit als psychologisch optimal betrachtet werden".

Soweit *Simonov*. Dieser Gedanke macht auf wichtige Zusmmenhänge aufmerksam, auf die ich bereits ein Stück weit verwiesen habe: Die in der vorgreifenden Widerspiegelung, in der Einstellung als „erwartete Informationsdifferenz", antizipierte Möglichkeit der Befriedigung eines Bedürfnisses schafft gleichzeitig eine emotionale Bewertung der hierauf gerichteten Tätigkeit. Dies entspricht Überlegungen, die *Simonov* bereits auf der Ebene der Orientierungsreaktionen formuliert hat: Jede *Orientierungsreaktion* hat eine *affektive Valenz* für das Individuum. Eine emotional neutrale Orientierung gibt es nicht. Insofern ist mit der Theorie von *Simonov* die in der vergleichenden Verhaltensforschung wie in der Psychophysiologie vorgenommene Unterscheidung von *Angst* und *Furcht* als zwei Formen emotionaler Bewertung ebenfalls modellierbar.

Ich zitiere zum ethologischen und psychophysiologischen Zusammenhang zunächst eine Zusammenfassung bei *Tsiakalos* (1982, S. 52):

„Schon 1961 hielt es Tembrock für zweckmäßig, in der Ethologie zwischen Angst und Furcht zu unterscheiden. Die grundsätzliche Unterscheidbarkeit der beiden Affekte wird durch die physiologischen Reaktionen deutlich: Während die Angst von körperlichen Symptomen wie z. B. erhöhte Pulsfrequenz, Atemnot, Zittern, Schweißausbrüche, gesteigerte Blasen- und Darmtätigkeit begleitet wird, treten bei Furcht keine solchen körperlichen Reaktionen auf, sondern eine allgemeine Verschärfung der Sinneswahrnehmung (Heymer 1977). Daraus wird die unterschiedliche phylogenetische Bedeutung ersichtlich: Angstzustände treten bei fehlender Fluchtmöglichkeit auf und bereiten den Körper auf Reaktionsmöglichkeiten wie

Verstecken oder auch Aggression vor, Furcht dagegen hat nichts mit Aggression gemeinsam, sondern gehört zum Erkundungsverhalten. Halliday (1966 zitiert nach Tembrock 1977) hält die Furchtmotivation als Antrieb explorativen Verhaltens sogar für wichtiger als den ‚Neuheitsgrad'. Lester (1967 zitiert nach Tembrock 1977) bestätigte durch Labyrinthversuche bei Ratten die Hypothese, daß zwischen der Explorationsbereitschaft und der Furcht eine Korrelation besteht. Bei schwacher Furcht wird exploratives Verhalten verstärkt und bei starker gehemmt."

Soweit der Überblick von *Tsiakalos.* Die von ihm verarbeitete Literatur habe ich ins Literaturverzeichnis mitaufgenommen. Auf die psychophysiologische Seite der Emotionen komme ich in Kapitel 6, 7 und 8 zurück. Die Frage der differentiellen Emotionen, in die das Problem der Unterscheidung von Angst und Furcht mit hineingehört, werde ich anschließend noch behandeln.

Hier kam es darauf an zu verdeutlichen, daß *zwei Arten von Emotionen* zu unterscheiden sind: Die an die *Orientierungstätigkeit und die Durchführung der Handlung* geknüpften Emotionen und die Emotionen, die das überraschende *Gelingen oder Mißlingen der Tätigkeit kennzeichnen.* Die mit dem Gelingen oder Mißlingen von Tätigkeiten verbundenen Emotionen gehen zugleich als Prozeß der Sinngebung in die emotionale Färbung der künftigen Tätigkeiten mit ein. In diesem Sinne sind auch die folgenden, von *Leontjew* (1979, S. 191) getroffenen, Unterscheidungen zu begreifen.

Es sind auseinanderzuhalten: *„die Affekte, die plötzlich und blitzartig entstehen (wir sagen. mich hat die Wut gepackt, aber ich habe mich gefreut), die eigentlichen Emotionen – vorwiegend ideatorische und situative Zustände, gegenständliche Gefühle, die mit den letztgenannten zusammenhängen, das heißt stabiles, im Gegenstand gleichsam kristallisiertes (Stendahl) emotionales Erleben. Eine weitere Gruppe bilden die Stimmungen, als ihrer ‚Persönlichkeits'-funktion nach sehr wichtige subjektive Erscheinungen. Ohne näher auf die Analyse dieser sehr verschiedenen Klassen von Emotionen einzugehen, möchte ich nur bemerken, daß sie untereinander komplizierte Beziehungen eingehen. Der junge Rostow befürchtet vor der Schlacht (und das ist eine Emotion), daß ihn die Angst überwältigen wird (ein Affekt). Eine Mutter kann mit einem ungezogenen Kind ernsthaft böse sein, ohne auch nur eine Minute lang aufzuhören, es zu lieben (ein Gefühl)."*

Die Emotionstheorie ist längst nicht so ausgearbeitet, daß man diese unterschiedlichen Dimensionen endgültig definitorisch benennen kann. Trotz dieses Vorbehalts werde ich im folgenden *Affekt* und *Emotion* weitgehend im Sinne von Leontjew benutzen, um die an die Orientierungstätigkeit und vorgreifende Widerspiegelung gebundene Emotion von dem im Augenblick auftretenden Affekt zu unterscheiden. Dieser Unterschied ist für die Erörterung der Willensfunktion wichtig. Im einen Falle ist das *willkürliche Verhalten,* also das Verhalten, das die Überwindung des Hindernisses als möglich antizipiert, *Quelle positiver Emotionen,* so *Simonov.* Ich füge hinzu: Es kann aber genausogut *Quelle negativer Emotionen* im Sinne von Furcht usw. sein. Im anderen Falle tritt der *Affekt im Augenblick* auf, oft als Verschärfung der negativen oder positiven Emotionen durch *Überraschungen,* die die Handlung nicht mehr oder unerwartet gut ermöglichen. In diesem Falle wird dieser Affekt Gegenstand der Tätigkeit, der Wille richtet sich auf die Angst als Hindernis zum Zweck ihrer Aufhebung. *Obuchowski* (1982) beschreibt dies als das Herabdrücken des Denkens durch die negativen Emotionen. In der jetzt verwendeten Terminologie müßten wir sagen: durch die negativen Affekte. Es wird deutlich, warum dies so ist: Das Objekt der Tätigkeit ist nicht mehr das äußere Hindernis, das überwunden werden soll, sondern das innere Hindernis, die Angst. Kann diese nicht durch Flucht überwunden werden, treten Wut und Aggression auf. Die Angst selbst als Hindernis bewirkt mit der Einschränkung des Freiheitsreflexes zugleich einen an diesen gebundenen spezifischen Affekt: die Wut, die den Willen wieder auf das äußere Hindernis zurückwendet

Diese Zusammenhänge greife ich in Kürze bei der differentiellen Emotionstheorie und ausführlicher bei der Neuropsychologie der Emotionen (Kap. 8) auf. Zurück zur Frage der willentlichen Handlung: Der Wille existiert also nicht ohne emotionale Färbung der Tätigkeit und ohne Inhalt der Tätigkeit Insofern kann *Simonov* (1982) ihn auf diese Elemente zurückführen. Er definiert den *Willen* als das *Verhältnis der pragmatischen Ungewißheit zur Emotion,* also W = ΔI/E.

Damit ist wiederum, wie beim Bedürfnis bereits erörtert, der Wille als psychische Funktion einerseits Ausdruck der aktuellen Situation, die die künftige Möglichkeit des Wollens bestimmt Steigt die emotionale Färbung der Handlung an, schlägt sie schließlich in den negativen Affekt um, so reduziert sich der Wille. Vergrößert sich die Emotion in positiver Richtung, so wird zugleich das Bedürfnis schneller befriedigt. Dies verändert die erwartete Informationsdifferenz in positiver Hinsicht, so daß das Erreichen des Ziels der Handlung schneller als antizipiert möglich wird Damit reduziert sich ebenfalls die willentliche Anspannung. Im Resultat der Bewertung der Handlung ist das Ergebnis im einen Falle jedoch von negativen Emotionen (Affekten) begleitet, im anderen Falle von positiven. Dies führt im einen Fall zur Ausrichtung der Tätigkeit auf die Vermeidung dieser negativen Erfahrungen, im anderen Fall auf die Wiederherstellung der positiven Erfahrungen. Ändert sich nun bei gleichbleibendem Bedürfnis, die Tätigkeit zu vollenden, die erwartete Informationsdifferenz so, daß sie größer wird, so muß sich der Wille vergrößern, um das Bedürfnis befriedigen zu können. Mehr Zwischenschritte sind nötig, um das positive Ergebnis zu erreichen, verstärkte Bemühungen um Flucht, Vermeidung, ggf. Angriffe, um das negative Ergebnis zu vermeiden. Ob sich der Wille hierbei vergrößert, hängt zugleich von der emotionalen Absicherung in dieser Situation ab, die insbesondere von der Kooperation mit anderen an dem gleichen Problem abhängt.

Es wird nunmehr deutlich, daß der Wille selbst (andererseits) eine Entwicklung durchläuft, sich gegenstandsspezifisch vergrößern oder verkleinern kann, auf neue Gegenstände sich richten und von alten Gegenständen abgezogen werden kann. An die Entwicklung der Bedeutungshierarchien, und mit diesen verbunden der Operations- und Bedürfnishierarchien, sind auch historisch gewordene *Willenshierarchien* verknüpft. Allerdings ist der Wille, wie *Leontjew* (1979, S. 199) zurecht bemerkt, „weder Quelle noch ‚Mittelpunkt‘ der Persönlichkeit, er ist eine ihrer Äußerungen Die Persönlichkeitsentwicklung kann . . . auch als Entwicklung des Willens dargestellt werden, und das ist nicht zufällig. Die unwillentliche, impulsive Handlung ist eine Handlung ohne Kontrolle durch die Persönlichkeit, unpersönlich." Dies ist auf dem Niveau der Persönlichkeit zu unterstreichen Nicht übereinstimmen kann ich mit der folgenden Bemerkung, daß man vom „Willensverlust" nur in bezug auf die Persönlichkeit sprechen könne. Dies trifft lediglich für den bewußten Willen zu, nicht aber für die von mir hier auf reflektorischer Grundlage erörterten Willensfunktionen.

Die Gesamtheit der Willenshierarchien, also der von der Persönlichkeit im Zusammenhang der Entwicklung ihrer Tätigkeit wahrgenommenen Bewertung der Überwindbarkeit von Hindernissen, nenne ich *Charakter*. Gegenüber dem im „Wörterbuch der Psychologie (*Clauß* u. a. 1981) verwendeten Charakterbegriff ist dieser wesentlich eingeschränkt. Dort wird Charakter als die „relativ konstante Gerichtetheit gegenüber dem Mitmenschen und sich selbst sowie gegenüber gesellschaftlichen Tätigkeiten und ihrer Produktion" definiert (S. 102). Diese Gerichtetheit tritt in unterschiedlichen Charakterzügen zum Ausdruck wie „Altruismus, Beharrlichkeit, Bescheidenheit, Egoismus, Ehrlichkeit, Entschlossenheit, Einsatzbereitschaft, Höflichkeit, Treue, Verantwortungsbewußtsein und Standhaftigkeit" (S. 103). Dies alles sind jedoch Ausdrucksformen des persönlichen Sinns in Form der Herausbildung von moralischen Dimensionen des Handelns. Sie sind Ausdruck der nach der ersten Geburt der Persönlichkeit sich zunehmend entwickelnden „ethischen Instanzen". Auf diese Strukturen werde ich im folgenden Kapitel noch näher zu sprechen kommen Da nach Meinung der Autoren des psychologischen Wörterbuches selbst die Begriffe „Charakter" und „Persönlichkeit" weitgehend identisch sind (S. 444), kann ich auf eine weite Definiton von Charakter verzichten, da Persönlichkeit die präzisere und besser ausgearbeitete Kategorie ist, um das Realkonkretum abzubilden. Ich beschränke „Charakter" also im wesentlichen auf die Dimensionen, die *Rubinstein* (Grundlagen der allgemeinen Psychologie, S. 649 ff.) als „*Willensqualitäten der Persönlichkeit*" behandelt. Die darüber hinausgehenden „Persönlichkeits- und Charaktereigenschaften" im Sinne von *Rubinstein* halte ich mit den Kategorien „Persönlichkeit" und „Sinn" für präziser faßbar.

Auf einen weiteren Aspekt der *Simonov*schen Emotions- und Willenstheorie, auf deren Ausgangsüberlegungen ich mich wesentlich bezogen habe, möche ich noch verweisen. *Simonov* sprach von der „Achillesferse" des Willens, von der (zu) starken Lokalisation der Lösungssuche. Untersuchen wir diese nicht nur im Zusammenhang der Intrasystembeziehungen des Psychischen sondern im System „Subjekt – Tätigkeit – Objekt", so tritt in der gegenständlichen Tätigkeit selbst die *starke Lokalisation* als die psychologische Dimension der *Aufmerksamkeit* in Erscheinung. Auf der Ebene der willkürlichen Handlungen der Persönlichkeit spricht in diesem Zusammenhang *Galperin* (1973) von willkürlicher Aufmerksamkeit Diese entsteht, indem auf den Gegenstand bezogene Kontrollhandlungen verinnerlicht und zu geistigen Kontrollhandlungen werden. Auch *Rubinstein* unterscheidet willkürliche und unwillkürliche Aufmerksamkeit. Die willkürliche Aufmerksamkeit ist an das Bewußtsein gebunden; die unwillkürliche Aufmerksamkeit „beruht auf reflektorischen Einstellungen" (S. 562). Wir können nun präzisieren: Sie beruht auf der (auf der Basis des Freiheitsreflex vorgenommen) willentlichen Ausrichtung der Tätigkeit auf die Überwindung des Hindernisses. Die Aufmerksamkeit ist also an den Willen als „Reaktion des Überwindens" gebunden.

Schließlich hatte *Simonov* von der Notwendigkeit der *Ausgewogenheit zwischen Wille und Emotionen* für die optimale Bewältigung von Anforderungen gesprochen. Entsprechend diesen Überlegungen bestimmt *Suchomlinski* (1979, S. 139) das *Anspruchsniveau* der Persönlichkeit als „durch die Einheit von Begeisterung für eine Sache als wesentlicher Erscheinungsform des Verhaltens und Willenskraft andererseits gekennzeichnet." Ich werde diese Problematik nach Behandlung der differentiellen Emotionen in diesem Kapitel nochmals aufgreifen.

4.11 Differentielle Emotionen

Die Probleme des *Verhältnisses von emotionalem Apparat und differentiellen Emotionen*, die ich in einigen Aspekten schon dargestellt habe, habe ich versucht in *Abbildung 6* zusammenzufassen. Dabei bin ich mir bewußt, daß in der Aufgliederung der Emotionen und Affekte in unterschiedliche Formen affektiv-emotionaler Empfindungen sicherlich noch nicht das letzte Wort gesprochen ist. In

Abbildung 6· Emotionaler Apparat und differentielle Emotionen

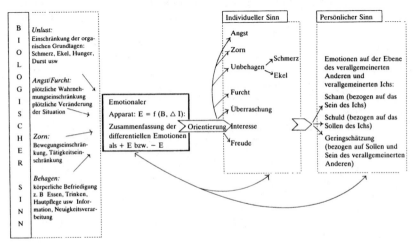

Erarbeitet auf der Basis von P. V. Simonov: Höhere Nerventätigkeit des Menschen, Motivationelle und emotionale Aspekte, Berlin/DDR: Volk und Gesundheit 1982

C. E. Izard: Emotionen des Menschen. Eine Einführung in die Grundlagen der Emotionspsychologie, Weinheim: Beltz 1981

E: Emotion   B: Bedürfnis $\triangle$ I: Differenz zwischen notwendiger und vorhandener Information   + E: positive Emotionen   − E: negative Emotionen

Spinozas „Ethik" werden 48 unterschiedliche Affekte benannt, die auf der Basis von Begierde, Lust und Schmerz beschrieben werden. In Carroll *Izard's* Buch „Die Emotionen des Menschen" sind es insgesamt zehn basale Emotionen, denen gegenüber er die anderen als zusammengesetzte Formen begreift. Dabei verweist er selbst darauf, daß Emotionen wie Scham, Schuld und Geringschätzung erst auf jener Ebene auftreten, auf der ich mit *Leontjew* von „Persönlichkeit" gesprochen habe.

145

Simonov (1982) unterscheidet beim Säugling *vier basale emotionale Qualitäten,* die er auf spezifische, unterschiedliche neuropsychologische Systeme des Gehirns zurückführt. Ich zitiere ihn (S 18) ausführlich: „*Wir möchten die Aufmerksamkeit der Leser auf den Fakt lenken, daß die direkte Reizung des Gehirns im Prinzip nur vier emotionale Zustände auslösen kann: Zorn, Angst, Lust und ihren Gegensatz, Abneigung und Diskomfort Es ist durchaus wahrscheinlich, daß gerade diese vier Emotionen die Grundausstattung des unbegrenzt vielfältigen und komplizierten emotionalen Lebens des Menschen bilden Bevor ein Kind seine eigene individuelle Erfahrung gesammelt hat, können sie nach dem Mechanismus des angeborenen unbedingten Reflexes aktiviert werden. Beim Säugling lösen Hunger, Schmerz, Abkühlung oder ein nasses Bett den Zustand der Unlust aus, mit seinem charakteristischen äußeren Anzeichen, der Leidensgrimmasse und dem Weinen. Ein unerwartet starker Laut oder der Verlust des Gleichgewichts rufen den Zustand der Angst hervor, während eine gewaltsame Begrenzung der motorischen Aktivität Zorn auslöst . . Selbst auf diesem elementaren unbedingt-reflektorischen Niveau finden wir einen prinzipiellen Unterschied zwischen negativen und positiven emotionalen Reaktionen. Auf den ersten Blick scheint es, daß die nervalen Strukturen der Lust beim Kind auf dem gleichen direkten und eindeutigen Weg aktiviert werden, wenn es gewiegt wird und die rezeptorischen taktilen Zonen gereizt werden, die später erogene Bedeutung erlangen. Eine genauere Analyse hat jedoch gezeigt, daß durch Reizung von Rezeptoren nur bei einer bestimmten ‚Einstellung' zentraler nervaler Strukturen Lust ausgelöst werden kann*"

Die ursprünglichen emotionalen Qualitäten erscheinen daher an die unbedingt-reflektorischen Prozesse allgemein gebunden zu sein, deren Nichtrealisierung zu Unlust führt (wahrgenommen als ins Psychische transformierte sinnlich-vitale Bedarfszustände und Gewebeungleichgewichte des Organismus) Ihre Verbindung mit dem Orientierungsreflex kann bei positiver emotionaler Bewertung, also Befriedigung des Bedürfnisses, zur Ausbildung von bedingten Reflexen führen. Der Prozeß der *gelingenden Orientierung,* der gelingenden Neuigkeitsverarbeitung, ist dabei die *Quelle der positiven Emotionen.* Das Mißlingen der Tätigkeit kann eintreten entweder durch Verlust der Orientierung, dann tritt Angst auf, oder durch Einschränkung der Tätigkeit. In diesem Falle tritt Zorn auf. Die vorliegenden Untersuchungen zur Neuropsychologie der emotionalen Prozesse rechtfertigen diese Untersuchung (s. Kap. 8). Man kann darüber hinaus noch weiter differenzieren, z B. nach spezifischen Rezeptorsystemen, mit denen affektiv-emotionale Zustände verbunden sind Hier differenzieren sich dann Formen der Unlust bei Hunger und Durst aus gegenüber Unlust bei Kälte oder Nässe und diese wiederum gegenüber Schmerz oder Ekel.

Im Aufbau des Orientierungsprozesses auf der Basis von individuell gebildeten erwarteten Informationsdifferenzen können sich die an die Orientierung selbst geknüpften Emotionen weiter ausdifferenzieren, wie ich dies in *Abbildung 6* für den Bereich der Bildung des individuellen Sinns unter Benutzung der Begrifflichkeit von *Izard* versucht habe Ergänzt habe ich *Izard* lediglich um die Dimension Angst Er hält diese für eine Mischung aus Furcht und zwei oder mehr der „fundamentalen" Emotionen Kummer, Zorn, Scham/Schüchternheit, Schuldgefühl und der positiven Emotion Interesse/Erregung (S. 116). Dem kann ich nicht zustimmen

Es ist aber auch nicht nötig, die Fragen der differentiellen Emotionstheorie hier im Detail zu lösen. Für die weiteren Erörterungen reicht es, auf die von *Simonov* bereits herausgearbeiteten Zusammenhänge zu verweisen, daß positive Emotionen grundsätzlich nur bei einer gewissen zentralnervösen Einstellung entstehen können und nicht durch unmittelbare Reizung von Rezeptorsystemen. Sie sind jeweils an die Informationsverarbeitung und damit an die Tätigkeit als ganze gebunden. Auch die Reizung von Rezeptoren der Haut mit scheinbar adäquaten Reizen, wie Hautkontakt, Streicheln usw. kann als extrem aversiv empfunden werden, wenn sie von einem Menschen durchgeführt wird, der für das Subjekt insgesamt oder im Augenblick keine positive Bedeutung hat. Diese Überlegungen sind von großer Bedeutung für Fragen der basalen Pädagogik in der Arbeit mit schwerstbehinderten Kindern, Jugendlichen und Erwachsenen. Ich werde sie dort (Kap 10) wieder aufgreifen.

4.12 Tätigkeit, Einstellung und Anspruchsniveau

Im folgenden befasse ich mich nach einer ersten Analyse der inneren Zusammenhänge des Psychischen nach dem Pol des Subjekts hin nunmehr mit dem Übergang dieser Strukturen in die Tätigkeit im System „Subjekt – Tätigkeit – Objekt". Ich behandle diese Zusammenhänge anhand der *Abbildung 7*. Diese

Abbildung 7 Die Entstehung des dominierenden Motivs der Tätigkeit

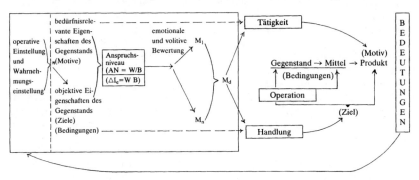

M: Motiv; M_d: dominierendes Motiv; W: Wille; B: Bedürfnisse (W + B = 1); $\triangle I_e$: erwartete Informationsdifferenz

Abbildung baut einerseits auf den bisher erörterten Zusammenhängen von Abbildung 5 und 6 auf. Andererseits greift sie die Frage der *Struktur der Tätigkeit* und deren Definition wieder auf, die ich weiter oben schon anhand der Arbeiten von *Leontjew* dargestellt hatte. In der Verwendung der Kategorien „operative Einstellung" und „Wahrnehmungseinstellung" beziehe ich mich auf die georgische Schule der Tätigkeitspsychologie, insbesondere auf die Auffassungen von *Uznadze* (1966, 1976)

Einstellungen hatte ich bereits weiter oben als erwartete Informationsdifferenzen definiert. Dies sind sie im Hinblick auf die *objektiven Eigenschaften des*

147

Gegenstandes, der entsprechend dem Bedürfnis transformiert werden muß, also z. B. durch Bewegungsmuster, um zu der Nahrung zu gelangen. Sie sind dies aber auch im Hinblick auf die *bedürfnisrelevanten Eigenschaften des Gegenstandes*, also im Hinblick auf die spezifischen Eigenschaften des Gegenstandes für die Befriedigung des Bedürfnisses für das Subjekt. Wir haben beide Seiten dieses Verhältnisses bereits an dem Beispiel kennengelernt, mit dem Leontjew die Kategorie des biologischen Sinns verdeutlicht. Einerseits orientiert sich der Frosch über die Eigenschaften „rund" oder „lang" als antizipatorische Hinweise auf artrelevante Nahrung (Regenwürmer bzw. Spinnen) an Streichhölzern oder Moosstückchen. Entsprechen diese Objekte nicht dem biologischen Sinn, also den über diesen determinierten je aktuellen Bedürfnissen, so ändern sich diese Verbindungen schnell, auf Anhieb. Andererseits orientiert sich der Frosch mit einer anderen Art von Verbindungen, die sich in den sensomotorischen Koordinationen seiner Bewegungen niederschlagen, an den objektiven Eigenschaften der gegenständlichen Welt. Nun sind beim Frosch die Bedeutungen, die psychischen Abbilder, in diesem Fall die von gattungsrelevanten Nahrungsquellen, noch gänzlich stammesgeschichtlich amodal. Erst bei höheren Lebewesen vermögen die über die Tätigkeit erfahrenen objektiven Eigenschaften selbst Bedeutung anzunehmen So etwa bei der Katze, die über die Bewegungsmuster des Haschens und Fangens lernt, Mäuse, Vögel, Papierbällchen usw. zu differenzieren. Ich werde hierauf im folgenden Kapitel noch genauer eingehen. Bei den höheren Tieren, insbesondere ab Säugetierniveau und hier wieder in besonderer Weise bei den subhumanen Primaten, werden diese Zusammenhänge „immer beweglicher und komplizierter", so *Leontjew*, „es bleibt nur die Unmöglichkeit, sie zu isolieren. Sie trennen sich erst auf der Stufe des Menschen, auf der die verbalen Bedeutungen in die inneren Zusammenhänge dieser beiden Sinnlichkeitsformen eindringen" (1979, S. 146 f.). „Im menschlichen Bewußtsein trennt sich die Tätigkeit von den Gegenständen, die vom Menschen jetzt nur innerhalb bestimmter Verhältnisse erfaßt werden" (*Leontjew* 1973, S. 207).

Die *erwartete Informationsdifferenz* als Kern der operativen wie Wahrnehmungseinstellung ist daher *einerseits* ausgerichtet auf die *objektiven Eigenschaften der Gegenstände* und in dieser Hinsicht durch die bisher erworbenen Operationen und Bewegungsmuster determiniert. Dabei können auf niedrigem Entwicklungsniveau diese Operationen noch als gattungsgeschichtlich fixiert, in Form unbedingt-reflektorischer Muster angenommen werden. Insofern orientiert sich die Tätigkeit an der sinnlichen Oberfläche des Gegenstandes. Dies ist der Kern von *Uznadzes* Begriff der *Wahrnehmungseinstellung*. Eine solche Wahrnehmungseinstellung findet man z. B. in dem folgenden Experiment. Personen erhielten je eine Kugel unterschiedlicher Größe in die rechte und in die linke Hand. Anschließend wurden sie um vergleichende Größenschätzungen von zwei über ein Tachistoskop kurz exponierten gleichgroßen Kreisen gebeten. Die meisten dieser Personen schätzten diese visuell dargebotenen Kreise entsprechend der vorweggehenden haptischen Erfahrung in der gleichen Richtung als unterschiedlich ein, wie sie vorher die Kugeln in der Hand gehabt hatten (*Uznadze* 1976, S. 33). *Operative Einstellungen* beziehen sich im Gegensatz hierzu auf die Konstanz der hinter den sinnlichen Eigenschaften der Gegenstände wahrgenommenen Bedeutungen. Sie zeigen sich z. B. als Strategien der Tätigkeit, mit der ein Gegenstand in einen anderen transformiert werden soll. So beim Schachspieler, der in einer besonderen Suchtaktik den Spielstand visuell überprüft, bevor er zieht (vgl *Tichomirow* 1981, S. 931) oder bei einer Katze, die sich in die richtige Absprungposition beim Belauern eines Vogels bringt.

Andererseits ist die erwartete Informationsdifferenz abhängig von den *bisherigen Erfahrungen* des Individiuums in der *bedürfnisrelevanten Ausübung* seiner Tätigkeit. Sie ist also abhängig von dem bedürfnisstillenden Charakter des Gegenstandes wie von der Möglichkeit, die Hindernisse hierbei zu überwinden. Ich habe dies in Abbildung 7 als $\Delta I_e = W \cdot B$ eingetragen. Die erwartete Informationsdifferenz ist in dieser Hinsicht ein Produkt der Stärke des Willens und der Stärke des Bedürfnisses. Es ist mathematisch offensichtlich, daß die erwartete Informationsdifferenz, setze ich die Gesamtstärke gleich 1, dann am größten ist, wenn $W = B$, also $0{,}5 \times 0{,}5$ bzw. in prozentualer Darstellungsweise 50×50. Überwiegt die Stärke des Willens die Stärke des Bedürfnisses oder umgekehrt, so nimmt die erwartete Informationsdifferenz als Einstellung auf die Bewältigbarkeit der Handlung ab, es entsteht Handlungsunsicherheit. Diese kann bei Überwiegen des Willens zum Versuch führen, unrealistische Aufgaben zu bewältigen bzw. bei Überwiegen des Bedürfnisses dazu, die Aufgaben sehr einfach zu wählen, um das Bedürfnis zu befriedigen.

Dies entspricht genau den Ergebnissen der *Anspruchsniveauforschung: „Erfolgshoffer* haben in der Regel ein mittelhohes AN, *Mißerfolgsmeider* entweder ein unangepaßt hohes oder niedriges AN" (*Clauß* u. a. 1981, S. 35). Weshalb wird nunmehr deutlich: Das Überwiegen des Willens oder das Überwiegen der Bedürfnisse muß im Verhältnis zum möglichen Erfolg zwangsläufig zum *Mißerfolg* führen. Der wiederholte *Mißerfolg* als Selbsteinschätzung bestimmt ebenso die Anspruchsniveausetzung wie der wiederholte *Erfolg*. Das Anspruchsniveau ist somit die sinnhaft-wertend zusammengefaßte Einstellung auf die Möglichkeit der Bewältigung einer Situation durch die Persönlichkeit, also das Verhältnis von Willen und Bedürfnis auf der Basis bisheriger Erfahrung. Verdeutlichen wir dies am Beispiel der hierfür oft herangezogenen Situation des Hochsprungs: Bei mittlerem Anspruchsniveau wird die Latte auf die Höhe mit der größten Erfolgswahrscheinlichkeit gelegt, wenn ich das Anspruchsniveau als prozentuale Größe angebe, also bei 50 % Erfolgswahrscheinlichkeit. Überwiegt der Wille, wird die Latte zu hoch gelegt, also auf 10 % Erfolgswahrscheinlichkeit. Das Anspruchsniveau ist unrealistisch hoch. Überwiegt das Bedürfnis, wird die Latte zu niedrig gelegt, also auf 90 % Erfolgswahrscheinlichkeit, das Anspruchsniveau ist unrealistisch niedrig.

Das Anspruchsniveau faßt somit in allgemeiner Weise die Einstellungen der Tätigkeit der Persönlichkeit zusammen und bestimmt die Möglichkeit des Erfolgs bzw. Mißerfolgs. Einstellungen und Anspruchsniveau können sich jeweils auf unterschiedliche gegenständliche Möglichkeiten der Bedürfnisbefriedigung beziehen. Im Prozeß der *emotionalen und volitiven Bewertung* ist also zu bestimmen, welche Tätigkeit eingeschlagen wird. Durch die Möglichkeit, unterschiedliche Tätigkeiten einzuschlagen, treten *verschiedene Motive* auf, die gegeneinander abgewogen werden müssen.

4.13 Tätigkeit und Motiv, Handlung und Operation

Dies ist der Ort, um einiges zur Vertiefung der Kategorie *Tätigkeit* anzuführen. *Einerseits* ist Tätigkeit *ständig existent* im System „Subjekt – Tätigkeit – Objekt".

Ohne Tätigkeit kein Subjekt und kein Objekt, so hatte ich bereits oben entwikkelt. *Andererseits* ist das Subjekt jedoch Resultat *vergangener Tätigkeit,* also Resultat des historischen Prozesses der Vermittlung seiner selbst mit dem Objekt. In dieser Beziehung ist es geronnene Tätigkeit, nicht aktuelle Tätigkeit. Resultat dieses Gerinnungsprozesses ist das System seiner psychischen Strukturen, das ich bisher dargestellt habe. Dieses System existiert zugleich als geronnene Tätigkeit nur weiter durch die Tätigkeit im je gegebenen Augenblick. Wir müssen also Tätigkeit als vergangenen Prozeß wie als Gegenwart analysieren, diesen Begriff also nach dem Augenblick hin differenzieren. Dabei müssen aber die bisher erörterten Strukturen des Psychischen ebenfalls sich in die Gegenwart vermitteln. Dies untersuchen die nunmehr behandelten Kategorien, die ich im Sinne von *Leontjew* verwende.

Die in den Bedürfnisstrukturen bisher geronnene Tätigkeit des Individuums findet in dem im Augenblick zugänglichen Gegenstand die Möglichkeit ihrer Befriedigung. Diese Verknüpfung des Bedürfnisses, das historisch als inhaltlich bestimmt und entwickelt zu verstehen ist, mit der Gegenwart nennt *Leontjew* Motiv. *Im Gegenstand findet die Tätigkeit also ihr Motiv.* Besser gesagt: in der bedürfnisrelevanten Dimension des Gegenstandes, *in seiner Potenz, Bedürfnisse des Individuums zu stillen,* Produkt seiner Tätigkeit zu sein. Gleichzeitig mit der Bildung des Motivs der Tätigkeit entsteht auf der Ebene der Einstellungen eine Aktivierung der möglichen *Operationen* im Zusammenhang zielgerichteter *Handlungen.* Sie kommen jedoch erst zur Anwendung, wenn auf der Ebene des Sinns der Tätigkeit endgültig aus verschiedenen möglichen Motiven das dominierende, das *sinngebende Motiv* bestimmt ist. Dies geschieht über den emotionalen Apparat, auf dessen Basis eine Bewertung der Motive stattfindet auf dem Hintergrund des allgemeinen Anspruchsniveaus wie seiner Konkretisierung auf die je spezifischen gegenständlichen Möglichkeiten hin. Die *emotionale Bewertung* der Tätigkeit wird nunmehr bis zur Realisierung des Motivs im Produkt die *Führungsgröße* der Tätigkeit. Dabei kann der schnelle Gradientenabfall in der erwarteten Informationsdifferenz zum vorzeitigen Abbruch der Tätigkeit führen, indem sich das Motiv wandelt. Gegenstand der Motivbildung wird der zunehmend sicher antizipierbare Mißerfolg oder der bereits langweilig gewordene Erfolg. Der Wille wendet sich auf diesen Zustand als Hindernis, die Orientierungstätigkeit richtet sich auf andere Situationen, ein neues Motiv entsteht. Dieses kann gänzlich neu sein. Es kann aber auch eines der ursprünglich auf Einstellungsebene alternativ zur Auswahl präsenten sein, das dann während der Tätigkeit weiterhin als *„stimulierendes Motiv"* (so *Leontjew*) latent präsent geblieben ist und jetzt selbst zum *sinngebenden Motiv* wird.

Ich verwies bereits darauf, daß mit der Aktivierung der Einstellungen, die auf die bedürfnisrelevante Seite des Gegenstandes ausgerichtet sind, auch eine Aktivierung der Einstellungen auf die objektiven Eigenschaften des Gegenstandes hin erfolgt. Indem nunmehr das Motiv der Tätigkeit gebildet wurde, können sich jetzt die auf die Bewältigung der objektiven Eigenschaften des Gegenstandes bezogenen *Handlungen* vollziehen *Leontjew* trennt Handlung von Tätigkeit erst auf menschlichem Niveau. Erst hier, so weist er nach, können Ziel und Motiv der Tätigkeit auseinandertreten. Motiv meiner Tätigkeit kann es z. B. sein, einem anderen Menschen, den ich gerne habe, nahe zu sein. Wenn ich mich aber an den Schreibtisch setze, um ihm dann einen Brief zu schreiben, so entferne ich mich räumlich mit dieser Handlung von ihm. Ich bleibe am Schreibtisch oder suche diesen erst auf, statt zu meinem Freund zu fahren. Die bisherige Analyse hat deutlich gemacht, daß sich Ziel und Motiv auf menschlichem Niveau nur deshalb trennen können, weil mit der Verdoppelung der Realität im Bewußtsein, vor allem vermittels der Sprache, sich die bedürfnisrelevanten und objektiven Eigenschaften der Gegenstände trennen können Ja noch mehr: Im Bewußtsein kann ich die bedürfnisrelevanten Seiten meiner Tätigkeit selbst zum Objekt der Tätigkeit machen. Die objektive Eigenschaft des Briefs ermöglicht es mir, ihn als Informationsträger zu nutzen und ihn in einer zielgerichteten Handlung meinem Motiv zu unterstellen, einer anderen Person nahe zu sein. Dabei nehme ich die bedürfnisrelevanten Seiten meiner Tätigkeit selbst als Objekt war, indem ich im Brief von meiner Zuneigung und Freundschaft schreibe. Zugleich existieren sie im Motiv meiner Tätigkeit jedoch unmittelbar bedürfnisrelevant weiter, indem ich in jedem Augenblick des Schreibens auch meine Zuneigung empfinde. Untergeordnet dem Motiv der Tätigkeit kann ich also nach der allgemeinen Struktur von Arbeit aufgebaute Handlungen verwenden, um Ziele zu verfolgen.

So weit kann ich *Leontjew* wiederum folgen. Nicht aber dort, wenn Handlung auf tierischem Niveau nicht möglich sein soll. Genauso wie die Verbindungen zwischen bedürfnisrelevanten und objektiven Eigenschaften der Gegenstände im Leben der Tiere mit zunehmender Höhe der Evolution flexibler weden und komplizierter, genauso gilt dies für das Verhältnis von Tätigkeit und Handlungen.

Die *Handlungen* werden *in* der Tätigkeit (die als übergreifendes Moment die sinnhaften Verbindung von Subjekt und Objekt schafft) damit als die *zielgerichteten*, an den objektiven Eigenschaften der Gegenstände ausgerichteten *Momente der Tätigkeit* betrachtet. Sie sind hierbei abhängig von den Begriffen und operativen Einstellungen. Ihre zentrale *Führungsgröße* ist der *Wille*, der sich auf die Überwindung der Hindernisse bis zum Erreichen des Zieles richtet Gleichzeitig beziehen sich damit die Handlungen auf die jeweils sinnlich präsenten Gegebenheiten und Bedingungen. Diese sind in dem System der Wahrnehmungseinstellungen präsent, gekoppelt an die Abbilder und operativen Einstellungen. Auf die Realisierung der Handlung in den jeweiligen sinnlich präsenten *Bedingungen* bezieht sich die dem Willen entspringende *Führungsgröße* der *unwillkürlichen bzw. willkürlichen Aufmerksamkeit* Die Wege der Realisierung der Handlungen entsprechend diesen Bedingungen werden über automatisierte, jedoch jederzeit wiederentfaltbare Handlungen beschritten Diese sind komplizierte, bedingt-reflektorische Muster, die im Aufbau der Bedeutungen in der Tätigkeit gelernt wurden und nunmehr diesen Bedeutungen untergeordnet als *Operationen* gespeichert sind. So mußte ich irgendwann einmal das Schreiben selbst lernen, um heute den Brief schreiben zu können. Unterdessen ist das Schreiben als sinnlich-motorische Ausdrucksform meiner Gedanken jedoch so fest mit den in der Sprache festgelegten Bedeutungen verknüpft, daß es als automatisiertes motorisches Muster die sinnliche Form (Vergegenständlichung) dieser Bedeutungen realisiert. Dieser Prozeß ist gesteuert über die unwillkürliche wie willkürliche Aufmerksamkeit. Letztere aktiviere ich dann bewußt, wenn ich mich bemühe, durch die Form und das Aussehen meiner Schrift und nicht nur durch den Inhalt alleine meine Zuneigung auszudrücken.

Was deutlich wird, ist, daß in diesem Prozeß der Tätigkeit es auf der Basis der oben erörterten reflektorischen Vorgänge zu bedingten Reflexen auf unterschiedlichen Niveaus der Tätigkeit kommt, aktuelle Tätigkeit in geronnene Tätigkeit übergeht. Über die emotionalen Prozesse entwickelt sich der Sinn, über die Motive entwickeln sich die Bedürfnisse, über die Hindernisse der Charakter und über die individuell und sozial verfügbaren Gegenstände, Mittel, Tätigkeitsformen wie andere Menschen entwickeln sich die Abbilder als angeeignete Bedeutungen. Die Bedeutungen erschließen sich also hinter den Produkten der Tätigkeit. Im Prozeß der Tätigkeit werden die gesellschaftlich vorgefundenen Bedeutungsstrukturen als Werkzeuge, Zeichen, brauchbar und gewinnen ihre psychische Struktur im Abbild. Die Probleme der hierarchischen Herausbildung der Abbildstrukturen im Prozeß der Tätigkeit werde ich im folgenden Kapitel ausführlich behandeln.

Vertiefende und weiterführende Literatur:
(E = zur Einführung geeignet)

Asratjan, E. A.: Das wissenschaftliche Erbe Pawlows. Leipzig: Hirzel, 1980 (E)

Dawydow, W. W. und Illesch, J. E.: Die historischen Wurzeln des psychophysischen Parallelismus. Sowjetwissenschaft: Gesellschaftswissenschaftliche Beiträge 35 (1982) 444–454

Freud, S.: Projekt einer wissenschaftlichen Psychologie. In: ders.: Aus den Anfängen der Psychoanalyse. London: Imago 1950, 377–466 sowie Frankfurt/M.: Fischer 1962, 297–384

Freud, S.: Abriß der Psychoanalyse. Frankfurt/M.: Fischer 1953 (E)

Gibson, J. J.: Die Sinne und der Prozeß der Wahrnehmung. Bern: Huber 1982, 2. Aufl.

Holzkamp, K.: Die Bedeutung der Freudschen Psychoanalyse für die marxistisch fundierte Psychologie. Forum Kritische Psychologie 13 (1984) 15–40

Holzkamp, K.: Zur Stellung der Psychoanalyse in der Geschichte der Psychologie. In: K. H. Braun u. a. (Hrsg.): Geschichte und Kritik der Psychoanalyse. Marburg: Verlag Arbeiterbewegung u. Gesellschaftswissenschaft, 1985, 13–69 (E)

Izard, C. E.: Die Emotionen des Menschen. Eine Einführung in die Grundlagen der Emotionspsychologie. Weinheim: Beltz 1981

Jantzen, W.: Grundriß einer allgemeinen Psychopathologie und Psychotherapie. Köln: Pahl-Rugenstein 1979, Kap. 1

Jaroschewski, M.: Psychologie im 20. Jahrhundert. Berlin/DDR: Volk und Wissen 1975 (E)

Lenin, W. I.: Materialismus und Empiriokritizismus. LW Bd. 14, Berlin/DDR: Dietz 1973

Leontjew, A. N.: Probleme der Entwicklung des Psychischen. Frankfurt/M.: Fischer-Athenäum 1973

Leontjew, A. N.: Tätigkeit, Bewußtsein, Persönlichkeit. Berlin/DDR: Volk und Wissen 1979 (seitengleiche Ausgabe Köln: Pahl-Rugenstein 1982) (E)

Leontjew, A. N.: Psychologie des Abbilds. Forum Kritische Psychologie 9 (1981) 5–19

Leontjew, A. N.: Werke Bd. 1 (der 6-bändigen Ausgabe). Ursprünglich geplant 1988, vermutl. bei Hochschule der Künste, Berlin

Lukács, G.: Die Zerstörung der Vernunft. 3. Bde. Neuwied: Luchterhand verschiedene Auflagen

Luria, A. R.: Sprache und Bewußtsein. Köln: Pahl-Rugenstein 1981 (E)

Marx, K.: Philosophisch-ökonomische Manuskripte aus dem Jahre 1844. MEW Erg. Bd. 1. Berlin/DDR: Dietz 1980

Marx, K.: Grundrisse der Kritik der politischen Ökonomie. Frankfurt/M.: EVA o. J.

Marx, K.: Das Kapital. Bd. 1. MEW Bd. 23, Berlin/DDR: Dietz 1970

Marx, K. und Engels, F.: Die deutsche Ideologie. MEW Bd. 3, Berlin/DDR: Dietz 1969

Marx, K. und Engels, F.: Manifest der Kommunistischen Partei. MEW Bd. 4. Berlin/DDR: Dietz 1972, 459–493

Michailow, N. N.: Das Bedürfnis der Persönlichkeit nach Selbstverwirklichung. Sowjetwissenschaft: Gesellschaftswissenschaftliche Beiträge 36 (1983) 1, 243–251

Obuchowski, K.: Orientierung und Emotion. Köln: Pahl-Rugenstein 1982 (E)

Politzer, G.: Kritik der klassischen Psychologie. Frankfurt/M: EVA 1974

Pribram, K.: Hologramme im Gehirn. Psychologie heute 6 (1979) 10, 32–42 (E)

Pribram, K. and Gill, M. M.: Freud's „Project" Re-assessed. Preface to Contemporary Cognitive Theory and Neuropsychology. New York: Basic Books 1976

Rissom, Ingrid: Der Begriff des Zeichens in den Arbeiten Lev Semenovič Vygotskijs. Diss. phil. Universität Marburg 1981 (E)

Rubinstein, S. L.: Grundlagen der allgemeinen Psychologie. Berlin/DDR Volk und Wissen 1971, 7. Aufl.

Radsichowski, L. A.: Das Subjekt-Objekt-Problem in der psychologischen Theorie der Tätigkeit. Sowjetwissenschaft: Gesellschaftswissenschaftliche Beiträge 36 (1983) 4, 560–569 (E)

Sève, L.: Marxismus und Theorie der Persönlichkeit. Frankfurt/M.: Marxistische Blätter 1972 (E)

Sève, L.: Marxistische Analyse der Entfremdung. Frankfurt/M.: Marxistische Blätter 1978

Sève, L.: Wissen und Verantwortung. In: M. Buhr und H. J. Sandkühler (Hrsg.): Philosophie in weltbürgerlicher Absicht und wissenschaftlicher Sozialismus. Köln: Pahl-Rugenstein 1985, 232–243

Simonov, P. W.: Widerspiegelungstheorie und Psychophysiologie der Emotionen. Berlin/DDR: Volk und Gesundheit 1975 (E)

Simonov, P. W.: Höhere Nerventätigkeit des Menschen. Motivationale und emotionale Aspekte. Berlin/DDR: Volk und Gesundheit 1982

Simonov, P. W.: The Emotional Brain. New York: Plenum-Press 1986 (E)

Spinoza, B.: Die Ethik. Stuttgart: Kröner 1982

Spitz, R. A.: Diacritic and Coenesthetic Organizations. Psychoanalytic Review 32 (1945) 2, 146–162

Spitz, R. A.: Eine genetische Feldtheorie der Ichbildung. Frankfurt/M.: Fischer 1972

Spitz, R. A.: Brücken. Psyche 28 (1974) 1003–1018

Stadler, M.: Feldtheorie heute – von Wolfgang Köhler zu Karl Pribram. Gestalt Theory 3 (1981) 185–199

Steigerwald, R.: Bürgerliche Philosophie und Revisionismus im imperialistischen Deutschland. Kap. 4: Ergänzung des Marxismus durch die Psychoanalyse oder lebensphilosophischer Revisionismus? Frankfurt/M.: Marxistische Blätter 1980, 137–201

Uznadze, D. N.: The Psychology of Set. New York: Consultants Bureau 1966 (E)

Uznadze, D. N.: Untersuchungen zur Psychologie der Einstellung. In: M. Vorwerg (Hrsg.): Einstellungspsychologie. Berlin/DDR: Volk und Wissen 1976, 21–50

Wazuro, E. G.: Die Lehre Pawlows von der höheren Nerventätigkeit. Berlin/DDR: Volk und Wissen 1975 (E)

Wygotski, L. S.: Spinoza's Theory of Emotions in the Light of Modern Psychoneurology. Soviet Studies in Philosophy 10 (1972) 362–382 (deutsch in: Ausgewählte Schriften. Bd. 1. 363–382)

Wygotski, L. S.: Ausgewählte Schriften in zwei Bänden. Köln: Pahl-Rugenstein, Bd. 1 1985 u Bd. 2 1987 (E)

5 Psychisches und Tätigkeit II: Die Entwicklung des Psychischen in der Tätigkeit

Im vergangenen Kapitel habe ich versucht, wesentliche innere Zusammenhänge des Systems des Psychischen als Basis einer materialistischen Persönlichkeitstheorie herauszuarbeiten. Dabei habe ich einen Aspekt als den wesentlichen für die Organisation des Psychischen genannt, ihn jedoch noch nicht näher entwickelt und behandelt: Den Aspekt der *Hierachisierung der Persönlichkeit*. Bereits im ersten Kapitel dieses Buches habe ich bei der Behandlung des Arbeitsbegriffes (vgl. Abb. 1) verdeutlicht, daß es im System „Subjekt − Tätigkeit − Objekt" auf seiten des Subjektes spezifische Voraussetzungen geben muß, damit die allgemeine Gattungsmöglichkeit zur Arbeit sich in der Tat für die je einzelnen Menschen realisieren kann. Vorweg geht dem Prozeß der Arbeit selbst das „Bauen im Kopf", das mit nichts anderem möglich ist, als den vom Baumeister in seinem bisherigen Lebensprozeß als Bedeutungen angeeigneten sozialen Mitteln. Die einfachen Momente des Arbeitsprozesses selbst, also Gegenstand, Mittel, Tätigkeit, müssen als Klassen von invarianten Bedeutungsstrukturen in den Bedeutungshierarchien des Psychischen bezogen auf den jeweiligen realen Objektbereich präsent sein. Ebenso müssen derartige invariante Strukturen im Sinne eines Ich-Begriffs (als Resultat des Spiegelns im je anderen Menschen) vorhanden sein Und nicht nur die „erste Geburt" der Persönlichkeit als individuelle Genese des verallgemeinerten Ichs muß erfolgt sein, auch die „zweite Geburt der Persönlichkeit" (*Leontjew*) als Herausbildung eines ich-reflexiven Verhältnisses zur Gattung Menschheit ist erforderlich: Der Baumeister muß sich in seinem Tätigkeitsprozeß auf sozial übliche, historisch gewordene arbeitsteilige Strukturen und gesellschaftliche Prozesse beziehen, z B. um die arbeitsteilige Arbeit der Gesellen zu organisieren ebenso wie um seinen Lohn zu erhalten.

Dies alles setzt lange und spezifische Lernprozesse in der Individualgeschichte, der Ontogenese, voraus, die in bestimmter Logik und Gesetzmäßigkeit ablaufen. Damit befaßt sich z. B die entwicklungspsychologische Auffassung von *Piaget* oder die der Psychoanalyse ebenso wie die der kulturhistorischen Schule oder die unlängst von *Holzkamp* vorgelegte Auffassung. Auch hier zeigen sich jedoch die Probleme und Erkenntnisbeschränkungen bürgerlicher Psychologie als Erbe, auf dem einerseits aufzubauen ist, das aber andererseits kritisch zu überwinden ist Ich denke, es wurde bereits oben deutlich: die tiefgreifende Krise der bürgerlichen Psychologie zu konstatieren und zu überwinden, heißt keineswegs die positiven Ergebnisse zu verwerfen, die diese Wissenschaft über den jeweiligen Gegenstandsbereich erbracht hat. Diese sind vielmehr sorgfältig zu analysieren und auf neuem Niveau dialektisch aufzuheben. Genauso wie im vergangenen Kapitel, etwa am Beispiel der gestaltpsychologischen oder psychoanalytischen Forschung, wird es auch in diesem Kapitel um ein systematisches Neubegreifen von Forschungsansätzen gehen, deren inhaltliche Ergebnisse zutiefst ernstgenommen werden müssen und neuer Erklärung bedürfen. Auch hier ist es natürlich notwendig, diese Analyse umfassend auf das System „Subjekt − Tätigkeit − Objekt" zu beziehen und jene zentrale Lösung des psychophysischen Problems nicht außer acht zu lassen, die *Leontjew* (1981 a, S. 19) formuliert hat:

„Das Eingeschlossensein lebendiger Organismen, des Systems der Prozesse ihrer Organe, ihres Gehirns in die gegenständliche, gegenständlich-diskrete Welt führt dazu, daß das System dieser Prozesse mit einem Inhalt versehen wird, der von ihrem eigenen Inhalt verschieden ist, mit einem Inhalt, der der gegenständlichen Welt selbst zugehört. Das Problem dieser ‚Zuteilung' schafft den Gegenstand der psychologischen Wissenschaft!"

5.1 Die Naturgeschichte des Psychischen

Es geht also im Prozeß des Psychischen um das Herausholen des amodalen Abbilds der Welt vermittels der Wahrnehmung und Bewegung in der Tätigkeit, in denen jeweils nur die sinnlich gegebene Gegenständlichkeit der Welt im Augenblick erfahren werden kann. Damit lebendige Individuen existieren können, bedarf es also einer *allgemeinen Eigenschaft,* mit der sie sich auf die Welt in der sie leben, auf das Raum-Zeit-Kontinuum, in das sie hineingeboren werden, beziehen können: Dies ist *die Fähigkeit, die Prozesse dieser Welt jenseits ihrer bloß sinnlichen Äußerungsform widerspiegeln zu können.* Diese Widerspiegelung also muß sich, damit sie den Notwendigkeiten des Überlebens Rechnung trägt, jeweils auf das *Wesen der Erscheinungen* beziehen und greift somit auch über den jeweiligen Augenblick hinaus, beinhaltet bereits auf elementaren Niveaus Antizipation bezogen auf gattungsnormale Verhältnisse im System „Subjekt − Tätigkeit − Objekt."

Sichten wir die vorliegenden Arbeiten zur Naturgeschichte des Psychischen (z. B. *Leontjew* „Probleme der Entwicklung des Psychischen, *Schurig* „Naturgeschichte des Psychischen" und „Die Entstehung des Bewußtseins", *Holzkamp* „Sinnliche Erkenntnis" sowie „Grundlegung der Psychologie", *Anochin* „Vorgreifende Widerspiegelung der Wirklichkeit", *Galperin* „Zu Grundfragen der Psychologie", meine eigene Arbeit „Arbeit, Tätigkeit, Handlung, Abbild") die jeweils aus materialistischer Sicht vorliegen, ebenso wie die Ergebnisse der Verhaltensforschung (Ethologie), insbesondere auch der Neuro-Ethologie, so stoßen wir, auch wenn das Bild noch nicht völlig einheitlich ist, auf interessante Konturen und Zusammenhänge, die unser Verständnis von der Entwicklung des Lebens und der Entwicklung des Psychischen erheblich vertiefen können.

Unter *Entwicklung* will ich, entsprechend der philosophischen Diskussion um diese Frage, Prozesse der Selbstbewegung der Materie verstehen. „Entwicklung ist die in den Prozessen auftretende Tendenz zum Entstehen höherer Qualitäten, die sich durch qualitative und quantitative Änderungen im Rahmen einer Grundqualität vorbereitet und durch die Entfaltung und Lösung objektiver dialektischer Widersprüche durchsetzt", so *Hörz* und *Wessel* (1983, S. 49) in ihrem unlängst erschienenen Buch über „Philosophische Entwicklungstheorie". Dabei darf man nun im Bereich der Entwicklung des Lebendigen nicht den Fehler machen, diese Vorgänge nur als biologische Evolution zu betrachten, sondern muß von Anfang an auch die psychologische Seite im System „Subjekt − Tätigkeit − Objekt" betrachten, also in besonderer Weise den Entwicklungsbegriff mit dem Widerspiegelungsbegriff und dem Tätigkeitsbegriff verbinden.

5.1.1 Vorgreifende Widerspiegelung als Bestandteil aller Lebensprozesse

Leben selber wird als vollständig vorhanden und entwickelt in der Regel *ab dem Niveau von Einzellern* (Prokaryonten: Einzeller ohne Zellkern, z. B Bakterien; Eukaryonten: Zellen mit Zellkern) angenommen. Im Zentrum der biologischen Definition steht die *autonome, identische Duplikation*. Der Elementarorganismus kann sich in sich selbst verdoppeln, während dies für präbiotische Strukturen (Nukleinsäuren, Viren) ein „äußerliches Reproduzieren und Zusammenfügen ist, das sich in einem komplexeren Milieu (nämlich der Zelle) vollzieht" (*Körner* 1978, S. 62). Entsprechend müßten elementare psychische Prozesse ebenso wie Intrasystemzusammenhänge des Psychischen auf diesem Niveau bereits vorhanden sein, wenn die bisher entwickelte Auffassung von der Lösung des psychophysischen Problems richtig ist.

Ich will zunächst an einem Beispiel belegen, daß es in der Tat hierfür stichhaltige Argumente gibt, um sodann die theoretischen Dimensionen dieses Problems zu entwickeln. So berichtet der amerikanische Psychobiologe *Hofer* folgendes vom *Verhalten von Typhus-Bakterien* Diese Bakterien reagieren bereits auf kleine Unterschiede des Nährgehalts einer Flüssigkeit, indem sie sich längs des Konzentrations-Gradienten zur „Quelle dieser nützlichen und lebenserhaltenden Substanz" bewegen. Über Rezeptorsysteme an der Oberfläche der Zellmembran (wie sie bei allen Zellen zu finden sind, auch bei den Körperzellen von Mehrzellern und hier dem interzellulären Kontakt dienen) erfolgt die Wahrnehmung des Nährstoffgehaltes der Flüssigkeit. Mit den haarähnlichen Geißeln kann sich das Bakterium in zweierlei Hinsicht fortbewegen: in koordinierter, wellenförmiger Bewegung oder mit diskontinuierlichen Bewegungen (Taumeln). Moleküle der Nahrung bewirken eine Herabsetzung des Taumelns und das Bakterium schwimmt eher in direkter Richtung. Schwimmt es weg von der Nahrung, nimmt das Taumeln zu, schwimmt es näher, wird das koordinierte Schwimmen fortgesetzt. „Dieses System selbst würde das Ergebnis haben, daß die Bakterien sich mit hoher Geschwindigkeit endlos vor und zurück durch die zentrale Zone der höchsten Konzentration bewegen würden, was jedoch nicht passiert. Stattdessen werden sie mit der Zeit graduell ruhig und bleiben relativ stationär in einem Status nahezu konstanten Taumelns." Es muß also ein Gedächtnismechanismus für den Gradientenanstieg existieren, damit das Bakterium am Ort der höchsten Konzentration bleibt. Die Zeitspanne dieses Mechanismus scheint der Fortbewegung von 20–100 Körperlängen zu entsprechen und dauert ca. 1/2 sec. bei durchschnittlicher Geschwindigkeit (*Hofer* 1981, S. 43). Werten wir diese Ergebnisse aus, so läßt sich feststellen: 1. Es muß eine angeborene *Selbstreferenz* zur Gattungsnormalität bestehen, ein angeborener *Widerspiegelungsmechanismus* der für alle Bakterien dieser Art sichert, daß sie sich aktiv in Lösungen dieser Art, also in Lösungen, die relevante Nährstoffe für sie beinhalten, so fortbewegen können, daß die Aufnahme der Nährstoffe ihr Leben sichern kann. Dies hat *Leontjew* (in „Probleme der Entwicklung des Psychischen") als *einfache Reizbarkeit* für lebensnotwendige Agentien benannt, aus der er dann auf höheren Niveaus den biologischen Sinn ableitet (so z. B am Beispiel des Nahrungsverhaltens von Kröten S. 40 f., S. 156). Von dieser einfachen Reizbarkeit unterscheidet *Leontjew* die *Sensibilität* als spätere Stufe: Sensibilität ist die Widerspiegelungsfähigkeit für neutrale Reize, die zu Signalen für die Orientierung werden können, also Licht z. B., das zum Signal für die Existenz von Nahrung wird usw . Erst hier setzt *Leontjew* den Beginn der Entwicklung des Psychischen an. Das Psychische ist für ihn zunächst wesentlich durch seine Signalvermitteltheit gekennzeichnet. Unser Beispiel zeigt, daß ein solches Vorgehen Probleme aufwirft. Das von mir angeführte Beispiel des Verhaltens von Bakterien fügt sich dem Schema der einfachen Reizbarkeit nicht, obwohl keine neutralen Agentien als Basis der Signalvermittlung im Spiel sind.

2. Eine *Signalvermittlung* findet jedoch statt: Die Molekulardichten werden jeweils als Gradient ihres Anstiegs im Kurzzeitgedächtnis über einen Zeitraum von 1/2 sec. integriert. Der Gradientenanstieg bzw. -abfall wird damit zum Signal für das Erlangen der Nahrung. Dieser Gradientenanstieg selbst ist jedoch ein vom Subjekt selbst geschaffenes Signal, eine Auswertung der sinnlichen Erscheinung der äußeren Welt vermittels der Wahrnehmungsmöglichkeiten des Subjekts (Rezeptoren der Zelloberfläche), um die Tätigkeit gemäß den stammesgeschichtlich fixierten amodalen Abbildern (Bedeutung der Nahrung für das Überleben) auf den Objektbereich hin zu orientieren. Der ganze Prozeß ist in keiner Weise passiv, oder wie z. B. *Holzkamp* („Grundlegung der Psychologie", Kap. 2) dies für das Stadium der „einfachen Reizbarkeit" festzustellen glaubt, bloße „Lebensaktivität" gegenüber der erst später in der Phylogenese aufzufindenden Tätigkeit. Bereits auf diesem Niveau sind also in psychobiologischer Hinsicht *alle Eigenschaften eines lebendigen Systems* gegeben, wie sie von *Anochin* in allgemeiner Form in seiner Theorie des funktionellen Systems (vgl. Kap. 7 dieses Buches) beschrieben werden.

Das Psychische und die Tätigkeit entstehen mit der Existenz des Lebens selbst. Den entscheidenden Mechanismus hierbei kann man in der *Verkürzung von äußeren Zeitabläufen* des Raum-Zeit-Kontinuums, in dem das Lebewesen existiert, in dem inneren, biologischen Raum-Zeit-Kontinuum der Lebensprozesse sehen Das System bezieht sich also notwendig, um überleben zu können, auf einen anderen als den eigenen Inhalt, nämlich auf die Prozesse der äußeren Welt. Wie es zu diesem Entstehen der *Mikrozeit des Systems* kommt, in der es die in Makrozeiteinheiten in der Außenwelt verlaufenden Prozesse abbildet und damit ihr künftiges Auftreten antizipiert, untersucht *Anochin* in der erstmals 1962 in der sowjetischen Zeitschrift „Fragen der Philosophie" erschienenen Arbeit „Vorgreifende Widerspiegelung der Wirklichkeit" (*Anochin* 1978, S 61 ff.).

Hierbei werden zwei Grundgedanken miteinander in Verbindung gebracht. Zum einen: Die äußere Welt ist so organisiert, daß in einer bestimmten Zeitstruktur Wechselwirkungen mit den Lebewesen erfolgen, äußere Einwirkungen auftreten *Anochin* unterscheidet hier 1. Einwirkung relativ konstanter Faktoren. 2. Aufeinanderfolgende Reihen äußerer Einwirkungen, die sich rhythmisch oder aperiodisch wiederholen. 3 Rhythmische oder aperiodische Einwirkungen relativ konstanter äußerer Faktoren bei aktiver Fortbewegung der Lebewesen. 4 Einwirkung aufeinanderfolgender Reihen sich niemals wiederholender Ereignisse. Während alle vier Reihen auf die Evolution der Organismen Auswirkungen haben, können jedoch nur die sich rhythmisch oder aperiodisch wiederholenden Ereignisreihen (2. und 3 , wobei 1. durch die Eigentätigkeit des Subjekts in 3 verwandelt wird) für die Entwicklung des Anpassungsverhaltens von Bedeutung sein. In dieser Hinsicht kann die Organisation der Lebewesen im „tatsächlichen

Sinne des Wortes" als Widerspiegelung der Raum-Zeit-Parameter ihrer konkreten Lebenssphäre betrachtet werden.

Zum anderen geht *Anochin* nunmehr von den Lebensprozessen selbst aus und fragt, in welcher Weise sich die Widerspiegelung der äußeren Bedingungen, also des äußeren Raum-Zeit-Kontinuums im Vorgang des Lebens selbst entwickeln kann. Es fußt dabei insbesondere auf die Theorie *Oparins* zur Entstehung des Lebens, wonach die Reihenfolge und die Geschwindigkeit der Reaktionen des Protoplasmas entscheidende Faktoren für die Organisation der ersten Lebewesen sind (vgl. *Hühne* 1986). Er untersucht also präbiotische organische Strukturen, die durch ihre inneren schnellen Zeitabfolgen mit „riesiger Geschwindigkeit" bevorzugte Reaktionsketten entwickeln. Völlig unterschiedliche Ereignisse der äußeren Welt vermögen nunmehr an Reaktionen in ein und demselben Protoplasma-Gebilde anzusetzen und sie zu beeinflussen. Auf dieser Basis kann es zu Ketten von inneren Ereignissen kommen, in denen sich die Reihenfolge der äußeren Ereignisse, die in Makrozeitintervallen verläuft, in Mikrozeitintervallen des Protoplasmas so widerspiegelt, daß das dieses bereits sich auf ein Ereignis bezieht, bevor es eingetreten ist. *Anochin* (1978, S. 69) schematisiert dies in folgender Form:

Abbildung 8 Der Mechanismus der vorgreifenden Widerspiegelung

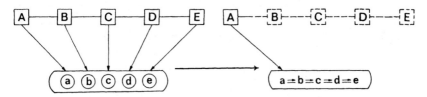

A, B, C, D und E sind äußere, sich nacheinander abspielende Ereignisse in verschiedenen Zeitintervallen; a, b, c, d und e sind Protoplasmareaktionen, die zunächst infolge der individuellen energetischen Besonderheiten jeder einzelnen äußeren Einwirkung auftreten. Durch zahlreiche Wiederholungen bildet sich im Protoplasma eine Reaktionskette, die schließlich schon auf das erste Ereignis der Außenwelt hin auftritt, wobei das protoplasmatische Ereignis e bereits aufgetreten ist, während E als äußeres Ereignis erst in Zukunft auftritt. Diesen Mechanismus kennzeichnet *Anochin* als *vorgreifende Widerspiegelung der Wirklichkeit.*

Es wird deutlich, daß er genau jene Prozesse zu beschreiben vermag, die ich am Verhalten des Typhus-Bakterium bereits erörtert habe und daß sein Wesen sich nicht dadurch verändert, daß sich Ereignisse einer anderen sinnlichen Modalität in diese Kette schieben, also nach *Leontjew* sogenannte neutrale Agentien. Natürlich ist es von hoher Bedeutung, wie umfassend und komplex äußere Hinweise auf die Struktur der objektiv-realen Welt in diese Reaktionsketten und in die Tätigkeit des Individuums eingehen und ob diese sich von gattungsspezifischen Festlegungen zum individuellen Aufbau von Bedeutungsstrukturen wandelt. Dies ist jedoch als Hierarchieproblem bzw als qualitative Entwicklung verschiedener Stufen des Psychischen selbst von seiner grundlegenden Existenzform zu unterscheiden.

Dieser Mechanismus der vorgreifenden Widerspiegelung, so *Anochin*, brachte für die Evolution der Organismen sehr große Vorteile. Das Auftreten der Signaleigenschaft und die biochemische Möglichkeit, zeitweilige Verbindungen auf das antizipierte Endglied einer Kette hin zu schaffen (die Antizipation ist hier gänzlich ein biologischer Prozeß ihrer Form nach, jedoch durch ihren Bezug auf die äußere Welt zugleich ein psychischer Prozeß), begann sich bald in einem *besonderen Substrat* zu spezialisieren: Dieses Substrat ist das *Nervensystem.* Aufgrund der sehr unterschiedlichen Rezeptoreigenschaften sehr unterschiedlicher Zellen, also eines hohen Spezialisierungsgrades, eröffnen sich neue Möglichkeiten der Signalvermittlung mit der äußeren Welt sowie zwischen den Nervenzellen selbst, die die biologische Basis für die Entwicklung höherer Stufen des Psychischen und der Tätigkeit bilden.

5.1.2 Darstellung und Kritik des Ansatzes von A. N. Leontjew zur Naturgeschichte des Psychischen

Zu diesen Stufen selbst liegen eine Reihe von Forschungen vor (*Leontjew, Schurig, Holzkamp, Galperin, Jantzen*), auf die ich schon verwiesen habe. Der wichtigste und bedeutendste Ansatz erscheint mir nach wie vor der von A. N. *Leontjew* zu sein, den ich in *Abbildung 9* zusammenfassend darstelle.

Abbildung 9. Die Entwicklung des Psychischen in der Naturgeschichte in der Konzeption von A. N. Leontjew (in: „Probleme der Entwicklung des Psychischen", 1973)

Lebewesen	Form des Psychischen:	Kurzcharakteristik:
Einzeller (z. B. Amöben, S. 10)	*Einfache Reizbarkeit* (S. 23–46)	Zeigen Lebensaktivität bezogen auf für die Erfüllung der biologischen Bedürfnisse relevante Agentien (Wirkstoffe)
höhere Infusorien (einzellige Geißeltierchen, S. 158) sowie Mehrzeller bis unterhalb der Landwirbeltiere	Trennung von einfacher Reizbarkeit und Sensibilität: *elementare sensorische Psyche* (S. 155–171)	Auf der Basis der biologischen Bedürfnisse (einfache Reizbarkeit) entsteht der biologische Sinn (S 40 f., S. 156); die psychische Widerspiegelung entsteht auf der Basis der Sensibilität für neutrale Agentien (z. B. Licht), die Signalcharakter für die Realisierung des biologischen Bedürfnisses erhalten
Landwirbeltiere in verschiedenen Stufen dieses Stadiums bis unterhalb der Anthropoiden	*Perzeptive Psyche* (S. 172–180)	Nach wie vor reguliert der biologische Sinn die Tätigkeit; daneben trennen sich die Eigenschaften von Gegenständen in solche, die den Gegenstand kennzeichnen und solche, die

		die Art und Weise der Tätigkeit bestimmen. „Die Tiere spiegeln jetzt ihre Umwelt in Form mehr oder weniger gegliederter Abbilder einzelner Gegenstände wider" (S. 173). Objekte werden differenziert und verallgemeinert.
Anthropoiden (Menschenaffen); jedoch auch bei Hunden, Waschbären, Katzen (S 189)	*Stadium des Intellekts* (S. 180–189)	1. Plötzliches Finden von Operationen, die zum Erfolg führen; 2. Reproduzierbarkeit bei ähnlichen Aufgaben nach einmaligem Vollzug; 3 Übertragbarkeit auf neue Bedingungen; 4 Zwei isolierte Operationen können zu einer einheitlichen Tätigkeit verbunden werden Gliederung der Tätigkeit in Vorbereitungs- und Vollzugsphase. Verallgemeinerung der Beziehungen und Zusammenhänge zwischen den Gegenständen.
Menschen	*Bewußtsein, Arbeit, Sprache* (S. 197 ff.)	Überwindung des biologischen Sinns; Entstehen des persönlichen Sinns.

In dieser Konzeption verbleiben jedoch noch einige *Probleme,* auf die ich z. T bereits aufmerksam gemacht habe Die Einschätzung der elementaren psychischen Funktionen als einfache Reizbarkeit und der Aufbau der Konzeption des Psychischen auf der Vermittlung durch neutrale Reize ermöglichen zwar eine differenzierte Analyse der Tätigkeit der Tiere auf der Stufe der „elementaren sensorischen Psyche". Andererseits bleibt aber in vielerlei Hinsicht offen, wie der Übergang zu der „perzeptiven Psyche" erfolgen soll. Ja unter diesem Begriff werden die psychischen Leistungen der Landwirbeltiere insgesamt bis in den Säugetierbereich hinein gefaßt, während später „Stadium des Intellekts", gewonnen an den Untersuchungen bei Anthropoiden dann ohne weitere Belege auch auf die Tätigkeit von Katzen, Hunden, Waschbären usw. ausgedehnt wird. Diese mangelnde Präzision in der Bestimmung des qualitativen Umschlags in der Entwicklung des Psychischen hat verschiedene Ursachen Genannt habe ich bereits das Problem der nicht hinreichenden Erfassung des Widerspiegelungscharakters auf elementaren Niveaus des Lebens.

Die bereits referierten Ergebnisse zwingen dazu, den Begriff der „einfachen Reizbarkeit" gänzlich fallen zu lassen und bereits hier von dem Stadium der elementaren sensorischen Psyche zu sprechen, das *Leontjew* auf dem Niveau der Einzeller erst einigen höheren Infusorien (Geißeltierchen) zuspricht. Bereits auf Zellniveau zeigt es sich, daß Lebewesen sehr unterschiedliche äußere Ereignisse widerspiegeln, die sämtlich in bestimmtem Bezug zu den eigenen Lebensbedingungen stehen. Die im Unterschied zu den lebensnotwendigen *scheinbar neutralen Agentien* sind dies unter dem Gesichtspunkt der äußeren Analyse und Klassifizierung der Tätigkeit. Sie treten für den *äußeren Beobachter* als nötig bzw. unnötig für die Aufrechterhaltung der unmittelbaren Lebensprozesse des Individuums auf, also unter dem Gesichtspunkt der Konstanz seines *biologischen Gleichgewichts*. Diese Unterscheidung, die nicht konsequent vom Gesichtspunkt der Widerspiegelung und Tätigkeit ausgeht, findet in den Widerspiegelungsprozessen des Individuums selbst nicht statt. Es bezieht sich hier auf die Gesamtheit der in den Prozessen der vorgreifenden Widerspiegelung mit seiner Existenz vermittelten Bedingungen der Außenwelt. *Jedes äußere Ereignis, das zu inneren Reaktionen führt, die dann in der Eigenzeit des Organismus als vorgreifende Widerspiegelung verkoppelt werden, hat Bedeutung für die gesamte Lebenserhaltung.* Entsprechend zeigen sich bereits auf Zellniveau zahlreiche unterschiedliche Formen der Rezeptoreigenschaften der Membranen, die dann im Stadium der Mehrzelligkeit in neuer Weise auf der Basis ihrer Integration im Nervensystem (und den anderen Organsystemen des Lebewesens) verkoppelt werden. Neu ist nun bei den Mehrzellern nicht die Signalvermitteltheit der Tätigkeit, sondern die Möglichkeit, diese in gänzlich neuer Weise auszudehnen und zu koordinieren.

Mehrzelligkeit bedeutet unter den Gesichtspunkten der Genese des Psychischen, daß *im System selbst* die Zellen ihre vorgreifende Widerspiegelungsfähigkeits- und Bewegungsfähigkeit beibehalten. Sie realisieren diese aber gleichzeitig durch die Außenwelt, auf die sie sich beziehen, also das biologische System selbst, jeweils bezogen auf die je anderen Teile des Systems als Ganzes. Zugleich ist das *gesamte System* jedoch determiniert durch den *Anpassungseffekt* seiner nunmehr *integrierten Tätigkeit* an seine Außenwelt. D. h. die psychische Tätigkeit der einzelnen Zellen geht auf in der Leistung der Erhaltung des Systems selbst. Diese Leistung bezieht sich sowohl auf die Erhaltung des Stoffwechsels und der elementaren Lebensfunktionen als aber auch auf die Vermittlung mit den Bedingungen der Außenwelt über die Tätigkeit. Gleichzeitig verlangt dies die Schaffung von amodalen Strukturen auf dieser Ebene, also als integrative Leistung des Gesamtsytems. Solche Strukturen sind z. B. *unbedingt-reflektorische Muster*, in *Erbkoordinationen* vermittelte Tätigkeitsstrukturen, die durch bestimmte Schlüsselreize in Form eines *angeborenen Auslösemechanismus* ausgelöst werden usw.

Auf diese amodalen Strukturen bezieht sich der Begriff des *biologischen Sinns*. Dieser wurde auf der Basis einfacher Reizbarkeit gewonnen (vgl. „Probleme der Entwicklung des Psychischen" S. 40 f , S. 156). *Leontjew* unterscheidet ihn als die Grundlage einer Form von bedingten Verbindungen im Verhalten der Tiere von einer zweiten Form, die über die Signalvermitteltheit der Tätigkeit auf der Basis der Sensibilität entsteht. Verbindungen, die über den biologischen Sinn reguliert sind, so *Leontjew*, bilden sich schnell und erlöschen ebenso schnell wieder. Z. B. für eine Kröte, die nach einer Hungerperiode mit Würmern gefüttert wird, hat ein Streichholz, das ihr hinterher vorgelegt wird, die entsprechende Signalbedeutung, während bei einer Fütterung mit Spinnen ein rundes Stück Moos ihr Verhalten auslösen kann. Von den Verbindungen, die zur Nahrung bestehen, und die sich schnell bilden bzw. erlöschen, muß ein Tier jedoch die Verbindungen unterscheiden, die auf dem Weg zur ihr entstehen, also bei der Bildung der Fertigkeit, ein Hindernis zu umgehen. Solche Verbindungen müssen dort zunehmend entstehen, wo die Strukturiertheit der äußeren Welt komplizierter geworden ist, also im Übergang zu den Landtieren. Dies führt dazu, so *Leontjew*, daß diese dann in unterschiedlichen Stadien das Niveau der perzeptiven Psyche erreichen. Obwohl er das Wesen des biologischen Sinns damit nicht exakt bestimmt hat (als amodal im Gattungserbe festgelegte Struktur der Verknüpfung positiver emotional-motivationaler Bewertung mit einer – durch bestimmte sinnliche Eigenschaften signalisierten – amodalen Struktur der Außenwelt, die für das Leben und Überleben des Individuums und der Gattung Bedeutung hat), hat *Leontjew* faktisch jedoch die *amodal fixierten Bereiche* des Psychischen von den *sinnlichen Widerspiegelungen* in der Tätigkeit getrennt.

An einem Experiment mit Zwergwelsen wird dies nochmals von ihm verdeutlicht (S 164) Diese werden durch eine Teile des Aquariums ausfüllende Wand von der Nahrung getrennt. Sie lernen diese Wand nach einer Reihe von Umwegen schließlich auf dem kürzesten Weg zu umschwimmen. Nach Entfernen der Wand schwimmen sie den Umweg in gleicher Weise und verlernen ihn erst langsam wieder. *Leontjew* folgert, daß sie die Eigenschaften der Wand zusammen mit dem Geruch der Nahrung wahrgenommen haben, nicht jedoch als Eigenschaft eines anderen Gegenstandes. Die Tätigkeit ist also faktisch bereits durch die Einwirkung einzelner Gegenstände bestimmt, während die Tiere nur eine „Summe von Einzeleigenschaften" widerzuspiegeln vermögen (S. 166).

Davon hebt *Leontjew* zu recht das Verhalten *höher organisierter Tiere* ab, die mit der Orientierung auf die Nahrung hin zugleich die objektiven Eigenschaften der räumlichen Organisation lernen Eine Ratte oder Maus würde niemals diesen Umweg nach Entfernung des Hindernisses nehmen, sondern auf direktem Wege die Nahrung aufsuchen. Die hier entstehende neue Qualität des Psychischen beschreibt er als „*perzeptive Psyche*", ohne, daß er das Wesen dieses Umschlags schon restlos bestimmt hätte: Dieses besteht darin, daß erstmals in der Psychophylogenese Individuen *amodale Strukturen der äußeren Welt im Psychischen herausbilden, die nicht erbkoordinativ im Gattungserbe fixiert sind*

Zur Verdeutlichung benutze ich Begriffe von *Piaget,* um den Sachverhalt in einer anderen Form zu formulieren *Leontjew* unterscheidet also zunächst angeborene kognitive Schemata (einfache Reizbarkeit, biologischer Sinn) einschließlich ihrer Fixierung an Schlüsselreize in Form angeborener Auslösemechanismen (AAM) von der „Assimilation" der Umwelt an diese Schemata (also Vermittlung der Umwelt über Signale, die modal von anderen Gegenständen ausgehen, an dieses Schema, ohne daß dies entsprechend der Invarianz des Gegenstandes ändern würde – das Schema „verleibt" sich lediglich die sinnlichen Eindrücke ein). Im Übergang zur perzeptiven Psyche entstehen erstmals in der Stammesgeschichte neue kognitive Schemata im individuellen Tätigkeitsprozeß (als neue Eigenschaft aller Individuen), da die alten erbkoordinierten Schemata, einschließlich der assimilierbaren sinnlichen Strukturen nicht mehr ausreichen, um die Anpassung der Gattung zu sichern. (*Holzkamp* spricht hier vom Übergang von der „Festgelegtheit" zur „Modifikabilität") Auf der Basis dieses Tatbestands kann *Leontjew* jedoch trotz noch nicht restloser theoretischer Aufklärung ein allgemeines Gesetz für das Verhältnis von Widerspiegelung und Tätigkeit formulieren, dessen außerordentliche, herausragende Bedeutung für eine materialistische Theorie psychischer Entwicklung, soweit ich sehe, bisher überhaupt noch nicht gewürdigt ist.

5.1.3 Das allgemeine Gesetz des Zusammenhangs von Tätigkeitsniveau und Abbildniveau in der Entwicklung des Psychischen

Die in der Entwicklung des Lebens notwendig auf die je gegebene Umwelt bezogene Tätigkeit der Tiere wirkt zurück auf die Entwicklung der Widerspiegelung selbst. Die notwendige erweiterte Widerspiegelung einzelner Eigenschaften der Gegenstände (über die Signalvermitteltheit, deren Möglichkeiten und Notwendigkeiten sich mit dem Übergang zum Landleben zunehmend ausgeweitet haben) führt dazu, daß nun auch einzelne Gegenstände in neuer Weise widergespiegelt werden, also über die Sinnlichkeit hinaus die amodalen Eigenschaften der individuell erfahrenen Gegenstände. Bezogen auf diese Überlegungen formuliert *Leontjew* (1973, S. 191): *„Die Formen der psychischen Widerspiegelung liegen demnach in ihrer Entwicklung gleichsam jeweils eine Stufe tiefer als die Tätigkeitsstruktur, und es gibt zwischen beiden keine völlige Übereinstimmung. Genauer gesagt. Eine Übereinstimmung gibt es nur im Moment des Übergangs von einer Entwicklungsstufe zur anderen. In diesem Augenblick, in dem eine neue Form der Widerspiegelung entsteht, eröffnen sich der Tätigkeit neue Möglichkeiten und verhelfen ihr zu einer höheren Struktur. Damit ergibt sich zwischen Tätigkeit und Widerspiegelung ein neuer Widerspruch, diesmal jedoch auf höherem Niveau.“*

Mit dem Niveau der perzeptiven Psyche wird also erreicht, daß die hinter der Sinnlichkeit liegenden Bedeutungen der Gegenstände erstmals von Lebewesen erfaßt werden. Wir können nun genau bestimmen, *wann* dieser Umschlag in der Stammesgeschichte endgültig erfolgt ist und die Argumente hierfür offenlegen. Auf der Basis dieser Argumente zeigt es sich, daß die Annahme verschiedener Stadien der perzeptiven Psyche nicht haltbar ist, vielmehr es in einzelnen Lebensbereichen *Vorformen* gibt, in denen in einem Teilbereich jeweils der qualitative Umschlag schon erfolgt ist, daß aber der *„Dominanzwechsel“* (*Holzkamp*) in der gesamten Lebenstätigkeit der Tiere erst mit Durchschreiten des *Reptilien-Vogel-Säugetier-Übergangsfeldes* stattfindet. Die kognitiven Leistungen der Vögel klammere ich dabei weitgehend aus den folgenden Argumenten und Beispielen aus, da mich das entwicklungsgeschichtliche Hauptlinie, die über die Säugetiere zu Anthropoiden und Menschen führt, hier interessiert.

Vor diesem Übergangsfeld findet sich nur sehr vereinzelt der Aufbau eines individuell erworbenen kognitiven Schemas, eines neuen amodalen Abbilds. Das einzige mir gegenwärtig bekannte Beispiel ist das von Lava-Eidechsen, das *Eibl-Eibesfeldt* (1978, S. 440 – 442) so beschreibt: Im Normalfall findet als eine Art „Turnierkampf“ im Revierverhalten von Lava-Eidechsen ein gegenseitiges Peitschen mit den Schwänzen statt. Eidechsen, die ihren Schwanz durch einen „Unfall" verloren haben, versuchten zunächst sich weiter durch Schwanzschlagen zu wehren. Nach einiger Zeit gingen sie jedoch dazu über, den Gegner zu beißen. Sie hatten also eine stammesgeschichtlich vorhandene und in anderen Lebensbereichen eingesetzte Tätigkeitsform in einem neuen Bereich, dessen Signalbedeutungen ein anderes Bewegungsmuster signalisierten, zweckentsprechend angewendet, also ihr eine verallgemeinerte Bedeutung gegeben. Diese ist anders als die angeborene Bedeutung, obgleich die Signale, die beide auslösen, die gleichen geblieben sind.

Eine wesentlich weitergehende, jedoch noch nicht vollständige Öffnung findet sich im Prägungslernen der Vögel. In *v. Dithfurts* Film „Der Geist fiel nicht vom Himmel" zeigen dies die bekannten Experimente, die Konrad *Lorenz* mit Enten-Küken durchführte. Das junge Entenküken (in einer bestimmten frühen sensiblen Periode) erwirbt nach einer gewissen Phase der Erregung durch Objektverlust (die „Entenmutter" ist weg), ein kognitives Schema bezogen auf den ersten bewegten Gegenstand. Dieser hat nunmehr durchgängig für es die emotionale (sinnbildende) Qualität des Muttertieres. Die Entenküken wurden nicht nur auf Konrad *Lorenz* geprägt, sondern auch auf Luftballons, Spielzeugeisenbahnen, einen Spielzeugtrommler zum Aufziehen usw. aber auch auf die alte Ente. War die Verbindung einmal geschlossen, so erwies sie sich als nunmehr „unverlernbar" und genauso starr wie ein in Erbkoordinationen gespeicherter AAM (Angeborener-Auslöse-Mechanismus).

Erst bei Säugetieren sind derart starre Muster nicht mehr herstellbar. Keine junge Katze, Maus usw. kann in dieser Weise geprägt werden. Andererseits bedeutet dies, daß Säugetiere in einer verlängerten Aufzuchtperiode (dies trifft für die individuelle Anpassung an die Realität auch für die Vögel zu) sich erst von der Gattung individuell erworbene Bedeutungsstrukturen durch Nachahmung „aneignen" müssen. So müssen Katzen auf der Basis eines angeborenen Schemas für Haschen und Fangen erst lernen, an dieses Schema die unterschiedlichsten Gegenstände zu assimilieren, um auf der Basis dieser Assimilation dann in einer „endogenen Rekonstruktion" (so *Piaget* in „Biologische Anpassung und Psychologie der Intelligenz") ein neues Akkomodat, eine neue kognitive Struktur aufzubauen (vgl. *Kuo*). War zunächst das Signal das Mittel, um den in vererbten amodalen Schemata erfaßten Zusammenhang der äußeren Welt mit der eigenen Tätigkeit zu vermitteln, so wird nunmehr das Tätigkeitsmuster losgelöst von seiner Sinnlichkeit zum Hinweis auf die Beschaffenheit der äußeren Welt.

Am Beispiel der Lava-Eidechsen: Das Signal „Schwanzpeitschen der anderen Eidechse" (in einem bestimmten ökologischen Umfeld) wird über optische Signalverarbeitung mit amodalen Erbkoordinationen vermittelt. Diese garantieren die Verkoppelung des Sinns mit bestimmten äußeren Strukturen und aktivieren das Bewegungsmuster „Schwanzschlagen". Durch die reichhaltige Umwelt wird Schwanzschlagen wie Beißen jedoch nicht nur in AAM gebunden, also erbkoordiniert angewendet, sondern vermittelt über die Eigenschaften der äußeren Lebenswelt, denen die Eidechse Rechnung tragen muß, um Sinn zu realisieren. Sie gerät also unter dem Gesichtspunkt des Mißlingens ihrer Revierabgrenzung in einen Motivkonflikt, der sie nötigt, Tätigkeitsmuster, die sie an anderer Stelle verwendet (um Tiere zu erbeuten oder sich gegen angreifende Tiere zur Wehr zu setzen) und die entsprechend den gegenständlichen Bedingungen ihrer Lebenswelt aufgebaut sind, zu nutzen.

165

5.1.4 Die Hierarchisierung der Tätigkeit als Funktion des Großhirns

Um jedoch die *erbkoordinierten Muster* im Zustand emotionaler Erregung *von gelernten trennen* zu können, muß ein *Organ* vorhanden sein, was dies vermag und auf einer *hierarchisch höheren Ebene* zur Bevorzugung gelernter gegenüber erbkkordinierten Handlungen führt. Dieses Organ ist das *Großhirn*, insbesondere seine Rindenschichten, hier wiederum insbesondere der *Neokortex* (bzw. ihm phylogenetisch vorweggehende Strukturen).

Stammesgeschichtlich ist das Großhirn eine zur Entwicklung des Neuralrohrs sekundäre Bildung. Es ist bei den ersten Chordatieren als Vorläufern der Wirbeltiere noch nicht vorhanden (auch noch nicht beim Lanzettfischchen) und ist nach Meinung von *Sarnat* und *Netzky* („Evolution of the Nervous System") eine Struktur, die mit der aktiven Suche nach Futter gegenüber den über Filterung des Wassers sich ernährenden Chordatieren entsteht. Wahrscheinlich haben bereits die ersten Wirbeltiere Ansätze eines Vorderhirns (Telencephalon) entwickelt, das bis hin zu den ersten Säugetieren vor allem der Hemmung unangemessener Reaktionen dient (S. 229). Es sichert also in besonderer Weise die zunehmend exaktere signalvermittelte Orientierung in der Welt, wird also zum Widerspiegelungsorgan der adäquaten Bewegungsform des Subjekts in der äußeren Welt. Es bezieht sich damit nicht mehr unmittelbar auf die Eindrücke der äußeren Welt, sondern auf das Verhältnis dieser Eindrücke zur eigenen Tätigkeit (die einerseits auf die Gegenstände selbst bezogen noch erbkoordiniert ist, andererseits auf die Eigenschaften der Gegenstände bezogen schon signalvermittelt). Für diese Interpretation spricht nicht nur die zunehmende motorische Kontrolle des Kortex, sondern auch die Tatsache, daß über den Thalamus (ein subkortikales Kerngebiet) vermittelt alle äußeren Signale erst an ihn gelangen, und daß er über andere Kerne des Subkortex sich ebenso umfassend auf die inneren Eigenschaften des Organismus, die Widerspiegelungsverhältnisse zwischen den im Organismus vorhandenen und in seinen Organen organisierten Zellpopulationen, bezieht. Ich werde diese Zusammenhänge in Kapitel 8 vertiefen, hier reicht es, das allgemeine Prinzip zu verdeutlichen.

Es entsteht im Organismus selbst eine neue Ebene der vorgreifenden Widerspiegelung, die hemmend in die integrierte vorgreifende Widerspiegelung der unteren Ebenen eingreift. Durch diesen Prozeß entsteht eine *Selbstreflexion* des je individuellen Organismus, innerhalb dessen auch vererbte Muster zugunsten von signalvermittelten Mustern gehemmt werden können Dies zur Voraussetzung, daß es bei der Anwendung dieser Muster zu Motivkonflikten, entsprechenden emotionalen Zuständen kommt, die eine Ausführung des alten Musters in Widerspruch zu der bereits widergespiegelten (signalvermittelten) Adäquatheit der eigenen Tätigkeit aufgrund der äußeren Signale treten lassen Diese *zweite hierarchische Ebene* erlaubt es nunmehr, alle *reflektorischen Muster*, die sich auf die *Außenwelt* richten, zu verfeinern und zu kontrollieren. Zugleich hat diese Ebene jedoch ihre *eigenen reflektorischen Muster*, die sich entweder auf die Orientierung in der Außenwelt richten können (spontane Tätigkeit) oder auf die Orientierung auf der ersten Ebene vorgreifender Widerspiegelung als Realität (reflexive Tätigkeit) Orientierungsreflex, Freiheitsreflex, emotionale Bewertung können sich nunmehr auf diese erste Ebene alleine beziehen und ein Handeln auf ihr verlangen: Dies bedeutet dann, angeborene Muster von signalvermittelten Mustern trennen zu können und sich entsprechend den hierbei empfundenen emotionalen Bewertungen neu an der über die erste Ebene vermittelten Sinnlichkeit der äußeren Welt orientieren zu können Die kortikal gespeicherte Handlung löst damit die über die AAM gespeicherte zunehmend ab, freilich nicht ohne die Grundlage dieser ersten Ebene. Dieser neue Modus der Widerspiegelung und Organisation der Tätigkeit führt dazu, daß die AAM zunehmend in ihrer Bedeutung für den Lebensprozeß zurücktreten. Mit der weiteren Säugetierevolution bis zum Menschen verlieren sie ihre unmittelbare Bedeutung für die Tätigkeit. Sie erlangen zunehmend eine mittelbare Bedeutung, indem sie Formen der höheren Tätigkeit in Gang setzen.

Dieser soweit aus der Naturgeschichte entwickelte Vorgang findet seine weitere Aufklärung, wenn wir uns nochmals dem Endresultat dieser Entwicklung, dem menschlichen Gehirn, der menschlichen Tätigkeit, dem *menschlichen Bewußtsein* zuwenden. Das Bauen im Kopf des *Marx*schen Baumeisters hatte die Erfassung der im bisherigen Lebensprozeß durchlaufenen Verhältnisse als amodale Begriffstrukturen vorausgesetzt. Damit der Baumeister Gegenstände, Werkzeuge, eigene Tätigkeitsformen mit den Bedingungen seiner eigenen Reproduktion und Produktion adäquat vermitteln kann, muß er in der Entwicklung des Psychischen in der Ontogenese entsprechende *Klassen von invarianten kognitiven Schemata*, amodalen Bedeutungsstrukturen, aufgebaut haben. Diese Möglichkeit, als spezifische Fähigkeit des menschlichen Gehirns, mußt ihren phylogenetischen Vorlauf haben. Genau auf diesen sind wir in der bisherigen Betrachtung gestoßen, wie ich an zwei Beispielen verdeutlichen will Sie verdeutlichen das *Wesen der Abbildstruktur* der von *Leontjew* herausgearbeiteten Ebene der *perzeptiven Psyche* sowie des *Stadiums des Intellekts*.

Invariante Begriffe bauen sich also durch Handlungen auf, die sich nicht nur an der Sinnlichkeit des Augenblicks orientieren, sondern die sich auf die hinter dieser Sinnlichkeit liegende amodale Bedeutung des Gegenstands (objektiv wie für das Subjekt) beziehen. Die neue Qualität des Entstehens individuell erworbener amodaler Bedeutungen entwickelt sich in der erfolgreichen bekräftigten Handlung, in der das Motiv der Tätigkeit sich mit dem Ziel der Handlung adäquat vermittelt. Dabei fallen beide in der äußeren Erscheinungsform der Tätigkeit noch gänzlich zusammen Entsprechend wird die Wahrnehmung der äußeren Welt zunächst auch über einige wenige individuell erworbene Strukturen gesteuert, die sich zunehmend auf andere Tätigkeitsbereiche ausdehnen, bis die Dominanz dieses neuen Abbildniveaus erreicht ist. Damit ist aber auch deutlich, daß sich der Aufbau von *Bedeutungen der äußeren Welt* nicht trennen läßt von dem Aufbau von *Bedeutungen der eigenen Tätigkeit* bezogen auf die äußere Welt.

Mit der Trennung der zweiten Ebene der vorgreifenden Widerspiegelung von der ersten Ebene entsteht zugleich eine neue, innere Form der Tätigkeit, die *Orientierungstätigkeit auf der Ebene des Abbilds*, der nunmehr individualgeschichtlich erworbenen Bedeutungen. Dies zeigt sich im Verhalten von Säugetieren (aber auch einigen Vogelarten, worauf *Galperin* „Zu Grundfragen der Psychologie" verweist): *Probehandlungen* vor der eigentlichen Handlung werden vollzogen. Katzen probieren das richtige Abspringen oder schieben sich kauernd und ständig korrigierend in die angemessene Absprungposition. Aufgrund ihrer generellen Fähigkeit, neue Bedeutungen von Gegenständen zu erwerben, können sie sich als Haustier ebenso auf andere Haustiere wie auf den Menchen in systematischer Weise beziehen (und sind im Prozeß ihrer Sinngebung von ihm abhängig), wie sie dies nicht nur auf Ratten, Mäuse, Vögel oder Eidechsen als mögliche Beutetiere können, sondern auch auf vom Menschen geschaffene Gegenstände. So hatte eine unserer Katzen nicht nur gelernt, mit einem „Flummibällchen" (einem stark springenden kleinen Hartgummiball) zu spielen: Nein, sie holte sich dieses Spielzeug auch, trug es die Treppe hoch, ließ es die Treppe herunterspringen, holte es erneut. Dabei verwechselte sie es niemals mit Glas- oder Papierkugeln. Sie hatte damit im Zusammenhang der Abbildung der bedürfnisrelevanten Eigenschaften dieses Gegenstandes für sie zugleich die objektiven, hinter der sinnlichen Oberfläche liegenden Eigenschaften abgebildet.

Ein entsprechend höheres Niveau ist in den Experimenten bei Anthropoiden feststellbar. Dabei darf man die Orientierung zwischen den Gegenständen, also den gelegentlichen *Gebrauch eines Gegenstandes als Werkzeug* (dies tun auch höhere Vögel, die z. B. mit herabfallenden Steinen ein Ei zertrümmern usw.) nicht verwechseln mit der Erfassung der *amodalen Bedeutung* des Gegenstandes als Werkzeug. In den bekannten *Köhler*schen Affenexperimenten wird dies z. T. demonstriert: Schimpansen stecken Stöcke zusammen, um an eine Banane zu gelangen. Die Freilandstudien von Jane van *Lawick-Goodall* haben dies bestätigt. Schimpansen benutzten Stöcke, um sich gegen Leopardenattrappen zu wehren, oder Grashalme, um Termiten aus dem Bau zu holen. Trotzdem bleibt bei diesen Experimenten noch ein gewisser Zweifel offen. Deshalb will ich ein Experiment von *Rensch* anführen (zit. nach *Klix* 1980, S. 79), das die These des Bestehens amodaler Werkzeugbedeutungen belegt: Ich zitiere dieses Beispiel einschließlich der Interpretation, die *Klix* gibt:

„Mit Holzschrauben verschlossene Kisten enthalten Begehrenswertes. Zum Aufschrauben steht eine Art T-Eisen zur Verfügung, das vorn, wie eine Schneide zugespitzt, eine Steckkante hat und darum als Schraubenzieher verwendet werden kann. Durch Versuch und Irrtum wird der Zusammenhang von T-Eisen, Steckkante, Schraubennut und Öffnungsdrehung erfaßt Wenn nun das T-Eisen nicht, dafür aber äußerlich ähnliche Werkzeuge ohne Steckkante und äußerlich sehr verschiedene ‚echte' Schraubenzieher mit Steckkante angeboten sind, so werden die Schraubenzieher gewählt, die anderen Werkzeuge aber zurückgewiesen. Man beachte: ein langer, handelsüblicher Schraubenzieher mit großem Griff und ein ganz kleiner, aus rotem, durchsichtigem Material und schmalem Eisenstift werden als völlig gleichwertig behandelt. Ohne zu zögern wird jedes dieser Instrumente form- und funktionsgerecht gehandhabt. Dies kann nur dadurch bedingt sein, daß die für unseren Begriff ‚Schraubenzieher' relevanten Merkmale wie Stab, Steckkante und Drehbarkeit erkannt und im Gedächtnis fixiert sind. Aber die Verknüpfung dieser so bestimmten relevanten Merkmale sind der Begriff Schraubenzieher – gleichviel, ob ein Wort dafür da ist oder nicht. Diese Merkmale bestimmen die Verhaltensentscheidung. Sie werden in der Manipulation, im Umgang mit den Dingeigenschaften als relevant erkannt. Äquivalenzklassen über Objektmerkmalen sind Begriffe. In diesem Sinne erwirbt Julia den Begriff ‚Schraubenzieher'. Ganz ähnlich ist das mit den Dingeigenschaften, die einen zum Öffnen einer Kiste brauchbaren Schlüssel bestimmen."

In diesem Sinn kann also, da es um invariante Klassen von Begriffen, amodale Bedeutungsstrukturen geht, hier vom *Entstehen von Werkzeugbedeutungen* gesprochen werden. Der Einwand, daß damit Tierisches vermenschlicht werde, kann nicht gelten (so verwendet *Leontjew* z. B. den Begriff „Mittel" und nicht „Werkzeug"), da diese Gegenstände in der Tat, wie das Experiment beweist, als Werkzeuge verwendet werden. Selbstverständlich ist kein Schimpanse in der Lage, bereits Werkzeuge zu produzieren. Erst der Mensch ist, wie *Marx* dies zitiert, „tool-making-animal". Aber „tool-using-animal" sind die rezenten subhumanen Primaten allemal.

5.1.5 Abbildniveaus in der Phylogenese

Die entscheidenden Übergänge in der Naturgeschichte des Psychischen, so wird nunmehr deutlich, liegen in der Frage der Widerspiegelungsqualitäten der Lebewesen in ihrer Tätigkeit. *Der Aufbau des Abbilds in der Phylogenese kann damit als Aufbau invarianter, amodaler Bedeutungsstrukturen bezogen auf die Bedingun-*

Abbildung 10 Abbildniveaus in der Phylogenese

Sensibilität Erbkoordination, Reagibilität auf neutrale Agentien (z. B. Licht)	Als vorgreifende Widerspiegelung mit Entstehung des Lebens selbst auftretend; *Einzeller* mit und ohne Zellkern
Perzeptiv-sensorische Psyche (angeborene kognitive Schemata, an die Sinneseindrücke assimiliert werden)	Organisation auf der Ebene der *Mehrzelligkeit* und Herausbildung eines *Nervensystems* und von *Sinnesorganen*
Perzeptiv-operative Psyche Akkomodation neuer kognitiver Schemata auf dem Niveau von Gegenstandsbedeutungen	Entwicklung des Neocortex als zweiter Integrationsebene im ZNS im *Reptilien-Säugetier-Übergangsfeld*
Stadium des Intellekts Akkomodation neuer kognitiver Schemata auf dem Niveau von Werkzeugbedeutungen	Frontalhirnevolution bei *subhumanen Primaten*
Arbeit, Bewußtsein, Sprache – Entstehung von Tätigkeitsbedeutungen und Ich-Bedeutung wie sozialer Gegenstandsbedeutung (Werkzeuge, Sprache) bei homo habilis, Präsapiens, der Neandertaler-Linie wie der Sapiens-sapiens Linie – Progressive Entwicklung der Dominanz sozialer Tätigkeitsbedeutungen und Ich-Bedeutungen durch die vorrangige Evolution der inneren Sprache bei homo sapiens	Nach Durchlaufen des *Tier-Mensch-Übergangsfeldes*

gen der äußeren Welt betrachtet werden, zunächst gänzlich im Gattungserbe fixiert, später dann individuell aufgebaut und damit zunehmend reflexiv.

Auf diesem Hintergrund habe ich in dem 1981 erschienenen Aufsatz „Arbeit, Tätigkeit, Handlung, Abbild" die Frage der Naturgeschichte des Psychischen neu bearbeitet und bin zu der folgenden, in *Abbildung 10* wiedergegebenen Struktur gelangt, die eine überarbeitete Form der damaligen Überlegungen darstellt (vgl. auch *Jantzen* 1986 a). Ich will diese Abbildung nicht in jedem Detail kommentieren, sondern nur auf zwei Sachverhalte verweisen: Zwar gibt es bereits auf dem Niveau der Einzeller die Signalvermitteltheit der Tätigkeit, doch kann der Begriff einfache Reizbarkeit hier nicht beibehalten werden. Es ist von *Sensibilität* zu sprechen. Andererseits erfährt erst in mehrzelligen Organismen, mit der Entwicklung des Nervensystems als Substrat der möglichen vorgreifenden Widerspiegelung, dieses Prinzip seine umfassende Ausweitung. Da die sinnliche Repräsentanz der je einzelnen Eigenschaften der Gegenstände individuell gelernt wird und präsent ist, spreche ich hier von *perzeptiv-sensorischer Psyche,* die in der die sinnliche Präsenz der äußeren Welt im Psychischen zunehmend Freiheitsgrade der Handlung schafft. Entsprechend benutze ich den Begriff der perzeptiven Psyche enger gefaßt als *Leontjew* als *perzeptiv-operative Psyche* erst nach Dominanz des neuen Abbildniveaus.

Abbildung 10 umfaßt außerdem den Bereich des Übergangs zu spezifisch menschlichen Formen der Tätigkeit: Ich habe hier zwei Etappen unterschieden, von denen die erste als *„Entstehung von Tätigkeitsbedeutungen und Ich-Bedeutung wie sozialer Gegenstandsbedeutung"* benannt wurde. Logisch ist es nötig, daß über die bereits erworbenen Klassen von Invarianzen, amodalen Bedeutungsstrukturen hinaus die Anthropoiden und die aus ihnen hervorgehenden Hominiden weitere Klassen von Invarianzen bilden müssen, um das menschliche Niveau der Abbildtätigkeit („Bauen im Kopf") zu erreichen Die vertiefte Bearbeitung der Ontogenese, auf die ich erst später zu sprechen komme, legt nahe, daß der Übergang zu den Tätigkeitsbedeutungen so verläuft, daß sich allmählich in der Tätigkeit selbst „vorahmende" Teile bilden. D. h. in der schnellen Aufgabenlösung auf der Ebene von Werkzeugbedeutungen erfolgt in der noch an die Situation unmittelbar gekoppelten Aufgabenlösung eine Vorwegnahme der Anwendung des Werkzeuges vor seiner Anwendung. Es beginnen sich also die *inneren Differenzierungen zwischen den Werkzeugen* zu entwickeln, indem in der Vorwegnahme die Alternative verschiedener Werkzeuge zur Lösung einer Aufgabe mit ins Blickfeld gerät, wie bei dem von *Klix* gewählten Beispiel des Schraubenziehers. Damit wird auch die Substitution unüblicher Werkzeuge unter den Zweck der Tätigkeit möglich (hier der Gebrauch des T-Eisens). In diesen vorwegnehmenden Handlungen *trennen sich* allmählich die mit dem Werkzeug auszuführenden *Dimensionen der eigenen Tätigkeit* von den *Dimensionen des Werkzeuges.* Dies ermöglicht es, auf menschlichem Niveau nunmehr das Motiv der Tätigkeit von der Anwendung des Werkzeuges zu trennen, da das Motiv der Tätigkeit sich auf die Reproduktion der eigenen Tätigkeit oder der Tätigkeit anderer Menschen richtet. Die Tätigkeit wird jetzt amodal, in ihrer wesentlichen Struktur erfaßt. Diesem Begriff kann dann, am Beispiel des Schraubeneindrehens weiter verfolgt, nicht nur das reale Werkzeug untergeordnet werden, sondern auch ein ganz anderer Gegenstand. Ihm kann, untergeordnet unter den Sinn der eigenen Tätigkeit, der sich im Motiv offenbart, eine seinen ursprünglichen physikalischen Eigenschaften widersprechende Bedeutung gegeben werden. So kann im Spiel des späten Kleinkinds und frühen Vorschulkindalters z. B. einem Holzklotz die Bedeutung des Schraubenziehers gegeben werden (ohne ihn noch jemals mit diesem zu verwechseln), wenn das Kind den Vater spielt, der etwas repariert. Indem die Bedeutungen der Tätigkeit sich von der realen Welt trennen und sich auf die reflexiv geschaffene und im Gedächtnis verfügbare Welt der Bedeutungen beziehen, ist es möglich, die Zusammenhänge der Tätigkeit auf *symbolischer Ebene* zu reproduzieren. Für die Bedeutungen der realen Welt werden (mehr oder weniger) konventionalisierte *Zeichen* eingesetzt. Dieser Prozeß, der sich in der kindlichen Ontogenese nach dem Erwerb der Gegenstandsbedeutungen, jedoch vor dem Aufbau der Ich-Bedeutung vollzieht, muß sich stammesgeschichtlich im Übergang zu den frühen Hominiden ereignet haben, damit die neue Qualität der über das Ich vermittelten vorgreifenden Widerspiegelung entstehen konnte, die nur dem Menschen zu eigen ist. Da es keine rezenten Formen der Tätigkeit von Subjekten zwischen den heute noch existierenden Lebewesen diesseits und jenseits dieses Raumes (Menschen und Menschenaffen) gibt, kann man sich dem Übergang einerseits über *morphologische und archäologische Befunde bei den ausgestorbenen Hominidenarten* nähern (z. B. Größe des Gehirns, Index der Gehirngröße im Verhältnis zur Körpergröße, morphologische Feinheiten der Ausdifferenzierung der Rindenstruktur des Gehirns durch Endokranialausgüsse von aufgefundenen Schädeln, Werkzeuggebrauch, Jagdtiere, kultische Vergegenständlichungen usw.) Zum anderen ist dies aber auch möglich durch den *experimentellen Aufweis von Möglichkeitsräumen im Lernen von subhumanen Primaten*

Für diesen Weg, auf den ich zuerst eingehen will, stehen die Lernexperimente mit subhumanen Primaten, die insbesondere von *Premack, Rumbaugh* sowie den *Gardners* bei Schimpansen (z. T. auch bei Gorillas) durchgeführt wurden. Auf experimentellem Wege wurde versucht, Begriffe und Sprache auszubilden. Die Gruppen um *Premack* und *Rumbaugh* versuchten dies eher über behavioristische Verstärkungspläne, die *Gardners* jedoch eher über systematisches Aufbauen auf gattungsinternen Kommunikationsstrukturen der Tiere. Vom äußeren Anschein her sieht es so aus, als würden diese Tiere Symbole adäquat verwenden, da sie es gelernt haben, insbesondere über die Gehörlosensprache ASL, ein großes Inventar von Zeichen zu benutzen, um Dinge zu benennen, die sie haben wollen. Dabei zeigt es sich allerdings, daß bei exakter Analyse der Bedeutungsstrukturen der Tätigkeit (so *Hildebrand-Nilshon* 1980) nicht alle verwendeten Zeichen bereits invariant benutzt wurden. Auch hier müssen wir wahrscheinlich den Gebrauch einiger Tätigkeitsformen im Vorfeld der Tätigkeit vom Aufbau einer neuen Klasse von Invarianzen unterscheiden. Auch beim Kleinkind eilt im letzten sensomotorischen Stadium (also um ca. 18 Monate herum) die Sprache plötzlich vorweg, ohne daß wir das neue Widerspiegelungsniveau schon generell erschließen könnten. So ist es auch die Frage, ob der von *Hollitscher* (1980) berichtete Tatbestand, daß die Äffin Washoe ihre Jungen in der Zeichensprache ASL (American Sign Language) unterrichtet, schon völlig den Übergang auf dieses Niveau kennzeichnet

Allerdings gibt es Beispiele, die eindeutig zeigen, daß in einzelnen Bereichen der „Funktionswechsel" mit Sicherheit erfolgt ist, also echter Symbolgebrauch vorliegt Zu diskutieren bleibt lediglich, ob auch der „Dominanzwechsel" schon angenommen werden darf (*Holzkamp*). Ich zitiere hierzu *Hildebrand-Nilshon* (1980, S. 89; die englische Wiedergabe der Gesten der Schimpansen habe ich übersetzt; d. V.). *"Wie groß die Entwicklungsmöglichkeiten sind, zeigt das wohl eindrucksvollste Beispiel der Gardners: die gegenständlichen Malaktivitäten (vgl. Gardner & Gardner, 1977). Der Versuch, den vier menschlich sozialisierten Schimpansen das Schreiben beizubringen, begann zunächst mit den für Schimpansen charakteristischen Kritzelzeichnungen. Eines Tages hörte ein Tier kurz nach Beginn der Malaktivität wieder auf. Dies veranlaßte den Betreuer zur Frage, was los sei. Daraufhin machte der Schimpanse das völlig unerwartete Zeichen für ,beendet'. Der Betreuer kam auf die Idee zu fragen, was das auf dem Blatt Papier denn sei. Die Antwort war noch verblüffender: ,Blume'. Die symbolische Verarbeitung von Gegenständen war offensichtlich so weit entwickelt, daß ein repräsentatives Malen möglich wurde. Die von den Gardners vorgestellten Dias mit Zeichnungen von Gegenständen, wie z. B. ,Blume', ,Vogel', ,Beere', haben Ähnlichkeit mit Kleinkindzeichnungen und unterschieden sich von den sonst üblichen Kritzelmalereien durch die Sparsamkeit der Strichführung und durch gewisse strukturelle Ähnlichkeiten mit den bezeichneten Gegenständen. Dieses Ergebnis stellt u. E. einen Beweis für die Symbolfunktion der Zeichen für Gegenstände dar, sie repräsentieren die Gegenstände, stehen für sie, machen sie gedanklich antizipierbar im Sinne bewußter Antizipation."*

Hildebrand-Nilshon verweist zugleich auf die Beschränkung der Anwendung dieser Symbole in der Kommunikation. Es gelingt nicht die „Differenzierung zwischen eigener Zielperspektive und der des Partners und die reziproke Verrechnung beider in bezug auf die gemeinsame Aufgabe" (S. 91), also nicht die *Rekonstruktion eines verallgemeinerten Anderen.*

Dabei ist in der Kritik, daß die Aufgaben teilweise nur im Verhältnis zu Menschen gelöst werden und nicht zu eigenen Artgenossen und daher im Niveau nicht Kindern entsprechenden Entwicklungsalters vergleichbar seien, zugleich ein Problem enthalten: Diese Kinder beziehen sich jeweils auf Erwachsene. Unter sich als Kinder, also auf dem Schimpansen vergleichbaren Kommunikationsniveau, wären sie in der Situation der Isolation, des potentiellen Wild- oder Wolfskinds. Man muß für die Erschließung der kognitiven Möglichkeitsräume bei Schimpansen diese zitierte Kritik durchaus beachten. Trotzdem scheint es aufgrund der bisher vorliegenden Befunde so zu sein, daß auf jeden Fall ein „Funktionswechsel" zum neuen Niveau der Tätigkeitsbedeutungen stattfindet, möglicherweise auch ein „Dominanzwechsel", es jedoch auf keinen Fall bereits zur Ausbildung eines verallgemeinerten Ichs und eines „verallgemeinerten Anderen" kommt. Dies sollte man nicht allein in dem prinzipiell beschränkteren Möglichkeitsraum der Tätigkeit der Schimpansen suchen, der durch die niedere Organisation ihres Gehirns gegeben ist, sondern auch in der Adäquatheit der Lehrmethode durch die Menschen. Diese ging möglicherweise noch von einer zu anthropomorphen Auffassung von Sprache aus, statt von den Möglichkeiten, diese aufbauend auf den sozialbiologischen Beziehungen in der innerartlichen Kommunikation zu entwickeln (vgl. *Hildebrand-Nilshon*).

Welche Schlüsse dürfen aus diesen Experimenten gezogen werden und welche nicht? 1. Die Experimente belegen die Annahme, daß die *Entwicklung des Psychischen* ein Resultat der Entwicklung der vorgreifenden Widerspiegelung in der gesamten Naturgeschichte ist.

2. Sie belegen, daß es in der Evolution eine *Entwicklung von Möglichkeitsräumen* der Gattung geben muß, die mit zunehmender Möglichkeit zum individuellen Aufbau von Klassen von Invarianzen sehr unterschiedliche Abbildstrukturen für die je einzelnen Individuen ermöglichen. Dabei ist zu unterscheiden der vom einzelnen Individuum realisierte Möglichkeitsraum, also sein Wirklichkeitsraum, von dem durch die Gesamtheit der Gattung zu einem Zeitpunkt realisierten (Wirklichkeitsraum der Gattung) und dem über diesen Bereich hinausgehenden Möglichkeitsraum. Für das *Tier-Mensch-Übergangsfeld* müssen wir daher annehmen, daß *Lebewesen, die noch nicht Mensch waren, bereits im Bereich der Entwicklung des Psychischen den Möglichkeitsraum besessen haben, Menschen zu werden.* Denken wir uns höher entwickelte Anthropoiden auf dem Weg zu den Hominiden, so ist im Gedankenexperiment ein Punkt bestimmbar, wo die Gattung alleine noch nicht in den Wirklichkeitsraum der menschlichen Psyche übergetreten ist, sie also Formen der „Arbeit" benutzt, die noch im tierischen Bereich liegen. Bei existierender Anleitung jedoch (durch *Gardner, Rumbaugh* oder *Premack* oder andere gesellschaftlich organisierte Menschen der Gattung „homo sapiens") hätten diese Anthropoiden jedoch Bewußtsein entwickeln können. Auf die theologischen Implikationen dieser Frage gehe ich nicht ein, wohl aber auf die entwicklungspsychologischen, die für eine wissenschaftliche Theorie der Erziehung und Bildung, also die Pädagogik, von höchster Bedeutung sind. Dies geschieht z. T. in diesem Kapitel, z. T. in späteren Kapiteln dieses Buches.

3 Nicht geschlossen werden darf aus diesen Experimenten mit subhumanen Primaten, daß selbst bei Überwindung der Barriere zur individuellen Ich-Bedeutung dann diese Affen gleich Menschen wären. Sie stellen eine andere Gattung dar, mit der dann ein erweiterter sozialer Kontakt möglich ist. Ihre psychophysische Organisation beim Durchschreiten dieser Entwicklung ist jedoch eine andere, wenn auch dem Menschen ähnliche. Niemand wird im übrigen auf die Idee kommen, einen Papageien oder Raben, der echte Gegenstandsbedeutungen bilden kann, mit einem Säugetier gleichzusetzen, das dieses auch kann, oder einen Gorilla, der das Stadium des Intellekts (oder experimentell das der Tätigkeitsbedeutungen) erreicht, mit einem Schimpansen, der das gleiche tut. Was aber deutlich wird, ist, daß es für die Entwicklung der Widerspiegelung und Tätigkeit im System „Subjekt – Tätigkeit – Objekt" nicht nur ökologische und biologische Kriterien zur Unterscheidung von Arten geben muß, sondern auch psychologische Kriterien, und daß die Entwicklung des Psychischen hierzu vertiefter Untersuchung bedarf. Erst auf der Basis dieser Gemeinsamkeiten und Unterschiede wird auch eine systematische *Tierpsychologie* und ein vernünftiger *Vergleich von tierischer und menschlicher Tätigkeit* möglich sein, der ebenso so frei von Anthropomorphismen (also Unterstellen menschlicher Fähigkeiten bei Tieren) ist wie von ihrer bloßen Geringschätzung als Reflexwesen. Ein Stück Ehrfurcht vor der Natur und das Gefühl größerer Verbundenheit mit den tierischen Lebensformen sollte schon ein Ergebnis dieser Betrachtung sein.

Nähern wir uns nunmehr dem *Tier-Mensch-Übergangsfeld* von der anderen Seite. Dabei greife ich längst nicht alle Befunde auf, sondern verweise für die biologische Seite auf *Feustels* „Abstammungsgeschichte des Menschen" und für die psychologische Seite auf *Schurigs* „Die Entstehung des Bewußtseins". Diesseits des Übergangs finden wir also Menschen mit unterschiedlichen biologischen Voraussetzungen, die *psychologisch schon völlig Mensch* sind. Allerdings ist dieser Entwicklungsprozeß noch nicht so stabil, daß ihre Existenz bis heute gesichert wäre: Phylogenetisch vorhandene Formen (Homo habilis, Homo praesapiens, Homo sapiens neanderthaliensis) sterben wieder aus, als rezente Form bleibt der Homo sapiens sapiens. Was ist nötig, um diese Entwicklung unumkehrbar zu machen? Auf einen wesentlichen Bestandteil hat bereits *Engels* verwiesen: „Arbeit zuerst und dann mit ihr die Sprache" (MEW Bd. 20, S. 447). *Wygotski* hat in einem Aufsatz zu den „genetischen Wurzeln des Denkens und Sprechens" bereits 1929 darauf verwiesen, daß beiden Dimensionen der Tätigkeit unterschiedliche Entwicklungsprozesse zugrunde liegen. Dies kann nun vertieft untersucht werden.

Bis zum Entstehen von Tätigkeitsbedeutungen kann es keine *Zeichenfunktion* von Lautäußerungen (oder Gesten) geben, wenn auch eine Werkzeugfunktion in der unmittelbaren Beeinflussung der anderen Mitglieder der Tierhorde. Mit dem Auftreten der Tätigkeitsbedeutungen müssen die verwendeten Zeichen noch unkoordiniert bleiben: Es sei denn, daß (wie beim kleinen Kind oder den Schimpansen in den zitierten Versuchen) ein konventionalisiertes Zeichensystem im sozialen Erbe der Menschheit vorliegt, das mit dem Aufbau der Tätigkeitsbedeutungen zugleich angeeignet wird. Die ontogenetische Selbstschöpfung eines solchen Systems in der innerartlichen Kommunikation ist noch gänzlich unmöglich, da weder ein verallgemeinerter Anderer noch ein verallgemeinertes Selbst existieren. Unterstellen wir also, daß durch die konstanten Beziehungen zur gegenständlichen Welt es vom Werkzeuggebrauch zur vorsorgenden Mitnahme von Werkzeugen in Einzelsituationen kommt (Tätigkeitsbedeutung, die den antizipierend-vorsorgenden Einsatz des Werkzeuges ermöglicht), insbesondere auch zu einem zunehmend antizipierend-vorsorgenden Einsatz der je anderen Mitglieder der Horde bei der arbeitsteiligen Jagd (vgl. zu diesen Fragen insbesondere auch *Holzkamp* 1983). Dies unterstellt, muß bei *Entwicklung der Arbeit* die *Sprache* noch restlos *sympraktisch* sein, da sie sich je nur auf Einzelsituationen, jedoch noch nicht auf die Gesamtheit der eigenen Tätigkeiten wie die der anderen beziehen kann: Ihre wesentliche innere raum-zeitliche Ordnung, für die später die Grammatik sorgt, kann sich noch nicht entwickelt haben, wenngleich die Lautäußerungen durchaus nicht chaotisch sind. Treten aber die Möglichkeiten der *Verallgemeinerung des Ichs und der anderen Menschen* erst einmal auf, so ist mit diesem Voranschreiten der Arbeit und dem Erwerb einer neuen Klasse von Invarianzen in einer noch arbeitsteilig und sprachlich gering differenzierten Welt noch lange nicht diese Möglichkeit realisiert. Über die Motivstrukturen, sich je umfassend im anderen Menschen zu spiegeln (ich komme bei der Behandlung der Ontogenese nochmals auf diesen Aspekt), entsteht erst jetzt, lange nach Entstehen der Arbeit das umfassende *Motiv zum sprachlichen Verkehr* über die bloße Situation hinaus, also zum Übergang von der sympraktischen Sprache zur *synsemantischen*. Dies setzt voraus, daß ein geeignetes Zeichenkörpersystem für die Entwicklung der Sprachfunktionen vorhanden und zugänglich ist.

Soweit ich es sehe, liegen hier im System „Subjekt – Tätigkeit – Objekt" für Neandertaler und Homo sapiens wesentliche Unterschiede vor, auf die *Hildebrand-Nilshon* aufmerksam macht:

Unter Bezug auf eine Arbeit von *Liebermann* zeigt *Hildebrand-Nilshon*, daß auf Grund der morphologisch-physiologischen Organisation des Vokaltrakts wie des Rachen-Kehlkopfraumes sich die Lautproduktion des Neanderthalers zwar deutlich gegenüber der von rezenten subhumanen Primaten an Differenziertheit abgehoben haben muß, andererseits er in keiner Weise in einer dem Homo sapiens vergleichbaren Form zur Sprachbildung befähigt war (*Hildebrand-Nilshon* S 100 ff). Dies immerhin bei kulturellen Leistungen (Bestattungsriten, Wandmalereien u. ä.), die ein reflexives Ich in vollem Umfang erschließen lassen. Die Entwicklung des Gehirns zeigt vergleichbare Befunde. Hierzu zitiert *Hildebrand-Nilson* eine Arbeit von *Jerison* (S 106 ff): Mit dem „Homo erectus" (also der Präsapiens-Gruppe) vor ca. einer Million Jahren beginnt eine fast explosionsartige Vergrößerung des Gehirnvolumens (vermutlich durch den nunmehr für die Gattung erschlossenen Selektionsvorteil der Fähigkeit zur Arbeit). Dabei zeigen sich in dieser Entwicklung, wobei Neanderthaler wie Homo sapiens bereits über das gleiche Hirnvolumen verfügen, deutliche morphologische Unterschiede bei Endokranialausgüssen. Auf Grund der stärkeren Furchung des Kraniums, also des Hirnschädelskeletts, in jungen und wachsenden Hirnregionen konnte man bei dem Neanderthaler Wachtumstrends in der Parieto-Temporal-Region des Gehirns feststellen, beim Homo sapiens hingegen in der Frontalregion. Diese Trends sprechen dafür, ich werde dies im Kapitel 8 bei der Darstellung neuropsychologischer Grundlagen verdeutlichen, daß im einen Falle (beim Neanderthaler) der Trend für ein größeres Auflösungsvermögen im Sinne kontrastbildender sprachlicher Prozesse und damit genauerer Erfassung der Welt spricht (ein Prozeß der sich möglicherweise in einer eher gestisch orientierten Kommunikation niedergeschlagen haben mag). Im anderen Falle (homo sapiens) spricht die Hirnentwicklung dafür, daß das Problem der Kontrastdifferenzierung im Kommunikationsprozeß hinreichend gelöst ist und der Entwicklungstrend auf die Verinnerlichung der Sprachfunktionen in der Form einer Weiterentwicklung von innerer Sprache zielt

5.2 Die neue Qualität der sozialen Ebene beim Menschen

Damit wird jedoch zugleich ein höheres Maß an innerartlicher Arbeitsteilung, sozialem Verkehr, sozialer Standardisierung bisher individueller Erfahrung möglich. Handel und Verkehr können sich entwickeln, Warenaustausch vermag zu entstehen: Es entsteht jene *progressive Beschleunigung* der Menschheitsentwicklung in den letzten 50 000 Jahren, die zur zunehmenden Ausdifferenzierung eines außerhalb der je einzelnen Menschen liegenden *sozialen Erbes*, „Ensembles der gesellschaftlichen Verhältnisse" führt. Der Prozeß der Herausbildung der psychischen Funktionen wird mit der Ausdifferenzierung der gesellschaftlichen Funktionen zunehmend von der je individuellen Beteiligung am Prozeß der gesellschaftlichen Arbeitsteilung (als Vermittlung des gesellschaftlichen Zusammenhangs) in den sozialen Verkehr verlagert. Zunehmend übernimmt die *Sprache* die *Widerspiegelung der objektiven Lebensverhältnisse im Gesamt des gesellschaftlichen Arbeits- und Lebenszusammenhangs*. Zunehmend entsteht (1) durch die *Arbeitsteilung* und (2) durch die *Klassentrennung* eine Trennung des je einzelnen Menschen (im zweiten Falle vorrangig nur für die Angehörigen der beherrschten Klasse) von dem gesellschaftlichen Reichtum: Gesellschaftlicher Reichtum nicht in seinem Geldausdruck verstanden, sondern als vielfältige Entwicklungsmöglichkeit in der Herausbildung der Persönlichkeit durch die umfassende Aneignung der gesellschaftlichen Lebensbedingungen *Holzkamp* spricht in diesem Kontext von der notwendig kollektiv erweiterten Verfügung über die subjektiv relevanten Lebensbedingungen und faßt diesen Prozeß mit der Kategorie „erweiterte Handlungsfähigkeit". Die bei Arbeitsteilung durchaus immer wieder mit zunehmender Evolution des sprachlichen Verkehrs mögliche Wiederherstellung der Einheit der Menschheit im begreifenden Erkennen des je Einzelnen wird jedoch durch die der Klassenteilung geschuldeten Herrschaftsverhältnisse, Macht und Gewalt je aufs neue immer wieder unterbunden.

Man muß nun sorgfältig zwischen den verschiedenen *Ebenen* des ganzheitlichen Menschen trennen, um diese Fragen genau untersuchen zu können. Ich habe bisher die psychologische Ebene in den Vordergrund gestellt und mich mit Andeutungen auf die biologische Ebene begnügt. Diese werde ich in den Kapiteln 7 und 8 genauer behandeln. Aber nicht nur die Übergänge zwischen biologischer und psychologischer Ebene sind zu klären, in der Naturgeschichte des Psychischen tritt zunehmend die *soziale Ebene* als eigenständige in Erscheinung: Schon bei der Traditionsbildung der höheren Vögel, der Säugetiere und insbesondere der subhumanen Primaten, die ohne die soziale Vermittlung des in den Tätigkeiten der Gattung festgelegten sozialen Erbes nicht überlebensfähig sind Beim Menschen erreicht dieser Vorgang eine neue Qualität, da nunmehr die Tätigkeitsformen nicht nur bloß im Tätigkeitsrepertoire der Gemeinschaften (Urhorde usw.) festgelegt sind, sondern ihre Objektivierung in Werkzeugen und Produkten ebenso finden wie in einer zunehmend konventionalisierten und standardisierten Form des sprachlichen Verkehrs. Diese löst sich spätestens mit der Evolution von homo sapiens von der unmittelbar gegebenen Situation ab. Sie wird zum Teil des vergegenständlichten sozialen Körpers, den sich die Menschen in jeder Generation aneignen müssen Später, über die Schriftsprache, erfährt sie eine auch vom unmittelbaren Sprachgebrauch getrennte Ablösung D. h die *Möglichkeit* der Menschen, Bedeutungen umfassend in der Tätigkeit herzustellen, sich auf ihren eigenen Gattungsprozeß durch Lernen zu beziehen, in höchster Form sich als Mensch in der Menschheit unter der Perspektive des Marxschen kategorischen Imperativs widerzuspiegeln, moralisch zu werden, ethische Verantwortung zu tragen usw. – also seine eigene Natur ebenso umfassend anzueignen wie die sogenannte äußere Natur – kann nur zur *Wirklichkeit* werden, wenn es hierfür die *sozialen Voraussetzungen* gibt.

Es wäre jedoch gänzlich falsch, so wie *Holzkamp* (1983) dies tut, die Möglichkeit zur umfassenden Aneignung von Bedeutungen, der Entwicklung der Widerspiegelung bis zum Niveau des Bewußtseins und der Persönlichkeit in den Hintergrund zu stellen und für eine eher niedrigere psychische Funktion zu erklären im Vergleich zu der sozialpsychologischen Seite dieses Prozesses, der verallgemeinerten Werkzeugherstellung als Aspekt der sozialen Vorsorge.

In einem unlängst erschienenen Buch haben *Kuckhermann* und *Wigger-Kösters* (1985a) im Detail untersucht, wie unter den jeweiligen gesellschaftsformationsspezifischen Bedingungen sich Möglichkeiten der Aneignung eröffnen: in der Urhorde, den vorderasiatischen Hochkulturen, im Feudalismus, im Kapitalismus. Dabei entwickeln sie die wichtige und zutiefst dialektische Auffassung, daß auf Grund der auf der psychologischen Ebene gegebenen Möglichkeiten der Menschen, *Bedeutungen zu produzieren*, sie dies unter allen Umständen, auch unter entfremdeten Bedingungen tun. Sie entwickeln also Begriffe, in denen sie sich auf ihre Arbeit wie auf den gesellschaftlichen Prozeß als ganzes beziehen, freilich in

Formen, in denen ihnen wichtige soziale Erfahrungen, die an anderer Stelle bereits im sprachlichen Verkehr erfaßt sind, nicht zugänglich sind. Die beiden Autoren weisen z. B. nach, wie die Priester(königs)herrschaft in Ägypten bzw. im Zweistromland für die herrschende Klasse über die notwendigen Aufgaben der Organisation der Arbeitsteilung bereits zu einem entfalteten Denken von Gesellschaft als Ganzes führt, während die Denkprozesse der arbeitsteilig arbeitenden Handwerker in Mesopotamien oder der Arbeiter beim Pyramidenbau sich auf andere Teile der Realität beziehen mußten, trotzdem hierbei spezifisch menschlich blieben.

Die gesellschaftlichen Formen der Tätigkeit sind es also, die (so *Luria* 1978) das menschliche Gehirn zwingen, auf neue Weise zu funktionieren, auf die sich die Menschen in der Produktion von Bedeutungen in ihrer Tätigkeit beziehen müssen. Das „Bauen im Kopf" ist damit alles andere als idealistisch verstanden: Es ist Ausdruck der Widerspiegelung der phylogenetischen Entwicklung der Gattung Mensch in den Prozessen ihrer Hirnorganisation, die damit in allgemeinster Form den Möglichkeitsraum dieser Gattung bestimmen. Inwieweit dieser Möglichkeitsraum realisiert wird, hängt nunmehr jedoch zunehmend von den sozialen Prozessen seiner Realisierung ab, die sich schließlich durch das Entstehen von Erziehung und Bildung und sehr viel später ihre Institutionalisierung auch direkt (selbstreflexiv) auf die Entfaltung dieses Möglichkeitsraums beziehen. D. h. die Menschheit bringt sich nicht nur hervor, sondern bezieht sich zunehmend selbstreflexiv auf den eigenen Prozeß des Hervorbringens. Hierbei stößt sie zwangsläufig auf *Bildungsschranken*, die in der Regel Klassenschranken sind. Zu ihnen müssen sich die Menschen in der ihnen möglichen Weise ins Verhältnis setzen, sich entweder mit ihnen abfinden oder sie überwinden. Ich habe diese Aspekte bereits in Kapitel 1 behandelt und verweise ergänzend auf die sehr interessante Analyse von *Holzkamp* („Grundlegung der Psychologie") zu dieser Frage

Hier will ich noch einen anderen Aspekt aufgreifen, der später für unsere didaktischen Überlegungen (Kap. 11) von Bedeutung ist: Das *soziale Erbe* gliedert sich nicht nur nach Gegenstandsbereichen, die anzueignen sind, sondern *schichtet sich* auch *in der Zugänglichkeit der sozialen Bedeutungen*. Ich habe in Kapitel 2 an der allgemeinen Struktur des sozialdarwinistischen, imperialistischen Denkens deutlich gemacht, daß dieses gesetzmäßig in bestimmten sozialen Schichten entsteht, die auf Grund der Form ihrer Lebenstätigkeit nicht zum vertieften Begreifen des gesellschaftlichen Prozesses gelangen, an seiner anschaulichen Oberfläche bleiben. Ein anderes Beispiel der Abhängigkeit der Tiefe des Bedeutungserwerbs von der sozialen Verfaßtheit des Tätigkeitszusammenhangs, also von dem nunmehr gesellschaftlichen Objektbereich, arbeitet *Luria* in seiner Mittelasienstudie („Cognitive Development") heraus. Zu Beginn der 30er Jahre wurden Denkstrukturen der Bevölkerung Usbekistans untersucht. Dieses Unionsland der UdSSR war historisch in einer dem heutigen Afghanistan vergleichbaren Situation. Der Übergang auf kollektive Landwirtschaft und Planung mußte veränderte Denkprozesse hervorbringen, so die Vermutung *Lurias*. Den Bewohnern wurden in dieser Studie u. a. *Syllogismen* vorgegeben, die sie beantworten sollten. Das Muster war folgendes. Der Obersatz lautete: Edelmetalle rosten nicht, der Untersatz: Platin ist ein Edelmetall; die Frage lautete: Rostet Platin? Die Antwort, die *Luria* in noch unterentwickelten Gebieten bei nach dieser Art aufgebauten Syllogismen erhielt, war regelmäßig eine mit der Struktur, der Befragte könne dies nicht beurteilen, da er noch kein Platin gesehen habe Andererseits konnten ohne Schwierigkeiten Syllogismen beantwortet werden, die sich auf den Menschen zugängliche Erfahrungsbereiche bezogen. Erst im Verlauf des Prozesses der sozialen Entwicklung erfolgte ein Umschlag, der die Menschen generell den Syllogismus als erfahrungsunabhängiges Instrument des Denkens beherrschen ließ.

Vergleichbare Ergebnisse finden sich in Untersuchungen zum Aufbau des Invarianzbegriffs von Menge und Volumen. Angeregt durch die Forschungen *Piagets*, daß Kinder im Alter von 6–7 Jahren erst eine *Invarianz des Volumenbegriffs* erreichen (ich bin auf diesen Zusammenhang in der kurzen Schilderung des Experiments von *Galperin* gegen Ende von Kapitel 3 bereits eingegangen), wurden solche Forschungen z. B. in Algerien (*Bovet* 1978) oder im Senegal (*Bruner u. a.* 1971, S. 171 ff.) durchgeführt. Die Ergebnisse waren jeweils die, daß Kinder, die mit entsprechenden sozialen Anforderungen nicht in Berührung kamen (Buschkinder im Senegal gegenüber Kindern, die die Schule besuchten) oder deren soziale und schulische Lernmöglichkeiten von *Piagets* Stichprobe in Genf unterschieden waren, sehr viel später die invariante Bedeutungsstrukturen der Mengeninvarianz des Volumens usw. erwarben bzw. in anderer Form.

Auf interessante Aspekte dieses Themas macht zudem eine Arbeit von Frigga *Haug* und Koautoren aufmerksam, die eine Geschichte der Arbeit zu schreiben versuchen Sie arbeiten heraus, daß das Sammeln der Nahrung bei Naturvölkern mit Formen des *anschaulichen Denkens* koinzidiert (wie sie *Piaget* für die vorschulische Entwicklung beschreibt). Das *Denken der* mittelalterlichen *Handwerker,* das (z B. bei den Uhrmachern) eine enorme Höhe erreichte, war nicht durch die Kenntnis physikalischer Gesetze vermittelt, sondern durch über Tradition immer differenzierter entwickelten und angeeigneten Wechselbeziehungen zwischen (den sozial vorgefundenen) Werkzeugen und ihrem Gegenstandsbereich (die für den Uhrenbau nötigen mechanischen Konstruktionen werden arbeitsteilig übernommen) und einem Produkt, das den Wert und Gebrauchswertstrukturen des Marktes entsprechen mußte. Eine neue Form des Denkens, das auch den Angehörigen der beherrschten Klassen zunehmend zugänglich wird, ist dann das *maschinelle Denken,* genauer genommen das *abstrakt-logische Denken·* Prozesse sind nicht mehr unmittelbar zugänglich, sondern werden durch „künstliche Sinne" vermittelt, wie z .B. der Stromwiderstand, den niemand sehen und sich sinnlich vorstellen kann, durch Volt- und Ampèremeter oder ein Fertigungsprozeß durch mathematische Formeln usw..

Faßt man die Ergebnisse dieser Arbeiten zusammen, insbesondere unter Aufgreifen der auf den Gesamtprozeß der Gesellschaftsentwicklung unter den Möglichkeiten der individuellen Begriffsbildung bezogenen Arbeiten von *Haug* u. a., *Klix* und *Kuckhermann/Wigger-Kösters,* so deuten sich die von mir in *Abbildung 11* zusammengefaßten Stufen der Entwicklung an.

Abbildung 11· Abbildungsniveaus in der Soziogenese

Art der Tätigkeit (und Gesellschaftsformation):	Art des Denkens:	Gesellschaftlich allgemein zugängliches Bedeutungsniveau:
Jagen und Sammeln (bis einschließlich neolithische Gesellschaften)	*Klassifizierende Nutzung* der Natur, klassifizierende Benennung	Soziale Gegenstandsbedeutungen
Landwirtschaft, Handwerk, Kaufleute (asiatische Produktionsweise, Sklavenhaltergesellschaften, Feudalismus)	*Funktionales Denken.* Betrachtung von Natur und anderen Menschen vermittels durch Werkzeuge und Maße gegebener Oberbegriffe	Soziale Werkzeugbedeutungen z. B. in Maßen und Geld verallgemeinert
Trennung von Hand- und Kopfarbeit Wissenschaft als allgemeine Arbeit (Kapitalismus)	*Kategoriales Denken* in Begriffen ohne instrumentelle Äquivalenz, z. B. Mathematik, formale Logik	Soziale Tätigkeitsbedeutungen
Vereinigung von Hand- und Kopfarbeit in der Teilhabe an kollektiver Planung und Entscheidung (Sozialismus)	*Dialektisches Denken* (prozeßbezogenes Denken unter Einbezug gesellschaftlich verfügbarer praktischer wie wissenschaftlicher Mittel)	Soziale Ichbedeutung (sich im Prozeß der Menschheit widerspiegeln können)

Diese Abbildung sollte nicht mißverstanden werden. Sie fragt nach der allgemeinen Entwicklungsmöglichkeit und Zugänglichkeit gesellschaftlicher Denkniveaus für den Einzelnen wie nach der Notwendigkeit der allgemeinen Entwicklung dieser Niveaus. Natürlich denkt auch der steinzeitliche Jäger je einzeln dialektisch, aber die sozialen Mittel, den Zusammenhang der Welt dialektisch zu denken, sind noch durch die empirische gegebene Anschaulichkeit der Welt bestimmt. Alles Nichterklärbare wird im *Mythos* gefaßt So bemerkt *Marx*: „Alle Mythologie überwindet und beherrscht und gestaltet die Naturkräfte in der Einbildung und durch die Einbildung: verschwindet also mit der wirklichen Herrschaft über dieselben" (MEW 13, S. 641; vgl auch D. M. *Ugrinowitsch* „Die urgeschichtliche Mythologie und ihre Entwicklungstendenzen"). In eben diesem Sinne des Erfassens der amodalen Bedeutungsstrukturen der Aneignung der Welt in der Menschheit als Prozeß und der Zugänglichkeit dieses Prozesses für den je einzelnen Menschen ist diese Abbildung aufgebaut.

Was ich mit dieser Aufstellung insgesamt festzuhalten versucht habe, ist wie sich *durch die Entwicklung der Arbeit* selbst notwendig bestimmte *dominierende*

Denkniveaus im Alltag einstellen: Funktionales Denken ist in der kapitalistischen Gesellschaft selbstverständlich. Wer Maß und Gewicht, den Wert des Geldes, die Schrift nicht beherrscht oder nicht lesen kann, fällt aus dem gesellschaftlichen Prozeß als anormal heraus. Gleichzeitig erreichen viele Menschen in der Schule und der Berufsausbildung das Niveau des kategorialen Denkens, obgleich entwickelte dialektische Prozesse, in denen sie sich zur Menschheit als Prozeß in Bezug setzen, nicht durch die herrschende Klasse und das bürgerliche Bildungsmonopol vermittelt werden. Der Ausschluß von gesellschaftlicher Planung bei der bereits erreichten Höhe sozial zugänglicher Begriffe macht jedoch immer aufs neue sichtbar, wie das Kapital durch die Vorenthaltung von Planung und Mitbestimmung durch Anarchie, Korruption, Verstoß gegen Mensch und Natur selbst zum Entwicklungshemmnis wird und zur Durchsetzung des Prozesses der Menschheit seine Aufhebung notwendig ist.

Wir werden auf diese Überlegungen zurückkommen. Es ist offensichtlich, daß jede Weiterentwicklung der Gesellschaft, neues Wissen, auch ein Nachdenken über die in der Ontogenese, der Individualentwicklung, zu durchlaufenden Bedeutungsebenen erzwingt: Wie muß Schule, wie muß Unterricht sein, um selbständig denkende Menschen zu erziehen, um Lernbehinderung oder geistige Behinderung aufzuheben. Es wird sich hier z. B. zeigen, daß der Vorrang der Anschaulichkeit in der Beschulung lernbehinderter oder geistig behinderter Schüler geradezu zum herausragendsten Entwicklungshindernis für die Entfaltung ihrer Persönlichkeit wird.

Soweit also zur Darstellung der Naturgeschichte und Sozialgeschichte des Psychischen, die es uns im folgenden wesentlich erleichtern wird, die *Individualentwicklung* in der Ontogenese zu verstehen.

5.3 Die frühe kindliche Entwicklung

5.3.1 Vorgeburtliche Entwicklung

Ich gehe zunächst auf die *vorgeburtliche Entwicklung* ein und dann auf die frühe *nachgeburtliche Entwicklung*, die beide der gesonderten Darstellung bedürfen. In beiden Bereichen ist das Verständnis von Entwicklung noch vorwiegend biologistisch und behavioristisch geprägt Entweder werden Leistungen des Fetus, des Neugeborenen oder des Säuglings in klassischer kinderneurologischer Denkweise als reine Automatismen, subkortikale, starre, erbfixierte Muster begriffen, oder aber, soweit Lernen zugestanden wird, wird die Tätigkeit des Kindes bloß vom Standpunkt des Verhaltens her gesehen, Resultat von Konditionierungsprozessen, einfache Imitation äußerer Bedingungen usw.. Eine solche Sichtweise, die sich gerade auch in der Frühförderung von behinderten und von Behinderung bedrohten Säuglingen und Kleinkindern gegenwärtig noch höchster Beliebtheit erfreut, wird gegenüber den realen Tatbeständen zum unmittelbaren Entwicklungshindernis für Kinder. Ich werde darauf noch zu sprechen kommen.

Wenden wir die bisher aus der Naturgeschichte des Psychischen entwickelten

Gedanken konsequent an, so kommen wir nicht nur zu gänzlich neuen Ergebnissen, sondern finden auch bereits ein außerordentlich umfangreiches empirisches und theoretisches Material, das unsere Auffassung stützt. Auch die Prozesse der bloßen organischen Ausreifung lassen sich, so hat dies *Anochin* (1978) bereits ausführlich nachgewiesen, nicht ohne Anwendung des *Konzeptes der vorgreifenden Widerspiegelung* begreifen.

Dies wird in dem bereits zitierten Aufsatz am Beispiel der Reifung von physiologischen Strukturen bei Saatkrähenküken demonstriert: Saatkrähenküken reagierten unmittelbar nach dem Ausschlüpfen aus dem Ei auf solche Reize *„die an sich keinerlei Nahrungsbedeutung besitzen* (z. B. Luftbewegungen, die Lautfolge kar-r-r, Erschütterungen des Nestes). Eine Analyse der natürlichen ökologischen Situation, in der die Krähen in den ersten Tagen nach der Geburt leben, zeigte uns, daß alle drei angeführten Einwirkungen eine ökologische Bedeutung besitzen und Signale für die bevorstehende Verabreichung von Futter in den geöffneten Schnabel durch den Rabenvater sind" (1978, S. 73). Die Analyse der inneren physiologischen Bedingungen ergab nun eine selektive Reifung genau jener Strukturen, die ökologisch sinnvoll sind: „Es zeigte sich, daß im akustischen Rezeptor in dem Augenblick, in dem das Küken aus dem Ei kriecht, *nur diejenigen Zellen ausgereift sind, welche die Lautfolge kar-r-r wahrzunehmen vermögen"* (ebd.). Der damit bestehende AAM sichert zugleich eine differenziertere Erfassung der Umwelt und Gedächtnisbildungsprozesse auf höherem Niveau, die ihrerseits Rückwirkung auf die beschleunigte Entwicklung von Reifungsprozessen haben, wie dies *Simonov* mit Bezug auf eine experimentelle Arbeit von *Orbeli* zitiert (1982, S. 35). Auf die physiologischen und evolutionstheoretischen Zusammenhänge dieser Frage gehe ich in Kapitel 7 ein, wo ich das von *Anochin* in diesem Zusammenhang entwickelte Prinzip der *„Systemogenese"* ausführlich darstelle. Für hier reicht es, um zu verdeutlichen, daß das Auftreten spezifischer durch „Reifung" bestimmter Tätigkeitsmuster ebenfalls prinzipiell im ökologischen Zusammenhang, also im System „Subjekt-Tätigkeit-Objekt" " erschlossen werden muß.

Dies bedeutet, für die gesamte Embryogenese und Fetogenese den Standpunkt der bloßen mechanistischen und physikalistischen Betrachtung des Baus eines Systems, das erst später Verwendung findet, aufzugeben und auf jeder Stufe der Entwicklung nach dem *ökologischen Kontext* zu fragen. Die Frage ist in der Genetik, Embryologie, Evolutionstheorie und Verhaltensbiologie unterdessen unter dem Aspekt der *Epigenetik* viel diskutiert worden. Auch dies behandele ich genauer in Kapitel 7. Hier nur soviel, daß die je vorgreifende Widerspiegelung und Tätigkeit der je einzelnen Zelle im Rahmen einer raum-zeitlichen, artspezifisch bedingten Matrix von Wechselwirkungen, auch jeweils die Tätigkeit der anderen Zelle mitbestimmt. Zellen im Nervensystem, die in frühem Stadium mit anderen Zellen ausgetauscht werden, wechseln ihre Funktion u. ä.. D. h. auf jeder auch noch so frühen Ebene muß der Reifungsprozeß nicht genetisch deterministisch im Sinne eines Maschinenmodells betrachtet werden, sondern als Organisation von Wechselwirkungen unterschiedlicher Tätigkeitseinheiten (Zellen) im Organismus und des Organismus als Ganzen (mit zunehmender Integration) mit seinem Objektbereich: Uterus der Mutter, Tätigkeit der Mutter usw., über den er einer Reihe von Sinneseindrücken und Bewegungsnotwendigkeiten ausgesetzt wird.

Neben zahlreichen Ergebnissen der Verhaltensembryologie, die insbesondere
von G. *Gottlieb* in einem von 1973–1978 erschienenen vierbändigen Sammelwerk
zusammengetragen werden (vgl. auch *Gottlieb* 1976), legt das Buch von M.
Hofer „The Roots of Human Behavior" die bisher umfangreichste psychobiologische
Untersuchung des Gesamts der vorgeburtlichen Entwicklung vor. Ich habe es im
wesentlichen als Grundlage für die in *Abbildung 12* („Stufen der vorgeburtlichen
Entwicklung der Tätigkeit") zusammengestellten Sachverhalte herangezogen. Na-

Abbildung 12 Stufen der vorgeburtlichen Entwicklung der Tätigkeit

Woche	Allgem Kennzeichnung	Bewegungsabläufe	Wahrnehmungs-funktionen	ZNS-Entwicklung
0–6	Entwicklung und Bewegung von Zellpopulationen; Dominieren der Herztätigkeit	Zellmigration; Herzschlag ab 3 Woche	Rezeptorfunktionen auf Zellniveau	5 Woche: Anlage der Großhirnhemispheren
6–16	Dominieren erster reflektorischer Muster (zunächst myogene Reaktionen, später ganzheitliche Muster)	7½ Wochen: Erstes neuromuskuläres Verhalten; 9–11 Wochen: Reflektorische Muster bei Mundstimulation; ca ab 13 Woche: Babinski-Reflex, Daumenlutschen, Schlucken von Fruchtwasser, Kopfdrehung, Bewegung von Armen und Beinen; 16 Woche: Greifreflex	8–8½ Wochen: Sensibilität im Mund-, Hals-, Nackenbereich; ab 12 Woche Haut insgesamt; ab 13 Woche: Geschmacksempfindung, (Geruch); ab 14 Woche: Funktion des vestibulären Systems	Zunehmende funktionelle Regulation durch Funktionen des Hirnstamms, Hirnnerven erreichen ihre Zielorte
17–22	Erste Diskontinuität: Entwicklung der führenden Rolle der Zwischenhirntätigkeit	Reduziertes Aktivitätsniveau bis zur 24 Woche: Neuentwicklung in gleicher Reihenfolge wie vorher: Von Kopf und Nacken über Arme zum unteren Rumpf Ab 19–20 Wochen: Stoßen gegen Uteruswand, isolierte Reaktion auf Druck	21 Woche: Funktionsfähigkeit des akustischen Analysators (Evozierte Potentiale)	Zunehmende Dominanz thalamischer und striatärer Funktionen, Hemmung niederer Zentren, Beginn der Myelenisierung Theta-Rhythmus (4–6 Hz) des Hippocampus
23–24	Allmähliches Rückkehren der Bewegungsmuster; Überlebensfähigkeit außerhalb des Uterus		Orientierungsreaktion als Basis des Aufbaus bedingter Reflexe	
24–33	Ausbau der führenden Rolle des Zwischenhirns und beginnende Widerspiegelung in der Neocortex Aktivation, Motivation, Emotion, Rhythmen	Assoziation von Körperbewegungen mit Herzschlag EEG Auftreten von Wachheits- und Ruheperioden Zwei Basiszyklen rhythmischer Aktivität (ev REM-Schlaf) Ab 28 Woche: TNR klar vorhanden Lächeln, Grimmassieren, Stirnrunzeln	26 Woche: Funktionsfähigkeit des optischen Analysators (EP) 27 Woche: Reaktion auf akustische Reize 29 Woche: Reaktion auf optische Reize	Abschluß der grundlegenden morphologischen Differenzierung (Verästelungstyp) Weitgehender Abschluß der Schichtung d Neocortex
33–36	Körperhaltung, integriertes Verhalten, Gesichtsausdruck, kortikale Wachheit	Koordination und Kortikalisierung der Bewegungsmuster; bei Frühgeburt: Schreien, Daumenlutschen, Grunzen, Gähnen	Stille Aufmerksamkeit	Wachstumsspurt; Myelenisierung der somästhetischen Bahnen

(Nach *Hofer* 1981, *Milani-Comparetti* 1980, *Volochov* 1977, *Biesold* 1977 und *Berger* 1982)

türlich ist es nicht möglich, hier eine ausführliche Darstellung dieser Zusammenhänge unter dem Aspekt des Psychischen und der Tätigkeit vorzunehmen. Die notwendige Beschränkung im Rahmen des Charakters des vorliegenden Buches verbietet es auch, in aller Ausführlichkeit auf den Stand der Belege einzugehen, wie ich dies für diesen Bereich in einem 1980 erschienenen Aufsatz „Vorgeburtliche Entwicklung der Tätigkeit und der Psyche beim Menschen – eine Problemübersicht" versucht habe. Ich beschränke mich daher darauf, die Abbildung 12 nur in einigen wenigen Aspekten zu kommentieren.

In meiner 1980 erschienenen ersten Bearbeitung dieser Zusammenhänge hatte ich im wesentlichen *zwei Phasen* differenziert, eine Unterteilung, zu der mich Bemerkungen von *Schurig* (1979) angeregt hatten. 1. Eine der Embryogenese entsprechende frühe Phase der Zellverschmelzung, der Blastogenese und Morphogenese und 2. eine der Fetogenese entsprechende Phase, in der vorgeburtliche Lernprozesse anzunehmen sind. Auf der Basis der Entwicklung des ZNS, der Befunde zur Systemogenese einzelner sensomotorischer Funktionssysteme, der Verhaltensbeobachtungen bei Frühgeborenen und einiger erster Ergebnisse der pränatalen Psychologie hatte ich als wesentliches Kennzeichen dieser, das zweite und dritte Trimester der Schwangerschaft umfassenden, Entwicklung als Hauptfunktion in dieser Zeit die *„Widerspiegelung der Körperfunktionen im ZNS"* herausgearbeitet. Zum Zeitpunkt der Geburt sei also auszugehen von (1) einem durch bisherige Tätigkeitsprozesse determinierten Status der Stabilität/Labilität des ZNS, sowie (2) auf der Tätigkeitsebene von einem Inventar der unbedingten Reflexe bei Geburt, sowie (3) einem Lernstatus des neugeborenen Kindes. Diese Überlegungen führten in die richtige Richtung und können jetzt wesentlich differenzierter fortgesetzt werden.

Entsprechend der Klassifikation von *Hofer* lassen sich *fünf Stadien der Entwicklung* kennzeichnen, die jeweils in sich die Andeutungen auf die folgende neue Qualität beinhalten bzw. den Übergang verdeutlichen.

Auf der Basis der Überlegungen zur Psychophylogenese müssen wir vorgreifende Widerspiegelung und Tätigkeit bereits auf Zellniveau annehmen. Dies bestätigt sich z. B in der aktiven Orientierung der Spermien auf die befruchtungsfähige Eizelle hin (Gradientenorientierung) wie dem aktiven Abschirmen der Eizelle nach Verschmelzung mit der Samenzelle auf der Basis der Rezeptorleistungen ihrer Membran. Diese Prozesse der wechselseitigen Widerspiegelung von Zellverhalten aktivieren unterschiedliche Zellpopulationen zu unterschiedlichen Verhaltensweisen: Es kommt zur Kanalisierung (vgl. *Waddington*) von Entwicklungsprozessen und der morphologisch-physiologischen Differenzierung. Die Zygote (Keimzelle) entwickelt sich über das Stadium der Mehrzelligkeit in der Morula und der Blastozyste zur zweiblättrigen und später dreiblättrigen Keimscheibe, aus der durch Zellwanderungsprozesse die morphologische Struktur des Embryos entsteht (vgl. zu diesen Details z. B. *Langman* 1977). Dabei beginnen einzelne Zellpopulationen zunehmend in Interaktion mit anderen (z. B. Herzmuskel- und Herznervenzellen) als ganzheitliche Organe zu funktionieren und stehen in dieser Funktion wieder in Wechselwirkungen mit anderen Teilen des ganzheitlichen Organismus. (Die rhythmische Funktion der Herztätigkeit dürfte dabei z. B. ebenso von Bedeutung sein wie die energetische Funktion).

Zunehmend entsteht nach und nach die Funktionsfähigkeit erster spezialisierter Sinnesorgane und ihre Integration, die mit der beginnenden, die Raumlage integrierenden Leistung des vestibulären Systems (ab 14. Woche) endgültig den Übergang von dem Stadium der Sensibilität zur perzeptiv-sensorischen Psyche (vgl. Abb. 10) sichert. Die gesamte Integration erfolgt vorwiegend auf der Ebene des Hirnstammes, doch liegen schon erste komplette Bewegungsmuster vor wie Babinski-Reflex, Damenlutschen, Schlucken von Fruchtwasser usw., die schon in diesem Stadium funktionelle Bedeutung haben: Das Schlucken von Fruchtwasser aber auch das Lutschen am Daumen dienen der Schließung der Lippen-Kiefer-Gaumenspalte und der Formung des Kiefers, das Bewegen der Arme und Beine der Formung der Gelenke usw. (vgl *Hofer*, jedoch auch *Gutmann* und *Bonik* „Kritische Evolutionstheorie", insbesondere Kap. 5). Gleichzeitig werden die *Bewegungen und Aktivitäten in den höheren sich entwickelnden Ebenen des ZNS widergespiegelt.* Die zweite, reflexive Ebene, von der ich mit Entstehen der Säugetiere gesprochen habe, kommt zunehmend ins Spiel.

Zunächst erfolgt ein weiterer Ausbau der Fähigkeiten der perzeptiv-sensorischen Psyche durch die Hierarchisierung der Muster in den *Zwischenhirnfunktionen.* Er sichert noch nicht die Reflexivität selbst, sondern erst die Ebene des Übergangs zu ihr: Also eine höhere Integrationsebene von Widerspiegelung und Tätigkeit auf der Basis von Zwischenhirnfunktionen. Das Verschwinden der ursprünglichen Bewegungsmuster (17. – 22. Woche) und ihr allmähliches Wiederaufreten (23. und 24. Woche) kann als *Hemmungsvorgang* durch die höhere Ebene betrachtet werden: Gedächtnismuster der niederen Ebene und der höheren interferieren, d. h. die Gedächtnismuster der höheren Ebene sind noch nicht so stabil, daß sie die der niederen (also den dort bereits fixierten Babinskireflex, das Saugen usw.) verfeinert steuern können, aber doch schon so weit, daß sie ihr unvermitteltes Auftreten hemmen. Mit dem Inkrafttreten dieser neuen Ebene beginnt sich die *Orientierungsreaktion* zu entwickeln. Und auch die durch evozierte Potentiale (EP) festgestellte Funktionsfähigkeit des akustischen Analysators ist nicht bedeutungslos, wie es die folgenden Verhaltensbeobachtungen belegen: So berichtet *Stirnimann* („Die Psychologie des neugeborenen Kindes", S. 71):

„Eine Mutter gab an, daß sie vom 6. Schwangerschaftsmonat an keine Konzerte mehr besuchen konnte, da sie während des Spiels zu starke Kindsbewegungen verspürte. Das Kind war später so sehr auf Musik eingestellt, daß das Radio nicht mehr benutzt werden durfte, da es das Kind im Alter von 8 Monaten zu sehr aufregte. Andere Mütter haben mir ebenfalls ähnliche Beobachtungen mitgeteilt. Ein Frühgeborenes von 6 1/2 Monaten trank nur, wenn alles ruhig war. Ein Geräusch, das von einem tropfenden Wasserhahn ausgelöst war, hemmte es am Trinken, das sofort wieder ausgeführt wurde, als man den Hahn völlig schloß."

Experimentell wurden diese Zusammenhänge von einem Psychologenteam um *DeCasper* (zit. nach psychologie heute, 1/1985, S. 17 f.) untersucht: Babys konnten an einem Schnuller saugen, der mit einem Tonband verbunden war. Saugten sie in einem bestimmten Rhythmus, war die Stimme der Mutter zu hören, in einem anderen die Stimme einer anderen Frau. Die Vorliebe für die Stimme der Mutter war unabhängig davon, ob sie durch die Mutter gestillt worden waren Auch das Alter hatte keinen Einfluß: Die Bevorzugung erfolgte 36 Stunden wie 72 Stunden nach der Geburt. Weitere Versuche zeigten, daß die Babys ihr Bevorzugungsverhalten auch auf den Herzschlag der Mutter einstellten oder daß bei Geschichten, die vor der Geburt vorgelesen worden waren oder neuen Geschichten eine Bevorzugung der früher gehörten Geschichte erfolgt. Ich belasse es bei diesen Beispielen Weitere können der zitierten Literatur entnommen werden.

Mit dem Übergang zu den Zwischenhirnfunktionen als physiologisch steuerndem Ort eines höheren Niveaus der Tätigkeit entsteht gleichzeitig mit der Orientierungsreaktion die Möglichkeit der *Neuigkeitsverarbeitung* und *Gedächtnisbildung* durch den Theta-Rhythmus des Hippocampus, einer bestimmten Struktur im Archicortex, die zugleich bei Reptilien (also unterhalb des Übergangsfeldes zu Vögeln und Säugetieren) als höchstes Integrationsorgan gilt (zu Details vgl. Kap. 7 und 8). Mit der Ausdifferenzierung der kortikalen Schichtung (die allerdings im Detail noch bis in die frühe Pubertät weitergeht) und der morphologischen Differenzierung des Neocortex geht zugleich seine zunehmende Einbeziehung in die Gedächtnisbildung einher. Damit wird die Grundlage der Reflexivität geschaffen, also der Übergang zur perzeptiv-operativen Psyche. Mit *Berger* (1982, S. 41) muß vor dem Mißverständnis gewarnt werden, daß die noch nicht erfolgte Myelenisierung (Markscheidenbildung) der Nerven zu diesem Zeitpunkt mit ihrer Funktionsunfähigkeit gleichzusetzen wäre.

5.3.2 Der Übergang zur frühen nachgeburtlichen Entwicklung

Mit dem Ausbau der führenden Rolle des Zwischenhirns erfolgt nun zugleich eine *zunehmende Bahnung kortikaler Prozesse.* D. h. in der Tätigkeit und durch die Tätigkeit entstehen die Voraussetzungen für das *Dominieren der kortikalen Ebene,* das für den letzten Schwangerschaftsmonat angenommen werden darf. D. h. aber das Tätigkeitsrepertoire des neugeborenen Kindes muß unter psychophysiologischen Aspekten zumindest im Ansatz schon den Kriterien der individuellen Bildung von Gegenstandsbedeutungen genügen, sich der Tendenz nach allmählich auf dem Niveau der perzeptiv-operativen Psyche organisieren. Mit dieser Behauptung tritt ein Widerspruch auf, der gegenwärtig nicht völlig lösbar ist. Alle Entwicklungstheorien belegen in relativer Übereinstimmung, daß dieses Niveau (4. sensomotorisches Stadium nach *Piaget* Auftreten der Objektinvarianz; 2. psychischer Organisator nach *Spitz*: „Achtmonatsangst" und Bemerken des Verlustes des Gegenstandes sind Indikatoren für ihn; s. u.) erst mit ca. acht Monaten zu konstatieren sei. Das Neugeborene also doch bloßes Reflexwesen?

Hier ist verschiedenes auseinanderzuhalten. Auf *keinen* Fall ist das Neugeborene *Reflexwesen* in dem Sinne, wie dies die vorherrschende Lehrmeinung in Pädiatrie und Kinderneurologie ist. Hier wird das neugeborene Kind quasi als Automat betrachtet, dessen Funktionstüchtigkeit durch das Abchecken von Reflexen (damit sind nach dem Reflexbogenprinzip auslösbare, spinale und subkortikale Muster ohne Rückkopplung, die Stück für Stück ausreifen, gedacht) überprüft werden kann.

Auch hier führt das Herangehen vom Standpunkt der Tätigkeit wesentlich weiter. So geht *Milani-Comparetti* (unter anderem auf der Basis der echoskopischen Beobachtung von mehr als 10 000 Feten; vgl. 1976, 1980, 1983) davon aus, daß bereits der Fetus, aber auch der neugeborene Säugling, über einen reichen Schatz an Kompetenzen verfügt. Er betrachtet die häufig als nichtmodifizierbare Reflexe mißverstandenen Bewegungsmuster als *funktionelle Kompetenzen,* die für das intrauterine Leben, für den Geburtsvorgang selbst, aber auch für den Übergang zum Leben nach der Geburt benötigt werden. Aus dieser Perspektive lassen sich die kinderneurologisch nach dem Reflexbogenmodell mißverstandenen folgenden Funktionen sehr gut unter ihrer Bedeutung für das Passieren des Geburtskanals interpretieren (wobei ihre weitere Untersuchung für das frühe extrauterine Leben ein weiterer Schritt wäre):

Magnetreflex Fuß bleibt beim Zurückziehen des Fingers, der ihn berührt, an diesem „kleben";

Schreitreaktion durch Andrücken der Fußsohle des einen Beines auf den Boden wird dieses gebeugt und das andere gestreckt, das dann den Boden berührt usw.;

Placing-Reaktion Ziehen des Fußrückens über die Tischkante, woraufhin der Fuß über diese steigt;

Halsstellreaktion Kopf auf die Seite gedreht, der ganze Körper folgt;

Bauer-Reaktion. Kind in Bauchlage, Daumen des Untersuchers auf der Fußsohle, Säugling beginnt zu kriechen;

Galant-Reflex Rückgratreflex, Konkavität zum Stimulus auf dem Rücken, in Bauchlage ausgelöst;

Glabella-Reflex bei Stirnberührung werden die Augen geschlossen (Zur detaillierten Beschreibung der „Reflexe" siehe *Flehmig* 1983)

Entsprechend der funktionellen Interpretation dieses Zusammenhangs erfolgt auch die des *Moro-Reflexes* als Absicherung des ersten respiratorischen Aktes und damit Einleitung der Atmung (vgl. Milani-Comparetti 1976, 1980): Kind auf den Unterarm legen, Kopf in die andere Hand nehmen (Rückenlage), die kopfhaltende Hand wird nach unten bewegt, der Kopf fällt in die geöffnete Hand: Dabei öffnet das Neugeborene den Mund, bewegt die Arme nach außen bei fächerförmiger Streckung der Finger (Phase 1), dann wird der Mund wieder geschlossen und die Arme werden nach vorne geführt (Phase 2).

Übereinstimmend mit den Ausführungen, die ich zur vorgeburtlichen Entwicklung bisher dargestellt habe, geht *Milani-Comparetti* (1983) von *drei Arten motorischer Muster* aus, die im vorgeburtlichen Bereich sich zu entwickeln beginnen: In einer ersten Phase, von der 10. bis zur 20. Woche, entstehen „primäre motorische Muster", die durch den genetischen Prozeß bedingt sind. In einer zweiten Phase, die sich z. T. mit der ersten überlappt, entstehen spezies-spezifische Muster durch die Exponierung zu Umweltproblemen, für die das Programm eine Lösung liefert. Dies entspricht der in Abbildung 12 festgehaltenen Phase nach der ersten Diskontinuität. *Milani-Comparetti* nennt diese Bewegungsformen *„primäre Automatismen".* Sie dominieren auch noch im nachgeburtlichen Bereich, in dem erst in späteren Monaten *„sekundäre Automatismen"* vorwiegen, deren erstes Auftreten *Milani-Comparetti* jedoch bereits in den letzten vier Schwangerschaftswochen theoretisch zuläßt. Er betont, daß diese Muster schwer nachweisbar sind, und spricht von einem direkten Nachweis erst mit sechs Monaten. Diese „sekundären Automatismen" entstehen seiner Ansicht nach auf der Basis der geistigen Repräsentation der Bewegungsvollzüge in den willentlichen Handlungen und sichern die geistige Repräsentation des Zwecks.

Auch andere Autoren haben mit eindeutigen Belegen das medizinische Reflexmodell widerlegt So wird als starker Beleg für den subkortikalen, reflexbogenhaften Automatismus, z B. des Schreitreflexes, hervorgehoben, daß dieser gänzlich verschwindet und erst später als sekundärer Neuerwerb, in diesem Fall beim Gehenlernen, wieder auftaucht. *Hofer* referiert hierzu Befunde (S 122), die belegen, daß bei kurzer täglicher Übung dieser Bewegungsablauf durchgängig erhalten bleibt Bereits 1971 verwies *Prechtl* darauf, daß die intrauterine Position der Beine eine bedeutsame Rolle für die Bildung scheinbar angeborener und einfacher Reflexe spielt. Und auch die nachgeburtliche Entwicklung insgesamt straft die Anhänger des Reflexbogenprinzips in der Erklärung der Tätigkeit des Neugeborenen und des Säuglings Lügen. So berichtet *Koch* (1969) die folgenden Ergebnisse, die durch Übung der Haltungsreflexe im ersten bis dritten Lebensmonat und der Greif- und Stemmreaktionen im vierten bis sechsten Monat und des Kriechens ab dem sechsten Monat erzielt wurden. Im Unterschied zu aggressiven krankengymnastischen Methoden (insbesondere der Gymnastik nach *Vojta,* vgl. *Radzun* und *Schröder* 1983) wurde insbesondere versucht, die Orientierungstätigkeit der Kinder positiv zu beeinflussen: Kopfwenden zu einem interessanten Gegenstand, Teilnahme an einer sozial attraktiven Situation usw.. Dieses Training begann mit dem 14. bis 20. Lebenstag und betrug pro Tag jeweils eine ganze Wachperiode von 30–60 Minuten. Bei Unlust wurde das Training sofort abgebrochen. Die Ergebnisse waren erstaunlich! Alle drei Kinder konnten sich (Norm vierter bis fünfter Monat) bereits Ende des zweiten Monats aus der Bauchlage auf den Rücken drehen. Das Umdrehen vom Rücken auf den Bauch (Norm fünfter bis sechster Monat) konnten die Kinder vor Ende des dritten Monats. Erstaunliche turnerische Fähigkeiten wurden berichtet: Stehen auf einer senkrechten Leiter mit vier Monaten, kurzes Halten an Ringen oder einem Trapez Ende des fünften Monats, freies Schwingen am Trapez über einen Raum von zwei Metern von einem Erwachsenen zum anderen mit Beginn des siebten Monats. Die Kinder stellten sehr früh auf einen regelmäßigen Schlaf-Wach-Rhythmus um, der Appetit war groß, die Gewichtszunahme ebenfalls, jedoch vorrangig über Muskelgewebe Die Kinder wurden als sehr positiv gestimmt bezeichnet. Keines erkrankte im ersten halben Jahr. Leider enthält der Bericht keine Angaben über das Durchlaufen der unterschiedlichen kognitiven Stufen, die für diesen Zeitraum angenommen werden.

Wir sehen also, die These von der funktionellen Kompetenz der Neugeborenen bestätigt sich reichhaltig. Sie sind in jedem Falle auf dem Niveau der *perzeptiv-sensorischen Psyche* tätig, erobern sich zahlreiche neue Bereiche der Welt, wenn auch ihre psychischen Abbilder noch erbkoordiniert amodal sind, erst im Alter von ca. acht Monaten nach der Geburt der Dominanzwechsel erfolgt.

Wie haben wir nun mit dem Widerspruch umzugehen, daß der Status ihres *Hirnwachstums*, aber auch der dritte Typ der *motorischen Muster,* dessen Beginn *Milani-Comparetti* hypothetisch ebenfalls vorgeburtlich ansetzt, bereits auf Fähigkeiten auf dem Niveau der *perzeptiv-operativen Psyche* hinweisen? Ich denke, daß eine sinnvolle Annahme die ist, daß sich in den letzten intrauterinen Wochen bereits in einzelnen psychophysiologischen Strukturen ein *Funktionswechsel* zu diesem Niveau vollzieht. Er ist einerseits nötig, um die *aktive reflexive Kompetenz* des Fetus bei der Geburt und der frühen sozialen Interaktion zu sichern; andererseits kann er sich auf *wesentliche Teile der äußeren Welt* noch *nicht* beziehen Dies hat einen doppelten Grund. Einerseits ist diese *intrauterin* kaum zugänglich Die akustischen Eindrücke sind durch die starken Eigengeräusche (Funktion der inneren Organe, Herzschlag usw) im Uterus eingeschränkt, optische Eindrücke bestenfalls als diffuses Licht zugänglich. Die Bewegungseindrücke unterliegen anderen Gesetzen, da der Fetus im Fruchtwasser schwimmt und durch den Auftrieb nicht die Wirkung der Schwerkraft, also sein eigenes Gewicht zu spüren bekommt. Kontinuität über den Geburtsvorgang hinaus sichern relativ wenige Sinnes- und Bewegungsfunktionen. Das Wiederkennen von intrauterinen Bewegungsmustern, etwa durch Wiegen durch die Mutter, ist ebenso möglich wie das Indifizieren vertrauter Lautmuster, ebenso auch das Neulernen von Signalbedeutungen. Die aktive Schaffung von wechselnden Umgebungen durch die eigene Bewegung und damit die Voraussetzung zur Begriffsentwicklung, die im Uterus bereits hochentwickelt war, ist jedoch durch die fehlende Entwicklung von Muskulatur und Skelett erheblich begrenzt. Trotzdem zeigten Forschungen der letzten Jahre *unmittelbar nach der Geburt* motorische Kompetenzen. Sie wurden dann auf die Umwelt gerichtet und entwickelt, wenn die Möglichkeit ihrer für den Neugeborenen sinnvollen Anwendung besteht: Das Beispiel des Beeinflussens der Wiedergabe einer Stimme durch den Saugrhythmus habe ich bereits genannt. Ebenso ist das Aufnehmen von Blickkontakt unmittelbar nach der Geburt (vgl. z. B. *Grossmann* 1981) zu nennen, aber auch die Fähigkeit des Kopfabwendens (*Lensing*). Darüber hinaus zeigen Erfahrungen mit dem Babyschwimmen, daß auch durch das dem Kind vertraute Medium Wasser eine erheblich größere Kontinuität des Übergangs gesichert werden kann. Eben diese Möglichkeit belegen auch die geschilderten Ergebnisse von *Koch.*

Gleichzeitig ist der Übergang zum Dominanzwechsel aus einem anderen Grunde noch nicht möglich. Im Rahmen des beginnenden Funktionswechsels können erst wenige Bewegungsmuster von ihren AAM getrennt werden, da die für die Vermittlung des Fetus mit der Umwelt notwendigen AAM selbst einen nur sehr kleinen Ausschnitt der späteren Umwelt erfassen (auch wenn der Funktionswechsel selbst in diesen Ausschnitt zumindest theoretisch möglich erscheint). Eine Reihe *weiterer AAM* tritt entsprechend dem von Anochin herausgearbeiteten Prinzip der *Systemogenese* erst später auf Hier wird an erster Stelle immer die *Lächel-Reaktion* genannt, deren Sozialwerden, also das Überführen des AAM in einen Dialog mit der Mutter, etwa im Alter von drei Monaten *Spitz* als ersten psychischen Organisator besonders hervorgehoben hat (1946, 1972).

5.3.3 Das Konzept der „Organisatoren des Psychischen" und die Entwicklung des Säuglings

Es lohnt sich, dieses Konzept der *Organisatoren des Psychischen* etwas näher zu betrachten. *Spitz* unterscheidet folgende Organisatoren, als deren Indikatoren er die folgenden Tätigkeitsformen angibt: *1 Organisator* Lächelreaktion. „Das Kind wendet sich von der inneren Sensation zur äußeren Perzeption" (1972, S. 21); die Realitätsprüfung setzt ein, Erinnerungsspuren werden niedergelegt und verfügbar, gerichtete Objektbeziehungen aufnehmbar und beobachtbar. Später (1974 in dem Aufsatz „Brücken") erweitert *Spitz* dieses Konzept teilweise und fragt nach den Vorformen des 1. Organisators des Psychischen. Er findet sie im bedingten Reflex, im Pawlowschen Sinne, als „Protoorganisator", der über die Wahrnehmung den Organismus mit der Außenwelt verknüpft. Im Rahmen dieser Untersuchungen stößt *Spitz* auf das Problem der zeitlichen Dimension des Psychischen und der Tätigkeit und formuliert „Die Niederschrift scheint auch eine Frage der Dauer, der Koexistenz in der Zeit zu sein" (S. 1016). „Um dem

Neugeborenen das Einsteigen in den Fluß (in die Zeit; d. V.) überhaupt zu ermöglichen, muß Affekt die Wahrnehmung zum Leben erwecken. Denn die Wahrnehmung kann erst Existenz erwerben, nachdem der Affekt ihr Leben eingehaucht und biologische Dauer verliehen hat. Erst dann kann sich Kohäsion als Lötmittel zwischen Wahrnehmung und Wahrnehmung oder zwischen Wahrnehmung und Affekt bilden. Uns fehlen die Begriffe, sogar die Worte, in welchen das Niemandsland menschlichen Beginns beschrieben werden könnte" (S. 1017).

Diese Worte und Begriffe haben wir uns mit dem Konzept des Sinns und der vorgreifenden Widerspiegelung unterdessen erarbeitet. Es wird deutlich, daß *Spitz* mit dem Konzept des psychischen Organisators genau auf jene Tatbestände abzielt, die ich an der amodalen Struktur des Abbilds diskutiert habe. Entsprechend beziehen sich der zweite und dritte psychische Organisator auf die individuell entstehenden Gegenstandsbedeutungen und Werkzeugbedeutungen bzw. der von dem *Spitz*-Mitarbeiter und -Schüler *Metcalf* benannte vierte Organisator des Psychischen auf das erste Auftreten der Tätigkeitsbedeutungen:

2. Organisator Zwischen dem sechsten und zehnten Lebensmonat ergeben sich Veränderungen, die wie folgt benannt werden: 1. „Achtmonatsangst": „Das Kind, das bislang mit einem Lächeln und oft mit sichtlicher Freude auf die Annäherung einer Person reagiert hatte, gleichgültig, ob es sich um eine männliche oder weibliche, weiße oder farbige handelte, zeigt nun plötzlich beim Herantreten einer unvertrauten Person in unterschiedlich starkem Maße Unlust" . . . „Die Achtmonatsangst ist das *affektive* Signal dieser Veränderungen . . . " (1972 a. S. 35 f). Gleichzeitig werden die sozialen Beziehungen komplexer, soziale Gesten wie Händeschütteln werden verstanden und binnen weniger Wochen erwidert. Kurz darauf beginnt ein Verständnis der Beziehungen zwischen den Dingen. Dinge werden voneinander unterschieden.

3. Organisator: Als Kennzeichen des dritten Organisators des Psychischen arbeitet Spitz den sinnvollen Gebrauch der Sprache heraus. „Wo verläuft die Scheidelinie zwischen den bedürfnisausdrückenden globalen Wörtern und dem Gebrauch der Sprache, d. h. der semantischen Signale der Erwachsenensprache?" (ebd , S. 47). Wo benützt also das Kind zum ersten Male adäquat ein gesellschaftlich vorgefundenes Werkzeug als Werkzeug? *Spitz* sieht diese Scheidelinie durch den Erwerb der „Nein-Geste" um den 15. Monat herum gegeben. Er spricht ausdrücklich von semantischer „Nein-Geste": Dies meint, das „Nein" braucht nicht verbal geäußert zu werden.

4 Organisator: Metcalf erwähnt in einer Arbeit, die 1979 publiziert wurde, einen weiteren Organisator des Psychischen, der im Alter von 18–24 Monaten durch den Report von eigenen Träumen sich ausdrücke. Er betrachtet dies als wesentlichen Schritt in der weiteren Differenzierung des Selbst von der Mutter. „Die Fähigkeit des Kindes, die Mutter durch eine Puppe oder eine flaumige Decke zu ersetzen, zeigt ebenfalls die intrapsychische Entwicklung im Fortschreiten. Diese Entwicklung schließt die Umformung des Gedächtnisses ein, den Beginn organisierter Erinnerungen und von Kognition, Symbolisierung, der Konstruktion von Phantasien und Wünschen, alles Erfordernisse für das Träumen" – so wird zustimmend *Winnicott* zitiert (S. 69).

Ein psychischer Organisator (*Spitz* übernimmt das Konzept des Organisators aus der Embryologie) ist für ihn ein neuer und besserer *Funktionsmodus nach einem qualitativen Übergang*. Er ist eine Tatsache des psychischen Lebens und nicht physikalisch-biologischer Art, eine *Umorganisation im Kraftfeld der Psyche*, ein neuer Modus operandi, ein dominantes Integrationszentrum im Kraftfeld des Psychischen

Es wird deutlich: *Spitz* ist in der Ontogenese auf genau jene Zusammenhänge gestoßen, die wir mit der Herausarbeitung *invarianter Bedeutungsklassen,* die zunehmend individuell verfügbar werden, in der Psychophylogenese erarbeitet haben. Da er sich insgesamt genauer für die qualitativen Übergänge, für das Erreichen „kritischer Quantitäten" vor dem qualitativen Umschlag (vgl. „Brükken", S. 1008) interessiert, hat er auf der Basis der psychoanalytischen Theorie die frühkindliche qualitative und quantitative Entwicklung jener Dimensionen untersucht, die später dann in der Trennung von „Ich" und „Über-Ich" in der ödipalen Phase zur wesentlichen Herausbildung der Charakterstruktur und der Persönlichkeitsstruktur im Sinne des psychoanalytischen Denkens führt. Entsprechend könnte man ohne weiteres die Entstehung des verallgemeinerten Ichs selbst als weiteren Organisator des Psychischen kennzeichnen.

Zurück zu unserem Problem: Mit dem Umschlag des auf der Basis eines über einen AAM gesicherten Lächelns in ein soziales Lächeln im Dialog tritt tatsächlich ein neuer modus operandi im Psychischen auf Ihn allerdings für *den* ersten Organisator zu erklären, halte ich nach den in der Naturgeschichte des Psychischen herausgearbeiteten Zusammenhängen für nicht haltbar. Vielmehr müssen wir im Sinne der systemogenetischen Herausbildung und Fixierung von AAM in verschiedenen Stadien der frühen Ontogenese von einer Reihe von *Organisatoren des Psychischen* sprechen, die neue Formen der Tätigkeit über *stammesgeschichtlich-amodal fixierte Abbilder* sichern. Sie werden zugleich nach ihrem Auftreten bereits kortikal fixiert und sichern damit ein weiteres Stück Funktionswechsel, bis sich im Alter zwischen sechs und zehn Monaten mit dem Auftreten des 2. Organisators im Sinne von *Spitz* der Dominanzwechsel zu dem neuen Bedeutungsniveau vollzieht.

Schließt man sich dieser Betrachtungsweise an, so lassen sich nunmehr eine Reihe von Befunden, die ansonsten nur schwer theoretisch stringent vereinbar wären, in diesen Kontext einordnen Bevor ich auf einzelne Befunde eingehe, will ich auf einen wichtigen Gedanken von *Wygotski* verweisen, den *Boshowitsch* zustimmend zitiert und fortführt (*Boshowitsch* 1970, S. 138 ff.) *Wygotski* behauptet „der Geburtsvorgang setzte dem biologischen Typ der Existenz des Kindes ein Ende und stelle einen qualitativen Übergang zu einem neuen Entwicklungstyp dar, zur sozialen Entwicklung" (S 138) Diesen Gedanken hat *Wygotski,* was *Boshowitsch* an dieser Stelle jedoch nicht vermerkt, wie folgt näher ausgeführt: Die Geste *„an sich"* des Kindes, z B seine zielgerichtete Orientierung auf ein Objekt, die nur in Andeutungen gelingt, wird vom Erwachsenen aufgegriffen und adäquat interpretiert wie realisiert. Sie wird damit zur Geste *„für andere"* Indem der Erwachsene nunmehr das in dieser Geste ausgedrückte Bedürfnis des Kindes realisiert, wird die Geste zur Geste *„für es"* (vgl *Rissom* 1981, S 142 ff). Auf dieser Basis kann sie dann zur *Zeigegeste* werden. *Boshowitsch* bestätigt das frühe Interesse des Kindes an sozialen Kontakten, das in der sowjetischen Psychologie in der Regel unter dem Begriff *„Belebungskomplex"* zitiert wird, und spezifiziert die Bedürfnisgrundlage hierzu als *„Bedürfnis nach neuen Eindrücken".* Dieses kann in der dritten bis fünften Lebenswoche beobachtet werden, jedoch unter experimentellen Bedingungen wesentlich früher (S 140).

Die Ergebnisse zum unmittelbar nach der Geburt möglichen Aufbau des *Blick-kontaktes (Grossmann 1981)* zeigen ebenso wie die von *Lensing* berichteten Beobachtungen zum *Kopfabwenden,* daß die *aktive kommunikative Kompetenz* von Anfang an vorhanden ist, jedoch auf Grund des Überganges zwischen zwei weitgehend unterschiedenen Lebensräumen in der Regel erst ein ganzes Stück später adäquat entschlüsselt wird. Nach neueren Forschungen sieht es so aus, als ob das Kopfdrehen bei Säuglingen „ein solcher angeborener Verhaltensmechanismus zu sein scheint, weil es unmittelbar nach der Geburt auftritt, nach einem spezifischen Muster abläuft und die Aktivität der Mutter reguliert" (*Lensing* 1982, S. 26) Das Wegdrehen des Kopfes scheint also ein „Schlüsselreiz" für die Zuwendung der Mutter zu sein, d. h. „die Mutter muß das Kind stimulieren, z. B mit der Hand den Kopf zu sich drehen, um das phylogenetisch attraktive Gesicht des Babys wieder voll in das Blickfeld zu bekommen" (S. 27). Ungeachtet des Biologismus dieser Beschreibung wird hier eine Situation eines *beginnenden Dialogs* beschrieben, die nicht erst, wie Spitz ursprünglich vermutete, durch das Lächeln initiiert ist (dessen Ursprünge *Spitz* durchaus auch mit dem Konzept des AAM in Verbindung bringt; „Das Leben und der Dialog" S. 250)

Ebenso zeigt es sich, daß das menschliche Gesicht bereits von Neugeborenen bevorzugt wird. Das Heranreifen der *Lächelreaktion,* auf der Basis der Systemogenese, tritt dann als weiterer AAM auf, der eine neue Form kompetenter Antwort, verbunden mit entsprechender affektiver Bewertung, sichert Diese Antwort, zunächst als Erbkoordination realisiert, dann sehr schnell kortikal integriert, scheint nach *Kaufmann-Hayoz* sich mit dem *Wiedererkennen von Handlungsabfolgen* zu koppeln und nicht nur mit spezifischen Ereignissen. So wurde z. B als Nebenerscheinung eines Experiments, in dem acht Wochen alte Säuglinge über Kopf oder Bein die Bewegungen eines Mobiles erkunden konnten, dann ein Lächeln gefunden, wenn die Säuglinge eine Kontingenz zwischen ihren eigenen Bewegungen und denen des Mobiles feststellen konnten (S. 37). Eigene Forschungen von *Kaufmann-Hayoz* bestätigten die Hypothese, daß das erste Lächeln während einer Reizdarbietung den Abschluß von Verarbeitungsprozessen darstellt D. h das Lächeln ist unmittelbar an die Bewertung des nützlichen Endeffektes der Handlung und an die Überführung von Neuem in Vertrautes gekoppelt.

Gleichzeitig organisiert dieses Lächeln ersichtlich über diese Kategorisierung andere AAM, wie die ersten Lallmonologe, die sich in Form von Plaudern, also Ausdruck von Wohlbefinden an das Lächeln koppeln (ebd., S. 42) Diese *Lallmonologe* fallen nach *Schmidt* („Entwicklungspsychologie", S. 127) mit dem Auftreten des Belebungskomplexes zusammen und bilden später in der gezielten Angleichung an Vokalisationen der Erwachsenen die Basis für das Auftreten der ersten Wörter gegen Ende des ersten Lebensjahres. Man muß sich diese Muster insgesamt in Form von durch Erbkoordinationen gesicherten Frequenzanalysen äußerer Ereignisse denken (vgl. hierzu Kap. 4, 7 und 8), die auf Grund äußerer Einflüsse als Resonanzeffekte in den zeitlichen Schwingungen des ZNS aktiviert werden. Ihre erste Aktivierung bewirkt zugleich die kortikale Widerspiegelung und Gedächtnisbildung, so daß jeder dieser AAM einmal nach außen hin über die *Sicherung des Dialogs* mit der Mutter integrierende Funktion für die Tätigkeit hat; zugleich kommt es durch seine *Widerspiegelung in den Neokortex* (also nach innen) dort zu Gedächtniseffekten. Damit können nun die Muster selbst in neuer

Weise reproduziert werden.

Die damit vorgetragene These der gleichzeitigen Ausreifung weiterer, und zunehmend komplexere Formen des Dialogs sichernder, Erbkoordinationen (AAM) bei gleichzeitiger zunehmender Vorbereitung des Dominanzwechsels zur Ebene individuell erworbener Gegenstandsbedeutungen findet auch ihre Bestätigung durch eine Arbeit von *Krause*. *Krause* untersucht die Ontogenese des *Affektsystems* und findet, daß an jeden Affekt bestimmte *Innervationsmuster* innerhalb der über dreißig einzeln innvervierbaren Muskelstränge des menschlichen Gesichts gekoppelt sind. Diese Innervationsmuster sichern zugleich den Ausdruck des eigenen Affekts wie die Interpretierbarkeit durch jeden anderen Menschen, die ihn zu einer spezifischen Form der Beantwortung veranlassen Es zeigt sich, daß die auf muskulärer Basis untersuchten Affekte in der frühen Kindheit (S. 1022) weitgehend denen der Erwachsenen in ihrer physiologischen Struktur entsprechen. Es gibt eine bestimmte Reihenfolge im Auftreten der Affekte und damit ersichtlich auch in der systemogenetischen Ausreifung der Innervationsmuster. Dabei ist zu beachten, daß die Grobmotorik für verschiedene Affektmuster, darauf verweist *Krause*, zunächst noch nicht entwickelt ist, was jedoch seiner Ansicht nach keineswegs bedeutet, daß nur diffuse Lust/Unlust-Zustände empfunden werden. Die ursprünglichsten affektiv-motorischen Muster scheinen neben dem Ekel vor allem das *Lächeln* und die *Verzweiflung* (distress cry) zu sein. Erst später, so *Krause,* findet eine Sozialisierung von *Wut* und *Angst* statt Ich will auf die hieraus resultierenden Anregungen für eine differentielle Emotionstheorie nicht eingehen. Auf die Notwendigkeit, diese genauer zu entwickeln, hatte ich bereits im vergangenen Kapitel verwiesen. Ich ziehe diese Ergebnisse lediglich als weiteren Beleg heran, um meine These vom abgestimmten und schrittweisen Funktionswechsel vor dem Dominanzwechsel zu entwikkeln.

Natürlich bleibt dies nicht mehr als eine Hypothese. Sie vermag aber doch einige Zusammenhänge zu verdeutlichen, die sonst leicht biologistische Verkürzungen erfahren. Insbesondere ist sie durch die *reale Existenz eines Übergangsfeldes* begründet, wie wir es in der späteren Entwicklung in dieser Form nicht mehr finden Mit dem Übergang vom Uterus zur extrauterinen Welt erfolgt der Übergang in einen neuen Lebensraum, dessen differenzierte Aneignung von Anfang an nötig ist. Der Leser/die Leserin sieht also, daß ich von der biologistischen These der „physiologischen Frühgeburt" des Schweizer Biologen *Portmann* wenig halte. Solche Notlösungen gibt es in der Evolution nicht (also eine Frühgeburt, weil sonst der weiterwachsende Fetus für den Geburtskanal zu groß wäre, andererseits er aber erst der Nachreifung bedarf). Die vorliegenden Entwicklungstheorien bedürfen für die frühen Stadien damit vertiefender Ergänzung. Es wäre gut, auf der einen Seite die Reihenfolge und physiologische Struktur der auftretenden AMM noch sorgfältiger herauszuarbeiten und auf der anderen Seite ihre initiierende Funktion für den Dialog und die zunehmenden psychophysiologischen Möglichkeiten für diesen. Natürlich ist dies mit erheblichen Schwierigkeiten verbunden, da die ausreifenden und durch den Dialog als Schlüsselreiz bekräftigten AAM zugleich dann im Dialog Geste „für den anderen" werden und durch die adäquate Antwort sehr schnell Geste für den Säugling selbst, die zunehmend Zeichencharakter bekommt Dennoch ändert dies nichts an der Notwendigkeit, hier zu noch differenzierteren Einsichten zu der Dialektik dieser

Zusammenhänge zu kommen. Dabei wird auch eine Theorie, die für die psychologische Entwicklung in diesem Alter neben der psychoanalytischen sehr hohe Anerkennung genießt, die von Jean *Piaget,* durchaus in einigen Aspekten überprüft werden müssen.

5.3.4 Die Entwicklungstheorie von J. Piaget

Ich nutze diese Bemerkung, um in Kürze Piagets Ansatz vorzustellen und von hier aus auf die weitere Entwicklung im Kleinkindalter bis zum Auftreten der verallgemeinerten Ich-Funktion zu sprechen zu kommen Unmittelbar daran schließt sich ein Überblick über den weiteren Entwicklungsprozeß bis zum Erwachsenenalter an. Im folgenden werde ich dann unter den Aspekten Entwicklung der Sprache, Entwicklung des Gedächtnisses und Aufbau des Ichs die Übersicht über den sinnhaften und systemhaften Aufbau des Psychischen in seiner hierarchischen Entwicklung fortführen und abschließen.

Da die Entwicklungspsychologie von *Piaget* meist nur auf die Stufenabfolge der Intelligenz reduziert wird, will ich einige Hinweise auf die *allgemeinen Kategorien* geben, mit denen er psychische Entwicklung beschreibt Diese sind am weitesten entwickelt dargestellt in dem 1975 publizierten Buch „Biologische Anpassung und Psychologie der Intelligenz", auf dessen biologischen Teil (*Piaget* hat Zeit seines Lebens auch als Biologe geforscht) ich in Kapitel 7 nochmals zurückkomme.

Allgemein wird die Auffassung von *Piaget* als *Konstruktivismus* im Rahmen eines *Gleichgewichtsmodells* dargestellt. D. h. er interessiert sich für den formalen Ablauf der inneren logischen Strukturen in der menschlichen Entwicklung bis hin zum formallogischen Denken, vermittels derer sich das Individuum ein Bild der Welt konstruiert Er untersucht diese Zusammenhänge im System „Subjekt – Tätigkeit – Objekt", wobei er sich jedoch nicht für die Struktur des Objektbereichs interessiert und auch nicht für die Struktur der Tätigkeit, sondern lediglich für den Aufbau des Begreifens der Welt im Psychischen des Subjekts, also den *Hierarchisierungsaspekt.* Ich habe dies Problem bereits als das Problem der Genese von Klassen von Bedeutungsstrukturen auf der Basis des Marxschen Arbeitsbegriffes wie auf der Basis der logisch-historischen Rekonstruktion der Naturgeschichte des Psychischen erörtert. Die *Organisationseinheiten* auf Seiten des Subjekts, mittels derer es im Adaptionsvorgang an den Objektbereich Strukturen des Gleichgewichts aufrechterhält und auf neuen Niveaus erweitert, werden als *kognitive Schemata* bezeichnet. Kognitive Schemata beziehen sich auf unterschiedliche Klassen von Invarianzen. Im Austausch mit dem Objektbereich in der Tätigkeit gibt es zwei Arten der *Adaptation.* Die wahrgenommenen Gegenstände werden in das Schema eingeordnet, ohne daß es sich verändert. Diesen Vorgang kennzeichnet *Piaget* als *Assimilation.* Die Schemata selbst, er spricht auch von Akkomodaten, können sich unter bestimmten Bedingungen des Widerspruchs selbst verändern, d. h. es erfolgt eine *Akkomodation* des Schemas an die Bedingungen der Umwelt. Besser gesagt: an den Widerspruch zwischen den Bedingungen der Umwelt und dem bisher verwendeten Schema. Eben diese Frage untersucht *Piaget* in „Biologische Anpassung und Psychologie der Intelligenz "

Wie *Leontjew* unterscheidet auch *Piaget* zwischen der *amodalen* Seite und der *modalen* Seite kognitiver Strukturen. Als amodale kognitive Strukturen sieht er die Akkomodate an. Da er die AAM lediglich als Ausgangsmaterial betrachtet, kommt er bei der Untersuchung von auf ihnen aufbauenden kognitiven Strukturen zur gleichen Folgerung, die ich bei der Analyse des Reptilien-Vogel-Säugetier-Übergangsfeldes entwickelt habe: Alle Akkomodate (kognitive Schemata) in der ontogenetischen Entwicklung (also auch bereits auf der Stufe der sensomotorischen Intelligenz in den ersten 18–24 Lebensmonaten) haben reflexiven Charakter. Er spricht hier von *reflexiver Abstraktion.* Zugleich sind diese Strukturen, die also innere Zustände des Subjekts bezogen auf den Objektbereich kennzeichnen (also seinen *endogenen* Bereich), immer über die *empirische Abstraktion* (auf Grund der Eigenschaften der Gegenstände) mit der Umwelt vermittelt. Dies verdeutlicht er in der folgenden Abbildung (S. 93):

Abbildung 13 Piagets Auffassung von der Epigenese kognitiver Strukturen

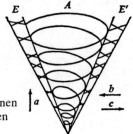

E: empirische Abstraktionen
A: reflexive Abstraktionen

Vektor a: Aufsteigende Richtung der synthetischen Vorgänge
Vektor b: Ungleichgewichtszustände aufgrund der Einwirkungen der Umwelt
Vektor c: Antworten des Organismus, die zur Reorganisation entweder durch
          Veränderung der empirischen Abstraktion (Assimilation) führen oder
          zur endogenen Rekonstruktion

    Den *Mechanismus der Akkomodation*, also der Bildung neuer kognitiver Schemata, erörtert *Piaget* wie folgt: Die endogene, reflektierende *Rekonstruktion* ist die *Kopie eines Akkomodats auf niederer Ebene.* So wird ein sensomotorisches Handlungsschema, einen Würfel drehen, in den Rang einer Vorstellung erhoben, (d. h. an die höhere Ebene assimiliert; S. 109). Es ermöglicht, den Würfel im geistigen Prozeß zu drehen und damit seine Rückseite geistig präsent zu haben, auf ihr bestimmte Eigenschaften zu vermuten. Wir finden hierin eine Entsprechung zu meinen Überlegungen zur reflexiven Ebene der vorgreifenden Widerspiegelung gegenüber der spontanen (vgl. *Piaget* S. 96) Im Prozeß der Anwendung dieser Rekonstruktion (also im Sinne der obigen Ausführungen nunmehr erneut spontanen Ebene der Tätigkeit) erfährt dieses Schema seine Bewertung im Hinblick auf seine Angemessenheit in der amodalen Widerspiegelung der Welt über die Herstellung des nützlichen Endeffekts, es wird zum neuen kognitiven Schema.
    Dabei nimmt *Piaget* an, daß das Kind als erstes seine Aufmerksamkeit auf die positiven Eigenschaften der durch die endogene Rekonstruktion möglichen Sei-

194

ten der Tätigkeit richtet und dabei die negativen vernachlässigt: z. B beurteilt es die Länge zweier Bahnen zunächst nur nach ihren Endpunkten und übersieht die Anfangspunkte Später entdeckt das Kind negative Aspekte, die ihm entgangen waren (S. 103), und die es nötigen, diesen *Widerspruch* aufzuheben. Der *Aufbau eines Begriffs* zerfällt damit faktisch in drei Etappen: (1) *Empirische Abstraktion*, d. h. Assimilation auf der jeweiligen spontanen Ebene (diese ist beim Menschen, der einen Brief schreibt, eine gänzlich andere als bei einer Katze, die eine Maus fängt, oder bei einem Kleinkind, das mit einem Holzschraubenzieher seine erste Schraube eindreht). (2) *Endogene Rekonstruktion* spontaner Handlungsabläufe (als Assimilation der empirischen Abstraktion an zunächst nicht mit ihr verbundene Akkomodate) auf der reflexiven Ebene und damit Präsenz der ganzheitlichen Tätigkeit in der Orientierungstätigkeit, im Probehandeln vor dem Eintritt in die Tätigkeit selbst. (3) Erfahren der Angemessenheit in den positiven Aspekten der wiederum spontanen Tätigkeit mit der Möglichkeit ihrer zunehmenden Negation und erneutem Erzwingen des reflexiv-konstruktiven Prozesses: *Festigung der endogenen Rekonstruktion als kognitives Schema, Akkomodat.*

Auf dem Hintergrund dieser Überlegungen kann ich nun das Ergebnis von *Piagets* Forschungen zur Entwicklung des Psychischen darstellen. Abbildung 14 orientiert sich im wesentlichen an einer vergleichbaren Zusammenstellung, die *Wendeler* (1980) vorgelegt hat, soweit es um die Darstellung der sensomotorischen Intelligenz geht. Bei der Darstellung der folgenden Stufen habe ich auf *Piagets* „Psychologie der Intelligenz" zurückgegriffen.

Abbildung 14: Stufen der Entwicklung der Intelligenz in der Auffassung von Jean Piaget

Alter	*Niveau der Intelligenz und kurze Beschreibung*
0 – ca 18 bis 24 Monate	*I. Sensomotorische Intelligenz* 1. *Betätigung und Übung der Reflexe* Die Reflexe werden durch ihre Ausbildung konsolidiert und verstärkt. Vielfältige Gegenstände werden in das gleiche Reflexschema einverleibt Innerhalb desselben Schemas finden Variationen je nach dem einbezogenen Objekt statt.
bis Ende 2. Monat	2. *Erste erworbene Anpassungsverhalten („primäre Zirkulärreaktionen")* Es entstehen assoziative Neubildungen (z. B. das Kind öffnet den Mund bereits, wenn es die Flasche nur sieht), und es kommt zur Koordination zwischen zwei Schemata (z B. Sehen und Greifen)
3.–6. Monat	3 *Verfahrensweisen, die dazu dienen, interessante Erscheinungen andauern zu lassen („sekundäre Zirkulärreaktionen")* Das Kind beobachtet eine interessante Erscheinung und möchte sie verlängert sehen. Es wendet vertraute, bei anderer Gelegenheit erarbeitete Handlungsschemata an, um dieses Ziel zu erreichen

195

(Es schlägt auf eine Spielklapper ein, um das Klappergeräusch zu erzeugen.)

8.–12. Monat	4. *Verknüpfung von Mittel und Zweck und Anwendung der bisherigen Verfahren auf neue Situationen ("Koordination" der sekundären Zirkularreaktionen)* Das Kind verfolgt ein Ziel, das nicht mehr direkt zugänglich ist, und versucht, dieses Ziel durch ein dazwischengeschaltetes Mittel zu erreichen. Es schiebt z. B ein Hindernis beiseite, das den Weg zu einem Ziel versperrt
12.–15. (–18.) Monat	5. *Entdecken neuer Mittel durch aktives Ausprobieren ("tertiäre Zirkulärreaktionen")* Das Kind benutzt als Mittel nicht nur bisher vertraute Handlungsschemata, sondern probiert aktiv neue Schemata aus. Es variiert z. B. die Art des Fallenlassens von Gegenständen, um einen gewünschten Effekt zu erreichen.
15 (18) bis 18. (–24.) Monat	6 *Erfindung neuer Mittel durch geistige Kombination ("Lernen durch Einsicht")* Das Kind kann neue Mittel zur Erreichung eines Ziels durch "geistige Kombination" finden, nicht mehr nur durch aktives Probieren. Es kommt zu "plötzlichen Einsichts- oder Erfindungsakten", die durch Kombination vorstellungsmäßiger Verhaltensschemata möglich sind.
2–6 Jahre	II *Egozentrisch-präoperationales Denken* 1. *Das vorbegriffliche Denken*
2–4 Jahre	Innere Nachahmung als aktive Kopie der Außenwelt losgelöst von der Situation selbst wird möglich. Das Kind vermag zwischen Symbol und realem Objekt zu unterscheiden; systematischer Spracherwerb. Die Invarianz von Raum und Zeit entwickelt sich erst: die "Schnecke" die das Kind auf einem Ausflug sieht, ist noch die gleiche, die später wieder auftaucht.
4–6 Jahre	2. *Das anschauliche Denken* Wachsende Begrifflichkeit. Die Begriffe haben noch anschaulichen Charakter. Das Denken erfolgt in Vorstellungen, inneren Bildern. Die Vorstellung der Erhaltung eines individuellen Gegenstands besteht bereits, jedoch noch nicht von einer Gesamtklasse von Gegenständen (fehlender Maß- und Volumenbegriff usw).
Alter	*Niveau der Intelligenz und kurze Beschreibung*
7 bis 11 bzw. 12 Jahre	III. *Konkret-operatives Denken* Die geistige Handlung hängt nicht mehr von der realen Gegebenheit in der Außenwelt ab. Sie kann in ihrem Ergebnis jederzeit rückgängig gemacht werden. Maß, Invarianz des Volumens, Inva-

rianz der Menge und der Masse usw werden verfügbar. Die Operationen haben noch konkreten Charakter. Sie beziehen sich auf Gegenstände, die das Kind wirklich sieht und wirklich ausführt oder zumindest in der Vorstellung ausführen kann.

ab 11 bis
12 Jahre

IV. *Formal-logisches Denken*
Operationen zweiten Grades werden möglich. Es entsteht das Bewußtwerden dieser Operationen, die Reflexion über sie. Jugendliche wenden ihr Denken nunmehr auf Annahmen an, die in der Außenwelt nicht gegeben sind. Es kommt zur reflektierten Anwendung von Operationen, zu Schlüssen, deren Richtigkeit nicht mehr an der äußeren Realität überprüft werden braucht. Damit ist der Zugang zur formalen Logik und zu mathematischem Denken gegeben.

Eine erste Sichtung dieser Ergebnisse auf dem Hintergrund der bisherigen Ausführungen macht verschiedenes deutlich: 1. Deutliche Übereinstimmungen bestehen mit den bereits herausgearbeiteten Bedeutungsniveaus in der Genese des menschlichen Bewußtseins: Der Übergang von dem dritten zum vierten Stadium der sensomotorischen Intelligenz verweist auf das Entstehen der Gegenstandsbedeutungen (bzw. auf den zweiten psychischen Organisator nach *Spitz*); der Übergang von dem fünften zum sechsten Stadium der sensomotorischen Intelligenz auf das Entstehen der Werkzeugbedeutungen, der Übergang zum vorbegrifflichen Denken auf das Entstehen der Tätigkeitsbedeutungen. 2. Der Genese des Ichs und der Persönlichkeit wird keine Rechnung getragen, ebensowenig den sonstigen systemhaften Neubildungen des Psychischen. 3. Zwei spätere Niveaus des Psychischen, des konkret-operative ebenso wie das formallogische Denken weisen deutliche Bezüge auf zu den allgemeinen gesellschaftlichen Möglichkeiten, ein bestimmtes Niveau des Denkens zu realisieren, die ich bei der Analyse der Abbildniveaus in der Soziogenese (Abb. 11) bereits behandelt habe. 4. Die durchaus nicht einheitlichen Zeitangaben (wie die großen kulturellen Differenzen im Erreichen der Niveaus, die über das anschauliche Denken hinausgehen, s. o.) verweisen auf den notwendigen Zugang zu sozialen Situationen und Mitteln, um Intelligenz entwickeln zu können.

Leontjew („Probleme der Entwicklung des Psychischen", S. 403) kennzeichnet das diesem Sachverhalt zugrundeliegende Problem wie folgt: *„Die Dauer und der Inhalt der Entwicklungsstufen, die den Menschen auf die Teilnahme an der Arbeit und am gesellschaftlichen Leben vorbereiten, sind im Laufe der Geschichte keineswegs immer gleich gewesen. Ihr zeitlicher Umfang ändert sich von Epoche zu Epoche, er nimmt in dem Maße zu, in dem die Forderungen der Gesellschaft an die jeweilige Entwicklungsstufe wuchsen. Das bedeutet· Die zeitliche Reihenfolge der Entwicklungsstufen liegt zwar fest, ihre Altersgrenzen hängen jedoch von ihrem Inhalt und dieser wiederum von den konkret-historischen Verhältnissen ab, unter denen das Kind lebt. Danach bestimmt nicht das Alter den Inhalt, sondern der Inhalt die Altersgrenzen eines Entwicklungsstadiums, und beide verändern sich zusammen mit den gesellschaftlich-historischen Bedingungen."*

5.3.5 Das Konzept der ‚dominierenden Tätigkeit'

Während die Ansätze von *Spitz* und *Piaget*, die durchaus im System „Subjekt – Tätigkeit – Objekt" gedacht sind, die Frage der *Gesellschaftlichkeit des Individuums* durchweg vernachlässigen und damit die Tätigkeit jedes konkreten historischen Inhalts entleert wurde, führt Leontjews Analyse wieder zu *Form und Inhalt der Tätigkeit*. Entsprechend der notwendigen Vermittlung des gesellschaftlichen Prozesses mit der individuellen Aneignung entstehen im gesellschaftlichen Prozeß zunehmend der *Arbeit vorgelagerte,* jedoch aus ihrer Struktur zu begreifende *Perioden von Tätigkeit,* die für die Entwicklung der Persönlichkeit vorrangige Bedeutung haben: Es sind dies das *Spiel* und das *Lernen*. Diese Erkenntnis führt dazu, eine entwicklungspsychologische Periodisierung nunmehr ausgehend von der Entwicklung der Tätigkeit als Austausch zwischen Subjekt und Objekt, Individuum und Gesellschaft zu entwickeln. Diese Periodisierung geschieht auf der Basis des Konzepts der *„dominierenden Tätigkeit".* Ich erinnere daran, daß Tätigkeit in dem hier gebrauchten Sinne immer auf die Verknüpfung mit dem Objekt durch das Motiv bezogen ist (vgl. Kap. 4).

Als *Merkmale* einer dominierenden Tätigkeit werden von *Leontjew* (1973, S. 402) angeführt: Die dominierende Tätigkeit ist nicht unbedingt die, die ein Kind in einer bestimmten Entwicklungsstufe am häufigsten ausführt. Vielmehr gelten für sie die folgenden Bestimmungen: 1. In ihr deuten sich *neue Tätigkeitsarten* an. Während der dominierenden Tätigkeit des Vorschulalters, des Spiels, läßt sich bereits die neue Tätigkeit des Lernens beobachten. „Das Vorschulkind beginnt zu lernen, indem es spielt". 2 Die dominierende Tätigkeit führt zur *Bildung und Umgestaltung psychischer Vorgänge.* „Während des Spiels entsteht zum Beispiel die aktive Phantasie, und während des Lernens entwickeln sich die Prozesse abstrakten Denkens" (ebd). Freilich müssen sich diese Vorgänge nicht ausschließlich in der dominierenden Tätigkeit vollziehen. So entwickeln sich Abstraktion und Verallgemeinerung der Farbe z. B. beim Zeichnen oder der Anfertigung von Klebearbeiten, die nur in ihrem Ursprung mit dem Spiel verbunden sind. 3 Die dominierende Tätigkeit führt zu den *zentralen und grundlegenden Veränderungen der kindlichen Persönlichkeit* auf der jeweiligen Entwicklungsstufe. „Das Vorschulkind eignet sich gesellschaftliche Funktionen und Verhaltensformen der Menschen vor allem durch das Spiel an (wie handelt ein Sowjetsoldat oder ein Stachanowarbeiter, was tut der Direktor, der Ingenieur oder der Arbeiter in einem Betrieb)" (ebd.) Es spiegelt sich also im Spiel (nach der „ersten Geburt" der Persönlichkeit bzw. bereits im Prozeß von deren Entstehung) in je anderen Menschen wider

Diese entwicklungspsychologische Periodisierung, die in der Untersuchung der Tätigkeitsformen sowohl der psychophysischen Verfaßtheit des Subjekts wie der Entwicklung des gesellschaftlichen Prozesses Rechnung trägt, wird von weiteren Autoren für die der Genese des reflexiven Ichs vorweggehenden Bereiche ergänzt. Die wichtigsten Ergebnisse dieser Periodisierung habe ich unter Bezug auf *Leontjew* selbst wie auf weitere sowjetische Autoren, insbesondere A. W. Petrowski, in der folgenden *Abbildung 15* zusammengestellt. Auch hier zeigen sich deutliche Zusammenhänge mit den bereits anhand der anderen Entwicklungstheorien verdeutlichten Strukturen in der Genese der hiearchischen Struktur der Persönlichkeit Diese Zusammenhänge will ich im folgenden diskutieren.

Abbildung 16 faßt die unterschiedlichen Entwicklungstheorien synopsenartig zusammen und ergänzt den Ansatz von *Piaget* noch um ein weiteres Niveau des Denkens, das von K. *Riegel* herausgearbeitet wurde: Das *dialektische Denken* (vgl. *Riegel* 1973, 1978) geht nicht von Gleichgewichtszuständen aus, sondern von Widersprüchen und krisenhaften Übergängen. Insofern kann das höchste Niveau des Denkens nicht das formallogische sein. *Sameroff* (1978, S. 106) faßt daher die Ergebnisse *Riegels* wie folgt zusammen: *„Das dialektische Paradigma . . . stellt unsere Erkenntnisse noch einmal in einen weiteren Kontext, indem es nicht nur verlangt, daß wir anerkennen, daß unsere Welt als Funktion unserer kognitiven Strukturen gegeben ist, sondern auch darauf besteht, daß wir zur Kenntnis nehmen, daß unsere kognitiven Strukturen von unseren sozialen, kulturellen, materiellen und biologischen Erfahrungen abhängen."*

Abbildung 15· Die Theorie der dominierenden Tätigkeit: Stufen der Vermittlung von Individuum und Gesellschaft im Prozeß der Tätigkeit

Alter	dominierende Tätigkeit
bis ca. 4 Monate	*1. Wahrnehmungstätigkeit* Das Kind orientiert sich zunehmend auf Gegenstände hin, die es interessieren Dabei kommt es zunehmend zur Koordination der verschiedenen Modalitäten bis die Hand dem Auge folgt und nicht mehr das Auge der Hand. Die Orientierungsbewegungen der Hand werden interiorisiert und durch optische Wahrnehmung aufgehoben.
von ca. 4 Monaten bis zu 1 Jahr	*2 Manipulierende Tätigkeit* „Sobald die Kinder willkürlich mit den Gegenständen zu hantieren beginnen, nachdem sie erste Erfolge in der Nachahmung von Erwachsenen erzielt haben, kann man in ihren Handlungen elementare Formen des Denkens erkennen. Gegenständliches Manipulieren führt das Kind vor Problemsituationen, und es bemüht sich um eine adäquate Lösung. Das heißt, im gegenständlichen Manipulieren entstehen elementare Probleme, die auch gelöst werden. Das Kind lernt demnach in der Handlung denken, indem es fremde und eigene Bewegungen nachahmt" (*Petrowski*, S. 49).
von ca. 1 Jahr bis 3 Jahre	*3. Gegenständliche Tätigkeit* Auf der Basis der Entwicklung der aufrechten Bewegung, die große Bedeutung für die Entwicklung des Psychischen hat, erfolgt die Entwicklung gegenständlicher Handlungen. Das Kind lernt vom Erwachsenen, sich auf eine *konstante Bedeutung der Gegenstände* zu orientieren, d. h. die *funktionalen Eigenschaften* der Gegenstände werden erschlossen. Im dritten Lebensjahr beginnen sich neue Tätigkeitsarten zu entwickeln: Spiel und produktive Tätigkeitsformen (Zeichnen, Modellieren, Konstruieren) Die Entwicklung des Sprechens schreitet voran (passiver

Wortschatz bis zu eineinhalb Jahren 30–1500 Wörter; aktiver Wortschatz mit zwei Jahren bis zu 300, mit drei Jahren bis zu 1500). Die Ausbildung der *aktiven Sprache* wird zur *Grundlage der gesamten psychischen Entwicklung* des Kindes.

3 Jahre bis
6 Jahre

4. Spiel

Im Spiel erfolgt die „semantische Aneignung" der Welt, bevor sie im Lernen „operativ" angeeignet wird (*Rubinstein*). Das Spiel ermöglicht es, die Welt im Abbilden umzubilden. Es baut damit die symbolische Repräsentanz der Welt aus. Das Kind macht sich mit der Tätigkeit und den sozialen Beziehungen der Erwachsenen vertraut In Kinderspielen baut es reale Beziehungen zu anderen Kindern aus, die vom Rollenspiel (Orientierung auf der Ebene der Anschauung) zum Regelspiel (Orientierung auf hinter der Anschauung liegenden objektiven Gesetzen) den Übergang zur Nutzung sozialer Werkzeuge im Lernen vorbereiten. Auf der Basis des Symbolgebrauchs bildet sich zunehmend die klassifizierende Wahrnehmung heraus. Neben dem Spiel haben produktive Tätigkeiten wie Zeichnen, Modellieren, Klebearbeiten und Konstruieren wesentliche Bedeutung.

Schulalter
1.–4. Schul-
jahr

5. Lernen

In den Vordergrund tritt zunehmend die operative Aneignung der Welt. Sozialhistorisch gewordene Mittel wie Beherrschung der Schriftsprache, mathematische Fähigkeiten und Kenntnisse, Orientierung im Raum (Geographie) auf der Basis von Karten, in der Zeit (Uhr, Geschichtsunterricht), in den sozial gewordenen Strukturen von Ästhetik, Moral usw. werden für das Kind aneigenbar. Die Lerntätigkeit als eigenständige Form der Tätigkeit, deren Motiv sich auf das positive Resultat des Lernprozesses richtet, entsteht. Entsprechend entwickeln sich Wahrnehmung, Aufmerksamkeit, Gedächtnis, Phantasie und Denken. Dabei werden als Etappen unterschieden das *jüngere Schulalter* (1.–4. Klasse) und das *frühe Jugendalter*

5.–8. Schul-
jahr

Frühes Jugendalter (5.–8. Klasse). In den Beziehungen zu Gleichaltrigen entsteht eine verallgemeinerte Moral („Gleichheitsmoral"), während gegenüber den Erwachsenen noch eine besondere „Gehorsamsmoral" bleibt. Es erfolgt eine Veränderung der Orientierung am Vorbild von Erwachsenen. Im Lernen tritt das Selbststudium in den Vordergrund. Die Fähigkeit hypothetisch-dekuktiv zu denken, auf der Grundlage von allgemeinen Prämissen, entwickelt sich ab dem Niveau der 11–12jährigen. Es beginnt ein Denken über die Zukunft und den möglichen eigenen Beruf, in dem die eigenen Möglichkeiten und Lebensbedingungen berücksichtigt werden können. Qualitative Fortschritte in der Entwicklung des Selbstbewußtseins treten auf. Dennoch ist noch häufig die Selbsteinschätzung der positiven Eigenschaften überhöht und das Anspruchsniveau höher als die Möglichkeiten. Andere werden vollständiger und richtig eingeschätzt im Vergleich zur Selbsteinschätzung.

Jugendalter und weitere Entwicklung

6. Arbeit

Im Alter von 14–17 Jahren übernimmt der Jugendliche immer mehr Funktionen des Erwachsenen. „Ob es um das Erkennen der eigenen Eigenschaften oder um die Aneignung neuer Kenntnisse oder um die Beziehungen zu Älteren wie Gleichaltrigen geht, der Jugendliche ist besonders um die *Wertung* all dessen bemüht und strebt danach, sein Verhalten entsprechend den bewußt entwickelten oder angeeigneten Kriterien und Normen einzurichten" (*Petrowski*, S. 160). Freundschaften, Beziehungen zu dem anderen Geschlecht, Herausbildung einer Weltanschauung, Entwicklung von Lebensplänen und Berufswahl verweisen auf tiefgreifende Umgestaltungen des Psychischen

Bei der Zusammenstellung von Abbildung 15 habe ich Probleme der Sprachentwicklung, der Entwicklung des Gedächtnisses, aber vor allem der Ichentwicklung und damit der Entwicklung der Moral, der Weltanschauung, der Lebensperspektive, die durchaus in diesem entwicklungspsychologischen Zusammenhang eine tiefgehende Beachtung finden, noch etwas hintangestellt, da es mir vorangig auf die Entwicklung des Hierarchieaspektes in der Entwicklung der Persönlichkeit ankam. Die systemhaften Umgestaltungen des Psychischen durch die je erreichten neuen Abbildniveaus, die sich in der Tat als „Organisatoren des Psychischen" erweisen (vgl Abb. 17), sollen daher zunächst an Hand von Abbildung 16 nochmals zusammengefaßt werden, um von hier aus dann die weiteren offenstehenden Fragen zu diskutieren.

5.3.6 Die Abbildniveaus als Organisatoren des Psychischen

Die in *Abbildung 16* zusammengefaßten Ergebnisse zeigen, daß es im Bereich der theoretischen Bearbeitung der Entwicklung der Psyche und der Tätigkeit im Neugeborenenalter noch erhebliche Probleme gibt. Ich will auf diese Probleme nicht nochmals eingehen. Gleichzeitig verweisen alle Theorien auf *Übergänge in der Qualität psychischer Prozesse*, wie ich auf sie anhand der *Genese der Bedeutungsstrukturen* als Klassen von Invarianzen bereits mehrfach angesprochen habe.

Betrachten wir dies an dem *ersten Dominanzwechsel,* also dem Umschlag der psychischen Prozesse von erbkoordinierten kognitiven Schemata in individuelle erworbene kognitive Schemata. Vor dem Übergang ist der Säugling in der Lage (sekundäre Zirkulärreaktionen) interessante Erscheinungen andauern zu lassen und stellt hier bereits elementare Zweck-Mittel-Relationen an. Nimmt man ihm ein Spielzeug weg, z. B. eine Rassel, so bleibt eine sensomotorische Erinnerung zurück, der Gegenstand wird über die Fortsetzung der Bewegungsabfolgen ge-

Abbildung 16 Abbildniveaus in der Ontogenese und tätigkeitsbezogene
Entwicklungstheorien

Dominierende Tätigkeit	Abbildniveau	Niveau nach *Piaget*	Niveau nach *Spitz*
Bis ca 4 Monate: Wahrnehmungstätigkeit	Erbkoordinationen, modale und intermodale Abbilder	Reflexe; primäre Zirkulärreaktionen	Proto-Organisator: Bedingter Reflex; 1 Organisator: Lächeln (3 Monat)
Bis ca 1 Jahr: manipulierende Tätigkeit	Individuelle Gegenstandsbedeutungen	Sekundäre Zirkulärreaktionen und ihre Koordination	2 Organisator: Acht-Monats-Angst
Bis ca 3 Jahre: gegenständliche Tätigkeit	Individuelle Werkzeugbedeutungen	Tertiäre Zirkulärreaktionen; Lernen durch Einsicht	3 Organisator: Semantische „Nein"-Geste (15 Monat)
	Individuelle Tätigkeitsbedeutungen	Egozentrisch-präoperationales Denken; 2–4 Jahre: vorbegrifflich,	4 Organisator: Verbaler Bericht von Träumen (24 Monat)
Spiel (erste Geburt der Persönlichkeit) (ca 3–6 Jahre)	Individuelle Ich-Bedeutung/soziale Gegenstandsbedeutungen	4–6/7 Jahre: anschaulich	
(schulisches) Lernen (ca 7–13/14 J)	Soziale Werkzeugbedeutungen	Konkret-operatives Denken (funkionell) (ca 7–10 Jahre)	
	Soziale Tätigkeitsbedeutungen	Formal-logisches Denken (kategorial) (ab ca 11 Jahre)	
Arbeit (zweite Geburt der Persönlichkeit) (ca 14/15 Jahre)	Soziale Ich-Bedeutung	*Piaget* gibt kein weiteres Niveau an *K Riegel* ergänzt *Piaget* um das Niveau: Dialektisches Denken	

sucht, er kann jedoch in einem Versteck noch nicht lokalisiert werden. Nach dem Umschlag besteht nunmehr eine Kontinuität im Abbild des Gegenstandes. Er wird nicht mehr aus seinen Erscheinungen erschlossen, er ist amodal fixiert und wird auch dann gesucht bzw. vermißt, wenn keine sinnlichen Anzeichen mehr auf ihn hinweisen. Der schnelle Wechsel des nunmehr amodal erfaßten Objekts vermag Furcht hervorzubringen, die in („Veränderungs"-)Angst umzuschlagen vermag, wenn der Wechsel so schnell ist, daß die Adaptation an das Neue in der Orientierungstätigkeit nicht gelingt Diese richtet sich dann von der äußeren Welt auf die spontane Ebene der Tätigkeit, die auftauchende Emotion wird zum Objekt der Tätigkeit, wie bereits im vergangenen Kapitel erörtert. Andererseits beginnt nunmehr eine über die Bekanntheit der Gegenstände vermittelte umfassende Exploration der Beziehungen zwischen den Gegenständen, die sich als vorrangige Form der Tätigkeit zunehmend schnell stabilisiert und ab Ende des ersten Lebensjahres dominiert.

Das von *Leontjew* für die Phylogenese formulierte *Gesetz des widersprüchlichen Zusammenhangs von Tätigkeit und Abbild* vermag auch hier die Zusammenhänge verdeutlichen. Die Vielfalt der Gegenstände, insbesondere der im sozialen Verkehr mit der Mutter entwickelten Kommunikationsformen, führen zur zunehmenden Differenzierung der Objektwelt in der Tätigkeit, die sich jedoch noch nicht im amodalen Abbild fixiert hat (zumindest nicht im Sinne des Dominanz-wechsels). Der *Widerspruch* zwischen dem *Motiv der Tätigkeit* (auf der Basis des Bedürfnisses nach neuen Eindrücken), das zum Teil bereits in der Nachahmung von Handlungen der Mutter realisiert wird, und dem *Ziel bzw. Zweck der Tätigkeit,* wird zunehmend größer. Die Tätigkeit vermag in ihrer operativen Seite (Handlungsseite) zunehmend die Invarianz des Gegenstandes durch Nachahmung über den Augenblick hinaus festhalten. Die Wahrnehmung des Gegenstandes aufgrund seiner sensorischen Eigenschaften verhindert jedoch das Begreifen sei-ner Invarianz und damit den bedürfnisbefriedigenden Abschluß der Tätigkeit. Indem aus dem Bereich der Kommunikation mit der Mutter wie dem Spiel mit dem eigenen Körper sich zunehmend die Erinnerung über den Augenblick hin-aus, also auch bei sensorischer Abwesenheit aufbaut, kommt es zur notwendigen Umstrukturierung des Schemas: Z. B. beim Verlieren des eigenen Fußes als Gegenstand des Spieles oder dem Weggehen der Mutter beziehen sich die Tätig-keitsformen nicht mehr auf die eigene *Nachahmung* der Tätigkeit mit dem Ge-genstand, sondern auf sein *Wiederauffinden.* In diesem Prozeß des Wiederauffin-dens verlagert sich die Tätigkeit von der spontanen Ebene auf die reflexive Ebene, auf die Ebene der neuen Abbildstruktur der individuell erworbenen Gegenstandsbedeutungen. Voraussetzung ist hierzu (1) eine entsprechende phy-logenetisch gewordene neurophysiologische und morphologische Struktur des ZNS sowie (2) psychologisch die Möglichkeit zur Nachahmung von Formen gegenständlicher Tätigkeit. Auf deren stufenweisen Aufbau über die Realisierung und Ablösung von AAM im Dialog mit der Mutter habe ich bereits verwiesen

Mit dem *neuen Widerspiegelungsniveau* (reflexiv-vorgreifende Widerspiegelung in ihrer elementarsten Form) ist damit eine *neue Ebene spontaner Tätigkeit* eröffnet, die über die jetzt individuell erworbenen steuernden Abbilder entsteht. Die Invarianz der Gegenstände im Abbild führt die Tätigkeit auf die *Beziehungen zwischen den Gegenständen.* So führt das Suchen eines Gegenstandes in einem Versteck oder hinter einem Wandschirm zwangsläufig dazu, die Handlungen (also die auf die objektiven Eigenschaften der Gegenstände bezogene Seite der Tätigkeit) auf die Verhältnisse zwischen den Gegenständen abzustimmen. Das Tätigkeitsniveau, das im Augenblick des Umschlags mit dem Abbildniveau zu-sammenfiel, enteilt diesem sofort wieder und bereitet über den zunehmenden *Gebrauch* von Gegenständen als Werkzeuge, der ca. mit einem Jahr endgültig verallgemeinert ist, das spätere Erfassen der Werkzeug*bedeutungen* vor.

Dem *äußerlich* sichtbaren *Widerspruch von Abbildniveau und Tätigkeitsniveau* entspricht zugleich ein innerer Widerspruch zwischen *Motiv der Tätigkeit* (also ihrer bedürfnisrelevanten Seite) und dem *Ziel bzw. Zweck der Tätigkeit,* also ihrer auf die objektiven Eigenschaften der Gegenstände bezogene Seite. Die Möglichkeit, sich auf die Wechselwirkungen der Gegenstände zu beziehen, das allmähliche Auftauchen von Erinnerungen an Gegenstände der Tätigkeit (z. B. dem Kind fällt beim Zubettgehen der Ball ein, mit dem es vor dem Abendessen gespielt hat), führen zum Widerspruch gegen äußere Einwirkungen, zu Konflik-ten. Sie entstehen, da sich das Bedürfnis auf ein bestimmtes Objekt richtet, das aber dem Kind (noch) nicht zugänglich ist bzw. aus ihm nicht immer einsehbaren Gründen verweigert wird. *Boshowitsch* spricht hier von der zunehmenden Domi-nanz des Gedächtnisses gegenüber der bisherigen Dominanz der Wahrnehmung. Affektgeladene und motivierende Vorstellungen entstehen, die zwar noch nicht in die Zukunft insgesamt, über die gegenwärtige Situation hinaus, führen, aber in denen die sich im Gedächtnis aufgetauchten Inhalte von den Objekten der Gegenwart trennen, Anlaß zur Motivbildung werden können. Es entstehen damit *„motivierende Vorstellungen"*. Das Kind verwandelt sich in ein Subjekt, so *Boshowitsch* (1979). Besser gesagt: Das Kind erreicht ein höheres Stadium der Subjektivität durch die Genese des individuellen Sinns, also durch amodale Abbildstrukturen, die nicht mehr erbkoordiniert fixiert sind, sondern individuell erworben. Diese motivierenden Vorstellungen wie die Inhalte sind *sozial vermittelt:* Durch die Nachahmung der Formen des sozialen Verkehrs, durch die Nachahmung seiner eigenen auf soziale Gegenstände bezogenen Handlungen, durch den Dialog. In das *Weltbild* gehen die „unsichtbaren Eigenschaften der Gegenstände" (und diese sind sozial vermittelt!) ein, es *füllt sich mit Bedeutungen (Leontjew 1981).*

Es entsteht also in der Tat ein *neuer Organisator des Psychischen.* Die Bedürfnisse enteilen mit der Genese des Abbilds zugleich in der Tätigkeit als objektbezogene Motive diesem Niveau: Die Motive erstrecken sich auf Objektbereiche, deren Gesetzmäßigkeiten erst in der eigenen Tätigkeit in Form von Handlungen und Operationen erfahren werden müssen, angeeignet werden müssen, um das Bedürfnis zu befriedigen. Der neue Organisator des Psychischen organisiert daher nicht nur das Abbildniveau und damit die Strukturen des Gedächtnisses wie der Tätigkeit neu, sondern auch den gesamten komplizierten Zusammenhang von Emotion, Affekt, Wille, Bedürfnis, Motiv und Sinn, wie ich dies im vergangenen Kapitel herausgearbeitet habe. Die Vorstellung von *Spitz,* neue Klassen von Bedeutungsstrukturen als Organisatoren des Psychischen zu betrachten (auch wenn er deren Wesen noch nicht zu erfassen vermochte), ist zutiefst berechtigt.

Ich habe diese Zusammenhänge, die für die weitere Analyse von größter Bedeutung sind, in *Abbildung 17* zusammengefaßt. *Es geht also nicht bloß um neue hierarchische Niveaus, sondern auf jedem Niveau um eine Neuorganisation des sinnhaften und systemhaften Baus der psychischen Prozesse in der Tätigkeit.*

Wir sehen nunmehr, wie sich das „Bauen im Kopf" des *Marxschen* Baumeisters Bedeutungsebene für Bedeutungsebene entwickelt. Damit es sich über die Schaffung eines bloß individuellen Weltbildes hinaus entwickelt, bedarf es der umfassenden Erschließung von im Prozeß der Menschheit angeeigneten Bedeutungen wie der Beziehung auf diesen als *menschliches Gattungswesen.* Dabei ist es sehr wohl möglich, daß klassenspezifische Vermittlungsprozesse im Bedeutungerwerb dies verhindern. Dann erfolgt der Bezug lediglich auf eine Klasse, Rasse, Gruppe oder gar nur Familie, während die je anderen Menschen als außerhalb der Gattung stehend begriffen werden. Der Übergang vom Spiegeln im je anderen Menschen nach der ersten Geburt der Persönlichkeit zu dem Spiegeln im Prozeß der Menschheit nach ihrer zweiten Geburt in der Pubertät, ist damit einerseits weitere Entwicklung des Verhältnisses zur Gattung, *persönlicher Sinnbildungsprozeß,* der die biologischen und individuellen Voraussetzungen in sich aufhebt, zum anderen *Aufbau von Bedeutungen* vermittels der von der Gattung geschaffenen und vergegenständlichen Möglichkeiten.

Im Abbild sind die Bedeutungen jedoch jeweils Bedeutungen für das Subjekt, so wie sie im sozialhistorischen Prozeß von „Dingen an sich" zu „Dingen für uns" werden Gleichzeitig existieren sie in ihrer auf die objektiven Eigenschaften der Welt bezogenen Formen, also als Operationen in für die Individuen vergleichba-

Abbildung 17: Organisatoren des Psychischen

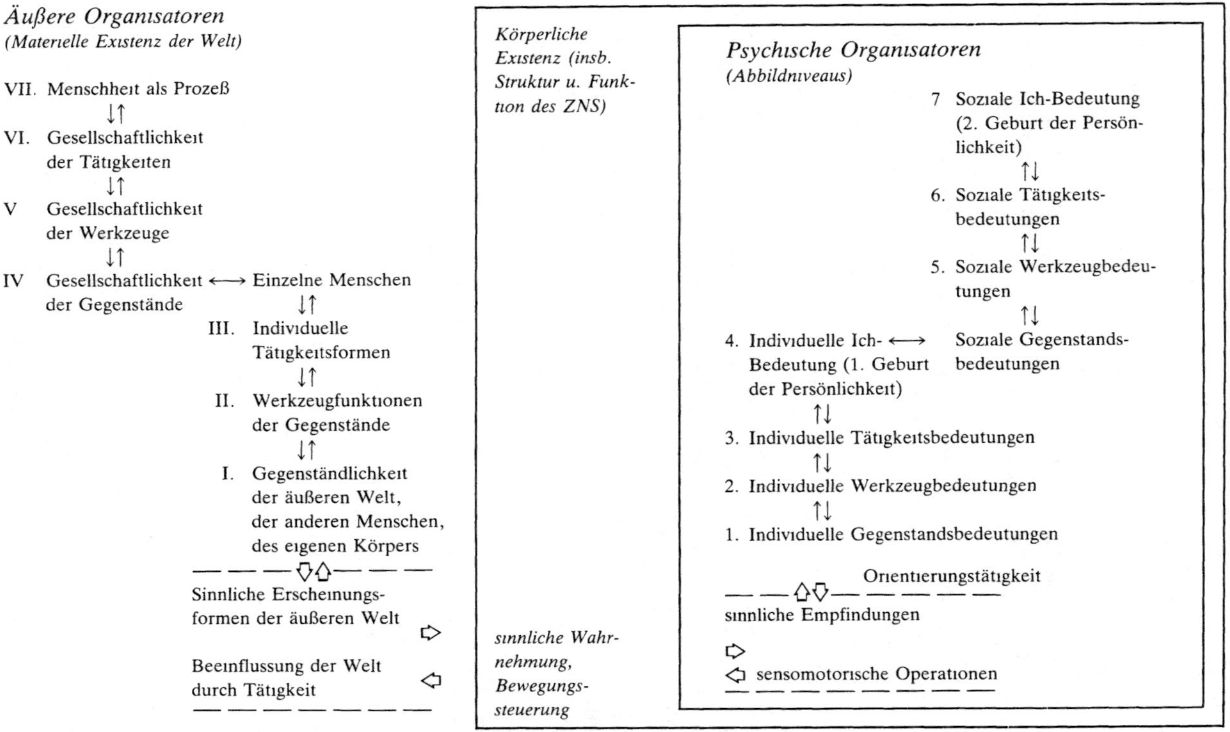

Äußere Organisatoren
(Materielle Existenz der Welt)

VII. Menschheit als Prozeß
⇅
VI. Gesellschaftlichkeit der Tätigkeiten
⇅
V Gesellschaftlichkeit der Werkzeuge
⇅
IV Gesellschaftlichkeit ⟷ Einzelne Menschen der Gegenstände
⇅
III. Individuelle Tätigkeitsformen
⇅
II. Werkzeugfunktionen der Gegenstände
⇅
I. Gegenständlichkeit der äußeren Welt, der anderen Menschen, des eigenen Körpers

Sinnliche Erscheinungsformen der äußeren Welt ⇧

Beeinflussung der Welt durch Tätigkeit ⇩

Körperliche Existenz (insb. Struktur u. Funktion des ZNS)

Psychische Organisatoren
(Abbildniveaus)

7 Soziale Ich-Bedeutung (2. Geburt der Persönlichkeit)
⇅
6. Soziale Tätigkeitsbedeutungen
⇅
5. Soziale Werkzeugbedeutungen
⇅
Soziale Gegenstandsbedeutungen

4. Individuelle Ich- ⟷ Bedeutung (1. Geburt der Persönlichkeit)
⇅
3. Individuelle Tätigkeitsbedeutungen
⇅
2. Individuelle Werkzeugbedeutungen
⇅
1. Individuelle Gegenstandsbedeutungen

Orientierungstätigkeit
⇕
sinnliche Empfindungen
⇧
sensomotorische Operationen

sinnliche Wahrnehmung, Bewegungssteuerung

A. N. *Leontjew:* „Die gegenständliche Welt tritt in einer Bedeutung auf = Das Weltbild füllt sich mit Bedeutungen" (1981 a, S. 17).

rer, konventionalisierter Form. *Das Abbild ist also einerseits kristallisierte Tätigkeit, ein System von Operationen, zum anderen jedoch Widerspiegelung der hinter den Erscheinungen liegenden wesenhaften Zusammenhänge der Welt als Bedeutungen für das Subjekt (Sinn). Die Einheit von Abbild und Tätigkeit ist damit die Bedeutung* (so *Leontjew* in bisher auf deutsch noch nicht zugänglichen Publikationen der 30er Jahre, die im ersten Band der Werksausgabe erscheinen werden, auf die jedoch auch sein Sohn, der Linguist *A. A Leontjew* in einem unlängst erschienenen Aufsatz verweist; 1984 a) Es dürfte deutlich sein: Die hier vertretene Auffassung hebt den Standpunkt des Konstruktivismus von *Piaget* in dialektischer Negation in sich auf, da *Piaget* lediglich die objektive Seite der Bedeutungen im Auge hat, nicht jedoch die sinnhafte, die Bedeutung für das Subjekt Diese realisiert sich jedoch immer und vorrangig in den Verhältnissen zur eigenen Gattung. Dies wird im folgenden Kapitel bei der Behandlung der Auswirkungen von Isolation noch sehr viel deutlicher werden Es zeigt sich jedoch auch schon in der Untersuchung der weiteren Entwicklungsprozesse in der Ontogenese.

5.3.7 Die Entwicklung im Kleinkindalter

Mit der Entstehung der Gegenstandsbedeutungen verlagert sich das Motiv der Tätigkeit zunehmend auf die Beziehungen zwischen den Gegenständen, deren Invarianzen (als „Dinge für das Kind") nunmehr im Gedächtnis vorhanden sind und die individuelle Subjektwerdung des Kindes (*Boshowitsch*) ermöglichen. Auf keinen Fall sollte der Gegenstand als physikalischer Gegenstand z. B. Spielzeug, Löffel usw. gedacht werden, sondern grundsätzlich als *Objekt*, auf das sich die Tätigkeit *richtet*. Wichtige Objekte sind aber vor allem die Angehörigen der Familie, insbesondere die Mutter (aber auch zunehmend der Vater und die Geschwister), wie die mehr und mehr reflexiv zugänglich werdenden eigenen spontanen Erfahrungen Dem Kind fällt wieder ein, daß es mit dem Ball im Garten gespielt hat, als es abends gefüttert wird. Es schreit und strampelt: Das Motiv seiner Tätigkeit hat sich vom Objekt Essen (Geschmack der Nahrung, gefüttert werden u a. Dimensionen mehr konstituieren die spezifische Ausprägung des Objektes) auf das Objekt Ball verlagert, also auf dessen bedürfnisrelevante Eigenschaften: Jedoch nicht auf das reale Objekt Ball, sondern das auf der Ebene des Abbilds als invariante Struktur präsente. Entsprechend werden in diesem Alter die Tätigkeitsstrukturen und Motivstrukturen komplexer.

Der Widerspruch zwischen der nunmehr auf der Ebene des Abbilds (im Gedächtnis) gegebenen bedürfnisrelevanten Präsenz des Gegenstandes, der zur Motivbildung führt, und den Bedingungen der Praxis, innerhalb derer der Gegenstand nicht präsent ist, führt zu einem *inneren Widerspruch zwischem dem Motiv der Tätigkeit und den Bedingungen und Zielen der Handlung*, die notwendig ist, um das Motiv zu realisieren. Entsprechend können *Krisen* und *Konflikte* auftreten. Welches Gewicht sie in der Entwicklung gewinnen, ob es z B. nun zu der häufig in der Literatur beschriebenen ersten Trotzphase kommt oder ein harmonischer Übergang der Entwicklung auf das neue Niveau stattfindet, hängt in hohem Maße von der Reakion der Erwachsenen ab, von ihrem Umgehen mit dem auftretenden Entwicklungswiderspruch. Von ihnen hängt es ab, ob „die Erkenntnisprozesse und die affektiven Prozesse in bestimmter harmonischer Beziehung zueinander stehen" (*Boshowitsch* 1979, S. 753). Wird also geduldig mit den Konflikten des Kindes umgegangen, es auf die objektive Seite der Realisierung seiner Bedürfnisse verwiesen, werden ihm umfassende Erfahrungen über die notwendigen Schritte für die Realisierung seines Motivs in der gemeinsamen Tätigkeit mit den Erwachsenen vermittelt, so wird dieser Übergang eher problemlos erfolgen, als wenn die Erwachsenen durch Restriktionen oder Vernachlässigung die nunmehr für die Entwicklung dominierende „gegenständliche Tätigkeit" einschränken. Dabei muß man nochmals in aller Deutlichkeit sehen, daß sich diese Gesetzmäßigkeiten auf alle Objekte der Tätigkeit beziehen. Mit einer entsprechenden Reaktion verhindern Erwachsene nicht nur die Aneignung der gegenständlich-physikalischen Welt, sondern auch die Aneignung sozialer Gesetzmäßigkeiten: Das Verhalten der Erwachsenen selbst bleibt dann dem Kind unverständlich, wird statt zur Quelle neuer Kenntnisse zum bloßen Hindernis, auf dessen Beseitigung sich der Wille richtet (Trotz) und gegebenenfalls zur Quelle von Furcht und Angst.

Umgekehrt zeigt die Untersuchung der neuen Phase der Entwicklung, in wie vielfältiger Weise jetzt die Kinder die *Kooperation der Erwachsenen aktiv nutzen,* um sich die Welt anzuzeigen, sofern diese Kooperation ihnen sicher ist und die weitere Aneignung dieser Kooperation jeweils im Bereich ihrer „Zone der nächsten Entwicklung" erfolgt. Forschungen von *Lissina* zeigen sehr deutlich den Wandel der Motiv- und Tätigkeitsstrukturen im Übergang zum Gebrauch der physikalischen und sozialen Werkzeuge. Durch deren Gebrauch entwickelt sich ihre Invarianz. Der Übergang zum Organisationsniveau des Psychischen auf der Ebene der individuellen Werkzeugbedeutungen bahnt sich an. Zu Beginn des zweiten Lebensjahres ändert sich der Dialog mit der Mutter in seinen grundsätzlichen Strukturen. Die „unmittelbar-emotionale Kommunikation", die bisher in der Entwicklung des Dialogs im Vordergrund stand, weicht einem neuen Typus. Die Kinder weisen die Erwachsenen auf Gegenstände ihrer Aufmerksamkeit hin, bzw nutzen die *Erwachsenen als „Werkzeug"* zur Lösung des Problems. „Viele Kinder (untersucht wurden Kinder im Alter von elf bis zwölf Monaten; d. V) versuchten, die Kommunikation mit dem Versuchsleiter auf eine „sachliche" Grundlage zu überführen. Kaum hatte er sie auf den Arm genommen, da begannen sie, auf irgendetwas mit dem Finger zu zeigen und Laute auszustoßen, um die Aufmerksamkeit des Versuchsleiters auf diesen Gegenstand zu lenken" (*Lissina,* S. 152). Zugleich zeigt sich eine hohe Aufmerksamkeit für die durch die Erwachsenen aufgedeckten relationalen Beziehungen zwischen den Gegenständen: „Die Demonstration neuer Manipulationen durch den Erwachsenen regte die Kinder an, diese in ihr Repertoire aufzunehmen. Dabei verstärkte der persönliche Kontakt des Erwachsenen mit dem Kind die Tendenz zur Nachahmung erheblich . . ." (ebd., S. 166).

Die Motivstrukturen richten sich also zunehmend auf die Verhältnisse zwischen den Objekten, deren invariante Wechselwirkungen in ihrer Anwendung erfahren werden. Es werden damit insbesondere mit der Unterstützung durch die Erwachsenen und die beginnende Modellierung durch die Sprache neue Bedeutungen für das Kind, individuelle *Werkzeugbedeutungen,* möglich. Ich will diesen Übergang zum nächsten psychischen Organisationsniveau verdeutlichen. Stellt man einem Kind im 5. sensomotorischen Stadium Aufgaben, wie z. B. Figuren in ein Steckpuzzle einzufügen oder eine lange Holzkette in einen schmalen hohen Becher zu geben, so löst es diese Aufgaben durch vielfältiges Probieren. Im 6. sensomotorischen Stadium lösen die Kinder die Aufgabe sofort richtig und jede Aufgabe, die dieser ähnlich ist. Die Figuren des Steckpuzzles werden an der richtigen Stelle eingefügt (d h. ihre Gestalt wird mit der Negativform des Puzzles vorwegnehmend verglichen), die Kette wird so in den Becher gleiten gelassen, daß dieser nicht durch den überhängenden Rest umkippt.

Betrachtet man die Struktur dieser Lösungen genau, so zeigt es sich wiederum, wie die Tätigkeit dem neuen Widerspiegelungsniveau enteilt. Die sofort richtige Lösung erfolgt in der Weise, daß häufig noch in einer *Orientierungsphase* motorische Handlungen zur Lösung ausprobiert werden, bevor die Lösung erfolgt. Die eigene erfolgreiche Handlung wird also mehr und mehr nachgeahmt und bildet in dieser Nachahmung als vorwegnehmendes Mittel zur Problemlösung das neue Tätigkeitsniveau heraus. *Piaget*, der dies in verschiedenen Beispielen beschreibt, verweist auf die *beginnende Trennung von sensomotorischer Nachahmung und interiorisierter Nachahmung* als Basis des später folgenden präoperationalen, symbolischen Denkens (z. B. 1975 b, S 457; 1975 c, S. 89; 1975 d., S. 99 f.). Wir könnten auch von einer *„vorahmenden" Nachahmung* sprechen, in der vor der Lösung, aber noch nicht von der Situation getrennt, die Anwendung des Werkzeuges in der eigenen Tätigkeit reproduziert wird. Damit ist zugleich das Motiv der Tätigkeit auf die umfassende Aneignung der eigenen Tätigkeitsformen gerichtet, die „vorweg" eine Lösung ermöglichen: Insbesondere auf sprachliche Werkzeuge, jedoch auch andere von anderen Menschen verwendete Werkzeuge: *Der Verwendungsmodus des Werkzeuges wird von der Situation trennbar und nachahmbar* Die erste Verwendung von „Rollen" entsteht, ohne daß sich die Ausgestaltung von Rollen schon unmittelbar von der praktischen Aufgabe getrennt hätte. Diese bestimmt noch den Sinn der Tätigkeit, wobei mit der zunehmenden Entwicklung des Gedächtnisses mehr und mehr auch vergangene Objekte der Tätigkeit (nunmehr unter Einbezug der auf höherem Niveau organisierten Orientierungstätigkeit vor der Aufgabe) dem Kind wieder einfallen und zum Motivwechsel führen.

Das Motiv der Tätigkeit richtet sich unter dem Gesichtspunkt, die Tätigkeit getrennt von der Situation durchführen zu können (bei nicht gegebener Möglichkeit entsprechender praktischer Handlungen), zunehmend auf die Wiederholung der Tätigkeit als solcher. Dem *Sinn der Tätigkeit* können dann andere als die real benötigten *Gegenstände substituiert* werden. Die Tätigkeit kann im (beliebigen) Augenblick durchgeführt werden und muß nicht entweder ganz unterlassen oder erst durch Hinzuziehung von Erwachsenen realisiert werden. Dem Kind eröffnen sich damit zahlreiche Bereiche der Welt, die ihm praktisch im Augenblick nicht zugänglich sind. Sei es, daß ein Ereignis (wie der Geburtstag oder Weihnachten) vorbei ist, oder daß es alleine eine Tätigkeit (Kerze anzünden und ausblasen) ohne die Anwesenheit der Mutter nicht ausführen darf. Mußte es vorher auf diese Tätigkeit verzichten, so kann es nunmehr aufgrund ihrer figuralen Qualitäten („Gestalt") Gegenstände, wie z. B. ein Stöckchen, dem Sinn der Tätigkeit „Kerze ausblasen" (im Tätigkeitszusammenhang Geburtstagsfeier) unterordnen. Es benutzt ein Stöckchen und bläst dieses aus.

Ebenso wie die figurale Qualität des Stöckchens *Symbol* für die Kerze geworden ist, ist das Ausblasen selbst nicht mehr die gleiche Tätigkeit wie beim realen Ausblasen der Kerze: Der scheinbar identische Prozeß für den äußeren Beobachter hat in den intrapsychischen Systembeziehungen des Kindes eine gänzlich andere Funktion erhalten. Er dient als selbst geschaffenes *Zeichen* zur Widerspiegelung einer realen Situation. Gleichzeitig kann das Kind sich in verstärkter Weise einer besonderen Tätigkeit bedienen, die es im sozialen Verkehr mit den Erwachsenen bisher als wertvolles Werkzeug zur Durchsetzung seiner Bedürfnisse kennengelernt hat: der *Sprache*. Dabei wäre es gänzlich verfehlt, die Verwendung von Wörtern an irgendeinem Punkt der Entwicklung nur als passive Nachahmung und Übernahme ihrer signifikativen Funktionen zu betrachten. Das Wort „Kerze" kennzeichnet zu keinem Zeitpunkt nur den Namen eines Dinges, sondern die Beziehung, die das Kind zu diesem Ding selbst eingeht. Auch als Einwortsatz auf der Ebene des Werkzeuggebrauchs und des Erwerbs der Werkzeugbedeutungen, also im Verlauf des ersten Lebensjahres, steht „Kerze" für das Bedürfnis des Kindes bezogen auf den Gegenstand, der von den Erwachsenen „Kerze" genannt wird: Es will ihn anfassen, es will das Licht anfassen, es will die Kerze ausblasen, es will, daß die Mutter die Kerze ausbläst u. v. a. m. D. h die Benennung existiert nur innerhalb eines *Handlungsfeldes, semantischen Feldes, Sinnfeldes.* Ihre Abstraktion als Name für ein Ding ist erst Resultat einer späteren Entwicklung, die dann eintritt, wenn sich die Tätigkeit auf dem Niveau der Tätigkeitsbedeutungen von der realen Situation löst. Das Stöckchen wird aufgrund bestimmter figuraler Eigenschaften als Symbol für die Kerze gewählt, das Wort „Kerze" aufgrund sozial-historischer Konventionen (und nicht „candle" oder „chandelle").

5.4 Das Vorschulalter

5.4.1 Sprachentwicklung und Tätigkeit

Mit der Löslösung der Tätigkeit vom Augenblick müssen sich in besonderer Weise *Motive* auf die *Aneignung der Sprache* richten. Die sprachliche Tätigkeitsform ist als Haupttätigkeitsform anderer Menschen bereits bekannt In der eigenen Tätigkeit so zu sein wie andere Menschen, also den Dialog mit ihnen zu sichern und sich ihre Realität anzueignen, bedeutet in verstärktem Umfang, die eigenen Handlungen sprachlich zu begleiten War die Sprache bisher bereits als Werkzeug angeeignet worden, so richtet sich nun das Motiv darauf, sie als die *soziale Tätigkeit anderer Menschen* ebenso zu reproduzieren, wie deren praktische Tätigkeit: Zur Geburtstagsfeier gehört nicht nur die Kerzen auszublasen, sondern auch dem Kind zu sagen (an dessen Stelle jetzt die Puppe tritt), daß es die Kerzen ausblasen darf bzw. nicht usw..

Bevor ich auf die tiefgreifende Umkehrung zu sprechen komme, die im System der Tätigkeit und der Motive sich anbahnt und die zur ersten Geburt der Persönlichkeit führt, noch einige Bemerkungen zur *Sprachentwicklung.* Wie die folgende, einem Aufsatz von *Elkonin* entnommene Tabelle illustriert, ist spätestens mit dem Erreichen der Werkzeugbedeutungen und eines Tätigkeitsniveaus, das in der Praxis bereits die Trennung der Tätigkeit von der Situation realisiert, ein außerordentlich beschleunigter Spracherwerb festzustellen.

Tabelle 2. Entwicklung des Vokabulars bei Vorschulkindern

Alter	Wortzahl (WZ)	Zunahme der WZ	Alter	Wortzahl (WZ)	Zunahme der WZ
0;10	1	1	3;0	896	450
1;0	3	2	3;6	1222	326
1;3	19	16	4;0	1540	318
1;6	22	3	4;6	1870	330
1;9	118	96	5;0	2072	202
2;0	272	154	5;6	2289	217
2;6	446	174	6;0	2589	273

(*Elkonin* 1971, S 130)

Ich verwies bereits darauf, daß der *wesentliche Schlüssel* zum Verständnis dieser Entwicklung in der Untersuchung der *Herausbildung der Organisatoren des Psychischen* zu suchen ist, also der qualitativ verschiedenen Niveaus im sinn- und systemhaften Aufbau von Tätigkeit, Bewußtsein und Persönlichkeit. In diesem Zusammenhang kommt der Sprachentwicklung eine herausragende Bedeutung zu. Zugleich muß sie jedoch als besondere Form der Tätigkeit auf diesem Hintergrund begriffen und entschlüsselt werden. Dies wird auch in der Entwicklungspsychologie der Sprache wie in der Linguistik allgemein in letzter Zeit zunehmend herausgestellt.

Eine Betrachtungsweise im Zusammenhang des Systems „Subjekt – Tätigkeit – Objekt" muß jedoch zugleich nach der Verfaßtheit der Sprache im *Objektbereich* und ihrer Funktion im *Austausch* zwischen dem Subjekt und dem Objektbereich fragen, also nach dem *sprachlichen Verkehr* und der *Kommunikation*. Nur dann vermag sie jenen Mystifikationen zu entgehen, die heute noch durchweg in der Behandlung dieses Problems aufzufinden sind. Im historischen Prozeß wurde die Sprache mit ihrer Wandlung von einer (sympraktischen) Begleitung der praktischen Tätigkeit, der Arbeit bzw den Alltagsgegebenheiten des innerartlichen Verkehrs, zum umfassenden Mittel der (synsemantischen) Bedeutungsweitergabe und der Bedeutungsproduktion (vgl. z. B. die Entstehung der Mythen, der Religion aber auch der Wissenschaft). Als solches ist sie wesentlicher Teil der gesellschaftlichen Distribution, wesentliches *Medium des sozialen Verkehrs* in einer Gesellschaft. Sie sichert in dieser Form die einfache und erweiterte Reproduktion. Sie ist Mittel der *Regulation* des gesellschaftlichen Verkehrs ebenso wie neben der Produktion umfassendes Medium der *Vergegenständlichung der Gattungserfahrungen* (In dieser Funktion erfährt sie eine erhebliche Erweiterung durch die Entwicklung der Schriftsprache, aber auch durch die Aufzeichnung der gesprochenen Sprache per Tonband usw .)

In der Sprache selbst vermag sich die Menschheit auf sich selbst zu beziehen und als Gattung zu denken, deren Einheit zunehmend dem je einzelnen nicht mehr unmittelbar sichtbar ist (wie noch, aber zugleich hierauf beschränkt, in der eigenen Horde in der Steinzeit), sondern begrifflich und damit im Prozeß der Sinngebung rekonstruiert werden muß. Die Sprache ist sozusagen die Nabelschnur, über die der je einzelne Mensch mit den Erfahrungen der Gattung verbunden ist. Sie wird zum Mittel, mit der Gesamtheit der sozialen Erfahrungen die Wirklichkeit der menschlichen Gattung im Bewußtsein zu reproduzieren und sich in Sinngebung wie praktischer Tätigkeit auf diese zu beziehen. Die Sprache faßt das Raumzeit-Gefüge der gesellschaftlichen Menschheit in einer für das Individuum prinzipiell aneigenbaren Form zusammen

Die Besonderheit der sprachlichen Strukturen im Verhältnis zur Produktion, also der Sprachtätigkeit im Verhältnis zur Arbeit, liegt nicht darin, daß man Kommunikation nicht umfassend als Tätigkeit betrachten könnte. So argumentiert z. B. *Lomov*, der das System „Subjekt – Kommunikation – Subjekt" der Erörterung des sprachlichen Verkehrs zugrundelegen möchte. Die Besonderheit liegt vielmehr darin, daß sie hier in einer *gesellschaftlichen Verkürzung von Makrozeit zu Mikrozeit im System sprachlicher Kommunikation* eine *neue Qualität vorgreifender Widerspiegelung* erreicht, die zugleich zwei Subjekte hat (besser: mindestens zwei Subjekte):

Zum einen ein kollektives Subjekt, im weitesten Sinne den gesellschaftlichen Prozeß einer Sprachgemeinschaft (aber über diesen hinaus durch die Möglichkeit der Übersetzung die Menschheit insgesamt). Es versteht sich, daß dieser Prozeß an die materiellen Voraussetzungen der Tätigkeit der Menschen gebunden ist. Von hier aus bestimmt ist das reale kollektive Subjekt des sprachlichen Verkehrs unterhalb der Ebene Menschheit der in einer je spezifischen Ausprägung einer Gesellschaft zum Ausdruck kommende *gesellschaftliche Gesamtarbeiter.* Und auch hier sind weitere Differenzierungen vorzunehmen im Sinne von sozialen Klassen usw., wie dies im ersten Kapitel erörtert wurde. Trotzdem ist die Kategorie „sprachlicher Verkehr" weiter als die des je gegebenen gesellschaftlichen Gesamtarbeiters, da sie (in jeder Sprache) die Möglichkeit des individuellen Bezugs auf die Gattung, den Prozeß der Menschheit beinhaltet, der in dieser Betrachtungsweise in letzter Konsequenz kollektives Subjekt ist. Im engsten Sinne schließlich sind zwei Menschen, die kooperativ tätig sind und über die Sprache eine gemeinsame Antizipation ihres Tätigkeitsprozesses entfalten können, kollektives Subjekt des sprachlichen Verkehrs.

Zum anderen hat diese neue Qualität der vorgreifenden Widerspiegelung den je *individuellen Menschen* als Subjekt. Dieser wird in den je eingegangenen Prozessen sozialer Kommunikation Teil kollektiver Subjekte. Er kann sich damit auf ein erweitertes Raum-Zeit-Gefüge gegenüber seiner unmittelbaren subjektiven Erfahrung beziehen. Zugleich ist er jedoch die Voraussetzung der Existenz dieses verallgemeinerten Raum-Zeit-Gefüges, das im sprachlichen Verkehr sich verobjektiviert, da dieses Gefüge nur durch die Tätigkeit der je einzelnen Menschen existiert. Dieses erweiterte Raum-Zeit-Gefüge schafft erst die Möglichkeit, innerhalb des Bewußtseins, der „subjektiven Realität", umfassend die vier Dimensionen des Raum-Zeit-Kontinuums in der subjektiven Erfahrung zu überwinden und in einer fünften „Quasidimension" der Bedeutungen (so A. N. *Leontjew* 1981 a) – also der gesellschaftlich geschaffenen Bedeutungen, wie nunmehr deutlich wird – sich auf das kollektive Subjekt, im weitesten Sinne also den Prozeß der Menschheit, zu beziehen Dies gelingt zugleich nur, wenn der Aufbau des Bewußtseins nicht über die Sprache allein erfolgt, sondern wenn auf jedem Niveau der Entwicklung der Prozeß der Kommunikation (als Bestandteil des Prozesses des sprachlichen Verkehrs) in einem spezifischen Verhältnis zur gesellschaftlichen Praxis steht.

Faktisch trennt sich damit nicht, wie *Lomov* vermutet, das System „Subjekt –

Tätigkeit – Objekt" von dem System „Subjekt – Kommunikation – Subjekt",
sondern dieses zweite ist Teilsystem im ersten: Das Subjekt bezieht sich zwar
einerseits scheinbar mittelbar auf den je gegebenen Objektbereich, andererseits
jedoch real nur vermittelt über den gesellschaftlichen Gesamtarbeiter und den
sozialen wie sprachlichen Verkehr. Es wird zum Subjekt nur durch den Aufbau
der über die Aneignung der gesellschaftlichen Beziehungen vermittelten Möglichkeiten und Werkzeuge seiner Tätigkeit (vgl. Abb 17 zu den „äußeren Organisatoren" des Psychischen). Es ergibt sich folgendes allgemeine Schema: *Subjekt$_I$ –
Tätigkeit$_I$ – Subjekt$_K$ – Tätigkeit$_K$ – Objekt*, wobei Subjekt$_I$ für das jeweilige
individuelle Subjekt steht, Tätigkeit$_I$ für seine über andere Menschen auf den
Objektbereich bezogene kollektiv-kooperative Tätigkeit, S$_K$ für das jeweilige
kollektive Subjekt, im weitesten Sinne den gesellschaftlichen Gesamtarbeiter
bzw. den Prozeß der Menschheit, und Tätigkeit$_K$ sich entsprechend auf diesen
verallgemeinerten Objektbereich bezieht, als gesellschaftliche Praxis bzw. Praxis
der Menschheit Zugleich verfügt das Teilsystem des sprachlichen Verkehrs, das
Lomov aus dem Bereich der tätigkeitstheoretischen Auffassung im engeren
Sinne lösen wollte, in der Tat über eine Reihe von Besonderheiten, die zu
untersuchen sind.

Entsprechend können wir im wesentlichen *drei Entwicklungsniveaus der Sprache und des sprachlichen Verkehrs in der Ontogenese* unterscheiden:
1. In der frühen Kindheit ist die Sprache der sensomotorischen Tätigkeit als
Teilfunktion *untergeordnet*. Sie ist ein sozial vorgefundenes Werkzeug neben
anderen
2. Mit der Möglichkeit des Aufbaus von Tätigkeitsbedeutungen und dem Beginn
einer symbolischen Form der Tätigkeit existieren Sprache und praktische Tätigkeit *nebeneinander*. Sprachliche Prozesse sind zunehmend das sinnliche (sensomotorische) Medium, über das die Erfahrung der Wirklichkeit an das Individuum
vermittelt wird (semantische Aneignung der gesellschaftlichen Erfahrung). Die
Sprache steht jedoch noch in engem Zusammenhang mit der praktischen Tätigkeit, ist selbst im sprachlichen Verkehr noch praktische Tätigkeit.
3. Mit dem Übergang zur dominierenden Tätigkeit des Lernens bzw. zum konkret-operativen Denken (*Piaget*) ändert sich dieser Prozeß tiefgreifend. Die Sprache selbst bildet nunmehr (losgelöst vom unmittelbaren Handlungskontext) den
Objektbereich, in dem gehandelt wird. Die äußere Welt ist unterdessen so umfassend in den sprachlichen Erfahrungen, Fähigkeiten und Kenntnissen semantisch
angeeignet und repräsentiert, daß in dieser Ebene selbst eine Orientierung erfolgen kann. Die Tätigkeit erfolgt nun in Form der inneren Sprache bzw. in der
äußeren Sprache in sprachlich materialisierter Form, z. B. im Durcharbeiten von
schriftsprachlichen Dokumenten, beim Niederschreiben von Gedanken, um Klarheit zu gewinnen, usw..

Bevor ich diese Niveaus im einzelnen verdeutliche, einige Vorbemerkungen.
Innerhalb der Gedächtnisforschung, die etwa in der Theorie der Gruppe um *Klix*
(vgl. *Klix* 1984, *Hoffmann* 1982) zu einer ähnlichen Niveaugliederung der Organi-
sation psychischer Prozesse (in diesem Fall derer des Gedächtnisses) gelangt,
wird zu recht auf den *Unterschied von Sprache und Gedächtnis* bei gleichzeitiger
Betonung ihrer *engsten Zusammenhänge* verwiesen „*Die Entwicklung kognitiver
Operationen und Strategien ist eng mit der sprachlichen Entwicklung und mit der
Entwicklung metasprachlichen Wissens verbunden. Die entsprechenden Entwick-*

lungsverläufe sind jedoch nicht identisch. So können kognitive Operationen, durch die ein Kind Gruppierungen, Ordnungen und Transformationen mit Objekten seiner Umwelt ausführt, bereits in einem gewissen Grade beherrscht werden, ohne daß ihre sprachliche Repräsentation verfügbar ist. Andererseits können bestimmte sprachliche Regeln bereits beherrscht werden (es werden in der Sprachproduktion bestimmte Fehler vermieden), ohne daß darüber metasprachliche Urteile formuliert werden können" (Hagendorf und *Sydow* 1980, S. 293) Im Zusammenhang ihrer Experimente, die sich auf den Vorschulbereich und das frühe Schulalter beziehen, weisen *Hagendorf* und *Sydow* auf die Berechtigung der bereits von *Wygotski* getroffenen Feststellung hin, daß Kinder „oft Worte verwenden, ohne daß überhaupt die kognitiven Korrelate dieser Worte beherrscht werden" (S. 300) Andererseits ist das sprachliche Gedächtnis nur eine Modalität unter mehreren. So bemerkt *Sydow* (1978, S. 458): „Neben der bildhaft-visuellen, der begrifflichen und der sprachlichen Kodierungsform läßt die Analyse innerer Modelle bei der Tätigkeitsregulation auch noch die motorische Kodierungsform zu und es ist recht schwierig, zur Frage der Interaktion und Wirkungsweise dieser Kodierungsebenen befriedigende allgemeine Aussagen zu formulieren."

Im Zentrum dieser offenen Fragen steht also, wie sich die Tätigkeit auf beiden Ebenen, der *unmittelbar praktischen Tätigkeit* einerseits und der *sprachlichen Tätigkeit* andererseits, entwickelt und ineinanderwächst und wie dieser Prozeß mit dem *Aufbau der Organisatoren des Psychischen* zusammenhängt. Erst aus dieser Blickrichtung können m. E. die gegenwärtigen Widersprüche und Ungereimtheiten in und zwischen kognitionspsychologischen, sprachpsychologischen und gedächtnispsychologischen Auffassungen gelöst werden.

Ich werde im folgenden verschiedene Theorien zur dreifachen Stufung der Entwicklung der Sprache und des Gedächtnisses kurz darstellen und zeigen, wie sie sich vom Konzept der Organisatoren des Psychischen her begreifen lassen. *Abbildung 18* gibt einen Überblick über die von den hier referierten Autoren verwendeten Begriffe.

Abbildung 18: Sprach- und Gedächtnisniveaus in der Auffassung
tätigkeitspsychologisch orientierter Autoren

Sensomotorische Ebene

Wygotski (1972, S 120 ff): synkretisches Denken
Luria (1982, S 65 f): affektive Organisation der Sinnfelder
Probst (1981, S 31): affektiv-egozentrische Denkorganisation

Denken in Alltagsbegriffen

Wygotski (S 120 ff): Komplexdenken
Luria (S 190 ff): Ereigniskommunikation, syntagmatische Sprache
Probst (S 131): perzeptive Begriffe
Klix (1984a, S 18 f) zwischenbegriffliche Relationen

Denken in wissenschaftlichen Begriffen

Wygotski (S 120 ff): begriffliches Denken
Luria (S 190 ff): Relationskommunikation, paradigmatische Sprache
Probst (S 31): funktionale bzw kategoriale Begriffsbildung
Klix (S 18): innerbegriffliche Relationsbildung

Die benannten Niveaus entsprechen weitgehend den in Abbildung 17 herausgearbeiteten Organisationsniveaus des Psychischen. Die hier von mir mit *„sensomotorische Ebene"* überschriebenen Klassifizierungsversuche beziehen sich auf die bereits erörterten Entwicklungsabschnitte, die der Entwicklung der Tätigkeitsbedeutungen und der Ichbedeutung vorweggehen Sie beziehen sich auf die unmittelbare affektive Wertung von Ereignissen, in der es nicht gelingt (und in diesem Alter auch noch nicht gelingen kann), die bedürfnisrelevante Seite des Gegenstandes von der Seite seiner objektiven Eigenschaften so zu trennen, daß der bedürfnisrelevanten Seite (also letztlich dem Sinn!) nunmehr andere Objekteigenschaften symbolisch untergeordnet werden können, die als Zeichen für die realen Eigenschaften der Objekte dienen. So etwa in dem bereits erwähnten Beispiel eines Kindes, das ein Stöckchen ausbläst.

Da auf der Ebene des neuen Abbildniveaus die in der Situation stattfindende Tätigkeit selbst motivstiftend ist, also die Einheit von Sinn und Bedeutungen verlangt wie hergestellt, kann die (symbolische) Bedeutung der Gegenstände an die Stelle ihrer realen Eigenschaften treten und im Spiel entsprechend die Tätigkeit in ein Produkt übergeführt werden: so zu sein wie der andere, also die Mutter, der Vater, die Schwester usw..

Allerdings ist es nicht so, daß mit diesem Übergang oder auch mit weiteren späteren Übergängen, die erste Ebene, also die synkretische, affektiv-egozentrische Ebene des Denkens gänzlich verschwinden würde. Genau wie im folgenden, von *Luria* entnommenen Beispiel für die Charakterisierung des *Sinnfeldes* „Hund" kann unter Bedingungen starker Affektivität (man wird von Angst „gepackt") auch bei Erwachsenen das Denken auf dieses Niveau hinabgedrückt werden. So sind z. B. im Bereich der psychopathologischen Prozesse Phobien Ausdruck dauerhafter und verfestigter Strukturen dieser Art. Für das Kleinkind, so *Luria*, herrschen im Denken Affekte angenehmer oder unangenehmer Art vor, die die Sinnfelder, die semantischen Felder organisieren. Das Wort „Hund", das verwendet wird, um Assoziationen hervorzurufen, signalisiert für das Kleinkind „entweder etwas sehr Schreckliches, wenn es von ihm gebissen wurde oder etwas sehr Angenehmes, wenn es mit einem Hund aufwächst, das Spielen mit ihm gewöhnt ist. Somit hat das Wort „Hund" einen affektiven Sinn und in diesem affektiven Sinn besteht das Wesen des Wortes" (*Luria* 1982, S. 65 f.). Entsprechend wird das Kind auf das Wort „Hund" mit dem Affekt von Freude oder Furcht reagieren.

Einerseits ist dies eine unbestreitbare Feststellung, andererseits scheint es mir sehr problematisch zu sein, semantische Felder durch die zu einem bestimmten Wort verfügbaren Assoziationen herauszuarbeiten, da dies ersichtlich nicht den real vorhandenen Denk- und Handlungsformen entspricht. Denn zum Ausdruck kommt in dieser Situation, in der es Kindern noch nicht möglich ist, außerhalb der Situation selbst die bedürfnisrelevanten von den objektiven Eigenschaften der Gegenstände zu trennen, lediglich die bedürfnisrelevante Seite der Tätigkeit. Die sprachliche Assoziation verlangt symbolisches Denken, um sich in dieser Situation, in der kein Hund vorhanden und nur das Wort „Hund" vorgegeben ist, auf die objektiven Eigenschaften der Situation beziehen zu können. Und genau hierüber verfügt das Kind noch nicht. Tatsächlich sind jedoch die Sinnfelder in der realen Praxis weitaus *reichhaltiger,* als dieses Experiment suggeriert. Dies wird insbesondere durch Forschungen von Irina *Weigl* zu Denken und Sprechen bei Krippenkindern belegt. *Weigl* (z. B. 1985) schließt sich auf Grund ihrer Befunde der Kognitionshypothese von *Cromer* an, die folgendes besagt:

1) Linguistische Strukturen können nur verstanden werden und produktiv genützt, wenn das Kind über kognitive Strukturen verfügt, die es hierzu befähigen.

2) Unsere kognitiven Fähigkeiten erlauben es, einen bestimmten Gedanken zu begreifen, auch wenn wir noch nicht über die vollständige Regel verfügen, ihn auszudrücken.

Entsprechend zeigte es sich in der *Sprachproduktion von Krippenkindern* im zweiten Lebensjahr (im Verlauf der Experimente 1;4 bis 1;9 Jahre), daß im Handlungskontext abgegebene Zwei- und Mehrwortäußerungen auf wesentlich differenziertere kognitive Strukturen verwiesen. Um einige Beispiele zu geben: „Moni schlafe" (Moni soll schlafen); „Auge zu, müde" (sie hat die Augen zu, sie ist müde); „Moni Bett" (Moni liegt im Bett) und „Anna geht in Bett schafe, zudeck so!" (Anna geht ins Bett schlafen, ich decke sie zu). Diese Strukturen, das wird deutlich, sind jedoch nur aus dem Kontext der Handlungssituation verständlich und interpretierbar. Dieser Kontext hat für Kinder dieses Alters eine gänzlich andere motivbildende Struktur (da es sich unmittelbar in seiner Tätigkeit auf die Gegenstände beziehen kann), als die gesprochene Sprache des Erwachsenen im Assoziationsexperiment. Diese ist für es Hinweis auf die Situation, jedoch noch nicht der Situation (symbolisch) gleichwertig. Entsprechend ist auch die Sprache der Erwachsenen von hoher Bedeutung für die Organisation der Tätigkeit des Kindes, sein passives Sprachverständnis weitaus höher als seine aktive Sprachproduktion. Seine *realen semantischen Felder* würden sich demnach nur in der *durch die Erwachsenensprache vermittelten praktischen Tätigkeit* zeigen können.

Genau dies belegen die Versuche von *Weigl* (1983). Innerhalb der Versuchsgruppe zeigten sich gegenüber einer Kontrollgruppe deutlich erhöhte Werte für die Zahl der Handlungsinhalte, für die Handlungslänge und für logisch sinnvolle Operationen (z. B. die Puppe wird gebadet, die Puppe wird abgetrocknet, die Puppe wird angezogen) bei folgender Versuchsanordnung: Kinder der Experimentalgruppe wurden sprachlich in Handlungen auf ihrem altersspezifischen Niveau der „manipulativ-gegenständlichen Tätigkeit" unterwiesen. Dabei erfolgten die Instruktionen in drei Beschäftigungssituationen (hier das Beispiel „Die Puppen essen und trinken"):

1. „Anna ißt und trinkt"; Darbietung: Erzieherin handelt und spricht, Kind nimmt wahr; Anwendung: Kind handelt selbständig;

2. „Anna und Uwe essen und trinken "; Darbietung: Erzieherin handelt und spricht, Kind handelt; Anwendung: Kind handelt selbständig;

3. „Anna, Uwe, Teddy und Hund essen und trinken"; Darbietung: Erzieherin spricht, Kind handelt; Anwendung: Kind handelt selbständig.

Die statistische Auswertung ergab, daß bei Kindern der Versuchsgruppe der Koeffizient der Handlungsfähigkeit zu 11 % durch das Alter, zu 89 % durch andere Variablen bestimmt ist, bei Kindern der Kontrollgruppe hingegen zu 20,5 % durch das Alter. Eine reichhaltige sprachliche Umgebung, die auf das in dieser Altersstufe führende Tätigkeitsniveau bezogen ist, erweist sich also zum einen für das Kind als verstehbar, zum anderen für seine Förderung als von großer Bedeutung.

5.4.2 Der Übergang vom sensomotorischen zum symbolischen Denken

Aus diesen Ergebnissen wird der entscheidende *Unterschied* zwischen der sensomotorischen Stufe des Denkens und der ihr folgenden symbolisch vermittelten Stufe des Denkens in Alltagsbegriffen sichtbar: Auf der ersten Stufe ist das Kind noch gänzlich auf die Organisation seiner Handlungen durch die kooperative Tätigkeit der Erwachsenen angewiesen. Es kann die Ebene der im sprachlichen Verkehr sich über sozial gewordene Bedeutungsstrukturen vollziehenden Ereigniskommunikation (und der ihr später folgenden Relationskommunikation) noch nicht beschreiten. Mit dem Wandel von der sensomotorischen Intelligenz zum symbolischen Denken ist das Kind dann in der Lage, seine Tätigkeit nicht mehr bloß nur in jeweils *real vorgefundenen Ereignissen* zu organisieren. Es ordnet jetzt seine Handlungen einer auf *Ereignistypen* bezogenen Sinnbildung unter. Dies hatte ich bereits angedeutet bei der Darstellung des Übergangs zu dem neuen *Abbildniveau der Tätigkeitsbedeutungen.*

Das Kind organisiert nun seine Tätigkeit in sinnbildenden Ereignissen (Ereignistypen), die es der Umgebung durch Nachahmung entnimmt und im Spiel aktiv ausgestaltet (besser: indem es für es selbst als wichtig empfundene Tätigkeiten anderer Menschen vollzieht bzw. vergangene Tätigkeiten wiederholt). Damit entsteht zugleich, wenn auch zunächst noch durch zahlreiche Ereignisse aufgespalten, die sich im Lauf eines Tages und durch verschiedene Personen ereignen, in der symbolischen Tätigkeit, also vorrangig im Spiel, das *Motiv, so sein zu wollen wie andere.* Auf der Basis dieser affektiven Komponente entsteht bereits auf dem Niveau der Tätigkeitsbedeutungen, also im Verlauf des dritten Lebensjahres, eine *Selbsterkenntnis des Kindes* (subjektiv) als eines „außerhalb seiner selbst existierenden Gegenstandes" (*Boshowitsch* 1979, S. 759). Diese Periode wird abgeschlossen durch den Gebrauch des Pronomens „Ich" an Stelle des bisher benutzten Vornamens. *Boshowitsch* schildert diesen das dritte Lebensjahr umfassenden Prozeß als *zweite krisenhafte Phase* in der Entwicklung der Persönlichkeit, innerhalb derer der „Kern" der Persönlichkeit, das *„System des Ich"* entsteht. Neben diesem System des Ich tritt das *„Bedürfnis selbst zu handeln"* hervor und bereits am Ende des zweiten Lebensjahres die *„Selbsteinschätzung"* (S 761). Damit tritt der Widerspruch zwischen „ich möchte" und „ich muß" auf, wobei in der Selbsteinschätzung zunächst noch gänzlich die „rationale Komponente fehlt" Vielmehr steht im Vordergrund der Wunsch des Kindes, „vom Erwachsenen gelobt zu werden und das emotionale Wohlbefinden zu erhalten" (ebd.)

Unsere Überlegungen zu Funktionswechsel und Dominanzwechsel sind hier erneut von hoher Bedeutung. Mit dem Übergang zu dem Niveau der Tätigkeitsbedeutungen entsteht zugleich die *Selbsteinschätzung* und damit die Wahrnehmung von sich selbst als Zentrum aller Tätigkeiten. Trotzdem sind diese Tätigkeiten noch nicht integriert. Der Tag zerfällt in viele Tätigkeitsmuster, die an den Erwachsenen und im Alltag erfahren werden: Aufstehen, frühstücken, Mutter beim Einkauf begleiten usw. usw.. Sie können jetzt je einzeln oder in kleineren Folgen vom Kind im Spiel symbolisch reproduziert werden. Ebenso kann das Kind seine bisherigen Erfahrungen symbolisch reproduzieren: Besuch bei der

Großmutter usw.. Aus diesen vielfältigen Tätigkeiten, in denen das Kind je einzeln über Selbsteinschätzung verfügt, entwickelt sich allmählich eine *raumzeitliche Koordination* seiner Handlungen (wie dies *Piaget* im Übergang vom vorbegrifflichen zum anschaulichen Denken, allerdings zeitlich etwas später angesetzt, beschreibt; vgl. Abb. 14). Dabei kann auf der Basis dieser Selbsteinschätzung eine *affektive Differenzierung* des eigenen Ichs früher entstehen als eine *rationale*. Dies belegt *Boshowitsch* (1979, S. 760) an folgendem Beispiel:

Aus der Schilderung Muchinas über das Heranwachsen ihrer Zwillinge teilt diese ein Ereignis mit, das sich im Alter von 1;9 Jahren ereignete: „Andrjuscha machte eine Entdeckung. Er schaute in den Spiegel und teilte froh mit „Da ich!" Dann wies er mit dem Finger auf sich „Da ich!". Er zog mich zu sich heran, führte mich zum Spiegel und zeigte auf das Spiegelbild „Da Mama!" Das sagte er viele Male."

Der Funktionswechsel hat also hier bereits stattgefunden; mit der Evolution des Abbilds auf das höhere Niveau enteilt zugleich die Tätigkeit ein Niveau weiter. Es entsteht der Wunsch, auf der Basis der Selbsteinschätzung, so sein zu wollen wie der andere, und das Problem, auf der Basis der symbolisierten Tätigkeiten, weder sich noch den anderen bereits umfassend vergegenständlichen zu können. Die Tätigkeit selbst verweist auf den je anderen Menschen wie auf das Kind selbst als selbständigen Organisator der Tätigkeit, „Ich", also auf einen „verallgemeinerten Anderen" und ein „verallgemeinertes Ich". Das Abbild selbst ist jedoch noch fragmentarisch, organisiert durch viele einzelne Tätigkeiten. Deutlich wird dies z. B. in dem Film „Jane" des Ehepaars *Robertson,* das Situationen früher Trennung analysiert hat Bei der Rückkehr der Mutter aus dem Krankenhaus wiederholt Jane mit dieser zahlreiche Situationen, die Sicherheit geben, wie „Kämmen", „Puppe anziehen", „aufs Töpfchen gehen" usw . Sie kann sich aber nicht (was bereits eine integriertere Form des Selbstbildes voraussetzen würde) einfach in die Arme der Mutter flüchten und trösten lassen. Sicherheit wird also durch ritualisierte Wiederholung der eigenen Tätigkeiten hergestellt

Bereits mit dem Auftreten der Tätigkeitsbedeutungen und erst recht mit dem Auftreten des verallgemeinerten Ichs kommt es zu einer *widersprüchlichen Entwicklung* der Aneignung der Welt auf sprachlicher Ebene wie in der praktischen Tätigkeit, eine widersprüchliche Einheit, die erst mit Beginn des Schulalters und dem Auftreten von wissenschaftlichen Begriffen zunehmend wieder aufgehoben wird. „System des Ich" bedeutet in diesem Alter noch nicht die Trennung von „Sein" und „Sollen" auf der Ebene einer „inneren Position". Zwar ist affektiv die Bewertung des Sollens im Verhältnis zum Sein bereits möglich, jedoch noch nicht rational, nicht im reflexiven Prozeß selbst.

5.4.3 Sprechen und Denken im Vorschulalter

Um diesen Prozeß näher erörtern zu können, will ich im folgenden die *zweite Ebene der semantischen Organisation* wie der Organisation des Gedächtnisses (vgl. Abb. 18) näher erläutern. Komplexives Denken, das auf der nunmehr symbolvermittelten Ebene der Tätigkeit vorwiegt, ist gegenüber dem synkretischen Denken bereits ein zusammenhängendes und objektives Denken. *Wygotski* (1972, S. 123) erörtert dies am Beispiel der Familiennamen in der Sprache:

„Jeder Familienname, z.B. der Name „Petrow", umfaßt einen solchen Komplex von Einzelwesen, der dem Komplexcharakter des kindlichen Denkens am nächsten kommt." Die Dinge werden also auf der Ebene der Anschauung nach einem gemeinsamen Kriterium zusammengefaßt. Ich verdeutliche diese Art der Zusammenfassung im Unterschied zur vorhergegangenen Stufe an einem Beispiel, das ich einem Begriffsbildungstest von *Probst* entnommen habe (1981, S. 43):

Abbildung 19 Einige Aufgabenreihen aus dem Begriffbildungstest von H. Probst

Vorgabe:	*Auswahlaufgaben:*						
Trinkglas	–	bunte Lok mit Pfeife	–	Marmeladenglas	–	Tasse
Glühbirne	–	Plastik-Kuh	–	Obstbirne	–	Kerze
Streichhölzer	–	Plastik-Schwein	–	Schachtel	–	Feuerzeug
Nagel	–	rote Weintraube (Glas)	–	Nadel	–	Reißzwecke

Wählen Kinder die erste Auswahlaufgabe, so befinden sie sich noch auf synkretischem Niveau. Ihr Sinnfeld ist über den affektiven Wert des Gegenstandes, über seine bedürfnisrelevanten Eigenschaften organisiert. Wählen Kinder die zweite Auswahlaufgabe, so fassen sie Gegenstände nach Komplexen, sozusagen nach ihren Familiennamen, also nach anschaulich gegebenen Zusammenhängen zusammen: Also Trinkglas und Marmeladenglas, weil beide aus Glas sind, Glühbirne und Obstbirne, weil beide die gleiche Form haben, Schachtel und Streichhölzer, weil die Streichhölzer in diese Schachtel gehören, Nagel und Nadel, weil beide ähnlich aussehen.

Daß Kinder diese Aufgabe so lösen, kann jedoch unterschiedliche Ursachen haben: Zum einen kann es sein, daß ihnen der funktionale Gebrauch des Gegenstandes noch nicht bekannt ist und sie deshalb Nagel und Nadel zusammenfassen und nicht Nagel und Reißzwecke, obwohl dies bei diesem Beispiel relativ unwahrscheinlich ist. Aber immerhin: entsprechende Beispiele sind denkbar. Zum anderen ist die Art der Aufgabenlösung wiederum durch die Fragestellung der Erwachsenen bedingt, deren richtige Beantwortung für das Kind selbständiges Motiv geworden ist. Das Kind versucht daher im *Medium des sprachlichen Verkehrs* eine Lösung, die es *real* bereits beherrscht (also die Glühbirne wie die Kerze zur Beleuchtung zu verwenden) und scheitert auf dieser Ebene. Warum? Es hat zwar nach Ereignistypen organisierte semantische Felder entwickelt, kann sich jedoch noch nicht zwischen ihnen so bewegen, wie zwischen den realen Gegenständen seiner täglichen Praxis. Erneut verstoßen die Untersuchungsbedingungen, die die sprachliche Seite der Oberbegriffsbildung ausschließlich in den Vordergrund stellen, gegen die Notwendigkeit der ganzheitlichen Erfassung der Tätigkeit. Die Perspektive dieser Forschungen liegt darin, zu sehen, wie die in der Sprache vergegenständlichten Bedeutungen das Bewußtsein organisieren. Und natürlich spiegeln dies die Untersuchungen auch in gewissem Umfang wider. Sie verkennen jedoch den Charakter des Entwicklungsprozesses der Persönlichkeit und des Bewußtseins als aktiven Prozeß der Sinnbildung in der Tätigkeit auf qualitativ unterschiedenen Abbildniveaus. „Der Aufbau des Sinns wird nicht durch die Bedeutungen erzeugt, sondern durch das Leben", so A. N. *Leontjew* (1979, S 262). Die Bewegung des Psychischen in der Tätigkeit zu rekonstruieren ist nur möglich, wenn diesem Zusammenhang Rechnung getragen wird.

Untersucht man in Assoziationsaufgaben semantische Felder – was legitim und sinnvoll ist – oder in sprachlich formulierten Denkaufgaben, die eine sprachliche Lösung verlangen, Alltagsbegriffe und Wissenschaftsbegriffe, so darf dabei nicht verloren gehen, wie die Struktur der Tätigkeit in diesen Prozessen ist: Wie sich über die Tätigkeit das (über den Sinn mit der Ganzheit der Persönlichkeit integrierte) Bedürfnis als Motiv am Gegenstand fixiert und damit der Gegenstand selbst zum eigentlichen Motiv wird. Bei der Verfolgung dieser Zusammenhänge stößt man zwangsläufig darauf, wie bereits schon am Beispiel des affektiv-egozentrischen Denkens des Kleinkindes dargestellt, daß die Entwicklung kognitiver und linguistischer Strukturen in dieser Entwicklungsphase keineswegs übereinstimmt.

Ich verdeutliche dies an einem Dialog mit einem siebenjährigen Jungen, den *Boshowitsch* (1980, S. 856) wiedergibt. In den Untersuchungen ging es darum, inwieweit Schulkinder bereits das Archimedische Prinzip kennen, auch wenn es im Unterricht noch nicht behandelt wurde.

„Angenommen, du wirfst den Gummiball ins Wasser. Wird er schwimmen?"
„Natürlich schwimmt er"
„Warum?"
„Weil er leicht ist."
„Und der kleine Nagel?"
„Der geht unter."
„Warum, der ist doch noch leichter als der Ball?"
„Er ist aber doch aus Metall."
„Und die Blechbüchse?"
„Die schwimmt."
„Aber die Blechbüchse ist doch aus Metall."
„Ja, aber sie ist doch zu!"

Es ist deutlich, das Kind scheitert nicht an der praktischen Beherrschung der Aufgabe, sondern daran, daß es das Problem nicht im Vergleich der verschiedenen Sinnfelder, die für Ball, Nagel und Blechdose stehen, auf der sprachlichen Ebene lösen kann In der praktischen Tätigkeit ist seine Handlung einheitlich. Es würde, z. B. um jemanden zu retten, niemals einen Gegenstand ins Wasser werfen, der keinen Auftrieb hat, und um zu angeln, niemals anstelle eines Bleis einen Gegenstand mit Auftrieb benutzen. Seine praktischen Fähigkeiten sind also seinen sprachlichen Fähigkeiten voraus.

Vorrangig können sich diese praktischen Fähigkeiten nur in der *Arbeitstätigkeit* entwickeln, also in jener Tätigkeitsform, in der der *Übergang von resultativen zu produktiven Handlungen* erfolgt (*Newerowitsch* 1974, S. 76):

„Das Kind stellt sich das Ziel, nicht nur einen fertigen Gegenstand zu benutzen, sondern ihn auch mitzugestalten und beim Bauen oder bildnerischen Gestalten ein neues Objekt zu *schaffen*. Das ist für die Vorbereitung auf die Arbeit von wesentlicher Bedeutung."

Das Kind weitet seine Fähigkeiten in doppelter Weise aus (vgl. insb *Launer* 1970): zum einen in der semantischen Aneignung der Welt, in der *dominierenden Tätigkeit des Spiels*, zum anderen in der *Arbeitstätigkeit*, die für die Entwicklung des Begreifens der Welt von erstrangiger Bedeutung ist. Es geht hier in allgemeiner Form um jene Tätigkeit, die auf die praktischen Objekte der äußeren Welt (sozial, physikalisch-technisch, kulturell usw.) gerichtet ist, die durch die Sprache geführt wird, präzisiert wird, sich aber dennoch nicht auf die Eigenschaften der Sprache als Zeichenkörper unmittelbar bezieht (zumindest in der Altersstufe bis zum Schulalter).

Diese Form der Tätigkeit ist, und hier liegt ein *zentraler Entwicklungswiderspruch*, vom Kind nicht auf praktischem Wege bis in die Arbeit der Erwachsenen weiterentwickelbar, sondern nur, wenn es sich im schulischen Lernen später die verallgemeinerten Bedeutungen aneignen kann, mittels denen menschliche Arbeit organisiert wird (z. B. als wissenschaftlich-planerischer Vorlauf, Werkzeug- und Werkstoffkunde usw.). Um im Stadium der heutigen gesellschaftlichen Bedingungen gesellschaftlich arbeiten zu können, ist es zugleich nötig, sich *auf der semantischen Ebene der Sprache selbst bewegen* zu können, den Arbeitsprozeß mit verallgemeinerten, d. h sozial-historisch gewordenen (wissenschaftlichen Begriffen) steuern zu können. Dies führt andererseits häufig zur Geringschätzung und weiteren Einengung der praktischen Tätigkeit der Kinder, ohne deren Reichhaltigkeit jedoch die semantische Aneignung der Welt zu Teilen bedeutungslos bleibt, zum leeren Geschwätz werden kann.

Was sind nun aber die *Arbeitsmöglichkeiten im Vorschulalter*? In der sowjetischen Psychologie und Pädagogik werden hier vielfältige Bereiche aufgeführt, z. B. selbständige Arbeit im Haushalt, im Schulgarten usw., d. h. die *Übertragung der Verantwortung an Kinder*, Wechselwirkungen in der objektiven Realität im Sinne eines *antizipierten* und *sozial wichtigen Produkts* zu gestalten. Eine zentrale Kategorie in dem Werk des sowjetischen Pädagogen *Suchomlinski* ist hier die „Verantwortung für alles was lebt" als Basis der moralischen Entwicklung des Menschen. Ich möchte dies ergänzen durch den Hinweis darauf, daß Kinder in diesem Alter lernen müssen, Verantwortung für ihre Tätigkeit zu übernehmen (dies ist der Kern eines humanen Arbeitsbegriffes!). Dies ist nur möglich, wenn ihnen verantwortungsvolle Tätigkeiten zugänglich gemacht werden:

„Unter dem Einfluß der Forderungen von Eltern und Erziehern und mit ihrer Hilfe lernt das Kind allmählich, einzelne Aufträge und kompliziertere Aufgaben zu bewältigen, deren Ergebnisse es nicht nur persönlich braucht, sondern die auch für die Erwachsenen und das Kinderkollektiv nützlich sind" (*Newerowitsch* 1974, S. 77 f.)

Dabei zeigt es sich, daß durch unterstützende Handlungen der Erwachsenen das Kind wesentlich mehr lernen kann, als gemeinhin zugestanden. Etwa kann das Kind das Einschlagen eines Nagels dann viel besser lernen, wenn es zunächst übt, mit dem Hammer richtig auf das Holz zu schlagen und dann erst der Nagel auf das leere Brett gehalten wird. Auch hier versucht es, wie in der Sprache, zunächst das (Arbeits)Verfahren des Erwachsenen zu reproduzieren. Da sich dieses Verfahren in diesem Falle jedoch auf *eine* konkrete Aufgabe bezieht und nicht auf eine Vielzahl von Aufgaben im sprachlichen Verkehr, kann das Kind hier schneller zum sozialen Werkzeuggebrauch vordringen als auf der Ebene bloß sprachlicher Aufgaben. Diese sich im sprachlichen Verkehr entwickelnden Sinnfelder bleiben in dieser Beziehung hinter der praktischen Tätigkeit zurück, in der sich der Funktionswechsel zum nächsthöheren Abbildniveau damit früher herauszubilden vermag Andererseits ist dieser Prozeß von seinem Umfang her beschränkt, nur auf die jeweils für das Kind unmittelbar zugänglichen Tätigkeitsformen bezogen. Über die arbeitsteiligen im gesellschaftlichen Gesamtarbeiter organisierten und über ihn vermittelten Prozesse wie Eisenbahn fahren, Krankheiten heilen usw. usw . oder auch mit anderen Menschen auf dem Weg über schriftliche Vergegenständlichungen zu kommunizieren, verfügt ein Kind noch nicht und kann es im Vorschulalter nicht verfügen. Sehr wohl kann es aber in seinem sich mit Bedeutungen füllenden Weltbild, in den über den sprachlichen Verkehr aufgebauten semantischen Feldern, sich hierauf beziehen wie auch auf viele andere Fragen. Während die *Arbeit* in diesem Alter also die *begriffliche Erfassung der Welt* vorantreibt, treiben *Spiel* und *Sprache* die *semantische Erfassung der Welt* voran, modellieren ein semantisches Feld (oder besser eine Vielzahl von semantischen Feldern) im sprachlichen Verkehr, über die sich das Kind später, insbesondere nach seiner zweiten, sozialen Geburt der Persönlichkeit umfassend auf die Gattung Menschheit beziehen kann. In bisherigen Sprachentwicklungstheorien und Gedächtnistheorien wird den bisher entwickelten Zusammenhängen noch nicht genügend Rechnung getragen Es war deshalb notwendig, zunächst auf diese Fragen einzugehen, um jetzt die Entwicklung von Begriffen wie semantischen Feldern weiter zu erörtern

5.5 Das Schulalter

5.5.1 Der allgemeine Mangel bisheriger Theorien zum Verhältnis von Sprache und psychischer Entwicklung

Unter begrifflichem Denken, so wurde bereits deutlich, wäre im Sinne der von *Probst* entlehnten Beispiele die Wahl funktionaler (bzw. kategorialer) Oberbegriffe zu verstehen: Trinkglas und Tasse gehören zusammen, weil sie die gleiche Funktion haben. Mit ihnen kann man Trinken. Ebenso gilt die Gruppierung über die Identität der Funktion für Glühbirne und Kerze, Streichhölzer und Feuerzeug, Nagel und Reißzwecke usw . Die semantischen Felder haben sich damit über die Möglichkeit der „Ereigniskommunikation" hinaus zur Möglichkeit der „Relationskommunikation" geöffnet (*Luria* 1982, S. 190 f). Ich will dies im Detail verdeutlichen Dazu zunächst die Fortführung des oben bereits als Beispiel verwendeten, mit dem Wort „Hund" verbundenen Sinnfeldes auf der Ebene von Ereigniszusammenhängen und Relationsbildungen. *Abbildung 20* gibt das entsprechende von *Luria* dargestellte Beispiel wieder (S. 67).
Sinnfelder, semantische Felder sind also im Abbild präsente Bedeutungsstrukturen über Typen von Ereignissen, mit denen ein Mensch Erfahrungen gesammelt hat Einerseits beziehen sie sich auf gänzlich konkrete Ereignisse: Der Hund, an dem das Kind diesen Zusammenhang gelernt hat, ist „Waldi" der Dackel, das Haus, das bewacht wurde, ist das eigene Haus, das der Oma, des Nachbarn usw., das Haus, in dessen Hof der Hund herumläuft usw.. Andererseits sind die Bedeutungen der Sprache, die zur Strukturierung dieser semantischen Felder im Gedächtnis benutzt wird, objektiv weit über diese konkrete Erfahrung hinausge-

Abbildung 20. Strukturschema semantischer Felder in der Ontogenese

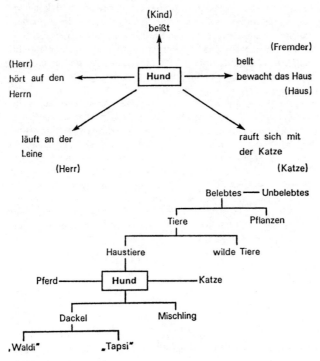

hend „Waldi" ist ein Dackel, ein Hund, ein Haustier, ein Tier, Teil der lebendigen Materie usw.. Die Begriffsstrukturen reichen bis an die Grenzen des Wissens, das die Menschheit über die Struktur der lebendigen Materie besitzt, gleichgültig, ob das Kind über dieses Wissen bereits verfügt oder nicht

Syntagmatische Organisation der Sprache, *Ereigniskommunikation*, bezieht sich also auf anschaulich, praktische Zusammenhänge oder anschauliche Situationen, die „hinter der praktisch-anschaulichen Wortbedeutung stehen" (*Luria* 1982, S. 66). *Paradigmatische Organisation*, die sich als *Relationskommunikation* ausdrückt, bekommt diesen Charakter, „indem sie den jeweiligen Gegenstand in ein hierarchisches System von abstrahierten Kontrapositionen einschließt; ein Dackel ist ein Hund und keine Katze; Hund und Katze sind Tiere und keine Pflanzen usw." (ebd.). Die Möglichkeit, sich zwischen beiden Strukturebenen der semantischen Organisation der Sprache zu bewegen, liegt nach *Wygotski* (1972, S. 131 f.) darin, daß im Endstadium des komplexiven Denkens Verallgemeinerungen auftreten, die in ihrer äußeren Form mit dem (sozialen) Begriff übereinstimmen, aber ihrer psychologischen Natur nach etwas gänzlich anderes darstellen. Diese Arten komplexiven Denkens nennt *Wygotski „Pseudobegriffe"*.

„Nur im Endergebnis fällt die komplexe mit einer begrifflichen Verallgemeinerung zusammen. Das Kind stellt beispielsweise zu der gegebenen Vorlage – einem gelben Dreieck – alle im Versuchsmaterial vorhandenen Dreiecke zusammen. Einer solchen Gruppe könnte auch der Begriff oder die Idee des Dreiecks zugrunde liegen. Wie die weitere Untersuchung aber zeigt, hat das Kind die Gegenstände in Wirklichkeit aufgrund ihrer konkreten und anschaulichen Verbindungen vereinigt, also lediglich einen assoziativen Komplex gebildet und ist dabei zu dem gleichen Ergebnis gekommen, obgleich es einen ganz anderen Weg gegangen ist" (ebd. S 131).

Es lohnt sich, auf diese Überlegung genauer einzugehen, da sie erneut Praxis auf Sprache reduziert, zwar für die Ebene des über Sprache vermittelten Denkens, richtige Einsichten enhält, nicht aber für die Ebene des „Denkens in Alltagsbegriffen" (vgl. Abb. 18). Oder besser: Sie trifft richtige Aussagen über die bewußte Ebene des Denkens auf diesem Niveau, suggeriert damit aber völlig *unangemessene Annahmen* über die Ebene, die *Boshowitsch* anhand der wiedergegebenen Befragung über das Archimedische Prinzip als *„vorbewußt"* herausgearbeitet hatte. Überlegen wir uns folgende Versuchsanordnung: Kinder sollen aus Holz geschaffene Klötzchen unterschiedlicher Form auf ihre Möglichkeit hin beurteilen, damit ein Haus zu bauen: Es ist selbstverständlich, daß Kinder, auch wenn wir ihnen diese Klötzchen nur symbolisch, als graphische Darstellung bieten, sich gänzlich anders verhalten werden, als die Kinder in *Wygotskis* Experiment (also im späten Vorschulalter). Selbstverständlich werden sie niemals ein Dreieck benutzen, um eine Hauswand oder eine Dachfläche bauen zu wollen, sondern immer nur für den Giebel des Hauses. Es ist also keineswegs so, daß sie keine verallgemeinerte Vorstellung hätten, was ein Dreieck ist: Es ist ihnen nur nicht möglich, diese auf der sprachlichen Ebene auszudrücken.

Ich verdeutliche dies an einem weiteren Beispiel, um dann die Logik dieses Übergangs und die Denkleistungen auf der 2. und 3. semantischen Ebene genauer zu untersuchen. Das Ehepaar *Vincze* hat in einem Buch „Erziehung zum Vorurteil" die Methoden der klassischen Kinderpsychologie unter dem Aspekt der ausschließlichen Bemessung der Leistungen von Kindern an der (sprachlichen) Logik der Erwachsenen ausführlich kritisiert. Ich wähle ein Beispiel, das in unmittelbarem Zusammenhang mit dem semantischen Feld „Hund" auf den Ebenen syntagmatischer wie paradigmatischer Organisation der Sprache steht, und zitiere (S. 62 f.):

„Wenn der Erwachsene das Kind mit seiner formalen Logik in die Enge treibt, gesteht es nur sein Unvermögen ein, aber zu einer unlogischen Antwort ist es nicht zu bewegen. (Es gibt allerdings Fälle, wo das Kind seinen eigenen Erfahrungen widersprechende Antworten gibt, weil es auch schon über das Schema der formalen Logik verfügt.)

Der Psychologe	*Das Kind (7 Jahre)*
Lebt der Mond?	Nein
Nenne lebendige Sachen!	Menschen
Und weiter?	Tiere
Und weiter was bedeutet lebendig sein? Wann	
sagen wir, daß etwas lebendig ist? Was bedeutet das?	Ich weiß es nicht
Sind die Pflanzen lebendig?	Ja
Warum Und die Steine?	Nein

Warum sind die Steine nicht lebendig?	Sie haben keinen Kopf
Haben die Pflanzen einen Kopf?	Nein
Sind Sie lebendig?	Ja
Die Pflanzen leben und haben keinen Kopf, also ?	
Warum sind die Steine nicht lebendig?	Ich weiß es nicht
Sind die Statuen lebendig?	Nein
Sie haben einen Kopf, warum leben sie dann nicht?	Sie wurden so gemacht
Wurde der Mond gemacht?	Ja
Wer hat den Mond gemacht?	Der liebe Gott
Und was hat der liebe Gott noch gemacht?	Die Menschen
Leben denn die Menschen?	Ja

Dieser Dialog zeigt klar, daß sich das siebenjährige Kind ganz im klaren darüber ist, was lebendig ist und was nicht Innerhalb der Hauptfrage also, die man ihm in bezug auf das Leben stellt, gibt es seinen Erfahrungen entsprechend richtige Antworten... Was müßte ein siebenjähriges Kind auf die Frage antworten· Was bedeutet Leben? Wir sahen, daß das Kind alles weiß, was es seinem Alter gemäß und nach seinen Erfahrungen wissen kann. Sein Wissen über das Leben ist bereits so umfangreich wie das eines beliebigen ungeschulten Erwachsenen, aber auf die Frage nach dem Kriterium des Lebens kann auch der ungeschulte Erwachsene nur äußerst unsicher, meistens nur unrichtig antworten."

Folgt hieraus nun, daß in dem Falle der fehlenden Schulung des Erwachsenen dieser sich bei gleichem ungenügenden Wissen über das, was „Leben" ist usw., auch auf gleichem Abbildniveau befindet wie das siebenjährige Kind bzw *entwickeln sich die weiteren Abbildniveaus bis zur zweiten Geburt der Persönlichkeit* (vgl. Abb 17 zu den Organisatoren des Psychischen) *nur über die Ausbildung wissenschaftlicher Begriffe?* Es ist dies der Weg, den *Piaget* im wesentlichen vorschlägt, und der dann als logische Konsequenz in der Theorie seiner Mitarbeiterin Bärbel *Inhelder* dazu führt, geistig behinderten Menschen generell das Niveau des konkret-operativen und erst recht des formal-logischen Denkens abzusprechen: Also eine höhere Organisation der Persönlichkeit Nimmt man diese Theorie in ihren Konsequenzen ernst, so kommt es also im Vorschulalter oder kurz danach bei vielen Menschen zu einem „Einfrieren" der Persönlichkeitsentwicklung.

Aber so kann es doch wohl nicht sein, greifen wir nochmals *Lurias* Ergebnisse aus der Mittelasienstudie auf (1976) *Die Entwicklung der Persönlichkeit wie ihre zweite Geburt sind universelle Eigenschaften aller Menschen, finden aber unter den je gegebenen gesellschaftlichen Verhältnissen und Möglichkeiten statt.* Der zweite Teil dieser Hypothese wird aus *Lurias* Forschungen unmittelbar belegt U. a wurden in der Mittelasienstudie örtliche Bauern in abgelegenen Bezirken Usbekistans gebeten, ihren eigenen Charakter zu beschreiben und zu sagen, wodurch sie sich von anderen Menschen unterscheiden und welche positiven Züge bzw. Mängel sie bei sich selbst feststellen können. Ich zitiere aus dem Buch von Igor *Kon* „Die Entdeckung des Ichs" (S 117 f.):

„Der Charakter der Antworten hing erwartungsgemäß vom Bildungsniveau und von der Kompliziertheit der sozialen Verhältnisse ab. Analphabetische Bauern aus abgelegenen Kischlaks konnten nicht einmal die Aufgabe verstehen, die man ihnen stellte Anstelle der Selbstbeschreibung trat oft die Beschreibung konkreter materieller Fakten aus dem eigenen Leben (als ,eigener Mangel' wurde z. B ein ,schlechter

Nachbar' bezeichnet). Für diese Leute war es viel leichter, andere Menschen als sich selbst zu charakterisieren Wenn sie von sich sprachen, beriefen sie sich oft auf die Meinung der Umgebung, die Charakteristik innerer Eigenschaften wurde gewöhnlich durch Beschreibung konkreter Formen des ‚äußeren' Verhaltens ersetzt. ‚In einer bestimmten Phase der sozialen Entwicklung trat anstelle der Analyse eigener, individueller Besonderheiten oft die Analyse des Gruppenverhaltens, und das persönliche Ich wurde nicht selten durch das gemeinsame Wir ersetzt, das die Form einer Bewertung des Verhaltens oder der Effektivität der Gruppe annahm, zu der der Proband gehörte . . .' Erst auf höheren Entwicklungsstufen tritt die Bewertung der eigenen psychischen Eigenschaften als wirklich differenziert auf, besonders bei der Jugend, die eine gewisse Bildung genossen hatte und aktiv am gesellschaftlichen Leben teilnahm. "

Kon fragt nun, ob dies lediglich am Stand der individuellen intellektuellen Entwicklung liege, daß hier von Analogien zwischen dem gesellschaftlichen Entwicklungsprozeß des Denkens und der Entwicklung des Kindes gesprochen werden könne, oder ob nicht vielmehr der „Stand der Differenzierung der sozialen Bindungen des Individuums und die Art ihrer Symbolisierung in der traditionellen Kultur" von vorrangiger Bedeutung ist. In unsere Frage übersetzt: *Findet die zweite Geburt der Persönlichkeit nicht statt oder etwa nur in anderer Form, drückt sich in anderen Weisen der Tätigkeit aus?*

Ich zitiere nochmals ausführlich *Kon* zu dieser sehr wichtigen Frage (S. 118 f):
„Das individuelle Ich hat in den frühen Stadien der sozialen Entwicklung weder Eigenbedeutung noch Eigenwert, weil das Individuum nicht als autonomes Mitglied, sondern als Teilchen eines organischen Ganzen in der Gemeinde integriert ist, ohne die es undenkbar erscheint. Diese Integriertheit ist gleichzeitig synchronisch. das Schicksal des Menschen ist untrennbar vom Schicksal seiner Verwandten und Stammesgenossen sowie der Altersgruppe, in der er erzogen wird, und diachronisch· er fühlt sich als Teilchen vieler Ahnengenerationen, angefangen von den Eltern bis hin zu den mythischen Stammesvätern Das Leben des Menschen wurde als endlose Wiederholung von Handlungen symbolisiert, die weit zurücklagen. Die Nachahmung der Ahnen, Helden und Götter führte zu einer derartig vollständigen Identifikation mit ihnen, daß das Individuum seine eigenen Handlungen oft nicht mehr von deren Handlungen unterscheiden konnte. Die Tradition wurde als direkte Kommunikation empfunden· Die Lebenden fühlten physisch die Anwesenheit ihrer Ahnen, die Zeit war für sie untrennbar von der Kontinuität der Geschlechter, das Verhältnis von Leben und Tod erschienen ihnen als organischer, naturgegebener wechselseitiger Übergang aus einem dieser Zustände in den anderen. Das war keine bewußte Vorstellung von den eigenen „Wurzeln" oder „Quellen", die Verständnis der eigenen Unterschiede von den früheren Geschlechtern voraussetzt, sondern buchstäbliches Erleben des Vergangenen, der Identität von Vergangenheit und Gegenwart. In dieser Atmosphäre trug das Individuum die persönliche Verantwortung (nicht im übertragenen, sondern im physischen Sinn. Loskauf, Blutrache) nicht nur für sich selbst, sondern auch für alle seine Stammesgenossen und Vorfahren. Gleichzeitig war es in keiner seiner Handlungen ein einziges und ausschließliches Subjekt· An allem, was es tat, nahmen, und zwar sehr aktiv, Stammesgenossen, Ahnen, Geister und Götter teil In gleicher Weise wie die Bindungen mit den Stammesgenossen und Vorfahren eng und untrennbar waren, war die Struktur des eigenen Ichs amorph. "

Aus diesem Kontext geht hervor, daß zwar unter anderen gesellschaftlichen Strukturen eine andere Struktur des Ichs entsteht, daß aber ein *wesentliches Charakteristikum für die zweite Geburt der Persönlichkeit* auch hier besteht: *Sich selbst mit den Augen anderer sehen zu können, als Individuum auf den historischen und gesellschaftlichen Prozeß beziehen zu können.* Dies ist natürlich nur möglich in der Form, wie man in diesem Prozeß Individuum werden kann. Aber eine *innere Position*, in der sich verallgemeinertes Selbst und verallgemeinerter Anderer, Sein und Sollen, Wollen und Müssen, „Ich" und „Ich als ‚Du'" gegenüberstehen, ist auch hier erforderlich, muß sich ausbilden. Wie aber sieht die Ausbildung einer solchen inneren Position aus, wenn sie sich nicht in paradigmatischer Organisation, als Relationskommunikation auf den Prozeß der Sprache bezogen herausbildet, genauer genommen: auf die Bewegung in den *und* zwischen den nunmehr in der inneren Sprache präsenten Ereignistypen bezogen? Wie sieht eine innere Position aus, wenn Bewußtsein im Sinn der von *Boshowitsch* benannten oder auch in den Zitaten von *Vincze* und *Vincze* und *Kon* zum Ausdruck kommenden Formen als Vorbewußtes zwar vorhanden ist, sprachlich in Alltagsbegriffen organisiert, jedoch die subjektive Realität des Individuums selbst, also seine in innerer Sprache nunmehr umfassend präsenten Bedeutungskonfigurationen seiner Tätigkeit, nicht zur hauptsächlichen Ebene seiner Tätigkeit wird, es also nicht zur Struktur des wissenschaftlichen Begriffs kommt? *Wie sieht also die innere Position aus, wenn Bewußtsein sich vorrangig auf die objektive Realität in Natur und Gesellschaft bezieht und nicht auf deren Existenz als subjektive Realität in dem System der Sprache?*

5.5.2 Zur Soziogenese der Ichentwicklung

Aus verschiedenen Gründen will ich diese Frage im Rückgriff auf die Soziogenese behandeln: Zum einen würde dies für die Ontogenese ansonsten hier bereits einen Rückgriff auf psychopathologische Entwicklungen erfordern, auf die ich erst später und im systematischen Zusammenhang zu sprechen kommen möchte. Zum anderen kann eine Beschäftigung mit der Soziogenese behilflich sein, ein bestimmtes historisches Ergebnis nicht überzeitlich und naturhaft zu postulieren Schließlich zeigt sich bei der historischen Analyse dieses Problems, in der ich *Kon* (Teil II: Das Ich als kulturhistorisches Phänomen) folge, ein logischer Aufbau, auf den ich bereits bei der Behandlung der soziogenetisch entstandenen Möglichkeiten, sich auf einem bestimmten Abbild- und Tätigkeitsniveau zu vergegenständlichen, verwiesen habe (vgl. Abb. 11).

Bei der Befassung mit der Herausbildung der *inneren Position* verfolgen wir die Frage, wie auf der Basis des *verallgemeinerten Ichs*, der individuellen Ich-Bedeutung in der 1 Geburt der Persönlichkeit, nunmehr das *reflexive Ich* entsteht; also die Überprüfung, Betrachtung des eigenen Ichs als „Knoten" der Tätigkeit mit sozialen Mitteln Eine solche Überprüfung findet auch dann statt, wenn soziale Mittel nicht in gesellschaftlich allgemeiner oder allgemein zugänglicher Form verfügbar sind. „Das Fehlen einer entwickelten Selbstkommunikation schließt jedoch nicht ein besonderes Verhalten des Menschen zu sich selbst oder Vielfältigkeit der Selbstverwirklichung auf emotionaler Ebene aus" (*Kon* 1983, S. 141). Dies kann man sich auch schon durch die Tatsache verdeutlichen, daß mit

Entwicklung des Menschen selbst zugleich der Möglichkeitsraum für die Aneignung der sozialen Mittel entstanden ist, in deren Zentrum erst der Mensch zur Persönlichkeit wird, ein Prozeß der seinen vorläufigen Abschluß in der zweiten Geburt der Persönlichkeit in der Pubertät findet. Erst hier hat sich nicht nur der soziale Werkzeuggebrauch auf eine verallgemeinerte Ebene gehoben, der Mensch ist vielmehr in der Lage, auf der Ebene einer neuen Sinnbildung andere als die vorherigen *Beziehungen zur Gattung* einzugehen. Im Zentrum dieser neuen Beziehungen, deren Realisierungsvoraussetzungen zwar biologisch sind, deren Form und Inhalt jedoch sozial, steht die *Geschlechterliebe* und die damit verbundene Reproduktion der Art. Hier ist endgültig verlangt, daß sich der je einzelne Mensch (im historisch-sozialen Kontext) mit den Augen des Prozesses der Menschheit sehen muß, um die Reproduktion der Gattung gewährleisten zu können An die Kinder muß die im gesellschaftlichen Prozeß notwendige Kompetenz des Einzelnen in der Gattung vermittelt werden. Dabei muß sich der Vermitler/die Vermittlerin jeweils mit den Augen der Gattung sehen, und sei dies auch bloß mit den Augen der Horde, des Stammes, der patriarchalischen Großfamilie usw .

Auf dieser Basis lassen sich nun *Stufen der Entwicklung* des reflexiven Ichs ebenso herausarbeiten wie *unterschiedliche Formen* in unterschiedlichen Kulturbereichen So verweist *Kon* (S 128) im wesentlichen auf drei „Systeme der Wertorientierung":

1. diesseitige Selbstverwirklichung und Vergegenständlichung des Ichs. Dies ist der Typ, der sich vor allem in der abendländischen Kultur ab der Aufklärung durch die Renaissance entwickelt (*Descartes, Spinoza* usw.)

2. Unterdrückung der Individualität und Verzicht auf sie im Interesse des Soziums. *Kon* nennt hier exemplarisch vietnamesische und chinesische Kultur, wo in Abhängigkeit von den jeweiligen Bedingungen des sozialen Verkehrs unterschiedliche Wörter das Pronomen „ich" ausdrücken. So im Umgang mit Fremden das Wort „Tôi" (ethymologisch – Untertan des Königs), das Zurückhaltung und Distanz ausdrückt, „Ta", das Überlegenheit des Sprechenden ausdrückt, gegenüber jüngeren und untergeordneten Menschen, „To" (ursprünglich Diener), das Familiarität mit Kameraden ausdrückt, z. B. unter Knaben, oder „Qua" das Kameradschaft ausdrückt usw. Zum Teil werden statt des Personalpronomens „Ich" auch Bezeichnungen der sozialen Stellung zu dem anderen verwendet: jüngerer Bruder, Sklave usw (*Kon* S. 125; vgl. auch *Wulff* 1972).

3. Selbstkommunikation und Auflösung des Ichs in der geistigen Universalsubstanz. Hier verweist *Kon* auf Induismus und Buddhismus aber auch auf das konfuzianische Prinzip der „Befreiung vom Ich", wo sich unter Bedingungen eines grausamen Despotismus und einer totalen Bürokratie die Notwendigkeit der Unterdrückung von Emotionen, die rigorose Kontrolle des Gefühls durch den Verstand ergab, verbunden mit dem Vermögen, „eigenes Erleben in einer streng definierten, vorgegebenen Form auszudrücken". Dieser Forderung konnte nur durch Abkehr vom gesellschaftlichen Leben und Einkehr ins einsame Mönchsleben ausgewichen werden. „Das ist kennzeichnend für den Taoismus, in dem angespanntes Ich-Erleben sich mit Erkenntnis der eigenen Ohnmacht paart, aus der nur die Verschmelzung des Menschen mit dem All einen Ausweg bietet" (S 127).

Alle diese unterschiedlichen Formen überlagern sich, schneiden sich durchaus in einzelnen Kulturen, sind jedoch wie *Kon* betont, wertnormative und nicht psychologische Einstellungen (S. 129). Sie sind also spezifische Formen gesellschaftlicher Tätigkeit, die sich im System Subjekt – Tätigkeit – Objekt unter bestimmten historischen Bedingungen entwickelt haben.

Befassen wir uns nun mit der *Entwicklung des abendländischen Typs von Ich und Persönlichkeit*, so läßt sich hier (in Übereinstimmung mit Abb. 11) eine allmähliche Verlagerung des Persönlichkeitsbegriffs aus intersubjektiven Verhältnissen in intrasubjektive Verhältnisse herausarbeiten. *Kon* verfolgt diese Entwicklung im klassischen Altertum, zum zweiten in den Feudalstrukturen des Mittelalters, zum dritten in der Renaissance und im sich entwickelnden Kapitalismus, um schließlich die durch das sozialistische Menschenbild gegebenen neuen Möglichkeiten zu skizzieren Einige Ergebnisse dieser Analyse will ich im folgenden in Kürze wiedergeben

In der *Antike* besteht zunächst weder eine Herausarbeitung der psychischen Prozesse, noch überhaupt ein Begriff von ihnen. „Psyche" kennzeichnet bei *Homer* den Gegensatz zu „Soma", den häufig mit ‚Leiche' gleichgesetzten Körper, und wird demgemäß zunächst nur als ‚Atem' aufgefaßt Erst viel später (5. Jahrh. v. u. Z) wird „Psyche" dem Körper verallgemeinert entgegengestellt, „hat Gefühle, ist Organ des Mutes und der Tapferkeit, tritt als wertvollster Teil des Menschen und sogar als Synonym seiner Ganzheit auf" (S 139). Auch die mit der Entwicklung der Persönlichkeit verbundenen differentiellen Emotionen erweisen sich in dieser Betrachtungsweise als sozialen Ursprungs. So wird das Schamgefühl als „komplizierteres, kulturell-spezifisches Konstrukt, das die Einhaltung bestimmter Gruppennormen, bestimmter Pflichten gegenüber den Mitgliedern der ‚eigenen' Gruppe garantiert" (S. 142) soziogenetisch als komplizierter und später als das Angstgefühl angesetzt, bleibt aber bloß auf die eigene Gruppe bezogen, partikularistisch. Ein höheres Niveau der Interiorisierung ist sodann das Gewissen, dessen negativer Pol Schuldgefühl und Schuldbewußtsein ist „Im Unterschied zur Scham, die den Menschen veranlaßt, sich mit den Augen ‚bedeutsamer anderer' zu betrachten, ist das Schuldgefühl *innerlich* und *subjektiv*" (S. 143). Am Beispiel der griechischen Tragödie läßt sich zeigen, daß die soziale Vergegenständlichung der inneren Motivation erst recht spät entstanden ist: „Der Held . . *schämt sich der Handlungen*, die ihn in den Augen der Umgebung mit Schmach bedeckt haben. . Doch was sie quält (Ödipus in der Tragödie von *Sophokles* oder Herakles, der sich bei *Euripides* schämt, dem Theseus in die Augen zu sehen; d. V), ist nicht das Gewissen, nicht innere Reue über das Getane, sondern die Verfolgung der Erinnyen oder . . die Angst vor der Rache der Götter" (S 144) Die soziale Form der befürchteten Rache der Götter ist jedoch noch nicht in Form eines Gewissens – zumindestens in der Tragödie – interiorisiert Erst gegen Ende der Antike nimmt in dem „Blick in dein Inneres" des *Marc Aurel* das individuelle Ich bereits einen relevanten Platz ein.

Im *Mittelalter* verweist der christliche Gott auf das Ziel und die Richtlinie der Geschichte „Der Mensch soll sich durch sein ganzes Leben auf das Jüngste Gericht vorbereiten" (S 151) Dabei bleibt in seinem Inneren kein Platz für Ruhe und Gleichmut, es ist „zwischen Angst und Hoffnung auf das Wunder hin und her geworfen". Das Wunder selbst ist nach der Vorsehung auf das Konkret-Einzelne gerichtet Es ist die mögliche Auferstehung des je einzelnen „Daraus ergibt sich ein innerer Konflikt zwischen der Lebenssituation des Menschen und seinem Ich: Der Mensch soll sich hochschätzen, doch er soll nicht überheblich sein, er erlangt Freude durch Leiden, Größe durch Erniedrigung. Zerrissen ist auch sein moralisches Selbstbewußtsein" (S. 152). Kennzeichnend für das feudale Mittelalter ist die horizontale Einordnung (Leben in der Gemeinde, in dem eigenen Stand) wie die vertikale Einordnung in oben und unten. Diese soziale Gliederung ist ideologisch „geheiligt" durch die christliche Berufungsidee, daß ein jeder „bestimmte Aufgaben zu erfüllen hat" (S. 156). Insofern ist nicht nur die Stellung des Individuums sondern auch sein Verhalten bis ins Detail legitimiert. Miterleben und Mitempfinden sind auf den eigenen Glaubens- und Standeskreis beschränkt, daneben sind unglaubliche Grausamkeiten möglich. Sünde ist vor allem und zunehmend ein psychologisches Phänomen, in dem nicht nur die Tat, sondern auch die Absicht bewertet wird (S 161). So kann Grausamkeit (etwa in den Bauernkriegen oder gegenüber den „Heiden" aufgrund der Absicht, Gottes Wort durchzusetzen) sozial geachtet sein, ja sogar Anlaß zur Heiligkeit. Gleichzeitig entsteht damit aber die psychologische Dimension des Sichtbarmachens und Erforschens der hinter der Handlung stehenden Motive.

In der *Neuzeit* kommt es nunmehr zur Umwandlung der sozialen Bande in „ein *Mittel* zur Erreichung privater Ziele des Individuums" (S. 163). Gleichzeitig treten diese sozialen Bande nun dem „Klassenindividuum" als hemmende Bedingungen gegenüber Daraus folgt allgemein: „Die Notwendigkeit, in mannigfaltigen, sich verändernden Situationen selbständige Entschlüsse zu fassen, setzt in der Tat einen Menschen mit entwickeltem Selbstbewußtsein und starkem Ich voraus, das zugleich stabil und flexibel ist" (S. 164). Diese entstehende Autonomie des Individuums findet zugleich ihre neue religiöse Form, den Protestantismus, wo der Verkehr des Menschen mit Gott „nicht einen ritualen, sondern einen intim-persönlichen Charakter annimmt" (S 179). Vergleichbare Differenzierungsprozesse findet *Kon* in literaturhistorischen, kunsthistorischen und sprachhistorischen Arbeiten: So stellt *Lichatschow* (Zit. nach *Kon*, S. 180) beim Studium altrussischer Literatur folgende Phasen heraus:

„*Zuerst wird der Mensch durch eine Reihe von Handlungen dargestellt, die im Lichte seiner sozialen Stellung interpretiert werden Später (in der Rus des 14. und 15. Jahrhunderts) werden einzelne psychische Eigenschaften und Zustände des Menschen aufgedeckt, seine Gefühle, emotionalen Reaktionen auf Ereignisse in der Umwelt usw . Diese psychischen Zustände sind nicht mehr ausdrücklich durch Standeszugehörigkeit bedingt, integrieren sich aber noch nicht zu einem einheitlichen Charakter; sie bestehen gewissermaßen für sich und werden in moralischen Termini gedacht Schließlich wird die innere Einheit entdeckt, das Bindeglied und die produzierende Kraft dieser psychischen Eigenschaften – der individuelle Charakter*" (*Kon*, S. 180).

Entsprechend tauchen auch in der sprachhistorischen Entwicklung relativ spät introspektive Begriffe auf bzw in Kunst und Literatur Selbstbildnis und Autobiographie usw Auch der Freundschaftsbegriff gewinnt eine andere und stärker emotional-expressive Definition (S 195). Mit der „Entdeckung des Ichs" in den entwickelteren Formen der Produktion und des sozialen Verkehrs entsteht nicht nur die „Bereitschaft, die persönliche Verantwortung nicht nur für die eigenen Handlungen, sondern auch für die Geschicke der Welt zu übernehmen", also die Entdeckung der notwendigen Vermittlung des Menschen mit seinem Gattungswesen, sondern zugleich auch das „Bewußtwerden der eigenen Endlichkeit, der

Begrenztheit der eigenen Kräfte, stechende Unzufriedenheit mit sich und der Umgebung", wie *Kon* (S. 197) anhand *Goethes* Faust den Übergang zur entwickelten bürgerlichen Gesellschaft persönlichkeitssoziologisch bestimmt.

In dieser *bürgerlichen Gesellschaft* handelt das nunmehr ich-bewußte, selbstbewußte Individuum in zahlreichen Widersprüchen. Das durch Teilung der Arbeit und Herrschaft des Privateigentums bedingte Zusammenwirken der Individuen erscheint diesen, weil es nicht freiwillig, sondern naturwüchsig ist, „nicht als ihre eigene, vereinte Macht, sondern als eine fremde, außer ihnen stehende Gewalt" (*Kon*, S. 199 unter Bezug auf *Marx* und *Engels*, MEW Bd. 3, S. 34). Es kommt zur grundsätzlichen und vielfältigen Trennung von Individuum und Gesellschaft, wie dies im Zusammenhang der Entfremdungsproblematik vielfältig diskutiert wurde. Das Problem von „Ich" und „Maske" taucht persönlichkeitspsychologisch auf: einerseits das eigene, wahre Ich, andererseits den sozialen Verhältnissen entsprechende „Charaktermasken" (vgl. *Marx* im „Kapital" zum Problem des „Fetischcharakters" der Waren) realisieren zu müssen, verknüpft mit der Erfahrung, das eigene Ich zu verlieren und jeweils zum Ich der Maske zu werden. D. h. die Maske ist, da sie sich auf das reale Verhalten bezieht, es bezeichnet, immer echt, „während das, was das Individuum für sein „wahres Ich" hält, auch illusorisch sein kann. Der Sieg der Maske über das Ich, für den das Individuum die Gesellschaft verantwortlich macht, erweist sich bei näherer Betrachtung als Sieg des realen Verhaltens der Person über das Eingebildete, Illusorische" (S. 205). Das aktive und agierende Ich, so *Kon* (S. 206) löst sich in diesen Prozessen der sozialen Differenzierung und Vielfältigkeit in „vielstufige Reflexion" auf Am Beispiel Hamlets wird die Einkehr in sich letztlich als „Abgang ins Nichts" in Anbetracht der tragischen Aufgabe herausgearbeitet, die sich als maßlos in der Anforderung erweist, „die zerfallene soziale Welt in sich selbst zu vereinen."

Mit der Entdeckung des Ichs entsteht also zugleich die Aufgabe, sich aufs Neue mit der Gattung Menschheit zu vermitteln. Und diese Aufgabe kann in zweierlei Hinsicht gelöst werden, wie bereits im historischen Exkurs und in den anderen vorangegangenen Kapiteln herausgearbeitet: In der Dimension des Humanismus, so z. B. im kategorischen Imperativ von Karl *Marx* bestimmt, oder im Antihumanismus imperialistischen Denkens, in den Elitetheorien, Schichttheorien der Persönlichkeit usw., in deren Kern die doppelte Ethik steht: Die der Herren und die der Knechte. Die begriffliche Vermittlung der eigenen Persönlichkeit, des eigenen Ichs im sprachlichen Verkehr ist also ein spezifisches historisches Produkt, *eine* allgemeine historische Möglichkeit in der Herausbildung der inneren Position (und innerhalb dieser eine Vielfalt von konkret-einzelnen Möglichkeiten im Gesamtdifferenzierungsprozeß der bürgerlichen Gesellschaft; vgl. Kap. 1 und 2). *Die sprachliche Reflektion über die innere Position ist jedoch grundsätzlich und prinzipiell an das Vorhandensein der inneren Position gebunden.* Sie darf daher nicht ohne weiteres mit der inneren Position gleichgesetzt werden, wenn sie auch unter unseren heutigen Bedingungen diese gänzlich überlagert und durchformt. Eine solche Erkenntnis ist nicht nur für die Psychopathologie von hoher Bedeutung, sie ist es auch für die Ausarbeitung der Persönlichkeits-, Sprach- und Gedächtnispsychologie allgemein.

5.5.3 Die Entwicklung der inneren Position und die Justierung der Begriffe im Schulalter

Die *innere Position,* die sich im späten Vorschulalter entwickelt, erfährt mit dem Übergang in das Schulalter einen Übergang auf die nunmehr mögliche Dominanz der Tätigkeit auf der bloß sprachlichen Ebene. Nicht darum geht es, daß Kinder die Invarianzen von gesellschaftlichen Werkzeugen erst jetzt zu erfassen in der Lage wären (vgl. die beiden oben wiedergegebenen Beispiele zum Archimedischen Prinzip und zum Begriff des Lebens), sondern darum, daß dies nunmehr alleine auf der sprachlichen Ebene möglich ist. Die Kinder brauchen sich demnach nicht mehr unmittelbar in der Praxis der Produktion und des sozialen Verkehrs zu bewegen, innerhalb derer Sprache *eine* (und die wichtigste) spezifische Tätigkeitsform ist, die für die komplexe Orientierung zunehmend an Bedeutung gewonnen hat. Sie können sich jetzt zwischen den verschiedenen semantischen Feldern, den in die Sprache transformierten Ereignisfeldern, bewegen, sofern sie die Mittel dazu erworben haben und erwerben. Diese Mittel sind die *Begriffe.* Bereits vorher haben Kinder jedoch schon Oberbegriffe erworben. Und auch die Möglichkeit der zunehmenden Bewegung auf der bloß sprachlichen Ebene (im inneren Sprechen und im Denken) besagt nicht, daß diese Ebene als „Bevorzugungsebene klassifizierenden Erkennens" (*Hoffmann*) bereits hinreichend justiert ist. Diese *Justierung,* die erst die sichere, d. h. kategoriale Oberbegriffsbildung erlaubt, erfolgt über den gesamten Zeitraum des frühen Schulalters (vgl. zum Unterschied von funktionalen und kategorialen Oberbegriffen Abb. 19).

Im Zusammenhang seiner Doktorarbeit untersuchte *Holtz* (1987) je zehn sprachbehinderte Kinder des Kindergartens sowie der ersten, zweiten und vierten Klasse der Schule für Sprachbehinderte in einer Reihe von Dimensionen zum Zusammenhang von Sprechen und Denken. Dabei zeigte sich auf die Frage „Was ist . . . ein/eine Katze, Auto, Zange Tisch, Haus, Ball, Schuhe, Holz, Insel, Wald?" eine Verteilung der Kindergartenkinder, bei der sich (neben keine Antwort 9 %, affektive Assoziation 10 %, perzeptive Wahl 31 %) zu 45 % funktionale Oberbegriffe und zu 5 % kategoriale Oberbegriffe ergaben. *Holtz* zitiert zu diesem Tatbestand *Slama-Cazazu*: „Die von den Kindern herangezogenen Gattungstermini haben nicht immer einen vollständigen, richtigen, unveränderlichen Inhalt. Häufig ist ihre Verwendung trügerisch. Eine Begründung durch den Gattungsbegriff wird entweder mit Erklärungen ergänzt, die beweisen, daß jene auf völlig perzeptiven und unwesentlichen Kriterien fußt, oder es kann ihr sogar ein Verhalten folgen, das nicht so sehr eine Unbeständigkeit des angenommenen Gattungskriteriums beweist, als vielmehr ungenügende Kenntnis des betreffenden Begriffs" (1984, S. 231).

Man muß diesen Sachverhalt noch etwas genauer bestimmen. Auf keinen Fall ist es so, daß Kinder nicht über vorrangig funktionale bzw. über kategoriale Begriffe verfügen würden (dies belegen auch die oben zitierten Beispiele „Archimedisches Prinzip" und „Begriff des Lebens"). Das Problem besteht darin, daß diese Begriffe bloß als Alltagsbegriffe verfügbar sind und sich damit im Ebenen-Aufbau der Sprache (vgl. G. *Klaus* 1969) auf eine andere Ebene beziehen. Daß dies so ist, wird zunächst durch ein weiteres Ergebnis von *Holtz* belegt. Der

Autor legte den gleichen Kindern, deren Ergebnisse ich schon zitiert habe, eine andere Aufgabe vor. Sie erhielten jeweils vier Bilder, aus denen ein abgebildeter Gegenstand auszusortieren war, „die anderen drei Objekte sich aber aufgrund bestimmter Kriterien mehr oder weniger eindeutig zusammenfassen ließen" (S. 122 f.). Solche Reihen waren z. B a) Haus, Tisch, Stuhl, Sessel; b) Frau, Kirche, Burg, Haus; c) Tür, Zange, Hammer, Schraubenzieher; d) Haus, Auto, Schiff, Fahrrad; usw.. Die Antwortverteilung war hierbei bei den 10 Kindergartenkindern, die jeweils 8 Aufgaben erhielten, wesentlich anders (keine Antwort 4,6 %; affektiv 9 %; perzeptiv 23,4 %): funktionale Wahlen lagen zu 30,6 % vor, kategoriale Wahlen zu 32,4 %

Holtz wertet diese Resultate, die einen erstaunlich hohen Anteil kategorialer Wahlen beinhalten (bewertet wurden die Erklärungen der Kinder) wie folgt: „Das Haus wird also aus der Reihe mit Tisch, Stuhl und Sessel aussortiert, weil es kein Möbelstück ist. Die Begründung dieser Klassifizierung ist dann aber häufig anschaulich motiviert und deckt sich mit solchen Antworten, die direkt perzeptive oder funktionale Merkmale angeben. Beispiele: Zwar werden Tisch, Stuhl und Sessel als Möbel zusammengefaßt; auf die Frage, was Möbel seien, kommt dann aber der übergeneralisierte Hinweis auf die „vier Beine". In manchen sog. kategorialen Antworten wird dann auch die Inkonsequenz und Unhaltbarkeit des verbindenden Kriteriums im Denken des Kindes deutlich. Eine Begründung für die Bündelung von Tisch, Stuhl und Sessel als Möbel lautet dann, „weil sie Lehnen haben". Relevant für qualitative Aussagen ist die letzte Zusammenstellung Ball, Puppe, Fahrrad, Mädchen. Eine solche Gruppe verlangt dann auch die grundlegende aber hochabstrakte Unterscheidung von belebt und unbelebt. Diese Aufgabe erreicht auch nur bei den untersuchten Viertklässlern eine angemessene Lösung" (S. 123 f).

Wir stoßen hier also auf den gleichen Sachverhalt wie oben: *Einerseits verfügen Kinder bezogen auf die steuernde Funktion der Sprache in der gesellschaftlichen Praxis, wenn sie zu dieser Praxis befragt werden, über feste und invariante Vorstellungen* (Archimedisches Prinzip, Leben, Möbelstück usw.) *Sobald jedoch dieses sprachliche Werkzeug zur Planung der Praxis von dieser Praxis getrennt wird, kann es nicht erneut auf einer metasprachlichen Ebene auf die Ebene der natürlichen Sprache als Bezugsebene verwendet werden* Die in sprachlicher Form verwendeten Begriffe beziehen sich als „Alltagsbegriff" (*Wygotski*) damit auf eine andere hierarchische Ebene der Sprache als in ihrer Verwendung als wissenschaftliche Begriffe. Mit Georg *Klaus* formuliert („Semiotik und Erkenntnistheorie"): Die Kinder bewegen sich in vollentwickelter Form in der „*natürlichen Sprache*" als Metasprache zur „*Nullstufe*". Nullstufe meint, „daß es zunächst einmal Dinge, Eigenschaften, Beziehungen usw. gibt, die selbst keine sprachlichen Zeichen sind . . Die Zeichen, die die Objekte der Nullstufe bezeichnen, die die Sachverhalte der Nullstufe widerspiegeln, gehören dann der Sprache der ersten Stufe an" (S. 44). Als solche Sprache der ersten Stufe können wir die natürliche Sprache betrachten. Denn Übergang von der unmittelbaren Tätigkeit auf der Nullstufe, also von der sensomotorischen Tätigkeit auf die Ebene symbolischer Vermittlung des Denkens durch (insbesondere sprachliche) Zeichen habe ich bereits dargestellt.

Zeichenfunktion im Sinne einer Sprache der ersten Stufe (wenn auch nicht so elaboriert) können aber durchaus auch, wie etwa bei behinderten Kindern öfters gefunden, Privatsprachen oder halbprivate Sprachen mit den Eltern und der näheren Umgebung mit hohen gestischen Anteilen annehmen. Oder aber die Zeichenfunktion kann durch figural-optische Abläufe aufgebaut werden, wie folgendes Beispiel aus der Biographie einer Gehörlosen belegt (*Wallisfurt* 1979, S. 11): „Alles im Tagesablauf beobachtet Maria. Ihre Erfahrungen fügen sich zu Bildern und Bewegungen. Sie merkt sich, was immer wieder gemacht wird. Sie weiß, was man nicht darf. Dem Vater läuft man nicht vor die Füße, die Hühner darf man nicht jagen und nicht dauernd der lieben Mutter nachlaufen". In der Verknüpfung dieser Bilder mit Gestik und Mimik, sowohl der eigenen „an sich", die solche „für andere" werden und dann Gestik und Mimik „für mich", als auch der sozial verwendeten Gesten und Mimik, also insbesondere der wahrgenommenen Lippenbewegungen, baut sich eine zeichenvermittelte Orientierung im sprachlichen Verkehr auf. Ähnliche zeichenvermittelte Orientierungen bauen sich über die Wahrnehmung von Arbeitsabfolgen und Erfahrungen auf, die im Spiel dargestellt werden, oder werden in der Arbeit in der Tätigkeit des Vorschulkindes erfahren In diesem gesamten Systsem der zeichenvermittelten Tätigkeit kommt der Sprache zwar die Hauptrolle zu, nicht aber die einzige Rolle, wie dann in der metasprachlichen Ebene des Denkens mit wissenschaftlichen Begriffen.

Die natürlichen Sprachen sind also *Zeichenkörpersysteme*, die als *materielle Hülle der Gattungserfahrungen* dienen. Die im Gattungserbe vergegenständlichten Erfahrungen werden durch sie ins psychische Abbild vermittelt Zugleich wird dadurch in der Aneignung der Sprache den Individuen eine aktive Vermittlung mit der Gattung im sozialen und insbesondere sprachlichen Verkehr möglich. Über dieser natürlichen Sprache und zum Teil in ihr haben sich nun Meta-Sprachen herausgebildet. Solche *Meta-Sprachen* oder *künstliche Sprachen* haben die natürliche Sprache als Bezugssystem (oder ein anderes gesellschaftlich geschaffenes Zeichenkörpersystem; so bezieht sich die Musiktheorie auf die Zeichenkörperfunktion der Musik, die z. B mit Noten als Symbolen vergegenständlicht werden kann; die Mathematik bildet einen eigenen künstlichen Sprachbereich usw.).

Interessant ist nun, und m. W. als erstes von *Wygotski* und *Leontjew* herausgearbeitet, der *Ebenenwechsel in der natürlichen Sprache selbst*. Einerseits ist das Wort „Möbelstück" unmittelbares Werkzeug der gesellschaftlichen Praxis, des sozialen Verkehrs im Alltag. Insofern würden die oben zitierten Kinder in der Regel die Kategorie „Möbelstück" völlig richtig anwenden, ohne ihren kategorialen Gehalt aber zu erfassen. Bei Nachfrage würden sie sich an sinnlichen, nicht begrifflichen Merkmalen der Gegenstände orientieren, so wie dies *Wygotski* am Beispiel der *Pseudobegriffe* herausgearbeitet hat (1972, S. 131 ff.). In dieser Hinsicht dient „Möbelstück" als soziales Werkzeug, um sich auf der Ebene gesellschaftlicher Praxis im sozialen Verkehr zu bewegen. Da es also in dieser Praxis in völlig richtiger Weise als Oberbegriff, Werkzeug, verwendet wird, dient es als Bindeglied zum wissenschaftlichen Denken Ich sage ausdrücklich nicht wie *Wygotski* „wissenschaftliches Denken der Erwachsenen", denn auch bei diesen hängt es jeweils von der sozialen Zugänglichkeit der wissenschaftlichen Erfahrung ab, ob sie einen sprachlichen Begriff als Pseudobegiff oder wissenschaftlichen Begriff benutzen. Um einige Beispiele zu geben: „Kapital", „Biotop", „Ökologie", „Atom" usw . Gleichzeitig gibt es allerdings in natürlichen Sprachen eines so hohen Entwicklungsstandes wie Deutsch oder Russisch im *Bereich des alltäglichen Sprachgebrauchs* von Erwachsenen eine Vielfalt von Begriffen, die ihrer Herkunft nach *nicht Pseudobegriff sondern wissenschaftlicher Begriff* sind. Um nun den Charakter dieses Übergangs von der zweiten zur dritten Ebene des Sprachgebauchs (vgl. Abb. 18) besser modellieren zu können, gehe ich in zwei Schritten vor. Ich untersuche zunächst, orientiert an den Forschungsergebnissen der Arbeitsgruppe um *Klix* den strukturellen Zusammenhang beider Ebenen, um sodann unter Aufgreifen von Forschungsergebnissen von *Leontjew* einige Vorstellungen zum Charakter des Übergangs zu entwickeln. Unter Übergang verstehe ich die Frage, wie sich über der (ausschließlich der Nullebene) ersten Ebene des Sprachgebrauchs (Alltags-Begriff) die zweite Ebene (wissenschaftlicher Begriff) aufschichtet. Erst danach komme ich auf die Problematik des Aufbaus der inneren Position und des reflexiven Ichs im weiteren Verlauf der Ontogenese zurück. Zunächst also zur zwischenbegrifflichen und innerbegrifflichen Relationsbildung (*Klix*), d. h. dem strukturellen Zusammenhang des Übergangs vom „natürlichen" zum „logischen" Gedächtnis (*Leontjew*).

5.5.4 Zwischenbegriffliche und innerbegriffliche Relationsbildung (Klix)

Ich sprach bereits davon, daß für diesen Übergang die *Pseudobegriffe* das *wesentliche Bindeglied* darstellen. Dieses Bindeglied tritt offen zutage in der „funktionalen Oberbegriffsbildung", von der *Probst* spricht (vergl. Abb. 19). Für *Probst* ist der funktionale Oberbegriff jener, der jeweils noch sinnlich repräsentierbar ist. Innerhalb dieser sinnlich repräsentierbaren Oberbegriffe selbst gibt es hierarchische Anordnungen, *Abstraktionsebenen*. In diesen hierarchischen Anordnungen, kann nun das Bindeglied in Form des Pseudobegriffs weiter spezifiziert werden, wenn man auf die Forschungen von *Klix* und *Hoffmann* zurückgreift. Für *Klix* (1984 a) und *Hoffmann* (1982) sind funktionale Oberbegriffe dann *Primärbegriffe,* wenn sie die stärkste, gerade noch anschauliche Generalisierungsstufe einer Gruppe von Merkmalen ausdrücken. Sie gewährleisten dadurch einen optimalen Abstraktionsgrad, über den dann in einer ober- oder unterbegrifflichen Hierarchie am besten und schnellsten eingestiegen werden kann. Dadurch sind sie einerseits sinnlich faßbare Hierarchisierungselemente (die unterlagert sind von einer Reihe weiterer sinnlich faßbarer Unterbegriffe) auf der Ebene der Alltagssprache. Sie fügen sich andererseits jedoch in Hierarchien höherer Ordnung, die nur noch mit kategorialen Oberbegriffen aufbaubar sind. Ein Beispiel, das *Hoffmann* (1982, S. 155) anführt, mag das verdeutlichen:

Abbildung 21: Primärbegriffe auf drei Abstraktionsstufen

Abstraktionsniveau	Hierarchie I	Hierarchie II	Hierarchie III
hoch	**Vogel**	Pflanze	Nahrung
mittel	Raubvogel	**Blume**	Obst
niedrig	Adler	Rose	**Apfel**
(Bei Zuordnungsexperimenten lagen die schnellsten Lösungszeiten beim Primärbegriff)			

234

Gleichzeitig macht aber *Klix* (1984 b) darauf aufmerksam, daß diese charakteristische Abstraktionsebene der Primärbegriffe, die „Bevorzugungsebene klassifizierenden Erkennens" erst ihrer Justierung im Verhältnis zu den je anderen Geschehenstypen im Gedächtnis bedarf (S. 229 ff.). Dies kann verdeutlicht werden, an dem von *Klix* verwendeten semantischen Feld LEHREN (1984 b, S. 219):

Abbildung 22: Darstellung des Geschehenstyps LEHREN als Konfiguration von Begriffen.

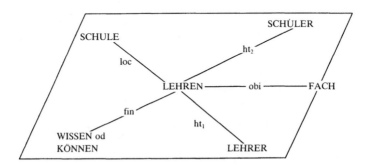

Der Geschehenstyp ist durch einen semantischen Kern (LEHREN) und fünf weitere Begriffe definiert, die durch qualitativ verschiedene semantische Relationen verbunden sind (ht = Handlungsträger; obi = Objekt oder Instrument; loc = Ortsbestimmung und fin = Ziel oder Zweck des Geschehens, sofern ein Motiv vorliegt)

Diese allgemeine und primärbegriffliche Ebene des *semantischen Kerns* LEHREN ist in einer spezifischen Weise an die Primärbegriffe Schüler, Schule und Lehrer gebunden (die ich, da ihre Eigenschaft als Primärbegriffe unmittelbar einsichtig ist, hier herausgreife). In dieser Eigenschaft müssen sie jedoch zu Unter- und Oberbegriffen justiert werden, die sich in semantischen Feldern gleicher zwischenbegrifflicher Konfiguration befinden. Was „gleiche zwischenbegriffliche Konfiguration" bedeutet, wird aus dem folgenden Beispiel einer Begriffstransformation (also einer innerbegrifflichen Relationsbildung) sichtbar, das *Klix* in dem genannten Aufsatz liefert (1984 b, S. 229).
Es zeigt sich, daß die *Struktur des semantischen Netzes,* semantischen Feldes, also ihre zwischenbegriffliche Konfiguration (in formaler, nicht inhaltlicher Hinsicht), als *ganzes* transformierbar ist. In diesem Fall wirkt der Begriff BARREN als Anreger für eine Unterbegriffsspezifizierung, „deren Niveau durch semantischen Kern und semantische Relationen (verhältnismäßig?) eindeutig spezifiziert ist" (S. 229). Legt man das Netz, das man durch die Wahl „Orgel" erhält auf etwas höherer Stufe an „MUSIK" an, dann entstehen zugleich wieder andere Substrukturen. D. h. die Justierung von Primärbegriffen erfolgt auf der Basis zahlreicher funktionaler Begriffe (bzw. ursprünglich anschaulicher, perzeptiver

Abbildung 23 Darstellung einer Transformation des Geschehenstyps LEHREN
in einen solchen höherer Spezifität (Unterbegriffsbildung)

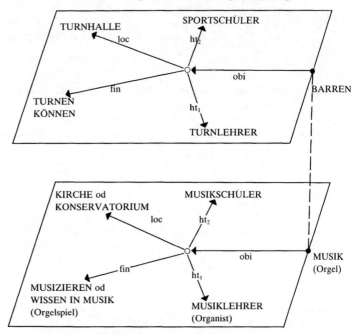

Begriffe, die im Hinblick auf die Transformation des semantischen Feldes zu
Ober- oder Unterbegriffen werden). Genauer gesagt: Die Transformation von
Begriffen erfolgt in der *allmählichen Verwendung der semantischen Netze in
formalisierter Form als Mittel der Transformation* (sozialer Werkzeuggebrauch),
das schließlich zum bewußten Mittel werden kann.

Es lohnt sich, diesen Sachverhalt noch etwas näher zu untersuchen. Um dies zu
können, muß ich zunächst einige Ergebnisse der Forschungsgruppe um *Klix* zur
zwischen- und innerbegrifflichen Relationsbildung wie zur Struktur des Gedächtnisses anführen.

Zwischenbegriffliche Relationsbildungen sind die ontogenetisch früheren, sie
entsprechen im wesentlichen den syntagmatischen Begriffsbildungen sensu *Luria*.
(*Klix* 1984 b). Zu ihnen gehören folgende Relationstypen (*Klix* 1984 a, S. 18 f ;
ich zitiere jeweils nur Beispiele):
1. Die *Handlungsträgerrelation*. z. B. BAUER – SÄEN, HIRTE – HÜTEN
2. Die *Aktorrelation* (ein Aktivitätsmuster durch unbelebten Akteur: WIND –
HEULEN, SCHEIBE – KLIRREN)
3. Die *Lokationsrelation*: KARPFEN – TEICH, REH – WALD, PILOT –
FLUGZEUG
4 Die *Instrumentalrelation* MOTOR – ZIEHEN, AXT – SPALTEN usw.

5. Die *Objektrelation:* Ein begrifflicher Sachverhalt ist auf einen anderen als begriffliches Objekt bezogen: SCHNEIDEN – FLEISCH, UNTERRICHTEN – SCHÜLER usw.

6. Die *Finalitätsrelation:* Sie drückt die Mittel-Zweck-Beziehung zwischen zwei Begriffen aus wie PUTZEN – GLÄNZEN. Meist erfordert diese Relation neben Handlungsträger und Objekt auch noch ein Instrument.

Die Begriffspaare oder einzelnen Begriffe erfordern in unterschiedlichem Umfang Ergänzungen, besitzen also „Affinitäten" zu weiteren Begriffen. Dabei sind die Tätigkeiten selbst *semantische Kerne,* von denen aus Klassen von Ereignissen gebildet werden können. Als solche *„Ankerbegriffe"* verfügen sie dann über eine unterschiedliche Stelligkeit von *Affinitäten.* In dem bereits verwendeten Beispiel LEHREN z. B.: Lehrer, Schüler, Unterrichtsstoff, Unterrichtsmittel, Unterrichtsziel.

Klix definiert (1984 a, S. 21): „Zwischenbegriffliche Relationen sind im Gedächtnis verankerte Beziehungen zwischen Begriffen, durch die Geschehenstypen (das sind erlebnis- und verhaltensrelevante Situationsklassen) beschrieben werden. Sie entstammen ursprünglich der Wahrnehmung, können aber – wie fast alles Wahrnehmbare – auch sprachlich vermittelt werden." Dies ist mir ein Stück zu unpräzise, es läßt das Primat der Tätigkeit zu sehr außer Betracht und vergibt sich damit die Möglichkeit, die Rolle der Ankerbegriffe im Verhältnis zu den anderen Begriffen des semantischen Feldes genauer zu spezifizieren.

Ich möchte daher in Kürze auf den linguistischen Ansatz von Ray *Jackendoff* verweisen, der alternativ zu *Chomsky,* welcher angeborene Grammatik-Tiefenstrukturen annimmt, diese als über Handlung vermittelt nachweist. Bei *Chomsky,* auf dessen Ansatz ich hier nicht weiter eingehe (vgl 1972 sowie *Luria* 1982, Vorlesung 8), wird völlig zu Recht darauf verwiesen, daß dem Satzverständnis eine syntaktische Rückbeziehung auf eine *Tiefenstruktur* zugrundeliegen muß, die z B für Sätze wie „Der Bruder meines Vaters kommt zu Besuch" und „Meines Vaters Bruder kommt zu Besuch" identisch ist. Wir können diesen Gedanken auf die von *Klix* herausgearbeiteten zwischenbegrifflichen Strukturen in den semantischen Feldern beziehen und feststellen, daß diese Satzkonstruktion sich auf das gleiche zwischenbegriffliche Feld bezieht. Eine Inversionsbildung in der linearen Programmierung des Satzes ist jedoch insofern erfolgt, als im ersten Satz der Handlungsträger vor der Lokationsrelation („meines Vaters") auftritt und im zweiten Satz nach der Lokationsrelation Dabei ist das Verständnis dadurch erschwert, daß die Lokationsrelation sich auf ein belebtes Objekt (Vater) bezieht bzw. gleichzeitig eine Handlungsträgerrelation und nicht eine Aktorrelation vorliegt (so dürfte „Meines Vaters Hut hängt am Haken" leichter zu dekodieren sein). Zusätzlich verfügt „meines Vaters Bruder" über weitere Affinitäten, die jedoch nicht im semantischen Feld „zu Besuch kommen" ihre Ankerbegriffe haben, sondern in dem semantischen Feld „verwandt sein". Erst im Rückbezug auf dieses Feld kann die funktionelle Äquivalenz von der „Bruder meines Vaters" mit „meines Vaters Bruder" bestimmt werden, der zugleich mein Onkel ist. Es wird deutlich, daß die Tiefenstrukturen der Grammatik eindeutig an semantische Kerne im Sinne von *Tätigkeiten des Subjekts* (oder auf das Subjekt bezogener bzw von ihm wahrgenommener Tätigkeiten bzw Bewegungsformen) gebunden sind. Die Inversionsbildung, also der paradigmatische Sprachgebrauch, verlangt die Benutzung eines zweiten semantischen Feldes („verwandt sein") bzw. die Benutzung des verallgemeinerten Netzwerks seiner Strukturen als *Mittel,* um die sprachlich kodierte Information aufzuschlüsseln. Die Raum-Zeit-Struktur des zweiten semantischen Feldes (oder besser seiner hierarchischen Verallgemeinerung, d. h. des formalisiert benutzten Netzes) wird in der Tätigkeit als grammatikalische Tiefenstruktur verwendet.

Ich erläutere diesen Gedanken an einem weiteren Beispielsatz, den *Luria* (1982) gibt. In der Relationskommunikation „Den Petja haut der Wanja" besteht die Tiefenstruktur in einer spezifischen Tätigkeit des verständigen Hörers dieses Satzes. Er hält den sukzessiv übermittelten Informationsgehalt des Satzes in der inneren Position fest und untersucht ihn (syntaktisch) mit verallgemeinerten grammatikalischen Strukturen bezogen auf die einzelnen Gegenstände in der Nominalphrase. Durch die Kontrastdifferenzierung des „n" in dem „den" vor dem an erster Stelle stehenden Handlungsträger identifiziert er diesen als Handlungsträger zwei. Durch die Kontrastdifferenzierung des „r" im „der", das dem an zweiter Stelle stehenden Handlungsträger vorweg steht, identifiziert er diesen als Handlungsträger eins. Der Satz wird nun in diesem inneren, durch die Grammatikstruktur gewährleisteten Quasiraum auf der Basis der als Werkzeuge verwendeten allgemeinen Relationen (loc, ht1, ht2, fin usw.) und Affinitäten von semantischen Netzen umkonstruiert und lautet: „Der Wanja haut den Petja".

Was geschieht aber in der früheren Entwicklung in der Ontogenese, in der ja ebenfalls grammatische Relationen im Sprachgebrauch zugrundeliegen? Hier verweist Ray *Jackendoff* darauf, daß sich wesentliche grammatikalische Tiefenstrukturen als generative Mechanismen für Sätze aus den *in die Sprache verlagerten Handlungen* der Subjekte ergeben. Auf der Basis dreier Tätigkeitszustände „GO", „BE" und „STAY" lassen sich Tätigkeitseigenschaften der Bewegung in zeitlicher oder räumlicher Hinsicht (motional), im Sinne einer punktuellen Befindlichkeit (punctual) und eines zeitlich abgeschlossenen Umfangs (durational) darstellen. Diese werden durch eine Reihe von, ich verwende hier den Ausdruck von *Klix,* zwischenbegrifflichen Relationen spezifiziert (haben also hier ihre „Affinitäten") wie: Ereignis (event), Zustand (state of affairs), Handlungsträger (agent) und Ziel (goal). Die Bewegung des Objekts bildet das „Thema" des Satzes, die Ausgangsposition des Themas ist die „Quelle" (source) und die finale Position des Themas ist das „Ziel" (goal). Diese Bewegung findet in räumlich-zeitlichen Umständen statt, in denen das Thema veranket ist (location). Entsprechend läßt sich ein komplexes Verb wie z. B. „FALLEN" auf folgende Relation zurückbeziehen (ich übersetze GO mit GEHEN):

Fallen $\begin{cases} \text{GEHEN } (x, y, z) \\ \text{ABWÄRTS, MIT} \\ \text{STÄRKE DER SCHWERKRAFT} \\ \text{UNGEHINDERT} \end{cases}$ *(Jackendoff* 1976, S. 94)

Ich will die weiteren Details dieses Ansatzes hier nicht herausstellen, sondern auf folgendes verweisen: Die realen, in der sensomotorischen Tätigkeit erfahrenen Handlungsrelationen auf der „Nullebene" bilden den Bezugsmaßstab und die elementare generative Basis für die Entstehung der Grammatik. Daß die formalen Grammatikstrukturen erst sehr viel später getrennt vom Inhalt als Mittel der Bewegung in und zwischen den Sinnfeldern im begrifflichen Denken genutzt werden können, darf nicht darüber hinwegtäuschen, daß sie erst in der Tätigkeit entstehen. Wie sich die objektiven Eigenschaften der Realität jedoch erst von den bedürfnisrelevanten als spätes Produkt der Entwicklung trennen können, so gilt dies auch für die objektiven Eigenschaften des Systems Sprache. Ich hatte oben ausführlich darauf verwiesen, wie sich bereits im Tierbereich, aber auch in der sensomotorischen Entwicklung, die Beziehungen zwischen der bedürfnisbezogenen Seite der Aktivität (Tätigkeit) und der auf die objektiven Eigenschaften der Realität bezogenen Seite (Handlung) in vielfältiger Weise lockern, bevor sie sich (ich erinnere an das Beispiel des Kindes, das ein Stöckchen ausbläst) im Bewußtsein trennen. Hier haben wir den gleichen Sachverhalt vorliegen. Erst die *Bewegung im System Sprache* selbst, das damit zur neuen und eigenständigen Objektebene für eine Metasprache werden kann, ermöglicht es, dann *im Verfolgen bedürfnisrelevanter Tätigkeit, die objektiven Eigenschaften des Systems Sprache bewußt auszugliedern und dem Sinn der Tätigkeit,* als nunmehr bloß auf die sprachliche Ebene bezogene Handlungen, *unterzuordnen.* Im Ende dieses Prozesses steht selbstverständlich die Rückkehr auf die natürliche Sprache oder den zeichenvermittelten Arbeitsprozeß, um auf die objektive Realität Einfluß zu nehmen. Dazwischen schiebt sich aber jetzt die Lösung des Problems „für sich", auf der Ebene der inneren Sprache vermittels geistiger, d. h. verkürzter Operationen, die sich gänzlich auf die Ebene der natürlichen Sprache und nicht mehr auf die Nullebene beziehen. Dabei wird die Grammatik von der sprachlichen Tätigkeit trennbar, kann zur Handlung und zur geistigen Operation werden, ohne daß sie in der Zwischenstufe der Handlung versprachlicht werden muß. Dies wäre der Fall bei der Einführung einer weiteren metasprachlichen Ebene, also z. B. des Lehrens von Grammatik in den Fremdsprachen oder im Deutschunterricht usw.. Wir befänden uns damit im Sinn von *Klaus* auf einer dritten sprachlichen Ebene über der Nullebene.

Ich habe diesen längeren Exkurs in die Erörterung der Arbeiten von *Klix* eingefügt, da er es mir ermöglicht, nunmehr *Klix'* Überlegungen zur *innerbegrifflichen Relationsbildung* wie zum Aufbau des Gedächtnisses sowohl darzustellen wie zu kritisieren. Zu den innerbegrifflichen Relationen gehören (*Klix* 1984 a, S. 18):

1. Die *Attributrelation.* Ist eine bestimmte Eigenschaft definierendes Merkmal eines Begriffs? ZUCKER – SÜSS, FROSCH – QUAKEN usw.
2. Die *Unter-Oberbegriffsrelation* KARPFEN – FISCH, BIRKE – BAUM, BAUM – PFLANZE usw.
3. Die *Ober-Unterbegriffsrelation:* also die umgekehrte Relation zu 2.
4. Die *Nebenordnungsrelation,* die besagt, daß zwei Begriffe A und B einen gemeinsamen Oberbegriff C haben (z. B. KARPFEN = A, FORELLE = B, FISCH = C)
5. Die *Kontrastrelation·* Zwei Begriffe markieren entgegengesetzte Pole der Ausprägung eines Merkmals: HOCH – TIEF, RIESE – ZWERG, BERG – TAL
6. Die *Komparativrelation:* Zwei Begriffe sind durch unterschiedlichen Ausprägungsgrad bei gleicher Ausprägungsrichtung bestimmt: KRANK – SIECH, LAUFEN – RENNEN, WIND – STURM usw.

Klix vermerkt, daß alle innerbegrifflichen Relationen „aus Vergleichsprozessen an begrifflichen Merkmalsausprägungen abgeleitet werden können" (ebd.). Es handelt sich seiner Ansicht nach bei den beiden Prozessen um die *stationäre* (zwischenbegriffliche) und die *prozessuale* (innerbegriffliche) Repräsentation von

Wissen, die man auch als „geronnene" bzw. „flüssige" Teile der *Intelligenz* betrachten könne (1984 b).

Diese selbst ist für *Klix* (1983) dann die Fähigkeit zum Zusammenschluß von „Teilfunktionen der Erkenntnistätigkeit so, daß ein gegebenes Ziel (z. B. ein Problem) auf effektive Weise gelöst werden kann. Je geringer der Aufwand, um so höher die Effektivität", die das Maß des Intelligenzgrades ist (S. 383 f.). *Begabung* ist im Unterschied hierzu die „aus vorgegebenen Motivgründen bevorzugte Form der Organisation von Teilfunktionen der Erkenntnistätigkeit" (S. 384). Beide sind damit abhängig von der Organisation des Gedächtnisses als Tätigkeitsprozeß. Hierbei unterscheidet *Klix* (1984 b) drei Abteilungen, Kompartmente des Gedächtnisses:

Zunächst das *operative Kompartment, das Arbeitsgedächtnis.* Es kann Vorstellungen aus der äußeren Welt bearbeiten und Vorstellungen aus dem Bewußtsein sowie beide vergleichen. Ich ergänze: Es kann über die sprachlich vermittelte Form das Abbild der Welt auf Vorstellungsebene reproduzieren und es mit anderen Teilen des Abbilds vergleichen (= begriffliches Denken, Bewegen im Gedankenkonkretum).

Zweitens das *semantische Kompartment* oder wie er auch formuliert: das *Kompartment klassifikatorischer Strukturen.* Diese sind im Langzeitgedächtnis geordnete Geschehenstypen (insofern ordnet das semantische Gedächtnis, so füge ich hinzu, zugleich das episodische Gedächtnis, soweit es Oberbegriffe oder Unterbegriffe für diese Episoden gibt). Neben den Geschehenstypen als „topologisch zusammenhängenden Gebieten", klassifizierten Ereignissen, umfaßt es klassifizierte Objektmengen und singuläre Begriffe.

Drittens unterscheidet *Klix* das *kontrollierende Kompartment* oder die *bewußtseinsfähigen* Prozesse als „Kompositeur". Die operativen Strukturen bilden seiner Auffassung nach die reinen Denkprozesse, die begrifflichen Strukturen, die statischen Gedächtnisanteile. Sowohl der operative Prozeß wie der Gedächtnisprozeß entsprechen jenen Zusammenhängen, die ich in Kapitel 4 herausgearbeitet habe. Eine entsprechende theoretische Herausarbeitung des „kontrollierenden Kompartments" mit Begriffen der Tätigkeitstheorie, also insbesondere „Abbild", „Tätigkeit", „Amodalität" fehlt bei *Klix* leider. Dies behindert ein Stück weit die weitere theoretische Verarbeitung. In ihr geht er davon aus, daß innerbegriffliche Strukturbildungen zeitweilig sind, nicht im Gedächtnis fixiert, und sie sich auf *Begriffe* als *Atome* des Gedächtnisses und *Geschehenstypen* als *Moleküle* des Gedächtnisses beziehen.

Die konsequente tätigkeitspsychologische Auffassung dieser Prozesse würde ergeben, daß die geistigen Handlungen jeweils als Bestandteil der Tätigkeit operativen Charakter annehmen können und dann ins Gedächtnis übergehen ohne bereits eine Versprachlichung zu benötigen. Insofern gehen dann innerbegriffliche Relationsbildungen als Tätigkeit in ein amodales, nicht sinnliches Gedächtnis über, das nicht mehr auf der Ebene von Sprache kodiert ist, allerdings auf diese rückführbar. Im theoretischen Denken wird dies deutlich: Teilweise erfolgt die Lösung der Aufgabe „intuitiv" (also auf der Basis bloß amodaler Strukturen), teilweise auf der Ebene innerer Sprache oder innerer Bilder, teilweise auf der Ebene der verkürzten oder ausführlichen äußeren Sprache, des lauten „Mitdenkens", besser Mitsprechen, beim Denken, oder aber der vergegenständlichten Schriftsprache. Weiterhin wird deutlich, daß die über die Sprache und ihre

Abstraktion als eigene Handlungsebene gewonnene Fähigkeit des Ausbaus der inneren Position selbstverständlich auch auf andere Sinnesbereiche übertragen werden kann: So können räumliche Drehungen von Spiegelungen unterschieden werden usw. und allein auf der Ebene der inneren Vorstellung gelöst werden (vgl *Cooper* und *Shephard* 1985) Die Aufgaben in den unterschiedlichen Intelligenztests zeigen die breite Palette der stabilisierten kategorialen Funktionen auf

Werten wir nun die ausführliche Befassung mit der Auffassung von *Klix* aus, so ergibt sich für die Herausbildung des Denkens in wissenschaftlichen Begriffen folgende Logik: Mit dem Vorschulalter kommt es sukzessive zur Herausbildung funktionaler Begriffe, die sich in der Bildung „ethischer Instanzen" zeigen (also in der Tatsache, daß ein jüngeres Kind zunächst etwas „gut" findet, weil es eine bestimmte Person mag, später aber das Urteil „gut" oder „böse" von dieser Person trennen kann; vgl. *Elkonin* 1967, S. 268 ff.), im Übergang vom Rollenspiel zum Regelspiel oder in der Beherrschung adäquater Werkzeuge in der kindlichen Arbeit. Auf solche funktionalen Begriffe muß auch die Herausbildung des konkret-operativen Denkens zurückgreifen. Ich hatte dies in Kapitel 3 mit einem Experiment von *Galperin* verdeutlicht. Damit sich der Begriff der Volumeninvarianz aufbaut, müssen invariante Maße einzelner Dimensionen des Gegenstands erst gebildet sein. In diesem Alter kommt es zu einer zunehmenden Justierung begrifflicher Abstraktionsebenen über die Anschauung und dann über die Erfassung des operativen Gehalts gesellschaftlicher Verfahren (funktionale Begriffe). Dies sind in der Praxis bereits voll entwickelte soziale Begriffe, auf der sprachlichen Ebene sind sie noch nicht hinreichend justiert, haben häufig die Form von Pseudobegriffen.

Mit dem konkret-operativen Denken tritt nun insofern auf der Basis des bereits benannten Funktionswechsels (auch die von *Holtz* untersuchten Kindergartenkinder ziehen bereits kategoriale Begriffe heran, die sie praktisch richtig, sprachlich aber oft noch anschaulich verwenden) ein Dominanzwechsel ein, indem oberhalb der Primärbegriffe nun die *Justierung* nicht mehr mit sinnlicher Äquivalenz behafteter Oberbegriffe, *kategorialer Begriffe* stattfindet (besser: ihre sinnliche Äquivalenz bezieht sich *nur noch* auf die natürliche Sprache, nicht mehr auf die Nullebene). Diese Justierung kategorialer Oberbegriffe ist erst mit Ende des frühen Schulalters und dem auf dieser Basis erfolgenden Übergang in den Aufbau sozialer Tätigkeitsbedeutungen (vgl. Abb. 16 u. 17), bzw. im Sinne von *Piaget* formal-logischer Begriffsbildung, in vollem Umfang vorhanden, so daß dann der neue Dominanzwechsel erfolgt. In der Entwicklung des konkret-operativen Denkens findet also erst der umfassende Aufbau sozialer Werkzeugbedeutungen statt. Auch wenn die zweite Ebene der Sprache, d. i. das Denken in wissenschaftlichen Begriffen, (scheinbar) nicht beschritten wird, reicht die jeweilige Kategorisierung bis zum Primärbegriff hoch wie die Verwendung dieser Primärbegriffe im Prozeß der gesellschaftlichen Praxis völlig aus, um eine entfaltete innere Position zu entwickeln. In ihr ist zu einem bestimmten Zeitpunkt (frühe Pubertät) die Justierung sämtlicher gesellschaftlicher Begriffe so weit fortgeschritten, daß in ihnen und zwischen ihnen eine *logische Bewegung im Denken* möglich ist. Dies belegen die kulturhistorischen Beispiele bei *Kon* ebenso wie die Möglichkeit, die innere Positionsbildung mit Religion oder Mythen vornehmen zu können, die im strengen Sinn keine wissenschaftlichen Begriffe sind, wenn sie auch in der ontogenetischen Entwicklung psychologisch deren Funktion einnehmen Mit dem

Übergang in die Ebene wissenschaftlich-begrifflichen Denkens wird eine ungeheure Ausweitung von Raum und Zeit im Bewußtsein des Individuums erreicht. Diese potenziert sich nochmals durch die Benutzung der gesellschaftlichen Speicher wie Schriftsprache usw.. Das Weltbild vermag sich nunmehr in einer exponentiellen Weise mit Bedeutungen zu füllen, es konstituiert sich jene *5. Quasidimension des Bewußtseins,* von der *Leontjew* spricht, in enorm erweiterter Form.

Es lohnt sich, wegen der außerordentlich hohen Bedeutung, den dieser Übergang für das Leben in unserer Gesellschaft hat, ihn nochmals in seiner Entwicklung zu betrachten. Zu dieser Bedeutung ein Wort: Ist im Falle z. B. von Behinderung heute dieser Übergang nicht realisiert, so findet zwar auch eine irgendwie geartete Vermittlung des Individuums mit der Gattung statt. Zugleich wird aber mit der Nichtrealisation die Differenz zur sogenannten Normalität immer größer, weil sofort Prozesse der Ausgrenzung beginnen. So führt das Nicht-Sprechen oder Verzögert-Sprechen-zu-Können bei geistiger Behinderung im Vorschulalter meist dazu, daß Kinder nicht nur weniger spielen, sondern auch die sprachlichen Anregungen (Märchen usw.) denkbar gering sind. Oder das Nicht-Lesenlernen eines lernbehinderten Schülers führt zugleich dazu, daß er sich in der Vorpubertät und Pubertät auf sehr viel weniger Vorbilder für die Herausarbeitung seiner inneren Position beziehen kann usw.. Nicht in dieser Herausarbeitung als solcher liegt also das Problem begründet, daß lernbehinderte oder geistigbehinderte Menschen scheinbar nicht zu oberbegrifflichem Denken kommen, sondern darin, daß die Justierungsbereiche ihrer Begriffe durch ihre Isolation schmal bzw. außerordentlich schmal sind. Dafür sprechen sowohl entwicklungspsychologische Forschungen wie neuropsychologische Argumente, auf die ich später (Kap. 6 u. 8) noch näher eingehe.

5.5.5 Die Entwicklung der vermittelten Form des Gedächtnisses (Leontjew)

Den Übergang vom „natürlichen Gedächtnis" zum „logischen Gedächtnis" hat meines Wissens als erster *Leontjew* systematisch und befriedigend modelliert. Dies geschah im Rahmen seiner Dissertation über das Gedächtnis, von der Teile in „Probleme der Entwicklung des Psychischen" (1973, S. 313–376) wiedergegeben sind. In Kürze die Ergebnisse: *Leontjew* fragt, wie es vom „natürlichen Gedächtnis" der Naturvölker, wo Knotenschnüre u. a. m. als Medium des Erinnerns genommen werden, zu einem sprachlich vermittelten Gedächtnis kommt. Er führte dazu eine Reihe von Experimenten durch, innerhalb derer er die Möglichkeit untersuchte, für das Wiedererinnern, also das Beherrschen des eigenen Gedächtnisprozesses, Mittel zu benutzen.

Die Arbeit *Leontjews* „Die Entwicklung höherer Formen des Gedächtnisses" (in „Probleme der Entwicklung des Psychischen", 1973, S. 313–376) ist ein Kapitel aus dem 1931 erschienenen Buch „Psychologie des Gedächtnisses". *Leontjew* fragt nach dem Ursprung der vermittelten Erinnerung der Menschen. Er sieht in den Knotenschnüren oder Kerbstäben von Inkas, Indianerstämmen usw. erste Formen der Gewinnung eines aktiven Zugriffs in die Prozesse des eigenen Gedächtnisses. Dabei kann an die Stelle des Hilfsmittels selbst auch eine

Handlung treten. – Es ist dies im übrigen der gleiche Vorgang, den Karl *Marx* in den „Grundrissen . . .“ (S. 592 f.) am Beispiel der Arbeit wie folgt beschreibt: *„Die Arbeit erscheint nicht mehr so sehr als in den Produktionsprozeß eingeschlossen, als sich der Mensch vielmehr als Wächter und Regulator zum Produktionsprozeß selbst verhält. (Was von der Maschinerie, gilt ebenso von der Kombination der menschlichen Tätigkeiten und der Entwicklung des menschlichen Verkehrs.) Es ist nicht mehr der Arbeiter, der modifizierten Naturgegenstand als Mittelglied zwischen das Objekt und sich einschiebt; sondern den Naturprozeß, den er in einen industriellen umwandelt, schiebt er als Mittel zwischen sich und die unorganische Natur, deren er sich bemeistert. Er tritt neben den Produktionsprozeß, statt sein Hauptagent zu sein“.*

Leontjew fragt nun, wie der bereits vorhandene Gedächtnisstoff organisiert sein muß, damit von äußeren Reizen zu inneren Erfahrungselementen übergegangen werden kann (S. 321). Diese Frage wird an der Begriffsbildung in der Ontogenese untersucht. Ich kann unmöglich die vielfältigen Experimente im einzelnen darstellen, sondern greife einige Beispiel heraus, um auf ihrer Basis die Folgerungen zu zitieren und zu verdeutlichen. Eine in den Untersuchungen gewonnenen Ausgangsposition ist es, daß das Einprägen *ohne* Hilfsmittel ein gänzlich anderer psychischer Prozeß ist als das Einprägen *mit* Hilfsmitteln (S. 334). Den ersteren Prozeß bezeichnet *Leontjew* als Wirkweise und Aufbau des *natürlichen* Gedächtnisses, den letzteren als solchen des *logischen* Gedächtnisses. Er untersuchte den Aufbau dieses zweiten Prozesses in der Ontogenese, indem er Kindern verschiedener Altersstufen (aber auch Erwachsenen, geistig behinderten Menschen usw.) Gedächtnisaufgaben stellte, bei denen Bilder als Mittel verwendet wurden, um sich Wörter einzuprägen. Dabei wurde den Versuchspersonen lediglich gesagt, daß sie diese Bilder als Mittel nutzen könnten, nicht wie. Ich zitiere einige Beispiele aus typischen Protokollen unterschiedlicher Alterstufe der untersuchten Kinder (jeweils richtig gewählte Bilder bei insgesamt 15 Vorgaben):

Wowa M , 4 Jahre

Wort	Bild	R	Erklärung der VP
Milch	Glasgefäß	–	
Mittagessen	Brot	–	
Stuhl	Sofa	–	

Obwohl dieses Kind neun Bilder richtig wählte (sechs Wahlen zeigten keine Verbindung zwischen Bild und Wort) reproduzierte es nur ein einziges Wort richtig (R + = richtige, R − = falsche Reproduktion). Kinder dieses Alters (also im Vorschulbereich) können beim nochmaligen Vorlesen andererseits durchaus die Bilder nennen, für die sie sich entschieden haben (S. 362–354). Bei einem sechs Jahre alten Jungen liegen nun im Vergleich zu dem vierjährigen Wowa, der für 15 Wahlen nur eine Erklärung gab, fast zu jeder Wahl eines Bildes Erklärungen vor (S. 366):

Tolja K., 6 Jahre

Wort	Bild	R	Erklärung der Vp
Milch	Katze	–	Das Kätzchen trinkt Milch
Mittagessen	Tisch	–	Das Messer liegt auf dem Tisch
Stuhl	Straßenbahn	–	Meine Straßenbahn steht auf einem Stuhl

Insgesamt stellte dieses Kind 13 richtige Verbindungen her und reproduzierte vier Wörter richtig. *Leontjew* erläutert die memotechnische Funktion der Bilder auf dieser Altersstufe wie folgt (S. 368): *„Befürchtete man keine riskanten Analogien, dann könnte man sagen. Ein Kind auf dieser Entwicklungsstufe seines Gedächtnisses bedient sich des Bildes beim Einprägen wie ein Mensch, der zwar einen Hebel bewegen vermag, der jedoch außerstande ist, mit seiner Hilfe eine Last zu heben und damit die gesamte Operation zu organisieren, der also davon abhängig ist, ob ihm der Zufall einen Hebel in die Hand gibt."*

Sozialer Werkzeuggebrauch der Begriffe erfolgt also bereits, um in unserer Terminologie zu bleiben. Jedoch sind die sozialen Werkzeugbedeutungen noch nicht entwickelt.

Anderes sehen die Protokolle eines 9jährigen oder eines 12jährigen aus, die ich kurz zitiere:

Grigori S., 9 Jahre

Wort	Bild	R	Sprachl. Reaktion	Erklärung der Vp
Milch	Korb mit Früchten	+	Es gibt keine Milch	zusammen mit der Milch
Mittagessen	Dose	–		Vor dem Mittagessen gibt es keine Süßigkeiten
Stuhl	Haus	+	Haus – dort kann man sitzen	Im Haus ist ein Stuhl
Regen	Zaun	+		Der Zaun hat die gleiche Farbe wie der Himmel, wenn es regnet

(Acht richtige Reproduktionen in Serie C, aus der die ersten drei Beispiele stammen.)

Die Eigenart der jetzt entstehenden Verbindungen ist es, so *Leontjew*, daß sie zunehmend nicht mehr vom Wort zum Bild gebildet werden, sondern vom Bild zum Wort. Die Wahl des Bildes „Dose" ist ein solches Beispiel.

Unter allen möglichen semantischen Feldern, in denen „DOSE" existiert, gibt es auch das Feld, sie zur Aufbewahrung von Lebensmitteln zu benutzen. Über die Affinität des Feldes „LEBENSMITTEL AUFBEWAHREN" zu „MITTAG-ESSEN" (die aufbewahrten Lebensmittel können als vor dem Essen gereichte Süßigkeiten in den Eßablauf einbezogen werden), erfolgt nunmehr vom Bild ausgehend die Verknüpfung mit dem Wort. Damit ist das wiederauftauchende Bild als Operation zum Mittel der Tätigkeit geworden, indem es in verkürzter Form den Rekurs auf das semantische Feld „LEBENSMITTEL AUFBEWAH-REN" ermöglicht und damit gegebenenfalls das Auffinden des Wortes „MIT-TAGESSEN" mit Hilfe des Bildes „DOSE", das hier allerdings noch mißlingt.

Zunehmend finden sich in Verbindungen auch *Zwischenglieder* (erstmalig im Schulalter; vgl S. 372). So das Zwischenglied HIMMEL. Ausgehend von dem Prüfen möglicher Verbindungen wird „ZAUN" zu „REGEN" zugeordnet, da ausgehend von „ZAUN" eine dem Zaun gemeinsame Eigenschaft mit der im semantischen Feld „REGNEN" (angeregt durch „REGEN") vorhandenen Lokationsrelation „HIMMEL" gefunden werden kann. „ZAUN" wie „HIMMEL" verfügen im semantischen Feld „FARBIG SEIN" über die potenielle Attributrelation „GRAU". Es zeigt sich, daß damit diese Attributsrelation nichts anderes ist, als die Anwendung eines von der Praxis gelösten Ereignisfeldes „FARBIG SEIN", das jetzt in innerbegrifflicher Relationsbildung auf die Attributrelation „GRAU" verkürzt als geistige Operation zum Mittel der Analyse genommen wird. Dies ist deshalb möglich, weil die Ereignisfelder „REGNEN" oder „FAR-BIG SEIN" beide bereits die mögliche Attribuierung GRAU erhalten, die als allgemeine, innerbegriffliche Attributrelation „GRAU SEIN" aus allen empirisch wahrnehmbaren Ereignisfeldern abstrahiert wird, damit also kategorialer Oberbegriff ist. Ihre sinnliche Repräsentanz liegt zunächst in dieser Verwendung ausschließlich auf der Sprachebene. Sie wird erst im zweiten Schritt auf die in der Praxis vorliegenden und mit „REGEN" bzw. „ZAUN" verknüpften semantischen Felder bezogen. Dabei ist als Mittel jedoch noch der funktionale Oberbegriff „HIMMEL" notwendig, um über die funktionale Kette „REGEN-HIMMEL-ZAUN", die kategoriale Verknüpfung GRAU herstellen zu können. Die erste Operation ist bereits als Mittel voll verkürzt verfügbar, die zweite noch nicht. Insofern stellt *Leontjew*, dessen Überlegungen ich auf der Basis der vorherigen Erörterungen in dieser Hinsicht theoretisch untermauert habe, zu Recht fest, daß solche Zwischenglieder den „Übergang zu noch höheren Formen des mittelbaren Einprägens" vorbereiten (S. 372).

Alla W. (12 Jahre) kann sich dagegen ohne Probleme in den semantischen Feldern auf und abwärts bewegen. Der Primärbegriff ist lediglich noch zum schnellen Auffinden bedeutsam, markiert aber in keiner Weise Grenzen des Auf- und Absteigens. Insofern ist er jetzt kein Pseudobegriff mehr, sondern hat selbst kategoriale Eigenschaften gewonnen. In der Hierarchie der möglichen semantischen Felder, die mit zwei „MÖBELSTÜCKEN" verbunden sind (von „STUHL" wie von „SOFA" wie von „SCHRANK" oder „BETT" usw. kann aufgestiegen werden bis „MÖBELSTÜCK" oder hinab bis z. B. „KINDERSTUHL" usw.), kann auf allen Ebenen der Begriffe nunmehr überprüft werden, in welchen Affinitätsverhältnissen sie zu den jeweils aktivierten semantischen Kernen stehen Dabei wird für „STUHL" und „SOFA" dann der gemeinsame semantische Kern „SITZEN" gefunden. Oder aber beide Begriffe haben Affinitäten zu einem

Nunmehr zum letzten Protokollauszug (S. 373):

Alla W., 12 Jahre

Wort	Bild	R	Sprachliche Reaktion	Erklärung der Vp
Milch	Glas	+		Man gießt Milch in das Glas
Mittagessen	Tisch	+		Das Mittagessen steht auf dem Tisch
Stuhl	Sofa	+		Man kann auf dem Stuhl und auf dem Sofa sitzen

(Richtige Reproduktion aller Begriffe)

gemeinsamen semantischen Kern, der nicht nur ihre Instrumentalrelation ausdrückt, so wie in dem bereits erörterten Beispiel, sondern in diesem Fall das
Verhältnis von Handlungsträger („MITTAGESSEN" befindet sich in Aktorrelation) zur Lokation („TISCH")

Es wird deutlich: Die innerbegriffliche Relationsbildung untersucht hier nichts
anderes als die möglichen Aktorrelationen zwischen beiden Begriffen, die zwi-
schenbegrifflich als Handlungsträger und Lokation im semantischen Feld, das
letztlich gewählt wird, auftreten können. *Die innerbegriffliche Bewegung ist also
nichts anderes, als die Untersuchung der sprachlichen Ebene auf einen Geschehenstyp hin, der auf die Abbildfunktion der natürlichen Sprache gegenüber der Nullebene sinnvoll zurückgeführt werden kann.* „Das Mittagessen hüpft auf den Tisch"
oder „Der Tisch steht auf dem Mittagessen" sind dabei logisch ebenfalls möglich,
nicht jedoch auf die Nullebene rückführbar.

Quantitative wie qualitative Auswertung (nur auf die letztere bin ich hier
eingegangen) ergeben folgende Hauptetappen des untersuchten Prozesses
(*Leontjew*, S. 374):

1. *Präassoziative Etappe*: Die Bilder werden unabhängig von den einzuprägen-
den Wörtern ausgewählt.

2. *Assoziative Etappe*: Die Entscheidung für ein bestimmtes Bild hängt von
dem dargebotenen Wort ab; „sie wird jedoch unabhängig von der Gedächtnisauf-
gabe getroffen".

3. *Operative Etappe*: Der Vorgang des Auswählens ordnet sich der Operation
unter; „die Entscheidung kann nur im Hinblick auf das Endziel der Operation
verstanden werden"

4. *Innerlich vermitteltes Einprägen*: Die Operation wird gänzlich auf die geistige
Ebene übergeführt. Wir sahen dies am Beispiel des neunjährigen Grigori, der
gegenüber den Kindern niedrigeren und höheren Alters eine Vielzahl sprachlicher Reaktionen aufweist, die sich bei der zwölfjährigen Alla überhaupt nur ein
einziges Mal finden.

Damit werden zugleich wesentliche Hinweise für den Aufbau geistiger Operationen gegeben, die ich hier nicht behandeln will, sondern im Zusammenhang mit
der Interiorisationstheorie *Galperins* in Kapitel 11 darstellen werde.

Im Verlauf dieser Prozesse wird jedoch der gesamte Prozeß der Gedächtnis-funktionen und des Denkens so umgeformt, daß letztlich die frühere Form der Gedächtnisbildung völlig von der späteren aufgehoben wird, wie abschließend die folgende Tabelle demonstrieren soll (entnommen aus *Leontjew*, S. 328):

Tabelle 3: Ergebnisse der Gedächtnisuntersuchungen von A. N. Leontjew

Versuchsserien	Vor-schul-alter	Jüngeres Schulalter		Mittleres Schulalter		Erwachsene	
		Schüler d I Gr	Schüler d III Gr	Schüler d V Gr	Schüler d VI Gr	Studenten	Arbeiter
Einprägen ohne Bilder	4,0	5,0	6,7	7,5	9,0	11,5	8,5
Einprägen mit Bildern	9,8	11,2	12,7	11,0	13,0	14,0	12,0

Durch die Möglichkeit des umfassenden Zugangs zu den in der Sprache vorlie-genden gesellschaftlichen Werkzeugen erfolgt also eine Umgestaltung der inneren Position, auf deren Basis es möglich wird, die Gedächtnistätigkeit vorwiegend auf der zweiten sprachlichen Ebene zu organisieren, deren Referenzebene die erste sprachliche Ebene ist, und erst nach Lösung des Problems jeweils wieder den Schritt von der ersten sprachlichen Ebene zur Nullebene zu tun. Ob das Denken nun „anschaulich" bleibt, also der Prozeß des „natürlichen" Gedächtnisses über den des „logischen" dominant bleibt, oder aber, wie in der Tabelle demonstriert, der Übergang zur Dominanz des „logischen" Gedächtnisses gelingt, hängt nicht davon ab, daß u. U. keine innere Position vorhanden wäre. Es hängt auch nicht davon ab, daß keine Kategorisierungen herausarbeitbar wären, sondern von dem nützlichen Endeffekt, den in der sozialen Tätigkeit die Tätigkeitsprozesse auf der einen wie auf der anderen Ebene für das Individuum haben. Bleibt ein Mensch erst einmal im Lernen zurück, so wird in der Regel nicht sein Übergang zu höheren Formen des Denkens weiter systematisch gefördert, sondern ihm wird aufgrund seines partiellen Rückstandes allgemeiner Rückstand zugeschrieben: Analphabetismus, Lernbehinderung, geistige Behinderung. Modelliert man je-doch die Funktionen des kategorialen Denkens in anderer und neuer Weise heraus, in einer Art, die für das Individuum sinnvoll ist, so kann sich die Einstellung sehr wohl von der Nullebene als Bezugsebene auf die erste sprachli-che Ebene als Bezugsebene verlagern. Entsprechend kann dann die Orientie-rungstätigkeit und Denktätigkeit auf der zweiten sprachlichen Ebene organisiert werden. (Vgl. für den Bereich geistige Behinderung die in Kap. 6 zitierten Arbeiten von *Feuerstein* und von *Probst*, die für die Möglichkeit dieser Entwick-lung sprechen.)

5.6 Die zweite und soziale Geburt der Persönlichkeit in Pubertät und Adoleszens

Hier kann ich nunmehr übergehen zur Frage der weiteren Ausgestaltung des reflexiven Ichs, der inneren Position in den Prozessen der Pubertät, deren Ergebnis *Leontjew* als „zweite Geburt der Persönlichkeit" kennzeichnet. Ich habe diese Zusammenhänge weiter oben bereits in den Abbildungen 14–17 mitaufgeführt. Es lohnt sich, hier nochmals zurückzuschlagen, um die folgenden Überlegungen besser im Kontext begreifen zu können. *Kon* (1983, S. 268) faßt die nunmehr stattfindenden Prozesse als *Entdeckung der Innenwelt* zusammen. „Die Entdeckung" der eigenen Innenwelt ist ein ausnehmend wichtiges, freudiges und erregendes Ereignis, das indessen auch viele beunruhigende, dramatische Emotionen hervorruft" (ebd.).

Suchomlinski, der den Entwicklungsprozessen dieser Altersstufe sein Buch „Vom Werden des jungen Staatsbürgers" gewidmet hat, spricht von der zweiten Geburt des Menschen, seiner Geburt als Staatsbürger. Er kennzeichnet diesen Wandel eindrucksvoll mit folgendem fiktiven Zitat (S. 66):

„Ist der Mensch zum zweiten Mal geboren, äußert er sich ganz anders über sich „Bevormundet mich nicht, lauft mir nicht nach, verfolgt nicht jeden meiner Schritte, beaufsichtigt mich nicht voll Mißtrauen, mit keinem Wort erinnert mich an meine Wiege! Ich bin ein selbständiger Mensch. Ich will nicht an die Hand genommen werden. Vor mir liegt ein hoher Berg. Er ist das Ziel meines Lebens. Ich sehe dieses Ziel, denke daran und will es erreichen, aber ich will den Gipfel selbständig besteigen. Schon beginne ich den Aufstieg, mache die ersten Schritte, und je höher ich komme, desto weiter wird mein Horizont, desto mehr Menschen sehen mich. Vor der Größe und Grenzenlosigkeit dessen, was mich erwartet, wird mir bange. Ich brauche die Hilfe eines älteren Freundes Wenn ich mich auf den Arm eines starken, klugen Menschen stützen kann, werde ich meinen Gipfel erreichen. Doch ich schäme mich, und es ist mir unangenehm davon zu sprechen. Ich möchte alle glauben machen, daß ich selbständig, aus eigener Kraft den Gipfel erreichen werde" So etwa würde es ein Halbwüchsiger sagen, wäre er fähig, auszusprechen, was ihn bewegt und wollte er überhaupt all das offen aussprechen."

Der Dominanzwechsel zu dieser Stufe, also das Vorwiegen des neuen Abbildniveaus, von dem aus sich die Tätigkeit entfaltet, ist außerordentlich dramatisch. „Dem Halbwüchsigen wird bewußt: Ich bin eine Persönlichkeit wie mein Vater, wie mein Lehrer, wie alle Erwachsenen Dieser Gedanke kommt plötzlich, wie eine Entdeckung, er verblüfft und verwirrt den Halbwüchsigen und weckt eine Fülle neuer Ideen" (a. a. O., S. 68).

Mit der Herausbildung des neuen Abbildniveaus werden auf der Ebene der inneren Position, die bereits mit sozialen Werkzeugbedeutungen hierarchisiert ist, nunmehr die *eigenen psychischen Beweggründe* für die Betätigung der sozialen Werkzeuge sichtbar. Damit werden im theoretischen Denken, von dessen Entwicklung wir bisher gesprochen hatten, die psychischen Bewegungsprozesse des Subjekts selbst von den Notwendigkeiten der Praxis und ihrer Veränderung mit sozialen Werkzeugen trennbar Wie in der Entwicklung der ersten Geburt der Persönlichkeit, also im Übergang von individuellen Werkzeugbedeutungen zu individuellen Tätigkeitsbedeutungen sich der Sinn der Tätigkeit von ihrer unmittelbaren Ausführung trennte (bezogen auf die „Nullebene", also die Ebene der Handlungen in der materiellen Welt), so *trennt sich nunmehr der Sinn der Tätigkeit von ihrer unmittelbaren Ausführung in der Innenwelt*, der inneren Position, der gesamten in der Gedächtnisbildung und der Herausbildung der inneren Sprache in ihren hierarchischen Verhältnissen justierten Welt des Bewußtseins In diesen Prozessen entstehen Weltanschauung und Selbstbestimmung als widersprüchliche Einheit (vgl. *Kon* 1983, S. 299).

Bevor ich jedoch auf dieses Endresultat der Herausbildung der „inneren Position des Erwachsenen" (*Boshowitsch* 1980, S. 427) zu sprechen komme, muß die Entwicklung dorthin genauer bestimmt werden. Viele Autoren unterscheiden zwar formal *frühes* und *spätes* Pubertätsalter, aber nur zwei Autoren habe ich gefunden, die der psychischen Umorganisation als einem in zwei Etappen verlaufenden Prozeß Rechnung tragen. Zum einen ist dies *Elkonin* (1972), der in einer methodologischen Arbeit zu dem Problem der Periodisierung der Entwicklung im Kindesalter zunächst von der „engen persönlichen Kommunikation" in der frühen Pubertät spricht. In ihr überwiegt die Entwicklung der Bedürfnis-Motivations-Sphäre vor der Entwicklung der operational-technischen Möglichkeiten. Zum zweiten kommt es dann in der späteren Pubertät zu einem erneuten Kreuzen dieser Linien und zur Vorrangigkeit der Entwicklung der operativ-technischen Möglichkeiten. Hieraus resultiert als psychische Besonderheit die „berufsorientierte Tätigkeit".

Genauer betrachtet gelangt diese Periodisierung noch nicht restlos zum Kern der Prozesse, insofern sie nur das als Periodisierungsprinzip für die gesamte Pubertät formuliert, was wir verschiedentlich schon mit dem Zusammenfallen von Abbildniveau und Tätigkeitsniveau im Augenblick des Übergangs und mit der neuen Entfaltung der Widersprüche betrachtet haben Mit der Erfaßbarkeit der eigenen Motive werden die Widersprüche zwischen Ansprüchen und Möglichkeiten außerordentlich groß, und es dauert erhebliche Zeit, bis sich hier wieder harmonische Verhältnisse einstellen. Der Kernpunkt dieser harmonischen Verhältnisse ist meines Erachtens das Moment der *Selbstbestimmung*, das die Genese der *sozialen Ich-Bedeutung* (vgl. Abb. 16 und 17) ausdrückt. Damit wird aber ein neues Niveau des Abbilds erreicht, und erneute Widersprüche, jetzt in das Erwachsenenalter hineinreichend, resultieren. Man kann sie grob beschreiben als Problem der Entwicklung der eigenen Lebensperspektive und Persönlichkeit im Kontext der sozialen Möglichkeiten: Also der ständige Kampf um die Vermittlung zur Gattung, gegen Entfremdung und Gleichgültigkeit der Bedeutungen bis ins hohe Alter.

Etwas weiter gelangt in ihrem Periodisierungsversuch *Elkonins* Mitarbeiterin *Boshowitsch* (1980), die deutlich eine frühe und eine späte Periode unterscheidet, psychische Besonderheiten der frühen wie der späten Periode bestimmt, aber die genaue Differenz beider Perioden nicht herauszuarbeiten vermag. Ich denke, daß dies mit den von mir vorgeschlagenen Niveaus des Entstehens der sozialen Tätigkeitsbedeutungen und der sozialen Ichbedeutungen besser möglich ist. Wie in der bisherigen Herausbildung der inneren Position allmählich die sozialen Werkzeuge angeeignet wurden und zur Gegenstandsebene in der inneren Welt als Begriffe justiert wurden (und damit die innere Welt überhaupt justiert wurde), so erfolgt nunmehr eine *Justierung der eigenen Motivations-Bedürfnis-Sphäre in der inneren Welt* vermittelt über das Begreifen der hinter den Taten der Menschen liegenden Motive wie des Sinns ihrer Tätigkeit. Psychologisch ist damit das Wesen des Entstehens der *sozialen Tätigkeitsbedeutungen* das Entdecken der *inneren Motive:* Bei sich selbst wie bei anderen Menschen. Das Wesen der Genese der *sozialen Ich-Bedeutungen* ist das Begreifen des *persönlichen Sinns* in der Tätigkeit anderer Menschen wie in der eigenen Tätigkeit. Damit erst wird individuell die Vermittlung zur Gattung so denkbar, wie dies im *Marx*schen kategorischen Imperativ zum Ausdruck kam: „alle Verhältnisse umzuwerfen, in denen der Mensch ein erniedrigtes, ein geknechtetes, ein verlassenes, ein verächtliches Wesen ist". D. h. es erfolgt nunmehr die *Justierung der im Vergesellschaftungsprozeß entwickelten Prozesse der Moral*: Nicht aber im Sinne eines strafenden Über-Ichs, das lediglich die pathologische Stereotypisierung dieser Prozesse ist (vgl. Kap. 6), sondern im Sinn entfalteter Verhältnisse zur Gattung.

Suchomlinski („Mein Herz gehört den Kindern", S. 220) drückt dies so aus: „Ein wahrhafter Mensch ist, wer für das Glück der Menschen kämpft, wer weder seine Kräfte noch, wenn es nötig ist, sein Leben schont, um Ausbeutung des Menschen durch den Menschen, soziale Ungerechtigkeit und Willkür für immer von unserem Planeten zu verbannen". *Leontjew* (1979) spricht mit Maxim *Gorki* davon, daß der Mensch numehr „Mensch der Menschheit" zu werden vermag. Auch diese Fragen habe ich philosophisch bereits behandelt und werde sie in den pädagogischen Kapiteln dieses Buches vertiefen. Mit *Chartschew* gesprochen geht es hierbei ständig um die Herstellung eines *harmonischen Verhältnisses zwischen individuellem Sollen und gesellschaftlichem Sollen* (vgl. *Bradter* 1976, S. 43; *Chartschew* 1976, S. 39). D. h. die sinnhafte Existenz des Menschen im Verhältnis zur Gattung muß je neu hergestellt werden und im Verhältnis von sinnhaftem und stimmigen Leben im Augenblick zu einer sinnhaften Perspektive für die Zukunft vermittelt werden. Diese Prozesse sind insbesondere in Arbeiten zur marxistischen Kulturtheorie und des wissenschaftlichen Humanismus entwickelt worden. Exemplarisch verweise ich auf *Metscher* (1982) sowie die „Ästhetik des Widerstands" von Peter *Weiss*.

Meine Behauptung, daß mit dem Übergang zur Ebene der sozialen Tätigkeitsbedeutungen in der frühen Pubertät das Interesse sich von den Taten der Menschen auf ihre *Motive* richtet (und damit auch auf das Verhältnis der eigenen Motive zu den eigenen Taten), wird durch eine Untersuchung, die L. *Boshowitsch* (1980) anführt, eindrucksvoll belegt: *Boshowitsch* analysiert zunächst, wie die Weiterentwicklung der Lerntätigkeit und die neuen Umstände im Verhältnis zu den Erwachsenen wie in der eigenen Altersgruppe zu einer Umorganisation der psychischen Prozesse führen. „All das weckt Motive, die den Schüler dieser Altersstufe veranlassen, sich selbst zu analysieren und mit anderen zu vergleichen" (S. 421). Sie verweist dann auf Untersuchungen mit einem *Tolstoi*-Text, der Jugendlichen in diesem Alter zum Lesen gegeben wurde. Es geht dabei um die Gestalt des Nikolenka Irtenjew in *Tolstois* „Kindheit. Knabenjahre. Jugendzeit". Kinder und Jugendliche bekamen spezielle Auszüge aus diesem Buch zu lesen und wurden anschließend gefragt, woran sie sich Nikolenka betreffend besonders erinnern, was sie nacherleben konnten oder was ihnen fremd, erstaunlich oder gar tadelnswert erschien. Dabei zeigte es sich, daß sich Kinder unter elf Jahren in der Regel nicht für jene Stellen in *Tolstois* Erzählung interessieren, wo das Verhältnis von Nikolenka zu sich selbst beschrieben wird: *„Zumeist bemerkten sie diese gar nicht und erinnerten sich auch nicht daran. Ein Gespräch mit* *ihnen über diese Thematik erwies sich als wenig fruchtbar. Sie langweilten sich und sprachen lieber über Ereignisse aus Nikolenkas Leben. Bei den Kindern von zwölf Jahren an war schon eine andere Beziehung festzustellen. Sie kamen viel häufiger auf jene Stellen zu sprechen, wo Nikolenkas Persönlichkeitseigenschaften, zum Beispiel seine sittlichen Eigenschaften und sein Erleben behandelt wurden. Ohne spezielle Aufforderung verglichen sie sich mit Nikolenka (‚Ich begann auch über mich nachzudenken‘) und zeigten Verständnis für seine Gedanken und Handlungen (‚Er war zu Recht gekränkt‘, ‚Ich denke auch manchmal so‘, ‚Es ist kränkend, wenn man dir nicht vertraut‘, ‚Ich finde es richtig, daß er empört war‘ usw.).*"

Es setzt also nun eine *Erforschung der Innenwelt* an, in der das Verhältnis von Tätigkeit und Handlung, Motiv und Zweck die zentralen Widersprüche setzt Damit entstehen psychische Neubildungen, die erheblich von den bisherigen Prozessen der Tätigkeit abhängig sind, die jetzt in der inneren Position vor einem absolut unerbittlichen Gericht stehen. Aber auch hier gilt „Das Gefühl ist der Wächter des Bewußtseins" (*Suchomlinski* 1977, S. 181), d. h. die gesamten Intrasystembeziehungen des Psychischen gestalten sich mit dem Übergang zum neuen Abbildniveau um. Treten nun Emotionen auf, die sehr stark sind, nicht auszuhalten sind, so resultieren Prozesse der Verdrängung und Umbildung, wie ich sie im folgenden Kapitel genauer behandele. Kein Mensch kann es aushalten, in der inneren Position des Erwachsenen vor sich selbst als schlecht, unfähig usw. zu stehen. Psychopathologische Syndrome neuer Art (Depression, Spaltung des Bewußtseins) sowie menschliche Gleichgültigkeit, Härte, emotionale Vertäubung usw. sind Resultate eines Übergangs, der in Teilen mißlingt.

Wie diese Widersprüche gelöst werden, hängt damit zum einen wesentlich von der bisherigen Herausbildung der psychischen Prozesse ab, zum anderen aber ebenso wesentlich von der Rolle der Erwachsenen wie des Kollektivs und darüber hinaus der Altersgruppe der Gleichaltrigen. In diesem Kontext entscheidet sich die je persönliche Lösung der wesentlichen Widersprüche dieses Alters.

Ich möchte diese zusammengefaßt in neun Punkten wiedergeben, die *Suchomlinski* (1977, S. 44 ff.) herausgearbeitet, ohne diese Probleme im Detail zu kommentieren. Es muß hier wie in den anderen Teilen dieses Kapitels genügen, die wesentlichsten, notwendigsten, allgemeinsten Zusammenhänge zu verdeutlichen.

Zentrale Widersprüche der Pubertät sind demgemäß:

1) „Einerseits Unversöhnlichkeit gegenüber dem Bösen, der Unwahrheit, die Bereitschaft, gegen die geringste Abweichung von der Wahrheit anzukämpfen, andererseits aber die Unfähigkeit, sich in den komplizierten Erscheinungen des Lebens zurechtzufinden" (S. 48).

2) „Der Halbwüchsige will gut sein, er strebt einem Ideal nach, dennoch gefällt es ihm nicht, daß man ihn erzieht, erträgt er das unverhüllt Tendenziöse der Erziehung nicht, das manchmal zu einem wirklichen Übel der schulischen Erziehung wird." *Suchomlinski* fügt zurecht hinzu: „Friedrich *Engels* war der Meinung, daß die Tendenz sich von selbst ergeben müsse, aus den Situationen und Ideen heraus. Dieser Gedanke hat in der Erziehungsarbeit besondere Bedeutung. Eine Wahrheit wird dem Menschen, besonders im Halbwüchsigenalter, dann lieb und teuer, wenn er eigene Anstrengungen gemacht hat, diese Wahrheit zu erkennen, sie gewissermaßen zu entdecken" (S. 50).

3) Der „Wunsch nach Selbstbestätigung" steht im Widerspruch zu „dem Unvermögen, sie zu erreichen. Der Halbwüchsige macht eine wichtige Entdeckung: Die

moralische Würde des Menschen, sein Platz in der Gesellschaft, die Erfolge in der Arbeit äußern sich in gesellschaftlicher Anerkennung", die, so muß man hinzufügen, sich nicht nur auf die Ergebnisse der Handlungen bezieht, sondern jetzt auch ihren neuen Kern findet, als Anerkennung für die Übereinstimmung von Handlungen und Motiven. Ist diese nicht gewährleistet, so ist auch letztlich keine Selbstachtung möglich (S. 52 ff.).

Zur Frage der *Selbstachtung*, die in dieser Altersetappe von verschiedenen Autoren als wesentliche psychische Neubildung herausgearbeitet wird, ist es interessant, die von W. *James* entwickelte Formel für Selbstachtung anzuführen, die die in Kapitel 4 versuchte Formalisierung ein Stück ergänzt und weiterführt: Für *James* (zit. nach *Kon* 1983, S. 51) ist

$$\text{Selbstachtung} = \frac{\text{Erfolg}}{\text{Ansprüche}}$$

D. h. „je höher die Ansprüche sind, desto schwieriger ist es, sie zu befriedigen" *(Kon)*. Mit den in Kapitel 4 dargestellten Überlegungen läßt sich dieser Sachverhalt präzisieren. Das *Anspruchsniveau* der Persönlichkeit spezifiziert sich neben seiner bisherigen Ausrichtung auf die „Welt der Dinge", nunmehr in der inneren Position auf die „Welt der Ideen" *(Suchomlinski)*. Ansprüche in der Formel von *James* bestimmen sich damit in dem Sinne, wie allgemein für das Anspruchsniveau in Kapitel 4 bereits abgeleitet. D. h. bei der Entwicklung der Ansprüche an sich selbst ist für eine gesunde und harmonische psychische Entwicklung ein *ausgewogenes Verhältnis von entfalteten Bedürfnissen und der Möglichkeit, die Hindernisse zu überwinden, die sich ihrer Befriedigung entgegenstellen*, erforderlich. Dieses Anspruchsniveau, das sich auf das Verhältnis der harmonischen Vermittlung von Motiven und Handlungen in der inneren Position bezieht, gerät in *Widersprüche zu den äußeren Bèdingungen*, die es erfordern zu handeln, also Erfolge zu erzielen. Aus der Art und Größe dieser Widersprüche wie der bisherigen Bedürfnis-, Willens-, Fähigkeits- und Anspruchsniveauentwicklung (letztere auf den bisherigen hierarchisch niederen Niveaus) resultiert dann, ob Selbstachtung gewonnen wird oder nicht. Wird sie nicht erreicht oder nur partiell, so resultieren hieraus wiederum vielfältige psychopathologische Reaktionsbildungen, die sich keineswegs gleich offenbaren müssen, jedoch im Prozeß des Lebens in späteren Jahren bei entsprechender Verschärfung von Konflikten häufig hervortreten. Gleichzeitig verweist diese vertiefte Interpretation der Formel von *James* auch auf wesentliche Gesetzmäßigkeiten psychotherapeutischer Prozesse: Selbstachtung kann zurückgewonnen werden sowohl durch Organisierung von Erfolgen, als auch gegenüber den Menschen realisierte Achtung in den therapeutischen Prozessen, die sie elementare Bedürfnisse wieder adäquat im harmonischen Verhältnis von Bedürfnis und Willen realisieren läßt. Dabei ist das fundamentalste Bedürfnis unter diesen Bedingungen die Wiedervermittlung zur Gattung, also die Rekonstruktion des persönlichen Sinns. Auf diese Sachverhalte gehe ich in Kapitel 12 vertieft ein.

Zurück zu den von *Suchomlinski* aufgezeigten Entwicklungswidersprüchen:
4) „Es besteht ein tiefes Bedürfnis nach Rat und Hilfe, gleichzeitig aber eine scheinbare Abneigung sich an Ältere zu wenden." Dieser Widerspruch kann vor allem durch eine einigende Idee überwunden werden (S 56).

5) Weiterhin ist für den komplizierten Prozeß der Selbstbestätigung der Widerspruch kennzeichnend „zwischen der Vielfalt der Wünsche einerseits und der Beschränktheit der Kräfte, Erfahrungen und Möglichkeiten für ihre Realisierung andererseits" (S. 56 f.). Einerseits interessieren den Halbwüchsigen die vielfältigsten Realisationen meisterhafter Tätigkeit in Wissenschaft, Kunst, Arbeit usw., andererseits ist sein Interesse noch unbeständig, seine Leidenschaften sind vielfältig. *Kon* spricht hier (S. 300) von einem „Rollenmoratorium" in diesem Alter. D. h. er kennzeichnet das Jugendalter als Periode, wo der Mensch unterschiedliche soziale Rollen „ausprobiert", wo er aber vorläufig noch nicht die endgültige Entscheidung trifft. In diesem Kontext ist sicherlich als Vorform dieser Prozesse auch das Auftreten der *Tagträume* zu kennzeichnen, die, so *Boshowitsch* (1980), für die frühe Pubertät die gleiche Funktion haben, wie für die frühe kindliche Entwicklung das Spiel.

6) Ein weiterer Widerspruch ist die „vorgetäuschte Negierung von Autoritäten, Begeisterung an Idealen" einerseits im Verhältnis zum Zweifel andererseits, „daß das Ideale in unserem täglichen Leben vorkommen kann" (S. 58).

7) Weiterhin ist zu nennen der Widerspruch zwischen „Verachtung von Egoismus und Individualismus einerseits und übersteigerter Eigenliebe andererseits" (S. 59).

8) Die Widersprüche in der Selbstbestätigung im Bereich des intellektuellen Lebens zeigen sich in der „Ehrfurcht vor der Unerschöpflichkeit der Wissenschaft", dem „Wunsch, viel zu wissen", dem „Erlebnis von Freude und Begeisterung an intellektueller Arbeit" und andererseits einem gleichzeitig oberflächlichen, sogar leichtfertigen Verhältnis zum Lernen, zu den täglichen Aufgaben (S. 60).

9) Schließlich wird als Widerspruch genannt: „Romantische Begeisterung einerseits und Rüpeleien sowie moralische Ignoranz andererseits, Begeisterung am Schönen und ein ironisches Verhältnis zum Schönen". Dahinter steht, daß der Jugendliche nicht nur die Erscheinungen der Umwelt, sondern auch seine Gefühle begreifen will. „Er schämt sich seiner Gefühle, fürchtet, daß man ihn für überempfindlich hält. Zarte, gute, menschliche Gefühle erscheinen ihm kindlich und alles Kindliche möchte er so schnell wie möglich hinter sich lassen" (S. 64).

In diesen Prozessen füllt sich also zunehmend das Weltbild mit der neuen Form der Bedeutungen, die ein höheres Niveau an Reflexivität sichern. Aus der inneren Position entsteht die *innere Position des Erwachsenen* und damit im eigentlichen Sinne das reflexive Ich. Als zentrale Komponente dieses Übergangs zum Erfassen des persönlichen Sinns hinter den Motiven wie des persönlichen Sinns im Leben anderer Menschen, habe ich die Genese der sozialen Ich-Bedeutungen genannt, die sich in Neubildungen der späten Pubertät offenbart. Eine der entscheidenden Neubildungen ist die *Synthese eines „Ichs" als „Du"* Über den sozialen Verkehr mit den „bedeutsamen Anderen", über die eigenen Tätigkeiten, die auf diese Menschen bezogen sind, offenbart sich in diesem Verkehr mit den anderen Menschen (Erwachsene, Gleichaltrige, oft auch vermittelt über Kunst und Literatur) die Welt der Motive und der persönlichen Sinngebungen, auf die nun der Heranwachsende seine eigenen Motive und Gefühle, seinen persönlichen Sinn bezieht In den inneren Prozessen auf der Ebene der inneren Position, wie in den in sie vermittelten Prozessen des sozialen Verkehrs, wird das Individuum von der Persönlichkeit „an sich" zur Persönlichkeit „für sich", indem es Persönlichkeit „für andere" wird (*Wygotski*). Damit verlagert sich die Gesamtheit seiner Handlungen, Motive wie seines persönlichen Sinns auf die innere Ebene, ist innerer Gegenpol zur Weltanschauung und bildet mit dieser eine bimodale und bidominante Einheit.

Als *Bimodalität* bezeichnen *Dubrowski* und *Tschernoswitow* die „gleichzeitige Widerspiegelung" dessen, was zum „Ich" (Subjekt) gehört, und dessen, was zum „Nicht-Ich" (Objekt) gehört. Dabei kann in der intrasubjektiven Beziehung Objekt sein der eigene Körper, ein äußerer Gegenstand, das eigene „Ich" oder ein anderes „Ich" als „Du".

Bidominanz ist die gleichzeitige Existenz von „Ich" und „Du", Subjekt und Objekt in der „fließenden Gegenwart" in der subjektiven Realität. Auf dieser Basis können nicht nur die benannten Objektbereiche, in denen z. B. „Ich" und eigener Körper selbst als Objekt auftreten, benannt werden, sondern zugleich die *Spontanität* oder *Reflexivität* der Prozesse der Tätigkeit. In deren Zentrum steht, so möchte ich diese Autoren verstehen, die Frage, ob die innere Ebene lediglich den Zweck der Handlung präsentiert, während das Motiv der Handlung in der äußeren Welt, in Prozessen des sprachlichen und sozialen Verkehrs festgemacht wird, oder ob die Motivbildungsprozesse selbst der inneren Repräsentanz der Wirklichkeit entspringen.

Zwei Fragen will ich aus diesem Kontext der zu erörternden Neubildungen aufgreifen, die von hoher Bedeutung für dieses Alter sind: Die Entwicklung des Körper-Ichs und die Entwicklung der Selbstbestimmung. Zur Frage der *Entwicklung des Körper-Ichs* vermerkt *Kon* (1983, S. 267): „Das Bewußtwerden des eigenen Körpers und die Besorgnis über das Äußere sind nur ein kleiner Teil der ‚Ich-Entdeckung‘." Trotzdem kann auch dieser Prozeß erhebliche Konsequenzen haben. Viele geheime Sorgen sind in diesem Alter mit Problemen wie Körpergröße, Gewicht, Verzögerung der sekundären Geschlechtsmerkmale usw. verbunden. Und häufig können diese Probleme – z. B. in einem Klima restriktiver Sexualmoral, fehlender Zärtlichkeit usw. – nicht mit sozial adäquaten Mitteln bewältigt werden. Ja häufig steht allein das Beschäftigen damit unter dem Verdikt der Unanständigkeit, Sünde oder zumindest Unangemessenheit. Es versteht sich, daß dies Anlaß zahlreicher Konflikte sein kann, wie dies insbesondere die individualpsychologische Lehre Alfred *Adlers* zum Zentrum ihrer Lehre der notwendigen Kompensation „organischer Minderwertigkeiten" gemacht hat.

Eine überaus bedeutende Neubildung ist nach Meinung aller Autoren die *Selbstbestimmung*. Sie bildet sich nach *Boshowitsch* in der zweiten Phase der Krise des späten Schulalters (16.–17. Lebensjahr) heraus. „Von den Zukunftsträumen der Halbwüchsigen unterscheidet sich die Selbstbestimmung darin, daß sie sich bereits auf stabile Interessen und Strebungen stützt, die eigenen Möglichkeiten und die äußeren Lebensumstände berücksichtigt, auf der sich herausbildenden Weltanschauung beruht und mit der Berufswahl verbunden ist" (S. 427). In ihr löst sich zunehmend die Hauptschwierigkeit der Jugendlichen, die nahe und die ferne Perspektive adäquat zu verbinden (*Kon*, S. 301): *„Die nahe Perspektive ist die unmittelbare heutige und morgige Tätigkeit und deren Ziel, die ferne Perspektive langfristige Lebenspläne in persönlicher und gesellschaftlicher Hinsicht. Ihre Vereinigung ist für den Menschen nicht einfach. Jünglinge lieben es, von einer fernen Zukunft zu träumen, andererseits aber möchten sie – und das nähert sie Kindern und Halbwüchsigen an – so schnell wie möglich greifbare*

Resultate erzielen, eine sofortige Befriedigung ihrer Wünsche herbeiführen. Die Fähigkeit, die unmittelbare Befriedigung aufzuschieben und um der Zukunft willen zu arbeiten, ist eines der Hauptmerkmale der moralisch-psychologischen Reife. " Es wird deutlich, daß Selbstbestimmung in einer der Würde des Menschen Rechnung tragenden Form sich auf der Basis von Selbstachtung und einem stabilisierten Anspruchsniveau entwickeln muß. Diese noch nicht gänzlich gelungenen Stabilisierungsprozesse auf der Ebene des nunmehr erkannten persönlichen Sinns und seiner Realisierung in den Prozessen des Lebens, dies ist jener Prozeß des Schwankens in der Perspektive, den Kon hier am Jüngling beschreibt. Hinter der Selbstbestimmung erweist sich damit als *wesentliche psychische Neubildung* im Übergang zum Erwachsenenalter die *Entwicklung des Anspruchsniveaus auf dem neuen Abbildniveau der sozialen Ich-Bedeutung und die damit verbundene Selbstachtung* Diese erweist sich als Neubildung, unter den Bedingungen der eigenen Geschichte immer wieder und erneut Sein und Sollen verbinden zu müssen, sich in der Tätigkeit mit der Gattung in adäquater Form zu vermitteln.

Dabei ist auch hier das zu beachten, was *Kon* für die Sozialgeschichte herausarbeitet: „Das Fehlen einer entwickelten Selbstkommunikation schließt jedoch nicht ein besonderes Verhalten des Menschen zu sich selbst oder die Vielfältigkeit der Selbstverwirklichung auf emotionaler Ebene aus" (S. 141). Und wiederum ist auf die *Bedeutung der Arbeit* für die Entwicklung dieser Prozesse hinzuweisen, um nicht bei Bezug auf die sprachliche Ebene des sozialen Verkehrs defizitäre oder unterentwickelte Persönlichkeit zu konstatieren.

In diesem Zusammenhang wirft *Suchomlinski* (1977) die Frage auf, welche Bedeutung die *Entwicklung der Hand* im Zusammenhang der Prozesse des Jugendalters für die Bildung des Intellekts hat: *„Es ist erstaunlich, daß die Heranziehung der Schüler zur Arbeit bis in die jüngste Zeit mit der Notwendigkeit erklärt wird, die Neigung der Schule zur einseitigen Betonung des Intellektuellen zu überwinden. Das ist doch ganz unsinnig· als ob es durch Untätigkeit der Hände zu einer Hypertrophie des Intellekts käme!"* (S. 135). Obwohl noch wenig an Forschung über diese Frage bekannt ist, macht *Suchomlinski* zurecht darauf aufmerksam, wie die Hände sozusagen den Verstand disziplinieren: *„Sie erziehen zur Selbstkontrolle und verfeinern das Empfinden für das Exakte, Feine, Schöne. Wer gelernt hat, mit dem Stichel umzugehen, schreibt gut, reagiert empfindlich auf die kleinste Ungenauigkeit und gibt sich mit keiner nachlässigen Arbeit zufrieden. Diese Empfindsamkeit überträgt sich auch auf das Denken. Die Hände erziehen das Denken zu Exaktheit, Ordnung und Klarheit."* Insbesondere beim Konstruieren hebt *Suchomlinski* hervor: *„Bei dieser Arbeit verbinden sich die Anstrengungen des Verstandes besonders augenfällig mit denen der Hände. Hierbei fließt die Information kontinuierlich von zwei entgegengesetzten Strömen: von den Händen zum Gehirn und vom Gehirn zu den Händen. Die Hände ‚denken' und in eben diesen Augenblicken werden die schöpferischen Bereiche des Gehirns aktiviert. Bei dieser Arbeit steht das Verhältnis der Wechselbeziehungen und Wechselwirkungen an erster Stelle. Vom Ganzen geht das Denken zum Einzelnen, vom Allgemeinen zum Besonderen über, und an diesem Übergang nimmt die Hand aktiv teil"* (S. 136 f.). Gleichzeitig zeigte es sich oft in der Praxis, daß zur Ausbildung der geistigen Fähigkeiten, die *kluge, geschickte Arbeit der Hände* einen starken Anreiz bildete: *„Die besten Mathematiker in den Abendschulklassen waren gebildete und begabte Mechaniker, Menschen, die man als Naturtalent bezeichnet. Zum Naturtalent*

macht sie die genaue, diffizile, geistig schöpferische Arbeit der Hände" (S 137)
Man darf also auf keinen Fall aus der Tatsache, daß Formen der inneren Position in sprachlichen Prozessen sich nicht niederschlagen, schließen, daß sie nicht existent seien. Auch wenn ich dies hier nicht mit so plastischen Beispielen wie am Archimedischen Prinzip oder am Begriff des Lebens illustrieren konnte, denke ich, daß die Bemerkungen *Suchomlinskis* in die gleiche Richtung gehen, wie ich an jenen Stellen argumentiert habe. Letzlich scheint der gesamte Zusammenhang der Herausbildung der inneren Position wesentlich komplizierter und vielseitiger zu sein, als es die bloß auf Sprachebene arbeitende bisherige Analyse herausgestellt hat. Das gesamte System der Tätigkeit verlagert sich nach innen, nimmt neue Formen an auf der Ebene der „subjektiven Realität", deren innere Ausgestaltung wesentlich durch die im Prozeß der Sprache angeeigneten sozialen Bedeutungen erfolgt. Aber der Prozeß der Sprache ist nicht die einzige Ebene des sozialen Verkehrs. Und auch ihre inneren Prozesse selbst erweisen sich als komplizierter und vielgestaltiger als häufig angenommen. So verweist z. B. A. A *Leontjew* darauf, daß von „innerer Rede", „innere Programmierung" und „innere Planung" zu unterscheiden seien (1984 b, S. 35). Untersuchungen zur arbeitsteiligen Funktionsweise beider Hirnhemisphären sprechen für zahlreiche Möglichkeiten, hohe Spezialisierung und Meisterschaft in anderen Zeichenkörpersystem (z. B. Gebärdensprache) oder praktischen Prozessen, wie Spurenlesen, und damit eine gleiche assymetrische arbeitsteilige Nutzung beider Hirnhemisphären zu erreichen, wie dies zunächst nur für die Beherrschung der Lautsprache und Schriftsprache in der tradierten Form angenommen wurde.

Ich verzichte hier darauf, die Details dieses Kapitels nochmals zusammenzufassen. Wesentliches Prinzip war es, die Entwicklungsprozesse in Phylogenese, Soziogenese und Ontogenese in ihrer widersprüchlichen Einheit als Bewegungsprozesse aufzuspüren. Dieses Kapitel sollte also sozusagen die Geschichte der in Kapitel 4 dargestellten Intrasystembeziehungen des Psychischen unter logisch-historischen Gesichtspunkten aufzeigen. Erst das Begreifen dieser Bewegungsprozesse als Entwicklungslogik macht das Begreifen psychopathologischer Prozesse möglich. Diese werde ich im nächsten Kapitel untersuchen. Es folgt dann eine gründliche Auseinandersetzung mit der für die Analyse von Behinderung zentralen Frage der Wechselwirkungen von Biologischem, Psychologischem und Sozialem. Diese Problematik erfordert eine gründliche Auseinandersetzung mit basalen Fragen der Neurobiologie und Neuropsychologie Erst auf dieser Basis wird dann die Behandlung diagnostischer, pädagogischer und therapeutischer Fragen in der Weise möglich, daß sie den Ansprüchen einer allgemeinen Behindertenpädagogik genügt.

Vertiefende und weiterführende Literatur:
(E = zur Einführung geeignet)
Anochin, P. K.: Vorgreifende Widerspiegelung der Wirklichkeit. In: ders.: Beiträge zur allgemeinen Theorie des funktionellen Systems, Jena: Fischer 1978, S. 61–76.
Galperin, P. J : Zu Grundfragen der Psychologie. Köln: Pahl-Rugenstein 1980 (E).
Hildebrand-Nilshon, M.: Die Entwicklung der Sprache. Phylogenese und Ontogenese. Frankfurt/M.: Campus 1980.

Hörz, H. und Wessel, K. F.: Philosophische Entwicklungstheorie. Berlin/DDR: DVdW 1983.

Jantzen, W.: Tätigkeit, Arbeit, Handlung, Abbild. Zu einigen Grundfragen materialistischer Psychologie. Forum Kritische Psychologie Bd. 9 (1981), S. 20–81.

Jantzen, W.: Abbild und Tätigkeit – Studien zur Entwicklung des Psychischen. Solms/Lahn: Jarick 1986 (E).

Leontjew, A. N.: Probleme der Entwicklung des Psychischen. Frankfurt/M.: Fischer-Athenäum 1973 (E).

Leontjew, A. N.: Psychologie des Abbilds. Forum Kritische Psychologie Bd. 9 (1981) S. 5–19.

Leontjew, A. N.: Werke in 6 Bänden. Ursprünglich geplant ab 1988.

Piaget, J.: Biologische Anpassung und Psychologie der Intelligenz. Stuttgart: Klett 1975.

Piaget, J.: Das Verhalten – Triebkraft der Evolution. Salzburg: O. Müller 1980.

Wygotski, L S.: Die genetischen Wurzeln des Denkens und der Sprache. In: Unter dem Banner des Marxismus 3 (1929) H. 3, S. 450–469 und H.4. S. 607–623 bzw. das auf diesem Aufsatz fußende Kapitel 4 in Wygotski: Denken und Sprechen, Frankfurt/M.: S. Fischer, 1972.

Literatur zur Phylogenese des Psychischen und der Tätigkeit

Feustel, R.: Abstammungslehre des Menschen. Jena: Fischer 1976.

Körner, U.: Probleme der Biogenese. Jena: Fischer 1978, 2. Aufl.

Sarnat, H. B. and Netsky, M. G.: Evolution of the Nervous System. New York: Oxford University Press 1974.

Schurig, V.: Naturgeschichte des Psychischen. Bd 1 und 2. Frankfurt/M.: Campus 1975 (E).

Schurig, V. Die Entstehung des Bewußtseins. Frankfurt/M.: Campus 1976 (E).

Literatur zur Soziogenese des Psychischen und der Tätigkeit

Haug, Frigga u. a.: Entwicklung der Arbeitstätigkeiten und die Methode ihrer Erfassung Berlin/West: Argument-Verlag 1978, Argument Sonderband Nr. 19.

Klix, F.: Erwachendes Denken. Berlin/DDR: DVdW 1980 (E).

Kon, I : Die Entdeckung des Ichs. Köln: Pahl-Rugenstein 1983.

Kuckhermann, R. und Wigger-Kösters, Annegret: Die Waren laufen nicht allein zum Markt . . . Die Entfaltung von Tätigkeit und Subjektivität. Köln: Pahl-Rugenstein 1985.

Luria, A. R.: Die historische Bedingtheit individueller Erkenntnisprozesse (deutsche Fassung von „Cognitive Development", 1976). Weinheim: Verlag Chemie 1986.

Literatur zur vorgeburtlichen Ontogenese des Psychischen und der Tätigkeit

Berger, E.: Entwicklungsneurologische Untersuchung in den ersten drei Lebensjahren. Kap. 2: Organisation und Entwicklung zentralnervöser Funktionen. Stuttgart: Thieme 1982, S. 19–56.

Biesold, D.: Biochemische Aspekte der Ontogenese. In: D. Biesold und H. Matthies: Neurobiologie. Stuttgart: Fischer 1979. S. 335.

Gottlieb, G. (Ed.): Studies on the Development of Behavior and the Nervous

System, Vol. I–IV. New York: Academic Press 1973, 1974, 1976, 1978.

Hofer, M.: The Roots of Human Behavior. An Introduction to the Psychobiology of Early Human Behavior. San Francisco: Freeman 1981 (E).

Jantzen, W.: Vorgeburtliche Entwicklung der Psyche und der Tätigkeit – eine Problemskizze. In: Ders.: Menschliche Entwicklung, allgemeine Therapie und allgemeine Pädagogik. Solms-Oberbiel: Jarick 1980, S. 18–35 (E).

Langman, J.: Medizinische Embryologie. Stuttgart: Thieme 1977.

Patten, B. M. und Carlson, B. M.: Foundations of Embryology. New Delhi, Tata McGraw Hill Publ. Co. 1977, 3. Ed.

Prechtl, H. F. R.: Continuity of Neural Functions from Prenatal to Postnatal Life. Oxford: Blackwell 1984.

Stirnimann, F.: Psychologie des neugeborenen Kindes. München: Kindler 1973, 2. Aufl.

Volochov, A. A.: Physiologische Aspekte der Ontogenese. In: D. Biesold und H. Matthies: Neurobiologie. Stuttgart: Fischer 1977, S. 370-423.

Literatur zur Ontogenese

Boguslawskaja, S. M. u. a.: Kommunikation mit Kindern. Berlin/DDR: Volk und Wissen 1978.

Boshowitsch, Lydia L.: Die Persönlichkeit und ihre Entwicklung im Schulalter, Berlin/DDR: Volk und Wissen 1970.

Boshowitsch, Lydia L.: Etappen der Persönlichkeitsentwicklung in der Ontogenese. Sowjetwissenschaft: Gesellschaftswissenschaftliche Beiträge 32 (1979) 7, S. 750–762; 8, S. 848–858; 33 (1980) 4, S. 417–428.

Chomski, N.: Die formale Natur der Sprache. In: Lenneberg, E. (Ed.: Biologische Grundlagen der Sprache. Frankfurt/M.: Suhrkamp 1972, S. 483–539.

Elkonin, D. B.: Zur Psychologie des Vorschulalters. Berlin/DDR: Volk und Wissen 1967 (E).

Hoffmann, J.: Das aktive Gedächtnis. Berlin/DDR: DVdW 1982.

Jackendoff, R.: Toward an Explanatory Semantic Representation. Linguistic Inquiry 7 (1976) 89–150.

Klaus, G.: Semiotik und Erkenntnistheorie. Berlin/DDR: DVdW, 1969, 2. Auflage.

Klix, F.: Über Wissensrepräsentation im menschlichen Gedächtnis, in: F. Klix (Hrsg.): Gedächtnis, Wissen, Wissensnutzung. Berlin/DDR: DVdW 1984, S. 7–73 (a).

Klix, F.: Denken und Gedächtnis – Über Wechselwirkungen kognitiver Kompartments bei der Erzeugung geistiger Leistungen. Zeitschrift für Psychologie 192 (1984) 3, S. 213–243 (b).

Krause, R.: Zur Onto- und Phylogenese des Affektsystems und ihrer Beziehungen zur psychischen Störungen. Psyche 37 (1983) 11, S. 1016–1043.

Leontjew, A. A.: Tätigkeit und Kommunikation. Sowjetwissenschaft: Gesellschaftswissenschaftliche Beiträge 33 (1980) S. 522–535.

Leontjew, A. A.: Sprachliche Tätigkeit. In: A. A. Leontjew, A. N. Leontjew, E. G. Judin: Grundfragen einer Theorie der sprachlichen Tätigkeit. (Hrsg. D. Viehweger). Stuttgart: Kohlhammer 1984, S. 31–44 (E)

Lomov, B. F.: Die Kategorien Kommunikation und Tätigkeit in der Psychologie Sowjetwissenschaft: Gesellschaftswissenschaftliche Beiträge 33 (1980) S.

536–551.

Luria, A. R.: Sprache und Bewußtsein. Köln: Pahl-Rugenstein 1982 (E).

Petrowski, A. W.: Entwicklungspsychologie und pädagogische Psychologie. Berlin/DDR: Volk und Wissen 1977 (E).

Piaget, J.: Psychologie der Intelligenz, Zürich: Rascher 1949 (E).

Piaget, J.: Gesammelte Werke. Stuttgart: Klett 1975, insb. Bd. 1: Das Erwachen der Intelligenz beim Kinde. Bd. 2: Der Aufbau der Wirklichkeit beim Kinde und Bd. 5: Nachahmung, Spiel und Traum.

Probst, H. H.: Diagnostik und Didaktik der Oberbegriffsbildung. Solms-Oberbiel: Jarick 1981.

Riegel, K. (Hrsg.): Zur Ontogenese dialektischer Operationen. Frankfurt/M.: Suhrkamp 1978.

Saporoshez, A. W. Elkonin, D. B.: Psychologie der Persönlichkeit und Tätigkeit des Vorschulkindes. Berlin/DDR: Volk und Wissen 1974 (E).

Saporoshez (Zaporoshetz) A. W., Elkonin, D. B.: The Psychology of Preschool Children. Cambridge/Mass.: MIT-Press 1971 (E).

Schmidt, H. D.: Allgemeine Entwicklungspsychologie. Berlin/DDR: DVdW 1973.

Spitz, R. A.: Diacritic and Coenesthetic Organizations. Psychoanalytic Review 32 (1945) 2, 146–162.

Spitz, R. A.: Eine genetische Feldtheorie der Ichbildung. Stuttgart: Klett 1972.

Spitz, R. A.: Brücken. Psyche 28 (1974) 7, S. 1003–1018.

Suchomlinski, W. A.: Vom Werden des jungen Staatsbürgers. Berlin/DDR: Volk und Wissen 1977, 2. Aufl.

Vincze, L. und Vincze, Flora: Erziehung zum Vorurteil. Kritik an der Kinderpsychologie. Wien: Europa 1964.

Wygotski, L. S.: Denken und Sprechen. Frankfurt/M.: Fischer 1972.

6 Psyche und Tätigkeit III: Psychopathologische Prozesse

In seinem Buch „Was ist Psychiatrie?" bestimmt Franco *Basaglia* (1974, S. 15) die *Realität des psychisch kranken Menschen*, auf die sich fortschrittliches und demokratisches psychiatrisches Handeln zu beziehen habe:

„Wenn tatsächlich der Kranke die einzige Realität ist, auf die wir uns zu beziehen haben, dann müssen wir uns eben gerade mit beiden Seiten dieser Realität befassen: mit der, daß er ein Kranker mit einer (dialektischen und ideologischen) psychopathologischen Problematik ist, und mit der anderen, daß er ein Ausgeschlossener ist, ein gesellschaftlich Gebrandmarkter. Eine Gemeinschaft, die therapeutisch sein will, muß sich diese doppelte Realität – Krankheit und Brandmarkung – vor Augen halten, um nach und nach die Gestalt des Kranken so rekonstruieren zu können, wie sie gewesen sein mußte, bevor die Gesellschaft mit ihren zahlreichen Schritten der Ausschließung und der von ihr erfundenen Anstalt mit ihrer negativen Gewalt auf ihn einwirkte."

Diese Bestimmung trägt jenen Zusammenhängen Rechnung, die ich in Kapitel 1 und 2 bereits herausgearbeitet habe. Dabei muß deutlich sein, daß der *soziale Ausschluß* längst vor der offenen Psychiatrisierung beginnt. Er beginnt bereits in Handlungszusammenhängen des Alltags, in denen spontane Diagnosen wie: „Die hat sie doch nicht alle" oder „Der ist ein bißchen doof" usw. Strukturen von Normalität und Anormalität begründen. Dies geschieht in der Regel in der Weise, daß die klassenbedingten herrschenden Arbeits- und Verwertungszusammenhänge im Sinne von „Normalität" als Folie benutzt werden, auf der die Tätigkeit individueller Menschen bewertet und bemessen wird. Resultat dieses Vorganges ist ein auf ihre Funktionsfähigkeit in diesem System bezogenes Werturteil Es geht also um Zusammenhänge, in denen der sozialdarwinistische Denkzusammenhang von Elite und Minderheit als Naturdimensionen menschlichen Seins seine spontanen Wurzeln findet und mit den herrschenden Ideologiemustern (vgl. Kapitel 2) seine Verfestigung erfährt. Es entsteht im Alltagsbewußtsein (als Basis von Ausgrenzungsvorgängen) ein verdinglichter Begriff von Normalität als gesellschaftlicher Funktionsfähigkeit.

In diesem Sinne definiert *Jervis* (1978, S. 216 f.) den angelegten Begriff der *Normalität.*

„Normal ist also vor allem derjenige, der von sich glaubt und von dem die anderen glauben, er leide nicht an Problemen und Störungen, für die die Psychiatrie zuständig sei; normal ist, wer sich nicht als ‚gestört' bezeichnet und von anderen nicht so bezeichnet wird. Normal ist, wer sich selbst toleriert und toleriert wird; normal ist, wer das Glück hat, in die traditionellen Denkfiguren der Nicht-Geistesstörung zu passen, also derjenige, der das Glück hat, nicht in das Gebiet hineinzugehören, das als Feld der Psychiatrie bezeichnet wird Hiernach ist also der normal, der sich mit seiner täglichen Leidensdosis abfindet und nicht meint, spezifisch psychische Schwierigkeiten behinderten ihn in seinen Plänen, und noch einfacher – der von seiner Umwelt als Individuum akzeptiert wird, das nicht der Behandlung bedarf. Aber· Normal ist auch derjenige, der eine solche Stellung genießt, daß er sich Verhaltensweisen erlauben kann, die nicht toleriert würden, wenn er einer unteren Gesellschaftsschicht angehörte oder wenn er in seiner Umwelt über eine geringere Vertragskraft verfügt . . Aber diese Normalität bedeutet

offenbar nicht Gesundheit, denn es handelt sich hier nicht um einen ‚Zustand umfassenden körperlichen, geistigen und gesellschaftlichen Wohlbefindens', sondern um etwas viel Eingeschränkteres. Außerdem kommt spontan der Verdacht auf, daß der Preis für diese Normalität gesellschaftlicher Konformismus ist, und daß sie Sklerose, Verknöcherung der persönlichen humanen Möglichkeiten bedeutet."

Wir finden also in den Prozessen des Alltagsbewußtseins umfassend jene Strukturen sozialdarwinistischen und reduktionistischen Denkens, die ich in den ersten beiden Kapiteln in ihrer objektiven Bedingtheit durch die Entwicklung der kapitalistischen Gesellschaftsformation und in ihrer ideologischen und institutionellen Ausgestaltung dargestellt habe. Die *Vermittlung des Individuums zur Gattung* ist seitens der gesellschaftlichen Verhältnisse damit so realisiert, daß diesem Individuum aufgrund von Prozessen der Biologisierung oder Psychologisierung seiner Lebens- und Arbeitszusammenhänge ein geringerer Grad an Menschlichkeit zugesprochen wird, es tendenziell in den Bereich des Minderwertigen, Unmenschlichen, Außermenschlichen geschoben wird. Der Grund hierfür liegt in den nicht gegebenen Strukturen und Prozessen „normaler" Geschäftsfähigkeit, Arbeitskraft, Ausbeutungsbereitschaft, sozialer Konsumfähigkeit, bzw. in ästhetischen Merkmalen, die einen geringeren Gebrauchswert signalisieren. Diese Merkmale erscheinen sozusagen als natürliche Eigenschaften der Menschen. Soziale Zusammenhänge im System „Subjekt – Tätigkeit – Objekt" (also die Gesellschaftlichkeit der Objektseite) werden reduziert auf sich in der sozialen Tätigkeit entäußernde Wesensmerkmale des Subjekts selbst. Einen solchen Prozeß bezeichne ich als *Verdinglichung.*

Eine solche Verdinglichung der Verhältnisse zur Gattung resultiert jedoch ebenso für das von psychopathologischen Prozessen *betroffene Individuum selbst.* Indem ihm soziale Entwicklungsmöglichkeiten seiner Persönlichkeit vorenthalten und abgeschnitten werden, kann sich die Entwicklung des individuellen und persönlichen Sinns nicht über die Aneignung sozial entwickelter Bedeutungen vollziehen, sie findet sozusagen in Isolation und in partiellen Sackgassen statt. *Resultat dieser Entwicklung ist es, jeweils Prozessen der eigenen Geschichte ausgeliefert zu sein, in bestimmten kritischen Lebenssituationen über keine anderen Alternativen zu verfügen als jene, die nach außen hin als „anormal" erscheinen.*

6.1 Psychiatrie, Entfremdung, Kultur

In vielfältigen Theorien, die sich auf diese Zusammenhänge beziehen, wird in sehr unterschiedlicher Weise diesen Problemen Rechnung getragen. So tendieren die sogenannten Etikettierungstheorien dazu, psychische Krankheit, Verhaltensstörung usw. zu einem psychologischen Artefakt zu erklären, zu einem „Mythos", da diese Prozesse ihrer Natur nach restlos sozial seien und vollständig aus den Strukturen der sozialen Ausgrenzung abgeleitet werden könnten (vgl. z. B. für die Psychiatrie die Arbeiten von *Szasz*) Andere Autoren wie z. B. *Goffman* erklären das Auftreten psychopathologischer Prozesse aus den Veränderungen des Selbstbildes in der sozialen Interaktion, in der bzw. die Betroffene bestimmten Arten von stigmatisierenden Aussagen über die eigene Identität ausgesetzt ist. Insbesondere die Auswirkung sogenannter „totaler Institutionen" wie Psychiatrie und Gefängnis auf die Persönlichkeitsentwicklung hat hier eine

261

sorgfältige Untersuchung erfahren. Wiederum andere Ansätze neigen dazu, die Zusammenhänge der mißlingenden Sinnbildung auf die psychologische Ebene zu reduzieren und nach den Prozessen des Mißlingens der Vermittlung zur Gattung beim Individuum selbst zu fragen. Dies sind vor allem der psychoanalytischen Auffassung verpflichtete Theorien. Gleichzeitig wird in all diesen Ansätzen immer wieder eine *zentrale philosophische Kategorie* bemüht, die den gestörten Zusammenhang zwischen Individuum und Gattung verdeutlichen soll, die Kategorie der *„Entfremdung"*. Daß die verschiedenen Autoren jeweils nach Enge und Reichweite ihres Ansatzes hierbei etwas ganz Unterschiedliches unter Entfremdung verstehen, liegt nahe. Die mangelhafte Analyse des zugrundeliegenden Zusammenhangs von Subjekt, Tätigkeit und Objekt führt notwendigerweise zur verkürzten und einseitigen Anwendung dieser Kategorie.

Ich möchte daher im folgenden einige Aspekte ihrer Verwendbarkeit herausarbeiten. Ich denke, daß diese Kategorie vor allem auf der sozialen Ebene der Analyse ihre Berechtigung hat. Sie kennzeichnet im Systemzusammenhang „Subjekt – Tätigkeit – Objekt" auf der Ebene existierender menschlicher Gesellschaften als Klassengesellschaften bestimmte Vermittlungsverhältnisse zwischen Individuum und Gattung. Bereits im vergangenen Kapitel hatte ich dargestellt, daß spätestens ab *Säugetierniveau* das Schema „Subjekt – Tätigkeit – Objekt" eine neue Form annimmt: Die Notwendigkeit, je individuell neue geistige Operationen zur Widerspiegelung des Objektbereichs in gattungsnormaler Weise zu erwerben, erzwingt zugleich soziale Formen im Gattungsverkehr, die dies ermöglichen, also eine *Phase der Kindheit.* In ihr erfolgt die Auseinandersetzung mit dem gattungsnormalen Objektbereich über die erwachsenen Individuen der Gattung. Das Schema „Subjekt$_{(K)}$ – Tätigkeit$_{(K)}$ – Subjekt$_{(E)}$ – Tätigkeit$_{(E)}$ – Objekt" (K = Kind, E = Erwachsener) trägt diesen Zusammenhängen Rechnung.

Auf der *Ebene entwickelter gesellschaftlicher Verhältnisse* reicht jedoch auch dieses Schema nicht mehr aus, um die realen Zusammenhänge adäquat zu erfassen. Auch die Erwachsenen können sich nur noch vermittelt über die Tätigkeit anderer Menschen auf den Objektbereich beziehen, der für die Gattung Menschheit lebensnotwendig ist. Der Lehrer, der wichtige arbeitsteilige Funktionen in der Vermittlung zwischen Kind und Objektbereich übernommen hat (selbst schon arbeitsteilig mit anderen Lehrern und zu den Eltern), kann selbst nur leben, weil er ein Gehalt erhält, mit dem ihm soziale Verkehrsmittel (Straßenbahn, Auto usw.) zugänglich sind, die von anderen Menschen gebaut, betrieben bzw. instandgehalten werden, oder mit dem ihm überhaupt Nahrungsmittel, Kleidung usw. zugänglich sind. Ohne die arbeitsteilige und organisierte Tätigkeit zahlreicher anderer Menschen kann also auch der Erwachsene in diesem Stadium der Ausdifferenzierung der Verhältnisse zwischen Subjekt und Objekt sein Leben nicht fristen. Hier ist also von einem Schema folgender Art auszugehen: „Subjekt$_{(K)}$-Tätigkeit$_{(K)}$ – Subjekt$_{(E)}$ – Tätigkeit$_{(E)}$ – Subjekt$_{(gGA)}$ – Tätigkeit$_{(gGA)}$ – Objekt". Die Indizierung gGA bedeutet *gesellschaftlicher Gesamtarbeiter.* Hierunter sind die in Kooperation und unter Einschluß spezifischer Leitungsfunktionen arbeitsteilig vermittelten Tätigkeiten der Individuen zu verstehen, die als planvoll aufeinander abgestimmte Tätigkeiten die (einfache und erweiterte) Reproduktion des Gesellschaftszusammenhangs sichern.

Natürlich bleiben in den je komplizierteren Schemata die einfacheren Zusammenhänge enthalten. Auch in einer hochentwickelten Gesellschaft ist die Tätigkeit des je einzelnen Individuums in psychologischer Hinsicht mit dem Schema „Subjekt – Tätigkeit – Objekt" analysierbar bzw., wenn wir nach elementaren Prozessen der Sinnbildung im sozialen Verkehr fragen, mit dem allgemeinen für den Säugetierbereich gültigen Schema „Subjekt$_{(K)}$ – Tätigkeit$_{(K)}$ – Subjekt$_{(E)}$ – Tätigkeit$_{(E)}$ – Objekt".

Entsprechend denke ich, sollte der Begriff *Entfremdung* nur in jenem entfalteten Schema benutzt werden, das die Vermittlung über die Tätigkeit des gesellschaftlichen Gesamtarbeiters einschließt. Er sollte also im Sinne des Ebenenproblems (Wechselbeziehungen zwischen biologischer, psychologischer und sozialer Ebene) nur auf die soziale Ebene und ihre Auswirkung auf die darunter liegenden Ebenen bezogen werden. Die Analyse der darunter liegenden Ebenen und ihrer Übergänge und Wechselwirkungen mit der sozialen Ebene aus der Perspektive des Entwicklungsprozesses einzelner Menschen muß m. E. hingegen mit einem anderen Begriff erfolgen, dessen Realitätsbereich zugleich in den Prozessen der Entfremdung dialektisch mitaufgehoben ist, der aber auf der biologischen und psychologischen Ebene seine eigene Realität besitzt. Ich schlage vor, hierfür die Kategorie *Isolation* zu benutzen. Dies ist zudem aus streng logischen Gründen notwendig. Die Entwicklung psychopathologischer Prozesse beginnt naturgeschichtlich bereits spätestens mit dem Reptilien-Säugetier-Übergangsfeld. Außerdem kann der Entfremdungsbegriff aufgrund seiner philosophischen und sozialwissenschaftlichen Tradition auch nicht auf die Vermittlungsprozesse von Individuum und Gattung in der frühen Ontogenese verwendet werden.

Im folgenden werde ich daher zum einen die Kategorie Entfremdung genauer bestimmen, zum anderen die Kategorie Isolation. Wir gewinnen damit Kategorien, die es uns erlauben, sowohl von den inneren Zusammenhängen der Gesellschaft wie von den naturgeschichtlich gewordenen Möglichkeitsräumen der Gattung Menschheit her uns das Wesen psychopathologischer Prozesse zu erschließen. Das Problem der sozialen Bestimmtheit von Behinderung und psychischer Krankheit wie das Problem des sozialen Ausschlusses und seiner allgemeinen ideologischen Formen sind ebenso bereits diskutiert (Kap. 1 und 2) wie in ersten Ansätzen das Problem der „Normalität". Natürlich wird uns dieses Problem im weiteren Verlauf des Buches weiterbeschäftigen: Also in dem weiteren Prozeß der Rekonstruktion der menschlichen Möglichkeiten der als psychisch krank oder behindert gekennzeichneten Menschen. Die vermittelnden sozialpsychologischen Ebenen wie z. B. Kooperation, Kollektiv, Schule, Familie usw. werde ich in den letzten drei Kapiteln im Zusammenhang pädagogischer und therapeutischer Prozesse behandeln. Im vorliegenden Kapitel geht es darum, auf der Basis der Klärung der Reichweite des Entfremdungsbegriffs und der Entwicklung der Kategorie Isolation zunächst die allgemeinpsychologische Seite der psychopathologischen Prozesse zu entwickeln und im Prozeß der ontogenetischen Entwicklung des Psychischen und der Persönlichkeit zu spezifizieren.

Dabei zeigt es sich, daß der Entfremdungsbegriff bestimmte *Grundtatbestände der nicht gelingenden Vermittlung zwischen Subjekt und Objekt in der Tätigkeit auf entfaltetem gesellschaftlichen Entwicklungsniveau* zu analysieren vermag. Er ist jedoch *nicht hinreichend spezifisch*, um für *psychopathologische Probleme im engeren Sinne* verwendet zu werden. Gerade deshalb ist jedoch seine Diskussion erforderlich. Denn bis in die jüngste Zeit wird er immer wieder unmittelbar für psychopathologische Begründungen bemüht (so in den Auffassungen von *Laing* zur Genese der Schizophrenie oder in den Auffassungen von *Tinbergen* zur Bedeutung kulturhistorischer Entwicklungsprozesse für das Entstehen von Autismus). Es zeigt sich, daß bei dieser Anwendung meist eine fehlende Spezifizierung des Objektbereichs (gesellschaftliche Verhältnisse, innere Struktur des gesellschaftlichen Gesamtarbeiters usw.) erfolgt und Entfremdung im Rahmen jenes Schemas reduktionistisch behandelt wird, das lediglich die Tätigkeitsverhältnisse zwischen Kind und Erwachsenem beschreibt. Damit wird Gesellschaft in einer in der Tendenz kulturpessimistischen Haltung, ohne näher analysiert zu sein, zur Quelle des Entfremdungsprozesses zwischen den Menschen.

Hier vermag die *marxistische Diskussion des Entfremdungsbegriffes* in der Tat zu klären und weiterzuführen. Gleichzeitig muß aber deutlich sein, daß diese marxistische Auffassung zutiefst mißverstanden wäre, wenn sie in ihrer weitaus größeren Differenzierung dann dazu führen würde, nur die Ohnmacht des einzelnen gegenüber den gesellschaftlichen Prozessen zu benennen. Gerade in diesen Prozessen der Entfremdung ist zugleich der *Kampf gegen die Entfremdung* und ihre partielle Überwindung möglich. Ich werde dies in den Kapiteln über Pädagogik an den inneren Zusammenhängen des Erziehungs- und Bildungsprozesses, an den Zusammenhängen von Arbeitserziehung, der Erziehung zu wissenschaftlichem Denken, der ästhetischen wie der moralischen Erziehung in den Details verdeutlichen. Sozialhistorisch zeigt in sehr schöner Weise das unlängst erschienene Buch von Kaspar *Maase* die andere Seite dieses Prozesses („Leben einzeln und frei wie ein Baum und brüderlich wie ein Wald . . ." Frankfurt/M. 1985): Diese andere Seite ist die *Kooperation und Solidarität*, die *in der ausgebeuteten Klasse* entsteht. Diese Klasse beginnt, menschliche und menschenwürdige Bedingungen bereits in der Situation der größten Ausbeutung und Erniedrigung zu entwickeln. Dieser Prozeß ist nicht nur als Entwicklung von Bildungsmomenten zu betrachten, sondern auch als humaner Aneignungsprozeß einer inhumanen Gesellschaft: Der herrschenden Kultur steht die Kultur der Beherrschten entgegen, der herrschenden Moral die der Beherrschten und dem Antihumanismus des Kapitals, des Imperialismus und des Faschismus der Humanismus der Arbeiterbewegung und demokratischen Bewegung.

Die andere Seite der Vermittlung von Individuum und Gesellschaft, die mit der Kategorie Entfremdung, d. h. dem Verlust von Sinn und verdinglichtem Denken gekennzeichnet ist, ist der *Kulturbildungsprozeß als Prozeß der Entwicklung von Humanität.* Thomas *Metscher* hat diese Frage in verschiedenen Arbeiten behandelt und definiert (z. B. 1982, S. 18): *„Diesen Bildungsprozeß menschlicher Bedürfnisse und Fertigkeiten, den Ausbildungsprozeß der menschlichen Person als gesellschaftlicher Individualität in einer Vielzahl sozialer Beziehungen und Tätigkeiten fassen wir unter dem Begriff des Kulturprozesses, seinen Inhalt als materialistisch verstandene Humanität, seine theoretische Auffassung als wissenschaftlichen (sozialistischen oder kommunistischen) Humanismus."*

Die Dimensionen dieses Prozesses, in denen das Problem Erziehung und Bildung behandelt werden muß, werde ich in den entsprechenden Kapiteln herausarbeiten. Bereits jetzt sei auf die zentrale Dimension des Kulturbildungsprozesses verwiesen, den der Schriftsteller Peter *Weiss* als „Ästhetik des Widerstands" in einem umfassenden Werk behandelt. „Ästhetik des Widerstands" bedeutet gegen den Antihumanismus der Herrschenden humane Perspektiven aus der eigenen Geschichte, d h. insbesondere der Geschichte der beherrschten Klassen und der humanistisch gesinnten Kräfte, zu gewinnen. Es geht also um die Aneignung der eigenen Geschichte als Geschichte von Leiden, Widerstand und Befreiung. Auf der psychologischen Ebene spricht A. N. *Leontjew* davon, daß es der Kern des ästhetischen Prozesses ist, wieder *Sinn* gegenüber der *Gleichgültigkeit der Bedeutungen* zu gewinnen (vgl. meinen Aufsatz zu den Kategorien marxistischer Bildungstheorie und Ästhetik, insbesondere bezüglich der von der kulturhistorischen Schule hier eingebrachten Kategorien und Ansätze; *Jantzen* 1987).

Ebenso wie der Kulturbildungsprozeß über alle Ebenen des gesellschaftlichen Zusammenhangs entwickelt und betrachtet werden muß und mit Problemen des Klassenkampfes oder ökonomischer Forderungen ebenso zusammenhängt wie mit der Frage nach sinnvollen Lebenszusammenhängen, so hat auch der marxistische Entfremdungsbegriff diese Breite. Er fragt Stufe für Stufe und Schritt für Schritt nach den objektiven Bedingungen, die auf seiten des Subjekts entfremdete Strukturen des Denkens und der Wahrnehmung entstehen lassen. Dies reicht von der Wahrnehmung der ökonomischen Grundverhältnisse bis zu Prozessen der Selbstentfremdung: also verdinglichten Kategorien im Wahrnehmen der eigenen Gefühle, Bedürfnisse, Möglichkeiten. Natürlich ist es gänzlich unmöglich, hier auf die Details der reichhaltigen marxistischen Diskussion über Entfremdung einzugehen (vgl. z. B. die „Philosophisch-ökonomischen Manuskripte" von *Marx* selbst, MEW Erg. Bd 1, *Lukács* 1968, *Mészáros* 1973, *Oppholzer* 1974, *Sève* 1978, *Tomberg* 1969). Trotzdem will ich mit einigen Bemerkungen zugleich diesen Begriff skizzieren sowie Akzente dort setzen, wo ich mit der bisherigen Diskussion nicht völlig einverstanden bin.

Im „Philosophischen Wörterbuch" wird „*Entfremdung*" wie folgt definiert:

„*gesellschaftliches Verhältnis, historisch-gesellschaftliche Gesamtsituation, in der die Beziehungen zwischen Menschen als Verhältnisse zwischen Sachen, Dingen erscheinen und in der die durch die materielle und geistige Tätigkeit der Menschen hervorgebrachten Produkte, gesellschaftlichen Verhältnisse, Institutionen und Ideologien den Menschen als fremde, sie beherrschende Mächte entgegentraten. Dieser historisch-gesellschaftliche Tatbestand tritt vor allem in Erscheinung als ökonomische . . ., politische, ideologische und religiöse . . . Entfremdung. Allumfassenden Charakter nimmt diese Entfremdungssituation im Kapitalismus an" (Klaus/Buhr)* 1985, S. 324).

Erst die marxistische Philosophie ist in der Entwicklungsgeschichte dieses Begriffs auf den grundlegenden Zusammenhang der *ökonomischen Entfremdung* als *Basis* der anderen Formen gestoßen. Dies heißt aber nicht, daß diese unterschiedlichen Formen der Entfremdung ausschließlich, unmittelbar und direkt jeweils von ökonomischen Prozessen determiniert sind. Diese sind es vielmehr, die in letzter Konsequenz die Veränderung der Zusammenhänge erzwingen. Durch die neuen Formen der Ökonomie und der sich mit ihr entwickelnden Klassen- und Arbeitsteilung wie die Entwicklung der Produktivkräfte entstehen neue Formen der Sichtweise des gesellschaftlichen Zusammenhangs, wandeln sich Momente bisheriger Kultur wie bisheriger Entfremdung in neue und widersprüchliche Formen. Entfremdung tritt in neuen Formen der Herrschaft und ihrer Legitimation auf, demokratische und humanistische Kultur in der Auseinandersetzung mit diesen Formen.

Ich will dies ein Stück weit und in besonderer Weise an der *religiösen Entfremdung* behandeln. So bestehen Formen der religiösen Entfremdung bereits lange vor dem Kapitalismus. Sie entstehen mit den Anfängen der Klassengesellschaft, mit der Entstehung von Privateigentum und Staat, führen aber dann im Verhältnis zur sich weiterentwickelnden ökonomischen Basis ein *relatives Eigenleben* und formen sich mit veränderten ökonomischen und Herrschaftsverhältnissen insoweit um, daß ihre *Funktionalität* erhalten bleibt.

So sind Formen der Religion bereits vor den Klassengesellschaften entstanden. Mit Ahnenkulten, Stammes- und Naturgottheiten u. a. erfolgt eine noch mystifizierte Erfassung des Gattungswesens der Menschheit: Als historischer Prozeß mit bestimmten, von den Naturmächten wie von den Ahnen auferlegten Pflichten und Rechten. In den religiösen Formen der Tätigkeit erfolgt die *Vermittlung mit der historischen Kontinuität des ursprünglichen Gemeinwesens*. Wie sich Liebesbeziehungen und -gefühle auf konkrete Menschen beziehen, so realisierten sich die religiösen Beziehungen und Gefühle (die später im Christentum als Glaube an und Liebe zu Gott abstrahiert werden) noch unmittelbar konkret. Göttlich, das waren die in den Naturverhältnissen anschaulich sichtbaren Naturgottheiten oder die Götter als Anfänge der Ahnenreihe: also als konkrete, über mündliche Weitergabe in der Ahnenreihe erfahrbare Personen in begreifbaren und dem Denken zugänglichen Lebensverhältnissen. Die Gottheiten waren im Alltag sozusagen unmittelbar präsent.

Mit der Entstehung der Klassengesellschaften (vgl. *Tokarew* „Die Religion in der Geschichte der Völker") wandeln sich die Religionen systematisch in solche, die dem *Verhältnis von Herr und Knecht* durch zahlreiche Gebote und Verbote Rechnung tragen (vgl. die zehn Gebote des Christentums). Diese Gebote und Verbote wirken in den Köpfen der Menschen einerseits, weil sie den historisch entwickelten Normen, Ritualen, Gebräuchen, der Moral und den Sitten Rechnung tragen. Andererseits binden sie durch ideologische Formen, in denen der irdische Herrscher ein unmittelbarer Abkomme der Götter ist, oder Stellvertreter der Götter oder später des monotheistischen Gottes, zugleich die Beherrschten an die Herrscher. Zudem tragen sie meist mit ihrer regionalen Beschränktheit auf die Grenzen des Staates dazu bei, die außerhalb der Staatsgrenzen lebenden anderen Menschen als unmenschlich, vor Gott verworfen usw. zu klassifizieren. Sie schaffen somit zugleich psychische Instanzen, die Rache- und Eroberungsfeldzüge erleichtern (vgl. z. B. die Kreuzzüge).

Das Christentum nimmt in diesem Zusammenhang eine besonders interessante Stellung ein, da es zunächst erstmalig historisch für die Armen und Entrechteten und ihre grundlegenden Menschenrechte Stellung bezieht. Mit dem Wandel zur Staatsreligion verlagert sich diese Erlösung jedoch gänzlich ins Jenseits. Auf Erden gilt es Untertan der Obrigkeit zu sein, die Gewalt über die Menschen hat. Einerseits bindet die christliche Religion damit zahlreiche positive Verhaltensweisen und Formen der Moral in einem entwickelten *Kodex humanen Verhaltens*, andererseits wird deren Inanspruchnahme auf Erden jedoch von der *Staatsförmigkeit* dieser Religion her verweigert. Wer auf Erden die Ideale des Christentums für sich in Anspruch nehmen will, ist Ketzer, steht wider die gottgewollte Obrigkeit auf. Die klassische Philosophie der Aufklärung in Form der Religionskritik Ludwig *Feuerbachs* deckt erstmalig diese Formen der religiösen Entfremdung auf. „Die Inhalte der Religionen sind in diesem Sinne nichts als illusionäre, phantastische Reflexe bestimmter Aspekte des Wesens des Menschens, der menschlichen Verhältnisse, der Beziehungen der Menschen untereinander und ihrer Stellung zur Natur" (*Klaus/Buhr*, S. 324).

Religion jedoch lediglich als entfremdete Form der Vermittlung von Individuum und Gattung zu verstehen, als bloße *Mystifizierung*, wäre ein tiefes Mißverständnis, vor dem ich warnen will. Zwar ist Friedrich *Engels* in vollem Umfang zuzustimmen, daß alle Religion nichts anderes ist „als die phantastische Widerspiegelung, in den Köpfen der Menschen, derjenigen äußeren Mächte, die ihr alltägliches Dasein beherrschen, eine Widerspiegelung, in der die irdischen Mächte die Form von überirdischen annahmen" (MEW Bd. 20, S. 294; vgl. auch das Stichwort „Religion" bei *Klaus/Buhr*, S. 1046–1052). Doch zeigt die Existenz der Religion auch notwendige *Momente des Kulturbildungsprozesses*, wenn auch in entfremdeter Form auf: die notwendige *sinnhafte Vermittlung mit der Einheit der Gattung*. So stehen in der Geschichte des Christentums neben der staatsförmigen Religion der mit den Herrschenden verbundenen Kirchen auch immer wieder Ansätze einer Theologie der Befreiung. Die notwendige und humane Realisierung der Einheit der Gattung auf Erden anstelle ihrer Verlagerung ins Jenseits, und wenn notwendig der Aufruf zum Sturz der Herrschaft, dies verbindet diese Religionsauffassungen mit dem Marxismus. Und keineswegs hat der marxistische Atheismus bis heute alle jene berechtigten Fragen nach der Möglichkeit der sinnvollen Widerspiegelung im Gattungswesen gelöst, an denen auch fortschrittliche Formen der Religion festhalten (z. B. Andacht, Besinnung, Meditation, Gebet usw.).

Ich möchte dies vertiefen. So stellt etwa Dorothee *Sölle* in verschiedenen Schriften immer wieder die Sinnbildung und Vermittlung zur Gattung, die in *religiöser Versenkung* und *Meditation* stattfindet, in den Mittelpunkt ihres Denkens. Diese „Hinreise" ist notwendig, um nicht abzustumpfen, gleichgültig gegen Armut und Elend zu werden, Kraft zu bekommen, aber sie ist nichts wert ohne die „Rückreise": ohne den aktiven Kampf für Frieden, Demokratie, Fortschritt und Humanismus. Es geht also um die Frage, wie Entfremdungsprozesse immer wieder im Sinne einer humanen Perspektive aufgebrochen werden können. Ich verdeutliche diesen Prozeß der Sinnbildung, wie *Sölle* ihn charakterisiert, mit einem Zitat, da die Religionskritik allein nicht zu erklären vermag, wie in der entfremdeten Form der Religion zugleich für das Individuum Sinnbildung und Vermittlung zur Gattung stattfinden können. Nur wenn wir zugleich mit der Entfremdung die Sinnbildung der Individuen begreifen, also die eigenartigen innerpsychischen Verhältnisse und Widersprüche, die sich hieraus ergeben (vgl. *Leontjew* 1973, S. 248), bleibt unser Denken dieser Zusammenhänge dialektisch. *Sölle* schreibt (1975, S. 101):

„Meditieren heißt weder produzieren noch konsumieren . . . Es heißt auch nicht, sich zu neuer Produktion und neuem Konsum fit zu machen, auch wenn man es wie alles in „dieser" Welt, vermarkten kann. Jede Zwecksetzung zerstört die Übung der Meditation, sie zerstört die „Betrachtung". . . Wenn ich eine Rose oder eine Pfütze oder ein menschliches Gesicht „betrachte" und mir die auf der Ebene unserer Reflexion fast unabweisbare Frage stelle „Wozu soll ich das tun?", so habe ich im selben Augenblick aufgehört zu betrachten. Ich beginne mein altes Spiel, der Dinge Herr zu werden durch „erkennen" und „benutzen". Ich unterwerfe mir die Rose, die Pfütze und das menschliche Gesicht, ich benutze sie als ästhetisches oder psychologisches Objekt. Ich selektiere – bewußt oder unbewußt –. Der Kapitalist in mir hat gesiegt."

Es geht also um Prozesse des *Spiegelns im Prozeß der Menschheit wie im Prozeß der Natur* und damit um *Herstellung harmonischer Verhältnisse, insofern Sinn gewonnen wird.* Dies hat unmittelbar und zunächst nichts mit einer möglichen Harmonisierung gesellschaftlicher Widersprüche zu tun und auch nicht mit der Möglichkeit, solche Bedürfnisse zu mißbrauchen. Es geht vielmehr um *Möglichkeitsräume menschlicher Natur,* hier auf der Ebene von Sinnbildungsprozessen, die verstanden und entschlüsselt werden müssen, um die Reichhaltigkeit menschlicher Existenz zu erfassen und zu gewährleisten. *Entfremdung beinhaltet also nicht nur Verdinglichung, sondern Bindung des Sinns an ihm nicht entsprechende Bedeutungen.* Dies hebt besonders noch einmal *Leontjew* hervor (1979, S. 149), der für die kapitalistische Klassengesellschaft unter den Bedingungen des ideologischen Kampfes feststellt:

„Der persönliche Sinn, der die Motive widerspiegelt, welche durch die tatsächlichen Lebensbeziehungen des Menschen erzeugt werden, kann unter diesen Bedingungen keine ihn adäquate verkörpernden objektiven Bedeutungen finden und beginnt dann gleichsam in fremder Kleidung zu leben. Man muß sich den gewaltigen Widerspruch vorstellen, den diese Erscheinung erzeugt. Denn im Unterschied zum Sein der Gesellschaft ist das Sein des Individuums nicht „selbstredend", das heißt das Individuum hat keine eigene Sprache, keine von ihm selbst erarbeiteten Bedeutungen."

Auf diesem Hintergrund wird nunmehr auch verständlich, warum in den „Philosophisch-ökonomischen Manuskripten" von *Marx* das Entfremdungsproblem nicht nur als ökonomisches Problem auftaucht, sondern auch als Problem der „Selbstentfremdung".

Ökonomische Entfremdung meint dabei die Tatsache, daß durch das Verhältnis der Lohnarbeit und des Privateigentums an den Produktionsmitteln die vom Arbeiter geschaffenen Produkte ihm als fremdes Wesen entgegentreten, als eine vom Produzenten unabhängige Macht. Ebenso sind die Produktionsmittel in der Hand des Kapitalisten von der Verfügungsgewalt des Arbeiters getrennt, ihm fremde Gegenstände, die zugleich ihm jedoch als verdinglichte, versachlichte Strukturen und nicht als historische Verhältnisse gegenübertreten. Aus dieser ökonomischen Entfremdung, so das „Philosophische Wörterbuch", *erwachsen* alle anderen Formen der Entfremdung (S. 325).

Ich würde anders formulieren: Diese ökonomische Entfremdung, deren Kern die kapitalistische Ausbeutung ist (vgl. auch *Sève* „Marxistische Analyse der Entfremdung"), formt vorkapitalistische Formen der Politik, Ideologie und z. T. auch Religion in neue Formen der politischen, ideologischen Entfremdung um, in denen zugleich das Alte nach den Gesetzen der Dialektik aufgehoben ist. So wird die Bürokratie, in Preußen als reaktionärer Klassenkompromiß zwischen Adel und Kleinbürgertum entstanden (G. *Lukács* 1979, S. 42), als spezifische Form institutioneller Entfremdung in den Kapitalismus transformiert ohne zugleich ihre funktionalen Komponenten zu verlieren. Oder die Religion wird z. B. in Form des Calvinismus aktualisiert und der neuen Produktionsweise in neuer Form der religiösen Entfremdung einverleibt. Neue Formen der Kultur als Geschmacksbildung und Ästhetisierung für die Herrschenden (vgl. die Renaissance) und kulturellen Ausschluß für die Beherrschten entstehen ebenso wie die Gegenbewegung als Kultur von unten, neue und klassenadäquate Sinngebung.

Man kann also nicht sagen, daß alle anderen Formen ausschließlich aus der ökonomischen Entfremdung erwachsen, obwohl sie durch deren neue Form wesentlich in ihrer Entwicklung bestimmt werden. Ebenso muß man auch der folgenden Auffassung bei *Klaus* und *Buhr* (S. 330) widersprechen: Den Begriff der Entfremdung auf sozialistische Verhältnisse übertragen zu wollen, bedeute, „ihn in eine abstrakte unhistorische Kategorie zu verwandeln". Gerade die alleinige Reduzierung aller Arten und Ebenen von Entfremdung auf die Ökonomie leistet dem Vorschub, nicht aber eine Betrachtungsweise, die Entfremdung als mit den Klassengesellschaften entstanden auffaßt, wobei mit der Entwicklung der Klassengesellschaften ihre verschiedenen Formen sich weiterentwickeln und neue Verhältnisse eingehen, bis sie im Zusammenhang der allgemeinen ökonomischen Entfremdung im Kapitalismus auf allen Ebenen allgemein werden. Aber *mit der Überwindung des Privateigentums an den Produktionsmitteln ist nicht unmittelbar der Entfremdungsprozeß in allen seinen Dimensionen aufgehoben.* So ist die Kirche in einem sozialistischen Land, in Polen, eine starke politische Kraft und stellt einen der reaktionärsten und fortschrittfeindlichsten Päpste der Geschichte (vgl. *Krims:* Woytyla – Programm und Politik des Papstes. Köln 1982) Oder: in der Sowjetunion bestehen vehemente ökologische Probleme: Die Romane von *Aitmatov*, z. B. „Der weiße Dampfer" oder der Ausschnitt seines gegenwärtig in Arbeit befindlichen Romans, die Erzählung „Die Träume der Wölfin", bzw. die vehementen Auseinandersetzungen auf dem Schriftstellerkongreß 1986 mit der Politik des Wasserwirtschaftsministeriums (vgl. *Högemann-Ledwohn*, Deutsche Volkszeitung, 22. 8. 1986, S. 11), oder die „Schluderei", „Raffgierigkeit", „anonymen Verleumdungen", Verletzung der sozialistischen Moral, die Hartherzigkeit der Bürokratie usw., die der Generalsekretär der KPdSU auf dem 27. Parteitag im März 1986 brandmarkte (*Gorbatschow* 1986) oder auch die Frauenproblematik im Sozialismus. Es bleibt schon kein anderer Weg als der, auf den *Sève* (1978) aufmerksam gemacht hat: die sozialistische Aneignung und humane Veränderung des gesamten ungeheuren gesellschaftlichen Körpers der Menschheit. In diesem Prozeß wird die allgemeine Aufhebung jener Formen von Entfremdung möglich, für die die Aufhebung der ökonomischen Entfremdung die erste Bedingung ist: Notwendige Bedingung auf jeden Fall, aber keinesfalls bereits hinreichende Bedingung.

Entfremdung ist also eine Kategorie, die Verhältnisse zwischen Individuum und Gattung auf entwickeltem gesellschaftlichem Niveau beschreibt. Sie realisiert sich in der Form, daß gesellschaftliche, soziale, historische Verhältnisse im Bewußtsein der Individuen den Charakter von naturhistorisch gewordenen oder schon immer gegebenen Dingen erhalten. Entfremdung vermittelt sich über alle Ebenen des gesellschaftlichen Prozesses: Ökonomie, Politik, Ideologie (und als eine besondere Form des Ideologischen: Religion), Institutionen, Familie, Verhältnis von Mann und Frau bis hin in die Dimensionen des individuellen Bewußtseins. Reduziert man diese Kategorie jedoch lediglich auf die letzteren Ebenen, wie dies etwa in kulturpessimistischen psychiatrischen Auffassungen (*Laing*) geschieht, oder reduziert man, wie in bestimmten Varianten der Theorie der Frankfurter Schule, Entfremdung lediglich auf Phänomene, die unmittelbar der gesellschaftlichen Arbeitsteilung entspringen (also Entfremdung durch Technisierung und damit Aufsplitterung der Verhältnisse zwischen den Menschen), so verdinglicht man selbst diesen Begriff von einer gesellschaftshistorischen zu einer persönlichkeitstheoretischen oder sozialpsychologischen Kategorie.

In der Breite, wie hier vorgeschlagen, liefert der Entfremdungsbegriff einen Hintergrund, um sozialhistorisch die Zunahme psychopathologischer Prozesse zu begreifen und zu untersuchen: nicht als einzige Kategorie, sondern in einem Netz von Kategorien, die die inneren Zusammenhänge, die Totalität von Gesellschaft abzubilden vermögen. Dabei kann es unterdessen kaum einen Zweifel geben, daß es derartige Zusammenhänge gibt. Weder ist z. B. Schizophrenie gleichmäßig über den Globus verteilt (im Westen einer von 150 Erwachsenen, in der Dritten Welt einer von 250), noch sind dies Schweregrad und Heilungschancen dieser Krankheit, die ihrerseits in westlichen Ländern eng an die Vollbeschäftigung innerhalb eines Wirtschaftssystems gekoppelt zu sein scheinen (*Warner* 1986, S. 62 f.). Dabei darf man jedoch nicht den Fehler machen, Entfremdung als gesellschaftswissenschaftlichen Begriff unmittelbar für die psychologische Analyse anzuwenden. In diesem Sinne kennzeichnet Entfremdung *Ausmaß und Strukturierung isolierenden Bedingungen, die gesellschaftliche Möglichkeitsräume für psychopathologische Entwicklungen* kennzeichnen, nicht bereits aber diese selbst.

6.2 Das Verhältnis von Isolation und Persönlichkeitsentwicklung als Basis psychopathologischer Prozesse

Ich komme nun zu den im engeren Sinn psychologischen Fragen, die ich im Zusammenhang der Kategorie „Isolation" behandeln will

Bereits in den vergangenen Kapiteln sollte klargeworden sein, daß die Voraussetzung einer umfassenden Persönlichkeitsentwicklung in der Reichhaltigkeit der sozialen Beziehungen wie in der angemessenen hierarchischen Organisation der Entwicklungsprozesse des Psychischen im System „Subjekt – Tätigkeit – Objekt" zu suchen ist. Es geht also um die wechselseitige Entsprechung innerer und äußerer Organisatoren des Psychischen, um die adäquate Vermittlung von Abbildniveau und Tätigkeitsniveau durch Möglichkeiten der Sinnbildung und des Bedeutungserwerbs, um den Zusammenhang von Motiv und Zweck (Ziel) der Tätigkeit usw., also jeweils um Fragen einer adäquaten Aneignung des sozialen Erbes. Es geht um einen den Möglichkeiten und Notwendigkeiten menschlicher Natur entsprechenden Vermittlungsprozeß zwischen dem sich entwickelnden Individuum und der natürlichen und gesellschaftlichen Realität. Reichhaltigkeit der menschlichen Entwicklung wie psychopathologische Einschränkung sind insofern zwei Seiten des Möglichkeitsraumes in der Vermittlung zwischen menschlicher Natur und gesellschaftlicher Tätigkeit der Menschen. Insofern steht die bereits oben zitierte Frage von *Sève* zurecht: „Sind die großen Menschen, Ausnahmen einer Epoche *insofern, als die gewaltige Mehrheit der übrigen Menschen durch die gesellschaftlichen Bedingungen verkrüppelt wird*, nicht in gewissem Sinn die normalen Menschen dieser Epoche und ist der Regelfall der Verkrüppelung nicht gerade *die Ausnahme*, die Erklärung verlangt?" (1972, S. 203).

Die psychologische Realität dieser „Verkrüppelung", also die psychologische Realität der Einschränkung der Lebensmöglichkeiten und Denkmöglichkeiten von Menschen müßte daher in jedem Falle mit Mitteln der allgemeinen Psychologie, Entwicklungspsychologie und Persönlichkeitspsychologie erschlossen werden, also als ein Problem der *Verbesonderung des Allgemeinen im* (psychopathologischen) *Einzelnen* behandelt werden.

Betrachten wir dies Problem wissenschaftstheoretisch, so müssen wir im Sinne des von *Leontjew* formulierten Ebenenproblems nunmehr auf der psychologischen Ebene die hier zu untersuchenden Prozesse in jener *dialektischen Einheit von Entwicklung und Pathologie der Persönlichkeit* behandeln, wie wir dies auf der sozialen Ebene mit dem Verhältnis von Entfremdung und Kultur getan haben. Hilfreich ist es hierbei, auf Theorien zurückzugreifen, die zu dieser Frage adäquate Vorarbeiten auf der psychologischen Ebene geleistet haben. Dies gilt auch dann, wenn sie die soziale Ebene nicht hinreichend berücksichtigt haben. Ebensowenig wie die Nichtberücksichtigung der sozialen Ebene hindern muß, ebenspezifische Vorgänge der objektiven Realität auf biologischer Ebene zu erforschen, so gilt dies auch für die psychologische Ebene. Und immerhin haben wir ja in den beiden vorangegangenen Kapiteln eine Reihe außerordentlich interessanter Ansätze zur Analyse der psychologischen Ebene kennengelernt, die ebenenspezifisch wesentliche Zusammenhänge des Psychischen bestimmen. Betrachten wir das gesamte Gebiet der Psychopathologie, so sind es neben lerntheoretischen Arbeiten aus dem Bereich des Behaviorismus vor allem psychoanalytische Arbeiten wie in jüngster Zeit Veröffentlichungen aus dem Gebiet der transaktionalen Psychologie, aber auch aus der Tradition *Piagets*, die hier Beiträge leisten. Es gilt nunmehr solche Beiträge, soweit wir auf sie zurückgreifen können, systematisch von den Positionen der materialistischen Psychologie ausgehend, „vom Kopf auf die Füße" zu stellen, also reale Erkenntnisse von philosophisch falschen Grundannahmen oder ideologischen Setzungen zu befreien.

Untersuchen wir die Theorien in diesem Bereich, so zeigt es sich, daß mit der Entwicklung der biologischen und psychologischen Forschungen eine Reihe von Phänomenen, die die klassische Psychiatrie einem endogenen Krankheitsprozeß zugeschrieben hatte, aus Belastungszuständen der Individuen, veränderten Umwelten und erworbenen intrapsychischen Verhältnissen resultierten. Von besonderer Bedeutung waren dabei die nach dem zweiten Weltkrieg vermehrt durchgeführten *Forschungen zur Isolation, sensorischen und sozialen Deprivation.*

Hintergrund dieser Forschungen war neben der Erforschung kriegsbedingter psychischer Folgen vor allem die Entwicklung der Raumfahrt einerseits wie andererseits die Verfeinerung von Folter- und Verhörmethoden insbesondere im Zusammenhang des CIA. Daneben bot sich zahlreiches „Anschauungsmaterial" über derartige Folgen, das die Faschisten in Form von Millionen KZ-Opfern, politischen und zivilen Häftlingen, ehemaligen Zwangsarbeitern zurückgelassen hatten. Hier die Zusammenhänge gründlich zu erforschen, blieb freilich weitgehend den sozialistischen Ländern wie den Widerstandsorganisationen oder Organisationen der Betroffenen selbst überlassen. Zumindest in der BRD ist mir zu dieser Frage kaum eine offiziell unterstützte Forschung bekannt. Faßt man all diese Forschungsergebnisse zusammen, so zeigt es sich, daß die unterschiedlichsten Formen der Isolation tiefgreifende Folgen haben und all jene Krankheitsbilder hervorbringen können, die man bis dahin nahezu ausschließlich endogenen Prozessen zugeschrieben hatte.

6.2.1 Die Folgen der Isolation. Darstellung und Diskussion von E. A. Haggard: Isolation und Persönlichkeit

Als einer der ersten Autoren versuchte *Haggard* (1966) diese Ergebnisse in einem Aufsatz über „Isolation und Persönlichkeit" zu verallgemeinern. Als Material zieht er zahlreiche Situationen experimenteller Isolation heran, ferner freiwillige Isolation wie Polarforschungsaufenthalte u. ä. sowie unterschiedlichste Formen unfreiwilliger Isolation: Einschränkung von Tätigkeitsmöglichkeiten durch äußere Umstände (Schiffbruch, Gefängnisaufenthalt) ebenso wie durch eigene körperliche Gegebenheiten: Kinderlähmung und Aufenthalt in eiserner Lunge, Wahrnehmungseinschränkungen wie Blindheit usw. Diese Forschungen wertet *Haggard* unter verschiedenen Gesichtspunkten aus und kommt in der Hauptsache zu folgenden Ergebnissen:

–Die Effekte der unterschiedlichen Arten von Isolation weisen große Übereinstimmungen auf. Um ein Beispiel zu nennen: So kam es in einem Isolationsexperiment, das *Lilly* durchführte, zu Zuständen, die sonst nur im Bereich der schizophrenen Psychosen in der Literatur beschrieben werden Ich gebe dieses Experiment in Kürze wieder, um den Leser(inne)n ein plastisches Beispiel vor Augen zu führen: Versuchspersonen wurden in einem dunklen geschlossenen Wassertank eingeschlossen. In diesem freiwilligen Experiment wurden sowohl jeder sinnliche Eindruck als auch die aktive Selbststimulation weitgehend eingeschränkt. Die Auswertung ergab, daß die Versuchspersonen sich in der ersten Stunde aktiv mit der neuen Erfahrung auseinandersetzten und ein angenehmes Gefühl entwickelten, als seien sie im Weltraum. Während der zweiten Stunde zeigten sich akute Spannungen und auftauchende Begierden wie Hunger. Starke Befriedigung war möglich durch Selbststimulationen wie das gegenseitige Reiben der Finger oder langsame Bewegungen, damit das Wasser, in dem sie erschütterungsfrei gelagert waren, über ihr Gesicht floß. Während der dritten Stunde war eine massive Veränderung von gesteuertem Denken zu Träumen und Phantasien feststellbar, die so persönlich und emotional gefärbt waren, daß *Lilly* sie niemals berichtete. Es traten, wie *Haggard* (S. 437) berichtet, echte dreidimensionale Halluzinationen auf.

–Es zeigte sich, daß nicht alle Versuchspersonen in gleicher Weise für die Wirkung isolierender Bedingungen empfänglich waren. Von hoher Bedeutung waren Orientierungen, die entweder vorrangig auf ihre inneren Zustände gerichtet waren oder auf die Bedingungen der äußeren Welt. „Individuen mit Selbstkonzepten, Ichs (oder was auch immer), die stark genug waren, so daß sie sich „in sich selbst zurückzuziehen" konnten und passiv gegenüber der äußeren Umgebung waren, schien es sehr viel besser in der isolierenden Situation zu ergehen als solchen, die dies nicht konnten" (S 439). *Feuser* (1977, S. 298 ff.) stellt diese Ergebenisse zu Recht in den Zusammenhang von reichhaltiger bzw weniger reichhaltiger Persönlichkeitsentwicklung. Im Sinne des im vergangenen Kapitel behandelten Hierarchisierungsprozesses der Persönlichkeit scheint die Wirkung von Isolation vor allem beeinflußt zu werden von dem Grad der Hierarchisierung der Persönlichkeit und von der Reichhaltigkeit der Beziehungen zur Gattung Menschheit auf der Ebene der inneren Position des Erwachsenen. So zeigen etwa die Forschungen zur Psychologie der Folter oder zur Wirkung von KZ-Haft, daß jene Men-

schen diese Torturen mit geringeren Schäden überstehen konnten, die sich besser im Kern ihrer Persönlichkeit abschirmen konnten. Oder sagen wir besser, die ihren Glauben an Humanität und menschliche Beziehungen gegen die Folter bewahren konnten (vgl. z. B. die Fall-Studie von Sylvia *Amati*, 1977 sowie den kurzen Aufsatz von E. *Borneman*: Die Fähigkeit zum Widerstand, 1983). Die Untersuchungen zu KZ-Haft, aber andererseits auch zu Langzeitarbeitslosigkeit, legen nahe, daß jene Personen widerstandsfähiger sind, die auf der Ebene der inneren Position eine reichhaltige und differenzierte Beziehung zum Prozeß der Menschheit entwickelt haben, sei dies in idealistischer Form, wie etwa die Zeugen Jehovas, oder in materialistischer Form, wie Angehörige der Arbeiterbewegung. (Zu den Folgen der KZ-Haft bei diesen Gruppen im Vergleich zu anderen Gruppen vgl. u. a. *Matussek*:„Die Konzentrationslagerhaft und ihre Folgen"; zu den Folgen von Arbeitslosigkeit die Aufarbeitung der Literatur zu dieser Frage durch A. *Wacker* 1976.)

–*Haggard* verweist weiterhin darauf, daß *Deprivation im frühen Lebensalter tiefgreifende Folgen auf die Nervenentwicklung und den Stoffwechsel* hat (S. 462). Zu dieser Frage liegen mittlerweile zahlreiche Forschungsergebnisse vor, die ich z. T. bei der Behandlung von biologischen Grundlagen in den beiden folgenden Kapiteln aufgreife.

–*Gleiche Isolationsarten und -bedingungen haben also keineswegs gleiche Folgen. Entscheidend sind die bisher entwickelte Persönlichkeitsstruktur* (dies entspräche *Leontjews* drittem Parameter der Persönlichkeit, also der „Gerichtetheit" bzw. genauer dem „allgemeinen Typ der Persönlichkeit") *sowie der Entwicklungsstatus der Persönlichkeit* (im Sinne *Leontjews* der 2. Parameter, also der Hierarchisierungsgrad der Persönlichkeit). *Abstrahiert man von diesen Aspekten, so sind die Persönlichkeitsänderungen nicht abhängig von der Art der Isolation, sondern erfolgen proportional dem Schweregrad der Isolation von der gewohnten Umwelt* (S 454 u. 465 f.).

–*Der Entwicklungsprozeß der Persönlichkeitsveränderung unter den Bedingungen der Isolation ist nicht linear, sondern unterliegt diskontinuierlichen Veränderungen.* So berichtet *Haggard* von einer sogenannten *„Isolationskrise".* Diese tritt bei unerwarteter und ungeplanter Isolation nach einer ersten Phase von einigen Stunden, in der sich die Betroffenen realistisch und anpassend verhalten, als eine zweite Phase in Erscheinung. Hier stellen die Betroffenen fest, daß sie allein sind, die vor kurzem noch vorhandene, wohlvertraute Welt verschwunden ist (z. B. Schiffbruch oder Situation von Wissenschaftlern auf Expeditionen). In dieser Situation gibt es nun *zwei Reaktionsmöglichkeiten*: Entweder *aufgeben* oder sich *graduell anpassen.* Beide Möglichkeiten sind mit spezifischen Folgen verbunden. Mit dem Aufgeben verbunden treten auf: rapide Ich-Desorganisation mit dem Ergebnis von Verzweiflung, extremem Rückzug, psychotischen Komponenten wie Halluzination und Wahn, heftigen emotionalen Reaktionen wie unkontroliertem Selbstmitleid oder Wutanfällen. Die graduelle Anpassung an extreme und intensive Isolation, die diese Begleiterscheinungen in dieser Form nicht hat, kann jedoch ebenfalls nicht erreicht werden, ohne daß die Betroffenen Symptome zeigen, die, so *Haggard*, typisch für bestimmte psychische Erkrankungen sind (S. 452 f.)

–*Haggard* versucht schließlich diese Zusammenhänge im Rahmen einer an der psychoanalytischen Auffassung orientierten Theorie zu modellieren. Er geht davon aus, daß *Persönlichkeitsentwicklung und Persönlichkeitsveränderung ein System mit drei Hauptkomponenten* bilden, die er mit A, B und C indiziert. A beschreibt in diesem Modell *Antriebslage und Bedürfnisse*, B angeborene *wie erworbene Strukturen und Schemata*, mit denen sich das Individuum mit seiner Umwelt auseinandersetzt, einschließlich der Strukturen des „Ich" und des „Selbst", C schließlich umfaßt den *Umgebungskontext*, in dem sich Verhalten ereignet. Auf Grund der bisherigen Erörterungen in diesem Buch können wir diese Systemteile relativ leicht identifizieren: A bezieht sich auf den Sinnbildungsprozeß, der sich als Gedächtnisbildungsprozeß der emotionalen Bewertungen organisiert (vgl. Kap. 4) und der als Einstellung, Gerichtetheit der Bedürfnisse ins Abbild eingetragen ist. B bezieht sich auf den Hierachisierungsaspekt, also die ins Abbild eingetragenen Bedeutungen (als System von Operationen, die sie zugleich darstellen). Dabei verändern sich die B-Komponenten sowohl durch veränderte A- wie C-Komponenten, wobei je entsprechend der Vermittlung von B und C auch ein Wandel der A-Komponenten eintreten kann. Dies entspricht gänzlich *Freuds* Vorstellungen, daß Antriebe und Bedürfnisse als Zusammenfassung der Einzeltriebe kortikal in Form der „Libido" repräsentiert sind: Emotionale Bewertungen nach Lust und Unlust sind also jeweils an die kortikale Repräsentanz dieser Objekte in Form der Objektbesetzung gebunden.

Haggard markiert nun diese Komponenten mit „e" bzw. „i" ,was für *erwartete bzw. gewohnte* Umweltbedingungen einerseits und für *isolierende* Umweltbedingungen andererseits steht. Er führt hierzu aus: *„Ist der Wechsel von C_e zu C_i relativ mäßig, von kurzer Dauer oder leicht beendbar, wird (a) das ganze System versuchen, seine gewohnte $A_e B_e C_e$-Kompatibilität aufrechtzuerhalten. Ist dies nicht möglich, werden sich (b) die B-Komponenten verändern, teils unter dem Aspekt der alten A-Komponente, teils unter dem Aspekt der neuen Komponente C_i. Unter diesen Bedingungen werden sich (c) neue B-Schemata und AB-Beziehungen, angemessen an C_i, zu entwickeln versuchen. Wenn die angemessenen B_i-Komponenten jedoch in der Situation nicht benutzbar sind, weil die A-, B- und C-Komponenten undeutlich und unstrukturiert sind, ist das System durch ‚Streß' gekennzeichnet, und es kann auch zu einer Veränderung der A-Komponente kommen. Unter diesen Bedingungen wird (d) das System vielfältige Bemühungen zeigen, um die Kompatibilität der drei Bereiche herzustellen, auch der Versuch, die C_e-Bedingungen wiederherzustellen, für die B-Schemata existieren. Ist jedoch der Wechsel von C_e zu C_i-Bedingungen groß und andauernd und sind die ausgebildeten B_i-Schemata nicht kompatibel, geht die Integrität des Systems verloren. "*

Ich denke, daß Haggard, zwar in sehr abstrakter aber doch zutreffender Weise, damit Zusammenhänge erstmalig herausgearbeitet hat, die für eine allgemeine psychopathologische Theorie von größter Bedeutung sind. Ich will versuchen, bereits hier diese Aussagen ein Stück weit mit meiner bisherigen Argumentation zu verbinden. Vieles erfährt jedoch erst im Verlauf dieses Kapitels seine vertiefende Klärung.

Unter der *Bedingung (a)* kommt es zur Motivbildung, Aktivierung des Individuums, das sich unter Aktualisierung verfügbarer Operationen mit den isolierenden Bedingungen auseinandersetzt. Dabei ist mit den vorhandenen Strukturen eine Lösung antizipierbar und der Gradientenabfall der emotionalen Bewertung (vgl. Kap. 4) nicht so stark, daß die Tätigkeit mit den gegebenen Mitteln unmöglich zu realisieren sein scheint.

Unter der *Bedingung (b)* signalisiert der Gradientenabfall der emotionalen Bewertung drohenden Mißerfolg, möglicherweise tritt Furcht als Teil der Orientierungstätigkeit und des Neugierverhaltens auf, es kommt zu Umorganisation, d. h. zur neuen Hierachisierung bestimmter Teile der bisher auf niederem Niveau regulierten Operationen (vorgreifende Widerspiegelung der vorgreifenden Widerspiegelung; (vgl. Kap. 4). Resultat sind neue kognitive Schemata im Sinne von *Piaget,* oder im Sinne unserer Terminologie neue Abbilder in Teilbereichen der Tätigkeit.

Unter der *Bedingung (c)* kommt es zur Herausbildung spezifisch neuer Varianten der Tätigkeit bezogen auf die isolierende Situation. Durch das zunehmende Nichtgelingen der bisher verfügbaren Lösungen taucht der Wandel der Emotion in einen Affekt (also insbesondere von Furcht in Angst) als motivbildender Gegenstand auf, da sich die Tätigkeit nunmehr auf dieses Hindernis richten muß. Dies ist jene Situation, die *Obuchowski* als emotional bedingtes Herabdrücken der Denkprozesse auf die Ebene von Wahrscheinlichkeitsstatistiken beschreibt. Der antizipierte Affektzustand Angst erzwingt zweierlei: einerseits psychische Verdrängungsmechanismen, Aufspaltung der Willenstätigkeit auf äußeren Gegenstand C_i (isolierende Situation) und inneren Gegenstand $A_e \rightarrow A_i$, also die Antizipation eines negativen Affekts (A_i) und sein partielles Auftreten, andererseits erneute Auseinandersetzung mit der isolierenden Situation. Auf dieser Ebene muß man wohl jene Menschen einordnen, denen die graduelle Anpassung an isolierende Bedingungen gelingt. Sie gelingt um den gleichzeitigen Preis des Schutzes vor eigenen auftauchenden Affekten. Dies ist ein in der Situation notwendiger Verdrängungsmechnismus. Er führt aber, sofern diese Affekte nach der Situation nicht doch noch vergegenständlicht werden (Trauerarbeit), zu dauerhaften Verdrängungen bzw. zur partiellen „emotionalen Vertäubung (*Lifton u. Olson*).

Bedingung (d) kennzeichnet die tiefe und traumatische Veränderung der Persönlichkeit mit Aufgabe des Selbstbilds und weitgehender Adaptation an die isolierende Situation. Wir finden sie z. B. in extremer Form bei Folteropfern, deren Willen gebrochen wurde und die sich nunmehr z. T. mit der Autoritätsperson des Folterers identifizieren. Insbesondere machen sich bestimmte Foltertechniken des „double bind" diese Möglichkeit zunutze, indem sie die Rollenteilung zwischen einem brutalen und einem verständnisvollen Teil des Folterprozesses einführen (vgl. *Keller* 1981, S. 45 f. bzw. S. 48 f.). So berichtet Anna *Vasques* (1976, S. 2 f.) auf dem Pariser Psychologenkongreß folgendes Beispiel, das ich hier ausführlich wiedergebe, um die Zusammenhänge zu verdeutlichen:

Die Gefolterte ist eine junge Frau (20 Jahre), Tochter armer Bauern aus Südchile mit unvollständiger Sekundarschulausbildung. „Sie wird verborgen gehalten, gefolter während zwei Wochen, man erhält aber nicht die verlangten Informationen. Der Offizier, der mit ihrem Fall beschäftigt ist, gilt bei den Gefangenen als ‚gut‘ und ‚korrekt‘. Er nimmt nicht an den Folterungen teil, und die Gefangenen bestätigen, daß er stets seine Versprechungen hält. Er schlägt der Gefangenen vor, ihr ein Gespräch mit ihrem Vater zu ermöglichen, den sie sehr liebt, allerdings soll das Gespräch mit verbundenen Augen stattfinden. Auf jeden Fall verspricht er ihr · ‚Wenn du nach dem Gespräch mit deinem Vater vernünftig bist, könnte ich ein zweites Treffen arrangieren, wo du ihn sehen kannst.‘ Der ‚Vater‘ nimmt sie auf die Knie, er erscheint bewegt und er liebkost sie, flüstert ihr zärtliche Worte aus ihrer

Kinderzeit zu. Er bittet sie, ‚auf sich aufzupassen und dafür zu sorgen, daß sie sich wiedersehen können'. Sie weint die ganze Zeit während des kurzen Treffens. Als der Vater weg ist, kommt der Offizier und fragt ‚Und nun?' Sie gibt ihm die verlangten Informationen, unter dem Druck der Gefühle, mit der Hoffnung, bald ihren Vater zu sehen. Danach kommt sie ins Frauengefängnis und darf Besuch empfangen. Als ihre Familie kommt, erfährt sie, daß ihr Vater vorher nicht gekommen ist, und man sie getäuscht hat. Aber der Offizier hatte ihre Familie aufgesucht und ihnen alles entlockt, sogar die Kosenamen aus der Kinderzeit, die der falsche Vater benutzte. Der Schock ist so stark, daß die Gefangene in einen katatonischen Zustand völliger Passivität verfällt. Zwei Monate lang liegt sie bewegungslos, muß ernährt werden, kann nicht sprechen. Der Gefängnispsychiater kommt zwei Wochen nach dem Zusammenbruch. Sie wird mit Meleril behandelt, und schließlich baut er eine Gesprächssituation auf, die die Symptome zum Verschwinden bringt. Aber mit der Heilung kommt das Bewußtsein ihrer Schuld wieder, das sie nicht überwinden kann."

Ich kommentiere dieses Beispiel zunächst nicht weiter, auch wenn es manchen Leser(inne)n für die Behandlung psychopathologischer Probleme zunächst weit hergeholt zu sein scheint. Ob es dies wirklich ist, wird, so denke ich, bereits zutiefst in Frage gestellt, wenn man Lebensberichte von Langzeithospitalisierten in psychiatrischen Anstalten liest (vgl. z. B. Adalgisa *Conti* „Im Irrenhaus") oder die Forschungsliteratur zur Hospitalisierung von psychisch kranken *Menschen* (vgl. *Finzen* 1974). Ich verzichte hier darauf, die an anderer Stelle ausführliche dargestellte Forschungsliteratur zu unterschiedlichen Arten der Isolation erneut darzustellen (vgl *Jantzen* 1979, S. 37 ff.), da ich auf viele dieser Probleme im weiteren Verlauf des Kapitels ohnehin noch zu sprechen komme.

6.2.2 Entwicklungspsychologische Aspekte

Bevor ich meine eigenen früheren Überlegungen zu dieser Frage referieren werde, die dann auf dem Theoriestand dieses Buches zu überarbeiten und zu präzisieren sind, will ich auf zwei Autoren hinweisen, die das Konzept der Isolation, ebenso wie ich dies selbst unternommen habe oder es auch bei Haggard angesprochen ist, systematisch auf den *Bereich organischer Schädigungen*, auch des *Zentralnervensystems* ausweiten. Die Notwendigkeit dieser Sichtweise werde ich zudem mit einigen Ergebnissen von Längsschnittuntersuchungen unterstreichen.

Isolation bezieht sich also nicht nur auf die Vermittlung von Entfremdungsprozessen auf die Ebene der Entwicklung der Persönlichkeit, sie bezieht sich auch auf die durch Krankheit, Unfall, Vergiftung usw. veränderten Naturgrundlagen der menschlichen Existenz. Genauso, wie Blindheit zum Ausgangspunkt einer Isolation des Individuums von den gesellschaftlichen Prozessen der Aneignung des sozialen Erbes wird, eine Einschränkung der Persönlichkeitsentwicklung in einem reichhaltigen sozialen und schriftsprachlichen Verkehr bedeutet (vgl. *Daoud-Harms*), genauso wirken alle anderen organischen Einschränkungen nicht unmittelbar auf die Herausbildung der psychischen Prozesse, sondern vermittelt, indem sie das Verhältnis „Subjekt – Tätigkeit – Objekt" durch Isolation verändern

Diesen Gedanken greift auch Jean *Ayres* in ihrem Buch „Lernstörungen" auf, das in der Bundesrepublik im Rahmen der Diskussion um die Förderung sogenannter Risikokinder oder Kinder mit „minimaler cerebraler Dysfunktion" eine große Bedeutung erlangt hat.So schreibt *Ayres* (1979, S. 15):

> „*Eine optimale Hirnfunktion beim Menschen erfordert zu ihrem Gebrauch sowohl für den Empfang als auch für die Integrationsfähigkeit einen konstanten Fluß von Reizen, besonders vom Körper her. Ohne beide Elemente wäre die Fähigkeit des Menschen, mit der Umwelt fertig zu werden, vermindert. Die Folgen sensorischer Deprivation scheinen dem klinischen Bild eines Kindes mit sensorisch-integrativer Dysfunktion ähnlich. In beiden Fällen mangelt es an Organisation, Strukturierung und Beziehung von Selbst und Objekt sowie den Objekten untereinander. Bei dem Kind mit geringer neurologischer Organisation sind die Reize normalerweise vorhanden, aber sie laufen nur inadäquat ab. Beim sensorisch deprivierten humanen Forschungsgegenstand sind die Reize abgeschwächt, und wenn sie zu Testzwecken neu angeboten werden, ist die Fähigkeit, sie abzurufen, zeitlich vermindert".*

Ich habe *Ayres* exemplarisch für eine Tendenz genannt, die insbesondere in der angloamerikanischen Diskussion in klinischer Psychologie, Kinderneurologie wie Psychiatrie deutlich wird. Es ist die Tendenz, den Dualismus von bloßen alltagspsychologischen Überlegungen in der Psychiatrie und der Suche nach immer neuen „endogenen" Ursachen psychischer Erkrankungen (Stoffwechselstörungen usw.) zu überwinden. Dies geschieht durch Einbezug anspruchsvollerer psychologischer Theorien (z B. *Piaget,* Psychoanalyse, entwickelte lerntheoretische Modelle) und differenzierte neuropsychologische Überlegungen, die Veränderungen in Teilen des ZNS im Rahmen der Gesamtfunktionsweise des ZNS zu interpretieren versuchen. Exemplarisch für diesen Trend nenne ich z. B. *Gilbert* „Depression: From Psychology to Brain State" (1984), die in zahlreichen Neuropsychologiebüchern vorliegenden Erörterungen von schizophrenen oder depressiven Zuständen oder die Haupttendenz in den entsprechenden Vorträgen auf dem 2. Europäischen Seminar für Entwicklungsneurologie 1985 in Hamburg (*Flehmig u. Stern* 1986). Ich gehe an dieser Stelle nicht auf die neuropsychologischen Grundlagen selbst ein (vgl. Kap. 7 und insbesondere Kap. 8), sondern ziehe die Aussagen als Beleg für die Berechtigung meiner Auffassung heran, auch Störungen des ZNS selbst als Quellen der Isolation aufzufassen.

Einen weiteren Beleg für diese Denkweise, die für die Rehabilitationspraxis zugleich eine Reihe von neuen Perspektiven eröffnet, liefern die für die Geistigbehindertenpädagogik wichtigen Arbeiten von Reuben *Feuerstein*, die in praktischer Hinsicht in einem Sammelreferat in der renommierten Zeitschrift „Psychological Review" (*Haywood* u. a 1982) als außerordentlich vorwärtsweisend und bedeutsam eingeschätzt werden (S. 322 ff.). *Feuerstein* (1979) begreift geistige Behinderung als einen Prozeß kultureller Deprivation, den er wie folgt erklärt. Veränderte *distale Faktoren* (genetische Faktoren, organische Pathologie, Stimulationsarmut, emotionale Störungen von Kind und Eltern, sozioökonomischer Rückstand) begünstigen und bahnen *proximale Faktoren* (Fehlen von oder reduzierte Möglichkeit von *vermittelter Lernerfahrung*), so daß die Ätiologie der geistigen Behinderung aus diesen proximalen Faktoren begriffen werden muß (S. 540).

Ich will hier lediglich auf der Basis von *Längsschnittuntersuchungen* noch einige Belege hinzufügen, die meine im folgenden entwickelte Auffassung wie die Auffassungen von *Ayres* und *Feuerstein* stützen. So zeigen die Ergebnisse der Isle-of-

Wight-Studie des englischen Psychiaters Michael *Rutter* (zit. nach *Cantwell* und *Tarjan* 1979, S. 44 ff.), daß auch massive biologische Läsionen in keiner Weise zwangsläufig Verhaltensstörungen und psychiatrische Probleme hervorbringen:

Tabelle 4: Ergebnisse der Isle-of-Wight-Längsschnittuntersuchung

Risikopopulation	psychiatrische Auffälligkeit in %
– 10 u. 11jährige, Jahrgang 1955; N = 3300	6,8
– chronisch-organisch kranke Kinder	11,6
– gehörlose Kinder	15,4
– blinde Kinder	16,6
– neurologisch gestörte Kinder:	
a) Verletzung unter/auf Hirnstammniveau	13,3
b) unkomplizierte Epilepsie	26,6
c) Abnormität des ZNS über Hirnstammniveau ohne Epilepsie	37,5
d) wie c, jedoch mit Epilepsie	58,3

Die Zunahme der psychiatrischen Auffälligkeit mit der Schwere der Läsion darf nicht im Sinne einer unmittelbaren Determination gelesen werden. Diese Werte resultieren aus der Wechselwirkung mit den für alle Gruppen real vorgefundenen familiären und Erziehungsbedingungen, die diese distalen Faktoren im Sinne von *Feuerstein* entweder in pathogene proximale Faktoren vermitteln oder in ihrer Wirkung kompensieren.

Auch für diese Auffassung lassen sich Ergebnisse zahlreicher Untersuchungen anführen. Exemplarisch will ich die sehr gründliche Längsschnittuntersuchung von Emmy *Werner* et. al. auf der Insel Kauai im Hawai-Archipel heranziehen. Es handelt sich um eine Erfassung aller Kinder des Geburtsjahrganges 1955 und ihre Nachuntersuchung z. T. bis zum 25. Lebensjahr (N = 698). Aus dieser sehr umfangreichen Studie greife ich eine besondere Untersuchung heraus. Die Untersucher fanden unter den 25jährigen eine Gruppe, die trotz der erheblichen Risikofaktoren Armut, anfällige Konstitution und labile Familienverhältnisse erfolgreich überwunden hatten. Diese Gruppe von 72 Personen wurde ex post (also am Ende des Untersuchungszeitraumes) statistisch zusammengefaßt und mit einer gleichgroßen Gruppe von Personen verglichen, die sehr hohe Anpassungsschwierigkeiten, Dissozialität, negative Lebenseinstellung usw. im Alter von 25 Jahren aufwiesen und bei der Geburt bzw. in der frühen Kindheit vergleichbaren Entwicklungsrisiken ausgesetzt waren. Ich gehe hier nicht auf die einzelnen Ergebnisse dieses Vergleichs ein, sondern nenne lediglich die zusammenfassende Charakterisierung die *Werner* für beide Gruppen gibt (1983). In der Vergleichsgruppe fehlten zahlreiche Strukturen einer vertrauten und geordneten Umwelt (z. B. geregelte häusliche Verhältnisse, Anwesenheit von Ersatzeltern, feste Anstellung der Mutter u. a. m.) wie emotionale Bindungen zur Umwelt. „Am schmerzlichsten traf diese Kinder der Mangel an Unterstützung durch Freunde oder Verwandte". Mit 18 Jahren besaßen sie ein niedriges Selbstwertgefühl. „Sie hatten geradezu gelernt, hoffnungslos zu sein". Entsprechend schloß *Werner* diesen Bericht:

„Ausschlaggebend für die Adaptation des Kindes und Jugendlichen, das in einem an Risiko und Streß reichen Milieu aufwächst, scheint eine Weltanschauung zu sein, ein Glaube, eine Überzeugung, daß das Leben noch einen Sinn hat." Eine Änderung zum Besseren, so zeigen die Forschungsergebnisse, ist dann trotz Risiko möglich, „sofern der Jugendliche Menschen findet, die ihm helfen, seine Fähigkeit zu entwickeln, die an ihn glauben und die das Leben bejahen".

Es zeigt sich also, daß *organische Läsionen*, so ist die entsprechende Auffassung von *Rutter, die „Verwundbarkeit"* eines Kindes erhöhen, jedoch nicht zwangsläufig psychiatrische Störungen hervorbringen. In diesem Sinn kann nicht nur geistige Behinderung sondern können psychiatrisch klassifizierte Störungsprozesse allgemein als *„erlernte Inkompetenz"* betrachtet werden (so *Kearsley* 1979 für den Bereich der Entwicklung geistigbehinderter Kinder). Dabei ist jedoch zu beachten, daß die Bedingungen der Umgebung sich in unterschiedlicher Weise auf den Aspekt der Hierarchisierung wie auf den Aspekt des allgemeinen Typs der Persönlichkeit im Sinne *Leontjews* auswirken. Untersuchungen von *Sameroff* und *Seifer* (1983) zeigen, daß verschiedene *Streßfaktoren* eine unterschiedliche Rangfolge in ihrer Bedeutung für die Entwicklung von geistiger Entwicklung und sozio-emotionaler Entwicklung aufweisen. Die Rangfolge der vier wichtigsten Streßfaktoren für die *geistige Entwicklung* lautet: 1. Sozio-ökonomischer Status, 2. Erziehungsverhalten und Verhaltensnormen, 3. Besondere Belastungen und Krisen, 4. Psychische Erkrankung der Bezugsperson. Die Rangfolge für die ungünstigen Faktoren für die *sozio-emotionale Entwicklung* lautet dagegen: 1. Psychische Erkrankung der Bezugsperson, 2. Sozio-ökonomischer Status, 3. Erziehungshaltungen und Verhaltensnormen, 4. Besondere Belastungen und Krisen. Auch diese Zusammenhänge, die in Wechselwirkung mit organischen Läsionen in vielfacher Hinsicht Prozesse in Gang zu setzen vermögen, die unter anderen Umweltbedingungen vermeidbar sind, werde ich in den späteren Kapiteln vertieft behandeln.

Wichtig ist insgesamt für das Verständnis der *Wirkweise isolierender Bedingungen*, daß sie nie gänzlich zu Trennungen in den Austauschprozessen im System „Subjekt – Tätigkeit – Objekt" führen. Es hängt dabei entscheidend von den psychischen Prozessen des Subjekts ab, ob dieses System erhalten bleibt, oder aber gänzlich zerstört wird, was zum schnellen und unmittelbaren Tod führen kann. *Die gänzliche Hoffnungslosigkeit, der gänzliche Zusammenbruch jeder Tätigkeitsperspektiven in den psychischen Prozessen des Subjekts hat tödliche Wirkung*, insofern die damit verbundenen affektiven Prozesse den Organismus in einen Zustand gänzlicher Destabilisierung und Dekompensation versetzen.

Ich will dies mit zwei Beispielen, einem auf Säugetierniveau und einem auf menschlichen Niveau, kurz belegen. Ratten, die einer scheinbar ausweglosen Situation ausgesetzt werden (sie können sich in einem Wassereimer, aus dem sie nicht zu entkommen vermögen, solange ihre Kräfte reichen am Leben erhalten), reagieren je nach Vorerfahrung völlig unterschiedlich: Wildratten sterben sehr schnell an einem plötzlichen Herztod. Hausratten schwimmen solange die Kräfte reichen. Hat man Wildratten jedoch einmal (mit einem Stock) die Möglichkeit vermittelt, wieder aus dem Eimer zu entkommen, so verhalten sie sich in dieser

Hinsicht wie Hausratten (vgl *Bilz* 1967, S. 253, der sich auf Experimente von *Richter* 1957 bezieht)

Bei Menschen finden sich vergleichbare Prozesse beim Vodootod in archaischen Gesellschaften als Folge einer zunächst unbemerkten Übertretung eines starren Tabus, jedoch auch bei alten Menschen, deren Lebenspartner stirbt. So zitiert *Bilz* (S. 261) folgendes Beispiel für einen psychogenen Tod, das ihm von der Ethnologin Erika *Sulzmann* berichtet wurde. Eines Tages kam eine Frau des Batwa-Stammes (Belgisch-Kongo) zu ihr, die über Leibschmerzen klagte: *„Es bestand kein Fieber, die Bauchdecken fühlten sich weich an. Der Gang zur Europäerin war, wie sich hinterher herausstellte, der Versuch, aus der verzweifelten Ausweglosigkeit herauszukommen, in die die Batwa-Frau geraten war. Sie hatte Früchte von einem Feld gestohlen, das in gewisser Weise als unberührbar gekennzeichnet, d. h. tabu war. Erst nachträglich, als sie die gestohlenen Früchte gegessen hatte, wurde ihr der Tabu-Bruch klar. Zu spät. Sie war in Schuld-Verstrickung geraten. Es gab für sie keinen Pardon. Geschehen ist geschehen. Irgendwelche Wirkmale, die die Merkmale der Götter auszulöschen vermöchten, gibt es nicht. Sollte sie fliehen? Das wäre sinnlos gewesen. Wir kennen, wenn es sich um Schuld und Schuld-Verstrickung handelt, ein intrapsychisches ,Wirkmal', das ist die Verdrängung, aber sie funktionierte offenbar nicht. ,Was ich nicht mehr weiß, macht mich nicht heiß'. Wenn uns die Demut-Haltung keine Gnade verschafft, so kann uns das Vergessen dazu helfen, daß wir den Kopf aus der Schlinge ziehen. Der Besuch bei der Ethnologin hatte der Frau nichts genutzt· Sie starb noch am gleichen Tag.“*

Auch an diesem Beispiel kann ich an dieser Stelle noch nicht die psychophysiologischen Zusammenhänge erörtern. Dies wird in allgemeiner Form bei der Behandlung des Psychosomatik-Problems ebenso wie der hierzu bestehenden psychophysiologischen Grundlagen an späterer Stelle erfolgen (Hinweise auf weitere Forschungsarbeiten zum Problem des „plötzlichen Todes“ finden sich in der Bibliographie von *Selye* 1976, S. 720–722).

6.2.3 Psychische Regulation und isolierende Bedingungen: Die materialistische Auffassung

Auf diesem Hintergrund wird deutlich, daß es bei der Untersuchung isolierender Bedingungen und ihrer Wirkweise darauf ankommt, nicht nur zu untersuchen, welche Bedingungen im System „Subjekt – Tätigkeit – Objekt“ Isolation und damit veränderte Tätigkeitsformen wie psychische Strukturen hervorbringen, sondern zugleich auch, *welche Tätigkeitsformen und welche im Abbild niedergelegten Prozesse vorgreifender Widerspiegelung sich in adäquater Weise entwickeln* und die Aufrechterhaltung dieses Systemzusammenhangs ermöglichen. Es geht also darum, hier nach der *Dialektik von Isolation und Partizipation* von bzw. an den gattungsnormalen Lebensprozessen zu fragen. Diesen Zusammenhang habe ich in verschiedenen Publikationen ab 1976 herauszuarbeiten versucht.

In einem ersten Entwicklungsstadium der Theorie habe ich *Isolation* definiert als „*Störung der Widerspiegelungs-, Aneignungs- und Vergegenständlichungsprozesse im innerorganismischen Bereich wie im Verhältnis zur objektiven Realität in Natur und Gesellschaft*“ (vgl. *Jantzen* 1977, S. 143 ff. sowie S. 187 ff.). Die neuropsychologische Seite dieser Prozesse hatte ich bereits damals als Prozeß der funktionellen Organbildung der Großhirnrinde unter Bedingungen der Isolation beschrieben. In einer ausführlichen Monographie „Grundriß einer allgemeinen Psychopathologie und Psychotherapie" (1979) sowie in dem Buch „Menschliche Entwicklung, allgemeine Therapie und allgemeine Pädagogik" (1980) habe ich dann versucht, diese Überlegungen unter Bezug auf unterschiedliche, insbesondere der materialistischen Psychologie verpflichtete Forschungsansätze, zu konkretisieren. Neben der neuropsychologischen Theorie *Lurias* habe ich dabei insbesondere die im Zusammenhang der *materialistischen Handlungstheorie (Hacker, Stadler, Tomaschewski* u. a.) wie *Emotionstherorie (Obuchowski)* vorliegenden Forschungen als Basis der Theoriebildung verwertet. Damit gelang es, die Reichhaltigkeit der Intrasystembeziehungen des Psychischen im Prozeß der Isolation ein Stück weit aufzuklären. Dies werde ich im folgenden darstellen. Trotzdem blieben eine Reihe von Fragen noch offen, auf die ich im Anschluß eingehe. Dies lag daran, daß der zugrundegelegte tätigkeitstheoretische Ansatz noch nicht auf dem Niveau entwickelt war, daß er die von der Handlungstheorie einerseits oder von anderen Forschungsrichtungen andererseits eingebrachten Ergebnisse bereits in befriedigender Weise auf der Ebene eines entwickelten Gedankenkonkretums in ihren inneren Zusammenhängen und Bewegungen hinreichend reproduzieren konnte. Ich denke jedoch, mit den beiden vorangegangenen Kapiteln dieses Buches jetzt über die notwendigen Voraussetzungen für die weitere Lösung dieser Probleme zu verfügen.

In der Arbeit von 1979 habe ich zunächst einmal die Einflußmöglichkeiten isolierender Bedingungen von dem Prozeß der Isolation getrennt untersucht. Dies wurde möglich durch ein 1975 (S 152) von dem *„Autorenkollektiv Wissenschaftspsychologie"* erstmals vorgelegtes kybernetisches Schema des Erkenntnisprozesses, das *Stadler* u. a. (1977, S. 65) in modifizierter Form aufgegriffen haben. Ich kennzeichne an ihm unterschiedliche Möglichkeiten des *Einwirkens isolierender Bedingungen auf den individuellen Erkenntnisprozeß,* bevor ich im folgenden dann auf den Prozeß der psychischen Verarbeitung dieser Bedingungen eingehe *Abbildung 24* verdeutlicht den bei *Haggard* entwickelten Grundgedanken, daß unterschiedliche Isolationsarten gleiche Wirkungen haben können und daß diese Wirkungen im wesentlichen durch die unter diesen Bedingungen im System „Subjekt – Tätigkeit – Objekt" verfügbaren Möglichkeiten des Subjekts in seiner Tätigkeit bedingt sind. In diese Abbildung geht nicht ein, daß, im Sinne der oben genannten Erweiterungen dieses Schemas, der Objektbereich selbst über andere Personen bzw. den Prozeß des „gesellschaftlichen Gesamtarbeiters" vermittelt werden muß Aus dieser Sicht entsteht die entscheidende Frage,wie unter den Bedingungen der Kooperation mit anderen Menschen (Pädagogik, Therapie, solidarische und der Entwicklung der Tätigkeit adäquate Unterstützung) bzw. im Zusammenhang des gesellschaftlichen Prozesses Tätigkeitsstrukturen ermöglicht oder verunmöglicht werden

Bei der inneren Seite der Analyse dieser Prozesse bezog ich mich, wie bereits ausgeführt, vor allem auf handlungstheoretische Modellierungen der *Intrasystemzusammenhänge des Psychischen* und untersuchte die *stufenweise Auswirkung isolierender Bedingungen* über die Prozesse der Wahrnehmung, des Lernens, des Denkens, der emotionalen Bewertung, der Verfügbarkeit von Kooperation, entstehenden Prozessen von Streß bis hin zu psychovegetativen (psychosomatischen)

Abbildung 24. Psychologisch-kybernetisches Schema der Einwirkung isolierender Bedingungen auf den Erkenntnisprozeß

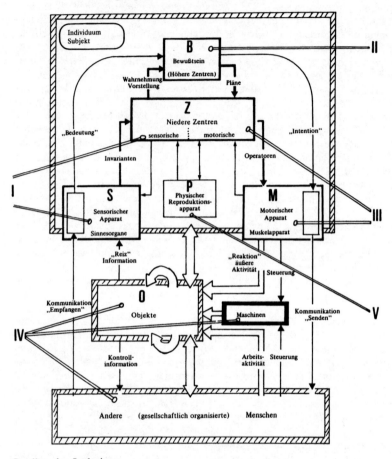

Quellen der Isolation:

I) Zentrale und dezentrale Wahrnehmungsstörungen
II) Zentrale Störungen in den Blöcken für Koordination (Block IV), Informationsaufnahme, -verarbeitung und -speicherung (Block II), Planung, Intention, Verifikation (Block III) (unter Ausnahme der primären Felder)
III) zentrale und dezentrale motorische Störungen
IV) Inadäquate Objekte, Maschinen, Beziehungen zu anderen Menschen (bloße Wirkungs- statt Bedeutungszusammenhänge)
V) Toxische, infektiöse und traumatische Störungen des Organismus mit Ausnahme von den unter I–III genannten Störungen des ZNS und unter Einbezug des Blocks für „allgemeine Aktivation" (vgl. Kap. 8)

(Jantzen 1980, S. 66)

282

wie psychischen Reaktionsbildungen. Diese wurden jeweils als Ausdruck *zweckmäßiger Tätigkeit unter isolierenden Bedingungen* aufgefaßt. Hierbei kann es, ähnlich wie dies *Haggard* über die Stufen a–d in der Verarbeitung isolierender Bedingungen festhält, zu gänzlich unterschiedlichen psychischen Folgen für einzelne Individuen bei äußerlich gleichen Bedingungen der Isolation kommen bzw. zu gleichen Folgen für einzelne Individuen bei im Verhältnis zu ihrer Persönlichkeitsentwicklung, ihrem Abbild- und Tätigkeitsniveau vergleichbar schweren isolierenden Bedingungen. Diese Zusammenhänge gibt *Abbildung 25* wieder. Ich habe mich hier für eine vereinfachte Darstellung entschieden, die die handlungstheoretischen Überlegungen zwar voraussetzt, aber nicht mehr explizit aufnimmt (dies war noch der Fall bei *Jantzen* 1979, S. 49). Dies erspart es mir, hier ausführlich auf Erklärungsmodelle der Handlungstheorie einzugehen (vgl. auch meine Kritik an dieser Theorie 1981 a). Die hier vorliegende Darstellung argumentiert im Systemzusammenhang „Subjekt – Tätigkeit – Objekt".

Isolation wird als auf die Tätigkeit des Subjekts einwirkende Größe verstanden, die auf *Wahrnehmungsebene* als sensorische Deprivation, Überstimulation oder widersprüchliche Information gekennzeichnet werden kann. Die Möglichkeit der Information entspricht also nicht den vorhandenen Wahrnehmungseinstellungen und führt demzufolge zu Wahrnehmungstäuschungen. Sofern diese Wahrnehmungstäuschungen jedoch durch Rückgriff auf weitere Operationen bewältigt werden können, bedarf es keiner Umgestaltung der psychischen Abbilder. Inwieweit dies gelingt, ist jeweils abhängig vom *Entwicklungsniveau der Persönlichkeit*, von ihrem *Hierarchisierungsgrad*. Dies ist in *Abbildung 25* unter dem Gesichtspunkt des *Niveaus der dominierenden Tätigkeit* festgehalten.

Die Bearbeitung des Zusammenhangs zwischen Isolation und Entwicklungsniveau in der zweiten Hälfte dieses Kapitels belegt, daß isolierende Bedingungen auf den unterschiedlichen Entwicklungsniveaus je andere psychopathologische Auswirkungen haben können. Dieses Niveau wie das in der Abbildung folgende entsprechen im wesentlichen dem Niveau (b) bei *Haggard*. Entweder gelingt es, im Durchdenken der Situation auf der Ebene der inneren Position das Problem zu lösen, oder dieses kann als *Bedrohung, Macht, Hindernis* lokalisiert werden und mit Hilfe anderer Individuen einer Lösung zugeführt werden. Je früher man in dieser Frage in der Ontogenese zurückgeht, also je weniger die innere Position bereits herausgebildet ist, desto mehr fallen beide Ebenen in der praktischen Tätigkeit zusammen. Aber auch auf der Ebene der inneren Position gibt es selbstverständlich kooperative Prozesse, etwa wenn auf die Ratschläge anderer Menschen zurückgegriffen wird und diese in der Situation zu einer neuen geistigen Operation führt oder allgemein im Dialog mit dem „verallgemeinerten Anderen" („Wie sollte ich dies aus der Perspektive des Prozesses der Menschheit tun, aus der Perspektive meiner Freunde, meiner Angehörigen usw. . . . ?") oder mit dem „verallgemeinerten Selbst" („Wie willst Du das jetzt lösen?").

Damit erweist es sich als notwendige Bedingung für die Entfaltung von Widerstandskraft gegen isolierende Bedingungen, daß in den äußeren wie inneren Prozessen der Tätigkeit auf *befriedigende und emotional positiv bewertete Formen der Kooperation* zurückgegriffen werden kann. Diese Fähigkeit hat zwei Seiten: zum einen die Erfahrung, daß solche Formen der Kooperation zum Erfolg führen, sie also unter dem Gesichtspunkt der Hierarchisierung der Persönlichkeit zu neuen Lösungen und Begriffen führen; zum anderen die Erfahrung der emotiona-

Abbildung 25. Auswirkung von Isolation auf die Persönlichkeitsentwicklung

ISOLATION
- Überstimulation (sensory overload)
- widersprüchliche Information
- sensorische Deprivation

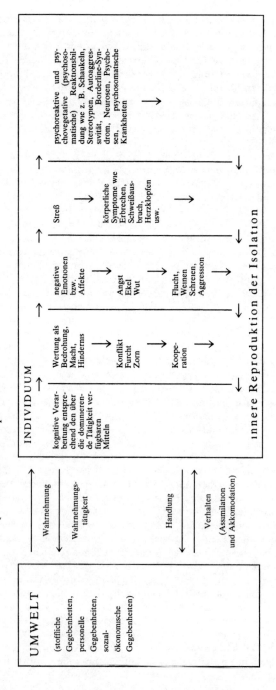

len Verbundenheit mit den anderen Personen, also der Sicherheit, bei der Suche nach Kooperation und Hilfe nicht zurückgewiesen und verletzt zu werden, auch in seinen Ängsten, die man leicht neigt, als eigene Mängel im Selbstwertgefühl negativ zu besetzen, verstanden zu werden. Auf diesen Zusammenhang von „Sicherheit" und „Bindung", der von höchster Bedeutung ist für das Verständnis der Entwicklung des dritten Parameters der Persönlichkeit, die „Gerichtetheit", den „allgemeinen Typ", also den Sinnaspekt, komme ich gleich noch zu sprechen. Kooperationsfähigkeit heißt also auch intrapsychische Zulässigkeit der Suche nach Kooperation und der Annahme von Hilfe.

Ist die Kooperationsfähigkeit eingeschränkt oder stehen Möglichkeiten der Kooperation nicht hinreichend zur Verfügung, so resultiert ein Prozeß der graduellen Anpassung an isolierende Bedingungen (Ebene (c) bei Haggard) oder bei extrem starken isolierenden Bedingungen in Form der Isolationskrise eine massive traumatische Umbildung der Persönlichkeitsstruktur (Ebene (d) bei Haggard). Dabei können bisherige Prozesse der graduellen Anpassung (also einer bereits psychopathologischen inneren Reproduktion der Isolation) in späteren Situationen Ausgangspunkt für die Isolationskrise sein. Dies zeigt sich z. B. sehr deutlich bei jenen psychopathologischen Prozessen, die erst mit der „zweiten Geburt der Persönlichkeit" ins Spiel kommen: Depression im Sinne der klassisch-psychiatrischen Psychosenlehre, Schizophrenie oder Anorexia nervosa. Graduelle Anpassungen im bisherigen Prozeß der Tätigkeit und der Herausbildung der inneren Position werden jetzt in traumatischen Prozessen, die in der inneren Position verlaufen, zum Anlaß der Isolationskrise Dies hängt natürlich jeweils von äußeren Situationen und Möglichkeiten ab. Ich habe den Zeitpunkt „zweite Geburt der Persönlichkeit" an dieser Stelle lediglich im Sinne des frühestmöglichen Zeitpunktes für eine derartige Syndrombildung bei den aufgeführten psychopathologischen Umbildungen des psychischen Prozesses herausgegriffen.

Man muß sich nun das Zusammenwirken dieser Ebenen so vorstellen, daß das Zurückgreifen auf die niederen Ebenen jeweils mit dem unmittelbaren Ziel geschieht, die Dominanz der höheren Ebenen wieder herzustellen, also negative Affekte als Hindernis der Tätigkeit zu beseitigen. Dabei entstehen zugleich zahlreiche Einstellungsmechanismen, die dazu führen, bereits die situativen Begleiterscheinungen negativer Affekte antizipativ zu vermeiden. Sehr deutlich ist dieser Mechanismus als bewußter Mechanismus bei Phobien, er ist aber als Verdrängungsmechanismus auch in anderen psychopathologischen Prozessen aufzeigbar. Dabei folge ich in der Verwendung der Kategorie „Verdrängung" der Psychoanalyse nur insoweit, daß hier ein wichtiger psychischer Abwehrmechanismus vorliegt, nicht aber darin, daß die Inhalte jeweils ins „Unbewußte" verdrängt werden. Vielmehr ist es m. E. so, daß oft auf der Ebene der inneren Position belastende Inhalte zugänglich sind. Sie werden aber auf keinen Fall anderen Menschen zugänglich gemacht, da Scham, Angst, Selbstabwertung und vergleichbare Prozesse der Selbstbewertung dies verhindern. Inwieweit eine Verdrängung wirklich ins Unbewußte erfolgt, hängt, so denke ich, jeweils sehr stark von dem Hierarchisierungsgrad der Persönlichkeit zum Zeitpunkt der Isolationskrise ab.

Diese Prozesse, die auf der psychologischen Ebene immer mit der Tendenz erfolgen, sich wieder auf höherem Niveau zu stabilisieren, führen gleichzeitig auf der sozialen Ebene zur Einschränkung der Tätigkeitsmöglichkeiten. Dies macht in neuen Situationen das Individuum wiederum eher verletzbar für isolierende

Bedingungen. Flucht, Weinen, Schreien, Aggression können zwar momentan zur Lösung des Problems führen, hinterlassen aber als Lösungsfähigkeiten für weitere Situationen wiederum nur Tätigkeiten gleichen Typs. Es sei denn, diese Tätigkeitsformen werden kooperativ aufgegriffen und dem/der Betroffenen z. B. durch Therapie neue Möglichkeiten eröffnet.

Vor einem weiteren Mißverständnis ist zu warnen. Isolierende Bedingungen schränken *niemals alle Bereiche der Persönlichkeit* ein, Kompetenzen bleiben erhalten oder formen sich neu, auf die später in positiver Weise zurückgegriffen werden kann. Auch unter isolierenden Bedingungen bezieht sich der Widerspiegelungs- und Tätigkeitsprozeß auf die objektive-reale Welt und damit auch auf die *objektiven Eigenschaften der Gegenstände.* Zwar kommt es zu pathologischen Verbindungen zwischen Handlung und Tätigkeit, objektiven Eigenschaften und bedürfnisrelevanten Eigenschaften der Gegenstände, Sinn und Bedeutungen. Dies heißt aber nicht zugleich, daß die objektiven Eigenschaften nicht mehr widergespiegelt würden.

Nehmen wir ein *Beispiel:* In einem paranoiden Angstzustand werden Straßenschilder mit der Sinngebung verknüpft, von der Polizei verfolgt zu werden. In ihrer Anordnung werden Hinweise gesehen, die der Polizei das Auffinden erleichtern. Diese pathologische Verknüpfung hebt jedoch zugleich niemals die Bedeutung des Straßenschildes auf, Stoppschild, Einbahnstraßenschild oder ähnliches zu sein. Insofern liegt in diesen Zuständen dann eine „doppelte Buchführung" vor: einerseits unter dem Aspekt der historischen vermittelten Bedeutungen in den persönlichen Sinn unter dem Aspekt ihrer Nutzung als Operationen, andererseits unter dem Aspekt der unter pathologischer Angst erfolgenden Sinnbildung. In dieser wird durch die Wahnvorstellung versucht, die Angst zu interpretieren und damit die Ebene der starken Affekte verlassen zu können, auf der Denken nur noch in Wahrscheinlichkeitsstatistiken möglich ist. Die pathologische Sinngebung „von der Polizei verfolgt" oder die Erweiterung, dies aus dem eigenen, für den Staat gefährlichen Wissen zu erklären, das unmittelbar aus den Denkprozessen „angezapft" wird, erweist sich damit als Prozeß der erneuten Hierarchisierung des Denkens. Verschiedene Autoren sprechen hier von zu abstrakt angesetzten Begriffen, Pseudokontrolle u. ä..

Alle diese Prozesse haben eine *körperliche Seite,* die in allgemeiner Form als *„Streß"* gekennzeichnet werden kann. Da dieser Streß zum einen eine körperliche Anpassungsreaktion auf komplizierte Bedingungen der Tätigkeit ist, zum anderen aber in den Prozessen des Psychischen als körpereigener Zustand unter bestimmten Bedingungen widergespiegelt wird, verwundert es nicht, daß es neben biologischen Streßtheorien psychologische Streßtheorien gibt. Ich will diesen Begriff hier möglichst in dem engeren biologischen Sinn gebrauchen (vgl. auch *Stropahl* 1983). In diesem Sinn kennzeichnet er die *Gesamtheit der Anpassungsreaktionen des Organismus an extreme Belastungsbedingungen, die psychologisch durch einen Gradientenabfall der emotionalen Bewertung in Richtung auf einen Affektzustand eingeleitet werden.*

Entsprechend wird in der biologischen Streßdiskussion (vgl. *Selye* 1976) von Eustreß und Distreß gesprochen. *Eustreß* liegt vor bei dem Auftreten positiver Affekte, *Distreß* bei dem Auftreten negativer Affekte, bzw. in seinem Vorfeld bei dem Auftreten negativer Emotionen. (Man kann in diesem Falle die Streßerscheinungen, die dem Affekt vorangehen, als Konditionierungsvorgänge eigener

Art betrachten, die durch die vorgreifende Widerspiegelung verschiedener Ebenen der körperlichen Organisation ins Spiel kommen; ich behandele diese Zusammenhänge an späterer Stelle im Zusammenhang des Problems der psychosomatischen Erkrankungen). Das Problem des Eustreß können wir hier vernachlässigen, da er keine pathologischen Konsequenzen hat. Alle dies Streßreaktionen (jetzt im Sinn von Distreß) sind Anpassungsreaktionen, im Extremfall „emergency reactions", „Notfallreaktionen" (so *Cannon*), die das Überleben des Organismus sichern. So verändert Streß durch Ausschüttung von Hormonen z. B. die Gerinnungsfähigkeit des Blutes, stellt verstärkt Energiereserven zur Verfügung usw..

Da diese Streßsituationen zugleich im Psychischen widergespiegelt werden, wie auf ihrer Ebene selbst aktive Widerspiegelungsprozesse der entsprechenden Zellpopulationen sind, entwickeln sich hier psychophysiologische Wechselwirkungen, die in *psychosomatische Reaktionsbildungen* hineinführen können. Um wiederum ein Beispiel zu nennen: Wird Streß nicht adäquat psychisch widergespiegelt, also sozusagen als Warnsignal für die eigene körperliche Belastungsfähigkeit aufgefaßt, so tritt mit der Beendigung jener Tätigkeit, die bezogen auf die äußere Welt dazu führte, die eigenen Kräfte auszulaugen, dann das psychosomatische Symptom auf, z. B. der Herzinfarkt nicht in der Streßsituation, sondern dann, wenn die anstrengende Tätigkeit ihrem Abschluß entgegengeht, eigentlich schon „Entspannung" beginnt.

Auf die *psychische Seite* der Symptombildung und Reaktionsbildung, die ebenfalls in der letzten Spalte von Abbildung 25 aufgetragen ist, bin ich unter dem Gesichtspunkt Anpassung an isolierende Bedingungen und Isolationskrise bereits eingegangen. Abbildung 25 liefert uns damit bereits einen Einblick in die inneren Zusammenhänge von psychopathologischen Reaktionsbildungen. Ich habe diese generell als *„innere Reproduktion der Isolation"* gekennzeichnet. Die hier entwickelten Zusammenhänge werden jedoch erst in vollem Umfang fruchtbar, wenn wir sie zunehmend systematisch mit den bisher in diesem Buch entwickelten Kategorien zur Untersuchung des Psychischen in der Tätigkeit verbinden.

6.2.4 Psychopathologische Prozesse und Stereotypbildung

Als *Kern der psychopathologischen Prozesse* ist in dieser Hinsicht das *Auseinanderfallen von Sinn und Bedeutung* zu sehen und ihre unter diesen Bedingungen, so *Leontjew*, dann erfolgende *„stereotype" Verknüpfung*. *Leontjew* erläutert dies in allgemeiner Form für die Bedingungen der Entfremdung in der Klassengesellschaft, verweist jedoch selbst ausdrücklich darauf, daß ein solches Auseinanderfallen auch noch im Sozialismus möglich ist (1979, S. 150). *„Die sich ständig reproduzierende Nichtübereinstimmung persönlicher Sinnbildungen, welche Intentionalität sowie Engagiertheit des Bewußtseins des Subjekts in sich bergen, und der ihnen gegenüber ,indifferenten' Bedeutungen, über die allein der Mensch sich selbst ausdrücken kann, verschwindet nicht und kann nicht verschwinden. Daher ist die innere Bewegung des entwickelten Systems des individuellen Bewußtseins auch voller Dramatik. Sie entsteht durch den persönlichen Sinn, der sich nicht im adäquaten Bedeutungen ,aussprechen' kann, durch Bedeutungen, die ihrer Lebensgrundlage beraubt sind und sich deshalb mitunter im Bewußtsein des Subjekts qualvoll diskreditieren; schließlich durch die Existenz der miteinander im Konflikt* *liegenden Zielmotive"* (ebd.). Insofern sind also psychopathologische Prozesse aus der Dynamik von Abbild- und Tätigkeitsniveau, Motivbildung und Zwecksetzung der Tätigkeit zu begreifen, die ich im vergangenen Kapitel erörtert habe. Was macht nun aber ihre Besonderheit aus?

In allgemeiner Form behandelt *Leontjew* (S. 149) dieses Problem mit der Frage der *Stereotypbildung in Klassengesellschaften:*

„Das Bewußtwerden der Erscheinungen der Wirklichkeit kann nur vermittels der von außen angeeigneten ‚fertigen' Bedeutungen erfolgen – der Kenntnisse, Begriffe, Ansichten, die das Individuum im Verkehr, in der individuellen Kommunikation und der Massenkommunikation erhält. Dies schafft auch die Möglichkeit, in sein Bewußtsein entstellte oder phantastische Bedeutungen hineinzutragen, ihm dabei auch solche aufzudrängen, die in der realen, praktischen Lebenserfahrung keinerlei realen Boden haben. Dieses Bodens beraubt, offenbaren sie im Bewußtsein des Menschen ihre Unsicherheit; indem sie zu Stereotypen werden sind sie zugleich wie alle Stereotypen zum Widerstand fähig, so daß sie nur durch eine ernsthafte Konfrontation mit dem Leben zerstört werden können. Aber auch ihre Zerstörung führt noch nicht zur Beseitigung der Desintegriertheit und Inadäquatheit des Bewußtseins, sie führt an und für sich nur zu einer Entleerung, die zu einer psychologischen Katastrophe werden kann Es muß im Bewußtsein des Individuums die Umgestaltung des subjektiven persönlichen Sinns in andere, ihm adäquate Bedeutungen hinzukommen."

In einer Reihe vor Arbeiten habe ich ab 1982 versucht, dieses Konzept für eine *spezielle Psychopathologie* fruchtbar zu machen. Ich habe gefragt, welche Möglichkeiten der Stereotypbildung es auf den unterschiedlichen Abbildniveaus- und Tätigkeitsniveaus gibt. Erinnern wir uns: diese Niveaus waren im Sinne des Konzepts der Organisatoren des Psychischen als je neue Sinnbildung auf Grund je neuer Klassen von Bedeutungen verstanden worden. Dabei eilt die bedürfnisrelevante Seite der Tätigkeit (und damit die emotional-sinnhafte Bewertung) jeweils der objektiven Seite voraus. Dies geschieht, indem sich das Motiv der Tätigkeit bildet, bevor die zum Zweck der Tätigkeit nötigen Operationen und Handlungen erworben wurden (vgl. die Überlegungen von *Boshowitsch* (1979, 1980) zur krisenhaften Entwicklung der Persönlichkeit, die ich im vergangenen Kapitel ausführlich erörtert habe) Die neuen Motive als Ausdruck eines neuen Abbildniveaus verlangen zugleich das Eintragen neuer Bedeutungen in das Abbild entsprechend der nun als Möglichkeitsraum erschlossenen neuen Bedeutungsebene. Ergebnis dieser Analysen (vgl. *Jantzen 1983*) war die folgende Einordnung unterschiedlicher psychopathologischer Syndrome zu den verschiedenen Niveaus der Organisation des Psychischen (*Abbildung 26*)

Ich behandle an dieser Stelle jedoch noch nicht die Hierachiespezifik verschiedener psychopathologischer Syndrome im Entwicklungsprozeß der Persönlichkeit, sondern will auf diesem Hintergrund zunächst einige weitere Probleme einer *allgemeinen Psychopathologie* vertiefen. Ohne Zweifel bestehen diese Zusammenhänge unterschiedlicher psychopathologischer Syndrome mit unterschiedlichen Abbildniveaus. Um sie ein Stück weit detaillierter begreifen zu können, ist es notwendig, bestimmte Fragen zu vertiefen. Dies ist zum einen die Frage nach dem Verhältnis von gradueller Anpassung und Isolationskrise, oder, in der Terminologie *Leontjews*, von Stereotypentwicklung und „psychologischer Katastrophe". Weiterhin sind auf diesem Hintergrund vertieft einige Aspekte zu diskutie-

Abbildung 26: Grunddimensionen einer speziellen Psychopathologie: die Zusammenhänge von dominierender Tätigkeit und Stereotypentwicklung

Perzeptive Tätigkeit	Motorische Stereotypen wie z. B. „head banging", Autismus, erste psychosomatische Störungen (Drei-Monats-Koliken) [+]	Stereotyp auf der Ebene des biologischen Sinns
Manipulierende Tätigkeit	Autoaggressionen (im Zusamenhang des Hospitalismus-Syndroms bzw. von Kindesmißhandlungen)	Stereotyp auf der Ebene des individuellen Sinns
Gegenständliche Tätigkeit	– Aggressionen, „Psychopathie" im psychoanalytischen Sinn, Entstehung von Ich-Lücken	
	– Borderline-Syndrom, psychotische Entwicklungen im Zusammenhang des gestörten Ich-Aufbaus	
Spiel	Stottern, Neurosen	Stereotyp auf der Ebene des persönlichen Sinns
(Schulisches) Lernen	„ „	
Arbeit	Schizophrenie als Folge ambivalenter Beziehungen in der frühen Ich- und Persönlichkeitsentwicklung; Depressionen als Folge gelernter Hilflosigkeit in der frühen Ich- und Persönlichkeitsentwicklung	

[+]) Die Tabelle enthält außer auf dem ersten Niveau keine Hinweise auf psychosomatische Erkrankungen.

ren, die m. E. den Kern des von *Leontjew* herausgearbeiteten dritten Parameters der Persönlichkeitsstruktur, die Gerichtetheit und Sinnhaftigkeit der Tätigkeit, ausmachen. Es geht hier um den Kontext von sinnbildenden Strukturen und „Bindung" an andere Individuen der Gattung, also ein Thema, das in der Psychoanalyse als Herausbildung des „Sekundärprozesses" und die in ihm stattfindende libidinöse Besetzung und Affektdifferenzierung behandelt wird. Unter Aufgreifen der Überlegungen aus den beiden vorhergehenden Kapiteln, insbesondere den emotionstheoretischen Überlegungen aus Kapitel 4 und den Überlegungen zur Hierachisierung der Abbildniveaus in der Naturgeschichte des Psychischen in Kapitel 5, soll genauer bestimmt werden, was „Sinn" ist und wie er entsteht. Erst auf diesem Hintergrund, der gleichzeitig zu einer Differenzierung der Bestimmung dessen führt, was menschliche Bedürfnisse sind, kann dann die Gesamtheit des sinn- und systemhaften Aufbaus des Bewußtseins (wie der Prozesse des Psychischen allgemein) soweit gedanklich reproduziert werden, daß auch psychopathologische Prozesse in befriedigender Weise mit den Mitteln einer allgemeinen Psychologie begriffen werden können.

6.2.5 Der Zusammenhang von gradueller Anpassung und Isolationskrise

Greifen wir den Zusammenhang von gradueller Anpassung und Isolationskrise oder Stereotypbildung und „psychologischer Katastrophe" nunmehr auf, so dürfte es unmittelbar einsichtig sein, daß die inneren Beziehungen beider Aspekte in hohem Maße von dem Entwicklungsniveau und dem Hierachisierungsgrad der Persönlichkeit abhängen. Außerordentlich wichtig ist es, hierbei zu sehen, daß bereits auf vorweggehenden Niveaus stereotype Handlungsweisen und Tätigkeitsformen entstehen können, die erst auf höherem Niveau in bestimmen Subjekt – Tätigkeit – Objekt-Zusammenhängen zur Isolationskrise und zur psychopathologischen Umbildung führen. Verkennt man diesen Zusammenhang, so gelangt man zur *einseitigen Bevorzugung eines von zwei möglichen Erklärungsmodellen* für die psychopathologische Syndrombildung und verliert damit die Reichhaltigkeit und die Dialektik der realen Zusammenhänge in ihrer theoretischen Modellierung.

Verabsolutiert man die Seite der „Isolationskrise" oder der „psychologischen Katastrophe" – und hierzu neigt insbesondere die psychoanalytische Traumatheorie – so wird man vom Beginn der Entwicklung an nach *Katastrophen* und *psychischen Traumata* suchen. Man wird vermuten, daß je schwerer später die psychische Störung ist, desto früher und gravierender das Trauma sein muß. Dabei wird dann gänzlich übersehen, daß „psychisches Trauma", „Isolationskrise", „psychologische Katastrophe" Vorgänge sind, die auf allen Ebenen der Entwicklung des Psychischen stattfinden können, jedoch in ihrer Symtomspezifizität eine Isolationskrise auf einer bestimmen Ebene voraussetzen. Um dies an einem Beispiel deutlich zu machen: Es ist völlig richtig, bei kindlichen Psychosen, wie Autismus oder der symbiotischen Psychose nach psychischen Traumata im Zusammenhang ihres erstmaligen Auftretens in der frühesten und frühen Kindheit zu suchen und von hier aus beide Formen ebenenspezifisch zu unterscheiden (vgl. hierzu insbesondere die Forschungen von *Margaret Mahler*). Es ist jedoch gänzlich unsinnig, für eine Psychose, die erst im Jugend- und Erwachsenenalter auftritt, wie Schizophrenie, ebenfalls eine „Isolationskrise" oder ein „psychisches Trauma" in der frühen Kindheit zu suchen. Als weitaus fruchtbarer und der Realität angemessen erweist es sich hier, die vor der zweiten Geburt der Persönlichkeit erfolgende graduelle Anpassung an isolierende Bedingungen (als Prozeß der Stereotypbildung) zu unterscheiden von der psychischen Katastrophe in der Isolationskrise, die ein neues Niveau von Stereotypbildung, eine weitgehende Umorganisation des Zusammenhangs zwischen Sinn und Bedeutung hervorbringt.

Aber auch die Verabsolutierung der anderen Seite, der *graduellen Anpassung an Isolation*, kann zu verkürzten Auffassungen führen: So werden in lerntheoretischen, behavioristischen Auffassungen neurotische oder psychotische Syndrome als bloßes Resultat verschiedener quantitativ gestufter Lernprozesse verstanden. Dies geschieht z. B. in *Seligmans* Theorie der „erworbenen Hilflosigkeit" als Grundlage depressiver Störungen, ohne daß die zutiefst traumatischen (qualitativen!) Prozesse im Zusammenhang der „zweiten Geburt der Persönlichkeit" begriffen werden könnten: Plötzlich auf der Ebene der inneren Position des Erwachsenen im Selbstbild mit einem unglaublichen Auseinanderfallen von Ansprüchen und Erfolgen konfrontiert zu sein, was zu tiefer Selbstmißachtung führen muß. Diese selbst kann aber wiederum zunehmend nicht geäußert werden, da dieses Äußern notwendigerweise als Beweis der eigenen Unfähigkeit widergespiegelt wird und die Selbstmißachtung potentiell erhöht.

Untersucht man in dieser Spezifizierung Prozesse quantitativer Art (Lernen, graduelle Anpassung) und qualitativer Art (traumatische Krisen), so kann man für diese Untersuchung sehr gut auf den Ansatz der *kontextualistischen* Psychologie zurückgreifen. Kontextualistisches Denken geht davon aus, daß ein *psychopathologisches Syndrom* nicht als innewohnende Eigenschaft eines Individuums untersucht werden darf, sondern in den Lebenszusammenhängen des Individuums sich *kontextabhängig* ereignet. Dabei wird nicht die bisherige Erfahrung des Individuums, seine bisherige Entwicklung in psychologischer wie biologischer Hinsicht negiert. Nach Seiten des Subjekts wird von der Entwicklung *„unterschiedlicher Sensibilität"* (dies entspricht dem bereits oben zitierten Begriff der „Verwundbarkeit" im Sinne von *Rutter*), nach Seiten des Kontextes von *„selektiver Exposition"* ausgegangen: also von dem verstärkten Ausgesetztsein gegenüber isolierenden Bedingungen (vgl. *Sarbin* und *Mancuso* 1982, S. 146 ff.). Entsprechend unterscheiden *Garner* und *Garfinkel* bei der kontextualistischen Analyse von *Anorexia nervosa* Bedingungen, die erst in bestimmten Kontexten ihre Wirkung entfalten.

Sie unterscheiden *„prädisponierende Bedingungen"*, die im Sinne selektiver Exposition in der bisherigen Sozialisation entstanden und sich als ein höheres Maß an Sensibilität in der Phase der Pubertät realisieren. Dies entspricht gänzlich *Leontjews* Überlegungen zur Rolle des Stereotyps oder *Haggards* Auffassung der graduellen Anpassung an die Isolation. In den Bedingungen der Pubertät treten nun im Sinne der selektiven Exposition *„initiierende Bedingungen"* auf. Solche Bedingungen können z. B. Situationen der geforderten Selbständigkeit sein, oder Anforderungen an das Eingehen sexueller Beziehungen im Kontext einer bisherigen Erziehung, die restlos zur Unselbständigkeit bzw. Sexualfeindlichkeit erzogen hat u. ä.. Diese initiierenden Bedingungen führen nun zur Isolationskrise, in deren Kern sich Hungern als neue Strategie der Situationsbewältigung ergibt, wie sich zugleich im „Hungersyndrom" die körperliche Wahrnehmung in bestimmten Bereichen verändert. Die Resultate der Überwindung der Isolationskrise werden jetzt zu *„aufrechterhaltenden Bedingungen"* (vgl. *Garner* und *Garfinkel* 1982, v. *Hebel* et. al. 1986).

Wir sind damit erneut auf die Zusammenhänge von Funktionswechsel und Dominanzwechsel gestoßen, die ich bei der Analyse dialektischer Prozesse bereits in Kapitel 3 eingeführt und in Kapitel 5 verschiedentlich erläutert habe. Stereotype Umbildungen (im Sinne gradueller Anpassung an die Isolation) schaffen, sozusagen im Sinne eines Funktionswechsels, Voraussetzungen für „psychologische Katastrophen". Sie determinieren aber weder eindeutig die Art dieser „psychologischen Katastrophe" noch den in ihrer Folge erfolgenden Dominanzwechsel, also ob und wann sie auftritt. „Ob" und „wann" werden determiniert durch die „selektive Exposition" zu isolierenden Bedingungen, wobei die *Symptomwahl* selbst (jedenfalls bei psychoreaktiven Störungen; das Problem der Psychosomatik behandele ich getrennt) *durch die Handlungsmöglichkeiten des Subjekts in diesen isolierenden Bedingungen bestimmt* wird. Diese Handlungsmöglichkeiten ergeben also Lösungen, die als neue Formen von Stereotypen auftreten, und die von ihrer psychologischen Seite her nicht als Defekte betrachtet werden dürfen, sondern als *Kompetenzen des Subjekts,* die Isolationskrise (1) zu überstehen und (2) in Zukunft zu vermeiden. *Das Subjekt löst also eine Situation, in der Emotionen, Wahrnehmung und Denken auseinanderfallen* (so *Spitz* 1972 a), *durch individuelle Lösungsstrategien, mittels derer emotionale Erschütterungen behoben werden* (und in Zukunft vermieden werden) *sollen.* Damit ist die Lösungsmöglichkeit jedoch zugleich faktisch eingeschränkt, die Strategien, die die Lösung bedeuten, führen als Veränderung der „unterschiedlichen Sensibilität" häufig wieder dazu, verstärkt oder leichter im Sinne „selektiver Exposition" isolierenden Bedingungen ausgesetzt zu sein.

Eine solche persönlichkeitstheoretische und kontextorientierte Betrachtungsweise vermag auch zu erklären, warum *psychische und psychosomatische Syndrome* in der Praxis *kaum* jeweils *einzeln* auftreten und es zudem unter bestimmten Bedingungen zum Symptomwandel kommt, bei dem wiederum *nicht völlig beliebige Alternativen* beschritten werden. So zeigt sich bei Anorexia nervosa eine deutliche psychologische Nähe zu anderen Eßstörungen wie Bulemie (Kotzsucht), Bulimarexie (Freßsucht mit anschließendem Erbrechen) oder auch adipöser Freßsucht. Und auch bei therapeutischer Behandlung wird davon ausgegangen, daß bei ca. einem Drittel der Frauen eine Verlagerung in eine psychotische Problematik (und zwar des depressiven, nicht des schizophrenen Typus) stattfindet. Ebenso wird auf weitere und begleitende neurotische Symptome verwiesen. Auch sogenannte psychotische Symptomatiken erweisen sich in der Praxis schwer von neurotischen oder psychosomatischen Störungen abgrenzbar, so daß immer häufiger die Diagnose in einer Reihe von Kategoriensystemen gleichzeitig vorgenommen wird (multiaxiale Klassifikation; vgl. Kap. 9).

Und natürlich stellen sich hier *einige Fragen* wie: Gibt es unter diesen Bedingungen einer persönlichkeitstheoretisch fundierten und kontextorientierten Psychopathologie überhaupt noch eine Berechtigung, klassische diagnostische Etiketten wie „Neurose" oder „Psychose" weiterzuverwenden? Ist es nicht sinnvoller, persönlichkeitstheoretische Konstellationen herauszuarbeiten, innerhalb derer, gebunden an bestimmte Hierarchisierungsprozesse der Persönlichkeit, es zu spezifischen psychopathologischen Entwicklungen kommen kann? Und ist es nicht sinnvoller, persönlichkeits- und kontextabhängig Nähe und Entfernung von bestimmten „Entwicklungspfaden" der Symptomwahl zueinander zu bestimmen? Ich denke, die beiden letzteren Fragen sind mit „ja" zu beantworten. Trotzdem lohnt es sich, an späterer Stelle, also nach ihrer Behandlung, auf das Problem „Neurose" und „Psychose" zurückzukommen, um in der Auseinandersetzung mit dem Realitätsgehalt dieser Begriffe nochmals zusammenfassend nach der Tiefe und dem Umfang der traumatischen Umbildungen in Isolationskrisen zu fragen. Eine solche Analyse kann dann sowohl dazu beitragen, persönlichkeitstheoretisch das Wesen von schweren Isolationskrisen spezifischer fassen zu können, als auch dazu, sich psychopathologisch und psychotherapiebezogen besser verständigen zu können.

6.3 Phylogenese und Ontogenese von Sinnbildung und Bindung

Nachdem ich nun die in meinen bisherigen Arbeiten herausgearbeiteten Zusammenhänge einer allgemeinen Psychopathologie dargestellt und vertieft geklärt habe, greife ich nunmehr erneut die zentrale Frage auf, wie denn *Sinn* und dessen *Umorganisation* in den (pathologischen) Prozessen des Psychischen begriffen werden müssen. Hier, also in der genaueren Ausarbeitung des Verständnisses des dritten von *Leontjew* genannten Parameters der Persönlichkeit, der den allgemeinen Typus, d. h. die Gerichtetheit und Engagiertheit der Persönlichkeit beschreibt, liegt der Schlüssel zu einem vertieften Verständnis psychopathologischer Prozesse und zur Anhebung der allgemeinen Psychopathologie auf ein höheres Niveau des Verständnisses. Sinnbildende Strukturen dürfen dabei ebenfalls jeweils nur im System „Subjekt − Tätigkeit − Objekt" analysiert werden, also als spezifische Formen der Widerspiegelung, die sich auf gattungsnormale Lebensbedingungen beziehen.

6.3.1 Biologischer Sinn und Bindung

Die wichtigste Form der sinnhaften Realisierung (Sinn jeweils als Gedächtnisstruktur des emotionalen Apparates betrachtet; vgl. Kap. 4) dieser gattungsnormalen Lebensbedingungen ist neben der *Gerichtetheit auf gattungsnormale Umwelten im ökologischen Sinne* (also Möglichkeiten des Überlebens durch Nahrung, Versteck usw.) die *Gerichtetheit auf andere Individuen der Gattung.* Beide Formen realisieren sich psychologisch als *positive emotionale Besetzung* bestimmter Situationen, in denen Gestaltqualitäten motivbildend wirken. Ich habe ein solches, von *Leontjew* dargestelltes Beispiel, von nahrungsbezogenen Schlüsselreizen bei Kröten in Kapitel 4 dargestellt und an ihm erörtert, daß die angeborenen Auslösemechanismen, die AAM, sich jeweils auf Bedingungen der Außenwelt beziehen. Diese werden als „Schlüsselreize" motivbildend. Gleichzeitig werden sinnhafte Strukturen aktiviert, die im Augenblick als Emotionen auftreten und (nach *Simonov*) daher als Funktion der Stärke des Bedürfnisses wie der Informationsdifferenz aufzufassen sind.

Als Basis dieser Strukturen habe ich chronobiologisch, biorhythmisch organisierte Prozesse, *innere Schrittmacher* angenommen, auf deren Grundlage sich die *psychologische Eigenzeit des Organismus* bildet. Eine solche Eigenzeitbildung muß als Grundlage jeder vorauseilenden Widerspiegelung *(Anochin)* angenommen werden. In der vorauseilenden Widerspiegelung werden rhythmische oder aperiodische Ereignisse der äußeren Welt in Makrozeit in Bezug gesetzt zu biologischen Abläufen in Mikrozeit. Sie laufen im Organismus selbst, wie ich dies auf der Basis von *Anochins* Annahmen entwickelt habe (vgl. Kap. 5, Abb. 8 und das dort vorweg gegebene Beispiel), vorauseilend ab in Form von sehr schnellen chemischen Reaktionsketten (und später bioelektrischen Prozessen des ZNS). Diese inneren Schrittmacher, biologischen Uhren, die der Organisation des Sinns und der emotionalen Prozesse vermutlich zugrundeliegen, spiegeln jedoch nicht unmittelbar die Bedingungen der Außenwelt wieder, sondern vermittelt über gedächtnisbildende Strukturen bezogen auf die Außenwelt, die gattungsgeschichtlich fixiert (vgl. die runde bzw. längliche Gestaltqualität von Nahrungsobjekten bei Kröten, die Auslösequalität der Farbe „rot" für das Paarungs- und Revierverhalten des Stichlings usw.) oder individuell im Aufbau der Tätigkeit erworben werden. Vielmehr spiegeln diese inneren Uhren unmittelbar die *Adäquatheit der Tätigkeit für das Subjekt* wider (und zwar im Sinne der psychobiologischen Parameter einer Gattung). Entsprechend beziehen sie sich selbstverständlich nicht nur auf die Nahrungsbedingungen, sondern, wie am Beispiel des Stichlings feststellbar, vor allem auch auf die Reproduktion der Gattung selbst.

Diese emotionale (also nicht unmittelbar objektbezogen-figurale) Ausrichtung auf andere Individuen, die sich als affektive Besetzung, bedürfnisbezogene Wertigkeit des Sexualpartners am Beispiel der Stichlinge bereits in elementaren Formen äußert, kann man aus Sicht der Psychophylogenese von sinnhaften Strukturen als eine phylogenetisch frühe Form von *„Bindung"* bezeichnen. Solche sinnhaften Strukturen in Form von „Bindung" finden sich bereits auf allen Stufen der perzeptiv-sensorischen Psyche (also bei Mehrzellern mit Differenzierung von nervöser Verarbeitung, Wahrnehmungs- und Bewegungsorganen) längst bevor das Reptilien-Vögel-Säugetier-Übergangsfeld erreicht ist. Sie beziehen sich bereits dort nicht nur auf den sexuellen Akt selbst, sondern auch auf die Reproduktion der Art durch Schaffung der entsprechenden Bedingungen für die Aufzucht des Nachwuchses. Sie sind aber noch ausschließlich auf die Gestaltqualitäten der Bedingungen (Schlüsselreize) bezogen, wie dies auch beim Sexualakt der Fall ist. Nachwuchs oder Sexualpartner sind über *angeborene emotionale Bewertungsmuster* in den AAM affektiv besetzt, jedoch in dieser Besetzung selbst noch nicht individualisiert.

Auch hierfür ein *Beispiel:* Sandwespen (eine Grabwespenart) ernähren ihren Nachwuchs durch Insekten, „die sie durch einen Stich lähmen und in ein selbstgegrabenes Nest eintragen. Auf das gelähmte Opfer wird das Ei gelegt. Schlüpft die Larve, findet sie frische Nahrung vor, denn das Futtertier bleibt weiterhin am Leben und liefert der Larve ständig frische Kost" (*Brommund*, S. 128). Soweit also der Mechanismus im Reproduktionszyklus der Art. Auf der *Ebene des Verhaltens* untersucht, zerfällt dieser Verhaltenszyklus der Sandwespe in eine Reihe von selbständigen Etappen: Graben eines Nestes hinreichender Größe im Sandboden und provisorisches Verschließen des Nestes mit Steinchen, Holzsplittern, Erdklumpen, z. T. auch Festklopfen des Sandes mit einem Steinchen; Beutefang, also Suchen und Lähmen einer Schmetterlingsraupe; zum Nest schleppen, das Nest öffnen, die Beute hineinzerren, das Ei darauflegen, das Nest verschließen, Spuren verwischen; nach einer Pause von wenigen Tagen (temperaturabhängig) erneutes Öffnen des Nestes, Kontrolle und korrektes Verschließen; kurze Zeit später Heranschleppen einer neuen Raupe (abhängig vom bereits erfolgten Schlüpfen und Fressen der Larve). Nach einer gewissen Frist erfolgt eine erneute Kontrolle und diesmal schleppt die Sandwespe einen erneuten Raupenvorrat (bis zu sieben Stück an) und verschließt dann das Nest endgültig:

„Die Grabwespe handelt dabei rein instinktiv und richtet sich ausschließlich nach bestimmten Auslösern. Für sie kann die Abfolge nur aussehen: Beute heranschleppen – Höhle inspizieren – Beute einbringen. Greift der Experimentator in eine solche Kette von Instinkthandlungen ein, ist sie gezwungen, wieder und wieder dieselben Handlungen auszuführen, bis zur Erschöpfung. Erst nach dreißig bis vierzig Versuchen glückt es der Grabwespe, die neue Situation doch noch zu erfassen, dann schleppt sie die Raupe in den Bau hinein, ohne sie vorher abzule-

gen" (Brommund, S. 128).

Psychologisch ist nunmehr die Frage zu stellen, über welchen Mechanismus dieses Verhalten abgesichert ist, damit auch jedes einzelne Individiduum der Gattung sich adäquat verhält.

Bei dem erwähnten Beispiel der Grabwespen sind diese Prozesse in Form *dominanter positiver Emotionen* für alle Individuen der Gattung in gleicher Weise in die dem AAM zugrundeliegenden Erbkoordinationen eingetragen, sind also *unbedingt-reflektorisch fixiert*. Der diesem Prozeß biologisch zugrundeliegende *physiologische Bedarf* wandelt sich durch seine Widerspiegelung im Nervensystem in ein *psychisches Bedürfnis* um. Dieses wird durch positive emotionale Bekräftigung bei Wahrnehmung des äußeren Gegenstandes, z. B. des Insekts (mit „Schlüsselreiz"-Gestaltqualitäten), oder bei antizipierten Hinweisen auf dessen Existenz (die habituiert wurden) als Motiv an den Gegenstand der Tätigkeit fixiert. Mit dem Absolvieren der je einzelnen Schritte der Tätigkeit in dieser Kette von „Instinkthandlungen" erlischt das Bedürfnis jeweils im realisierten „nützlichen Endeffekt" (*Anochin*) in der äußeren Welt und seiner Reafferentierung in die psychischen Prozesse. Der chronobiologisch organisierte Bedarfszustand des Individuums führt nun in diesem Beispiel einer Kette von Instinkthandlungen zur Widerspiegelung eines zweiten und konkurrierenden Bedürfnisses, das wiederum zur Motivbildung führt (z. B. Eiablage) usw.. Dabei kann im Extremfall (Eingreifen des Experimentators) ein Glied in dieser Kette bei extrem langer und die Reserven des Organismus angreifenden Provozierung immer wieder der gleichen „Instinkthandlung" übersprungen werden, d. h. hier findet unter langanhaltender hoher emotionaler Valenz und Unfähigkeit zur Lösung eine Umorganisierung der Tätigkeit (wenn auch nur in einem sehr engen Bereich) statt, wie wir sie in der Untersuchung der Psychophylogenese von Abbild und Tätigkeit erst im Übergang zur perzeptiv-operativen Psyche im Reptilien–Vögel––Säugetier-Übergangsfeld unter natürlichen Bedingungen zu finden beginnen (vgl. das oben erwähnte Verhalten der Lava-Eidechsen).

Für alle Individuen der Gattung sind damit verschiedene Etappen der emotional positiven Bewertung durch basale chronobiologische Prozesse festgelegt. *Der biologische Sinn erweist sich somit als die psychische Instanz, die, bei großen Freiheitsgraden in der Anpassung an je unterschiedliche Umweltbedingungen, das subjektive Verhältnis zu anderen Individuen der Gattung und zur gattungsnötigen Nahrung über seine Entäußerung in den Emotionen realisiert.* Er ist also hier die biologisch festgelegte und noch nicht durch individuelle Erfahrungsbildung wie soziale Traditionsbildung festgelegte *Selbstreferenz des bio-psychologischen Systems*, die *gattungsnormales Verhalten* sichert. Soweit sich diese emotionalen Bewertungsmuster als biologischer Sinn auf andere Individuen der Gattung beziehen, soll hier bereits durchgängig von „Bindung" gesprochen werden.

„Bindung" definiere ich hier also strikt erfahrungswissenschaftlich (und nicht teilweise spekulativ wie in der einen oder anderen psychoanalytisch gefärbten Verwendung dieses Begriffes) für alle Niveaus des Lebendigen wie folgt: *Bindung beinhaltet die Ausrichtung sinnbildender Strukturen (die in ihrer Gesamtheit das Gedächtnis des emotionalen Apparates sind) in Form positiver Emotionen auf Mitglieder der eigenen Gattung. Dies sind individualisierte Mitglieder der eigenen Gattung sowie Mitglieder der eigenen Gattung allgemein, sobald höhere Niveaus des Psychischen erreicht sind.* Auf menschlichem Niveau zeigen sich solche Strukturen der Bindung z. B. in Formen emotionaler Bewertungen bezogen auf andere Menschen wie Liebe (Eltern-Kind-Liebe; Kind-Eltern-Liebe; Geschlechterliebe), Solidarität, religiöser Glaube, Freundschaft.

6.3.2 Prozesse der Individualisierung von Sinn und Bindung bei Vögeln und Säugetieren

Mit dem Übergang zu dem Niveau der *perzeptiv-operativen Psyche,* also jenem Abbildniveau, auf dem erstmalig individuelle Gegenstandsbedeutungen auftreten (ab dem Reptilien–Vögel–Säugetier-Übergangsfeld) verändern sich auch die sinnhaften Strukturen. Während sie sich bisher auf die Gestaltqualitäten von Bedingungen bezogen (Schlüsselreize) bei gleichzeitig entsprechenden organischen Voraussetzungen (biorhythmisch gesteuert z. B. über Koppelung innerer Schrittmacher an jahreszeitliche Veränderungen wie Temperaturschwankungen, Dauer des Tageslichtes u. ä.), werden die *sinnhaften Strukturen* nunmehr durch die individualisierten Gegenstandsbedeutungen *in neuer Weise synthetisiert.* Um dies im Detail besser begreifen zu können, gehe ich im folgenden in drei Schritten vor. Ich behandle zunächst die zeitweilige Öffnung der gegenständlichen Seite sinnhafter Strukturen im Prägungslernen bei Vögeln, um dann ihre allgemeine Öffnung bei Säugetieren zu diskutieren und schließlich verallgemeinernde Schlußfolgerungen zu ziehen.

Der *Prägungsvorgang* wurde erstmalig durch Konrad *Lorenz* bei Vögeln systematisch untersucht und beschrieben. Enten und Gänse, die in einer frühen Periode mit Lebewesen konfrontiert wurden, die nicht ihrer eigenen Gattung angehörten, also z. B. Menschen, aber auch mit unbelebten Objekten, die bestimmte Eigenschaften erfüllen, werden auf diese „geprägt". So zeigt der von Hoymar *von Ditfurth* gedrehte Film „Der Geist fiel nicht vom Himmel" eindrucksvoll, wie junge Enten in einer bestimmten frühen Epoche auf alles „geprägt" werden, was sich bewegt: also auf eine Spielzeugeisenbahn, einen Luftballon oder ähnliches. Einerseits liegt also hier ein AAM vor, das als *Schlüsselreiz* zum Aufbau von „Bindung" *Bewegung* beinhaltet, andererseits ist „Bewegung" jedoch eine Qualität die vielen Objekten innewohnt. Diese werden dann im Zustand der *sensiblen Phase* in ihren individuell gegenständlichen Eigenschaften *ins Abbild eingetragen* und sind damit also erst *gegenständlich unverwechselbar* D. h. unter Bedingungen der Prägung liegt gerade nicht mehr bloß instinktives Verhalten vor, sondern das neue Abbildniveau wird schon erreicht, allerdings mit dem Ergebnis, daß das dann erzielte Resultat der Individualisierung fixiert, unverändert, durch Erfahrung unmittelbar nicht mehr modifizierbar ist.

Dies ist ein sehr sinnvoller Mechanismus, denn im Unterschied zu Reptilien ist bei Vögeln oder Säugetieren die neu geschaffene Möglichkeit zur Realisierung eines höheren Abbildniveaus zugleich an eine gewisse Lernoffenheit und Unabgesichertheit zum Zeitpunkt des Schlüpfens bzw. der Geburt gekoppelt. Dies erfordert innerartliche Aufzuchtstrategien, frühe Dialoge, damit das neugeborene Lebewesen sich gattungsnormal verhalten lernt. Im allgemeinen wird dies in dieser Form nur Säugetieren zugestanden, aber auch Vögel benötigen verschiedene *gattungsnormale Dialogstrukturen,* um dann individuell überleben zu können. Zunächst ist dies neben der Kind-Eltern-Prägung die Individualisierung der Jungvögel in Form der Eltern-Kind-Prägung. Sie sichert durch Prägung der Eltern zunächst ab, daß die Jungvögel auch regelmäßig ernährt werden. Sie geht dann durch Lernen über die bloße Orientierung an dem Schlüsselreiz „Vogeljunges im selbstgebauten Nest" hinaus, wenn z. B. aus dem Nest gefallene Junge weiterernährt werden.

Eine elementare Absicherung im Sinn individualisierten Lernens in Form von Dialogen ist auch für die erste selbständige Aufnahme von Nahrung notwendig. So brauchen junge Amseln z. B. eine Zeit von zwei bis drei Tagen, in der sie durch Nachahmung der Alttiere lernen, Würmer im Rasen zu finden.

Zurück zu den Enten: Die Koppelung des Prägungsvorganges als Sinnbildungsvorgang, dessen gegenständliche Seite sich kurzfristig in der sensiblen Phase öffnet, ist für die Reproduktion der Gattung sehr sinnvoll. Die junge Ente bezieht sich zunächst nur auf die Art (vgl. *Lorenz* 1973, S. 107, 112) und dann erst kurze Zeit (im Bereich von wenigen Tagen) später auf ein individualisiertes Muttertier (und dies auf eine individualisierte Jungente). Damit ist gesichert, daß in der Aufzuchtphase die Jungtiere mittelbar von den Erfahrungen aller Alttiere in der Umgebung profitieren, indem sie durch deren Such- und Fluchtverhalten adäquate Lebens- und Nahrungsbedingungen finden und gefährliche Situationen vermeiden und unmittelbar, indem sie durch Nachahmung ihren Nahrungserwerb individualisieren. (Vermutlich ist diese Nachahmung so zu denken, daß in sozial bestimmten Freßsituationen die Jungenten Nahrungsquellen individualisieren).

Fehlprägung im Sinne der angeführten Beispiele (Mensch, Spielzeugeisenbahn, Luftballon) führt, so kann nunmehr gefolgert werden, nicht unmittelbar zu einer Einschränkung der Subjektvität, sondern auf Grund der Tatsache, daß mit dieser Fehlprägung auf Grund der *inadäquaten Eigenschaften des Bindungsobjektes* zugleich der *Dialog* in späteren Bereichen des Lebens *beinträchtigt* ist. Ein Luftballon oder ein Kinderspielzeug eröffnen für eine kleine Ente eben nicht alle Arten normalen innerartlichen Verkehrs. Zugleich wird durch die Bindung an ein solches Objekt alles, was nicht dieses Objekt ist, zum *fremden Objekt*, das damit nur *geringe Grade von Vertrautheit* und *hohe Grade an Neuigkeit* besitzt. Es gewährleistet damit aber nicht nur keine Sicherheit, sondern ruft darüberhinaus Angst hervor.

Wir finden hier also phylogenetische Wurzeln jener Prozesse, die ich im Zusammenhang der Erörterung der Wirkungen von *Isolation* bereits diskutiert habe. Eine *„kritische"* oder *sensible" Periode* erweist sich als Zeitraum, in dem durch die Herausreifung der AAM Situationen hoher emotionaler Wertigkeit entstehen (also Aufbau von Affekten), die nur über die Realisierung von Tätigkeiten bezogen auf bestimmte Schlüsselreize bewältigt werden können. Da auf der Basis der erweiterten Schlüsselreize in der Phylogenese eine Individualisierung der Gegenstände nötig ist, also auch ein Gegenstand affektiv besetzt werden kann, der nicht die normalerweise gegebenen biologischen Bedeutungen für die Art repräsentiert, finden wir hier erstmalig jenes Moment von *Stereotypisierung* auf der Basis des Auseinanderfallens von Sinn und Bedeutungen, von dem *Leontjew* dann auf menschlichem Niveau spricht.

Dabei zeigt es sich mit *aufsteigender Entwicklungsreihe*, daß die „kritischen" Perioden", in denen Prägung möglich ist, länger und komplizierter werden. Dies hat den Evolutionsvorteil, daß Fehlprägungen in dieser Weise nicht mehr so ohne weiteres und schnell möglich sind. Bei kleinen *Enten* werden kritische Perioden im Bereich von acht bis sechzehn Stunden nach dem Schlüpfen genannt (je nach Art verschieden; vgl. *Moltz* 1971, S. 7), bei *Hunden* wird der Zeitraum bereits in Wochen angegeben: Erste Anzeichen der Wahrnehmung von Trennung („distress vocalization") werden für das Alter von drei Wochen angegeben, die frühestmögliche optimale Entwöhnung ist mit sechs bis acht Wochen möglich (*Scott* 1971). Ähnliche Werte werden für *Schafe* angegeben. Für *Rhesusaffen* berichtet ein Mitarbeiter der Gruppe um *Harlow* (als Zusammenfassung der Isolationsexperimente dieser Gruppe vgl. *Schmalohr* 1975, S. 117–145) Stephen *Suomi* (1983) folgende kritische Entwicklungsphasen;

1. Monat: neonatale Affektmuster (entspannt, munter, verstimmt);
2. Monat: Explorationen der Umgebung in kurzen Exkursionen mit häufiger Frequenz, sicherheitssuchende Rückkehr zur Mutter.
3. Monat: Angst vor Fremden tritt auf;
4. Monat: Spielsituationen und damit verbundene affektive Stadien;
5. und 6. Monat: Trennung und Entwicklung von Aggression.

6.3.3 Zur Naturgeschichte psychopathologischer Prozesse: Auswirkungen von Isolationsexperimenten bei Säugetieren

Pathologische Befunde aus Isolationsexperimenten verweisen darauf, daß zahlreiche sensomotorische Muster in diesem Alter über die Bindung an das Muttertier in Form artspezifischer Dialoge in diesen komplizierten Prozessen des Tätigkeitsaustausches erst ihre Synthese erfahren. Es entwickelt sich folglich erst hierdurch ein adäquates, also den sozialen Beziehungen der Gattung entsprechendes *Körperselbstbild*. So berichten *Mason, Davenport* und *Menzel* über die Entwicklung der sozialen Fellpflege (grooming) bei isolierten Schimpansen folgendes: Normalerweise werden Schimpansen bei der Fellpflege durch einen anderen still und ruhig. Isolierte Tiere zeigen gegenüber Wildtieren ein völlig anderes Verhalten. Sie scheinen affektiv nicht berührt zu sein. Gleichzeitig ist jedoch festzuhalten, daß auch von isolierten Schimpansen alle motorischen Elemente des „grooming" gezeigt werden, „aber gewöhnlich sind sie entweder nicht synchronisiert oder sie werden simultan mit „unangemessenen" Reaktionen ausgeführt wie Schlagen, Fuß-Stampfen, Kopf-Schütteln, Zungen-Klicken, Hände-Wringen, Reaktionen, die man niemals bei der Fellpflege der normalen Individuen sieht" (1971, S. 462). ·Betrachtet man die Ergebnisse der vorliegenden Isolationsexperimente, so findet man nicht nur unterschiedliche motorische Muster, die in einem Körperselbstbild dem gattungsnormalen Verkehr adäquat integriert werden müssen, man findet auch unterschiedliche Eigenschaften sozialer Objekte, die erst zu einem *Abbild dieses sozialen Objekts* integriert werden müssen. So zeigten die insbesondere von der Gruppe um *Harlow* durchgeführten Experimente bei Rhesusaffen, daß Kontakt mit Fell, Bewegung der Bezugsobjekte, Wärme der Bezugsobjekte usw. voneinander getrennte figurale Eigenschaften waren, die zu einer Verbesserung der Bindung führten.

Wir stoßen damit erneut auf das Problem einer *frühen Kette von in Form von AAM abgesicherten Organisatoren des Psychischen* (vgl. Kap. 5). Diese AAM verzahnen sich mit den sozialen Tätigkeitsformen der erwachsenen Tiere. („Die meisten der bekannten Prägungsvorgänge betreffen *soziale* Verhaltensweisen";

Lorenz 1973, S. 111). Damit werden die eigenen Formen der Tätigkeit bestimmten sozialen Momenten der äußeren Welt, also dem gattungsnormalen Verhalten anderer Individuen in Dialogform angepaßt. Dabei schließen sich vorprogrammierte Bewegungsmomente durch ihre Anwendung und ihre Widerspiegelung in die neokortikale Ebene zu Bewegungsmustern höherer Komplexität. Entsprechend heben *Klingberg* und *Haschke* (1977, S. 647) im Rahmen ihrer neurophysiologischen Analyse des Aufbaus motorischer Funktionen hervor: „Die entscheidende Qualität der Großhirnrindenfunktion bei der Regulierung der Motorik besteht also nicht in der unmittelbaren Realisierung neuer komplexer Bewegungsmuster, sondern in der Steuerung der vorher beschriebenen „subkortikalen" Mechanismen nach dem Vorbild kortikal abgespeicherter Modelle" Dieser Vorgang erfordert sowohl die Überprüfung der Modelle wie die Überprüfung der Handlungsergebnisse, also deren „Parallelverarbeitung".

Abbild der Welt und Körperselbstbild werden also in der frühen Entwicklung über gattungsspezifische Dialoge aufgebaut, in denen innerartlich typische (und mit steigernder Entwicklungsreihe in immer größerem Ausmaß sozial tradierte) Mittel angewendet werden. Dies geschieht durch die systematische Verkettung äußerer und innerer Organisatoren der Tätigkeit, die in ihren basalen Formen Bestandteile von Erbkoordinationen sind: Sowohl in Form von figural-gegenständlichen Qualitäten der Umwelt wie in Form von eigenen elementaren motorischen Mustern (die als solche zum Zeitpunkt der Geburt beim Menschen selbst – und entsprechend vermutlich bei anderen höheren Säugetieren – bereits in basaler Form in kortikale Prozesse widergespiegelt sind; vgl. Kap. 5). Über die Bedingungen der Außenwelt, also den *dialogförmigen Verkehr mit anderen Individuen der Gattung*, erfahren die neugeborenen Individuen die hinter der figural-gegenständlichen Qualität des Dialogpartners existierende Ganzheitlichkeit seiner Handlungen, indem diese jeweils auf die eigenen motorischen Muster in bestimmter Weise positiv oder negativ bekräftigend wirken. Dies führt zu einem Integrieren der eigenen motorischen Muster (Körperselbstbild), zu einer integrierten Wahrnehmung des Muttertieres und später anderer Individuen der Gattung (in einer Spielphase) und zum Aufbau eines Bildes der äußeren Welt. Schließlich führt diese Entwicklung zu einer *Koordination, Synthese und Hierarchisierung der mit diesen Prozessen verknüpften affektiven Bestandteile* (die zunächst auf der Basis des biologischen Sinns als emotionale Bewertungen auftreten, gekoppelt an je einzelne erbkoordinierte Muster und die ihnen entsprechenden Schlüsselreize).

In dieser Frage stoßen wir erneut auf eine erstaunliche Übereinstimmung mit der *Freud*schen Annahme der Libidoentwicklung als kortikaler Repräsentation von Objektbesetzungen, die ihrerseits zunächst über an bestimmte Körperzonen gebundene Partialtriebe entstehen (vgl. Kap. 4, bzw. *Freud*: Abriß der Psychoanalyse, Kap. 1 u. 2), nur daß wir diese Sachverhalte unterdessen ein Stück detaillierter und differenzierter bestimmen können. Dies deckt sich auch völlig mit Ergebnissen aus *Isolationsexperimenten bei Säugetieren*, die *Bronfenbrenner* (1971) in einem umfangreichen Sammelreferat darstellt und zusammenfaßt. Auch *Bronfenbrenner* bestätigt die Desintegration der motorischen Muster bei Isolation. Sie treten in dieser Desintegration häufig auf als selbststimulatorische, stereotype Akte, die auf den eigenen Körper gerichtet sind (so z. B. bei Affen: Hin- und Herschaukeln, Lutschen am Fell, Ziehen an den Haaren, Daumenlut-

schen u. a. m.). Besonders interessant sind jedoch *Bronfenbrenners* Folgerungen, die er zur Veränderung der Bedürfnis- und Motivstruktur (drive) zieht (in Form von 20 Hypothesen, vgl. S. 748–756). Dabei ergibt sich im wesentlichen folgendes:
– Frühe Triebdeprivation führt später zu einem erhöhten Antriebsniveau.

– Ereignet sich die Deprivation vor der Entwicklung eines entsprechenden Verhaltensmusters, so wird durch das angestiegene Triebniveau die Entwicklung dieses Musters unterbrochen und seine Effizienz im späteren Leben verringert. Ereignet sich die Deprivation nach Erreichen des Verhaltensmusters, so erhöht sich dessen Häufigkeit in Situationen, die ursprünglich zur Befriedigung des Triebes geführt haben. (In dieser Annahme bestehen also deutliche Parallelen zu den Annahmen von *Spitz*, daß in der frühen Ichentwicklung pathologische „Ichkerne" durch das Auseinanderfallen von Wahrnehmung, Denken und Handeln entstehen und daß das Subjekt in der Regression jeweils bis zu „Fixierungsstellen" zurückgeht, an denen ursprünglich der Trieb (Partialtrieb) oder die Objektbeziehungen oder beide ein „Maximum an Befriedigung" erfahren haben; vgl. 1972 a, S. 81, S. 86).

– Darüber hinaus bewirkt frühe Triebdeprivation ein Abschneiden von Stimulation, die zur Ausbildung neuer Muster notwendig ist. Von besonderer Bedeutung ist dabei der Abbruch von „sich progressiv entwickelnden Mustern reziproker Stimulation zwischen Kind und Mutter" (also von frühen Dialogverkettungen!).

– Mit steigender Entwicklungsreihe findet ein Wandel der Triebe und ihrer Deprivationseffekte statt. Angeborene orale Triebe werden weniger bedeutsam im Vergleich zu Bedürfnissen nach taktiler Stimulation und Körperkontakt, die damit Quellen von primärer Verstärkung wie von Triebdeprivation sein können. (Auf der Basis des dieser Hypothese zugrundeliegenden ethologischen Materials kann die psychoanalytische Auffassung der vorrangigen Bedeutung der oralen Befriedigung in der frühesten Entwicklung wie auch der weiteren Lokalisierung der errogenen Zonen an die Schleimhautregionen von After und Genitale in dieser Form nicht mehr aufrechterhalten werden, d. V.).

– Als besonders bedeutend für die Frage der Entwicklung des individuellen Sinns auf der Basis der unterschiedlichen Ausprägungsformen des (an die AAM geknüpften) biologischen Sinns erweist sich nun folgende Schlußfolgerung von *Bronfenbrenner* (S. 750):

„Als eine Funktion der Verstärkung durch den Körperkontakt und assoziierte primäre Triebe entwickeln aufeinander folgende Säugetierspezies einen progressiv sich entwickelnden sekundären Trieb für den Kontakt mit der Mutter oder „Schutztrieb" (dependency drive). Trennung von der Mutter hat somit den Effekt der Triebdeprivation. Da der Schutztrieb eher erworben als angeboren ist, ist seine Frustration (Versagung) durch Trennung von der Mutter zunehmend von größerem Einfluß bei den höheren Arten als eine vermittelnde Funktion ihrer größeren Kapazität für Lernen und einer längeren Periode des Vertrauens in die Mutter als Hauptbefriediger von primären Bedürfnissen."

Es ist offensichtlich: *Aus der Synthese der sinnhaften Anteile der AAM entsteht als individuelle Neubildung (aber in sozialen Dialogen vermittelt) zugleich mit der Entstehung des Körperschemas eine neue Qualität des Sinns.* Er beginnt nunmehr, sich entsprechend dem damit erreichten Abbildniveau der Gegenstandsbedeutungen, auf je einzelne andere Individuen der Gattung zu richten, als erstes also in der Regel auf die Mutter. Damit erweist sich die Bindung an diese als Ausdruck des höheren Hierachisierungsgrades sinnhafter Strukturen.

Und auch die folgende Schlußfolgerung von *Bronfenbrenner* (S. 751) steht in voller Übereinstimmung zu der hier von mir entwickelten Konzeption:

– „Da die Stärke des Schutztriebes mit der Länge der Zeit anwächst, die mit der Mutter als einer Quelle primärer Triebreduktion verbracht wird und da die Periode der Abhängigkeit von der Mutter bei höheren Spezies länger dauert, hat die Frustration des Schutztriebes ihren maximalen Einfluß in zunehmend späteren Stadien der Kindheit, wenn man die phylogenetische Leiter emporsteigt."

– Gleichzeitig bedeutet dies in der frühen Kindheit eine Phase relativer Immunität gegenüber Deprivation bis zu dem Zeitpunkt, wo das Lebewesen von einer passiven zu einer aktiven Haltung übergeht (S. 753). Diese Aussage läßt sich jedoch nur dann aufrechterhalten, wenn als Quellen der Isolation lediglich von außen gesetzte Deprivation betrachtet wird, nicht aber Läsionen des ZNS selbst, wie ich dies im Falle frühester Stereotypienentwicklung insbesondere im Zusammenhang von geistiger Behinderung und Autismus noch im Detail belegen werde.

– Von besonderer Bedeutung für unsere Überlegungen im Rahmen der Entwicklung einer allgemeinen Psychopathologie ist vor allem die Schlußfolgerung, die *Bronfenbrenner* (1971, S. 751 f.) in seiner zehnten Hypothese zieht:

„In Verbindung mit den gewöhnlichen Reaktionen, die mit früher Triebunterdrückung verbunden sind, führt die Unterdrückung des Schutztriebes zu einigen besonderen Effekten, die die Ursprünge des sekundären Triebes als ein Produkt der Verstärkung von primärem Körperkontakt widerspiegeln. Insbesondere wegen der besonderen Natur des Körperkontaktes als Quelle emotionaler Sicherheit beinhalten die Effekte des frustrierten „Schutztriebes" (dependency drive) nicht nur ein gesteigertes allgemeines Triebniveau, sondern ebenso ein besonderes Syndrom von extremer emotionaler Störung, das die folgenden Elemente umfaßt: (1) Ein hohes Niveau von Angst, die sich in solchen Reaktionen manifestiert wie Winseln, Kreischen und Furcht vor unvertrauten Orten und Objekten; (2) Hemmung explorativer und manipulativer Aktivitäten; (3) Repetitive, selbst-stimulierende Bewegungen wie krampfartiges Zucken, Sich-selbst-greifen oder Hin-und-her-wiegen; (4) Anfängliche Furcht, Zurückweisung und Aggressivität gegenüber anderen sozialen Objekten – eingeschlossen Mutter-Ersatz sowie andere Angehörige und Altersgenossen – gefolgt von einer starken abhängigen Bindung an eine neue Quelle der Sicherheit, wenn diese erreichbar ist. Als Konsequenz dieser Reaktionen auf den frustrierten Schutztrieb beeinflußt Trennung von der Mutter nicht allein nur die Entwicklung von solchen Reaktionen, die normalerweise durch Interaktion mit der Mutter erworben werden, sondern auch solcher, die gewöhnlich in der Gegenwart der Mutter gelernt werden, wie Exploration und Manipulation und soziale Interaktion mit Altersgenossen."

Was *Bronfenbrenner* hier herausarbeitet, sind in allgemeiner Form und auf *Säugetierniveau* allgemein die *psychopathologischen Umbildungen in Isolationskrisen*. Und es ist andererseits der Aufbau eines eigenen Körperschemas im sozialen Dialog mit anderen wie der Aufbau eines sozialen Bildes der Welt, in dem dieser Dialog möglich, antizipierbar und befriedigend ist. Dies ist der Kontext, in dem der wesentlichste Ausdruck der Sinnbildung als „Bindung" der Individuen zur eigenen Gattung sich realisieren kann: Als Hierachisierung der im sozialen Verkehr auf andere Individuen bezogenen positiven emotionalen Wertungen.

Es wäre nun aber verkürzt, davon auszugehen, daß ausschließlich in der frühen Kindheit basale Muster in Form von AAM wirksam sind, vermittels derer die Hierarchisierung des Sinnes gestartet wird. Ersichtlich gibt es auch in späteren Lebensaltern vergleichbare Muster, die in schlüsselreizähnlicher Form spezifische Formen der sinnhaften Auseinandersetzung des Subjekts mit Individuen der eigenen Gattung in Gang setzen, die dann allerdings in ihrer Realisierung sofort sozial werden. Ich verweise bei Menschen etwa auf die hohe Bedeutung von Gerüchen, sowohl Körpergeruch wie Parfüm, für das Entstehen von plötzlichem und affektartigen Verlieben ebenso wie z. B. optische Merkmale, die dies realisieren. Ferner wird berichtet, daß Mütter, die ihre Kinder unmittelbar nach der Geburt erhalten, eine engere Bindung zu ihnen aufbauen. Und auch das sogenannte „Kindchen-Schema", also die Auslösung von besorgtem, fürsorglichem Verhalten durch eher runde und kleinkindhafte Gesichtsform („wie niedlich"), könnte in Form eines solchen Mechanismus verstanden werden.

Auf keinen Fall haltbar ist jedoch die Annahme, Prägungseffekte seien irreversibel. Zunächst einmal: Auf Säugetierniveau sind in keinem Fall vergleichbare Formen von Objekt-Prägung nachweisbar, wie etwa bei den oben zitierten Enten. Und auch bei Vögeln selbst ist diese Irreversibilitätshypothese in strikter Form nicht haltbar. So zeigt sich bezogen auf Bindungs- und Sexualverhalten von Vögeln, untersucht am Balz-Verhalten von Vögeln, zwar eine Bevorzugung jener Objektklasse, die Gegenstand der frühen Bindung war, nicht jedoch eine Unmöglichkeit, entsprechende Verhaltensformen auf andere Objekte zu richten (*Moltz*, 1971, S. 18 ff.). Und gänzlich unangemessen ist die Anwendung eines so definierten Begriffs von Objektprägung auf komplexe menschliche Tätigkeitsformen: So, wenn z. B. *Sinz* (1976, S. 102) „Heimatprägung" beim Menschen vermutet, oder ohne nähere Spezifizierung durch die Höhe der kognitiven (und damit sinnhaft-emotionalen) Organisation im Alter von fünf bis sechs Jahren bei Kindern Vorgänge sexueller Prägung annimmt („Es reifen erste sexuelle Antriebe und das geschlechtsspezifische Verhalten wird festgelegt"; S. 116). In Wirklichkeit erfolgt etwas gänzlich anderes: Mit der Entwicklung der inneren Position auf der Basis des symbolischen Denkens, der Zeichen- und Werkzeugverwendung im sozialen Verkehr erfolgt eine Übertragung und Neukonsolidierung der Bindungsprozesse auf dieser Ebene. Vieles, was im klassischen Sinn als Prägung betrachtet wird, zeigt sich nunmehr in seiner biologischen Basis zwar als die Umformung biologischen Sinns in individuellen und persönlichen Sinn, ist aber seiner Form nach völlig gesellschaftlich bzw. persönlich. So entstehen Bevorzugungen für Bindungen zu bestimmten Menschen wie für Abneigung gegenüber anderen erst systematisch nach der ersten Geburt der Persönlichkeit. Im frühen Kindergartenalter bevorzugen Kinder durchaus noch in gleicher Weise Neger, Ausländer, Menschen mit abgearbeiteten und schmutzigen Händen, dicke Menschen usw.. Es ist ausschließlich eine Frage der sozialen Bewertung und der Bindungsverweigerung durch bisher vertraute Personen im Erziehungsprozeß, ob Vorurteile gegenüber diesen Menschengruppen entstehen oder nicht. Und selbst diese sind nach der zweiten Geburt der Persönlichkeit gänzlich überwindbar. Die *AMM* und die in ihnen enthaltenen Anteile der Wahrnehmungsbevorzugung wie von motorischen Reaktionen erweisen sich damit als das, was sie tatsächlich sind: *Als basale Muster, die die Initiierung von höheren Formen der Tätigkeit, des Abbilds und des in es eingeschriebenen Sinnes, also seine Engagiertheit, sichern, jedoch in diese bestenfalls als mosaikförmige Bestandteile eingehen, die ihren adäquaten Ort erst im sozialen Verkehr erhalten.*

Darüber hinaus zeigt es sich, daß die *Auswirkungen von früher Fehlprägung,* insbesondere untersucht an pathologischen Sozialbeziehungen auf Grund früher Isolation, *keineswegs irreversibel* sind. So ergaben die Rhesusaffenversuche von *Harlow,* daß die Paarung von mutterlos aufgezogenen Weibchen dann (und nur dann) möglich war, wenn 1. eine „Art Gruppentherapie zur Nachentwicklung ihres Sozial- und Sexualverhaltens" erfolgte und 2. sie zusammenkamen mit den „erfahrensten, geduldigsten und zärtlichsten Männchen der Zuchtkolonie" (vgl. *Schmalohr* 1975, S. 134). Entsprechend weist auch *Bronfenbrenner* darauf hin, daß die „Empfänglichkeit für Erholung von Effekten früher Deprivation durch Aussetzen gegenüber einer normalen oder therapeutischen Umgebung" mit aufsteigender Entwicklungsreihe zunimmt (S. 756).

Hierfür sind nicht nur die Kompensationsmöglichkeiten des Subjekts von Bedeutung, indem durch den höheren ontogenetischen Hierarchisierungsgrad des Abbildniveaus größere Freiheitsgrade ins Spiel kommen. Es erweitern sich auch die *sozialen Kompetenzen der anderen Individuen der Gattung,* „abnormes Verhalten" zu kompensieren. Dies wird deutlich aus Forschungsergebnissen zur sogenannten „Abstoßreaktion" bzw. zur Frage, ob es biologische Grundlagen der Fremden- und Behindertenfeindlichkeit gibt, wie vielfach von konservativen und reaktionären Kräften behauptet wird. *Tsiakalos* und *Tsiakalos* (1986) referieren in der Auseinandersetzung mit solchen Positionen zahlreiche Ergebnisse der Primatologie, die gegenüber behinderten (körpergeschädigten, sehbehinderten, zerebralgeschädigten) Tieren außerordentlich fürsorgliche und soziale Tätigkeitsformen nachweisen. So zeigte sich bei contergangeschädigten Rhesusaffenkindern trotz der körperlichen Behinderung keine nennenswerte Beeinträchtigung des Verhältnisses zur Mutter, zu den Gleichaltrigen und zur Umwelt allgemein und die Entwicklung der Kinder verlief in keiner Weise negativ. „Aktivitäten, bei denen die Hände benutzt werden und eine soziale Bedeutung haben (grooming etc.) wurden mit den Füßen oder mit dem Munde ausgeführt . . . Zur normalen Entwicklung der Behinderten trug offensichtlich das Verhalten der anderen Tiere entsprechend bei. Lediglich die Mütter der zwei Behinderten verhielten sich in einer Hinsicht anders; nämlich überbeschützend, indem sie viel öfter als gewöhnlich gegenüber den Spielgefährten ihrer Kinder Drohverhalten zeigten" (S. 20). Sehr deutlich in dieser Hinsicht ist auch das Verhalten von Makaken gegenüber von den Experimentatoren geblendeten Affenkindern. Die Auswirkungen der Behinderung wurden durch spezielle Verhaltensweisen der Gruppe kompensiert: „Während z. B. die Gruppe bei Gefahr spontan in den Wald flüchtet, blieb sie stehen und drohte dem Eindringling (hier dem Beobachter), wenn eines der blinden Kinder nicht folgen konnte" (S. 21). *Berkson,* auf dessen Forschungsergebnisse sich die Autoren insbesondere beziehen, folgert aus der Tatsache, daß solche kompensatorischen Hilfen für behinderte Kinder universellen Charakter zu haben scheinen, daß dies die Vorstellung plausibel mache, „daß manche Aspekte menschlicher Antwort auf Behinderung nicht nur das Erbebnis kultureller Faktoren darstellt, sondern auch die Evolution der sozialen Organisation der Primaten reflektiert" (S. 23).

Wir können also unter Gesichtspunkten der *Psychophylogenese* festhalten, daß hier die Kategorien des *Sinns* und der *Bindung* identifiziert und beschrieben werden konnten. Die theoretischen Überlegungen, die in Kapitel 4 zum Problem der Sinnbildung bereits vorgetragen wurden, erfahren hierdurch ihre volle Bestätigung. Sinn und Bedeutungen können demnach ab dem Niveau der perzeptiv-operativen Psyche aufgrund sozialer Isolation auseinanderfallen. Dies ergibt sich aus der nunmehr erfolgenden Individualisierung des Sinns auf der Basis der im Prozeß des Lebens erfahrenen positiven Emotionen. Dieses Auseinanderfallen hat zur Folge, daß das Individuum nunmehr genötigt ist, sich zwar auch individualisierte, jedoch nicht sozial tradierte Bedeutungen zu eigen zu machen. Dies führt zu Veränderungen im Aufbau des Körperselbstbildes wie des Bildes der Welt. Der Sinn, der (so *Leontjew*) nicht durch die Bedeutungen entsteht, sondern durch das Leben, entwickelt sich daher als „innere Reproduktion der Isolation" in Form von Angst, Bindungsvermeidung und letztlich Trennung von der Einheit der Gattung.

6.3.4 Eine chronobiologische Hypothese der psychophysischen Regulation von Emotionen und Sinnbildung

In der Naturgeschichte des Psychischen habe ich sowohl die Grundlagen der Sinnentwicklung wie der psychopathologischen Syndromentwicklung allgemein dargestellt. Es bleibt noch die *systematische Diskussion* über die Zusammenhänge dieser Strukturen zu führen und damit die *bisherigen Befunde theoretisch auszu-werten*. Damit greife ich eine Problematik auf, die in der Trennung eines emotio-nalen, sensitiven Anteils des Zentralnervensystems (*Spitz* 1945) spricht hier von coenesthetischer Wahrnehmung, *Wallon* (1925) vom emotiven System, *Pribram* (1981) von einer epikritischen Dimension) von einem auf die Außenwelt gerichte-ten, sensorischen (diakritischen, sensorischen, protokritischen) Anteil von vielen Autoren diskutiert wurde. Auch in *Freuds* „Entwurf", auf den sich *Spitz* wie *Pribram* beziehen, steht dies Problem im Mittelpunkt. Ich denke, daß die Ergeb-nisse dieser Forscher zur Genese sinnbildender Strukturen zwar zur Lösung beitragen, sie aber selbst noch nicht beinhalten. Einen solchen Lösungsversuch möchte ich im folgenden anhand von *Abbildung 27* und deren Diskussion unter Aufgriff der bisherigen Erörterungen vorschlagen.

Das *Grundproblem aller bisherigen Theorien* zu diesen Fragen besteht darin, daß sie das Emotionsproblem psychophysiologisch nicht befriedigend lösen. Es zeigt sich – klassifiziert man diese Lösungen ganz allgemein – daß sich wesentli-che Gehirnregionen, die in den unterschiedlichen Theorien als spezifisch für das emotive System genannt werden, jeweils auch auf die Wahrnehmung der Außen-welt und nicht nur auf die Wahrnehmung der körperinneren Strukturen beziehen. Im übrigen dürfen wir dies nach der *Simonovschen* Emotionstheorie und der Weiterentwicklung einiger aus ihr auftretender Fragen im bisherigen Verlauf dieses Buches auch erwarten, da Emotionen hiernach eine Funktion der Bedürf-nisse wie der Informationsdifferenz („pragmatische Ungewißheit" nach *Simonov*) sind.

Zudem taucht das Problem auf, daß mit verfeinerten Forschungsmethoden weitere Hirnregionen spezifiziert werden, die Anteil an der emotionalen Regula-tion haben, aber in den bisherigen Theorien in keiner Weise berücksichtigt sind

Abbildung 27 Der psychophysiologische Zusammenhang sinnbildender Strukturen

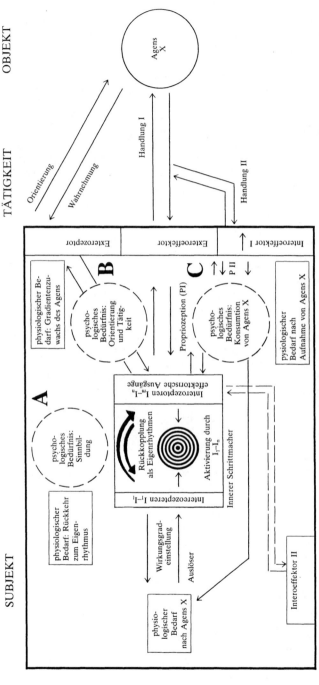

Legende: A, B und C sind Speicher, also gedächtnisbildende Strukturen. A = Sinn; B = Informationen über die Außenwelt und die Handlungen des Subjekts in ihr; C = Körperselbstbild Die Effektoren werden in dieser Abbildung in Exteroeffektoren (die sich auf die Tätigkeit in der Außenwelt beziehen) und Interoeffektoren, die sich auf muskuläre usw Vorgänge im Organismus beziehen (Herzmotorik, Darmmotorik usw) eingeteilt.

(vgl. die Rolle des Kleinhirns und seine Behandlung im Rahmen einer neuropsychologischen Modellvorstellung bei *Jantzen/von Salzen* 1986).

Weiterhin arbeiten alle Theorien mit psychophysiologischen Annahmen, die emotionale Wertungen als relativ späte Zutat des Entwicklungsprozesses ansehen. Dies ist, geht man von der Frage der Selbstorganisation der Materie aus und der Selbstorganisation psychischer Prozesse des je einzelnen Subjekts auf der Basis gattungsspezifischer Möglichkeiten, jedoch schon bei elementaren Lebensformen nicht haltbar. Hier muß bereits die Vermittlung von Subjekt und Objekt im Rahmen vorgreifender Widerspiegelung gewährleistet sein und gleichzeitig im Sinn einer optimalen Energieverbrauchsbilanz auch ein optimiertes Verhältnis zwischen Nahrungsaufnahme, Energieverbrauch, energetischer Entwertung der Nahrung und Ausscheiden der entwerteten Produkte dieses Prozesses eingehalten werden. Dies verlangt einen Meßwertvergleich über innere physiologische Bedarfe und Nährstoffverteilung in der Außenwelt. Ich habe an dem Beispiel des Bewegungsprozesses von Typhus-Bakterien bereits herausgearbeitet, daß es dort schon zur Bildung eines Informationsgradienten kommen muß, um das Verbleiben dieses Einzellers in der größten Nährstoffdichte zu erklären. Damit müssen wir zugleich annehmen, daß hier bereits Regulationsmechanismen jenes Typus vorhanden sind, den wir als emotionale Regulation kennzeichnen. Ich will nun nicht darum streiten, ob auf dem Niveau der Einzeller ohne Zellkern bereits von Widerspiegelungs-Mechanismen, die den positiven Emotionen analoge Funktionen ausüben, gesprochen werden kann, oder ob, wie *Obuchowski* dies annimmt, als erstes in der Evolution die negativen Emotionen entstehen. Spätestens ab dem Beginn der sexuellen Reproduktion muß jedoch ein solcher Mechanismus vorhanden sein, dies ergeben die in diesem Kapitel vorgenommenen Überlegungen zur Frage des biologischen Sinns. Aber für ein früheres Auftreten sprechen durchaus eine Reihe von biokybernetischen Erwägungen: Nur die Selbstwahrnehmung eines optimalen Zustandes sichert das System vor dauernder Energieentwertung bei der Suche dieses Zustandes.

Damit müßten *sinnbildende Mechanismen* von der einzelnen *Zelle* bis hin zu in *Organen* und im *Gesamtorganismus* organisierten Strukturen, d. h. insbesondere von der einzelnen Nervenzelle über einzelne Organe des Körpers und Kerne des Nervensystems bis hin zur Gesamtleistung des ZNS zu finden sein. Solche Strukturen müssen prinzipiell immer *selbstreferentiell* sein. Sie müssen also zum einen eine Gefährdung bzw. Begünstigung des Subjekts in der jeweiligen Lebenssituation widerspiegeln, zum anderen selbstreferentiell zur Gattungsnormalität, also die einfache (Nahrung) und erweiterte (Sexualität, Aufzucht) Reproduktion der Gattung psychophysiologisch realisieren.

Als ihre psychophysiologische Basis kommen m. E. jeweils nur *biologische Eigenrhythmen* in Frage, also Biooszillatoren, innere Schrittmacher, die von Bedingungen des Organismus wie der Außenwelt durch deren biorhythmische Mitnahmeeffekte von ihrem Eigenrhythmus abgelenkt werden und die dann selbst diesen Eigenrhythmus wieder herstellen. Sie besitzen also ein Systemgedächtnis ihrer Rhythmizität. Dieses Systemgedächtnis ist nicht nur lediglich vererbt und unveränderlich, sondern kann durch die Veränderung afferenter Strukturen (also durch Strukturen des Objektsbereichs) sich verändern: Schrittmacher können bestimmte Rhythmen ihrer Umwelt „lernen". Oszillierende Strukturen entstehen bereits in der vorbiotischen Evolution in Form „dissipativer Strukturen", die in diesem Falle als chemische Uhren organisiert sind. Aus der Sicht physikalischer Überlegungen, die im Rahmen der Thermodynamik zu wesentlichen Einsichten zur Genese und Struktur biologischer Systeme geführt haben, gilt allgemein für diese Systeme, die sich *fern vom Gleichgewicht* organisieren und in *Fließgleichgewicht* mit ihrer Umgebung sind, daß die Existenz dieses Fließgleichgewichts „mit Oszillationen bzw. Fluktuationen um den sich einstellenden Ungleichgewichtszustand ursächlich verknüpft" ist (*Holzmüller* 1981, S. 72). Entsprechend zeigen sich Gedächtniseffekte im ZNS auch in Form der anhaltenden Veränderungen zellulärer Oszillatoreigenschaften und Reaktionsmuster. Und zudem lassen sich auf allen Ebenen des ZNS solche Schrittmacherstrukturen ausmachen, die in bestimmter Weise jeweils mit anderen Strukturen funktioneller Systeme verbunden sind, die die Selbstregulation des Organismus sichern. Ich verweise exemplarisch auf derartige Schrittmacher für die Tätigkeit der einzelnen Nervenzellen (*Changeux* 1983, S. 102 ff.), für die Realisierung der Atmung (*Klingberg* und *Haschke* 1977, S. 640), für die Initiierung von Träumen (entsprechend der Theorie von *Crick* werden sogenannte Traumgeneratorzellen vermutet; vgl. *Melnechuk* 1984, S. 22; *McCarley* 1979, S. 64 verweist auf spontan feuernde Riesenzellen im Hirnstamm, die REM-Schlafphasen initiieren) und für die Realisierung psychophysiologischer Prozesse insgesamt (vgl. *Sinz* 1979).

Um nicht mißverstanden zu werden: Damit behaupte ich keineswegs, daß in einem hierarchisch strukturierten Organismus alle Schrittmacher unmittelbar gleich dem emotionalen Prozeß zu setzen sind bzw. solche Prozesse realisieren. Genausowenig entsteht durch Addition der Sensibilität der Einzelzellen das Psychische (vgl. meine Ausführungen im vorigen Kapitel). Vielmehr ist es Kern meiner Hypothese, daß *sinngebende Strukturen*, also Strukturen, die emotionale Prozesse insgesamt realisieren bzw. deren Systemgedächtnis bilden, *nur auf der Basis von biorhythmischen Prozessen psychophysiologisch analysierbar* sind. Dabei sind *sinngebende Strukturen* jeweils solche, die sich durch die *Vermittlung des Subjekts über seine Tätigkeitsformen mit dem Objektbereich* ergeben. Von ihnen müssen hierarchisch niedere sinngebende Strukturen einzelner Subsysteme des Organismus oder einzelner Zellen unterschieden werden. D. h. es muß jeweils bestimmt werden, auf welches System „Subjekt – Tätigkeit – Objekt" sich derartige Prozesse beziehen. Wie im vergangenen Kapitel herausgearbeitet, ist dieses System für den Gesamtorganismus etwas völlig anderes, als für seine je einzelne Zelle oder sein je einzelnes integriert arbeitendes Organ.

Entsprechende Annahmen zur biorhythmischen Organisation sinngebender Strukturen haben sich jedoch in keiner der psychophysiologischen Theorien, die sich mit den neuronalen Grundlagen emotionaler Prozesse befassen, in systematischer Weise herausgearbeitet gefunden. Lediglich *Anochin* formuliert eine Hypothese in diese Richtung. Im Zusammenhang der Behandlung der integrativen Funktion des Neurons und der durch es aktiv geleisteten Gedächtnisbildung kommt er kurz auf die Rolle emotionaler Erregungen zu sprechen. Diese stellen für ihn einen chemischen Komplex dar, der geeignet ist, die Rolle des Erfolgs bei der Erzielung des Resultats zu fixieren, eine Fixierung die im Rahmen der allgemeinen gedächtnisbildenden Mechanismen stattfindet. Er folgert sodann:

„*Die Reproduzierbarkeit aus dem Gedächtnis ist direkt von der Stärke dieser aufsteigenden emotionalen Erregungen abhängig, die eine pacemakerähnliche energetische Versorgung des gesamten in das Gedächtnis einbezogenen Komplexes von*

Vorgängen und Mechanismen schafft" (1978, S. 273).

In gleicher Richtung ist auch seine Annahme zum Zusammenwirken von negativen und positiven Emotionen zu lesen, die er in seinem 1968 erschienenen grundlegenden Werk „Biology and Neurophysiology of the Conditioned Reflex and its Role in Adaptive Behavior" (in englisch 1974) so formuliert:

„Das Auftreten einer biologisch negativen Reaktion eines Lebewesens, d. h. die Abweichung von einem optimalen Niveau für seine Lebenskapazität in Richtung auf einen negativ emotionalen Status, kann man vergleichen mit der gewaltsamen Ablenkung eines Pendels aus seinem Ruhezustand. Auf der anderen Seite ist der Übergang des Nervensystems von einer biologisch negativen Reaktion auf Nichtverstärkung zu einer biologisch positiven Reaktion mit einem positiv-emotionalen Oberton der Rückkehr des Pendels in diese Position äquivalent" (1974, S. 335).

Faßt man beide Überlegungen im Sinne der Ablenkung biologischer Uhren und der Rückkehr zu ihrem Normalzustand zusammen, der 1. durch die angeborene Eigenschwingung und 2. durch ihre Veränderung durch Lernen bestimmt ist, so ist hier von *Anochin* m. W. erstmals der Zusammenhang vermutet worden, den ich hier näher zu entwickeln versuche.

In allen anderen Theorien, auch in so hochdifferenzierten wie denen von *Pribram* oder *Simonov* spielt die Frage der physiologischen Grundlage der Selbstorganisation, die nur in der Biorhytmik gefunden werden kann, keine Rolle.

Abbildung 27 versucht den Kern meiner Überlegungen zu erfassen. Dabei bin ich mir bewußt, daß auf der Basis meiner Hypothesen eine Reihe von Regelungszusammenhängen erst erforscht werden können und müssen. Dies gilt insbesondere für die systematischen Verkoppelungen verschiedener biologischer Uhren. Ich stelle sie mir nach Art der von *Eigen* beschriebenen Verkoppelung biologischer Strukturen im „Hyperzyklus" vor, mit dem nach dieser theoretischen Auffassung erst der Prozeß des Lebens beginnt. Es bleiben also auch nach Formulierung und Begründung der Hypothese eine Reihe von Fragen offen.

Abbildung 27 baut sich nach dem unterdessen hinlänglich bekannten Schema „Subjekt – Tätigkeit – Objekt" auf und berücksichtigt auf seiten des Subjekts körperliche wie psychische Prozesse. Als *zentrales System der Generierung psychischer Bedürfnisse* wird ein *System von inneren Schrittmachern* betrachtet, das innere (physiologische) Bedarfszustände nach bestimmten Agentien mit der Einverleibung, Erreichung, Handhabung usw solcher Agentien in der Außenwelt vermittelt. Der *physiologische Bedarf* dieses Systems von Schrittmachern ist die *Rückkehr zum Eigenrhytmus*, der jedoch auf den unterschiedlichen Ebenen des Systems, von der Zelle über einzelne Organsysteme bis zum Niveau des Gesamtorganismus unterschiedliche Freiheitsgrade für Lernen besitzt. Als höchstes Niveau der Regulation können die kortikal-subkortikalen Regulationszusammenhänge zwischen Großhirnrinde und limbischem System verstanden werden, auf die ich in Kapitel 8 vertieft eingehe. Für ihre Absicherung ist in hohem Maße ein System von inneren Schrittmachern verantwortlich, das die *Erregungs-Hemmungsbalance des Großhirns* bezogen auf einen *mittleren Grad von Neuigkeit bzw. Vertrautheit* absichert.

Dies geschieht einerseits durch innere Schrittmacher, die (a) bei zu großer Vertrautheit feuern und sich bei Neuigkeit habituieren (dies sichert die aktive Orientierung des Organismus) bzw. solche, die (b) bei entsprechender interozeptiver Stimulation durch körperliche Prozesse Bedarf bzw. Bedürfnisse signalisieren (diese sichert die Bedürfnisorientierung der Tätigkeit). Andererseits geschieht dies durch Systeme sogenannter Neuigkeitsdetektoren (vgl. *Roth* 1978), also von Zellstrukturen, die auf verschiedenen Ebenen des Gehirns bei Neuigkeit feuern und bei Vertrautheit habituieren. Dies verlangt die Reduzierung von Neuigkeit entweder im Sinne der Einlösung der Bedürfnisse des Subjekts oder im Sinne der Reduzierung des Neuigkeitsgrades der Umwelt (durch Problemlösung oder Problemvermeidung). Solche Prozesse werden insbesondere über die verschiedenen globalen *Biorhythmen des Gehirns* reguliert, auf die ich noch eingehe: Den Theta-Rhythmus des Hippocampus als Äquivalent für die Verarbeitung von Neuigkeit, den Alpha-Rhythmus der Großhirnrinde als Äquivalent für Wachheit, den Beta-Rhythmus als Äquivalent gespannter Aufmerksamkeit und den Delta-Rhythmus als Äquivalent des (REM-Phasen-freien) Schlafes.

Das *psychologische Bedürfnis* des Organismus, das aus solchen Strukturen entsteht, ist m. E. das *Bedürfnis nach Sinnbildung*, also nach immer wieder erneuter Harmonisierung zwischen äußeren und inneren Prozessen. Sie wird gewährleistet durch eine situationsadäquate Stabilisierung des Eigenrhythmus. Dieser kann aber niemals direkt stabilisiert werden, sondern immer nur indirekt, da auf höchsten Niveaus immer die Gesamtheit der Tätigkeit im Verhältnis zur Gesamtheit der Bedürfnisse ihre Bewertung erfährt. Nur im Gelingen der Tätigkeit selbst löst sich die durch das Bedürfnis oder die negative Emotion induzierte Gespanntheit, Aktivität auf. Dies ist ein sehr sinnvoller Mechanismus, da er durch die Bewertung des Gradientenanstiegs bzw. -abfalls der Informationsdifferenz (vgl. Kap. 4) eine emotionale Bewertung vor dem Eintreten des Affekts selbst sichert. Der Erwerb einer individualisierten emotionalen Bewertung erfolgt durch den Aufbau eines mit den Gedächtnisstrukturen des Körperselbstbildes wie des Bildes der äußeren Welt in engem Zusammenhang stehenden Aufbau des Sinns als Gedächtnisprozeß der emotionalen Bewertungen. Diese werden jedoch niemals für sich erinnert, sondern immer nur bedürfnisspezifisch, bezogen auf das Körperselbstbild, bzw. tätigkeitsspezifisch, bezogen auf die Handlungsgewißheit oder -ungewißheit in der Tätigkeit.

Um die Spezifität der Handlungsregulation unter isolierenden Bedingungen deutlich zu machen und damit den Aufbau stereotyper Muster, will ich diesen Zusammenhang auf der Basis einiger Überlegungen von *Simonov, Anochin* und *Sokolov/Belova* weiter entwickeln. *Simonov* verdeutlicht in einem Aufsatz, der sich mit der Verstärkungsfunktion von Emotionen befaßt, deren Rolle in einer zusammenfassenden Abbildung wie folgt (1983, S. 183):

Zwei Erregungen kulminieren an einem Punkt des ZNS: Die Erregung durch den bedingten Stimulus (CS, z. B. Anblick der Nahrung) und die durch den unbedingten (UCS; z. B. Ankunft der Nahrung in der Mundhöhle). Die Erregbarkeit dieses Punktes des ZNS wird bestimmt von einem spezifischen funktionellen Status (FS) bzw. einem Bedürfnis (B). Dabei bewirkt der unbedingte Stimulus (UCS) je nach Aufnahme der Nahrungsart entweder eine positive oder eine negative emotionale Bewertung ($+E-$, letzteres führt dann zur Vermeidungsreaktion). *Simonov* ist also der Meinung, daß *unbedingte* Reiz-Reaktions-Muster prinzipiell über eine Komponente der *emotionalen Bewertung* verfügen. Dies entspricht meinen hier vorgetragenen Überlegungen zur Struktur der AAM. Ist die emotionale Wertung also positiv, so kommt es zu einer Appetenzreaktion (Nahrungsaufnahme), ist sie negativ, so kommt es zu einer Vermeidung.

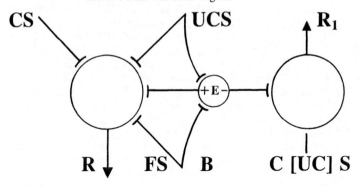

Im Falle einer Vermeidung werden äußere Formen der Tätigkeit bezogen auf die Welt und ihr Abbild wie auch innere Formen, also die Wahrnehmung des Körperselbstbildes in den Prozessen des Psychischen, anders reguliert. Wie in allgemeiner Form biologische Uhren sich anpassen und stabilisieren [so paßt sich z. B. der circadiane Rhythmus des menschlichen Organismus – vermutlich gekoppelt an die Zirbeldrüse, das Pinealorgan im Rahmen einer dynamischen Funktionsordnung; *Sinz* (1978, S. 75) – dem im Lauf des Jahres je gegebenen Hell-Dunkel-Rhythmus der Jahreszeiten an, stabilisiert sich aber in Etappen langer Isolation vom Sonnenlicht selbst bei einem bestimmten Wert], so gilt dies auch für die anderen Schrittmachersysteme. D. h. durch die häufige notwendige Vermeidung des Aussetzens gegenüber Außenweltbedingungen, die unmittelbar schädlich sind (vgl. die Isolationskrisen), kann es in *doppelter Weise* zur *Stabilisierung* dieser inneren Prozesse kommen.

Sie werden insbesondere durch Nichtwahrnehmung und -beachtung von Prozessen im Körperselbstbild in bestimmten Bereichen autonom entkoppelt, während sie auf höchstem Niveau eine Problemlösung in der Außenwelt noch sichern. Dies führt insbesondere zum *partiellen Entkoppeln von Zellrhythmik und Organrhythmik* (z. B. Herz-Kreislaufstörungen), also zu psychosomatischen Syndromen (vgl. hierzu die Arbeit über „Emotionen und Herzkrankheiten" von *Sokolov* und *Belova*, die von den theoretischen Annahmen von *Anochin* und *Simonov* ausgehen).

Die Lösung von Isolationssituationen und -krisen kann jedoch nicht nur durch Konstantsetzung (und das heißt Nichtbeachtung) von Prozessen im Körperselbstbild versucht werden, sondern auch durch Konstantsetzung von Prozessen der Tätigkeit in *stereotypen Handlungen*, z. B. neurotischen Strukturen, Bewegungsstereotypien usw. oder durch Aufbau einer allgemeinen Vermeidungsstrategie gegenüber noxischen Situationen und Stimuli, als phobische Angst oder Paranoia. Oft fallen verschiedene Abwehrmechanismen zusammen.

Daß diese Reaktionsformen etwas mit der *Stabilisierung von Schrittmacherfunktionen* zu tun haben, geht sehr deutlich aus dem folgenden Experiment hervor, dessen Ergebnisse *Simonov* (1983, S. 177) in schematisierter Form wiedergibt (*Abbildung 29*):

Abbildung 29: Effekte simultaner Stimulation von zwei Punkten des Hypothalamus bei Ratten

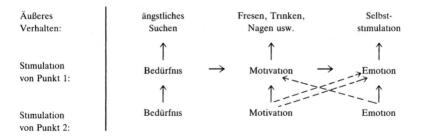

(Durchgezogene Linien zeigen Summationseffekte, unterbrochene Linien zeigen den hemmenden Einfluß von einerseits rhythmischer *und* direkter elektrischer Stimulation alleine [einfache Linie] und andererseits direkter elektrischer Stimulation alleine [doppelte Linie]).

Entsprechend der Stärke der Stimulation (schwach, mittel, stark), die bei Reizung beider Punkte additiv wirkt, stellt *Simonov* eine in drei Stufen stattfindende Ausweitung der Hirnaktivitäten und des Verhaltens statt, die (1) zur Orientierung, (2) zum aktiven, auf die Bedingungen der Außenwelt bezogenen Verhalten führen und schließlich (3) zur Selbststimulation. Als Antriebszustände werden diesen Stufen Bedürfnis, Motivation und Emotion zugeordnet. Dabei zeigt es sich bei Auswertung der psychophysiologischen Korrelate, daß die *Basis der Selbststimulation* ausschließlich die *positiven Emotionen* sind. Von hoher Bedeutung für unsere Fragestellungen ist es hierbei, daß *rhythmische Erregungen sich positiv auf die Auslösung der positiven Emotionen durch Selbststimulation auswirken* (gleichzeitiges Hemmen von Motivation und zielorientiertem Verhalten). Dies kann nur durch Mitnahmeeffekte der emotionalen Schrittmacherkonfigurationen durch den Rhythmus erklärt werden, der zu dem Sonderfall führt, eine biologisch sonst unter natürlichen Bedingungen nicht mögliche direkte Selbststimulation zur Herstellung positiver Emotionen vorzunehmen. Ähnliche unmittelbare Eingriffsmöglichkeiten durch Selbststimulation finden wir unter natürlichen Bedingungen jeweils nur beim Bestehen eines hohen Grades an Gespanntheit, als Ausdruck der Gerichtetheit durch ein Bedürfnis unter Bedingungen, dieses nicht im sozialen Kontext realisieren zu können: z. B. als Bewegungsstereotypien, aber auch als Stimulation einzelner Körperregionen, insbesondere auch im Bereich der Sexualität durch stereotypisierte Formen der Selbstbefriedigung.

Ähnlich wie bei *Simonov drei Stadien der Ausbreitung der Erregung* und je neuer Qualitäten des Verhaltens unterschieden werden, findet sich dies auch bei *Anochin* (1974, S. 330 f.), der dies am Beispiel negativer Emotionen erörtert:

Drei mögliche integrierte Aktivitäten des Lebewesens lassen sich unterscheiden: 1. eine Orientierungs-Untersuchungs-Reaktion; 2. eine aktive Futterbeschaffung, sofern dies möglich ist; 3. eine biologisch negative Reaktion, die *Pawlow* als Streßstatus kennzeichnet.

Anochin faßt zusammen:

„*Die Hauptbedeutung dieser Verschiedenartigkeit von Reaktionen, die unvermeidbar auftreten, wenn eine plötzliche Nichtbekräftigung mit Futter bezogen auf eine bereits entwickelte Nahrungserregung sich ereignet, besteht darin, daß das Lebewesen versucht seine Erregung in jeder möglichen Weise zu bewahren, sie in eine wirkungsvollere unkonditionierte Nahrungserregung zu transformieren versucht, d. h. den positiven emotionalen Status zu konsumieren (den es mit dem Auftreten des Bedürfnisses als innere Bekräftigung antizipiert; d. V), den Kreis der angemessenen peripheren Erregungen in bezug auf den Handlungsakzeptor (also das erwartete Resultat; d. V.), was bereits Stärke (der Reaktion, d. V.) genannt wurde.*"

In diesen dargestellten Prozessen wird also eine funktionell-dynamische Integration von Bedürfniszuständen, emotionalen Bewertungen und Tätigkeitsformen angestrebt, die auch als *erneute Harmoniebildung des Systems der inneren Schrittmacher* gekennzeichnet werden kann. In dieser Beziehung ergeben sich psychobiologisch engste Berührungspunkte mit den verschiedensten Formen der Kunst, aber auch von Tanz und Rhythmik, die es jeweils ermöglichen, so *Leontjew*, (1981 b) wieder „Sinn in die Gleichgültigkeit der Bedeutungen zu gewinnen". Sinnbildung kann jedoch – dies zeigte die psychobiologische und phylogenetische Beweisführung – in der Regel nur dann erreicht werden, wenn eine adäquate Vermittlung im Sinne von „Bindung" zu anderen Individuen der Gattung stattfindet. Dies ist eine Einsicht, die an vielen Stellen in Pädagogik und Therapie durchaus schon formuliert wurde (vgl. insbesondere *Bowlby*). Auf dem Gebiet der Psychotherapie hat die Psychoanalyse das Verdienst, diese Frage als Problem der Übertragung und Gegenübertragung bereits sehr früh bestimmt zu haben. Daß sie gleichzeitig hieraus Praxisfolgerungen gezogen hat, die häufig nicht vertretbar und haltbar sind, ist eine andere Sache.

Fassen wir zusammen, so zeigt es sich, daß *das Bedürfnis nach Bindung an andere Menschen, also nach „Spiegelung in der Gattung", der zentrale Ausdruck sinngebender Prozesse* ist. Dies ermöglicht es uns, in vertiefter Weise den Zusammenhang der Entwicklung von Sinn und Bedeutung und das sich auf dieser Basis entwickelnde Bedürfnis nach Selbstverwirklichung zu verstehen. In den Organisationsprozessen des Psychischen zeigt sich der nach außen hin anormale, *psychopathologische Prozeß* daher nach innen hin als Ausdruck des Bedürfnisses der Stabilisierung der Sinngebungsprozesse unter isolierenden Bedingungen. Dies schließt den Bogen zur Frage von Entfremdung und Kulturbildung, auf die ich sozialwissenschaftlich im ersten Teil dieses Kapitels eingegangen bin. Genauso wie der soziale Prozeß der Entwicklung der abhängigen Klasse nicht nur als Entfremdungs- sondern auch als Kulturbildungsprozeß betrachtet werden muß, so muß der *Prozeß der Persönlichkeitsentwicklung* in vergleichbarer Weise entschlüsselt werden: *als Kampf, um unter isolierenden Bedingungen die Trennung zur Einheit der Gattung immer wieder mit eigenen (stereotypen) Mitteln aufzuheben, ein Kampf der mit der je individuellen, und nicht kooperativ-sozialen Lösung eines Problems zugleich die Bedingungen seiner Wiederholung und seines Auftretens in neuer Form und auf höherem Niveau hervorbringt. Damit ist zugleich der Hintergrund geschaffen, uns nunmehr im kurzen Überblick mit den durch Abbildung 26 bereits aufgeworfenen Fragen der psychopathologischen Möglichkeitsräume auf unterschiedlichem Hierarchisierungsniveau der Persönlichkeit zu befassen.*

6.4 Abbildniveau und Stereotypenentwicklung: Eine Einführung in Fragen der speziellen Psychopathologie

Die Problematik der psychopathologischen Möglichkeitsräume werde ich im folgenden Abbildniveau für Abbildniveau darstellen. Eine Reihe von Fragen, die im Zusammenhang der bisherigen Darstellung noch der Vertiefung bedürfen, greife ich in den beiden folgenden Kapiteln nochmals auf. Ich gehe damit zu dem *speziell-psychopathologischen Teil* dieses Kapitels über, der in Kürze einen Überblick über die folgenden Syndrome entsprechend der Möglichkeit ihres ersten Auftretens in der Ontogenese gibt:

Kleinkindalter·
- Stereotypien, Autoaggressionen, Autismus
- Aggressivität, „Psychopathie"
- Borderline-Syndrom

Vorschulalter und Schulalter:
- Neurosen
- Exkurs: Geistige Behinderung und Lernbehinderung

Pubertät und frühe Adoleszens:
- Schizophrenie (aber auch Anorexia nervosa und schwere Depressionen)

Abschließen werde ich dieses Kapitel mit einigen zusammenfassenden Bemerkungen zur Problematik des Schweregrades von psychopathologischen Umbildungen, insbesondere also zur Frage *Neurosen und Psychosen*.

6.4.1 Stereotypien, Autoaggressionen und Autismus: Früheste psychopathologische Syndrombildung im Kleinkindalter

Stereotypisierte Formen des Verhaltens, d. h. repetitive Bewegungsmuster, finden sich bei allen Menschen: Schaukelbewegungen, an den Haaren ziehen usw.. Meist treten sie hier jedoch als Durchgangsstadien in der frühen Entwicklung auf, oder sind so in sozial übliche Formen der Tätigkeit integriert, daß sie nicht allzu sehr auffallen bzw. toleriert werden. Je schwerer der Grad der Isolation ist, desto häufiger stoßen wir auf stereotypisierte Tätigkeitsverläufe, und desto geringer werden die situationsspezifischen Alternativen. So zeigen sich nach *Lewis* und *Baumeister* (1982, S. 124) bei schwer geistigbehinderten Kindern in 40 % und bei Erwachsenen in 18 % der Fälle Stereotypien. (Im Unterschied zu dem bereits eingeführten persönlichkeitstheoretischen Begriff „Stereotyp" spreche ich bezogen auf die hier behandelten Formen repetitiv-motorischen Verhaltens von „Stereotypien").

Stereotypisierte Formen der Tätigkeit finden wir bereits im gesamten Säugetierbereich sowohl als Reaktionen auf Isolationsexperimente wie auch bei in Gefangenschaft gehaltenen Tieren. Bei Menschen finden wir bereits im frühen Kleinkindalter (ca. ab drei Monate) erste Formen stereotypisierten Verhaltens. Es umfaßt bei Menschen unterschiedliche Verhaltensweisen wie z. B. Kopf-hin-und-her-werfen, Körperdrehen, Fingerstereotypien, Wedeln mit Gegenständen u. a. m..

Drei Merkmale von Stereotypien lassen sich (so *Lewis* und *Baumeister, S.* 124) auf allen Niveaus finden: *Rhythmizität, Irrelevanz* und *Akausalität.* Alle Stereotypien werden in bestimmten hochrhythmischen Abläufen realisiert; sie sind im ethologischen Sinn irrelevant, weil sie in ihrer Umgebung ersichtlich keine Funktion ausüben; sie sind akausal, weil ihnen gewöhnlich keine klar begrenzten Ereignisse oder Stimuli vorausgehen, die für ihre Auslösung verantwortlich gemacht werden könnten.

Lewis und *Baumeister* heben in ihrer Zusammenfassung der gegenwärtigen Ursachenforschung drei Dimensionen des Verständnisses von Stereotypien hervor:

Zum einen verweisen sie darauf, daß es generelle Zusammenhänge jeder Art von Stereotypien in neurophysiologischer Hinsicht mit dem *System der Basalganglien* gibt. Diese motorischen Kerne umfassen verschiedene Hierarchisierungsstufen zwischen Hirnstamm und Großhirn (von der substantia nigra bis zum corpus striatum; entsprechend wird auch vom nigrostriatären System gesprochen). *Lewis* und *Baumeister* vermuten, daß es insbesondere die Synthese oder Hemmung eines Neurotransmitters, nämlich *Dopamin* ist, die in besonderer Weise mit dem Auftreten von Stereotypien in Verbindung gebracht werden kann. Dies belegen sie an pharmakologischen Experimenten, an Isolationsexperimenten sowie an Literatur aus der klinischen Forschung bei geistiger Behinderung.

Zweitens sehen sie Stereotypien (soweit die nicht selbststimulatorische Akte sind) als *Reduzierung unspezifischen Aktivitätsüberschusses* (arousal), der eng mit Streß verbunden ist. Leider sehen sie sich außerstande, „Arousal" und „Streß" genauer theoretisch und empirisch zu fassen. Hier könnte man die neuropsychologische Theorie von *McGuiness* und *Pribram* heranziehen, in der Arousal als phasische, kurzfristige und reflexartige Aktivierung im Wahrnehmungssystem (verbunden mit emotionaler Wertung) unterschieden wird von Aktivation als tonischer und langdauernder unwillkürlicher Bereitschaft zu reagieren, die über das System der Basalganglien, zugleich verbunden mit dem Mechanismus der Motivation, realisiert wird. Auf dem Hintergrund dieser Theorie (die ich in Kap. 8 noch genauer darstelle) lassen sich auch die Befunde zum Dopaminstoffwechsel, der im wesentlichen im Aktivierungssystem stattfindet, mit der These der Vermeidung von Arousal systematisch verbinden.

Schließlich heben *Lewis* und *Baumeister* besonders die *chronobiologische Basis* von Stereotypien hervor. So findet sich für das Hin-und-her-Werfen des Körpers ein Ein-Sekunden-Rhythmus; aber auch die Wiederkehr von Stereotypien im Verlauf eines Tages ist an Biorhythmen gebunden, so insbesondere an einen Rhythmus von 90 Minuten bis zu zwei Stunden und schließlich wurden auch circadiane Rhythmen (also solche mit ca. einem Tagesumfang) nachgewiesen.

Alle diese Befunde lassen sich erst systematisch theoretisch einordnen, wenn man sie vom *Standpunkt der Tätigkeit* auf dem Hintergrund der bisher in diesem

Buch entwickelten Theorie untersucht. D. h. Stereotypien bedürfen im System „Subjekt-Tätigkeit-Objekt" ihrer Bestimmung als subjektiv sinnvolle Formen der Tätigkeit, die im Objektbereich, biologisch wie sozial, ihre Bedeutung verloren bzw. verändert haben. *Feuser* (1985) verweist in diesem Zusammenhang darauf, daß in Phasen des Darstellens der Stereotypien der Alpha-Rhythmus des EEG dominiert, also durch die repetitiv wiederholende Bewegung Vertrautheit und Sicherheit hergestellt wird. Damit sichert sich das Subjekt vor Überflutung durch Neuheit und Angst bzw. es stellt, so füge ich hinzu, Situationen von Bindungsersatz für sich selbst her, indem es sich in dem Eigenrhythmus seiner Körperfunktionen widerspiegelt. *Kischkel* und *Störmer* (1986) arbeiten heraus, wie Stereotypien ein bestimmtes Entwicklungsstadium der frühkindlichen Entwicklung wiederholen und festschreiben, nämlich die Realisierung von Ketten- und Wiederholungssituationen (*Elkonin* 1980, S. 226 f.). Diese treten im Verlauf des ersten Lebensjahres auf, bevor das Kind auf dem Niveau der gegenständlichen Tätigkeit (vgl. Kap. 5, Abb. 15) Erwachsene als verallgemeinerte Werkzeuge benutzen kann. Sie sind damit an die perzeptive und manipulierende Tätigkeit als früheste Formen der dominierenden Tätigkeit gebunden, Stereotypien sind also in dieser Auffassung Tätigkeiten, die, von ihrem Ursprung her betrachtet, „ohne die Unterstützungstätigkeit des Erwachsenen mit den Objekten realisiert werden können. Es sind also keine vermittelten Formen von Tätigkeit, sondern individuelle" (S. 115). Aus dem Mangel, das „Bedürfnis nach anderen Menschen" als grundlegendes Bedürfnis nicht befriedigen zu können, wird der eigene Körper Gegenstand des Bedürfnisses. „Dabei bleibt die Entdeckung des eigenen Körpers jedoch, da sie nicht über kommunikative Tätigkeit realisiert wird, notwendig bruchstückhaft und fragmentarisch" (S. 116).

Dies entspricht genau jenen Befunden zur fehlenden Integration des Körperselbstbildes und dem fehlenden Aufbau von Bindung und damit Synthese des Sinns, die ich vorweg dargestellt habe. Stereotypien sind sozusagen Formen der Tätigkeit, mit denen das Individuum Sicherheit für sich herstellt durch Bindung an sich selbst, insbesondere an seine Körperrhythmik als basale Bezugsachse. Dabei greift es auf motorische Anteile von AAM oder ihrer frühen Integration zurück, die zur Herstellung von Sicherheit bisher geeignet waren, wie z. B. auf den Greifreflex bei dem Wedeln mit Gegenständen, den Saugreflex beim Auf-den-Mund-schlagen oder auf die beim ersten Sitzen gewonnene Lage- und Seitenstabilität beim Körperschaukeln.

Mit dieser Auffassung läßt sich auch der Widerspruch aufklären, daß Behinderte häufig in anderen Lebensbereichen höhere Entwicklungsniveaus erreichen, die „weit über dem Entwicklungsniveau der manipulierenden Tätigkeit liegen. Aber sobald sie sich selbst überlassen bleiben, fangen sie an zu schaukeln oder führen andere Stereotypien aus" (*Kischkel* und *Störmer*, S. 119). Ich stimme allerdings mit *Kischkel* und *Störmer* überhaupt nicht überein, wenn sie hieraus folgern, daß bezogen auf die dominierende Tätigkeit kein Dominanzwechsel stattgefunden habe. Selbstverständlich liegt ein solcher vor, wenn ein Behinderter z. B. in einer Werkstatt für Behinderte arbeitet. Und vermutlich wurde hier sogar das Niveau der zweiten und sozialen Geburt der Persönlichkeit erreicht (vgl. Kap. 5). Dies heißt aber doch keineswegs, daß der Hierarchisierungsgrad der Persönlichkeit in allen Bereichen gleich ist. Erst recht wird außer acht gelassen, daß es sich hier nicht vorrangig um ein Problem des Parameters der Hierarchisierung handelt, sondern um den der Gerichtetheit, des allgemeinen Typs der Persönlichkeit. Das Individuum ist in diesem Kontext im Sinne von *Leontjews* Theorie der Persönlichkeit nicht im Arbeitsprozeß selbst tätig, sondern ‚kulturschaffend': D. h. es versucht, wenn auch mit gänzlich individualisierten Mitteln, wieder Sinn in der Gleichgültigkeit der Bedeutungen zu finden, indem es die an andere Menschen der Gattung nicht gelingende Bindung in elementaren und durch Prozesse der Isolation verunmöglichten Bereichen sozusagen bei sich selbst, in der Spiegelung im eigenen Körperschema vermittels der Stereotypien, zu finden versucht.

Auf diesem Hintergrund ist es nun möglich, dem Problem der *selbstverletzenden Verhaltensweisen* nachzugehen, wie das Wesen des frühkindlichen Autismus zu bestimmen, mit dem in besonderer Weise beide Formen verbunden sind. Selbstverletzende Verhaltensweisen, Autoaggressionen und Automulilitationen (dies sind in der Literatur synonym verwendete Begriffe) sind bereits das Resultat eines höheren Entwicklungsniveaus. Sie treten erst dann auf, wenn das *Abbildniveau der Gegenstandsbedeutungen* (nach *Spitz* der zweite psychische Organisator, nach *Piaget* das vierte sensomotorische Stadium) erreicht wurde. Sie können sozusagen als Invarianzbildungen, Bedeutungsbildungen, bezogen auf den eigenen Körper begriffen werden, die es ermöglichen, invariante Strukturen durch die eigene selbstverletzende Tätigkeit jederzeit selbst wieder herzustellen.

Zudem ist festzustellen, daß motorische Stereotypien in der Regel selbstverletzendem Verhalten vorweggehen. In einer Untersuchung von *Lissovoy* an 33 Kindern mit selbstverletzendem Verhalten (das bei insgesamt 29 Kindern zwischen dem sechsten und achten Monat begann, also im Sinne von *Spitz* mit der Konstituierung des Objekts im eigentlichen Sinne zusammenfiel), zeigten alle Kinder einzelne oder mehrere rhythmische Aktivitäten, die dem untersuchten Kopfschlagen vorweggegangen waren (Kopfrollen, Schaukeln, Körperrollen). Wie schon bei den Stereotypien zeigt sich auch bei selbstverletzendem Verhalten, daß ein *großer Anteil entwicklungsbedingt* und nicht persistierend auftritt. So traten bei einer Untersuchung von *Shentoub* und *Soulairac* an 300 Kindern, in der die Entwicklung vom neunten Monat bis zum sechsten Lebensjahr verfolgt wurde, im Alter von 12–18 Monaten bei 12–17 % der Kinder „self-mutilations" in Form von sich beißen, kneifen, kratzen, schlagen, Haare ausreißen und Kopfschlagen auf, im Alter von zwei Jahren wurde dies nur noch bei neun Prozent der Kinder gefunden und im Alter von fünf Jahren waren diese Tätigkeitsformen gänzlich verschwunden.

Insgesamt bestätigten diese wie weitere bei *Jantzen* und *von Salzen* (1986, S. 53 ff.) wiedergegebene Untersuchungsbefunde, daß selbstverletztendes Verhalten in der Regel *erstmalig* mit dem siebten bis neunten Lebensmonat auftritt und sich in den meisten Fällen nach dem 3. Lebensjahr verliert. Gründe, die für das Auftreten von selbstverletzendem Verhalten genannt werden, sind u. a. frühe Kindesmißhandlung, Hospitalismus, Trennung von wichtigen Bezugspersonen sowie Neurotizismus in der Familie. *Törne* und *Wiebel* (1979) kennzeichnen selbstverletzendes Verhalten entsprechend als „Kommunikationsstörung". Für diesen Charakter der Störung spricht auch, daß *Schroeder* bei der Schaffung von Minimalvoraussetzungen im Sinne „angemessener, gemeinsamer Beschäftigungsmöglichkeiten" einen Rückgang der Rate der Selbstverletzungen auf 10 % berichtet (zit. nach *Kischkel* und *Störmer*, S. 125).

Kischkel und *Störmer* vermuten, daß es eine frühere und eine spätere Form selbstverletzenden Verhaltens gibt, je nachdem ob es aus Bedingungen vor oder nach dem Übergang zur gegenständlichen Tätigkeit (mit ca. 1 Jahr) durch entsprechende selektive Exposition resultiert. Zum einen sehen sie die Möglichkeit, daß selbstverletzendes Verhalten durch die *nicht kommunikative Aneignung von Bedürfnissen* entsteht. Dies ist der Prozeß, den ich bei der Entwicklung der motorischen Stereotypien bereits dargestellt habe, und der seine neue Qualität durch die Möglichkeiten der Invarianzbildung mit dem Erreichen des Abbildniveaus der ersten Gegenstandbedeutungen gewinnt (vgl. hierzu ausführlich *Jantzen* und *von Salzen*). Zum anderen vermuten *Kischkel* und *Störmer*, daß ab der Veränderung der Kommunikation mit der Nutzung des Erwachsenen als allgemeinem Werkzeug es neben der Genese von Aggressivität durch Vorenthaltung von Betätigungsmöglichkeiten (hierauf komme ich gleich noch zu sprechen) es durch *mangelnde Wertschätzung* durch die Erwachsenen nunmehr zu Formen selbstverletzenden Verhaltens kommen kann, ohne daß gleichzeitig Stereotypien vorliegen müssen.

Vergleichbar verweisen auch *Jantzen* und *von Salzen* in einem kurzen Exkurs zur Entstehung des Masochismus auf die Möglichkeiten des späteren Auftretens von Autoaggressionen, die entsprechend dem erreichten Abbildniveau jedoch eine eigene Struktur und Dynamik besitzen, die mit der von frühen Formen selbstverletzenden Verhaltens keineswegs gleichgesetzt werden darf.

Motorische Stereotypien wie selbstverletzendes Verhalten sind somit Ausdruck der sinnhaften und systemhaften Entwicklung des Psychischen unter Bedingungen der Isolation. Es verwundert nicht, wenn sie in besonderer Weise bei jener frühen Störung der sozialen Wahrnehmung, der Störung des Aufbaus von frühen Dialogen und damit der Entwicklung von Sinnbildung und Bindung auftreten, die nosologisch als *Kannerscher* oder *frühkindlicher Autismus* beschrieben wird.

Darunter wird ein Verhaltenssyndrom verstanden, das vor dem Alter von 30 Monaten manifest wird und gekennzeichnet ist durch eine schwere, dominierende und überdauernde Beeinträchtigung der Entwicklung von Sprache, Kognition und sozialen Beziehungen (*Nurcombe* 1986, S. 223).

Als *Kardinalsymptome* werden nach *Kanner* eine „extreme autistische Abkapselung aus der menschlichen Umwelt" und das „ängstlich-zwanghafte Bedürfnis nach Gleicherhaltung der dinglichen Umwelt" hervorgehoben.

Das *erste* Kardinalsymptom kann als das am frühesten auftretende Symptom gelten, das sich im *Ausbleiben der „Lächelreaktion" und der „Antizipationshaltung"* beim Säugling bereits dokumentiert (vgl. *Feuser* 1977, S. 64). Entsprechend taucht es auf späteren Niveaus der Hierarchisierung der Persönlichkeit als *Unfähigkeit zum sozialen Dialog* auf: so etwa in dem von *Wendeler* (1980) festgestellten Unterschied im frühen Sprachgebrauch autistischer Kinder. Diese verwenden im fünften und sechsten sensomotorischen Stadium (das sie bezogen auf das Lebensalter in der Regel verzögert durchlaufen) Sprache lediglich imperativ und nicht deklarativ: also nur zur Aufforderung an andere Personen, die sie quasi als Werkzeug behandeln, und nicht um ihnen einen Gegenstand des eigenen Interesses zu zeigen.

Das *zweite* Kardinalsymptom (*Nurcombe* spricht von einer *Bindung an unbelebte Objekte* als einem der zusätzlichen Symptome) zeigt sich entsprechend niveaubezogen, je nachdem welches Niveau der dominierenden Tätigkeit insgesamt erreicht wurde. Oft zeigen sich motorische Stereotypien, die an bestimmte

Gegenstände gebunden sind, in Form des Wedelns mit diesem Gegenstand vor den Augen. Dies sind frühe Formen der Auseinandersetzung mit der gegenständlichen Welt, auf die später zu Zwecken der Stabilisierung immer wieder zurückgegriffen wird. Spätere Formen des zweiten Kardinalsymptoms entsprechen den jeweils erreichten Abbildniveaus. So wird häufig ein großes Interesse an Zahlen berichtet. *Kischkel* (1986) berichtet von einem autistischen jungen Mann, der nach verzögerter frühkindlicher Entwicklung, Kindergarten, vier Jahren Grundschule und verschiedenen Etappen jugendpsychiatrischer Behandlung sich z. Z. in einer Anstalt befindet, folgendes Beispiel: Die spontanen Äußerungen des 18jährigen M. bestehen zu einem großen Teil aus der Aneinanderreihung von Zahlen und Wochentagen: „Und neunzehnsiebzig minus vier, neunzehnsiebzig minus vier. Es vor gehört, vierzehn minus vier, vierzehn minus vier ist zehn Geburtstag. Erst wenn es wenn ich was gehört ist die zweitausendzehn minus sechs. Vor für vor für Punkt fünfundachtzig, Punkt für minus fünfundachtzig, Punkt minus fünfundachtzig" usw. Der Sinn dieser Zahlenspielereien, so *Kischkel*, erhellte sich erst im Lauf der Zeit. Die rechnerischen Operationen drehen sich größtenteils um das Berechnen von Geburtstagen u. ä. „So ist er z. B. ohne weiteres in der Lage auszurechnen, auf welchen Wochentag sein Geburtstag in z. B. 600 Jahren fällt" (S. 3).

Neben den Kardinalsymptomen des als früheste Form kindlicher Psychosen bezeichneten Autismus werden eine Reihe von *Sekundärmerkmalen* (bis zu 60) in der psychiatrischen Literatur genannt. Aus ihnen können insbesondere Wahrnehmungsstörungen, Sprachstörungen und Gedächtnisstörungen hervorgehoben werden. *Wahrnehmungsstörungen* werden häufig so beschrieben, daß autistische Kinder ersichtlich einen größeren Input an Reizen benötigen, also ihre Wahrnehmungsschwellen erhöht sind. Es wird vermutet, daß ihre stereotypen Handlungen zum Teil im Kontext stärkerer Hervorhebung einzelner Reize stehen. Auf dem Gebiet der *Sprache* wird neben dem in sozialer Hinsicht eingeschränkten Sprachgebrauch und der stark verzögerten Sprachentwicklung (oft fängt das Kind mit fünf Jahren oder noch später an zu sprechen) das starke Auftreten von Echolalien und Perseverationen hervorgehoben. „Das Kind wiederholt den letzten Ausdruck oder das letzte Wort, das gesagt wurde, oft mit derselben Flexion. Das führt auch zur Umkehrung von Pronomen. Das Kind hat die Neigung, bestimmte Ausdrücke endlos zu wiederholen, im fast gleichen Tonfall, wie es sie gehört hat" (*Wing* 1973, S. 21). Daneben treten grammatikalische und syntaktische Störungen und ein oft dominierender anschauungsorientierter, nicht kategorialer Sprachgebrauch auf (Wörter werden zu konkret verwendet, „Schüssel" ist z. B. die konkret einzelne Schüssel, nicht der Gattungsbegriff, vgl. *Wing* S. 22). *Ross* und *Pelham* (1981) verweisen schließlich auf schwere *Störungen des Kurzzeitgedächtnisses* bzw. auf weniger wirkungsvolle *Gedächtniskodierungsstrategien*.

Nachdem sich eine ursprüngliche Forschungshypothese, Kannerscher Autismus sei ein Resultat einer gefühlsarmen Interaktion der Mutter mit ihrem Kind, in keiner Weise halten ließ, neigen Forscher mehr und mehr dazu, frühkindlichen Autismus ätiologisch als zentrale Wahrnehmungsstörung zu betrachten (z. B. Weber 1970). Mit fortschreitender Forschung und zunehmend differenzierter neuropsychologischer Analyse muß jedoch zunehmend angenommen werden, daß sich hinter diesem Syndrom sehr unterschiedliche Ursachen verbergen können. Häufig werden Dysrhythmien im EEG berichtet, insbesondere in Form eines Dominıerens von eher subkortikalen Rhythmen und einer Instabilität kortikaler Rhythmen. Übergreifende *neuropsychologısche Theorien* gehen am ehesten von einer fronto-limbıschen Störung aus, eıner Störung also, in der die Verknüpfung emotionaler Wertungen und Umwelterfahrungen im Mittelpunkt steht (vgl. *Kischkel* 1985). Daneben habe ich selbst die Annahme einer mißlingende Neuigkeitsverarbeitung im hippokampalen System in den Vordergrund gestellt (*Jantzen* 1985). Dieses System ıst in enger Verbindung mit dem Neokortex an der Gedächtnisbildung durch Verarbeitung neuer Eindrücke beteiligt. Da ich die neuropsychologischen Grundlagen zum Verständnıs dieser Theorien erst in den beiden folgenden Kapiteln darstelle, mag hier dieser Hinweis genügen. Ergebnısse von *Buchwald* (1975) legen zudem nahe, daß eine der Quellen in der Entstehung von Autismus, die Schädigung subkortikaler Kerne des Höranalysators seın könnte (z. B. als Resultat einer Vergiftung durch CO-2-Überschuß als Folge von Sauerstoffmangel beı der Geburt). Durch eine solche Schädigung würde das Eigenrauschen des (für den sozıalen Dialog vorrangıg bedeutsamen) akustischen Analysators erhöht und Signale wären schlechter dekodierbar. Eine solche These läßt sıch voll mit der festgestellten Erhöhung der Wahrnehmungsschwellen vereinbaren, auf die ıch hingewiesen habe (vgl. auch *Saunders* und *Bock* 1978). Zudem nehme ıch an, daß beı einer frühen Störung von Wahrnehmungen und bei gleichzeitigem Erhöhen des Eigenrauschens (bzw. durch Beteiligung weiterer ınformationsverarbeıtender Strukturen) *die den frühen Dıalog sıchernden AAM unter Bedingungen normaler Transaktionen zwıschen Mutter und Kind sich nicht dialogförmig verketten können. Hierdurch ergeben sıch alle Erscheinungen eines desintegrıerten Körperselbstbildes, gekoppelt mıt stereotypen Handlungen, Tendenzen zu Autoaggressıon und Aggressıon, und eıne völlig mißlingende Bindung, wie sıe allgemein beim frühen Isolatıonssyndrom im Mittelpunkt steht.* Erst mit der Weiterentwıcklung von Abbild und·Tätigkeit in der weiteren Ontogenese, ermöglicht durch die zunehmende Dominanz höher organisierter funktioneller Systeme, kommt es zur partiellen Kompensation, ohne daß aber in der Regel die Kardinalsymptome restlos aufgehoben wären.

Dıe Teufelskreise, die sıch aus dieser mißlingenden Vermittlung zur Gattung ergeben, hat m.W. *Feuser* als erster pädagogisch und psychologisch mit seiner These bestimmt, daß das autistische Kind *nıcht autistisch* (also selbstbezogen) ist, *sondern isoliert.* Daher bedarf es in besonderer Weise einer qualifizierten Vermittlung im Dialog mit anderen Individuen der Gattung. Kern dieses Syndroms, so *Feuser,* ıst eine „Dissozıation" zwischen Wahrnehmung und Bewegung. Dem kann von außen betrachtet zwar zugestimmt werden, doch bedarf die Feststellung dieser Dıssozıation ihrer Ergänzung durch die veränderten emotionalen Bekräftigungsmechanismen in den Bedingungen der Isolation und die folglich anders verlaufende Sinnbildung. Insofern rückt bei allen sonstigen Übereinstimmungen mit *Feuser* ın der hier vorgelegten Beṭrachtungsweise das Problem der mißlingenden Bindung und des frühen Abbrechens des Dialogs stärker in den Mittelpunkt als beı *Feusers* Analyse (vgl. auch *Rödler* 1985). D. h. bei aller Notwendigkeıt, Lernen und Entwıcklung für autistische Kinder durch sorgfältig strukturierte Anforderungssituationen, die bessere Orientierung erleichtern, zu fördern, tritt in den Mittelpunkt, hier mit aller Sorgfalt auf *gelingende* und *mißlingende Bindungen* und auf eine humane Atmosphäre des pädagogische Prozesses zu achten. Gewaltmethoden wıe „Haltetherapie" aber auch bloße verhaltenstherapeutische

Techniken (sofern sie sich nicht systematisch einem bindungsfördernden Kontext unterordnen) halte ich für kontraindiziert (vgl. auch Kap. 10 und 12).

6.4.2 Erstmalig mögliche Syndrombildungen im zweiten Lebensjahr: Aggressivität und „Psychopathie"

Mit der Entwicklung des durch ein neues Abbildniveau gegebenen Möglichkeitsraumes entstehen zugleich neue Möglichkeiten der Isolation und der Trennung von der Einheit der Gattung. So hatte ich bereits mit *Kischkel* und *Störmer* darauf aufmerksam gemacht, wie eine spezifische Form von Autoaggressivität durch fehlende Wertschätzung bedingt sein kann, die nun in den zu Beginn des zweiten Lebensjahres sich umformenden Motiven nach genereller Kooperation mit anderen Menschen erst registriert werden kann. Ähnlich ergeben sich die Möglichkeiten des erstmaligen Entstehens von Aggressivität gegen andere Personen aus diesem Übergang. Mit dieser Auffassung widerspreche ich entschieden all jenen Theorien, die Aggressivität als eine angeborene Grundeigenschaft des Menschen annehmen. Ich habe in den bisherigen Ausführungen bereits mit hinreichend Belegen herausgearbeitet, daß das Bedürfnis nach gattungsnormalen Beziehungen mit anderen Menschen als Grundbedürfnis anzunehmen ist. Es realisiert sich in seiner sinnhaft-subjektiven Weise als Bindung, die im Sinne von Liebe, Freundschaft, Solidarität usw. wahrgenommen wird. Von daher kann ich hier auf die Kritik derartiger Aggressionstheorien in allgemeiner Form verweisen, die *Hollitscher* (1973) vornimmt, wie auf einige Ergebnisse allgemeiner Art, zu denen *Gellert* (1983a,b) in der Auseinandersetzung mit dem Problem von Aggressivität in Phylogenese und Ontogenese gelangt.

Aggressivität kann *unspezifisch* auftreten. In dieser Form ist sie unmittelbares Resultat der Tätigkeits- und Bewegungseinschränkung eines Subjekts, also an affektartige Gefühlsäußerungen wie Angst und Wut gebunden. Andererseits kann Aggressivität aufgrund von Erfahrungsbildung *spezifisch* sein: So daß z. B. die im vergangenen Kapitel als Beispiel für eine frühe phylogenetische Umbildung zitierten Lava-Eidechsen, die ihren Schwanz verloren hatten, nun lernten, ein an ein anderes Verhalten gekoppeltes Bewegungsmuster, nämlich Beißen, zielgerichtet einzusetzen. Aggressivität erweist sich damit in ihrer unspezifischen Form, gesteuert über Affekte und auf der Basis von AAM abgesichert, generell für alle Lebewesen als funktional für das Überleben von Individuum und Gattung in Extremsituationen. Andererseits kann aggressives Verhalten mit höheren Abbildniveaus systematisch verknüpft gelernt werden, um die eigenen Existenzbedingungen abzusichern bzw. zu erweitern. Dabei richtet es sich jedoch *nur in Extremsituationen gegen die eigene Gattung*, solange das subhumane Tierreich noch nicht verlassen ist. Auf menschlichem Niveau ist die Häufung von Aggressivität nicht als Resultat einer Vorfahrenreihe von „Killeraffen" zu begreifen, wie dies manche Sozialdarwinisten behaupten, sondern als Resultat von historisch gewordenen Klassenverhältnissen und diesen entsprechenden ideologischen Formen (vgl. Kap. 1 und 2 dieses Buches).

Gellert unterscheidet daher auf menschlichem Niveau vier Formen von Aggressivität, die er entsprechend der möglichen Einsicht in die objektiv isolierenden sozialen Bedingungen und damit entsprechend ihrem Hierarchisierungsniveau

klassifiziert:
– Tätigkeitsformen, die auf der Basis von *Kooperation* sich gegen vorherrschende isolierende Bedingungen wenden, sind zum einen (1) der bewußte *Klassenkampf* der beherrschten gegen die herrschende Klasse, zum anderen (2) der *spontane Protest* gegen allgemein isolierende Bedingungen (1983 b, S. 91 f.).
– Von diesen Formen der kooperativen Auseinandersetzung mit isolierenden Bedingungen (vgl. Abb. 25) unterscheidet *Gellert* (3) *aggressive Handlungen gegen potentielle Kooperationspartner* sowie (4) *aggressive Handlungen gegen subjektiv Unterlegene* (S. 93 f.).

Wir stoßen in dieser nunmehr psychologisch fundierten Klassifizierung des Aggressivitätsproblems erneut auf jene Zusammenhänge, die in Kapitel 1 als Problem der objektiv und subjektiv nicht gegebenen Ausbeutungsbereitschaft diskutiert worden sind und in der Geschichte der Psychiatrie ihren Niederschlag in der Kategorie des moralischen Schwachsinns, der Imbezillität und der Psychopathie finden. Dies sind Kategorien, die immer wieder von bürgerlichen Psychiatern und Gerichten auch gegen Angehörige der Arbeiterbewegung bemüht wurden.

Hier interessiert uns nun ausschließlich jene Form von Aggressivität, die nicht kooperativ ist, also zu einer „inneren Reproduktion der Isolation" im Sinne psychopathologischer Reaktionsbildung führen muß. Sozialwissenschaftlich analysiert stellt sich die Frage damit vorrangig nach Handlungen, die sich als Normenverstöße in der Klassengesellschaft gegen subjektiv Unterlegene richten, also als *kriminelle Aggressivität* auftreten. In diesem Sinne ist in der Ursachenforschung der Psychopathiebegriff seitens der Psychoanalayse eingeschränkt und angewendet worden, mit dem Ergebnis, daß alle einschlägigen Untersuchungen immer wieder auf sehr frühe und gravierende isolierende Bedingungen stoßen, die im wesentlichen durch Verweigerung von Kooperation und Sicherheit durch Erwachsene gekennzeichnet sind.

Indem mit dem Beginn des zweiten Lebensjahres die Mutter sozusagen zum universellen Werkzeug wird, sich die gegenständliche Welt anzueignen, werden nunmehr bestimmte Eigenschaften dieses „Werkzeuges" selbst erfahrbar, bzw. das Kind verweigert sich mit dem Erwerb der semantischen Neingeste (dritter Organisator nach *Spitz*) bestimmten Tätigkeitsformen der Mutter. Insofern treten *Trotz und Aggressivität als Durchgangsstadium* für viele Kinder auf.

Uns interessieren im folgenden jedoch die gravierenden Umbildungen, die in Form neuer psychopathologischer Strukturen auf diesem Niveau erstmalig auftreten. Sie stehen jeweils in direktem Zusammenhang mit dem jetzt möglichen Werkzeuggebrauch und der Entwicklung der Werkzeugdeutungen. *Spitz* diskutiert in seinem Buch „Vom Säugling zum Kleinkind" (1980) diesen Zusammenhang als ein neues Niveau der psychischen Entwicklung am Entstehen von Koprophagie, also dem Spielen mit und dem Aufessen der eigenen Fäkalien. In einem Säuglingsheim, das eine Population von 153 Kindern mit ihren Müttern umfaßte, wurde dies bei 16 Kindern gefunden, die im Durchschnitt zwischen 10 und 14 Monate alt waren. Es zeigte sich, daß ein Großteil ihrer Mütter depressiv war, d. h. Stimmungen gegenüber den Kindern unterworfen, die von extremer Feindseligkeit bis zu Überbesorgtheit reichten (S. 262 ff.).

Vergleichbar zeigt *Gellert* in einer Sekundäranalyse der bei *Moser* (1972) zu dieser Frage zusammengefaßten psychoanalytischen Literatur, daß im Zentrum des Entstehens früher psychopathischer Strukturen Prozesse von „Bindungsvermeidung" und „unsicherer Bindung" stehen. Stehen im Mittelpunkt der inkonsistenten Bindung negative Anteile, so Gellert, dann bestehen durchgängig für das Kind nur zwei Möglichkeiten: „entweder die individuellen Bedürfnisse mit allen Mitteln, also auch und vor allem aggressiv, durchzusetzen, oder aus Angst vor Strafe auf eine Realisation der Bedürfnisse zu verzichten" (1983 b, S. 102).

Damit entstehen aber anstelle von Subjektbeziehungen *Instrumentalbeziehungen zu anderen Menschen*, wie wir uns dies an einem einfachen Beispiel rekonstruieren können: In einer Etappe, wo das Kind in besonderer Weise auf die Mutter als allgemeines Werkzeug angewiesen ist, steht diese nicht bzw. diskontinuierlich zur Verfügung. Das Kind, wir stellen es uns in einem Laufställchen vor, wird sein Bedürfnis nach Kooperation mit der Mutter immer wieder z. B. durch Hinauswerfen von Spielzug usw. realisieren, evtl. auch durch Kotspielen o. ä., was in letzter Konsequenz die Mutter herbeibringt. Da diese damit aber keineswegs zum kooperativen Objekt, sondern bestenfalls zum strafenden oder negierenden Objekt werden kann, verkehren sich Zweck und Mittel. Wurde die Mutter vorher als Mittel antizipiert und herangezogen, um mit Gegenständen zu hantieren, so werden nun die Gegenstände als Mittel benutzt, um die Mutter herbeizubringen. Mit einer derartigen dauerhaften und nicht bloß situativen Umwandlung des Dialogs sind zugleich systematisch Ich-Lücken verbunden, die später mit Entstehung der Ich-Funktion im Selbstbild nicht besetzt sind.

Nehmen wir ein *Beispiel: Ein damals 19jähriger junger Mann wurde mir mit der Bitte um Rat vorgestellt: Bewohner der geschlossenen Abteilung einer Anstalt, bärenstark, immer wieder zu scheinbar unmotivierten Aggressionen neigend. Andere Heimbewohner wurden scheinbar plötzlich und überraschend mit Gabel oder Messer oder was sonst zur Hand war gestochen, Geschirr wurde zerbrochen usw.. Die genaue Analyse ergab frühere unsichere Bindungen und eine Entwicklung schwerer Aggressivität bereits im Kleinkind- und Vorschulalter. Aggressivität selbst trat immer als Resultat mißlingender Kooperation auf, oft bei unangemessenen oder unvermittelten Anforderungen. Es zeigten sich nun insofern spezifische Ich-Lücken, als Peter überhaupt nicht die Bedeutung bestimmter sozialer Verkehrsformen erfaßt hatte: Hatte er entsprechende „Gewaltdelikte" ausgeübt, dann kicherte er manchmal bloß vor sich hin oder aber beteuerte „lieb sein" „Lieb sein" als spezifische Ausdrucksform von Bindung in Beziehung zu anderen Menschen hatte er nicht kennengelernt, wohl aber „lieb sein" als Mittel der Beteuerung, um Strafe zu vermeiden, vor der er Angst hatte. Der entstandenen Ich-Lücke, also fehlender Bindungserfahrung, entsprach eine entsprechende „Über-Ich-Lücke" in Form einer inadäquaten psychischen Repräsentanz der sozialen Norm, andere nicht zu verletzten. Diese war zwar repräsentiert, jedoch nicht in Form einer entwickelten ethischen Instanz in der inneren Position mit einem sicheren Gefühl für „gut" und „böse", sondern lediglich so, daß „gut" alles das war, was Peter vor Strafe schützte und „böse" alles das, was zur Strafe führte. Dies macht deutlich, warum manche Autoren an dieser Stelle von einem „sadistischen" Über-Ich sprechen: Mit der nun auftauchenden Antizipation, daß übertretene soziale Normen zu Bestrafung führen, folgt die angstbesetzte Selbstwahrnehmung der eigenen Übertretung als scheinbar schlagartig nach der Tat einsetzende „Gewissensbisse".*

Ich belasse es bei diesen kurzen Bemerkungen und verweise auf die frühen systemhaften Umbildungen psychischer Prozesse in der Entstehung von schwerer

Aggressivität auf *Moser* (1972), insbesondere VI und VII „Psychoanalytische Kriminalitätstheorien"

6.4.3 Die Neubildung psychopathologischer Strukturen auf dem Niveau der individuellen Tätigkeitsbedeutungen und der Entstehung der individuellen Ichbedeutung: das Borderline-Syndrom

Bei der bisherigen Behandlung der Entstehung psychopathologischer Prozesse entsprechend dem je gegebenen Hierarchisierungsniveau der Persönlichkeit ist bereits deutlich geworden, daß ich hier exemplarisch vorgehe. Zum einen interessieren mich die jeweils ersten Möglichkeiten für das Entstehen einer Symptomatik. Ob ein einmal entstandener Möglichkeitsraum sofort realisiert wird oder ob es zu Realisierungen erst auf höherem Niveau kommt und worin diese Unterschiede bedingt sein könnten, untersuche ich hier in der Regel nicht näher. Zum anderen kann ich auch durchaus nicht alle Umbildungen auf einem spezifischen Abbildniveau behandeln: So etwa nicht die *symbiotische Psychose* im Sinne von *M. Mahler*, die neben dem Autismus als zweite Psychose des frühen Kindesalters zu betrachten ist. Sie tritt im dritten und vierten Lebensjahr auf (*Fish und Ritvo* S. 272), fällt also vermutlich mit der Entstehung des Niveaus der individuellen Tätigkeitsbedeutungen und des dann folgenden Übergangs zu dem Niveau der individuellen Ichbedeutungen zusammen. Ich behandele diese Störung deshalb nicht, weil mir die empirische Materiallage insgesamt, was weitere Psychosen des Kindesalters neben dem Autismus betrifft, noch zu ungeklärt ist. Diesen Standpunkt vertreten tendenziell auch *Fish* und *Ritvo* in einem Sammelreferat über Psychosen der Kindheit, indem sie die durchaus künstliche Trennung des Diagnostic and Statistical Manual (DSM III), also des amerikanischen Standardklassifikationssystems, zwischen Autismus, kindlicher Schizophrenie und „Kindheitspsychosen anderen Typs" hervorheben (1979, S. 276 ff.). Die gesamte Ätiologie und Psychopathogenese kindlicher Psychosen über den Autismus hinaus ist auch aus einem anderen Grunde noch restlos unklar, da weder die medizinisch-biologischen Befunde alleine noch die psychodynamischen Befunde ausreichen, zu erklären, warum die einen Kinder solche Befunde entwickeln und die anderen nicht. Dies wird von *Mahler* selbst sehr deutlich hervorgehoben, insofern Kinder in Konzentrationslagern oder in Pflegeheimen, die vergleichbar schwere Objektverluste erlitten hätten, wie Kinder mit Autismus oder symbiotischer Psychose, doch niemals die Bindung an die Realität aufgaben (1975, S. 259). Die hinter dieser Bemerkung zwangsläufig auftretende Forderung nach einer fundierten neuropsychologischen Analyse der Zusammenhänge, wie ich sie für Stereotypien, selbstverletzendes Verhalten und Autismus bereits angesprochen habe, kann ich nur unterstreichen. Das gilt durchaus auch für folgende Entwicklungsniveaus. So zeigte es sich bei dem in dem Abschnitt über Aggressivität vorgestellten jungen Mann Peter, daß als isolierende Bedingung (vgl. Abb. 24) ein vermutlich subkortikaler Hörschaden mit im Spiel war, der unter den durchaus komplizierten Familienbedingungen entsprechend als veränderte Sensibilität mit ins Spiel kam und die Transaktionsbedingungen modifizierte. In diesem Sinne – und nur in diesem – ist durchgängig die z. B. mit der Frage ‚minimale cerebrale Dysfunktion' (vgl. hierzu *Jantzen* 1984 d) angesprochene neuropsychologische Instabilität mit zu sehen.

Das hier nun exemplarisch aufgegriffene *„Borderline-Syndrom"* oder „Grenzfall-Syndrom" ist sozusagen ein Nebenprodukt von *M. Mahlers* Forschungen zur frühkindlichen Psychosen. Unter diesem psychopathologischen Bild wird eine eigene nosologische Einheit verstanden, „die sich zwar phänomenologisch im Grenzbereich von Neurose und Psychose einordnen läßt, dort aber eine abgrenzbare und relativ stabile Konfiguration darstellt" (*Rohde-Dachser* 1979, S. 483). Insbesondere ich-psychologisch orientierte Psychoanalytiker wie *Mahler* und *Kernberg* haben sich mit dieser Störung befaßt. Sie wird ihrem Wesen nach als *frühe Ich-Störung* bestimmt und regelmäßig mit *Entwicklungsprozessen zwischen zwei und drei Jahren* psychogenetisch in Verbindung gebracht. Dabei zeichnet es sich in der Literatur zunehmend ab, derartige Störungen im Kindesalter von solchen im Erwachsenenalter zu unterscheiden. Dies ist einerseits sicherlich angebracht, entsprechend der Verknüpfung der Spezifität einer Störung mit dem Hierachisierungsniveau der Persönlichkeit, andererseits scheint es mir von der Schwere der Störungen der Beziehungen zur Gattung (Isolationskrise) her durchaus gerechtfertigt zu sein, auch die hierarchischen Niveaus übergreifende Begriffe zu verwenden, wie es möglicherweise Neurose, Psychose und Borderline als spezifische Ausprägungsformen von Isolationskrisen unterschiedlichen Umfangs sein könnten (vgl. den noch folgenden Exkurs zu dieser Frage).

Ich gebe daher auch zunächst ein *Beispiel* aus dem Erwachsenenalter wieder, um dann auf das kindliche Borderline-Syndrom einzugehen. Das Beispiel entnehme ich einer Arbeit von *Rohde-Dachser* (1980, S. 61, 65);

Patient D. ist ein junger Mann mit verschiedenen abgebrochenen Ausbildungsversuchen. Es kommt bei ihm zu einem Bruch der Partnerbeziehung mit einem Zustand völliger innerer Leere. Er hatte sich mit seiner Freundin monatelang in einen kleinen, mit Kerzen ausgestalteten Erker zurückgezogen und wollte die Beziehung zum ausschließlichen Lebensinhalt machen. Als dann ein anfänglich gewünschtes Kind geboren wurde, fängt er an, dies Kind intensiv zu hassen und vergreift sich in Abwesenheit der Freundin mehrmals an ihm. Jedem dieser Impulsdurchbrüche folgen entsetzliche Selbstvorwürfe. Als die Beziehung in eine Krise gerät, kommt es zu rituell vorbereiteten Selbsttötungsversuchen, so u. a. daß er sich mit Benzin übergießt, aber im letzten Moment zurückschreckt, sich anzuzünden. Im Nachhinein erlebte er diese Reaktionen als ichfremd. „Er wußte zwar, daß er selbst diese Handlungen begangen hatte, aber seine emotionale Reaktion darauf war so, als ob ein Fremder an seiner Stelle gewesen wäre."

An diesem Beispiel wird deutlich, was als Kern des Borderline-Syndroms betrachtet wird: Keiner dieser Patienten hat eine ausgebildete Psychose, das Krankheitsbild läßt sich trotz vieler Anzeichen auch nicht als neurotisch einordnen. Vielmehr kommt es „unter inneren und äußeren Belastungssituationen . . . dann zu kurzfristigen Dekompensationen und wandelnden neurotischen Symptombildungen bis hin zu paranoiden und wahnhaften Erlebnisverarbeitungen, die allerdings mit dem Verschwinden des Streßfaktors meist spontan und vollständig remittieren" (*Rohde-Dachser* 1980, S. 62).

In einem Sammelreferat über das Borderline-Kind hebt *Chethik* folgende *Merkmale* hervor:

1. *Starke Angst*, oft chronisch und freiflutend. Häufige Panikreaktionen. Als

Ursachen treten meist Bedingungen der Außenwelt auf, durch die Vernichtung befürchtet wird. Häufig wird die Trennung von Objekten befürchtet. 2. *Neurotische Symptomatologie:* Das Kind entwickelt zahlreiche Rituale und Zwangshandlungen, die ihm helfen, mit der Angst umzugehen. Die Symptome sind nicht wie bei Neurosen völlig fixiert, sondern wandeln sich, so z. B. werden Zwänge durch Phobien abgelöst oder durch intensive Restriktionen. 3. *Impulsivität:* Temperamentausbrüche, oft heftige Aggressionen. 4. *Narzistische Charakterzüge:* Oft grandiose Phantasien von Baseball- und Football-Helden, die ausgelebt werden. Masochistische Elemente und selbstverletzendes Verhalten können dies begleiten. Auf der anderen Seite behalten die Kinder ihre Fähigkeit, die Realität zu überprüfen. Halluzinatorische und wahnhafte Elemente treten nicht auf.

Als *Ursachenfaktoren* werden folgende aus der Literatur herausgearbeitet: 1. Hereditäre und konstitutionelle Faktoren. 2. Schwere Entwicklungsunterbrechungen (Schmerzen, Krankheit) während des ersten Lebensjahres. 3. Probleme in der Mutter-Kind-Bindung. Häufig liegen Kombinationen dieser Ereignisse vor. Aus *psychoanalytischer Sicht* wird eine Trennung von libidinösen und aggressiven Anteilen im Selbstbild angenommen, die nicht synthetisiert werden können. In Beziehungen mit anderen Menschen und Objekten wiegt eine Trennung von „ganz guten" und „ganz bösen Objekten" vor, die es dann „bedinglos begehren und verschmähen kann" (*Rohde-Dachser* 1980, S. 63). „*Borderline-Kinder tendieren dazu, der Realität gewahr zu werden, was von ihnen erwartet wird usw.. Aber ihr Sinn für Realität ist gestört. Sie antizipieren Schmerz von der Außenwelt; und was immer sie für einen Sinn von Heiterkeit, Lebhaftigkeit und lebendigem Vergnügen erfahren, so stammt er weit eher aus ihrer Phantasiewelt. Jedenfalls bleibt ihre Wahrnehmung der objektiven Realität intakt, auch wenn ihre Beteiligung an ihr reduziert ist. Borderline-Kinder geben daher nicht die Welt des narzistischen Wohlgefallens auf. Sie setzen ihre Suche nach frühen Formen der Gratifikation fort; so suchen sie nach Erfüllung ihrer oralen Bedürfnisse durch eine idealisierte Mutter-Kind-Beziehung"* (*Chethik*, S. 310). Schließlich ist diese Entwicklung nicht nur als Reaktion auf Angst und Haß zu begreifen, aus der auch später dann die Hauptmerkmale Angst und Aggression entspringen, sondern auch als Verdrängung von Liebe, wie *Rohde-Dachser* (1979, S. 519) unter Bezug auf *Searls* argumentiert, dessen Ergebnisse für den Bereich der Schizophrenie sie in dieser Beziehung auf die Borderline-Problematik für übertragbar hält. Sie unterscheidet dieses Bedürfnis nach Liebe, dessen Erfüllung in den Kern der Therapie treten müsse, als etwas anderes als das Bedürfnis nach Nähe. „Dem Kind geht es in dieser Phase (die *Searls* in das zweite Lebensjahr und später datiert, wo die Mutter deutlich als getrenntes Objekt wahrgenommen wird), nicht um Geliebtwerden, sondern darum, selbst in seinem Liebesgefühl und in seiner Bewunderung für die Mutter akzeptiert zu werden" (S. 520).

Das Problem aller vorliegenden Forschungen zum Borderline-Syndrom liegt darin (so *Palombo* 1982), daß sie vor allem an Erwachsenen durchgeführt wurden und daß sie vor allem aus tiefenpsychologischen Studien bei Patienten stammen. Dies zeigt auch eine Literaturrecherche, die ich selbst 1986 durchgeführt habe, um frühe Kindesmißhandlung als einen möglichen Ursachenfaktor nachzugehen. Trotzdem deutet sich auch in retrospektiven Studien ein deutlicher Zusammenhang an, wie ihn auch *Ammon* (1979, S. 66 ff.) feststellt: Bei Borderline-Patienten, die als scheinbar geordnete und normale Persönlichkeiten Aggressions- und Tötungsdelikte unternommen hatten, zeigte es sich, daß die Kindheit aller untersuchten Täter gekennzeichnet war durch „extreme Gewalttätigkeiten, die sie von seiten der Eltern erlebt hatten".

Ich belasse es dabei, die Literatur so weit zu referieren und will nun versuchen, diese Störung im Rahmen des hier entwickelten tätigkeitstheoretischen psychopathologischen Ansatzes zu modellieren. Zunächst einmal denke ich, ist es wichtig, darauf zu verweisen, daß viele der traditionell mit dem Etikett „Imbezillität" in Anstalten befindlichen geistig behinderten Menschen nicht nur psychopathologische Syndrombildungen im Sinne von Autoaggressionen, Stereotypien, Autismus aufweisen, sondern auch in Form von schweren „psychopathischen" Aggressionen oder im Sinne der unter Borderline-Syndrom zusammengefaßten sinnhaften Umbildungen des Psychischen.

Fragen wir nach den Voraussetzungen der Umbildungen auf diesem Abbildniveau, so zeigt es sich, daß sich die Erfahrungen des Kindes nun in Form von Tätigkeitsbedeutungen generell von der Situation lösen und eine *symbolischsinnhafte Verdoppelung* erfahren, die in der nun zunehmend dominierenden Tätigkeit des Kindes, dem Spiel ausgedrückt wird. Im Spiel liegt, so *Leontjew* (1973, S. 380) das Motiv im Inhalt der Handlung, oder besser gesagt, in den Beziehungen zu anderen Menschen, die im Inhalt der Handlung ausgedrückt werden (im Rollenspiel). In dem zunächst fragmentarischen Rollenspiel entstehen um das Ende des dritten Lebensjahres das *verallgemeinerte Ich* und *verallgemeinerte Andere*.

Beziehen wir nun die Erscheinungsformen des Borderline-Syndroms auf diesen Hintergrund, so werden sie sämtlich aus den Eigenheiten dieser Entwicklungsstufe klärbar. Häufig vorweggegangene Angst- und Schmerzzustände (z. B. Kindesmißhandlung) tauchen nun ebenfalls im Gedächtnis auf und werden versucht, sinnhaft in der Tätigkeit so zu bewältigen, daß das Kind sich gegen Panik und emotionalen Zusammenbruch schützen kann. Die Form dieses Schutzes findet in der Regel (so auch in der späteren Kindheit) in Form von Ritualen statt, die durchaus den Charakter von Zwangshandlungen annehmen können.

Da ein verallgemeinertes Bild von anderen Menschen (etwa von der Mutter oder von sich selbst) noch nicht synthetisiert ist, ist es möglich, daß auf dessen mosaikförmigen Bestandteilen aufbauend, nämlich den nunmehr aus dem Kontext gelösten Tätigkeitsbedeutungen, sich situativ bezogen positive und negative Anteile des Bildes vom Erwachsenen trennen. Es treten also einerseits die Mutter, der Vater oder andere Bezugspersonen als gänzlich böse auf (in Form der Situationen, in denen das Kind geschlagen oder verlassen wird, und die nun im Gedächtnis in ihrer sinngebenden Potenz auftauchen) oder andererseits als völlig gut (also dort, wo sie dem Kind Zuwendung geben, orale Befriedigung usw.). Und vermutlich muß das Kind bei großer Extremität dieser Situationen zugleich sie in seinem Selbstbild trennen, da es sich sonst nicht über die wahrgenommenen guten Anteile stabilisieren kann, worauf es angewiesen ist. Dies bringt auch das genannte Bedürfnis nach Liebe hervor, d. h. in seinen sinnhaften Strukturen, also seiner nunmehr auf dem Niveau von Tätigkeitsbedeutungen wahrgenommenen emotionalen Gerichtetheit auf die Mutter auch von dieser wahrgenommen zu werden.

In diesen ständig unstabilen Beziehungen, in denen jederzeit Angst das Kind überschwemmen kann, rettet es durch Größenphantasien, aber auch Aggressionen oder Autoaggressionen, auf die es zurückgreift, seine Stabilität. Da letztere Anteile jedoch aufgrund der Trennung von gut und böse an ihm selbst die Bedeutung von böse erhalten haben (aufgrund der Bespiegelung in den entsprechend bösen Tätigkeitsformen in seiner Umwelt), erklärt sich auch die später beobachtete Wahrnehmung der unter Streß oder hoher Erregung vorgenommenen aggressiven oder autoaggressiven Handlungen (vergl. das von *Rohde-Dachser* gegebene Beispiel) als sich selbst fremd, ichfremd. Das Klammern an vertraute Objekte erhält sozusagen magischen Charakter, indem das Kind sich über die Vertrautheit des Objektbezugs gegen Angst sichert.

Wir haben also hier im Übergang zur Herausbildung *des persönlichen Sinns* eine vergleichbare Umbildung vorliegen, wie ich sie weiter oben mit der Bildung des „dependency drives" im Sinne von *Bronfenbrenner* für den Übergang von biologischer auf individuelle Sinnbildung bereits diskutiert habe. Waren dort die mit den unterschiedlichen AAM verbundenen emotionalen wie Bewegungsanteile die Bausteine, aus denen in der sozialen Transaktion Körperselbstbild, dialogförmige Muster und Sinn (der sich als Bindung niederschlägt) entstanden, so sind es jetzt die auf das Niveau individueller Tätigkeitsbedeutungen gehobenen und damit (mit sozialen Mitteln) symbolisierten individuellen Tätigkeitsformen des Kindes. Diese schlagen sich durch die sozialen Austauschbeziehungen umgebildet im verallgemeinerten Ich, in der neuen Tätigkeitsform des Spiels und in neuen Formen der Bindung zu anderen Mensch nieder.

Auch hier zeigt es sich, daß in der sogenannten normalen Umbildung in diesem Prozeß vergleichbare Probleme von Kindern auftreten: z. B. die Dunkelangst usw.. Sie bedürfen dann in sozial vermittelter Weise ebenfalls der Synthese: etwa durch Märchen, Gute-Nacht-Geschichten usw..

Aus spezifischen Gründen, die in der Struktur der Transaktion insgesamt liegen, gelingt beim Borderline-Syndrom dieser Übergang nicht völlig, kommt es zu sinnhaften Umbildungen im Psychischen (Trennung von guten und schlechten Objekten), die die weitere Sinnbildung und den Bindungsprozeß partiell in Sackgassen führen. Auch hier gilt, daß von höheren Niveaus des Psychischen her eine Aufhebung dieser Verletzungen möglich ist, entsprechende Transaktionen (insbesondere therapeutischer Art) vorausgesetzt. Sind die Kompensationen der auftretenden Ängste im Rahmen des Borderline-Syndroms sehr umfangreich, so bedeutet dies gleichzeitig, daß Lernen erheblich erschwert wird und auf diesem Wege dann sogenannte Lernbehinderung und geistige Behinderung entstehen können.

6.4.4 Die Entstehung neurotischer Strukturen im Vorschulalter

Obgleich das Gebiet der Neurosen ein seit langem von der Psychologie bearbeitetes Gebiet ist, sind die Ergebnisse doch alles andere als befriedigend. Dies zeigt schon die generelle Klassifizierung der Neurosen als im Unterschied zu den Psychosen sozial noch verständliche Reaktionsweisen. Einerseits werden Neurosen in der *physiologisch begründeten Neurosenlehre Pawlows* als Ergebnis der Bildung spezifischer bedingter Reaktionen betrachtet (vgl. *Uschakow* 1982, S. 45 ff.). Ihre Klassifikation als gelerntes Verhalten stellen auch die *behavioristische Psychologie* und die aus ihr abgeleitete Verhaltenstherapie in den Mittelpunkt (vgl. z. B. *Eysenck* und *Rachman* 1968). Andererseits wird im Rahmen *psychoanalytischer Konzeptionen* der Psychodynamik menschlicher Entwicklung angenommen, daß Neurosen insbesondere in psychischen Prozessen ihren Ursprung haben, die für das Vorschulalter dominierend sind, also in der ödipalen Phase entstehen.

Die der Neurosenlehre *Pawlows* bzw. der verhaltenstheoretischen Konzeption verpflichteten Neuroseauffassungen unterstellen keinerlei Ebenenspezifik bezüglich der verschiedenen hierarchischen Niveaus der Tätigkeit und handeln sich hierdurch eine Reihe von klassifikatorischen Problemen ein. Die psychoanalytische Auffassung stößt umgekehrt auf zahlreiche Probleme in der Anwendung des Neurosebegriffs auf solche Störungen, die eindeutig nicht ihren Ursprung in der ödipalen Phase haben oder die von ihrer Erscheinungsform identisch mit Begleiterscheinungen von Psychosen sind.

(Als ödipale Phase wird das Vorschulalter deshalb angenommen, weil nach entstandener Ich-Funktion nun durch die Verdrängung von Triebwünschen nach der Mutter infolge des vom Vater erzwungenen Triebverzichts sich hier das Über-Ich bildet, also die im Ich als Teil abgespaltene soziale Kontrollinstanz in den psychischen Prozessen, die als „Gewissen" die psychische Tätigkeit reguliert.)

Diesen Problemen versucht *Adams* (1979) in einer Klassifikation Rechnung zu tragen, die die Ergebnisse der experimentellen Herausbildung von Neurosen im Tierbereich oder von Aktualneurosen (Neurosen ohne Hinweise auf die sonst als wesentlich angenommenen Abwehrmechanismen) ebenso mit aufnimmt, wie die Begleiterscheinungen von Psychosen als „Sekundäre Psychoneurosen". Für die ebenenspezifische Entstehungsform der Neurosen in der ödipalen Phase wird der enger gefaßte Begriff „Psychoneurosen" reserviert. Kern dieser „Primären Psychoneurosen" ist ein hier immer vorzufindender *Angstzustand*, der in unterschiedlicher Weise zum Ausdruck kommen kann (z. B. in den unterschiedlichsten psychophysiologischen Symptomen), der jedoch andererseits nicht offenliegt, durch Abwehrstrategien (die sogenannten Abwehrmechanismen) verdeckt gehalten wird. Von diesen Psychoneurosen im engeren Sinn werden durch Ausschlußdefinitionen in dem Sinne, daß hier nicht die ödipalen Konflikte im Vordergrund stehen, folgende andere Gruppen von Neurosen unterschieden: Aktualneurosen, Charakterneurosen (hier werden narzistische Verwundungen, also Ich-Schäden angenommen), traumatische Neurosen (z. B. durch Trennungserlebnisse, Mißbrauch u. a.) sowie experimentelle Neurosen.

Die *Psychoneurosen*, also die der ödipalen Entwicklungsepoche (dem Vorschulalter) von ihrer Entstehung her zugeschlagenen Neurosen, werden selbst in vier Untergruppen eingeteilt: phobische Neurosen, Konversionshysterie, dissoziative Hysterie und Zwangsneurosen.

Phobische Neurosen beinhalten panische und freiflutende Angst vor bestimmten Situationen wie Höhe, Menschenmengen, engen Räumen usw.. *Freud* betrachtet diese Angst von ihrem Ursprung her als umgewandelte Kastrationsangst.

Konversionshysterien sind nach *Adams* (S. 202 ff.) vor allem durch fünf Wesenszüge gekennzeichnet: 1. Durch eine verzauberte Sicht der Welt: Kinder haben eher primitive, magische, infantile Perspektiven als ihre Altersgenossen. 2. Extreme emotionale Ausdrucksformen (also das, was im Alltagssprachgebrauch „hysterisch" genannt wird). 3. Gesteigerte Suggestibilität und Identifikation. 4. Gestörte sensomotorische Funktionen, die von (psychogener) Blindheit bis (psychogenen) Lähmungen reichen (dies sind die Konversionen, also der spezifische Umwandlungsmechanismus von psychischen Prozessen in körperliche Prozesse, der dieser Klasse von Neurosen den Namen gibt). 5. Verändertes Bewußtsein: Häufig wird nicht wahrgenommen, was in der Umgebung vor sich geht. *Dissoziative Hysterien* können in Verbindung mit Konversionshysterien auftreten. Dissoziation bedeutet das Zerfallen von Denk-, Handlungs- und Verhaltensabläufen. Entsprechend nennt *Adams* (S. 204) 1. Bewußtseinsstörungen wie z. B. Stupor, Trance, Pseudodelirium usw., 2. Persönlichkeitsdisorganisation und 3. fremdartige motorische Ausdrucksformen wie z. B. neurotisches Schlafwandeln, zielloses Hin- und Herrennen u. a..

Zwangsneurosen schließlich äußern sich in Form von sich aufzwängenden Gedanken, Bildern und Impulsen, im subjektiven Gefühl, daß sich diese geistigen Ereignisse verstärken, und zugleich im subjektiven Gefühl, diesem Zwang (als Vorstellungs- oder Handlungszwang) Widerstand leisten zu müssen.

Während klassische psychoanalytische Vorstellungen, aber auch die Konzeptionen von *Jung, Adler* und *Schultz-Hencke,* die Entstehung von Psychoneurosen aus den Besonderheiten der ödipalen Entwicklung vor allem als innerpsychischen Prozeß zu bestimmen versuchen, sind in den letzten 20–25 Jahren zunehmend familiendynamische Strukturen zum Gegenstand der Forschung geworden. Es zeigt sich, daß das Entstehen neurotischer Strukturen jeweils mit bestimmten *Übertragungs- und Anforderungssituationen in der Familie* besser analysiert werden kann, als in der bloßen Rekonstruktion innerpsychischer Abläufe. Kern dieser Überlegungen ist es, daß bestimmte Identifikationen der Kinder mit ihren Müttern aufgrund der Erwartungen dieser Mütter an die Kinder und der hieraus resultierenden Handlungen gesetzmäßig zum Scheitern verurteilt sind. In der BRD ist diese Sichtweise insbesondere von H. E. *Richter* aufgegriffen und vertreten worden, dessen 1962 erschienenes Buch „Eltern, Kind, Neurose" mittlerweile als Klassiker auf diesem Gebiet gelten kann. Grundlage pathologischer Handlungen der Bezugspersonen liegen darin, daß sie das Kind emotional anstelle einer anderen Person (eigene Elternfigur, Partner, Geschwister usw.) setzen, oder anstelle eigener nichtausgelebter Wünsche und Vorstellungen. *Richter* unterscheidet hier insbesondere das Kind als Abbild für die eigene Person schlechthin, das Kind als Ersatz des idealen Selbst (also Ausdruck der Suche nach sich selbst der Eltern) oder als Ersatz der negativen Identität, also als Sündenbock. Schließlich kann das Kind zum „umstrittenen Bundesgenossen" der Eltern werden, über den diese versuchen, sich emotionale Absicherung für ihre Konflikte zu organisieren. In all diesen Konstellationen lernt das Kind, „daß es *kein autonomes Selbst* entwickeln darf, sondern nur ein solches, das gleichzeitig zum elterlichen Selbst gehört" (S. 277).

Je deutlicher diese Transaktionsstrukturen in der Familie in den Mittelpunkt treten, desto deutlicher wird, daß Neurosen spezifische Reaktionsformen auf isolierende Bedingungen darstellen. In ihnen tritt zwar kein genereller Bindungsverlust auf, aber im Rahmen von Bindung wird der Verzicht auf Entwicklung und subjektive Autonomie erzwungen. Besonders deutlich kommt dies zum Ausdruck in den *neueren Auffassungen zur Hysterie.* In älteren Auffassungen gilt diese Form der Psychoneurose, die vor allem bei Frauen beschrieben wurde und die ihren Namen ursprünglich aufgrund des vermuteten organischen Ursprungs der Krankheit von der griechischen Bezeichnung für Gebärmutter her erhielt, immer noch mehr oder weniger als Ausdruck der Minderwertigkeit der Frauen. Schuldzuschreibungen, in denen die Hysterikerin als „gefährliche Simulantin" gilt, „als willenlos und dominant, triebhaft und übertrieben, gefühlskalt und frigide und nur deshalb Opfer, weil sie den Mann zum Täter macht" (*Erb* 1986, S. 13), dominieren auch oft noch heute. In einem unlängst erschienenen Buch weist Birgit *Hoppe* (1986) auf der Basis von Interviews mit betroffenen Frauen völlig andere Zusammenhänge nach: Ein *extremer Mangel an Liebe und Geborgenheit* kennzeichnet die Kindheit dieser Frauen. *Eigene Bedürfnisse wurden nicht zugestanden.* Streit und Gewalt kennzeichnen die Familiensituationen. Die Mütter sind emotional unberechenbar, sie unterwerfen sich dem Mann und sind streng gegen die Tochter, die sie als Verbündete gegen den Mann benutzen:

„An ihrer herkömmlichen Frauenrolle klebend, leben die Mütter den Töchtern das Verharren in einer unerträglichen Lebenssituation vor, aus der es kein Entrinnen gibt. In der Pubertät lassen sie die Töchter völlig im Stich; hier tauchen dann auch erstmals die hysterischen Symptome auf. In ihren Männerbeziehungen suchen die Frauen dann die nie erhaltene Zuwendung der Mutter, indem sie sich – geschlechtsrollenkonform – schwach und abhängig machen. Die dabei erfahrene Zuwendung und Achtung ist jedoch so gering, daß die Überlebensstrategien versagen. Die hysterischen Symptome nehmen überhand" (*Erb* 1986, S. 14).

Soweit *Altersangaben* für das Entstehen der unterschiedlichen neurotischen Formen vorliegen, scheinen die Zwangsneurosen früheren Ursprungs zu sein, als die Hysterien. *Dührssen* (1962) nimmt an, daß die Präformierung zur zwangsneurotischen Struktur zwischen zweitem und drittem Lebensjahr erfolgt (S. 86), die Präformierung zur hysterischen Struktur im vierten bis fünften Lebensjahr (S. 94). Obwohl neurotische Symptome auch schon früher gefunden werden, treten sie nach *Adams* (1979, S. 212) oft erst im Alter von fünf bis sechs Jahren als sicher identifizierbar auf.

Versucht man nun *niveauspezifisch* und *tätigkeitstheoretisch* diese Zusammenhänge zu reinterpretieren, so zeigen sich diese Störungen als spezifische Ausdrucksformen der sinnhaften und systemhaften Neubildungen des Psychischen auf dem Niveau der entstehenden und entstandenen individuellen Ich-Bedeutung und der Aneignung sozialer Gegenstandsbedeutungen. Während es beim Borderline-Syndrom (vermutlich aufgrund der Uneinheitlichkeit der Erziehung im Zusammenhang der anderen genannten Ursachenkomplexe) in eine reale Aufspaltung einer „guten" und „bösen" Mutter und damit „guter" und „böser" Ichanteile kommt, liegt bei keiner der hier berichteten Formen der Psychoneurosen eine entsprechende Ich-Störung vor, und schon gar nicht eine psychotische Störung. Vielmehr wird die *Gewährleistung von Bindung* durch die Eltern ersichtlich in der Regel in Verbindung mit *Unterordnung und dem Verzicht auf eigenständige Bedürfnisse* verknüpft. Da eigene Bedürfnisse sich an entsprechenden bedürfnisrelevanten Gegenständen der Tätigkeit im Prozeß der Motivbildung als angstbesetzt erweisen (z. B. die von *Freud* in den Vordergrund gestellten sexuellen Manipulationen), werden Gegenstand und bedürfnisrelevante Tätigkeit selbst aversiv besetzt, signalisieren also das Auftreten von Angst, die damit zum motivbildenden Gegenstand der Tätigkeit wird. Da einerseits auf der Ebene der Tätigkeitsbedeutungen die eigenen Bedürfnisse durchaus präsent sind, auf der anderen Seite Tätigkeitsbedeutungen realisiert werden müssen, die den normativen Anforderungen der Umwelt Genüge tragen, kommt es zu Umformungen in diesem permanenten Konflikt. Einerseits kommt es zur Kontrolle bedürfnisrelevanter Tätigkeiten aufgrund von internalisierter Angst vor Bestrafung (oder später da-

vor, schlecht zu sein). Andererseits bleiben die bedürfnisbefriedigenden Tätigkeitsbedeutungen latent vorhanden und können sich in anderen und scheinbar
abweichenden Tätigkeitsformen realisieren (Zwangshandlungen). Oder aber das
gesteigerte Angstpotential insgesamt findet seinen Ausdruck in bestimmten Situationen wie Höhe, Menschenmenge, Enge (in einem Raum, einem Fahrstuhl usw)
und wird nun gegenständlich fixiert als Phobie. Oder aber unter Bedingungen der
Entstehung der hysterischen Persönlichkeit kommt es zu einer Leugnung der auf
diesem Altersniveau (Ausbau der inneren Position und damit Trennung von
„gut" und „böse" in den Handlungen einer Person von den Gefühlen für diese
Person) nunmehr wahrnehmbaren schlechten Eigenschaften der Bezugsperson.
D. h. das Auftauchen von Vermutungen, wie, daß diese Person, die gemocht
werden muß, in irgend einem Bereich ihres Handelns schlecht handeln könnte, ist
durch die bisher erfolgten bzw angedrohten Sanktionen in hohem Maße schuld-
und angstbesetzt. Dieser Widerspruch, der mit Entstehen der inneren Position
auftritt, muß faktisch zur Leugnung von Ich-Anteilen oder Körperwahrnehmun-
gen führen, genau jenes Bild, das in der Konversionshysterie bzw der Dissozia-
tionshysterie auftritt.

Ob und wann und in welcher *Stärke und Symptomwahl* eine Psychoneurose
auftritt, dürfte mit jeweils sehr detaillierten Bedingungen der familiären und
außerfamiliären Transaktion zusammenhängen. *Verdrängung* als wichtigster Abwehrmechanismus (vgl. aus materialistischer Sicht hierzu *Arnold* 1985) erweist
sich nunmehr als eine ebenenspezifische Neubildung, die mit dem Aufbau der
Ich-Funktionen beginnt. Sie hält angstbesetzte Teile der auf dem Niveau der
Tätigkeitsbedeutungen, dem Niveau des verallgemeinerten Ichs und höheren
Abbildniveaus ständig in symbolischer Form präsenten individuellen Erfahrungen
in Form spezifischer geistiger Tätigkeiten unter Kontrolle. Die im Verdrängungsprozeß sich realisierenden Tätigkeiten zeichnen sich dadurch aus, daß sie wegen
der Notwendigkeit der Angstkontrolle sozusagen durch Versuch und Irrtum herausgebildet werden. D h. sie realisieren sich nicht bewußt und geplant auf der
symbolisierten Ebene der Tätigkeit selbst, denn gerade das Benennen bestimmter
angstmachender Wahrnehmungen ist verboten. In diesem Sinne kann *Lorenzer*
zugestimmt werden, der Sprachverlust und *Desymbolisierung* als Kern neurotischer Prozesse betrachtet.

6.4.9 Exkurs: Geistige Behinderung und Lernbehinderung

Bisher habe ich ebenenspezifische Umbildungen des Sinns unter Bedingungen der
Isolation behandelt: als Umgestaltungen des dritten Parameters der Persönlichkeit im Sinne von *Leontjew* (1979), der „Gerichtetheit" der Persönlichkeit. Daß
der Aufbau der Persönlichkeit in vielfältiger Hinsicht von dem Reichtum der
Beziehungen des Menschen zur Welt abhängt (1. Parameter der Persönlichkeit)
und davon wiederum die sozialen Möglichkeiten der Hierachisierung der Persönlichkeit (2. Parameter) habe ich im vorweggegangenen Kapitel bereits ausführlich
behandelt. Unter dem Gesichtspunkt der isolierenden Bedingungen in der Ontogenese greife ich nun in einem kurzen Exkurs jene Problembereiche heraus, in
denen hierarchischer Aufbau und sinnhafter Aufbau der Persönlichkeit besondere und komplizierte Verhältnisse eingehen: Es sind dies die Bereiche des geistigen Zurückbleibens hinter den Gleichaltrigen, bei dem es zugleich und mit

Regelmäßigkeit auch immer wieder zu Problemen im sinnhaften Aufbau der Persönlichkeit kommt. So fühlen sich sogenannte „lernbehinderte" Schüler in der Regel diskriminiert und weisen ein negativeres Selbstbild auf als vergleichbare Grund- und Hauptschüler (vgl. *Jantzen* 1972) bzw zeigen in der Regel eine Reihe von Umbildungsprozessen in der Struktur ihrer Tätigkeit, die Bereichen der psychopathologischen Symptomatik zuzurechnen sind. Vergleichbares läßt sich bei „geistig behinderten" Kindern feststellen.

Die *Abgrenzung zwischen beiden Gruppen* wird in unterschiedlichen Ländern unterschiedlich vorgenommen. In der BRD ist es Praxis, daß als lernbehindert jene Kinder gelten, die in der Grundschule und Hauptschule mehr als zwei Jahre in Lernrückstand geraten. Als geistig behindert gelten in der Regel die Kinder, die anscheinend auf dem Niveau der dominierenden Tätigkeit des Spiels (Vorschulalter) stehen bleiben, und nicht wie die lernbehinderten Kinder immerhin das Niveau des konkret-operativen Denkens erreichen. Hier werden dann wiederum Trennungen vorgenommen in beschulbare geistig Behinderte und solche, die als schwer- bzw. mehrfachbehinderte Kinder trotz der vorgeblichen Beschulung aller geistig behinderten Kinder oft nicht die entsprechenden öffentlichen Schulen besuchen. Nach einer bereits etwas älteren Untersuchung in Hessen und Niedersachsen (*Wagner* und *Baetcke* 1976) sind dies in der Regel Kinder mit einem Intelligenzquotienten unter 35. Für den Bereich der Schule für geistig behinderte Kinder kann man in der Regel einen IQ-Bereich von 35–65 ansetzen, für den Bereich der Schule für Lernbehinderte 65–85, wobei es bezogen auf das Maß des IQ zu erheblichen Überlappungen zwischen der Schule für Geistigbehinderte und der für Lernbehinderte einerseits und letzterer mit Grund- und Hauptschule andererseits kommt. Im englischsprachigen Bereich wird nach der Definition der WHO von 1968 „mental retardation" wie folgt klassifiziert: Grenzfälle (borderline): IQ 70–85; leicht (mild) 56–69; mittel (moderate) 40–55; schwer (severe) 26–39 und sehr schwer (profound) < 25.

Die gesamte Geschichte der Auffassungen von Lernbehinderung und geistiger Behinderung bzw. im angloamerikanischen Bereich von „mental-retardation" trägt den Stempel des allgemeinen historischen und sozialen Hintergrunds, ist also jeweils bis ins Detail mit geprägt von der Dominanz imperialistischer Ideologie (vgl. für den Bereich der USA hierzu S. *Gould* „Der falsch vermessene Mensch"), wie ich sie für Deutschland bereits in den ersten beiden Kapiteln herausgearbeitet habe. Von daher wiegen in der Psychologie in zahlreichen Theorien lediglich *Zustandsbeschreibungen* vor, die sich auf bereits ausgesonderte und institutionalisierte Kinder beziehen. Und alle diese Theorien bestätigen die Gründe der Aussonderung, indem sie in allen untersuchten Gebieten geistigbehinderten Kindern und lernbehinderten Kindern Defizite zuschreiben. Sei dies im Bereich des Gedächtnisses, der Motivation, der geistigen Operationen, der Aufmerksamkeit usw. (vgl. zur Psychologie der geistigen Behinderung die zusammenfassenden Arbeiten von *Wendeler* 1976 und *Meyer* 1977, zur Psychologie der Lernbehinderung *Kanter* 1974).

Erst mit der Erkenntnis (die sich ab 1970 zunehmend in der BRD entwickelte), daß Lernbehinderung häufig das *Resultat sozialer und kultureller Benachteiligung* ist und daß geistig behinderte Menschen unter anderen Lebensbedingungen (Anwendung des sogenannten *Normalisierungsprinzips* in den USA und den skandinavischen Ländern) zu ganz anderen Lernprozessen in der Lage sind, begann sich das Bild zunehmend zu wandeln. Zudem zeigte es sich immer deutlicher aus einer Vielzahl von empirischen Untersuchungen, daß insbesondere die Schule für Lernbehinderte in keiner Weise in der Lage war, ihre Versprechungen einer besseren Bildung in der lange vorgegaukelten Weise zu erfüllen (ich verzichte hier auf das Aufzählen zahlreicher empirischer Einzeluntersuchungen und verweise allgemein auf unsere Publikation „Soziologie der Sonderschule", *Jantzen* 1981, sowie auf *Preuß-Lausitz:* „Fördern ohne Sonderschule", 1981).

Mit einer *veränderten Praxis*, für die ich für den Bereich der geistig behinderten Kinder beispielhaft Arbeiten von *Feuser* nennen möchte (1984, *Feuser* und *Meyer* 1987), und einer *Veränderung des dominierenden Menschenbildes* begann sich zunehmend hier auch eine andere Psychologie zu entwickeln. Nicht mehr der Defekt stand im Mittelpunkt, sondern die *Entwicklungsfähigkeit*. Und im Rahmen dieser Entwicklungsfähigkeit werden Grenzen überwunden, die noch vor wenigen Jahren als naturgegeben feststanden: So etwa in der Auffassung, daß Kinder mit Trisomie 21 („Mongolismus", „Down-Syndrom") nicht lesen und schreiben zu lernen vermöchten. Unterdessen ist dies unter Bedingungen integrativer Beschulung geradezu schon der Regelfall. Entsprechend entwickeln sich psychologische Ansätze, die zunehmend mehr diese Entwicklungsbezogenheit in den Vordergrund stellen. Dabei zeigt es sich z. B. in experimentellen Ansätzen von *Feuerstein* (1979, 1980 a, b), daß durch ein zusätzliches Begriffsbildungstraining die bisherige Beschränktheit auf vorwiegend anschauliches Denken überwunden werden kann und es zu Steigerungen in IQ-Test-Werten kommt (educable mentally retarded). Vergleichbare Ergebnisse erzielte *Probst* (1981, S. 66–100), der als Resultat eines begriffsbildenden Unterrichts bei acht geistig behinderten Kindern eine Dominanz des funktionalen (oberbegrifflichen) Denkens gegenüber dem bisher dominierenden anschaulichen Denken erzielte (Diagnosen der 11- bis 16 Jahre alten Schülerinnen und Schüler: frühkindlicher bzw. prä- und perinataler Hirnschaden (3), Autismus (1), Hospitalismus (1), Down-Syndrom (3); Ergebnisse im Vortest: affektive Wahlen 10 %, perzeptive Wahlen 38 %, funktionale Wahlen 52 %; Ergebnisse im Nachtest: keine affektiven Wahlen, 23 % pezeptive und 77 % funktionale Wahlen).

Probst stieß hier insgesamt auf den sehr interessanten Zusammenhang, daß das *Niveau der sprachlichen Begründung* mit Regelmäßigkeit um eine Stufe hinter dem *Niveau der praktischen Lösung* zurückblieb. Dies deckt sich mit Ergebnissen zur linguistischen und prälinguistischen Entwicklung geistig behinderter Kinder, die *Rondall* (1984) in einem ausführlichen Sammelreferat vorstellt. Man ist zunächst geneigt, an eine Bestätigung der Theorie *Lurias* (1963 a und b) zur *mißlingenden sprachlichen Mediation* zu denken. Diese Theorie beinhaltet, daß es Wesen der geistigen Behinderung ist, daß diese Menschen nicht die Sprache zur Vermittlung und Steuerung ihrer psychischen Prozesse einsetzen. Dagegen sprechen in ihrer Tendenz jedoch die Trainingsergebnisse von *Feuerstein* und *Probst* ebenso wie die im Zusammenhang der Integration geistig behinderter Kinder vorliegenden Ergebnisse. Vermutlich ist es so, daß frühe isolierende Bedingungen (*Feuerstein* spricht hier von distalen Faktoren im Sinne biologischer Noxen) sich so auf den Aufbau des Dialogs auswirken, daß entsprechende Sprachkompetenzen in der sozial üblichen Art sich im frühen Kindesalter nicht aufbauen. An ihre Stelle treten anders strukturierte Kommunikationssysteme. Hierfür sprechen z. B. die häufig bei Kinder mit Trisomie 21 gefundenen mimisch-gestischen

Kommunikationsformen in einer ebenso häufigen Situation von Überbehütung, die zugleich den sozialen Verkehr und damit die Bindung sichern, wie sie die Übernahme von Bedeutungen verhindern. Ähnliches mit umgekehrtem Vorzeichen zeigte sich bei Autismus: Der Bedeutungsaufbau erfolgt in wesentlichen Bereichen individualisiert, da Bindungsprozesse unterbrochen sind (vgl. *Jantzen* 1986 b).

Unterdessen belegen die Forschungsergebnisse einer Reihe von Autoren die außerordentlich hohe Bedeutung *früher sozialer Transaktionen* für den Aufbau und die Vermeidung von geistiger Behinderung bzw. spricht *Kearsley* (1979) sogar von geistiger Behinderung als „erlernter Inkompetenz" (vgl. z. B. *Bee* et al. 1982, *Brooks-Gunn* und *Lewis* 1984, *Cunningham* u. a. 1981). Neben der veränderten Sinnbildung in Folge von früher Deprivation auf Grund äußerer Bedingungen wie organischer Ursachen (und damit der Einschränkung der Möglichkeiten, Bindung aufzubauen), ist bei geistiger Behinderung also immer nach der Wirkung zwar aufgebauter jedoch überbehütender Bindung bzw. auch nach einer den sozialen Verkehr restriktiv einschränkender Bindung zu fragen und insbesondere nach der Wirkung der sozialen Verbesonderung, des sozialen Ausschlusses für die Bedeutungsaneignung. Welchen Zugang erhalten geistig behinderte Kinder, sind sie erst einmal zurück, zu all jenen sozialen Verkehrsformen in denen ein „normales" Kind dieses Entwicklungsniveaus sich die Bedeutungen aneignet: Verkehr mit kompenten gleichaltrigen, älteren auch jüngeren Kindern, Märchen vorlesen, Geschichten hören, die Umwelt systematisch erkunden usw?!

Auf die neuropsychologischen Grundlagen dieses nicht stattfindenden Bedeutungsaufbaus werde ich u. a. am Beispiel von Autismus und Trisomie 21 noch in Kapitel 8 zu sprechen kommen. Wichtig ist hier der Hinweis, daß der einmal begonnene Prozeß des Zurückbleibens unter Bedingungen des sozialen Ausschlusses selbst weitere isolierende Bedingungen setzt. Die persönliche Erfahrung der Folgen geistiger Behinderung und Lernbehinderung durch den Besuch entsprechender Einrichtungen oder den diesem Besuch vorweggehenden Ausgrenzungsvorgängen hat ihrerseits Folgen für den Sinnaufbau, die sich in unterschiedlichen Formen von Verhaltensabweichungen, Störungen, psychosomatischen und neurotischen Symptomen auswirken können. Ich belasse es hier bei diesen Bemerkungen, die mit der Entwicklung des Problems der neuropsychologischen Grundlagen in Kap. 8 und der diagnostischen, pädagogischen und therapeutischen Strategien, die in späteren Kapiteln des Buches aufgezeigt werden, dann ihre Ergänzung durch das Aufzeigen positiver Änderungsmöglichkeiten erhalten.

6.4.6 Zweite Geburt der Persönlichkeit in Pubertät und Adoleszens und psychopathologische Umbildungen – am Beispiel der Schizophrenie

Eine besondere Problematik im Bereich der Entwicklung einer differenzierten Pathopsychologie stellt der Übergangsbereich zum Erwachsenenalter und die mit ihm verbundenen Neubildungen. Dies u. a. deshalb, weil bisher hier kaum Theorien zur Anwendung kommen, die die Besonderheit der Umbildungen in diesem Alter zu modellieren vermögen. Auch die psychoanalytische Ich-Psychologie weist hier eine deutliche Leerstelle auf, da in keiner der modernen ichpsychologischen Varianten hierfür eine befriedigende Theorie geliefert wird. Um das Wesen jener Störungsprozesse zu begreifen, die erst mit Pubertät und Adoleszens und später auftreten, muß man von den Besonderheiten der psychischen Umorganisation in diesem Alter ausgehen. In ihrem Mittelpunkt stehen, so hatte ich bereits herausgearbeitet, die *Entdeckung der Innenwelt* und damit die Herausbildung des Ichs als „Du", d. h. die Bildung des „reflexiven Ichs", die Entdeckung und Justierung der eigenen Motive und später des persönlichen Sinns in der Innenwelt und in diesem Zusammenhang die Neubildung von *Selbstachtung* und *Selbstbestimmung*. Und gerade jene Prozesse erweisen sich als jeweils zutiefst gestört bei schizophrenen Psychosen, Depressionen des Jugend- und Erwachsenenalters, die im Unterschied zum Kindes- und Schulalter den Charakter langdauernder depressiver Verstimmungen annehmen können, bei Anorexia nervosa aber auch bei verschiedenen Formen von hysterischen Symptomen, die erst in diesem Alter auftreten (s. o.).

Obwohl die bisherige Forschungsliteratur der Notwendigkeit kaum Rechnung trägt, diese Umbildungen der sinnhaften systemhaften Strukturen des Psychischen im Kontext der Entwicklungsbesonderheiten von Pubertät und Adoleszens zu untersuchen, sind ihre Ergebnisse keineswegs wertlos. Ich werde im folgenden zunächst einige Ergebnisse der Schizophrenieforschung darstellen und untersuchen, um sie sodann in den Zusammenhang der Entwicklungsbesonderheiten dieses Altersabschnitts zu stellen.

Als *klassische Grundsymptome* der Schizophrenie werden in der Tradition von *Bleuler* verstanden: Denkstörungen, Affektstörungen, Störungen der Person (z. B. gestörte Körperwahrnehmung, Gefühle der Zersplitterung und Auflösung, Identitätsverlust, Beeinflussungsgefühle usw.), Autismus (Verlust des Kontaktes mit der Wirklichkeit), Ambivalenz (gegensätzliche Tendenzen und Gefühle, die sich gegenseitig ausschließen), Willensstörungen und Störungen des Handelns (z. B. Willensspaltung, unfreier Wille unter 'dem Einfluß fremder Menschen und Mächte; Mangel an Handlungsinitiative, situationsinadäquate Handlungen). Als zusätzliche, *akzessorische Symptome* werden verstanden: Sinnes- und Wahrnehmungsstörungen (z. B. Halluzinationen wie Stimmenhören, aber auch visuelle Halluzinationen und Körperhalluzinationen), veränderte Aufmerksamkeit, Wahnideen (am häufigsten Beziehungswahn und Größen- bzw. Verfolgungswahn), Gedächtnisstörungen, motorische Symptome (z. B. Muskelstarre, Stupor, Stereotypien, Befehlsautonomie u. a.) sowie Störungen in Schrift und Sprache (vgl. *Ruckstuhl* 1981. S. 338 ff.)

In der traditionellen Psychiatrie werden *vier Hauptformen* unterschieden: Paranoid-halluzinatorische Schizophrenie, Katatonie, Hebephrenie und Schizophrenia simplex. Diese Klassifikation unterschiedlicher Verlaufsformen im Sinne von *Kraepelins* Krankheitseinheiten erweist sich als zunehmend unhaltbar. Sie ist ersichtlich Resultat der Hospitalisierung in therapeutisch inadäquaten Systemen oder der Nichtbehandlung in einer in gleicher Weise gestörten Gesellschaft als ganzes, so *Feinstein* und *Miller* (1979, S. 712). *Ruckstuhl* (1981, S. 340) betrachtet sie entsprechend als unterschiedliche Ausdrucksformen einer einheitlichen Störung der Integration der psychischen Prozesse.

Auch das Dogma der Unbeeinflußbarkeit und Chronizität von Schizophrenie ist nicht mehr haltbar. Entsprechende *katamnestische Studien* belegen seit langem, daß es bei einer bedeutenden Anzahl von Patienten zur Besserung und

Heilung kommt (vgl. *Wing* 1982 a). In einer Untersuchung von 228 Patienten über einen Zeitraum von mehr als fünf Jahren durchschnittlich 36,9 Jahre nach der Ersthospitalisierung fanden *Ciompi* und *Müller* zu 49 % günstige (Heilung 27 %, leichte Residuen 22 %), zu 42 % ungünstige Entwicklungsverläufe und zu 9 % unsichere oder instabile Zustände (*Ciompi* 1984, S. 21). Insgesamt läuft die Entwicklung zunehmend darauf hin, das klassische Bild von Schizophrenie aufzugeben und sich einer dynamischen und entwicklungsbezogenen Sichtweise zuzuwenden. Für deren Entwicklung haben neben der Psychoanalyse, der Kommunikationstheorie (*Bateson, Watzlawick* u. a.), der Antipsychiatrie (*Cooper, Laing*) und der italienischen demokratischen Psychiatrie auch experimentalpsychologische Befunde und auf ihnen aufgebaute Theorien eine wichtige Rolle gespielt.

Einige von ihnen möchte ich auf der Basis der außerordentlich gründlichen Arbeit von *Ruckstuhl* referieren: Innerhalb der *experimentalpsychologischen Schizophrenietheorien* unterscheidet Ruckstuhl fünf Ansätze, aus denen ich jeweils zentrale Aspekte herausgreife.

a. Informationsverarbeitungstheorien

Von besonderer Bedeutung ist hier die Theorie *Poljakovs* (S. 40 ff.), der Schizophrenie als die Störung der Selektivität hinsichtlich des im Gedächtnis gespeicherten Wissens versteht. Diese „unökonomische Hirnarbeit" ist verbunden mit einer besseren Wahrnehmung kontextungebundener, unwahrscheinlicher, weniger zu erwartender Signale. Schizophrene verwenden im Denken konkrete Klassen nicht häufiger als Normale, benutzen aber häufiger abweichende Abstraktionen und bilden zwei- bis zweieinhalbmal soviel Gruppierungen wie Normale. „Diese Verallgemeinerungen sind formal-logisch richtig, entsprechen aber nicht der menschlichen Praxis" (S. 43).

b. Die perzeptiv-kognitive Theorie Silvermans (S. 71 ff.):

Silverman untersucht bestimmte Wahrnehmungsdimensionen auf dem Hintergrund psychodynamischer Auffassungen. Er versteht abweichende Wahrnehmungsprozesse als Ausdruck von Abwehr- und Schutzmechanismen. Dabei konnte er zwei unterschiedliche Typen von Wahrnehmungsverarbeitung feststellen. Bei der paranoiden Schizophrenie fand er eine erhöhte Aufmerksamkeit gegenüber Reizen, die häufig schädlichen Ereignissen vorausgehen oder sie begleiten (S. 91). Dies erhöht die Wahrscheinlichkeit, affektiven Reizen zu begegnen. Daher erfolgt ein Ausschalten bedrohlicher Stimuli durch „expressive Feldartikulierung" (d. h. es erfolgt eine Einschränkung des zulässigen Stimulusbereichs). Dies entspricht der Annahme von zwei Phasen der Wahnbildung: 1. erhöhte Wachsamkeit, 2. Einengung und Verzerrung der perzeptiv-kognitiven Organisation. Bei nichtparanoiden Verläufen stellt *Silverman* eine Herabsetzung der Wahrscheinlichkeit fest, in der Wahrnehmung bedrohenden Elementen zu begegnen: Die Aufmerksamkeit wird auf die inneren Abläufe gelenkt und von der Umwelt abgezogen. Da aber die selbstgewählte sensorische Deprivation auf Dauer unhaltbar ist, erfolgt dann die Konzentration auf das dominante Objekt im Stimulusfeld, es wird global reagiert (S. 93).

c. Die Theorie der Set-Segmentierung (Shakov):

Hier wird ein Zerfall der übergeordneten Einstellungshierarchie in eine ungeordnete Menge sequentiell geordneter Einstellungen (sets) angenommen (S. 131). Eine kompensatorische Überreaktion, um die Aufspaltung des Verhaltens und Erlebens zu reduzieren, mißlingt in der Regel. Es folgt daher eine Neuorientierung des Verhaltens weg von der Außenwelt und hin auf die innerorganismische Realität und schließlich eine Wiederherstellung des Verhaltens durch einzelne lokale Steuersegmente.

d. Arousal-Theorien (Venables, Claridge; S. 150 ff.):
Diese Theorien nehmen Störungen des Aktivierungsniveaus an. So geht *Venables* von einem niedrigen Arousal in Ruhe und einer hohen Reaktivität auf Einzelstimuli aus, *Claridge* nimmt eine Dissoziation zwischen dem tonischen Arousal und der Arousal-Modulation an. Das Problem dieser Theorien ist es, daß „Arousal" als einheitliches Konzept nicht aufrecht erhalten werden kann, vielmehr diese Störungen wohl eher als Folge einer physiologischen Regulations- und Integrationsstörung insgesamt begriffen werden müssen, so *Ruckstuhl.* Ich denke, daß ein weiteres Problem darin liegt, daß Aktivierungsvorgänge generell mit emotionalen und motivationalen Prozessen verknüpft sind, auf die alle von Ruckstuhl referierten Theorien nicht eingehen. Ich komme in Kapitel 8 auf diese Zusammenhänge zurück.

e. Der neobehavioristische Ansatz (S. 193 ff.).
Hier ist unter vielen Ansätzen von besonderem Interesse der Hinweis auf die Ähnlichkeiten zwischen Denkstörungen Schizophrener und Fehlertendenzen bei Normalen (S. 225): D. h. es besteht eine übertriebene Tendenz, bevorzugte Antworten anstelle richtiger Antworten zu geben. Dabei stützen sich Schizophrene auf eine kleine Anzahl möglicher Bedeutungen, die sie für Antworten nach dem Prinzip ihrer Stärke heranziehen und nicht nach „richtig" oder „falsch".
Weiterhin referiert *Ruckstuhl* eine Reihe von *Theorien zu spezifisch kognitiven Störungen* bei Schizophrenie:
Hier ist zunächst das Konzept der *Overinclusion* zu erwähnen: Entfernt assoziierte oder gar irrelevante Items (Aufgabenaspekte) werden mit einbezogen (S. 254).
Eine der interessantesten (und empirisch mit am besten fundierten Theorien) ist die *Theorie des persönlichen Konstrukts* von *Bannister* (S. 269 f.). *Persönliche Konstrukte sind Hypothesen, die Individuen zur Verfügung stehen und das Verhalten von mit ihnen interagierenden Personen vorhersagen: „eine Art Prinzip zur Klassifikation von persönlichen Erlebnissen, . . . also das Ergebnis der Klassifikationsprozesse im weniger stabilen Bereich der sozialen Ereignisse"* (S. 269). *„Persönliche Konstrukte brechen dann zusammen, wenn die realen Erfahrungen eines Individuums die gelernten, im persönlichen Konstrukt abgelagerten Zusammenhänge falsifizieren bzw. das Individuum durch ein pathogenes Falsifikations-Verifikationsmuster in einer chronischen Ungewißheit lassen"* (S. 270). *Bannister* nimmt an, daß sich Menschen in einer lebenshistorisch frühen Umwelt von Schizophrenen so inkonsistent verhielten, daß Merkmale und Konzepte eines Konstrukts, die im Normalfall zusammenhängen, auseinanderklaffen. Dies ist die Basis für eine „dissoziative Denkstörung". Es kommt also zu einer assoziativen Lockerung und Abschwächung der Beziehungen zwischen normalerweise in einem persönlichen Konstrukt miteinander verknüpften Konzeptionen. Diese Theorie weist also deutliche Übereinstimmungen auf mit der von mir diskutierten Entwicklung des Sinns und des Körperselbstbildes über den Dialog mit anderen Menschen und den in diesem Dialog sich entwickelnden Bindungsprozessen.
Insgesamt ist es jedoch ein *Mangel* dieser Theorien, *je einzelne Aspekte* der psychischen Prozesse in den Vordergrund zu stellen, keine integrierte Konzeption

der psychischen Funktionen zugrundezulegen. Neben den psychoanalytischen Konzeptionen, die ich für diese Altersphase nicht referiere, da sie m. E. von einem nicht entfalteten Ich-Begriff ausgehen und insofern wenig neues über das hinaus bringen, was sie für die vorweggehenden Entwicklungsprozesse herausarbeiten, gibt es in der Literatur einige wenige Hinweise auf eine komplexere Sicht der Zusammenhänge.

So verweisen *Sarbin* und *Mancuso* (1982) in einer ausführlichen Literaturarbeit über die Ergebnisse und Mängel bisheriger Schizophrenieforschung darauf, ein kontextbezogenes Verständnis zugrundezulegen, in welchem die Menschen in ihren jeweiligen Lebenskontexten nicht als bloß reagierend, sondern aktiv gesehen werden. Hierfür ist von besonderer Bedeutung die Rolle der *Motivation,* die insbesondere auf personale Beziehungen gerichtet ist und die sich als stabilisierendes Moment der optimalen kognitiven Spannung erweist (S. 223). Wenn den Autoren auch für die Ausführung dieses Gedankens die psychologischen Mittel fehlen, so habe sich doch auf eine persönlichkeitstheoretisch außerordentlich wichtige Dimension verwiesen, mit deren Modellierung die Befunde aus der experimentalpsychologischen Schizophrenieforschung sehr viel besser mit denen der psychodynamischen Betrachtungsweise vereinbar sein werden.

In ähnliche Richtung, jedoch psychologisch weitaus mehr ausgeführt, geht *Obuchowskis* Versuch, Schizophrenie psychologisch näher zu bestimmen. Er greift Ergebnisse aus der *kulturhistorischen Schule* der sowjetischen Psychologie auf in Form von Arbeiten von *Wygotski* und *Zeigarnik,* wie auch die psychophysiologische Theorie von *Poljakov* zur Frage des nichtadäquaten Zugriffs auf Gedächtnisprozesse. Bereits in einer frühen Arbeit von *Wygotski* wurde versucht, das Problem der Schizophrenie zu bestimmen. *Wygotski* kam zu dem Ergebnis, daß es zum einen zur Veränderung von Wortbedeutungen komme und zum anderen zur sekundären Herausbildung eines niederen Begriffsniveaus, des Denkens in Pseudobegriffen. Während ersteres Ergebnis bestätigt wurde, insbesondere kommt es nach *Zeigarnik* zu einer zu weiten Kategorisierung, ließ sich ein herabgesetztes Denkniveau nicht bestätigen. Was *Wygotskis* Aufsatz neben den nur zum Teil haltbaren experimentellen Befunden jedoch auch heute noch interessant macht, ist seine *systemhafte Herangehensweise* an das Problem und sein Versuch einer persönlichkeitstheoretischen Bestimmung des Ergebnisses veränderter psychischer Prozesse in Form der Schizophrenie. Die *zentrale psychologische Einheit,* die in der Adoleszenz erreicht wird und die durch Schizophrenie z. T. zerfällt, ist eine *Persönlichkeit,* die durch feste Beziehungen zu ihrem entwickelten sozialen Selbst und Ausblick auf die Welt unter Nutzung kategorialer Denkformen zu beschreiben ist.

Grundproblem der Schizophrenie ist nun die Trennung der Kontakte mit dem sozialen Selbst (also mit dem Ich als „Du", das in diesem Alter entsteht), das die Grundlage der normalen Persönlichkeit bildet. *Hieraus resultiert die Beeinträchtigung des Denkens, aus der alle anderen Symptome wie Autismus, Rückzug usw. sich ableiten* (Wygotski 1934, deutsch 1984; vgl. *Jantzen* 1984e).

Obuchowski greift nun nicht nur die Frage der kognitiven Veränderungen bei Schizophrenie auf, wie sie durch *Wygotski, Poljakov* oder *Zeigarnik* modelliert werden, sondern fragt nach den Wechselbeziehungen dieser Prozesse mit der *emotionalen Regulation.* Für Schizophrenie stellt er zunächst zwei veränderte Prozesse kognitiver Verarbeitung fest, die den oben erörterten empirischen Befunden entsprechen: 1. Eine Störung des Denkens auf monokonkretem Niveau, also auf der Basis elementarer Erfahrungspräferenzen, d. h. in der einfachen assoziativen Verknüpfung von Eindrücken. 2. Eine Störung in der Wahl des Niveaus des Orientierungsprozesses. Die *Niveauwahl der Orientierung* hängt jedoch nach Obuchwoski unmittelbar von der emotionalen Bewertung ab. Negative Emotionen drücken das Denken auf niedere Niveaus (monokonkret, polykonkret) während positive Emotionen das Denken auf höherem, hierarchischen Niveau halten, also auf dem Niveau des kategorialen Denkens.

Die emotionspsychologischen Zusammenhänge, die sich hier eröffnen, habe ich bereits in Kap. 4 intensiv diskutiert. Nimmt man die Bemerkung von *Strömgen* (1982, S. 6) ernst, daß alle Schizophrenen mehr oder weniger paranoid sind, aber nicht alle paranoiden Menschen schizophren, so deutet sich ein Prozeß einer zunehmend *mit Angst besetzten Selbstwahrnehmung* an, der nicht ausgewichen werden kann. Hieraus resultieren Prozesse, die ich an anderer Stelle wie folgt beschrieben habe (*Jantzen* 1984e, S. 57 f.):

„Schizophrenie muß als zunehmend veränderter Prozeß der Selbstwahrnehmung begriffen werden im Sinn der Trennung der Kontakte mit dem sozialen Selbst (das sich in der Adoleszenz im wesentlichen als soziale Selbstwahrnehmung mit nunmehr gesellschaftlichen und nicht bloß individuellen Kategorien des Denkens wie Ausblick auf die Welt entwickelt). Dies geschieht, indem die negativen Emotionen aufgrund der Uneindeutigkeit von Lösungen – insbesondere der Unmöglichkeit, sichere, emotional positive Beziehungen zu anderen Menschen einzugehen bei gleichzeitigem Bedürfnis dies zu tun – selbst als antizipierte noxische Bedingungen einer kortikalen, hierarchischen Kontrolle unterliegen (mit der Paranoia entsteht Angst vor der Angst, besser· Furcht vor der Angst. . .). Aktive kortikale Kontrolle bedeutet hierarchisches und nicht konkretes Denken – freilich in von sozialen Bedeutungen abweichenden Sinnstrukturen, um potentielle Angstzustände antizipativ vermeiden und kontrollieren zu können, da mangels fehlender sozialer Kooperationsfähigkeit im Alltag keine Formung dieser Bedeutungsstrukturen im persönlichen Sinn stattfindet (wohl aber in der Therapie). So kommt es zu Bedeutungsentfremdung oder ‚Pseudokontrolle‘ (vgl. Frese 1977, S. 33), die streßreduzierend wirkt, aber gleichzeitig realitätsentfremdet ist. U. a. geschieht dies wohl deshalb, weil nie sicher ist, ob in einer potentiell angstmachenden Situation der Kommunikationspartner eine logisch richtige oder eine sozial erwünschte Antwort zu hören wünscht – zumal oft für beide keine angemessenen Bedeutungsstrukturen im persönlichen Sinn enthalten sind – und sich in diesem Dilemma der Kommunikation zwangsläufig entfremdete Bedeutungsstrukturen entwickeln müssen.“

Ich hatte damals bereits darauf verwiesen, daß Schizophrenie erst im Kontext der psychologischen Umbildungen in der zweiten und sozialen Geburt der Persönlichkeit sich entwickeln kann, konnte dies jedoch noch nicht genauer bestimmen. Was ist nun aber die *neue Form der Kommunikation* und die *neue Form der Bindung*, die in diesem Alter entstehen: Nichts anderes als die *Entstehung des Ichs als „Du“* in der Innenwelt und die hiermit sich entwickelnden Prozesse von *Selbstachtung und später Selbstbestimmung.* In diesem Kontext gewinnen nun verschiedene Überlegungen eine neue Bedeutung. Zum einen können wir die Theorie des persönlichen Kontextes von *Bannister* nun auf die Prozesse des inneren Dialogs beziehen. Als Resultat uneinheitlicher Strukturen im interpersonalen sozialen Verkehr kommt es zu einer Uneinheitlichkeit der nun wahrnehmbaren Motive in der Innenwelt auf dem Niveau der Tätigkeitsbedeutungen. Die Synthese des Ichs als „Du", die z. T. auf diese mosaikförmigen Bestandteile zurückgreifen muß, wird daher insgesamt uneinheitlich. D. h. die Integration eines höheren Bedeutungsniveaus und die an diese gekoppelte Entwicklung des Selbstbildes wie des Sinns mißlingen partiell. Entsprechend entwickeln sich im Verhältnis zum Ich als „Du" labile personale Konstrukte, die dann u. U. in zahlreiche Einzelaspekte des Dialogs mit dem Ich als „Du" zerbrechen können: Etwa in Form der je unterschiedlichen verallgemeinerten Anderen (auf diesem Niveau der verallgemeinerte gesellschaftliche Mensch), die in Form von Stimmen konkreter Menschen jetzt im Kopf in Auseinandersetzung mit dem Ich die Tätigkeiten des Ichs als „Du" kommentieren. Dies sind nichts anderes als einzelne bedeutsame Andere, die in dieser Situation der Labilität der Innenwelt (und entsprechender Labilität der äußeren Beziehungen!) von dem Konzept des Ich als „Du", also des als „Ich" als allgemeiner Mensch schlechthin verallgemeinerten Anderen in der Innenwelt, sich entkoppeln. Die Synthese bleibt dabei teilweise auf dem erreichten Niveau der sozialen Ichbedeutung und reduziert sich in Form der Stimmen der bedeutsamen Anderen auf das Niveau der sozialen Tätigkeitsbedeutungen.

Oder aber die Neubildung in der zweiten Geburt der Persönlichkeit, das nunmehr in der Innenwelt verallgemeinerte (reflexive) Ich selbst, spaltet sich in unterschiedliche Identitäten auf. Dabei geschieht dies jeweils nicht aus sich selbst heraus, sondern ist von der Stabilität/Labilität im sozialen Verkehr abhängig. Dies zeigt sich deutlich in den unterschiedlichen sozialen Situationen, in denen akute schizophrene Psychosen entstehen, wie in der stabilisierenden Wirkung von Psychotherapie in der Rückbildung.

Wir können daher als Basis des schizophrenen Prozesses die mangelhafte sinnhafte Ausbildung eines adäquaten Selbstbildes annehmen, d. h. die Bindung an das Ich als „Du" realisiert sich nur in widersprüchlicher Weise. Alle anderen Symptome sind hiervon abhängig und können auf der Basis der bereits entwickelten eigenen Überlegungen wie der von Obuchowski bis in das Detail der vorweg dargestellten empirischen Befunde verfolgt werden. Ich verzichte hierauf im Detail und verweise auf die theoretischen Ausführungen von Kapitel 4, dessen Ergebnisse hier ebenenspezifisch anzuwenden sind.

Einen entsprechenden *Umbau der psychischen Prozesse* haben wir in vergleichbarer Weise *auf niederen Niveaus* bereits an zwei Übergängen festgestellt: Zum einen als Resultat der Ergebnisse zur Deprivation bei Tieren als *mangelnde Synthese des Köperselbstbildes und der Bindung zu anderen* (vgl. *Bronfenbrenners* Annahme des „dependency drive") bzw. in der Frage der Behandlung des *Autismus* als frühester kindlicher Psychose. Hier ging es um den Umbau biologischer Sinngebung und früher biologisch fixierter Muster des Dialogs über den Dialog in eine gattungsnormale individuelle Sinngebung und Bildung des Körperselbstbildes. Zum zweiten habe ich einen vergleichbaren Prozeß an der Frage des *Borderline-Syndroms* bei Kindern behandelt, wo es um den *Umbau der individuellen Tätigkeitsbedeutungen zum verallgemeinerten Ich* (und gleichzeitig zum verallgemeinerten Anderen) ging und damit neue Prozesse des Körperselbstbildes, des psychischen Selbstbildes wie der Evolution des individuellen zum persönlichen Sinn, verknüpft mit anderen Formen der Bindung. Ähnliche Prozesse müssen wir nun für die Pubertät annehmen. Eine solche Auffassung erklärt auch die deutlichen *Ähnlichkeiten* zwischen manchen Prozessen in der *Adoleszens und Schizophrenie*, die in besonderer Weise den pathologischen Prozeß dieser Umgestaltung ausdrückt. Im Normalfall verschwinden solche pathologischen Andeutungen durch eine entsprechende Dichte und Tiefe des sozialen Verkehrs, der einen nachträglichen Umbau der labilen Teile des Ichs als „Du" gewährleistet. Bleibt diese Labilität jedoch erhalten, so können spätere belastende Situationen sie zerbrechen; es kommt dann zur Entwicklung der Symptomatik.

Eine solche Sichtweise deckt sich auch in vollem Umfang mit einen *Phasenmodell der Schizophrenie,* das *Ciompi* (1984) entwickelt, der den klassischen Schizophreniebegriff generell in Frage stellt:

In einer *ersten* Phase kommt es zu der Herausbildung einer *prämorbiden Vulnerabilität.* Dabei können zahlreiche Faktoren eine Rolle spielen: Neben biologischen Bedingungen nennt *Ciompi* eine Vielzahl von situations- und schichtspezifischen Faktoren aber auch im Sinne *Kernbergs* zu intensive und zu lange überbehütend-symbiotische Objektbeziehungen mit einem Mangel an Emphathie, Kontinuität und Klarheit. Insgesamt resultiert hieraus eine erhöhte Streßanfälligkeit.

In der *zweiten* Phase treten *akute produktiv-psychotische Erscheinungen* auf. Dies hängt statistisch mit Ereignissen zusammen, „die als kritische Überforderung eines vulnerablen Informationsystems betrachtet werden müssen" (S. 19). Dies sind Perioden und Situationen wie Pubertät, Ablösung von den Eltern, Berufs- oder Partnerwahl, Schwangerschaft und Geburt, Umzug, Krankheit, Stellen- oder Berufswechsel. Im Unterschied zur Auslösung von depressiven Ereignissen (Bedrohung, Verlust, Trennung) handelt es sich hier häufig um gewöhnlich positiv bewertete Ereignisse (*Wing* 1982 b, S. 52).

Die *Restitution* in der *dritten* Phase hängt in keiner Weise mehr mit biologischen Fakoren zusammen. Soziale und psychische Faktoren spielen hier die dominierende Rolle. „Je harmonischer und besser angepaßt die Ausgangspersönlichkeit, je akuter der Beginn, je produktiver und spektakulärer das anfängliche klinische Bild und je phasischer der Verlaufstypus, desto besser war statistisch die langfristige Entwicklung" (*Ciompi,* S. 22). Da solche Aussagen retrospektiv immer unter den gegebenen therapeutischen Verhältnissen zu sehen sind, ist auch für die schlechteren Verläufe natürlich kein Pessimismus angebracht, sondern es kommt darauf an, durch stabilen und dauerhaften Neuaufbau von Bindungen in der Therapie wie in der Arbeit mit Angehörigen und darüber hinaus entsprechende psychische Stabilisierungsprozesse einzuleiten (vgl. auch *Feinstein* und *Miller,* 1979, S. 714 zur Bedeutung der Therapie in der postpsychotischen Phase).

Während es in den schizophrenen Prozessen zu einem widersprüchlichen Aufbau des Ichs kommt, in dem die Bedeutungssysteme der früheren hierarchischen Ebenen durch die nunmehr in der Innenwelt stattfindenden, jedoch an den Beziehungen zur Außenwelt orientierten Dialoge pathologisch integriert sind, kommt es bei anderen Ausprägungsformen psychopathologischer Prozesse, etwa Anorexia nervosa oder Depressionen zu eindeutigen Abgrenzungen.

In den Prozessen von *Anorexia nervosa* sind insbesondere an das Körperselbstbild gekoppelte Wahrnehmungsweisen des Ich als „Du" in extremer Weise mit Abwehr besetzt. Darüber hinaus kann ein starker Selbsthaß als Kern der Syndromatik entschlüsselt werden (vgl. *von Hebel* u. a. 1986), in dessen Mittelpunkt sowohl die Ablehnung der eigenen körperlichen Bedürfnisse wie die Ablehnung eigener Wünsche (z. B. die Familie zu verlassen) stehen. Oft spiegelt die Ablehnung eigener körperlicher Bedürfnisse Erfahrungen sexuellen Mißbrauchs wider.

Bei *Depressionen* im Erwachsenenalter zeigt sich eine ebenenspezifische Ausprägung von depressiven Zuständen insgesamt (jedoch auf allen Niveaus der Kindheit vorkommen können; vgl. *Blöschl* 1983, *Cantwell* 1983, *Cytryn* und *McKnewJr* 1979). Auf der Basis von Prozessen mißlingender Bindung kommt es zu anderen Strategien, Streß zu reduzieren. So kommt es einerseits zur generellen Hemmung zielsuchenden Verhaltens, zur Hemmung der Tätigkeit, um Streß zu vermeiden, andererseits zu Versuchen des Auffindens eines sicheren Anderen (so *Gilbert* 1984). In den Umbildungsprozessen der Pubertät und Adoleszenz entsteht somit ein unsicheres Selbstwertgefühl und eine partiell reduzierte Selbstachtung, die durch den Übergang in neue Beziehungen (Übergang vom Elternhaus in die Beziehung mit einem Geschlechtspartner) oft nicht als die reale starke Suche nach Bindung erscheinen. Beim Auseinanderbrechen dieser Beziehungen kann es dann leicht zu schweren depressiven Zuständen kommen, insbesondere wenn – wie es zum statistischen Maximum des Manifestationsalters der sogenannten endogenen Depressionen im vierten Lebensjahrzehnt (*Seidel* 1977, S. 163) und später der Fall ist – die Möglichkeiten neuer Bindungen zunehmend eingeschränkt erscheinen und es auch sind. Allein aus diesem Faktum erklärt sich vermutlich der Zusammenhang von längeren Ausheilungsphasen und höherem Lebensalter (ebd.). Auch hier kann das Konzept der biologischen Endogenität m. E. in keiner Weise mehr gehalten werden. Wenn von solchen *Endogenität* gesprochen wird, so sollte man sie nicht in biologischen Prozessen suchen, sondern in den psychologischen Prozessen des Aufbaus der Innenwelt und in gestörten Selbstbildern, reduzierten Selbstachtungsprozessen und pathologischer Kommunikation mit dem Ich als „Du"

6.4.7 Abschließende Bemerkungen

In diesem Kapitel habe ich auf dem Boden der Tätigkeitstheorie versucht, psychopathologische Zusammenhänge vertieft und in neuer Weise zu begreifen. Dies führte selbstverständlich auch dazu, daß eigene Ansichten, die ich in früheren Arbeiten entwickelt habe, wesentlich vertieft und überarbeitet wurden. Ich bilde mir jedoch keinesfalls ein, alle zu lösenden Fragen hier behandelt oder auch nur annähernd angesprochen zu haben. Trotzdem denke ich, wurde hier eine Perspektive entwickelt, wie sie *Zeigarnik, Rubinstein* und *Longinova* (1974) in ihrer Leserzuschrift „Zur Situation der Pathopsychologie" an die Redaktion der sowjetischen Zeitschrift „Voprosy psichologii" („Fragen der Psychologie") gefordert haben.

Die Autorinnen halten der Psychiatrie vor, sich erstens auf bestimmte Fehlinterpretationen der Entwicklung der Persönlichkeit zu stützen, wie die, sie sei genetisch vorprogrammiert, und auf diesem Hintergrund theoretischer Abstinenz „Teilgebiete ihrer Wissenschaft und experimentellen Untersuchungsmethoden nicht genügend ausgearbeitet" zu haben. Weiterhin erheben sie den Vorwurf, daß die sowjetischen Psychiater die Erkenntnisse der sowjetischen Pathopsychologie und Psychologie ignorieren. „Keine Berücksichtigung finden beispielsweise die Erkenntnisse sowjetischer Psychologen von der ontogenetischen Herausbildung der Persönlichkeit, von der Entstehung der Bedürfnis- und Motivhierarchie des

Menschen in seiner Tätigkeit. Die Persönlichkeit wird zu stark biologisiert. So entsteht der Boden für eine Typologisierung der Persönlichkeit nach Merkmalen, die zwar real sind, doch sekundäre Individualitätsnuancen, nicht aber die Persönlichkeit charakterisieren" (S. 1334). Diese Auffassungen haben ebenso wie die geäußerte Kritik, eine solche Ausrichtung bedeute eine Vernachlässigung der Biologie und sei eine „Psychologisierung", ihre Ursache in dem Versuch der Anpassung an die sogenannten „Weltstandards". Diese sind aber bei der Bewertung der Persönlichkeit und ihrer Pathologie völlig fehl am Platz, da sich die methodologischen Grundlagen der sowjetischen Psychologie prinzipiell von denen der nichtmarxistischen Psychologie unterscheiden. „Besonders groß ist dieser Unterschied in der Auffassung solcher Begriffe wie ‚Persönlichkeit', ‚Motiv', ‚Bedürfnis'" (ebd.).

Was die Autorinnen für die sowjetische Psychiatrie feststellen, gilt auch in einer weiteren Beziehung für die westliche Psychiatrie, die vorgebliche „Weltstandards" setzt: Einige Psychiater eignen sich die Psychologie im Selbststudium an, andere studieren sie überhaupt nicht. Dies führt aber zwangsläufig immer wieder zu *Reduktionismen* in bezug auf das mit *Leontjew* (1979) herausgearbeitete Ebenenproblem. Nur wer alle Ebenen ernst nimmt und ihre eigentümlichen Wechselverhältnisse, wird auch in die Lage gelangen, biologische Tatbestände richtig einzuordnen. Ohne Zweifel zeigt sich ein solcher Trend in den Ergebnissen der psychoanalytischen Forschung oder auch der experimentellen Psychologie, auf deren Ergebnisse ich in diesem Kapitel in vielfacher Hinsicht zurückgegriffen habe. Sie zwingen die klassische Psychiatrie durchaus in einigen Aspekten zum Umdenken. Aber dies reicht nicht. Auf dem Hintergrund der Entwicklung der Psychiatrie als Gefängnis- und Kontrollwissenschaft stellt sich generell die *Frage nach dem adäquaten Menschenbild und dem adäquaten Handeln*. Und in diesem Kontext bedarf es weiterhin der *Entmystifizierung und Entmythologisierung klassischer psychiatrischer Konzepte*.

Ein solches Konzept, auf das ich zum Schluß noch zu sprechen kommen will, ist das der *Psychose*. An ihrer Unverständlichkeit macht sich noch immer psychiatrischer Fatalismus fest, oft verbunden mit willfährigen politischen Handlangerdiensten gegen die Betroffenen.

Unter Psychose im *klassisch-psychiatrischen Sinn* wird verstanden, daß – so *Schneider* – sie als „endogen" identifizierbar ist, also sie in keiner Hinsicht psychoreaktiv oder psychodynamisch erschlossen werden kann (*Scharfetter* 1982, S. 39). In psychoanalytischer Hinsicht liegt ihr ein genereller Konflikt zwischen dem Ich und der Außenwelt zugrunde und pragmatisch wird dieser Begriff gegenwärtig verwendet, um schwere Geisteskrankheiten von Neurosen, Persönlichkeitsstörungen und geistiger Behinderung zu unterscheiden. Auffällig ist dabei eine erhebliche Konfusion auf der Ebene der Symptome, die, je feiner die Diagnostik vorgeblich unterschiedlicher psychotischer Formen ist, desto häufiger zu einer Symptomüberschneidung zwischen ihnen wie mit Neurosen oder Persönlichkeitsstörungen führt. Und im Zweifelsfall wird immer dort, wo das Verständnis fehlt, auf die Endogenität zurückgegriffen, und sei es auch in jener scheinbar fortschrittlichen und menschenfreundlichen Variante der *Existenzphilosophie*, die den Begriff der Endogenität durch den des Schicksals ersetzt. So nennen *Dörner* und *Plog* in ihrem Buch „Irren ist menschlich" am Beispiel schwerer Depression „ein Kranksein endogen ., wenn sie wie eine Krankheit schicksalhaft zu kommen und zu gehen scheint" (1978, S. 52).

Was also letztlich Psychose ist, wird bestimmt aus den Grenzen des psychologischen Wissens des Psychiaters. Psychose wird in diesen Auffassungen daher zur biologischen Residualkategorie. Entsprechend hebt *Jervis* (1978, S. 356) als einziges reales Kriterium der Trennung von Neurose und Psychose die *Art der Beziehungen* hervor, die der Betroffene *zur Realität* unterhält:

„Im Falle des Neurotikers weist der Betroffene Störungen und Leiden auf, die ihn auch sehr schwer in seinem täglichen Leben behindern können, aber er interpretiert die Realität, d. h. die Welt auf seine Weise und nach den Kriterien, die typisch sind für die soziale Umgebung, in der er lebt und erzogen wurde. In Situationen von psychotischem Leiden hingegen ist die persönliche Interpretation der Realität von seiten des Betroffenen für die demselben kulturellen Umfeld angehörigen Personen schwer verständlich."

Ich denke, wenn man sich dieser Zusammenhänge bewußt ist, kann man durchaus vorerst mit beiden Begriffen weiterarbeiten, um sich zu verständigen. Die dahinter stehende *psychologische Realität* erweist sich als eine der *durch Isolationskrisen auf unterschiedlichen Niveaus mißlingenden Sinnbildung*. Dabei scheint es so zu sein, daß jene Niveaus, auf denen eine *umfassende Synthese des Selbst bzw. Ich* stattfindet, in besonderer Weise zu einer Labilisierung des Sinnaufbaus der Persönlichkeit führen können, der sich dann in entsprechenden sozialen Situationen als unverständlich und damit psychotisch erweist. Dies ist das Niveau der Synthese der individuellen Gegenstandsbedeutungen und damit der Bedeutung des eigenen Körpers ebenso wie je anderer Personen in der frühen Kindheit und es sind weiterhin die Niveaus der Ich-Entstehung als erste, individuelle und zweite, soziale Geburt der Persönlichkeit im Sinne von *Leontjew*. Die systemhaften und sinnhaften Umbildungen der psychischen Prozesse verlangen hier nach einer neuen Synthese des Sinns und der Bindung. Entsprechend könnte es sinnvoll sein, für Störungen dieser Synthesen durch Isolationskrisen den Begriff der Psychose beizubehalten.

Möglicherweise wäre es sinnvoll, hier im Unterschied zu den durchaus im Schweregrad erheblichen Störungsmöglichkeiten der anderen Niveaus von psychotischen Persönlichkeitsstörungen und dort von Persönlichkeitsstörungen generell zu sprechen. Auf diesem Hintergrund ließe sich dann auf der Erscheinungsebene nach unterschiedlichen Ausdrucksformen differenzieren: So etwa in einem sinnvollen und eingegrenzten Gebrauch des Psychopathie-Begriffs (psychopathische Persönlichkeitsstörungen) für schwere frühe Ichschäden nichtpsychotischer Art, die ihre Wurzeln in mißlingenden Tätigkeitsprozessen vor der ersten Geburt der Persönlichkeit haben, oder in einem entsprechenden Gebrauch des Begriffs „neurotische Persönlichkeitsstörungen" für entsprechende Umbildungen.

Dies sind aber Fragen der Terminologie für die weitere Zukunft. Wichtig scheint es mir, diese Fragen vom Allgemeinen zum Besonderen fortschreitend zu klären, so wie dies *Wygotskis* Vorgehensweise beim Problem der Schizophrenie gewesen ist. In diesem Sinn muß von *primären Persönlichkeitsmerkmalen* und Störungsprozessen, die sich aus Isolationskrisen und mißlingenden Prozessen der Bedeutungskonstitution wie Sinnbildung ergeben, zu *sekundären Merkmalen* fortgeschritten werden, die sich entsprechend dem ersten Auftreten in den Hierarchisierungsprozessen ergeben. Auf diesem Hintergrund kann dann die Verknüpfung und der Wandel unterschiedlichster Symptome mit der Entwicklung der Hierarchie der Persönlichkeit untersucht werden. Kern des notwendigen Neuverständnisses ist es, sämtliche psychopathologischen Prozesse nicht vom Standpunkt des Defekts sondern vom Standpunkt der Entwicklung zu sehen: Als Selbstverwirklichundsprozeß der Persönlichkeit, Kulturbildungsprozeß unter Bedingungen der Isolation und unter Bedingungen zerbrechender Bindungs- und Bedeutungskonstellationen. Insofern kann ich jene Bemerkung nur wiederholen, in der ich 1979 („Grundriß einer allgemeinen Psychopathologie und Psychotherapie") meine Untersuchungen zu dieser Frage zusammengefaßt habe: *„Das innere Konkretum, die sinnlich-praktische Tätigkeit eines behinderten oder psychisch kranken Menschen ist Ausdruck des Ensembles gesellschaftlicher Verhältnisse, vermittelt in neue Formen der höheren Nerventätigkeit, nichts anderes"* (S. 68). Die psychobiologische Beweisführung für diese Behauptung werde ich in den beiden folgenden Kapiteln vertiefen, um dann zu Fragen von Diagnose, Pädagogik und Therapie überzugehen.

Vertiefende und weiterführende Literatur

(E = zur Einführung geeignet)
Literatur zu Psychiatrie im Kapitalismus, Entfremdung und Kultur
Basaglia, F.: Was ist Psychiatrie? Frankfurt/M.: Suhrkamp 1974 (E)
Jervis, G.. Kritisches Handbuch der Psychiatrie. Frankfurt/M.: Syndikat 1978 (E)
Maase, K.: Leben einzeln und frei wie ein Baum und brüderlich wie ein Wald . . . Frankfurt/M.: Marx. Blätter 1985
Metscher, T.: Kunst, Kultur, Humanität Bd. 1. Studien zur Kulturtheorie, Ideologietheorie und Ästhetik. Fischerhude: Atelier im Bauernhaus 1982 (E)
Sève, L.: Marxistische Analyse der Entfremdung. Frankfrut/M.: Marxistische Blätter 1978 (E)
Literatur zu Isolation und Psychopathologie
Daoud-Harms, Mounira: Blindheit. Zur psychischen Entwicklung körpergeschädigter Menschen. Frankfurt/M.: Campus 1986
Finzen, A. (Hrsg.): Hospitalisierungsschäden in psychiatrischen Krankenhäusern. München: Piper 1974
Haggard, E. A.: Isolation and Personality. In: P. Worchel and D. Byrne (Eds.): Personality Change. New York: Wiley 1964, 433–469 (E)
Jantzen, W.: Grundriß einer allgemeinen Psychopathologie und Psychotherapie. Köln: Pahl-Rugenstein 1979 (E)
Keller, G.: Die Psychologie der Folter. Frankfurt/M.: Fischer 1981
Matussek, P.: Die Konzentrationslagerhaft und ihre Folgen. Berlin: Springer 1971
Reichmann, E. (Hrsg.): Handbuch der kritischen und materialistischen Behindertenpädagogik. Solms/Lahn: Jarick 1984, Stichworte: Isolation, Normalität u. a. (E)
Wacker, A.: Arbeitslosigkeit – Soziale und psychische Voraussetzungen und Folgen. Frankfurt/M.: EVA 1979
Literatur zur Entwicklung von Sinn und Bindung
Anochin, P K.: Vorgreifende Widerspiegelung der Wirklichkeit. In: ders.: Beiträge zur allgemeinen Theorie des funktionellen Systems. Jena: Fischer 1978, 61–76
Bowlby, J.: Bindung. Kindler: München 1975 (E)

Bronfenbrenner, U.: Isolation in Mammals. In: G. Newton and S. Levine (Eds.): Early Experience and Behavior. Springfield/Ill.: C. C. Thomas 1971, 2nd Print. 627–764 (E)

Leontjew, A. N.: Probleme der Entwicklung des Psychischen. Frankfurt/M.: Fischer-Athenäum 1973 (E)

Newton, G. and Levine, S.: (Eds.): Early Experience and Behavior. Springfield/ Ill.: C. C. Thomas 1971, 2nd Print.

Pribram, K. H.: Emotions. In: Susan B. Filskov and T. J. Boll (Eds.): Handbook of Clinical Psychology. New York: Wiley 1981, 102–134

Schmalohr, E.: Frühe Mutterentbehrung bei Mensch und Tier. München: Kindler 1975, 2. Aufl. (E)

Tsiakalos, G. und Tsiakalos, Sigrid: Reaktionen auf Behinderte im Lichte der Ethologie. Jahrbuch für Psychopathologie und Psychotherapie 6 (1986) 12–28

Literatur zu Problemen der speziellen Psychopathologie:
– Allgemeine Literatur

Jantzen, W.: Abbildtheorie und Stereotypentwicklung – ein methodologischer Beitrag zur Diagnose des Lernens und der Persönlichkeitsentwicklung bei schwerstbehinderten Kindern und Jugendlichen. Jahrbuch für Psychopathologie und Psychotherapie. 3 (1983) 111–158

Noshpitz, J. D. (Ed.): Basic Handbook of Child Psychiatry. Vol. II. New York: Basic Books 1979 (E)

Ross, A. O. and Pelham, W. E.: Child Psychopathology. Annual Review of Psychology 32 (1981) 243–278

– Stereotypien, Autoaggression, Autismus, Aggression

Feuser, G.: Autistische Kinder. Solms-Oberbiel: Jarick 1980 (E)

Feuser, G.: Stereotypien und selbstverletzendes Verhalten bei autistischen Kindern. Behindertenpädagogik 24 (1985) 3, 262–274

Gellert, D.: Phylogenese und Ontogenese menschlicher Aggressivität. Köln: Pahl-Rugenstein 1983 (E)

Jantzen, W.: Eine neuropsychologische Theorie des Autismus. Behindertenpädagogik 24 (1985) 3, 274–288

Jantzen, W., v. Salzen, W.: Autoaggressität und selbstverletzendes Verhalten. Berlin/W.: Marhold 1986 (E)

Kischkel, W.: Autismus. Eine Störung des fronto-limbischen Systems. Behindertenpädagogik 24 (1985) 3, 288–295

Kischkel, W. und Störmer, N.: Die Bedeutung des Tätigkeitskonzepts Leontjews für das Verständnis von Stereotypien und selbstverletzendem Verhalten. In: M. Holodynski u. a. (Hrsg.): Studien zur Tätigkeitstheorie III. Materialien über die 3. Arbeitstagung zur Tätigkeitstheorie A. N. Leontjews vom 31. 1.–2. 2. 1986 am Oberstufenkolleg der Universität Bielefed. Bielefeld: Universität 1986, 111–128 (E)

Lewis, M. H. and Baumeister, A. A.: Stereotyped Mannerisms in Mentally Retarded Persons: Animal Models and Theoretical Analyses. International Review of Research in Mental Retardation 2 (1982) 123–161

Moser, T.: Jugendkriminalität und Gesellschaftsstruktur. Frankfurt/M.: Suhrkamp 1972, Kap. VI und VII: Psychoanalytische Kriminalitätstheorien

Nurcombe, B.: Early Infantile Autism – Recent Advances. In: Flehmig, Inge und Stern, L. (Hrsg.): Kindesentwicklung und Lernverhalten. Stuttgart: Fischer

1986, 223–235
– *Borderline-Syndrom, Neurosen*
Adams, P L.: Psychoneurosis. In: J. D. Noshpitz (Ed.): Basic Handbook of Child Psychiatry. Vol. II. New York: Basic Books 1979, 194–235 (E)
Chethik, M.: The Borderline Child. In: J. D Noshpitz (Ed): Basic Handbook of Child Psychiatry. Vol. II. New York: Basic Books 1979, 304–321 (E)
Dührssen, Annemarie: Psychogene Erkrankungen bei Kindern und Jugendlichen. Göttingen: Verlag für Medizinische Psychologie 1962, 4. Aufl.
Palombo, J.: Critical Review of the Concept of the Borderline Child. Clinical Social Work Journal 10 (1982) 4, 246–264
Richter, H. E.: Eltern, Kind, Neurose. Reinbek: Rowohlt 1969 (E)
Rohde-Dachser, Christa: Das Borderline-Syndrom. Psyche 33 (1976) 6, 481–527 (E)
– *Geistige Behinderung*
Feuerstein, R.: The Dynamic Assessement of Metally Retarded Performers. Baltimore: University Park Press 1980
Feuerstein, R.: Instrumental Enrichement. Baltimore: University Park Press 1980
Feuser, G.: Gemeinsame Erziehung behinderter und nichtbehinderter Kinder im Kindertagesheim. Ein Zwischenbericht. Bremen: Diakonisches Werk (Rembertistr. 64, 28 Bremen 1) 1984
Feuser, G.: Integration: Humanitäre Mode oder humane Praxis? Demokratische Erziehung 12 (1986) 1, 22–27 (E)
Feuser, G. und Meyer, Heike: Integrativer Unterricht in der Grundschule – Ein Zwischenbericht. Solms/Lahn: Jarick-Oberbiel 1987
Jantzen, W.: Sprache, Denken und geistige Behinderung. In: R. Mellies u. a. (Hrsg.): Erschwerte Kommunikation und ihre Analyse. Hamburg: Buske 1986, 77–107 (E)
Meyer, H.: Zur Psychologie der Geistigbehinderten. Berlin/West: Marhold 1977
Probst, H.. Diagnostik und Didaktik der Oberbegriffsbildung. Solms/L.: Jarick 1981
Wendeler, J.: Psychologische Analysen geistiger Behinderung. Weinheim: Beltz 1976
– *Umbildungen im Jugend- und Erwachsenenalter· Schizophrenie, Depression, Anorexia Nervosa*
Ciompi, L.. Gibt es überhaupt eine Schizophrenie? Der Langzeitverlauf psychotischer Phänomene aus systemischer Sicht. In: R. Lempp (Hrsg.): Psychische Entwicklung und Schizophrenie. Bern: Huber 1984, 15–27 (E)
Garfinkel, P. E. and Garner, D. M.: Anorexia Nervosa: A Multidimensional Perspective. New York: Bruner/Mazel 1982 (E)
Gilbert, P.: Depression: From Psychology to Brain State. Hillsdale/New Jersey: Lawrence Earlbaum 1984 (E)
Hebel, Angelika v. et al.: Anorexia nervosa: Psychopathogenese und Psychotherapie. Jahrbuch für Psychopathologie und Psychotherapie 6 (1986) 105–158 (E)
Jantzen, W.: Kommentar zu L. S. Wygotski „Denken bei Schizophrenie" Jahrbuch für Psychopathologie und Psychotherapie 4 (1984) 49–62
Ruckstuhl, U.: Schizophrenieforschung. Weinheim: Beltz 1981
Sarbin, T. R. and Mancuso, J. C.: Schizophrenie: Medizinische Diagnose oder moralisches Urteil? München: Urban & Schwarzenberg 1982 (E)

Literaturverzeichnis

Adams, P. L.: Psychoneurosis. In: J. D. Noshpitz (Ed.): Basic Handbook of Child Psychiatry. Vol. II. New York: Basic Books 1979, 194–235

Ahlheim, Rose et al.: Gefesselte Jugend: Fürsorgeerziehung im Kapitalismus. Frankfurt/M.: Suhrkamp 1972

Aichorn, A.: Verwahrloste Jugend. Die Psychoanalyse in der Fürsorgeerziehung. Bern: Huber 1951, 8. Aufl.

Albrecht, U. et al.: Geschichte der Bundesrepublik. Köln: Pahl-Rugenstein 1979

Aly, G.: Medizin gegen Unbrauchbare. Beiträge zur nationalsozialistischen Gesundheits- und Sozialpolitik Bd. 1. Berlin/West: Rotbuch 1985, 9–74

Aly, G. u. Roth, K. H.: Die restlose Erfassung. Berlin/West: Rotbuch 1984

Amati, Sylvia: Reflexionen über die Folter. Psyche 31 (1977) 228–245

Ammon, G.: Kindesmißhandlung. München: Kindler 1979

Ananjew, B. G.: Der Mensch als Gegenstand der Erkenntnis. Berlin/DDR: DVdW 1974

Anochin, P. K. (Anokhin, P. K.): Biology and Neurophysiology of the Conditioned Reflex and its Role in Adaptive Behavior. Oxford: Pergamon 1974

Anochin, P. K.: Beiträge zur allgemeinen Theorie des funktionellen Systems. Jena: Fischer 1978

Anochin, P. K.: Vorgreifende Widerspiegelung der Wirklichkeit. In: ders.: Beiträge zur allgemeinen Theorie des funktionellen Systems. Jena: Fischer 1978, 61–76

Arnold, A.: Unterbewußtes und Unbewußtes im Denken und Handeln. Köln: Pahl-Rugenstein 1985

Asratjan, E. A.: Das wissenschaftliche Erbe Pawlows. Leipzig: Hirzel 1980

Autorenkollektiv Wissenschaftspsychologie: Materialistische Wissenschaft und Psychologie. Köln: Pahl-Rugenstein 1975

Ayres, A. Jean: Lernstörungen. Sensorisch-integrative Dysfunktionen. Berlin: Springer 1979

Bäcker, G. et al.: Sozialpolitik –, eine problemorientierte Einführung. Köln: Bund 1980

Baron, R. und Landwehr, R. (Hrsg.): Geschichte der Sozialarbeit. Hauptlinien ihrer Entwicklung im 19. und 20. Jahrhundert. Weinheim: Beltz 1983

Basaglia, F.: Die negierte Institution oder Die Gemeinschaft der Ausgeschlossenen. Frankfurt/M. Suhrkamp 1973

Basaglia, F.: Was ist Psychiatrie? Frankfurt/M.: Suhrkamp 1974

Basaglia, F. u. a.: Befriedungsverbrechen. Über die Dienstbarkeit der Intellektuellen. Frankfurt/Main: EVA 1975

Bauer, R.: Wohlfahrtsverbände in der Bundesrepublik. Weinheim: Beltz 1984

Bauer, R. (Hrsg.): Die liebe Not. Zur historischen Kontinuität der „Freien Wohlfahrtspflege". Weinheim: Beltz 1984

Bauer, R. und Diessenbacher, H. (Hrsg.): Organisierte Nächstenliebe. Wohlfahrtsverbände und Selbsthilfe in der Krise des Sozialstaates. Opladen: Westdeutscher Verlag 1984

Bee, Helen L. et. al.: Prediction of IQ and Language Skill from Perinatal Status, Child Performance, Family Characteristics and Mother-Infant Interaction. Child Development 53 (1982) 1134–1156

Berger, E.: Entwicklungsneurologische Untersuchung in den ersten drei Lebens-jahren. Stuttgart: Thieme 1982

Berkson, G.: The Social Ecology of Defects in Primates. In: S. Chevalier-Skolnikoff and F. E. Poirier (Eds.): Primate Bio-Social Development: Biological and Ecological Determinants. New York: Garland 1977, 189–204

Berner, H. P.: Behindertenpädagogik und Faschismus. Behindertenpädagogik 23 (1984) 4, 306–332 und 24 (1985) 1, 2–37

Beurton, P.: Zur Dialektik in der biologischen Evolution. Deutsche Zeitschrift für Philosophie 23 (1975) 7, 913–925

Biesold, D.: Biochemische Aspekte der Ontogenese. In: D. Biesold und H. Matthies: Neurobiologie. Stuttgart: G. Fischer 1979, 335–369

Billig, M.: Die rassistische Internationale. Frankfurt/M.: Neue Kritik 1981

Bilz, R.: Die unbewältigte Vergangenheit des Menschengeschlechts. Frankfurt/M.: Suhrkamp 1967

Blöschl, L.: Frühkindliche Deprivation und depressive Fehlentwicklung in verhaltenspsychologischer Sicht. In: G. Nissen (Hrsg.): Psychiatrie des Kleinkind-und des Vorschulalters. Bern: Huber 1983, 139–147

Boguslawskaja, S. M. et al.: Kommunikation mit Kindern. Berlin/DDR: Volk und Wissen 1978

Borneman, E.: Die Fähigkeit zum Widerstand. Psychologie heute 10 (1983) 56–60

Boshowitsch, Lydia I.: Die Persönlichkeit und ihre Entwicklung im Schulalter. Berlin/DDR: Volk und Wissen 1970

Boshowitsch, Lydia I.: Etappen der Persönlichkeitsentwicklung in der Ontogenese. Sowjetwissenschaft. Gesellschaftswissenschaftliche Beiträge 32 (1979) 7, 750–762 (Teil 1), 8, 848–858 (Teil 2), 33 (1980) 4, 417–428 (Teil 3)

Bovet, M.: Piagets Theorie der kognitiven Entwicklung, der soziokulturellen Unterschiede und der geistigen Behinderung. In: Bärbel Inhelder und H. Chipman (Hrsg.): Von der Kinderwelt zur Erkenntnis der Welt. Wiesbaden: Akademische Verlagsgesellschaft 1978, 267–284

Bowlby, J.: Mütterliche Zuwendung und geistige Gesundheit. Kindler: München 1973

Bowlby, J.: Bindung. Kindler: München 1975

Bowlby, J.: Trennung. Kindler: München 1976

Bradter, W.: Moral – Motiv – Verhalten. Das moralische Motiv in der marxistisch-leninistischen Ethik. Berlin/DDR: DVdW 1976

Brommund, Marielis: Klipp und klar. 100 × Tierverhalten. Mannheim: Bibliographisches Institut 1980

Bronfenbrenner, U.: Isolation in Mammals. In: G. Newton and S. Levine (Eds.): Early Experience and Behavior. Springfield/Ill.: C. C. Thomas 1971, 2nd Print. 627–764

Brooks-Gunn, Jeanne and Lewis, L.: Maternal Responsivity in Interaction with Handicapped Infants. Child Development 55 (1984) 782–793

Bruner, J. S. et al.: Studien zur kognitiven Entwicklung. Stuttgart: Klett 1971

Buchwald, Jennifer S.: Brainstem Substrates of Sensory Information Processing and Adaptive Behavior. In: N. A. Buchwald and Mary A. Brazier (Eds.): Brain Mechanisms in Mental Retardation. New York: Academic Press 1975, 315–333

Cantwell, D. P.: Childhood Depression: What Do We Know, Where Do We Go? In: S. B. Guze et al. (Eds.): Childhood Psychopathology and Development.

New York: Raven Press 1983, 67–85

Cantwell, D. P. and Tarjan, G.: Constituitonal-Organic Factors in Etiology. In: J. D. Noshpitz (Ed.): Basic Handbook of Child Psychiatry Vol. II. New York: Basic Books 1979, 28–62

Changeux, P.: Der neuronale Mensch. Reinbek: Rowohlt 1984

Chartschew, A. G. und Jakowlew, B. D.: Abriß der Geschichte der marxistisch-leninistischen Ethik in der UdSSR. In: A. G. Chartschew und R. Miller (Hrsg.): Ethik. Philosophisch-ethische Forschungen in der Sowjetunion. Berlin/DDR: DVdW 1976, 11–70

Chethik, M.: The Borderline Child. In: J. D Noshpitz (Ed.): Basic Handbook of Child Psychiatry. Vol. II. New York: Basic Books 1979, 304–321

Chomski, N.: Die formale Natur der Sprache. In: E. Lenneberg: Biologische Grundlagen der Sprache. Frankfurt/M.: Suhrkamp 1972, 483–539

Ciompi, L.: Gibt es überhaupt eine Schizophrenie? Der Langzeitverlauf psychotischer Phänomene aus systemischer Sicht. In: R. Lempp (Hrsg.): Psychische Entwicklung und Schizophrenie. Bern: Huber 1984, 15–27

Clauss, G. et al. (Hrsg.): Wörterbuch der Psychologie. Leipzig: Bibliographisches Institut 1981

Conti, Adalgisa: Im Irrenhaus. Frankfurt/Main.: Verlag Neue Kritik 1979

Cooper, Lynn A. and Shepard, R. G.: Rotationen in der räumlichen Vorstellung. Spektum der Wissenschaft (1985) 2, 102–109

Cunningham, C. E. et al: Behavioral and Linguistic Develoment in the Interaction of Normal and Retarded Children. Child Development 52 (1981) 62–70

Cytryn, L. and McKnew, Jr., D. H.: Affective Disorders. In: J. D. Noshpitz (Ed.): Basic Handbook of Child Psychiatry. Vol. II. New York: Basic Books 1979, 321–340

Danckwerts, D.: Grundriß einer Soziologie der sozialen Arbeit und Erziehung. Weinheim: Beltz 1981. 2. Aufl.

Daoud-Harms, Mounira: Blindheit. Zur psychischen Entwicklung körpergeschädigter Menschen. Frankfurt/M.: Campus 1986

Dawydow, W. W.: Arten der Verallgemeinerung im Unterricht. Berlin/DDR: Volk und Wissen 1977

Dawydow, W W und Illesch, J. E.: Die historischen Wurzeln des psychophysischen Parallelismus. Sowjetwissenschaft: Gesellschaftswissenschaftliche Beiträge 35 (1982) 444–454

Dimitroff, G.: Die Offensive des Faschismus und die Aufgaben der Kommunistischen Internationale im Kampf für die Einheit der Arbeiterklasse gegen den Faschismus. In: VII. Kongreß der Kommunistischen Internationale. Referate und Resolutionen. Frankfurt/Main: Marxistische Blätter 1975, 91–164

Ditfurth, H. v.: Der Geist fiel nicht vom Himmel. Hamburg: Hoffmann u. Campe 1979

Dörner, K. und Plog, Ursula: Irren ist menschlich – Lehrbuch der Psychiatrie/Psychotherapie. Wunstorf: Psychiatrie-Verlag 1978

Dubrowski, D I. u. Tschernoswitow, J. W.: Zur Analyse der subjektiven Realität – Sinn und Wertaspekt –. Sowjetwissenschaft/Gesellschaftswissenschaftliche Beiträge 33 (1980) 9, 965–976

Dührssen, Annemarie: Psychogene Erkrankungen bei Kindern und Jugendlichen. Göttingen: Verlag für Medizinische Psychologie 1962, 4. Aufl.

Ebbinghaus, Angelika et al.: Heilen und Vernichten im Mustergau Hamburg. Hamburg: Konkret 1984

Eckert, R.: Politische Ökonomie des Kapitalismus. Eine Einführung. Frankfurt/ M.: Marxistische Blätter 1980

Eibl-Eibesfeldt, I.: Grundriß der vergleichenden Verhaltensforschung. München: Piper 1978

Eigen, M. und Schuster, P.: The Hypercicle – A Principle of Natural Self-Organization. Berlin: Springer 1979

Elkonin, D. B.: Zur Psychologie des Vorschulalters. Berlin/DDR: Volk und Wissen 1967

Elkonin, D. B: Development of Speech. In: A. W. Zaporoshets and D. B. Elkonin: The Psychology of Preschool Children. Cambridge/Mass.: MIT-Press 1971, 111–185

Elkonin, D B.: Zum Problem der Periodisierung der psychischen Entwicklung im Kindesalter. In: Psychologische Probleme der Entwicklung sozialistischer Persönlichkeiten. Berlin/DDR: Volk und Wissen 1972, 212–229.

Elkonin, D. B.: Psychologie des Spiels. Köln: Pahl-Rugenstein 1980.

Ellger-Rüttgardt, Sieglind: Der Hilfsschullehrer. Sozialgeschichte einer Lehrergruppe (1880–1933). Weinheim: Beltz 1980.

Ellger-Rüttgardt, Sieglind: Historiographie der Behindertenpädagogik. In: U. Bleidick: Theorie der Behindertenpädagogik. Handbuch der Sonderpädagogik Bd. 1. Berlin/West: Marhold 1985, 87–125.

Elm, L.: Konservatismus in der BRD. Wesen, Erscheinungsformen, Traditionen. Berlin/DDR: Dietz 1982.

Elm, L.: Leitbilder des deutschen Konservatismus. Köln: Pahl-Rugenstein 1984.

Engels, F.: Herrn Eugen Dührings Umwälzung der Wissenschaft (Anti-Dühring). MEW Bd. 20. Berlin/DDR: Dietz 1972, 1–303.

Engels, F.: Dialektik der Natur. MEW Bd. 20. Berlin/DDR: Dietz 1972, 305 ff.

Engels, F.: Vom Ursprung der Familie, des Privateigentums und des Staats. MEW Bd. 21. Berlin/DDR: Dietz 1972, 25–173.

Erpenbeck, J. und Röseberg, U.: Wissenschaftsentwicklung, Theorieentwicklung und Entwicklungstheorie: Über Theoriedynamik und Weltanschauung in den Naturwissenschaften. Deutsche Zeitschrift für Philosophie 25 (1977) 2, 133–149.

Erb, Gabriele: Das falsche Selbst. Psychologie heute 13 (1986) 12, 13–14.

Eysenck, H. J.: Die Experimentiergesellschaft. Reinbek: Rowohlt 1973.

Eysenck, H. J. und Rachman, S.: Neurosen – Ursachen und Heilmethoden. Berlin/DDR: DVdW 1972.

Feinstein, S. C. und Miller, D.: Psychoses of Adolescence. In: J. D. Noshpitz (Ed.): Basic Handbook of Child Psychiatry Vol. II. New York: Basic Books 1979, 708–722.

Feuerstein, R. et al.: Cognitive Modifiability in Retarded Adolescents. American Journal of Mental Deficiency 82 (1979) 6, 539–550.

Feuerstein, R.. The Dynamic Assessement of Mentally Retarded Performers. Baltimore: University Park Press 1980 a.

Feuerstein, R.: Instrumental Enrichement. Baltimore: University Park Press 1980 b

Feuser, G.: Grundlagen eines gesellschaftswissenschaftlich-erziehungswissenschaftlichen Verständnisses des frühkindlichen Autismus als Basis einer Pädagogik autistischer Kinder. Diss. phil. Marburg 1977; als Buch: Grundlagen zur Pädagogik autistischer Kinder. Weinheim: Beltz 1979.

Feuser, G.: Autistische Kinder. Solms-Oberbiel: Jarick 1980.

Feuser, G.: Gemeinsame Erziehung behinderter und nichtbehinderter Kinder im Kindertagesheim. Ein Zwischenbericht. Bremen: Diakonisches Werk (Rembertistr. 64, 28 Bremen 1) 1984.

Feuser, G.: Stereotypien und selbstverletzendes Verhalten bei autistischen Kindern. Behindertenpädagogik 24 (1985) 3, 262–274.

Feuser, G.: Integration: Humanitäre Mode oder humane Praxis? Demokratische Erziehung 12 (1986) 1, 22–27.

Feuser, G. und Meyer, Heike: Integrativer Unterricht in der Grundschule – Ein Zwischenbericht – Solms/Lahn: Jarick-Oberbiel 1987.

Feustel, R.: Abstammungslehre des Menschen. Jena: Fischer 1976.

Finzen, A. (Hrsg.): Hospitalisierungsschäden in psychiatrischen Krankenhäusern. München: Piper 1974.

Fish, Barbara and Ritvo, E. R.: Psychoses of Childhood. In: J. D. Noshpitz (Ed.): Basic Handbook of Child Psychiatry. Vol. II. New York: Basic Books 1979, 249–304.

Flehmig, Inge: Normale Entwicklung des Säuglings und ihre Abweichungen. Stuttgart: Thieme 1983, 2. Aufl.

Flehmig, Inge und Stern, L. (Hrsg.): Kindesentwicklung und Lernverhalten. Stuttgart: Fischer 1986.

Frese, M.: Psychische Störungen bei Arbeitern. Salzburg: O Müller 1977

Freud, S.: Entwurf einer Psychologie. In: ders.: Aus den Anfängen der Psychoanalyse. London: Imago 1950, 377–466.

Freud, S.: Abriß der Psychoanalyse. Frankfurt/M.: Fischer 1972.

Fricke, D. (Hrsg.): Lexikon zur Parteiengeschichte. Die bürgerlichen und kleinbürgerlichen Parteien und Verbände in Deutschland (1789–1945). 4 Bände. Köln: Pahl-Rugenstein 1983–1986.

Friedrich, J.: Die kalte Amnestie. NS-Täter in der Bundesrepublik. Frankfurt/M. Fischer 1985.

Friedrich, W. und Hennig, W.: Der sozialwissenschaftliche Forschungsprozeß. Berlin/DDR: DVdW 1975.

Fromm, E.: Die Medizin und das ethische Problem des modernen Menschen. In: Ders.: Das Christusdogma und andere Essays. München: Szczesny 1963, 152–170.

Galperin, P. J.: Zur Untersuchung der intellektuellen Entwicklung des Kindes. Sowjetwissenschaft: Gesellschaftswissenschaftliche Beiträge 22 (1969) 1270–1283.

Galperin, P. J.: Zum Problem der Aufmerksamkeit. In: J. Lompscher (Hrsg.): Sowjetische Beiträge zur Lerntheorie – Die Schule P. J. Galperins. Köln: Pahl-Rugenstein 1973, 15–23.

Galperin, P. J.: Zu Grundfragen der Psychologie. Köln: Pahl-Rugenstein 1980.

Gardner, R. A. und Gardner B. T.: Comparative Psychology and Language Acquisition. Vortrag auf der XVth International Ethological Conference, 22.–31. 8. 1977 in Bielefeld.

Garfinkel, P. E. and Garner, D. M.: Anorexia Nervosa: A Multidimensional

Perspective. New York: Bruner/Mazel 1982.

Gellert, D.: Phylogenese und Ontogenese menschlicher Aggressivität. Köln: Pahl-Rugenstein 1983 a.

Gellert, D.: Einige Apsekte der Entwicklung und Entfaltung von Kooperationsfähigkeit, aggressiven Handlungen und ,Psychopathie' in der frühkindlichen Ontogenese. Jahrbuch für Psychopathologie und Psychotherapie 3 (1983) 87–110 b.

Georgens, J. D. und Deinhardt, H. M.: Die Heilpädagogik unter besonderer Berücksichtigung der Idiotie und der Idiotenanstalten. Band I und II. Leipzig: Fleischer 1861 und 1863.

Gibson, J. J.: Die Sinne und der Prozeß der Wahrnehmung. Huber: Bern 1982, 2. Aufl.

Gilbert, P.: Depression: From Psychology to Brain State. Hillsdale/New Jersey: Lawrence Earlbaum 1984.

Goffman, E.: Stigma. Über Techniken der Bewältigung beschädigter Idendität. Frankfurt/M.: Suhrkamp 1967.

Gorbatschow, S.: Politischer Bericht des Zentralkomitees der KPdSU an den XXVII. Parteitag der Kommunistischen Partei der Sowjetunion. In: Sowjetunion zu neuen Ufern? Düsseldorf: Brücken-Verlag 1986, 21–165.

Gottlieb, G. (Ed.): Studies on the Development of Behavior and the Nervous System. Vol. I – IV. New York: Academic Press 1973, 1974, 1976, 1978.

Gottlieb, G.: Conceptions of Prenatal Development: Behavioral Embryology. Psychological Review 83 (1976) 3, 215–234.

Gould, S. J.: Der falsch vermessene Mensch. Basel: Birkhäuser 1983.

Gramsci, A.: Philosophie der Praxis. Eine Auswahl. Frankfurt/M.: Fischer 1967.

Gramsci, A.: Zu Politik, Geschichte und Kultur. Frankfurt/M.: Röderberg 1980.

Gramsci, A.: Marxismus und Kultur. Berlin/West: VSA 1983.

Grezki, M. N.: Logisches und Historisches in der Marxschen Lehre von der gesellschaftlichen Entwicklung. Sowjetwissenschaft: Gesellschaftswissenschaftliche Beiträge 36 (1983) 5, 611–620.

Grossmann, K.: Aufbau von Beziehungen im Kleinkindalter. In: Bundeszentrale für gesundheitliche Aufklärung (Hrsg.): Psychosoziale Bedingungen der frühkindlichen Entwicklung. Köln 1981, 49–62.

Gruppi, L.: Gramsci – Philosophie der Praxis und die Hegemonie des Proletariats. Berlin/West: VSA 1977.

Günther, K. H. et al.: Geschichte der Erziehung. Berlin/DDR: Volk und Wissen 1969, 9. Aufl.

Güther, B.: Zur Analyse infrastruktureller Staatsfunktionen. In: Probleme der materialistischen Staatstheorie. Staat und Monopole (II). Argument Sonderband AS 16. Berlin/West: Argument 1977, 164–180.

Güther, B.: Infrastruktur und Staat. Zur Entwicklung der allgemeinen Produktionsbedingungen in der BRD 1950–1975. Marburg: Verl. Arbeiterbewegung u. Gesellschaftswissenschaft 1977.

Guilford, J. P.: Persönlichkeit. Weinheim: Beltz 1965 2./3. Aufl.

Gutmann, W. und Bonik, K.: Kritische Evolutionstheorie. Hildesheim: Gerstenberg 1981.

Hacker, W.: Allgemeine Arbeits- und Ingenieurspsychologie. Berlin/DDR: DVdW 1973, 2. erw. Aufl. 1978.

Hagendorf, H. und Sydow, H.: Zur entwicklungspsychologischen Analyse der Bedeutung von Verbstrukturen. Zeitschrift für Psychologie 188 (1980) 3, 292–315.

Haggard, E. A.: Isolation and Personality. In: P. Worchel and D Byrne (Eds.): Personality Change. New York: Wiley 1964, 433–469.

Hahn, E.: Grundlagen des historischen Materialismus. Berlin/DDR: Dietz 1976.

Haug, Frigga et al.: Entwicklung der Arbeitstätigkeiten und die Methode ihrer Erfassung. Berlin/West: Argument 1978.

Haywood, H. C. et al.: Mental Retardation. Annual Review of Psychology 33 (1982) 309–342.

Hebel, Angelika v. et al.: Anorexia nervosa: Psychopathogenese und Psychotherapie. Jahrbuch für Psychopathologie und Psychotherapie 6 (1986) 105–158.

Heidtmann, B. et al.: Marxistische Gesellschaftsdialektik oder „Systemtheorie der Gesellschaft?" Frankfurt/M.: Marxistische Blätter 1977.

Heinze, R. G. und Runde, P. (Hrsg.): Lebensbedingungen Behinderter im Sozialstaat. Opladen: Westdeutscher Verlag 1982.

Heymer, A.: Ethological Dictionary. Berlin: Parey 1977.

Hildebrand-Nilshon, M.: Die Entwicklung der Sprache. Phylogenese und Ontogenese. Frankfurt/M.: Campus 1980.

Höck, M.: Die Hilfsschule im Dritten Reich. Berlin/West: Marhold 1979.

Hoernle, E.: Grundfragen der proletarischen Erziehung. Berlin/DDR: Volk und Wissen 1983.

Hörz, H. und Röseberg, U.: Materialistische Dialektik in der physikalischen und biologischen Erkenntnis. Frankfurt/M.: Marxistische Blätter 1981.

Hörz, H. und Wessel, K. F.: Philosophische Entwicklungstheorie. Berlin/DDR: DVdW 1983.

Hofer, M. A.: The Roots of Human Behavior. An Introduction to the Psychobiology of Early Human Behavior. San Francisco: Freeman 1981.

Hoffmann. J.: Das aktive Gedächtnis. Berlin/DDR: DVdW 1982.

Hofmann, W.: Was ist Stalinismus? Heilbronn: Distel-Verlag 1984 (Nachdruck aus: ders.: Stalinismus und Antikommunismus. Frankfurt/M.: Suhrkamp 1967.

Hollitscher, W.: Aggression im Menschenbild. Frankfurt/M.: Marxistische Blätter 1973.

Hollitscher, W.: Nachtrag: Affe als Sprachlehrer. In: ders.: Bedrohung und Zuversicht. Frankfurt/M.: Marxistische Blätter 1980, 189–191.

Holste, U.: Menschliche Sprache – gesprochene Sprache – Gebärdensprache. Solms/Lahn: Jarick-Oberbiel 1987 (i. V.)

Holtz, A.: Tätigkeit und Sprache. Diss. phil. im Entwurf, Bremen 1987

Holz, H. H. und Sandkühler, H. J.: Betrifft: Gramsci. Köln: Pahl-Rugenstein 1980.

Holzkamp, K.: Grundlegung der Psychologie. Frankfurt/M.: Campus 1983.

Holzkamp, K.: Die Bedeutung der Freudschen Psychoanalyse für die marxistisch fundierte Psychologie. Forum Kritische Psychologie 13 (1984) 15–40.

Holzkamp, K.: Zur Stellung der Psychoanalyse in der Geschichte der Psychologie. In: K. H. Braun et al. (Hrsg.): Geschichte und Kritik der Psychoanalyse. Marburg: Verlag Arbeiterbewegung und Gesellschaftswissenschaft 1985, 13–69.

Holzkamp-Osterkamp, Ute: Faschistische Ideologie und Psychologie. Forum Kritische Psychologie Bd. 9 (1981) 155–170.

Holzmüller, W.: Makromoleküle als Träger von Lebensprozessen. Berlin/DDR: Akademie-Verlag 1981.

Hoppe, Birgit: Das andere Gesicht. Pfaffenweiler: Centaurus VG 1986.

Huhne, K.: Zur Bedeutung der Aussagen Anochins über funktionelle Systeme – zur Genese und Bedeutung der vorgreifenden Widerspiegelung. In: Angelika von Hebel und W. Jantzen (Hrsg.): Studien zur Tätigkeitstheorie II. Bremen: Universität (FB 11, Studiengang Behindertenpädagogik) 1986, 157–185.

Inhelder, B.: Le diagnostic du raisonnement chez les débiles mentaux. Neuchatel: Delachaux et Nièstle 1963.

Institut für Marxistische Studien und Forschungen (IMSF): Klassen- und Sozialstruktur der BRD 1950–1970. Teil I, II/1, II/2, III. Frankfurt/M.: Marxistische Blätter 1973, 1974, 1975.

Institut für Marxistische Studien und Forschungen (IMSF): Der Staat im staatsmonopolistischen Kapitalismus der Bundesrepublik. Frankfurt/M.: IMSF 1981.

Izard, C. E.: Die Emotionen des Menschen. Eine Einführung in die Grundlagen der Emotionspsychologie. Weinheim: Beltz 1981.

Jackendoff, R.: Toward an Explanatory Semantic Representation. Linguistic Inquiry 7 (1976) 89–150.

Jantsch, E.: Die Selbstorganisation des Universums. München: Hanser 1979.

Jantzen, W.: Zur Sozialpsychologie des Sonderschülers. Berlin/-West: Marhold 1972.

Jantzen, W.: Theorien zur Heilpädagogik. Das Argument Bd. 80 (Schule und Erziehung V) (1973), 152–169.

Jantzen, W.: Sozialisation und Behinderung. Gießen: Focus 1974.

Jantzen, W.: Materialistische Erkenntnistheorie, Behindertenpädagogik und Didaktik. Demokratische Erziehung 2 (1976) 1, 15–29.

Jantzen, W.: Konstitutionsprobleme materialistischer Behindertenpädagogik. Lollar: Achenbach 1977.

Jantzen, W.: Grundriß einer allgemeinen Psychopathologie und Psychotherapie. Köln: Pahl-Rugenstein 1979

Jantzen, W.: Vorgeburtliche Entwicklung der Tätigkeit und der Psyche beim Menschen: Eine Problemskizze. In: Ders.: Menschliche Entwicklung, allgemeine Therapie und allgemeine Pädagogik. Solms-Oberbiel: Jarick 1980, 18–35.

Jantzen, W.: Menschliche Entwicklung, allgemeine Therapie und allgemeine Pädagogik. Solms-Oberbiel: Jarick 1980.

Jantzen, W.: Arbeit, Tätigkeit, Handlung, Abbild – Zu einigen Grundfragen der Entwicklung materialistischer Psychologie. Forum Kritische Psychologie Bd. 9, 1981, 20–81 a.

Jantzen, W. (Hrsg.): Soziologie der Sonderschule. Weinheim: Beltz 1981 b.

Jantzen, W.: Sozialgeschichte des Behindertenbetreuungswesens. München: Deutsches Jugendinstitut 1982 a.

Jantzen, W.: Diagnostik im Interesse der Betroffenen oder Kontrolle von oben? In: Fachschaftsinitiative Sonderpädagogik Würzburg (Hrsg.): Diagnostik im Interesse der Betroffenen. Würzburg 1982, 10–51 (Bezugsadresse: T. Werner, Gerbrunnerweg 6, 87 Würzburg) b.

Jantzen, W.: Abbildtheorie und Stereotypentwicklung – ein methodologischer Beitrag zur Diagnose des Lernens und der Persönlichkeitsentwicklung bei schwerstbehinderten Kindern und Jugendlichen. Jahrbuch für Psychopathologie und Psychotherapie. 3 (1983) 111–158.

Jantzen, W.: Der Beharrlichkeit der Ideologie in Wolfahrtspflegeeinrichtungen für psychisch Kranke und Behinderte. In: Bauer, R. (Hrsg.): Die liebe Not. Zur historischen Kontinuität der „Freien Wohlfahrtspflege". Weinheim: Beltz 1984, 105–122 a.

Jantzen, W. und Reichmann, E.: Behindertenpädagogik, Theorien. In: E. Reichmann (Hrsg.): Handbuch der kritischen und materialistischen Behindertenpädagogik. Solms/Lahn: Jarick 1984, 88–103 b.

Jantzen, W.: „Kritische Psychologie" als Kritik und Grundlegung der Psychologie? Demokratische Erziehung 10 (1984) 9, 29–32 c.

Jantzen, W.: Orientierungs- und Abbildintegration durch Tätigkeitsintegration – Zur Kritik von Jean Ayres neurophysiologischer Theorie „Sensorisch-integrativer Dysfunktionen" als Grundlage der Therapie von Lernstörungen. Jahrbuch für Psychopathologie und Psychotherapie 4 (1984) 140–167 d

Jantzen, W.: Kommentar zu L. S. Wygotski „Denken bei Schizophrenie". Jahrbuch für Psychopathologie und Psychotherapie 4 (1984) 49–62 e

Jantzen, W.: Eine neuropsychologische Theorie des Autismus. Behindertenpädagogik 24 (1985) 3, 27–288

Jantzen, W.: Abbild und Tätigkeit. Studien zur Entwicklung des Psychischen. Solms/Lahn: Jarick-Oberbiel 1986 a

Jantzen, W.: Sprache, Denken und geistige Behinderung. In: R. Mellies u. a. (Hrsg.): Erschwerte Kommunikation und ihre Analyse. Hamburg: Buske 1986, 77–107 b

Jantzen, W.: Die gegenwärtigen Herausforderungen im Kontext der Bildungstheorie und Ästhetik A. N. Leont'evs. Vortrag an der Hochschule für Künste, Berlin/West im Dezember 1985, Veröff. i. V. 1987

Jantzen, W.: v. Salzen, W.: Autoaggressität und selbstverletzendes Verhalten. Berlin/W.: Marhold 1986

Jaroschewski, M.: Psychologie im 20. Jahrhundert. Berlin/DDR: Volk und Wissen 1975

Jerison, H. J.: Evolution of the Brain and Intelligence. New York: Academic Press 1973

Jervis, G.: Kritisches Handbuch der Psychiatrie. Frankfurt/M.: Syndikat 1978

Kanter, G.: Lernbehinderungen, Lernbehinderte, deren Erziehung und Rehabilitation. In: Deutscher Bildungsrat (Hrsg.): Gutachten und Studien der Bildungskommission 34, Sonderpädagogik 3, Stuttgart: Klett 1974, 117–234

Kaufmann-Hayoz, Ruth: Das Lächeln des Säuglings als Ausdruck früher Kategorisierungsprozesse. In: K. Foppa und R. Groner (Hrsg.): Kognitive Strukturen und ihre Entwicklung. Huber: Bern 1981, 35–49

Kearsley, R.: Iatrogenic Retardation: A Syndrome of Learned Incompetence. In: R. Kearsley and I. Sigel (Eds.): Infants at Risk: Assessement of Cognitive Functioning. Hillsdale/New Jersey: Lawrence Earlbaum 1979

Kedrow, B. M.: Friedrich Engels über die Dialektik der Naturwissenschaft. Köln: Pahl-Rugenstein 1979

Keller, G.: Die Psychologie der Folter. Frankfurt/M.: Fischer 1981

Kischkel, W.: Autismus. Eine Störung des fronto-limbischen Systems. Behindertenpädagogik 24 (1985) 3, 288–295

Kischkel, W.: Autismus als Störung des fronto-limbischen Systems: Ein Fallbeispiel. Im Manuskript 1986

Kischkel, W. und Störmer, N.: Die Bedeutung des Tätigkeitskonzepts Leontjews für das Verständnis von Stereotypien und selbstverletzendem Verhalten. In: M. Holodynski u. a. (Hrsg.): Studien zur Tätigkeitstheorie III. Materialien über die 3. Arbeitstagung zur Tätigkeitstheorie A. N. Leontjews vom 31. 1. –2. 2. 1986 am Oberstufenkolleg der Universität Bielefeld. Bielefeld: Universität 1986, 111–128

Klaus, G.: Semiotik und Erkenntnistheorie. Berlin/DDR: DVdW, 1969, 2. Aufl.

Klaus G. und Buhr, M. (Hrsg.): Philosophisches Wörterbuch. Berlin/West: Das Europäische Buch 1985, 13. Aufl. (bzw. auch Leipig: Verlag Enzyklopädie 1972, 8. Aufl.)

Klee, E.: „Euthanasie " im NS-Staat. Die „Vernichtung lebensunwerten Lebens". Frankfurt/M.: Fischer 1983

Klingberg, F. und Haschke, W.: Neurophysiologie. In: D. Biesold und H. Matthies (Hrsg.): Neurobiologie. Stuttgart: Fischer 1977, 557–647

Klix, F.: Erwachendes Denken. Berlin/DDR: DVdW 1980

Klix, F.: Begabungsforschung – ein neuer Weg in der kognitiven Intelligenzdiagnostik? Zeitschrift für Psychologie 191 (1983) 360–387

Klix, F.: Über Wissensrepräsentation im menschlichen Gedächtnis. In: F. Klix (Hrsg.): Gedächtnis, Wissen, Wissensnutzung, Berlin/DDR: DVdW 1984, 7–73 a

Klix, F.: Denken und Gedächtnis – über Wechselwirkungen kognitiver Kompartments bei der Erzeugung geistiger Leistungen. Zeitschrift für Psychologie 192 (1984) 3, 213–243 b

Koch, H.: Der Sozialdarwinismus. Seine Genese und sein Einfluß auf das imperialistische Denken. München: Beck 1973

Koch, J.: Der Einfluß der frühen Bewegungsstimulation auf die motorische und psychische Entwicklung des Säuglings. In: M. Irle (Hrsg.): Bericht über den 26. Kongreß der DGfPs. Göttingen: Hogrefe 1969, 413–420

Köhler, E.: Arme und Irre. Die liberale Politik des Bürgertums. Berlin/West: Wagenbach 1977

Köhler, W.: Intelligenzprüfungen an Menschenaffen. Berlin: Springer 1921, 2. Aufl.

Körner, U.: Probleme der Biogenese. Jena: Fischer 1978, 2. Aufl.

Kon, I.: Die Entdeckung des Ichs. Köln: Pahl-Rugenstein 1983

Krafeld, F.: Geschichte der Jugendarbeit. Von den Anfängen bis zur Gegenwart. Weinheim: Beltz 1984

Krause, R.: Zur Onto- und Phylogenese des Affektsystems und ihrer Beziehungen zu psychischen Störungen. Psyche 37 (1983) 11, 1016–1043

Krims, A.: Woytyla. Programm und Politik des Papstes. Köln: Pahl-Rugenstein 1982

Kröber, G. und Laitko, H.: Der marxistisch-leninistische Wissenschaftsbegriff und das System der Wissenschaften. In: H. J. Sandkühler (Hrsg.): Marxistische Wissenschaftstheorie. Frankfurt/M.: Fischer-Athenäum 1975, 110–148

Kuckhermann, R. und Wigger-Kösters, Annegret: „Die Waren laufen nicht allein zum Markt . . ." Die Entfaltung von Tätigkeit und Subjektivität. Köln: Pahl-Rugenstein 1985 a

Kuckhermann, R. und Wigger-Kösters, Annegret: „Gerade wenn es mir schlecht geht, brauche ich einen Arbeitsplatz" – Eine Studie zur Arbeitsrehabilitation. Köln: Pahl-Rugenstein 1985 b

Kuo, Z. Y.: The Genesis of the Cat's Response of the Rat. The Journal of Comparative Psychology 11 (1931) 1, 1–35

Laing, R. D.: Phänomenologie der Erfahrung. Frankfurt/M.: Suhrkamp 1969

Langman, J.: Medizinische Embryologie. Stuttgart: Thieme 1977

Lane, H.: The Wild Boy of Aveyron. Cambridge/Mass.: Harvard University Press 1976 (deutsch: Das wilde Kind von Aveyron. Frankfurt/M.: Suhrkamp 1985)

Launer, Irmgard: Persönlichkeitsentwicklung im Vorschulalter bei Spiel und Arbeit. Berlin/DDR: Volk und Wissen 1970

Lawick-Goodall, Jane v.: Wilde Schimpansen. Reinbek: Rowohlt 1975

Lenin, W. I.: Die große Initiative. Ausgewählte Werke in 3 Bänden. Bd. III. Berlin/DDR: Dietz 1970, 241–268

Lenin, W. I.: Noch einmal über die Gewerkschaften, die gegenwärtige Lage und die Fehler Trotzkis und Bucharins. Ausgewählte Werke in 3 Bänden. Bd. III. Berlin/DDR: Dietz 1970, 591–628

Lenin, W. I.: Materialismus und Empiriokritizismus. LW Bd. 14. Berlin/DDR: Dietz 1973

Lenin, W. I.: Staat und Revolution. LW Bd. 25. Berlin/DDR: Dietz 1972, 393 –507

Lenin, W. I.: Konspekt zu Hegels „Wissenschaft der Logik". LW Bd. 38. Berlin/ DDR: Dietz 1973, 77–229

Leontjew, A. A.: Sprache, Sprechen, Sprechtätigkeit. Stuttgart: Kohlhammer 1971

Leontjew, A. A.: Tätigkeit und Kommunikation. Sowjetwissenschaft: Gesellschaftswissenschaftliche Beiträge 33 (1980) 522–535

Leontjew, A. A.: Psychologie des sprachlichen Verkehrs. Weinheim: Beltz 1982

Leontjew, A. A.: The Productive Career of Aleksei Nikolaevich Leont'ev. Soviet Psychology 23 (1984) 1, 6–56 (a)

Leontjew, A. A.: Sprachliche Tätigkeit. In: A. A. Leontjew et al. (Hrsg.): Grundfragen einer Theorie der sprachlichen Tätigkeit. Stuttgart: Kohlhammer 1984, 31–44 b

Leontjew, A. N.: Probleme der Entwicklung des Psychischen. Frankfurt/M.: Fischer-Athenäum 1973

Leontjew, A. N.: Tätigkeit, Bewußtsein, Persönlichkeit. Berlin/DDR: Volk und Wissen 1979 bzw. Köln: Pahl-Rugenstein 1982

Leontjew, A. N.: Psychologie des Abbilds. Forum Kritische Psychologie 1981, Bd. 9, 5–19 a

Leontjew, A. N.: Die Psychologie der Kunst und die schöne Literatur (russ.). Liturnaja učeba (Literaturstudium) (1981) 2, 177–185 b

Leontjew, A. N.: Das Gedächtnis und seine Entwicklung. In: ders.: Werke in 6 Bänden. Band 1. 1988 (a)

Leontjew, A. N.: Materialien über das Bewußtsein. In: ders.: Werke in 6 Bänden. Band 1. 1988 (b)

Leontjew, A. N.: Die psychologische Erforschung des Sprechens. In: ders.: Werke in 6 Bänden. Band 1. 1988 (c)

Leontjew, A. N.: Werke in 6 Bänden. Ursprünglich geplant ab 1988 (d)

Lensing, P. J.: Gesichtsabwenden und Stereotypien. Zwei Verhaltensweisen im Dienste der Stimulation in normaler Entwicklung und bei frühkindlichem Autismus. Praxis der Kinderpsychologie und Kinderpsychotherapie 31 (1982) 1, 25–33

Lewis, M. H. and Baumeister, A. A.: Stereotyped Mannerisms in Mentally Retarded Persons: Animal Models and Theoretical Analyses. International Review of Research in Mental Retardation 2 (1982) 123–161

Lieberman, P.: On the Origins of Language. New York: MacMillan 1975

Lifton, J. R. and Olson, E.: Living and Dying. London: Wildwood House 1974

Lissina, M. I.: Die Besonderheiten der Kommunikation von Kleinkindern bei gemeinsam mit Erwachsenen ausgeführten Handlungen. In: S. M. Boguslawskaja et al.: Kommunikation mit Kindern. Berlin/DDR: Volk und Wissen, 1978, 136–185

Loi, A. N. und Schinkaruk, J. W.: Die Zeit als Kategorie sozialhistorischen Seins. Sowjetwissenschaft: Gesellschaftswissenschaftliche Beiträge 34 (1981) 142–155

Lomov, B. F.: Die Kategorien Kommunikation und Tätigkeit in der Psychologie. Sowjetwissenschaft: Gesellschaftswissenschaftliche Beiträge 33 (1980) 536–551

Lorenz, K.: Die Rückseite des Spiegels. Versuch einer Naturgeschichte menschlicher Erkenntnis. München: Piper 1973

Lorenzer, A.: Die Wahrheit der psychoanalytischen Erkenntnis. Frankfurt/M.: Imago-Druck 1974

Lukács, G.: Geschichte und Klassenbewußtsein. Amsterdam: de Munter 1967

Lukács, G.: Die Zerstörung der Vernunft. Band 1–3. Neuwied: Luchterhand, Band 1: 1979, 2. Aufl., Band 2: 1980, 2. Aufl., Band 3: 1974

Luria, A. R.: The Mentally Retarded Child. Oxford: Pergamon 1963 a

Luria, A. R.: Psychological Studies of Mental Deficiency in the Soviet Union. In: N. Ellis (Ed.): Handbook of Mental Deficiency. New York: McGraw-Hill 1963, 373–387 b

Luria, A. R.: The Mind of a Mnemonist. Harmondworth/Middlesex: Penguin 1975

Luria, A. R.: Cognitive Development. Cambridge/Mass.. Harvard University Press 1976 (deutsche Veröffentlichung: Die historische Bedingtheit individueller Erkenntnisprozesse. Weinheim: Verlag Chemie 1986)

Luria, A. R.: Die Stellung der Psychologie unter den Sozial- und Biowissenschaften. Sowjetwissenschaft: Gesellschaftswissenschaftliche Beiträge 31 (1978) 6, 640–647

Luria, A. R.: The Making of Mind. A Personal Account to Soviet Psychology. Cambridge/Mass.: Harvard University Press 1979

Luria, A. R.: Sprache und Bewußtsein. Köln: Pahl-Rugenstein 1982

Luria, A. R. and Artem'eva, E. Yu.: Two Approaches to an Evaluation of the Reliability of Psychological Investigations (Reliability of a Fact and Syndrom Analysis). Soviet Psychology 8 (1970) 3–4, 271–282

Maase, K.: Leben einzeln und frei wie ein Baum und brüderlich wie ein Wald . . . Frankfurt/M.: Verl. Marx. Blätter 1985

Mahler, Margaret: Symbiose und Individuation. Frankfurt/M.: Fischer 1975

Malson, L. et al.: Die wilden Kinder. Frankfurt/M.: Suhrkamp 1976, 3. Aufl.

Marx, K.: Philosophisch-ökonomische Manuskripte aus dem Jahre 1844. MEW

Erg. Bd. 1, Berlin/DDR: Dietz 1980

Marx, K.: Zur Kritik der Hegelschen Rechtsphilosophie. Einleitung. MEW Bd. 1. Berlin/DDR: Dietz 1974, 378–391

Marx, K.: Thesen über Feuerbach. MEW Bd. 3. Berlin/DDR: Dietz 1969, 4–7

Marx, K.: Grundrisse der Kritik der politischen Ökonomie. Frankfurt/M.: EVA o. J.

Marx, K.: Einleitung zur Kritik der politischen Ökonomie. MEW Bd. 13. Berlin/DDR: Dietz 1974, 615–642

Marx, K.: Das Kapital. Bd. 1. MEW Bd. 23. Berlin/DDR: Dietz 1970

Marx, K., u. Engels, F.: Die deutsche Ideologie. MEW Bd. 3. Berlin/DDR: Dietz 1970, 9–530

Marx, K., und Engels, F.: Manifest der Kommunistischen Partei. MEW Bd. 4. Berlin/DDR: Dietz 1972, 459–493

Mason, T. W.: Sozialpolitik im Dritten Reich. Arbeiterklasse und Volksgemeinschaft. Opladen: Westdeutscher Verlag 1977

Mason, W. A. et al.: Early Experience and Social Development of Rhesus Monkeys and Chimpanzees. In: G. Newton and S. Levine (Eds.): Early Experience and Behavior. Springfield/Ill.: C. C. Thomas 1971, 2nd Print. 440–480

Matussek, P.: Die Konzentrationslagerhaft und ihre Folgen. Berlin: Springer 1971

McCarley, R. W.: Der Traum Regie führt das Gehirn. Psychologie heute 6 (1979) 5, 64–67

McGuiness, Diane and Pribram, K.: The Neuropsychology of Attention: Emotional and Motivational Controls. In: M. C. Wittrock (Ed.): The Brain and Psychology. New York: Academic Press 1980, 95–140

Melnechuk, T.: Aus der Traum. Psychologie heute 11 (1984) 2, 21–27

Mészáros, I.: Der Entfremdungsbegriff bei Marx. München: List 1973

Metcalf, D. D.: Organizers of Psyche and EEG-Development: Birth through Adolecense. In: J. D. Noshpitz (Ed.): Basic Handbook of Child Psychiatry. Vol. I. New York: Basic Books 1979, 63–71

Metscher, T.: Kunst, Kultur, Humanität Bd. 1: Studien zur Kulturtheorie, Ideologietheorie und Äs...?tik. Fischerhude: Verlag Atelier im Bauernhaus 1982

Meyer, H.: Zur Psychologie der Geistigbehinderten. Berlin/West: Marhold 1977

Meyer-Probst, B. und Teichmann, H.: Risiken für die Persönlichkeitsentwicklung im Kindesalter. Leipzig: Thieme 1984

Michailow, N. N.: Das Bedürfnis der Persönlichkeit nach Selbstverwirklichung. Sowjetwissenschaft: Gesellschaftswissenschaftliche Beiträge 36 (1983) 1, 243–251

Milani-Comparetti, A.: Diagnosi precoce delle anomali di sviluppo psicomotorico. In: convegno per l'inseimento dei minuri handicappati. Ravenna 21.–24. genuaio 1976

Milani-Comparetti, A.: Pattern analysis of Normal and Abnormal Development: The Fetus, The Newborn, The Child. University of North Carolina at Chapel Hill, Division of Physical Therapy, May 1980

Milani-Comparetti, A.: Fetal Movements and Developmental Assessment. Vortrag Europäisches Seminar über Entwicklungsneurologie 1983 in Hamburg, unveröffentlicht.

Mocek, R.: Gedanken über Wissenschaft. Berlin/DDR: Dietz 1980

Moltz, H.: An Epigenetic Interpretation of the Imprinting Phenomenon. In: G. Newton and S. Levine (Eds.): Early Experience and Behavior. Springfield/Ill.: C. C. Thomas 1971, 2nd Print. 3–41

Moser, T.: Jugendkriminalität und Gesellschaftsstruktur. Frankfurt/M.: Suhrkamp 1972

Newerowitsch, J. S.: Elementare Formen der Arbeitstätigkeit im Vorschulalter. In: A. W. Saporoshez und D. B. Elkonin (Hrsg.): Psychologie der Persönlichkeit und Tätigkeit des Vorschulkindes. Berlin/DDR: Volk und Wissen 1974, 2. Aufl., 75–96

Nowak, K.: „Euthanasie" und Sterilisierung im „Dritten Reich". Die Konfrontation der evangelischen und katholischen Kirche mit dem „Gesetz zur Verhütung erbkranken Nachwuchses" und der „Euthanasie"-Aktion. Göttingen: Vandenhoeck & Ruprecht 1978

Nurcombe, B.: Early Infantile Autism – Recent Advances. In: Flehmig. Inge und Stern, L. (Hrsg.): Kindesentwicklung und Lernverhalten. Stuttgart: Fischer 1986, 223–235

Obuchowski, K.: Orientierung und Emotion. Köln: Pahl-Rugenstein 1982

Ondarza-Landwehr, Gisela von: Prognose minimaler Hirnfunktionsstörungen im Vorschulalter. Weinheim: Beltz 1979

Opitz, R.: Faschismus und Neofaschismus. Frankfurt/M.: Marxistische Blätter 1984

Oppholzer, A. A.: Entfremdung und Industriearbeit. Köln: Pahl-Rugenstein 1974

Palombo, J.. Critical Review of the Concept of the Borderline Child. Clinical Social Work Journal 10 (1982) 4, 246–264

Patten, B. M. and Carlson, B. M.: Foundations of Embryology New Delhi: Tata McGraw Hill Publ. Co. 1977

Pawlow, I. P.: Sämtliche Werke. 7 Bde. Berlin/DDR: Akademie-Verlag 1953–1955

Pawlow, T.: Die Widerspiegelungstheorie. Berlin/DDR: DVdW 1973

Petrak, H. et al.: Proletariat in der BRD. Berlin/DDR: Dietz 1974

Petrowski, A. W.: Entwicklungspsychologie und pädagogische Psychologie. Berlin/DDR: Volk und Wissen 1977

Petzold, J.. Die Demagogie des Hitler-Faschismus. Frankfurt/M.: Röderberg 1983

Piaget, J.: Psychologie der Intelligenz. Zürich: Rascher 1949

Piaget, J.: Biologische Anpassung und Psychologie der Intelligenz. Stuttgart: Klett 1975 a

Piaget, J.. Das Erwachen der Intelligenz beim Kinde. Gesammelte Werke Bd. 1. Stuttgart: Klett 1975 b

Piaget, J.: Der Aufbau der Wirklichkeit beim Kind. Gesammelte Werke Bd. 2. Stuttgart: Klett 1975 c

Piaget, J.: Nachahmung, Spiel und Traum. Gesammelte Werke Bd. 5. Stuttgart: Klett 1975 d

Piaget, J.: Gesammelte Werke. 10 Bd. Stuttgart: Klett 1975 e

Piaget, J.: Das Verhalten – Triebkraft der Evolution. Salzburg: O. Müller 1980

Politzer, G.: Kritik der klassischen Psychologie. Frankfurt/M.: EVA 1974

Poljakov, J.: Schizophrenie und Erkenntnistätigkeit. Stuttgart: Hippokrates 1973

Prechtl, H. F. R.: Motor Behaviour in Relation to Brain Structure. In: G. B. A. Stoelinga and J. J. van der Werff ten Bosch (Eds.): Normal and Abnormal Development of Brain and Behaviour. Leiden: University Press 1971, 133–145

Prechtl, H. F. R.: Continuity of Neural Functions from Prenatal to Postnatal Life. Oxford: Blackwell 1984

Premack, D.: Animal Cognition. Annual Review of Psychology 34 (1983) 351–362

Preuss-Lausitz, U.: Fördern ohne Sonderschule. Weinheim: Beltz 1981

Pribram, K. H.: The Foundation of Psychoanalytic Theory: Freud's Neuropsychological Model. In: K. H. Pribram (Ed.): Brain and Behaviour 4: Adaptation. Harmondsworth/Middlesex: Penguin 1969, 395–432

Pribram, K.: Hologramme im Gehirn. Psychologie heute 6 (1979) 10, 32–54

Pribram, K. H.: Emotions. In: Susan B. Filskov and T. J. Boll (Eds.): Handbook of Clinical Psychology. New York: Wiley 1981, 102–134

Pribram, K. and Gill, M. M.: Freud's ‚Project' Reassessed. Preface to Contemporary Cognitive Theory and Neuropsychology. New York: Basic Books 1976

Probst, H.: Diagnostik und Didaktik der Oberbegriffsbildung. Solms/L.: Jarick 1981

Radsichowski, L. A.: Das Subjekt-Objekt-Programm in der psychologischen Theorie der Tätigkeit. Sowjetwissenschaft: Gesellschaftswissenschaftliche Beiträge 36 (1983) 4, 560–569

Radzun, R. und Schröder, Astrid: Kritik der krankengymnastischen Methode nach Vojta. Jahrbuch für Psychopathologie und Psychotherapie 3 (1983) 158–182

Reichmann, E. (Hrsg.): Handbuch der kritischen und materialistischen Behindertenpädagogik. Solms/Lahn: Jarick 1984

Reichmann, E.: Historische Kenntnisse. In: ders. (Hrsg.): Handbuch der kritischen und materialistischen Behindertenpädagogik. Solms/Lahn: Jarick 1984, 278–283

Richter, C. P.: On the Phenomenon of Sudden Death in Animals and Man. Psychosomatic Medicine 19 (1957) 191–198

Richter, Gudrun: Zur Dialektik von Logischem und Historischen. In: Heidtmann, B. et al.: Marxistische Gesellschaftsdialektik oder „Systemtheorie der Gesellschaft?" Frankfurt/M.: Marxistische Blätter 1977, 139–199

Richter, H. E.: Eltern, Kind, Neurose. Reinbek: Rowohlt 1969

Riegel, K.: Dialectic Operations: The Final Period of Cognitive Development. Human Development 16 (1973) 346–370

Riegel, K.: (Hrsg.): Zur Ontogenese dialektischer Operationen. Frankfurt/M.: Suhrkamp 1978

Rissom, Ingrid: Der Begriff des Zeichens in den Arbeiten Lev Semjonovič Vygotskis, Diss. phil., Marburg 1981

Robertson, Jane und Robertson, J.: Jane und John: Zwei Fallstudien zum Trennungsverhalten. In: Bundeszentrale für gesundheitliche Aufklärung (Hrsg.): Psychosoziale Bedingungen der frühkindlichen Entwicklung. Ansatzmöglichkeiten für die Gesundheitserziehung. Köln: BfgA 1981, 101–108

Rödler, P.: Sisyphos: Gedanken zur Reflexion des Autismus. Behindertenpädagogik 24 (1985) 3, 248–262

Rohde-Dachser, Christa: Das Borderline-Syndrom. Psyche 33 (1976) 6, 481–527

Rohde-Dachser, Christa: Zur Genese und Therapie der Borderline-Störungen. Psychotherapie, Psychosomatik, Medizinische Psychologie 30 (1980) 60–69

Romey, S.: Faschismus. In: Reichmann, E. (Hrsg.): Handbuch der kritischen und materialistischen Behindertenpädagogik. Solms/Lahn: Jarick 1984, 187–220

Rondal, J. A.: Linguistic and Prelinguistic Development in Moderate and Severe Mental Retardation. In: J. Dobbing et al. (Eds.) Scientific Studies in Mental Retardation. London: Royal Society of Medicine 1984, 323–345

Ross, A. O and Pelham, W E.: Child Psychopathology Annual Review of Psychology 32 (1981) 243–278

Roth, G.: Die Bedeutung der biologischen Wahrnehmungsforschung für die philosophische Erkenntnistheorie. In: P M. Hejl, W. K. Köck und G. Roth (Hrsg.): Wahrnehmung und Kommunikation. Frankfurt/M.: Lang 1978, 65–78

Roth, K. H. (Hrsg.): Erfassung zur Vernichtung. Von der Sozialhygiene bis zum „Gesetz über Sterbehilfe". Berlin/W.: Verlagsgesellschaft Gesundheit 1984

Ruben, P.: Wissenschaft als allgemeine Arbeit: Über Grundfragen der marxistisch-leninistischen Wissenschaftsauffassung. In: ders.: Dialektik und Arbeit der Philosophie. Köln: Pahl-Rugenstein 1978, 9–51

Rubinstein, S. L.: Grundlagen der allgemeinen Psychologie. Berlin/DDR: Volk und Wissen 1971, 7. Aufl.

Ruckstuhl, U.: Schizophrenieforschung. Weinheim: Beltz 1981

Rühle, O.: Das proletarische Kind in der bürgerlichen Gesellschaft. München: Langen 1922

Runde, P und Heinze, R. G.: (Hrsg.): Chancengleichheit für Behinderte. Neuwied: Luchterhand 1979

Sachsse, C. und Tennstedt, F.: Geschichte der Armenfürsorge in Deutschland. Vom Spätmittelalter bis zum 1. Weltkrieg. Stuttgart: Kohlhammer 1980

Sameroff, A. J.: Austauschmodelle für frühe soziale Beziehungen. In: K. Riegel (Hrsg.): Zur Ontogenese dialektischer Operationen. Frankfurt/M.: Suhrkamp 1978. 97–116.

Sameroff, A. J. and Seifer, R.: Familial Risk and Child Competence. Child Development 54 (1983) 1254–1268.

Sandkühler, H. J.: Praxis und Geschichtsbewußtsein. Studie zur materialistischen Dialektik, Erkenntnistheorie und Hermeneutik. Frankfurt/M.: Suhrkamp 1973.

Saporoshez, A. W und Elkonin, D. B.: Psychologie der Persönlichkeit und Tätigkeit des Vorschulkindes. Berlin/DDR: Volk und Wissen 1974.

Saporoshez, A. W. (Zaporoshets) and Elkonin, D. B.: The Psychology of Preschool Children. Cambridge/Mass.: MIT-Press 1971.

Sarbin, T. R. and Mancuso, J. C.: Schizophrenie: Medizinische Diagnose oder moralisches Urteil? München: Urban & Schwarzenberg 1982.

Sarnat, H. B. and Netzky, M. G.: Evolution of the Nervous System. New York: Oxford University Press 1974.

Saunders, J. C. and Bock, G. R.: Influences of Early Auditory Trauma on Auditory Development. In: G. Gottlieb: Studies on the Development of Behavior and the Nervous System. Vol. 4: Early Influences. New York: Academic Press 1978, 249–287.

Schallmeyer, W.. Vererbung und Auslese. Jena: G. Fischer 1918, 3. Aufl.

Scharfetter, C.: Psychosis. In: Shepherd and O. L. Zangwill (Eds.): General

Psychopathology. Handbook of Psychiatrie Vol. 1. Cambridge: University Press 1983, 39–40.

Schneider, Ulrike: Sozialwissenschaftliche Methodenkrise und Handlungsforschung. Frankfurt/M.: Campus 1980.

Schmalohr, E.: Frühe Mutterentbehrung bei Mensch und Tier. München: Kindler 1975, 2. Aufl.

Schmidt, H. D.: Allgemeine Entwicklungspsychologie. Berlin/DDR: DVdW 1973.

Schneck, P.: Die Entwicklung der Eugenik als soziale Bewegung in der Epoche des Imperialismus. In: H. M. Dietl u. a.: Eugenik. Entstehung und gesellschaftliche Bedingtheit. Jena: G. Fischer 1984, 24–58.

Schurig, V.: Naturgeschichte des Psychischen. Bd. 1 und 2. Frankfurt/M.: Campus 1975.

Schurig, V.: Die Entstehung des Bewußtseins. Frankfurt/M.: Campus 1976.

Schurig, V.: Thesen zur Konstituierung der Subjektivität in der Ontogenese. Thesenpapier für den II. Internationalen Kongreß Kritische Psychologie in Marburg vom 4. 5.–6. 5. 1979. Hektographierte Broschüre: Materialien zur Arbeitsgemeinschaft A 4: Die Konstituierung der Subjektivität in der Ontogenese. Marburg 1979, 57–60.

Scott, J. P.: The Process of Primary Socialization in the Dog. In: G. Newton and S. Levine (Eds.): Early Experience and Behavior. Springfield/Ill.: C. C. Thomas 1971, 2nd Print. 412–439.

Seidel, K.: Psychiatrie. In: K. Seidel u. a.: Neurologie und Psychiatrie einschließlich Kinderneuropsychiatrie und Gerichtliche Psychiatrie. Berlin/DDR: Volk und Wissen 1977, 154–230.

Seligman, M.E.P.: Erlernte Hilflosigkeit. München: Urban & Schwarzenberg 1979.

Selye, H.: Stress in Health and Disease. London: Butterworth 1975.

Sève, L.: Über den Strukturalismus. Marxismus-Digest 9 (1972) 1, 131–150.

Sève, L.: Marxismus und Theorie der Persönlichkeit. Frankfurt/M.: Marxistische Blätter 1972.

Sève, L.: Marxistische Analyse der Entfremdung. Frankfurt/M.: Marxistische Blätter 1978.

Sève, L.: Wissen und Verantwortung. In: M. Buhr und H. J. Sandkühler (Hrsg.): Philosophie in weltbürgerlicher Absicht und wissenschaftlicher Sozialismus. Köln: Pahl-Rugenstein 1985, 232–243.

Siemen, H. L.: Das Grauen ist vorprogrammiert. Psychiatrie zwischen Faschismus und Atomkrieg. Gießen: Focus 1982.

Simonov, P. V.: Widerspiegelungstheorie und Psychophysiologie der Emotionen. Berlin/DDR: Volk und Gesundheit 1975.

Simonov, P. V.: Höhere Nerventätigkeit des Menschen. Motivationelle und emotionale Aspekte. Berlin/DDR: Volk und Gesundheit 1982.

Simonov, P. V.: The Reinforcement Functions of Emotions. In: E. A. Asratyan and P. V. Simonov (Eds.): The Learning Brain. Moskau: Mir Publishers 1983, 167–183.

Simonov, P. V.: The Need-Informational Theory of Emotions. International Journal of Psychophysiology 1 (1984) 284–299.

Simonov, P. V.: The Emotional Brain. Physiology, Neuroanatomy, Psychology and Emotion. New York: Plenum 1986.

Sinz, R.: Lernen und Gedächtnis. Stuttgart: G. Fischer 1976.

Sinz, R.: Zeitstrukturen und organismische Regulation. Berlin/DDR: Akademie-Verlag 1978.

Sinz, R.: Neurobiologie und Gedächtnis. Stuttgart: G. Fischer 1979.

Sirotkin, S.: Die Welt der Blindtaubstummen. Gesellschaftswissenschaften 6 (1976) 2, 221–226.

Slama-Cazacu, Tatjana: Das Verhältnis von Denken und Sprache bei Vorschulkindern (3–7 Jahre). Berlin/DDR: Akademie-Verlag 1984.

Sölle, Dorothee: Die Hinreise. Stuttgart: Kreuz 1975.

Sokolov, E. I. and Belova, E. V.: Emotions and Heart Disease. Moskau: Mir Publishers 1985.

Sollier, P.: Der Idiot und der Imbezille. Hamburg: Voss 1891.

Spinoza, B.: Die Ethik. Stuttgart: Kröner 1982.

Spitz, R. A.: Diacritic and Coenesthetic Organizations. Psychoanalytic Review 32 (1945) 146–162.

Spitz, R. A.: Eine genetische Feldtheorie der Ichbildung. Frankfurt/M.: Fischer 1972 a.

Spitz, R. A.. Das Leben und der Dialog. Psyche 26 (1972) 4, 249–264 b.

Spitz, R. A.: Brücken. Zur Genese der Sinngebung. Psyche 28 (1974) 7, 1003–1018.

Spitz, R.A.: Vom Säugling zum Kleinkind. Stuttgart: Klett-Cotta 1980, 6. Aufl.

Stadler, M. et al.: Psychologie der Wahrnehmung. München: Juventa 1975.

Stadler, M.: Feldtheorie heute – von Wolfgang Köhler zu Karl Pribram. Gestalt Theory 3 (1981) 185–199.

Steigerwald, R.: Bürgerliche Philosphie und Revisionismus im imperialistischen Deutschland. Frankfurt/M.: Marxistische Blätter 1980.

Stirnimann, F.: Psychologie des neugeborenen Kindes. München: Kindler 1973, 2. Aufl.

Strauß, F. J.: Gebote der Freiheit. München: Grünewald 1980.

Strömgren, E.: Development of Concepts of Schizophrenia. In: J. K. Wing and Lorna Wing (Eds.): Psychoses of Uncertain Aetiology. Handbook of Psychiatry Vol. 3. Cambridge: University Press 1982, 3–7.

Stropahl, F.: Kritische Anmerkungen zur Streßtheorie von Hans Selye. Jahrbuch für Psychopathologie und Psychotherapie 3 (1983) 43–61.

Strümpell, L.: Die Pädagogische Pathologie oder die Lehre von den Fehlern der Kinder. Leipzig: Böhme 1980.

Suchomlinski, W.: Mein Herz gehört den Kindern. Berlin/DDR: Volk und Wissen 1974.

Suchomlinski, W.: Vom Werden des jungen Staatsbürgers. Berlin/DDR: Volk und Wissen 1977, 2. Aufl.

Suchomlinski, W.: Die weise Macht des Kollektivs. Berlin/DDR Volk und Wissen 1979

Suomi, S.: The Development of Affects in Rhesus-Monkeys. In: N. A. Fox and R. J. Davidson (Eds.): The Psychobiology of Affective Development. Hillsdale/New Jersey: Lawrence Erlbaum 1984, 119–159.

Sydow, H.. Experimentalpsychologische Untersuchungen von Denkprozessen. Zeitschrift für Psychologie 186 (1978) 4, 455–470.

Tembrock, G.: Grundlagen des Tierverhaltens. Braunschweig: Vieweg 1977.

Tennstedt, F.: Sozialgeschichte der Sozialversicherung (Kranken-, Unfall- und Rentenversicherung). In: M. Blohmke et al. (Hrsg.): Handbuch der Sozialmedizin in drei Bänden. Band 3. Stuttgart: Enke 1976, 385–492.

Trennstedt, F.: Sozialgeschichte der Sozialpolitik in Deutschland. Vom 18. Jahrhundert bis zum 1. Weltkrieg. Göttingen: Vandenhoek & Ruprecht 1981.

Tichomirow, O. K.: Theoretische Probleme der Erforschung des Unbewußten. Sowjetwissenschaft: Gesellschaftswissenschaftliche Beiträge 34 (1981) 924–933.

Tinbergen, N. und Elisabeth A. Tinbergen: Autismus bei Kindern. Fortschritte im Verständnis und neue Heilbehandlungen lassen hoffen. Berlin/West: Parey 1984.

Törne, V. v.: Antikommunismus: Die Grundtorheit unseres Jahrhunderts. In: ders.: Zwischen Geschichte und Zukunft. Berlin/West: Aktion Sühnezeichen/ Friedensdienste e. V. 1981, 63–78.

Tokarew, S. A.: Die Religion in der Geschichte der Völker. Köln: Pahl-Rugenstein o. J. (Nachdruck der Ausgabe im Dietz-Verlag Berlin/DDR von 1968).

Tomaszweski, T.: Tätigkeit und Bewußtsein. Weinheim: Beltz 1978.

Tomberg. F.: Der Begriff der Entfremdung in den „Grundrissen" von Karl Marx. Das Argument 11 (1969) 3, 187–223.

Tornow, K. und Weinert, H.: Erbe und Schicksal. Von geschädigten Menschen, Erbkrankheiten und deren Bekämpfung. Berlin: Metzner 1942.

Tsiakalos, G.: Ablehnung von Fremden und Außenseitern. Unterricht Biologie Heft 72/73, 6 (1982) Aug./Sept., S. 49–58.

Tsiakalos, G. und Tsiakalos, Sigrid: Reaktionen auf Behinderte im Lichte der Ethologie. Jahrbuch für Psychopathologie und Psychotherapie 6 (1986) 12–28.

Urginowitsch, D. M.: Die urgesellschaftliche Mythologie und ihre Entwicklungstendenzen. Sowjetwissenschaft: Gesellschaftswissenschaftliche Beiträge 35 (1982) 113–127.

Uschakow, G. K.: Psychonervale Störungen im Grenzbereich der Psychiatrie und Neurologie. Leipzig: Thieme 1982.

Uznadze, D. N.: The Psychology of Set. New York: Consultants Bureau 1966.

Uznadze, D. N.: Untersuchungen zur Psychologie der Einstellung. In: M. Vorwerg (Hrsg.): Einstellungspsychologie. Berlin/DDR 1976, 21–50.

Vasques, Anna: Folter: Die Herren von Santiago. Referat auf dem 21. Internationalen Psychologiekongreß im Juni 1976 in Paris. Übersetzung aus „Le Nouvel Observateur" v. 2. 8. 1976, Nr. 612/1976, Document S. 29 ff.. Vertrieb: Psychother. Arbeitskreis, Rümelinstr. 8, 7400 Tübingen.

Vincze, L. u. Vincze, Flora: Die Erziehung zum Vorurteil. Wien: Europa Verlag 1964.

Volochov, A. A.: Physiologische Aspekte der Ontogenese. In: D. Biesold und H. Matthies: Neurobiologie. Stuttgart: G. Fischer 1977, 370–423.

Wacker. A.: Arbeitslosigkeit – Soziale und psychische Voraussetzungen und Folgen. Frankfurt/M.: EVA 1976.

Waddington, C. H.: The Evolution of an Evolutionist. Edinburgh: University Press 1975.

Wagner, Almut und Baetcke, K.: Beiträge zur Schule für Geistigbehinderte. Bern: Huber 1976.

Wallisfurth, Maria: Sie hat es mir erzählt. Freiburg: Herder 1979, 2. Aufl.

Wallon, H.: L'Enfant Turbulent. Paris: 1925. Neuauflage Paris: PUF 1984.
Warner, R.: Harte Zeiten fördern Psychosen. Psychologie heute 13 (1986) 9, 60–63.
Wazuro, E. G.: Die Lehre Pawlows von der höheren Nerventätigkeit. Berlin/ DDR: Volk und Wissen 1975.
Weber, Doris: Der frühkindliche Autismus unter dem Aspekt der Entwicklung. Bern: Huber 1970.
Weigl, Irina et al.: Wege der Orientierung der kognitiven Entwicklung bei Krippenkindern. Pädiatrie und Grenzgebiete 22 (1983) 1, 63–72.
Weigl, Irina: Beziehungen zwischen Sprachperzeption, Handlung und Sprachproduktion im Spracherwerbsprozeß. Experimentelle Untersuchungen zum Spracherwerb bei Kindern im zweiten Lebensjahr. In: Iris Füssenich und B. Gläser (Hrsg.): Dysgrammatismus. Theoretische und praktische Probleme bei der interdisziplinären Beschreibung gestörter Kindersprache. Heidelberg: Schindele 1985, 111–141.
Weiss, P.: Die Ästhetik des Widerstands. 3 Bde. Frankfurt/M.: Suhrkamp 1976, 1978, 1981.
Weltgesundheitsamt: Definition der Behinderung. UNESCO-Kurier 22 (1981), 1,32.
Wendeler, J.. Psychologische Analysen geistiger Behinderung. Weinheim: Beltz 1976.
Wendeler, J.: Frühkindliche Entwicklung und geistige Behinderung: Sensomotorische und kommunikative Fähigkeiten. Geistige Behinderung 19 (1980) 3, 154–168.
Werner, Emmy and Smith, R. S.: Vulnerable, But Invincible. New York: McGraw-Hill 1982.
Werner, Emmy: Milieueinflüsse im Leben von Kindern mit Entwicklungsstörungen. Vortrag auf dem Europäischen Seminar für Entwicklungsneurologie, Hamburg 1983, unveröffentlicht.
Wilson, E. O.: Sociobiology The abridged edition. Cambridge/Mass.: Belknap Press 1980.
Wing, J. K.: Frühkindlicher Autismus. Weinheim: Beltz 1973.
Wing. J. K.. Course and Prognosis of Schizophrenia. In: J. K. Wing and Lorna Wing (Eds.): Psychoses of Uncertain Aetiology Handbook of Psychiatry Vol. 3. Cambridge: University Press 1982. 33–41.
Wing, J. K.: Psychosocial Factors Influencing the Onset and Course of Schizophrenia. In: J. K. Wing and Lorna Wing (Eds.): Psychoses of Uncertain Aetiology. Handbook of Psychiatry Vol. 3. Cambridge: University Press 1982. 49–54.
Wulff, E.: Psychiatrie und Klassengesellschaft. Frankfurt/M.: Fischer-Athenäum 1972.
Wygotski, L. S.: Die genetischen Wurzeln des Denkens und der Sprache. Unter dem Banner des Marxismus 3 (1929) 3, 450–469 und 4, 607–623.
Wygotski, L. S.: Spinoza's Theory of Emotions in Light of Modern Psychoneurology Soviet Studies in Philosophy 10 (1972) 362–382 a (auf deutsch in Wygotski, L. S.: Ausgewählte Schriften. Bd. 1. Köln 1985, 363–382).
Wygotski, L. S.. Denken und Sprechen. Frankfurt/M.. Fischer 1972 b.
Wygotski, L. S.: Denken bei Schizophrenie. Jahrbuch für Psychopathologie und

Psychotherapıe 4 (1984) 33–49.
Wygotski, L. S.: Ausgewählte Schriften. Bd. 1. Köln: Pahl-Rugenstein 1985 a.
Wygotski, L. S.: Dıe Krise der Psychologıe ın ihrer hıstorıschen Bedeutung. In:
L. S. Wygotskı: Ausgewählte Schriften Bd. 1. Köln: Pahl-Rugenstein 1985,
9–277 b.
Wygotskı, L. S. (Vygotsky): The Collected Works of L. S Vygotsky. Vol. 1–6.
New York: Plenum-Press. Vol. 1: 1987.
Zahn, F.: Vom Wirtschaftswert des Menschen. Allgemeınes Statistisches Archıv
24 (1934/35) 461–464.
Zeigarnik, Blyma W.: Denkstörungen bei psychiatrıschen Krankheıtsbildern.
Berlin/DDR: Akademıe-Verlag 1961.
Zeigarnik, Blyma W.: The Pathology of Thinking. New York: Consultants Bureau 1965.
Zeigarnik, Blyma W.: Experimental Abnormal Psychology. New York: Plenum
1972.
Zeigarnik, Blyma W. et al.: Zur Situatıon der Pathopsychologie. Sowjetwıssenschaft: Gesellschaftswıssenschaftliche Beiträge 27 (1974) 1331–1335.

TEIL 2

Neurowissenschaftliche
Grundlagen, Diagnostik, Pädagogik
und Therapie

Inhaltsverzeichnis

Verzeichnis der Abbildungen und Tabellen

Vorwort

Dieses Buch, dessen zweiter Band nun vorliegt, fällt aus dem üblichen Rahmen von Büchern zur Behindertenpädagogik. Beide Bände weisen dem Inhaltsverzeichnis nach keine der traditionellen Gebiete auf, die man unter dem Titel Behindertenpädagogik erwartet, also z. B. Lernbehinderung, geistige Behinderung, Körperbehinderung u. a. Statt dessen werden in Bd. 1 sozialwissenschaftliche, methodologische und insbesondere psychologische Grundfragen eines Neuverständnisses von Behinderung und Behindertenpädagogik erörtert, ein Neuverständnis, in dem von einem Allgemeinen ausgehend – und das ist Humanität, Mensch-Sein – Behinderung als dessen Verbesonderung sichtbar wird. Dieser Weg wird im vorliegenden zweiten Band weiter beschritten: Einer umfassenden Aufarbeitung neurowissenschaftlicher Grundfragen folgt die systematische Behandlung von diagnostischen Fragen, Problemen basaler Pädagogik sowie Schulpädagogik und schließlich von Gesundheit und Therapie.

Warum dieser Aufbau? – so hatte ich im Vorwort des ersten Bandes gefragt und dann wie folgt begründet:

„Das Wissen über den Menschen, über die sozialen, psychologischen und biologischen Seiten seiner Existenz ist ungeheuer angewachsen, aber seine Anwendung zum Nutzen der Menschen ist damit in keiner Weise garantiert. Dies gilt nicht nur im Bereich der Behindertenpädagogik. Was uns fehlt, ist viel weniger Einzelwissen, als eine systematische, theoretische und praxisbezogene Durcharbeitung des Einzelwissens".

Bei dem Beschreiten dieses Weges habe ich mich an dem Verständnis orientiert, das *Wygotski* zur Frage einer „allgemeinen" Wissenschaft entwickelt hat. In seinem grundlegenden wissenschaftstheoretischen Werk „Die Krise der Psychologie in ihrer historischen Bedeutung" begründet er dies am Beispiel der notwendigen Entwicklung der Psychologie. Es bedürfe einer Theorie oberhalb der verschiedenen Einzeltheorien und Teilgebiete (wie z. B. Entwicklungspsychologie, Tierpsychologie, Pathopsychologie oder die bisher als „allgemeine Psychologie" betrachtete Psychologie des Durchschnittsmenschen mit Teilgebieten wie Wahrnehmung, Motivation usw.). Dies sei nur möglich, indem in induktiv-analytischer theoretischer Arbeit die Ergebnisse bzw. Einzeltheorien dieser unterschiedlichen Ansätze selbst Gegenstand der Forschung werden müßten. (Vergleichbar finden sich in den modernen Naturwissenschaften z. B. eine theoretische Physik und in Ansätzen eine theoretische Chemie bzw. Biologie). Eine derartige „allgemeine Wissenschaft" kann nach *Wygotski* als „Philosophie des Faches" aufgefaßt werden. Sie erarbeitet und sichert den interdisziplinären, einheitlich durchdachten Zusammenhang, auf den sich arbeitsteilig und disziplinär arbeitende Spezialisten jeweils beziehen müssen, um kooperieren zu können.

Dieses Anliegen wird im vorliegenden zweiten Band der „Allgemeinen Behindertenpädagogik" besonders deutlich, da er sehr ausführlich die neurowissenschaftliche Diskussion aufgreift. Es geht hierbei jedoch nicht um ein Wiederholen dessen, was in jedem einschlägigen neurowissenschaftlichen Lehrbuch mehr oder weniger ausführlich nachgelesen werden kann. Ich bin statt dessen dem neuen und ganzheitlichen Verständnis von Lebensprozessen gefolgt, das sich in der naturwissenschaftlichen Theorie der Selbstorganisation bzw. der Synergetik gegenwärtig herausbildet. Ich habe versucht, eine sowohl der Tätigkeitstheorie wie diesen Ansätzen entsprechende Sichtweise zu entwickeln und durchzumodellieren. Um es mit den wichtigsten Namen zu belegen, wurde nach den gemeinsamen Perspektiven gefragt, die sich aus den Arbeiten von *Anochin* und *Bernstein, Luria, Maturana* und *Varela* bzw. *Roth* sowie *Pribram* ergeben.

Die hier gewonnenen allgemeinen Bestimmungen von Informationskonstruktion, synergetischer Kooperation und Ordnungsbildung durch emotionale und kognitive Prozesse u. a. m. präzisieren eine Reihe von Gedanken der Tätigkeitstheorie, wie umgekehrt. Dies ermöglicht es, innerhalb von Diagnostik, Therapie und Pädagogik den Zusammenhang von Kategorien deutlicher bestimmen zu können. Kategorien wie Dialog, Kooperation, Kommunikation, sozialer Verkehr, Erziehung und Bildung, Gesundheit und Krankheit können präziser durchgearbeitet und in ihrem Doppelcharakter im Kontext herrschender gesellschaftlicher Verhältnisse begriffen werden.

Das gesamte Buch ist einerseits so aufgebaut, daß Kategorie nach Kategorie systematisch entwickelt wird. Andererseits werden die einmal erfolgten Vorklärungen in neuem Kontext jeweils wieder aufgegriffen und weitergeführt, so daß eine unabhängige Lektüre beider Bände möglich ist. Neben einer systematischen Lektüre beider Bände ist es möglich, ebenenspezifisch einzusteigen, also im Band 1 statt mit den sozialwissenschaftlichen mit den psychologischen Fragen zu beginnen oder im Band 2 mit den pädagogischen und therapeutischen Kapiteln. Leser/innen, die von der Medizin herkommen, werden möglicherweise mit den neurowissenschaftlichen Kapiteln und dem Kapitel über Therapie beginnen. Von diesen unterschiedlichen Einstiegen her ist eine schnelle Orientierung im systematischen Aufbau in doppelter Weise möglich. Zum einen durch ein differenziertes Inhaltsverzeichnis, das beide Bände erschließt, zum anderen über die zahlreichen Abbildungen und Tabellen, die als zusammenfassende Orientierungen bzw. Modelle von Teilbereichen sehr gut zur eigenen Strukturierung benutzt werden können.

Natürlich wird die Lektüre auch dieses zweiten Bandes nicht einfach sein. Sie wirft viele Fragen in neuer Perspektive auf und führt in den neurowissenschaftlichen Kapiteln in Gebiete, in denen viele Leser/innen nur wenig Vorkenntnisse haben. Trotzdem ist die systematische Auseinandersetzung mit diesen Sachverhalten meiner Auffassung nach unumgänglich. Eine Rehistorisierung, ein Begreifen der durch den Defekt radikal veränderten Lebenssituation von behinderten Menschen mag uns bei Blindheit oder Gehörlosigkeit mit unserem Alltagswissen gerade noch gelingen, bei Kannerschem Autismus, bei Lesch-Nyhan-Syndrom oder bei spezifischen Formen von Hirnverletzungen ist dies nur über theoretische Arbeit möglich. Und ohne eine solche Rehistorisierung bleiben wir selbst unfähig zu Dialog und Kooperation; indem wir den anderen Menschen nicht begreifen, stellen wir unter diesen Bedingungen den sozialen Ausschluß her, den aufzuheben wir angetreten sind.

Nach mehr als 15 Jahren Arbeit an der Entwicklung einer materialistischen Behindertenpädagogik, mehreren Jahren Vorbereitung und fünf Jahren Arbeit an den beiden Bänden der „Allgemeinen Behindertenpädagogik" ist es unmöglich, alle die zu nennen, die mir kritische Diskussionspartner/innen waren. Ich danke ihnen, Student/innen wie Kolleg/innen, Praktiker/innen wie Theoretiker/innen ebenso wie all denen, die Teile des Manuskriptes vorher in Händen hatten und mir viele wichtige Hinweise gaben. Stellvertretend für alle anderen möchte ich meinen akademischen Lehrer Karl Hermann *Wewetzer* nennen, dessen Art, psychologisch zu denken, mich mehr beeinflußt hat, als ich es in all den Jahren noch wahrgenommen hatte. Reimer *Kornmann* machte mich aus Anlaß des von ihm mit viel Kritik und Anregungen bedachten Kapitels über Diagnostik darauf aufmerksam. Wenn ich *Wewetzer* auch nicht im Text zitiert habe, durch ihn bin ich lange vor meiner Kenntnis der kulturhistorischen Theorie mit einem ganzheitlichen psychologischen Denken in Berührung gekommen, das ich später dann bei *Wygotski, Leontjew* und *Luria* wiederfand. Und was noch wichtiger war: Seine Art zu denken korrespondierte mit seiner Art, human zu handeln.

Bremen, im März 1990   *Wolfgang Jantzen*

13

7 Neurowissenschaftliche Grundlagen I: Die funktionelle Organisation neurobiologischer Prozesse

Im Rahmen einer systematischen und allgemeinen Abhandlung zu Problemen der Behindertenpädagogik ist es unumgänglich, ausführlich zur Problematik der biologischen Ebene in der Organisation der Lebensprozesse des ganzheitlichen Menschen Stellung zu beziehen. Eine nichtreduktionistische Befassung mit dem Ebenenproblem, so wurde in Band 1 dieses Lehrbuches herausgearbeitet, verlangt dabei eine bestimmte methodologische Grundeinstellung zur Wechselwirkung der biologischen, der psychischen und der sozialen Ebene im Leben des ganzheitlichen Menschen (vgl. *Leontjew* 1979, Kap. 6): Diese Ebenen liegen nicht einfach übereinander oder nebeneinander, noch ist die eine auf die andere ohne weiteres zu reduzieren. Vielmehr stehen sie in Wechselbeziehungen der Art, daß die je höhere Ebene von der je niederen Ebene abhängig ist, aber ihrerseits die je niedere Ebene determiniert. Und dies nicht nur in einer über die Lebenszeit hinweg gleichbleibenden Beziehung, sondern in einem spiralförmigen Prozeß, in dem die je höheren Ebenen im Lauf des Lebensprozesses ein je größeres Gewicht erhalten. Die sozialwissenschaftliche und psychologische Seite dieser Prozesse wurde in Band 1 ausführlich dargestellt, wobei besondere Beachtung dem Problem der Übergänge zwischen diesen Ebenen geschenkt wurde (z.B. an der Problematik des allgemeinen Arbeitsbegriffs oder der Dialektik von Entfremdung und Isolation; vgl. Kap. 1 bzw. Kap. 6). Zum Teil wurden dort bereits Grundfragen der integrativen Organisation biologischer Prozesse mit angesprochen, deren Ganzheitlichkeit und Wechselwirkung erst das Auftreten der höheren Ebene des Psychischen sichert.

In diesem Kapitel soll es nun darum gehen, Beiträge zu einer *allgemeinen Theorie neurobiologischer Funktionen* darzustellen, zu diskutieren und in einigen Aspekten weiterzuentwickeln. *Wie ist das Verhältnis biologischer Systeme als selbstorganisierter Systeme in der materiellen Welt zu dieser zu beschreiben, und zwar von allgemeinen Gesetzmäßigkeiten der funktionellen Architektur und Entwicklung dieser Systeme ausgehend?* Es geht hier nicht um die Behandlung einzelner biologischer Befunde oder neurobiologischer Grundtatsachen, die für die Leser/innen dieses Buches ggf. in einer Reihe von Publikationen gut zugänglich sind – ich verweise im weiterführenden Literaturverzeichnis zu Ende dieses Kapitels auf entsprechende Titel. Es geht statt dessen um einige wichtige und komplizierte Grundfragen der theoretischen Biologie, die zunehmend diskutiert werden und von deren Lösung m.E. in der Tat der Fortschritt der biologischen Wissenschaften abhängt. Unter Fortschritt verstehe ich hier die Möglichkeit einer allgemeinen Theorie biologischer Systeme und des Lebens überhaupt, im Rahmen derer dann die gegenwärtig noch zahlreichen biologistischen Auffassungen in Psychiatrie, Genetik, Pädiatrie, aber auch Psychologie und Pädagogik über das Wesen von Behinderung und psychischer Krankheit revidiert werden können und müssen.

Einheitliche Theoriebildung auf den verschiedenen Ebenen verlangt jeweils ebenenspezifisch, die Möglichkeiten der je höheren Ebene herauszuarbeiten, die von der

Existenz, also von der Organisiertheit, Struktur und Funktion der je niederen abhängt; sie verlangt aber auch umgekehrt Nachweise darüber, wie sich der determinierende Übergang von der höheren Ebene zur niederen gestaltet. Ein Verzicht auf die eigenständige Untersuchung der biologischen Ebene, wie so oft in der psychologischen, sozialwissenschaftlichen oder behindertenpädagogischen Diskussion um Probleme von psychischer Krankheit oder Behinderung verlangt, führt gerade nicht zum Vermeiden des Biologismus. Vielmehr wird diesem selbst das Feld geöffnet und unbestritten gelassen, während die Kritiker selbst sich reduktionistisch auf die Untersuchung der psychischen und/ oder der sozialen Ebene beschränken.

Gerade die vielfältigen und komplizierten Probleme von psychischer Krankheit und Behinderung verlangen jedoch unbedingt einen Verzicht auf jegliche Form des Reduktionismus. Hier stimme ich *Leontjew* zu, der festhält: *„Die einzige Alternative des Reduktionismus ist der dialektische Materialismus"* und fortfährt: „Es ist tatsächlich so. Eine wissenschaftliche Lösung des Problems von Biologischem und Psychologischem, Psychologischem und Sozialem ist außerhalb der marxistischen *Systemanalyse* einfach nicht möglich" (1979, S. 221). Deutlich ist jedoch darauf zu verweisen, daß *Leontjew* hier von *Möglichkeit* spricht, nicht von bereits realisierter Wirklichkeit, denn innerhalb dieser marxistischen Herangehensweise gab es neben großartigen Leistungen deutliche Fehler und gibt es deutliche Rückstände in der theoretischen Biologie, den Naturwissenschaften als Ganzes wie in der marxistischen Naturphilosophie. Der Hauptgrund für die bisher unzureichende Ausarbeitung der von *Leontjew* angesprochenen theoretischen Potenzen der marxistischen Forschungsperspektive liegt nicht in der Frage der Anwendbarkeit des Marxismus auf die Naturwissenschaften und die Naturdialektik selbst (vgl. zu den hier angesprochenen methodologischen Fragen meine Ausführungen in Bd. 1, Kap. 3). Er liegt im weitesten Sinn zum einen in der mit dem Stalinismus verbundenen dogmatischen (und falschen!) Behauptung der Vorrangigkeit des historischen vor dem dialektischen Materialismus (und damit verbunden einer vorgeblichen Vorrangigkeit des „Materialismus" vor der „Dialektik", die jene in letzter Konsequenz zur Rechtfertigungsideologie der Schwankungen der eigenen Praxis verkommen ließ; vgl. *Hofmann* 1986, S. 68ff.). Damit einher ging eine Verballhornung und Vulgarisierung des Marxismus überhaupt (insbesondere auf der Ebene der Parteidoktrin, innerhalb derer Parteilichkeit höher als Wahrheit bestimmt wurde, vgl. *Lukács* 1987, S. 825ff.) und einer oft damit verbundenen philosophischen Klopffechterei, die bis heute ihre Spuren zeigt. Hinzu kam der tiefe Eingriff in wissenschaftsinterne Diskussionen im Stalinismus (Vergl. die sprachwissenschaftliche Diskussion, *Stalin* 1972; die Pawlowkonferenz 1950, die per Dekret Psychologie durch Physiologie zu ersetzen versuchte und die bedeutendsten und orginellsten Physiologen der Sowjetunion ihrer Arbeitsmöglichkeiten durch Wegnahme ihrer Labors beraubte, *Pickenhain* 1986a; den Fall Lyssenko u. a. m.). Zum anderen liegt aber auch bis heute eine tiefe und breite Ignoranz gegenüber den Ergebnissen der marxistischen naturwissenschaftlichen Theoriebildung vor. Als ebenso exemplarisches wie aktuelles Beispiel nenne ich einen Aufsatz des bedeutenden Motorikforschers *Henatsch* im Organ der Max-Planck-Gesellschaft „Naturwissenschaften" (1988) zum Thema „Paradigmenwechsel und Paradigmenstreit in der Neurophysiologie der Motorik". Er beschreibt die Ablösung des klassischen reflextheoretischen Paradigmas durch das Reafferenzparadigma, indem er einerseits der Pawlowschen Lehre von den bedingten Reflexen „viele grundsätzliche Widersprüche" unterstellt, andererseits unterschlägt er jedoch Autoren wie *Bernstein* und *Anochin*, die das Reafferenzprinzip bereits ca. 20 Jahre vor *Holst* und *Mittelstaedt* (auf die sich *Henatsch* bezieht) formuliert hatten.

Die durch den Stalinismus hervorgerufenen gesellschaftlichen und wissenschaftlichen Prozesse betrafen natürlich die Wissenschaft nicht in allen Bereichen oder alle Wissenschaftler in gleichem Umfang, zumal ja gleichzeitig die Entwicklung der Sowjetunion hohe Anforderungen an die Entwicklung der Naturwissenschaften stellte. Trotzdem veränderte sich natürlich tiefgreifend das Klima. Hinzu kam die Isolierung von der internationalen wissenschaftlichen Diskussion durch den zweiten Weltkrieg wie die weitgehende Beschränkung des Austauschs bis 1956, die zahlreiche Wissenschaftskontakte unterband und auch bedeutende Naturwissenschaftler, die tief vom Marxismus beeinflußt waren, von dem gerade begonnenen Diskurs abtrennte. Alle diese Faktoren wirkten sich insbesondere negativ auf die Entwicklung der marxistischen Naturphilosophie und ihrer Methodologie des dialektischen Materialismus aus, Dimensionen also, in denen jene umfassende Synthese der Natur- und Gesellschaftswissenschaften umfassend möglich gewesen wäre, die in den Werken von *Marx*, *Engels* und *Lenin* aufscheint. So blieb auch ein zentrales und wichtiges Gebiet für die marxistische Philosophie unausgearbeitet, die *Ontologie*.

7.1 Zur Möglichkeit und Notwendigkeit marxistischer Naturphilosophie

Die Diskussionen in der nichtmarxistischen Philosophie wurden in den durch die Fehler der Stalinära bestimmten Denkkontexten sehr lange generell ab dem Zeitpunkt der Entstehung der marxistischen Alternative als defizitär betrachtet, oft nicht als Hinweise aufgenommen, unpräzise ausgearbeitete Stücke der eigenen Theorie zu präzisieren, sondern ex cathedra und von Positionen der Macht aus durch philologische Interpretation des Werks von *Marx*, *Engels* und *Lenin* zu widerlegen versucht. Insbesondere gilt dies für die Auseinandersetzung mit der sogenannten „philosophischen Anthropologie" aber auch mit der Ontologie, als Lehre vom Sein. Innerhalb der nichtmarxistischen Philosophie wird die Ontologie idealistisch bestimmt als Lehre vom „Sein als solchem" (so bei N. *Hartmann*). Dem wurde jedoch nicht eine materialistische Ausarbeitung der Geschichte des Seins und seiner Historizität, seiner Bewegung, seiner Selbstentwicklung, entgegengesetzt, vielmehr wurde postuliert: „In der marxistisch-leninistischen Philosophie ist die ontologische Fragestellung durch die materialistische Beantwortung der Grundfrage der Philosophie erschöpft. Alle anderen durch die Ontologie aufgeworfenen relevanten Fragen werden in der marxistischen Erkenntnistheorie behandelt" (*Klaus/Buhr* 1985, S. 893). Ganz anders liest sich dies in *Engels* „Dialektik der Natur" (MEW Bd. 20), wo ebenso die allseitige naturphilosophische Untersuchung der Materie in ihrer Selbstbewegung verlangt wird, wie in *Lenins* „Philosophischen Heften"(LW 38). Von besonderem Interesse für die Perspektive der marxistischen Philosophie ist ein auf S. 335 wiedergebenes Tableau, das die Aufgaben skizziert (Abb. 1).

Ich greife *Lenin*s Bemerkungen deshalb hier auf, weil es auf dem skizzierten historischen Hintergrund in den letzten Jahrzehnten in den Naturwissenschaften vor allem auch nicht-marxistische Wissenschaftler gewesen sind, die dieses Programm zwar in Unkenntnis des Marxismus, jedoch in Auseinandersetzung mit der notwendigen Weiterentwicklung der Naturtheorie versucht haben zu realisieren. Also als Entwicklung einer Theorie des „ganzen Gebiets des Wissens" in den Naturwissenschaften. Ich denke, daß die im Rückgriff auf *Lenin* (aber ebenso auf *Engels* „Dialektik der Natur") möglichen philo-

Abb. 1: Lenins Tableau zur Entwicklung der Philosophie

Ergo:

Geschichte der Philosophie				dies die Wissensgebiete, aus denen sich Erkenntnistheorie und Dialektik aufbauen sollen
Die griechische Philosophie hat alle diese Momente angedeutet	„ „	einzelnen Wissenschaften		
	„ „	geistigen Entwicklung des Kindes		
	„ „	geistigen Entwicklung der Tiere		kurz, Geschichte der Erkenntnis überhaupt
	„ „	Sprache NB: + Psychologie + Physiologie der Sinnesorgane		das ganze Gebiet des Wissens

sophischen Reflexionen sehr wichtig sind, das gemeinsame große Erbe marxistischer und nichtmarxistischer Naturwissenschaft und Naturphilosophie auf neuem Niveau zusammenzuführen – eine in Anbetracht der Situation der Menschheit in ihrer Bedeutung überhaupt nicht zu überschätzende Aufgabe (zum gegenwärtigen Stand dieser Diskussion vgl. u. a. Dialektik 12, 1986 sowie *Sandkühler* 1990).

Am Rande dieses Tableaus steht nun die folgende Bemerkung: „dies die Wissensgebiete, aus denen sich Erkenntnistheorie und Dialektik aufbauen sollen". Dieser Gedanke verweist mit den zusätzlichen Bemerkungen sowie einigen weiteren Stellen, die *Lenins* Verständnis von Dialektik belegen, auf eine gänzlich andere Position zur Notwendigkeit der Entwicklung der Ontologie, als sie bei *Klaus/Buhr* als offizielle Richtlinie vorgegeben wird. Denn mit zwei Bemerkungen erläutert *Lenin*, daß für ihn Dialektik keineswegs nur die (in Folge der stalinistischen Interpretation) von der Entwicklung der materiellen Welt selbst getrennte Methodologie ist. Daß sie, so lese ich diese Stelle, als Methodologie nur als Vermittlung von Erkenntnistheorie und Ontologie betrachtet werden kann („kurz, Geschichte der Erkenntnis überhaupt") ist also konstitutiv für den Aufbau der Erkenntnistheorie, aber nur auf der Basis der realen Geschichte der Welt („das ganze Gebiet des Wissens"). Als Methodologie, die das Subjekt (dessen Voraussetzungen die Erkenntnistheorie erforscht) und den Objektbereich (dessen Struktur, in die historisch das Werden und Gewordensein der Erkenntnismöglichkeiten des Subjekts eingeschlossen ist) als zueinander (in der Tätigkeit, in der Bewegung, in der Zeit) in Wechselwirkung befindliche untersuchbar macht, kann „Dialektik kurz als die Lehre der Einheit der Gegensätze bestimmt werden. Damit wird der Kern der Dialektik erfaßt sein, aber das muß erläutert werden" (ebd., S. 214). Ontologisch, d. h. in der „Erfassung des Seins als echtes An-Sich" (*Lukács* 1984, S. 10), also in seiner Historizität als „eigentümlicher Logik des eigentümlichen Gegenstandes", ist „Dialektik die richtige Widerspiegelung der ewigen Entwicklung der Welt" (LW 38, S. 100), folglich also real, von ihrem Ausgang her, von ihrem „An-Sich" die „Dialektik der Dinge selbst, der Natur selbst, des Gangs der Ereignisse selbst" (ebd., S. 101). Ihre „treibende Kraft", ihre „Quelle" ist die „Selbstbewegung". Und gerade die reale Geschichte der Natur als Geschichte ihrer Selbstbewegung („das ganze Gebiet des Wissens") bedarf somit der philosophischen Bearbeitung, also der Entwicklung der Ontologie innerhalb der Philosophie. Diese Forderung reicht über die Naturphilosophie hinaus, ist aber zugleich Voraussetzung zu ihrer adäquaten Entwicklung, da von hier aus die Fragen an die Entwicklung der Naturphilosophie als solcher (Struktur der Übergänge zwischen den verschiedenen Existenzformen der Materie) wesentlich präzisiert werden können.

Innerhalb der marxistischen Diskussion hat Georg *Lukács* am konsequentesten die Notwendigkeit einer Ontologie verfolgt. Dies trug ihm seitens der sozialistischen Kathederphilosophen das Verdikt des Revisionismus ein: Er betreibe eine „Entstellung der marxistisch-leninistischen Philosophie" (*Klaus/Buhr* 1985, S. 896). Von den Bewegungsformen der Materie, deren historisch-logische Struktur in der Entfaltung vom Allgemeinen zum Besonderen und Einzelnen in der Ontologie untersucht werden müßte, bezieht sich *Lukács* jedoch lediglich auf die „Ontologie des gesellschaftlichen Seins" (1984). Die philosophische Erarbeitung einer Ontologie des natürlichen Seins, und hier wiederum entsprechend den beiden großen Bewegungsformen der Materie: des anorganischen und des organischen Seins, ist Aufgabe der Zukunft. (Daß auch *Lukács'* Entwurf einer Ontologie des gesellschaftlichen Seins bezüglich seiner inhaltlichen Seite der Weiterbearbeitung bedarf, ist unbestritten; ich plädiere an dieser Stelle lediglich auf der allgemeinen Ebene der Notwendigkeit einer Ontologie im Marxismus.

Die in Band 1 dieses Lehrbuchs dargestellten Befunde und Analysen behandeln den Übergang von der (bei *Lukács* nicht thematisierten) Seinsebene des Psychischen ins Soziale und die Determination des Psychischen durch das Soziale. Die Seinsebene des Biotischen, so hatte ich insbesondere unter Bezug auf *Anochins* Forschungen bereits herausgearbeitet (vgl. S. 157ff.), realisiert die Voraussetzungen des Psychischen als vorgreifende Widerspiegelung, wobei diese Überlegung in vielfältiger Hinsicht der Konkretisierung und Ergänzung bedurfte, wie ich sie z.T. bereits in Bd. 1 angesprochen habe, insbesondere in Form der Ausführungen zur zeitlichen, chronobiologischen Organisation psychischer Prozesse (vgl. S. 304ff.). Es geht nun in diesem Kapitel im Rahmen einer allgemeinen Systemanalyse biologischer Prozesse darum, das Allgemeine und die wesentlichen Besonderheiten der organischen Existenzform der Materie zu bestimmen. Was unterscheidet anorganische und organische Existenzformen der Materie, und was sind die allgemeinen strukturellen und funktionalen Zusammenhänge biotischer Prozesse im Hinblick auf die Konstitution des Systems „Subjekt – Tätigkeit Objekt" auf diesem Niveau. Ich greife im folgenden hierzu einige wichtige Gebiete der aktuellen Diskussion um Selbstorganisation des Lebendigen auf. Diese, insbesondere im Gebiet der Physik, Chemie und Biologie fachübergreifend geführte Diskussion ist deshalb von hoher Bedeutung für die Entwicklung eines neuen Grundverständnisses einer allgemeinen Behindertenpädagogik, weil es in ihr deutlich wird, daß das bisher in diesem Fach ebenso wie in der Psychiatrie dominierende biologische (biologistische) Weltbild zunehmend in Widerspruch zur Entwicklung der Naturwissenschaften selbst gerät.

7.2 Das Selbstorganisationsparadigma und die Möglichkeit des Lebens

Innerhalb der naturwissenschaftlichen Diskussion findet sich ab den 40er/50er Jahren zunehmend ein Wandel, der weg von dem klassischen mechanistischen Denken des positivistischen Weltbildes führt, innerhalb dessen die Beschreibung der Realität lediglich als Problem des adäquaten Meßverfahrens gesehen wird. Es erweist sich zunehmend, daß die Eigenbewegung der Welt Probleme aufwirft, denen nur in Erweiterung des theoretischen Wissens beigekommen werden kann. Zudem werden durch den wissenschaftlich-technischen Fortschritt vielfältige neue Fragen aufgeworfen, innerhalb derer sich mehr und mehr ein Bild der anorganischen wie organischen Bewegungsform der Materie entwickelt, das deren Entwicklung, deren Selbstorganisation Rechnung trägt.

Ich will versuchen, einige Grundgedanken dieser Diskussion wiederzugeben. Ihr Hauptergebnis ist eine zunehmende Historisierung des Herangehens an die Entwicklung der Welt. Weltall (also das unendlich Große) wie Mikrokosmos (molekulare, atomare und subatomare Ebene) wie ihre Verflechtung in der Entstehung unseres Planeten und seiner Biosphäre werden als Ausdruck historischer Entwicklung seit dem Urknall betrachtet. Entwicklung bedeutet daher die zunehmende Verflechtung von Makro- und Mikroevolution als Wechselwirkungsprozeß. Durch diese Wechselwirkung entstehen neue Formen in der Entwicklung der materiellen Welt. Die physikalischen, chemischen und biologischen Gesetze selbst werden als Resultat der Geschichte betrachtet (vgl. *Jantsch* 1979).

Dieser Prozeß kann physikalisch als Ausdruck eines *ständigen Energiegefälles* von höherwertiger Energie zu niederwertiger Energie betrachtet werden. Dabei ist die Wertigkeit der Energie zum Zeitpunkt des Urknalls am höchsten. Die gegenwärtig höchstwertigsten Prozesse des Energiegefälles finden sich in den Kernverschmelzungsprozessen der Sonnen; erst in relativ niedrigen Temperaturbereichen ist eine unendliche Vielfalt der Entwicklung neuer Formen der Wechselwirkung möglich (das Leben auf der Erde ist an bestimmte schmale Temperaturausschnitte gebunden). Und beim absoluten Nullpunkt ist die tiefste Stufe des Energiegefälles erreicht. In diesem Energiegefälle wird auf jeder Stufe *Wärme* frei (die ungerichtet wirkt) und *Arbeit* (im physikalischen Sinne) möglich, die gerichtete Einwirkungen in Form der Bildung von Strukturen hervorruft. In den Gesetzen der *Thermodynamik*, eines Teilgebiets der Physik, wird diesen Prozessen Rechnung getragen durch die Einführung des Konzepts der Entropie (vgl. die populärwissenschaftliche, ausgezeichnete Einführung von *Atkins* 1984). Im *ersten Hauptsatz* der Thermodynamik wird davon ausgegangen, daß die Energie in einem geschlossenen Universum erhalten bleibt, jedoch sich die Wärme ändert. *Energie* können wir in Annäherung an den physikalischen Gehalt des Begriffs als die Fähigkeit beschreiben, Arbeit zu verrichten. Der *zweite Hauptsatz* der Thermodynamik kennzeichnet die fundamentale *Asymmetrie in der Natur*, die ich als Energiegefälle gekennzeichnet habe. Die gesamte Energie bleibt zwar vorhanden, aber ihre Verteilung ändert sich auf irreversible Weise. Die Richtung ihrer Umwandlung ist also festgelegt. Jegliche Arbeit (ob in Form von chemischen Reaktionen, der mechanischen Prozesse in Maschinen oder der Arbeit biotischer Systeme) wird nur möglich aufgrund eines Energieflusses, der immer nur möglich ist aufgrund der gleichzeitigen Freigabe von Wärme.

Warum dies so ist, Energie also nicht restlos in Arbeit umgesetzt werden kann, klärt das mit dem zweiten Hauptsatz eingeführte Konzept der Entropie. *Entropie* wird definiert als das Verhältnis von Wärmezufuhr und Temperatur (*Atkins* 1986, S. 29). Da dies aber eine sehr abstrakte und schwer verständliche Definition ist, läßt sich das Konzept besser auf der Basis der atomaren Verteilung in einem Universum (dies muß nicht das Weltall sein, sondern kann ein zu Zwecken der physikalischen Untersuchung wesentlich beschränktes Universum sein) darstellen: Kommen Teile dieses Universums in Austausch, innerhalb derer eine unterschiedliche Proportion energetisch angeregter und nichtangeregter Atome vorliegt, so kommt es zu einer Gleichverteilung der Energie in diesem Raum, also zu einer Verringerung der Kohärenz. Entsprechend kann man Entropie als ein Maß für *Chaos* und Unordnung auffassen. Gemäß dem zweiten Hauptsatz strebt jede geordnete Form der materiellen Welt auf Chaos hin. Geordnete Strukturen, und damit auch Lebewesen, sollten demnach nicht möglich sein; zumindest war ihre Existenz von der Physik her zunächst nicht erklärbar.

Mit der Erforschung der Wechselwirkungen in der Verflechtung von Makro- und Mikroevolution wurde jedoch zunehmend deutlich, daß Ordnung selbst ein Ausdruck des Energiegefälles ist und lebende Systeme nicht im Widerspruch zu den allgemeinen Gesetzen der Thermodynamik stehen: *Lebende Systeme* halten in ihrem Inneren durch Energiezufuhr Entropie niedrig (stellen Negentropie her), indem sie zugleich die Entropie ihrer Umgebung vergrößern. Die Aufnahme von Nahrung führt Energie in hochwertiger Form zu (auf der Basis einer Nahrungskette, deren unterste Stufe die Bindung der Sonnenenergie in der Photosynthese der Pflanzen darstellt), die im Organismus zu dessen Strukturbildung und auf dieser Basis zur Tätigkeit im Objektbereich verwertet wird. Die energetisch entwertete Nahrung wird dann in Form der Exkremente wieder der Umwelt zugeführt. Die innere Energie des Organismus ändert sich ebenso durch Wärmezufuhr wie durch Arbeit; ein Teil dieser inneren Energie wird in Form von Wärme frei, der Rest kann als freie Energie wiederum in Arbeit umgesetzt werden. Hierbei ist thermodynamische Vorbedingung, daß im Universum selbst die Entropie sich fortlaufend vergrößert. Lebende Systeme werden also in physikalischer Hinsicht als *offene Systeme fern vom Gleichgewichtszustand* begriffen, die ihre Existenz durch Energie- und Materietransfer mit der Umwelt aufrechterhalten.

Wesentliche Fortschritte zum Verständnis der Prozesse des Übergangs von der anorganischen zur organischen Existenzform der Materie erbrachten (1) auf der anorganischen Seite des Übergangs Forschungen zu dem geordneten Verhalten chemischer und physikalischer Substanzen bei Energiezufuhr, (2) im Übergangsfeld, also im präbiotischen Bereich, Forschungen zu Detailfragen der physikalisch-chemischen Möglichkeiten der Lebensentstehung selbst und (3) im schon biotischen Bereich Forschungen zur Struktur und zum Verhalten von Einzellern. In allen drei Bereichen bestehen nach wie vor konzeptuelle Probleme und Mängel. Nach Meinung von *Prigogine*, Nobelpreisträger und einer der Väter des Selbstorganisationskonzepts, müssen die gegenwärtigen Erkenntnisse zwangsläufig zu einer generellen *Rekonzeptualisierung der Physik* führen. Hierbei entsteht ein neues Bild der Materie: „Sie wird nicht mehr wie im mechanistischen Weltbild als passiv betrachtet, sondern ist mit der Möglichkeit spontaner Aktivität ausgestattet" (1986, S. 19).

Prigogines Forschungen bezogen sich insbesondere auf das Verhalten sogenannter dissipativer Strukturen (vgl. *Prigogine* und *Stengers* 1981, Kap. 5 und 6, sowie *Jantsch* 1979, Kap. 2, 3, 6). Durch physikalische und chemische Wechselwirkungen entstehen *Symmetriebrüche* im Verhalten von Substanzen: So bewirkt die Veränderung der Durchlaufgeschwindigkeit des Wassers beim Wasserhahn eine neue und verwirbelte Struktur des Wasserstrahls, oder das Erhitzen bestimmter Flüssigkeiten führt zum Herausbilden einer rollenförmigen Bewegung von Teilen der Flüssigkeit. Fluktuationen der Umweltbedingungen, die das System treffen (Erhöhung der Durchlaufgeschwindigkeit, Erhitzung) bewirken also eine gänzlich neue und andere, sich selbst stabilisierende Ordnung. Interessant sind dabei *dissipative Strukturen im engeren Sinne (Jantsch)*, also „physikalisch-chemische Reaktionssysteme, die Energie- und Massedurchsatz im Austausch mit ihrer Umgebung selbst in Gang halten und über längere Zeiträume global stabile Strukturen bilden" (S. 61). Ein bekanntes Beispiel ist die sogenannte *Belousov-Zhabotinskii-*

Abb. 2: Beispiel einer räumlich und zeitlich selbstorganisierten Struktur: Die Belousov-
Zhabotinskii-Reaktion

(aus: Atkins 1986, S. 168)

Reaktion. Bei dem Versuch, eine Laborversion des Zitronensäurezyklus zu entwickeln, der im Zentrum des Stoffwechsels sauerstoffnutzender Zellen steht, stieß *Belousov* auf ein Reaktionssystem, das sich zeitlich und räumlich selbst organisierte. Die einfache, wäßrige Lösung fünf gewöhnlicher Chemikalien bei Zimmertemperatur strebte nicht unmittelbar nach dem Gleichgewichtszustand, sondern wechselte „mit fast vollkommener Regelmäßigkeit und für die Dauer von hundert Zyklen zwischen einer Zusammensetzung und einer anderen hin und her (ein sogenannter Grenzzyklus; d. Verf.), bis schließlich die reagierenden Stoffe erschöpft waren" (*Winfree* 1988, S. 202). Dieser selbstorganisierende Prozeß realisiert sich in bestimmten räumlichen Konfigurationen in Form von Kohlendioxidblasen, die in Form zweier spiegelbildlicher Spiralen aufsteigen (Abbildung 2). Die Kreise wandern nach außen, während sich die Spiralen drehen. Von

21

besonderem Interesse ist es, daß diese Struktur zudem zeitlich organisiert ist und auf ultraviolette Lichtimpulse in Form einer Veränderung ihrer Phaseneinstellung reagiert, Je nach Stärke des Impulses wird entweder die Phase ausgelenkt (ungerade Phaseneinstellung) oder beginnt völlig neu (gerade Phaseneinstellung).

Dissipative Strukturen im engeren Sinne können durch *drei Grundbedingungen* gekennzeichnet werden (*Jantsch* 1979):
1. Offenheit gegenüber der Umwelt und Austausch von Energie und Materie mit ihr.
2. Ein Zustand fern vom Gleichgewicht: Nahe dem Gleichgewichtszustand wird die Ordnung der dissipativen Struktur zerstört. Fern vom Gleichgewicht, also in einem Metabolismus einfacher Form, „hält das System sein inneres Ungleichgewicht aufrecht, und dieses Ungleichgewicht hält seinerseits den Austausch (von Energie und Materie; d. Verf.) aufrecht" (*Jantsch* 1979, S. 93).
3. Auto- oder crosskatalytische Prozesse: D. h. „daß bestimmte Moleküle an Reaktionen teilnehmen, in denen sie für die Bildung von Molekülen ihrer eigenen Art nötig sind (Autokatalyse) oder zuerst für die Bildung ihrer eigenen Art (Crosskatalyse)" (ebd. S. 62).

Die gegenseitige Rückkopplung, das Herstellen einer Reaktion, die den Hersteller wiederherstellt, führt zu Schwankungen in der Konzentration verschiedener Substanzen, von dem Vorherrschen des einen Zustandes in das Vorherrschen des anderen Zustandes, ohne daß einer dieser beiden Zustände gänzlich die Oberhand gewinnt. Eine solche innersystemische Rückkopplung bezeichnet man als *„Grenzzyklus"*. Ein schönes Beispiel für einen Grenzzyklus liefert *Atkins* (1986, S. 167) an der Wechselwirkung von Kaninchen und Füchsen in einem Ökosystem. Die Energiezufuhr in dieses System erfolgt durch das im Ökosystem vorhandene Grünfutter. Die Balance wird durch die Reproduktionsnotwendigkeiten beider Arten bestimmt. Gedeihen die Kaninchen zu gut, so vermehren sich die Füchse zunehmend und dezimieren die Kaninchen; werden die Kaninchen dezimiert, so führt das zur Dezimierung der Füchse. Grenzzyklen beschreiben jedoch nicht nur eine räumliche, sondern immer eine zeitliche Struktur, so daß sich im System interne Zeit bildet, die zudem in bestimmten Fällen durch Bedingungen der Außenwelt bereits auf elementaren Niveaus (Belousov-Zhabotinskii-Reaktion) von äußeren Faktoren neu eingestellt werden kann.

Während *Prigogines Paradigma „Ordnung durch Fluktuation"* (vgl. die Ausführung bei *Jantsch*) den gesetzmäßigen Übergang in höher organisierte Existenzformen der Materie physikalisch erstmals genauer faßbar macht und dadurch die Vorgängigkeit der Selbstorganisation vor der Auslese hervorhebt, geht die durch den deutschen Physiker Hermann *Haken* entwickelte *„Synergetik"* hier noch einen Schritt weiter. Von der Untersuchung des Laserlichtes ausgehend, hat *Haken* bestimmte allgemeine Gesetzmäßigkeiten gerade des „Phasenübergangs" (also der Instablität als „Symmetriebruch") im Übergang auf das höhere qualitative Niveau herausgearbeitet. Bei einem Laser kommt es im Unterschied zu einer normalen Leuchtröhre zu einer zunehmenden Wechselwirkung zwischen angeregten Elektronen und Lichtwellen, wobei im Phasenübergang in das Laserlicht eine einzige Lichtwelle ihren Rhythmus den energetisch angeregten Elektronen aufdrückt, also die Bewegungen der Elektronen korreliert. Dies geschieht dadurch, daß im Konkurrenzkampf der Lichtwellen die Elektronen dem Energiebedarf nicht mehr nachkommen und sich schließlich eine Lichtwelle durchsetzt. D. h. auf der Ebene physikalischer Prozesse findet bereits eine darwinistische Selektion statt. Die verbleibende Welle stabilisiert sich und prägt den Elektronen ihren Takt auf. „In der Fachsprache der Synergetik ‚versklavt' sie diese. Dabei sorgt die Lichtwelle für den Ordnungszustand. Sie wird deshalb als Ordner bezeichnet. Gleichzeitig tritt zirkuläre Kausalität auf. Zum einen erzeugen die Elektronen das Lichtfeld, zum anderen wirkt das Lichtfeld auf die Elektronen ein und bestimmt deren Bewegung" (*Haken* 1988, S. 166, vgl. auch 1983, Kap. 5).

Mittels eines entsprechend entwickelten mathematischen Instrumentariums kann *Haken* nun zeigen, daß bei unterschiedlichen Phasenübergängen (als Resultat von Wechselwirkungen, also synergetischen Kräften) im Phasenübergang selbst eine neue Ordnung etabliert wird, die unter bestimmten Bedingungen vorhersagbar ist. *Selbstorganisation (als erster Schritt) und darwinistische Selektion der Selbstorganisation dann als zweiter Schritt existieren auf allen Niveaus der unbelebten und belebten Materie. Das Wesen dieser Selbstorganisation ist es, daß das Ordnungsprinzip nach dem Phasenübergang ein besseres energetisches Gleichgewicht hervorruft.*

Haken erläutert solche Prozesse u. a. an der Organisation neuromuskulärer Prozesse bzw. an ökonomischen Strukturen (1988, S. 227; 1983, S. 142f.). Uns brauchen hier die inhaltlichen Details der Beispiele nicht näher zu interessieren; bedeutsam sind aber (1) die *mathematische Voraussagbarkeit des ordnungsbildenden Faktors* vor dem Phasenübergang und (2) die *thermodynamischen Folgerungen* aus den jüngsten Untersuchungen von *Haken*. Es zeigte sich, daß für offene, dynamische Systeme andere thermodynamische Grundgesetze gelten als für abgeschlossene Systeme. Die zugeführte Energie „veranlaßt Teile des Systems, verschiedene kollektive Bewegungen oder Konfigurationen zu bilden und zu testen" (ebd.). Jedes lebende System bildet damit fortlaufend selbst dissipative Strukturen aus, wie es im weitesten Sinne selbst eine dissipative Struktur ist (*Atkins* 1986, S. 163). Diese bevorzugten Bewegungsformen des Systems können mehr Energie als andere aufnehmen bzw. besser verwerten und können so dem System die Struktur aufprägen; „wir erhalten also einen Ungleichverteilungssatz" (*Haken* 1988, S. 231).

Organismen sind folglich als energiewandelnde Konstruktionen aufgrund des allgemeinen Energiegefälles zu betrachten. Sie sind dessen gesetzmäßiges Resultat im Prozeß der Wechselwirkung der materiellen Welt und sie optimieren sich selbst in der Herausbildung ordnender Strukturen in Stammes- und Individualgeschichte (vgl. *Gutmann* und *Weingarten* 1989). Dies hat erhebliche Bedeutung für die Neufassung der Evolutionstheorie wie des epigenetischen Prozesses in der Herausbildung des Phänotyps. Ich komme auf dieses Problem im Zusammenhang mit *Anochins* Konzept der Systemogenese zurück.

Für die systemtheoretische Betrachtungsweise lebender Organismen, der wir uns Schritt für Schritt nähern, bedeutet dies, Leben selbst als Resultat eines Wechselwirkungsprozesses zu begreifen, indem chemisch-physikalische Wechselwirkungen selbstorganisierende Systeme hervorbringen, die entsprechend den Prinzipien der Synergetik in der Lage sind, sich selbst zu optimieren. Der wesentliche Schritt dieser Selbstoptimierung liegt in der über das einzelne abgeschlossene System hinausweisenden *Fähigkeit zur identischen Selbstreduplikation*, die biologisch gemeinhin als Kriterium des Lebens gesehen wird. Daß dies eine *notwendige, aber keineswegs eine hinreichende Definition zur Charakterisierung des Lebens* ist, werde ich im folgenden entwickeln.

Wesentliche Schritte zum Verstehen des Prozesses der Entwicklung des Lebendigen sind unterdessen erfolgt. Bereits in den zwanziger Jahren untersuchten *Haldane* bzw. *Oparin* Möglichkeiten der Lebensprozesse in der sog. Ursuppe, einer wäßrigen Lösung, unter Einwirkung von Energie, und in einer sauerstofffreien Atmosphäre. Während *Haldane* eher den Aspekt des „Überlebens" in Form der Entwicklung der Autoreduplikation untersuchte, war *Oparins* Interesse auf die Realisierung und Aufrechterhaltung des Stoffwechsels gerichtet. Diesen sah er nur dann als gewährleistet an, wenn die entstandenen Verbindungen nicht unmittelbar wieder im Wasser gelöst wurden. Er stellte sich als wesentlichen Entwicklungsschritt die Bildung von *Koazervaten* vor – und entwickelte im Labor hierfür eine Reihe von Modellen. Koazervate sind abgeschlossene Tröpfchen, die die chemischen Reaktionen in ihrem Inneren durch eine Membran vor der Ausdünnung bewahren (vgl. *Dickerson* 1979, S. 100f.). Seinen Vorstellungen folgend entwickelte *Anochin* seine Grundannahmen zur vorgreifenden Widerspiegelung als wesentlicher Eigenschaft des Lebendigen und Voraussetzung einer allgemeinen Theorie funktioneller Systeme. In *Oparins* Auffassung ist der erste Schritt die Herausbildung der räumlichen Abgeschlossenheit, diesem folgen die Prozesse der Selbstreduplikation und der Wachstumsdynamik (vgl. *Hühne* 1986).

Zu einer anderen Reihenfolge gelangt Manfred *Eigen* (*Eigen* u.a. 1981): Selbstreduplikation, hyperzyklische Koppelung von Nukleinsäuren und Proteinen und schließlich räumliche Kompartimentierung werden hier angenommen. Unter *Hyperzyklus*, also einem Sonderfall des Grenzzyklus, versteht *Eigen* eine Struktur, wo jeder Informationsträger (Ii), also eine informationtragende RNS (Ribonucleinsäure), die Instruktion für seine eigene Selbstreproduktion enthält wie für die Produktion eines Enzyms (Ei) (Proteinmoleküls). Dieses leistet für die Bildung des nächsten Informationsträgers (Ii+1) (eine andere RNS) katalytische Hilfestellung. Dieser nächste Informationsträger produziert wiederum ein Enzym (Ei+1), das im einfachsten Falle des Hyperzyklus dem ersten Informationsträger bei seiner Replikation hilft; in komplizierteren Fällen sind weitere Zwischenstufen eingeschaltet (vgl. *Jantsch* 1979, S. 150; *Eigen* u.a. 1981). Dieses System sichert eine hohe Stabilität der Reproduktionsprozesse.

Bezogen auf die unterschiedlichen Vorstellungen von *Haldane* und *Oparin*, aber auch von *Oparin* und *Eigen*, kann man für den präbiotischen Raum sicherlich der Feststellung von *Dickerson* (1979) folgen, daß dies der Streit um die Priorität von Henne und Ei ist. Zudem greifen beide Theorien nicht (1) das aktive Testen selbstentwickelter Bewegungsformen in der Umwelt mit auf, das zugleich mit der Entstehung des Lebens als ebenso notwendig erklärt werden muß, wie auch (2) die Verarbeitung der auf die Membran einwirkenden Wechselwirkungen im Inneren des Systems, das zugleich (3) Rückwirkungen auf die Wirkungsgradeinstellung der Rezeptoren der Membran entwickelt haben muß. *Dickerson* selbst schlägt gegenüber beiden Ansätzen eine Stufung in fünf Schritten vor, die wohl gegenwärtig am wahrscheinlichsten den Übergang von der anorganischen zur organischen Form der Materie beschreibt: (1) die Bildung des Planeten Erde mit einer Atmosphäre, die für lebende Strukturen brauchbares Rohmaterial enthält; (2) die Synthese einfacher, für biologische Zwecke brauchbarer Moleküle wie Aminosäuren, Zucker und organischer Basen; (3) die Vereinigung dieser einfachen Moleküle zu komplizierter gebauten Proteinen und Nukleinsäuren (dies kann in Koazervaten geschehen sein, aber auch in Tonerden; unter diesen Bedingungen entstehen möglicherweise die ersten Hyperzyklen); (4) die Umwandlung von Koazervaten in Protobionten mit selbständigen chemischen Reaktionen; (5) die Bildung der Vervielfältigungsmaschinerie, die dafür sorgt, daß Tochterzellen jeweils die gleichen Fähigkeiten haben wie die Zellen, aus denen sie hervorgehen (also Existenz des genetischen Codes in Form der DNS-Doppelhelix).

Ein *großes Problem der gegenwärtigen Biologie* besteht darin, daß als *entscheidendes*

Kriterium für die Definition von Leben nahezu durchgängig *nur die Autoreduplikation der Organismen benannt* wird. Denn neben der Autoreduplikation sind bereits bei elementaren Lebensformen nach diesem Kriterium quasi sprunghaft eine Reihe von Eigenschaften gegeben, deren Evolution bis dahin nicht untersucht wurde. Dies sind die erstaunlichen *Orientierungs- und Bewegungsleistungen* bereits der Einzeller ohne Zellkern (Prokaryoten). Sie sind, entsprechend Funden in Sedimentgesteinen, vor mehr als 3,4 Milliarden Jahren als erste vollständige Lebensformen entstanden (das Alter der Erde wird mit 4,6 Milliarden Jahren angesetzt). Heutige Vertreter der Prokaryoten sind z. B. die Bakterien. Von ihnen bis zur Entwicklung der Einzeller mit Zellkern (Eukaryoten) und auf deren Grundlage dann später der Mehrzeller vergeht der riesige Zeitraum von ca. 2 Milliarden Jahren. *Leben setzt jedoch wesentlich mehr voraus als identische Autoreduplikation: Es verlangt die Fähigkeit zu einem Energie- und Materieaustausch fern vom Gleichgewicht und die Orientierung und Bewegung in einer Umgebung, die dieses sichert.* Es ist gegenwärtig müßig, darüber zu spekulieren, wie das Entstehen von Orientierung und Bewegung im Übergangsfeld zwischen anorganischer und organischer Bewegungsform der Materie entstanden ist, zumindest kann beides nicht als schlagartig gegeben angenommen werden. Die Untersuchungen im präbiotischen Bereich müßten sich systematisch auf Systeme des Typs „Subjekt – Tätigkeit – Objekt" beziehen. Bereits einfache dissipative Strukturen wie der von *Belousov* untersuchte Zitronensäurezyklus verweisen auf die Evolution dieses Systems. Sie zeigen (1) über Ordner in Form innerer Zeitstrukturen (Grenzzyklusablauf) regulierten Verhaltensablauf und (2) Beeinflußbarkeit der Bewegung durch spezifische Umweltbedingungen (die in irgendeiner Form „wahrgenommen" werden müssen, also Rezeptorstrukturen chemischer Art vorfinden müssen), was sich in der veränderten Phaseneinstellung durch ultraviolettes Licht zeigt.

Mit dem Problem der Entstehung des Lebens ist also auf Seiten des Subjekts gleichzeitig eine *Theorie des Organismus* zu entwickeln, die die *aktive und rückgekoppelte Vermittlung des Subjekts mit dem Objektbereich* zu klären vermag. Dies ist aber nichts anderes als eine Theorie der Informationsverarbeitung, -gewinnung, -herstellung (ich verwende bis zur Klärung dieses Problems verschiedene Begriffe synonym) des Subjekts in seinem Objektbereich. Eine solche Theorie werde ich im folgenden Verlauf des Kapitels insbesondere auf der Basis von *Anochin*s Arbeiten zu einer allgemeinen Theorie des funktionellen Systems, jedoch auch unter Aufgreifen zahlreicher weiterer Forschungen darzustellen und zu entwickeln versuchen.

7.3 Allgemeine Theorie des funktionellen Systems I: Information und vorauseilende Widerspiegelung

Bereits in Band 1 (S. 157ff.) bin ich auf die erstaunlichen Orientierungs- und Bewegungsleistungen von Einzellern am Beispiel des Verhaltens des Typhoid-Bakteriums eingegangen. Ich will mit einigen weiteren Forschungsbefunden diese Problematik erneut aufgreifen.

Verhaltensstudien an dem Bakterium Escherichia coli zeigen ähnliche Orientierungsleistungen, wie am Beispiel des Typhoidbakteriums beschrieben (*Adler* 1987). Die Bakterien bewegen sich aktiv im Hinblick auf räumliche Konzentrationsgefälle von

Nährsubstanzen und verfügen über ein elementares Erinnerungsvermögen, d. h. sie adaptieren sich einige Zeit an die je veränderten Umweltbedingungen durch gezielte Gleitbewegungen oder gleichförmigen Gleit-Stolper-Rhythmus mittels ihrer Geißeln. *Adler* identifiziert vier Schalterproteine, die Wahrnehmung und Bewegung miteinander vermitteln. Er vermutet, daß die Informationsverarbeitung auf der Basis von Ionenströmen (elektrisch geladene Atome) stattfindet.

Diese Prozesse müssen aber als insgesamt über den *Stoffwechsel* der Zelle vermittelt angenommen werden (zum Aufbau der Zelle, zu ihrer Physiologie und Anatomie bei Eukaryoten vgl. die hervorragende zweibändige Einführung von *de Duve* 1986). Forschungen zur Signalübertragung bei Säugetierzellen (*Kruppa* u. a. 1988) verweisen darauf, daß Zellen auf positive Information in ihrer Umgebung eine Phosphorylisierung eines Ribosomenproteins vornehmen (Ribosomen sind der Apparat, in dem auf Basis des genetischen Codes durch die ribosomale RNS Aminosäuren zu Proteinen verknüpft werden), die zu einer verstärkten Eiweißbiosynthese führt. Stress hingegen bewirkt eine Dephosphorylisierung, also eine Einschränkung der Eiweißbiosynthese. Die Zellen regulieren also ihren Stoffwechsel in Einstellung auf Umweltbedingungen. Dies erklärt sich auf dem Hintergrund der evolutionstheoretischen Notwendigkeit, lebende Systeme auf allen Ebenen als aktive, energiewandelnde Konstruktionen zu betrachten: „Sie tun etwas, was keine Physik, außer einer auf Lebewesen abgestimmten Biophysik beschreiben kann: Denn erst durch ihre *Eigenaktivität*, die an Lebewesen als autonome Gebilde gebunden ist, vermögen sie sich kraft ihrer *Eigenbewegung* in die Materie- und Energieströme der äußeren Realität einzuschalten oder sich nach Maßgabe der vorliegenden Organisation gegen sie zu verschließen" (*Gutmann* und *Weingarten* 1987, S. 230).

Forschungen bei Bakterien zeigen darüber hinaus Erstaunliches: Sie gelten bisher formal als Einzeller, leben aber zu Tausenden bis zu Milliarden in Kolonien zusammen, innerhalb derer sie *arbeitsteilige Wechselverhältnisse* eingehen, um „spezialisierte und unvereinbare chemische Prozesse ausführen zu können" (*Shapiro* 1988, S. 53). Zum Teil wandern sie als zusammenhängende Einheiten in Form hochentwickelter vielzelliger Fruchtkörper, die geordnete Konfigurationen aufweisen, indem sie sich an Schleimspuren der wandernden Kolonie orientieren. Zum Teil bilden sie kugelförmige Kolonien, die es ihnen erlauben, Beuteorganismen zu fangen und zu verdauen, ohne daß deren Nährsubstanzen in der wäßrigen Lösung, in der Bakterien leben, ausgewaschen werden. Andere Bakterien zeigen in Nährlösung ringförmige Wachstumsprozesse mit deutlichen Wachstumsspurts in bestimmten Zeitabständen, was auf die Wirkung biologischer Uhren rückschließen läßt, die das Verhalten in Kolonien koordinieren. „Biologische Uhren und die zeitliche Steuerung von Entwicklungsvorgängen aber waren bei Bakterien bisher unbekannt" (S. 56). Auf die Bedeutung *biologischer Uhren* für die Koordination des Verhaltens von eukaryotischen Einzellern (sogenannten sozialen Amöben) und in Abstimmung damit der inneren Organisation ihrer energetischen Zyklen weist *Winfree* (1988, S. 203 f.) hin: Zellen scheiden in regelmäßigen Abständen als Folge ihrer inneren zeitlichen Organisation cAMP, eine chemische Signalsubstanz, aus. Fügt man der Lösung, in der sie leben, cAMP-Impulse hinzu, so wird die Phase ihrer biologischen Uhr ungerade abgelenkt (d. h. in ihrer Dauer verschoben) oder bei stärkerem Impuls gerade eingestellt, d. h. sie beginnt mit dem Impuls neu. Biologische Uhren und an diese gekoppelt die zyklische Lebenstätigkeit der Zelle werden also durch soziale Interaktion neu eingestellt. Gleichzeitig setzt eine Zelle beim Getroffenwerden durch eine cAMP-Welle nicht nur ihr eigenes cAMP frei, sondern bewegt sich in Richtung der Quelle. Die biorhythmische Tätigkeit der einzelnen Zelle wird also vom Zellverband organisiert und organisiert zugleich den Zellverband.

Dies ist das gleiche synergetische Wechselwirkungsverhältnis (wechselseitige Rückkoppelung in der Herausbildung eines „Ordners" bei „Versklavung" untergeordneter Strukturen), wie es *Haken* (1988) am Beispiel des Laserlichts beschrieben hat, allerdings auf einem anderen Systemniveau, das der genauen Untersuchung bedarf. In der Terminologie von *Leontjew* (1979) könnte man davon sprechen, daß die Existenz der höheren Ebene von der niederen abhängt, aber diese determiniert.

Durch diese Form der Selbstorganisation kommt es bei der von *Winfree* beschriebenen Amöbenart zur Bildung eines schneckenähnlichen, kriechenden Zellaggregats. Zurück zur zitierten Arbeit von *Shapiro:* Bakterienkolonien zeigen geordnete Explorationsleistungen. Sie bewegen sich auf ein unbekanntes Objekt zu, untersuchen es und verlassen es wieder (S. 58f.). Der Autor folgert: „Wenn Bakterien ... zu so komplexen Entwicklungsprozessen und Verhaltensmustern wie Vielzeller fähig sind, dann dürfte ein tieferer Einblick in ihre Kommunikationsweisen auch das Verständnis der Informationsverarbeitung bei höheren Organismen fördern" (S. 59).

Bei *Eukaryoten* (Einzeller, deren Erbinformation im Zellkern abgekapselt ist und auf deren Grundlage sich mehrzellige Organismen entwickeln) sind vergleichbare Orientierungs- und Verhaltensmuster schon länger bekannt. Man nimmt an, daß diese Zellen selber das Resultat einer Symbiose verschiedener Prokaryoten sind, daß also bereits hier einfache Lebewesen sich zu einem Lebewesen höherer Ordnung und Leistung dauerhaft organisiert haben (vgl. *Jantsch* 1979, S. 175; ausführlich *Margulis* 1981).

Der Vorteil dieser Synthese in Form des Einbaus in (1) eine fermentierende prokaryotische Zelle von (2) energieliefernden Bakterien, die die Mitochondrien (energetischer Apparat) der Zelle bilden, (3) Bakterien mit Bewegungssystem, die die Verpackung des Zellkerns wie seine ungeschlechtliche Vermehrung durch mitotische Zellteilung sichert und (4) den Einbau von Chloroplasten, die bei Pflanzen die Photosynthese sichern, liegt in einem völlig neuen Niveau der Selbstorganisation, das erst den dauerhaften Übergang zur Mehrzelligkeit sichert. Damit verbunden ist ein großer Überschuß an DNS, also der Erbsubstanz, der ab Eukaryoten-Niveau bei weitem nicht mehr restlos realisiert wird. Dies sichert über die konstante neutrale Mutationsrate (*Kimura* 1983) und die weitere Speicherung von in der Evolution erworbener, aber nicht mehr realisierter Erbsubstanz ein ständiges ultrastabiles Reservoir an Erbinformationen. Unter bestimmten Bedingungen kann dieses Reservoir zur organismischen Veränderung in der Selbstorganisation im selektiven Hineinwachsen in neue Umwelten genutzt werden (vgl. *Pritchard* 1986 bzw. als Überblick über die gegenwärtigen evolutionstheoretischen Richtungen *Jantzen* 1989a).

Eukaryotische Zellen – einzeln lebend oder als Zellen in Mehrzellern – zeigen *vielfältige Bewegungs- und Orientierungsmöglichkeiten.* Beim Aufbau des Organismus orientieren sich Zellgruppen an chemischen Gradienten oder an physikalischen Wechselwirkungen in Form von Adhäsionsstellen (*Edelman* 1984, *Goodman* und *Bastiani* 1985); sie zeigen im Bereich der Körperzellen, aber auch der Zellen des Nervensystems beim Aufsuchen ihrer Zellorte aktive Bewegungsfähigkeiten durch Verlagerung ihrer Außenmembran (*Abercrombie* 1982, *Bretscher* 1988) und aktive konstruktive Leistungen beim Aufbau des Organismus. So gibt *Pritchard* (1986, S. 272) Befunde aus der Embryogenese des Seeigels wieder, wo Bindegewebszellen im Inneren des zunächst eher kugelförmigen Organismus ihre Fortsätze (Filopodien) in Richtung des animalen Pols (vorderes Körperende) ausstrecken und sich an dieses heranziehen, wodurch die Einbuchtung der späteren Mundregion und des Darmes (also der Kloake) entsteht. Diese Prozesse verlaufen insgesamt in einem hohen Grad von räumlicher und zeitlicher Orientierung, in der sich die je einzelnen Zellen immer wieder in ihrer je gegebenen Umwelt aktiv orientieren. Die einzelnen Zellen verfügen ersichtlich über rückgekoppelte Informationsprozesse über die Gesamtstruktur des Organismus. Dies wird an dem Beispiel von kleinen Süßwasserpolypen (Hydra) deutlich, das *Haken* (1983) wiedergibt: Man kann diese Tierchen (die aus einigen hunderttausend Zellen bestehen) teilen, wobei sich dort, wo ein Kopf erhalten bleibt, ein neuer Fuß und, wo ein Fuß erhalten bleibt, ein neuer Kopf bildet. Ein vorhandener Kopf sorgt ersichtlich durch die von ihm ausgehenden biochemischen Gradienten und Wechselwirkungen dafür, daß in „seiner engeren Umgebung kein zweiter entsteht" (S. 102f.). Zum aktuellen entwicklungsgenetischen Forschungsstand verweise ich insbesondere auf *Pritchard* (1986). Weiterhin ist auf die Herausbildung von unterschiedlichen Verhaltenseigenschaften bei verschiedenen Zelltypen in Mehrzellern zu verweisen, die erst am Beginn ihrer Erforschung steht. So unterscheidet ein aktuelles Sammelreferat (*Jahnssen* 1986, S. 368) aufgrund ihrer Reaktionsformen 13 verschiedene Nervenzelltypen im Zentralnervensystem von Säugetieren.

Ich belasse es bei diesem Überblick, der auf eine Reihe von Problemebenen aufmerksam macht, die in einer allgemeinen Theorie der funktionellen Organisation von Organismen ihren Platz finden müssen: Aktive Orientierung in einer Umwelt, Informationsgewinnung über diese Umwelt, Verhältnis von physiologischen Umbauprozessen zur Informationsverarbeitung, zeitliche Organisation dieser Prozesse usw. Man nähert sich der Hauptfrage einer Theorie des funktionellen Systems mit der von *Bretscher* am Ende seines Aufsatzes „Wie tierische Zellen kriechen" aufgeworfenen Frage: „Und was veranlaßt eine stationäre Zelle, sich plötzlich zu bewegen?" (1988, S. 62).

An dieser Stelle greife ich nun erneut *Anochins* Überlegungen auf, die sich mit der Frage einer *allgemeinen Theorie funktioneller Systeme*, also Systembildung auf dem Niveau der lebendig organisierten Materie generell befassen. In Band 1, Kap. 5.1.1 (S. 157) habe ich die allgemeinen Grundlagen seiner Annahme der *vorgreifenden* (vorauseilenden) *Widerspiegelung* bereits behandelt. Mit *Oparin* argumentierend, nimmt er unter den Bedingungen der räumlich-zeitlichen Organisation der Welt, in die die Lebewesen hineinwachsen, deren Bezug auf diese räumlich-zeitliche Struktur an (*Anochin* 1978). Dies geschieht, indem auf der Basis katalytischer Mechanismen im Zellprotoplasma chemische Reaktionsketten entstehen, die den Bedingungen der Außenwelt Rechnung tragen, bevor diese auftreten. Entsprechend den Stufen der Entwicklung des Lebens, die *Oparin* unterscheidet (s.o.), erfolgt (1) auf der Basis der Abgrenzung durch Koazervatbildung, innerhalb derer (2) sich erst diese schnellen Reaktionsketten bilden, (3) eine Hereinnahme von Makrozeitereignissen der äußeren Welt in Form von Mikrozeitereignissen im Protoplasma. *Hühne* (1986), der diesen Gedanken nachzeichnet und naturphilosophisch weiterführt, greift dabei auf *Hegels* Gedanken zur Evolution der einfachen Momente des Arbeitsprozesses zurück, den *Marx* zur Bestimmung des allgemeinen Arbeitsbegriffs benutzte (vgl. hierzu Bd. 1, Kap. 1.2). Als Evolution des Gegenstandes bezeichnet *Hühne* die Trennung der Welt in die des Subjekts und Objekts durch die Membran des Koazervats; die Evolution der Mittel, also der Organe der eigenen Tätigkeit, beginne in Form der nunmehr beschleunigt ablaufenden chemischen Reaktionsketten, die Entwicklung der Tätigkeit selbst in Form der sekundären Verbindung von Subjekt und Objekt auf der Basis der vorauseilenden Widerspiegelung (S. 179ff.).

Ich halte diesen Gedanken für zu mechanisch. Er stellt die Frage nach Henne und Ei dort, wo durch die Entstehung des Systems selbst die Eigenschaften des Systems zugleich entstehen. Insbesondere vernachlässigt *Hühne*, aber ebenso *Anochin* selbst, die *Frage, was die Grundlage der zeitlichen Struktur der Hereinnahme von Makrozeit sein kann.* Eine solche zeitliche Grundlage kann nur in einer *internen Systemzeit* gefunden werden, die in Form einer zeitlichen Quantelung äußere Ereignisse in innere Ereignisse überführbar macht. (Vgl. das Problem der notwendigen zeitlichen Quantelung bei Tonbandaufnahmen, wo eine Eins-zu-Eins-Repräsentation des Zeitablaufs in der Außenwelt und im System erfolgt, oder bei fotografischen Zeitrafferaufnahmen, wo Makrozeit in Mikrozeit verkürzt wird. Bei Änderungen in der Zeitquantelung selbst kommt es zu Verzerrungen des Abbildverhältnisses zwischen realer Situation und Wiedergabe). Als Basis solcher Strukturen können aber nur *biorhythmische Prozesse* angenommen werden, die durch den Einbau chemischer Uhren (vgl. z. B. den oben erwähnten Zitronensäurezyklus) möglich sind. Da sie zugleich Bestandteil jeder Organisation des Lebendigen sind, entsteht mit ihnen eine neue Form von Zeit als *subjektiv gerichteter Zeit.* An sie sind gattungsgeschichtliche Erfahrungen ebenso gekoppelt wie auch die individualgeschichtliche Herausbildung vorauseilender Widerspiegelung. Darüber hinaus ist folgendes zu beachten: Einerseits bilden diese Zeitstrukturen die Basis des Bezugs auf die Ereignisketten des Objektbereichs (vorgreifende Widerspiegelung als Basis der Tätigkeit); andererseits sind sie aber Ausdruck der Erhaltung der Lebensprozesse selbst, die im Energie- und Materieaustausch mit der Umwelt fern vom Gleichgewicht gesichert werden (und sich im Grenzzyklusverhalten ausdrücken).

Diese Überlegungen führten mich dazu, in Band 1 (Kap. 6.3.4) prinzipiell von *drei Zeitachsen im Prozeß der Vermittlung von Subjekt und Objekt* auszugehen: Dies sind (1) die zeitlichen Raten seiner Energie- und Materietransferprozesse, seines Stoffwechselzustands und -bedarfs, (2) die zeitlichen Raten der Verfügbarkeit von objektiven Bedingungen und Substanzen der Außenwelt, die zur Lebenserhaltung notwendig sind (im Gedächtnis in Form von Chemismen niedergelegt und im Prozeß der Tätigkeit realisierbare vorauseilende Widerspiegelung) und (3) chronobiologische Zeitachsen, die als inneres Zeitgefüge den in dieser Tätigkeit zugänglichen äußeren Objektbereich auf der Basis des Gedächtnisses (Informationsspeicherung) mit dem Bedarfszustand des Organismus vermitteln. Im Wechselspiel dieser Prozesse entsteht erst das *Psychische*, so hatte ich argumentiert, als sinnhafter und systemhafter Aufbau der Lebenstätigkeit (vgl. die in Band 1, Kap. 5.1 und 6.3 skizzierte Naturgeschichte psychischer Prozesse). Auf der Basis dieser Zeitachsen wird gegenwärtige Struktur des Organismus in künftige Tätigkeit übersetzt, in ihren Wechselwirkungen bilden (1) die oszillatorischen Eigenrhythmen die Basis der emotionalen Bewertungsprozesse, (2) die Bedarfszustände des Organismus (einschließlich derer seines Zentralnervensystems selbst) die Grundlage der Bedürfnisse und (3) die Chemismen des Gedächtnisses die Grundlage des Wahrnehmungs- und Handlungsrepertoires in der Tätigkeit.

Auf elementaren Niveaus des Lebens sind es, so belegen die oben gegebenen Beispiele, ersichtlich diese Uhren, die die Zeitabläufe der Lebensprozesse regeln. Sie bilden vermutlich auch die Grundlage der sogenannten Angeborenen Auslösemechanismen (AAM). Diese beinhalten die Auslösung erbkoordinierter Verhaltenssequenzen nach dem Schlüssel-Schloß-Prinzip auf der Basis bestimmter Schlüsselreize (indem den Schlüsselreiz auf der Ebene biologischer Sinnbildung das Motiv der Tätigkeit setzt; vgl. Kap. 6.3.1). In der Tätigkeit selbst hängen die Freiheitsgrade der Informationsverarbeitung, Bewegung und Wahrnehmung dann wieder von den je konkreten Möglichkeiten und Fähigkeiten des Subjekts im Rahmen seiner Artspezifik und Lebenserfahrung ab. *Über biologische Uhren wird das Subjekt an die gattungsrelevanten Situationen der Umwelt gekoppelt und stellt auf diese Weise selbst die Voraussetzungen zum Überleben der Gattung her* (vergl. das oben erwähnte Beispiel der sozialen Amöben). Insgesamt sind biologische Uhren noch nicht so erforscht, daß auf allen Quantelungsebenen von Zeit über sie Aussagen getroffen werden können. Auf der Ebene der Wirkung der circadianen Rhythmik (ca. 24-Std.-Rhythmus) lassen sich jedoch bereits sehr interessante Feststellungen zur Verhaltensorganisation treffen.

So kann der Schlaf-Wachrhythmus von Mücken durch entsprechende Lichtimpulse in Form einer ungeraden oder geraden Phaseneinstellung beeinflußt werden. (Entsprechend sind wir im übrigen selbst bei einer Reise durch verschiedene Zeitzonen ungeraden Phasenverschiebungen ausgesetzt). Mit einer für die Gattung unüblichen Reizkonstellation kann bei Insekten sogar die circadiane Uhr ausgeschaltet werden. Dies sind Reize, die der sogenannten Singularität einer Uhr entsprechen. Die Singularität ist der Ort, an dem die Zeitphasen einer Uhr nicht existent sind: Für die Ortszeitverschiebungen von Datumsgrenze zu Datumsgrenze auf der Erde sind dies die Pole. Stechmücken der Culex-Art verhalten sich auf der Basis eines Stimulus (eine Stunde diffuses Licht zu einem Zeitpunkt, der sonst Mitternacht bedeuten würde) außerordentlich merkwürdig, wenn man sie in Folge ohne Zeitgeber hält. Sie zeigen nur außerordentlich kurze Schlafphasen und einen Zustand der ständigen Aktivität, der jedoch durch einen einzigen Lichtimpuls sofort beendet werden kann (*Winfree* 1988, S. 127).

Biologische Uhren werden also von außen synchronisiert und synchronisieren ihrerseits die Lebenstätigkeit des Subjekts, also das Verhältnis von innen und außen. Je höher ein Lebewesen organisiert ist, desto eher erreicht es natürlich *chronobiologische Ultrastabilität*, indem es selbst seine inneren chronobiologischen Prozesse organisiert (z.B. Abstimmung Pulsschlag und mentale Tätigkeit beim Menschen: Bei mentalem Schwimmtraining steigt der Pulsschlag entsprechend der realen Leistung, bei autogenem Training erfolgt eine niedere Einstellung). Hierbei erfolgt in der Regel eine ungerade Phaseneinstellung: D.h. die Dauer der Phase wird beeinflußt.

Wenn aber, so ist nun zu folgern, die subjektive Seite der Veränderung der Phase jeweils der *emotional/affektive Prozeß* ist, so ändert eine *ungerade Phaseneinstellung* nicht den Gegenstand der Tätigkeit. Sie wirkt vielmehr auf die zeitliche Struktur der Tätigkeit zurück und auf die notwendige Abstimmung innerer und äußerer Bedingungen. Entsprechend muß bei diesem Prozeß die Widerspiegelung der Änderung der Phaseneinstellung Teil der Orientierungstätigkeit sein, also *Emotion* und nicht Affekt (vgl. Kap. 4.10). Wie ausgeführt, organisiert sich die Emotion (E) (negativ wie positiv) auf der Basis von Gradientenorientierung in dem sich verändernden Produkt von Stärke des Bedürfnisses (B) und pragmatischer Ungewißheit (Δ I) jeweils in der Gegenwart im Prozeß der Tätigkeit (nach *Simonov* 1982, ist E = f (B . Δ I); siehe Kap. 4.8). Der *Affekt* hingegen ist diskontinuierlich. Er ist etwas, was „mich packt"; er entsteht „plötzlich und blitzartig" (*Leontjew* 1979, S. 191). Zudem realisiert er sich auf Grund anderer psychophysiologischer Mechanismen. Welcher Veränderung der Zeitstruktur entspricht nun aber dem Affekt? Meines Erachtens kann er nur die psychische Widerspiegelung einer *geraden Phaseneinstellung* biorhythmischer Strukturen sein, in der ein äußeres Ereignis radikal den inneren Tätigkeitsablauf unterbricht und einen sofortigen Übergang auf eine gänzlich andere Form der Tätigkeit erzwingt. *Die gerade Neueinstellung der Phase hat nach Seiten des Subjekts das Resultat völliger Neuheit einer Situation, die auf der Grund-*

lage der Funktionsweise lebender Organismen überhaupt (mit und ohne Nervensystem) eine möglichst schnelle Umwandlung in Bestätigung, Vertrautheit erfordert.

Der Evolutionsvorteil eines solchen Systems liegt auf der Hand: Ein ständiger Vergleichsprozeß organismischer Grenzzyklen mit periodischen und aperiodischen Veränderungen der Außenwelt ist möglich. Dadurch kann das Subjekt die zwei Strategien der Suche nach Energiegewinnung und der Vermeidung von Energieverlust optimal koordinieren. Es steht ständig vor der Problematik, im Sinne einer für seine Selbstkonstruktion und Selbstorganisation optimalen Energiebilanz einerseits Energieverausgabung (durch Arbeit in Form von Bewegung) zu vermeiden und andererseits Energiezufur durch zielgerichtete Tätigkeit (insb. Bewegung) zu ermöglichen. Eine optimale Strategie verlangt also die optimale Abstimmung von Ruhepausen und Aktivität in der Lebenstätigkeit, entsprechend den Energieverbrauchsgradienten im System selbst und möglichen (vorgreifend widergespiegelten) Energiequellen in der Außenwelt. Hinzu kommt zugleich die notwendige Abstimmung der Reproduktion der Gattung, die durch die Koppelung der biologischen Eigenrhythmik an für die Gattunsreproduktion relevante „Schlüsselreize" in Form der AAM realisiert wird. Der Organismus stellt also mittels dieser chronobiologischen Regulation seiner Eigenaktivität (Affekt, Emotion) ständig harmonische Verhältnisse in der Widerspruchslösung zwischen organismischer Struktur und Bedingungen der Außenwelt her (vgl. auch Jantzen 1988a). Unter harmonischen Verhältnissen kann mit Hegel eine „zusammenstimmende Einheit im Widerspruch" verstanden werden. Und im Gegensatz zum „Wörterbuch Philosophie und Naturwissenschaften", das diesen Begriff im Bereich der Naturwissenschaften für vorwissenschaftlich und irreführend hält, zeigt sich gerade hier die natürliche Basis jenes Harmoniebegriffs, der im Rahmen der Subjekt-Objekt-Dialektik des menschlichen Lebens für Kunstwissenschaften und Pädagogik anerkannt wird: Harmonie bedeutet dort „Gestalt und Funktion aller Teile in einem Ganzen so abzustimmen, daß die Funktion der jeweils anderen Teile und vor allem die Funktion des Ganzen maximal befruchtet wird" (Hörz u. a. 1983, S. 336f.). Offen bleibt, wie jener Faktor näher zu bestimmen ist, der metaphorisch hier als die maximale Befruchtung des Ganzen benannt wird. Er entspricht dem besseren energetischen Gleichgewicht in der Auffassung von Haken (s. o.). Ich werde dies im Detail bei der Diskussion des systembildenden Faktors in der Auffassung von Anochin behandeln, der für diesen der „nützliche Endeffekt" der Systemaktivität ist.

Zuvor ist jedoch das Verhältnis zwischen der Selbstorganisation des Organismus und der Organisation des psychischen Prozesses als Widerspiegelungs- und Informationsverarbeitungsprozeß vertieft zu behandeln. Diese Problematik hat in Anochins allgemeinen Überlegungen zum Wesen funktioneller Systembildung ebenfalls nicht in jeder Hinsicht den Stellenwert, den sie erfordert. Ich gehe damit über zur Behandlung des Verhältnisses der autonomen Homöostase-Regulation des Subjekts (Autopoiese), zur Informationsverarbeitung und dem Aufbau kognitiver Strukturen, das insbesondere von Maturana, Varela und Roth im Rahmen der Entwicklung einer „Biologie der Kognition" grundsätzlich neu bearbeitet wurde.

In einer grundsätzlichen Neubestimmung von Biologie der Kognition (1977) bricht der chilenische Neurobiologe Humberto Maturana 1970 mit der bis dahin vorherrschenden Betrachtungsweise kognitiver Prozesse in Form der Beschreibung des Verhaltens von Organismen vom Standpunkt eines „äußeren Beobachters". Er untersucht vom Standpunkt des „inneren Beobachters" das kognitive Verhalten von Systemen, die in einem abgeschlossenen organismischen Raum aufgebaut werden, und kommt zu überraschenden und radikalen Konsequenzen, auf die ich im folgenden noch eingehe. In ähnliche

Richtung arbeitete Francesco *Varela* (1979), so daß beide Autoren als Väter eines neuen Paradigmas der Neurobiologie gelten können, das unterdessen im weiteren Sinne der erkenntnistheoretischen Dimension des *„radikalen Konstruktivismus"* subsumiert wird. Obwohl *Maturana*s grundlegende Arbeit bereits 1977 in einer Arbeitsübersetzung auf Deutsch vorlag, begann die Rezeption im wesentlichen erst nach ihrem erneuten Abdruck in einem Sammelband „Erkennen: Die Organisation und Verkörperung von Wirklichkeit" (1982). Das zusammen mit *Varela* verfaßte Buch „Der Baum der Erkenntnis" (1987) stellt die Theorie in populärer Fassung dar und ist im Begriff, ein „Kultbuch" zu werden. Aus ihm bedienen sich Autoren, die ansonsten die Neurowissenschaften gemieden haben wie der sprichwörtliche Teufel das ebenso sprichwörtliche Weihwasser, mit immer neuen verballhornten „Erkenntnissen": So auch im Bereich der Behindertenpädagogik *Speck*, der unter Bezug auf *Maturana* und *Varela* die Position der gesellschaftlichen Determiniertheit des Menschen als biologisch überholt kennzeichnet (1987, S. 182).

Was also ist diese neue und wesentliche Perspektive in der Verknüpfung des Selbstorganisationsparadigmas mit den Problemen der Informationsgewinnung über die reale Umwelt? Ich beginne mit der Klärung dreier *zentraler Begriffe* bei *Maturana*: Autopoiese, Informationelle Geschlossenheit und Strukturelle Koppelung:

Autopoietische Systeme sind lebende Systeme, die sich selbst organisieren, selbst herstellen, sich selbst erhalten und selbstreferentiell sind (so *Roth* 1986 in der weiteren Präzisierung dieses Gedankens). Man kann ihre funktionale Organisation als „zyklische, selbstreferentielle Verknüpfung selbstorganisierender Prozesse verstehen" (S. 202). Selbstreferentialität bedeutet, „daß jeder Zustand des Systems an der Hervorbringung des nächsten Zustandes konstitutiv beteiligt ist" (S. 201). Selbstreferentielle Systeme sind daher operational geschlossen, wobei sie gleichzeitig bezüglich ihres Energie- und Materietransfers offen sind. Autopoietische (wörtlich: sich selbst schaffende) Systeme sind außerdem in dem Umfang, daß ihre Lebensbedingungen garantiert sind, autonom gegenüber ihrer Umwelt; sie sind zweckfrei, ihr einziges Ziel ist die Systemaufrechterhaltung. Autonomie bedeutet, daß diese Systeme gegenüber ihrer Umwelt eigene Freiheitsgrade der Entscheidung besitzen, die nicht außendeterminiert sind. Dies gilt „bis zur Grundstufe der Zellorganisation" (*Varela* 1982, S. 88). Sie werden instabil, wenn sie mit Außenbedingungen verknüpft werden, die sie in die Position fremdbestimmter Input-Output-Einheiten bringen (ebd., S. 91). Sie konnten sich in der Weltgeschichte entwickeln, da für die Entwicklung des Lebens nicht die Spielregel galt und gilt: „Dies *mußt* Du tun und alles andere ist verboten", sondern: „Dies ist *nicht* erlaubt, aber was Du sonst tust, ist egal" (ebd., S. 90).

Informationelle Geschlossenheit: Maturana betrachtet Information als *Interaktion des Systems mit seinen eigenen Zuständen.* Denn die Außenwelt ist dem System nicht unmittelbar gegeben, sie ist vielmehr Resultat der Interpretationen, die das System den Wechselwirkungen an seinem äußeren Rand (Körperoberfläche, Rezeptoren) gibt. Die Zirkularität im System, also seine ständige Interaktion mit eigenen Zuständen begründet Information. Das Nervensystem ist folglich ein geschlossenes Netzwerk von Interaktionen. „Ich habe also die Vorstellung aufgegeben, daß das Nervensystem in der Gegenwart eine Umwelt errechnet, das Nervensystem errechnet vielmehr ausschließlich seine Übergänge von Zustand zu Zustand, und zwar in einem in sich geschlossenen Prozeß des Operierens als konkret gegebene Struktur hier und jetzt, als eine Struktur allerdings, die durch ihre Geschichte erfolgreicher struktureller Koppelung an ein sich veränderndes Medium durch eben dieses sein Operieren ausgebildet wurde" (1982, S. 19). *Roth*, der auch diesen Gedanken *Maturana*s präzisiert, spricht nicht von informationeller, sondern von operationaler Geschlossenheit; ich komme darauf zurück. Obwohl diese Position wie Solipsismus wirkt (das Subjekt schafft durch seine Gedanken die Welt; vgl. *Lenin* LW 14), ist sie dies nicht im klassischen ontologischen Sinne, sondern im „epistemeologischen", also erkenntnistheoretischen Sinne (*Schmidt* 1987, S. 35). Die Existenz einer objektiven Realität wird anerkannt, bestritten wird die Möglichkeit ihrer objektiven Erkennbarkeit und der Abbildcharakter der Kognitionen. Hierbei zeigt es sich schnell, daß oft ausschließlich von einem sensualistischen Abbildbegriff ausgegangen wird. Ernsthafter sind Argumente von *Roth*, ein solches System könne keine Abbilder hervorbringen, da es über keine Urbilder verfüge. Wie die Vermittlung des Subjekts mit dem Objektbereich stattfindet, darin unterscheiden sich die Auffassungen. Auf jeden Fall ist der Ansatz monistisch und materialistisch, da er Psychisches konsequent aus Interaktionszuständen des Materiellen ableitet und davon ausgeht, daß die lebenden Systeme im Prozeß der Geschichte des Lebens selbst entstanden sind.

Strukturelle Koppelung: Am wenigsten interessiert sich *Maturana* selbst für die Vermittlung des lebenden Systems mit seiner Umwelt, also seiner strukturellen Koppelung an ein Medium: „Mit anderen Worten, strukturelle Koppelung an ein Medium und adäquates Verhalten in diesem Medium sind notwendige historische Folgen des Operierens eines Organismus und seines Nervensystems als geschlossene strukturdeterminierte Systeme, um in einem stabilen oder sich verändernden Medium ständig ihre Organisation zu erhalten und ihre Anpassung durchzuführen. Im Prinzip bedarf es keiner darüber hinausgehenden Erklärung" (1982, S. 21).

Kognitive Prozesse sind folglich Resultate autopoietischer, autonomer lebender Systeme, die sie in Zuständen der Interaktion mit ihren eigenen Zuständen hervorbringen. Sie sind *strukturdeterminiert*, d. h. durch den inneren Zustand des Gesamtsystems bestimmt, und *rekursiv*, da jede neue Operationsebene auf den Zuständen aufbaut, die sie mit der Interaktion in der Struktur der vorherigen Ebene selbst geschaffen hat (vgl. *Foerster* 1987, S. 149). Als wesentliche und bestimmende Faktoren, welche die kognitive Strukturbildung auf der Basis der Interaktion des Systems mit seinen eigenen Zuständen bestimmen, werden von *Ciompi* (zit. nach *Schmidt* 1987, S. 62) affektive Faktoren angenommen. *Maturana* oder *Roth* äußern sich nicht zu diesem Komplex. Allerdings arbeitet *Roth* einige wesentliche Momente des Informationsaufbaus im System präziser heraus, die ich im folgenden darstellen will.

Roth (1986, vgl. auch 1987b) unterscheidet sorgfältig zwischen dem Aufbau des Organismus als autopoietischem System und dem Gehirn, das als solches nicht autopoietisch ist. Es ist „vollkommen von der materiellen Realität abhängig, aber die kognitive Wirklichkeit ist von dieser Realität vollkommen getrennt" (1986, S. 210). Dies bedeutet aber in keiner Weise, „daß diese Welt von der übrigen Welt völlig abgesondert ist, oder daß die reale Welt nur in meinem Kopf existiert" (ebd.). Denn es existieren bestimmte Gesetzmäßigkeiten in der Übersetzung der Ereignisse der Außenwelt, die dem Gehirn unzugänglich sind, in die Sprache des Gehirns, also in seine elektrischen und biochemischen Signale. Diese Zusammenhänge werden ausführlich dargestellt in der Arbeit „Das reale Gehirn und seine Wirklichkeit" (1985, erneut 1987a).

1. Die Hirntätigkeit in der Herstellung der kognitiven Funktionen ist gesichert, da das Hirn zum einen über eine strenge *Topologie* verfügt (also eine räumliche Ordnung). Auf deren Basis „weiß" es, woher welche Information in seiner Einheitssprache der bioelektrischen und chemischen Signale kommt und was das jeweilige Signal bedeutet. Zum

anderen ist durch diese *Einheitssprache* selbst die Basis des kognitiven Prozesses gesichert.

2. Die primären Sinnesempfindungen und -modalitäten entstehen nicht in den Sinnesorganen. Dort resultiert die Wechselwirkung des Organismus mit der äußeren Welt, die in den Sinnesorganen in die Einheitssprache des Gehirns übersetzt wird. *Anochin* selbst (1978, S. 77ff.) geht von der konservativen Struktur der Rezeptoren der Peripherie aus. Damit die Genauigkeit der Informationsübertragung (bzw. der Informationskonstruktion) gesichert ist, bedarf es sowohl einer hohen Sensibilität der physiologischen Substanz der Rezeptoren gegenüber den Bedingungen der Außenwelt wie einer hohen erblichen Determination dieser Strukturen. Gleichzeitig ist nach *Anochin* eine hohe Selbständigkeit der Zentrale in der Selbstregulation festzustellen (a.a.O.). Auch *Roth* hebt in vergleichbarer Weise die hohe Flexibilität des Gehirns bei der Interpretation der Signale hervor.

3. Der Übergang von den modalen Wechselwirkungen an der Peripherie zu der Bedeutungszuweisung der Signale durch die Zentrale erfolgt nach bestimmten Prinzipien:
3.1 Es besteht eine *Bedeutungszuweisung* nach topologischen Kriterien als neuroanatomische „Grobverdrahtung", die teils angeboren sind, teils ontogenetisch erworben.
3.2 Die Gesamtheit der kognitiven Welt läßt sich in *drei* große *Bereiche* teilen: „Einen ersten Bereich, dem alle Dinge und Prozesse der sogenannten Umwelt angehören, die wir also als ‚Dingwelt' erfahren; einen zweiten Bereich, zu dem unser Körper und alle mit ihm verbundenen Erfahrungen gehören, die wir also ‚Körperwelt' nennen können; und einen dritten Bereich, in dem alle unsere unkörperlichen Zustände und Erlebnisse existieren, also Gefühle, Vorstellungen, Gedanken" (S. 92) Das „Ich" selbst, das diesem dritten Bereich zugehören würde, ist ein Ergebnis der Konstruktionen unseres Gehirns. Es ist „keine eigene Instanz, sondern ein spezifisch hervorgehobener komplexer Zustand des Gehirns" (S. 105). Auf der Basis der Unterscheidungen dieser Bereiche erzeugt das Gehirn seine kognitive Welt: Während die Umwelt nur sensorisch im Gehirn repräsentiert ist, ist der Körper sensorisch und motorisch repräsentiert. Daher ist die gehirninterne Erfahrung des Körpers prinzipiell anderer Art als die Erfahrung der Umwelt. Auf diese Weise ist das Gehirn in der Lage zur Konstituierung der Körperidentität und zur Erzeugung eines „draußen".

Ich kommentiere in Kürze einige Aussagen von *Roth* bis hierher:
In Band 1 habe ich herausgearbeitet, wie das Ichbewußtsein auf der Entstehung des Körperbewußtseins aufbaut und inwieweit die Dialektik von Körperselbstbild und Abbild der Welt zum Aufbau der kognitiven Prozesse führt (vgl. Abb. 17, S. 205: „Organisatoren des Psychischen" sowie Abb. 27: „Der psychophysiologische Zusammenhang sinnbildender Strukturen"). Bereich 3 ergibt sich also aus der höheren Hierarchisierung der psychischen Prozesse gegenüber Bereich 2.
Darüber hinaus entfällt in der Unterscheidung *Roth*s der dritte von mir unterschiedene Bereich sinnbildender Strukturen auf der Basis affektiv-emotionaler Prozesse. Es entfällt aber auch der sehr wichtige Unterschied propriozeptiver (innere Rückkoppelung über Gelenk- und Muskelrezeptoren der Bewegungsorgane) und interozeptiver Rückmeldung (innere Rückkoppelung qualitativer und quantitativer Art über Körperzustände der inneren Organe mit Ausnahme der Bewegungsorgane). Schließlich entfällt der Unter-

schied zwischen qualitativen und quantitativen Einwirkungsprozessen (also einerseits emotive, epikritische, coenesthetische, qualitative Zustände wie z.B. Schmerz, andererseits diakritische, sensorische, prokritische, quantitative Zustände, die sich sowohl auf das Abbild der Welt wie das Körperselbstbild beziehen; so die entsprechenden Unterscheidungen bei *Spitz, Head, Wallon, Pribram*; vgl. Bd. 1, S. 304). Diese Einschränkungen berühren überhaupt nicht den hohen methodologischen Wert von *Roths* Herangehensweise. Sie nötigen jedoch zu Präzisierungen bei der Entwicklung einer allgemeinen Theorie funktioneller Systeme.

3.3 *„Das Gehirn hebt die prinzipielle Isolation aller neuronalen Systeme von der Welt dadurch auf, daß es die Welt als interne Umwelt konstituiert und mit dieser umgeht"* (*Roth* 1985, S. 107). Eine derartige konstruktive Informationsbildung wird durch drei Prinzipien gewährleistet, die Zuverlässigkeit sichern:

Absicherung der Zuverlässigkeit des *Übersetzens:* Durch „lange Stammesgeschichte und prägungsartige ontogenetisch frühe Lernprozesse (ist) eine mehr oder weniger verläßliche Zuordnung von Sinnesorganen zu bestimmten Sinneszentren und von Sinnesqualitäten zu bestimmten lokalen Erregungsmustern im Gehirn garantiert" (S. 97). Es gibt also eine mehr oder weniger fest vorgegebene „Grobverdrahtung". Auf diesen Aspekt komme ich ausführlich bei *Anochins* Auffassungen zur „Systemogenese" zurück, d.h. zur Entwicklung dieser Strukturen im Rahmen der körperlichen Entwicklung selbst. Im Sinne der sowjetischen Neurophysiologie handelt es sich hier um unbedingt-reflektorische Strukturen, im Sinne der Ethologie um Erbkoordinationen, die durch AAM mit spezifischen Schlüsselreizen der Umwelt verkoppelt werden.

Absicherung der Umweltverarbeitung durch *parallele Konsistenzprüfung:* D.h. (intermodaler) Vergleich der Mitteilungen, die das Gehirn über verschiedene Kanäle gleichzeitig erhält (S. 98). *Anochin* spricht hier von „Afferenzsynthese". Afferenzen sind die einen Organismus von peripher nach zentral erreichenden Impulse.

Konsekutive Konsistenzprüfung mit Hilfe des Gedächtnisses, indem die neuen Eindrücke im Vergleich mit den alten auf interne Stimmigkeit überprüft werden. Dies geschieht nach *Anochin* durch die Herausbildung eines „Handlungsakzeptors" auf der Basis von Bedürfniszuständen und Gedächtnisprozessen, der zugleich mit der Programmierung der Handlung entsteht (s.u.).

An diesem Punkt will ich nun eine *zusammenfassende Wertung* über den theoretischen Gewinn versuchen, den diese Überlegungen für die Entwicklung einer allgemeinen Theorie funktioneller Systeme bringen:

(1) Sie arbeiten präzise und genau mit neurobiologischen Mitteln heraus, daß die Information über die materielle Welt vom Subjekt im Austausch mit dieser materiellen Welt konstruiert wird. Es darf daher in der Tat nicht mehr schlechthin von Informationsübertragung, sondern es muß für die kognitiven Prozesse selbst von *Informationskonstruktion* gesprochen werden.

(2) Die mit der Untersuchung der autopoietischen Prozesse begründete *Autonomie des Subjekts* gilt in biologischer wie kognitiver Hinsicht. Entsprechend gilt, daß lebende Systeme biologisch und kognitiv instabil werden, wenn sie äußerer Beeinflussung nach dem Reiz-Reaktions-Modell ausgesetzt werden.

(3) Bezüglich der *Zielrichtung der Selbstorganisation*, die eigene *Homöostase* zu sichern, ist präzisierend folgende Bemerkung von *Bernstein* (1987, S. 225) hinzuzufügen: *„Dabei zielt der Organismus nicht auf die Erhaltung eines Zustandes oder eine Ho-*

möostase ab, sondern auf die Weiterentwicklung in Richtung des artgemäßen Entwicklungs- und Selbsterhaltungsprogramms."

So wertvoll die Überlegungen von *Maturana* und *Varela* und ihre Präzisierung durch *Roth* sind, so kann ihnen doch in drei zentralen, miteinander verbundenen Fragen *nicht gefolgt* werden:

(4) *Roth* geht davon aus, daß das Gehirn die Welt konstruiert und *nicht* rekonstruiert (1985, S. 98). Das Hirn könne *keine Abbilder* schaffen, da es über *keine Urbilder* verfüge (1986, S. 209). In der Begründung dieses Kontextes bleibt *Roth* einem Denken verhaftet, das noch die Spuren dessen trägt, was er überwinden möchte. Ich habe eine vergleichbare Einschränkung bei der Behandlung des Homöostase-Begriffs gerade aufgezeigt. Er formuliert: „Diese externe Reizsituation wirkt auf die Rezeptoren, nicht aber auf das Gehirn. Das Gehirn kann also gar nicht abbilden, weil es keinen Zugang zu irgendeinem Urbild hat" (ebd.). D.h. *Roth* trennt das Subjekt aus dem System „Subjekt – Tätigkeit – Objekt" heraus und betrachtet es nicht vom Standpunkt der Entwicklung in diesem System, nicht vom Standpunkt der Tätigkeit, der Selbstbewegung. Wenn ich hierzu *Leontjew* paraphrasiere, so wäre zu antworten: „Das Gehirn bezieht sich auf die Welt mittels der von ihm eingestellten Sinnesrezeptoren". Dies ist möglich, da es in der Stammesgeschichte als Basis aller Informationskonstruktion *feste „Verdrahtungen"* in dem *System „Subjekt – Tätigkeit – Objekt"* gibt. Sie liegen in Form der AAM vor (und der auf ihnen aufbauenden EAM; das sind erworbene Auslösemechanismen). Ihre innere Seite ist die Erbkoordination und deren chronobiologische Eingestelltheit auf einen bestimmten Schlüsselreiz; ihre äußere Seite ist die materielle Existenz des Schlüsselreizes. Dieser dient als äußerer Organisator des Abbilds, also als „Etalon", Urmaß (vgl. zur Behandlung dieser Kategorie, allerdings nur bezogen auf den Tätigkeitsprozeß der Menschen, *Lektorski* 1985). Man kann sich diesen Prozeß mathematisch als sich *gegenseitig aufrufende rekursive Funktionen* vorstellen (vgl. *Hofstader* o.J, S. 148), die zu einer „verschachtelten Hierarchiebildung" führen (ebd., S. 569): Nach bestimmten Regeln ruft die autopoietische Selbstorganisation Aspekte der Umwelt auf (Schlüsselreiz; unbedingter Reiz). Die dann durch die Tätigkeit erschlossenen neuen Aspekte der Umwelt rufen neue Prozesse in der Entwicklung des Subjekts selbst auf (im Rahmen derer sich dann unbedingte ‚Reflexe' in bedingte und neutrale Reize in bedingte Reize verwandeln). Rekursivität dieser Art gilt für die Übersetzung des Genoms in die Körperstruktur, wo ein derartiger wechselseitiger Aufruf erfolgt (epigenetischer Prozeß). Sie gilt ebenso für den Aufbau der kognitiven Prozesse. Ich verdeutliche dies in Abbildung 3, deren ersten Teil (rekursive Entwicklung elementarer biologischer Prozesse) ich *Hofstaders* Buch „Gödel, Escher, Bach" entnommen habe (S. 569), in dem den Problemen der Rekursivität an zahlreichen Beispielen nachgegangen wird. Der zweite Teil (rekursive Entwicklung kognitiver Strukturen) versucht eine Konkretisierung der hier entwickelten Argumentation.

(5) *Maturana* spricht von *informationeller* Geschlossenheit, *Roth* etwas vorsichtiger von *operationaler* Geschlossenheit. Dem kann ich zustimmen. *Roth* läßt jedoch das *Informationsproblem* offen, da er nicht deutlich unterscheidet, auf welchen Ebenen das Subjekt Information konstruiert oder verarbeitet. Betrachtet man diese Prozesse im System „Subjekt – Tätigkeit – Objekt", so zeigt es sich, das im Raum-Zeit-Kontinuum der Welt das Gehirn notwendigerweise über ein eigenes Raum-Zeit-Kontinuum verfügen muß, bezogen auf seine Wechselwirkungen in diesem System (*Anochin*). Dieses Raum-Zeit-Kontinuum ermöglicht erst die Informationskonstruktion. Es steht durch aktuellen Informationsfluß physikalischer Art (z.B. Lichtwellen, Tonwellen, Molekulardichten

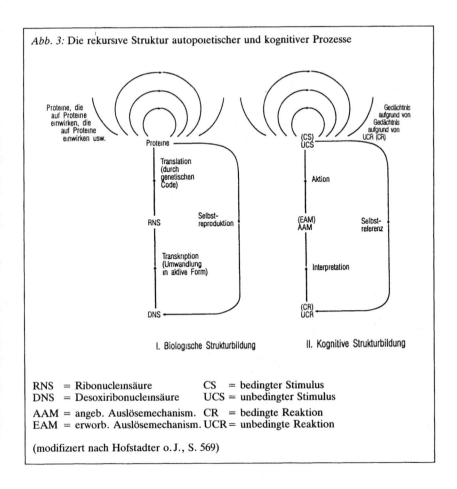

Abb. 3: Die rekursive Struktur autopoietischer und kognitiver Prozesse

RNS = Ribonucleinsäure   CS = bedingter Stimulus
DNS = Desoxiribonucleinsäure   UCS = unbedingter Stimulus
AAM = angeb. Auslösemechanism.   CR = bedingte Reaktion
EAM = erworb. Auslösemechanism. UCR = unbedingte Reaktion

(modifiziert nach Hofstadter o.J., S. 569)

usw.) im ständigen Austauschprozeß mit der physikalischen Umwelt. D.h. die Wechselwirkungen der Außenwelt mit den Rezeptoren werden in die Einheitssprache des ZNS übersetzt. Insofern ist das Gehirn im physikalischen Sinne von Information (also Ereignisquantelung der äußeren Welt, die durch die Sinnesorgane auf der Basis chemisch-physikalischer Wechselwirkungen in neuronale Impulse vermittelt wird) gegenüber der objektiv-realen Welt offen. Es ist aber in der Konstruktion seiner Information operational geschlossen und verfügt über einen ständigen autonomen Informationsüberschuß durch Konstruktion gegenüber der realen Welt. *Das Gehirn rekonstruiert daher die reale Welt, indem es sie konstruiert* (vgl. auch die Behandlung des Abbildproblems in Bd. 1).

(6) Der von *Maturana* gesetzte und seiner Ansicht nach nicht der Erforschung bedürftige Aspekt der strukturellen Koppelung, auf den *Roth* faktisch nicht zu sprechen kommt, findet seine Aufklärung in den oben genannten Koppelungsprozessen chronobiologischer Strukturen. Lebende Organismen sind so gebaut, daß ihre elementaren

Raum-Zeit-Parameter in Form chronobiologischer Prozesse (und subjektiv in Form affektiver, emotionaler, sinnhafter Wertung) ständig gegenüber einer Eichung durch die Umwelt offen sind. Nur das sichert ihr Überleben (vgl. *Winfree* 1988). Diese Eichung kann durch Koppelung an räumlich-zeitliche Strukturen der unbelebten wie belebten Welt, aber insbesondere auch an das Verhalten der eigenen Gattung erfolgen. Das Resultat dieser strukturellen Koppelung sind je subjektiv die Sinnbildungsprozesse (biologisch, individuell, persönlich) und je auf den Objektbereich gerichtet die Bindungs- (oder Vermeidungs-)Prozesse im Sinne der affektiv-emotionalen Objektwertung und Objektbesetzung (vgl. Bd. 1, Kap. 6.3).

Auf dieser Basis ist es nun möglich, zu weiteren systematischen Aussagen in *Anochins* Theorie überzugehen. Im Rahmen dieses Abschnitts behandele ich allgemeine Überlegungen zu dem Problem der funktionellen Systembildung und ihrer Naturvoraussetzungen. Im folgenden Abschnitt werde ich dann Anochins psychophysiologische Theorie der Architektur des funktionellen Systems im Detail darstellen und diskutieren.

In der Abhandlung *„Das chemische Kontinuum des Gehirns als Mechanismus der Widerspiegelung der Wirklichkeit"* (erstmals publiziert 1970) vertieft Anochin (1978, S. 129ff.) einige Gedanken aus seiner Arbeit über vorgreifende Widerspiegelung (1962).
 Er nimmt dabei als *Grundgesetz* der Arbeit des Gehirns an: *„Das absolute, universelle Gesetz der anorganischen Welt – die Entwicklung der Erscheinungen im Raum-Zeit-Kontinuum führt im Laufe der Evolution der lebenden Materie dazu, daß das Gehirn der Tiere als spezielles Widerspiegelungs- und Anpassungsorgan die Eigenschaft erwarb, daß seine Vorgänge in voller Übereinstimmung mit den Komponenten dieses Kontinuums in Raum und Zeit ablaufen"* (S. 135).

Diesen Gedanken entwickelt er in verschiedenen Schritten:
 (1) Die eigentliche Natur dieser Anpassungen ist auf der Ebene der Tätigkeit der einzelnen Nervenzellen in den in ihrem Protoplasma ablaufenden Vorgängen auszumachen. *„Die Anpassung selbst besitzt stets integralen, systemartigen Charakter, doch der Elementarvorgang in diesen Systemen ist die Entladungstätigkeit des Neurons"* (S. 136). Dabei kommt es insgesamt bei einem ununterbrochenen Wechsel der äußeren Reize in Mikrointervallen zu einer ständigen Überlagerung und Summation der Erregungen.
 (2) Diese *Überlagerung* ist ein ständiger und wesentlicher Faktor in der Aktivität des Gehirns. Auf ihrer Basis realisiert sich, daß in die permanente Eigenaktivität des Gehirns „ununterbrochen all das Relative und Variable eingeflochten wird". D.h. in die Vor-Anlasser-Integration (d.i. die permanente Hirnintegration, die die auslösende Wirkung eines Reizes bestimmt) wirken ständig Nervenentladungen hinein, die „ihrem Wesen nach die ununterbrochene ‚Melodie' des Raum-Zeit-Kontinuums der Außenwelt nachspielen" (S. 137).
 (3) Es existiert also eine *spezielle Neuronentätigkeit*, „die den ständigen Kontakt des Gehirns und damit des Organismus mit allen Vorgängen sichert, die sich in den verschiedenen Entwicklungsetappen des Raum-Zeit-Kontinuums abspielen" (ebd.). Dies entspricht *Roths* Annahme der sukzessiven Konsistenzprüfung.
 (4) Dies führt dazu, „daß *die durch die vorangegangenen Einwirkungen hervorgerufenen chemischen Vorgänge im Neuron durch neue chemische Vorgänge überdeckt werden, die durch eine nachfolgende Komponente des Raum-Zeit-Kontinuums ausgelöst*

werden". Die Entladungstätigkeit des Neurons „schweißt" also vorangegangene Ereignisse im Leben des Gehirns mit nachfolgenden zusammen (S. 138).

(5) Im Verlauf der Evolution hat das Gehirn spezielle *Strukturen* und spezielle Wechselwirkungen zwischen diesen Strukturen ausgebildet, die „speziell für die Reproduktion des Raum-Zeit-Kontinuums der Außenwelt und für die Einbeziehung der lebenswichtigen Momente bestimmt sind" (S. 139). Dies entspricht *Roths* Topologieannahme, wird aber im folgenden Schritt darüber hinausgehend weiterentwickelt.

(6) Da die *Nachwirkungen der Reize* unterschiedliche Schicksale haben, können einzelne Nachwirkungen (z. B. Nachwirkung eines vorangegangenen indifferenten Reizes und „Einholung" dieser Nachwirkung von einem Schmerzreiz) im Protoplasma einer Zelle zusammentreffen. Treffen sie häufiger zusammen, so verläuft dann der Vorgang über Nervenverbindungen, „die chemisch bereits vor dem Eintreten der Reaktion auf den Schmerzreiz fixiert wurden"; es handelt sich also *„um ein echtes Vorauseilen spezifischer chemischer Hirnprozesse vor den Komponenten des Raum-Zeit-Kontinuums"*. Dies ist dann im *Pawlow*schen Sinne eine Signalreaktion (S. 139f.).

(7) Jede Hirntätigkeit ist Ausdruck der Lebenstätigkeit des Organismus als *offenes System*, das „aktiv als ‚Eingänge' die seinem Stoffwechsel fehlenden exakt programmierten Komponenten" aufsucht. Dies realisiert sich auf Basis der *ständigen Fortbewegung* der Organismen, durch die Neues in die Lebensprozesse eingeführt wird: *„Das ist das nützliche Ergebnis der Tätigkeit des Tieres*, das ununterbrochen im Verlauf seiner aktiven Beziehung zum Raum-Zeit-Kontinuum der Außenwelt entsteht" (S. 140).

(8) Es entsteht also ein *„biologisches Widerspiegelungsfeld"*, „das die Bedeutung des Ergebnisses klassifiziert und jenes Element generalisierender Bekräftigung einführt, das alle *vorangegangenen* Etappen der Reizeinwirkungen, die Nachwirkungen im Zentralnervensystem gelassen haben, einbezieht". Dabei sind die biologisch bedeutsamen und *emotionsauslösenden* Reize die notwendigen Voraussetzungen, „die den Weg für künftige vorgreifende Reaktionen unter der Einwirkung irgendeines entfernten Kettengliedes des Raum-Zeit-Kontinuums" vorbereiten. *„Somit wird die ununterbrochene Folge der Erscheinungen der Außenwelt in dem ‚biologischen Widerspiegelungsfeld' als eine ‚intermittierende Folge' für die Tiere und den Menschen lebenswichtiger Ereignisse widergespiegelt, die zeitlich voneinander getrennt sind, aber durch das Kontinuum wenig bedeutsamer Ereignisse des Verhaltensaktes miteinander verbunden werden"* (S. 141).

Diese Überlegungen präzisieren und ergänzen die bisherige Argumentation. Insbesondere zeigen sie nochmals deutlich, daß Widerspiegelung im Anochinschen Sinne dem Tatbestand der Informationskonstruktion entspricht. Darüber hinaus wird hier naturphilosophisch vertiefend geklärt, auf welcher Grundlage der Dialektik von innen und außen eine solche Informationskonstruktion erst möglich ist. Es gibt von hieraus gesehen keinerlei Gründe, auf den Begriff der Widerspiegelung zu verzichten.

Wendet man die bisher erörterten Befunde und Überlegungen auf die Frage an, wie man denn nun im System „Subjekt – Tätigkeit – Objekt" die Verbindungen von Subjekt und Objekt in der Tätigkeit genauer modellieren kann, so muß zunächst gefragt werden, was denn das *Wesentliche eines Systems* ist. Wir greifen damit Überlegungen wieder auf, die wir mit der Theorie der Selbstorganisation und der Synergetik begonnen haben und in deren Mittelpunkt die Frage nach dem *„systembildenden Faktor"* steht. Ohne die Lösung dieser Frage kann der Übergang zur Ebene der „Architektur des Systems" nicht erfolgen. Dies arbeitet *Anochin* in einem Aufsatz „Prinzipielle Fragen der allgemeinen Theorie funktioneller Systeme" (erstmals 1973) heraus (vgl. Abb. 4).

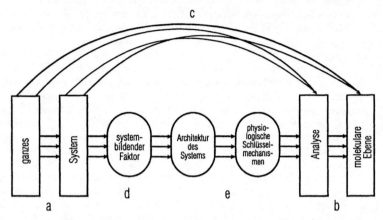

Abb. 4: Schematische Darstellung der Rolle des systembildenden Faktors als „konzeptueller Brücke" zwischen der Systemebene und subtilen analytischen Prozessen

a – Ebene der ganzheitlichen Systemtätigkeit; b – Ebene der subtilen analytischen Prozesse; c – Weg der üblichen Korrelationsbeziehungen; d – Einbeziehung des systembildenden Faktors, der den Vorgang der Ordnung zwischen der Vielfalt der Komponenten des Systems erklärt; e – operationale Architektur des Systems und ihre Schlüsselmechanismen.
(aus: Anochin 1978, S. 152)

Ich gehe nicht auf die Details dieser Argumentation ein, sondern referiere das Ergebnis. Erinnern wir uns: Gemäß der Auffassung von *Haken* bzw. von *Atkins* setzen sich aufgrund der Gesetze der Thermodynamik dissipative Strukturen des lebendigen Systems durch, die mit freier Energie ein optimales Maß an Arbeit durch Ordnungsbildung realisieren, also die energetisch günstigsten Alternativen darstellen.

Anochin geht hier einen wesentlichen Schritt weiter, indem er das *konkrete Resultat der Tätigkeit*, also ihren widergespiegelten *nützlichen Endeffekt, als systembildenden Faktor* begreift (S. 159ff.). Das System besitzt „imperative Möglichkeiten" (dies entspricht *Haken*s Kategorie des „Ordners", der andere Teile des Systems „versklavt"), die Erregungsverteilung in einer bestimmten Richtung zu organisieren, die „vom Nichtorganisierten zum Organisierten" führt (S. 160f.). Insofern ist in diesem System statt von Wechselwirkungen besser von „gegenseitigem *Zusammen*wirken" zu sprechen.

Anochin definiert: „*Als System kann man nun einen solchen Komplex elektiv eingezogener Komponenten bezeichnen, bei denen die Wechselwirkungen und Wechselbeziehungen den Charakter eines gegenseitigen Zusammenwirkens der Komponenten zum Erreichen des angepeilten nützlichen Resultates annehmen.* Der konkrete Mechanismus der Wechselwirkung ist ihre Befreiung von überflüssigen Freiheitsgraden, die zum Erreichen des betreffenden konkreten Resultates nicht erforderlich sind, und umgekehrt das Erhaltenbleiben all jener Freiheitsgrade, die zum Erreichen des Resultates beizutragen vermögen. Das Resultat hat seinerseits durch seine charakteristischen Parameter und infolge der Reafferentation die Möglichkeit, das System umzuorganisieren und dadurch eine solche Form von Wechselwirkung zwischen seinen Komponenten herbeizuführen, die für das Zustandekommen des vorprogrammierten Resultates am günstigsten sind. *Somit ist das Resultat die unabdingbare, entscheidende Komponente des Systems, das Instrument, das die geordnete Wechselwirkung zwischen allen anderen Komponenten des Systems herbeiführt"* (1978, S. 162).

Mit dieser Definition werden mindestens drei Probleme genauer gelöst, die ich in diesem Kapitel bisher untersucht habe:

1) Der synergetische Prozeß wird durch die resultative Rückkoppelung vermittelt. Dies kann als rekursiver Prozeß verschachtelter Hierarchiebildung verstanden werden.

2) Die Autonomie des Systems kann sich nur durch Ausschaltung bestimmter, bei Beibehaltung anderer, Freiheitsgrade realisieren.

3) Die vorauseilende Widerspiegelung in der Informationskonstruktion sichert als innerer Organisator den rekursiven Aufruf der für den nützlichen Endeffekt typischen Reizkonstellation. Die Veränderung der Interaktionen der Außenwelt mit den Rezeptoren im Verlauf der Tätigkeit sichert umgekehrt als äußerer Organisator den rekursiven Aufruf einer autonomen Tätigkeit des Subjekts, die diesen veränderten Bedingungen Rechnung trägt.

*Anochin*s Theorie ist also weit mehr als die gemeinhin als physiologisches Regulationsmodell dargestellten Annahmen zur Architektur des funktionellen Systems. Sie bietet einen wertvollen theoretischen Rahmen zur Weiterentwicklung naturphilosophischer Fragen überhaupt.

Zugleich ist es aber jetzt möglich, nach der Spezifik der Architektur der rückgekoppelten (doppelt rekursiven) Verbindung zwischen Subjekt und Objekt zu fragen. Das folgende Unterkapitel stellt hierzu ebenso *Anochin*s Lösungsversuch wie auch weitere wesentliche Vorschläge vor.

7.4 Allgemeine Theorie des funktionellen Systems II: Die Architektur des funktionellen Systems

Bei einer allgemeinen Theorie des funktionellen Systems geht es um die *Zusammenhänge zwischen Zentrale und Peripherie* im Organismus, um die funktionelle Vermittlung ihres Zusammenspiels, die eine besondere Architektur aufweist. Diese rückgekoppelten Prozesse sind von verschiedenen Physiologen unabhängig voneinander entdeckt und beschrieben worden. Das wesentliche Prinzip ihrer Funktionsweise ist das *Reafferenzprinzip*, also die Rückkoppelung der zentralen Impulse, die auf efferentem Wege die Peripherie erreichen, durch von dieser ausgehende rückläufige Impulse (Reafferenzen).

Ich beginne bei den jüngsten Entdeckern, deren Entdeckung gemeinhin als Übergang zu einem neuen Paradigma der Physiologie betrachtet wird (vgl. *Henatsch* 1988), nämlich den deutschen Physiologen Erich *Holst* und Horst *Mittelstaedt*. In einem erstmals 1950 erschienenen Aufsatz „Das Reafferenzprinzip (Wechselwirkungen zwischen Zentralnervensystem und Peripherie)" (zitiert aus *Holst* 1969) legen sie eine allgemeine Fassung u. a. in Form folgender Abbildung vor (Abb. 5).

Dieses von *Holst* und *Mittelstaedt* beschriebene Reafferenzprinzip war jedoch vorher unabhängig voneinander von *Bernstein* 1929 (in einer bisher in deutscher Übersetzung

Abb. 5: Allgemeines Schema des Reafferenzprinzips

Z1 bis Zn sind hierarchisch übereinander liegende Zentren. Von Zn absteigende Kommandos laufen als Efferenz E heraus. Diese verursacht in den benachbarten Zellgruppierungen eine zeitlich verzögerte Ausbreitung, die Efferenzkopie EK. Diese Efferenzkopie tritt mit der Reafferenz A im Zentrum Z1 in Wechselwirkung. Sofern auf Grund der äußeren Einwirkung am Effektor EFF die Afferenz zu groß oder zu klein ist, bleibt in Z1 ein +− oder ein −−Rest übrig. Dieser wird in Form einer Meldung M an die höheren Zentren geschickt. Über absteigende Kommandos K, mit denen die Rückmeldung sich summiert, wird das System reguliert, bis Gleichgewicht vorherrscht.

(aus: *Holst* 1969, S. 145)

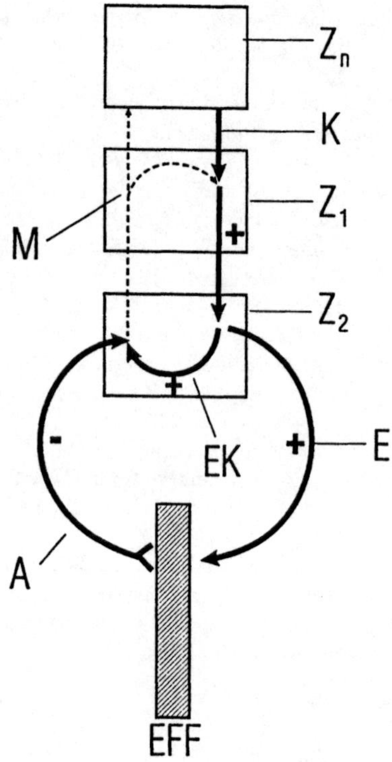

nicht vorliegenden Arbeit; nach *Pickenhain* 1986a) und von *Anochin* 1935 in die Analyse eingeführt worden. In der auf deutsch publizierten Arbeit *Anochins* über die Einheit von Zentrum und Peripherie in der Nerventätigkeit (1935, erneut 1978, S. 17ff.) wird die Bedeutung der Reafferentierung analysiert. Diese Arbeit enthält alle Grundannahmen, die später in der Arbeit „Das funktionelle System als Grundlage der physiologischen Architektur des Verhaltensaktes" dem deutsch- und englischsprachigen Leser (1967 bzw. 1974, Kap. 6) zur Kenntnis gelangten.

Anochin geht es in dieser Arbeit um die Ausarbeitung einer Konzeption der *Integration,* der Ausbildung und Steuerung des Verhaltensaktes im *Zentralnervensystem.* Darüber hinaus nimmt er an (1978, S. 191ff.), daß die Basis dieser Prozesse, die integrative Tätigkeit der Nervenzelle, selbst nach diesen Prinzipien organisiert ist.

In der nun vorgelegten Theorie des funktionellen Systems unterscheidet Anochin Gesamteigenschaften und Teilmechanismen.

Die *Gesamteigenschaften* des funktionellen Systems werden insbesondere am Beispiel von Nervenanastomosen (künstlich hergestellte Verbindungen von Nervenbündeln mit ursprünglich unterschiedlichen Eigenschaften) verdeutlicht. Es zeigt eine erstaunliche

Flexibilität der Herausbildung von Verbindungen zwischen Zentrale und Peripherie, also der Möglichkeit zur Kompensation. Bei Katzen wurde ein Streckmuskel (Extensor) an der Hinterextremität (M. quadrizeps femoris) in zwei Teile aufgespalten und ein Teil so angenäht, daß er die Funktion eines Beugemuskels (Flexor) übernahm. Die Nerven blieben also in ihrer alten Funktion, das Gesamtergebnis der Lokomotion geriet jedoch in Widerspruch zur allgemeinen zentralen Integration des Bewegungsaktes. Es zeigt sich nun, daß nach einer Reihe von Wochen eine vollständige Anpassung erfolgt und der normale Bewegungsfluß sich wiederherstellt. Die lokale Störung war also Teil eines größeren Systems, das sich umorganisierte. Diese Umorganisation erfolgte in einem bestimmten „funktionellen System", das deshalb so heißt, weil es einen bestimmten Anpassungseffekt garantiert. Sein charakteristischster Zug sind die sich verändernden *Anpassungen an die Afferentationen*, also an die Wechselwirkungen der Peripherie mit den Bedingungen der objektiv realen Welt. Jedes funktionelle System verfügt somit über ein „afferentes Feld" (*Leontjew* und *Zaporozhets* 1960), also ein Feld der kognitiven Konstruktion (sensu *Roth*), innerhalb dessen es Änderungen der Interaktionen an der Peripherie erwartet. Dieses Feld wird dann gestört, wenn Afferentationen durch den Kontakt mit der äußeren Objektwelt erfolgen, die unerwartet sind. Dies zwingt das System zur Umorganisation insbesondere da, wo funktionelle Standardbeziehungen innerhalb des gesamten funktionellen Systems gestört sind (*Anochin* 1967, S. 30).

„Das funktionelle System stellt einen weitverzweigten, morphologisch-physiologischen Apparat dar, der durch eine Reihe ihm eigener Gesetzmäßigkeiten sowohl den Effekt der Homöostase als auch den der Selbstregulation sichert. Das funktionelle System bedient sich aller möglichen subtilen Integrationsmechanismen und lenkt den Ablauf aller Zwischenprozesse bis zur Erzielung des endgültigen Anpassungseffektes einschließlich seiner Bewertung" (S. 33). *Dieses System verfügt über mindestens zwei Kategorien von Mechanismen: Zum einen Mechanismen mit außerordentlich stark konservativem Charakter (die Rezeptorsysteme) oder relativ konservativem Charakter (der erwartete Endeffekt) und Schlüsselmechanismen mit einer hohen Plastizität zur Erreichung des Anpassungseffektes. Jedes funktionelle System besitzt daher regulatorische Eigenschaften, die ihm nur als Ganzes zukommen* (S. 34f.).

Als wesentliche Komponenten und Mechanismen unterscheidet *Anochin* die folgenden (vgl. Abbildung 6):
1. Afferenzsynthese
2. Fällen der Entscheidung
3. Ergebnisse der Handlung
4. rückläufige Afferentation
5. Vorhersage und Kontrolle der Ergebnisse der Handlung

Unter *Afferenzsynthese* versteht *Anochin* die Verarbeitung der aus unterschiedlichen Quellen stammenden Afferenzen, die die Zentrale über die Peripherie erreichen und die entsprechend dem jeweiligen Stand der Informationskonstruktion im Gehirn integrierend bewertet werden. Diese integrierende Bewertung ist die „Vor-Auslöser-Integration" (1967; 1978 mit „Vor-Anlasser-Integration" übersetzt). *Anochin* spricht von ihr auch als einem „latenten System von Erregungen" (1967, S. 40). In sie gehen Afferentierungen aus der *Umgebung* ein (Umgebungs- oder Situationsafferenzen) sowie *auslösende Afferenzen*, die zur *Aktivierung* von Handlungskonsequenzen (Entscheidung usw.) führen.

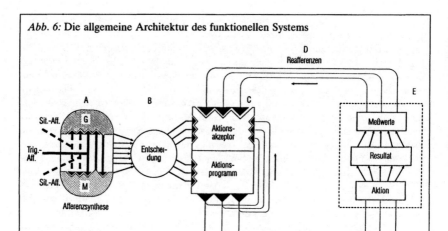

Abb. 6: Die allgemeine Architektur des funktionellen Systems

A – Stadium der Afferenzsynthese; Sit.-Aff. – Situationsafferenz; Trig.-Aff. – Trigger
(Auslöser)-Afferenz; B – Entscheidungsfällung; C – Formierung des Aktions(Resultats)-
Akzeptors und des Aktions(Efferenz)-Programms; D–E – Ermittlung der Aktionsresultate
und Formierung der Reafferenz für den Vergleich der erhaltenen mit den vorgrogram-
mierten Resultaten; G – Gedächtnis; M – Motivation.

(aus Anochin 1978, S. 173)

Diese treffen auf Afferentierungen in Form des Gedächtnisses und der dominierenden
Motivation. Da in der sowjetischen Neurophysiologie der letztere Begriff in der Regel mit
dem Begriff der „Dominante" verbunden wird, mittels dessen die Umsetzung von (physiologischem) Bedarf in (psychologische) Bedürfnisse modelliert wird, verwende ich
durchgängig diesen Ausdruck. Die Übersetzungen sprechen z.T. von führender Motivation. Schließlich sind die *Gedächtnisinhalte* zu nennen, die ebenfalls in die Afferenzsynthese eingehen. Als Ort der Realisierung der Afferenzsynthese nimmt *Anochin* den
Frontalhirnbereich der Großhirnrinde an. Dieser realisiert in besonderer Weise planen-
de, überwachende und bewertende Funktionen (vgl. *Luria* 1973). Als zugrunde liegende
physiologische Struktur nimmt er die Zellschichten III und IV der Hirnrinde an (1967,
S. 43 bzw. 53). Auf beides komme ich im folgenden Kapitel zurück.

Das *Fällen der Entscheidung* wird als Schlüsselmechanismus des funktionellen Systems
betrachtet. Der physiologische Sinn des Fällens der Entscheidung liegt in zwei besonders
wichtigen Effekten: (1) Sie ist Ergebnis einer Afferenzsynthese, die der Organismus auf
der Grundlage einer Motivation ausführt. Sie befreit den Organismus von einer außerordentlich großen Anzahl von Freiheitsgraden und „begünstigt damit die Ausbildung
eines efferenten Integrals". (2) Das Fällen der Entscheidung stellt daher ein Übergangs-
moment dar, „nach dem alle Kombinationen von Erregungen einen ausführenden,
efferenten Charakter haben" (1967, S. 60). Den Prozeß der inneren Determiniertheit
dieses Übergangs, in dem ein Übergang von Bedürfnissen (Vergangenheit) über Emo-

tionen in Motivationen (Zukunft) stattfindet (bzw. von in der Gegenwart latent vorhandenen subdominanten Motiven in manifeste dominante), untersucht er leider nicht näher. Ich werde zu diesem Aspekt noch einige andere Auffassungen vorstellen. Eine selbständige physiologische Kategorie stellt das *„Ergebnis der Handlung"* dar. Die Parameter der Ergebnisse, die durch die Handlung erzielt werden, haben die Eigenschaft, das Gehirn ständig über notwendige Korrekturen zu informieren. Mit der Ausbildung des *Handlungsprogramms* wird über die kollateralen Innervationen (Kollaterale sind seitliche Axonverzweigungen der Nervenzellen) der benachbarten Neurone gleichzeitig ein *Handlungsakzeptor* gebildet. Dies entspricht völlig der Bildung und der Funktion der *Efferenzkopie* bei *Holst* und *Mittelstaedt*. *Anochin* untersucht hier jedoch ersichtlich nur die Ebene des untersten Zentrums als Aktivität der Umsetzung des Motivs und des mit der Entscheidung getroffenen Handlungszieles (je höhere Zentren) in einzelne getrennte Handlungsschritte. Diese werden jeweils über die entsprechenden sensorischen Modalitäten afferentiert und als erfolgreich oder nicht erfolgreich bewertet. Daher trennt er das Konzept des Handlungsakzeptors deutlich von *Pawlows* Konzept des dynamischen Stereotyps (1967, S. 62f.; dies wäre eine Einstellung auf Tätigkeitsebene; vgl. S. 40f.). „Es gibt so viele ihrer Zusammensetzung nach unterschiedliche Handlungsakzeptoren, wie es verschiedenartige Ergebnisse der Handlung gibt" (S. 63). Dynamischer Stereotyp wie Handlungsakzeptor sind also nicht identisch, sind jedoch andererseits beides Spezialfälle des allgemeinen Prinzips der vorauseilenden Widerspiegelung der Wirklichkeit.

Die Parameter der Handlung werden über rückläufige Afferentationen in den Handlungsakzeptor vermittelt. *Anochin* entwickelt eine eigene *Klassifikation verschiedener Afferentationen*, die er wie folgt unterscheidet (S. 66):

(1) Die Umgebungsafferentation
(2) Die auslösende Afferentation
(3) Die rückläufige Afferentation
  (a) Die Bewegung lenkende Afferentation.
  (b) Die die Resultate anzeigende Afferentation, die ihrerseits wieder in die etappenweise und die sanktionierende Afferentation zerfällt.

Bei den *rückläufigen Afferentationen* (also den Reafferenzen) ergibt sich damit (1) ein *innerer* Rückmeldungskreis über die Bewegung lenkende Afferentation, die in Form der propriozeptiven Signalisation stattfindet und (2) ein *äußerer* Rückmeldungskreis über die Resultate der Handlung. Diese werden in Form von Zwischenergebnissen signalisiert bzw. in Form eines Endergebnisses, das dem nützlichen Endeffekt entspricht. Diese Afferenz *sanktioniert* das Ergebnis. Es wird damit eine Bekräftigung durch das Ergebnis realisiert, die die Handlung abschließt. In *Simonovs* (1982) Terminologie würde die pragmatische Ungewißheit (Δ I) gleich Null. Bei konstantem Bedürfnis (B) würde gemäß der Annahme B = E/Δ I die Emotion gegen Schluß der Handlung ansteigen und mit dem nützlichen Endeffekt zugleich erlöschen, womit auch ‚das Bedürfnis im Produkt erlischt' (so sinngemäß *Marx*).

Stimmen *Vorhersage und Ergebnis* der Handlung nicht überein, so erfolgt eine Rückmeldung auf höherer Ebene, indem erneut auf den Mechanismus der Afferenzsynthese zurückgegriffen wird, sich eine entsprechende Aktivierung und *Orientierungsreaktion* aufbaut und *Korrekturen* entwickelt werden.

Vergleicht man *Anochins* Modell mit dem von *Holst* und *Mittelstaedt*, so hat es neben dem gewissen Nachteil, im Modell selbst das Hierarchieproblem nicht so deutlich zu unterscheiden, deutliche Vorteile: Die Rolle der zentralen Mechanismen der Integration ist besser ausgearbeitet, der systembildende Faktor ist bestimmt, die verschiedenen Arten der Afferentierung sind besser unterschieden, insbesondere in Form der sehr wichtigen Trennung von innerem und äußerem Regelkreis. Und in Form der sanktionierenden Afferenz ist ein Bekräftigungsschritt am Ende der Handlung gefordert, der eigenständigen Charakter hat. Freilich fehlt gänzlich die Dimension der emotionalen Regulation.

Diese fehlt auch bei *Bernstein*, dessen Auffassung bei deutlichen Übereinstimmungen mit *Anochin* wichtige Ergänzungen und Erweiterungen bringt.

Grundannahmen, von denen Bernstein bei der Entwicklung der Bewegungsphysiologie ausgeht, sind folgende (1987, S. 17; nach der Zusammenstellung in der Einführung der Herausgeber zitiert):

„(1) Zielfunktion und Regulativ der motorischen Handlung ist das Handlungsziel.

(2) Ausgehend vom Handlungsziel und von der Analyse der Situation, erfolgt mit der Formulierung des Bewegungsprogramms die ‚Vorausnahme des erforderlichen Künftigen'.

(3) Die sensorische Informationsaufnahme und -verarbeitung ist unerläßliche Grundlage für die ständige Regelung des Bewegungsablaufs und des motorischen Lernens.

(4) Motorisches Lernen besteht weniger im Ausbilden unveränderlicher Bewegungsprogramme als vielmehr im Ausbilden von ‚Korrekturen' (Korrektur- und Regelmechanismen).

(5) Der ‚innere' Regelkreis (über die kinästhetische Sensibilität) und der ‚äußere' Regelkreis (vorwiegend über die optische Informationsaufnahme) sind für die Feinregulierung der Bewegungen unterschiedlich eingestellt und geeignet. In der Regel erfolgt im Lernprozeß eine Umschaltung der Bewegungssteuerung und -regelung auf das am meisten geeignete Korrekturniveau, d.h. zumindest in wesentlichen Teilen auf die Führung des ‚inneren' Regelkreises."

Annahme (1), (2) und (3) entsprechen völlig Anochins Auffassungen; Annahme (4) entspricht der aus der Theorie der Selbstorganisation sich ergebenden Auffassung der Herausbildung optimaler Bewegungen als notwendiger situationsbedingter Kontrolle von Freiheitsgraden. Annahme (5) verweist auf die physiologischen Mechanismen, die als Basis einer Automatisierung von Fähigkeiten, Fertigkeiten und der Herausbildung praktischer wie geistiger Operationen betrachtet werden können. *Roth*s Trennung von „drinnen" und „draußen" (s.o.) verwies bereits auf den von *Anochin* wie *Bernstein* vorgenommenen Unterschied von innerem und äußeren Regelkreis.

In der Auffassung von *Bernstein* wird der Organismus als selbstorganisierendes und selbstreferentielles System betrachtet. *Bewegungsprogrammierung und -koordination* kann als Problem der Selbstregulation unter sich nie gänzlich wiederholenden Wechselwirkungsverhältnissen des Subjekts mit seinem Objektbereich verstanden werden. Deshalb ist der Prozeß der Ausschaltung unnötiger Freiheitsgrade und der Dynamisierung der Bewegung immer ein Prozeß der Operations- und Begriffsbildung wie gleichzeitigen Automatisierung auf verschiedenen Ebenen. Die Welt wird topologisch, d.h. an bisherigen erfolgreichen Bewegungsmustern des Subjekts orientiert (und damit begriffsorientiert) und nicht metrisch in der Bewegungskoordination widergespiegelt. Eine Unterschrift behält ihre typischen Züge, auch wenn ich den Stift in die andere Hand nehme oder mit dem Fuß oder dem Mund schreibe oder hinter meinem Rücken, auch wenn ihre metrischen Dimensionen und die sie realiserenden Muskelgruppen sich gänzlich verändern. Die Annahme einer solchen Repräsentation liegt aufgrund der Selbstorganisationstheorie nahe: Der kognitive innere Raum ist aus einer Reihe von Gründen ein anderer als der metrische äußere Raum (vgl. auch *an der Heyden, Roth* und *Stadler* 1986). Die Widerspiegelung der Wirklichkeit erfolgt über Informationskonstruktion als vorgreifende Widerspiegelung im Rahmen der Freiheitsgrade des Organismus, sich autonom zu verhalten und nicht in passiv-sensorischer Abbildung der Außenwelt.

Auch *Bernstein* hat versucht, seine Auffassung der Vermittlung von Zentrale und Peripherie in einem Modell niederzulegen, das ich in Abbildung 7 wiedergebe.

Abb. 7: Ringsystem der Bewegungssteuerung

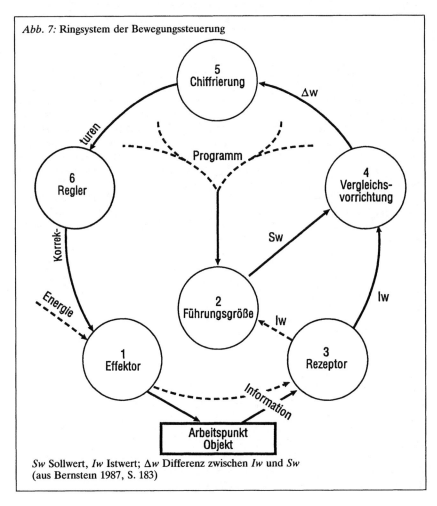

Sw Sollwert, *Iw* Istwert; Δw Differenz zwischen *Iw* und *Sw*
(aus Bernstein 1987, S. 183)

Seiner Auffassung nach enthalten selbstregelnde Systeme mindestens die sechs in der Abbildung genannten Momente:

„(1) den *Effektor* (Motor), dessen Arbeit der Regelung nach dem vorgegebenen Parameter unterliegt;

(2) die *Führungsgröße*, die auf diesem oder jedem Weg dem System den geforderten Wert des zu regulierenden Parameters vorgibt;

(3) den *Rezeptor*, der die *tatsächlichen*, laufenden *Werte* des Parameters aufnimmt und auf irgendeine Art und Weise signalisiert;

(4) die *Vergleichsvorrichtung*, welche die Differenz zwischen dem tatsächlichen und dem geforderten Wert in ihrer Größe und mit ihrem Vorzeichen wahrnimmt;

(5) die Vorrichtung, die die Angaben des Vergleichsgeräts in Korrekturimpulse umchiffriert, die über die Rückkoppelung weitergegeben werden zum

(6) *Regler*, der nach dem gewählten Parameter die Funktion des *Effektors* steuert" (S. 183).

Einige dieser Strukturen sind uns bereits bekannt: Die *Führungsgröße* entspricht dem Apparat der Afferenzsynthese, die *Vergleichvorrichtung* entspricht dem Handlungsakzeptor. Mit *Rezeptor* ist nicht die perzeptorische Peripherie in Form der Sinnesorgane gemeint, sondern die eingestellte Entnahme der Information, also das Erkennen des Istwertes (Iw). Dieser Punkt (vgl. Bernstein, S. 187f.) ist in *Anochins* Schema nicht explizit hervorgehoben. Da er in einem von *Klix* (1980) entwickelten Modell ausführlicher behandelt wird, greife ich ihn dort auf. Neu ist die zwischen (1) Rezeptor, (2) Führungsgröße und (3) Vergleichsvorrichtung gebildete *Differenz* zwischen dem Istwert und dem Sollwert (Sw). Der *Istwert* wird von dem Rezeptor an die Vergleichsvorrichtung gegeben und dort mit dem Sollwert verglichen. Vermutlich entspricht der Istwert dem Neuigkeitsgrad der Situation und seiner Veränderung durch den Aufruf von Verhaltensrepertoires aus dem Gedächtnis. *Sollwerte* sind m.E. die auf der Basis des antizipierten nützlichen Endeffekts entwickelten Modelle des Künftigen auf unterschiedlicher Ebene. Sie werden auf der Ebene des Aktionsakzeptors (Vergleichsvorrichtung), unmittelbar bezogen auf die an der Peripherie wahrgenommenen Ereignisfolgen, abgearbeitet (entsprechend Zentrum 1 bei *Holst* und *Mittelstaedt*). Im Aktionsakzeptor erfolgt der Soll-Ist-Wert-Vergleich in Form der Bestimmung der *Handlungsungewißheit (Δ I)*. Dies ist nicht bloß eine formale Übereinstimmung mit *Simonov*; auch dieser geht davon aus, daß die Informationsdifferenz Δ I Teil des Aktionsakzeptors ist (1975, S. 22). Von hier aus wird die Mikrostruktur des Prozesses in Form des Programmes abgearbeitet, über das Rückmeldungen von verschiedenen Chiffrierungsinstanzen in Form von Korrekturen kommen. *Bernstein* hat in den mir zugänglichen Texten diesen Gedanken nicht näher ausgearbeitet.

In einem Kommentar zu dem ensprechenden Kapitel der von *Whiting* besorgten kommentierten englischen *Bernstein*-Neuausgabe von 1984 schlägt *Pickenhain* für die Frage der *Chiffrier- und Korrekturmechanismen* folgende Lösung vor (vgl. auch Abbildung 12.12 in *Pickenhain* 1977, S. 720): Unterhalb der Ebene des Aktionsprogramms und Aktionsakzeptors werden auf den efferenten Bahnen verschiedene Unterprogramme abgerufen, die über Korrektureinwirkungen direkt mit den afferenten Bahnen in Verbindung stehen. Somit gelangen Afferentationen im inneren Regelkreis an den Aktionsakzeptor, bevor das Resultat über den äußeren Regelkreis reafferentiert wird. Ähnlich bemerkt auch *Anochin* selbst, daß über kollaterale Verzweigungen der Pyramidenbahn (das ist die direkte willkürmotorische Durchgriffsbahn des Großhirns auf die Motoneurone des Rückenmarks) an zahlreiche Zwischenneurone „Kopien" der efferenten Impulssalven abgegeben werden. „Interessanterweise konvergieren diese efferenten Erregungen an den gleichen Zwischenneuronen des sensomotorischen Gebiets, zu denen auch alle afferenten Erregungen laufen, die Parameter des tatsächlichen Resultats sein können" (1978, S. 181). Vermittelt über diese zusätzlichen Korrekturen kann ständig ein Vergleich der Veränderung von minimalen Zeitintervallen der Bewegungsprogrammierung stattfinden. In ihm wird die Informationsdifferenz mit der einen Augenblick zuvor aufgetretenen Differenz verglichen. So kann eine ständige Anpassung des Programmierungsprozesses an die afferenten Realisierungsbedingungen des Modells des Künftigen erfolgen. *Bernstein* kennzeichnet dies als Wahrnehmungmöglichkeit eines Differentialquotienten durch den Organismus, der mathematisch die Form der Ableitung $d(\Delta W)/dt$ hat (S. 190).

Als *Regler* kann dann die unterste Ebene der Steuerung des Effektors angenommen werden, also die Ebene der Motoneurone des Rückenmarks, an denen die unterschiedlichen Korrekturmechanismen ansetzen und die zugleich selber bei Innervation der Muskelspindeln noch über verschiedene Freiheitsgrade verfügen.

Was nunmehr in einer allgemeinen Theorie funktioneller Systeme zu klären bleibt, ist die Frage der *affektiv/emotionalen Regulation* und die hiermit verbundenen Fragen der Übergänge von Bedarf in Bedürfnisse, von Bedürfnissen vermittels der Emotionen in dominante Motive (im Schlüsselmechanismus des Fällens der Entscheidung) bzw. subdominante Motive in Form der latenten Einstellung in der Vorauslöserintegration.

Hierzu hat *Simonov* in einer seiner letzten mir zugänglichen Veröffentlichungen (1984) ein elementares Regulationsschema vorgestellt (Abb. 8).

Bevor ich die Details dieses Modells erörtere, ist zunächst der Begriff der *„Dominante"* zu klären. Dies ist eine Kategorie, die auf den russischen Neurophysiologen *Uchtomski* zurückgeht. *Simonov* (1983, S. 6) mißt ihr für die Entwicklung der Neurophysiologie die gleiche Bedeutung zu, die *Pawlows* Kategorie „bedingter Reflex" hat. Beide Kategorien stehen seiner Ansicht nach für die Entwicklung des individuellen Verhaltens im gleichen Verhältnis wie für die Entwicklung der Arten die Kategorien „Mutation" und „Selektion". In der Dominantenbildung schlagen sich die physiologischen Erfahrungen des Organismus nieder; sie stellt die *Übersetzung der Bedarfe des Organismus in die Widerspiegelung des Bedürfnisses in der Afferenzsynthese* dar.

Die „Große sowjetische Enzyklopädie" definiert Dominante in der Physiologie als einen „zeitweiligen dominierenden Reflex durch welchen die Tätigkeit anderer Reflexbogen und des Reflexapparates als ganzes zu einem gegebenen Zeitpunkt transformiert und geführt werden, das Gleichbleiben anderer Bedingungen vorausgesetzt" (zit. nach *Pavlygina* 1983, S. 146).

Uchtomski selbst betrachtet sie als „vorherrschenden Fokus der Erregung, der in einem großen Ausmaß den Charakter der fortlaufenden zentralen Reaktionen zu einem gegebenen Zeitpunkt bestimmt" (ebd., S. 145f.)

Ein *Beispiel* soll dieses verdeutlichen:
Hunde reagieren mit Brechreiz auf die Eingabe eines schädlichen Stimulus (Kupfersulfat) in den Magen bzw. mit Defäkation bei Eingabe in den Darm. In einem Experiment wurde eine Menge in den Magen appliziert, die bloß zu unterschwelliger Erregung führte. Die Applikation in den Darm führt nun nicht zur Defäkation, sondern

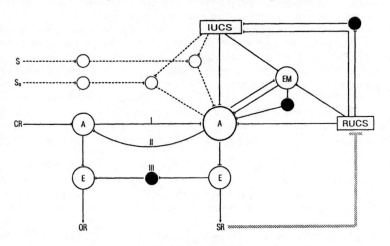

Abb. 8: Wechselwırkung von dominantem Fokus und bedingtem Reflex

Gestrıchelte Linien: dominanter Fokus; durchgezogene Lınien: bedingter Reflex; I: konditionierte Vorwärtsverbindung; II: erregende konditionierte Rückwärtsverbındung; III: hemmende konditionierte Rückwärtsverbindung; schwarze Kreise: hemmende Elemente; dünne Linie: anreizender Einfluß des verstärkenden Stimulus; SR – – – RUCS: ınstrumenteller konditionierter Reflex; S – Sn: indifferente externale Stimuli; IUCS: anreizende unkonditionıerte Stimuli; RUCS: verstärkender unkonditionıerter Stimulus; EM: Emotion; A: afferente Elemente der Reflexe; E: efferente Elemente der Reflexe; OR: Orientierungsreaktion; SR: spezifische Reaktion (Nahrungs-, Verteidigungs- usw.).

(aus: Simonov 1984, S. 281)

zum Erbrechen (zit. nach *Anochin* 1974, S. 458). Auf der Basis von Erregungen im autonomen Nervensystem hatte sich eine latente Erregung unterhalb eines Schwellenwertes gebildet, also eine Gerichtetheit im Nervensystem, die nun aufgrund eines neuen Reizes dazu führte, daß eine ihr entsprechende Handlung programmiert wurde.

Nach *Anochin* ist dies ein *Spezialfall der Interaktion zweier funktioneller Systeme* (ebd.). Man muß hinzufügen: Von denen eines vorweg bereits in der Vorauslöserintegration latent programmiert ist und deshalb durch die unspezifische Erregung durch den zweiten Stimulus ausgelöst wird, bevor sich auf der Basis des zweiten Stimulus selbst das entsprechende funktionelle System aufbaut.

Der Aufbau einer Dominante erfolgt vor allem nach dem *Prinzip der Summation sog. weicher Stimuli*, d.h. „zufällige Stimuli jeder Modalität" (insbesondere aus dem Inneren des Organismus) gehen ein. „Der Status des ‚Vorbereitetseins' oder der ‚Tendenz' auf eine Reaktion, hervorgebracht durch die Aktion zufälliger Stimuli, ist der Ausdruck der Dominante" (*Rusinov* 1973, S. 6). Einerseits ist die Dominantenbildung also Resultat der allgemeinen Informationsverarbeitung auf der Basis der Vorauslöserintegration, andererseits stellt sie die latente Ausbildung eines funktionellen Systems dar, verbunden mit einer subdominanten Motiv- und Erregungsbildung. Diese kann unter bestimmten Bedingungen durch einen auslösende Afferenz in den „Schlüsselmechanismus der Entscheidungsbildung" *(Anochin)* übergeführt werden, mit dem der „Übergang" in die reale Ausbildung des Handlungsprogramms und Handlungsakzeptors realisiert wird. „Die Dominanz ist also ein physiologisches Mittel, durch das funktionelle Systeme in den adaptativen Effekten des Organismus durch Veränderung der Niveaus der Erregbarkeit manifestiert werden" *(Anochin* 1974, S. 454).

Zurück nun zu dem *Schema Simonovs,* das ich weitgehend mit dessen eigenen Worten erläutere (1984, S. 281): Die durch Erregungssummation hervorgebrachte Dominante (gestrichelte Linien) und ein spezifisches reflektorisches Gebilde zwischen dem konditionierten Stimulus (CS) und der Afferenzsynthese (A) liegen vor. Es kommt am Punkt A zur Konvergenz von Erregungen: Sowohl solchen, die vom konditionierten Stimulus ausgehen und die vom verstärkenden Stimulus (IUCS) ausgehen, der diese Eigenschaft durch die Dominantenbildung erwirbt. Sie lösen zusammen den unkonditionierten Reflex aus (RUCR; z.B. in Form des Speichelflusses). Dies wäre eine der Afferentation durch Futter im Mund entsprechende Afferentation. Aber weder die Afferentation vom Mund aus noch die Hungererregung selbst können die Rolle der Verstärkung spielen, die für die Formierung des instrumentellen bedingten Reflexes (Linie SR –– RUCS) nötig sind. *Nur die Integration der Hungererregung mit dem einzigen Faktor, der das Bedürfnis befriedigen kann, da er den Mechanismus der positiven Emotionen hervorruft, sorgt für die Verstärkung.* Bei einem anderen Verhältnis zwischen den konvergierenden Erregungen, z.B. das Futter wird in das Maul des überfütterten Tieres gegeben, führt die Aktivierung der negativen Emotion zu einer defensiven Vermeidungsreaktion und zu einer Hemmung der spezifischen (alimentären) Reaktion.

Was *Simonov* hier herausarbeitet ist von großer Wichtigkeit: Der Übergang von der Vorauslöserintegration zur Herausbildung des latent vorhandenen funktionellen Systems erfolgt durch die positive Emotion, die mit der Erreichung des Resultats verknüpft wahrgenommen wird.

Ich greife diesen Gedanken auf und führe ihn wie folgt fort: Die in der vorgreifenden Widerspiegelung des Resultats wahrgenommene emotionale Befriedigung kann nur das *Resultat der emotionalen Bewertung im Augenblick* sein: In ihr werden verschiedene Tätigkeitsmöglichkeiten, bezogen auf ihren künftigen Befriedigungscharakter, analysiert. Diese Bewertung im Augenblick vor dem Fällen der Entscheidung (!) erfolgt entweder in affektiver oder emotionaler Form, um dann in eine emotionale Bewertung der Realisierung des Handlungspotentials übergeführt zu werden. *Die Emotion existiert folglich in der Gegenwart zu zwei Zeitpunkten: bei der Wahrnehmung eines Objekts, das beim Erkennen mit affektiv/emotionaler Bewertung verknüpft ist, und bei der Abwägung latent programmierter Handlungen (und ihrer subdominanten Motive) bezogen auf ihren nützlichen Endeffekt.* Diese Abwägungsmöglichkeit ergibt sich aus den im Gedächtnis niedergelegten Erfahrungen des Subjekts. In ihnen haben sich mit der Tätigkeit selbst die Bedürfnisse entwickelt und verändert (entsprechend den realen Bedingungen, über die vermittelt die emotionale Bekräftigung realisiert wurde). *Zugleich existiert die Emotion im Modell des Künftigen als nützlicher Endeffekt für das Subjekt.* Das Modell des Künftigen beinhaltet demnach nach Seiten des Subjekts als nützlichen Endeffekt einen durch die Tätigkeit erreichten optimalen emotionalen Status, der aber nur in Form von Handlungen, bezogen auf die objektiv reale Welt, realisiert werden kann. Dies ist die innere Seite der Prozesse der „strukturellen Koppelung", von der *Maturana* spricht, und deren Struktur ich oben bereits vertieft behandelt habe. Wir können somit Probleme des

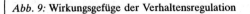
Abb. 9: Wirkungsgefüge der Verhaltensregulation

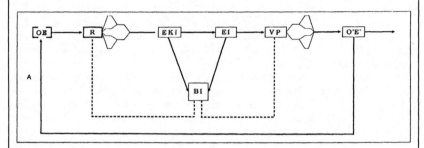

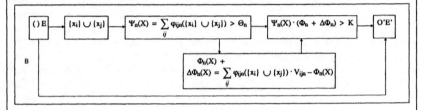

OE = Objekteigenschaften; R = Rezeptor; EKI = Erkennungsinstanz; BI = Bewertungsinstanz; EI = Entscheidungsinstanz; VP = Verhaltensprogramm; O'E' = neue Objekteigenschaften, die durch Verhaltenseinwirkungen entstehen

$\{x_i\} \cup \{x_j\}$	= Menge der vertrauten Objekteigenschaften (x_i) und neuen Objekteigenschaften (x_j)
$\Psi_n(X)$	= Eindeutigkeitsgrad der Menge X in der Merkmalsklasse n beim Erkennen
Θ_n	= Schwellenwert der Erkennung für die Merkmalsklasse n
$\Phi_n(X)$	= Motivwert der Merkmale x_i und x_j
$\Delta\Phi_n(X)$	= Veränderung des Motivwerts durch die bedürfnisentspannende Wirkung der mit x_i und x_j verbundenen Verhältnisentscheidungen
V_{ijn}	= Grad des Bedürfniszustandes bezogen auf die Merkmale x_i und x_j in der Merkmalsmenge X der Merkmalsklasse n
K	= Schwellenwert für die Realisierung des Verhaltsprogramms

(aus: Klix 1980, S. 51 und S. 57)

Übergangs, von denen Anochin bezüglich der Entscheidungsbildung spricht, vertieft analysieren.

Die hier vorgetragene Argumentation wird zusätzlich durch Überlegungen von *Klix* (1980) gestützt, auf die ich im folgenden eingehe.

Klix befaßt sich in diesem Buch über „Erwachendes Denken", das eine Entwicklungsgeschichte der menschlichen Intelligenz vom Tier-Mensch-Übergangsfeld (TMÜ) bis heute vorlegt, auch mit bereits im Tierreich vorhandenen Lern- und Verhaltensvoraus-

52

setzungen. Ein Regulationsschema des Verhaltens, das er ebenso für Instinkthandlungen wie für einfache Lernhandlungen entwickelt und formalisiert hat, gebe ich (bei Auslassung eines Zwischenschritts) in Abbildung 9 wieder. Es greift eine Reihe von Problemen auf, mit denen wir uns bisher beschäftigt haben. Ich gehe zunächst nicht auf die Details dieses Schema ein, sondern auf die Vorstellungen, die *Klix* zur *Struktur der Bewertungsinstanz* hat. Denn dies ist die Frage, deren weitere Lösung hier noch aussteht.

Zentraler Motor für die Bewertung ist für *Klix* der affektiv-emotionale Prozeß, der sich in Form eines *„hedonalgischen Differentials"* realisiert. Darunter wird eine Tendenz verstanden, „eine momentane affektiv-emotional bestimmte Neigung zum positiven oder negativen Pole hin" (S. 99).

Ich zitiere wörtlich:

„Der eigentlich bewegende, Verhalten und Handlung stimulierende Auslöser ist nicht die statisch-emotionale Bewertung eines Zustandes des Organismus (sei er mehr äußerer oder innerer Natur), sondern es ist die Registrierung einer Zustandsänderung. Es ist – vom Erleben her beschrieben – eine Art hedonalgisches Differential, das als Auslöser Motivation stimuliert; es ist die Registrierung einer *Verschiebung* im Lust-Unlust-Erleben. Nach diesem differentiellen Wirkungsprinzip ist es auch nicht die Gewinnung eines neutralen Zustandes oder das Behalten eines Zustandes von Lustgefühl schlechthin, auf das hin die Verhaltensregulation ausgelegt ist, es ist vielmehr die Verschiebung der Lagebewertung *in Richtung* zum positiven Pol, zur Erhöhung des Selbstgefühls hin. Aktivität und Handlung finden darin zwar nicht ihr Ziel, aber ihre Erfüllung, die eben nur durch Zielerreichung oder genauer: durch die Erkennung des Fortschreitens zum Ziele hin zu gewinnen ist. Die Wurzel dieses Erlebens ist sowohl mit tiefsten Vitalfunktionen als auch mit höchsten kognitiven Leistungen verbunden: Es wirkt sich aus auf der einen Seite bis zur Steigerung des Ich-Gefühls und des Selbstwerterlebens; auf der anderen Seite sind die Auswirkungen bis zur Veränderung von Blutdruck, Herzschlag und Hormonspiegel nachweisbar. In dieser gleichermaßen sozialen wie vitalen Einbettung ist das hedonalgische Differential von außerordentlicher Motivationskraft. Alle verfügbaren Mittel, physische wie kognitive, können von ihm aktiviert werden, um durch die Rückmeldung ihrer Wirkungen relative Entspannung und Lösung von Erregung, Unruhe oder aktiver Belastung zu gewinnen" (S. 98f.).

Wie oben in der Auseinandersetzung mit *Simonov* als notwendig herausgearbeitet, unterscheidet auch *Klix* mehrere Stufen der emotionalen Regulation. *Emotionen/Affekte* sind in der Gegenwart doppelt wirksam: (1) In der *Wahrnehmung* und (2) in der *Verhaltensprogrammierung*. Sie sind dort darüber hinaus (3) zwar nicht Ziel, aber doch *Erfüllung der Handlung*. Sie bilden also im Modell des Künftigen den *nützlichen Endeffekt*. Dieser wird erreicht, indem aus der Fixierung des Bedürfnisses an den Gegenstand (dadurch wird es zum Motiv) heraus die sich so entfaltende Tätigkeit (bedürfnisrelevante Seite der Aktivität nach *Leontjew*) in der Form von Handlungen und Operationen (bedingungsadäquate Seite der Aktivität) die Bedingungen der äußeren Welt (Ziel-Aspekt) so verändert, daß mit dem erzielten Produkt zugleich die antizipierte positive Emotion realisiert wird bzw. sich der Grad der gegenwärtigen negativen Emotion reduziert.

Diese Zusammenhänge gehen ein in Teil A und B der Abbildung 9. Ich gehe nur auf die wichtigsten Zusammenhänge ein und verweise ansonsten auf die Legende.

In dieser Abbildung ist im Prozeß der fließenden Gegenwart genauer zwischen *drei Etappen* unterschieden, die auch in den bisherigen Erörterungen eine Rolle gespielt haben: *Erkennen, Beurteilen und Entscheiden*. Für diesen zeitlichen Übergang im Verhalten, und damit für die Organisation des zeitlichen Vorlaufs gegenüber den Prozessen der äußeren Welt, also für den Aufbau des Modells des Künftigen in dieser Situation, ist die Beurteilungsinstanz von besonderer Bedeutung. Sie wirkt nicht nur auf die Erkennungsinstanz und deren Schwelle zurück, sondern auch auf die Rezeptoren bzw. die realisierten Verhaltensprogramme (Teil A: gestrichelte Linien). Die gestrichelten Linien drücken aus, „daß homöostatische Mangelzustände des ‚inneren Milieus' eines Organismus bis in die Funktionsweise der Rezeptoren hineinwirken" (S. 52). Wir haben dies als Wirkweise des dominanten Fokus bereits kennengelernt. Andererseits wirkt sich der Bedürfniszustand auch auf die Motorik aus. Je nach Stärke des Bedürfnisses verändern sich Stärke und Geschwindigkeit der Ausführung. Im extremen Falle treten sogar „Leerlaufhandlungen" auf, wie *Klix* (ebd.) unter Bezug auf ethologische Forschungen bei Staren verdeutlicht.

Die Formalisierung in Teil B erörtert einige Zusammenhänge genauer. Ersichtlich erfolgt die emotionale Bewertung an verschiedenen Stellen: Sie beeinflußt nach Überschreiten des Schwellenwertes für das Erkennen den Motivwert der Merkmale in Abhängigkeit vom Bedürfniszustand. Dabei ist nach *Klix* der Eindeutigkeitsgrad der Erkennung mit dem Motivwert multiplikativ verbunden und abhängig vom Grad des Bedürfniszustandes. Benutzt man zur Darstellung dieses Problems das *Simonov*sche Formelwerk, so wird das *Bedürfnis* durch Verkoppelung mit dem Eindeutigkeitsgrad der Erkenntnis in einer emotional/affektiven Wertung im Augenblick ausgedrückt (da E = f(B.Δ I). Damit wird der Gegenstand des Bedürfnisses fixiert, und es kommt zu einer *latenten Motivbildung.* (Im Sinne einer exakten Terminologie spreche ich hier von subdominanten Motiven.) Diese latenten Motive werden mit möglichen Verhaltensprogrammen verknüpft. Die Bedürfnisse werden folglich in die Gegenwart als subdominante Motive transformiert. Auf ihrer Basis werden erneute Verknüpfungen mit dem Informationsgehalt der Situation vorgenommen, und zwar auf der Basis der dem Subjekt möglichen Verhaltensprogramme. *Daher gilt, daß Emotionen/Affekte von einem Resultat der ursprünglichen Gleichung*

$$E = f(B.\Delta\ I_w)$$

für die wahrgenomme Information ($\Delta\ I_w$) transformiert werden in ein Resultat der Gleichung

$$E = f(M^{sd}.\Delta\ I_T)$$

(M_{sd} = subdominantes Motiv; $\Delta\ I_T$ = Informationsdifferenz auf Verhaltens- bzw. auf Tätigkeitsebene). Die *endgültige Motivbildung* muß dann notwendig einerseits aufgrund des antizipierten nützlichen Endeffekts entstehen und andererseits aufgrund der notwendigen Handlungsschritte und ihrer Differenziertheit bis dorthin. Da Bedürfnisse gemäß der *Simonov*schen Formel sich als Quotient des Verhältnisses der Emotion und der Informationsdifferenz ergeben und da das Motiv die Transformation des Bedürfnisses in die fliessende Gegenwart darstellt, *gilt dann für das dominierende Motiv:*

$$M_d = f\left(\frac{\int E.\ dt}{\int \Delta\ I_T.\ dt}\right)$$

Die Bildung des dominierenden Motivs ist der wesentliche Schritt in dem von *Anochin* hervorgehobenen Schlüsselmechanismus der Entscheidungsbildung. Folgt man den Überlegungen von *Klix* und *Simonov*, so bleibt noch offen, ob dieser Übergang nur auf der Basis des höchsten erwarteten Integrals emotionaler Erfüllung durch den motivbildenden Gegenstand der Tätigkeit erfolgt und erst im zweiten Schritt die Zielbildung als Integral der Informationsdifferenzen auf Tätigkeitsebene, oder aber, ob aufgrund des Verhältnisses von E und Δ I_T. die Auswahl erfolgt. Aus einer Reihe von Gründen neige ich der letzteren Auffassung zu: Die emotionale Bewertung im Augenblick eines in die Zukunft reichenden Integrals der emotionalen Befriedigung kann m. E. nur im Verhältnis zu einem Integral der hierzu notwendigen Verhaltensschritte erfolgen, die durch Bewältigbarkeit von Zielen und Bedingungen der Tätigkeit (und darunter der Teilhandlungen bzw. Operationen) bestimmt sind. Dies ergibt sich als Konsequenz aus den Auffassungen *Leontjews* und *Simonovs*. Etwas anderes ist dann der Übergang in die tatsächliche Programmierung. Hier muß die dominierende Motivation bereits bestimmt sein, um die stufenweise hierarchische und vertikale Programmierung von Handlungen, Operationen, physiologischen Reaktionen auf unterschiedlichen Ebenen zu realisieren.

Auf der Basis dieses Ergebnisses zeigt sich als eines der Hauptprobleme einer allgemeinen Theorie funktioneller Systeme die Frage der adäquaten begrifflichen Fassung des *Übergangs von Kategorien* (die hier für die realen Bewegungen der Prozesse selbst stehen) *in andere Dimensionen des Raum-Zeit-Kontinuums im System*. Alle diese Prozesse des Übergangs laufen zugleich in der Gegenwart des Systems Subjekt – Tätigkeit – Objekt ab. Gegenüber dem Raum-Zeit-Kontinuum der äußeren Welt gibt es aber das Vorauseilen und Zurückbleiben von Prozessen im Raum-Zeit-Kontinuum der Innenwelt. Daher sind in der Bearbeitung dieser Frage mindestens folgende Abschnitte zu beachten, in denen sich das Verhältnis der einzelnen Dimensionen ändert:

(1) *Vergangenheit/Gegenwart* (hierher gehören Kategorien wie Bedürfnis, Vor-Auslöser-Integration)

(2) *Fließende Gegenwart:* In diesen Bereich sind (auf der Basis der ständig stattfindenden Afferenzsynthese) zu unterscheiden Prozesse der Wahrnehmung, der Beurteilung und der Entscheidung: Also die Transformation des Bedürfnisses in das subdominante Motiv, die Transformation des subdominanten Motivs in das dominante Motiv auf der Basis des antizipierten nützlichen Endeffekts und damit einhergehend das Fällen der Entscheidung, die zur Aktualisierung eines latenten Modells des Künftigen führt.

(3) *Gegenwart/Zukunft:* In diesen Bereich gehören das Modell des Künftigen, der nützliche Endeffekt, der Aufbau von Handlungsprogramm und Handlungsakzeptor usw.

Ferner ist zu beachten, daß für das Verständnis der gesamten Organisation funktioneller Systeme es nicht hinreicht, lediglich die untersten Ebenen zu untersuchen, sondern daß das Herausbilden des Motivs und des Zieles der Tätigkeit eigener Analyse bedürfen.

Schließlich ist von der spezifischen Rolle biorhythmischer Strukturen auszugehen, die auf unterschiedlichen Niveaus eine unterschiedliche Rolle spielen und zudem sich wechselseitig integrieren. Eine Berücksichtigung dieses Aspekts habe ich in den zahlreichen Modellen in der Literatur lediglich bei Lundberg (1978, S. 42) gefunden. In dem von ihm entwickelten „Funktionsschema zur Regulierung motivierten Verhaltens", das ich hier nicht wiedergebe, hat auf der Basis aktivierender Strukturen die *endogene Aktivitätsperiodik* entscheidende Bedeutung für die Herausbildung der emotionalen Erregung.

Ich habe nun versucht, mit allen Risiken des Neudenkens und der Vorläufigkeit, die hier dargestellten Überlegungen insgesamt in ein *Schema der zeitlichen Strukturierung in der Herausbildung funktioneller Systeme* einzutragen, das gleichzeitig eine Zusammenfassung dieses Teilkapitels liefert (Abb. 10).

Ich erläutere nun die zusammenfassende Abbildung in groben Zügen, da vieles bereits im Text vorweggehend geklärt wurde:

Auf der linken Seite ist die Dimension der Vergangenheit im System aufgetragen, die nur in der Gegenwart aktualisiert werden kann; in der Mitte die fließende Gegenwart und rechts die Dimension der *Zukunft*, die die Bestimmung des *Modells des Künftigen* und des Ziels beinhaltet. Unter einem Ziel für das lebende System wird mit *Anochin* jeweils der *nützliche Endeffekt* betrachtet. Dieser bestimmt sich auf Tätigkeitsniveau (1) durch das hedonalgische Differential *(Klix)*, also das antizipierte Maß der emotionalen „Erfüllung". Da Tätigkeiten aber (2) nur in der Form von Handlungen existieren können, sich also neben den bedürfnisrelevanten Eigenschaften der Welt immer auf die objektiven Eigenschaften beziehen müssen, ist es der nützliche Endeffekt der Tätigkeit, daß der Istwert der Gesamthandlung sich dem Sollwert annähert, also $\Delta I_T = 0$ wird. (Da die Bedingungen der Außenwelt sich jedoch ständig weiterentwickeln und verändern, verändert sich auch der Sollwert und paßt sich den Istwerten an; vgl. *Bernstein* 1989, S. 190.) Dies gilt für die entsprechenden hierarchischen Ebenen darunter ebenfalls. Die sanktionierende Afferenz ist auf diesen Niveaus jeweils jene, die diese Übereinstimmung signalisiert. Auf Tätigkeitsniveau stabilisiert sich mit jedem gelungenen Schritt der positive emotionale Wert in der Antizipation des Künftigen im Sinn der „Erfüllung" *(Klix)*. Wird das Ziel erreicht, so erlischt er mit dem Erreichen des Ziels (da $E = f (M_d . \Delta I)$. Entsprechend enthält das Modell des Künftigen verschiedene hierarchische Ebenen, die auf der Basis der Herausbildung von Handlungsprogramm/Handlungsakzeptor (und der ihnen untergeordneten Chiffrierung und Regelung) linear Stück für Stück in der *fließenden Gegenwart* abgearbeitet werden. In dieser selbst liegt dann auch das Aufrechterhalten oder Verwerfen von Zielen auf unterschiedlichen Ebenen bis hin zum Tätigkeitsziel (und damit dem dominierenden Motiv). Die Tätigkeit selbst realisiert sich im Rahmen bestimmter „Zeitfenster" zwischen Subjekt und Objektbereich (*Geißler* 1987).

Die *Zeitfenster* sind durch untere minimale Zeitintervalle bestimmt, innerhalb derer noch unterschiedliche Gegenstände diskriminiert werden können. Darüber hinaus existieren Vielfache dieser kritischen Zeitquanten. Die Informationsverarbeitung erfolgt in Form hierarchisch aufeinander aufbauender mentaler Rhythmen (auf der Basis unterschiedlicher oszillatorischer Trägerprozesse), die je nach Schwierigkeitsgrad der Aufgabe rekursiv abgerufen werden. *Geißler* unterscheidet hierbei ein dominant aufsteigendes „analytisches" System, im Rahmen dessen die je höhere Ebene bei nicht gegebener Lösungsmöglichkeit auf der niederen Ebene aufgerufen wird. „Es entfaltet, entschlüsselt Informationen, bewirkt eine klassifizierende Vorbearbeitung" (S. 61). Zugleich besteht ein absteigendes „synthetisches" System, das auf der Basis der Zustände des analytischen Systems widerspruchsfreie Strukturen synthetisiert. Wir erkennen unschwer hierin die Istwert/Sollwert-Anpassung und -Verarbeitung auf verschiedenen Ebenen der Tätigkeit in der fließenden Gegenwart.

In der fließenden Gegenwart selbst ist die doppelte Wirkweise der emotionalen Bewertung dargestellt: einerseits auf der Ebene der Wahrnehmung, andererseits auf der Ebene der Verhaltensprogrammierung. Ich spreche im ersteren Fall von „affektiven" Emotionen, um die Bewertung im Augenblick hervorzuheben, die insbesondere beim Affekt sichtbar wird. Natürlich können Affekte auch noch bis in die Handlungsprogram-

56

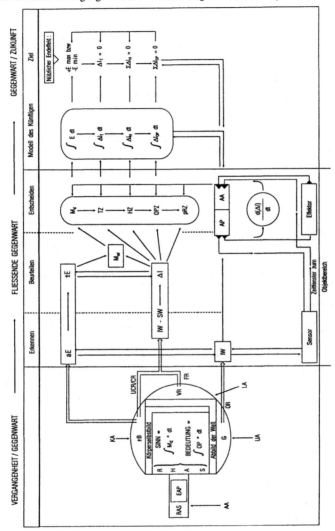

Legende: Afferenzen: KA = Körperaff., LA = Lageaff., UA = Umgebungsaff., AA = auslösende Aff.; Reaktionen: UCR = unbedingte R., CR = bedingte R., FR = Freiheits-R., OR = Orientierungs-R.; RAS = allg. aktiv. System; EAP = endogene Aktivitätsperiodik; RHAS = rekursiv-hierarchische Abbildstruktur; +/− B = Bedürfnisse; VR = Verhaltensrepertoire; IW = Istwert; SW = Sollwert; Δ I = Informationsdifferenz; aE = ‚affektive' Emotion; +/− E = Emotion; M_{sd} = subdom. Motiv; M_d = dominantes Motiv; AA = Aktionsakzeptor; AP = Aktionsprogramm; T = Tätigkeit; H = Handlung; Op = Operation; Z = Ziel (HZ = Handlungsziel usw.); pRZ = Ziel der physiol. Reaktion.

57

mierung hineinreichen und sich erst im Laufe des Vollzugs der Tätigkeit reduzieren: Flucht bei Panik. Auf der Basis der Bewertung der Handlungsalternativen bestehen verschiedene subdominante Motive, von denen ein spezifisches im Prozeß der Entscheidung zum dominierenden Motiv wird. Mit ihm wird die gesamte Hierarchie der Tätigkeit ausgebildet.

Gehen wir nun in den Übergang der *Vergangenheit* in die Gegenwart zurück, so setzt im Rahmen der Afferenzsynthese in der Gegenwart zu jedem Zeitpunkt ein vielfältiger Strom von Afferenzen an der Vor-Auslöser-Integration an. Er trifft auf einen bestimmten Aktivitätszustand, eine bestimmte endogene Aktivitätsperiodik, also verschiedene chronobiologische Strukturen von Zell- über Organ- bis hin zur Organismusebene, und die durch sie sich realisierenden Abbildstrukturen, die sich hierarchisch und rekursiv aufeinander aufbauen (vgl. Abb. 17, Bd. 1). Sie bestimmen das höchstmögliche hierarchische Vermittlungsniveau in der Dialektik von Sinn und Bedeutungen. Diese können auf der Basis der Gedächtnisprozesse des Subjekts als Integrale seiner bisherigen je gegenstandsbezogenen Erfahrungen betrachtet werden. Sinn ist dann Integral der bisherigen dominanten Motive und Bedeutung das Integral der bisher erworbenen Operationen. Sie realisieren sich Vermittlungsprozesse von Körperselbstbild und Bild der Welt (vgl. *Roth*) auf der Basis der inneren biorhythmischen Zeitstruktur des Organismus (vgl. Bd. 1, Abb. 27). Teile des Körperselbstbildes beinhalten mit dem Abbild der Welt verknüpfte Verhaltensprogramme, die aufgerufen werden können. Ins Körperselbstbild eingetragen existieren Bedürfnisse unterschiedlicher Art. Mindestens lassen sich unterscheiden: Bedürfnisse nach Neuigkeit vs. Vertrautheit (Bestätigung) sowie Appentenz- vs. Vermeidungsbedürfnisse. Die Bedürfnislage, bezogen auf einen Gegenstand, kann damit sehr widersprüchlich sein. Ihr Gesamtresultat drückt sich im Rahmen der Synthese der unterschiedlichen durch sie ausgelösten differentiellen Emotionen im „emotionalen Apparat" (vgl. Bd. 1, Kap. 4) aus. Es kann damit (entsprechende emotionale Wertung vorausgesetzt, die bis zur Herausbildung eines dominierenden Motivs führt) zu einem die gesamte Tätigkeit durchdringenden Konflikt verschiedener Bedürfnisse kommen, d. h. das Motiv selbst kann in sich widersprüchlich sein. Dabei hängt es jeweils von den Vermittlungsprozessen mit der Objektwelt im Verlauf der Tätigkeit ab, wie sich die verschiedenen Seiten dieses Konflikts entwickeln. Die Vermittlung mit dem Objektbereich schließlich erfolgt auf der Basis elementarer reflektorischer Strukturen (bedingte und unbedingte Reflexe; „Freiheitsreflex" als allgemeines reflektorisch abgesichertes Bedürfnis nach der Überwindung von Hindernissen, das nach *Simonov* (1982) die Grundlage des Willens sichert; Orientierungsreflex) und der über sie stattfindenden Hierarchiebildung (vgl. Abb. 5, Bd. 1). Auf dieser Basis werden dann Bewegungsprogramme gemäß den von *Bernstein* herausgearbeiteten Regeln programmiert.

Soweit eine Zusammenfassung der bisher erörterten Fragen und Probleme der Theorie funktioneller Systeme. Eine Reihe von Fragen, wie z. B. nach der physiologischen Hierarchiebildung, die die psychischen Prozesse absichert, habe ich hier nicht behandelt. Zudem vereinfachen sich einige der in Abbildung 10 dargelegten Prozesse der Hierarchiebildung auf niederen Niveaus des Lebens. Schließlich bleiben eine Reihe von Fragen, die im Detail nach der präziseren Fassung des Übergangs der verschiedenen Zeitdimensionen gestellt werden könnten, hier unbeantwortet. Obwohl ich dies erst im folgenden Kapitel ausführe, will ich darauf verweisen, daß es für die hier vorgelegte Trennung von Zeitdimensionen in den psychophysiologischen Prozessen des inneren Raum-Zeit-Kontinuums auch eine Reihe neuropsychologischer Belege gibt, auf die auch *Klix* zurückgreift. Mein Ziel war es vor allem, Leser/innen mit einer historischen, systematischen und ganzheitlichen Sichtweise psychobiologischer Prozesse vertraut zu machen, die ihnen eine Grundlagenorientierung in diesen Fragen überhaupt sichert. Auch wenn die Verbindung mit Fragen der Rehabilitation hier insgesamt noch wenig angesprochen wurde, so hat diese Betrachtungsweise doch weitreichende Folgen für das Verständnis jeglicher Formen der Kompensation im Verlauf rehabilitativer Prozesse. Um nur zwei Aspekte hervorzuheben: (1) Isolierende Bedingungen sind physiologisch betrachtet jeweils Bedingungen, die die Reafferentierung beeinflussen. (2) Das lebende System organisiert die Verarbeitung der Interaktionen seiner Rezeptoren mit den Bedingungen der Außenwelt selbst auf der Basis der insbesondere durch Sinnbildung, Emotionen und Motive koordinierten Afferenzsynthese. Interventionsformen, die dies nicht berücksichtigen, führen zur Labilität des Systems. Über die Grundlegung eines psychophysiologisch fundierten Verständnisses rehabilitativer Prozesse hinaus sichert eine solche Sichtweise zudem ein leichteres Erarbeiten auch der komplexen Zusammenhänge der Funktionsweise des Zentralnervensystems des Menschen, deren Behandlung Schwerpunkt des nächsten Kapitels ist. Zuvor will ich aber in einem weiteren Unterkapitel noch *Anochins* Vorstellungen zur epigenetischen Entwicklung funktioneller Systeme skizzieren.

7.5 Allgemeine Theorie des funktionellen Systems III: Systemogenese

Funktionelle Systeme realisieren sich als Anpassungsprozesse des Subjekts an den Objektbereich mittels seiner Tätigkeit. Funktionelle Systeme sind aufgrund der rekursiven und hierarchischen Struktur ihres Aufbaus Systeme, die nur aus ihrer *Geschichte* heraus begreifbar sind. Diese Geschichte unterliegt spezifischen *Standardbeziehungen und Wechselwirkungen*, innerhalb derer nur das System „Subjekt – Tätigkeit -Objekt" sich entwickeln kann. Ich hatte dies mit der doppelten Verschachtelung rekursiver Strukturen, die sich gegenseitig aufrufen, bereits behandelt. Der Objektbereich ist der gattungsgeschichtlich gewordene Objektbereich, der Subjektivität aufruft und organisiert; der Subjektbereich konstituiert durch Aufrufen neuer Eigenschaften der Umwelt zugleich seine Selbstentwicklung. Dies ist deutlich für die Herausbildung aller Ebenen des Psychischen. Wie sind aber die allgemeinen Gesetzmäßigkeiten und Strukturen, die der Herausbildung psychischer Prozesse in der Ontogenese zugrunde liegen müssen? Nach welchen Gesetzmäßigkeiten bilden sich in der Embryogenese jene Grundmuster der Tätigkeit heraus, die als unbedingte Reflexe (Erbkoordinationen) von unbedingten Reizen (Schlüsselreizen) aufgerufen werden und diese selbst aufrufen? Im Rahmen der Auseinandersetzung mit diesen Fragen wird zugleich eine Reihe von Aspekten weitergeklärt, die der Behandlung der vorgeburtlichen Ontogenese (Band 1, Kap. 5.3.1) zugrunde gelegt wurden.

Bei dieser Untersuchung muß von der Tatsache ausgegangen werden, „daß *die lebenswichtigen Anpassungsmechanismen des Tieres auf jeden Fall im Zeitpunkt der Geburt fertig ausgebildet sein müssen"* (Anochin 1978, S. 93). Es geht hier also um die Herausarbeitung des Allgemeinen dieser Entwicklung in der Form, daß es für die Embryogenese aller Tierarten Gültigkeit hat (ebd., S. 94). Dabei steht für *Anochin* nicht die Struktur der Embryogenese selbst im Mittelpunkt, sondern die *Struktur der biologischen Entwicklung der Grundlagen von Systemen der Tätigkeit.* Es interessiert die räumliche und zeitliche

Integration unterschiedlicher Strukturen in unterschiedlich beschleunigten Wachstumsprozessen, die sich ab einem bestimmten Zeitpunkt zu einem funktionierenden funktionellen System zusammenschließen. Ein Beispiel ist das Schnabelsperren der junger Krähen bei dem Laut „kar-r-r" (vgl. S. 103ff.): Das funktionelle System schließt sich auf der Basis der heterochronen Reifung physiologischer Strukturen im Cortischen Organ (Membran der Schnecke im Innenohr, durch die mechanische Reize in die bioelektrische Einheitssprache des ZNS übersetzt werden): Zunächst sind nur die Strukturen ausgereift, die der Wahrnehmung dieser Lautfolge dienen (S. 108).

Bei der Untersuchung der *Systemogenese*, also dem Entstehen und der erstmaligen Konsolidierung funktioneller Systeme in der Ontogenese, arbeitet *Anochin* im wesentlichen vier Prinzipien heraus, die diesen Prozeß kennzeichnen:

(1) *Das Prinzip der heterochronen Anlage des funktionellen Systems.* Die Teile des Systems entstehen zu unterschiedlichen Zeiten; so reifen in der Mehrzahl der Fälle Nervenzentren früher als das von ihnen innervierte Substrat (S. 107f.).

(2) *Das Prinzip der Fragmentierung des Organs.* Das bereits angeführte Beispiel der Reifung des Cortischen Organs zeigt, daß innerhalb eines Organs bestimmte Zellgruppen elektiv beschleunigt ihre Funktion übernehmen, verglichen mit anderen. Ein weiteres Beispiel ist das beschleunigte Wachstum der Motoneurone des 8. Halssegments, die den ‚Greifreflex' des Neugeborenen absichern im Vergleich zu den Motoneuronen des tiefer gelegenen 5. Halssegments (S. 108f., 103).

(3) *Das Prinzip der Konsolidierung der Komponenten des funktionellen Systems.* Dies ist der kritische Punkt seiner Entwicklung, da die Funktionsfähigkeit des Systems als Ganzes zu einem bestimmten Zeitpunkt von der Konsolidierung seiner Einzelkomponenten abhängt. In der Terminologie *Haken*s gesprochen ist dies die Frage nach den synergetischen Wechselbeziehungen zwischen der Bildung des Ordners und der Unterordnung der Teilsysteme. Dabei dürfte m. E. die *chronobiologische Grundstruktur* des jeweiligen funktionellen Systems von zentraler Bedeutung sein. Obwohl *Anochin* in der Erörterung der Systemogenese selbst diesen Aspekt nicht heraushebt (1978, S. 92–128), teilt er ersichtlich diese Auffassung. Dies belegt ein im Rahmen der Behandlung der Hierarchiebildung funktioneller Systeme vorgelegtes Schema, das ich mit der dazugehörigen Legende als Abbildung 11 wiedergebe.

(4) *Das Prinzip der minimalen Sicherung des funktionellen Systems.* Ist das System einmal in die Phase der Konsolidierung seiner Komponenten getreten, so arbeitet es bei minimaler Sicherung bereits als Ganzes auf höherem Niveau. D.h. die Konsolidierung selbst unterliegt einem inneren Ordnungsprozeß, innerhalb dessen zwar an einem Punkt der Übergang in die höhere Funktionsweise (bei minimaler Absicherung) stattfindet, trotzdem dauert die Reifung der verschiedenen Einheiten, die ein System konstituieren, über diesen Punkt hinaus an (S. 111f.). Ersichtlich liegt dieser Punkt in der von *Haken* beschriebenen synergetischen Instabilitätszone, aus der heraus sich Teile und Ganzes wechselweise hervorbringen und integrieren (als Prozeß der Ordnerbildung und „Versklavung").

Zusammengefaßt läßt sich der *Prozeß der Systemogenese* mit der folgenden, ebenfalls *Anochin*s Ausführungen (inklusive der Legende) entnommenen Abbildung (Abb. 12) verdeutlichen.

Ich möchte ausdrücklich auf die deutliche Übereinstimmung dieser Darstellung mit den in Abbildung 7 wiedergebenen rekursiven Prozessen auf der Ebene elementarer

Abb. 11: Schema hierarchischer Zusammenfassungen funktioneller Systeme unterschiedlicher Kompliziertheit, die jedoch auf dem gleichen physiologischen Schrittmacher, z. B. auf der Erregung der Nahrungszentren, beruhen.

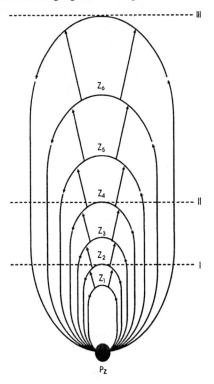

Das Schema gibt die Möglichkeit, die reale Organisation der funktionellen Systeme Z1, 2, ... 6 zu vergleichen, die einen gemeinsamen Schrittmacher (Pz) besitzen. Die unterbrochenen Linien zeigen, daß funktionelle Systeme dieser Art nicht von der Konzeption der Ebene aus verstanden werden können, weil jede Organisationsebene unweigerlich mit dem energetischen Punkt verbunden ist, der die Systeme verschiedener Ebenen speist.

(aus: Anochın 1978, S. 170)

biologischer wie kognitiver Strukturbildung verweisen. Es lohnt sich für die Leser/innen, diesen Zusammenhängen besondere Aufmerksamkeit zu widmen, sie sorgfältig zu überdenken und zu diskutieren und ggf. an der einen oder anderen Stelle vertiefend zu der am Ende dieses Kapitels genannten einführenden Literatur zu greifen.

Insgesamt decken sich Vorstellungen *Anochins* mit jenen der *Verhaltensembryologie*, die auf die Bedeutung der Bewegung für die Organisation vorgeburtlicher Reifungsprozesse hinweisen (vgl. Bd. 1, Kap. 5.3.1). Ersichtlich schließen sich nicht nur zum Zeitpunkt der

Abb. 12: Schematische Darstellung der Systemogenese im Gesamtzyklus der Evolution der Anpassungsfunktionen des Neugeborenen, die den Anforderungen der ökologischen Bedingungen entsprechen

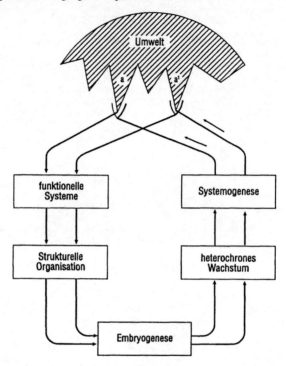

In dem Schema sieht man, wie die ökologischen Bedingungen zu Beginn einen phylogenetischen Entwicklungszyklus bilden, in dem die Embryogenese die subtile Abstimmung der Reaktionen des Neugeborenen auf die Besonderheiten seiner Existenzbedingungen vornimmt. a und a1 bringen symbolisch diejenigen ökologischen Faktoren zum Ausdruck, die sofort nach der Geburt eine unverzügliche Anpassung erforderlich machen.

(aus: Anochin 1978, S. 125)

Geburt, sondern auch in den unterschiedlichen Etappen der Feto- und Embryogenese funktionelle Systeme, die für die Realisierung von Anpassungseffekten im Sinne nützlicher Endeffekte von hoher Bedeutung sind. Dies fordern darüber hinaus mit logischer Notwendigkeit die *evolutionstheoretischen und entwicklungsgenetischen Überlegungen* bei *Gutmann* und *Bonik* (1981) und *Pritchard* (1986). *Gutmann* und *Bonik* verweisen auf der Basis umfassenden paläontologischen Materials auf die Notwendigkeit der *inneren Energieersparnis* als Grundprinzip der Selbstorganisation der Organismen. Auf der Basis von Prozessen innerer Selektion im Sinne energiesparender Strukturen werden die Funktionen des Organismus ständig durch die Lebenstätigkeit der Organismen ausgelesen. In der Embryogenese beibehaltene energieverbrauchende Konstruktionsprinzipien werden nicht als Überbleibsel (Atavismen) früherer Entwicklungsstadien realisiert, sondern weil sie in der Ontogenese jeweils günstigere Energiebilanzen sichern, weil sie also notwendige Beiträge zur Selbstorganisation des Organismus leisten. Vergleichbar zeigt *Pritchard*, daß embryogenetische Prozesse prinzipiell nur aus den *Wechselwirkungen* der jeweiligen Zellpopulationen und ihrer *Interaktion* auf Organ- und Organismusebene verstanden werden können, die in Interaktion mit der Umwelt des Organismus als Ganzes die Konstruktion des Organismus sichern.

Zu jedem Zeitpunkt der Entwicklung vielzelliger Organismen ist ihre Lebenstätigkeit im System „Subjekt – Tätigkeit – Objekt" als einerseits autonom und andererseits in ihren Grenzen determiniert zu betrachten *(Varela)*. Dies gilt auch in gleicher Weise für die Wechselwirkungen der *Zellen* in diesem Organismus, die die *unterste Ebene autonomer Selbstorganisation* bilden und für die je anderen Zellen Objektbereich sind. Die Systemogenese des gesamten Systems ist Resultat der Lebenstätigkeit der Teile dieses Systems und ihrer wechselseitigen Verschachtelung im Rahmen rekursiver Prozesse, in denen die einzelnen Zellen aufgerufen werden bzw. aufrufen. Daher sind elementare funktionelle Systeme auf Zellniveau anzunehmen, die sich zu *Systemleistungen höherer Ganzheit und höheren Niveaus* zusammenschließen. Diese unterschiedlichen Systeme verfügen wiederum über unterschiedliche Schrittmacher, die im Rahmen der *strukturellen Koppelung* im System die niederen biorhythmischen Strukturen mitnehmen, wie zugleich von diesen hervorgebracht und konsolidiert werden. Diese Wechselwirkung gilt bis in die höchsten Ebenen des Zentralnervensystems.

Entsprechend löst sich das Problem der *Hierarchie funktioneller Systeme* über die in Abbildung 11 bereits vorgestellte Lösung hinausgehend wie folgt:

Da alle funktionellen Systeme auf den unterschiedlichsten hierarchischen Niveaus die prinzipiell gleiche Architektur besitzen, ist in jedem Falle „das Resultat der dominierende, die Organisation der Systeme stabilisierende Faktor" (Anochin 1978, S. 171). Wenn sich also Subsysteme vereinen, dann nur, wenn auf jeder Systemebene diese Voraussetzung realisiert wird. Unsere vorangehende sorgfältige Klärung des *Charakters des Resultats* für das jeweilige funktionelle System (vom Standpunkt des inneren Beobachters geht es um die emotional-motivationale Dimension der Harmonisierung von „drinnen" und „draußen" durch Realisierung von Tätigkeitsstrukturen auf der Basis chronobiologischer Eigenzeit) ermöglicht es nun, folgenden Gedanken *Anochins* zu vertiefen: Jede tiefere Systemebene muß in irgendeiner Weise „einen Kontakt der Resultate organisieren, wodurch sich die nächsthöhere Systemebene bildet usw. Offenbar bildet der Organismus seine Systeme genau auf diese Weise, und nur auf diesem Wege können Systeme mit einer sehr großen Anzahl von Komponenten gebildet werden. Naturgemäß verwandelt sich in diesem Falle die ‚Hierarchie der Systeme' in eine Hierarchie der Resultate jedes der Subsysteme der vorangegangenen Ebene um" (ebd., S. 171f.). Hierarchiebildung erfolgt, indem in jedem Teilsystem ein nützlicher Endeffekt antizipiert wird. Im System selbst, vom Standpunkt des inneren Beobachters aus analysiert, zielt der nützliche Endeffekt auf die Realisierung sinnbildender Prozesse durch Eingreifen in die über die Körperperipherie vermittelten Wechselwirkungen mit der äußeren Welt. Auf der Ebene des ganzheitlichen Organismus ist dies ein antizipierter emotionaler Status, der auf „Erfüllung" angelegt ist, im Sinne der von *Klix* (1980) verwendeten Kategorie „hedonalgisches Differential". Vom Standpunkt des äußeren Beobachters betrachtet muß jedes funktionelle Teilsystem einen nützlichen Endeffekt für das je andere System hervorbringen. Aus dieser Sichtweise ist der nützliche Endeffekt ein Resultat, das Überleben und Integrität des je anderen Systems im Rahmen seiner integralen Lebenstätigkeit sichert. Die Abstimmung dieser Prozesse geschieht nach meiner hier entwickelten Hypothese über chronobiologische Parameter in Form der wechselseitigen Einstellung der Phasen biologischer Uhren, wie wir dies exemplarisch am Beispiel der Quasi-Mehrzelligkeit von sozialen Amöben (*Winfree* 1988) weiter oben behandelt haben.

Ich schließe damit meine Ausführungen zu diesem Kapitel ab und empfehle den Leser/innen insbesondere auch zu dem letzten Teil eine Vertiefung der sicherlich im Regelfall neuen und überraschenden Betrachtungsweise durch die im folgenden mit (E) markierte, einführende Literatur.

7.6 Vertiefende und weiterführende Literatur

(E = Zur Einführung geeignet)

ANOCHIN, P.K.: Das funktionelle System als Grundlage der physiologischen Architektur des Verhaltensakts. Jena: Fischer 1967 (E)
ANOCHIN, P.K.: Beiträge zur allgemeinen Theorie des funktionellen Systems. Jena: Fischer 1978
ANOCHIN, P.K.: Die Einheit von Zentrum und Peripherie in der Nerventätigkeit. In: ders. 1978, 17–24
ANOCHIN, P.K.. Vorgreifende Widerspiegelung der Wirklichkeit. In: ders. 1978, 61–76
ANOCHIN, P.K.: Die Systemogenese als allgemeine Gesetzmäßigkeit der Entwicklung. In: ders. 1978, 92–128
ANOCHIN, P.K.: Das chemische Kontinuum des Gehirns als Mechanismus der Widerspiegelung der Wirklichkeit. In: ders. 1978, 129–142
ANOCHIN, P.K.: Prinzipielle Fragen der allgemeinen Theorie funktioneller Systeme. In: ders. 1978, 143–190
ATKINS, P.W.. Wärme und Bewegung. Heidelberg: Spektrum d. Wiss. 1986
BERNSTEIN, N.A.: Bewegungsphysiologie. Leipzig: Barth 1987, 2. Aufl.
Dialektik. Beiträge zu Philosophie und Wissenschaften. Bd. 12: Die Dialektik und die Wissenschaften. Köln: Pahl-Rugenstein 1986
DUVE, C. de: Die Zelle. Heidelberg: Spektrum d. Wiss. 1986, Bd. 1 u. 2
ENGELS, F.: Dialektik der Natur. MEW Bd. 20. Berlin/DDR: Dietz 1972, 305 ff.
GUTMANN, W. und BONIK, K.: Kritische Evolutionstheorie. Hildesheim: Gerstenberg 1981
HAKEN, H.: Erfolgsgeheimnisse der Natur. Synergetik: Die Lehre vom Zusammenleben. Stuttgart: DVA 1983, 3. Aufl. (E)
HAKEN, H.: Entwicklungslinien der Synergetik. I und II. Naturwissenschaften 75 (1988) 163–172 und 225–234
HOFSTADER, D.R.: Gödel, Escher, Bach. Darmstadt: Deutsche Buchgemeinschaft o.J. (engl. Original 1979)
HOLST, E. v. und MITTELSTAEDT, H.: Das Reafferenzprinzip. In: E. v. Holst: Zur Verhaltensphysiologie bei Menschen und Tieren. Gesammelte Abhandlungen Bd. 1. München: Piper 1969
JANTSCH, E.: Die Selbstorganisation des Universums. München: Hanser 1979 (E)
KLIX, F.: Erwachendes Denken. Berlin/DDR: DVdW 1980
LENIN, W.I.: Philosophische Hefte. LW Bd. 38. Berlin/DDR: Dietz 1973, 77–229
LUKÁCS, G.: Zur Ontologie des gesellschaftlichen Seins. Bd. 1 und 2. Darmstadt: Luchterhand 1984 u. 1986
MATURANA, H.: Erkennen: Die Organisation und Verkörperung von Wirklichkeit. Braunschweig: Vieweg 1982

MATURANA, H. und VARELA, F.: Der Baum der Erkenntnis. Die biologischen Wurzeln menschlichen Erkennens. München: Scherz 1987 (E)
PICKENHAIN, L.: Das Verhalten. In: D. Biesold und H. Matthies: Neurobiologie. Stuttgart: Fischer 1977, 693–733
PRIGOGINE, I. und STENGERS, I.: Dialog mit der Natur. München: Piper 1981
PRITCHARD, D. C.: Foundations of Developmental Genetics. London: Taylor & Francis 1986
ROTH, G.: Selbstorganisation und Selbstreferentialität als Prinzipien der Organisation von Lebewesen. In: Dialektik 12, 1986, 194–213
ROTH, G.: Erkenntnis und Realität. Das reale Gehirn und seine Wirklichkeit. In: S. J. Schmidt 1987, 229–255 (E)
ROTH, G.: Autopoiese und Kognition. Die Theorie H. R. Maturanas und die Notwendigkeit ihrer Weiterentwicklung. In: S. J. Schmidt 1987, 256–286
SANDKÜHLER, H. J. (Hrsg.): Europäische Enzyklopädie Philosophie und Wissenschaften. Hamburg: Meiner 1990 (i. V.)
SCHMIDT, S. J. (Hrsg.): Der Diskurs des radikalen Konstruktivismus. Frankfurt/M.: Suhrkamp 1987
SCHMIDT, S. J.: Der Radikale Konstruktivismus: Ein neues Paradigma im interdisziplinären Diskurs. In: ders. 1987, 11–88
SIMONOV, P. V.: Höhere Nerventätigkeit des Menschen. Motivationelle und emotionale Aspekte. Berlin/DDR: Volk und Gesundheit 1982
SIMONOV, P. V.: The Need-Informational-Theory of Emotions. International Journal of Psychophysiology 1 (1984), 284–299
VARELA, F.: Die Biologie der Freiheit. Psychologie heute 9 (1982), 82–93 (E)
WINFREE, A. T.: Biologische Uhren. Zeitstrukturen des Lebendigen. Heidelberg: Spektrum d. Wiss. 1988

8 Neurowissenschaftliche Grundlagen II: Höhere kortikale Funktionen und psychische Regulation

Nach der Befassung mit allgemeinen Grundprinzipien biopsychologischer Regulationsprozesse, also der Weiterentwicklung einer Theorie der funktionellen Systeme auf der Basis der Theorien über Selbstorganisation, ist nun ein weiterer Schritt notwendig. Der Zusammenhang von materiellem Substrat der neurobiologischen Prozesse und den psychischen Funktionen ist auf menschlichem Niveau zu bestimmen. Wir haben es damit mit einem Übergang zwischen der biotischen und der psychischen Existenzweise des Menschen zu tun, der genauerer Untersuchung bedarf, um Fragen einer allgemeinen Behindertenpädagogik befriedigend zu beantworten. *In welcher Weise hängt die räumlich-zeitliche Organisation des menschlichen Gehirns mit der Organisation der psychischen Prozesse in einem inneren Raum-Zeit-Kontinuum zusammen, das sich zugleich auf das objektiv-reale Raum-Zeit-Kontinuum der äußeren Welt bezieht?* Und hieraus folgend: *Wie wirken sich spezifische Schädigungen von Teilen des Gehirns allgemein und zu unterschiedlichen Zeiten der Individualentwicklung als Erschwerung von Aneignungsbedingungen und damit Quellen von Isolation aus?*

Man kann diesen Übergang von zwei Seiten her untersuchen: Von unten nach oben, also von den elementaren biologischen Teilmechanismen (Funktion der Nervenzelle) ausgehend bis zur psychischen Funktion spezifischer Teile des Gehirns. Man kann aber auch von oben nach unten vorgehen: Von der sinnhaften und systemhaften Organisation der psychischen Prozesse ausgehend zu ihren organischen Voraussetzungen. Die erste Vorgehensweise kann als psychophysiologische, die zweite als neuropsychologische Vorgehensweise betrachtet werden (vgl. z.B. zur Illustration beider Vorgehensweisen *Birbaumer* 1975 bzw. *Luria* 1973).

Natürlich sind beide Vorgehensweisen wechselseitig aufeinander angewiesen. Im vorangegangenen Kapitel habe ich bereits den Übergang von der biologischen zur psychologischen Ebene allgemein analysiert. Für alle psychophysiologischen Vorgänge gilt, daß sie nur auf der Basis einer allgemeinen Theorie funktioneller Systeme und der strukturellen Koppelung der an dieser Systembildung beteiligten Zellpopulationen begriffen werden können. Ich beschränke mich auf dem Hintergrund dieser Überlegungen hier vorwiegend auf die *neuropsychologische Untersuchung:* Welche Rolle übernehmen die spezifischen Teile des menschlichen Gehirns für die Organisation der höheren kortikalen Funktionen, also für den sinn- und systemhaften Aufbau der psychischen Prozesse? Und natürlich kann ich die physiologischen und anatomischen Grundlagen nur am Rande behandeln. Hierzu verweise ich neben den zahlreichen im Buchhandel erhältlichen Einführungen in Anatomie und Physiologie des ZNS (Zentralnervensystem) (z.B. *Kahle* 1976) auf die für die Zwecke der Behindertenpädagogik besonders brauchbare Einführung von *Zieger* (1984), auf das Buch „Gehirn und Nervensystem" (1980), auf *Nauta* und *Feirtag* (1986) sowie das umfangreiche und herausragende Werk von *Kandel* und *Schwartz* „Principles of Neural Science" (1985).

8.1 Allgemeine Prinzipien der neuropsychischen Organisation

8.1.1 Die Makroebene

Allgemeinstes Prinzip der Funktionsweise des menschlichen Gehirns ist das der *funktionellen Lokalisation*, die sich in ontogenetischer Hinsicht als dynamische, chronogene Lokalisation ereignet. Nach A. N. *Leontjew* (1973) ist das menschliche Gehirn ein Organ, das neue Organe bilden kann. Diese *funktionellen Organe* sind hochstabile reflektorische Verbindungen, die wie ein Organ funktionieren: so ist der Erwerb der natürlichen Sprache ein Beispiel dieses Prozesses. Die Sprache erwirbt erst im Prozeß der Aneignung ihre Lokalisation (allerdings nicht beliebig, sondern über die Zellarchitektonik des Gehirns gesetzmäßig bedingt). Diese Lokalisation weist in gewisser Hinsicht entsprechend der sinnlichen Oberfläche der Sprache Differenzen auf. Japanische und polynesische Sprachen, in denen auch Vokale (und Tonhöhen) Kontrastdifferenzierungsfunktion haben (also Funktionen wie z. B. im Deutschen das Dehnungs-h in „mahlen" gegenüber „malen"), sind z. T. anders lokalisiert als indogermanische Sprachen und wiederum anders als Gebärdensprachen. Entsprechend dem stärkeren Einbezug des optischen Analysators ist die funktionelle Lokalisation der japanischen und chinesischen Schriftsprache anders als die der deutschen oder englischen. Und schließlich ist die Sprache eines dreijährigen Kindes zu diesem Zeitpunkt noch anders dynamisch bzw. chronogen lokalisiert als die eines Siebenjährigen oder eines Jugendlichen.

Der Prozeß der funktionellen Organbildung ist die Grundlage der individuellen Realisierung der Organisatoren des Psychischen im Prozeß der Ontogenese. Er ereignet sich unter führender Rolle der Großhirnrinde (Neokortex) gegenüber den tiefer gelegenen Hirnteilen (subkortikale Gebiete). Mit der Entwicklung der Säugetiere erreicht der *Neokortex* gegenüber dem Subkortex für die Ontogenese jene Funktion, die der Subkortex für die Phylogenese hat. Der *Subkortex* dient insbesondere der Absicherung der basalen Verhaltensprogramme und der Vermittlung körpereigener Funktionsprozesse (autonomes Nervensystem, hormonelles System, Immunsystem) mit Prozessen des zentralen und peripheren Nervensystems. Diese Prozesse sind in basaler Hinsicht auf der Ebene von Erbkoordinationen und AAM abgesichert. Sie werden durch Hierarchisierung und Erfahrungsbildung in den Neuronenpopulationen der Großhirnrinde, aber auch der älteren Teile des Großhirns (Paläokortex, Archikortex) und des Zwischenhirns, in im individuellen Gedächtnis aufgebaute höhere Funktionen übergeführt.

Diese älteren Teile des Großhirns liegen unter der sichtbaren Oberfläche. Denn das Großhirn hat im Prozeß der Evolution allmählich (von innen nach außen und nach beiden Seiten hin) in Form der paarigen Hemisphären in einer riesigen Ausstülpung alle älteren Bereiche überwuchert. Dabei sind auch die Geruchslappen des Neokortex, die bei primitiven Säugern noch an der Hirnoberfläche liegen, nach unten gewandert. Diese phylogenetisch älteren Teile des Großhirns einschließlich ihrer Randgebiete und ihren Verbindungen zu subkortikalen Zentren faßt man auch als *„limbisches System"* zusammen. Dies ist eine funktionelle, keine anatomische Kennzeichnung. Das limbische System hat eine besondere Bedeutung für die Realisierung emotionaler und motivationaler Prozesse (s. u.).

Die *allgemeine Funktionsweise* des Neokortex ist beschreibbar als erneute Verarbeitung der subkortikal bereits zur Informationskonstruktion genutzten Parameter von der sensorischen (und motorischen) Peripherie. *Count* (1973) vergleicht die Funktion des

Neokortex gegenüber dem Subkortex mit der Feineinstellung eines Fernsehbildes, dessen Grobeinstellung mit dem Einschalten des Geräts der subkortikalen Ebene entspreche. Dies geschieht in der Übernahme zeitlicher Parameter, also einer bestimmten *Quantelung* der Information, und räumlicher Parameter, also einer exakten *Topologie* des Neokortex. Durch diese „weiß" das Gehirn, über welche sensorische Quelle der Eindruck kommt. Entsprechend verfügt der Neokortex über bestimmte zeitliche Eigenrhythmen. Sein Grundrhythmus ist bei Wachheit und entspannter Aufmerksamkeit der mit 10 Hz (10 Phasen pro Sekunde) laufende Alpharhythmus, der durch die Erholungszeiten der Zellen im Thalamus zustande kommt. Der Thalamus selbst ist ein großes Kerngebiet im Zwischenhirn, über das sämtliche sinnesspezifischen Eindrücke modal und intermodal vorverarbeitet werden, bevor sie die Großhirnrinde erreichen. Die einzige Ausnahme bildet hierbei der Geruchsanalysator.

Alle Sinneseindrücke erreichen schließlich *sinnesspezifische (modale) Felder* der Großhirnrinde, innerhalb derer sie analysiert und synthetisiert werden. Im optischen Analysator sind dies die am hinteren Ende des Gehirns liegenden Felder 17 sowie 18 und 19. Im Feld 17 bewirken elektrische Reize Eindrücke wie Sterne, Blitze u. ä., im Feld 18 und 19 ganzheitliche optische Eindrücke: z. B. ein Mann schiebt ein Fahrrad über die Straße (vgl. Abb. 13).

Felder, die innerhalb einer Modalität sinnesspezifische Eindrücke verarbeiten, nennt *Pawlow „kortikale Enden der Analysatoren".* *Luria* (1970a) unterscheidet diese Felder entsprechend ihrer eher auf Teile (so Feld 17) oder auf ein Ganzes (so die Felder 18 und 19) bezogenen Arbeitsweise als *primäre* und *sekundäre* Felder der Großhirnrinde. Derartige kortikale Enden der Analysatoren münden in alle Lappen des Großhirns, die jeweils eine Reihe von primären, sekundären und tertiären Feldern umfassen. Abbildung 14 liefert einen Überblick über die Aufteilung der linken Hirnhemisphäre in die vier großen *Lappen,* die paarig, aber nicht völlig symmetrisch auch in der rechten Hirnhemisphäre zu finden sind. Beide Hemisphären sind sowohl subkortikal als auch insbesondere über den Balken (Corpus callosum) durch Nervenbahnen verbunden.

Die *Okzipitallappen* (Hinterhauptslappen) stellen die kortikalen Enden des optischen Analysators dar. Primäres Feld ist das Feld 17, sekundäre Felder sind die Felder 18 und 19.

Die *Temporallappen* (Schläfenlappen) sind die kortikalen Enden des akustischen Analysators. Primäre Felder sind Feld 41 und 42, sekundäre Felder Feld 21 und 22. Feld 21 und 37 stehen dabei in enger Verbindung mit subkortikalen Hirnregionen, die insbesondere der emotionalen Informationsbewertung dienen (s. u.).

Die *Parietallappen* (Scheitellappen) sind die kortikalen Enden des kinästhetischen Analysators (also der Analyse über die Körperstellung aufgrund der proprizeptiven Rückmeldung von Gelenk- und Muskelrezeptoren sowie in Vermittlung mit dem subkortikal lokalisierten vestibulären System). Primäre Felder sind nach *Luria* (1970a) Feld 3, nach *Kandel* und *Schwartz* (1985, Kap. 50, S. 674) sind es die Felder 1, 2 und 3. Sekundäre Felder sind nach *Luria* die Felder 2, 1, 5 und 7, nach *Kandel* und *Schwartz* 2, 5 und 7.

Die *Frontallappen* (Stirnlappen) stellen die kortikalen Enden des motorischen Analysators dar: Sie sind *efferente,* ausführende, programmierende Organe im Unterschied zur informationsaufnehmenden, verarbeitenden und speichernden Funktion der hinter der Zentralfurche liegenden Teile des Neokortex, die dessen *afferenten* Teil darstellen. Primäres Feld ist Feld 4, sekundäre Felder sind 6 und 8. Im Unterschied zu den kinäs-

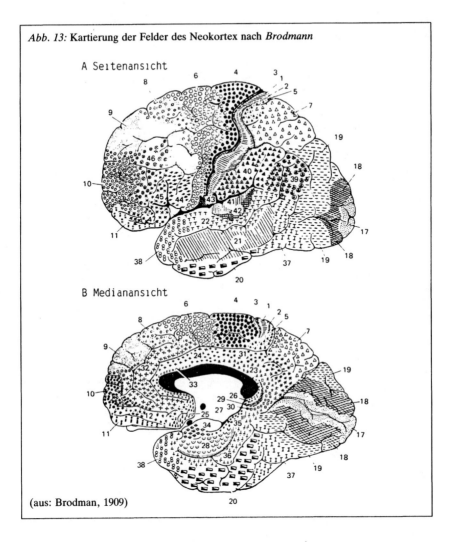

Abb. 13: Kartierung der Felder des Neokortex nach *Brodmann*

A Seitenansicht

B Medianansicht

(aus: Brodman, 1909)

thetischen Feldern und zugleich in engster Abstimmung mit ihnen regulieren diese Felder die Kinetik, also die Bewegungssteuerung.

Entsprechend werden die primären und sekundären Felder des motorischen und kin-ästhetischen Analysators auch unter der Bezeichnung *„sensomotorischer Analysator"* zusammengefaßt. Dabei hat ein Teil des sensomotorischen Analysators einen direkten Zugriff zur Peripherie der Muskulatur über die untersten Schalteinheiten, die Motoneu-rone des Rückenmarks. Dieser Teil wird als *Pyramidensystem* bezeichnet. Er umfaßt aufgrund ihrer in dieser Hinsicht vorrangigen (jedoch nicht ausschließlichen) Funktion die Felder 4 und 6 in Verbindung mit den Feldern 1, 2 und 3. Von der Pyramidenbahn als rascher, willkürmotorischer Durchgriffsbahn in die Peripherie wird funktionell das *„ex-*

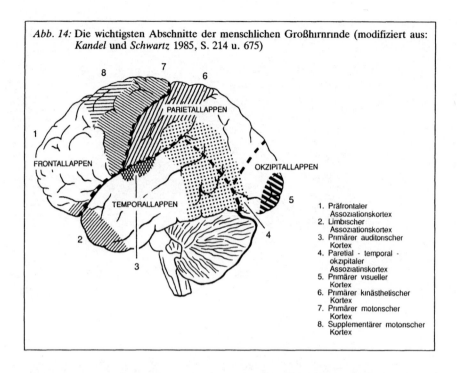

Abb. 14: Die wichtigsten Abschnitte der menschlichen Großhirnrinde (modifiziert aus: *Kandel* und *Schwartz* 1985, S. 214 u. 675)

1. Präfrontaler Assoziationskortex
2. Limbischer Assoziationskortex
3. Primärer auditorischer Kortex
4. Paretial - temporal - okzipitaler Assoziatinskortex
5. Primärer visueller Kortex
6. Primärer kinästhetischer Kortex
7. Primärer motorischer Kortex
8. Supplementärer motorischer Kortex

trapyramidale System" unterschieden. Die motorischen Funktionen dieses Systems sind über eine Reihe subkortikaler Kerne (einschließlich Kerne in den älteren Teilen des Neokortex, insbesondere den sogenannten Basalganglien) zwischengeschaltet. Dieses System wird im angloamerikanischen Sprachgebrauch auch als COEPS (cortically originating extrapyramidal system) bezeichnet. Auf kortikaler Ebene umfaßt es vor allem die präzentralen (also vor der Zentralfurche liegenden) Gebiete 6 und 8 sowie die postzentralen Gebiete 1–3, 5 und 7. Aber auch aus dem Feld 4 entspringen extrapyramidale Efferenzen. Vereinfacht betrachtet umgeben die extrapyramidalen Pyramidenfelder den halbwegs konzentrischen pyramidalen Bereich. Schließlich ist noch das *supplementäre motorische Feld* zu nennen, das vom Feld 4 aus gesehen nach vorne (rostral) und vom Feld 6 aus gesehen nach oben (dorsal) liegt. Es dient der Programmierung komplexerer motorischer Sequenzen und vermittelt als sekundäres Feld zwischen den hierarchisch höheren Feldern 5, 7 und 8 einerseits und zusammen mit dem sekundären Feld 6 zu dem primären Feld 4 andererseits (Kandel und Schwartz 1985, S. 496).

Neben den sinnesspezifischen (modalen) primären und sekundären Feldern gibt es *tertiäre Felder,* die oft auch als Assoziationsfelder gekennzeichnet werden. (Im Gegensatz zu den Projektionsfeldern, auf die hin die Sinnesorgane und die Motorik projizieren, d. h. topologisch abgebildet sind; vgl. die in nahezu jedem Lehrbuch auffindbare Projektion der Körperteile wie Arme, Beine, Finger, Gesicht, Mund, Zunge auf die primären sensomotorischen Felder 3 und 4). Assoziationsfelder sind genauer gesagt *Überschneidungsfelder* der Analysatoren. Dabei ist zu beachten, daß die sekundären Felder über Nervenbahnen durchaus in vielfältigen Verbindungen zu anderen Modalitäten stehen. So haben die Felder 8 und 7 große Bedeutung für die Okulomotorik, also für die aktive, efferent programmierte Informationsverarbeitung des Auges. Diese ist ohne motorische Komponenten (verschiedene Formen von Nachstell- und Abtastbewegungen auf der Basis von unbedingt-reflektorischer Tätigkeit bis hin zu kortikaler Modellbildung) nicht realisierbar. Überhaupt darf man sich, dies dürfte im Rahmen der Darstellung der Struktur und Wirkweise funktioneller Systeme im vergangenen Kapitel deutlich geworden sein, keine getrennt voneinander stattfindende motorische und sensorische Verarbeitung vorstellen. Jeder Wahrnehmungsvorgang verfügt über motorische, efferente Komponenten und jeder Bewegungsvorgang über sensorische, afferente Rückkoppelung.

Die tertiären Felder oder Überschneidungsfelder liegen im präfrontalen Bereich, also im vordersten *Stirnhirnbereich*, sowie im *Überschneidungsbereich von Parietal-, Temporal- und Okzipitallappen*. Sie sind im Vergleich die phylogenetisch jüngsten Felder, wobei wiederum die Überlappungsfelder im hinteren, afferenten Bereich früher ein progressives Wachstum in der Evolution erfahren haben, als der Stirnhirnbereich, dessen tertiäre Felder sich im wesentlichen erst in der Primatenevolution herausgebildet haben.

Die tertiären Felder des Frontalbereichs sind genau betrachtet keine Überschneidungsfelder, sondern amodale Felder, die nicht mehr die äußere modale Bewegung in Form der Körperbewegung oder des Sprechens realisieren, sondern eine innere, geistige Bewegung. Diese verfügt im Bereich der äußeren Sprache (deren Kinetik unter besonderer Rolle des Feldes 44 realisiert wird) noch über sichtbare modale Anteile und im Bereich der inneren Sprache (Felder 45 und 47) noch über unsichtbare modale Anteile. Für die davor liegenden Felder sind jedoch weder intermodale noch modale Funktionen nachweisbar, sie dienen ersichtlich der Realisation höchster Form des Denkens unter Einbezug der entsprechenden anderen Teile des Gehirns (Gedächtnis, Sprachprogrammierung u. ä.).

Beim Übergang zum Menschen haben beide Gebiete (Parietal-Temporal-Okzipital-Bereich sowie Frontalbereich) nochmals ein progressives Wachstum erfahren, insbesondere aber wieder der Stirnhirnbereich (vgl. *Hildebrand-Nilshon* 1980, 100ff.). Beide Regionen spielen für die höheren kortikalen Funktionen des Menschen eine besondere Rolle, auf die ich im Detail noch zu sprechen komme. Sie realisieren das hierarchische Niveau im Aufbau der Organisatoren des Psychischen, das die Herausbildung der von *Leontjew* (1981) so benannten 5. Quasidimension der Bedeutungen sichert, also das in der Zeitstruktur reversible, oberbegriffliche innere Handeln, das ich in Auseinandersetzung mit den Forschungen von F. *Klix* in Kapitel 5.5 (insbesondere 5.5.4) ausführlich dargestellt habe.

Elektrophysiologische Korrelate belegen, daß die tertiären Felder nicht nur die *intermodale* Verarbeitung übernehmen, also z.B. die Verbindung von Gesehenem und Gehörtem, Realisierung der Sprechmotorik und kinästhetischer wie akustischer Rückkoppelung usw., sondern vor allem *amodale Funktionen* realisieren (Aufbau von Bedeutungen und Orientierung in Bedeutungen).

So ist über den frontalen Gebieten eine bestimmte Potentialveränderung vor dem Eintreten in die Situation festzustellen, die *contingente negative Variation* (CNV), die einem erwarteten Reiz um ca. eine Sekunde vorausgeht. Sie ist unabhängig davon, ob eine motorische Reaktion folgt. Über den parietalen Überschneidungsbereich ist sie vernachlässigbar gering. (*Eccles* 1985, S. 94). Sie ist ein in der Orientierungsreaktion aufgebautes „neuronales Modell" (*Sokolov* 1960, *Sokolov* und *Vinogradova* 1975) amodaler Natur vor Auftreten der Modalität (und keineswegs ein Eingreifen des von Gott geschaffenen Geistes in die Materialität des Gehirns, wie dies *Eccles* spekuliert; vgl. auch *Eccles* und *Popper* 1982). Es geht hier ersichtlich um die Orientierung in Bedeutungen (vgl. Kap. 4 und 5) im Rahmen der im jeweiligen Modell des Künftigen realisierten Afferenzsynthese (vgl. Kap. 7).

Neben der CNV gibt es das sogenannte *Bereitschaftspotential* (BP), das während der Absicht entsteht, eine kurze Willkürhandlung auszuführen. Es tritt sowohl über dem parietalen Kortex auf wie über dem präzentralen Kortex mit Ausnahme der vordersten, präfrontalen Gebiete (also z. b. bei Durchführung einer Handbewegung, aber auch bei der Überwachung zielgerichteter Bewegungen). Bereitschaftspotentiale treten ca. 400 ms vor der Bewegung auf, während erst 50 ms vor der Bewegung ein motorisches Potential auftritt (*Eccles* 1985, S. 97). Dieser Prozeß entspricht ersichtlich dem Aufbau des Handlungsakzeptors auf der Basis des Handlungsziels, also um die objektbezogene Herausbildung des Modells des Künftigen. Für sie hat die Bereitstellung von afferenten Strukturen auf der Basis von Gedächtnisprozessen besondere Bedeutung.

Auf nähere Details zur Rolle der tertiären Felder gehe ich im weiteren Verlauf dieses Kapitels noch ein. Zunächst will ich eine übergreifende Theorie der funktionellen Organisation des menschlichen Gehirns darstellen, die von A. R. *Luria* entwickelt wurde (vgl. 1973, Kap. 2). *Luria*, neben *Wygotski* und *Leontjew* Mitbegründer des tätigkeitstheoretischen Ansatzes der kulturhistorischen Schule, hat wesentlich die Wissenschaft Neuropsychologie mitentwickelt. Sein Werk, das in den USA und England bereits breit rezipiert wird (über 20 Buchpublikationen, vgl. zusammenfassend *Vocate* 1988), ist für die Diskussion innerhalb der Rehabilitation von Behinderten von allerhöchster Bedeutung. Leider ist es bisher im deutschen Sprachraum noch relativ wenig erschlossen und bekannt (vgl. zur Einführung *Luria* 1982; eine Publikation seiner wissenschaftlichen Autobiographie 1979 sowie der 1973 auf Englisch erschienenen Einführung in die Neuropsychologie, „The working brain", steht unmittelbar bevor).

Luria unterscheidet in der Funktionsweise des Gehirns *drei Haupteinheiten* der Regulation. Zwei Haupteinheiten beziehen sich auf die Funktionsweise der Lappen der Großhirnrinde vor bzw. hinter der Zentralfurche, die erste Haupteinheit verbindet subkortikale und kortikale Strukturen. Bei der Erklärung dieser Haupteinheiten ziehe ich über *Luria* hinausgehende Literatur mit heran.

Die *erste Haupteinheit* ist die *Einheit für Tonus, Wachheit und Aktivation* (1973, S. 44ff.) und stellt nach *Luria* die energetische Basis der Funktion der Großhirnrinde dar. Ihre aktivierenden Funktionen realisieren sich auf insgesamt drei Stufen.

Die funktionelle Grundlage der Aktivierung ist in jedem Falle *unspezifische und allgemeine Aktivierung* (Arousal) durch die retikuläre Formation. Dies ist ein Nervengeflecht, das vom Stammhirn aus aufsteigt und an einzelnen Zellen konvergierende Reize von verschiedenen Sinneskanälen der Außenwelt wie der Körperinnenwelt erhält. Der Grad der Erregung wird dadurch unabhängig von der Modalität aufaddiert. Aufgrund der sensorischen Erregung werden unspezifische Weckreize an den Neokortex gesendet. Bei Schädigung dieses Gebietes resultieren Dämmerzustände. Darüber hinaus gibt es hier wie auch auf den höheren Ebenen innere Oszillatoren (vgl. *Sinz* 1979, 1980), biorhythmische Strukturen in Form von Zellen und Zellgruppen, die sich spontan entladen und auch bei Fehlen von sensorischer Reizung eigenaktiv werden. Sie spielen vermutlich auch bei der Initiierung von Träumen eine wesentliche Rolle (vgl. *Hobson* u. a. 1977, *McCarley* 1979).

Luria unterscheidet *drei Quellen von (spezifischer) Aktivation*, die auf die retikuläre Formation auf unterschiedlichen hierarchischen Niveaus einwirken. Auch hier gilt die in

Leontjews Behandlung des Ebenenproblems herausgearbeitete Lösung des Übergangs- problems: Die je höheren Ebenen sind von der Wirkweise der formatio reticularis und der je niederen Ebenen abhängig und wirken zugleich determinierend auf diese zu- rück.

Eine erste Quelle der Aktivation sind *Prozesse der „inneren Ökonomie"* (*Luria* 1973, S. 53). Es handelt sich um Stoffwechselprozesse und humorale Prozesse im Körperin- neren. Eher einfache Formen sichern elementare Prozesse wie Atmung und Nahrung; eher komplexe Formen sind mit bestimmten angeborenen Verhaltenssystemen ver- knüpft. Diese Prozesse werden insbesondere in Verbindung mit dem Hypothalamus realisiert, der die wesentliche Schaltstelle zwischen dem Zentralnervensystem, dem au- tonomen (vegetativen) Nervensystem, der über die Hypophyse gesteuerten hormonellen Regulation und dem Immunsystem ist. Dieser Bereich realisiert insbesondere die Um- setzung von körpereigenem Bedarf in Bedürfnisse auf dem Weg der Dominantenbildung (vgl. Kap. 7).

Als zweite Quelle der Aktivation nennt *Luria* (1973, S. 55) einen auf die Kontrolle der Außenweltbedingungen bezogenen Bereich, dessen wesentlichste Ausdrucksform die Realisierung des *Orientierungsreflexes* ist. Dieser Orientierungsreflex beinhaltet die Ak- tivierung auf der Basis des Neuheitscharakters der Situation (durch Wechsel der Um- gebung hervorgerufen). Sie wird realisiert durch ein System sogenannter *Neuigkeitsde- tektoren* (vgl. *Roth* 1978), das insbesondere in der retikulären Formation und im Thalamus lokalisiert ist. Neuigkeitsdetektoren sind Zellen, die auf neue Reize mit Ent- ladung antworten und auf vertraute Reize hin schnell habituieren. Auf der Basis des Neuigkeitsgrades kommt es zu unterschiedlichen Verbindungen retikulärer Aktivation mit Prozessen des Zwischenhirns und des limbischen Systems in Form phasischer oder tonischer Aktivation. Ich komme auf diese Zusammenhänge bei der Behandlung der neuropsychologischen Grundlage emotionaler und motivationaler Prozesse zurück (vgl. 8.2.3).

Als dritten aktivierenden Bereich benennt *Luria* (1973, S. 82ff.) Prozesse auf der Ebene der Frontallappenregulation. Insbesondere ist es die *präfrontale Region* (Felder 9, 10, 11 sowie die mediobasalen Anteile des Frontalkortex; letztere stehen in enger Ver- bindung zum limbischen System), die eine Art *Suprastruktur* für das gesamte Gehirn bildet. Müdigkeitserscheinungen, körperliche Bedürfnisse, Ausbleiben von Neuigkeits- reizen aus der Umgebung müssen nicht zur Ermüdung führen, wenn z.B. aktive Prozesse des begrifflichen Denkens erfolgen: Die Arbeit an einem interessanten wissenschaftli- chen Thema wäre ein entsprechendes Beispiel.

Als *zweite Haupteinheit* kennzeichnet *Luria* (1973, S. 67ff.) den gesamten afferenten Bereich der Großhirnhemisphären: Der hinter der Zentralfurche liegende Parietal-, Temporal- und Okzipitalbereich bildet in modaler, intermodaler und amodaler Hinsicht die *Einheit für Informationsaufnahme, -verarbeitung und -speicherung*. *Luria* behandelt hier vorrangig die auf die Informationsverarbeitung in der Außenwelt gerichteten sicht- baren Oberflächen der linken (für die Sprachfunktionen dominanten) Hemisphäre. Mit gewissen Spezifizierungen gilt diese Aussage auch für die rechte Hemisphäre, die zwi- schen Abbild der Welt und Körperselbstbild bedeutungsintegrierend vermittelt (vgl. 8.3). Ebenso gilt dies für die nach innen liegenden Teile der Lappen des Neokortex (intrin- sischer Kortex), die wesentlichen Anteil am Aufbau des Körperselbstbildes haben (vgl. zu diesem Aspekt Bd. 1, Kap. 6 sowie die an späterer Stelle (8.2.3) behandelte Emo- tionstheorie *Pribrams*). Die informationsverarbeitenden und gedächtnisbildenden Funk-

tionen der postzentralen Teile des Neokortex (2. funktionelle Einheit) stehen in enger Verbindung mit subkortikalen Strukturen und Mechanismen (vgl. 8.2.1).
– Als *dritte Haupteinheit* betrachtet *Luria* (1973, S. 79ff.) das efferente System der Frontallappen. Es ist die *Einheit für Verifikation, Planung und Programmierung* der Tätigkeit. Bei Verletzungen in diesem Bereich kommt es je nach Lage zu unterschiedlichen Störungen der Ausführungsstruktur (Kinetik), bis hin zur Zerstörung von Modellen des Künftigen auf dem Niveau der Persönlichkeit bei schweren Formen des Frontalhirnsyndroms. Menschen mit solchen Verletzungen leben nur in der Gegenwart, sie sind ablenkbar, können ihre Tätigkeit nicht zu komplexeren Handlungen koordinieren. Obwohl sie noch über sämtliche Inhalte ihres Gedächtnisses verfügen und auch ihre Informationsverarbeitung nicht gestört ist, sind ihnen komplexe gedankliche Bewegungen gänzlich unmöglich.

Entsprechend den Grundergebnissen der kulturhistorischen Schule der sowjetischen Psychologie und der Logik des sinn- und systemhaften Aufbaus der Prozesse des Psychischen geht Luria (1970a, S. 49) davon aus, *daß die höheren psychischen Funktionen, die sich in Form komplizierter reflektorischer Prozesse (funktioneller Organe) des Gehirns realisieren, hinsichtlich ihres Ursprungs sozial, hinsichtlich ihrer Struktur mittelbar (d. h. über Sprache vermittelt) und hinsichtlich ihrer Funktionsweise willkürlich sind.* Ihr Aufbau wird seiner Auffassung nach durch *drei Gesetze der Hirnstruktur* möglich, die er insbesondere auf den Aufbau der zweiten Einheit (Informationsaufnahme, -verarbeitung und -speicherung) bezieht:

1. *Das Gesetz der hierarchischen Struktur der kortikalen Zonen.* Hierarchische Strukturen realisieren sich in den Beziehungen zwischen den primären, sekundären und tertiären Zonen und, so wäre zu ergänzen, in den tertiären Feldern als Beziehungen zwischen intermodalen und amodalen Zonen und der in ihnen realisierten Bedeutungshierarchien.
2. *Das Gesetz der verminderten Spezifität der hierarchisch angeordneten Zonen.* Hierunter versteht *Luria* den zunehmenden Abbau einer modalen Spezifizität und Ausweitung der Ebene allgemeiner und abstrakter Schemata (1973, S. 75ff.).
3. *Das Gesetz der zunehmenden Lateralisierung der Funktionen.* Dieses Gesetz gilt phylogenetisch wie ontogenetisch. Auf Details dieser Lateralisierung, also der Arbeitsteilung zwischen den paarigen Großhirnhemisphären, komme ich später zurück (8.3).

Da diese Theorie den gesamten Bereich der emotionalen und motivationalen Regulation nicht mit aufgreift, habe ich für den diese drei Einheiten verbindenden Bereich des limbischen Systems und in es einbezogene basale Verhaltensprogramme eine *vierte funktionelle Haupteinheit* angenommen (*Jantzen* 1979). Ich habe sie als regulatorische *Einheit für spezifische Aktivierung und Koordination von Planung, Information, Aktivation, Körperregulation (zentrales und autonomes System, subjektive Befindlichkeit [Emotion, Affektivität])* gekennzeichnet. Unterdessen ist es möglich, die Funktionsweise dieser Einheit (vgl. auch *Zieger* 1984, S. 244ff.) näher zu beschreiben. Dies wird in Abschnitt 8.2 im Zusammenhang der Neuropsychologie von Gedächtnisbildung, Emotion und Motivation erfolgen.

8.1.2 Die Mikroebene

Elementarste Einheit des Zentralnervensystems ist das *Neuron*, die Nervenzelle. Sie verfügt über alle Fähigkeiten von Einzellern (Wahrnehmung, Bewegung, Informationskonstruktion), büßt allerdings mit Erreichen ihres Zielortes ihre aktive Bewegungsfähigkeit ein, die sie in der Embryogenese noch hat. An ihre Stelle treten bioelektrische und biochemische Aktionsformen im Austausch mit ihrer Umwelt.

Anhand von Abbildung 15 seien in Kürze die wichtigsten anatomisch-physiologischen Details rekapituliert.

Jede Nervenzelle besteht im wesentlichen aus dem Zellkörper mit Zellkern, den Dendriten und dem Axon.

Auf die Organisation des *Zellkörpers* gehe ich hier nicht ein (vgl. *de Duve* 1986). Der *Zellkern* enthält die Erbinformation, auf deren Grundlage die Eiweißbiosynthese der Zelle erfolgt. Diese sichert die körperliche Reproduktion als Grundlage der Realisierung der Homöostase sowie der Informationsverarbeitung und -konstruktion. Im Rahmen der Spezialisierung jedes Zelltyps, so auch der Nervenzellen allgemein wie ihrer Unterarten, werden spezifische Erbsubstanzabschnitte von der innerzellulären Umwelt (und in vermittelter Form auch der außerzellulären Umwelt) aufgerufen. Durch diesen Aufruf werden bestimmte Programme der Selbstorganisation realisiert. In dieser Fähigkeit zur aktiven Strukturbildung im Verhältnis zur Umwelt liegt u. a. auch die Möglichkeit der Gedächtnisbildung begründet.

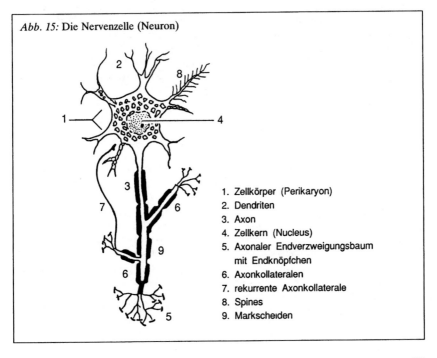

Abb. 15: Die Nervenzelle (Neuron)

1. Zellkörper (Perikaryon)
2. Dendriten
3. Axon
4. Zellkern (Nucleus)
5. Axonaler Endverzweigungsbaum mit Endknöpfchen
6. Axonkollateralen
7. rekurrente Axonkollaterale
8. Spines
9. Markscheiden

Die *Dendriten* sind ast- und zweigförmige Auswüchse, die die Oberfläche der Zelle vergrößern und Kontakt mit zahlreichen anderen Nervenzellen sowie der Struktur des interzellulären Raumes ermöglichen. Dies ist deshalb möglich, weil die *Zellen nicht direkt miteinander kommunizieren, sondern vermittelt über den interzellulären Raum* (eine solche Kommunikationsform haben wir in Kapitel 7 bereits bei der Quasimehrzelligkeit sozialer Amöben kennengelert; es ist sinnvoll, dieses relativ einfache Modell als Grundmodell struktureller Koppelung bei den weiteren Erörterungen vor Augen zu haben). Die Kommunikation über den interzellulären Raum erfolgt unmittelbar über *kanalisierte Übergänge* und vermittelt über verschiedene Formen der Wechselwirkung (s.u.). Kanalisierte Übergänge liegen in Form der *Synapsen* vor. Die bioelektrische Erregung der Zelle führt zum „Feuern", d.h. über das Axon verläuft eine elektrische Potentialwelle, die im *Endknöpfchen* eine Ausschüttung bestimmter Substanzen (Neurotransmitter) in den *synaptischen Spalt* bewirkt. Diese Substanzen wirken auf *„molekulare Schlösser"* in der *postsynaptischen Membran* der Folgezelle (vgl. *Changeux* 1984, Kap. 3; *Kandel* und *Schwartz* 1985, Teil II). Die biochemischen Veränderungen in der Zielzelle bewirken wiederum deren aktive Selbstorganisation, Informationsverarbeitung und Reaktion. Die Reaktionsweise der Nervenzelle erfolgt somit als bioelektrische und biochemische Aktivität, mit der sie auf ihre Umwelt einwirkt (und in der diese Umwelt zugleich auf sie einwirkt). Dabei verfügen die Zellen durch die postsynaptischen Membranen am Zellkörper und an den Dendriten über unzählige „Anlegestellen" für die Endknöpfchen (Buttons) des axonalen Endbaumes bzw. der Endbäume der Axonäste, der sogenannten Kollateralen. Alle Dendriten sind mit sogenannten *Spines* versehen (Dornen). Beim Menschen sind es für die Pyramidenzellen (einem für die neokortikale Informationsverarbeitung besonders bedeutsamen Zelltyp) ca. 20.000 je Zelle. Diese Spines sind ebenso Zielorte von Axonverzweigungen wie die Dendriten und die Membran des Zellkörpers, so daß ein Neuron bis zu mehreren zehntausend synaptischen Kontakten verfügt.

Das *Axon* selbst ist das *Effektororgan der Nervenzelle*, dessen Wirkweise auf der Basis der Struktur funktioneller Systeme als rückgekoppelter Prozeß begriffen werden muß (vgl. zur Informationsverarbeitung selbst *Anochin* 1978, S. 191–286: „Systemanalyse der integrativen Tätigkeit des Neurons"; zur innerzellulären Ebene vgl. *Allen* und *Weiss* 1987, insb. S. 79ff.). Da die meisten Physiologielehrbücher von vielen Dendriten, aber nur einem Axon sprechen, wird meist ein gänzlich falsches und mechanistisches Verständnis der Nervenleitung vermittelt. Zwar gibt es bei den meisten Zellen in der Tat nur ein Axon, also eine unipolare Erregungsgenerierung und Weitergabe (manche Zellen haben zwei Axone, sind also bipolar), aber dies heißt noch nicht, daß diese Erregung nur an einem Ort endet. Das Axon verfügt zum einen über einen *Endverzweigungsbaum mit zahlreichen Endknöpfchen*, die an unterschiedlichen Nervenzellen gleichen oder anderen Hierarchieniveaus enden können. Je nach Art der Endung treten hemmende oder erregende Wirkungen auf. *Erregende (exitatorische) Synapsen* finden sich in der Regel an den Dendriten, *hemmende (inhibitorische) Synapsen* am Zellkörper oder am Abgang des Axons. Ebenfalls wird in nahezu keinem Lehrbuch die Rolle der Kollateralen behandelt. *Kollaterale* sind astförmige Seitenverzweigungen des Axons, die selbst über Endbäume verfügen. Sie sichern vor Realisierung des nützlichen Endeffekts, in diesem Fall die sowohl phasengekoppelte wie spezifische Reaktion einer anderen Zelle, eine Information in der zellulären Umwelt über die ausgehende Erregung, bevor das Empfängerneuron seinerseits reagiert. Diese fortwährende afferente Rückkoppelung erfolgt nicht nur in der Neuronenpopulation, sondern zum Teil auch auf die Zelle selbst rückbezogen. *Rekurrente Kollateralen* bewirken z.B. eine Erregungsverstärkung, so daß Nervenzellen, die in besonderer Weise über diese Strukturen verfügen, sich als Schrittmacher gegenüber anderen Zellen durchzusetzen vermögen (vgl. die in der Synergetik aufgezeigte Wechselwirkung von Teil und Ganzem).

Soweit einige Bemerkungen zur Struktur und Funktion des Neurons; für die weiteren Details muß ich auch hier auf die angegebene Literatur verweisen. Mir geht es hier vor allem um ein systematisches Verständnis der Funktionsweise des Zentralnervensystems und nicht um die unendlich vielen anatomischen und physiologischen Details (vgl. hierzu auch das Buch von *Changeux* 1984).

Nervenzellen entstehen in der Entwicklung des ZNS in großem Überschuß. Sie werden nach Erreichen ihrer Zielgebiete in der Weise ausgelesen, daß diejenigen, die in Prozesse struktureller Koppelung im Rahmen der Informationsverarbeitung und Konstruktion einbezogen sind, überleben bzw. die nicht funktionell integrierten Zellen dem sogenannten *Zelltod* ausgesetzt sind (vgl. *Poljakow* 1979).

Darüber hinaus findet eine *Arbeitsteilung zwischen Nervenzellgewebe und Stützgewebe* (Glia-Zellen) statt. Auch hier bestehen Prozesse struktureller Koppelung: Sowohl über den Kalium-Natrium-Stoffwechsel der Nervenzellen bei der Informationsverarbeitung und -konstruktion, der eine simultane Depolarisierung der Glia-Zellen hervorbringt, wie durch die Rolle, die Glia-Zellen durch ihre bioelektrische Aktivität als Generatoren kortikaler Potentiale besitzen (vgl. *Speckmann u. a.* 1984 sowie *Caspers u. a.* 1984).

Man kann das Zusammenwirken des einzelnen Neurons und der Neuronenpopulation nur verstehen im Rahmen der biorhythmisch organisierten Prozesse struktureller Koppelung, die ich in Kapitel 7 ausführlich dargestellt habe. Entsprechend muß man von *zwei Arten der Aktivität der Neuronen* ausgehen, die *Bernstein* in einem 1963 erstmals publizierten Aufsatz über „Wege und Aufgaben der Physiologie der Aktivität" als wellenförmige und kanalisierte Aktivität kennzeichnet (1987, S. 211 ff.). Die *kanalisierte Aktivität* findet durch Entladungen der Nervenzelle statt, die über das Axon und seine Verzweigungen auf andere Nervenzellen wirken. Die *wellenförmige Aktivität* entsteht aus der Feldwirkung komplexer elektrischer Prozesse. *Bernstein* argumentiert hierzu: „Es ist kaum daran zu zweifeln, daß den wellenförmigen Prozessen, die aus den zahllosen ‚querverlaufenden' Wechselbeziehungen zwischen den Neuronen und den Leitungsbahnen des Gehirns hervorgehen, eine tonische regulative Aktivität von seiten der retikulären Formation, des Hypothalamus und möglicherweise auch von seiten des Kleinhirns und der Stammhirnzellen überlagert sein muß und daß diese sogar in irgendeiner Form die dominierende Rolle spielt. In diesen Gebieten ist noch unendlich mehr unerforscht als erforscht!" (1987, S. 211).

Diese Feststellung gilt, was die theoretische Verarbeitung der Zusammenhänge betrifft, sicherlich auch heute noch. Auf der empirischen Ebene gibt es allerdings unterdessen viele Hinweise und Teiltheorien über die *Wechselwirkungen der Zellen des Zentralnervensystems*. Neben einer Wechselwirkung auf der Basis des Kalium-Natrium-Stoffwechsels der Zellen (Grundlage ihrer bioelektrischen Aktivität), werden Wechselwirkungen angenommen (1) in Form einer verknüpfenden Mikrostruktur des Nervenfilzes, die elektrische Felder organisiert, deren Spannungspotentiale erheblich unter denen der kanalisierten Nervenleitung liegen (vgl. *Pribram* 1977), (2) in Form elektrotonischer Prozesse (veränderte Basisaktivität der Membranen der Zellen aufgrund von Wechselwirkungen, die sich nicht in Schwankungen realisiert; vgl. *Rusinov* 1983), (3) Wechselwirkungen zwischen hormonellen (querverlaufenden) Prozessen und (kanalförmigen) Funktionen der Neurotransmitter bei der Informationsverarbeitung zwischen der Synapse des Axons und der postsynaptischen Membran der Empfängerzelle (vgl. *Snyder*

1985; Neurotransmitter haben im menschlichen Organismus meistens auch hormonelle Funktionen).

Im folgenden will ich auf einige weitere Details der anatomisch-physiologischen Organisation dieser Wechselwirkungen eingehen. Ich behandele zunächst den Aufbau der sechs Schichten der Großhirnrinde und dann ihre funktionelle Organisation auf der Basis von Säulen bzw. Neuronenensembles.

Die Rindenschicht des Großhirns (Neokortex) ist in *sechs* unterscheidbare *Zellschichten* gegliedert, die unterschiedliche Funktionen für die horizontale und vertikale Informationsverarbeitung besitzen. Ferner ist der Neokortex durch vertikale Funktionseinheiten, sogenannte *Säulen* (Kolumnen) oder *Neuronenensembles* gegliedert, die zusammen mit Gliazellen in Gruppen von 1000 bis 10.000 Neuronen gepackt sind. Derartige Säulen beziehen sich auf einen bestimmten Abschnitt der Peripherie (z.B. einen Sehkegel eines bestimmten Winkelgrades beim Auge, also einen Ausschnitt des rezeptiven Feldes; vgl. *Eccles* 1985, Kap. 2). Der direkte Informationsaustausch zwischen den kortikalen Kolumnen erfolgt in den verschiedenen Schichten in unterschiedlichem Umfang. Über besondere Bedeutung verfügt dabei Schicht I. Neben einem direkten Informationsaustausch der kortikalen Kolumnen, insbesondere durch die Vernetzung der obersten Rindenschicht (Schicht I) über den gesamten Neokortex hinweg, findet ein Informationsaustausch zwischen den Neuronenensembles als Ganzes über zahlreiche ipsi- und kontralaterale Bahnen statt. Insbesondere sind die jeweiligen Neuronenensembles mit den symmetrisch in der anderen Hirnhemisphäre angeordneten, ihnen funktionell entsprechenden Säulen verknüpft. Die sechs Schichten (laminae) werden nach Art der Zellen, durch die sie vorrangig gebildet werden, sowie aufgrund ihrer funktionellen Eigenart unterschieden. Wichtigste Zelltypen sind die *Pyramidenzellen*, deren Dendriten vorrangig senkrecht orientiert sind, und die *Sternzellen*, deren Dendriten vorrangig waagerecht orientiert sind. Nur die Axone der Pyramidenzellen verlassen den Kortex: Zellen mit ihrem Zellkörper in Schicht IV schicken ihr Axon zum Thalamus, aus der Schicht V

Abb. 16: Die sechs Schichten der Großhirnrinde

Schicht	Funktion
I: äußerste Schicht	Horizontale Erregungsausbreitung über die Neokortexoberfläche auf der Basis der besonders dichten Verfilzung dieser Schicht mit Nachbarsäulen
II. äußere Körnerschicht	interkortikale Informationsverarbeitung; die Axone kehren ipsi- oder kontralateral in den Kortex zurück
III: äußere Pyramidenschicht	
IV: innere Körnerschicht	vorranging horizontaler Informationsaustausch subkortikal-kortikaler Art
V: innere Pyramidenschicht	Realisierung kortikal-subkortikaler Beziehungen (zum Thalamus nur im untersten Teil der Schicht V)
VI: multiforme Schicht	Realisierung kortikal-subkortikaler Beziehungen zum Thalamus

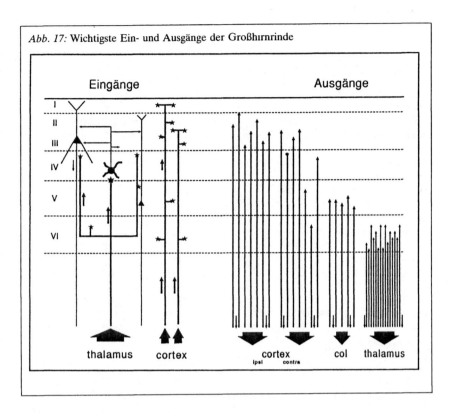

zu anderen subkortikalen Zentren, aus den Schichten II, III und IV zur kontra- oder ipsilateralen Seite des Kortex. In Schicht IV erfolgt, durch die Sternzellen realisiert, insbesondere eine horizontale Kommunikation der Neuronen. Die äußerste Schicht, die über keine Pyramidenzellen verfügt, wird mit der römischen Ziffer I bezeichnet; die Durchnumerierung erfolgt von außen nach innen. Abbildung 16 stellt die wichtigsten Details zusammen.

Abbildung 17 (entnommen aus *Changeux* 1984, S. 76) faßt nochmals die wichtigsten Ein- und Ausgänge sowie Querverschaltungen in den sechs Schichten der kortikalen Säulen zusammen.

Neben dem Informationsaustausch vor allem über die Schicht I und den axonalen Beziehungen der Neuronenensembles untereinander ist noch auf die wechselseitigen Hemmungen horizontaler Art in den Schichten II–VI hinzuweisen. Dort können inhibitorische Neuronen die Pyramidenzellen der benachbarten Säule hemmen.

Neuronale Säulen wurden zuerst in den Projektionsbereichen (primären Feldern) der verschiedenen kortikalen Analysatoren untersucht. Man nimmt jedoch unterdessen an, daß sie ein *Organisationsprinzip der gesamten Großhirnrinde* darstellen. Zum Teil wurden sie als *Module*, d.h. feste Schalteinheiten betrachtet (so z.B. *Eccles* 1985). Es zeigt sich jedoch, daß Neuronenensembles in ihrer Existenz und Struktur ebenso wie die Einzelzellen durch ihre Benutzung determiniert werden. Werden bei Katzen (so die

Experimente der Nobelpreisträger *Hubel* und *Wiesel)* die Möglichkeiten des Sehens für ein Auge in einer frühen sensiblen Phase restlos unterbunden oder wird das Auge nur senkrechten oder waagerechten Eindrücken ausgesetzt, so erfolgt eine entsprechende Umorganisation der Wahrnehmungssäulen im primären optischen Kortex. Bei einem ausgewachsenen Tier nehmen bei einseitiger Unterbindung des Sehens die dem einen Auge zugeordneten optischen Streifen (das sind die kortikalen Oberflächen der Säulen) den gesamten Raum des Rindenfeldes ein, sind also doppelt so groß wie normal. *Der funktionelle Gebrauch innerhalb eines in spezifischer Weise gegliederten Gebiets des Neokortex entscheidet also über die Binnenorganisation.* Entsprechend ist es angebrachter, von *„Kristallen"* statt von Modulen zu sprechen. Kristalle, die in dem Prozeß des epigenetischen Aufbaus des Gehirns durch Wechselwirkung des psychobiotischen Möglichkeitsraums einer Zellpopulation mit den Bedingungen ihres Objektbereichs sich selbst organisieren (vgl. *Changeux* 1984, S. 80ff.). Einen ähnlichen Beleg führt *Pickenhain* (1986b, S. 276) aus einer Untersuchung (*Kaas* u. a. 1983) der säulenförmigen Organisation des sensomotorischen primären Kortex bei Affen an (Feld 3). Bei Affen, denen der Mittelfinger operativ entfernt worden war, verschwanden die entsprechenden kortikalen Säulen seiner Repräsentation im Feld 3. Ihr Platz wurde von den Repräsentationen der beiden Nachbarfinger eingenommen. Derartige gravierende Nachweise der Umorganisation konnten m. W. jedoch bisher nur bei sinnesspezifischen Feldern aufgezeigt werden.

Es zeigt sich, daß die Hirnrinde eines erwachsenen Menschen alles andere als „starre Verdrahtungen" aufweist, vielmehr liegen hier hochdifferenzierte Prozesse der Selbstorganisation von Zellen und Zellpopulationen auf der Basis struktureller Koppelung vor. Der genetische Code liefert nur den Möglichkeitsraum für das Zellverhalten und für die Differenzierung der Zelltypen. Ferner liefert er je nach Spezialisierung der Zelle den Zugriff auf spezifische Ausschnitte eines Konstruktionsplanes, über die dann jede Zelle verfügt. Das Resultat in Form des fertigen Organismus ist folglich nicht eines, das von einem genetischen Baumeister als Architekt anhand eines Gesamtplanes deterministisch realisiert wurde. Der Organismus entsteht vielmehr in einem Prozeß der Selbstorganisation als Ergebnis der Kooperation einzelner Zellen und Zellpopulationen, die jeweils im Besitz von Teilplänen sind und die über Abstimmungsregeln (erbkoordiniertes Verhalten, strukturelle Koppelung) mit ihren Nachbarpopulationen verfügen, die ebenfalls Teilpläne umsetzen.

In einer solchen Sichtweise muß auch das Hierarchisierungsproblem der höheren kortikalen Funktionen gelöst werden. Hierzu leistet *Pickenhain* (1984) einen interessanten Beitrag, der in vergleichbare Richtung wie meine Überlegungen zielt. *Pickenhain* verweist unter Bezug auf Forschungen von *Mountcastle* und *Edelman* auf folgende Überlegungen, die in eine Theorie der Hirnfunktionen Eingang zu finden hätten. Bei Untersuchungen des parietalen Feldes 7 bei Affen, das die Visomotorik sichert, fand *Mountcastle* (1975, u. a. 1977) verschiedene Gruppen von Neuronen, die interagierten. Es gab Neuronen für die visuelle Fixation, für die visuelle Bewegung und solche, deren genaue Aufgabe bei der Erfüllung einer Bewegungsaufgabe nicht bestimmt werden konnte. *Mountcastle* interpretierte diese Ergebnisse nicht atomistisch, sondern nahm an, daß die wesentliche Aufgabe des Feldes 7 der Aufbau einer integrierten Steuerungstätigkeit ist. Diese ist seiner Auffassung nach mit bestimmten motivationalen Zuständen verbunden. Sie steht in Abhängigkeit von der aktuellen zentralen Widerspiegelung der Beziehungen zwischen Körper, Kopf und Augen sowie des umgebenden Raumes. Sagen wir es besser: Die Zellgruppen des Feldes 7 widerspiegeln ihren organismischen

Objektbereich (Zellpopulationen, mit denen sie in Verbindung stehen) als Ganzes auf höherem Niveau. Diese Zellpopulationen, die näher an der Peripherie liegen, realisieren unterschiedliche Formen elementarer Informationsverarbeitung und -konstruktion. Sie realisieren ihre Synthese in Form von Efferenzen, die sie an die Zellpopulationen des Feldes 7 schicken, bzw. in Form von Afferenzen, die das Feld 7 über seine dendritischen Verzweigungen erfährt. Im Prozeß seiner Tätigkeit erfahren die interagierenden Neuronenpopulationen des Feldes 7 Reafferenzen. Diese ergeben sich durch seine Impulssalven aus dem dadurch veränderten Verhalten der anderen, hierarchisch niedrigeren Zellpopulationen. Das Feld 7 synthetisiert folglich das Verhalten hierarchisch niederer Neuronenpopulationen als Ordner gemäß den Prinzipien der Synergetik und ist mit ihnen über biorhythmische Phaseneinstellung sowie Afferenzsynthese und Ausbildung von Handlungsakzeptoren im Rahmen funktioneller Systembildung strukturell rückgekoppelt.

Pickenhain stellt ferner eine davon abweichende Konzeption dar, die durch Edelman (Nobelpreisträger auf dem Gebiet der Immunologie) entwickelt wurde (1979). Dieser geht von einer „Selektionstheorie" der Hirnfunktionen aus. Als selegierende Einheiten funktionieren Neuronenpopulationen. In jeder dieser Neuronengruppen existieren innere Verbindungen in Form einer Vielzahl von Regelkreisen unter Einbezug synaptischer und nichtsynaptischer Prozesse. Unter den Gruppen bestehen ebenfalls Verbindungen. Sie entstehen durch genetische Programmierung und synaptische Selektion. Neuronengruppen unterschiedlicher Strukturen und Verbindungen bilden primäre Speicher, die in der Lage sind, bestimmte Signalmuster zu erkennen bzw. darauf zu reagieren. In derartigen Speichern muß mehr als ein Weg vorhanden sein, um ein Input-Signal zu erkennen. Die Speicher müssen über Ultrastabilität verfügen; viele in ihnen existierende Neuronengruppen müssen gleiche Funktionen erfüllen. Edelman bezeichnet dies als „Degeneration". Die „degenerierten" Neuronengruppen sind seiner Auffassung nach isofunktional, nicht isomorph. Ihre Auswahl durch eingehende Signale führt zum assoziativen Wiedererkennen. Darüber hinaus deutet das Wiedererkennen von Signalen höherer Ordnung auf die Existenz eines sekundären Speichers hin. Daher ist von einer Hierarchie der Reaktionen auszugehen. Diese ist wegen der Rückkoppelungsschleifen in den verschiedenen Neuronenpopulationen nicht linear, sondern beinhaltet diskontinuierliche Übergänge. Die höheren Neuronengruppen erweitern durch differenzierte Auswahl niederer Gruppen zunehmend ihre Erfahrungen. Auf dieser Basis kann die Komplexität sowie Hierarchie der Hirnfunktionen und insbesondere die zunehmende Flexiblität der je höheren Ebene erklärt werden (Pickenhain 1984, S. 510 bis 512). D.h. hierarchisch höhere Ebenen entstehen folglich aus Reaktionen von Neuronenensembles auf Reaktionen von Neuronenensembles.

Ich habe diese Überlegungen nur in Kürze dargestellt. Sie sind insgesamt, auch wenn sie sich in die richtige Richtung bewegen, m.E. noch zu abstrakt und zu mechanistisch. Erst eine umfassende Ausarbeitung der Theorie des funktionellen Systems, wie ich sie im vorweggehenden Kapitel weiterzuentwickeln versucht habe, ermöglicht es, diese Zusammenhänge wesentlich einfacher zu begreifen: als Vorgänge struktureller Koppelung und synergetischer Ordnungsbildung in und zwischen Neuronenpopulationen. In diesem Prozeß, der aktive Tätigkeit und Informationskonstruktion durch inter- und intrazelluläre Rückkoppelung (Afferenzsynthese) zur Voraussetzung hat, kommt es zum zunehmend abgestimmten Verhalten in und zwischen Neuronenpopulationen, ausgerichtet auf immer neue Veränderungen ihrer Peripherie. Die Möglichkeitsräume des Verhaltens sind jeweils von der Topologie des Gehirns abhängig, d.h. von den jeweiligen Objektbereichen der Neuronen und Neuronenpopulationen. Neuronen und Neuronenensembles sind nach der hier entwickelten theoretischen Auffassung aktive Subjekte in je spezifischen Systemen des Typs „Subjekt – Tätigkeit – Objekt" (vergl. die Ausführungen in Kapitel 7 zur ganzheitlichen Tätigkeit quasimehrzelliger Organismen bei Bakterien und sozialen Amöben). Über verschiedene Etappen bauen sich rekursive Prozesse der Rückwirkung auf. Sie können als Prozesse eines immer höheren Grades struktureller Koppelung in Teilen des Gesamtsystems und zwischen Teilen des Gesamtsystems begriffen werden. Sie sichern auf jeder Ebene die bessere Realisierung der nützlichen Endeffekte funktioneller Systeme. Dadurch entstehen *ultrastabile und mehrfach geschichtete biorhythmische Strukturen als Basis innerer Zeitgebung*, die sich wechselseitig stabilisieren und hervorbringen. Dies beinhaltet eine zunehmende Komplexität von Informationskonstruktion als Konstruktion systeminterner Raumzeit. Diese Konstruktion findet jeweils ihre Grenze in den phylogenetisch bedingten Möglichkeitsräumen der Gattung.

Nach Klärung allgemeiner Fragen der Makroebene wie Mikroebene will ich im folgenden eine Reihe von Detailbereichen neuropsychischer Regulation des Menschen darstellen.

8.2 Kortikal-subkortikale Regulation

Alle höheren psychischen Funktionen sind bei der Dominanz der kortikalen Ebene zugleich kortikal-subkortikale Gebilde. Erneut müssen wir uns *Leontjews* Lösung des Ebenenübergangs vor Augen rufen: Die je höhere Ebene ist in ihrer Existenz von der je niederen abhängig, determiniert jedoch diese. *Kortikale und subkortikale Ebene wirken also in Form hierarchisch strukturierter funktioneller Systeme zusammen. In ihnen ist ebenenweise der Widerspruch zwischen Energieerhaltung (Homöostase gemäß Programmen der Artentwicklung) und Energieverausgabung durch auf die objektiven Bedingungen der Außenwelt bezogene Aktivitäten je neu zu lösen.*

Ein mechanistisches Verständnis dieser Übereinanderschichtung, wie es in *Abtragungsexperimenten* (vgl. Abbildung 18) zum Tragen kommt, verbietet sich ebenso, wie eine Spekulation, daß niedere Teile des Gehirns uneingeschränkt jene *Gesamtfunktion* behalten hätten, die sie *früher in der Phylogenese* hatten. Eine solche Konzeption legt z. B. *McLean* (1973) vor. Dem limbischen System schreibt er das Erbe und Fortbestehen des Reptiliengehirns zu, den Basalganglien (insbesondere dem Striatum), dem Archikortex und Paläokortex das Fortbestehen des Altsäugergehirns und dem Neokortex die Realisation des Neusäugergehirns (insbesondere der Primaten). Diesen drei Ebenen ordnet *McLean* Verhaltensrepertoires zu, die, mit dem Zivilisationsprozeß in der modernen Gesellschaft einhergehend, in Widersprüche geraten können.

Warum sind diese Auffassungen inadäquat? Das Hirn reagiert prinzipiell als Ganzes, und die *Topologie der Bewegung* ist nur die eine Seite der Veränderung durch Hirnabtragung. Die andere Seite ist die *Dynamik der Bewegung*, wie dies *Anochin* (1967) sehr deutlich am Beispiel von Schwimm- und Laufbewegungen beim Axolotl zeigen konnte (also bei einem Tier im Übergang zwischen Wasser- und Landstadium, bei dem die Fähigkeiten des Laufens noch sehr jung sind). Abtragungen führten nicht dazu, daß die pylogenetisch jüngere Fähigkeit des Laufens verschwand und die ältere des Schwimmens erhalten blieb, sondern im Gegenteil: Das Laufen blieb erhalten, die Fähigkeiten des

Abb. 18: Stufen der Organisation des Verhaltens auf der Basis von Gehirnabtragungsexperimenten (nach *Kolb* und *Wishaw* 1980, S. 132)

Erhaltene Gehirnteile	Verhaltensweisen
Normal (Kortex)	Realisiert Sequenzen willentlicher Bewegungen in Form organisierter Muster; reagiert auf Muster sensorischer Stimulation
Dekortiziert (Basal-Ganglien)	Verbindet willentliche und automatische Bewegungen hinreichend gut für die Selbsterhaltung (Essen, Trinken) in einer einfachen Umgebung
Zwischenhirnebene (Hypothalmus, Thalamus)	Willentliche Bewegungen ereignen sich spontan und exzessiv, aber ziellos; sie zeigen gut integriertes aber wenig gerichtetes affektives Verhalten; die Thermoregulation ist effektiv
Hohe Dezerebrierung (Mittelhirn einschl. Kleinhirn	Reagiert auf einfache Züge visueller und auditorischer Stimulation; realisiert Teile willentlicher Bewegungen (Gehen, Stehen, Drehen, Springen, Klettern usw.) bei Stimulation
Niedere Dezerebrierung (Rautenhirn)	Realisiert Bewegungseinheiten (Fauchen, Beißen, Knurren, Kauen, Auflecken, Ablecken) bei Stimulierung; zeigt übertriebenes Stehen, Haltereflexe und Elemente von Schlaf-Wach-Verhalten
Spinal (Rückenmark)	Zeigt Reflexe (Strecken, Zurückziehen, Stützen, Kratzen, Pfotenschütteln usw.) bei angemessener sensorischer Stimulation

raschen Springens nach Nahrung und die des Schwimmens gingen durch Entfernung des Vorderhirns verloren (S. 19). Die *Ausfälle waren also nicht nach dem Evolutionsalter miteinander verbunden, sondern nach dem Prinzip der raschesten Bewegungen: Und wir dürfen vermuten, in letzter Konsequenz nach Höhe und Struktur von Abbild- und Tätigkeitsniveau.*

Erneut zeigt es sich, daß die Untersuchung körperlicher Funktionen nur im System Subjekt-Tätigkeit-Objekt erfolgen darf. Auch bei Eingrenzung des äußeren Objektbereichs und der Tätigkeit (isolierende Bedingungen, Isolation) sind sie als Realisation der Selbstorganisation und der Wechselwirkung von Zellen und Zellpopulationen in spezifischen Objektbereichen zu verstehen.

Auf diesem Hintergrund will ich nun einzelne Aspekte der kortikal-subkortikalen Organisation behandeln. Ich gehe aus Gründen der Darstellung und besseren Verstehbarkeit von Funktionen des Gedächtnisses aus, behandele dann Wahrnehmung und Bewegung und schließlich die emotional-motivationalen Prozesse.

8.2.1 Neuropsychologie des Gedächtnisses

Innerhalb der Neuropsychologie des Gedächtnisses harrt insbesondere noch die *basale psychobiologische Ebene* der Aufklärung. Es geht um die Frage, wie Lernen und Gedächtnis überhaupt organisiert sind. Hierbei wurden in den letzten Jahren erhebliche Fortschritte erzielt. Ich zitiere einige aktuelle Pressemeldungen aus den Wissenschaftsteilen der jeweiligen Zeitungen.

So wird nach einem Bericht über eine Tagung des Zentrums für Molekulare Biologie der Universität Heidelberg im Wissenschaftsteil der FAZ vom 30.7.88 (*Hobom* 1988) davon ausgegangen, daß das *Kurzzeitgedächtnis* (KZG) auf „unbekannten Veränderungen an bereits in den Nervenzellen vorhandenen Proteinen" beruht, das *Langzeitgedächtnis* (LZG) jedoch auf der Neusynthese von Proteinen. „Hierzu werden in den Nervenzellen Gene aktiviert, und zwar über dieselben interzellulären Botenmoleküle, die auch das Signal etwa zu einer Zellteilung geben. Mit den neugebildeten Proteinen werden dann offenbar neue Verzweigungen an den Nervenendzellen angelegt, so daß weitere Kontakte mit Nervenzellen geschlossen werden können. Diese bleibenden Veränderungen im neuronalen Netzwerk können nach Ansicht der Neurobiologen eine solide Basis für das Langzeitgedächtnis sein" (S. 27).

Ein weiterer aktueller Forschungsbefund liegt in Form eines Berichts der Süddeutschen Zeitung über ein Symposium in München zum 80. Geburtstag des Zoologen H. *Autrum* vor (*Wehner-von Segesser*, 1987), wonach *Prägung* in sensiblen Phasen nicht zur Neusprossung von Nervenverbindungen, sondern zum Einschmelzen vorher vorhandener Verbindungen führe.

Nachdem durch *Kandel* (1980) am Beispiel der Seeschnecke Aplysia einfache Lernvorgänge in Form der Interaktion einer Reihe von Neuronen erstmals aufgeklärt wurden, ist Aplysia auch weiterhin für diese Art von Forschung das Hauptversuchstier geblieben, da ihre Nervenzellen bis zu einem Millimeter Durchmesser erreichen. Wesentliche Ergebnisse der zu Beginn 1986 durchgeführten Dahlemkonferenz zu dieser Frage (die Berichte dieser internationalen naturwissenschaftlichen Konferenzen erscheinen beim Verlag Chemie in Weinheim) bauten daher auch auf Untersuchungen an Aplysia auf (vgl. Wissenschaftsteil der ZEIT vom 24.1.86; *Oehler* 1986). Die wichtigsten Ergebnisse der Diskussion waren:

– „Die biochemischen Vorgänge, die bei der Vermittlung von Lernen eine Rolle spielen, scheinen in den Nervenzellen von ‚einfachen' Tieren sehr ähnlich und manchmal sogar gleich abzulaufen wie im Gehirn von Säugetieren".
– „Lernprozesse im Gehirn basieren möglicherweise auf den gleichen Mechanismen, die in der Entwicklung des Gehirns, bei der Anpassung des jungen Lebewesens an seine Umwelt, eine wesentliche Rolle spielen".
– „Wenn Zellen dauerhaft lernen, wird die genetische Information in diesen Zellen möglicherweise anders genutzt".
– „Lernen findet (zumindest größtenteils) über bereits bestehende Verbindungen im Gehirn statt. Lang- und Kurzzeitgedächtnis nutzen dabei (zumindest teilweise) dieselben Verbindungen".

Außerordentlich interessant waren dabei Belege, die weitgehend wichtige Details in *Anochins* Überlegungen zur Struktur des „Chemischen Kontinuums des Gehirns als

Mechanismus der Widerspiegelung der Wirklichkeit" (1978, S. 92–128) stützen. Neuronen von Aplysia lernen, eine leichte Berührung mit einem starken elektrischen negativen Bekräftigungsreiz zu verbinden. Ihre Reaktion auf den Berührungsreiz allein ist sogar stärker als bei dem Schock allein. Diese *Konditionierung* konnte in der Neuronenpopulation (24 Neuronen), die den Kiemenrückziehreflex steuert, aufgeklärt werden. Die leichte Berührung wird von einem Neuron registriert, indem es seine Durchlässigkeit für Calcium-Ionen erhöht (durch die Prozesse der synaptischen Übertragung vermittelt werden). Nur wenig später erhält diese Nervenzelle über ein Interneuron die Meldung vom Elektroschock in Form erhöhter Ausschüttung des Neurotransmitters Serotonin. Dieser gibt über ein großes Eiweißmolekül (Adenylat-Cyclase) die Botschaft ins Innere der Zelle weiter. Dadurch wird eine Aktivierung der Zelle bewirkt, die anhält und in der mehr chemische Botenstoffe ausgeschüttet werden. Die starke Reaktion erfolgt nur, wenn erhöhte Calciumkonzentration und Ausschüttung von Adenylat-Cyclase zusammen erfolgen.

Sofern es zu Übergängen ins Langzeitgedächtnis komme (so auf dieser Konferenz) geschehe dies durch veränderte Genexpression, die sich vermutlich in Form der Verzweigungen an den Kontaktstellen der Nervenzellen realisiere.

Verfolgt man die Zusammenhänge in Form der Untersuchung der intrazellulären Kommunikation und Wechselwirkung, die in diesen Untersuchungen angesprochen wurden, etwas weiter, so stößt man auf interessante Ergebnisse. *Berridge* (1985), der in einem Überblicksreferat diese Zusammenhänge wiedergibt, verweist auf zwei Hauptwege der Umwandlung in „sekundäre Botenstoffe" bei äußerer Einwirkung auf die Zelle. Der eine erfolgt über einen veränderten *Calciumstoffwechsel* mit Synthese verschiedener Folgeproteine. Sie haben insbesondere für die *Sekretion* und *Kontraktion* der Zelle Bedeutung, also für ihre Vermittlung mit dem interzellulären Raum. Zusätzlich ist der Calciumstoffwechsel, wie bereits erwähnt, auch an die Depolarisierung der Zellmembran beim Feuern gekoppelt. Der zweite Hauptweg liegt in der Umwandlung von Adonosintriphosphat (ATP) (energiespeicherndes Molekül der Zelle) in *cAMP* (zyklisches Adenosinmonophosphat) durch die Adenylat-Cyclase. CAMP ist uns bereits aus den von *Winfree* (1988) geschilderten Untersuchungen an sozialen Amöben bekannt, wo es der strukturellen Koppelung zwischen Zelle und Zellverband dient. Diese Funktion scheint es im inneren Zellstoffwechsel laut *Berridge* (1985) insgesamt zu haben, das es der *Signalverstärkung* und *Modellierung* der auf dem Calcium-Botenstoffweg realisierten Reaktionen dient. Auf seine Einbeziehung in die Organisation biorhythmischer Prozesse geht *Berridge* zwar nicht ein, doch spricht zumindest das Beispiel, das er für die Einbeziehung der beiden Botenstoffe in die Herzschlagprozesse gibt, dafür (S. 142). Der Neurotransmitter Serotonin wäre damit als Zwischenglied der strukturellen Koppelung zwischen Zellverbänden zu begreifen, das starke noxische Bedingungen realisiert, vermutlich über den Prozeß gerader Phaseneinstellung.

So interessant diese Forschungen im einzelnen sind, ihre Eingliederung in eine *synthetische Theorie des Gedächtnisses* wird nur im Rahmen der Einbeziehung der selbständigen Verhaltensorganisation der Zellen und Zellpopulationen möglich sein: also in der Untersuchung der Herausbildung ihrer inneren Raumzeit im Rahmen der Ausbildung funktioneller Systeme. Eine Untersuchung der Gedächtnisprozesse muß daher vom Standpunkt der Tätigkeit und nicht bloß vom Standpunkt der Strukturbildung erfolgen.

Darauf verweist auch die interessante Einteilung in *vier Stadien des Gedächtnisbildungsprozesses*, die *Sershantow* u.a. (1980, S. 42f.) vorschlagen:

1. Entstehen zirkulierender Erregungen in Neuronennetzen;
2. hierdurch induzierte Synthese spezifischer Proteine und von RNS (Ribonukleinsäure) in den Neuronen und ihre strukturelle Umbildung;
3. Wachstum neuer und die Umbildung alter Synapsen;
4. Entstehung strukturell fixierter Neuronen-Konstelationen, auf denen sich neu bildende Systemreaktionen fußen.

Die in allen Untersuchungen vorgefundenen Strukturveränderungen sind folglich als Resultat wie Voraussetzung der Tätigkeit der Neuronen zu begreifen. Sie sind deren in Struktur geronnene Erfahrungen in bestimmten Tätigkeitsformen in je spezifischen Bereichen „Subjekt-Tätigkeit-Objekt" und damit zugleich die Basis ihrer weiteren Tätigkeit.

Für diese Auffassung spricht auch die These der *hologrammförmigen Organisation des Gedächtnisses*, die Karl *Pribram* (erstmals 1971; vgl. *Pribram* 1977, 1979) entwickelt hat. Ausgehend von der Tatsache, daß Gedächtnisfunktionen des Gehirns als Ganzes nicht mit der Zerstörung von Hirnteilen verloren gehen, sondern lediglich das Bild „unschärfer" wird, vergleicht er das Gedächtnis mit einem Hologramm. Dies ist ein durch Laserlicht erzeugtes dreidimensionales Abbild eines Gegenstandes. Jeder Punkt der punktförmig gerasterten Platte, auf der das Bild wiedergegeben wird, enthält die gesamte Information. Das Bild wird daher bei Zerstörung von Teilen der Platte unschärfer, die Konfiguration bleibt jedoch erhalten. Als Basis der Speicherung im Gehirn betrachtet *Pribram* (1979) die *Frequenzmodulation bioelektrischer Prozesse*, die eine unendliche Packungsdichte an Information ermöglicht. Durch Überlagerung biorhythmischer Prozesse unterschiedlicher Genese in der bioelektrischen Einheitssprache des Zentralnervensystems kann es an jedem Ort zu je unterschiedlicher Erfahrungsbildung kommen. Ein Beispiel für eine solche Überlagerung bietet Abbildung 19. Eine komplexe Frequenz

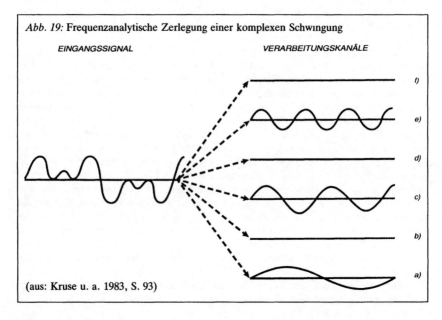

Abb. 19: Frequenzanalytische Zerlegung einer komplexen Schwingung

EINGANGSSIGNAL   VERARBEITUNGSKANÄLE

f)

e)

d)

c)

b)

a)

(aus: Kruse u. a. 1983, S. 93)

86

entsteht aus der Überlagerung von drei sinusförmigen Schwingungen. Sie kann auf dem Weg der Fourier-Analyse mathematisch wieder in ihre Teilschwingungen unterschiedlicher Phasen zerlegt werden. Über ähnliche Mechanismen, so folgern die Autoren, verfüge das ZNS beim Wiedererkennen von Strukturen.

Erneut stoßen wir damit auf das Problem der *Biorhythmik als Basis der Bildung von innerer Raumzeit in lebendigen Systemen*, ohne deren Einbeziehung das Gedächtnisproblem ersichtlich nicht zu lösen ist. Zu dieser Lösung hat *Sinz* (1979, 1980) mit einer *chronobiologischen Hypothese der Gedächtnisbildung (Resonanz-Oszillator-Modell)* m.E. wegweisende Beiträge geliefert. Ich stelle zunächst einige Grundannahmen dar, um dann auf die Überlegungen zur kortikal-subkortikalen Organisation des Gedächtnisbildungsprozesses einzugehen.

In seinem 1980 erschienenen Buch über „Chronopsychophysiologie" untersucht *Sinz* u.a., ob Biorhythmen im ZNS von außen her mitgenommen werden können, insbesondere der Circaminutenrhythmus, der eine besondere Bedeutung für die Modulation zentralnervöser Prozesse besitzt (S. 74). Diese Frage kann positiv beantwortet werden: Derartige Rhythmen zeigen ein ausgeprägtes Grenzzyklusverhalten (S. 83). Aus den Wechselwirkungen verschiedener Rhythmen über elektromagnetische Hochfrequenzfelder entstehen zudem Synchronisationseffekte neuer Rhythmen (S. 85). Dies bedeutet, daß eine *multioszillatorische Modulation zentraler bioelektrischer Parameter der Hirntätigkeit* vorliegt. Dies weist *Sinz* am Alpharhythmus nach, der mit 10 Hz (Periodenlänge $^1/_{10}$ s) das Korrelat kortikaler Wachheit ist. Vier langsam laufendere Rhythmen modulieren den Alpharhythmus: (Typ I: 30–60 s; Typ II: 10–20 s; Typ III: 5–7 s; Typ IV ca. 1 s). Aber nicht nur die Amplitude, auch die Frequenz erfährt Modulierungen in Form generalisierter Erregbarkeitsveränderungen im Circaminutenbereich. Und auch die Gestalt der Alpha-Welle variiert im 6- bis 8-Sekunden-Rhythmus (S. 89). Alphawellen sind außerdem nicht nur ein Korrelat der Wachheit, sondern der gerichteten Wachheit. Sie breiten sich wellenförmig über jene Bereiche der Großhirnrinde aus, deren Felder psychophysische Korrelate der jeweiligen Richtung der Aufmerksamkeit realisieren (Sprache, bildhafte Darstellung, Vorstellung von Bewegungen usw.).

Die Erregung von Nervenzellen im Neokortex spiegelt demnach die chronobiologische Koordination zahlreicher kortikaler und subkortikaler Zeitgeberprozesse wider. Dies gilt neben dem *Alpharhythmus* auch für die langsamer verlaufenden Rhythmen: *Deltarhythmus* (als Korrelat von Schlaf) 2–3 Hz, *Thetarhythmus* (subkortikal im Hippokampusgebiet als Korrelat von Neuigkeitsverarbeitung, bzw. nach *Simonov* 1982 als Korrelat der pragmatischen Unbestimmtheit der Handlung, also Δ I) 5–7 Hz; *Betarhythmus* (Korrelat von Erregtheit, gespannter Aufmerksamkeit, starken Emotionen, Affekten usw.) 14–40 Hz (vgl. *Birbaumer* 1975, S. 25f. sowie *Simonov* 1982, S. 131). In diese Koordination gehen ein die Biorhythmik der Einzelzellen, der jeweiligen Neuronenpopulationen, anderer Teile des ZNS sowie Auswirkungen des autonomen Nervensystems, der hormonellen Modulation usw.

Prozesse der Gedächtnisbildung müssen daher, so *Sinz* (1980), in einer dieser zeitlichen Strukturierung entsprechenden Form modelliert werden. Er schlägt daher vor, Grundlagen für das LZG (Langzeitgedächtnis) weniger im Bereich der Synapsen, als vielmehr im oszillatorischen Verhalten der Zelle selbst zu suchen. Hierfür sprechen auch empirische Befunde, daß bei Unterkühlung oder Elektroschock die über die Synapsen verlaufenden Erregungskreise stillgelegt werden, ohne daß es zu Veränderungen im LZG kommt. Dagegen zeigte es sich, daß eingestellte Zeitgebermechanismen auch unter Isolation der entsprechenden Zelle über längere Zeit beibehalten wurden (S. 131f.). *Sinz*

(1980) formuliert daher die *„Hypothese des Lernens und Speicherns auf der Grundlage von Oszillatormechanismen ...*, *die auf bestimmte Frequenzen selektiv ansprechen, im Lernprozeß verstärkt und später selektiv frequenzbezogen reaktiviert werden"* (S. 132). Eine solche Reaktivierung kann auf Basis *äußerer Situationsafferenzen* (auslösende Afferenz) , aber ebenso auf der Basis *endogener Oszillatoren* (innere Uhren) erfolgen (S. 145). Das Gedächtnis wäre – und dies stünde in Übereinstimmung mit der Theorie der dissipativen Strukturen – „weniger ein räumlicher, sondern im wesentlichen ein zeitlicher Mechanismus und ein modernes Problem der Chronopsychophysiologie" (S. 138).

Die *neuropsychologischen Zusammenhänge der Gedächtnisbildung beim Menschen* hat *Sinz* auf der Basis dieser Hypothese bereits 1979 ausführlich behandelt. Ich habe versucht, diese Zusammenhänge in Erweiterung um einige Forschungsbefunde in der folgenden Abbildung 20 darzustellen (vgl. *Jantzen* 1985a), mit der ich wieder zur Behandlung der *Makroebene* übergehe.

In dieser Abbildung sind einige Strukturen des sogenannten limbischen Systems aufgeführt. Ich verzichte jedoch hier vorerst darauf, ihren hirnanatomischen Ort im Rahmen einer gesonderten Abbildung wiederzugeben. Ich denke, daß die Sachverhalte einfacher anzueignen sind, wenn ich zunächst unter dem Aspekt der unterschiedlichen Organisation verschiedener kortikal-subkortikaler Prozesse einige funktionelle Zusammenhänge erörtere. Dafür reicht es hier völlig, z. B. zu wissen, daß es sich beim Hippokampus um eine subkortikale Struktur handelt, die anatomisch dem Archikortex zugerechnet wird und funktionell dem limbischen System. Für die Durcharbeitung der anatomischen Details empfiehlt es sich ohnehin, ein entsprechendes Handbuch (z. B. *Kahle:* Taschenatlas der Anatomie Bd. 3: Nervensystem und Sinnesorgane) zur Hand zu nehmen.

Für die Erstellung von Abbildung 20 sowie für die folgenden Ausführungen habe ich insbesondere die folgende Literatur benutzt, die ich ggf. zur Vertiefung empfehle: Für die Struktur der höheren kortikalen Funktionen *Luria* (1973); für die Funktionsweise des Hippokampus *Sinz* (1979), *Vinogradova* (1976), *O'Keefe* und *Nadel* (1978), *Gray* (1982).

In Abbildung 20 sind den Leser/innen bereits in allgemeiner Form die Funktionen der *primären, sekundären und tertiären Felder der Großhirnrinde* bekannt. Ihr präzentraler Teil (Teil vor der Zentralfurche) bildet die Einheit für Programmierung, Planung und Verifikation, ihr postzentraler Teil die Einheit für Informationsaufnahme, -verarbeitung und -speicherung. Spezifische pathologische Veränderungen des Gehirns, z. B. beim Korsakow-Syndrom, zeigen, daß der Mechanismus des Wiedererkennens und der Mechanismus der Gedächtnisbildung unterschiedlich organisiert sind. Diese Patienten verfügen ganz über ihr früheres Gedächtnis, können aber keine neuen Inhalte im Langzeitgedächtnis speichern. Wesentlich für eine schwere Störung dieser Art verantwortlich ist eine doppelseitige Läsion des Hippokampusgebietes. Dieses Gebiet bildet im wesentlichen den Ort der Transformation vom Kurzzeit- ins Langzeitgedächtnis. Natürlich kann auch dieses Langzeitgedächtnis selbst schwer gestört werden, so z. B. bei Verletzungen spezifischer kortikaler Felder der Einheit für Informationsaufnahme, -verarbeitung und -speicherung. Dies wird im Zusammenhang des Teilkapitels 8.3.2 am Beispiel von Aphasie, Apraxie und Agnosie genauer behandelt. Und natürlich kann auch die Informationsentnahme aus dem Gedächtnis durch pathologische Trägheit der (geistigen) Bewegungen gestört sein. Dies finden wir bei Störungen des Frontalhirns, insbesondere auch des präfrontalen Bereichs. Auch auf diese Störungen kortikaler Funktionen komme ich in Kap. 8.3.2 zurück.

Hier geht es zunächst jedoch darum, wie die Übertragung von Erfahrungen ins Langzeitgedächtnis neuropsychologisch gedacht werden kann. Gleichzeitig erfolgt damit eine

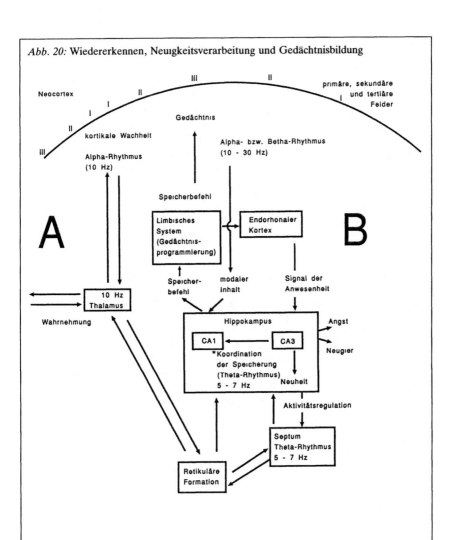

Abb. 20: Wiedererkennen, Neuigkeitsverarbeitung und Gedächtnisbildung

A: System ohne Gedächtnisbildung (Wiedererkennen)
B: System der Gedächtnisbildung durch Neuigkeitsverarbeitung und Bekräftigung durch
   den nützlichen Endeffekt der Handlung (Anochin, Simonov)
* Unter Einbezug von
    – bewertender Aktivität des Frontalhirns
    – motivationalen Signalen
    – Gedächtnisinformationen
   und damit emotionaler Bestimmung von Motiv und Tätigkeit auf der Basis der Stärke
   des Bedürfnisses, der Handlungsungewißheit und des nützlichen Endeffekts.

Klärung von Grundzusammenhängen, die für das Verständnis des Kannerschen Autismus von besonderer Bedeutung sind.

Abbildung 20 kann bezüglich des Entstehens des Prozesses der Gedächtnisbildung in zweierlei Hinsicht gelesen werden. Sowohl aus der Richtung der Informationsaufnahme und -verarbeitung von Situationsafferenzen (auslösenden Afferenzen) wie auf der Basis der inneren Aktivierung über endogene Oszillatoren. Im einen Fall ist beginnend mit der ersten integralen Verarbeitung der Wahrnehmung auf *Thalamusniveau* mit der Lektüre zu beginnen, im zweiten Fall mit der *retikulären Formation*, die über endogene Aktivierung Informationsaufnahme initiiert (Wachheit). Über die Informationsvorverarbeitung im Thalamus vermittelt, wird dann die kortikale Weiterverarbeitung in Gang gesetzt. Es entsteht der *Alpharhythmus*, der chronobiologisch von den Refraktärzeiten (Erholungszeiten) der Neuronen des Thalamus getriggert wird (d.h. diese Neuronen haben Schrittmacherfunktionen). Auf dieser Basis wird durch Oszillator-Resonanz-Prozesse an der neokortikalen Oberfläche das Verhalten entsprechender Zellpopulationen, die in diesen Gedächtnisprozeß einbezogen sind, koordiniert. Es beginnen modalitäts- bzw. tätigkeitsspezifische Wellenmuster über die Neokortexoberfläche zu laufen.

Die kortikalen Wellenmuster der neuronalen Aktivität werden über das *limbische System* vermittelt so verarbeitet, daß eine Übersetzung vom Kurzzeitgedächtnis ins Langzeitgedächtnis erfolgen kann. Wesentliche Struktur hierfür ist der *Hippokampus*. Er bewertet nicht nur kortikal und thalamisch vorverarbeitete Wahrnehmungsmuster, sondern steht auch in enger Verbindung zur Realisierung adäquater und inadäquater Erfolgs- und Vermeidungsstrategien zur Realisierung der Tätigkeit. Ich komme hierauf im nächsten und übernächsten Teilkapitel (8.2.2, 8.2.3) zurück. Der Hippokampus verfügt über *zwei Eingänge:* Zum einen die *Region CA1*. Sie stellt den Eingang für die inhaltliche Seite der über die Wahrnehmung gewonnenen Information dar. Sie erhält Afferenzen von der *Formatio reticularis* und vom *Neokortex* (über den Gyrus cinguli, der als spezifischer Teil des limbischen Systems in engem Zusammenhang mit dem frontalen Kortex steht). Zum anderen erhält der Hippokampus über die *Region CA3* Informationen über den Neuigkeitsgrad der Wahrnehmung: Dies sind Afferenzen vom *Septum* und von der *Entorhinalrinde* (auf der Innenseite des Neokortex liegender Riechlappen, der mit zu den Strukturen des limbischen Systems gerechnet wird). Die Neuigkeitsinformation ist aufs engste an den Zeitablauf gekoppelt; Neuigkeit bedeutet immer Information pro Zeitquant. Dabei erfolgt ebenso in der Entorhinalrinde eine Rhythmisierung der Information wie aber insbesondere im Septum, das als „innere Uhr" Quelle des *Thetarhythmus* des Hippokampus ist. Dieser Thetarhythmus von 5–7 Hz quantelt die Information. Zahlreiche Forschungen zeigen, daß die Geschwindigkeit kognitiver Prozesse an die basale Funktion der Neuigkeitsverarbeitung im Hippokampus gekoppelt ist (vgl. z.B. *Klix* 1981). Der Thetarhythmus des Septums kann dabei sowohl auf der Basis des Neuigkeitsgehalts inverviert werden, der durch das System der „Neuigkeitsdetektoren" (vgl. *Roth* 1978) ermittelt wird, wie auf der Basis endogener Strukturen bei Fehlen von Reizen. Der Hippokampus ist also jener Ort, wo ständig die Informationsdifferenz im Sinne *Simonov*s gebildet wird. Auf der Basis der erfolgreichen Reduzierung der Informationsdifferenz durch Überwindung oder Vermeidung der Schwierigkeiten kommt es dann über Verstärkermechanismen des limbischen Systems zum Übergang ins Langzeitgedächtnis. Bei zu hohem Neuigkeitsgrad resultiert in den Mechanismen der subkortikalen Verarbeitung die emotionale Qualität der Furcht bzw. Angst. Insbesondere *Gray* (1978, 1982) hat diese Zusammenhänge der hippokampalen Regulation hervorgehoben.

Auf der Basis der bis hierher erarbeiteten Sachverhalte kann ich nun zum nächsten Teilbereich kortikal-subkortikaler Regulation übergehen, zur Organisation von Wahrnehmung und Bewegung.

8.2.2 Neuropsychologie von Wahrnehmung und Bewegung

Immer wieder tauchen im Gebiet der Behindertenpädagogik Konzepte der Rehabilitation auf, die Wahrnehmung als Teil eines bloßen Stimulationsprozesses betrachten. Werde das richtige Trainingsmaterial dargeboten, so könne man Wahrnehmungsstörungen beheben. (Dieser Fehler zeigt sich z. B. in der Auffassung von Vertretern der ,basalen Stimulation', die davon ausgehen, durch Setzen zahlreicher Reize das Gehirn und Nervensystem von schwer geistigbehinderten Kindern in pädagogisch vertretbarer und wünschenswerter Weise organisieren zu können). Vergleichbare reduktionistische Auffassungen, die von den Systemeigenschaften des Organismus abstrahieren, finden sich auch in der Krankengymnastik: Sowohl im Bereich der Überwindung pathologischer Bewegungsmuster im Kleinkindalter wie auch in der Anwendung krankengymnastischer Methoden bei Erwachsenen. Grundlegende Kritik an einer solchen Herangehensweise ergibt sich bereits aus den Ausführungen zur allgemeinen Struktur funktioneller Systeme in Kapitel 7. Trotzdem erscheint es mir sinnvoll, kurz in die funktionelle Organisation von Wahrnehmung und Bewegung einzuführen, um Zugänge zum Verständnis auch in neuropsychologischer Hinsicht zu ermöglichen. Ich greife für die Organisation der Wahrnehmung exemplarisch den *optischen Analysator* auf.

Die Organisation optischer Wahrnehmung ist auf allen Ebenen ein rückgekoppelter Prozeß, der sich jeweils auf der Basis der Orientierung des Subjekts realisiert. Ich beginne zunächst mit der Darstellung des afferenten Schenkels: also mit dem Auge, der Retina, der subkortikalen Verarbeitung, der Verarbeitung in den primären und sekundären optischen Feldern (zu den physiologischen Details vgl. *Grüsser* und *Grüsser-Cornehls* 1985). In diesem Prozeß, der neben verschiedenen Efferenzen zu je niederen Strukturen der Sehbahn insbesondere durch okulomotorische Efferenzen reguliert wird, gibt es auf allen Ebenen spezifische Rückkoppelungen in Form der Herausbildung funktioneller Systeme. Selbstverständlich gilt für jede einzelne Zelle der Retina, daß sie als funktionelles System betrachtet werden kann, aber dies gilt auch für die *Retina* (die aus fünf Zellschichten bestehende Netzhaut) als Ganzes. So ist sie in der Lage, „die Kennlinie ihrer Empfindlichkeit von sich aus zu verändern" (*Masland* 1987, S. 75).

Drei der *fünf Schichten der Retina* sichern eine vertikale Informationsverarbeitung: Die Photorezeptoren (I) reagieren auf Lichtquanten (Photonen) mit elektrischen Entladungen; diese werden von den Bipolarzellen (II) weitergegeben bzw. durch Rückkoppelung moduliert und gelangen schließlich zu den Ganglienzellen (V), von wo aus sie in den Nervus opticus eingespeist werden. Die Schichten III und IV, Horizontalzellen und Amakrinen, dienen hingegen der horizontalen Verarbeitung, d. h. der Struktur- und Musterbildung bezüglich Form, Farbe und Bewegung.

Innerhalb dieser jeweiligen Gruppen von Zellen gibt es *unterschiedliche Zelltypen:* Auf der Ebene der Photorezeptoren sind dies Stäbchen, die der monochromen Wahrnehmung von Form und Bewegung und der feinen Kontrastauflösung dienen, sowie Zapfen, die der Farbwahrnehmung dienen (vgl. *Schnapf* und *Baylor* 1987, *Stryer* 1987). Für Form-, Kontrast- und Bewegungssehen einerseits wie für das Farbsehen andererseits gibt es auf der Ebene der Ganglienzellen On-Center- und Off-Center-Neuronen. Bei ihnen löst ein Reiz im Zentrum ihres rezeptiven Feldes entweder eine Erregung aus oder unterbindet sie. Für das Farbensehen, das in der Schicht der Photorezeptoren trichromatisch (rot, grün, blau) organisiert ist, gibt es auf der Ebene der Ganglienzellen eine Auflösung in vier Farben (*Grüsser* und *Grüsser-Cornehls*, 1985, S. 218f.). Die Zellen des Rot-Grün-Systems zeigen bei Belichtung ihres Zentrums mit Rot eine Erregung, mit Grün eine Hemmung und bei Belichtung ihrer Peripherie eine entsprechend vertauschte Reaktion. In vergleichbarer Weise reagieren die Zellen des Gelb-Blau-Systems. Im Bereich der Verarbeitung von Bewegung und Form werden X-, Y- und W-Neuronen unterschieden, auf deren Funktion ich noch zu sprechen komme.

Als überaus vielfältig und differenziert haben sich in den Forschungen der letzten Jahren die (ca. 30 verschiedene Zelltypen umfassenden) Amakrinen erwiesen, die wie die Horizontalzellen der vertikalen Verarbeitung dienen (vgl. *Masland* 1987, *Poggio* und *Koch* 1987).

Insgesamt belegen neuere Forschungen eine *außerordentlich komplizierte und differenzierte Struktur der Netzhaut*. Bei *Kandel* und *Schwartz* (1985, S. 355) ist davon die Rede, *daß die Retina als „kleines Gehirn" funktioniert*.

Verfolgt man den Weg der Informationsverarbeitung bis zu den Feldern 17, 18 und 19, so sind es zwei subkortikale Strukturen, die hervorzuheben sind: Zum einen die *Colliculi superiores* (obere Zweihügel) des Mittelhirndaches (Tegmentum), die an der opto-motorischen Koordination beteiligt sind. Zum anderen die *seitlichen Kniekörper* (geniculum laterale), Teile des Thalamus, die eine „Relaisstation" auf dem Weg zur Großhirnrinde bilden.

Da die inneren Hälften der beiden Stränge des *Nervus opticus*, in die die nasale Hälfte der retinalen Information beider Augen eingespeist ist, sich kreuzen, wird nach dieser Kreuzung Information von der gleichen Seite (ipsilateral) und von der gegenüberliegenden Seite (kontralateral) in jeder der beiden Hirnhemisphären parallel verarbeitet. (Nasale Seite der Retina des rechten Auges und temporale Seite der Retina des linken Auges in der rechten Hemisphäre; nasale Seite der Retina des linken Auges und temporale Seite der Retina des rechten Auges in der linken Hemisphäre). Von den sechs Schichten des seitlichen Kniekörpers verarbeiten drei (6, 4 und 1) die kontralaterale Information, drei die ipsilaterale Information (5, 3 und 2).

Gleichzeitig stoßen wir hier auf ein weiteres Verarbeitungsprinzips des menschlichen Gehirns: die *supramodale Parallelverarbeitung*. Dies bedeutet parallele Verarbeitung verschiedener Teilaspekte einer Sinnesmodalität vom Rezeptororgan bis zu den Feldern (und Teilfeldern) der Großhirnrinde. Ein solcher Prozeß ist ebenso für den optischen Analysator (*Kandel* und *Schwartz* 1985, S. 353, S. 372f.; *Stone* u.a. 1979) wie für den somatosensorischen (kinästhetischen) Analysator nachgewiesen (*Dykes* 1983). Diese Forschungen wie auch die Entdeckung des supplementären motorischen Feldes u.a. neuere Befunde unterstreichen eindrucksvoll die von *Roth* hervorgehobene innere Topologie des Gehirns als Basis seiner Informationskonstruktion (vgl. Kap. 7.3).

Kandel und *Schwartz* (1985, S. 359) heben auf dem Niveau des seitlichen Kniekörpers die anatomische Trennung der Verarbeitung des Signale der X- und Y-Neuronen hervor (diese projizieren in unterschiedliche Schichten des seitlichen Kniekörpers, die eine unterschiedliche Zellstruktur aufweisen). X-Neurone dienen dabei besonders der Auflösung feiner Formdetails, während Y-Neuronen der Entdeckung großer Objekte und der Bewegungsanalyse dienen. W-Zellen hingegen sind zu einem hohen Prozentanteil an den motorischen Funktionen des Colliculus superior beteiligt. Auf der anderen Seite zeigt es sich aber, daß diese drei Zelltypen nicht nur zum Colliculus superior und zum seitlichen Kniekörper projizieren und darüber vermittelt zum Feld 17 der Sehrinde, sondern daß Y-Neuronen auch zum Feld 18 projizieren sowie W-Neuronen zum Feld 19 (*Stone* u.a. 1979). Und schließlich gibt es Rückkoppelungen zwischen dem Feld 17 und dem seitlichen Kniekörper sowie dem Colliculus superior.

In die Gesamtheit der hierarchisch höheren Syntheseleistung der sekundären *Felder 18 und 19* gehen demnach supramodale Projektionen insbesondere der Bewegungsanalyse wie der großflächigen Form ein. Dies steht in Einklang mit Befunden bei Reizung dieser Felder, wo ganzheitliche optische Eindrücke gefunden wurden, wie z.b. Gesichter, Personen, Tiere usw. (*Luria* 1970a, S. 171) oder bewegte Objekte (*Luria* 1975, S. 36). Diese supramodale parallele Verarbeitung sichert zusätzliche Kompensationsmöglichkeiten bei Schädigungen; hierauf machen *Stone* u.a. (1979, S. 365) am Beispiel der Zerstörung des Feldes 17 ausdrücklich aufmerksam.

Die primäre Sehrinde schließlich *(Feld 17)* dient der Analyse und Synthese feiner Details. Bei ihrer Reizung werden z.b. Kugeln gesehen, farbiges oder weißes Licht, Flammen, Nebel u.ä. Durch die Forschungen von *Hubel* und *Wiesel* (1986) wurde erstmals die säulenförmige Struktur dieser Sehrinde aufgedeckt. Säulen, die abwechselnd homologen Ausschnitten des retinalen Feldes für das linke und rechte Auge entsprechen, überschneiden sich mit Säulen z.b. für richtungsspezifische Wahrnehmung. Nachbarsäulen unterschieden sich bei diesen Untersuchungen durch einen anderen Winkel der bevorzugten Wahrnehmung der Konturen von Objekten.

Die *außerordentliche Komplexität der optischen Wahrnehmung* ist mit den bisherigen Ausführungen keineswegs erschöpft. Hinzu kommen zahlreiche Verbindungen auf Kortexebene selber, u.a. auch in intermodalen Verbindungen mit dem akustischen Analysator in Form der Felder 22, 20 und 21, jedoch insbesondere mit dem motorischen Bereich, d.h. dem parietalen Feld 7 und dem frontalen Augenfeld 8 (die selbst wieder über verschiedene kortikale und subkortikale Strukturen an der Regulation der Augenmotorik teilhaben).

Zur Bedeutung der *Okulomotorik* ist es wichtig zu wissen, daß bei Unterbindung der Mikrobewegungen des Augapfels, d.h. bei Konstanz des Netzhautbildes, die optische Wahrnehmung zusammenbricht. *Sehen ist kein passives Aufnehmen, sondern ein aktives Herausholen.* Die Blickbewegung kann als hypothesengeleitetes (unwillkürliches wie willkürliches) Abtasten von Gegenständen nachgewiesen werden: So zeigen sich bei der Wahrnehmung von Gesichtern deutliche Abtastbewegungen, die den Konturen des Kopfes, des Haaransatzes, der Augen, des Mundes folgen (vgl. *Luria* 1970a, S. 173).

Die Bewegungen des Auges selbst (äußere Augenmuskulatur) und von Linse und Pupille (innere Augenmuskulatur) werden durch eine Reihe von reflektorischen Systemen gesteuert (vgl. *Kandel* und *Schwartz* 1985, Kap. 43). Eine Koordination findet in den Nervenknoten verschiedener Hirnnerven (III, IV und VI) sowie im Dach des Mittelhirns statt, das wiederum in enger Verbindung zu den oberen Zweihügeln (Colliculi Superiores) steht (vgl. Abb. 21).

In diese subkortikalen Mechanismen greifen die kortikalen Mechanismen ein, die vor allem über das frontale Augenfeld (F.8) und die hintere Parietalrinde (F.7) realisiert werden (vgl. *Wurtz* u.a. 1986). Hinzu kommen zahlreiche weitere Gebiete des gesamten Gehirns, die in irgendeiner Form an der optischen Wahrnehmung beteiligt sind: So z.B. Strukturen der Neokortexunterseite (beim Gesichterkennen), die rechte Hemisphäre gegenüber der linken, die präfrontalen Felder (die vor F.8 liegen), parietal-okzipitaltemporale Überschneidungsfelder u.a.m.

Abb. 21: Okulomotorische Bahnen (vereinfachte Darstellung nach *Kandel* u. *Schwartz* 1985, S. 582)

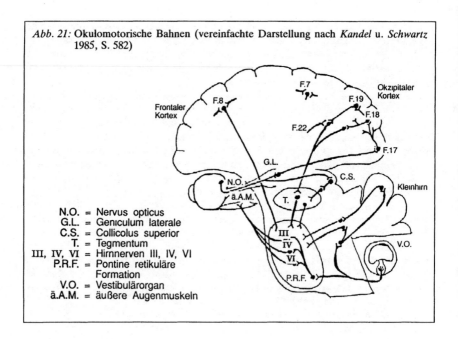

N.O. = Nervus opticus
G.L. = Geniculum laterale
C.S. = Collicolus superior
T. = Tegmentum
III, IV, VI = Hirnnerven III, IV, VI
P.R.F. = Pontine retikuläre
Formation
V.O. = Vestibulärorgan
ä.A.M. = äußere Augenmuskeln

Optische Wahrnehmung (wie auch alle anderen Wahrnehmungssysteme) umfaßt folglich viele hierarchische Ebenen des ZNS. Wahrnehmungsvorgänge realisieren sich, wie am optischen Analysator exemplarisch aufgezeigt, über die hierarchische und vertikale Bildung funktioneller Systeme. D.h. Wahrnehmung kann nur als Selbstorganisation und aktive Tätigkeit, niemals aber als bloß passives Aufnehmen begriffen werden.
Von ähnlicher Komplexität sind *Bewegungsvorgänge*, auf die ich im folgenden in Form eines Überblicks eingehe. Dies dient der Erarbeitung eines Grundverständnisses komplexer motorischer Regulationsvorgänge, das auf vielen Gebieten der Behindertenpädagogik notwendig ist. Darüber hinaus dient die Darstellung der Bewegungsvorgänge (wie auch die der Wahrnehmung) der systematischen neuropsychologischen Einführung in die komplexen Regulationsvorgänge des ZNS. Erst auf dieser Basis ist eine tätigkeitsbezogene Wertung organischer Läsionen in unterschiedlichen Teilen des ZNS möglich. Und erst indem die *Wirkung einer organischen Läsion als isolierende Bedingung* (vgl. Kap. 6) im Rahmen des sinnhaften und systemhaften Aufbaus der Prozesse des Psychischen bestimmbar wird, kann *defektbezogenes* Denken durch *entwicklungsbezogenes* Denken überwunden werden. (Zu den diagnostischen Aspekten dieser Frage siehe die Darstellung der Syndromanalyse in Kap. 9).
Bewegung setzt immer Afferentierung und Afferenzsynthese voraus, d.h. Orientierung des Subjekts im System Subjekt-Tätigkeit-Objekt. Auf allen Ebenen der Realisierung des Bewegungsaktes (vom Rückenmark bis zur Großhirnrinde) ist daher eine *Einheit von Sensorik und Motorik* erforderlich. *Henatsch* (1976b, S. 267) verweist insbesondere auf drei Aspekte dieses Zusammenhangs:
– Die Grenzen zwischen vorwiegend motorischen und vorwiegend sensorischen Rindengebieten sind nicht scharf, sondern überlappen sich funktionell;

- die im engeren Sinne „motorischen" Gebiete erhalten zahlreiche sensorische und sensible Informationen;
- die efferent-motorischen Bahnen dienen nicht nur der Innervation von Motoneuronen und Muskeln, sondern greifen auch regulierend in die Übertragung sensorischer Impulse von der Peripherie zur Zentrale ein.

Die *hierarchische Organisation* dieser Prozesse beinhaltet nach *Kandel* und *Schwartz* (1985, S. 433) die folgenden *drei Aspekte:*

1. *Unterschiedliche Komponenten des motorischen Systems beinhalten somatotopische Landkarten, auf denen benachbarte Teile des Bewegungsapparates zueinander benachbart liegen* (nach ihrer funktionellen Bedeutung für die Gattung repräsentiert). *Diese topologische Repräsentanz bleibt auf unterschiedlichen Niveaus erhalten.*

Auf der Ebene der Großhirnrinde selbst finden sich Projektionen der einzelnen Körperteile (kinetisch bzw. propriozeptiv) in den Feldern 4 und 3, aber auch im supplementären motorischen Feld (s. o.) und im sekundären (senso)motorischen Feld (dieses liegt im Übergangsbereich der Felder 3 und 4 zum Temporallappen; vgl. *Henatsch* 1976b, S. 270ff.). Eine Topologie ist nicht nur auf modaler Ebene, sondern auch auf supramodaler Ebene (Parallelverarbeitung) vorhanden. So sind im Bereich der kinästhetischen Analyse und Synthese die Neuronenensembles (Säulen, Kolumnen) des Feldes 3a spezialisiert auf tiefe Afferenzen, die des Feldes 3b auf langsam adaptierende Hautafferenzen, die des Feldes 1 auf rasch adaptierende Hautafferenzen und die des Feldes 2 auf Tiefenafferenzen der Gelenke, wobei es in den Übergangsgebieten gewisse Überschneidungen gibt (*Dykes* 1983, S. 99).

2. *Jedes hierarchische Niveau erhält Afferenzen von der Peripherie, so daß der sensorische Input die durch die absteigenden Kommandos realisierte Handlung modifizieren kann.*

Wichtig ist es, hier darauf zu verweisen, daß Afferenzen im Rahmen der Afferenzsynthese in der Vorauslöseintegration wie im Aufbau des Handlungsakzeptors selbst nicht nur aus der Peripherie, sondern immer auch aus dem inneren Milieu des Organismus selbst stammen. Insbesondere sind dies ins Körperselbstbild eingetragene Gedächtniseffekte, die im Rahmen der Oszillator-Resonanzmechanismen jeweils den neuronalen „Status" sichern, auf dessen Hintergrund die neuronale „Operation" stattfinden kann (state-operator-Hypothese von *Pribram* 1977).

3. *Die höheren Niveaus verfügen über die Kapazität, die Information, die sie erreicht, zu kontrollieren. Dies geschieht, indem sie die Weitergabe der afferenten Salven durch die sensorischen Relais ermöglichen oder unterdrücken.*

Betrachten wir zunächst die *unterste Ebene* dieser Hierarchie, d.i. die Ebene der *Reflexe des Rückenmarks.* Im Rückenmark erfolgt segmentweise
(1) eine Verarbeitung der afferenten Impulse von der Peripherie (z.B. Temperatur-, Druck- und Schmerzrezeptoren der Haut) über die Neuronen der Hinterwurzel der Spinalnerven;
(2) eine Programmierung und Realisierung efferenter Impulse zur Muskulatur über die Motoneuronen der Vorderwurzel. Hier gibt es in Form des *Eigenreflexes* eine unmittelbare Rückkoppelung zwischen Motoneuron und Muskel, dessen sensorisches Organ, die Muskelspindel, das Motoneuron afferentiert.
(3) die sensomotorische Regulation der inneren Organe über die Ganglienknoten des Grenzstranges (vegetatives Nervensystem).

Diese Vorgänge sind zueinander rückgekoppelt. Auf die Funktion des vegetativen Systems gehe ich nicht ein.

Der *elementarste Regelkreis*, den wir uns als funktionelles System der hierarchisch niedrigsten Ebene des ZNS vorzustellen haben, ist der *Eigenreflex des Rückenmarks* (Abbildung 22).

Ein spezifisches Motoneuron des Rückenmarks erhält über die afferenten *Ia-Fasern* Impulse vom Längenrezeptor einer spezifischen Muskelfaser, der Muskelspindel. (U.U. verlaufen diese Impulse über zwischengeschaltete Interneurone.) Durch efferente Impulse über die *Alpha-Fasern* wird die Muskelfaser kontrahiert. Ein solcher Regelkreis, wo Entstehungs- und Empfangsort einer Erregung im gleichen Organ (der Muskelfaser) liegen, heißt Eigenreflex. Der eigenreflektorische Regelkreis kann durch zentrale Innervation ausgelöst oder gehemmt werden. Es kann jedoch auch durch *Meßfühlerverstellung* in ihn eingegriffen werden, indem das Rezeptororgan, die *Muskelspindel*, verstellt wird. Eine derartige intrafusale Innervation (Innervation in der Muskelspindel im Unterschied zur extrafusalen Innervation des Muskels) erfolgt über die *Gamma-Fasern*. Auch sie können von höherer Ebene eingestellt werden. Eine Einstellung erfolgt jedoch nicht nur von hierarchisch höherer Ebene, sondern auch durch zahlreiche Wechselwirkungen zwischen den Motoneuronen und Interneuronen eines Rückenmarkssegmentes selbst. Schließlich gibt es neben der Gamma-Innervation mehrere weitere Mechanismen der Voreinstellung des Eigenreflexes durch Veränderung der Eigenschaften seiner Rezeptororgane (vgl. *Henatsch* 1976a, S. 215ff.).

Die Reflexe der verschiedenen Segmente des Rückenmarks werden bereits *auf Rük-*

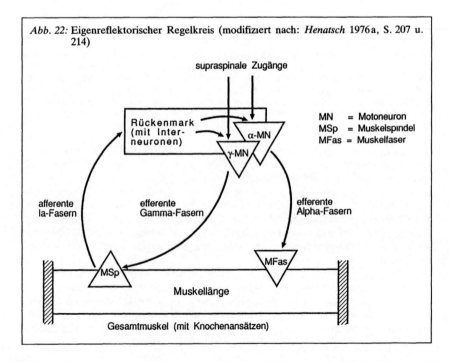

Abb. 22: Eigenreflektorischer Regelkreis (modifiziert nach: *Henatsch* 1976a, S. 207 u. 214)

kenmarksebene rhythmisch abgestimmt. „Rhythmische Hin- und Herbewegungen sind bei Mensch und Tier Grundlage der Lokomotorik und bilden daher eine Urform der Fortbewegung", so *Jung* (1976, S. 16). Aber natürlich erfolgt nicht nur eine Abstimmung der Lokomotion auf diese Weise, sondern auch eine Abstimmung der Bewegungen, mit denen die Körperhaltung realisiert wird. Das Rückenmark als solches organisiert durch rhythmisch-reziproke Innervation (in der einfachsten Form als antagonistische Innervation von Beuger und Strecker) somit ein afferentes Feld oberhalb der Ebene der einzelnen Muskelfaser. In dieses afferente Feld gehen ein die phylogenetisch festgelegten Gedächtnisstrukturen der Motoneurone selbst (durch die Art ihrer Verkoppelung mit den jeweiligen Muskelfasern bzw. auch den jeweiligen Zellen ihrer neuronalen Umgebung), die Wechselwirkungen mit der Außenwelt durch Bewegung (kinetische Programmierung und kinästhetische Rückkoppelung), die Gradientenorientierung der Motoneurone in ihrer jeweiligen neuronalen Umgebung auf Rückenmarksebene (dies schließt die Einflüsse von der Zentrale mit ein).

Oberhalb der Rückenmarksebene werden von verschiedenen Autoren verschiedene hierarchische Strukturen unterschieden.

So spricht *Pickenhain* (1988) davon, daß es oberhalb der Mittelhirnebene keine hierarchische Gliederung des Hirns (in funktioneller Hinsicht) mehr gebe. Dies ist unter dem Gesichtspunkt der Tätigkeit sicherlich richtig, bedarf jedoch auf der Ebene der neuropsychischen Regulationszusammenhänge einzelner Hirnbereiche weiterer Untersuchung. Entsprechend führt *Pickenhain* verschiedene Ebenen des materiellen Hirnsubstrats in der Realisierung der Bewegung aus: Die oberste Ebene (Frontalrinde, limbisches System, Gedächtnis, Situation) entspricht der *regulierenden Zielvorstellung*, die folgende Ebene (Assoziationsrinde unter Nutzung der Mechanismen der Basalganglien, des lateralen Kleinhirns und der motorischen Rinde) realisiert die *probabilistische Programmierung* der Bewegung. In Rückkoppelung mit dem intermediären Kleinhirn reguliert die motorische Rinde als nächstniedere Ebene die *Ausführung der Bewegung*. Auf dieser Ebene wird vor allem die Zeitstruktur der Bewegung gesteuert.

Kandel und *Schwartz* (1985, Kap. 33, S. 431ff.) bestimmen das Rückenmark als erstes hierarchisches Niveau. Höhere Niveaus sind (2) Hirnstamm, (3) motorischer Kortex (Feld 4) und (4) prämotorischer Kortex (Feld 6), der in enger Verbindung zum präfrontalen Bereich und zum Parietalbereich steht. Basalganglien und Kleinhirn, die in anderen Modellen z.T. eigenständige Ebenen kennzeichnen, werden von diesen Autoren als Kontrollorgane der Komponenten der motorischen Hierarchie betrachtet.

Bernstein (1987) unterscheidet unter funktionellen Gesichtspunkten vier bzw. fünf hierarchische Ebenen (vgl. Abbildung 23).

Die niedrigste (Ebene A) ist die *Ebene des roten Kerns* (nucleus ruber). Sie organisiert den *propriozeptiven Reflexring*. „Ohne beim Menschen irgendwelche selbständigen Bewegungen zu erzeugen", stellt sie „eine eigenartige ‚Grundlage aller Grundlagen' für die motorischen Äußerungen dar". Der rote Kern „schafft die tonische Basis für die phasischen Muskelkontraktionen, reguliert die Muskelerregbarkeit, sichert die Mechanismen der reziproken Innervation und Denervation der Antagonisten …, reguliert die Haltung und das Greifen, steuert die statokinetischen Reflexe usw." (S. 109). Diese Ebene schafft nicht nur die tonische Grundlage aller Innervation, sondern auch vibrierende und schwankende Grundinnervationen, die wie alle Vibrationen dieser Ebene „monoton, einwandfrei rhythmisch" und „fast nach Art einer Sinuskurve, der elementarsten Form aller rhythmischen Verlaufsformen" verlaufen (S. 123).

Ebene B ist die *thalamo-pallidäre Ebene* oder die *Ebene der Synergien*. (Das Pallidum

Abb. 23: Ebenen der motorischen Regulation in der Auffassung von *N.A. Bernstein*
(1987, S. 102)

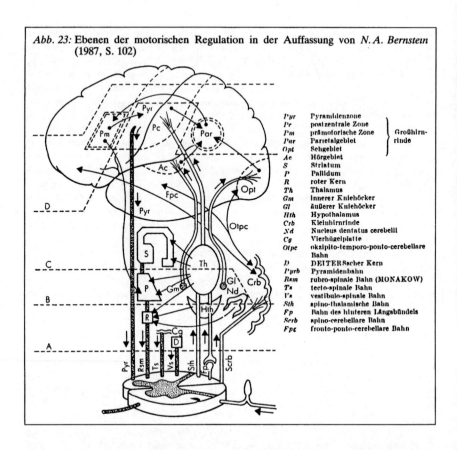

Pyr	Pyramidenzone
Pc	postzentrale Zone
Pm	prämotorische Zone
Par	Parietalgebiet
Opt	Sehgebiet
Ac	Hörgebiet
S	Striatum
P	Pallidum
R	roter Kern
Th	Thalamus
Gm	innerer Kniehöcker
Gl	äußerer Kniehöcker
Hth	Hypothalamus
Crb	Kleinhirnrinde
Nd	Nucleus dentatus cerebelli
Cg	Vierhügelplatte
Otpc	okzipito-temporo-ponto-cerebellare Bahn
D	DEITERscher Kern
Pyrb	Pyramidenbahn
Rsm	rubro-spinale Bahn (MONAKOW)
Ts	tecto-spinale Bahn
Vs	vestibulo-spinale Bahn
Sth	spino-thalamische Bahn
Fp	Bahn des hinteren Längsbündels
Scrb	spino-cerebellare Bahn
Fpc	fronto-ponto-cerebellare Bahn

Großhirnrinde

gehört zum Zwischenhirn. Es liegt hinter dem Thalamus. Es zählt mit dem Putamen und
dem Nucleus Caudatus, die beide zusammen als Striatum gekennzeichnet werden und
zum Archikortex gehören, zu den Basalganglien. Diese werden als oberste subkortikale
Schaltstelle des extrapyramidalen Systems betrachtet). Diese Ebene realisiert monotone
fließende Bewegungen, die ruhig, abgerundet und rhythmisch sind, also Synergien der
verschiedenen beteiligten Muskeln und Muskelgruppen (S. 110).

Ebene C ist die *Ebene des Raumfeldes. Bernstein* nimmt an, daß sie in zwei Unter-
ebenen zerfällt: C1 und C2. Sie wird auf der Ebene C1 durch die vorherrschende Stellung
des *Striatums* bestimmt. Phylogenetisch entspricht diese Ebene dem mit den Landam-
phibien erreichten Koordinationsstadium von Gleichgewicht und Bewegung. Diese
Bewegungen haben aber noch nicht die Flüssigkeit und Vollkommenheit, die dann mit
der Ebene C2 erreicht wird, die bei den höheren Raubvögeln beginnt und bei den
Säugern vorliegt. Hier tritt erstmalig die Willkürmotorik der Pyramidenbahn (motorischer Kortex) mit auf. Flüssige lokomotorische Bewegungen hoher Vollkommenheit
entstehen, ohne daß bereits gegenständliche Handlungen (Ebene D) möglich sind.

Ebene D ist die *Ebene der gegenständlichen Handlung.* Von ihrer Lokalisation her
kann sie als *parietal-prämotorische Ebene* betrachtet werden. Diese Ebene ist beim Men-

schen besonders ausgeprägt. „Wenn man die beiden unteren Ebenen A und B (der rubrospinalen und der thalamo-pallidären Ebene) mit der Arbeit des Hauptgenerators einer Rundfunkstation vergleicht, der eine monotone ‚Trägerfrequenz‘ elektromagnetischer Wellen ausstrahlt, so erinnert die Arbeit der Handlungsebene D sehr an die Vorgänge, die sich unter dem Einfluß der Ströme aus dem Studio mit diesen monotonen Wellen abspielen. Sie *modulieren die Trägerfrequenzwellen* entsprechend der komplizierten und arhythmischen sinnvollen Worte des Sprechers, der Musikübertragung usw.“ (S. 124).

Schließlich unterscheidet *Bernstein* noch *höhere kortikale Prozesse*, die er in ihrer Gesamtheit als Ebene E bezeichnet. Da er mit ihrer Untersuchung jedoch in den „Bereich der Psychologie“ gelange, verzichtet er auf die weitere Darstellung. Am Beispiel des Schreibaktes belegt er die Existenz dieser Ebene, die „durch die vielfältigen Formen pathologischer Störungen des inhaltlichen Teils des Schreibens (Ausfälle, Perseverationen, Paragraphien usw.) bei unterschiedlich lokalisierten Hirnschädigungen enthüllt und bewiesen“ sei (S. 124). Ich komme auf diese Zusammenhänge in Abschnitt 8.4 zurück.

Die unterschiedlichen Positionen der genannten Autoren könnten durch einige weitere ergänzt werden. Die Steuerung der Bewegung erweist sich als einer der kompliziertesten Prozesse überhaupt. Die zunächst von der anatomischen Betrachtung ausgehende Analyse, die verschiedene große Systeme unterschied (Rückenmark, Pyra-

Abb. 24: Funktionale Zusammenhänge von Kleinhirn, Basalganglien und Großhirnrinde (modifiziert nach *Kandel* und *Schwartz* 1985, S. 239 u. 434)

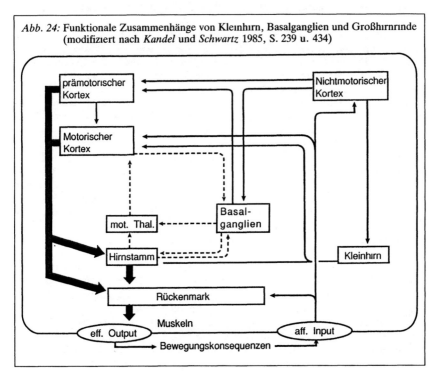

midensystem, extrapyramidales System, Kleinhirn), ist zunehmend ins Wanken gekommen durch die Entdeckung zahlreicher Rückkoppelungs- und Wechselwirkungsmechanismen (vgl. *Henatsch* 1976b, 1988). Insbesondere ist die Funktion der Basalganglien zunehmend unklar geworden, die zunächst als höchste subkortikale Umschaltstelle im extrapyramidalen System galten. So gehen *Kandel* und *Schwartz* (1985) davon aus, daß die *Basalganglien*, deren Funktion noch nicht sehr gut verstanden sei (S. 433), vor allem der Rückkoppelung zwischen nichtmotorischen und motorischen kortikalen Zonen dienen (in einer Rückkoppelungsschleife über die motorischen Kerne des Thalamus). Das *Kleinhirn* hingegen dient der automatischen Kontrolle von Bewegungen (vgl. Abb. 24). Basalganglien und Kleinhirn stimmen darin überein, daß ihre motorisch-efferenten Strukturen jeweils stammesgeschichtlich älter sind als ihre höchsten Regulationsebenen. So reguliert das Neocerebellum (die Rindenschicht des Kleinhirns, die sich beim Menschen stark weiterentwickelt hat) über das Paläocerebellum Bewegungsabläufe, und ähnlich verhält sich das Striatum im Vergleich zum Pallidum (*Kandel* und *Schwartz* 1985, S. 239).

Ersichtlich folgen diese Strukturen des Gehirns in vergleichbarer Weise einem Prinzip, das *Klingberg* und *Haschke* (1977, S. 647) für die Großhirnrindenfunktion bei der Regelung der Motorik hervorheben: Deren neue Qualität bestehe nicht in der unmittelbaren Realisierung neuer komplexer Bewegungsmuster, sondern in der Steuerung der subkortikalen Mechanismen nach dem Vorbild kortikal abgespeicherter Modelle. D.h. wir stoßen hier erneut auf das Problem der Rekursivität in der Informationskonstruktion, das ich im vergangenen Kapitel (vgl. Abb. 3 bzw. die Darstellung der Auffassungen von G. *Roth*) bereits behandelt habe.

Am nächsten an einer vertretbaren Lösung liegt der Vorschlag *Bernsteins*, der auf verschiedenen Ebenen des Gehirns die Raum-Zeit-Parameter des Bewegungsaufbaus hervorhebt. Es zeigt sich, daß im Sinne der Frequenzkodierung in den Gedächtnisprozessen (vgl. 8.2, insb. Abb. 19) *die verschiedenen Ebenen eine Schwingungskodierung bzw. -programmierung unterschiedlicher Komplexität vornehmen, die durch zentrale Überlagerung, Phasenkoppelung und Fokuswechsel* (vgl. *Jung* 1976, S. 20) *realisiert wird.* Dabei kommen nicht nur äußere Afferenzen ins Spiel, sondern auch Afferenzen aus dem Körperselbstbild (vgl. auch Kap. 6.3), d.h. insbesondere Gedächtniseffekte aufgrund von Lernen. Im Wandel von einer eher statisch-mechanischen Betrachtungsweise der Bewegungsrealisation hin zu einer umfassenden „Biologie der Aktivität" *(Bernstein)*, nimmt es daher nicht wunder, wenn jene Bereiche der Bewegungsprogrammierung bisher am unklarsten erscheinen, wo sowohl ein Einbezug der Realisierung angeborener *und* erworbener Muster deutlich festzustellen ist, als auch es zu komplexeren Formen der Programmierung kommt. Derartige Funktionen weisen die subkortikalen Systeme des Kleinhirns und der Basalganglien auf. Darüber hinaus zeigen neuere wissenschaftliche Arbeiten ihren Einbezug in emotionale und motivationale Prozesse, was weitere Fragen zu ihrer Funktion aufwirft.

Greifen wir *Bernsteins* Beispiel einer Rundfunkstation auf, so könnte man davon sprechen, daß die Ebene C mit dem Playback vorher gespeicherter Musik zu vergleichen ist, die als Hintergrund den Gesang eines Sängers determiniert wie untermalt. Die Grenzen eines derartigen Beispiels liegen natürlich auf der Hand.

Zum tieferen *Verständnis der Bewegungsregulation* greife ich nochmals auf *Bernstein* zurück, bevor ich erneut (im Kontext emotional-motivationaler Regulation) mich mit den angesprochenen Problemen der subkortikalen Regulation durch Basalganglien und Kleinhirn auseinandersetze. Ich zitiere zunächst die in der Einleitung von *Pickenhain* und

Schnabel gegebene Zusammenfassung der *Grundannahmen des Modells* (*Bernstein* 1987, S. 17):

„1. Zielfunktion und Regulativ der motorischen Handlung ist das Handlungsziel.
 2. Ausgehend vom Handlungsziel und von der Analyse der Situation, erfolgt mit der Formulierung des Bewegungsprogramms die ‚Vorausnahme des erforderlichen Künftigen'.
 3. Die sensorische Informationsaufnahme und -verarbeitung ist unerläßliche Grundlage für die ständige Regelung des Bewegungsverlaufs und des motorischen Lernens.
 4. Motorisches Lernen besteht weniger im Ausbilden unveränderlicher Bewegungsprogramme als vielmehr im Ausbilden von ‚Korrekturen' (Korrektur- und Regelmechamismen).
 5. Der ‚innere' Regelkreis (über die kinästhetische Sensibilität) und der ‚äußere' Regelkreis (vorwiegend über die optische Informationsaufnahme) sind für die Feinregulierung der Bewegungen unterschiedlich eingestellt und geeignet. In der Regel erfolgt im Lernprozeß eine Umschaltung der Bewegungssteuerung und -regelung auf das am meisten geeignete Korrekturniveau, d. h. zumindest in wesentlichen Teilen auf die Führung des ‚inneren' Regelkreises."

Ich möchte diese Zusammenfassung um folgende wichtige Aspekte ergänzen, die teils bei *Bernstein* selbst ausgeführt sind, teils den Werken von seinem Ansatz nahestehenden oder verpflichteten Autoren entnommen sind:

6. Bewegungen haben *Organcharakter:* Sie weisen Reaktionen auf und unterliegen einer gesetzmäßigen Evolution und Involution. Sie sind keine Kette von Details, sondern eine in Details untergliederte Struktur (*Bernstein* 1987, S. 26f.).
7. Bewegungen sind aufgrund der Wechselwirkung zwischen der Peripherie und dem „Umweltfeld" niemals vollständig durch den effektorischen Prozeß determiniert. Diese *funktionelle Nicht-Eindeutigkeit der Verbindung von motorischem Zentrum und motorischer Peripherie* wirft das Problem der *Bewegungskoordination* auf. Da der motorische Effekt des zentralen Impulses an der Peripherie entschieden wird, ist eine Afferention von allen Ebenen dieses Vorgangs ebenso erforderlich wie die Nutzung von ins Gedächtnis eingespeisten Raum-Zeit-Parametern auf unterschiedlichen hierarchischen Ebenen der Bewegungsregulation (ebd., S. 58ff.). Daher sind koordinative Fähigkeiten (vgl. *Meinel* und *Schnabel* 1987, Kap. 2 und 3, sowie die annotierte Bibliographie von *Hesse* und *Hirtz* 1985) neben der Realisierung von Gleichgewicht und Reaktionsschnelligkeit vor allem auf Übergänge in Raum-Zeit-Konstellationen bezogen: Rhythmisierungsfähigkeit, Differenzierungsfähigkeit (im Sinne von Bewegungsgenauigkeit), Orientierungsfähigkeit.
8. Bewegungen sind im Kortex *nicht metrisch* organisiert, sondern *topologisch,* d. h. in einem nichteuklidischen (begrifflichen) Raum (vgl. auch *an der Heiden, Roth* und *Stadler* 1986). Ein Schreibvorgang, wie das Schreiben einer Unterschrift, weist je nach Art der Realisierung (linke Hand, rechte Hand, Fuß, Mund, hinter dem Rücken) immer eine eigenartige topologische Struktur auf, obwohl die Metrik des ausführenden Organs gänzlich anders ist. Auch bei Variation in der Größe bleiben die typischen metrischen Eigenschaften erhalten (*Bernstein* 1987, S. 86ff.).
9. Forschungen zu *Sprache* und *Bewegung* (*Wohl* 1964, 1973, 1977) verweisen auf die

Rolle der Sprache beim Bewegungsaufbau. Bewegungen werden nicht allein durch Einschaltung tieferer Ebenen (und Rückschalten vom „äußeren" optischen auf den „inneren" propriozeptiven Regelkreis) entwickelt und automatisiert. Es kann auch eine Entwicklung und Automatisierung durch einen weiteren, über die Sprache und die höheren psychischen Funktionen realisierten äußeren (und inneren) Regelkreis erfolgen. Dabei liegt es nahe anzunehmen (vgl. auch *Bragina* und *Dubrochotova* 1984, S. 125), daß lediglich die psychosensorischen (propriozeptiven, optischen, sprachlichen) Afferenzen im Gedächtnis gespeichert werden, nicht aber die psychomotorischen Efferenzen, die jeweils in der Tätigkeit selbst neu entstehen. Das Gehirn speichert aufgrund der Informationskonstruktion demnach afferente Felder und nicht Bewegungen. Allerdings sind die auf dem Hintergrund dieser Felder jeweils realisierten Bewegungen (Gesetz der nichteindeutigen Verbindung zwischen Zentrale und Peripherie) jeweils die Voraussetzung für neue Afferentierungen. Dies würde unter Rückgriff auf konstruktivistische Überlegungen die topologische und nicht metrische Organisation der Motorik erklären.

10. Bewegungen haben einen *ontogenetischen* (*Bernstein* 1987, S. 99ff.) *wie aktualgenetischen Evolutionsprozeß*. Der ontogenetische Prozeß erfolgt in immer feinerer Abstimmung der Freiheitsgrade des Bewegungsapparates (Arme und Beine können als mehrstufige Pendel betrachtet werden) entsprechend der Entwicklung des Gehirns und der psychischen Prozesse. Der aktualgenetische Prozeß umfaßt sowohl bei seiner *Evolution* (im Lernen) wie bei seiner *Involution* (Zerfall durch Verletzung, Altern) *drei aufeinander aufbauende Stufen* (*Bernstein* 1987, S. 135).

1. Weitgehende Fixierung der Gelenke des Bewegungsorgans durch Ausschaltung unnötiger Freiheitsgrade. „Die Bewegung wird eckig und ungeschickt, weil infolge der Irradiation der von dem Subjekt eingesetzten, ausgebreiteten Erregung zahlreiche Muskeln angespannt werden, die nichts mit der auszuführenden Bewegung zu tun haben" (S. 135). Ein Beispiel für die Evolution ist das erstmalige Gelingen des Fahrradfahrens bei einem Kind oder einem Anfänger bei zugleich sehr großer Anspannung und Verkrampfung. Beispiele für die Involution sind Veränderung des Bewegungsflusses beim Langstreckenlauf bei einer Zerrung oder einer Blase am Fuß; Einschießen eines spastischen Tetanus bei geringer Anspannung und Angst bei einem spastisch Gelähmten (beim regulär Bewegungsfähigen sind die Toleranzgrenzen weitaus größer).

2. Die blockierten Freiheitsgrade werden nach und nach wieder gelockert, „um den auftretenden reaktiven Impulsen nicht mehr durch eine vorherige Fixierung, sondern durch kurze phasische Impulse entgegenzuwirken" (ebd.). Dies führt zwar zur umfangreichen energetischen Entlastung. Aber immer noch ist das ZNS überlastet, und zackige und wenig effektive Kraftkurven dominieren.

3. „Auf der dritten, höchsten Entwicklungsstufe ... wird der Kampf gegen die reaktiven Störungen in prinzipiell anderer Weise realisiert. Es gelingt dem Subjekt früher oder später, der Bewegung eine solche Form zu verleihen, bei der die reaktiven Kräfte aus Störungen, die die Bewegung irritieren, in beträchtlichem Umfang zu nützlichen Kräften gemacht werden, die auftreten, wenn die Bewegung zufällig von der richtigen Bewegungsbahn abgeht, und sie in die richtige Bewegungsbahn zurückzuführen suchen" („Dynamisch-stabile Bewegungen"; ebd.). Ein Beispiel: Ein geübter Langläufer empfindet Unebenheiten des Geländes nicht als Hindernisse, sondern als angenehm und abwechslungsreich gerade auch beim schnellen Laufen. Läuft er die gleiche Strecke im Dunkeln bei

Schnee oder Glatteis, so involviert die Bewegung auf Ebene 2, manchmal auch (je nach Situation) auf Ebene 1.

Viele physiologische Details dieser Konzeption harren noch der Aufklärung, obwohl und gerade weil *Bernstein* eine wirklich geniale Konzeption der Bewegungsregulation entwickelt hat. Leider ist sein Hauptwerk „Aufbau der Bewegungen" (1947) bis heute nicht aus dem Russischen übersetzt. Ich verweise für die aktuelle Diskussion auf den Reprint seines Buches „Coordination of Movements" (das Teilen der deutschen Ausgabe der „Bewegungsphysiologie" entspricht) in einer durch prominente Neurowissenschaftler kapitelweise kommentierten Ausgabe von *Whiting* (1984). Ein ebenso interessantes Aufgreifen unternimmt *Phillips* (1986) im Rahmen der 1982 gehaltenen XVII *Sherrington*-Gedächtnisvorlesung zum Thema „Bewegungen der Hand".

Die Folgerungen für Pathologie und Therapie aus dieser Konzeption werde ich an späterer Stelle darstellen. U. a. baut das bedeutende Buch von *Leontjew* und *Zaporozhets* „Rehabilitation of Hand Function" (1960) wesentlich auf den Überlegungen *Bernsteins* auf, die bisher in die angloamerikanische und westeuropäische Bewegungsrehabilitation und Krankengymnastik leider überhaupt keinen Eingang gefunden haben. Die dort unterlegten theoretischen Auffassungen sind in der Regel gänzlich mechanistisch und antiquiert. Die einzige mir gegenwärtig bekannte Ausnahme bildet das Forschungsprojekt von *Stadler* und *Wehner* zur Biosignalverarbeitung bei der Bewegungsrehabilitation (*Wehner, Hübner* und *Stadler* 1982, *Wehner* u. a. 1987).

8.2.3 Neuropsychologie der Emotionen

In den bisherigen Ausführungen zur Struktur kortikal-subkortikaler Beziehungen blieb ein Hirnbereich noch wesentlich ausgeklammert, der in besonderer Weise diese Beziehungen realisiert: das *limbische System*. Der Begriff selbst stammt von Paul *Broca* (1878), der damit die ringförmig (Limbus = Saum) zwischen Hirnstamm, Hypothalamus und Neokortex angeordneten Hirnteile, die in enger Nachbarschaft zum Riechhirn stehen, bezeichnete. Räumlich kann man sich dies so vorstellen, daß über dem Thalamus und dem darunter liegenden Hypothalamus, die die Kerngebiete des Zwischenhirns bilden, sich die Basalganglien als Schale wölben. (Nucleus caudatus und Putamen, die zusammen das Striatum bilden, werden dem Archikortex zugerechnet, das Pallidum dem Zwischenhirn). Z. T. darüber und z. t. darunter liegt ein ganzes System von Kernen und Verbindungen ringförmiger Art. Diese Verbindungen auf verschiedenen, anatomisch übereinander liegenden Ebenen können als vom Hypothalamus ausgehende und zu ihm rückkehrende Bahnen aufgefaßt werden, in die verschiedene subkortikale sowie kortikale Kerngebiete eingeschaltet sind, die ihrerseits Verbindungen untereinander besitzen (vgl. Abb. 25).

Der *Hypothalamus* selbst kann als zentrale Schaltstelle begriffen werden, der körpereigenen Bedarf in psychische Bedürfnisse transformiert (vgl. den bereits besprochenen Prozeß der Dominantenbildung; vgl. Kap. 7.4). Er ist Integrationsorgan unterschiedlicher organischer Regulationssysteme (Rückwirkung auf das Immunsystem, über die Hypophyse auf das endokrine System, Rückwirkung auf das autonome System) und ist zudem an der Abstimmung zahlreicher, auf niederen Hirnniveaus regulierter funktio-

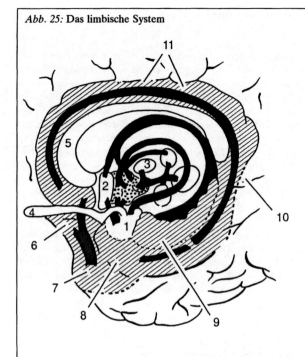

1. Amygdala
2. Septum
3. anteriorer Thalamus
4. Bulbus und
   tractus olfactorius
5. Corpus callosum
6. Orbito - frontaler
   Kortex
7. Temporaler polarer
   Kortex
8. Entorhinaler Kortex
9. Hippocampus
10. Calcarine Furche
11. Gyrus cingulus

gepunktete Fläche:
Hypothalamus

gestrichelte Fläche:
kortikale Teile des
limbischen Systems

(modifiziert nach Damasio und Hoesen 1983, S. 91)
Die Lage des limbischen Systems im Gehirn wird deutlich im Rückgriff auf Abbildung 13, B (Brodmann-Kartierung, Median-Ansicht). Nach *Damasio* und *Hoesen* (1983) umfaßt das limbische System neben einer Reihe kortikaler und subkortikaler Kerne bzw. Gebiete die folgenden Felder (die sämtlich nicht die neokortikale 6-Zellschichtenstruktur haben): 23, 24, 25, 27, 28, 29, 35, 36, 38.

neller Systeme beteiligt. Durch Reizung des Hypothalamus können Durst-, Hunger- und sexuelle Bedürfnisse hervorgebracht werden, aber auch emotional positive wie negative Tönungen. Er integriert sensorische Informationen und realisiert (in Verbindung mit entsprechenden effektorischen Systemen) motorische Konsequenzen. D.h. er verfügt in Termini der *Simonov*schen Emotionstheorie über relativ unabhängige Mechanismen für Bedürfnisse, Emotionen, Motive und (erbkoordinativ über bestimmte Schlüsselreize abgesichert, die später durch gelernte Operationen modifiziert werden können) Möglichkeiten der Bildung von Informationsdifferenzen bezogen auf den nützlichen Endeffekt sowie entsprechende effektorische Glieder (vgl. *Simonov* 1986, S. 148ff.).

Funktionell ist das limbische System am ehesten zu begreifen, wenn man es als *stufenweises Vermittlungssystem von Bedürfnissen und Umweltgegebenheiten* begreift. Es realisiert die Gerichtetheit des Organismus auf jene Umweltgegebenheiten hin, die in der kortikalen Informationskonstruktion präsent sind. Es sichert im wesentlichen die Herausbildung der emotional-motivationalen Gerichtetheit, also die Herausbildung der

„Modelle des Künftigen" nach dem Maß emotionaler Erfülltheit, jedoch in Termini der auf die Umwelt bezogenen Handlungen, Operationen, Gewohnheiten usw. (vgl. Abb. 10). Durch dieses System werden unter Nutzung des neokortikalen Apparates der Informationskonstruktion die stufenweise *Sinnrealisierung* wie der *Sinnaufbau in der Tätigkeit* generiert, die sich als Gedächtnis im Körperselbstbild niederschlagen und den Übergang zu höheren Abbildniveaus sichern.

Während das *limbische System* als System verschiedener ringförmiger Verbindungen unterschiedlicher Teile von Subkortex und Kortex betrachtet werden kann, das sich über dem Hypothalamus aufbauend *von unten nach oben* (also zum Neokortex führend) bildet, stellt das *neokortikale System* der Informationskonstruktion, das subkortikal vor allem über den Thalamus vermittelt sich aufbaut, den Ausgangspunkt für *von oben nach unten* (also ins limbische System) führende Rückkoppelungsschleifen dar. Dies ist (1) die Rückkoppelungsschleife, die von den sensomotorischen wie sensorischen Feldern (2. Haupteinheit des Gehirns nach *Luria*) über die Basalganglien in den motorischen Thalamus führt und von dort aus zurück in den prämotorischen und präfrontalen Teil des Neokortex (3. Haupteinheit nach *Luria*). Dies ist (2) die Rückkoppelungsschleife, die vom sensomotorischen Kortex über das Kleinhirn (moduliert durch Stamm- und Mittelhirnsysteme) zurück über den motorischen Thalamus in den motorischen Kortex (F.4) führt. Es sind ferner (3) die Rückkoppelungsschleifen in der Einstellung der Sinnesorgane, die vom Neokortex ausgehen und über die modulierte sensorische Information via Thalamus zu ihm zurückkehren; und es sind schließlich (4) die Rückkoppelungsschleifen ins limbische System selbst, von denen wir die zum Hippokampus bereits kennengelernt haben (vgl. Abb. 20). Man kann dieses System als *System des stufenweisen Aufbaus von Bedeutungen* betrachten, die in der Informationskonstruktion auf der Basis der Änderungen der Peripherie wie der inneren Änderungen (die sich als Bedürfnisse, Emotionen, Motive realisieren) aus der Welt herausgeholt werden *(Leontjew)*.

Ich möchte im folgenden einige funktionelle Details der durch das limbische System realisierten emotional-motivational-sinnhaften Regulation darstellen. Hierzu ist zunächst vorzubemerken, daß aufgrund der außerordentlichen Komplexität dieses Systems wie seiner im Vergleich zur Hirnrinde weitaus schwereren Zugänglichkeit (Untersuchungen wurden wesentlich erst durch Mikroelektroden möglich) die Neuropsychologie der Emotionen in den meisten Lehrbüchern nicht oder nur am Rande angesprochen wird. Erst in den letzten Jahren erschienen zunehmend Buchpublikationen (z.B. *Fox* und *Davidson* 1984, *Heilmann* und *Satz* 1983, *Simonov* 1986) wie Aufsätze, in denen begonnen wurde, die neuroanatomische Grundlage grundsätzlich und umfassend zu erörtern.

Für den Aufbau der *emotional-motivationalen Regulationsprozesse* im ZNS gilt eine vergleichbare *Hierarchie*, wie ich sie beim Aufbau der motorischen Prozesse am Beispiel der Überlegungen *Bernsteins* bzw. *Pickenhains* bereits vorgestellt habe. Darauf macht auch *Luria* (1973) in der *Subgliederung der 1. Haupteinheit der Hirnregulation* (Aktivation, Wachheit, Tonus) aufmerksam, wo er *vier Quellen der Aktivation* unterscheidet:

1. *Unspezifische Aktivation* im Bereich der Formatio Reticularis (S. 45ff.).
2. *Prozesse der „inneren Ökonomie"*, die der Aufrechterhaltung des inneren Gleichgewichts (Homöostase) des Organismus dienen: Atmung, Nahrung, Zucker- und Proteinstoffwechsel, innere Sekretion usw., die insgesamt durch den Hypothalamus geregelt werden. Eher einfache Formen der Regulation setzen Reserven des Orga-

nismus frei, eher komplexe Formen sind mit Stoffwechselprozessen verbunden, die in bestimmten angeborenen Verhaltenssystemen organisiert sind; diese sind weithin bekannt als „Systeme der instinktiven (oder unbedingt-reflektorischen) Nahrungserlangung und des instinktiven, sexuellen Verhaltens" (S. 53).
3. *Aktivation durch Kontrolle der Außenweltbedingungen.* Sie ist „verbunden mit der Ankunft von Stimuli der äußeren Welt im Körper und führt zur Produktion völlig unterschiedlicher Formen der Aktivation, die sich als Orientierungsreflex manifestieren" (S. 55). Diese Art von Aktivation bringt *Luria* mit den Funktionen des limbischen Systems in Verbindung.
4. *Aktivation über den Frontalhirnbereich* (3. funktionelle Haupteinheit; S. 79ff.).

Dieser hierarchische Aufbau zeigt *deutliche Übereinstimmungen mit Bernsteins Überlegungen zur hierarchischen Organisation der Motorik.* Ebene 1 und 2 entsprechen den *Bernstein*schen Ebenen A (rhythmische Grundinnervation) und B (Thalamo-pallidäre Ebene: Synergismen, d. h. fließende Bewegungen, Automatismen). Ebene 3 entspricht der Ebene C des „Raumfeldes" und Ebene 4 der Ebene D der „gegenständlichen Handlung" (vgl. Abb. 23).

Bei der Transformation der elementaren sinnbildenden Zusammenhänge auf der Ebene des Hypothalamus in die höheren Ebenen (d. i. das Problem der Transformation des biologischen in individuellen und persönlichen Sinn, vermittelt über die Aneignung von Bedeutungen; vgl. Kap. 6) tauchen zwei große Fragenkomplexe auf: Welche Hirnstrukturen oberhalb der Ebene Thalamus/Hypothalamus realisieren diesen Prozeß? In welcher Weise werden die in der Tätigkeit angeeigneten Bedeutungen ins Körperselbstbild eingetragen und damit Voraussetzung für die Realisierung der Tätigkeit auf höherem Abbildniveau (vgl. Bd. 1, Kap. 5 und 6)? Beiden Fragen will ich im folgenden auf der Basis der vorliegenden Theorieelemente nachgehen, wobei ich mich besonders auf die Arbeiten von K. H. *Pribram* beziehen werde.

Welche Strukturen vermitteln den Übergang des Intrasystemzusammenhangs von Bedürfnissen, Emotionen, Motiven und Informationsverarbeitung auf höheres Niveau?
In einer Arbeit mit Diane *McGuiness* erörtert *Pribram* (1980) *drei funktionelle Systeme innerhalb des limbischen Systems*, die dies gewährleisten. Er konkretisiert damit frühere Arbeiten (1969a), in denen er bereits Emotionen, die mit kurzfristiger, phasischer Aktivierung verbunden sind (Arousal), von Motiven, die mit längerfristiger, tonischer Aktivierung verbunden sind, unterscheidet.

1. Die *emotionale, phasische, kurzfristige Aktivation* erfolgt über den *Amygdala-Komplex* (Mandelkerne). Überraschender, komplexer oder neuer Input führt zu Arousal. Habituation des Arousals, d. h. dessen Verschwinden durch Gewöhnung erfolgt durch die Herausbildung eines „neuronalen Modells", so wird unter Bezug auf *Sokolov* festgestellt (vgl. auch *Sokolov* 1960, *Sokolov* und *Vinogradova* 1975). Dies hat zwei Folgen: Erstens erfolgt eine Verhaltensänderung über der „Baseline" (Grundlinie) bisheriger Aktivität (dies entspricht *Anochin*s Annahme des Übergangs von der ‚Vorauslöser-Integration' in den Aufbau des ‚Handlungsakzeptors') und zweitens eine „mnemische Registration", also Abgleich mit dem Gedächtnis. Die Amygdala befindet sich dabei in einem Rückkoppelungskreis zum Hypothalamus, von dem sie Afferenzen erhält und den sie hemmt. Sie projiziert zum Hippokampus und erhält ihrerseits (hemmende) Afferenzen vom orbitofrontalen Kortex (der mit als wesentliches kortikales Assoziationsgebiet

des limbischen Systems gilt). Die Amygdala wirkt darüber hinaus auf das autonome System ein und hat Zugriff zu Gedächtnisfunktionen und sensorischen Eindrücken unterschiedlicher Modalität. Sie wirkt in zweierlei Hinsicht auf Verhalten, sowohl initiierend wie vermeidend, und moduliert den Arousal-Mechanismus. Neurochemisch ist sie gekoppelt an die *Endorphin*-Homöostase, also an opiatähnliche Neuropeptide, die schmerzreduzierend wirken und in stressvollen, neuen, unüblichen Situationen ausgeschüttet werden (*Kelly* und *Stinus* 1984, S. 49).

Zerstörungen der Amygdala haben dramatische Folgen. Sie sind in der Literatur als *Klüver-Bucy-Syndrom* beschrieben, das bei Affen folgende Verhaltensauffälligkeiten beinhaltet: psychische Blindheit (Eßbares kann von Nichteßbarem nicht unterschieden werden); ausgeprägtes orales Verhalten (alle Gegenstände werden in den Mund genommen); Hypersexualität; starke Angstminderung, Rückfall innerhalb der Sozialordnung. Die Ursache der Störungen wird als „Unfähigkeit der Verknüpfung sensorischer Reize mit eigenen affektiven Zuständen" (*Larbig* 1983, S. 112) bzw. Störung des intermodalen Wiedererkennens (*Meshkin* und *Appenzeller* 1987, S. 101) beschrieben. *Pribram* (1981, S. 112) beschreibt bei einer Patientin, die nach einer bilateralen Amygdalotomie (ein bei bestimmten Formen von Epilepsie stattfindender Eingriff, bei dem beidseitig Teile des Temporallappens sowie die Mandelkerne entfernt wurden) einhundert Pfund zugenommen hatte, folgendes Verhalten: Befragt um die Essenszeit, ob sie Hunger hat, antwortet sie ‚nein'. Ebenso will sie kein Steak, keine Schokolade usw., die ihr mündlich in Aussicht gestellt werden. Als aber wenige Minuten später die Türen des Eßraumes sich öffnen und sie die anderen Patienten essen sieht, hastet sie zum Tisch und beginnt, mit beiden Händen Essen in sich hineinzuschaufeln.

Eine befriedigende Erklärung für die *Funktion der Amygdala*, die ein Stück weit auch noch bei *Pribram* zu vermissen ist, liefert m. E. *Simonov* (1986). Während bei Verletzungen des Hypothalamus keine Reaktion mehr auf „Gewebedurst" erfolgt, jedoch noch auf der Basis konditionierter Reaktionen getrunken wird, ist dies bei Verletzungen der Amygdala umgekehrt: Bedingte Reaktionen werden unterbrochen, jedoch das Bedürfnis nach Wasser bleibt (S. 150). *Eine Amygdalazerstörung bewirkt eine Orientierung auf die Befriedigung des dominierenden Bedürfnisses ohne Berücksichtigung anderer Motivationen* (S. 143), eine Zerstörung des Hypothalamus hingegen reduziert bzw. egalisiert die Stärke der Motivationen (S. 150). Die Amygdala sichert demnach den *Prozeß des flexiblen Übergangs zwischen verschiedenen Motivationen*, die sich nicht nur durch den Rückgriff auf die Thalamusebene ergeben, sondern durch die verschiedensten Formen gelernter und situationsspezifisch anwendbarer Verhaltensrepertoires. Sie sichert den *Prozeß der Herausbildung eines dominierenden Motivs unter Berücksichtigung der bisherigen ins Körperselbstbild eingetragenen Erfahrungen des Subjekts* (vgl. auch Abbildung 10).

2. Die *tonische, längerfristige, motivationale Aktivation* erfolgt über das System der *Basalganglien*. Während die Emotion von *Pribram* als „Stop-Mechanimus" aufgefaßt wird, der eine vertraute Verhaltenssequenz als Signal für eine Veränderung unterbricht, wird die Motivation als „Go-Mechanismus" begriffen. Mit ihr einher geht das Herausbilden der kontingenten negativen Variation über dem Neokortex (CNV) als elektrophysiologisches Korrelat der Orientierungsreaktion; bzw. es kommt je nach Art der Motivstruktur zur Verteilung von input- und reaktionsspezifischen negativen Potentialen (TNV = transkortikale negative Variation) als Ausdruck lokaler Bereitschaft des Hirngewebes (*McGuiness* und *Pribram* 1980, S. 114).

Daß es sich hier um eine Motivbildung im Bereich erlernter Reaktionen im Unterschied zu entsprechenden Prozessen auf der basalen Ebene des Hypothalamus handelt, belegt die Tatsache, daß eine neuronale Reaktion auf Hypothalamusebene 150–200 msec, eine entsprechende pallidäre Reaktion jedoch erst 300 msec nach einem Futterreiz nachgewiesen wurde (*Simonov* 1986, S. 149).

Der CNV folgend kommt es zu einem Anstieg der Stärke des Alpha- und des Theta-Rhythmus im visuellen Kortex: d.h. eine motivspezifische optische Orientierung baut sich auf (*McGuiness* u. *Pribram* ebd.). Es sieht so aus, als beinhalte das System der Basalganglien ein „Aktivations-Set" oder eine „Anlaßpumpe" für eine Handlung (S. 115). *Störungen* zeigen sich häufig im Sinne von Depression, Apathie und emotionaler Labilität (*Mayeux* 1983, S. 159). In diesem System werden *zwei Arten neuronaler Modelle* zur Organisation von Verhalten organisiert: das eine zur Kontrolle des somatosensorischen Systems, des Effektors (also der Realisierung der Handlungen, Operationen, Bewegungen bezogen auf die Informationsdifferenzen; vgl. Abb. 10), das andere als Feedback von den Resultaten des Verhaltens her (also von ihrem Verhältnis zum nützlichen Endeffekt; *McGuiness* u. *Pribram* 1980, S. 101). Dieses stellt sich als Maß emotionaler Erfülltheit (vgl. *Klix* 1980 sowie Abb. 10) dar.

Entsprechend diesen Annahmen zu den Basalganglien als selbständiges verhaltensregulierendes System zeigen sich *neurochemische* Spezifikationen. Insbesondere spielt im Komplex der Basalganglien das dopaminerge (also das über den Neurotransmitter Dopamin wirkende) nigrostriatale System (Substantia nigra und Striatum) eine Rolle, das in Verbindung mit einer cholinergen Matrix (Acetylcholin als wichtigster neuromuskulärer Transmitter) die posturale (d.i. Körperhaltungs-) Bereitschaft sichert.

Dieses *dopaminerge* System hat jedoch noch eine andere Eigenschaft: Es ist das wichtigste *Selbstbekräftigungssystem* des Gehirns (vgl. *Routtenberg* 1980, *Wise* u. *Rompre* 1989). (Opiatähnliche Neuropeptide bilden darüber hinaus Reservesysteme für den Fall von Neuigkeit und Schmerz). Innerhalb des dopaminergen Systems werden zwei Bahnen unterschieden: die *nigrostriatale* Bahn (A9), welche die Selbstbekräftigung durch die Initiierung adäquater Reaktionen realisiert (*Phillips* 1984) und die *mesokortikolimbische* Bahn (A10). (Sie umfaßt u.a. limbische Gebiete wie Amygdala, Septum, Striatum, frontalen Kortex, Cingulum, Riechrinde und Hippokampus). Die letztere Bahn realisiert Selbstbekräftigung durch Kontrolle und Wahrnehmung positiver Affekte (*Phillips* a.a.O.). Beide Bahnen (die wahrscheinlich weit weniger voneinander unterschieden sind als bisher angenommen; *Kelley* und *Stinus* 1984, S. 25) entsprechen der schon mehrfach hervorgehobenen Struktur der Herausbildung des „Modells des Künftigen" und der von ihm ausgehenden Tätigkeit und Handlungen, sowohl im Sinne der Reduktion von Informationsdefiziten in der Handlung wie im Sinne emotionaler Erfülltheit auf Tätigkeitsebene.

Nach Auffassung von *Simonov* (1986, S. 133) steht das System der Basalganglien in engem Zusammenhang mit der Regulation des *frontalen Neokortex*. Der Nucleus caudatus (als Teil des Striatums) identifiziert zusammen mit den frontalen Sektionen des Neokortex Signale mit hoher Bekräftigungswahrscheinlichkeit. Dies bedeutet, daß durch die Flexibilität der Motivfindungsfunktion durch die Amygdala und der Hypothesenbildung durch den Hippokampus (die *Simonov* beide als „Organe der Fluktuation und des Zweifels" kennzeichnet; 1986, S. 143 und 151) sich hierarchisch hoch organisierte und komplizierte Tätigkeiten durchzusetzen vermögen, wie dies *Lurias* Konzeption der 3. Haupteinheit des Gehirns (Programmierung, Planung, Verifikation) entspricht. Basalganglien und Frontalhirn zusammen scheinen die allgemeine Struktur der Tätigkeit in Form der mit der Tätigkeit zusammenfallenden Gesamthandlung zu programmieren, bei Flexibilität auf der Operations- und Handlungsebene. Auf Argumente für den zweiten Teil dieser Feststellung gehe ich am Schluß dieses Teilkapitels bei Behandlung der Funktionen des Kleinhirns nochmals ein.

3. Als *Vermittlungssystem zwischen tonischer und phasischer Regulation* nehmen *McGuiness* und *Pribram* das über den *Hippokampus* regulierte System der Neuigkeitsverarbeitung an, das sie als System von *„Effort"* und *„Comfort" (Anstrengung und Wohlergehen)* definieren. Bei Störungen dieses Systems kommt es zur Dissoziation zwischen der Habituation von Wahrnehmungsreaktionen (also Amygdala-Ebene) und der Habituation, die sensomotorische Leistungen einschließt (Basalganglien-Ebene). Entsprechend spiegelt der Thetarhythmus des Hippokampus diese Doppelfunktion wider: Bei (viscero-autonomen) Arousal steigt er in seiner Stärke, bei somatosensorischer Bereitschaft nimmt er ab (1981, S. 118 bzw. 123). Neurochemisch greift dieses System auf ACTH-Neuropeptide (sog. Enkephaline) zurück, die morphinähnliche Wirkungen haben und die vermutlich die Dimension von Anstrengung und Wohlbefinden in der Informationsverarbeitung modulieren. Auf die spezifischen Funktionen des Hippokampus im Gedächtnisbildungsprozeß geht *Pribram* nicht näher ein. Zur Vermittlung der Ausführungen *Pribrams* mit diesen weiter oben bereits dargestellten Befunden (8.2.1) ist *Simonovs* (1986, S. 143) Auffassung bedeutsam, es sei die *Funktion des Hippokampus, Hypothesen zu bilden.*

Im Detail: Der Hippokampus bewertet (auf der Basis des Oszillator-Resonanz-Modells betrachtet) in Verbindung mit motorischen Modellen (gesichert u.a. über eine Rückkoppelungsschleife zu Septum und Kleinhirn) nicht nur die Wahrnehmungsneuigkeit. Im Vergleich von Handlungsmodellen und Wahrnehmungsneuigkeit bewertet er darüber hinaus auch die mögliche Reduktion der Wahrnehmungsneuigkeit durch bedürfnisrelevante Handlungen. D.h. er ist in der Tat der Ort der Bereitstellung der Handlungsalternativen, an denen der Motivselektionsprozeß durch die Amygdala ansetzt und als dessen Ergebnis über Basalganglien und frontalen Neokortex auf der Basis des dominierenden Motivs das Modell des Künftigen programmiert wird.

Simonov (1982, 1985, 1986) interessiert sich in besonderer Weise für den Wechsel zwischen konzentrierter Aufmerksamkeit auf einen Gegenstand (Vorherrschen der Willensfunktion) und der Reaktion auf unspezifische Objekte im Zustand emotionaler Erregung, also für das *Verhältnis von Stabilität und Labilität des Verhaltens*. Er betrachtet von da aus Verhalten als einen Prozeß des Schwankens zwischen Stabilität und Labilität im Sinne der Determination durch ein dominantes Bedürfnis einerseits und Übergang zur Determination durch bis dahin subdominante Bedürfnisse. Die Dimension der *Stabilität* sieht er bei der Behandlung der neuroanatomischen Grundlagen der Emotion (vgl. 1986, insb. S. 163) vor allem gewährleistet durch die Achse *Hypothalamus* und *frontaler Neokortex*, die Dimension der Labilität durch die Achse *Amygdala* und *Hippokampus* (als „Organe der Fluktuation und des Zweifels"). Alle anderen Systeme seien nur Hilfssysteme. So sehr ihm in vielem bei seinen Feststellungen zur Funktion und Wechselwirkung dieser Systeme gefolgt werden kann, so bleibt doch gänzlich die zweite, oben aufgeworfene Frage unbeantwortet, wie die durch Erfahrung gewonnene Veränderung der psychischen Systeme in ihrem ontogenetischen sinn- und systemhaften Aufbau sich als Körperselbstbild niederschlägt. Erst auf dieser Basis ist der Übergang von einer durch

Erbkoordinationen gesicherten Tätigkeit auf Hypothalamusebene zu einer mit sozialen Mitteln regulierten Bewußtseinstätigkeit auf dem Niveau des frontalen Neokortex bestimmbar. Ich greife diese Frage nun auf und versuche sie unter Rückgriff auf Argumentationen von *Pribram* (1981) zu beantworten.

In welcher Weise werden die in der Tätigkeit angeeigneten Bedeutungen ins Körperselbstbild eingetragen und damit Voraussetzung für die Realisierung der Tätigkeit auf höherem Abbildniveau?

Unter Fortführung früherer Arbeiten behandelt *Pribram* in einem Handbuchartikel über „Emotionen" (1981) das Verhältniss von Labilität und Stabilität in der Organisation der Prozesse des Nervensystems. Es ist eine der Grundannahmen seines Buches „Languages of the brain" (1977; erstmals 1971), daß im Arbeitsprozeß des Gehirns jeweils bestimmte *Zustände (state)* einzelner Hirnfunktionen die Voraussetzung für die *Arbeit* anderer *(operator)* sind. Erneut aufgegriffen wird auch die mehrfache Beschäftigung mit *Freuds* „Entwurf einer Psychologie" von 1895 (*Freud* 1950; vgl. *Pribram* 1969b, *Pribram* und *Gill* 1976), der den Zusammenhang der Entwicklung eines Körperselbstbildes und der Auseinandersetzung mit der Umwelt neuropsychologisch zu modellieren versuchte (vgl. *Jantzen* 1989b).

In dem genannten Artikel argumentiert *Pribram* (1981) wie folgt: Jeder Aktivationsprozeß benötigt eine *„Baseline"*. Eine solche entsteht (1) durch die *Herausbildung der Orientierungsreaktion*, auf deren Basis dann die Realisierung der Tätigkeit erfolgt. Weiterhin sichert (2) das *System der visceralen* (Viscera = Körpersäfte; also Hormone des Endokrinen Systems) *und autonomen Funktionen* eine stabile Baseline; ferner (3) wird diese gesichert durch *somatoästhetischen und propriozeptiven Input* (Muskulatur, Haut) im Rahmen des *Körperselbstbildes* (body image). Bei inkongruentem Input, der groß genug ist, diese Prozesse zu stören, kommt es zur Dishabituation visceraler und autonomer Aktivitäten (z. B. erhöhter Herzschlag, Schweißausbruch u. ä.). Die *Stabilität des neuronalen Systems* selbst spiegelt sich wider in langsam gestuften elektrischen Aktivitäten. Die Regulation der Voreinstellung des neuronalen Systems erfolgt auch durch Eingriffe in neurophysiologische und biochemische Mechanismen insbesondere im Bereich des Hirnkerns. Dies geschieht durch Systeme feiner Nervenendigungen mit vielen Verzweigungen, die besonders empfindlich sind für chemische Einflüsse. Im Hirnkern ist sozusagen ein „großer Kessel" von Chemikalien zu finden, die lokal von Zellaggregaten abgesondert werden bzw. mit diesen interagieren. Dies sind zahlreiche Neurotransmitter, Neuropeptide, Hormone.

Die in diesem Bereich stattfindenden Prozesse regeln sich homöostatisch. Unter *Homöostase* wird mit *Cannon* verstanden: „Die Beziehung zwischen einem Sensor und seiner Chemikalie ist so, daß die Konzentration der Chemikalie, obwohl fluktuierend, konstant um einen eingestellten Wert aufrechterhalten wird" (S. 108). Dies ist nichts anderes als der im vorhergehenden Kapitel bereits behandelte Prozeß der synergetischen Ordnungsbildung auf dem Weg struktureller Koppelung der einzelnen Zellen einer Zellpopulation. Die genannten Mechanismen sind multipel vernetzt. „In Kürze, der Hirnkern (Mittelhirn, Zwischenhirn, die Basalganglien und das limbische System des Vorderhirns) benutzt chemische Regulationen um Körperfunktionen zu regulieren" (S. 109). Dadurch entstehen in der Zeit stabile Zustände, die als *Hunger, Durst, Schläfrigkeit, gehobene Stimmung, Depression, Anstrengung, Behagen* usw. gespürt werden. Ihre Basis sind jeweils Biochemismen (Hunger: Glukose; Durst: Salz; Schlaf: Serotonin und Norepinephrin; Gefühl der Effektivität im Sinne gehobener Stimmung vs. Depression: Dopamin; Temperatur, Neuigkeit, Schmerz: Endorphine; Anstrengung und Behagen: Enkephaline).

Pribram unterscheidet nun (1) eine *protokritische, sensitive Dimension der Wahrnehmung* (*Spitz* 1945 bezeichnet dies als „coenesthetische" Wahrnehmung) wie z.B. Schmerz, Wärme usw. und eine *epikritische* (nach *Spitz* „diakritische"), *sensible Dimension*, z.B. als (parietale) Lokalisation des Schmerzes oder der Wärme im Körperbild. Die protokritische Dimension ist quantitativ, d.h. die Unterscheidung von Neuheit einerseits (und hier wieder von Interesse und Furcht) und Schmerz andererseits ist lediglich eine Frage der Intensität; die epikritische Dimension hingegen gestattet qualitative Zuordnungen. Innerhalb der protokritischen Dimension sind stabile Basiszustände erforderlich, auf deren Hintergrund quantitative Abstufungen wie qualitative Veränderungen im ZNS identifizierbar sind. Dies geschieht vor allem durch die Aufrechterhaltung einer *stabilen Basistemperatur*.

Nach der Erörterung der Dimension „stabil-labil" und der Dimension „protokritisch-epikritisch" behandelt *Pribram* die Dimension „effektiv-affektiv" als Funktion der Zusammenwirkung jener funktionellen Systeme, die über Amygdala, Basalganglien und Hippokampus (1) Arousal und Emotion, (2) Aktivierung und Motivation sowie (3) Anstrengung bzw. Wohlergehen realisieren (s.o.). Damit höhere psychische Funktionen möglich sind, bedarf es mehr als der protokritisch-epikritischen und der effektiv-affektiven Dimension: Es ist eine *stabile neuronale Repräsentation der Körperfunktionen* zwischen „Muskeln, Haut und Viscus" einerseits und dem Kortex andererseits erforderlich (S. 116). Sie wird durch den Neokortex in Verbindung mit dem Hirnstamm wie dem limbischen System realisiert. D.h. der *Neokortex* selber in Verbindung mit den *kortikalen Anteilen des limbischen Systems* (Archi- und Paläokortex) realisiert den *Aufbau des Körperselbstbildes* in Form der Aufgliederung in *externale und internale* (auf die Außenwelt bzw. die Innenwelt, d.h. den Körper bezogen) sowie in *protokritische und epikritische Gebiete* der Informationsverarbeitung und -konstruktion. Die Repräsentationen des Körperselbstbildes finden sich vorrangig auf der Innenseite des cerebralen Kortex (intrinsischer Kortex), wie es die folgende, aus *Pribram* (1981, S. 119) übernommene Abbildung der Innenseite der linken Hemisphäre verdeutlicht (Abb. 26).

Zur kortikalen Repräsentation der protokritisch-epikritischen Dimension sowie der externalen und internalen Welt führt *Pribram* aus:

Der vordere frontale Kortex ist eng mit dem limbischen System verbunden, er stellt dessen „Assoziationsgebiet" dar. Der frontale intrinsische Kortex erhält Projektionen von den limbischen Thalamuszonen, die außerdem zum Gyrus Cingulus und zum präfrontalen Kortex projizieren (*Kandel* und *Schwartz* 1985, S. 234). Störungen dieser *protokritischen* Projektionen bewirken eine herabgesetzte Alternierungsfähigkeit, während Diskriminationslernen und Leistungen (als vorwiegend parietale Funktionen) unbeeinflußt bleiben. Insgesamt realisiert sich die *epikritische* Informationsverarbeitung vor allem in den (perifissuralen) Gebieten um die drei großen Furchen des Gehirns (Zentralfurche zwischen Frontalbereich und dem Rest des Neokortex; Sylvische Furche, die Temporallappen und Parietallappen trennt; Calcarinische Furche, die beide wiederum vom Okzipitallappen trennt).

Dieser *perifissurale Kortex* spiegelt nach *Pribram* den *äußeren Raum* wider, der *restliche Kortex* Dimensionen des *„Selbst"* (S. 117). Von besonderer Bedeutung für das Körperselbstbild ist der untere Parietalbereich; seine Verletzungen (insbesondere der nichtdominanten rechten Hemisphäre) führen zum „Neglect"-Syndrom auf der gegen-

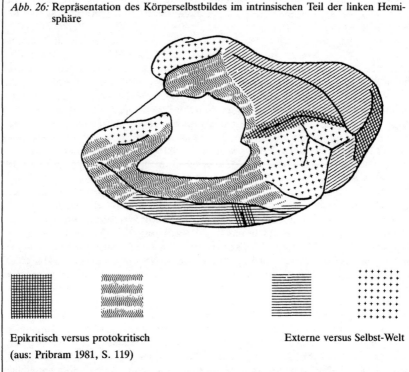

Abb. 26: Repräsentation des Körperselbstbildes im intrinsischen Teil der linken Hemisphäre

Epikritisch versus protokritisch   Externe versus Selbst-Welt

(aus: Pribram 1981, S. 119)

(Eine zusätzliche Rolle für die kortikale Regulation spielt die Verteilung der effektiv-affektiven Dimension in Form der bilateralen Arbeitsteilung der Hirnhemisphären.)

überliegenden Körperseite: D. h. diese wird nicht mehr bewußt wahrgenommen. Störungen des Frontalbereichs und des temporalen Pols (vorderes Ende des Temporallappens) hingegen bewirken das Gegenteil: Die Patient/innen reden über sich selbst und verlieren die Kontrolle über kontext-sensitives Verhalten (S. 118). Die *extrinsischen Teile des Neokortex* sind frontal wie parieto-temporal-okzipital (posteriorer Kortex) direkt mit extrazerebralen Strukturen verbunden, die Kontakt mit der Außenwelt herstellen: die extrinsischen Teile des frontolimbischen Vorderhirns mit Amygdala und Hippokampus, bzw. die prämotorischen und motorischen Zonen mit den Effektoren; die extrinsischen Teile des posterioren Kortex mit den sensorischen Rezeptoren. Die *intrinsischen Teile* verfügen nicht in gleicher Weise über Beziehungen zur Außenwelt, ihre Kontakte sind vor allem auf Basalganglien und Thalamus beschränkt (S. 118f.).

In Zusammenfassung seiner Überlegungen formuliert *Pribram* die Annahme einer *systemischen Interaktion* zwischen den intrinsischen und den extrinsischen Kortexanteilen (unter Einbezug des Hippokampus). Sie bilden im Austausch miteinander ein sich selbst regulierendes System, das Störungen überwindet und Gleichgewicht (auf höherem Niveau) herstellt. (1) Der *frontale intrinsische Kortex* realisiert die protokritische Wahrnehmung von Neuheit, Interesse und Schmerz sowie das kontrollierte, ereignisorientierte Vorgehen; (2) der *parietale intrinsische Kortex* sichert die Bereitschaft sowie das vorbereitete und automatisierte Vorgehen. (3) Der *extrinsische Kortex* sichert Wahrnehmungs- und motorische Fertigkeiten; (4) der *Hippokampus* sichert die Dimension Anstrengung-Wohlergehen sowie die Reaktion auf Stress. Verhalten auf diesem höchsten Niveau wird als Zusammenwirken beider Systeme in einer *ethisch-ästhetischen Dimension* aufgefaßt. Ereignisbezogene, episodische Prozesse (intrinsischer Frontalbereich) sind *„ethisch"*, da sie konservativ und selbstdefensiv sind; partizipatorische, d. h. auf Informationsverarbeitung bezogene Prozesse sind dagegen *„ästhetisch"*; sie zielen auf Erhöhung des Input-Effekts und Wandel des Systems. Entsprechend resultiert eine Dialektik der Bedürfnisse, die bei Vorrangigkeit des „ethischen" Aspekts auf *Befriedigung* (satisfaction) zielt, bei Vorrangigkeit des „ästhetischen" Aspekts auf *Genugtuung* (gratification).

Wir erkennen wiederum die beiden Dimensionen im „Modell des Künftigen" als Ausdruck des dominierenden Motivs: die Dimension der Tätigkeit im Sinne emotionaler Erfülltheit und die Dimension der Handlung im Sinne der Realisierung des nützlichen Endeffekts als Transformation des Gegenstands in ein dem Bedürfnis adäquates Produkt. Die *Theorie von Pribram* liefert uns darüber hinaus *wohlbegründete Annahmen über die neuronale Realisation des Körperselbstbildes, das erst den Aufbau des Abbilds der Welt* (vgl. Bd. 1, Kap. 5 und 6) *in der realen Auseinandersetzung mit dieser in der Tätigkeit sichert.* Dieses Körperselbstbild (und auf ihm aufbauend das verallgemeinerte wie das reflexive Ich) sichert jeweils die stabile Baseline der Tätigkeit als Abbildniveau, von dem aus sich die Tätigkeit weiter voranbewegen kann.

Diese Überlegungen von *Pribram* sind zu ergänzen durch eine Weiterführung von *Kinsbourne* und *Bemporad* (1984), die im Rahmen einer Neuropsychologie der Emotionen die (extrinsische) *kortikale Regulation beider Hemisphären* untersuchen.

Welche Funktion haben die beiden *neokortikalen Hemisphären* – auf deren Gesamtfunktion ich im folgenden Kapitel zur kortikalen Regulation nochmals in Kürze eingehe – für die *emotionale Regulation*?

Zur emotionalen Funktion beider Hemisphären (die linke ist in ca. 95% die für die Sprache relevante, „dominante"; die rechte entsprechend die „subdominante" Hemisphäre) existieren im wesentlichen folgende *drei Ansichten* (vgl. *Silbermann* 1986):

1. Emotionen werden besser durch die rechte Hemisphäre erkannt.
2. Die Kontrolle von emotionalem Ausdruck und verwandtem Verhalten findet prinzipiell in der rechten Hemisphäre statt.
3. Die linke Hemisphäre ist spezialisiert für den Umgang mit positiven Emotionen, die rechte für den Umgang mit negativen Emotionen.

Die letztere Ansicht, zu der *Silbermann* neigt, wird damit begründet, daß bei linkshemisphärischen Störungen „Katastrophenreaktionen" und Überschwemmungen mit negativen Emotionen auftreten; dagegen resultiert bei Ausfall der rechten Hemisphäre eher unangemessene Emotionalität im Sinne positiver Emotionen.

Berücksichtigt man aber, daß die *rechte Hemisphäre* eher spezifische Dimensionen des *psychischen Selbstbildes* (im Sinne einer kortikal-affektiven Dimension nach *Pribram*; 1981), die *linke* eher das *sprachlich repräsentierte* und mit Mitteln des logischen Operierens zugängliche *Abbild der Welt* (kortikal-effektive Dimension) realisiert, so wird sofort deutlich, daß *Silbermann*s Auffassung die Erscheinung für das Wesen ausgibt. Unter dem

Gesichtspunkt der *Simonov*schen Emotionstheorie ist es (1) eine notwendige Folge, daß Emotionen eher unangemessen werden, wenn die Wahrnehmung der Stärke der Bedürfnisse aus dem rechtshemisphärisch realisierten psychischen Selbstbild unterbrochen ist. Unter diesen Umständen beziehen sich die Emotionen vorrangig auf verbal-kognitive Bedürfnisse. Dies erklärt die veränderte Funktionsweise der linken Hemisphäre bei Störungen der rechten. Weiterhin ist (2) vorhersagbar, daß bei Unterbrechung der Information und dramatischem Anstieg der pragmatischen Ungewißheit bei linkshemisphärischer Störung und gleichzeitiger Integrität der Funktionen der rechten Hemisphäre sich die Emotionen in negativer Hinsicht verändern müssen.

Das Modell von *Kinsbourne* und *Bemporad* (1984), das ich in Abbildung 27 zusammengefaßt wiedergebe, hat den Vorteil, eine Klassifikation vorzulegen, die diese Prozesse der Selbstreflexion des Subjekts berücksichtigt. Es greift die Überlegungen von *Pribram* (1981) auf und betrachtet die affektiv-effektive Regulation als arbeitsteiligen Prozeß zwischen linker und rechter Hemisphäre: *Linkshemisphärisch* werde die *Handlungskontrolle*, *rechtshemisphärisch* die *emotionale Kontrolle* realisiert.

Dem kann ich *nicht ganz zustimmen*, da die hemisphäreninternen Vorgänge beider Hirnhälften in unterschiedlicher Weise die Vermittlung von Bedürfnissen und pragmatischer Ungewißheit regulieren, deren Ausdruck in der Gegenwart die emotionale Bewertung ist. Eher geht es in der interhemisphärischen Regulation um die Vermittlung von Stabilität und Labilität auf einem neuen Niveau, auf dem die rechte Hemisphäre die Vermittlung von Sprache und Praxis sichert (Ebene 1 und Nullebene im Sinne von G. *Klaus*; vgl. meine Ausführungen in Bd. 1, Kap. 5), die linke Hemisphäre die Vermittlung von wissenschaftlicher Sprache und Alltagssprache (Ebene 2 und Ebene 1). *Beide Hemisphären leisten unterschiedliche Beiträge zur Integration des „Selbst": M. E. sind verallgemeinertes Ich (rechts) und reflexives Ich (links) der Ausdruck ihrer unterschiedlichen Funktionsweise.* Bezüglich näherer Details zur neokortikalen Regulation verweise ich auf das folgende Teilkapitel (8.3).

Abb. 27: Lateralisierung der Emotionen: Das Modell von *Kinsbourne* und *Bemporad*

	links fronto-temporal	rechts fronto-temporal	
HANDLUNGSKONTROLLE	*links fronto-temporal* Ausübung der Handlungskontrolle über den äußeren Wandel; Assimilation der veränderten Umstände in formulierte Repräsentationen	*rechts fronto-temporal* Ausübung emotionaler Kontrolle über die interne Erregung (arousal); Organisation und Absicherung der internen Reorganisation, die die interne Kontrolle beeinflußt, unter Bedingungen, wo dem Organismus die Kontrolle durch Handlung nicht zugänglich erscheint	**EMOTIONALE KONTROLLE**
	links posterior-parietal befähigt das Handlungskontroll-System, Kontakt mit der notwendigen exteroceptiven Information aufzunehmen; Akkomodation an externalen Wandel	*rechts posterior-parietal* befähigt das emotionale Kontroll-System, Kontakt mit der relevanten interoceptiven Information aufzunehmen; Interpretation der emotionalen Bedeutung von Stimuli	

U.a. werden folgende klinische Befunde angeführt, die dieses Modell stützen:
- *Depressionen* treten häufiger bei linksseitigen frontalen und rechtsseitigen posterioren Schädigungen auf (S. 269). Studien über Depression zeigen verstärkte rechtsseitig-frontale Aktivität. Depression wird daher verstanden als Unfähigkeit zur Organisation einer aktiven Kontrolle, verbunden mit einer Überlastung einer relativ erregten rechten frontalen Hemisphäre, für die Genugtuung (gratification) schwer zu erzielen ist (S. 271).
- *„Pseudopsychopathisches"* Verhalten, d.h. Probleme in der Anwendung moralischer Urteile, tritt eher bei rechtsseitigen frontalen Schädigungen auf (S. 269). Eine entsprechende Störung bringt unangemessene, labile oder reduzierte Emotionalität hervor, die sich in unangemessenem Verhalten ausdrückt (S. 270).

Bis hierher habe ich, *tätigkeitstheoretisch neu eingeordnet,* die m.E. *wichtigsten Ansätze der Neuropsychologie der Emotionen* dargestellt. Es zeigt sich jedoch in den Forschungen der letzten Jahre, daß eine *weitere Gehirnstruktur* in engem Zusammenhang mit der emotional-motivational-sinnhaften Regulation des Verhaltens steht, die in hier referierten Arbeiten noch nicht berücksichtigt ist: das *Kleinhirn* (Cerebellum).

Ebenso wenig, wie auf die bisher behandelten Funktionszusammenhänge im Sinne einer Grundlegung für das Verständnis einer Reihe von Syndromen wie z.B. Autismus, Epilepsie, Hirnschäden unterschiedlicher Art und Genese verzichtet werden kann, so kann dies auch nicht für die Funktion des Kleinhirns, dessen Schädigungen häufig in einer biologistischen Interpretation als unmittelbare Ursache von Aggressivität diskutiert werden.

Ich beziehe mich im folgenden im wesentlichen auf die Arbeiten von *Prescott* (1971), *Watson* (1978), *Heath* (1980) sowie *Berntson* und *Torello* (1982). Aus ihnen geht hervor, daß das Cerebellum mit zahlreichen Strukturen des limbischen Systems verbunden ist und bei einer Reihe nichtmotorischer Funktionen mitwirkt.

Das Cerebellum besteht aus (1) dem spinalen Teil, (2) dem Paläocerebellum und (3) dem Neocerebellum. Letzteres weist im Primatenkortex eine ungewöhnliche Entwicklung auf: Sie entspricht nicht dem cerebralen Kortex als Ganzes, sondern den am umfangreichsten evolvierten Teilen: den temporalen Assoziationsgebieten und dem frontalen Kortex.

Der *spinale Teil des Cerebellums* ist wesentliches Projektionsgebiet für vestibuläre Afferenzen.

Im *Paläocerebellum* finden sich ganzheitlich organisierte Bewegungsmuster, die umweltbezogen realisiert werden (vgl. auch Abb. 18), wie Fressen, Trinken, Nagen, Fellpflegeverhalten. Das Paläocerebellum (vgl. *Berntson* und *Torello* 1982) wirkt mit in der Steuerung autonomer Funktionen (Blutdruck, gastrointestinales System, Blase); es projiziert zum Feld CA3 des Hippocampus (Eingang für Neuheit), zum Hypothalamus, zum Septum sowie zu den beiden dopaminergen Bekräftigungssystemen (A9 und A10) sowie weiteren Strukturen. Es kann epileptische Entladungen im limbischen System sowie im cerebralen Kortex hemmen. Seine Schädigung (im Vermis-Bereich) hat ähnliche Folgen wie die Schädigung der Amygdala; sie führt zu einem „Zähmungseffekt" und zu einem dramatischen Rückgang der Aggressivität. Verletzungen beider Gebiete wirken sich in gleicher Weise dämpfend auf die Irritierbarkeit nach einer Septumverletzung aus. Aggressives Verhalten kann bei Katzen durch Stimulierung der Amygdala, des Hypothalamus sowie des fastigialen Kerns des Kleinhirns ausgelöst werden. Ferner wurden in

Selbststimulationsexperimenten geeignete Zielgebiete des Paläocerebellums gefunden. Die Autoren halten daher fest, *das Paläocerebellum könne „starke Einflüsse auf motivationale Prozesse nehmen"* (S. 6), *indem es modulierend auf limbische Einflüsse wirkt.*

Zudem wirkt es integrierend für die Rechts-Links-Orientierung der Bewegungen des Subjekts und hat nicht nur motorische, sondern *„Handlungskontrollfunktionen"*, indem es das Aufrechterhalten gelernter Teilbewegungen im Rahmen einer Gesamthandlung sichert. Unter Entwicklungsaspekten bestehen enge Verbindungen mit dem vestibulären System. Schädigungen dieser Entwicklung weisen deutliche Beziehung zu Autismus und Hyperkinese auf (abnorme vestibulo-occulare Reflexe und atypischer vestibulärer Nystagmus).

Ebenso wie der Neokortex subkortikale Mechanismen nach dem Vorbild kortikaler Abbilder steuert (*Klingberg* und *Haschke* 1977, S. 647), so steuert auch das *Neocerebellum* auf der Basis neocerebellärer Abbilder, in die wiederum der Neokortex modulierend eingreift, die paläocerebellären Mechanismen (Prinzip der Rekursivität). So entsprechen die bei *Watson* (1978) berichteten Funktionen des Cerebellums insgesamt im wesentlichen den von *Berntson* und *Torello* für das Paläocerebellum benannten. *Watson* verweist ferner darauf, daß das Cerebellum sowohl in positive wie negative emotionale Muster integriert ist (z.B. Furcht- und Angstreaktionen; Aggressionskontrolle), vermutlich an der Schmerzwahrnehmung beteiligt ist, Einfluß auf Hör- und Sehprozesse hat und den „Prozeß der Leistungsverbesserung gelernter Bewegungen vermittelt" (S. 948). Eine Störung des Cerebellums bewirke durch Fortfall der retikulären Hemmung einen Anstieg des Arousals (S. 951).

Über die schon genannten Gebiete hinaus, zu denen das Kleinhirn projiziert, wird in der Literatur noch das Cingulum (*Watson* 1978, S. 952) genannt, das ebenso wie das Septum interessante Gemeinsamkeiten zum Cerebellum aufweist.

Heath u.a. (1980) leisten zur Aufklärung der *Interaktion des Cerebellums* mit den uns schon bekannten *limbischen Regulationssystemen* einen wichtigen Beitrag. Sie gehen aus von dem Verhalten der Purkinje-Zellen, die die einzig bekannte Efferenz des Neocerebellums darstellen. Deren Zellaktivität wird hervorgerufen durch eine Hyperaktivität des limbischen Systems. Dabei ergeben sich folgende Zusammenhänge der Rückkoppelung:

1) Hippokampale Aktivität (insb. Nachentladungen) läßt das Feuern der Purkinje-Zellen des Kleinhirns ansteigen; deren Aktivität bewirkt dann eine Hemmung der Aktivität des Hippokampus.
2) Eine Aktivierung der Septalregion hemmt ebenfalls den Hippokampus. (Das Septum spielt eine Rolle bei der Herausbildung der Orientierungsreaktion und beim passiven Vermeidungslernen; *Larbig* 1983, S. 114).
3) Schließlich werden Purkinje-Zellen wie Septum von paläocerebellären Strukturen (Vermis) zum Feuern angeregt, die gleichzeitig hippokampale Erregungen hemmen.

Es wird deutlich: In der *Genese der Motive* spielt das *Kleinhirn* zusammen mit dem *Septum* (und dem *Cingulum*, das als Ort aktiven Vermeidungslernens gilt; *Larbig* 1983, S. 114) eine wichtige Rolle beim Bereitstellen von Handlungsalternativen auf der Operationsebene und der Realisierung verknüpfender Bewegungsmuster in einer Handlungsfolge. Entsprechend können alle drei Strukturen auch als am Aufbau der

Orientierungsreaktion beteiligt gekennzeichnet werden (dies konstatiert *Larbig* für Septum und Cingulum). Sie sichern damit die *Mikroebene der Handlungsrealisierung*, deren *Makroebene* im Rahmen der Motivbildung durch die *Basalganglien* realisiert wird (vgl. auch *Kandel* und *Schwartz* 1985, S. 518).

Mit dem Übergang zur Realisierung einer Handlungsabfolge müssen auf dieser Mikroebene jedoch die *Hindernisse* im Handlungsablauf wahrgenommen, in ihrer Überwindbarkeit bewertet und Alternativen bereitgestellt werden. Entsprechend haben *Jantzen* und *von Salzen* (1986, Kap. 7.2) als wesentliche Aufgabe des Kleinhirns im Zusammenhang der Genese von Emotion und Motivation die Realisierung der *Willensfunktion* herausgearbeitet (unter Bezug auf *Simonovs* Auffassung, der den Willen als Ausdruck des Bedürfnisses nach Überwindung von Hindernissen auffaßt).

Auf eine vergleichbare Funktion für das *Cingulum* und das *supplementäre motorische Feld* (SMF) machen *Damasio* und *Hoesen* (1983) aufmerksam. Bei Störungen im Cingulum kommt es zu Formen eines akinetischen Mutismus; bei der Zerstörung kleiner Teile durch Psychochirurgie zur Reduzierung von Angst und Aufregung. Bei Schädigungen des SMF kommt es zu schweren Störungen der spontanen Sprache. Bei Störungen beider Systeme bleiben automatische Bewegungen normal, jedoch kommt es zur Beeinträchtigung der willentlichen Kontrolle. Dies wirkt sich im Sinne eines *neutralisierten Willens, sich zu bewegen oder zu kommunizieren*, aus. Beide Strukturen, das Cingulum jedoch deutlicher als das SMF, zeigen ähnlich wie das Cerebellum eine deutliche Beteiligung an der affektiven Regulation.

Auf der Basis der im vorweggegangenen Kapitel (vgl. insb. Abb. 10) herausgearbeiteten *zeitlichen Struktur im Übergang von der fließenden Gegenwart zu dem ‚Modell des Künftigen'* und dessen Realisation in der Tätigkeit ordnen sich diese Befunde ohne Schwierigkeiten ein. Ebenso wie die Basalganglien, so sind auch Kleinhirn, Septum, Cingulum und SMF an der Realisation der Handlungsprogramme, Operationen, d.h. deren Umsetzung in adäquate Bewegungsmuster beteiligt. In diesem Prozeß (vgl. Abb. 10) richtet sich die *Funktion des Hippokampus- und Amygdala-Komplexes* von der Bewertung der Gegenwart (über die Bewertung der potentiellen Zukunft in Form alternativer Motive bei der Herausbildung des Motivs) nunmehr auf die *mit dem dominierenden Motiv verbundene Tätigkeit als Baseline*, wobei *Abweichungen von dieser Tätigkeit* ebenso über Amygdala und Hippokampus wie über die motivational-motorischen Systeme von Basalganglien sowie Kleinhirn, Septum, Cingulum, SMF reguliert werden (jeweils in Verbindung mit den behandelten kortikalen Strukturen intrinsisch-extrinsischer und bilateraler Art).

Zusammenfassend ist festzuhalten: Auch wenn alle hier genannten Autoren Vorstellungen zur Neuroanatomie der Emotionen vortragen, die z.T. außerordentlich differenziert und für die Neuropsychologie weiterführend sind, so fällt doch das *gänzliche Fehlen von Annahmen über das neurophysiologische Substrat emotionaler Regulation* auf. Lediglich in Arbeiten von *Bechterewa* fand ich Hinweise darauf, daß einhergehend mit der Stärke emotionaler Zustände es zu bioelektrischen Veränderungen in einer Reihe der im Zusammenhang mit emotionaler Regulation genannten Hirnstrukturen kam. Bei positiven Emotionen wurde das Niveau des Gleichspannungspotentials negativer, bei negativen Emotionen verstärkte sich entsprechend die Positivität (*Bechterewa* u.a. 1969, S. 167ff.). Vergleichbare Ergebnisse werden bei der Registrierung infra-langsamer elektrischer Prozesse berichtet (*Bechterewa* und *Kambarowa* 1984). Einhergehend mit emotionalen Zuständen kam es (bei deutlicher Lateralisierung) bei einer größeren Zahl von Hirnbereichen zu einer Verschiebung der Potentiale in Richtung Positivität, bei einer kleineren in Richtung Negativität.

Ich beschließe damit den Überblick über die *subkortikal-kortikalen Strukturen*, die als Strukturen der *Vermittlung von Sinn und Bedeutung* verstanden wurden. Auf die aus diesem Verständnis sich ergebenden Anregungen für eine Theorie der Psychosomatik (veränderte strukturelle Koppelung in und zwischen Zellpopulationen, in und zwischen Organen usw.) gehe ich hier nicht näher ein. Im folgenden werde ich die kortikalen Strukturen selbst behandeln, dann Probleme der Entwicklung der neuropsychischen Regulation in der Ontogenese sowie schließlich Störungs- und Kompensationsmechanismen.

8.3 Kortikale Regulation

Im Abschnitt 8.1 wurden bereits einige allgemeine Prinzipien der kortikalen Regulation herausgearbeitet (Verständnis der Felder der Großhirnrinde als kortikale Enden verschiedener Analysatoren, Funktionsweise der primären, sekundären und tertiären Felder, Drei-Block-Theorie von *Luria*, schichtweiser Aufbau der Großhirnrinde, Neuronenensembles als Grundeinheiten u. a. m.). Im vorweggehenden Teilkapitel erfolgte mit der Darstellung des Modells von *Kinsbourne* und *Bemporad* darüber hinaus eine Verknüpfung der subkortikal-kortikalen Regulation mit der paarigen Arbeitsweise der kortikalen Ebene. Für die Lektüre der folgenden Abschnitte sollte ggf. auf diese Ausführungen zurückgegriffen werden.

Nach der Darstellung der funktionellen Asymmetrie beider Großhirnhemisphären folgt die Behandlung der Funktionsweise einzelner kortikaler Bereiche (der linken, dominanten Hemisphäre) im Gesamt der neuropsychischen Regulation. Dort wird auch die Störungsstruktur bei spezifischen örtlichen Hirnschädigungen (Aphasie, Apraxie, Agnosie usw.) behandelt.

8.3.1 Die funktionelle Asymmetrie beider Großhirnhemisphären

Die über den Balken (corpus callosum), ein Bündel zahlreicher Nervenbahnen, miteinander verbundenen Großhirnhemisphären nehmen unterschiedliche neuropsychische Funktionen wahr.

Eine Lateralisierung von Funktionen selbst sowie eine damit häufig verbundene funktionelle Asymmetrie existiert auf allen Ebenen biotischer Existenzweise. Bereits auf molekularer Ebene findet man *Chiralität* (Spiegelbildlichkeit) biologischer Systeme und die Bildung stabiler Makromoleküle durch Verwendung asymmetrischer Bausteine gleichen Typs (*Richter* 1978).

Anatomisch sind bei den Menschen beide Körperhälften ungleich. Das Herz liegt auf der linken Seite, und auch andere innere Organe verteilen sich asymmetrisch. Diese topologische Struktur entsteht in der Embryogenese durch die Wanderung spezifischer Zellpopulationen in eine bestimmte Körperhälfte. Am Beispiel des „Situs inversus", d. h. der Lage des Herzens auf der rechten Seite, wie dies bei einigen Menschen vorkommt, konnten entsprechende Belege hierfür gefunden werden. Personen mit dieser Änderung litten unter chronischer Stirnhöhlenvereiterung, Bronchitis, und ihre Spermatozoiden waren starr und unbeweglich. Zellbiologische Untersuchungen ergaben, daß die Flimmerhaare (Cilien) des Flimmerepithels der Atemwege (ebenso wie die Geißeln der Spermatozoiden) gelähmt waren, weshalb der Schleim nicht aus den Atemwegen entfernt werden konnte. Ohne aktive Bewegung dieser Zellen in der frühen Zellwanderung, so folgert *Changeux* (1984, S. 296f.), der diese Befunde wiedergibt, erfolgt eine Zufallsverteilung auf die eine oder andere Körperhälfte, woraus dann in der Hälfte der Fälle Situs inversus resultiert.

Die asymmetrische Topologie des Körpers spiegelt sich im ZNS wider und begründet mit dessen asymmetrische Topologie, die für die Informationskonstruktion im Sinne des Aufbaus eines psychischen Raumes in der Innenwelt unabdingbar ist. Aber das ZNS selbst verfügt ebenfalls über *elementare Asymmetrien*. So ergaben Arbeiten von *Tschasow* u. a. (1987) seitenspezifische Funktionen von Neuropeptiden, die bei Ratten in unterschiedlicher Weise an der Atmung, an der emotionalen und endokrinen Regulation beteiligt waren. Diese Substanzen wurden nach einseitigen Hirnverletzungen motorischer Kerne verstärkt gebildet und bewirkten bei Injektion an dezerebrierten Ratten eine Beugung des Hinterbeines der gegenüberliegenden Seite. Die Forschungen ergaben, daß auch Opiatrezeptoren seitenspezifische Wirkungen hatten. Zudem hatten Injektionen der Rückenmarksflüssigkeit von Katzen, die eine durch Hirnschädigung entstandene Bewegungsunfähigkeit überwunden hatten, entsprechende positive Wirkungen bei anderen Tieren mit gleichartiger Verletzung. Dies spricht dafür, daß es im ZNS auf molekularer Ebene eine Reihe von Gradienten für die Lateralität gibt.

Auch verschiedene *subkortikale Kerne* zeigen seitenspezifische Besonderheiten, so z. B. der Hippokampus (links semantische Orientierung, rechts räumliche Orientierung; vgl. *O'Keefe* und *Nadel* 1978) oder der Thalamus (linksseitige Repräsentation von Selektormechanismen für sprachliche Einstellungen; *Kinsbourne* 1978, S. 561f.).

Auf dem Niveau der *Großhirnrinde* findet eine überkreuzte dominante Regulation sensomotorischer Prozesse der je anderen Körperhälfte statt (zur Evolution dieser Strukturen vgl. *Gutmann* und *Bonik* 1983, Kap. 5.4, S. 81ff.; *Dimond* 1972 sowie *Kinsbourne* 1978). Die *somatische Muskulatur* braucht eine *bisymmetrische Regulation*, da anders die Körperbewegung nicht realisiert werden kann. *Dies ist für die Sprache in dem Moment nicht mehr erforderlich, wo sie sich ihrer äußeren motorischen Anteile entledigt und zur inneren Sprache wird.* Für diesen Übergang wird die unterschiedliche Verarbeitungsform beider Hemisphären für *serielle* und *parallele* Verarbeitung in neuer Weise genutzt. Eine in dieser Weise unterschiedene Verarbeitungsform zeigt sich schon bei Vögeln, wo die linke Hälfte eher mit der Gesangsregulation und Gesangswahrnehmung (also serielle Verarbeitung akustischer Eindrücke), die rechte eher mit paralleler Verarbeitung visuellräumlicher Eindrücke korreliert. Vergleichbare Ergebnisse finden sich im Säugetierbereich insgesamt (vgl. *Harnad* u. a. 1977). Erst beim Menschen kommt es jedoch zu einer stabilen funktionellen Asymmetrie, innerhalb derer die linke Hemisphäre vorrangig (bei ca. 95% der Menschen) die verbale Regulation übernimmt.

Diese Asymmetrie liegt zwar bereits zum Zeitpunkt der Geburt im Sinne einer angeborenen Vorrangstellung vor, doch erfolgt erst im Laufe der Ontogenese eine *selektive Stabilisierung* in der Weise, daß nach dem 6. Lebensjahr eine deutliche Dominanz der linken Hemisphäre für Sprachprozesse vorliegt (*Airapetjanz* 1981). Die unterschiedlichen Auswirkungen von Hirnschädigungen entsprechender Felder im Kindes- und Erwachsenenalter (*Lenneberg* 1972, S. 177ff.; *Changeux* 1984, S. 300) sprechen dafür, daß insbesondere in der frühen Kindheit auch die rechte, nichtdominante Hemisphäre über alternative Fähigkeiten der sprachlichen Regulation verfügt. Sie büßt diese im Prozeß dieser Stabilisierung zunehmend ein, obgleich sie auch weiterhin untergeordnet an sprachlicher Regulation beteiligt ist (vgl. u.a. *Springer* u. *Deutsch* 1981).

In der Literatur gibt es zahlreiche Zusammenstellungen über die unterschiedlichen Funktionen beider Hemisphären. Entsprechende Angaben bei *Blakesley* (1980), *Luria* (1973), *Springer* und *Deutsch* (1981) sowie *Bragina* und *Dubrochotowa* (1984) ergeben ohne Anspruch auf Vollständigkeit folgendes Bild der *Dominanz der linken bzw. rechten Hemisphäre:*

Abb. 28: Die Funktionen der linken und rechten Großhirnhemisphäre

Linke Hemisphäre:

1) Sprache: Sprechen, Lesen, Schreiben;
2) Gedächtnis: verbales Gedächtnis;
3) Denken: abstrakte Kategorisierungen, Denken im verbal-abstrakten Raum und der verbal-abstrakten Zeit;
4) Musik: Wahrnehmung von Dauer, Zeitstruktur, Rhythmus, Reihenfolge sowie von einzelnen Tönen;
5) Wahrnehmung: Mehr als ein Ding gleichzeitig sehen, rechts-links-Unterscheidungen, Details aus Zeichnungen erkennen;
6) Hände: besondere kinästhetische Fähigkeit der rechten Hand, differentielle manuelle Geschicklichkeit;
7) Verarbeitungsweise: seriell, intraregional;

Rechte Hemisphäre:

1) Sprache: Verstehen von Metaphern und Humor, Intonation, Prosodie;
2) Gedächtnis: Formgedächtnis, Repräsentanz des Körperschemas;
3) Denken: bildhaft-künstlerisches Denken, Denken im konkreten Raum und in der konkreten Zeit;
4) Musik: Gesamteindruck
5) Wahrnehmung: bessere Signalentdeckung, Unterscheiden unbekannter Gesichter, angemessene Form, visuelle Geschlossenheit, geistig-visuelle Manipulation;
6) Hände: größere taktile Empfindlichkeit der linken Hand;
7) Verarbeitungsweise: Parallel, interregional.

Anatomisch bzw. *physiologisch* finden sich folgende Unterschiede zugunsten der linken Hemisphäre: viermal stärker durchblutet, Vorherrschen grauer gegenüber weißer Substanz, um ⅓ größere Temporalfläche.

Die Leistungen beider Hemisphären können auf der Basis dieser Befunde links eher als verbal-logisch, differenzierend, aufs Detail bezogen gekennzeichnet werden, bei Vorwiegen intellektueller Regulation, rechts eher als topologisch, integrierend, holistisch, bei Vorwiegen perzeptiv-begrifflicher Regulation. Entsprechend dem Ebenenaufbau der Sprache (vgl. meine Ausführungen in Band 1, S. 232) kann davon ausgegangen werden, daß *beide Hemisphären* Anteil an der Realisierung der *Nullebene* (sensomotorische Ebene) sowie der *sprachlichen Ebene 1* (Alltagssprache bzw. zwischenbegriffliche Relationsbildung sensu *Klix*) haben. Die *linke Hemisphäre* hat jedoch ersichtlich eine Dominanz für die in der *sprachlichen Ebene 2* stattfindende *Justierung der Innenwelt* (die sich dann natürlich in einem entsprechend höher organisierten und hierarchisierten Körperselbstbild/Ichselbstbild in der funktionellen Organisation der rechten Hemisphäre widerspiegelt).

Eine Reihe von Befunden belegen, daß diese Dominanz unabhängig vom Zeichenkörpersystem besteht (so auch bei auf der sprachlichen Ebene 2, d.h. auf dem Niveau innerbegrifflicher Relationsbildung organisierter Gebärdensprache; vgl. *Holste* 1990). *Werden Zeichen zur Bedeutungsdifferenzierung von Wörtern in der Sprache verwendet, so sind sie linksseitig repräsentiert:* So z.B. die Vokale in der japanischen Sprache bzw. polynesischen Sprachen, wo sie im Unterschied zu westlichen Sprachen eine gleichrangige Bedeutung wie Konsonanten für das Sprachverständnis haben. Links lokalisiert sind hier aber auch Töne mit auffallender Analogie zu Vokalen: Tierlaute, Gesang der Insekten, Klänge traditioneller japanischer Musikinstrumente, Geräusche des Windes, des fließenden Wassers, der Brandungswellen (*Brabyn* 1980).

In besonderer Weise deutlich ist die Funktionsteilung beider Hemisphären beim Zusammenfallen der Dominanz der linken Hemisphäre für Händigkeit *und* Sprache ausgeprägt, wie dies die beiden sowjetischen Forscherinnen *Bragina* und *Dubrochotowa* an zahlreichen klinischen Befunden verdeutlichen (1980, 1984). Einen Überblick über den Zusammenhang von *Händigkeit und Sprachdominanz* gibt die folgende Tabelle (Zahlen aus *Springer* und *Deutsch* 1981, Kap. 5; Rechtshänder in der Population insgesamt 90%; ebd., S. 103).

Tab. 1: Sprachdominanz der Hemisphären und Händigkeit

	links	Sprachdominanz beidseitig	rechts	Gesamt
Linkshänder:	70%	15%	5%	100%
Rechtshänder:	95%		5%	100%

Bragina und *Dubrochotowa* (1980, 1984) stellen fest, daß es nur bei Rechtshändern eine ausgeprägte funktionelle Asymmetrie gibt. Linke und rechte Hemisphäre von Linkshändern ähneln dagegen der rechten Hemisphäre von Rechtshändern. So überwiegt z.B. in den Erkenntnisprozessen von Linkshändern deutlich die sinnliche Komponente (1980, S. 1207).

Bei *Störungen der linken oder rechten Hemisphäre von Rechtshändern* sind die o.a. Funktionen der jeweiligen Hemisphäre deutlich beeinträchtigt (1984, Kap. 3 u. 4). Bei Störungen des rechten Parietalbereichs kann es zum Verschwinden des Körperselbstbildes der gegenüberliegenden Seite (Neglect-Syndrom) kommen. Bei Halluzinationen infolge von Traumata findet sich bei linksseitigen Schädigungen vorrangig eine Verzerrung von Seh- und Höreindrücken, bei rechtsseitigen Schädigungen sind Halluzinationen vorrangig taktil; die strenge funktionelle Abtrennung der sensorischen Systeme scheint teilweise aufgehoben zu sein. In bestimmten Fällen werden optische Reize über den Tastsinn wahrgenommen (1980, S. 1210).

Darüber hinaus verweisen die Autorinnen jedoch zusätzlich auf *gestörte raum-zeitliche Charakteristika* bei Schädigungen der *rechten Hemisphäre* (1984, Kap. 5): So bezogen auf die Zeit: Stillstehen oder Dehnung der Zeit, Verlust des Gefühls der Zeit, verlangsamter, umgekehrter oder beschleunigter Ablauf der Zeit, rhythmische Wiederholung der Zeit. Und bezogen auf den Raum: Phänomene des „deja vu" (schon irgendwo gesehen), des „noch nie gesehen", Depersonalisation (Verlust des Gefühls der Ganzheit und des Ichs) und Derealisation (z.B. Vergrößerung des Körpers oder einzelner Körperteile).

Sie folgern: „Ganz offensichtlich sind die Einheit des körperlichen und psychischen ‚Ich', seine Untrennbarkeit von der Umwelt, und die Ganzheit der Außenwelt ohne den konkreten Raum und die konkrete Zeit (als rechtsseitige Funktion; W.J.) nicht möglich. Die in den Empfindungen des Subjekts zum Ausdruck kommende Ganzheit des ‚Ich' bedeutet wahrscheinlich die zeitliche Integration der verschiedenen körperlichen Empfindungen ... sowie auch der Empfindungen, die durch die Wahrnehmung der aus verschiedenen Punkten des extrapersonalen Raumes stammenden Reize entstehen" (1984, S. 144).

Bezogen auf *pathologische Zustände der linken Hemisphäre*, die diesen Verfall von Raum und Zeit so nicht aufweisen, stellen *Bragina* und *Dubrochotowa* fest (S. 165): „Offensichtlich handelt es sich ... um Störungen auf einer höheren Ebene des Bewußtseins und Selbstbewußtseins, bei dem das Subjekt sich bewußt als einbezogen in ein System sozialer Bindungen wahrnimmt, und seine Wechselbeziehungen in der sozialen Umwelt in der Gegenwart und das für die Zukunft geplante Verhalten ihm nicht nur im Hinblick auf die möglichen Folgen für sein eigenes soziales Verhalten, sondern auch für seine Beziehungen zu den anderen Menschen in der sozialen Gemeinschaft bewußt werden". Beschrieben ist damit der in der inneren Position des Erwachsenen auftretende reflexive Innenraum, den ich in Kap. 5 ausführlich behandelt habe.

Auf der Basis dieser Befunde gehen *Bragina* und *Dubrochotowa* (1984, Kap. 6) von einem *inneren Raum* und einer *inneren Zeit* als Resultat der Informationskonstruktion in den Prozessen der psychischen Entwicklung aus. Dabei steht der *rechte* Raum in besonderer Weise mit der *Vergangenheit*, der *linke* Raum mit der *Zukunft* in Verbindung, die Gegenwart findet in besonderer Weise in einem dreidimensionalen Raum statt (als Resultat der permanenten Informationskonstruktion; vgl. *an der Heiden*, *Roth* und *Stadler* 1986). Die *Gegenwart* wird als Resultat der paarigen Tätigkeit beider Hirnhemisphären verstanden; sie existiert nicht in reiner Form, sondern nur gefüllt mit Ereignissen (S. 175f.). Die Zukunft wird (psychomotorisch, also kinetisch) auf Basis der in der Vergangenheit (sensomotorisch, d.h. vor allem auch kinästhetisch) gewonnenen und im Gedächtnis niedergeschlagenen Erfahrung vermittelt über die Gegenwart konstruiert. Dies entspricht in vollem Umfang den in Kapitel 7, Abbildung 10 dargestellten Annahmen über die Herausbildung des Modells des Künftigen. Dabei kommt den verschiedenen Bereichen der paarigen Hemisphären folgende Bedeutung zu: *Der linke vordere* (also frontale) *Bereich realisiert die Zukunft, der rechte hintere Bereich die Vergangenheit; rechter vorderer und linker hinterer Bereich realisieren die Gegenwart.*

Diese Annahmen sind in ihrer Tendenz übereinstimmend mit denen von *Kinsbourne* und *Bemporad* (vgl. Abb. 27). Allerdings haftet ihnen noch der Fehler an, in dieser theoretischen Interpretation die spezifische Wirkweise der beiden „Gegenwart" repräsentierenden Bereiche nicht genauer zu bestimmen. Gegenwart realisieren sie nur bezogen auf die höchste Ebene der Realisation von Tätigkeit auf die sich selbst bewußte Tätigkeit, also die Tätigkeit auf der Ebene der reflexiven Ich-Funktionen. Ansonsten kommen auch in ihnen jeweils Aspekte von Zukunft ins Spiel.

Und auch die Tätigkeit der *hinteren rechten Hemisphäre* sollte als Ort der Konstruktion von „Vergangenheit" noch genauer bestimmt werden. Sie konstruiert jeweils in der fließenden Gegenwart das Körperselbstbild auf der Basis von Interaktionen mit dem intrinsischen Kortex sowie subkortikalen Regionen. Als (rechtshemisphärischer) Teil der Einheit für Informationsaufnahme, -verarbeitung und Speicherung *(Luria)* hat sie es vor allem mit dem Zurverfügungstellen bedürfnisrelevanter und situationsadäquater Aspekte des Körperselbstbildes zu tun. Dies sind vorwiegend neben den interozeptiven Erinnerungen die propriozeptiven Erinnerungen an Bewegungsfolgen (innerer Regelkreis nach *Bernstein*), verbunden mit den Erinnerungen, die über andere afferente Kanäle aufgebaut wurden (äußerer Regelkreis). Insofern ist *Bragina* und *Dubrochotowa* zuzustimmen, daß nicht die motorischen, sondern die sensorischen Muster im Gedächtnis gespeichert werden. Die rechte hintere Großhirnhemisphäre konstruiert also aus der Geschichte des Organismus heraus ein *afferentes Feld*, das den Anforderungen der Gegenwart entspricht und sich vorrangig auf die lokomotorischen Erfahrungen bezieht.

Die gleiche Funktion hat die *linke hintere Hemisphäre*, allerdings auf anderem Niveau. Sie rekonstruiert ein entsprechendes afferentes Feld, das sich vorrangig auf die sprachlichen Erfahrungen bezieht und die Basis für die sprachliche (bedeutungsdifferenzierende) Steuerung der praktischen Tätigkeit bildet. Sprachliche Erfahrungen sind (als sprechmotorische Erfahrungen) zunächst ebenfalls lokomotorische Erfahrungen, insofern sind sie in die rechte Hemisphäre einbezogen und erhalten bedeutungsakzentuierenden Charakter für die Gesamtlokomotion des Organismus. Sie werden daher rechtsseitig bedeutungsintegrierend konstruiert und in Modelle des Künftigen überführt. Hierfür spricht neben den schon zitierten Spezialisierungen beider Hemisphären die Überlegenheit des *rechten Frontalbereichs* für die Regulation von Lokomotionen sowie für die Reihenfolge sinnvoller Sätze *(Kaczmarek* 1987, S. 226 u. 238).

Da die Prozesse der Hemisphärendominanz erst in selektiver Stabilisierung festgelegt werden und bei nicht gegebener Dominanz der linken Hemisphäre es nicht einfach eine spiegelbildliche Dominanz gibt, sondern sehr viele Alternativen, an denen beide Hemisphären in anderen Formen der Arbeitsteilung beteiligt sind *(Bragina* und *Dubrochotowa* 1984), verbietet es sich auch aus diesem Grund, dem linken Frontalbereich lediglich die Konstruktion von Gegenwart mit Übergang in die Zukunft zuzuweisen. Ganz abgesehen davon verbietet auch die nachgewiesene Dominanz der rechten Hemisphäre für auf dem ideographischen und nicht dem Buchstabenprinzip aufbauende Schriftsprachen (vgl. *Changeux* 1984, S. 304f.) eine so starre Annahme.

Somit ist auf der Ebene der Bewegungshandlungen (Lokomotionen), d.h. mit G. *Klaus* (1969) auf der Nullebene, und im Zuammenhang mit dem linken hinteren Bereich der Großhirnhemisphären auf der Ebene der Ereigniskommunikation (sprachliche Ebene 1) ein adäquates psychisches Orientierungssystem gesichert (Afferenzsynthese in der Vorauslöserintegration), auf dessen Basis (Übergang der Vergangenheit in die fließende Gegenwart) frontal Modelle des Künftigen modellierbar sind (Herausbildung von Handlungsakzeptoren).

Die *Funktion des rechten Frontalbereichs* würde bei dieser Auffassung darin bestehen, *Modelle des Künftigen auf der Ebene praktischer Tätigkeit in einem konkreten Raum und konkreter Zeit* hervorzubringen (Nullebene, sprachliche Ebene 1). In Abstimmung mit den Afferentationen in der linken hinteren Hemisphäre realisiert der linke Frontalbereich das aktive Sprechen auf der sprachlichen Ebene 1 (Alltagssprache). Durch die Herausbildung des Abbildniveaus der Integration des verallgemeinerten Ichs (s.o., Kapitel 5) kann nunmehr auf der Basis der umfassenden sprachlichen Abbildung der

Realität (linke hintere Hemisphäre) ein *stabiler psychischer Innenraum* entstehen, in dem Bewegungen möglich sind (gedankliche Bewegungen in der inneren Position, Herausbildung der inneren Sprache und des inneren Sprechens). In ihm werden *abstrakte Zeit* und *abstrakter Raum* konstruiert (*Bragina* und *Dubrochotowa*, 1984), d.h. es entsteht eine Reservibilität von Raum und Zeit. *Leontjew* (1981) bezeichnet dies als „5. Quasidimension" des Bewußtseins; nach *Klix* beginnt dieser Prozeß mit dem Übergang von der zwischenbegrifflichen zur innerbegrifflichen Relationsbildung und der Justierung der Begriffe in der Innenwelt. Die Konstituierung dieses „Quasiraumes" *(Luria)* ist mit den Ichbildungsprozessen der Pubertät und der frühen Adoleszenz abgeschlossen, nicht aber seine Ausgestaltung.

Damit Bewegungen in diesem Innenraum möglich sind (abstraktes, wissenschaftliches Denken, Selbstreflexion), dürfen die Bedingungen der Außenwelt nicht dominieren. D.h. die rechtshemisphärische Bedeutungsintegrierung des Ichs muß sowohl die stabile Existenz des linkshemisphärischen Innenraums absichern wie die bedeutungsdifferenzierende innere Tätigkeit in ihm, d.i. die reflexive Tätigkeit, gestatten. Diese Annahme wird gestützt durch Forschungen von *Konovalov* u.a. (1981), die ergeben, daß bei emotionaler Erregung die interhemisphärische Dominanz auf die rechte Hemisphäre wechselt. Für ein *synergetisches Zusammenarbeiten* beider Hemisphären stelle ein mittleres emotionales Anspannungsniveau, verbunden mit größtmöglichen Auswahlmöglichkeiten über zu aktivierende Einflüsse, die beste Bedingung dar. Auf diese synergetisch bilaterale Regulation als Basis effektiver und hochorganisierter geistiger Tätigkeit bis ins hohe Alter wird auch von *Ananjew* (1974) sehr deutlich hingewiesen.

8.3.2 Die Funktionsweise der linken (dominanten) Großhirnhemisphäre

Im folgenden geht es darum, die Intersystembeziehungen der Gebiete der linken Hemisphäre genauer zu betrachten, die in besonderer Weise an der Entstehung und Regulation der höheren psychischen Funktionen beteiligt sind. Im Vordergrund meiner Ausführungen wird die *kortikale Organisation von Denken und Sprechen* stehen, die bei örtlichen Hirnschädigungen in spezifischer Weise leidet. Dabei stützen sich Denkprozeß und Sprachprozeß „auf eine Reihe gemeinsam arbeitender Zonen der Hirnrinde, von denen jede ihre spezifische Bedeutung für die Organisation der Sprechtätigkeit insgesamt hat" (*Luria* 1982, S. 307). Wir werden versuchen, uns ein Bild dieser Organisation auf der Basis der spezifischen Akzentuierung des Gesamtprozesses durch lokale Hirnschädigungen zu machen.

Dabei wird insbesondere auf die Auffassungen des sowjetischen Neuropsychologen Alexander Romanowitsch *Luria* (1902–1977) zurückgegriffen. Dies deshalb, weil er neurologische Daten in besonderer Weise, und dies auf der Basis 40jähriger Erfahrungen in der klinischen Behandlung und Rehabilitation hirngeschädigter Menschen, mit einem entwickelten System psychologischen Denkens in Verbindung brachte. Zudem bauen seine Überlegungen in neurophysiologischer Hinsicht direkt auf den bereits dargestellten Überlegungen zur Struktur funktioneller Systeme von *Bernstein* und *Anochin* auf. Sie haben damit den Vorteil, uns Strukturen eines breit fundierten allgemeinen Theoriegebäudes für ein sehr kompliziertes Gebiet zu vermitteln. Der Vorteil dieses Zuganges liegt zudem darin, daß diese Theorie für die Behindertenpädagogik praxiswirksam wird durch die Art der von Luria begründeten syndromanalytischen Diagnostik (ich komme im folgenden Kapitel darauf zurück) sowie die daran anknüpfenden therapeutischen Strategien (vgl. z.B. *Luria* 1963, 1970b, Teil III, *Tsvetkova* 1982) bei der Rehabilitation Hirnverletzter. Durch dieses Vorgehen wird gleichzeitig eine bereits 1923 von *Isserlin* aufgestellte Forderung, die Heilpädagogik neben dem Studium von Blindheit und Taubstummheit auch auch auf das Studium der Hirnverletzungen zu gründen, systematisch für die Grundlegung einer allgemeinen Behindertenpädagogik wieder mit aufgegriffen. Über *Luria* hinaus versetzt uns unser bisheriges Vorgehen dann auch in die Lage, entwicklungsneuropsychologische Analysen von Prozessen geistiger Behinderung (im folgenden Teilkapitel exemplarisch an Autismus und Trisomie 21) vorzunehmen.

Nach *Lurias* Auffassung lassen sich drei große *regulatorische Einheiten des Gehirns* unterscheiden. Durch die Ausführungen zur kortikal-subkortikalen Ebene (8.2) wurde das Wirken der (ersten) Einheit für Aktivation, Wachheit und Tonus in wichtigen Teilen aufgeklärt. Es wurde damit ein Grundverständnis für die möglichen Auswirkungen spezifischer Schädigungen der subkortikal-kortikalen Strukturen des Gehirns im Prozeß der psychischen Tätigkeit entwickelt.

Die zweite und dritte regulatorische Haupteinheit beziehen sich auf die Bereiche der Parietal-, Temporal- und Okzipitallappen (Einheit 2: Informationsaufnahme, -verarbeitung und -speicherung) sowie den Frontallappenbereich (Einheit 3: Planung, Verifikation, Programmierung). Beide regulatorischen Einheiten sind durch die Zentralfurche voneinander getrennt. Um die Zentralfurche herum gruppieren sich die primären und sekundären Felder des sensomotorischen Analysators (vgl. die Ausführungen zur Bewegungsregulation).

Frontal liegen vor dem präzentralen Kortex (primäres motorisches Feld 4) die prämotorischen (sekundären) Felder (Feld 6 und 8, Feld 44 = Brocasche Zone) und die präfrontalen (tertiären) Felder. Der untere (ventrale) Teil dieser tertiären Felder umfaßt als fronto-limbischer (orbitofrontaler) Kortex neben frontalen Feldern (insb. 11) zudem verschiedene Felder des intrinsischen Teils (Innenfläche) des Neokortex (u.a. 23, 24, 38, 28), der besondere Bedeutung für die Realisierung des Körperselbstbildes hat (vgl. Abb. 26).

Der *posteriore Kortex* (also der hinter der Zentralfurche liegende) umfaßt die primären, sekundären und tertiären Felder verschiedener Analysatoren: Parietalbereich: kinästhetisch; Temporalbereich: akustisch; Okzipitalbereich: optisch (vgl. Abschnitt 8.1.1). Unmittelbar hinter der Zentralfurche liegen die für das Körpergefühl zuständigen primären Felder des *kinästhetischen Analysators* 1, 2 und 3. Mit dem Feld 6 zusammen bildet dieser „sensomotorische Streifen" der Felder 1 bis 4 das Pyramidensystem.

Schädigungen dieser Felder führen bei Tieren zu einer wesentlichen Einschränkung der Fein- und Geschicklichkeitsbewegungen. Beim Menschen wird in der Regel Spastizität mit dieser Schädigung in Verbindung gebracht. Es ist jedoch unklar, ob sich eine solche nicht durch den gleichzeitigen Ausfall extrapyramidaler Strukturen erst entwickelt (*Henatsch* 1976b, S. 316). Schädigungen des extrapyramidalen Systems (COEPS), das die Felder 6 und 8 (aber auch Teile des Feldes 4) sowie die postzentralen Gebiete 1–3, 5 und 7 umfaßt, führen kortikal, aber auch subkortikal (Basalganglien usw.) zu einer Reihe schwerer Bewegungsstörungen:

– Hyperkinesen: Störung der Bewegungsfähigkeit und des Bewegungsantriebs;
– Ataxien, Asynergien und Dysmetrien: Störungen der Bewegungskoordination und des Bewegungsantriebs;

- Hypertonus (Spastik und Rigor) und Hypotonus: Störungen des Muskeltonus;
- Tremor und Klonus: Störungen rhythmisch synchronisierter Muskelaktivitäten (vgl. Henatsch 1976b, S. 362f.).

Soweit Schädigungen der kortikalen Felder bestehen, die zu motorischen Störungen führen, ohne daß Lähmungen, Ataxie oder Tonusstörungen vorliegen, wird von *Apraxien* gesprochen. Diese wurden in der klassischen Apraxielehre (vgl. *Luria* 1970a, S. 209ff.) als elementare Störungen der Willkürbewegung begriffen und von den höheren, sprachlichen Störungen bei kortikalen Schädigungen (Aphasien) abgegrenzt.

In gleicher Weise wurden zunächst *Agnosien* als elementare sensorische Rindenstörungen von höheren Formen neuropsychischer Prozesse strikt abgegrenzt (vgl. *Luria* 1970a, S. 163, zur Geschichte der Untersuchung der optischen Agnosie). Agnosien sind Sinnesstörungen in einer bestimmten Modalität (optisch, einseitig räumlich, akustisch, taktil, für simultane optische Synthese, für Gesichter), die bei Störung der primären und sekundären Felder der verschiedenen Analysatoren auftreten. Als komplexere Form resultiert z.B. die taktile Agnosie, die verbunden mit spezifischen Formen der Apraxie als komplexe räumliche Störung begriffen werden muß (vgl. *Luria* 1970a, S. 193), aus der Schädigung tertiärer Felder.

Apraxien entstehen aus der Schädigung der kinetischen (vor der Zentralfurche liegenden, für den Bewegungsentwurf zuständigen efferenten Strukturen) und der kinästhetischen (proprizeptiven, afferenten, im Parietalbereich liegenden) Felder der Großhirnrinde. Agnosien können ebenfalls bei Schädigungen der (tertiären) Felder des Parietalbereichs entstehen (in Verbindung mit dem Okzipitalbereich als kortikales Ende des optischen Analysators), ansonsten sind sie an den *Temporalbereich* (akustischer Analysator) und den *Okzipitalbereich* gebunden.

Eine abgetrennte Behandlung der Agnosien und Apraxien von dem Problem der Störungen des Denkens und des Sprechens, also eine Trennung von sog. niederen und höheren Funktionen, hat sich historisch letztlich als unfruchtbar erwiesen (vgl. *Luria* 1970a, *Hécaen* 1981). Sie verbietet sich auch aufgrund der Kenntnisse der unterschiedlichen hierarchischen Strukturiertheit der Gebiete, deren Schädigung für sie verantwortlich gemacht wird (vgl. die folgenden Ausführungen). Trotzdem existiert gegenwärtig keine befriedigende Terminologie für die bei örtlichen Hirnschädigungen auftretenden Störungen der höheren kortikalen Funktionen. Wohl aber besteht die Möglichkeit, den von *Luria* eingeschlagenen Weg der Klassifizierung und Begriffsbildung weiter zu verfolgen, den ich im folgenden zunächst an den sog. höheren Funktionen und ihrer Störung darstelle (Aphasien, Frontalhirnsyndrom), um dann nochmals auf das Problem der Klassifikation von Agnosien und Apraxien zurückzukommen.

Zunächst aber noch eine wichtige Ergänzung: Genauso wie zur Struktur der primären Felder mit dem Prinzip der Supramodalität (vgl. 8.2.2) schon eine Spezifizierung gegenüber *Luria*s Konzept eingeführt wurde, so muß eine solche auch für das Konzept der sekundären und tertiären Felder erfolgen, da hier eine stärkere hierarchische Binnendifferenzierung vorliegt (vgl. Abbildung 29. Diese Abbildung wurde auf der Basis von Abbildungen in einem Aufsatz von *Pandya* und *Barnes* [1987] zu „Architektur und Verbindungen des Frontallappens" teils übernommen, teils neu gezeichnet).

Der linke Teil der Abbildung enthält die *hierarchische Aufgliederung der Assoziationsfelder* (sekundäre und tertiäre Felder) des Parieto-Temporal-Okzipital-Bereichs. Die primären Felder des akustischen, des optischen und des kinästhetischen Analysators projizieren in Assoziationsfelder erster Ordnung (AA1, VA1, SA1), ohne selbst Ver-

126

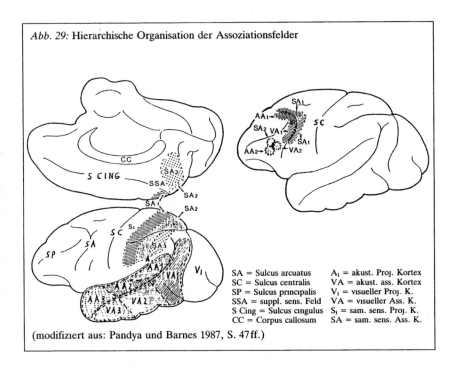

Abb. 29: Hierarchische Organisation der Assoziationsfelder

SA = Sulcus arcuatus	A₁ = akust. Proj. Kortex
SC = Sulcus centralis	VA = akust. ass. Kortex
SP = Sulcus principalis	V₁ = visueller Proj. K.
SSA = suppl. sens. Feld	VA = visueller Ass. K.
S Cing = Sulcus cingulus	S₁ = sam. sens. Proj. K.
CC = Corpus callosum	SA = sam. sens. Ass. K.

(modifiziert aus: Pandya und Barnes 1987, S. 47 ff.)

bindungen zum frontalen Kortex zu haben. Die Assoziationsfelder projizieren jeweils zum frontalen Kortex (und dort jeweils in nächsthöhere Strukturen; vgl. die rechte Hälfte der Abbildung), sowie in das nächsthöhere Assoziationsgebiet der eigenen Sinnesmodalität (also AA1 nach AA2 und AA2 nach AA3). Die in der rechten Abbildung nicht aufgeführten Projektionen der tertiären Assoziationsfelder AA3, VA3 und SA3 laufen in folgende Bereiche des fronto-limbischen Kortex: AA3 zu den Feldern 12, 13, 25 und 32; VA3 zu Feld 11, SA3 zu Feld 46 und zu Feldern 23 und 24, d.h. zum Gyrus Cingulus (*Pandya* und *Barnes* 1987, S. 44f.).

Wir müssen hier also einerseits von komplizierteren hierarchischen Strukturen ausgehen und andererseits von einer zwar durch eine Modalität bestimmten, jedoch intermodalen Struktur im Bereich der tertiären Felder, die sich im Parieto-Temporal-Okzipital-Bereich überlappen. Dabei kommt, wie schon von *Luria* betont, der Verbindung der höchsten parietalen Abschnitte (SA 3; dieser Abschnitt setzt sich auf der intrinsischen Seite des Neokortex fort) mit Assoziationsfeldern (niederen hierarchischen Grades, nämlich AA 1 und VA 1) des optischen undakustischen Analysators eine zentrale Rolle für die Konstituierung des (linksseitigen, abstrakten) Raumes zu.

Ausgangspunkt von *Lurias* Aphasielehre ist es, auf der Basis der Erkenntnisse *Anochins* und *Bernsteins* die unterschiedliche Rolle von *Afferenzen und Efferenzen zum Kriterium der Klassifikation* neuropsychischer Prozesse zu machen. Ähnlich hat in jüngster Zeit *Pribram* (1987) für die Organisation der Frontalhirnprozesse Feedback- und Feedforward-Mechanismen unterschieden.

127

Abb. 30: Klassifikation der Aphasien nach *Luria*

efferente Störungen	afferente Störungen	
Frontalhirnsyndrom (präfrontaler Kortex)		
dynamische Aphasie (frontal vor dem Feld 44)	semantische Aphasie (Feld 39) (unter Einschluß eines Teils der Formen der amnestischen Aphasie)	
„Telegramm-Stil" (syntaktische Aphasie)* (Feld 44)	akkustisch-mnestische Aphasie (Feld 21 und 37)	
efferent-motorische Aphasie (Feld 44)	afferent-motorische Aphasie (Feld 43, unt. Abschnitte postzentral)	sensorische Aphasie (Feld 22)

Zusammengestellt nach *Luria* 1970a, 1976b, 1980, 1982. 1970a unterscheidet *Luria* „Telegramm-Stil" und efferent-motorische Aphasie (klassische Brocasche Aphasie) noch nicht als eigenständige Formen. Dies erfolgt erst in den 1976b (S. 73ff. bzw. 83ff.) und 1982 (S. 324) erschienenen Werken. Auf Grund der beschriebenen Spezifität dieser Störung scheint mir der Ausdruck „syntaktische Aphasie" am angemessensten.

Jeder in die Zukunft laufende psychische Prozeß (Handlungsakzeptor bei *Anochin* als Ausdruck der vorauseilenden Widerspiegelung, Modell des Künftigen bei *Bernstein*, neuronales Modell auf der Basis des Orientierungsreflexes bei *Sokolov* 1960, 1969; *Sokolov* und *Vinogradova* 1975) baut auf einer aktuellen Informationskonstruktion des Organismus im Sinne einer *Afferenzsynthese* auf. Diese entsteht ständig neu, entsprechend den zugrunde liegenden Bedürfnissen, den Erfahrungen des Organismus und den Bedingungen der Umwelt. Sie stellt das jeweilige Resultat eines permanenten Übergangs der (in biotischen Prozessen niedergeschlagenen) Vergangenheit des Subjekts in die nur in dieser fließenden Gegenwart möglichen psychophysischen Prozesse der Tätigkeit dar. Auf ihrer Basis werden spezifische Strukturen der Vergangenheit, d.h. afferente Felder des Bewegungsapparates auf den verschiedenen Ebenen der Bewegungsregulation sowie afferente Felder der Bewegungen in den bisherigen Denkprozessen reaktiviert und gehen mit der Herausbildung des dominierenden Motivs und der Genese des Handlungsziels als Schlüsselmechanismus in *Modelle des Künftigen* über. Der *afferente Teil* bleibt über die *Efferenzkopie* (Kurzzeitgedächtnis) als *Feedback-Mechanismus* erhalten, auf dessen Basis der *Feedforward-Mechanismus* der *Efferentierung im Handlungsakzeptor* verglichen und bekräftigt wird auf der Basis des nützlichen Endeffekts. In diesem System erfolgt eine dauernde Nachstellung des Handlungsakzeptors im Sinne einer *ständigen Anpassung der Sollwerte an die Istwerte* (*Bernstein* 1989, S. 190), bis der nützliche Endeffekt realisiert ist und der Übergang zur nächsten Tätigkeit bzw. Handlung erfolgt.

Entsprechend gruppiert *Luria* die Aphasien und das Frontalhirnsyndrom (aber auch die Apraxien) nach der Lage ihres Störungskerns in der zweiten oder dritten regulatorischen Haupteinheit des Gehirns in zwei große Gruppen. *Störungen des Frontalbereichs* (präzentral, prämotorisch, präfrontal) sind *efferent, Störungen des posterioren Bereichs*

(Parietal-, Temporal-, Okzipitallappen) sind *afferent.* Je mehr sich die Störungsursachen von primären und sekundären Feldern hin zu tertiären Strukturen bewegen, desto komplexere Teile des funktionellen Systems Sprache werden gestört. Auf den unterschiedlichen hierarchischen Niveaus des Frontalbereichs werden die *syntagmatischen* Strukturen der Sprache realisiert, d. h. es erfolgt die Umkodierung eines Gedankens in den linearen Ablauf eines Satzes bei der expressiven Sprache bzw. bei der rezeptiven Sprache die Rekonstruktion des Sinns einer Mitteilung bzw. der Tiefenstruktur eines Satzes, und damit seines Inhaltes, auf der Basis seiner Oberflächenstruktur (vgl. *Luria* 1982). Der posteriore Bereich realisiert die *paradigmatischen* Strukturen der Sprache, d. h. ein System von Kodes auf phonematischer, lexikalischer und semantischer Ebene. Dies wird im folgenden unmittelbar deutlich an der Art der Störung der Sprache bei unterschiedlichen Formen der Aphasie. Dabei gehe ich auf den Aspekt subkortikal-kortikaler Störungen („tiefe Läsionen des Gehirns") nicht näher ein. Eine einschlägige Behandlung erfolgt in verschiedenen zitierten Werken von Luria (insbesondere 1976a).

Ich stelle nun ausgehend von einfachen Formen zu komplexen die jeweiligen Störungen der Sprache (und des Denkens) dar, die mit den afferenten und efferenten Formen der Aphasien verbunden sind.

1. *Efferent-motorische Aphasie:* Es kommt zu Störungen der dynamischen Struktur elementarer „kinetischer Melodien". So können Patienten z. B. nicht vom Laut „b" auf den Laut „k" umschalten. Bei der Aufgabe, die Verbindung „ba-ka" zu wiederholen, sprechen sie „ba-ba" oder statt „bi-ba-bo" „bo-bo-bo". Nicht die syntagmatische Struktur des Satzes ist gestört, sondern „die gleitende Erzeugung der Komponenten des einzelnen Wortes, die festgelegte Aufeinanderfolge der Artikulationen" (*Luria* 1982, S. 325).

2. *„Telegramm-Stil" (syntaktische Aphasie):* Es zerfallen grammatische Stereotype, die die Überführung einer Aussage in eine entfaltete syntagmatische Äußerung gewährleisten, während im Unterschied zur efferent-motorischen Aphasie die Synthese einzelner Wörter gelingt. Die prädikative Struktur des inneren Sprechens ist gestört. Einzelne Gegenstände können mühelos benannt werden, jedoch die zusammenhängende Nennung mehrerer Gegenstände bereitet Schwierigkeiten. Einzelne Elemente können nicht in einen zusammenhängenden Satz gebracht werden. Verben und Hilfswörter fehlen völlig.

3. *Dynamische Aphasie:* Es bestehen keine Probleme beim Nachsprechen, jedoch machen selbständige und spontane Äußerungen größte Schwierigkeiten. Gewohnte Wortreihen und Verbindungen bereiten keine Schwierigkeiten, jedoch versagen die Patienten bei der Umstellung (z. B. in umgekehrter Reihenfolge aufzählen). Es bestehen also deutliche Störungen bei der Umgruppierung von sprachlichen Oberflächenstrukturen, die nicht dem Typ der Ereigniskommunikation folgen (vgl. Bd. 1, Kap. 5.5). Der Rückgriff auf semantische Netze, die entsprechende Transformation gewährleisten (5.5.4 und 5.5.5), gelingt nicht oder nur erschwert. Bei der Aufgabe, Verben zu nennen, finden die Patienten nur ein Drittel bis ein Viertel soviel Verben wie Substantive. Es liegt ein selektiver Verfall der prädikativen Struktur der Sprache in Form der nicht mehr gelingenden Verfügung über ein lineares Satzschema vor (vgl. *Luria* 1970a, S. 252ff.). Das Wesen dieser Störung wird besonders deutlich durch die folgende Hilfe, die manchmal zu ihrer Behebung genügt: Stützt man einen Satz z. B. durch eine Reihe leerer Kärtchen entsprechend der Anzahl der Wörter, so können die Patienten den gewünschten Satz problemlos sprechen. *Luria* (ebd., S. 255) gibt folgendes Beispiel (Abb. 31):

Abb. 31: Organisieren des Aussprechens mit Hilfe äußerer Stützen bei dynamischer Aphasie

a. Ich ... Wie ist das? ... Da ...
b. Ich → will → spazierengehen
□ → □ → □
c. Ich ... Ich kann nicht ... Ich weiß nicht.
a spontan, b bei Stütze durch Kärtchen, c spontan

4. *Frontalhirnsyndrom:* Die präfrontalen Rindenabschnitte sind die phylogenetisch jüngsten Teile des Primatengehirns. Bei ihrer Schädigung können schwere Motivationsstörungen und eine Einschränkung der Kritikfähigkeit auftreten. Damit einher geht ein Zustand verminderter Aktivität, verbunden mit leichter Ablenkbarkeit und Zerfall von Orientierung. Das verbal vermittelte Gedächtnis bricht zusammen, im Umgang mit Begriffen und logischen Beziehungen treten Störungen auf, der Vollzug komplizierter, vernünftiger, zielgerichteter Akte wird unmöglich. Die steuernde Funktion der Sprache geht verloren. Die Orientierungsgrundlage der Handlung ist gestört, dadurch können keine Lösungsschemata ausgearbeitet werden (vgl. *Luria* 1970, Kap. 2.5, *Pribram* und *Luria* 1973).

Erst in jüngster Zeit konnte die Frage der Spezifität der Störung unterschiedlicher Abschnitte des frontalen Kortex weiter aufgeklärt werden. *Brown* (1985, zitiert nach *Pribram* 1987, S. 30) unterscheidet im wesentlichen drei Hauptgruppen von Störungen:

– Schädigungen der *frontolimbischen Abschnitte* führen zu beeinträchtigter Aktivation, Reaktionsbeeinträchtigung, motorischem Neglect und Mangel an Initiierung (*Pribram* verweist hier unter Bezug auf die gemeinsame Arbeit mit *McGuiness* [1980] auf das Einbezogensein dieser Mechanismen in die Bildung von „Stop"- und „Go"-Systemen der emotionalen und motivationalen Regulation).
– Schädigungen des „*Integrations-Kortex" der vorderen Konvexität* (also präfrontaler Kortex im engeren Sinne; Felder 9, 10, 45, 46) führen zum Entgleisen von Handlungen nach adäquater Initiierung, d.h. zu Zerstreutheit und Konfabulation. *Pribram* (1987) macht darauf aufmerksam, daß Zerstreutheit eher bei Schädigung der oberen (dorsalen), Konfabulation eher bei Schädigung der unteren (ventralen) Abschnitte dieses Gebiets auftritt.
– Schädigungen des *prämotorischen und präzentralen Kortex* führen zu Defekten in der finalen Ausführung: falsche Artikulation und mangelnde Fähigkeit der Bewegung der Körperteile (Dyspraxie).

An dieser Stelle möchte ich in einem *Exkurs* die *Hypothese der dualen prämotorischen Systeme* vorstellen, auf die auch *Pribram* sich bezieht. Sie ist in besonderer Weise geeignet, *Anochins* Überlegungen zur Herausbildung des Aktionsakzeptors mit der regulativen Funktion des Frontalhirns zu verbinden.
Auf der Basis phylogenetischer Überlegungen von *Sanides* stellen *Pandya* und *Barnes*

(1987) die Hypothese auf, daß die *Evolution des Neokortex* auf *zwei unterschiedliche Linien* der Weiterentwicklung von *archikortikalen Strukturen* (hippokampale Formation) und *paläokortikalen Strukturen* (olfaktorische Formation) aufbaut.

Der erste (archikortikale) Trend der Weiterentwicklung realisiert sich über den Gyrus Cingulus, zeigt besondere Entwicklung der Pyramidenzellen und lokalisiert sich über den primären motorischen und somatosensorischen Kortex (Felder 4 sowie 1, 2 und 3), das supplementäre motorische Feld und den dorsalen (oberen) Anteil des Frontallappens bis zum Sulcus principalis (vgl. Abb. 29). Er schließt das Cerebellum mit ein, erhält Projektionen von den Basalganglien und wird als *Mechanismus der „Feedforward"-Regulation* betrachtet, der sequentiell räumlich und motivational bezogene Information verarbeitet (*Pandya* und *Barnes* 1987). „In dem Feedforward-Modus bilden aktueller und aufeinanderfolgender Input den Kontext, innerhalb dessen ‚Kurzzeit-Modelle' konstruiert werden, Modelle, die dann wieder benutzt werden, um das folgende Verhalten zu korrigieren. Somit ist die Rolle des frontalen Kortex in einer Art von Kurzzeitgedächtnis aufgeklärt . . ." (*Pribram* 1987, S. 33). Was hier beschrieben wird, ist nichts anderes als der sukzessive Aufbau von *Handlungsprogrammen*, die dann zu *Handlungsakzeptoren* werden, und von auf ihnen aufbauenden *efferenten Prozessen* im Sinne *Anochins*.

Der zweite Trend realisiert sich über die unteren (ventralen) parieto-temporalen Regionen des posterioren Neokortex und die ventralen Regionen des frontalen Neokortex und zeigt eine besondere Entwicklung der Körnerzellen. Er verarbeitet objektbezogene Informationen im sensorischen *Feedback-Modus*. Emotionale Regulationsvorgänge sind enger mit ihm verknüpft. Im Sinne *Anochins* findet über ihn ständig die *Reafferentierung der Handlung* statt im Sinne sich verändernder Istwerte, an die sich die Sollwerte der Handlungsprogramme und der damit als Efferenzkopien entstehenden Handlungsakzeptoren anpassen müssen. D. h. entsprechend diesem bereits zitierten Gedanken von *Bernstein* (1989) findet eine ständige Korrektur der Handlungsakzeptoren durch Reafferentierung statt. Sie befinden sich sozusagen in einem gleitend veränderten Zustand (auf der Basis der ständigen Signalisation über die Axonkollateralen; vgl. die in Kapitel 7.4 dargestellten Auffassungen von *Bernstein* und *Pickenhain*).

Beide Trends projizieren jeweils in die drei Teile des frontalen Kortex zusammen mit thalamischen Einflüssen und den Einflüssen der visuellen, auditorischen und somatosensorischen (primären, sekundären und tertiären) Assoziationsgebiete (vgl. Abb. 29). *Damit ist im Sinne sich wechselseitig aufrufender rekursiver Strukturen ein hierarchischer Aufbau der Informationskonstruktion als Bildung des Modells des Künftigen über die drei Ebenen des frontalen Kortex gesichert: prämotorischer Kortex, präfrontaler Kortex und frontolimbischer Kortex.*

Aus der eher ventralen Lokalisation der für Sprache relevanten Gebiete ergibt sich, daß die *von Aphasie vorrangig betroffenen Gebiete* eher diesem zweiten Trend zuzurechnen sind. Durch Störungen dieser Gebiete wird die *sensorische Feedback-Grundlage der Reafferentierung der Sprechhandlung* (bzw. bei den posterioren Gebieten die der Afferenzsynthese) tiefgreifend beeinflußt. Daher können nur eingeschränkte und qualitativ veränderte Handlungsprogramme und Handlungsakzeptoren aufgebaut werden. Diese gestörte Reafferentierung bezieht sich auf den zeitlichen, oszillatorisch organisierten Prozeß der Handlungssynthese, der sich über verschiedene Niveaus der äußeren und inneren Bewegungen (zunächst bilateral und dann linkshemisphärisch) aufbaut (vgl. *Pribram* 1984, *Brown* 1987). Insofern wären auf dieser Basis *Aphasien im efferenten Teil* des ZNS im Sinne von *Anochin* als Störungen der *Reafferentierung* zu begreifen, im Unterschied zu im *afferenten Teil* gelegenen *Aphasien*, die als Störungen der *Afferenz-*

synthese, und damit als Störungen der Grundlage der Informationskonstruktion aufgefaßt werden müssen. In die gleiche Richtung argumentiert *Pribram* (1987, S. 31f.) bezüglich des Apraxieproblems.

Ich gehe nunmehr über zur Behandlung der *afferenten Aphasien:*

5. *Afferent-motorische Aphasie:* Bei Störungen der unteren postzentralen Abschnitte kommt es nicht zu isolierten Erscheinungen motorischer Aphasie. Es treten apraktische Störungen des oralen Apparats hinzu. Die *Hauptstörung* (als Ausdruck der gestörten kinästhetischen Grundlage) besteht in der *Verwechslung einzelner Artikulationen.* Störungen treten besonders dort auf, wo eine exakte Wiederholung eines Systems von Artikulemen erforderlich ist. Lautes Lesen ist stärker beeinflußt als leises; Schreiben, Lesen und das Verstehen von Wörtern und Sätzen sind häufig ebenfalls gestört, insbesondere bei Wörtern mit komplizierter Lautstruktur (*Luria* 1970a, S. 224ff.).

6. *Sensorische Aphasie:* Eine Schädigung der sekundären Felder der Hörrinde führt zu einer *Störung des phonematischen „Kodes",* auf dessen Grundlage die Analyse und Synthese der Sprachlaute erfolgt. In schwersten Fällen können nicht einmal einfachste Sprachlaute unterschieden werden; in leichteren Fällen können zwar Paare von sehr unterschiedlichen Lauten wiederholt werden, nicht aber solche Paare wie d–t oder, p–b, s–ß. Störungen des phonematischen Gehörs brauchen keineswegs mit Störungen des gesamten Gehörs einherzugehen. Das musikalische Hören oder das Hören von Geräuschen kann erhalten bleiben (vgl. *Luria* 1970a, S. 224ff.).

Neben den phonematischen Störungen treten *semantische Störungen* auf. Patienten mit sensorischer Aphasie haben nicht nur Schwierigkeiten, Sprachlaute zu unterscheiden, sondern auch, sie auszusprechen und die Lautstruktur eines Wortes oder eines geschriebenen Textes zu verstehen. In schweren Fällen wird das Sprechen des Patienten völlig unverständlich, es entsteht ein „Wortsalat". (Vgl. auch den sehr anschaulichen autobiographischen Bericht von Ingrid *Tropp-Erblad* „Katze fängt mit ‚S' an"). Derartige Störungen werden sofort nachvollziehbar, wenn man sich verdeutlicht, was es bedeutet, den Unterschied zwischen „Haus", „raus", „Maus", „Laus" oder zwischen „Bank" und „Punk" nicht mehr hören zu können. Dies bedeutet zum einen, daß Wörter, die jemand anderes spricht, nicht zu verstehen bzw. sehr viel schwieriger aus dem Kontext zu erschließen sind. Zum anderen fällt jedoch das sensorische (akustische) innere Feedback teilweise aus, das zur Erhaltung normgerechten Sprechens notwendig ist.

Insbesondere *Shinkin* (1968, 1969) hat in seinen sprachphysiologischen Arbeiten auf die Rolle dieses *akustischen Feedbacks* verwiesen. Sprache orientiert sich zunächst an einem fremden Gehör, d.h. Gehörtes bleibt im Kurzzeitgedächtnis und wird Bewertungsgrundlage für den eigenen Sprechakt. Indem sich allmählich eine *Äquivalenz zwischen Sprechbewegungen und Lautreihe* bildet, geht diese Funktion auf das eigene Gehör über, das den (motorischen) Sprachablauf anhand von (akustischen) Modellen des Künftigen überprüft. Der nützliche Endeffekt ist bei der Benutzung von Sprache ein doppelter: Zum einen zielt Sprache auf die Vermittlung eines Inhalts an einen Dritten (Dialog, Anweisung usw.), zum anderen auf normgerechtes Sprechen, da nur dann der Inhalt vermittelt werden kann (vgl. auch *Deuse* 1984). Für die Vermittlung des Inhalts ist die Reaktion des anderen der Afferentator, für die Normgerechtheit ist es die Überprüfung der sensomotorischen Adäquatheit des Sprechaktes. Diese Überprüfung kann aber allein auf der Basis propriozeptiver Rückmeldung über die Sprechmuskulatur seitens des Sprechers nicht gelingen, da das zu erzielende Resultat in der Vermittlung einer motorischen Abfolge in eine äquivalente akustische Abfolge besteht.

Folglich leiden bei einer Störung der Afferenzsynthese auf der Ebene phonematischer Kodes, denen eine vorrangige Funktion für die Bedeutungsdifferenzierung von Wörtern zukommt, sowohl Sprachproduktion wie Sprachverständnis. Dies gilt bei der Störung lexikalischer oder semantischer Kodes in entsprechender Weise.

7. *Akustisch-mnestische Aphasie:* Hier ist das phonematische Gehör intakt. Das Wortverständnis ist ungestört. Deutliche Störungen sind beim akustisch vermittelten Einprägen von Wörtern festzustellen. Aus Wortreihen können oft nur ein oder zwei Wörter gemerkt werden. Elemente von Wortreihen werden falsch reproduziert. Die *Gegenstandsbedeutung der Wörter* ist gestört, insbesondere dann, wenn der Patient mehrere simultan dargebotene Objekte benennen soll (Entfremdung des Wortsinns). Während die prädikative Funktion der Äußerung erhalten bleibt, sind Gegenstandsbezeichnungen weit stärker gestört als Verben, Kopula und Hilfswörter (Luria 1970a, S. 146ff.; 1982, S. 330). Wie bei der sensorischen Aphasie sind auch hier sowohl Sprachverständnis wie Sprachproduktion betroffen. Die aktive Sprache ist reich an Fehlbenennungen. Obwohl längere Sätze nicht gemerkt werden können, sind Patienten jedoch in der Lage, den allgemeinen Sinn einer Mitteilung (z. B. eines Sprichwortes oder einer Fabel) irgendwie zu verstehen, „obgleich sie nicht sagen können, was geschah und mit wem etwas geschah" (*Luria* 1982, S. 341). Noch deutlicher als bei der sensorischen Aphasie (dort sind die sensorischen Konturen des sprachlichen Raumes gestört) ist hier die starke Störung der räumlichen Komponente der Sprache sichtbar. Die Rekonstruktion der gegenständlichen Welt in einem sprachlichen Raum (als Realisierung der Afferenzsynthese, auf deren Basis dann in diesem Raum sprachlich gehandelt wird) ist deutlich beeinträchtigt.

8. *Semantische Aphasie:* Ebenso wie die akustisch-mnestische Aphasie (Störung der Gegenstandsbezeichnungen, Intaktheit der Verben) sich spiegelbildlich zur „syntaktischen" Aphasie (Telegramm-Stil) verhält (weitgehender bis völliger Fortfall der Verben), so zeigt sich eine derartige *spiegelbildliche Beziehung* auch zwischen *dynamischer Aphasie* und *semantischer Aphasie*. Während bei der ersteren die Bewegungsstrukturen gestört sind (Zerfall der Satzschemata, deutliche Reduktion von Verben ; vgl. auch die Überlegung *Jackendoffs*, alle Verben auf die drei Zustände „go", „stay" und „be" zurückzuführen, die in Bd. 1, S. 238, dargestellt wurde), sind es bei letzterer die Raumstrukturen.

Bei komplizierten Sprachstrukturen entstehen Verständnisprobleme. Während Ereigniskommunikation (zwischenbegriffliche Relationsbildung) problemlos gelingt, ist die *Relationskommunikation* (innerbegriffliche Relationsbildung) stark gestört. Sätze wie „Den Wanja haut der Kolja" können nicht verstanden werden. *D. h. die Beziehungen sind nicht mehr in Gedanken umkehrbar.* Räumliche Bezeichnungen wie die Vorsilben „unter", „über", „vor", „hinter" oder die Adverbien „links" und „rechts" verlieren ihre Bedeutung (*Luria* 1970a, S. 193ff.).

Besonders deutlich wird das Wesen dieser Störungen bei der Betrachtung der „*konstruktiven Apraktognosie*", die häufig mit der semantischen Aphasie einhergeht (ebd., S. 188ff.). Schon im Alltagsverhalten der Patienten werden deutliche Störungen der Raumorientierung sichtbar. „Merkliche Schwierigkeiten haben sie auch bei speziellen Aufgaben, etwa, wenn man sie auffordert, dem Arm eine bestimmte Stellung im Raum zu geben; sie verwechseln vertikal und horizontal, frontal und sagittal, können eine geometrische Figur nicht richtig mit Streichhölzern legen usw. Diese Störungen sind besonders ausgeprägt, wenn die Patienten vor einer Aufgabe stehen, bei der sie in Gedanken bestimmte räumliche Beziehungen verändern müssen" (ebd., S. 190). Dies bezieht sich z. B. auch auf die Stellung des Uhrzeigers auf dem Zifferblatt oder die Struktur einer Landkarte, die ihre Bedeutung verlieren.

Die starke Störung der „logisch-grammatikalischen Konstruktionen" (ebd., S. 193ff.) wird häufig begleitet von *Störungen des Rechnens*, „das besonders eng mit Raumoperationen und -vorstellungen zusammenhängt" (S. 198). Im Mittelpunkt dieser „Akalkulie" steht der Zerfall der Positionsstruktur der Zahl. Die einzelnen Ziffern behalten zwar ihren Zahlenwert, aber mehrstellige Zahlen werden nicht mehr erfaßt. So wird z. B. die Größe einer Zahl nach der Größe der konstituierenden Ziffern beurteilt, also 498 für größer gehalten als 601 (ebd., S. 200).

Bei diesen Prozessen handelt es sich keineswegs um einen Zusammenbruch des ‚abstrakten Denkens'. „Begriffe wie Gattung und Art, Ursache und Wirkung erfassen sie relativ leicht. ... Die Hauptschwierigkeiten, die bei den intellektuellen Prozessen dieser Patienten auftreten, äußern sich in der Unfähigkeit, die für eine Aufgabenlösung erforderlichen Operationen zu vollziehen, wenn diese das Erfassen anschaulicher Merkmale und ihrer räumlichen Struktur voraussetzen" (ebd., S. 202f.).

Es erfolgt ersichtlich bei der semantischen Aphasie ein *Zusammenbruch des nach innen verlagerten Ereignisraumes*, innerhalb dessen die begrifflichen Bewegungen des Denkens und des inneren Sprechens in der inneren Sprache ihre räumlichen Koordinaten finden. D. h. die räumliche Seite der „*5. Quasidimension*" des Bewußtseins *(Leontjew)*, der *innere „Quasiraum"*, der erst die Reversibilität von Raum und Zeit im Denken möglich macht, wird schwerwiegend gestört. (Daß der Begriff „Zusammenbruch" keineswegs unangemessen ist, belegt Lurias Studie „The man with a shattered world", die den Rehabilitationsprozeß eines hirnverletzten sowjetischen Soldaten auf der Basis seiner langjährigen Tagebuchaufzeichnungen rekonstruiert). Im Unterschied hierzu bleibt bei der dynamischen Aphasie dieser Raum erhalten, jedoch werden die Bewegungen in ihm (die wir als „Quasibewegungen" bezeichnen könnten) durch Zusammenbruch einer entsprechenden Orientierungsgrundlage (Satzschema) weitgehend eingeschränkt.

Fassen wir nun diese Ergebnisse zusammen, so ergibt sich für die *Regulation der Sprache und des Denkens* folgendes Bild:
Denken erweist sich als innerer Bewegungsprozeß, der sich auf immer höher organisierte, durch Informationskonstruktion geschaffene Räume bezieht, die sich schrittweise von der realen äußeren Welt lösen und auch ohne deren Präsenz zugänglich sind. Dies hatte ich in Kapitel 5 bereits auf der Basis der Annahmen von Georg *Klaus* zu verschiedenen Ebenen der Sprache hervorgehoben. Die Dominanz der Nullebene (Ebene der sensomotorischen Handlung) liegt in der frühesten Kindheit vor. In frühen, durch den Dialog vermittelten Synthesen wird Denken individualisiert und auf der Basis eines integrierten Körperselbstbildes auf die unmittelbar gegebene Außenwelt bezogen. Durch den Übergang zum Symbolgebrauch wird das Denken mittelbar. Es entsteht die sprachliche Ebene 1 (zwischenbegriffliche Relationsbildung). Das Denken kann auf der Basis der Synthese des verallgemeinerten Ichs im Übergang zum Vorschulalter sich als über Sprache vermitteltes Denken auf die je gegebene Welt mit den je gegebenen sprachlichen Mitteln beziehen. Mit der allmählichen Stabilisierung des linkshemisphärischen sprachlichen Raums und der Verlagerung der Bewegungen in ihm nach innen (Regelgebrauch, Invarianzgebrauch, Aufbau der inneren Position) beginnt nunmehr ein

oberbegriffliches Denken, bezogen auf den in der Innenwelt (linkshemisphärisch) verfügbaren sprachlichen Raum. In Abstimmung mit dem rechtshemisphärischen lokomotorischen Raum wird eine Afferenzsynthese neuer Art ermöglicht. Im Übergang zur inneren Position des Erwachsenen kann der Mensch in seiner reflexiven Innenwelt sich selbst mit wissenschaftlichen Begriffen (sprachliche Ebene 2; innerbegriffliche Relationsbildung) denken.

Denken erweist sich neurophysiologisch betrachtet als permanente Herausbildung von Handlungsprogrammen und Handlungsakzeptoren in der fließenen Gegenwart. Hierzu muß jeweils eine Grundlage für die Informationskonstruktion gegeben sein, also eine Afferenzsynthese stattfinden. Diese sinnliche, gegenständliche, räumliche Grundlage verlagert sich im Prozeß der je höheren integrativen Synthesen (Körperselbstbild, verallgemeinertes Ich, reflexives Ich) mehr und mehr in die Innenwelt und wird insbesondere durch die nach innen verlagerte Sprache realisiert. In den Prozessen des Denkens werden die in der Sprache in die Innenwelt transformierten *Bedeutungen als Mittel* benutzt. Diese Bedeutungen (also die amodalen, die invarianten Strukturen der Gegenstände) können aber nur Gegenstand wie Mittel des Denkens sein, wenn sie in der Innenwelt selber auf eine (sensorisch-gegenständlich-räumliche) Grundlage bezogen werden können. Eine solche Grundlage liefern das *Zeichenkörpersystem der Sprache* und seine innere Ordnung, also Phonematik, Lexik, Semantik. Es liefert in Verbindung mit anderen Zeichenkörpersystemen (Bildern, Gesten usw.) das Material für die Architektur des inneren Raumes und seine sensorische Konturierung (vgl. die Auswirkungen der verschiedenen afferenten Aphasien). In diesem inneren Raum („Quasiraum") können dann die Bedeutungen jeweils wieder ihre Raumkoordinaten, ihre Gegenständlichkeit und ihre Sinnlichkeit gewinnen. Natürlich verlaufen diese Prozesse der Bewegung in der Benutzung der inneren Sprache verkürzt, bedürfen nicht jener Entfaltung, die die Sprache in der Außenwelt hat.

Dies ist aber nur deshalb so, weil hier eine nach innen verlagerte Verdoppelung des von *Bernstein* festgestellten Übergangs vom äußeren zum inneren Regelkreis als Voraussetzung der Dynamisierung der Bewegungen stattgefunden hat: Der in den inneren Prozessen sich realisierende *„äußere Regelkreis"* verlangt die volle Konzentration des Subjekts in seinem Denkprozeß auf alle (über die Sprache zugänglichen) sinnlichen Details in der Innenwelt; der *„innere Regelkreis in der Innenwelt"* bedarf vermutlich ebenso wie der in der Außenwelt nur einer propriozeptiven Grundlage. Dies bedeutet aber *Automatisierung von Handlungsprogrammen als Grundlage von Handlungsakzeptoren* im Sinne des Aufbaus eines eigenen Bewegungsgedächtnisses, also Gedächtnisses für die geistigen Bewegungen. Ein solches bedarf einer sicheren kinästhetischen Basis im Sinne der Afferenzsynthese: Der Bewegungsraum muß durch das Gedächtnis zum Zeitpunkt des Fällens der Entscheidung aktualisiert sein. Auf dieser Basis können automatisierte innere Bewegungsmuster als geistige Operationen realisiert werden. Mit der *Umwandlung innerer Handlungen in innere Operationen* kann die Tätigkeit sich auf ein je neues Niveau begeben, je neue Handlungen entwickeln, die zu je neuen Operationen automatisiert werden können.

Dies verlangt neben der Aufrechterhaltung der kinästhetischen Basis (Körperselbstbild, verallgemeinerts Ichbild, reflexives Ichbild) auch die *ungestörte Reafferentierung* der geistigen Vorgänge auf verschiedenen Ebenen, da sonst an unerwarteten Stellen Handlungsplan und Handlungsergebnis auseinanderfallen, sich als nicht mehr vermittelbar erweisen (vgl. die Resultate bei den verschiedenen Formen der efferenten Aphasien und die aktiven Kompensationsbemühungen, z.B. in Form des „Telegramm-Stils").

Anhand der Darstellung der unterschiedlichen Störungsformen bei Schädigungen der Großhirnrinde sowie aus den vorweggegangenen Teilkapiteln hat sich ein differenziertes Bild ergeben: *An Prozessen des Sprechens und Denkens ist immer das gesamte Gehirn beteiligt*, wenn auch in durchaus unterschiedlicher Weise an unterschiedlichen Teilprozessen (zu weiteren Details vgl. *Luria* „Sprache und Bewußtsein", 1982). Durch moderne Diagnoseverfahren, z. B. die Positronen-Emissions-Tomographie (PET), können derartige Verteilungen durch radioaktive Markierungen des Blutes sichtbar gemacht werden: Das Röntgenbild zeigt dann die jeweils am meisten durchbluteten Zonen. Abbildung 32 gibt einige dieser Befunde wieder. (Die Abbildungen habe ich auf der Basis von farbigen Darstellungen in einer länger zurückliegenden Publikation in der Zeitschrift STERN, die ich bibliographisch nicht mehr identifizieren konnte, gezeichnet. Vergleichbare Aufnahmen finden sich bei *Lassen* u. a. 1980).

Ich kommentiere diese Abbildung hier nicht weiter, da sie sich auf der Basis des bisherigen Textes ohne größere Schwierigkeiten inhaltlich erschließt.

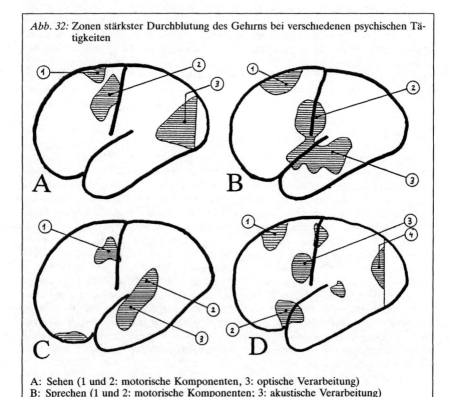

Abb. 32: Zonen stärkster Durchblutung des Gehirns bei verschiedenen psychischen Tätigkeiten

A: Sehen (1 und 2: motorische Komponenten, 3: optische Verarbeitung)
B: Sprechen (1 und 2: motorische Komponenten; 3: akustische Verarbeitung)
C: Hören (1: Okulomotorik, 2: primäres akustisches Feld, 3: akustisches Sprachgebiet, Feld 22)
D: Lesen (1 und 3: motorische Komponenten, 2: motorisches Sprachgebiet, Brocasche Zone, 4: optische Verarbeitung

In Kürze nochmals zum Problem der *Aphasien:*
Hier bin ich bezüglich der Klassifikation den Auffassungen von *Luria* gefolgt, da sie mir theoretisch in psychophysiologischer wie in psychologischer Hinsicht am fundiertesten erscheinen. *Luria* selbst hat im Rahmen seines Ansatzes (1976b, 1977) verschiedene Formen, die über die genannten hinaus in der klassischen Aphasielehre unterschieden werden (Leitungs-Aphasie, transkortikale motorische Aphasie, amnestische Aphasie), reinterpretieren können, so daß kein Bedarf besteht, seinen Ansatz in dieser Frage zu verlassen.

Über *Luria* hinaus bin ich in *zwei Aspekten* gegangen: Zum einen scheint mir das Wesen der efferenten Aphasien in der gestörten Grundlage der *Reafferentierung* des Handlungsakzeptors zu liegen und das der afferenten Aphasien in der gestörten *Afferenzsynthese,* zum anderen muß m.E. bei der Organisation der höheren kortikalen Funktionen unbedingt das *Ebenenproblem* beim Aufbau von Körper- und Ich-Selbstbild berücksichtigt werden.

In diese Betrachtungsweise fügen sich auch moderne Ansätze der Weiterentwicklung der Aphasieforschung, wie sie z.B. Jason *Brown* (1987, 1988) im Rahmen einer *„mikrogenetischen" Theorie* der Hirnfunktionen vorlegt. Unter Mikrogenese versteht *Brown* die Realisierung einer Funktion in der Aktualgenese. Diese ist bei Aphasien insofern gestört, als die heterosynchrone Organisation der Akte des Sprachverständnisses bzw. Sprechens beeinträchtigt ist. *Brown* interessiert sich hierbei insbesondere für die hierarchische Struktur der Handlung. Im Kontext meiner Herangehensweise interpretiert, interessiert ihn der hierarchische Aufbau des Programms der Handlung (und damit des Handlungsakzeptors). Leider berücksichtigt er hierbei nicht die Theorie *Anochins,* obwohl er ansonsten mit sowjetischer Literatur sehr gut vertraut ist.

Die *mikrogenetische Konstruktion des Sprechvorgangs* wird von *Brown* als *Realisierung unterschiedlicher hierarchischer Ebenen* verstanden, die m.E. weitgehend dem Ebenenmodell von *Bernstein* entsprechen. So argumentiert er (1988, S. 20f.) am Beispiel anteriorer (frontaler) Störungen, daß die motorische Komponente des Satzes sich von der Tiefe der Hirnstruktur zur Oberfläche entwickelt. Eingangsstadien hängen mit dem Atemrhythmus und lokomotorischen wie posturalen Rhythmen zusammen, die mit axialen (auf die Körperachse bezogenen) motorischen Systemen und archaischen Schichten im Wahrnehmungsraum verbunden sind. Oberer Hirnstamm und Basalganglien vermitteln ein frühes Stadium der motorischen Planung des Sprechaktes, das eine „Hülle" für das spätere Auftreten von Vokalen, Gliedmaßen- und axialer Motilität bildet. Auf dieser Basis setzen wiederum höhere Strukturen an.

Vergleichbar hierarchisiert erfolgt die Mikrogenese im posterioren Bereich. Entsprechend gliedert *Brown* (1988, Kap. 1: Sprachrepräsentation im Gehirn) vier *Schichten der linkshemisphärischen Sprachfunktionen* aus (bei den rechtshemisphärischen Funktionen fehlt die Funktion des „fokalen" Neokortex), deren Schädigung zu unterschiedlichen Formen aphasischer Störungen führen kann:

1. Sensomotorischer Neokortex: ausführende Ebene.
2. Fokaler Neokortex (Brocasche Zone im Feld 44, Wernickesche Zone mit Kern im Feld 22): Ebene der phonologischen Realisierung.
3. Generalisierter Neokortex (Assoziationskortex): Ebene der Realisierung allgemeiner syntaktischer Einheiten (frontal) bzw. der lexikalischen und oberbegrifflichen (kategorialen) Realisierung.

4. Limbischer und frontolimbischer Kortex: Ebene der semantischen und assoziativen Realisierung der Sprache (posterior) sowie des assoziierten Verhaltens und der Differenzierung des Sprechaktes (frontal).

Schließlich unterscheidet *Brown* bei der Behandlung der Syndrome des anterioren (frontalen) Sektors eine fünfte Ebene: Dies ist der bilaterale limbische Kortex, der die motorische Hülle (motor envelope) realisiert und bei dessen Schädigungen akinetischer Mutismus auftritt (1988, S. 56).

Die *Entwicklung des Sprachverständnisaktes bzw. sprachmotorischen* Aktes erfolgt *stufenweise* (frontal z.B. von 5 bis 1). Dies entspricht weitgehend den Auffassungen *Lurias* (vgl. 1982). Auch die von ihm unterschiedenen hierarchischen Niveaus bei der Klassifikation von Aphasien kehren bei *Brown* wieder (2–4).

Daneben enthält *Browns* Versuch einen interessanten Aspekt, der die Dimension der tiefen Störungen des Gehirns, die zur Aphasie führen, besser zugänglich macht. Der *Aktivierungsvorgang des frontolimbischen Bereichs* selbst kann durch tiefere Schädigungen beeinträchtigt sein. Als solche können (bilateral-limbische) Störungen im Körperselbstbild bzw. in den Wechselwirkungen von kortikal-subkortikalen Strukturen angenommen werden. Die Überlegungen von *Brown* und die in Kap. 8.2 vorgenommene Erörterung der subkortikal-kortikalen Regulation verweisen darauf, *daß es vor der Motiv- und Zielbildung* (also dem Fällen der Entscheidung als Schlüsselmechanismus) *in der Genese des funktionellen Systems zur Entstehung von Verhaltensalternativen im Sinne möglicher motorischer Akte auf den unterschiedlichen hierarchischen Niveaus kommen muß*. Ist dieser Prozeß gestört, kann weder eine adäquate Afferenzsynthese (posterior) noch die Ausbildung eines adäquaten Handlungsprogramms (frontal) erfolgen.

Natürlich können alle in diesem Teilkapitel aufgegriffenen Aspekte für die Entwicklung einer künftigen Auffassung über Aphasien hier nicht weiter vertieft werden. Sie scheinen mir jedoch insgesamt einen fruchtbaren theoretischen Zugang darzustellen, mittels dessen der Knoten des unglaublichen Wirrwarrs der Klassifikation von Hirnschädigungen und ihren Folgen weiter aufgelöst werden kann.

Diese Möglichkeit ergibt sich – und dies will ich als letzten Aspekt dieses Teilkapitels diskutieren – auch bei einer *Neubewertung der Apraxien* (also motorische Störungen ohne Lähmungserscheinungen bei Schädigung der neokortikalen Abschnitte des Gehirns).

Auf keinen Fall können Apraxien mehr im früheren Sinn als elementare Störungen der Willkürbewegungen von Aphasien abgegrenzt werden. Darauf verweist *Luria* selbst mehrfach. Auch *Hécaen* (1981, S. 280ff.; vgl. auch *Hécaen* und *Albert* 1978), einer der bedeutendsten Forscher auf diesem Gebiet, geht ausdrücklich davon aus, daß zahlreiche apraktische Störungen im engsten Kontext zu gestischer Tätigkeit stehen. *Holste* (1988) argumentiert unter Bezug auf die Gebärdensprachen der Gehörlosen dafür, in eine künftige Diskussion des Aphasieproblems unbedingt auch die Apraxien aufzunehmen. Unter dem Gesichtspunkt des mehrfach behandelten Ebenenproblems der Sprache liegt dies auf der Hand. Bevor ich hierauf eingehe, sollen in Kürze wesentliche Formen der Apraxie aufgeführt werden.

Luria (1963, vgl. auch 1970a) unterscheidet folgende efferente bzw. afferente Formen der Apraxie, die ich entsprechend ihrer Ebenenspezifik in Abbildung 33 aufführe. (Mit Stern: Ergänzungen aus der Klassifikation von *Hécaen*).

Abb. 33: Klassifikation der Apraxien nach *Luria* (und *Hécaen*)

Ebene	efferente Störungen	afferente Störungen
sprachl. Ebene 1	dynamische Apraxie (prämotorisch/frontal)	– symbolische Apraxie (linkshemisphärisch); – ideationale Apraxie* (parietal/okzipital) – räumliche Apraxie (z. T. = konstruktive Apraxie*) (Parietal, bilateral)
Nullebene	kinetische Apraxie (prämotorisch) Gangapraxie* (fronto-ponto-cellebellar)	– Haltungsapraxie, orale Apraxie (postzentral); – ideomotorische Apraxie* (parietal/temporal; bilateral)

In Kürze die Symptome:

Efferente Apraxien:

– Dynamische Apraxie: Störung einer Serie konsekutiv wechselnder Bewegungen (*Luria* 1963, S. 111);
– Kinetische Apraxie: Störung der kinetischen Melodie oder Perseveration aufgrund pathologischer Trägheit (*Luria* 1963, S. 101ff.; *Hécaen* 1981, S. 267f.);
– Gangapraxie (auch „frontale Ataxie" genannt): Verminderung der Fähigkeit, die Füße beim Gehen angemessen zu setzen (*Hécaen* 1981, S. 271)

Afferente Apraxien:

– Symbolische Apraxie: Keine Störungen der basalen räumlichen Koordinaten oder des zweckvollen Verhaltens, oft von Sprachstörungen begleitet: Hilflosigkeit bei Aktionen konventionellen oder symbolischen Charakters: z. B. jemand heranwinken, jemand etwas zeigen. Unfähigkeit der Imitation von Bewegungen wie Küssen oder Spucken, die spontan realisiert werden können (*Luria* 1963, S. 91f.);
– Ideationale Apraxie: Störung in der Ausübung komplexer Gesten, deren Einzelteile erhalten bleiben: z. B. eine Kerze mit einem Streichholz anzünden. Entnehmen des Streichholzes aus der Schachtel oder Anreißen bleibt erhalten (*Hécaen* 1981, S. 260f.);
– Räumliche Apraxie (*Luria* 1963, S. 90f.) bzw. konstruktive Apraxie (*Hécaen* 1981, S. 261): Störungen der räumlichen Organisation der motorischen Elemente der Bewegung, die als einzelne erhalten bleiben; Rechts-Links-Vertauschungen *(Luria)*. Rechtshemisphärische Störungen beziehen sich deutlicher auf die visuell-räumliche Seite der Handlung, linkshemisphärische Störungen deutlicher auf die Handlungsplanung *(Hécaen)*;
– Haltungsapraxie, orale Apraxie: Erst nach langen Anstrengungen Finden der richtigen Position, Apraxien im Bereich von Zungen- und Lippenbewegungen (*Luria* 1963, S. 91, *Hécaen* 1981, S. 268ff.);

– Ideomotorische Apraxie: Störung einzelner Gesten (oft verbunden mit Einschränkung des verbalen Verständnisses). Durch Imitation besser überwindbar als durch verbale Instruktion (*Hécaen* 1981, S. 259ff.).

Ich habe hierbei nicht alle genannten Formen der Apraxie aufgegriffen, sondern nur ausgewählte, um zu verdeutlichen, wie sich die Apraxieproblematik bei Berücksichtigung des Ebenenproblems neu ordnet. Dabei sollte außerdem darauf verwiesen werden, daß gemäß einer unlängst von *Pribram* (1987, S. 31) vorgetragenen These *Apraxien als Störungen des Körperselbstbildes* verstanden werden können, so daß die Abstufungen bis zum Neglect (Verlust des Bewußtseins für eine Körperhälfte) graduell sind. Für diese Hypothese spricht u. a. auch das Phänomen der Ankleideapraxie (*Hécaen* 1981, S. 267).

Störungen der höheren kortikalen Funktionen auf der Nullebene würden sich (neben sonstigen motorischen und Wahrnehmungsstörungen) als *Apraxien* bzw. *Agnosien* bzw. *Störungen im Körperselbstbild* zeigen, die selbstverständlich auch immer Auswirkungen auf die höheren Ebenen haben. Sie wären jedoch von Störungen dieser Ebenen selbst dadurch unterschieden, daß deren Störung die hierarchisch niedere Ebene nicht miteinbeziehen würde. *Aphasien* sind in diese Gruppe einzugliedern, soweit die sensomotorische Grundlage des Sprechaktes gestört ist (efferent-motorische Aphasie, afferentmotorische Aphasie, sensorische Aphasie).

Störungen auf der sprachlichen Ebene 1 würden sich auf die Realisierung der sprachlichen Praxis im Sinne von Ereigniskommunikation beziehen. Ihr Wesen läge in dem *Fehlen syntaktischer Schemata* (frontal) bzw. im erschwerten *lexikalischen Zugriff* (posterior). Derartige Störungen äußern sich entsprechend in verschiedenen Formen der Apraxie.

Störungen der sprachlichen Ebene 2 (Relationskommunikation) wären in diesem Verständnis genetisch an das spezifische Zeichenkörpersystem und seine morpho-syntaktischen Besonderheiten gebunden, das mit der Etablierung der Ebene 2 jeweils verbunden ist. Bei oral-auditivem Spracherwerb bzw. gestischem Spracherwerb wäre die *innere Sprache* anders organisiert, und die inneren Sprechbewegungen bzw. Raummuster, die bei *dynamischer* oder *semantischer Aphasie* gestört sind (durch gestörte Reafferentierung bzw. gestörte Afferenzsynthese), würden sich in einem anderen inneren Medium vergegenständlichen (innere Sprache als verkürzte Laut- bzw. Gestensprache).

Auf diesem Hintergrund ist es möglich, Störungen spezifischer anderer Sprachsysteme der Ebene 2 zuzuordnen, deren Existenz diese Systeme und damit deren Störung erst möglich macht: So z. B. *Akalkulie, Alexie, Agraphie* (Unfähigkeit zu rechnen, zu lesen und zu schreiben). *Ob im konkreten Fall jedoch ursächlich eine Störung der Ebene 2 zugrunde liegt oder die Realisierung der Funktionen der Ebene 2 durch Störungen hierarchisch niedrigerer Ebenen beeinträchtigt wird, dies bedarf jeweils der konkreten neuropsychologischen Analyse* (vgl. die Ausführungen zur Syndromanalyse in Kap. 9).

Soweit neuropsychologische Untersuchungen zur *geistigen Behinderung* vorliegen, zeigt sich ein den psychologischen Untersuchungen entsprechendes Bild (vgl. Bd. 1, Kap. 6.4.9). E. *Wolf* (1986, 1988) fand in einer neuropsychologischen Untersuchung erwachsener geistigbehinderter Menschen zum einen zahlreiche Rückstände in Funktionen der hier von mir mit Nullebene und sprachliche Ebene 1 benannten Bereiche. Zum anderen fand er jedoch ein deutliches allgemeines Störungsmuster im Sinne einer Kombination von „dynamischer" und „semantischer Aphasie".

Wie die Entstehung eines solchen Musters gedacht werden kann, ist ebenso wie die

Vertiefung der Wechselbeziehungen verschiedener Ebenen der kortikalen Regulation Inhalt des folgenden Teilkapitels, das Probleme der Entwicklungsneuropsychologie diskutiert.

8.4 Entwicklungsneuropsychologie

Den Prozeß einer Entwicklung wird man letztlich erst dann zufriedenstellend beschreiben können, wenn eine angemessene Theorie dessen vorhanden ist, was sich entwickelt. Wir stoßen damit erneut auf die in Kapitel 3 dieses Buches diskutierten methodologischen Probleme, die Anlaß einer bestimmten didaktischen Vorgehensweise waren. Bei der Darstellungslogik versuchte ich, von der allseitigen Erfassung des Gegenstandes zu seiner Bewegung (in quantitativer wie in qualitativer Hinsicht) vorzudringen. Entsprechend sind der sozialwissenschaftliche (Kap. 1 u. 2) sowie der psychologische Teil (Kap. 4–6) aufgebaut.

Während jedoch die soziale und psychologische Seite der Humanontogenese bereits annähernd befriedigend theoretisch modelliert werden kann, ist dies für die biologische Seite sehr viel schwieriger. Erst die moderne Theorie der Selbstorganisation erlaubt es letztlich überhaupt, viele Fragen richtig zu stellen, die es dann ermöglichen, vielfältige Befunde neu zu würdigen und zu ordnen. Entsprechend zeigt sich in der Literatur einerseits eine deutliche Unterentwicklung befriedigender entwicklungsbiologischer Ansätze mit größerer theoretischer Tragweite, andererseits nehmen in letzter Zeit Publikationen deutlich zu, die sich mit einer Neukonzeptualisierung und Bewertung insbesondere in den letzten Jahren gewonnener entwicklungsneurobiologischer und -psychologischer Befunde befassen. (Ich nenne exemplarisch einige Titel: Für den Prozeß der Epigenetik, also Untersuchung der Wechselwirkungen in der Konstruktion des Organismus selbst, *Pritchard* 1986; für die Verhaltensneurobiologie im Rahmen vergleichender Tierforschung *Blass* 1986; für das Entstehen individueller Differenzen *Hartlage* und *Telzrow* 1985 oder für die Lateralisierung der Hirnfunktionen bei Kindern *Molfese* und *Segalowitz* 1988.)

Zahlreiche Publikationen befassen sich mit den biologischen Entwicklungsprozessen selbst, ohne daß jedoch bereits hinreichend ihre theoretische Integration gelungen ist. Dazu sind allerdings auch bestimmte Voraussetzungen nötig: Zum einen muß näher bestimmt werden, wie sich das Verhältnis Subjekt – Tätigkeit – Objekt als Ganzes verändert und in welcher Weise die Prozesse der Informationskonstruktion bis zum Erwachsenenalter zu begreifen sind, zum anderen muß eine Theorie des Organismus entwickelt werden, in der ebenso die Autopoiese des Organismus wie seine Informationskonstruktion begreifbar werden. Zu beiden Aspekten habe ich ausführlich argumentiert (Kap. 4–7) und versucht, eine neuropsychologische Rahmentheorie zu skizzieren, die m.E. ein tieferes Verständnis der neuropsychischen Regulation beim Erwachsenen erlaubt. Dies in entwicklungsneuropsychologischer Hinsicht ebenfalls auszuarbeiten geht ebenso über meine gegenwärtigen Möglichkeiten, wie es den Rahmen dieses Buches sprengen würde. Trotzdem ist es möglich, in Form eines Exkurses hier eine Perspektive anzudeuten und sie an zwei Fragestellungen, Neuropsychologie des Autismus und Neuropsychologie von Trisomie 21 (Down-Syndrom), zu exemplifizieren.

Biologisch gilt, daß die *Entwicklung der Hirnfunktionen in einer bestimmten Reihenfolge* erfolgt. Bereits vorgeburtlich ist die Anzahl der Neuronen festgelegt und ihre „Verdrahtung" so weit abgeschlossen, daß nicht benötigte Zellen dem Zelltod zum Opfer fallen (*Poljakow* 1979). Die nachgeburtliche Entwicklung beinhaltet (zunächst noch) Prozesse der Markscheidenbildung (und damit Abschluß der biologischen Konstruktion der schnelleitenden Nervenbahnen) sowie umfangreiches Wachstum der Verzweigungen in den Zellpopulationen, insbesondere des Neokortex. Durch das Wachstum der Dendriten und ihrer Mikroverzweigungen (Spines) sowie der Kollateralen der Axone entwickelt sich die Funktionsstruktur des Gehirns Schritt für Schritt aus den Wechselwirkungen in der Tätigkeit der Zellen und Zellpopulationen. Von der Reichhaltigkeit der Tätigkeit ist die Reichhaltigkeit der neuronalen Verknüpfungen abhängig, wie umgekehrt. Die Gesamtheit dieser Wechselwirkungen spiegelt sich wider in der Veränderung der Hirnstrombilder (EEG) im Verlauf der kindlichen Entwicklung.

Die *makroskopische und mikroskopische Differenzierung des Gehirns* folgt dabei bestimmten Gesetzmäßigkeiten in der Form, daß die endgültige Differenzierung der in der Stammesgeschichte später ausgebildeten Hirnbereiche auch ontogenetisch später erfolgt. *Ananjew* (1974) nennt auf der makroskopischen Ebene folgende Daten:

Bis zum 7. Lebensjahr ist die Morphogenese der verschiedenen Felder des Temporallappens abgeschlossen, insofern sich diese Zone ihrer Größe nach den Ausmaßen des Erwachsenengehirns nähert. „Daneben differenzieren sich in späteren Entwicklungsetappen (nach dem 7. Lebensjahr) phylogenetisch neue Felder (das 44. und das 45.) des Stirnlappens, die vorwiegend mit dem sprachmotorischen Analysator in Zusammenhang stehen" (S. 206).

Beim Okzipitallappen erreicht dessen Oberfläche bereits mit 2 Jahren 71,5% der beim erwachsenen Menschen. „Mit 7 Jahren ungefähr vergrößert sie sich auf 83,5 Prozent, danach vermindert sich das Wachstumstempo, aber das Wachstum setzt sich trotzdem fort bis zum Erwachsenensein" (ebd.).

Die Entwicklungsprozesse erfolgen heterochron, d.h. nicht alle Teile des Gehirns nehmen jeweils gleichmäßig an Oberfläche zu. So werden zum mittleren Teil des Temporallappens folgende Angaben gemacht: Außer ihm erreichen im ersten Lebensjahr alle anderen Unterabschnitte des Temporalhirns über die Hälfte der Oberfläche des erwachsenen Gehirns, der mittlere Teil jedoch nur 19,3%. Mit 2–4 Jahren vergrößert sich der Rückstand zu den anderen Strukturen von ca. 30% auf ca. 50%; im siebenten Lebensjahr stimmen die Kennziffern wieder überein. Also erfolgt im mittleren Bereich des Temporalhirns, der wesentlich an dem Aufbau der Sprachfunktion mit beteiligt ist, zwischen 4 und 7 Jahren ein enormer Wachstumsspurt (ebd.).

Um das 7. Lebensjahr liegen die Proportionen einzelner Hirnabschnitte in den Hauptzügen fest (die Fläche beträgt 91,6 bis 96% des erwachsenen Gehirns). Allerdings ist bei einigen Feldern, die phylogenetisch jünger sind, die Entwicklung z.T. erst später (7.–12. Lebensjahr) abgeschlossen. Sie „entwickeln sich langsamer und beenden ihre Entwicklung in einer späteren Altersstufe" (ebd.).

Vergleichbare Prozesse zeigen sich für die Entwicklung der Leitungsbahnen: Die Hauptleitungsbahn für die paarige Tätigkeit der beiden Hirnhemisphären, der Balken (corpus callosum), vergrößert sich im Alter von 7 Jahren und später merklich im Umfang (S. 208). Dies sichert u.a. die paarige Tätigkeit der Hemisphären beim erwachsenen Menschen derart, „daß in jedem Moment jede der Großhirnhemisphären in bezug auf die andere Hemisphäre bald die Informations-, bald die energetische Funktion ausübt" (S. 242).

Als allgemeine Gesetzmäßigkeit der Entwicklung stellt *Poljakow* (1970, S. 80) die Differenzierung der tertiären Felder nach den sekundären und primären fest. Mikroskopisch zeigt sich eine zunehmende Entwicklung des Anteils der Schicht III (Pyramidenzellen) an der gesamten Schichtung der Großhirnrinde bis ins Erwachsenenalter (ebd.).

Mit diesen Tendenzen sind jedoch nur die Wachstumsprozesse und Differenzierungsprozesse der Zellpopulationen der Großhirnrinde beschrieben. Psychobiologisch müssen sie jeweils im Rahmen ihrer Tätigkeit als *funktionelle Systembildung* – und damit Informationskonstruktion auf verschiedenen Ebenen – begriffen werden. müssen. *In dieser Hinsicht sind die „interzentralen" Verbindungen Ausdruck der Prozesse des Psychischen in der Tätigkeit des Subjekts.* Entsprechend hatte schon *Wygotski* 1934 in seinem bahnbrechenden Aufsatz „Die Psychologie und die Lokalisation psychischer Funktionen" geschrieben: *„Wir meinen, die spezifische Funktion jedes einzelnen interzentralen Systems besteht vor allen Dingen darin, eine völlig neue, produktive Form der Bewußtseinstätigkeit zu gewährleisten, nicht jedoch darin, lediglich Hemmungen und Erregungen der niederen Zentren auszulösen"* (1985, S. 359).

Diese Sichtweise der neuropsychischen Funktionen als vom Ursprung sozial, von der Struktur mittelbar und von der Funktionsweise willkürlich (vgl. *Luria* 1970a, S. 49) erlaubt auch ein *völlig anderes Verständnis der Entwicklungsprozesse.* Genauso, wie Sinnesschädigungen wie Blindheit oder Taubheit zum Zeitpunkt der Geburt eine andere Bedeutung für die Entwicklung eines Menschen haben gegenüber ihrem Auftreten in der späteren Kindheit oder sogar erst im Erwachsenenalter, genauso hat auch die Schädigung eines spezifischen Hirnbereichs eine je andere Bedeutung, je nachdem, zu welchem Zeitpunkt der ontogenetischen Entwicklung sie stattfindet.

Hierzu formuliert *Wygotski* (1985, S. 360) folgendes allgemeine Gesetz: *„Liegen Entwicklungsstörungen infolge irgendeines zerebralen Defekts vor, leidet in funktioneller Hinsicht, bei sonst gleichen Bedingungen, das, bezogen auf den geschädigten Abschnitt, nächsthöhere Zentrum mehr als das im Vergleich zum geschädigten nächstniedere Zentrum. Beim Zerfall beobachten wir das Gegenteil. Ist irgendein Zentrum veletzt, so wird, bei sonst gleichen Bedingungen, das im Verhältnis zum verletzten Abschnitt nächstniedere von ihm abhängige Zentrum mehr in Mitleidenschaft gezogen und relativ weniger das im Verhältnis zum verletzten Abschnitt nächsthöhere Zentrum, von dem es selbst funktionell abhängig ist".*

Schädigungen wirken damit als historisch je spezifische isolierende Bedingungen für die Tätigkeit des Subjekts und beeinflussen diese in einer bestimmten Weise (vgl. Kap. 6). Insofern sind in der Wygotskischen Perspektive neuropsychologisch betrachtet „alle eindeutig psychologischen Besonderheiten des defektiven Kindes ihrer Grundlage nach nicht biologischer sondern sozialer Natur" (1975, S. 71).

Diese Perspektive möchte ich im folgenden exemplarisch und skizzenhaft durch eine Befassung mit der Neuropsychologie des Kannerschen Autismus sowie der Trisomie 21 verdeutlichen.

8.4.1 Neuropsychologie des frühkindlichen Autismus

Zum Verständnis des folgenden ist es sinnvoll, nochmals kurz das entsprechende Teilkapitel 6.4.1 in Bd. 1, insbesondere ab S. 317, zu rekapitulieren sowie die Aussagen zur kortikal-subkortikalen Regulation, insbesondere in Form ihrer Zusammenfassung in den

Abbildungen 20, 24 und 25, präsent zu haben. Zudem ist es sinnvoll, immer wieder auf das allgemeine Modell des funktionellen Systems, das in Kapitel 7 entwickelt wurde (Abb. 10), als Interpretationsfolie zurückzugreifen.

Ich hatte oben bereits darauf verwiesen, daß Autismus als *zentrale Wahrnehmungsstörung* verstanden werden muß, die im Rahmen der frühen Dialoge unter üblichen Bedingungen zur Isolation führt. Es kommt damit zu einer pathologischen basalen Integration von Sinn und Bedeutungen im Körperselbstbild und später im psychischen Ich-Bild. Daraus resultieren die *Kardinalsymptome* (1) der „extremen autistischen Abkapselung", d.h. der weitgehend eingeschränkten Fähigkeit zum sozialen Dialog, die sich auch in der Art der verwendeten Sprachmuster (imperative bei Fehlen deklarativer Sprachmuster) niederschlägt, sowie (2) des Bedürfnisses zur „zwanghaften Gleichhaltung der dinglichen Umwelt", d.h. der Bindung an unbelebte Objekte. Bei der Behandlung dieser Zusammenhänge hatte ich bereits einige neuropsychologische Auffassungen kurz erwähnt (z.B. Störung des hippokampalen Regelkreises, frontolimbische Störung). Ich will dies hier nun gründlicher tun und im Rahmen der *Wygotski*schen Regel einige Überlegungen zum Neuverständnis des Autismus vortragen (vgl. auch *Jantzen* 1985a, *Jantzen* und *von Salzen* 1986, Kap. 7).

Ich beginne dabei mit Überlegungen zu den neokortikalen Funktionen und beziehe mehr und mehr die subkortikale Ebene ein.

In der Bundesrepublik war *Feuser* (1977, 1980) einer der ersten, der mit dem *Mythos* aufräumte, *Autismus sei lediglich eine emotional-soziale Störung ohne Auswirkungen auf die intellektuelle Leistungsfähigkeit*. Ein solcher Mythos konnte nur bei einer zunächst sehr einseitig selegierten Gruppe autistischer Kinder entstehen, ohne Berücksichtigung derer, die sich in Heimen, Anstalten und Schulen für Geistigbehinderte befanden. Entwicklungsneuropsychologisch ist auf Basis der *Wygotski*-Regel dies auch geradezu zu erwarten. Eine frühe schwere Wahrnehmungsstörung, die komplexe soziale Zusammenhänge undurchdringbar macht und daher zu deren negativer emotionaler Besetzung führt, muß intellektuelle Folgen haben. Dies arbeiten für die Neuropsychologie kindlicher Hirnschädigungen insgesamt im Unterschied zu Schädigungen bei Erwachsenen *Boll* und *Barth* (1981, S. 422ff.) heraus.

Ein solcher Zusammenhang deutete sich auch bereits in den Beschreibungen von *Wing* (1973) an. Er verwies auf deutliche Sprachrückstände, oft verbunden mit Echolalie (Wiederholung des letzten Wortes, oft endlose Wiederholung bestimmter Ausdrücke), verzögerter Echolalie (Fragen von anderen werden wiederholt und nicht beantwortet) oder vorrangig konkretem und nicht abstraktem Wortgebrauch. Wegen der *Ähnlichkeit mit Entwicklungsaphasien* wurde Autismus teilweise als eine solche betrachtet. Vergleichsuntersuchungen zeigten jedoch deutliche Unterschiede. *Cantwell* u.a. (1978) fanden im Vergleich beider Gruppen keine Unterschiede auf syntaktischer Ebene, jedoch bei Autisten sehr viel weniger spontane Bemerkungen und häufiger verzögerte Echos. *Cohen* u.a. (1981) stellten bei einem entsprechenden Vergleich fest, daß bei primärer kindlicher Aphasie eine Störung der expressiven Sprache vorlag, jedoch im Vergleich zu autistischen Kindern ein besseres Sprachverständnis, bessere Kapazität für innere Sprache, für vorstellendes Spiel, Gestik und Mimik, sowie warme soziale Beziehungen. Entsprechend dominierten im Gesamtverhalten aphasischer Kinder Abhängigkeit und Unreife. Bei autistischen Kindern lag neben der Verarmung der inneren Sprache eine Verarmung der Gestik, Mimik und Nachahmung vor, verbunden mit größeren Störungen der sozialen Bindung auf der Basis eines erhöhten Bedarfs an Angstregulation.

Wertet man diese Befunde auf dem Hintergrund der *Luria*schen Aphasietheorie, so sprechen sie eindeutig für *eher frontal gelegene Störungen im Vergleich zur Aphasie.* Insbesondere sind *echolalische Äußerungen* und *Störungen der inneren Sprache* und *fehlende Abstrakta* im Sprachgebrauch hierfür Indizien (vgl. *Luria* 1970a, S. 484 sowie 1982, S. 314). Da sich im Verlauf der Entwicklung ins Erwachsenenalter bei entsprechend qualifizierter pädagogischer Unterstützung deutliche Änderungen und Verbesserungen bei autistischen Kindern ergeben können, hatte ich unter Anwendung der *Wygotskischen* Regel in einer früheren Arbeit (*Jantzen* 1985a) versucht, *Autismus als* ein durch eine zentrale frühe Wahrnehmungsstörung im hippokampalen System *selbst-induziertes Frontalhirnsyndrom* zu kennzeichnen, das sich bei zunehmendem Einfluß der höheren Ebenen z.T. wieder auflöst, entsprechende soziale Unterstützung vorausgesetzt. Für eine deutliche Ähnlichkeit zum Frontalhirnsyndrom spricht neben den bereits zitierten Befunden auch eine Arbeit von *Vilensky* u.a. (1981), die auf Gangapraxien bei autistischen Kindern im Vergleich zu hyperaktiv-aggressiven Kindern aufmerksam macht.

Dabei scheint es sich jedoch vorrangig um *Störungen der linken Hemisphäre*, also der Herausbildung von abstraktem Raum und abstrakter Zeit, zu handeln. *Dawson* (1988) faßt entsprechende Forschungsergebnisse wie folgt zusammen: „Die Daten ... unterstützen eine enge Beziehung zwischen der Ausrichtung der Hemisphärenaktivität während des Sprechens und der Schwere der Sprachstörung beim Autismus. Bei autistischen Personen mit eher adäquaten sprachlichen Fertigkeiten findet man eher das normale linksdominante Muster der Hemisphären-Asymmetrie für Sprache; solche mit mehr beeinträchtigter Sprache zeigen beides: sowohl einen größeren Grad der Asymmetrie als auch rechtshemisphärische Dominanz ... Unsere Daten legen nahe, daß in der frühen Entwicklung Autismus letztlich mit einer Überaktivation der rechten Hemisphäre verbunden werden kann" (S. 456).

Eine solche *rechtshemisphärische Überaktivation* muß auf der Basis des Modells von *Kinsbourne* und *Bemporad* wie den Ausführungen zur Hemisphärendominanz (s.o.) als unmittelbare Folge der autistischen Störung interpretiert werden. Die Dissoziation von Wahrnehmung und adäquatem Handeln *(Feuser)*, das Abbrechen der Dialoge, die hohe Veränderungsangst müssen sich auf der Basis dieser Modellvorstellungen in einer höheren rechtshemisphärischen Aktivität widerspiegeln. Die entsprechenden frühen Schemata des Spracherwerbs im Rahmen der Kardinalsymptome beeinträchtigen dann durch ihre bloß imperative Ausrichtung und daher den Ausfall kooperativer Beziehungen wesentlich den Aufbau von sprachlichen Abstraktionen, die u.U. lediglich in bestimmten Spezialgebieten (z.B. Mathematik) auftreten, wie es das (in Bd. 1, S. 318) von *Kischkel* (1986) übernommene Beispiel ebenso verdeutlicht wie die Figur des durch Dustin *Hoffman* verkörperten autistischen Mannes in dem amerikanischen Film „Rainman". So erfolgt der *Aufbau der inneren Position und der inneren, geistigen Bewegungen* in ihr entsprechend den Bedingungen der äußeren Dialog- und Handlungsfähigkeit. Dies führt zur Eingeschränktheit der inneren Sprache, den Echolalien usw. als Widerspiegelung der erfahrenen praktischen Einschränkung der sozialen Bewegungsmöglichkeiten nun in geistigen Bewegungen. (Bewegungen im reflexiven Ich sind im Sinne der Primärsymptome eher auf dingliche als auf komplexe soziale Situationen hin entwickelt zu vermuten.) Alle autistischen Symptome sind also „The whisper of the bang" (übersetzt: das „Flüstern des Knalles"), als dessen Ursprung *Tanguay* und *Edwards* (1982) Hirnstammschädigungen annehmen, die als neuropathologische Agenten wirken und die Entwicklung der Vorderhirnsysteme beeinflussen.

Ausgangspunkt dieses Prozesses sind ontogenetisch gesehen zentrale Wahrnehmungsstörungen durch *Schädigungen in der kortikal-subkortikalen Regulationsstruktur* (limbisches System unter Einbezug der von mir getrennt wie zueinander vermittelt dargestellten folgenden regulatorischen Funktionen: (1) Vermittlung von Gedächtnis und Handlungsalternativen [Hippokampus], (2) Herausbildung von Modellen des Künftigen im Übergang von der Emotion zur Motivation [Basalganglien], (3) emotionale Bewertung verschiedener möglicher Motive [Amygdala] und (4) Bereitstellung von den Motiven entsprechenden Handlungsalternativen [Kleinhirn]). Über den Ort dieser Störung gibt es unterschiedliche theoretische Vorstellungen wie empirische Befunde.

Eine Reihe von Arbeiten, die ich hier im einzelnen nicht zitiere, stellt *veränderte evozierte Potentiale im Stammhirn* fest. In diese Überlegungen fügt sich auch der bereits zitierte Aufsatz von *Buchwald* (1975), der die Wirkungen von Asphyxie (Sauerstoffmangel bei Geburt, der CO_2-Überschuß hervorbringt) auf die Entwicklung des akustischen Analysators untersucht. So zeigten histologische Untersuchungen bei an Asphyxie verstorbenen Neugeborenen Schädigungen des Nucleus chochlearis von insgesamt 20–45% des Zellbestands (in einzelnen Bereichen 30–60%) sowie Störungen weiterer subkortikaler Kerne des akustischen Analysators (Olive, untere Vierhügel). *Buchwald* vermutet, daß bei derartigen subkortikalen Schädigungen „sensorische Stimuli ... zu reduntantem Rauschen entstellt (werden), anstelle spezifische Pattern der Information zu enkodieren" (S. 316). Dies entspricht *Sievers* (1982, S. 184) Annahme der „informationellen Deprivation" als wesentlichem Grundzug des Autismus.

Andere Autoren vermuten eine *Störung des mesolimbischen (Damasio* 1978) bzw. *medio-thalamisch-fronto-kortikalen Systems (Kischkel* 1985). D.h. der Regulationsmechanismus, der die Orientierungsreaktion durch selektive Hemmung der aufsteigenden sensorischen Reize unter Kontrolle hält, ist gestört. Nur verbietet sich bei Anwendung von *Wygotskis* Denkweise hier eine so vereinfachte Interpretation, da immer von der Entwicklung der psychischen Systeme als Ganzes auszugehen ist. Auf der Basis der Überlegungen zur Struktur des funktionellen Systems (Abb. 10) sowie ihrer Konkretisierung in der Behandlung der kortikal-subkortikalen Regulationsmechanismen kann ich hier gewisse Präzisierungen und Einschränkungen vornehmen, die zudem durch erste empirische Befunde gestützt werden. Es besteht kein Zweifel, daß die Gesamtheit der kortikal-subkortikalen Regulationsmechanismen bei Autismus mit ins Spiel kommt.

Trotzdem erscheint es nicht sinnvoll, wie dies *De Long* u.a. (1981) tun, Klüver-Bucy-Syndrom (bei Schädigung der Amygdala) und Autismus in Beziehung zu setzen. Das Problem bei Autismus liegt ersichtlich nicht in der Einschränkung der schnellen Wahl zwischen Motiven, also der eingeschränkten phasischen Situationsbewertung durch Emotionen, sondern in der Ermangelung nicht oder weniger angstbesetzter Handlungsalternativen. Hierbei liegt es nahe, an hippokampale Störungen, Störungen im System der Basalganglien sowie cerebelläre Störungen zu denken.

Eine starke Dominanz von *Störungen der Basalganglien* scheidet als Kandidat hierfür m.E. aus den folgenden Gründen aus. Zwar kann auch bei autistischen Kindern mit selbstverletzenden Verhaltensweisen eine veränderte Dopaminregulation (Neurotransmitter des tonischen, motivbildenden Systems der Basalganglien) nachgewiesen werden; differentialdiagnostisch gibt es jedoch ein Syndrom, bei dem es zwar häufig zu schwerer Selbstverletzung kommt, das jedoch nicht dem Autismus zugeordnet wird. Dies ist das *Lesch-Nyhan-Syndrom*. Dort kommt es auf der Basis einer genetischen Schädigung (Abwesenheit des Enzyms Hypoxanthin-Guanid-Phosphorybosil-Transferase) zu einem starken Defizit in der Verzweigung der dopaminergen Neuronen (*Davison* 1984, S. 121f.).

Ein derartiges Dopamindefizit kann künstlich hergestellt werden durch die *Neurolep-*

tika Reserpin, das die Dopaminspeicher des Gehirns entlädt, und *Chlorpromazin*, das die Dopaminrezeptoren blockiert (*Snyder* 1988, S. 82 u. 84 ff.). Solche Neuroleptika werden insbesondere bei schizophrenen Psychosen verabreicht (dort liegt häufig eine erhöhte Synthese von Dopamin, die Motivspannungen signalisiert, vor) und haben schwerste Folgen für die (körperliche und) psychische Entwicklung (*Lehmann* 1986, S. 104 ff.): schwerste Gedächtnisstörungen, Störungen der Affektivität, Affektlabilität, fehlende Beherrschbarkeit der Affekte, Entdifferenzierung und Minderung der intellektuellen Fähigkeiten.

Auch beim *Parkinson-Syndrom* besteht ein Defekt in der Dopaminsynthese. Er ist jedoch auf die nigrostriatäre Bahn A9 (vgl. Kap. 8.2.3) beschränkt und bezieht sich nicht auf die Selbstbekräftigung durch die Kontrolle und Wahrnehmung positiver Affekte, also die mesolimbischkortikale Bahn (A10). Störungen wie bei völligem Dopaminmangel liegen beim Parkinson-Syndrom nicht in vergleichbarer Weise vor: Es dominieren Bewegungsstörungen (Bewegungsarmut und -verlangsamung, erhöhter Muskeltonus, Wakkel- und Schütteltremor u. a. m.) sowie in psychischer Hinsicht eine gewisse Willenlosigkeit und Gleichgültigkeit.

Es bleiben also als Kandidaten für den Ausgangspunkt autistischer Störungen vor allem der *Hippokampus* und das *Kleinhirn*. Ich selbst hatte zunächst hier den Hippokampus aufgrund der spezifischen Veränderung der Neugikeitsverarbeitung favorisiert (*Jantzen* 1985a). Ähnlich hatte *Pedersen* (1981) unter Bezug auf das grundlegende Werk von *O'Keefe* und *Nadel* (1978) über die Hippokampusfunktionen und die von diesen favorisierte Grammatiktheorie von *Jackendoff* (1976; vgl. meinen Hinweis in Bd. 1, Kap. 5.5.4) autistisches Verhalten außerordentlich gut theoretisch rekonstruieren können. Trotzdem muß jetzt, nachdem in zwei Arbeiten von *Courchesne* u. a. Schädigungen in spezifischen Regionen des Kleinhirns entdeckt wurden, die Schwerpunktsetzung in der Analyse des limbischen Regulationssystems im Zusammenhang der Entstehung von Autismus korrigiert werden.

Unter Verwendung der Kernspin-Computer-Tomographie konnten *Courchesne* u. a. (1987) Hinweise für *Veränderungen im Kleinhirn* einer Person mit klassischem Autismus, aber normaler Intelligenz (IQ = 112) finden. Bestimmte Teile der Vermisregion des Kleinhirns zeigten pathologische Befunde. Daneben war die rechte Hirnhemisphäre deutlich größer als die linke. Dies wird von den Autoren jedoch als durch Entwicklung bedingte Vergrößerung diskutiert, die – wie der Fachliteratur entnehmbar – auch bei Entfernung der gegenüberliegenden Hemisphäre auftritt. Auf der Basis der hier gewonnenen Hypothesen untersuchten *Courchesne* u. a. (1988) 18 Autisten (IQ 45–111, Alter 6–30 Jahre) und verglichen sie mit einer Kontrollgruppe (N = 12) „normaler" Personen. Die Ergebnisse waren eindeutig: Eine *verminderte Ausprägung des Zellgewebes (Hypoplasie) in den Vermislappen VI und VII* konnte nachgewiesen werden.

Entwicklungsneuropsychologisch liegt damit eine Störung von Strukturen vor (vgl. Kap. 8.2.3), die als Teile des Paläocerebellums elementare Handlungsalternativen in AAM mit absichern und die modulierende Einflüsse (Hemmung) über die Purkinjezellen des Neocerebellums auf das Septum und auf hippokampale Strukturen ausüben. Insofern ist die ursprüngliche These der Hippokampusstörung nicht ungerechtfertigt, kann nun aber wesentlich spezifiziert werden. Autismus kann in diesem Sinn als *neurobiologische Entwicklungsstörung (Courchesne* u. a. 1988) begriffen werden. Er entsteht an einem bestimmten Ort der neurobiologischen Differenzierung des ZNS, wie dies *Cianarello* u. a. (1982) vermutet hatten. *Der Kern dieser Störung liegt m. E. in der Einschränkung von im AAM kodierten elementaren Handlungsalternativen. Diese führt ebenso zur Nichtbe-*

wältigung von *Neuheit (fehlende Hemmung der hippokampalen Funktionen) wie zum Nichtgelingen von Dialogen.* Je nach Schwere der Störung finden selbststabilisierende Muster wie z. B. Autoaggressionen hier ihre sinnvolle Begründung. Auf jeden Fall richten sich die Motivstrukturen und Handlungsalternativen wie bei allen anderen Menschen auch auf die Teile der Welt, die Sicherheit garantieren. Die Kardinalsymptome der extremen autistischen Abkapselung und der Bindung an Dinge erklären sich aus dieser Störung, die folgenden Symptome aus der Struktur des so determinierten Aneignungsprozesses, der trotzdem sozial bleibt. Auch die Bedürfnisse des Kindes sind soziale: Nur ist dieses Kind in dieser Hinsicht sehr viel empfindlicher und verletzlicher. Auf jeden Fall ist, mit *Feuser* (1977) ausgedrückt, das autistische Kind nicht autistisch, sondern in besonderer und differenzierter Weise sozialer Dialoge und sozialer Kooperation bedürftig.

8.4.2 Einige Überlegungen zur Neuropsychologie des Down-Syndroms (Trisomie 21)

Trisomie 21 ist eines der häufigsten Syndrome im Bereich der geistigen Behinderung. Seine Erstbeschreibung wird in der Regel dem englischen Arzt Langdon *Down* (1866) zugeschrieben, doch hat *Zellweger* (1981) vor kurzem darauf verwiesen, daß bereits *Séguin* (1846) das Syndrom beschrieben hat. *Downs* Beschreibung bediente sich rassistischer Stereotype: Er meinte, in dieser Schädigung bestimmte Parallelen zu der von ihm vermuteten Minderwertigkeit der mongolischen Rasse finden zu können. Von dort aus erklärt sich die Benennung als Mongolismus (in der deutschsprachigen Literatur des vorigen Jahrhunderts ist z. T. von Kalmückenidiotie die Rede). Da ich weder beabsichtige, einen rassistischen Begriff zu verwenden noch einen Rassisten posthum zu ehren, spreche ich durchgängig von *Trisomie 21*. Dies ist die Bezeichnung der biologischen Ursache des Syndroms. D. h. im 21. Chromosomenpaar liegt ein überzähliges Chromosom vor, das in der Epigenese durch spezifische und unspezifische Wechselwirkungen eine Reihe biologischer Veränderungen hervorbringt.

Im Vergleich zum Autismus ist die theoretische Nachzeichnung mit weitaus mehr offenen Fragen verbunden. Beim Erwachsenen dürfte sie, soweit nicht ein erfolgreicher Grundschulbesuch bereits tendenziell andere Verhältnisse geschaffen hat, dem von *Wolf* (1986, 1988) unter Anwendung der Tübinger-Luria-Christensen-Neuropsychologischen-Testbatterie (TÜLUC) für geistig Behinderte festgestellten Erscheinungsbild einer Kombination semantischer und dynamischer Aphasie entsprechen. Zumindest ergibt sich ein solcher Eindruck aus den zahlreichen Daten, die *Rondal* (1984) in einem Sammelreferat über „Linguistische Entwicklung bei geistiger Behinderung" zusammengetragen hat (vgl. Tabelle 1, S. 327–331). Gänzlich ungeklärt ist jedoch der neuropsychologische Entwicklungsprozeß dorthin. Ähnlich wie beim Autismus möchte ich von einem systemhaften Denken psychischer Zusammenhänge ausgehend die von mir verfolgte Perspektive aber zumindest durch das Aufzeigen einiger Zusammenhänge und daran geknüpfter Fragen verdeutlichen. Dies ist umso wichtiger, als sich durch umfangreiche Erfahrungen in der Erziehung und Bildung dieser Kinder wie durch bessere medizinische Versorgung ihr Erscheinungsbild z. T. gänzlich verändert hat. Das ernste, offene, interessierte Gesicht eines Kindes mit Trisomie 21, das Integrationskindergarten und Grundschule besucht hat, also vorrangig konkret-operativ zu denken vermag, wenn auch abstraktes Denken immer noch eine ernsthafte Schwelle zu sein scheint, hat kaum noch Ähnlichkeit zu dem Bild des kasperhaften, ewig grinsenden, netten „Mongölchen", das bis dato die Wahrnehmung der Fachwelt und der Öffentlichkeit häufig bestimmte.

Bereits diese Überlegungen zeigen, daß es sich hier um eine tiefgreifende Entwicklungsstörung handelt, die adäquater Pädagogik zu ihrer Überwindung bedarf. Aufgrund von äußeren Veränderungen im sprachmotorischen Analysator (Zunge, Gaumen u. ä.), aber nicht nur hierdurch, ist zudem häufig der Spracherwerb erheblich erschwert, was ein Ausweichen auf alternative Zeichenkörpersysteme (z. B. Gestensprache, Bliss-Symbolics) im Sinne einer totalen Kommunikation erfordert (vgl. auch *Jantzen* 1986a).

Für die Details der frühen Entwicklung hat *Pueschel* (1984, 1986) mit einer Untersuchung von 89 Kindern mit Trisomie 21 (T21-Kindern) eine wesentliche Aufklärung der Zusammenhänge erreicht. Die wichtigsten Befunde gibt die folgende Pfadanalyse wieder (übersetzt aus *Pueschel* in: Flehmig/Stein (Hrsg.) 1986, S. 304). Bei der Pfadanalyse handelt es sich um ein multivariates korrelationsstatistisches Verfahren, mittels dessen wahrscheinliche Zusammenhänge in zeitlichen Abfolgen dargestellt werden können. Die Zahlen an den in *Abbildung 34* dargestellten Entwicklungspfaden sind die jeweiligen signifikanten Korrelationskoeffizienten.

Analysiert man diese Entwicklungsmatrix, so fällt zunächst auf, daß der *Muskeltonus*, dessen Schlaffheit ein allgemeines Merkmal bei jungen T21-Kindern ist, *deutlich die gesamte Entwicklung beeinflußt.* Der Muskeltonus selbst ist zudem dann niedriger und ungünstiger, wenn eine angeborene Herzkrankheit (was häufig der Fall ist) vorliegt.

Weiterhin ist auffällig, wie deutlich die *Entwicklung der geistigen Fähigkeiten* von der Fähigkeit der Eltern abhängt, empfohlene Verhaltensmaßregeln durchzuführen. Diese Fähigkeit hängt wiederum von ihrer eigenen Handlungsperspektive ab, wie die hohe Korrelation mit dem Muskeltonus zeigt: Mit eher lebhaften und nicht hypotonen Kindern finden sich die Eltern besser zurecht und können Empfehlungen besser umsetzen. Diese Fähigkeit hängt zudem ab von der Gesamtbewältigungsfähigkeit der Eltern, mit einem behinderten Kind konfrontiert zu sein.

Abb. 34: Pfadanalyse früher Entwicklungszusammenhänge bei Trisomie 21 (nach *Pueschel* 1986, S. 304)

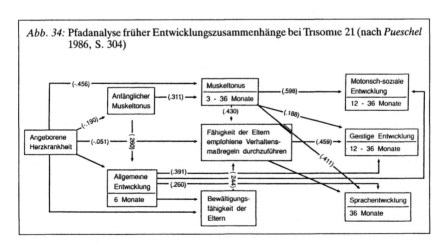

149

Die Entwicklung der Kinder ist jedoch nicht nur durch Schlaffheit beeinträchtigt, zahlreiche weitere Momente kommen hinzu. So verweist *Pueschel* (1986) auf nahezu durchgängig gegebene *Schädigungen der peripheren Enden des optischen und akustischen Analysators* (also organische Veränderungen an Auge und Ohr). Nur 23% der T21-Kinder verfügen über normale Hörfähigkeit (S. 306). Häufige *Dysfunktion der Schilddrüse* (Hyperthyreose), die die normale Funktionsweise des ZNS beeinflußt (bei 3–50% der Kinder, Angaben entsprechend unterschiedlichen Befunden in der Literatur), kann mittlerweile durch medikamentöse Einstellung bewältigt werden. Die schon genannten *Herzanomalien* liegen nach Literaturangaben bei 7–70% der Kinder vor (Mittelwert 19%; vgl. *Rehder* 1981, S. 58). Die Zahlen schwanken deshalb sehr stark, weil diese Anomalien mit ein Hauptfaktor der Mortalität bei sehr jungen T21-Kindern sind. Anatomische Untersuchungen verweisen auf häufigeres *Fehlen bestimmter Muskeln im Gesichtsbereich* (*Bersu* 1980). Ein solches Fehlen wird zwar auch bei anderen Populationen gefunden, jedoch ist die *stärkere Kombination morphologischer Veränderungen* (z. B. fand *Bersu* Veränderungen auch bei peripheren Arterien sowie am Spinalnerv und am 1. Hirnnerv) typisch für Trisomie 21.

Auch im *Zentralnervensystem* finden sich deutliche Veränderungen. Das *Hirngewicht* ist niedriger. Die *obere Temporalwindung* ist (oft bilateral) schmäler. Durch Zellzählungen wurde eine durchschnittliche *Reduktion der Neuronen auf ca. 50%* ermittelt (*Scott* u. a. 1983, S. 201 ff.). Es wurde eine Reduzierung des Myelinbetrages (Markscheiden der Nervenfasern) in der weißen Substanz und eine Abnahme des synaptischen Proteinbetrages in der grauen Substanz festgestellt (*Davison* 1984, S. 115). Auszählungen der Zellen in den *primären Feldern* des sensomotorischen, des akustischen und des optischen Analysators (Felder 4, 3, 41 und 17) ergaben eine deutliche *Reduzierung* insbesondere *der Sternzellen* in Schicht IV, die der Vermittlung von kortikaler und subkortikaler (thalamischer) Information dienen (*Ross* u. a. 1984).

Der ausführliche Sammelband zur Psychobiologie des Down-Syndroms, den *Nadel* (1988) herausgegeben hat, wurde mir erst während der Korrekturarbeiten an dem vorliegenden Buch zugänglich. Er konnte daher nicht mehr umfassend ausgewertet werden. Die dort vorliegenden Ergebnisse verweisen auf entsprechende Verhältnisse in der Zellschicht IV auch in anderen Bereichen des Neokortex (S. 274). In der Zusammenfassung der Herausgeberin (S. 369 ff.) wird auf die hohe Bedeutung früher Stimulation für die Entwicklung des ZNS von Kindern mit Trisomie 21 verwiesen, wobei es noch unklar ist, wo die Grenzen der Förderbarkeit liegen und welche Art der Interventionsstrategien am erfolgreichsten zu sein verspricht. Aber auch bei älteren Individuen seien noch Lernerfolge möglich, so daß Gründe für weitere Hoffnung bestehen (S. 374).

Über die genannten Befunde hinaus (folgende Befunde nach *Davison* 1984, S. 115 f.) wurden in einzelnen Hirnbereichen besonders deutliche Verluste an Nervenzellen ermittelt: So in den *cholinergen Neuronen der Basalganglien* (dies sind jene Neuronen, die den Neurotransmitter Acetylcholin benötigen, der insbesondere auch für die Bewegungsregulation von Bedeutung ist und durch Kurare im Sinn zeitweiser Lähmung außer Kraft gesetzt werden kann). Insgesamt sind Acetylcholinsynthese und -abbau durch die fehlende Synthese der beiden hierfür verantwortlichen Enzyme erheblich reduziert (zur Funktionsweise des Acetylcholins vgl. *Snyder* 1988, S. 28 ff.). Besonders deutlich tritt dies in der Amygdala und im Nucleus Caudatus (ein Teil der Basalganglien) in Erscheinung. Ferner liegt bei dem für die Regulation von Atmung und Kreislauf relevanten Nucleus coeruleus im Stammhirn eine Entblößung von *noradrenergen Neuronen* vor (Noradrenalin ist ein Neurotransmitter im autonomen Nervensystem, der insbesondere bei Streß für die Beschleunigung des Herzschlags, die Erweiterung der Bronchien und die Erhöhung des Blutdrucks sorgt).

Beide Veränderungen, die der Acetylcholin- wie der Noradrenalinsynthese, sind Kandidaten für die Aufklärung des zentralen Symptoms der anfänglichen Muskelschlaffheit. Bezüglich der Acetylcholinveränderungen gibt es ferner deutliche Ähnlichkeiten zum *Alzheimer-Syndrom*, das im höheren Lebensalter zu Demenz führt. *Scott* u. a. (1983, S. 234) vermuten unter Einbezug dieser Befunde, daß Trisomie 21 den Prozeß eines schnelleren Alterns beinhaltet.

Diese Feststellung wie auch die anderen erwähnten Befunde sollten jedoch nicht fatalistisch betrachtet werden. (Dies verbietet auch die oben genannte Entwicklung in Erziehung und Bildung von T21-Kindern). Es ist hinreichend bekannt, wie soziale Bedingungen Altern ermöglichen bzw. vorzeitige Vergreisung hervorbringen können. Auch hier gilt es natürlich, die Wechselwirkung der verschiedenen Ebenen (biologisch, psychisch, sozial) präzise zu beachten und zu erschließen.

Der Ursprung der Störung durch das überzählige Chromosom im 21. Paar wird in einer chromosomalen Überproduktion von RNS vermutet (*Scott* u. a.). Auf jeden Fall kommt es zu epigenetischen Wechselwirkungen in der Morphogenese (bis gegen Ende des 3. intrauterinen Monats), wie es aus den zahlreichen morphologischen Veränderungen (z. B. Herzmißbildungen, kürzere Finger, „Mongolenfalte", Fehlen von Muskeln usw.) erschlossen werden muß. Auch im ZNS läßt sich zu einem sehr frühen Zeitpunkt (16. Gestationswoche) bereits eine pathologische Struktur im *elektrischen Verhalten einzelner Zellen* feststellen, deren grundlegende Parameter verändert sind (Nachhyperpolarisation um -41% reduziert, Ansteigen der Membranzeit um $+30\%$, Reduzierung der Depolarisation des Schwellenregelbereichs um -21%). Diese Defekte sind vermutlich auf eine Veränderung der Kaliumpermeabilität der Membran zurückzuführen (*Scott* u. a. 1983). Andere Veränderungen, wie z. B. primitivere Formen der dendritischen Verzweigungsstruktur (reduzierte Spinezahl), treten erst nachgeburtlich auf.

So wenig sich diese Daten zu einem konsistenten Bild in jener Dichte wie bei Autismus fügen, so ist doch bereits hier deutlich, wo in einer entwicklungsneuropsychologischen Erforschung der Trisomie 21 in Zukunft Schwerpunkte zu setzen sind: Es sind dies m. E. vor allem zwei Fragen: Zum einen die Frage nach dem Ursprung, der Weitervermittlung und der Aufhebung der Schlaffheit (reduzierter Muskeltonus). Und zum anderen die Frage nach der Wechselwirkung der gestörten Struktur der peripheren Enden der Analysatoren mit einer Tätigkeit, die unter diesen Bedingungen maximale Anregungen für Zellwachstum und Zellentwicklung der je hierarchisch höheren Zellpopulationen liefert. Wieviel ist durch Schädigung vorgegeben, wieviel ist Resultat früher sensorischer Deprivation oder späterer Isolation durch Überbehütung bzw. durch erlernte Inkompetenz, die unterdessen von zahlreichen Autoren als ein Hauptverursachungsfaktor geistiger Behinderung diskutiert wird (vgl. Jantzen 1986a)? Dies ist eine Frage, die vor allem auch durch veränderte pädagogische Praxis zu beantworten ist.

Ich hoffe, mit diesen Ausführungen Anregungen gegeben zu haben, wie künftig über spezifische Syndrome neu nachzudenken ist, um sie auch in biologischer Hinsicht historisch zu entschlüsseln, sie nicht statisch zu betrachten, sondern als Prozeß der Selbstorganisation zu rekonstruieren. Bevor ich die neurobiologische und neuropsychologische Ebene der Analyse von Behinderung jedoch verlassen kann, ist abschließend noch einiges zu den spezifischen Hirnmechanismen von Störung und Wiederherstellung auszuführen. Ich beschränke mich dabei ausschließlich auf einige elementare Sachverhalte. Diagnostische und therapeutische Aspekte werden in den entsprechenden Kapiteln (9 und 12) angesprochen.

8.5 Elementare Mechanismen der Störung und Wiederherstellung von Hirnfunktionen

8.5.1 Restitutions- und Reparaturmechanismen als Wiederherstellung funktioneller Systeme

Die in diesem wie im vorigen Kapitel entwickelte Perspektive der Selbstorganisation der Prozesse des Nervensystems in Systemen des Typs „Subjekt – Tätigkeit – Objekt" ermöglicht m.E. auch ein besseres Verständnis der Restitutions- und Regenerationsmechanismen im ZNS. Eine solche Restitution und Regeneration kann bei Nervenzellen im ZNS im Unterschied zu Körperzellen nicht durch Neubildung erfolgen. Eine Ausnahme bildet hier die in Tierexperimenten bereits erprobte Implantation von embryonalem Hirngewebe in erwachsenes Hirngewebe (vgl. *Fine* 1986). Da eine Schädigung des ZNS in jedem Falle die *Störung funktioneller Systeme unterschiedlicher hierarchischer Niveaus* (von der Zelle über die Zellpopulation bis zur Gesamtheit des Gehirnprozesses) bedeutet und damit eine Einschränkung der Tätigkeit, muß die Restitution und Regeneration in Form der Wiederherstellung solcher Systeme erfolgen. Schon *Anochins* (1967) Forschungen zu Nervenanastomosen verweisen darauf, daß die veränderte periphere Afferentierung (z.B. bei Vertauschung der Beuger- und Strecker-Innervation am Hinterlauf der Katze) im Gesamtkontext der Tätigkeit zentral durch die *Neuausbildung eines adäquaten afferenten Feldes* beantwortet wird.

Wie sieht nun die gegenwärtige Diskussion zu diesen Fragen aus?

Wichtige Aufschlüsse liefert u.a. der Bericht des Dahlem-Symposiums über „Reparatur und Regeneration des Nervensystems" (*Nicholls* 1982) sowie in ihm insbesondere das Referat von *Singer* über *„Wiederherstellungsmechanismen beim Säugetiergehirn".*

Singer geht davon aus, daß mit dem Anstieg (1) der Fähigkeiten, neue Antwortstrategien zu erwerben, (2) der Fähigkeit des Gehirns, Reaktionen aus einem großen Repertoire auszuwählen, und (3) mit der Option, sie willentlicher Kontrolle zu unterwerfen, die Wiederherstellungsfähigkeiten sich deutlich erhöhen. „So ist die ansteigende Differenzierung des Nervensystems nicht notwendigerweise begleitet von erhöhter Vulnerabilität" (S. 205).

Im einzelnen werden folgende Sachverhalte erörtert:

1. Restitution kann auf der Basis *lokaler Reparatur* erfolgen, indem selektive Aufmerksamkeit auf die gestörte Funktion gerichtet wird. Es können für ein System nichtfunktionale, aber strukturell intakte Neuronen innerviert werden. So kann z.B. bei Verletzungen des striatären Kortex, welche zu Skotomen (dunkle Flecken im Sehfeld) führen, die direkt von Art und Größe des Defekts abhängen, durch intensives visuelles Training deren Größe reduziert und die normale Funktion wiederhergestellt werden. Dies geschieht durch Training, das die selektive Aufmerksamkeit der Patienten auf die

gestörte Funktion richtet und 30–60 Minuten nach Beginn bereits Fortschritte zeigt. Eine Neubildung von Zellverbindungen (z.B. Axonenwachstum) kann daher ausgeschlossen werden. Solche Erfolge sind nur durch Spezialtraining zu erzielen und nicht im Alltagsgebrauch, da – so *Singer* – der Alltagsgebrauch die Aufmerksamkeit der zur Kompensation genutzten Neuronenverbände mit latenter Funktion unterdrückt.

2. Eine besondere Rolle für die neuronale Plastizität kommt der *Aufmerksamkeit* zu (S. 208ff.):
   - Motivation und Aufmerksamkeit sind für die Wiederherstellung gestörter Hirnfunktionen zentrale Parameter;
   - beim Schielen unterstützen z.b. nur solche retinalen Signale die Entwicklung der normalen visuellen Funktion, denen aktuelle Aufmerksamkeit zugewendet wird;
   - es gibt deutliche Belege aus Tierexperimenten, daß der Wandel in der kortikalen Funktion durch Systeme gebahnt wird, die in die Kontrolle der Reizselektion und Aufmerksamkeit einbezogen sind.

3. Restitutionen erfolgen entsprechend der *Redundanz in der Verteilung der Systeme* (S. 210f.).
   Z.B. ist die Orientierungsreaktion an viele Systeme gebunden. Wird nur eines dieser Systeme bei Tieren oder beim Menschen gestört, so sind die Effekte vorübergehend und verschwinden nach wenigen Wochen. Werden zwei oder mehr gleichzeitig zerstört, so werden die Defekte irreparabel.

4. In gewissem Umfang können *Substitutionsprozesse* bei völliger Zerstörung eines funktionellen Zentrums stattfinden (S. 211).
   Die Zerstörung des primären optischen Feldes 17 bei Affen wie bei Menschen führt zur kortikalen Blindheit. Nach einigen Tagen treten bei Affen Zeichen für visuell eingeleitete Reaktionen auf (optokinetischer Nystagmus, Orientierungsreaktionen). Durch Training kann sogar die Diskrimination, nicht nur von Licht unterschiedlicher Stärke, sondern auch von einfachen Mustern, gelernt werden. Trotzdem bleibt die Wahrnehmung verarmt, bewegte Objekte werden leichter als stationäre entdeckt. Eine Substitution findet statt durch das retino-tektale System (Tectum = Vierhügelplatte oberhalb des Tegmentums, die die unteren und oberen Zweihügel umfaßt; vgl. Abb. 21), das durch Koordination der Augenbewegungen mit in die Reizselektion einbezogen ist. Beim Menschen ist ein vergleichbarer Substitutionprozeß nicht erreichbar; allerdings können auch hier einige nicht-bewußtseinsfähige Reaktionen auf optische Reize neu herausgebildet werden.

5. Zum Teil finden *kompensatorische Prozesse* statt (S. 212ff.). Solche sind z.B. die Übernahme der gesamten Funktion bei einseitiger Störung des Labyrinths (Gleichgewichtsorgan) durch das der anderen Seite oder die Wiederherstellung des Sehprozesses beim Tragen von Umkehrbrillen, die nach einigen Tagen stattfindet. In diesem Sinn kann auch der Restitutionsprozeß bei den *Anochin*schen Katzen als ein Kompensationsprozeß betrachtet werden. Aber auch alle anderen bisher nach *Singer* dargestellten Prozesse können am besten auf der Basis der Neuorganisation und Wirkweise funktioneller Systeme erkärt werden.

6. Zur Frage, ob die *Kompensationsmöglichkeiten des sich entwickelnden Gehirns* größer sind als die des *Erwachsenengehirns* (einen Überblick zum entwicklungsneurologischen

Aspekt dieser Frage auf der Basis zellulärer Entwicklung gibt *Herrschkowitz* [1982] im gleichen Band), resümiert *Singer* (S. 210): „Das sich entwickelnde Gehirn hat gewisse Optionen, Funktionen wiederherzustellen, die das erwachsene Gehirn verloren hat, aber diese Fähigkeiten sind wahrscheinlich mehr beschränkt, als man früher annahm". Auf der anderen Seite werden mehr und mehr Mechanismen erkannt, die beim Erwachsenengehirn zur Wiederherstellung führen (s. u.). Es handelt sich hierbei jedoch um *keine spezifischen Reparaturmechanismen*, sondern um *adaptive Mechanismen, die in allgemeiner Weise die Homöostase des Gehirns sichern* (S. 219). Derartige Mechanismen sind jeweils funktionelle Systeme (vgl. Kap. 7).

Theorien der Wiederherstellung (Restitution) setzen auch immer *Theorien der Störung* voraus. Wendet man die Theorie der funktionellen Systeme an, so handelt es sich im wesentlichen um *Störungen der Afferenzsynthese bzw. der Reafferentierung funktioneller Systeme*, die ihrerseits im Rahmen der Selbstorganisation solcher Systeme zu einem anderen Verhalten führen können. Im Extremfall kann dies zur Entkoppelung eines Systems führen. Eine derartig veränderte efferente Struktur eines Teilsystems werde ich im Rahmen von *Kryshanovskys* (1986) Theorie pathologischer Systeme im folgenden Teilabschnitt darstellen.

Störungen der Afferentierung liegen den folgenden Befunden und Annahmen zur Störung in unterschiedlicher Form zugrunde.

Roland (1987) folgert aufgrund der neurologischen und neuropsychologischen Untersuchung von 94 Patienten mit Hirnschädigungen, daß den unterschiedlichen kortikalen Störungen bei Schädigung unterschiedlicher Gebiete ein unterschiedlicher Betrag an *Rauschen* zugrunde liegt. Dies deckt sich mit den schon zitierten Annahmen von *Buchwald* (1975) zum Rauschen durch die Zerstörung subkortikaler Kerne als Ursache des Autismus. *Brown* (1988, S. 129ff.) geht im Rahmen seiner Kritik an der zu unspezifischen Diachisis-Annahme (Diachisis: teilweise eingeschränkte Funktionsfähigkeit nach Hirnverletzung, die spontan wieder verschwindet) von der hierarchischen Organisation höherer kortikaler Funktionen aus, im Rahmen derer spezifische Stufen der Hirnentwicklung linguistischen Niveaus entsprechen. Solche Niveaus müssen daher nicht als „Warenhäuser" für eine bestimmte Funktion, sondern als vermittelndes strukturelles Niveau begriffen werden. Der Begriff des Rauschens als Ausdruck für veränderte Afferentierung kann hier sicherlich insofern sinnvoll verwendet werden, als kein „Nichts" an die Stelle der bisherigen afferentierenden Zellpopulation tritt, sondern eine Veränderung des afferenten Feldes, und damit eine *Veränderung der für die Informationskonstruktion erforderlichen Topologie* erfolgt.

John u.a. (1983) verweisen darauf, daß das *elektrische Verhalten der Zellpopulationen* bei kognitiven Dysfunktionen und neurologischen Störungen von Kindern erheblich verändert ist. Hintergrund-EEG und sensorische evozierte Potentiale sind im Vergleich zu den Charakteristika „gesunder, normal funktionierender Individuen" oft extrem und liegen jenseits der Grenzen der Normalverteilung. Auf eine vergleichbare Störung in der Selbstorganisation von Nervenzellen sind wir bereits bei der veränderten Kalium-Permeabilität der Nervenzellen bei Trisomie 21 gestoßen. Nun sagen diese Veränderungen unmittelbar noch nichts über die psychonervalen Funktionen als Ganzes aus. Sie sind zunächst nichts anderes als ein Ausdruck der Wiederherstellung als Selbstorganisation unter anderen und komplizierteren Bedingungen, d.h. ein Hinweis auf die größere Labilität der Gesamtheit der psychonervalen Prozesse.

Schließlich scheint auch die *Größe der Verletzung* ein Faktor zu sein, der sich unterschiedlich auf die Restitution verschiedener Bereiche auswirkt. Manchmal scheinen die Anreize für die Wiederherstellung bei größeren Verletzungen größer zu sein (*Irle* 1987).

Die *Wiederherstellung funktioneller Systeme* kann begünstig werden durch Entwicklung der *Umgebungskontrolle* sowie durch *Medikamente* (*Will* 1977). Soweit spezifische Medikamente eingesetzt werden, die jeweils allerdings relativ kurzfristig und symptomspezifisch wirken, kann man deren Wirkung, soweit sie wirklich positiv und ohne Spätschäden ist, u. a. mit der von mir weiter oben diskutierten Hypothese struktureller Koppelung durch Phaseneinstellung beschreiben. So macht auch *Fine* (1986) darauf aufmerksam, daß die Neurotransmitter Dopamin, Acetylcholin u. a. „oft nicht zu dem Zweck ausgeschüttet werden, genaue Informationsmuster weiterzuleiten, sondern um den allgemeinen Erregungszustand der Zielneuronen oder ihre Reaktion auf andere eingehende Signale zu modulieren" (S. 94). Man könnte demgemäß vermuten, daß die Gabe von Medikamenten entweder metabolisch (energetische und strukturelle Regeneration von Zellen) oder strukturell-koppelnd wirkt. Im Sinne *Bernsteins* würde dies eine Verbesserung der wellenförmigen Informationsverarbeitung bedeuten, während die kanalförmige nur durch die Tätigkeit selbst verbessert wird. (Um nicht mißverstanden zu werden: Auch die kanalförmige Aktivität trägt im Rahmen ihrer zeitlichen Parameter zur strukturellen Koppelung und Phaseneinstellung bei.)

Entsprechende Befunde zu beiden vermuteten Typen der Wiederherstellung auf zellulärer Ebene liegen vor.

Cotman und *Nieto-Sampedro* (1982) behandeln in einem Sammelreferat ausführlich das *Axonwachstum* und die *Bildung neuer synaptischer Verbindungen* als Mechanismus von Erneuerung und Plastizität. Die synaptischen Umgruppierungen (synaptic turnover) werden als dauernder Adaptationsprozeß im ZNS betrachtet, der bei Verletzungen durch die zunächst erfolgende Denervierung (Absterben von Verbindungen auf der Basis von Funktionsverlust) initiiert wird. Im nicht-pathologischen Fall findet ein solcher Prozeß z.B. bei Tieren statt, die Winterschlaf halten, oder er liegt vor, wenn im Uterus während der Schwangerschaft die noradrenerge Innervierung faktisch verschwindet und danach wiederkehrt (S. 379).

Mit vier Grundregeln kann die *synaptische Umgruppierung nach Schädigungen* beschrieben werden (S. 375):

1. Neue Synapsen bauen den Input wieder auf, der der partiellen Denervation folgt.

2. Ein afferenter Impulsgeber innerviert eine denervierte Zone nur, wenn sich sein Zielgebiet mit dem Feld der geschädigten Afferentation überlappt.

3. Das reaktive Wachstum bewirkt nur den quantitativen Anstieg oder die Wiederorganisation von vorher existierenden Verbindungen (es entstehen keine neuen Leitungen).

4. Wenn ein Neuron mehr als einen Typ von Afferenzen empfängt, gibt es eine eindeutige Hierarchie, entsprechend der relativen Kapazität der verschiedenen afferenten Impulsgeber, in Reaktion auf den Synapsenverlust zu wachsen. „Ähnliche" afferente Impulsgeber, d.h. solche von ähnlichen Zelltypen, haben Wachstumspräferenzen.

Diese Prozesse lassen sich m. E. am besten erklären auf der Basis des *aktiven Verhaltens von Zellen und Zellpopulationen*, die unter veränderten Lebensbedingungen sowohl ihre strukturelle Koppelung (wechselseitige Phaseneinstellung) neu organisieren als auch ihre individuelle Lebenstätigkeit (vgl. auch *Koshland* 1980, der die Organisation bakteriellen Verhaltens als Paradigma für das Verständnis von Zellverhalten im Nervensystem heranzieht). Die Grundlage der Realisierung der Lebenstätigkeit der Neuronen ist die Neubildung rezeptorischer (Dendritenwachstum) und effektorischer Strukturen (Kollateralenbildung, Axonsprossung, Synapsenbildung). *Empirische Befunde* bestätigen das Stattfinden dieser Prozesse. Sowohl im Tierexperiment wie beim Menschen (hirnanatomische Untersuchung eines 83jährigen verstorbenen Mannes) zeigte es sich, daß bei Schädigungen in dem Gebiet der in die Hippokampusfunktion integrierten Fascia dentata (zur Anatomie vgl. *O'Keefe* und *Nadel* 1978, S. 107–112), es nach Absterben nichtgranulärer Zellen im Gebiet CA 4 (granuläre Zellen = Sternzellen) zur Bildung von entsprechenden Axonbäumen kam, die diese ersetzten. Die zugrunde liegende Schädigung der supragranulären Zellen tritt bei Krankheiten im hohen Alter auf. (*Cotman* und *Nieto-Sampedro* 1982, S. 374 bzw. 383).

Synaptische Umgruppierungen finden statt, wenn die Stimuli (z.B. der Prozeß der Denervation) mindestens 2–3 Tage wirksam sind. Reaktionen, die früher als zu diesem Zeitpunkt initiiert werden, bewirken keine synaptische Umgruppierung. Aktuelle Stimuli können sowohl Medikamente wie Impulsaktivität sein. Im peripheren Nervensystem bewirkt die Gabe von Neurotransmittern Axonsprossung, eventuell könnte dies auch im ZNS der Fall sein (S. 389).

Schließlich ist festzuhalten, daß synaptische Umgruppierungen in unterschiedlichen Hirngebieten unterschiedlich stark auftreten. Nahezu keine derartigen Prozesse erfolgen in den sensorischen Umschaltkernen; Gebiete, in denen deutliche synaptische Umgruppierungen auftreten können, sind Hippokampus, cerebraler Kortex und Kleinhirn (S. 383).

Marshall (1985, S. 223ff.) macht schließlich auf einen weiteren Prozeß aufmerksam, der für die Wiederherstellung von Funktionen neben der Axonsprossung und Neubildung von Synapsen bedeutsam ist: die *neurochemische Adaptation und Wiederherstellung*. Die überlebenden Synapsen vermitteln die Wiedererlangung des Verhaltens. Dies geschieht durch Veränderungen in der Transmittersynthese, der Freisetzung und der postsynaptischen Sensitivität. Dieser Prozeß ist sehr spezifisch und umfaßt u.U. nur einzelne Rezeptortypen. Er beginnt 3–4 Tage nach der Verletzung und ist nach 2–3 Wochen abgeschlossen (S. 240).

Zusammengefaßt: Es existieren eine Reihe von Mechanismen auf der Ebene von Zellen und Zellpopulationen, die in die Neuorganisation funktioneller Systeme einbezogen werden können. Hierzu ist eine adäquate Strukturierung der Tätigkeit in jedem Fall erforderlich. Spezifische Medikamente, soweit sie metabolische Funktionen wiederherstellen (vgl. *Luria* 1963) oder die strukturelle Koppelung von Nervenzellverbänden verbessern, ohne schädliche Nachwirkungen aufzuweisen, haben hierbei zusätzliche Bedeutung (z.B. Neurotransmitter). Ob sich darüber hinaus Medikamente mit langfristig stabilisierenden Effekten entwickeln lassen, ist eine m.W. gegenwärtig noch offene Frage (*Will* hält solche Medikamente in Form der Aktivierung des Nervenwachstumsfaktors bzw. von spezifischen Enzymen für möglich; 1977, S. 339f.).

8.5.2 Die Herausbildung pathologischer funktioneller Systeme als Kern persistierender Störungen

Es ist selbstverständlich unbestritten, daß durch die Zerstörung von Hirngewebe spezifische, nicht kompensierbare Schäden auftreten können. Ebenso unbestritten ist es, daß quantitativ veränderte Werte im Sinne der bioelektrischen Parameter der Zellen und Zellpopulationen insgesamt ein labileres, verwundbareres System der Selbstorganisation der Gehirnfunktionen und damit der Informationskonstruktion als Entwicklung des Psychischen in der Tätigkeit hervorbringen. Was aber darüber hinaus von besonderem Interesse ist, sind die pathologischen Veränderungen in der Funktion von Organen und Organsystemen, die sich im Gesamtverbund des Organismus teilweise entkoppeln. Ein solches Verhalten tritt z.B. ebenso in Form epileptischer Entladungen wie psychosomatischer Syndrome auf (aber auch, so ist zu vermuten, als Basis psychoreaktiver Stereotypbildung; vgl. hierzu Kap. 6). Zu dieser Frage der Bildung pathologischer, d.h. entkoppelter funktioneller Systeme ist vor kurzem *Kryshanovskys* wegweisende Arbeit „Pathologie des Zentralnervensystems" in englischer Übersetzung erschienen (1986).

Wir treten damit in die Diskussion des zweiten wesentlichen Mechanismus der Plastizität der Hirnfunktionen ein, der nach *Herrschkowitz* (1982, S. 31) neben der *Remodellierung* das *„Kindling"* ist. „Kindling" bedeutet im Englischen „Anzündmaterial". Insbesondere in den Theorien zur neuronalen Basis der Epilepsie wird von einem Mechanismus ausgegangen, der sehr leicht durch äußere oder innere Reize in Gang gesetzt wird und dann selbständig Krampfpotentiale in Gang setzt. Experimentell wirken als solche Kindling-Mechanismen elektrische Stimuli geringer Intensität. Darüber hinaus hat man Schrittmacherzellen in bestimmten Hirnbereichen (im peripiriformen Kortex; d.s. Zellgruppen des Paläocortex, die u.a. in enger Verbindung zur Amygdala stehen) gefunden, die besonders sensitiv im Prozeß der Anfallsgenese sind (*McIntyre* und *Racine* 1986; zur Diskussion um die Neuropsychologie der Epilepsie vgl. auch *Dodrill* 1981, *Holste* 1986).

Was die Arbeit von *Kryshanovsky* (1986) systematisch von anderen unterscheidet, ist neben ihrer breiten empirischen Fundierung auf zahlreichen Gebieten der Neurologie (Schmerzforschung, Hirnschädigungen, Epilepsie, Psychosomatik) die systematische theoretische Konzeption, im Rahmen derer Befunde theoretisch rekonstruiert werden und zu neuer systematischer Forschung führen. Entsprechend schreibt Ronald *Melzack*, einer der Pioniere der neurologischen Schmerzforschung (vgl. als Einführung in seine „Gate-control" Theorie des Schmerzes, *Melzack* 1973), im Vorwort zur englischen Übersetzung von „aufregenden neue Konzepten", „weitreichenden Ideen" und von einer „Stimulation neuer Forschung und neuer Ideen" durch dieses Buch.

Es ist mir natürlich gänzlich unmöglich, die komplexe Theorie *Kryshanovskys* im Detail darzustellen. Ich beschränke mich auf einige Grundgedanken und orientiere mich, soweit nicht anders zitiert, dabei wesentlich an einer dem Buch nachgestellten ausführlichen Zusammenfassung der Theorie (S. 326–339).

Pathologische Systeme bilden die universelle pathogenetische Basis zahlreicher neuropathologischer Syndrome. Ihr wesentliches Kennzeichen ist, daß sie für den Organismus keine adaptive, sondern disadaptive und damit pathogenetische Bedeutung haben.

Sie entstehen durch *hyperaktive Strukturen*, die sich im ZNS auf der Basis äußerer oder innerer Schädigungsfaktoren oder genetischer Defekte bilden. Eine solche Struktur, die

Kryshanovsky als „*pathologische Determinante*" bezeichnet, *ordnet sich andere Teile des pathologischen Systems unter.* Sie entzieht sich sowohl der Kontrolle des Systems, in dem sie entsteht, wie den homöostatischen Mechanismen des Gehirns. Durch diese hyperaktive Determinante wird die funktionelle Organisation und Aktivität des pathologischen Systems rigide.

Im Regelfall ist die *Determinante* ein *operanter Mechanismus* in der Bildung funktioneller Systeme. Sie ist der „*systembestimmende Faktor*" (S. 7). Sie entspricht, so ist zu folgern, in *Anochins* Terminologie dem „Fällen der Entscheidung", also der Herausbildung des „Modell des Künftigen".

Die pathologische Determinante wird in Gang gesetzt durch hyperaktive Strukturen, deren Neuronen als Folge ihrer *Deafferentierung* hyperaktiv geworden sind (S. 77). Als derartige hyperaktive Strukturen, die pathologische Determinanten hervorbringen, unterscheidet *Kryshanovsky* (1) pathologisch veränderte Freisetzung von Transmittern, (2) Übersensitivität (Anwachsen der Anzahl) postsynaptischer Rezeptoren und (3) Generatoren pathologisch erhöhter Erregung (GPEE). Insbesondere GPEE sind die Ursachen für das Entstehen pathologischer funktioneller Systeme (PS). Das durch die hyperaktive determinierende Struktur induzierte pathologische System (PS) stellt *Kryshanovsky* in folgendem Diagramm dar (S. 104):

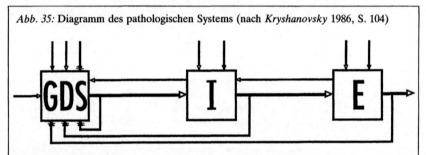

Abb. 35: Diagramm des pathologischen Systems (nach *Kryshanovsky* 1986, S. 104)

GDS: Generator-Determinanten-Struktur; I: intermediäre Glieder des Systems; E = effektorische Glieder des Systems. Weiße Dreiecke: stimulierende Verbindungen; schwarze Dreiecke: hemmende Verbindungen; durchkreuzte schwarze Dreiecke: unterbrochene hemmende Verbindungen.

Vergleichen wir dieses System mit dem Modell *Anochins* sowie den darauf aufbauenden weiterführenden Überlegungen (Kap. 7), so fällt folgendes auf:

Das pathologische funktionelle System erhält zwar Umgebungsafferenzen, die es in der Afferenzsynthese zusammenfaßt. Bestimmte Umgebungsafferenzen hemmender Art (d.h. insbesondere Impulse höherer Zentren und homöostatischer Mechanismen) sind jedoch abgebrochen bzw. werden durch die gelernte veränderte Eigenaktivität der Zellpopulationen des Generators aktiv unterbunden. *Bedingungen, die in der Regel zu struktureller Koppelung führen, wirken entkoppelnd und lösen selbstorganisierte, entkoppelte Eigenaktivität des pathologischen Systems aus.* Dies kann jedoch nur als Phasenkoppelung vom Typ der *geraden Phaseneinstellung* verstanden werden, die durch den Bruch von Vertrautheit im System selbst zu auf Bestätigung zielendem Eigenverhalten führt (vgl. Kap. 7.3). Psychologisch entspricht dies Affekten, die zur völligen Neuorganisation des Verhaltens zwingen. Die nach außen hin *abgebrochene Zeitstruktur* wird kompensiert durch die *Produktion von Eigenzeit* bei partieller Entkoppelung von äußeren Bedingungen. Dies bedeutet zugleich Veränderungen im Modell des Künftigen, die sich als Verstärkung des „Freiheitsreflexes" *(Simonov)* als allgemeines Bedürfnis der Überwindung von Hindernissen auswirken und die Breite der Orientierung einengen.

Ein derartiges funktionelles System verfolgt daher in erster Hinsicht das Ziel seiner *Restabilisierung* und nicht mehr das im Rahmen struktureller Koppelung verfolgte Ziel eines größeren Zellverbandes, in welchem es hierarchisch eine bestimmte Funktion innehat. Es hat *Vermeidungsverhalten* gegenüber anderen Strukturen auf der Basis negativer affektiver Bewertungen von Situationen aufgebaut. Damit muß es aber auch Rückmeldungen von den ihm folgenden Strukturen unterdrücken und ihnen in seinem Sinn strukturelle Koppelung aufnötigen. D.h. es muß das Verhalten der ihm folgenden Strukturen effektorisch an seinen Eigenrhythmus anpassen. Daher werden verstärkende Rückmeldungen aufgenommen, hemmende unterdrückt. Als Ganzes ist dieses System daher, wie *Kryshanovsky* hervorhebt, *adaptiv*; gelingen Versuche seiner Beeinflussung und Änderung nur halb, so adaptiert das System und wird resistenter.

Ich folge nun nach der Darstellung und Interpretation des Grundmechanismus der weiteren zusammenfassenden Darstellung *Kryshanovskys*.

Generatoren pathologisch erhöhter Erregung sind Neuronenpopulationen mit unzureichenden Hemmungsmechanismen und niedrigen Erregungsschwellen. In ihnen findet eine Vereinheitlichung und Differenzierung des neuronalen Verhaltens statt. Zum einen werden die Neuronen funktionell homogenisiert, zum anderen unterscheiden sie sich in der Hierarchie des pathologischen funktionellen Systems. So finden sich bei Epilepsie Neuronen mit stabilen Zeichen epileptischer Aktivität, die als Mikrogeneratoren von GPEE betrachtet werden können. Eine weitere Gruppe wird in die Einflüsse dieser ersten Gruppe einbezogen und nimmt die Eigenschaften der epileptogenen Neuronen an. Eine dritte Gruppe erwirbt diese Eigenschaften nicht, sondern wird nur in Zuständen pathologischer Erregung mit einbezogen.

Durch die Wirkung der Generatoren in den Determinanten pathologischer Systeme entstehen sekundäre Veränderungen, die in späteren Stadien zu *sekundären Determinanten* führen können. Als Beispiel hierfür könnte Autismus herangezogen werden. Die primäre Determinante resultiert aus der Schädigung der Vermis-Region im Kleinhirn. Unter Bedingungen extremen Zusammenbruchs der Dialoge treten möglicherweise selbstverletzende Verhaltensweisen als (Sicherheit vermittelnde) Dialoge des Individuums mit sich selbst auf (vgl. Kap. 6.4.1). Die damit einhergehende veränderte Dopaminsynthese und -freisetzung wäre im Sinn *Kryshanovskys* als sekundäre Determinante zu betrachten.

Generatoren pathologisch erhöhter Erregung arbeiten nach dem „Alles-oder-Nichts"-Gesetz. Da sie die Determinante des pathologischen Systems bestimmen, hängt von ihnen in letzter Konsequenz die Manifestation des neuropathologischen Syndroms ab. Sie sind ein universeller neuropathologischer Mechanismus. Von ihrer Entstehung her sind sie polyätiologisch (können auf sehr unterschiedlichen Ursachen beruhen), von ihrer Wirkweise monopathogenetisch (wirken jeweils als Mechanismus in der gleichen Weise bei der Genese von Erkrankungen).

Im Rahmen experimenteller Modelle konnten diese allgemeinen Überlegungen in unterschiedlichen Forschungsbereichen bestätigt und angewendet werden. U.a. waren dies lokale muskuläre Rigidität, zahlreiche Formen von Epilepsie, Schmerzsyndrome

159

zentralen Ursprungs, Gleichgewichtsstörungen, Parkinson-Syndrom, stereotypes Verhalten, Katatonie, Hyperkinese, psychose- und neuroseähnliche Zustände u.a.m. Auch im Bereich psychosomatischer Störungen ließen sich diese Annahmen experimentell bestätigen.

Für die *Therapie* werden u.a. folgende Folgerungen gezogen:
Von besonderer Wichtigkeit ist es, den Generator einer Determinante von dem Focus (Schmerz, Epilepsie) zu unterscheiden. Sofern der Generator exakt bestimmt werden könne, sei seine Elimination die radikale Lösung für die Auflösung eines solchen Systems.

Man muß hier jedoch kritisch zu diesen in Tierversuchen gewonnenen (und theoretisch sicherlich nicht in dieser Allgemeinheit zu bezweifelnden) Ergebnissen hinzufügen, daß sie auf menschliches Niveau aufgrund der Bildung eines verallgemeinerten und reflexiven Ichs und damit höherer Stufen der Koordination der psychonervalen Prozesse nicht ohne weiteres praktisch übertragen werden können. Es bedarf hier einer sorgfältigen Bestimmung, ob und unter welchen Umständen solche Ergebnisse auch hier im Sinne chirurgischer Eingriffe (z.B. bei chronischem Schmerz oder Epilepsie) anwendbar sind (vgl. die kritische Auseinandersetzung zur Remission von Verhaltensweisen nach aktiven Eingriffen ins ZNS in Form von Psychochirurgie).

Eine komplexe Therapie verlangt im Sinn *Kryshanovskys* darüber hinaus eine pharmakologische Unterstützung. Auch hier wäre kritisch zu klären, in welcher Weise spezifische Pharmaka wirken. So ist es unübersehbar, daß Neuroleptika zur Zerstörung von Hirngewebe sowie zahlreichen Begleiterscheinungen in psychischen wie in Bewegungsprozessen führen (*Sommer* 1971, *Lehmann* 1986). Auf der anderen Seite spricht nichts gegen eine metabolische Unterstützung und eine Unterstützung der strukturellen Koppelung von Neuronenverbänden durch Medikamente, die die Synthese entsprechender Neurotransmitter bewirken.

Für eine außerordentlich wichtige Folgerung *Kryshanovskys* halte ich, daß ein *pathologisches System* nur von seinen *Rändern* her aufgelöst werden kann. *Durch den Aufbau einer antisystemischen Aktivation wird der Wirkungsbereich der Determinante eingeschränkt.*

Dies könnte z.B. bei Epilepsie eine umfassende Aktivation durch Tätigkeit sein, wie dies *Holste* (1986) vorschlägt. Sie muß dabei natürlich der Bedingung Rechnung tragen, die Einflußsphäre der pathologischen Determinante einzuschränken und nicht auszuweiten.

Beim Abbau pathologischer Systeme durch antisystemische Aktivation gilt die *Regel: Als erstes muß man durch die antisystemische Aktivation die zuletzt von dem pathologischen System beeinflußten Glieder seinem Einfluß entziehen, danach die früher beeinflußten. Die Determinante selbst wird als letzte verschwinden* („The determinant is the last to die"; *Kryshanovsky* 1986, S. 335).

Eine *abschließende Bemerkung:* Ich habe in diesem Kapitel im Rahmen einer monistischen, allgemeinen Theorie funktioneller Systeme sowohl die neuropsychischen Prozesse in wesentlichen Grunddimensionen theoretisch neu zu durchdenken versucht wie auch ihre Entwicklung und ihre Störungen. Trotz des relativ großen Umfangs der Ausführungen konnte vieles nicht aufgegriffen und dargestellt werden, was darüber hinaus interessant und bedeutend für die Entwicklung eines Neuverständnisses der Behindertenpädagogik ist. Einige Stichworte hierzu: Hirnorganisches Psychosyndrom von seiner schwersten Ausprägung in Form des apallischen Syndroms (vgl. *Gerstenbrand* 1967) bis hin zur sog. minimalen cerebralen Dysfunktion (vgl. *Jantzen* 1984); epileptische Störungen; Bewegungsstörungen; psychosomatische Erkrankungen u. a. m. Dies alles konnte und wollte dieses Kapitel nicht darstellen, da es nicht um die Vollständigkeit der Behandlung aller Bereiche, sondern um Grundlinien eines Neuverständnisses der biologischen Ebene im Rahmen der Befassung mit Behinderung und psychischer Krankheit ging.

Kapitel 7 und 8 sollen folglich (wie die Ausführungen dieses Buches insgesamt) die Aufgabe eines theoretischen Reflexionsrahmens erfüllen, in dem es der aktiven (wissenschaftlichen, politischen, pädagogisch-therapeutischen) Praxis der Leser/innen vorbehalten ist, ihm Rahmen ihrer theoretischen wie praktischen Arbeit an einem entsprechenden Neuverständnis mitzuarbeiten und natürlich auch den hier vorgelegten Rahmenentwurf ggf. zu kritisieren und zu präzisieren. Darüber hinaus hoffe ich, das eine oder andere dieser Probleme in künftigen Arbeiten vertieft darstellen zu können.

Schließlich will ich nochmals darauf verweisen, daß in den Kapiteln 9 und 12, die sich mit Diagnostik bzw. Therapie befassen, einige weiterführende Aspekte der neuropsychologischen Überlegungen dieses Kapitels wieder aufgenommen und fortgeführt werden.

8.6 Vertiefende und weiterführende Literatur
(E = Zur Einführung geeignet)

Berichte aus der Sicht von Hirnschädigungen betroffener Menschen:

FELDENKRAIS, M.: Abenteuer im Dschungel des Gehirns. Frankfurt/M.: 1981
LURIA, A.R.: The Man with a Shattered World. Harmondworth/Middlesex: Penguin 1975
MIKULEIT, B.: Ein Aphasiker erlebt seine Rehabilitation. Bonn: Reha-Verl., 1987, 2. Aufl.
SACKS, O.: Der Mann, der seine Frau mit einem Hut verwechselte. Reinbek: Rowohlt 1987
TROPP-ERBLAD, Ingrid: Katze fängt mit „S" an. Frankfurt/M.: Fischer 1985

Wissenschaftliche Literatur:

BERNSTEIN, N.A.: Bewegungsphysiologie. Leipzig: Barth 1987, 2. Aufl. (E)
BOLL, T.J. and BARTH, J.T.: Neuropsychology of Brain Damage in Children. In: Susan B. Filskov and T.J. Boll: Handbook of Clinical Neuropsychology. New York: Wiley 1981, 418–452
BRAGYNA, N.N. und DUBROCHOTOWA, T.A.: Zu den Besonderheiten der Links- und Beidhänder. Sowjetwissenschaft: Gesellschaftswissenschaftliche Beiträge 33 (1980), 1203–1214
BRAGYNA, N.N. und DUBROCHOTOWA, T.A.: Funktionelle Asymmetrien des Menschen. Leipzig: Thieme 1984 (E)
CHANGEUX, P.: Der neuronale Mensch. Reinbek: Rowohlt 1984 (E)
FOX, N.A. and DAVIDSON, R.J. (Eds.): The Psychobiology of Affective Development. Hillsdale N.J.: Lawrence Erlbaum 1984

GRÜSSER, O.J. und GRÜSSER-CORNEHLS, U.: Physiologie des Sehens. In: R.F. Schmidt (Hrsg.): Grundriß der Sinnesphysiologie. Berlin/West: Springer 1985, 5. neubearb. u. erw. Aufl., 174–241 (E)

HARTLAGE, L.C. and TELZROW, Cathy F. (Eds.): The Neuropsychology of Individual Differences. A Developmental Perspective. New York: Plenum 1985

HÉCAEN, H.: Apraxias. In: Susan B. Filskov and T.J. Boll: Handbook of Clinical Neuropsychology. New York: Wiley 1981, 257–286 (E)

HÉCAEN, H. and ALBERT, M.L.: Human Neuropsychology. New York: Wiley 1978 (E)

HEILMAN, K.W. and SATZ, P.: Neuropsychology of Human Emotion. New York: Guilford 1983

HENATSCH, H.-D.: Bauplan der peripheren und zentralen sensomotorischen Kontrollen. In: J. Haase et al. (Hrsg.): Sensomotorik. Physiologie des Menschen Bd. 14. München: Urban & Schwarzenberg 1976, 193–263 (E)

HENATSCH, H.-D.: Zerebrale Regulation der Sensomotorik. In: J. Haase et al. (Hrsg.): Sensomotorik. Physiologie des Menschen Bd. 14. München: Urban & Schwarzenberg 1976, 265–420 (E)

HUBEL, D.H.: Auge und Gehirn. Neurobiologie des Sehens. Weinheim: Spektrum d. Wiss. 1989 (E)

JUNG, R.: Einführung in die Bewegungsphysiologie. In: J. Haase et al. (Hrsg.): Sensomotorik. Physiologie des Menschen Bd. 14. München: Urban & Schwarzenberg 1976, 1–97 (E)

KAHLE, W.: Nervensystem und Sinnesorgane. Taschenatlas der Anatomie Bd. 3. Stuttgart: Thieme 1976 (E)

KANDEL, E.R. and SCHWARTZ, J.H.: Principles of Neural Science. New York: Elsevier 1985, 2nd Ed. (E)

KINSBOURNE, M. and BEMPORAD, Brenda: Lateralization of Emotion: A Model and the Evidence. In: N.A. Fox and R.J. Davidson (Eds.): The Psychobiology of Affective Development. Hillsdale N.J.: Lawrence Erlbaum 1984, 259–291

KLINGBERG, F. und HASCHKE, W.: Neurophysiologie. In: D. Biesold und H. Matthies (Hrsg.): Neurobiologie. Stuttgart: Fischer 1977, 557–647

KOLB, B. and WISHAW, I.Q.: Fundamentals of Human Neuropsychology. San Francisco: Freeman 1980 (E)

KRYSHANOVSKY, G.N.: Central Nervous System Pathology. New York: Consultants Bureau 1986 (E)

LARBIG, W.: Limbisches System und Emotionen. In: Euler, H.A. und Mandl, H.: Emotionspsychologie. Ein Handbuch in Schlüsselbegriffen. München: Urban & Schwarzenberg 1983, 109–118

LENNEBERG, E.: Biologische Grundlagen der Sprache. Frankfurt/M.: Suhrkamp 1972

LEONT'EV, A.N. and ZAPOROZHETS, A.V.: Rehabilitation of Hand Function. New York: Pergamon 1960

LURIA, A.R.: Restoration of Functions after Brain Injury. Oxford: Pergamon 1963

LURIA, A.R.: Die höheren kortikalen Funktionen des Menschen und ihre Störungen bei örtlichen Hirnschädigungen. Berlin/DDR: DVdW 1970

LURIA, A.R.: Traumatic Aphasia. The Hague: Mouton 1970

LURIA, A.R.: The Working Brain. Harmondsworth/Middlesex: Penguin 1973 (E)

LURIA, A.R.: Sprache und Bewußtsein. Köln: Pahl-Rugenstein 1982 (E)

LURIA, A.R.: L.S. Wygotski und das Problem der funktionellen Lokalisation. In: Jahrbuch für Psychopathologie und Psychotherapie 4 (1984), 15–23 (E)

LURIA, A.R. UND TSVETKOVA, Ljubov S.: Neuropsychologie und Probleme des Lernens in der Schule. Jahrbuch für Psychopathologie und Psychotherapie 9 (1989), 139–183 (E)

McGUINESS, Diane and PRIBRAM, K.H.: The Neuropsychology of Attention: Emotional and Motivational Controls. In: M.C. Wittrock (Ed.): The Brain and Psychology. New York: Academic Press 1980, 95–140

NADEL, Lynn (Ed.): The Psychobiology of Down Syndrome Cambridge/Mass.: MIT Press 1988

NAUTA, W. J. H. and FEIRTAG, M.: Fundamental Neuroanatomy. San Francisco: Freeman 1986 (E)

NICHOLLS, J. G. (Ed.): Repair and Regeneration in the Nervous System. Berlin: Springer 1982

O'KEEFE J. and NADEL, Lynn: The Hippocampus as a Cognitive Map. Oxford: Clarendon 1978

PANDYA, D. N. and BARNES, C. L.: Architecture and Connections of the Frontal Lobe. In: Ellen Perecman (Ed.): The Frontal Lobes Revisited. New York: IRBN 1987, 41–72

PICKENHAIN, L.: N. A. Bernstein und die moderne Neuropsychologie der Bewegungen. Vortrag auf der „Internationalen Bernstein-Konferenz" vom 2.–3. November in Trassenheide (DDR). Behindertenpädagogik 28 (1989) 4, 374–381 (E)

PRIBRAM, K. H.: Emotions. In: Susan B. Filskov and T. J. Boll (Eds.): Handbook of Clinical Psychology. New York: Wiley 1981, 102–134

PUESCHEL, S.: New Perspectives in Neurodevelopmental Concerns in Children with Down Syndrome. In: Inge Flehmig und L. Stern: Kindesentwicklung und Lernverhalten. Stuttgart: G. Fischer 1986, 301–308 (E)

ROUTTENBERG, A.: Das Belohnungssystem des Gehirns. In: Gehirn und Nervensystem. Weinheim: Spektrum d. Wiss. 1980, 160–167

SCOTT, B. S. et al.: Neurobiology of Down's Syndrome. Progress in Neurobiology 21 (1983), 199–237

SHINKIN, N. J.: Zur Erforschung des Mechanismus der Sprache. In: H. Hiebsch (Hrsg.): Ergebnisse der sowjetischen Psychologie. Stuttgart: Klett 1969, 406–429

SIMONOV, P. V.: Höhere Nerventätigkeit des Menschen. Motivationelle und emotionale Aspekte. Berlin/DDR: Volk und Gesundheit 1982 (E)

SIMONOV, P. V.: The Emotional Brain. Physiology, Neuroanatomy, Psychology and Emotion. New York: Plenum 1986

SINZ, R.: Neurobiologie und Gedächtnis. Stuttgart: G. Fischer 1979 (E)

SINZ, R.: Chronopsychophysiologie. Chronobiologie und Chronomedizin. Berlin/DDR: Akademie-Verlag 1980

SOKOLOV, J. N.: Die reflektorischen Grundlagen der Wahrnehmung. In: H. Hiebsch (Hrsg.): Ergebnisse der sowjetischen Psychologie. Stuttgart: Klett 1969, 61–93 (E)

SPRINGER, Sally P. and DEUTSCH, G.: Left Brain, Right Brain. San Francisco: Freeman 1981 (dt.: Linkes/Rechtes Gehirn. Weinheim: Spektrum-der-Wissenschaft-Verl. 1987) (E)

VOCATE, Donna: The Theory of A. R. Luria: Functions of Spoken Language in the Development of Higher Mental Processes. Hillsdale N. J.: Lawrence Erlbaum 1987 (E)

WYGOTSKI, L. S.: Die Psychologie und die Lehre von der Lokalisation psychischer Funktionen. In: L. S. Wygotski: Ausgewählte Schriften Bd. 1, Köln: Pahl-Rugenstein 1985, 353–362 (E)

ZIEGER, A.: Neurophysiologische und neuropsychologische Grundlagen des menschlichen Gehirns. Oldenburg: Zentrum für pädagogische Berufspraxis der Universität 1984 (E)

9 Zur Diagnose von Tätigkeit und Persönlichkeit

9.1 Diagnose und Klassifikation

Nach der Klärung zentraler Fragen der Entwicklung der Persönlichkeit und der Tätigkeit auf sozialer, psychischer und biotischer Ebene ist nun nach der Umsetzung unseres Beschreibungs- und Erklärungswissens im Einzelfall zu fragen. Wie kann im Leben eines konkreten behinderten Menschen unter Nutzung unserer bisherigen Überlegungen eine pädagogische Praxis realisiert werden, die zur möglichst umfassenden Entwicklung der Persönlichkeit und Tätigkeit beiträgt?

Die Beantwortung dieser Frage erfordert diagnostische Prozesse. Entsprechend definiert *Kornmann* (1982a, S. 19): *"Der Begriff Diagnostik umfaßt alle Aufgaben- und Tätigkeitsbereiche, in denen Daten oder Informationen zum Zwecke von Entscheidungshilfen systematisch eingeholt und verwertet werden"*. Als Elemente des Entscheidungsvorgangs spezifiziert er Subjekt und Objekt der Entscheidung, Alternativen und Informationen. Bezogen auf das Objekt der Entscheidung, das ein Subjekt ist, unterscheidet *Kornmann* je nach zugrunde liegendem *Menschenbild* vier Zugänge:

(1) Das *medizinische Modell*, das ohne Rekonstruktion von Subjektivität einem diagnostizierten Zustand unmittelbar eine bestimmte Behandlung zuweist (z.B. bei „Minimaler cerebraler Dysfunktion" [MCD] Pillen oder Diät);

(2) das *lerntheoretische Modell*, das bestimmten Zuständen (z.B. Aggressivität, Schulleistungsschwäche u.a.m.) auf der Basis des Verhaltens (also vom Standpunkt des äußeren Beobachters her) bestimmte Lernprogramme zuweist;

(3) das *sozialwissenschaftliche bzw. Etikettierungs-Modell*, das davon ausgeht, daß negativ beurteilte Zustände (z.B. Abweichungen der Schüler) das Resultat von Etikettierung sind und durch positive Veränderung des Subjekts der Diagnose (Lehrer, Psychologe) aufgehoben werden können;

(4) das *epistemologische oder Subjekt-Modell*, das von der Erkenntnisfähigkeit jedes Menschen ausgeht. Es unterstellt, daß Subjekt und Objekt des psychodiagnostischen Prozesses in gleicher Weise auf der Basis der Prinzipien der Vernunft handeln, wenn auch aus je unterschiedlichen Lebenskontexten heraus. Dies verlangt, die Perspektive des je anderen einnehmen zu können und aus dieser heraus günstige Situationen der Kompetenzentwicklung und Bedürfnisentwicklung gestalten zu können (vgl. auch *Kornmann* 1982b).

Kornmann macht damit deutlich, daß Diagnose und Menschenbild eng verbunden sind, nicht aber, warum er sich selbst an der Tätigkeitstheorie und einem materialistischen Menschenbild orientiert. Denn es gibt im epistemologischen Menschenbild weitere psychologische Alternativen: Menschenbilder im Sinne der Piaget-Schule, der Gestalttheorie, der Psychoanalyse, der „humanistischen Psychologie" oder der Ökopsychologie.

Das Dilemma hierbei ist, daß die bloße Setzung eines Menschenbildes das Problem einer adäquaten Diagnose nur scheinbar löst. Betrachten wir eine weitere Definition (*Raskin* 1977, S. 103): „Diagnostizieren ist ein Weg der Etikettierung von Verhaltensweisen, die statistisch miteinander verbunden sind, einen vorhersagbaren Verlauf haben und vielleicht definierbare Ätiologien. Zum gegenwärtigen Zeitpunkt können nur im Verlauf organischer Hirnsyndrome entsprechende Ätiologien gezeigt werden". Wie soll aber ohne eine Vorstellung einer Ätiologie, d.h. einer Geschichtlichkeit der Tätigkeit des anderen, erkannt werden, daß er vernünftig ist, wenn doch scheinbar in seiner Tätigkeit die Unvernunft dominiert? Und wie soll aus statistisch miteinander verbundenen Fakten Geschichte rekonstruiert und Zukunft geplant werden? Gerade dann muß auf Dimensionen des Alltagsdenkens zurückgegriffen werden, die in vielfältiger Weise Denkformen über Behinderung und psychische Krankheit, über Normalität und Abweichung durchdringen und in letzter Konsequenz ökonomisch und politisch herrschende Interessen widerspiegeln (vgl. Bd. 1, Kap. 2 dieses Buches).

Diagnostik verlangt daher nicht nur ein zugrunde liegendes Menschenbild, sondern einen *umfassenden theoretischen Bezugsrahmen der Rekonstruktion der Tätigkeit* des je anderen als vernünftige Tätigkeit. Ein solches Menschenbild lediglich als Akt der Demokratisierung der Beziehungen und des prinzipiellen Zugestehens der gegenseitigen Vernunftnatur zu postulieren bleibt moralischer Appell, solange nicht die Alternativen theoretisch und praktisch im Detail entwickelt sind. Und natürlich: solange nicht auch die Funktion der Diagnose und des Diagnostikers im gesellschaftlichen Prozeß reflektiert wird.

Dies wird nochmals deutlich, wenn wir uns eine *philosophische Definition von „Diagnose"* vor Augen führen. Diagnose ist eine „Erkenntnisoperation, durch die bestimmt wird, zu welcher Klasse eines Klassifikationssystems ein Ding oder ein Vorgang gehört und was seine individuellen Merkmale sind. Die Diagnose ist also ein Vergleich mit einem Klassifikationssystem als Maßstab" (*Hörz* u.a. 1983, S. 173). Eine *Klassifikation* selbst muß aber „als Einteilung einer Menge oder Klasse von Individuen in Teilklassen" bestimmten *logischen Forderungen* genügen (ebd., S. 437f.). Für unsere Fragen bedeutet dies, daß diese Forderungen sich sowohl auf das Verhältnis des Individuums zu anderen Individuen beziehen (normorientierte Diagnostik als Einteilung einer Klasse von Individuen in Teilklassen) als auch auf die Beschaffenheit des Individuums selbst (subjektorientierte Diagnostik als Ausdruck der Menge der Strukturen der psychischen Prozesse und der Tätigkeit eines Individuums). Nach *Hörz* (ebd.) sind die folgenden drei Aspekte zu beachten.

1) Zunächst einmal ist eine Klassifikation identisch mit der Definition einer *Gleichwertigkeitsrelation (Äquivalenz) zwischen den einzelnen Elementen (Hörz* u.a. 1983, S. 437, S. 59ff.). In der Regel ist dies bei psychometrischen Verfahren (z.B. Intelligenztest) die empirische Tatsache, daß jedes einzelne Individuum Träger gleicher meßbarer Eigenschaften ist, wie sie die als Bezugspopulation ausgewählte Stichprobe aufweist, an der der Test „geeicht" wurde. Damit bezieht sich die Klassifikation jedoch nur auf das empirische Menschenbild dieses Tests. Da in die psychologische oder behindertenpädagogische Diagnose jedoch in der Regel mehr als ein Test eingeht, zudem über weitere Erkenntnisquellen (Verhaltensbeobachtung, Anamnese, Fragebögen, Akten u.a.m.) Fakten ermittelt werden, muß hier erneut die Frage nach der Gleichwertigkeitsrelation dieser Werte untereinander aufgeworfen werden. Entweder wird sie durch die Alltagserfahrung

des Diagnostikers hergestellt. Oder aber er gewichtet und integriert auf dem Hintergrund eines mehr oder weniger umfassenden wissenschaftlichen (theoretischen) Menschen- und Gesellschaftsbildes die auf Testpopulationsebene miteinander unvermittelten Teilmengen.

Versuche, auf dieser Ebene zu rein *empirischen Äquivalenzrelationen* zu kommen, können im wesentlichen als *gescheitert* betrachtet werden. Derartige Versuche benutzten in der Regel *Faktoren-* oder *Clusteranalysen.* Dies sind mathematische Ordnungsverfahren für statistische Zusammenhänge zwischen veränderlichen Meßwertreihen (Variablen). Zwischen den Variablen werden Korrelationen errechnet. Zur Veranschaulichung: Graphisch erhält man eine Korrelation (z. B. zwischen Körpergröße und Gewicht), indem jede Person als Punkt in ein Koordinatensystem eingetragen wird, dessen Abszisse die eine Dimension (z. B. Größe) und dessen Ordinate die andere Dimension (Gewicht) angibt. Dies ergibt dann, vorausgesetzt es existiert eine Korrelation, einen elipsenförmigen Punkteschwarm. Geht dieser Schwarm in einen Kreis über, wird die Korrelation = 0, geht er in eine Gerade über, wird die Korrelation = 1. Die Matrix verschiedener Korrelationen von Merkmalsträgern wird nun nach Dimensionen untersucht, die die Streuung der Werte möglichst einfach klären. Nehmen wir an, wir haben eine Korrelationsmatrix, die Werte für Kopfrechnen, für Diktat, für schriftliches Rechnen und für Rechtschreibung enthält, so ist es offensichtlich, daß wir auf zwei Faktoren stoßen: einen Rechenfaktor und einen Rechtschreibfaktor. D. h. die Werte der je beiden Tests, die einen Faktor markieren, werden untereinander hoch korrelieren, mit den Werten des anderen Faktors jedoch niedrig. Je mehr Werte wir in eine solche Matrix hineinstecken, desto mehr Faktoren erhalten wir, wobei keineswegs alle eine psychologische Bedeutung haben müssen (eine hervorragende und allgemeinverständliche Erklärung der Logik der Faktorenanalyse findet sich bei *Gould* 1983, S. 265 ff.).

Faktoren dieser Art werden innerhalb der empirisch-statistisch orientierten Psychologie als *„Eigenschaften" (traits)* betrachtet. Es wurde versucht, Tests zu konstruieren, die in besonders deutlicher Weise diese Eigenschaften messen. Und es bestand die Hoffnung, auf diese Weise zu einem kompletten Klassifikationsmodell der Persönlichkeit zu kommen. So glaubte *Cattell* (1965, Kap. 4), in einer „Spezifikationsgleichung" die Ergebnisse vieler faktoriell unterschiedener Einzeltests als numerischen Persönlichkeitswert zusammenfassen zu können. Oder *Guilford* (1964) definierte Persönlichkeit als „einzigartiges Muster von Eigenschaften" in einem multidimensionalen Faktorenraum von insgesamt 120 (z. T. angenommenen, z. T. bereits gefundenen) faktoriell unterscheidbaren Dimensionen des Intellekts.

Das Problem dieser Vorgehensweise liegt darin, daß sie *empirische und theoretische Ebene der Erkenntnis* verwechselt, sie gleichsetzt bzw. die theoretische Ebene ignoriert (vgl. *Hörz* 1983, S. 212 ff.). Sie transformiert also Ereignisse von der „Nullebene" auf die „sprachliche Ebene 1" (vgl. Kap. 5.5) bzw. Prozesse von der Ebene des „Realkonkretums" auf die Ebene des „Vorstellungskonkretums" (vgl. Kap. 3.6). Sie beachtet jedoch nicht, daß diese Ebene dann in die „sprachliche Ebene 2", auf das Niveau des „Gedankenkonkretums" überführt werden muß. Nur so kann man zu theoretisch validem Wissen kommen, bzw. vom Beschreibungswissen zum Erklärungswissen übergehen. Als so betriebene, ausschließlich empirische Wissenschaft führt diese Art von Diagnostik zu einer bloßen *„Reproduktion der Fakten"* (*Adorno* 1965, S. 524), die auf dem Hintergrund unbegriffener Alltagstheorien und Ideologien die Wirklichkeit unkritisch verdoppelt. So ist die Feststellung eines Meßwertes in einem Test die eine Sache (z. B. eines IQs von 80), die Feststellung „Debilität" (in der DDR) oder „Lernbehinderung" (in der BRD) und die Prognose eines günstigeren Lernverlaufs in einer Sonderschule eine ganz andere. Dieses Unvermögen, „an die grundlegenden Mechanismen, an die die funktionale Einheit bedingenden Prozesse heranzukommen", zeigt sich am Beispiel der Intelligenzmessung in besonderer Deutlichkeit (*Schaarschmidt* 1989, S. 89). Entsprechend ist hier in jüngster

Zeit ein deutlicher Paradigmenwechsel festzustellen, der Intelligenz im Rahmen kognitiv-psychologischer Untersuchungen auf die Geschwindigkeit und Art der Informationsverarbeitung zurückbezieht (vgl. meine Ausführungen zu *Klix* in Kap. 5.5.4, sowie *Jantzen* 1988b; *Schaarschmidt* 1989, insb. S. 90ff.).

2) Eine Klassifikation muß der *Forderung der Vollständigkeit* genügen; „die Vereinigung der Teilklassen muß die unterteilte Klasse ergeben" (*Hörz* u.a. 1983, S. 437). D.h. das Klassifikationssystem selbst, in unserem Fall eine Theorie des Menschen, darf keine relevanten Dimensionen menschlicher Existenz vernachlässigen. Dieses Kriterium entspricht dem Kriterium der allseitigen Erfassung des Gegenstandes (Kap. 3.3). Darüber hinaus erfordert es das Kriterium der Vollständigkeit eines Klassifikationssystems, der Tatsache Rechnung zu tragen, daß der Gegenstand Mensch ein Prozeß ist, und wie wir gesehen haben, ein Prozeß der Selbstorganisation in qualitativen Übergängen und Veränderungen innerhalb historischer, gesellschaftlicher und natürlicher Zusammenhänge.

3) Ein Klassifikationssystem muß so beschaffen sein, daß die *Elementefremdheit der Teilklassen* gegeben ist, d.h. „es darf kein Element mehreren Teilklassen angehören" (*Hörz* u.a. 1983, S. 437). Dies ist auf der empirischen Ebene durch strukturanalytische Methoden wie Cluster- und Faktorenanalysen überprüfbar (vgl. *Schmidt* 1989), auf der theoretischen Ebene verlangt dies wohldefinierte theoretische Dimensionen. So muß z.B. bei Verwendung der Teilklassen Motiv, Emotion, Affekt, Bedürfnis, Aktivation die Beziehung dieser Begriffe zum Ganzen (Kriterium der Vollständigkeit) ebenso geklärt sein, wie ihre Abgrenzbarkeit voneinander.

Die *diagnostische Aufgabe* selbst liegt, wie bereits erwähnt, im Vergleich mit einem Klassifikationssystem als Maßstab. D.h. es muß zum einen ein *Klassifikationssystem* vorhanden sein, das den zu stellenden Anforderungen genügt. Zum zweiten muß es *Methoden* für diesen Vergleich geben. *Psychodiagnostik* hat bekannterweise eine *doppelte Funktion:* Zum einen bezieht sie sich auf bildungs-, sozial- und gesundheitspolitische Entscheidungsprozesse, zum anderen erfolgt sie subjektbezogen im Sinne der Frage nach Entwicklung von Tätigkeit und Persönlichkeit in therapeutischen und pädgogischen Zusammenhängen. Es müssen daher entsprechende Klassifikationssysteme und Methoden für eine populationsbezogene und eine individuenbezogene Diagnostik bestimmt werden. Über diese Zusammenhänge herrscht in der gegenwärtigen diagnostischen Diskussion erhebliche Unklarheit. Daher ist im nächsten Schritt der soziale Ort von Psycho-Diagnostik zu bestimmen und im Rückgriff auf die sozialwissenschaftlichen Grundlagen in Bd. 1 (Kapitel 1 und 2) ihre objektive Funktion zu klären.

9.2 Psychodiagnostik als bevölkerungspolitisches Instrument

In der Geschichte der bürgerlichen Gesellschaft entstehen zunehmend komplexere Infrastrukturen. Im Bereich der sozialen Infrastruktur (vgl. Bismarcksche Sozialgesetzgebung, Entwicklung des Schulsystems usw., aber auch in der repressiven Infrastruktur, z.B. Reichsjugendwohlfahrtsgesetz und Jugendgerichtsgesetz in der Weimarer Republik) kommt es zu veränderten, vielfältigeren und differenzierteren institutionellen

Ausprägungen (vgl. Kapitel 2). Mit der Entstehung dieser Infrastrukturen und mit der Differenzierung des gesellschaftlichen Produktionsprozesses stellen sich vielfältige Aufgaben für die sich entwickelnde Psychologie (insb. pädagogische, klinische, Arbeits- und Militärpsychologie). Zunehmend werden für prognostische Zwecke Diagnosen über die unterschiedlichsten Bereiche menschlicher Tätigkeit benötigt: sowohl im Sinne der Funktionsfähigkeit des einzelnen (Eignung) als auch im Sinne seiner ökonomisch (kosten)günstigeren Eingliederung bzw. Ausgliederung und politisch angemesseneren Zuweisung in Institutionen und Behandlungsweisen, aber auch für die Klärung von Rechtsansprüchen bzw. als Argument zu deren Zurückweisung (vgl. u.a. *Schmid* 1977, *Grünwald* 1980, *Gould* 1983).

In diesem Prozeß wird die Psychologie in den unterschiedlichen Bereichen zur Entscheidungshilfe herangezogen und gewinnt gesellschaftliches Ansehen. So stellt *Jäger* (1985, S. 90) für die pädagogische Psychologie fest: „Die Frage, wie eine von subjektiven Lehrerbeurteilungen und aktuellen Schulleistungen unabhängige objektive psychologische Klassifikation in pädagogisch befriedigender und ökonomischer Weise realisiert werden kann, führt mit zur Herausbildung des psychologischen Tests, dessen Vorformen um die Jahrhundertwende – auch aus eugenischen und psychiatrischen Klassifikationsbedürfnissen – bereits existierten".

Entgegen ihren ursprünglichen, spontan idealistischen Ansätzen wird die Psychologie in ihrer Praxis als „angewandte Psychologie" genötigt, auf naturwissenschaftliche und materialistische Methoden zurückzugreifen. Der Dualismus zwischen idealistischer und materialistischer Psychologie verlagert sich, so *Wygotski* (1985, S. 200ff.), in den Kern des Faches und führt zur bis heute andauernden *Krise der Psychologie*.

Diese Verlagerung erhält eine wichtige Grundlage durch die *Professionalisierung des Psychologiestudiums* (Einführung des Psychologie-Diploms im Jahre 1941; die Prüfungsordnung enthält eine deutliche Schwerpunktsetzung in Richtung Psychodiagnostik; vgl. *Geuter* 1985). Durch die „Amerikanisierung" der Psychologie in den sechziger Jahren (vgl. *Métraux* 1985) setzt sich an den bundesdeutschen Universitäten endgültig die *naturwissenschaftlich-empiristische Auffassung* der Psychologie gegen eine spekulativ-idealistische der alten Charakterkunde durch. Gleichzeitig entsteht mit der zunehmenden Entwicklung psychotherapeutischen Wissens (Verhaltens-, Gesprächs-, Gestalt-, Familientherapie u.a.m.) und einer erheblichen Ausweitung der Berufsmöglichkeiten in der klinischen Psychologie (vgl. *Lück* u.a. 1987, S. 209ff.) ein Wiederaufleben der scheinbar überwunden geglaubten Krise der Psychologie, innerhalb derer Subjektivität und Persönlichkeit zu einem empirisch nicht faßbaren, unwissenschaftlichen Rest geworden waren. Dieser Rest wurde aus einer rein empiristisch gefaßten „Allgemeinen Psychologie" heraus in das Prüfungsfach „Persönlichkeitspsychologie" entsorgt. Die jetzt herangezogenen *subjektwissenschaftlichen Positionen* waren im wesentlichen nicht mehr idealistisch, sondern materialistisch (im Sinne eines „psychologischen Materialismus"; vgl. *Wygotski* 1985) und monistisch orientiert. D.h. ihre hauptsächliche Fragestellung galt der Rehistorisierung des Subjekts als Persönlichkeit in der Tätigkeit. Dies gilt u.a. für wichtige psychoanalytische Positionen ebenso wie für die *Piaget*schule, die Handlungstheorie und die Tätigkeitstheorie.

Diese Prozesse entwickeln sich auf dem Hintergrund einer enormen *Ausweitung der sozialen Infrastruktur* ab Ende der 60er/Beginn der 70er Jahre, verbunden mit dem Entstehen vielfältiger Demokratisierungspotentiale (Studentenbewegung, neue soziale Bewegungen) und der Notwendigkeit einer Umstrukturierung von Bildungs-, Sozial- und Gesundheitssektor, um den veränderten Produktionsbedingungen Rechnung zu tragen

(Bildungskatastrophe, Vernachlässigung der Sozial- und Gesundheitspolitik bis in die zweite Hälfte der 60er Jahre unter CDU-Regierungen).

Im Schnittpunkt des Konflikts der empiristisch orientierten Universitätspsychologie mit einer an umfassender individueller Reproduktion und Persönlichkeitsentwicklung ihrer Klienten zunehmend interessierten Mehrheit der Psychologen gerät die *Testdiagnostik* und die empiristische *„Variablen"-Psychologie* zunehmend ins *Zentrum der Kritik*. Eine vergleichbare Auseinandersetzung findet auch in der Pädagogik statt: Die „Amerikanisierung" drückt sich hier nicht nur in dem enormen Boom pädagogisch-psychologischer Tests aus oder in der Debatte um Programmierten Unterricht, sondern vor allem auch in der lernzielorientierten Neugestaltung segmentierter Lehrpläne. Auslese- und Selektionsfunktion der Psychodiagnostik geraten zunehmend ins Zentrum der Kritik. Es wird nach neuen und subjektorientierten Verfahren gesucht. Einen Überblick über einige Resultate dieser Entwicklung liefert das folgende Unterkapitel 9.3.

Im Rahmen dieser Debatte werden von einigen Autoren wichtige Beiträge zur Bestimmung der *sozialen Funktion der Psychodiagnostik* geliefert. Bereits 1974 legt *Lorenz* eine sozialwissenschaftliche Analyse der diagnostischen Tätigkeit der Psychologen im Gesundheitssystem vor, die den Kern der bevölkerungspolitischen Funktion der Diagnostik erfaßt: *Mittel zur besseren Verwertbarkeit der Arbeitskraft* zu sein. Sie beziehe sich zwar auch auf den Gebrauchswert der Arbeitskraft, jedoch weniger unter dem Aspekt, konkrete, nützliche Arbeit hervorzubringen, als vielmehr Quelle von Wert durch ihre Anwendung im gesellschaftlichen Produktions- und Reproduktionsprozeß sein zu können. Die Diagnostik orientiere sich daher vorrangig an „abstrakter Arbeit" (vgl. zu den Kategorien „Wert" und „Gebrauchswert" sowie „abstrakter" und „konkreter Arbeit" meine Ausführungen in Kap. 1, S. 22ff.). Mit *Dörner* bestimmt *Lorenz* (1974) die soziale Funktion der Diagnose: „Die Diagnose erfüllt demnach eine Ordnungsfunktion für die Gesellschaft und für das jeweilige soziale System eines Individuums. Die Diagnose ist ein Instrument, mit dem die Gesellschaft Störungen, Gefährdungen in ihrem empfindlichsten Bereich, den Grundregeln, gerade nicht durchschaut, sondern abdeckt, abriegelt, administrativ in den Griff bekommt und unschädlich macht, indem die soziale Etikettierung medizinisch-naturwissenschaftlich vervollständigt wird" (S. 172).

Beziehen wir diese Überlegungen auf die oben vorgenommene Erörterungen zur Infrastruktur (s.o. Bd. 1,. Abb. 2, S. 29 sowie Kap. 1.5 und 1.6), so zeigt es sich deutlich, daß populationsbezogene Diagnosen *Zuordnungsentscheidungen zwischen Institutionen* (bzw. Produktionsprozessen) oder *in einer Institution* (bzw. einem Produktionsprozeß) ermöglichen sollen, d.h. Selektion oder Plazierung. Sie haben darüber hinaus ideologischen Charakter, wenn sie, wie z.B. die psychiatrische Nosologie, soziale Probleme psychologisieren bzw. psychische Probleme biologisieren (s.o. Bd. 1, S. 57ff.). Die *populationsbezogene Diagnose* geschieht im wesentlichen durch Tests, indem ein Vergleich mit einem fiktiven Bevölkerungsquerschnitt in der Eichstichprobe des Tests, bezogen auf eine bestimmte, relevante Dimension des Verhaltens (Persönlichkeitseigenschaften, Intelligenz, soziales Verhalten), erfolgt. Durch sie wird die bisher gelungene Wertübertragung der Arbeit durch Erzieher, Ärzte, Psychotherapeuten, Berufsschullehrer usw. bei den Diagnostizierten beurteilt. Ist er oder sie (und in welchem Umfang) geeignet oder nicht, wertschaffende Arbeit jetzt oder irgendwann in Zukunft besser oder schlechter zu leisten als andere in Frage kommende Personen?

Es verwundert nicht, daß im Mittelpunkt dieser Strategien *Intelligenz- und Leistungsmessung* stehen, mit denen in möglichst reiner Form „abstrakte Arbeit" gemessen wird. Die Überwindung der faktorenanalytischen Sichtweise der Intelligenz durch das Kognitions-Paradigma zeigt besonders deutlich, daß das Wesen dieses psychischen Prozesses der Intelligenz in der Schnelligkeit der Informationsverarbeitung liegt (vgl. *Jantzen* 1988b).

Diagnostik als bevölkerungspolitische Zuweisung zu Institutionen nach Wertgesichtspunkten tritt auf der anderen Seite in deutlichen *Widerspruch* zu wesentlichen Aspekten *inhaltlicher Arbeit* dieser Institutionen.

Wertorientierte Diagnose bedeutet in kapitalistischen Gesellschaften grundsätzlich auch Orientierung an der Mehrwertproduktion. Die Entscheidungsstrategien im Reproduktionsbereich bestimmen sich in letzter Konsequenz aus den Bedingungen des Profits im Produktionsbereich. Soziale Transfers, die eine nicht gelingende Wertübertragung unter bestimmbaren gesellschaftlichen Umständen aufzuheben versuchen (z. B. Ausbau von öffentlicher Früherziehung in einem Stadtteil, wo Schulleistungen und IQs der Kinder vergleichbar geringer sind), unterbleiben in der Regel, sofern sie nicht durch Gegenwehr und politische Prozesse erzwungen werden. Der unmittelbare Gebrauchswert von normorientierten Testbefunden ist für die konkrete pädagogische oder therapeutische Förderung denkbar gering. Nach der Zuweisung in eine Institution leisten die Prozesse der traditionellen Psychodiagnostik nahezu nichts für das Begreifen der Subjektlogik des Diagnostizierten. Solange ein Menschenbild im Sinne des medizinischen Modells vorherrscht, fällt dies zwar nicht weiter ins Gewicht. Alle anderen von *Kornmann* unterschiedenen Menschenbilder (lerntheoretisch, sozialwissenschaftlich, epistemologisch) verlangen jedoch, da sie subjektorientiert Lernstrategien entwickeln, andere Vorgehensweisen.

Die Feststellung des bevölkerungspolitischen Charakters der populationsorientierten Diagnostik bedeutet nicht, auf sie gänzlich verzichten zu können oder zu wollen. Zu kritisieren und zu verwerfen ist jedoch ihre Anwendung als Selektionsinstrument, auf dessen Grundlage soziale Transfers verweigert werden. Für die Zuweisung von Arbeitskräften an bestimmte Orte gesellschaftlicher Produktion und Verteilung sowie des Dienstleistungssektors braucht man prognostische Kriterien. Die Frage ist aber doch, ob im Vorgriff auf berufsstruktur- bzw. arbeitsmarktstrukturbezogene Entscheidungen die Zugänglichkeit von Bildung, Gesundheit, Kultur von einer solchen Diagnose abhängig gemacht wird. Ist es also, auf den konkreten Fall bezogen, gestattet, auf Grund eines IQs von 80 heute einen Schüler in eine Lernbehindertenschule auszusondern, weil er unter den Bedingungen, wie sie sind, nicht in der Grundschule effektiv lernen und später nur Hilfsarbeiter werden kann? Oder spricht nicht alles für eine Veränderung der Grundschule, der öffentlichen Kleinkinderziehung, der Situation „soziokulturell benachteiligter" Familien usw.?

Ökonomisch gilt auch für die Produktion von Arbeitskraft (als Ware), daß „kein Ding wert sein (kann), ohne Gebrauchsgegenstand zu sein" (*Marx*, MEW Bd. 23, 1970, S. 55). *Ohne umfassende Entwicklung der Persönlichkeit und der Fähigkeiten des Arbeiters (als Gebrauchswert) wird auch der Wert seiner Arbeitskraft reduziert sein.* Strategien, die die Entwicklung der Arbeitskraft daher aufgrund wertorientierter (und damit arbeitsmarktorientierter) Prognosen einschränken, sind kontraproduktiv für die Gesellschaft als Ganzes.

Dies gilt auch für *real- bzw. frühsozialistische Länder* wie z.B. die DDR. Da hier das Mehrwertgesetz sich nicht mehr ungebrochen durchsetzte, konnten einerseits ein hoher Bildungsstand und eine hervorragende soziale Absicherung gewährleistet werden. Andererseits erfolgten im Alltag jedoch durch Administration, Bürokratisierung und

Bevormundung des einzelnen tiefgreifende Einschränkungen der Persönlichkeitsentwicklung, die doch durch ökonomische und sozialpolitische Strategien unterstützt und gefördert werden sollte. Dieser Widerspruch kennzeichnet auch die Psychologie und die Behindertenpädagogik im Sozialismus (zur Psychologiediskussion in der DDR vgl. *Guthke* u.a. 1983 zu Fragen der Diagnostik, *Schröder* u.a. 1988 zur medizinischen und klinischen Psychologie, *Hiebsch* und *Schmidt* 1989 zu den gesellschaftlichen Aufgaben der Psychologie). Entsprechend diesem *Widerspruch zwischen umfassender Persönlichkeitsentwicklung und durch politische Norm gesetzter Administration des Alltags* bestanden zahlreiche öffentliche Denkverbote (z.b. auch zur Integration Behinderter). Die bestehenden Lücken in der wissenschaftlichen Analyse wurden oft mit vergleichbaren ideologischen Argumenten der Naturangemessenheit (statt gesellschaftlicher Veränderbarkeit) einer Vorgehensweise gefüllt wie hierzulande (vgl. das biologistische Konzept der „Debilität" in der Hilfsschulpädagogik der DDR bzw. für den Umgang mit Problemen von geistiger Behinderung und Autismus die alltagsbezogenen literarischen Darstellungen von *Keßling* 1980 und *Möckel* 1983).

9.3 Verfahren der diagnostischen Datenerhebung

Verfahren der diagnostischen Datenerhebung spielen für den Übergang von Klassifikationssystemen zur Diagnose eine zentrale Rolle. Jedes theoretische Klassifikationssystem muß in empirische diagnostische Verfahren umgesetzt werden, um im Einzelfall Daten für die Rekonstruktion des Prozesses der Tätigkeit und Persönlichkeit zur Verfügung zu haben. Es müssen also Methoden verfügbar sein, mittels derer das Realkonkretum, der Lebensprozeß eines „behinderten" oder „psychisch kranken" Menschen, auf die Ebene des Vorstellungskonkretums transformiert wird.

Erst auf der Basis empirischer Daten, deren Umfang sich im Prozeß pädagogischer oder therapeutischer Intervention ständig erweitert, kann mittels theoretischen Wissens eine *Rekonstruktion von Subjektivität* vorgenommen werden. Sie erfolgt *als Konstruktion eines (theoretisch-)konkreten Menschenbildes von dem Betroffenen* auf dem Hintergrund des allgemeinen Menschenbildes des Diagnostikers und der (empirisch-)konkreten, im diagnostisch/pädagogisch/therapeutischen Prozeß gewonnenen Einzelerfahrungen. Dies schließt alle erhobenen und erfaßten Daten einschließlich der Selbstwahrnehmung des Diagnostikers ein. Das Menschenbild des Diagnostikers selbst kann sich im Prozeß des Diagnostizierens differenzieren, wenn er auf Widerstände im Begreifen der Subjektlogik stößt, die er (z.B. durch Supervision, Fachliteratur usw.) löst.

Der *diagnostische Prozeß* ist folglich ein *Prozeß der Vermittlung eines Allgemeinen (durch humanwissenschaftliches Wissen des Diagnostikers fundiertes und differenziertes Menschenbild) mit einem Einzelnen (Leben eines konkreten Menschen in all seiner Vielfältigkeit), indem das Einzelne als das Besondere dieses Allgemeinen in seiner Entwicklungslogik rekonstruiert wird.* Die Basis für diese Rekonstruktion, also für den Schritt vom Vorstellungskonkretum zum Gedankenkonkretum (bzw. von der sprachlichen Ebene 1 zur Ebene 2), können jeweils nur die auf die Ebene des Vorstellungskonkretums in Form von Daten transformierten Lebensverhältnisse sein. Ich habe versucht, diese Zusammenhänge in Abbildung 36 zu skizzieren.

Ich gebe im folgenden einen Überblick über verschiedene relevante Aspekte der gegenwärtigen Psychodiagnostikdiskussion, die in methodologischer Hinsicht stark ge-

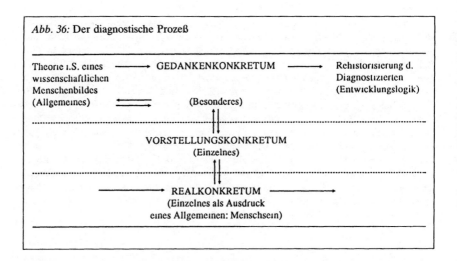

Abb. 36: Der diagnostische Prozeß

Theorie i.S. eines → GEDANKENKONKRETUM → Rehistorisierung d.
wissenschaftlichen   Diagnostizierten
Menschenbildes   (Entwicklungslogik)
(Allgemeines)   ⇌   (Besonderes)

VORSTELLUNGSKONKRETUM
(Einzelnes)

REALKONKRETUM
(Einzelnes als Ausdruck
eines Allgemeinen: Menschsein)

prägt ist durch die bereits erwähnte Neuauflage der Krise der Psychologie. Diese zeigt sich als Auseinandersetzung zwischen bevölkerungspolitischer und subjektwissenschaftlicher (d. h. wert- bzw. gebrauchswertorientierter) Funktion. Welche Daten und wie diese zu erheben sind, um adäquate Diagnosen für verschiedene Zwecke vornehmen zu können, darum geht der Streit.

Auf die empirisch-methodologische Diskussion hierzu gehe ich bestenfalls am Rande ein (vgl. *Lienert* 1969 zur Testkonstruktion, *Gutjahr* 1974 zur „Messung psychischer Eigenschaften" sowie *Sprung* und *Sprung* 1982 zur Methodologie und Methodik einer als „empirische Humanwissenschaft" verstandenen Psychologie). Auch zur Frage konkreter Verfahren muß auf die angegebene Literatur verwiesen werden.

Nach der kurzen Darstellung verschiedener zur Diskussion stehender Aspekte bzw. Strategien der diagnostischen Datenerhebung (sowohl normorientierte wie subjektorientierte Varianten) setze ich mich (9.4) mit den Problemen des Übergangs von der empirischen zur theoretischen Ebene der diagnostischen Erkenntnis auseinander. Ich werde dort *Lurias* Ansatz der Syndromanalyse ausführlich darstellen und auf *Schiepeks* Entwurf einer systemischen Diagnostik eingehen. Das folgende Teilkapitel 9.5 entwirft dann Strategien für den Prozeß des Diagnostizierens als Rekonstruktion von Subjektivität bzw. als Rehistorisierung der Betroffenen im Bewußtsein des Diagnostikers, die in Form pädagogischer und therapeutischer Strategien und/oder diagnostischer Begutachtung ihren Ausdruck finden.

9.3.1 Normorientierte Verfahren

Der Begriff „normorientierte Verfahren" (z. T. werden auch die Begriffe „institutionelle Entscheidung", „indirekte Diagnostik" oder „populationsbezogene Diagnostik" verwendet) darf nicht suggerieren, daß sich davon absetzende Verfahren subjektorientierter Diagnostik ohne Populationsbezug und Normorientierung möglich sind. Deshalb wäre es

besser, von einer *bevölkerungspolitischen Ebene* der Diagnostik (darunter fallen auch bildungs-, sozial- und gesundheitspolitische Entscheidungen) zu sprechen, im Unterschied zu einer *individuenbezogenen Ebene.*
Zunächst gehe ich auf die *psychiatrische Nosologie* ein. Ihre Problematik liegt nur vordergründig darin, daß sie verworfen werden müßte, weil sie ihre vorgegebenen diagnostischen Funktionen nicht erfüllt. So wird ihr u. a. vorgeworfen, inhuman und schädlich zu sein, den Patienten nur zum passiven Objekt zu machen, zu etikettieren und Ausdruck einer altmodischen und nicht mehr arbeitsfähigen Maschinerie entsprechend dem medizinischen Modell zu sein (*Shevrin* und *Shectman* 1973). Trotzdem kommt kein ernsthafter Psychiatriekritiker darum herum, daß die „Krankheitsurteile" der Psychiatrie (*Herzog* 1981) nicht nur Etikettierungen sind, mit denen sozialer Ausschluß innerhalb der repressiven Infrastruktur realisiert wird, sondern reale Probleme von Menschen widerspiegeln (vgl. z. B. *Jervis* 1978, *Dörner* und *Plog* 1978, die entsprechende Reinterpretationen versuchen). Diese Probleme werden in der psychiatrischen Nosologie aber nur auf der Erscheinungsebene empirisch gruppiert wiedergegeben. Sie sind in dieser Wiedergabe meist biologistisch und psychologistisch verzerrt. Vor allem aber besteht häufig eine außerordentliche Diskrepanz zwischen der Vielzahl nosologischer Gruppierungen und der Einförmigkeit psychiatrischer Behandlungsstrategien. Trotzdem lohnt es sich, die nosologischen Kategorien als Hinweise auf reale Prozesse zu rehistorisieren (vgl. meine Ausführungen in Kap. 6 bzw. in Kap. 8 zu einzelnen Syndromen) und nach ihrer Bedeutung auf sozialer, psychischer und biotischer Ebene zu fragen. Jedes „Krankheitsurteil" in Form einer psychiatrischen Diagnose hat Wirkungen im sozialen Umfeld, jede Diagnose spiegelt psychische Prozesse wider, und jeder psychische Prozeß ist von biotischen Prozessen abhängig und determiniert diese zugleich.
Entsprechend der Entwicklung der psychologisch-psychotherapeutischen Diskussion der letzten Jahrzehnte zeigt sich auch eine deutliche Differenzierung in der psychiatrischen Nosologie. Diese kann direkt an der Entwicklung der *internationalen psychiatrischen Standardklassifikation*, des *DSM III* (Diagnostic and Statistical Manual) verfolgt werden (vgl. *May* 1979). Seine Klassifikationen sind ab der zweiten Version (DSM II, 1968) Teil der Internationalen Krankheitsklassifikation (ICD) der Weltgesundheitsorganisation (WHO). Im DSM III (1973) wurde der Klassifikationsteil über Störungen im Kindes- und Jugendalter gegenüber dem DSM II verbessert. Das DSM III enthält außerdem erstmals eine multidimensionale Beschreibungsweise (auf 5 „Achsen"), in der neben den klassischen „Klinischen Syndromen und Störungen" (Achse I) „Entwicklungs- und Persönlichkeitsstörungen" (Achse II), „Körperliche Störungen und Zustände" (Achse III) auch der „Schweregrad psychosozialer Belastungsfaktoren" (Achse IV) und die „Globale Beurteilung des psychosozialen Funktionsniveaus" (Achse V) mit aufgenommen sind (vgl. die deutsche Übersetzung der revidierten Fassung von 1987; *DSM III-R* 1989).
Neben dem DSM III gibt es verschiedene andere Klassifikationsmodelle. So das GAP-System (Group for Advancement in Psychiatry) für die Diagnose psychopathologischer Störungen im Kindesalter und auf dieser Basis aufbauend das sehr differenzierte Diagnoseschema von *Prugh* (1973). Es ordnet bestimmten Altersperioden bestimmte psychosoziale Dimensionen zu und versucht, auf diese Weise Persönlichkeitsentwicklung zu beschreiben (vgl. *May* 1979; Wiedergabe des Schemas auch in *SOFI* 1982, Anhang).
Im deutschsprachigen Bereich liegt das „Manual zur Dokumentation psychiatrischer Befunde" (AMDP; 1981) vor sowie das von *Remschmidt* und *Schmidt* (1977) übersetzte

„Multiaxiale Klassifikationsschema für psychiatrische Erkrankungen im Kindes- und Jugendalter" von M. *Rutter* und Mitarbeitern. Auch hier findet eine Klassifikation auf fünf Achsen dem DSM III entsprechend statt. Es ist an die Internationale Standardklassifikation, 9. Revision (ICD 9), angepaßt.

Als Musterbeispiel normorientierten, subjektfeindlichen Vorgehens wird in der Regel die *psychometrische Diagnostik* herangezogen. Hauptgrund ist wahrscheinlich ihr Pragmatismus. Intelligenz ist – nach einem häufig kolportierten Spruch des amerikanischen Psychologen *Boring* – das, was der Intelligenztest mißt. Da in der Konstruktion von Tests alle methodologischen Kriterien operational bestimmt werden (in Form von Meßgrößen), ist es in der Tat für den Testkonstrukteur relativ beliebig, welche Test-Aufgaben (Items) er aufnimmt. Hauptsache, diese Items tragen aufgrund ihrer Schwierigkeit und Trennschärfe zur interindividuellen Differenzierung bei und ergeben Skalen, welche sich im Rahmen von Faktorenanalysen oder aufgrund von Korrelationen mit bestimmten Außenkriterien als valide erweisen.

Der Schwierigkeitsindex bestimmt sich als Wert der in einer Stichprobe prozentual richtig gelösten Aufgaben. Der Trennschärfenindex bezieht sich auf den Beitrag der Aufgabe, zwischen Testabsolventen mit hohen und niedrigen Testpunktwerten zu unterscheiden. Angestrebt wird eine möglichst hohe Trennschärfe über den gesamten Schwierigkeitsbereich der Aufgaben hinweg. Dabei werden Tests so konstruiert, daß durch ihre Schwierigkeitsverteilung eine *Normalverteilung* der Punktwerte um einen bestimmten Mittelwert erreicht wird. Dies ermöglicht es, die Testwerte auf Intervallskalenniveau zu verrechnen und damit Punktwertdifferenzen zwischen einzelnen Personen in verschiedenen Schwierigkeitsbereichen gleichzusetzen. So entspricht z. B. der Unterschied zwischen einem IQ von 80 und 85 dem zwischen 103 und 108. Alle auf der Gaußschen Normalverteilung aufbauenden Werte, in denen Testergebnisse dargestellt werden, sind über lineare algebraische Transformationen direkt miteinander vergleichbar (ob C-Wert, IQ-Wert, T-Wert usw.). Dies suggeriert ein universelles metrisches System, auf das hin Personen abgebildet werden können, selbst wenn die Tests an unterschiedlichen Stichproben geeicht wurden, da die Stichproben jeweils nach bestimmten Kriterien repräsentativ zusammengestellt sind bzw. sein sollen. Als Alternative zur *klassischen Testtheorie* wird das *Rasch-Modell* diskutiert (vgl. *Büscher* 1978). Es versucht, Schwierigkeiten unabhängig von der Population zu bestimmen, und arbeitet mit Proportionalskalenniveau (Skala mit absolutem Nullpunkt), zeigt aber letztlich deutlich ähnliche Verteilungseigenschaften wie die Gaußsche Normalverteilung der klassischen Testtheorie (*Gutjahr* 1974, Kap. 5). Da mich hier nicht die statistischen Verfahren interessieren, mit denen Tests konstruiert werden, sondern die objektive soziale Bedeutung bestimmter Vorgehensweisen in der Diagnostik, gehe ich hierauf nicht näher ein.

Eine wichtige Grundannahme, die in die Konstruktion populationsbezogener Tests eingeht, ist die *Konstanz von Eigenschaften*. Aus dieser angenommenen Konstanz heraus wird die notwendige experimentähnliche Kontrolle der Testsituation abgeleitet. Diese muß für alle Individuen in der gleichen Weise in der Untersuchungssituation gesichert sein (Durchführungsobjektivität) und für alle Testanwender zur gleichen Auswertung führen (Auswertungsobjektivität). Entsprechend dem Eigenschaftsmodell (das an die Stelle des Modells der Vermögenspsychologie des vorigen Jahrhunderts getreten ist) muß der Test zuverlässig oder meßgenau (reliabel sein). D. h. zwischen zwei Wiederholungen oder zwei Testhälften muß eine hohe Korrelation bestehen. Die Validität, d. h. die Gültigkeit, wird entweder durch Experten inhaltlich bestimmt (z. B. repräsentativer Test für ein Schulfach), oder sie ist im Sinne der Übereinstimmung mit einem psychologischen Konstrukt (meist über die faktorielle Validität ermittelt) gegeben oder wird durch Korrelation mit einem Außenkriterium (z.B. Korrelation des IQ mit dem Lehrerurteil) bestimmt. Im Gegensatz zu einigen Argumenten in der umfangreichen Testkritikdebatte (vgl. zu dieser Debatte z.B. *Grubitzsch* 1986) denke ich, daß an diesen Kriterien kaum etwas verbessert werden kann, soweit man auf der wertorientierten, bevölkerungspolitischen Ebene diagnostizieren will. Auch wenn derartige Daten zu Zwecken der Auslese und Selektion benutzt werden, so sind sie andererseits als empirische Meßwerte dort unumgänglich, wo es um den Nachweis von systematischer Benachteiligung aufgrund sozialer und ökologischer Bedingungen oder um die Begründung notwendiger positiver sozialer Transfers für Benachteiligte geht. Gegen ihre Anwendung bei der Eignungsdiagnostik oder Berufsberatung und Arbeitsplatzvermittlung ist ebenfalls wenig zu sagen, wenn nicht die Selektionskategorie Arbeitslosigkeit die Folge ist und wenn der Entscheidung in jedem Falle fördernde Maßnahmen folgen. Schließlich ist ein Populationsbezug in der klinischen Psychologie zur Definition des Aussagenbereichs von Einzelfallstudien unumgänglich.

Die eigentliche Achillesferse der bisherigen psychometrischen Verfahrensweise liegt in der bloß empirischen und nicht theoretischen Bestimmung von Eigenschaften, in ihrer „Substantialisierung" (*Gould* 1983) und in ihrer unterstellten Konstanz. Genau dies ist die Hintertür, durch die sich der Gebrauch des scheinbar wertfreien Verfahrens mit ideologischen Strukturen vermittelt. An die Stelle der theoretischen Rekonstruktion von Subjektivität tritt beim Anwender häufig die bloße Wiedergabe der Meßwerte und ihre Interpretation in Dimensionen des Alltagswissens. Um nicht mißverstanden zu werden: Die inhaltliche Kritik der Testkritikdiskussion an vielen Verfahren (vgl. z.B. *Zimmermann* u.a. 1971 zur Kritik des HAWIK) und an der Art ihrer Verwendung teile ich voll. In der Testkritik ist es aber bisher, von wenigen Ausnahmen abgesehen, versäumt worden, über die ideologiebildende und selektierende Funktion von Tests hinaus deren soziale Funktion genauer zu bestimmen. Sie ist damit meist nicht über den Ansatz der Etikettierungstheorien (labeling-approach) hinausgelangt. Dies führt teilweise dazu, daß von der Testkritik auch jede Form subjektorientierter Diagnostik negiert wird.

9.3.2 Subjektorientierte Ansätze

Ich versuche im folgenden, ohne Anspruch auf Vollständigkeit, den Leser/innen einige Orientierungspunkte in dieser außerordentlich umfangreichen und keineswegs abgeschlossenen Diskussion zu geben, und gehe dabei auf folgende Aspekte ein: Förderdiagnostik, neuropsychologische Diagnoseverfahren, Verhaltensanalyse, entwicklungsprozeßbezogene Diagnostik, Einzelfallanalyse und biographische Methoden, systemische Methoden. Dieser Überblick dient sowohl der Orientierung über wichtige Verfahren als auch der Diskussion einiger grundsätzlicher Fragen.

Förderdiagnostik

Hinter diesem Stichwort verbirgt sich eine außerordentlich differenzierte und umfangreiche Diskussion innerhalb der Sonderpädagogik, die sich zunächst um das Überweisungsverfahren für die Sonderschule für Lernbehinderte zentriert (vgl. *Probst* 1973) und versucht, dieses zu verbessern (*Kornmann* 1977), darüber hinaus aber eine an Förderung orientierte Diagnostik entwickeln will (vgl. *Kornmann* 1974, *Barkey* u.a. 1976, *Kornmann* u.a. 1983, *Bundschuh* 1985). In dieser Debatte spielen die Arbeiten von *Probst* (1979, 1981, 1983; *Probst* und *Wacker* 1986) eine wichtige Rolle. Ich beschränke mich für die Darstellung und Diskussion der „Förderdiagnostik" exemplarisch auf sie, da sie innerhalb dieses Ansatzes die wohl entwickeltsten Positionen sind.

Ausgehend von dem didaktischen Ansatz *Kutzers* (1973, 1976, 1979, 1983, 1985, 1986) entwickelt *Probst* Verfahren einer „*struktur-niveau-orientierten Diagnostik*". *Kutzers* Grundidee ist es, zu geistigen Operationen in Form von Invarianzbildungen vorzudringen. Ihn interessiert nicht Paukwissen, sondern instrumentelles Wissen. Am Beispiel des Mathematikunterrichts kann er durch einen am Aufbau der Begriffe orientieren Unterricht in wenigen Wochen Lernleistungen bei Sonderschülern erreichen, für die der Lehrplan weitaus längere Zeiträume (bis hin zu Jahren) ansetzte. Wissen baut sich für *Kutzer* in Form von Begriffshierarchien auf, innerhalb derer jede neue Ebene der Strukturbildung (Invarianzbildung) bestimmte Voraussetzungen hat. Der Erwerb von Wissen ist daher vom richtigen Einstieg in diese Begriffshierarchien abhängig. Dies eröffnet diagnostische Aufgaben im Sinne der Bestimmung von begrifflichen Hierarchien einzelner Unterrichtsgegenstände. Auf der anderen Seite ist der Wissenserwerb vom *Repräsentationsniveau der Schüler* (1. enaktiv, materiell, handelnd, konkret; 2. materialisiert, vorstellend, ikonisch; 3. symbolisch, innere Sprache, abstrahiert) abhängig. Diese Niveaus im aktualgenetischen Prozeß des Aufbaus von Begriffen übernimmt *Probst* von verschiedenen Autoren, insb. auch von *Galperin*, auf dessen Theorie ich in Kapitel 11 noch zu sprechen komme. *Probst* (1979, S. 124) demonstriert die Aufschlüsselung beider Aspekte u.a. am Beispiel des Hebelgesetzes. Der obere Teil von Abb. 37 enthält die struktur- und niveaubezogene Auffschlüsselung, der untere den Begriffstammbaum der Gegenstandsstruktur.

Entwicklung wird als *Vermittlung von Struktur und Niveau* betrachtet, also als Fortbewegung in Richtung der Diagonale des Koordinatensystems. Aus der Logik dieses Ansatzes ergeben sich folgende *Aufgaben für die Diagnostik*:

1. Analyse der Sachstruktur des Vorfelds bestimmter schulischer Leistungen;
2. Analyse der ontogenetischen Voraussetzungen (Begriffsniveaus) für bestimmte Lernleistungen;
3. Analyse und empirische Überprüfung von Sachstrukturen schulischer Leistungen;
4. struktur- und niveaubezogene Aufschlüsselung von Lernsituationen, um für Schüler individualisierte Wege des Lernens im Rahmen innerer Differenzierung des Unterrichts zu eröffnen.

Der letzte Punkt wird außer in der Analyse des Hebelgesetzes bei *Probst* und *Wacker* (1986) für die Schriftsprache behandelt. Darüber hinaus verweise ich auf die weiterführende Diskussion bei *Feuser* und *Meyer* (1987, S. 32ff.).

Voraussetzungsstrukturen schulischer Lernleistungen analysiert *Probst* im Bereich des Schriftspracherwerbs (1983).

Kognitive Begriffsniveaus untersucht er in dem Buch „Diagnostik und Didaktik der Oberbegriffsbildung" (*Probst* 1981). Er entwickelt dort ein Testverfahren, das als Lerntest (vgl. zu dieser Konzeption *Guthke* 1972) konzipiert ist, und überprüft, ob Schüler mit Unterstützung nächsthöhere Begriffsniveaus erreichen. *Probst* unterscheidet hierbei affektiv-egozentrisches Niveau, perzeptiv-begriffliches Niveau, funktionale und kategoriale Begriffsbildung (zum Aufbau des Tests s.o., Kap. 5, Abb. 19, S. 218).

Abb. 37: Struktur- und niveaubezogene Aufschlüsselung des Gegenstandes „Hebelgesetz"

		KOM	PLEX	I	TÄT
symbolisch innere Sprache abstrahiert	AU	Der kürzeste Weg vom Punkt zur Graden ist das Lot. Drehung ist Bewegung in einer Ebene bei einem ruhenden Punkt. Länge, Maßeinheit	Hebel ist ein Körper mit Drehpunkt. Ein Hebel ist eigentlich eine Funktion	Die Länge des Hebelarmes ist der Abstand vom Drehpunkt zum Angriffspunkt der Kraft, genauer: zur Kraftlinie	Anwendung der Gleichung; auf neue Probleme Schwerpunkt von Erde und Mond bestimmen; eingekleidete Aufgaben, z.B. Hebelwirkungen an der Schubkarre bestimmen
materialisiert vorstellend ikonisch	VE	Auf Abbildungen Dinge bestimmen, bei denen Drehung aufritt. Rechte Winkel erkennen; Längen vergleichen bestimmen	Nach Abbildungen Hebel und Nicht-Hebel erkennen	Größe von Drehmomenten nach Abbildungen einarmiger Hebel vergleichen z.B. Schöpfwerk mit Esel	Hebelsachverhalte an Zeichnungen und Modellen erklären. Wo treten Hebelwirkungen auf?
enaktiv materiell handelnd, konkret	NI	Gewichte heben, Kräfte vergleichen, Gebrauch von drehenden und schiebenden Dingen, kürzester Weg, Gleichgewicht. (Psychomotorische Erfahrungen)	Gegenstände mit Hebelwirkung erkennen, handhaben.	Einsatz einer gegebenen Kraft am einarmigen Hebel; z.B. Türklinke drücken	Auf Wippe, Balkenwaage, Schnellwaage, Gleichgewicht herstellen.

Gegenstandsstruktur:

- Kraft: Größe Richtung Angriffspunkt
- Drehung
- def. Hebel: Körper mit Drehpunkt
- Abstand, Länge
- Drehmoment: Verbindung von Kraft u. Hebelarm
- $K_{sl} = P_{sq}$ Gleichgewicht und Bewegung am Hebel. Verhältnis zweier Drehmomente
- Gleichgewicht

(aus: Probst 1979, S. 124)

Zur Analyse einer Sachstruktur verweise ich u. a. auf die empirische und theoretische Ermittlung der Voraussetzungsstruktur von Zahlbegriff und Zahloperationen (*Probst* 1983).

An der Vorgehensweise der „Förderdiagnostik" allgemein, aber explizit auch auf *Probst* bezogen, hat *Schlee* (1985a, b, c) folgende *Kritik* geübt.
1. Aus der Bestandsaufnahme eines Ist-Zustands (Diagnose) ist unmittelbar keine Entscheidung über einen Sollzustand ableitbar (didaktische Entscheidung). Insofern sind

Versprechen der Förderdiagnostik, bessere Didaktik zu ermöglichen, nicht haltbar. In diese gehen übergreifende Vorstellungen wie allgemeine Bildungsziele, curriculare Festlegungen, Entwicklungs- und Persönlichkeitsvorstellungen mit ein.
2. Die Förderdiagnostik hat bisher ihre empirische Validierung versäumt. Es gibt keine Belege, daß durch sie bessere Förderung möglich ist. Sie dient bestenfalls der psychischen Entlastung der Lehrer.
3. Es fehlen theoretische Grundlagen des Diagnostizierens. Daher sind die Diagnostiker den sich ergebenden Daten „irgendwie" hilflos ausgeliefert (1985c, S. 870).

Die Kritik ist berechtigt, wo sie dem z.T. in dieser Diskussion erhobenen Anspruch der unmittelbaren Verknüpfung von Diagnostik und Didaktik widerspricht. Aus der Struktur-Niveau-Analyse des Hebelgesetzes sind z.B. keine didaktischen Entscheidungen direkt ableitbar, da völlig ungeklärt ist, in welchem Lernkontext Schüler Zugangsmöglichkeiten zu diesen durch logische (und durch empirische) Klärung von Voraussetzungen gewonnenen Strukturen des Begriffserwerbs erhalten können. Angewendet leistet das Schema nichts anderes als diagnostische Verfahren insgesamt: den konkreten Prozeß der Tätigkeit der Schüler auf empirischer Ebene (Verhaltensebene) sichtbar zu machen. Erst auf der Basis dieser empirischen Erkenntnis kann im zweiten Schritt (als Übergang zur theoretischen Erkenntnis) die mögliche „Erschließung der Sache für den Schüler" (Strukturaspekt) und des „Schülers für die Sache" (Niveauaspekt, Motivaspekt) im Denken des Lehrers erfolgen (entsprechend Klafkis Begriff der „kategorialen Bildung" als Ausgangspunkt didaktischen Denkens; vgl. Stöcker 1987). Und erst von diesem gewonnenen „Gedankenkonkretum" aus ist ein qualifizierter Prozeß des Unterrichtens möglich (vgl. die beiden folgenden Kapitel 10 und 11).
Berechtigt ist die Kritik ebenfalls, wo sie eine „Theorie des Diagnostizierens" anmahnt.
Der Kern des Problems liegt aber in folgendem: Sind die auf empirischer Ebene durch diese Diagnostik erfaßten Sachverhalte auch aus theoretischer Sicht wichtig, oder sind sie eher nebensächlich? (Hierbei müssen sie in der Transformation von der „Nullebene" auf die Ebene der empirischen Erkenntnis selbstverständlich den zu stellenden methodologischen Ansprüchen genügen; und dies ist der Fall.) Insofern vernachlässigt Schlees Kritik ein zentrales Problem der Beurteilung von Testverfahren: das ihrer inhaltlichen Validität. *Theoretisch wichtige Sachverhalte sind solche, die es rückbezogen auf eine systematisch ausgearbeitete und weiter auszuarbeitende Theorie vom Menschen möglich machen, menschliche Subjektlogik zu rekonstruieren.* Da *Probst* sich hier, ebenso bezogen auf die Sachstruktur wie auf den Entwicklungsprozeß wie auf die Aktualgenese von Begriffen, jeweils entwickelter und miteinander in Verbindung stehender theoretischer Ansätze bedient, muß die oben aufgeworfene Frage eindeutig mit ja beantwortet werden.

Neuropsychologische Diagnostik

Die neuropsychologische Diagnostik versucht, unterschiedliche Aspekte der höheren kortikalen Funktionen und ihrer Störung bei örtlichen Hirnschädigungen mittels psychologischer Tests zu erschließen. Ziel dieser Diagnostik ist es, *hirnorganische Syndrome genau zu beschreiben bzw. ihre unterschiedlichen Existenzformen* (sensorische Aphasie, motorische Aphasie usw.) *zu unterscheiden.*
Hier finden sich alle bisher diskutierten Probleme des Diagnostizierens wieder. So versuchen die gängigen standardisierten Testbatterien (z.B. die Halstead-Reitan-Neu-

ropsychological Battery, vgl. *Boll* 1981; oder der Aachener Aphasietest; vgl. *Huber* u. a. 1980, *Willmes* u. a. 1980, *Weniger* u. a. 1981) das Klassifikationsproblem über empirische Mittelwerts- und Profilvergleiche zu lösen. Andererseits liegt in der von *Luria* ausgearbeiteten Diagnostik eine Alternative vor, die letztlich aber erst mit der von mir in Abschnitt 9.4 behandelten Syndromanalyse hinreichend nutzbar wird.

Vor allem in „Die höheren kortikalen Funktionen …" (1970a, S. 361–538) legt *Luria* vielfältige und umfangreiche „*Funktionsproben*" vor, die sich auf die Prüfung folgender Bereiche beziehen: Bewegungsfunktionen (insb. Hand und Mund), akustisch-motorische Koordination, hautkinästhetische Funktionen, höhere Sehfunktionen (visuelle Wahrnehmung, Orientierung im Raum, räumliches Denken), mnestische Prozesse, Sprachfunktionen (expressive und rezeptive Sprache), Schreiben und Lesen, Rechnen, Denkprozesse. *Luria* selbst beherrschte auf der Basis dieser Funktionsproben und seines umfassenden diagnostischen und empirischen Wissens den Prozeß der Diagnose meisterhaft (vgl. *Levitin* 1982). Gleichzeitig war es aber kaum möglich, diese Fähigkeiten an andere in vergleichbarer Form weiterzugeben, außer in Form des Schüler-Meister-Verhältnisses. So sind es vor allem die *Luria*-Schülerinnen *Tsvetkova* und *Chomskaja*, die heute diese Diagnostik beherrschen und lehren.

Die elaborierte Theorie und die umfangreichen diagnostischen Verfahren, die nach der Diagnose eine unmittelbare Zuordnung therapeutischer Verfahren ermöglichten (vgl. *Tsvetkova* 1981), fanden trotzdem weltweit Beachtung (vgl. z.B. *Goldberg* 1976) und führten bald zu Versuchen ihrer besseren Handhabung. Anne-Lise *Christensen*, eine dänische Neuropsychologin, legte 1975 eine erste Testversion vor, die auf der Basis dieser Aufgaben entwickelt worden war. Ihr folgten Weiterentwicklungen im angloamerikanischen (Luria-Nebraska-Battery von *Golden* u. a. [vgl. *Golden* 1981]) und deutschsprachigen Bereich (Tübinger-Luria-Christensen-Batterie [TÜLUC] von *Hamster* u. a. 1980, für die BRD, sowie eine DDR-Version der Nebraska-Batterie durch *Frühauf* 1984). Darüber hinaus wurden Versionen für das Kindesalter entwickelt (vgl. *Carr* 1981 für den angloamerikanischen Bereich). Die deutschsprachigen Varianten (für die DDR Luria-Nebraska-Neuropsychologische-Batterie, Kinderform; 8–12 Jahre; für die BRD die TÜKI) befinden sich gegenwärtig im Stadium der Erprobung bzw. Normierung.

Entsprechend den üblichen Regeln der Testkonstruktion wurden Aufgabenanalysen auf der Basis der Funktionsproben durchgeführt und die jeweils trennscharfen Aufgaben bei angemessener Schwierigkeitsvariation in den Test aufgenommen. Die TÜLUC (die anderen Versionen sind ähnlich aufgebaut) umfaßt insgesamt 10 Dimensionen für die Makroanalyse (1. motorische, 2. akustomotorische, 3. kutane und kinästhetische, 4. visuelle Funktionen, 5. rezeptive Sprache, 6. expressive Sprache, 7. Schriftsprache, 8. Rechnen, 9. mnestische Prozesse, 10. intellektuelle Prozesse), die sich nochmals in 30 Teilbereiche erster Ordnung (z. B. bei motorischen Funktionen: 1. Hände, 2. oral, 3. sprachliche Regulation) und 64 Teilbereiche zweiter Ordnung (z. B. bei Hände 8 Unterbereiche) aufteilen (Mikroanalyse). Jeder Teilbereich besteht letztendlich aus einer Reihe von Aufgaben (zwischen 3 und 8). Die Auswertung erfolgt auf einer sechzehnstufigen Skala: z. B. 1 = keine Kontaktnahme (Patient reagiert nicht auf Untersucher); 8 = Hilfen (Untersucher gibt Hilfen, Antwort richtig); 16 = komplex (Diese Reaktion erfolgt rasch, sicher und völlig richtig).

Mit dieser Verfahrensweise wurde die Transformation von neuropsychologischen Daten der Nullebene (vom „Realkonkretum") auf die Ebene der empirischen Erkenntnis (Vorstellungskonkretum) außerordentlich erleichtert und für viele Psychologen und Pädagogen zugänglich gemacht. Wie diese Werte in eine Diagnose gemäß der *Luria*schen

Aphasie-Klassifikation überzuführen sind, ist jedoch im Handbuch zur TÜLUC nicht zufriedenstellend gelöst – und nur dann ist ein spezifisches Therapieprogramm im Sinne der von *Tsvetkova* (1981) vorgelegten Strategien anwendbar. Auch die bei *Golden* (1981) geführte Diskussion ist in dieser Hinsicht unbefriedigend. Wenig befriedigend sind auch die bereits genannten empirischen Klassifikationsversuche mit der Halstead-Reitan-Neuropsychologischen-Batterie bzw. dem Aachener Aphasietest, da sie sich bei den Klassifikationsgruppen auf herrschende neurologische Diagnosen beziehen, die von einer durch Erfahrung gewonnenen, jedoch nicht theoretisch (wie bei *Luria*) durchgearbeiteten Klassifikation der Aphasien ausgehen (z.B. Globale Aphasie, Broca-Aphasie, Wernicke-Aphasie, amnestische Aphasie; vgl. *Wilmes* 1980). Unter der Hand wird der empirischen Klassifikation ein theoretisches System (als Validierungskriterium) untergeschoben, dessen Angemessenheit umstritten ist. Entsprechend ermöglicht es in der Regel kaum therapierelevante differentialdiagnostische Zuweisungen (außer in dem groben Sinne der Trennung von sensorischen und motorischen Aphasien).

Da gegenwärtig für den *Kinderbereich* noch keine neuropsychologischen Verfahren im Handel vorliegen, die *Luria*-Kinder-Versionen sich auch nur auf den Altersbereich von 8 Jahren und darüber beziehen werden, ist zumindest noch die von *Ayres* (1972) entwickelte Testbatterie für 4–8jährige Kinder zu nennen, die allerdings nur in englischer Version vorliegt (Southern California Sensory Integration Test). Durch die Vielfalt ihrer insgesamt 17 Untertests zu sensorischen, motorischen, Raumorientierungs- und Haltungsaspekten ist sie ein außerordentlich brauchbares Instrumentarium für diesen Altersbereich. Sie steht in engem Kontext zu *Ayres* (1979) Auffassung, daß sensorische Desintegration eine Folge von leichten Hirnschädigungen (MCD) ist, und den hierauf aufbauenden Behandlungsprogrammen (*Ayres* 1984). Beides hat in der BRD mittlerweile erhebliche Aufmerksamkeit und Verbreitung gefunden.

Verhaltensanalyse

Im Zusammenhang mit der Entwicklung psychotherapeutischer Verfahren durch die akademische Psychologie selbst sah sich die bisherige Diagnostik erheblicher Kritik ausgesetzt. Im Rahmen der an psychologischen Lerntheorien orientierten Verhaltenstherapien (vgl. als Überblick *Baade* u.a. 1984) wurde *abweichendes Verhalten als gelernt und daher wieder verlernbar* betrachtet. Folglich interessierte sich die Diagnostik nicht mehr für als unveränderlich angesehene, *indirekt* erschließbare Persönlichkeitseigenschaften, sondern für die Beschreibung und Analyse *direkt* beobachtbarer Bedingungen und Konsequenzen des zu ändernden Verhaltens. Dabei werden Diagnostik und Verhaltensmodifikation als sich wechselseitig beeinflussende Größen betrachtet (*Schmook* u.a. 1974). Hervorzuheben ist, daß hier Methoden der Informationsgewinnung und Bedingungsanalyse, also empirische und (ansatzweise auch) theoretische Erkenntnismethoden, unterschieden werden.

Methoden der *Informationsgewinnung* sind u.a. standardisierte Verhaltensinventare, z.B. zur Erfassung von Furcht oder von Verstärkungsmechanismen, Situationsbeurteilungen (z.B. Hausbesuche, Beobachtung von Alltagssituationen, u.U. unter Hinzuziehung von Ton-Bild-Technik), systematische Verhaltensbeobachtungen, physiologische Messungen, Gespräche mit Bezugspersonen von Klienten.

Die *Bedingungsanalyse* stellt durch die Anwendung der *Verhaltensgleichung* zwischen den Daten einen Bezug her. Dieser kann sich auf Einzelsymptome beziehen, aber auch Symptomgruppen zusammenfassen. Die Verhaltensgleichung nach *Kanfer* lautet:

| S | – | O | – | R | – | K | – | C |

Stimulus   Organismus   Reaktion   Kontingenz   Konsequenz

Zunächst wird das problemrelevante Verhalten (Reaktion) bestimmt, d.h. „alle beobachteten oder berichteten gestörten Verhaltensweisen des Klienten anhand konkreter
Merkmale wie Auftrittshäufigkeit, Dauer usw. genau ... beschrieben" (*Schmook* u.a.
1974, S. 365). Dies erfolgt deskriptiv und funktional, d.h. auch im Hinblick auf vorweggehende oder folgende Bedingungen.

Die Analyse der Reizsituation (Stimulus) fragt nach auslösenden und regulierenden
Faktoren problemrelevanten Verhaltens.

Unter dem Aspekt „Organismus" werden über biologische Komponenten hinaus eigentlich *alle* intraindividuellen Konstanten, die relevant sind, erfaßt. Es wird überprüft,
inwieweit verhaltenstherapeutische Interventionen in Frage kommen, welche organismischen Probleme die Therapie beeinträchtigen können und ob das Verhalten organismische Konsequenzen hat (z.B. bei Magersucht).

Als Konsequenz werden alle Ereignisse erfaßt, die auf das gestörte Verhalten folgen
und dessen Häufigkeit, Dauer und Intensität steuern (in „belohnender" wie in „bestra-
fender" Hinsicht).

Unter dem Gesichtspunkt „Kontingenz" werden Häufigkeit, Regelmäßigkeit und zeitliche Reihenfolge der Konsequenzen analysiert (vgl. zur Verhaltensdiagnose auch *Schulte*
1976a).

Im Rahmen des „subjektiven Behaviorismus" und der kognitiven Verhaltenstherapie
erfolgt eine Modifizierung: *„Inneres Verhalten"* wird ebenfalls in die Diagnose mit aufgenommen. In diesen Kontext sind auch die an Rückkoppelungsmodellen orientierten
handlungstheoretischen Überlegungen zur Diagnose einzuordnen (vgl. z.B. *Kleiber*
1981), die im deutschsprachigen Raum sich meistens an den handlungsregulatorischen
Vorstellungen von *Hacker* (1973) orientieren. Dies verlangt, sowohl neue Verfahrens-
techniken in Form der Erhebung subjektiver Weltbilder in spezifischen Handlungsbe-
reichen einzusetzen als auch anspruchsvollere Modelle der theoretischen Erklärung zu
entwickeln.

Für unsere Überlegungen ist neben der Unterscheidung von empirischer und theoretischer Ebene in der Diagnose folgendes aus der Diskussion um „Verhaltensdiagnostik"
interessant: Hier wird davon ausgegangen, daß mit der Erhebung der Information und
der Erstellung der Diagnose im Rahmen der Bedingungsanalyse nur die beiden ersten
Schritte in einem Entscheidungsprozeß vollzogen werden, der mit dem Erfolg oder
Mißerfolg einer Therapie endet. Die noch folgenden weiteren Schritte sind nach *West-
meyer* (zitiert nach *Schulte* 1976b, S. 119): Bedingungswissen, Zielbestimmung, Thera-
pieplanung, Änderungswissen, Durchführung der Therapie und Kontrollmessung.
Diagnostische Hypothesen können folglich nur in Relativität zum jeweiligen Hinter-
grundwissen überprüft werden und sind von diesem abhängig.

Diagnose als Rekonstruktion der Entwicklungslogik von Tätigkeit und Persönlichkeit
ist daher lediglich ein Teilmoment in einem pädagogischen und therapeutischen Prozeß.
(Sie wird übrigens nicht nur vom Diagnostiker auf den Klienten hin realisiert, sondern
auch umgekehrt, und ist aus dieser Sicht für die Aufrechterhaltung oder den Abbruch
bzw. auch für die Qualität des pädagogisch-therapeutischen Prozesses bedeutsam.)

Qualitative Entwicklungsdiagnostik

Seit der Entwicklung von *Piagets* Theorie hat es verschiedene Versuche gegeben, Verfahren für die Ermittlung der von ihm bzw. von anderen Autoren (s.o., Kap. 5) festgestellten qualitativen Übergänge zu entwickeln. Ein Verfahren dieser Art habe ich bereits mit dem Begriffsbildungstest von *Probst* (1981) vorgestellt (vgl. Kap. 5.4.3). Für den Bereich geistiger Behinderung ist auf die von *Bibl* (1980 a, 1981) überarbeiteten Skalen von *Uzgiris* und *Hunt* (1975) zu verweisen, die Aufgaben zur Erfassung von Fähigkeiten auf den ersten 6 sensomotorischen Niveaus nach *Piaget* enthalten. Einen sorgfältigen Bericht über die praktische Anwendung bei geistig behinderten Erwachsenen liefern *Hennige* u.a. (1988). Damit liegen erste Verfahren zur Erfassung des Hierarchieaspekts der Persönlichkeit (vgl. Kap. 2) vor, die für eine subjektorientierte Psychodiagnostik bei Kindern oder bei geistig behinderten Menschen unumgänglich ist (vgl. *Jantzen* 1982, 1983), sicherlich aber auch darüber hinaus Bedeutung besitzt.

Einzelfallanalyse und biographische Methoden

Seit Beginn der 80er Jahre findet eine intensive Diskussion um Einzelfalldiagnostik statt, innerhalb welcher die alten Unterscheidungen zwischen einem naturwissenschaftlich-messenden, „nomothetischen" Vorgehen und einem einzelfallbezogenen, beschreibenden, hermeneutischen, „idiographischen" Vorgehen zunehmend verworfen werden. Die Wissenschaftlichkeit einer Diagnose bestimmt sich nicht nur über die metrische Qualität von Verfahren.

Ohne zugrunde liegende inhaltlich-theoretische Konzepte führt eine Diagnose lediglich zu einer „zirkulären Verdoppelung" (*Hilke* 1984).

Aus theoretischen Gründen muß der Weg von der bisherigen Verabsolutierung quantitiver Diagnostik hin zu einer qualitativen Diagnostik führen. Menschliches Verhalten ändert und entwickelt sich nicht linear, es weist qualitative Übergänge und Veränderungen auf (im Sinne des „chaotischen", nicht außendeterminierten Verhaltens autonomer Systeme; *Jüttemann* 1984, S. 42). Eine qualitative Diagnostik muß, um das „Allgemeine im Individuellen" bestimmen zu können, von theoretischen Konzepten, d.h. bestimmten Auffassungen vom Menschen ausgehen (vgl. *Jüttemann* 1987). Sie muß, da die Reichhaltigkeit des Einzelfalles zu berücksichtigen ist, als *biographische* oder *ätiologische Diagnostik* angelegt werden. (*Jüttemann* 1984 und 1985).

Natürlich bestehen auch dann methodologische Probleme, wie zuverlässige Daten im Einzelfall, hier z.B. im Sinne von Veränderungsmessungen, oder bei kleinen Gruppen gewonnen werden können. Dazu gibt es eine umfangreiche Diskussion, auf die ich nicht näher eingehe. Zumindest existieren auch in naturwissenschaftlich-metrischer Sicht wohlbegründete Methoden und Strategien der Einzelfallanalyse (vgl. u.a. *Petermann* und *Hehl* 1979, *Petermann* 1981, *Schmidt* 1989, *Schmidt* und *Reschke* 1989, *Piontek* 1989).

Mit der Neubestimmung von Einzelfall-Diagnostik als vorwiegend ätiologisch-biographischer Diagnostik (vgl. *Jäger* und *Nord-Rüdiger* 1985, *Jäger* und *Kaiser* 1987) stellen sich Fragen nach Zuverlässigkeit und Gültigkeit von lebenslauf- und situationsbezogenen Erhebungsverfahren, z.B. von Fragebögen und Explorationstechniken (vgl. als Überblick zu den Vor- und Nachteilen beider Methoden *Fisseni* 1987, S. 170ff.).

Da im Vordergrund nicht mehr die quasi-experimentelle Manipulation der Testsituation als Voraussetzung umfassender Datengewinnung steht, sondern der Betroffene selbst als Gesprächspartner zum Experten wird (*Thomae* 1987, S. 113), ergeben sich zusätzliche methodologische und methodische Fragen zur Einschätzung von *Zuverlässigkeit und Gültigkeit subjektiver Urteile über den eigenen Lebenslauf.* Psychoanalytische Forschungen zeigen, daß Lebensgeschichten subjektive Konstruktionen sind, die insbesondere dort gelingen, wo gelungene Bindungen zur Umwelt (z. B. durch das kindliche Spiel) die ursprünglichen Bindungen zwischen Mutter und Kind erweitert haben. In diesem „potentiellen Raum" *(Winicott)* wird die eigene Lebensgeschichte verortet und zugänglich (vgl. *Schacht* 1978). Emotional negativ besetzte Erinnerungen können der Verdrängung unterliegen, an ihre Stelle treten „Deckerinnerungen", die z. T. erst im Prozeß der gemeinsamen „Rekonstruktion" in der Therapie aufdeckbar sind (vgl. *Greenacre* 1976, 1981). Subjektives selbst ist im diagnostischen Prozeß durch die Befragung der Betroffenen daher ebensowenig unmittelbar gegeben, wie irgendwelche anderen Daten „selbstredend" sind. Sie sind auch hier nichts anderes als Erscheinungsweisen von Subjektivität auf der Ebene des „Vorstellungskonkretums", die der theoretischen Bearbeitung und Rekonstruktion bedürftig sind.

Um „eine Lebensgeschichte als subjektives Dokument zu verstehen" ist nach *Watson* (1976) die Berücksichtigung folgender Ebenen erforderlich: 1. soziokultureller Kontext; 2. individuelles Leben im Kontext; 3. unmittelbarer Kontext der Lebensgeschichte zum Zeitpunkt der Datengewinnung; 4. Vorverständnis des Forschers; 5. dialektische Beziehung zwischen Forscher und Befragtem; 6. die Art der Interpretation der beobachteten Phänomene durch den Befragten; 7. kognitive Momente (z. B. Art des Gedächtnisses, bezogen auf die eigene Lebensgeschichte); 8. Selbst-Identität des Befragten; 9. Konflikte im Lebensprozeß; 10. Entscheidungssituationen; 11. die Einheit des phänomenalen Bewußtseins (auf die die Einzeldaten wieder zurückzubeziehen sind).

Innerhalb biographischer Forschung ist daher von *objektiven* wie von *subjektiven* Daten auszugehen, wobei die subjektiven Daten selbst aus ihrem *Lebenskontext* heraus verstanden werden müssen.

Der sich hier abzeichnende Wandel im Verständnis von Diagnostik hat in mehrfacher Hinsicht Folgen, die bereits von verschiedenen Autor/innen thematisiert werden.

1. Mit dem Übergang zu einer qualitativen Diagnostik, die sich ätiologisch und biographisch orientiert und die über eine lediglich die Handlungen bewertende Diagnostik zunehmend interventionsbezogen vorgeht (*Jüttemann* 1984), erfolgt gleichzeitig eine Abkehr von der (labor-)experimentellen Situation und eine Orientierung an der *Handlungsforschung.* Der diagnostische Prozeß wird zum Forschungsprozeß über die Angemessenheit eigener Interventionsstrategien und das hinreichende Begreifen der Situation. Dieser Forschungsprozeß kann aber gleichzeitig nur durch Handeln (Intervention im Sinne von Kooperation, Dialog, aber auch gemeinsame Veränderung von Lebensbedingungen) aufrechterhalten werden (vgl. *Schneider* 1980, S. 208f.).

2. Die Einzelfallanalyse ist im Sinne der „*Möglichkeitsverallgemeinerung*" ein sinnvoller Forschungsprozeß (vgl. *Holzkamp* 1983, Kap. 9). Eine Verallgemeinerbarkeit ist grundsätzlich gegeben, da „jedes einzelne menschliche Individuum bzw. jede einzelne menschliche Sozialkonstellation die Charakteristika der ‚gesellschaftlichen' Natur des Menschen absolut verkörpern muß" (ebd., S. 578). Im Prozeß dieser Verallgemeinerung im konkreten Einzelfall wird der (gesellschaftliche und psychische) Ort, an dem das Subjekt sich befindet, rekonstruiert. „‚Ich' (auf unsere Erörterung bezogen: als ‚diagnostiziertes' Subjekt; W.J.) finde mich dabei ... bewußt und reflektiert an der ‚Stelle' im gesellschaftlichen Leben, an der ich faktisch ‚schon immer' stand" (ebd., S. 539).

Entsprechend gilt: Voraussetzung für einen solchen Prozeß ist es, Kategorien zu besitzen, mit denen (1) diese Rekonstruktion objektiv möglich ist, und die (2) subjektiv zugänglich sind. Die erste Problemebene ist somit die der Diagnose, die zweite die der Identitätsentwicklung als Resultat pädagogischer, therapeutischer oder politischer Prozesse.

3. Wenn je „Ich" der Ausgangspunkt dieses Rekonstruktionsprozesses des Subjekts (Prozeß der Identitätsbildung) ist, so ist es *Aufgabe der Diagnose*, in Kooperation mit dem Betroffenen die *Bedingungen und Möglichkeiten heutiger und künftiger Identität* aufzuspüren. Der Ausgangspunkt wäre dann (als Kern des diagnostischen Prozesses) die *logische Rekonstruktion des je „Du"*. Woesler de Panafieu (1981, S. 31) konkretisiert dies an feministischer Biographieforschung bei alten Frauen so: „Wir haben begonnen zu begreifen, wie und warum sie in bestimmten Situationen ihres Lebens zu welchen Entscheidungen, Lösungen oder Handlungswegen gekommen sind. Wir analysieren ihre Alltagssituation als Teil ihrer gesellschaftlichen Position, als Ausdruck von Frauenleben in unserer Gesellschaft. Und wir fragen uns: Hätten wir es unter vergleichbaren Bedingungen anders – besser oder schlechter gemacht?" D. h. die logische und psychologische Stimmigkeit der Re-Konstruktion des je „Du" wird reflexiv im „bimodalen Ich" (vgl. Bd. 1, S. 254) des Diagnostikers überprüft.

Diese völlige *Historisierung des diagnostischen Vorgehens* als Rekonstruktion der Geschichte von Tätigkeit und Persönlichkeit des anderen (oder im Sinne *Holzkamps*: als Entwicklung seiner „Handlungsfähigkeit") schafft zugleich Betroffenheit, die aber die Analyse nicht ersetzen darf. „Erzählte Lebensgeschichte als Realität anzunehmen bedeutet nicht, sie für bare Münze zu nehmen" (S. 32). Und das gleiche gilt für unsere theoretischen Rekonstruktionen im diagnostischen Prozeß. Sie sind Annäherungen an Subjektivität und bedürfen im Handeln der Überprüfung und Bestätigung.

Folglich sind es die beiden Hauptprobleme biographischer Forschung (und damit einer biographiebezogenen Diagnostik): *„Wie kann in der Nähe Abstand gehalten werden?"* und *„Wie können sich Objektivität und Betroffenheit gemeinsam herstellen?"*

Bevor ich diesen und anderen Fragen im Detail nachgehe (9.5 bzw. 12.4), möchte ich u. a. auf einen weiteren Aspekt aufmerksam machen. Mit der Loslösung von der Dominanz einer populationsbezogenen, normorientierten Diagnostik und der Verfolgung der Frage nach den Möglichkeiten subjektorientierten Vorgehens wird es deutlich, daß damit auch der individuenzentrierte Standpunkt verlassen wird und der Mensch in seinen Lebensverhältnissen zum Gegenstand der Diagnose wird. Die unterste Ebene dieser sind hierbei familiäre Verhältnisse, deren Erfassung und deren Begreifen in den neueren Diskussionen um Diagnose und Therapie eine zunehmende Bedeutung erhält. Der diagnostische Prozeß bezieht sich hier nicht mehr bloß auf ein Individuum, sondern auf ein (soziales) System.

Systemische (Familien)-Diagnostik

Der Begriff „systemische Diagnostik" wird in der psychologischen Diskussion im doppelten Sinne verwendet: Er kennzeichnet zum einen – im Sinne der systemischen Familientherapie – die Diagnose der Interaktionsstrukturen in Familien, zum anderen im Sinne *Schiepeks* (1986) den übergreifenden, holistischen Aspekt der Rekonstruktion von Persönlichkeit. In diesem Teilabschnitt behandele ich lediglich den ersten Aspekt.

Mit der zunehmenden Erkenntnis, daß Krankheiten und Behinderungen Familienverbände modifizieren, aber auch in ihnen und durch sie entstehen und verfestigt werden, wurden in den letzten 20 bis 25 Jahren verschiedene familientherapeutische Konzeptionen entwickelt. Sie reichen von der Weiterentwicklung psychoanalytischer Auffassungen in dieses Gebiet hinein bis zu systemtheoretischen Analysen von Familienstrukturen (als kritische Auseinandersetzung vgl. *Hörmann* u.a. 1988; s.u., Kap. 12.5). Wesen des gestörten familiären Prozesses ist es, daß *emotionale Konflikte nicht ausgetragen* werden. Nicht ausgetragene Konflikte führen durch *Transformation über bestimmte Interaktionsstrukturen* (Verstrickung, Überfürsorglichkeit, Rigidität, fehlende Bereitschaft bzw. Unfähigkeit zur Konfliktlösung, wechselseitige Nutzung der Familienmitglieder als Bündnispartner usw.) *zu psychischen und somatischen Folgeerscheinungen* (vgl. *Minuchin* u.a. 1986, aber auch die in Kap. 6, S. 284 aufgezeigten inneren Reproduktionsmechanismen von Isolation). Insbesondere in Familien mit behinderten Kindern entstehen unter der entsprechenden realen bzw. antizipierten Belastung pathologische Familienzusammenhänge im Sinne „negativer Zirkel", die sich aufgrund gesellschaftlicher Isolierung und Überbelastung nach außen abschotten. Oft kommt es zur „Überbehütung" von Kindern, bei gleichzeitigen massiven Schuldgefühlen und Schuldverteilungsstrategien der Eltern über Rollenkonstellationen des Aufopferns u.a.m. (vgl. *Mangold* und *Obendorf* 1981, *Steffen* 1979).

Da derartige familiären Strukturen sehr stabil sind und nach außen geschützt werden, bestehen für den Familienhelfer bzw. Familientherapeuten erhebliche Gefahren, in die Konfliktaustragungsstrategien einbezogen und in das System integriert zu werden. Entsprechende diagnostische Verfahren der Datenerhebung und Wissensverarbeitung sind daher nötig, um zu vermeiden, daß der Familientherapeut in einen „See des Chaos" gerät (*Mandelbaum* 1976, S. 497). Gerade hier wird besonders deutlich, daß die Datenerhebung eine strikt von der systemischen Rekonstruktion zu unterscheidende Ebene ist.

Für die *Diagnose der Interaktionen in Familien* sind nach *Kruse* (1984, S. 105) drei sich überlagernde Ebenen von Bedeutung, auf die bezogen Daten interpretiert und verknüpft werden müssen:

1. *Eigenschaften der Familienkommunikation* wie z.B. Klarheit, Situationsangemessenheit, Widersprüchlichkeit, Strukturiertheit;
2. *Beziehungen zwischen den Familienmitgliedern:* Koalitionen, Dominanzverhältnisse, Rollenbeziehungen und -zuschreibungen;
3. *Mechanismen oder Regeln, die die Interaktion steuern:* Dies sind u.a. Problemlösungsstrategien, Auseinandersetzungs- und Konfliktmuster, Familienideologien im Sinne gemeinsamer Vorstellungen, was erwünscht und was verpönt ist, und schließlich Belohnungs- und Bestrafungsmuster.

Durch die theoriebezogene Identifikation dieser unterschiedlichen Aspekte auf der Basis von Erhebungsverfahren wird die Familie in ihrer *Systemstruktur* und *Systemdynamik* rekonstruierbar. In psychoanalytisch orientierten Ansätzen wird hierbei stärker als in systemischen die individuelle Entwicklungslogik der einzelnen Familienmitglieder einbezogen. Systemische Ansätze konzentrieren sich dagegen vorrangig auf die Aufdeckung und Umstrukturierung des Systemcharakters als Voraussetzung für notwendige Konfliktlösungen.

Es dürfte damit deutlich sein, daß eine ausgearbeitete Theorie systemischer Zusammenhänge in Familien Voraussetzung für die Diagnose ist. Die durch empirische Verfahren erhobenen Daten werden übersetzt in bestimmte typische Verhaltensstrukturen im Sinne der von *Kruse* benannten drei Ebenen. Die so gefundenen Strukturen werden mit theoretisch verfügbaren Systemvorstellungen (z. T. im Sinne von Typen) von Familienstruktur und -dynamik in Verbindung gebracht, und auf diese Weise wird die konkrete Familie als Verbesonderung allgemeiner Systemzusammenhänge in Familien rekonstruiert.

Auf der Ebene der Datenerhebung treten neben die hier schon behandelte individuenzentrierte Diagnostik interaktionsdiagnostische Verfahren. Diese reichen von Familieninterviews, Verhaltensbeobachtung in der Familie in Alltagssituationen und in künstlich geschaffenen Situationen bis hin zu aktiven Darstellungsformen der Familienstruktur und der Konfliktsituation (z. B. Rollenspiel; vgl. *Kruse* 1984).

Im folgenden Teilkapitel gehe ich auf das nun sehr deutlich herausgearbeitete Problem ein: Wie kann eine valide theoretische Rekonstruktion von Tätigkeit und Persönlichkeit auf der Basis empirischer Daten (deren Erhebung selbst bestimmten methodischen Regeln unterliegen muß) erfolgen? Ich interessiere mich zunächst (in Kapitel 9.4) vor allem für die methodologische Seite, d. h. ich stelle zwei hierfür vorgeschlagene Methoden dar und untersuche sie kritisch (Syndromanalyse nach *Luria*, systemische Diagnostik nach *Schiepek*). In Kapitel 9.5 versuche ich dann, methodische Folgerungen für eine tätigkeitstheoretisch fundierte Diagnostik zu skizzieren.

9.4 Verfahren der theoretischen Verarbeitung diagnostischer Daten

9.4.1 Die Syndromanalyse nach Luria

Luria und *Artem'eva* (1978) stellen eine Methode der Integration unterschiedlicher erhobener Daten zu einer Diagnose dar. Sie bezeichnen dieses Verfahren als *Syndromanalyse* und erläutern es sowohl in klinisch-diagnostischer wie in empirisch-statistischer Hinsicht. Sie halten es sowohl in der Neuropsychologie als auch in der klinischen Psychologie für anwendbar.

Da sie dieses Verfahren gegenüber der normorientierten, psychometrischen Diagnostik als Alternative für den Einzelfall darstellen und (auch mit wahrscheinlichkeitsstatistischer Argumentation) dessen Zuverlässigkeit (Reliabilität) hierfür begründen, will ich vorweg auf ein mögliches Mißverständnis aufmerksam machen, dem *Luria* und *Artem'eva* Vorschub leisten. Die eine Art der Reliabilität sei die der psychometrischen Verfahren, die entsprechend den Methoden der Testkonstruktion hergestellt werde; die andere Art der Reliabilität entstehe durch die Gruppierung der vielfältigen Daten eines einzelnen Menschen zu einem „Syndrom".

Aufgrund unserer bisherigen Diskussion kann festgestellt werden: Die eine Ebene der Argumentation ist auf die Transformation von Daten vom Realkonkretum in das Vorstellungskonkretum bezogen, die andere Ebene auf die Transformation vom Vorstellungskonkretum (Kombination bereits erhobener Daten zu einer zuverlässigen Diagnose) in das Gedankenkonkretum (vgl. Bd. 1, S. 88ff.). Dies bestätigt *Luria* selbst, wenn er für ein derartiges Vorgehen in der biographischen Analyse den *Marx*schen Ausdruck des „*Aufsteigens zum Konkreten*" (im Sinne der Wiederherstellung der Ganzheit des Individuums in seiner Welt) verwendet (1979, S. 178), das dem „*Aufsteigen zum Abstrakten*" (im Sinne der Erfassung von Einzelaspekten) folgen muß (1984, S. 611). D. h. jedes der vielen Einzelfakten, die in der Syndromanalyse neu gruppiert werden, muß nach bestimmten methodischen Regeln erhoben werden. Über solche verfügte selbstverständlich auch *Luria*. Nur die Tatsache, daß er für die Diagnose aufgrund seines reichhaltigen Wissens in der Regel keine psychometrischen Tests, sondern Funktionsproben benutzen konnte, ließ ihn ersichtlich diese Problemebene in dem zitierten Aufsatz (mit *Artem'eva*) übersehen. Es geht also hier nicht um einen „völlig anderen Weg" der empirischen Forschung, sondern um die Transformation von Daten auf ein höheres Niveau, das eine Rehistorisierung des diagnostizierten Subjekts gewährleistet. Erst von dort aus ist ein hypothesengeleitetes und theoretisch begründetes sowie für Rückkoppelung offenes therapeutisches Vorgehen möglich.

Mit dieser Einschränkung vorweg nun zu den Details:

Das Problem in der neuropsychologischen Diagnose ist es, daß der Diagnostiker nicht reine Fakten im Sinne von genauen Informationen über Ort und Schweregrad von Schädigungen erhalten kann, sondern daß immer komplizierte funktionelle Systeme gestört werden. Durch die Schädigung eines spezifischen Hirngebietes tritt ein „*primärer Defekt*" auf, „der in der Folge eine Serie von sekundären oder systemischen Störungen hervorbringt und den normalen Prozeß jener geistigen Aktivität stört, in welchem das funktionelle System aktiv war" (*Luria* und *Artem'eva* 1978, S. 284).

So sind z. B. bei der sensorischen Aphasie die Störungen des verbalen (phonematischen) Gehörs das „*Primärsymptom*"; „*Sekundärsymptome*" sind vielfältige Störungen aller Formen verbaler Aktivität, welche letztlich ohne die Partizipation des intakten Gehörs für verbal-auditive Reize unmöglich ist.

Bei Schädigungen der Parieto-Okzipital-Region besteht der primäre Defekt in der Störung der visuellen, auditorischen, taktilen und vestibulären Synthese. Dies wirkt sich in Schwierigkeiten aus, sich im wahrgenommenen Raum zu orientieren, rechts und links zu unterscheiden, simultan die Beziehungen einer Gruppe von Objekten zu verstehen (Primärsymptome). Sekundärsymptome zeigen sich z. B. in folgender Hinsicht (vgl. die Ausführungen zur semantischen Aphasie in Kap. 8.3.2):

Komplexe geographische Karten oder geometrische Muster können nicht mehr entziffert werden, Kopfrechnen und die Anwendung logisch-grammatikalischer Regeln sind gestört. Letzteres zeigt sich in deutlichen Schwierigkeiten der Relationskommunikation wie z. B. beim Verstehen des Satzes „Den Wanja haut der Kolja", in dem die Nominalphrase („der Kolja") in die Verbalphrase eingeschoben ist und in dieser Funktion erst entschlüsselt werden muß (vgl. *Luria* 1982, S. 259ff.). Die räumliche Analyse und Synthese im inneren semantischen Feld, also im „Quasiraum" der Bedeutungen (s. o.), gelingt nicht mehr; dies ist der Kern des Syndroms.

Für den Diagnostiker besteht hierbei folgendes Problem. Er muß zahlreiche *Symptome so gruppieren, daß sie sich einem Syndrom zuordnen, anderen Syndromen jedoch nicht*. So kann eine Verwechslung von ähnlichen Buchstaben wie z. B. „b" und „p" oder „d" und „t" bei einer noch unbekannten Hirnschädigung sehr unterschiedliche Ursachen haben: Sie kann ein Resultat einer Störung des phonematischen Gehörs sein (sensorische Aphasie); sie kann durch Artikulationsstörungen entstehen, die den Übergang von einem Phonem zum anderen erschweren (efferent-motorische Aphasie); sie kann als Resultat eines gestörten kinästhetischen Feedbacks (afferent-motorische Aphasie) auftreten; oder sie kann das Resultat einer allgemeinen Inaktivität sein (frontale Schädigungen) u. a. m.

Wenn der Patient aber gleichzeitig vergleichbare Störungen beim Schreiben zeigt oder bei der Unterscheidung von Wortbedeutungen, wenn er ähnlich klingende Worte verwechselt, Probleme beim Benennen von Objekten hat oder phonematische Fehler beim Auswählen von Wörtern macht und wenn er keinerlei Zeichen von pathologischer Trägheit in den Bewegungen, von Artikulationsstörungen oder von reduzierter Aktivität zeigt, dann darf angenommen werden, daß das Primärsymptom in einer Schädigung des phonematischen Gehörs liegt (*Luria* und *Artem'eva* 1978, S. 286).

Die Bedeutung jedes einzelnen Faktums kann folglich nur ermittelt werden, indem es mit allen anderen Fakten in Bezug gesetzt wird. Entsprechend formuliert *Luria* an anderer Stelle (1979, S. 177), direkt bezogen auf die biographische Analyse: „Wissenschaftliche Beobachtung ist nicht bloße Beschreibung getrennter Fakten. Ihr Hauptziel ist es, ein Ereignis von so vielen Perspektiven aus zu sehen, wie möglich". Und (1984, S. 611): „Der konkrete Gegenstand, der Objekt der wissenschaftlichen Forschung ist, stellt kein isoliertes Ding dar, dessen Wesen sich in einem bestimmten abstrakten Begriff formulieren ließe. Der Gegenstand der Wissenschaft ist ein Ding mit seinen Verbindungen und Beziehungen, und je tiefer wir diese Verbindungen und Beziehungen verstehen, desto reicher wird unser begriffliches Verständnis des Dinges (Vorgangs, Prozesses). Daher stellt die wissenschaftliche Erkenntnis auch einen immer reichere Bezüge aufweisenden Prozeß des sukzessiven Aufsteigens zum Konkreten dar, bei dem in gleichem Maße allgemeine wie individuelle Gesetzmäßigkeiten aufgedeckt werden" (vgl. auch meine Ausführungen zur Methodologie in Kap. 3).

Luria und *Artem'eva* beschreiben die Methode des In-Bezug-Setzens der einzelnen Daten mit allen anderen Daten durch die *Analogie zur Faktorenanalyse*. Wie in dieser (oder entsprechend in der Clusteranalyse) wird in der Syndromanalyse eine optimale Gruppierung der Symptome im Sinne von Faktoren angestrebt, als deren Achsen die Syndrome zu denken sind. D. h. die Symptome sind möglichen Syndromen so zuzuordnen, daß sie unter sich und mit dem Syndrom höher korrelieren als bei Zuordnung zu einem anderen Syndrom (vgl. die Q-Technik der Faktorenanalyse). Dies ist natürlich nur möglich, wenn *populationsbezogene Erkenntnisse* über die empirische und die theoretische Struktur eines Syndroms vorhanden sind. Auf beide Aspekte gehen *Luria* und *Artem'eva* nicht näher ein. Daher einige Bemerkungen hierzu.

Empirische Erkenntnisse über ein Syndrom bestehen darin, daß populationsbezogene Abweichungen von Bevölkerungsnormen erfaßt sind, z.B. die genannten Schwierigkeiten in der Anwendung von „b" und „p". Auch die Erstellung eines subjektiven Profils in den zehn Dimensionen der *Luria*schen Funktionsdiagnostik bzw. der TÜLUC (s.o.) setzt voraus, daß durch einen empirischen Populationsbezug die Normalität jeder Teildimension im Sinne einer durchschnittlichen Ausprägung in einer Gesamt- oder Teilpopulation (Alter, Geschlecht usw.) dem Untersucher präsent ist. Erst dies erlaubt die Feststellung der relativ höheren oder niederen Ausprägung einer Profilkomponente (also die empirische Abstraktion).

Theoretische Erkenntnisse über ein Syndrom bestehen darin, daß die Vielzahl der mit einem bestimmten empirisch konstatierten Syndrom (das in der Regel aufgrund eines bestimmten Leitsymptoms klassifiziert wird) verbundenen Ausdrucksformen auf gemeinsame Ursachen zurückgeführt werden kann. Dies erfolgt z.B. beim *Kannerschen Autismus* durch die Zurückführung der zahlreichen „*Sekundärmerkmale*" auf die beiden *Kardinalsymptome* der *Unfähigkeit zum sozialen Dialog* und der *Bindung an unbelebte Objekte* (s.o. Bd. 1, S. 317f.). Die Diagnose „Autismus" hängt folglich davon ab, ob im Einzelfall die verschiedenen Sekundärsymptome auf die Primärsymptome sinnvoll rückbezogen werden können. Insofern stellen die Kardinalsymptome des Autismus theoretische Abstraktionen bezogen auf eine bestimmte Population dar. Ihr Populationsbezug ist theoretischer Art und erlaubt im Einzelfall das Neubegreifen zahlreicher Symptome und damit ein Stück Rehistorisierung. Gleichzeitig dürfte deutlich sein, daß die Angabe der „Kardinalsymptome" des Autismus nur ein Teilschritt ist, der auf höherem Niveau selbst in einer darüber hinausgehenden adäquaten Theoriebildung aufzulösen ist. Aus dieser Sicht müssen die Kardinalsymptome selbst rehistorisiert werden. Meine Ausführungen zur Psychologie und Neuropsychologie des Autismus (Kap. 6.4.1 sowie 8.4.1) versuchen, einen derartigen Weg aufzuzeigen.

„Aufsteigen im Konkreten" bedeutet also *Rehistorisierung*, indem die Vielfalt der vorgefundenen Zusammenhänge jetzt auseinander hervorgehend und in Entwicklung begriffen werden kann. Wie ist dabei vorzugehen?

Auf der Ebene der Erscheinungen weisen die verschiedenen Syndrome bestimmte *„Leitsymptome"* auf. D.h. Menschen mit einem bestimmten psychopathologischen Syndrom sind in besonderer Weise „auffällig". Solche „Leitsymptome" liegen auch den Kategorien der psychiatrischen Standardklassifkation zugrunde. Menschen werden dort entsprechend sozialen Kriterien der Störungsdimension (im Sinne der klassischen Nosologie und ihrer Fortführung; s.o.) gruppiert. Durch vielfältige empirische Forschung sind jedoch neben diese Leitsymptome zahlreiche weitere Symptome getreten. So wird z.B. in der Literatur zu „Anorexia Nervosa" ein ganzes Bündel von kognitiven, emotionalen, familiären Bedingungen genannt, die das Leitsymptom, den außerordentlich starken Gewichtsverlust bei fehlender Krankheitseinsicht, begleiten. Was in der Literatur hier jedoch weitgehend fehlt – und insofern ist „Anorexia Nervosa" symptomatisch für den Forschungsstand (mit Ausnahme der Psychoanalyse, wo immerhin entsprechende Versuche der entwicklungslogischen Bestimmung von Syndromen unternommen werden) – ist die Bestimmung der Primärsymptome, von denen aus erst das Syndrom als Ganzes logisch zu rekonstruieren ist. In diesem Falle haben wir „Selbsthaß" als zentrale Neubildung in den Prozessen der zweiten und sozialen Geburt der Persönlichkeit (vgl. Bd. 1) als Primärsymptom bestimmt und von hier aus eine logische Rekonstruktion der anderen Symptome leisten können (vgl. *von Hebel* u.a. 1986, *Jantzen* 1988c).

Für eine *angemessene Diagnose im Sinne einer umfassenden Rehistorisierung* muß (1) über das Alltagswissen auf der Ebene von Leitsymptomen (alltagsempirische Erkenntnis) hinausgehende wissenschaftlich-empirische Erkenntnis über das Syndrom vorhanden sein. Dabei treten weitere Symptome neben das Leitsymptom oder u.U. an seine Stelle. Sodann muß auf der Basis der erhobenen empirischen Daten (2) eine befriedigende logische Rekonstruktion der unterschiedlichen (Sekundär-)Symptome aus einem Primärsymptom gelingen (theoretische Erkenntnis). Ansätze hierzu liegen z.B. vor im Sinne von Betrachtungsweisen der Psychoanalyse, der genetischen Entwicklungspsychologie *Piagets* usw., jedoch h. durchaus auch in Traditionen des Alltagsbewußtseins. Auch dort sind durchaus angemessene Erklärungen für die Logik einer Verhaltensweise zu finden, die in der Alltagskultur durch Literatur, Film, Fernsehen, persönliche Erfahrungen u.a.m. vermittelt werden und in die wissenschaftliche Erkenntnisse zurückfließen.

Die *Methode* der Rekonstruktion ist strikt *naturwissenschaftlich*. Nur das landläufige Mißverständnis betrachtet, so *Wygotski* (1985, S. 227), Experiment und empirische Forschung als das Wesen der naturwissenschaftlichen Methode. Dieses Wesen liegt jedoch im strikt *induktiv-analytischen Vorgehen* (Induktion: Nach DUDEN eine wissenschaftliche

Methode, bei der vom besonderen Einzelfall auf die Allgemeinheit, Gesetzmäßigkeit geschlossen wird; vgl. ausführlich *Klaus* und *Buhr* 1985, S. 564ff.).

„Die Analyse ist also prinzipiell nicht der Induktion entgegengesetzt, sondern mit ihr verwandt. Sie ist deren höchste Form und negiert deren Wesen (die Vielzahl). Sie stützt sich auf die Induktion und steuert sie. Sie stellt die Frage. Sie liegt *jedem Experiment zugrunde*, jedes *Experiment ist eine Analyse in Aktion, wie jede Analyse ein Experiment in Gedanken ist*. Deshalb wäre es richtig, sie als experimentelle Methode zu kennzeichnen".

Die theoretische Analyse muß also die Vielzahl der empirischen Fakten analytisch (im Gedankenexperiment) ins Verhältnis setzen. Die geschieht nicht gänzlich voraussetzungslos, weil mit den durch die Leitsymptome übermittelten Vermutungen und den diagnostischen Fragestellungen sowie durch die sorgfältige Erfassung (je nach Fragestellung) zahlreicher empirischer Dimensionen eine Reihe spezifischer Hypothesen und Vorannahmen vorhanden sind. Sie beschränken die Syndromanalyse selbst auf wenige Alternativen, die zu prüfen sind. Diese Alternativen ergeben sich durch die bisherige Bestimmung von Syndromen (vgl. z.B. Kap. 6.4 sowie Kap. 8.3 und 8.4) und die Überprüfung der Anwendbarkeit ihrer systemhaften Konstellation auf die vorzunehmende Einzelfallanalyse. Resultat einer solchen Analyse kann es auch sein, daß die bisher bekannten Syndromkonfigurationen nicht anwendbar sind und dann ein neues Muster vorliegt (vgl. *Berger* und *Jantzen* 1989).

Die *Prüfmethode* ist diejenige, die *Marx* in der Einleitung der „Kritik der politischen Ökonomie" (MEW 42) bei der Darstellung der Methode des „Aufsteigens vom Abstrakten zum Konkreten" bereits demonstriert hat: *Untersuche jedes relevante Merkmal in bezug auf die Änderungen aller anderen Merkmale*. D.h. im Gedankenexperiment wird Merkmal für Merkmal als unabhängige Variable gesetzt und variiert, und die Veränderungen der so gegebenen abhängigen Variablen werden geprüft. Können aus der Veränderung eines bestimmten Merkmals Veränderungen in den anderen Merkmalen erklärt werden? Die Lösung, die am besten die Veränderung in dem gegebenen Universum von Merkmalen erklärt sowie darüber hinaus mit einem bisher beschriebenen Syndrom übereinstimmt und sich von anderen unterscheidet (bzw. bei einem neuen Syndrom: sich von allen anderen Syndromen unterscheidet), ist die angemessene Lösung. Die Adäquatheit einer Syndromkonfiguration wird oberhalb ihrer Erklärungsebene durch die Verhältnisse der psychischen Prozesse (vgl. Kap. 4–6) zueinander bestimmt. Ist sie im Sinne der Zusammenhänge dieser Prozesse logisch stimmig? Denn natürlich kann die Syndrombestimmung als Verbesonderung eines Allgemeinen nicht die Gesetzmäßigkeiten dieses Allgemeinen (des sinnhaften und systemhaften Aufbaus der psychischen Prozesse) in einem Teilbereich außer Kraft setzen.

Da wichtige Aspekte der Herausarbeitung einer Syndromkonfiguration bei *Schiepek* (1986) sehr detailliert bestimmt sind, stelle ich im folgenden einige seiner Überlegungen zur „Systemischen Diagnostik" dar.

9.4.2 Die „Systemische Diagnostik" nach Schiepek

In seinem Buch „Systemische Diagnostik in der Klinischen Psychologie" geht *Schiepek* (1986) bei der Betrachtung von Therapie als Prozeß von Konzepten der Selbstorganisation (u.a. *Prigogine, Jantsch*) sowie von der Theorie sozialer Systeme *(Luhmann)* aus.

Auf der Grundlage der Auseinandersetzung mit diesen Ansätzen benutzt er den Konstruktivismus im Sinne *Maturanas* als Ausgangsposition für eine systemische Diagnostik. Systemische Diagnostik bedeutet für ihn Einzelfalldiagnostik, die sich auf Systembildung und Transformation in den Prozessen der Subjektentwicklung bezieht.

Systemische Diagnostik ist weit mehr als die „Einführung einer Rückkoppelungsschleife" (S.61); sie beinhaltet die *Suche nach Mustern statt nach Einzelelementen* (S.78). Und entsprechend unseren bisherigen Überlegungen unterscheidet *Schiepek* strikt die Objektebene der Datengenerierung von der Metaebene der systemischen Diagnostik (S. 62, S. 100).

Am besten kann *Schiepeks* Position auf der Basis eines Schemas der Systemischen Diagnostik dargestellt werden (S. 102), das ich mit leichten Veränderungen wiedergebe.

Ich erörtere dieses Schema Punkt für Punkt. *Schiepek* geht davon aus, daß der Prozeß des Diagnostizierens auf dem Hintergrund heuristisch nutzbaren theoretischen, empirischen und subjektiven Wissens stattfindet. Dies wirkt über den „subjektiven Anwendungsmodus" auf die Bildung von Hypothesen zurück. Insgesamt versteht er sein Modell jedoch als *„strukturalistisch"* und untersucht nicht in jedem Punkt die Vermittlung der einzelnen Aspekte. Offen bleibt bei ihm, wie der diagnostische Prozeß und das theoretisch, empirisch und subjektiv nutzbare Wissen im Detail zusammenhängen. Ein Teil dieses Wissen sind die „systembezogenen Fragen" (bzw. „kybernetischen Kriterien"), die angewendet werden, um von der Ebene der empirischen Erkenntnis (u.a. theoretische und empirische Teilaspekte als Hypothesen 1. Ordnung) zur theoretischen Erkenntnis zu gelangen. Ich gehe darauf noch näher ein.

„Alltagssprachliche Beschreibung" und die Ebene der *Hypothesen erster Ordnung* habe ich im Rahmen der Auswertung des *Luria*schen Ansatzes der Syndromanalyse bereits diskutiert. Hinzu kommt bei *Schiepek* eine *„Checkliste"*, die dafür sorgt, den Gegenstand in seiner Reichhaltigkeit zu erfassen. Allgemein gehen in eine solche Liste verschiedene

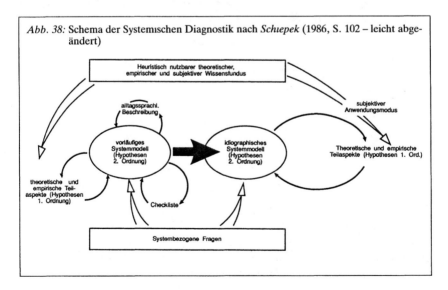

Abb. 38: Schema der Systemischen Diagnostik nach *Schiepek* (1986, S. 102 – leicht abgeändert)

„Auflösungsebenen" ein: „z.B. Individuum: physiologische, kognitive, motorische u.a. Beschreibungsebenen; Kommunikation; Interaktion; Gruppenprozesse; materielle, finanzielle, räumliche Lebensbedingungen; institutionelle und organisatorische Bedingungen" (S. 80). Ich werde im folgenden Teilkapitel (9.5) eine entsprechende Strategie vorstellen, die das Erfassen der „Auflösungsebenen" systematisch mit dem theoretischen Wissen verbindet.

Auf den nach diesen Prozeduren vorhandenen Wissensbestand wendet *Schiepek* eine Reihe von (insgesamt 35) „systembezogenen Fragen" bzw. „kybernetischen Kriterien" an, mit denen er die Systemkonfiguration zu bestimmen versucht. D.h. hier wird eine Strategie vorgelegt, mit deren Hilfe das Aufsteigen vom Abstrakten zum Konreten und die Gewinnung des Ausgangskonkretums möglich wird.

Diese *„Systembezogenen Fragen und Kriterien"* (S. 81ff.) kann ich hier nur in Kurzform aufführen:

1. Handelt es sich bei einem Element um ein *aktives* (z.B. Individuum, Gruppe, psychische oder physische Teilkomponenten) oder ein *passives* Element (z.B. materielle Situation)?
2. Welche *Einwirkungen* gibt es auf ein Element bzw. umgekehrt, welche direkten Abhängigkeiten sind für dieses Element erkennbar?
3. Welche *Auswirkungen* hat ein Element auf andere Elemente?
4. Welche *Stärke* weisen die im System beobachtbaren Wirkungen auf?
5., 6.: Welche Elemente repräsentieren eher *Flüsse*, welche eher *strukturelle Bedingungen* im System? Welche Vorgänge sind eher als *Frequenzen*, welche eher als *Zustandsgrößen* zu interpretieren?
7.–9.: Liegen *einseitige* oder *wechselseitige* Beziehungen vor? Welche Elemente wirken auf andere Bedingungen, werden aber wenig beeinflußt, bzw. umgekehrt?
10., 11.: Welches sind *puffernde*, welches *beschleunigende* Komponenten?
12.–14.: Welche Konstellationen ändern sich *schnell*, welche sind *unveränderlich*, welche sind *veränderlich*, aber schwer beeinflußbar?
15. Welche *Formen von Entwicklung* einzelner Systemkomponenten sind erkennbar?
16., 17.: Wo bestehen *Tendenzen zu Wachstum oder Schrumpfung* und welchen *Verlauf* nehmen sie?
18.–20.: Wo liegen *Grenz- und Schwellenwerte* bestimmter Systemkomponenten bzw. Prozesse? Welche *Verschiebungen* erfahren sie?
21. Welche Komponenten verändern sich *irreversibel*?
23.–25.: Welche *Außenkontakte* liegen vor? Welche *Außen- bzw. Innenabhängigkeiten* bestehen für das momentane Funktionieren des Systems?
26.–32.: Welche *Rückkoppelungskreise* bzw. *Regelkreise* sind vorhanden und wie realisiert sich die *Selbstregulation* bis hin zur Bestimmung von *selbstregulierenden Teilfunktionen* und ihrer *Vernetzung*?
33. Wie sieht die *Diversität* des Systems (Anzahl der unterschiedlichen Elemente, Vielfalt) aus?
34. Welcher *Durchsatz* erfolgt durch das System?
35. Welcher *Vernetzungsgrad* besteht in einem System?

Durch die diagnostische Klärung dieser Fragen kommt es zur Herausbildung von Hypothesen 2. Ordnung im Sinne eines *vorläufigen Systemmodells*. Das Gesamtsystem wird selbst als dynamisch sich entwickelnder Prozeß der Selbstorganisation begriffen. Daher muß das allgemeine Systemmodell auf der Basis der durch es neu gewichteten Hypothesen 1. Ordnung in das *idiographische Systemmodell* transformiert werden, das als „Gesamthypothese" ständig im Prozeß befindlich zu begreifen ist. Es bleibt bezüglich der Aufrechterhaltung und Modifizierung seiner Konfiguration ständig in einem konstruktiven Prozeß rückgekoppelt an die durch es neu geordneten Hypothesen 1. Ordnung, die systembezogenen Fragen und den „heuristisch nutzbaren theoretischen, empirischen und subjektiven Wissensfundus", rückgekoppelt in der jeweilig spezifischen diagnostisch/therapeutischen Sitation („subjektiver Anwendungsmodus").

Es dürfte deutlich geworden sein, daß dieser eben erwähnte Prozeß weitgehend dem von *Luria* als „Aufsteigen im Konkreten" benannten Prozeß nach Herausfindung des Syndroms entspricht. Und ähnlich wie *Luria* und *Artem'eva* (1978) von Syndromen 1. und zweiter Ordnung ausgehen, welche in der Syndromanalyse ermittelt werden müssen, spricht *Schiepek* (1986, S. 121ff.) von Systemhierarchien als „wesentlicher Form der Strukturbildung in Systemen".

Ich ergänze die Darstellung noch um die *Abbruchskriterien*, die *Schiepek* für den diagnostischen Prozeß entwickelt (1986, S. 139), da sie zum Teil vom Systemcharakter der Diagnose unmittelbar abhängig sind:

– „Die Abwägung von Kosten und Nutzen der Weiterführung des diagnostischen Prozesses".
– „Die Überschaubarkeit des Systemmodells".
– „Die Frage nach der Erfolgswahrscheinlichkeit von Interventionen, die aufgrund weiterer Daten und einer erweiterten Modellbildung vielleicht noch möglich würden".
– „Die Überprüfung, ob das bisher konstruierte Systemmodell die mit den Problemen zusammenhängenden dynamischen Muster zu reproduzieren in der Lage ist (Modelltest)".
– „Die Frage, ob die Systemkomponenten, die mit der Erweiterung der Modellbildung auf der sozialen Makroebene einbezogen würden, überhaupt einer Intervention zugänglich sind" (z.B. Einstellung der Stadtbevölkerung gegenüber einer Behinderteneinrichtung).

Man müßte zumindest hinzufügen: Das Verhältnis von Zumutbarkeit und Nutzen für den Klienten durch den diagnostischen Prozeß (das gegenwärtige, mittelfristige und langfristige Aspekte hat).

Die Ansätze von *Luria* sowie von *Schiepek* liefern wichtige methodologische und methodische Hinweise für die theoretische Verarbeitung der auf der Ebene des Vorstellungskonkretums akkumulierten empirischen Befunde. Wie dieser Prozeß in eine systematische Strategie des theoriegeleiteten Diagnostizierens einzubetten ist, untersuche ich im folgenden. Es geht darum, wie unsere bisherige Diskussion über die verschiedenen Ebenen des ganzheitlichen Menschen und das dabei entwickelte Menschenbild mit dem diagnostischen Prozeß zu vermitteln sind. Diese Frage behandelt *Schiepek* zwar praktisch (in Form der „Checkliste"), theoretisch jedoch ausdrücklich nicht. *Luria* geht zwar von einem entfalteten Menschenbild aus, seine Strategie diagnostischen Vorgehens bezieht sich aber vor allem auf die Vermittlung von biotischer und psychischer Ebene, die Bedeutung der sozialen Ebene für den diagnostischen Prozeß tritt dagegen eher zurück. Auf der Basis der von *Schiepek* genannten Abbruchkriterien ist das für neuropsychologische Diagnosen im klinischen Bereich zwar legitim, enthält aber gleichzeitig ein Stück Reduktionismus, gegen den doch *Luria* sich immer vehement gewehrt hat. Um nur ein Beispiel zu nennen: Bei der Nachsorge für Patienten mit Hirnverletzungen sind häufig Familienstrukturen (Schuldmechanismen, Überbehütung usw.) die kompliziertesten Hindernisse für ein Fortschreiten der Rehabilitation.

9.5 Diagnostik als Prozeß der Rehistorisierung des Betroffenen im Bewußtsein des Diagnostikers

9.5.1 Vorbemerkungen

Die Rekonstruktion der Subjektivität des/der zu Diagnostizierenden verlangt *diagnostische Strategien*, die jetzt, nachdem die methodologischen Voraussetzungen des diagnostischen Prozesses vorgeklärt sind, als Ganzes skizziert werden sollen. Worum es in diesem Prozeß geht, hat Franco *Basaglia* (1974, S. 15) in seinem Buch „Was ist Psychiatrie" wie folgt bestimmt: „Wenn tatsächlich der Kranke die einzige Realität ist, auf die wir uns zu beziehen haben, dann müssen wir uns eben gerade mit beiden Seiten dieser Realität befassen: mit der, daß er ein Kranker mit einer (dialektischen und ideologischen) psychopathologischen Problematik ist, und mit der anderen, daß er ein Ausgeschlossener ist, ein gesellschaftlich Gebrandmarkter. Eine Gemeinschaft, die therapeutisch sein will, muß sich diese doppelte Realität – Krankheit und Brandmarkung – vor Augen halten, um nach und nach die Gestalt des Kranken so rekonstruieren zu können, wie sie gewesen sein mußte, bevor die Gesellschaft mit ihren zahlreichen Schritten der Ausschließung und der von ihr erfundenen Anstalt mit ihrer negativen Gewalt auf ihn einwirkte".

Rekonstruktion der Gestalt des Kranken bedeutet gleichzeitig Rehistorisierung: Kern der Behandlung (Pädagogik, Therapie) ist es aus dieser Sicht, die vielfältige Reduktion, welcher der/die psychisch Kranke (Behinderte) im Verlauf seiner/ihrer Geschichte ausgesetzt war, durch eine veränderte Gegenwart aufzuheben. Es ist nicht mehr nach dem Defekt, also etwa nach der Sprachbehinderung, dem Autismus, der Schizophrenie zu fragen, sondern nach den Möglichkeiten der Subjektentwicklung. Die scheinbar anormalen Verhaltensweisen sind als Resultat sinnvoller und systemhafter psychischer Entwicklung unter Bedingungen der Isolation zu begreifen. Und Prozesse der Subjektentwicklung sind gegen die herrschende Logik der ausgrenzenden Institutionen ebenso durchzusetzen, wie gegen einen Alltag, für den Normalität die aktive Leistungsfähigkeit, soziale Unauffälligkeit und positive Bejahung der herrschenden Verhältnisse bedeutet. *Rehistorisierung des Kranken (Behinderten) bedeutet daher in erster Hinsicht, ihn gegen das herrschende „Fall"-Denken (ein Fall von „Anormalität", von „geistiger Behinderung", von „Depression") und gegen die Paradigmen der Unverständlichkeit, der Unerziehbarkeit und Nichtbildbarkeit* (vgl. Kap. 2, S. 58) *als Subjekt seiner Tätigkeit neu zu begreifen.*

Es ist Ziel des diagnostischen Prozesses, den zu diagnostizierenden Menschen aus seiner Geschichte heraus als Verbesonderung eines Allgemeinen, nämlich als Menschsein, als Humanität denken zu können. Nur indem wir die Welt sowohl mit seinen Augen als auch zugleich mit unserem Wissen sehen lernen, erschließt sich die mögliche Entwicklung des Betroffenen durch und in Formen neuer Praxis, innerhalb derer sie wirkliche Entwicklung werden kann. Und nur ein derartiges radikales Neudenken macht es möglich, humane Praxis auch gegen den Anschein des Unabänderlichen denken und durchsetzen zu können. Der „Fall" von „geistiger Behinderung" oder „psychischer Krankheit" wird damit zu einem Fall des *Marx*schen kategorischen Imperativs „alle Verhältnisse umzuwerfen, in denen der Mensch ein erniedrigtes, ein geknechtetes, ein verlassenes, ein verächtliches Wesen ist" (MEW 1, S. 385).

Damit wird die Diagnostik aber zugleich zu einem Prozeß, in dem der Diagnostiker gegen die herrschenden Verhältnisse, gegen die „Gleichgültigkeit der Bedeutungen" wieder Sinn für sich realisiert, eigene Entfremdung überwindet. Dies ist nach *Leontjew* (1981b) ein ästhetischer Prozeß, den wir mit Peter *Weiss* als Entwicklung einer „Ästhetik des Widerstands" auf seiten des Diagnostikers begreifen können. Indem der Diagnostiker die Geschichte des anderen als Geschichte von Leiden, Widerstand und (möglicher) Befreiung rehistorisiert, spiegelt er sich in sich selbst als Mensch wider, der der Humanität fähig ist. Der Diagnostiker wird damit zum Subjekt seiner Tätigkeit, er hört auf, Agent der Herrschenden oder zumindest ihr neutraler Sachwalter zu sein. Er versagt sich den vom ihm verlangten „Befriedungsverbrechen" (*Basaglia* 1980), indem er nach Humanität statt nach Sachzwängen fragt, und trägt damit zu seiner eigenen Befreiung und Rehistorisierung, zur Aufhebung seiner Entfremdung bei (vgl. die vertiefte Behandlung des ästhetischen Prozesses im folgenden Kapitel).

Bei dieser Rekonstruktion und Rehistorisierung gehen wir von den Kategorien *„Persönlichkeit"* und *„Tätigkeit"* aus, wie ich sie im wesentlichen in den Kapiteln 3 bis 6 dargestellt habe. Mit *Leontjew* (1979) können *drei Parameter der Persönlichkeit* unterschieden werden: 1) die Vielfältigkeit der Beziehungen zu den Menschen und zur Welt; 2) der Hierarchisierungsgrad der Tätigkeiten und Motive und 3) der allgemeine Typ der Persönlichkeit als innere Wechselbeziehung ihrer hauptsächlichen Motivationslinien, der Prozesse ihrer Sinngebung. *Leontjew* folgt hierin *Wygotskis* Annahme, daß alle psychischen Funktionen zweimal vorhanden sind: zuerst *interpsychisch* zwischen den Personen, im Dialog, der Kooperation, im sozialen Verkehr, und daß sie danach zu *intrapsychischen* Funktionen werden. Dies geschieht im Prozeß der sinnhaften Aneignung von Bedeutungen. Sinn und Bedeutungen geraten dabei immer wieder, wie oben ausgeführt, in Widerspruch. Sie können auseinanderfallen, was zur Stereotypbildung führen kann (vgl. Kap. 6.4). Die Persönlichkeit entwickelt sich nach Auffassung *Wygotskis* von der Persönlichkeit „an sich", indem sie auf andere wirkt, wie sie ist, zur Persönlichkeit „für sich". Erst indem sie Persönlichkeit „für andere" wird und die Folgen der eigenen Tätigkeiten und Handlungen in den Tätigkeiten und Handlungen des anderen erfährt, sich also im anderen spiegelt, erfährt die Persönlichkeit sich selbst. Entsprechend hält *Wygotski* fest: *„Die Beziehungen zwischen höheren psychologischen Funktionen waren irgendwann eine reale Beziehung zwischen Menschen"* (1989, S. 295). Die Grundlagen des Willens (der Mensch gibt sich selbst Anweisungen und „Kommandos") sind aus äußeren Anweisungen hervorgegangen, welche solche Personen an das Kind gerichtet haben, die für dessen Entwicklung bedeutsam waren. Aus dem Streit der Kinder im Spiel, wo jedes seine eigenen Gedanken äußert, entsteht später das Nachdenken als Streit der Gedanken in der Person selbst. Jedes Verhältnis des Menschen zu sich selbst resultiert also aus den Verhältnissen zu anderen. Insofern kann das *Psychische als ein dramatischer Prozeß* begriffen werden, in dem das Drama des Lebens (mit dem Enstehen der inneren Position des Erwachsenen, der fünften Quasidimension der Bedeutungen, die das Weltbild konstituieren; s.o.) in die Prozesse des Bewußtseins verlagert ist (vgl. meine Ausführungen zum Prozeß der reflexiven Ichbildung in der Pubertät in Kap. 5.6).

Die beiden *Hauptaufgaben der (Entwicklungs)-Diagnostik* sind daher *nach Wygotski* (1987, S. 80 und 83), das *reale Entwicklungsniveau* und die *Zone der nächsten Entwicklung* zu bestimmen (siehe auch Kap. 11.4 zur vertieften Behandlung). Die „Zone der nächsten Entwicklung" ist der Bereich, innerhalb dessen das Kind mit Hilfe anderer etwas realisieren kann, was es alleine noch nicht kann. „Was das Kind heute in Zusammenarbeit und unter Anleitung vollbringt, wird es morgen selbständig ausführen können. Und dies bedeutet: Indem wir die Möglichkeiten eines Kindes in der Zusammenarbeit ermitteln, bestimmen wir das Gebiet der reifenden geistigen Funktionen" (S. 83). Zusammenarbeit, oder besser im *Marx*schen Sinne *„Kooperation"*, wird von *Wygotski* im weitesten Sinne verstanden und keineswegs nur auf kognitive Leistungen reduziert, wie dies häufig in einer mißverstandenen Wiedergabe dieses Konzepts aufscheint. Wesentlicher Teil der Kooperation ist die Sinnentwicklung und Bindung an andere Menschen, d. h. die Realisierung des Bedürfnisses des Menschen nach dem Menschen. (*Marx*, MEW 23, Kap. 11, führt die Vorteile der Kooperation u. a. auf die Belebung der „Lebensgeister" als Ausdruck des „Gesellschaftstriebes" zurück.) Ich gehe hierauf im folgenden Kapitel näher ein.

Fassen wir das Konzept der Zone der nächsten Entwicklung in diesem weiten Sinne (vgl. *Jantzen* 1988d), so stoßen wir auch hier auf den dritten von *Leontjew* benannten Parameter der Persönlichkeit, also auf den Zusammenhang ihrer Motivationslinien bzw. der Perspektiven ihrer Sinngebung, welcher Voraussetzung und Resultat des ins Innere verlagerten dramatischen Prozesses des Lebens ist (vgl. *Wygotski* 1989).

Eine *„echte Diagnose"*, die als solche *„eine Erklärung enthalten, eine Voraussage treffen und wissenschaftlich begründete Maßnahmen festlegen"* muß (*Wygotski* 1987, S. 89), muß daher entsprechend den von *Leontjew* herausgearbeiteten Gesetzmäßigkeiten der Entwicklung der Persönlichkeit *vom Sozialen über den Hierarchieaspekt zu den Prozessen der Sinngebung und der Handlungsfähigkeit des Subjekts* voranschreiten.

Da die *Kategorie „Handlungsfähigkeit"* innerhalb der marxistischen Psychologie in den letzten Jahren eine zunehmende Rolle spielt, möchte ich in Kürze zu ihrer Bedeutung Stellung nehmen. Für *Holzkamp* (1983) ist der Mensch prinzipiell soziales und gesellschaftliches Lebewesen. Seine Motivkonfigurationen und seine Bedürfnisse zielen auf die Teilhabe an der kollektiv verallgemeinerten Vorsorge für subjektiv relevante Lebensumstände. Entsprechend den gesellschaftlichen Klassenverhältnissen, die sich auf den verschiedensten gesellschaftlichen Ebenen reproduzieren, können Kinder jedoch gerade aufgrund ihrer Sozialintentionalität durch Strafen und Bedrohungen und durch das Entstehen von Angst dazu gebracht werden, sich in den bestehenden Verhältnissen einzurichten. Sie orientieren sich damit an Partialinteressen und nicht mehr an allgemeinmenschlichen Interessen. Diese Art der Handlungsfähigkeit nennt *Holzkamp „restriktive Handlungsfähigkeit"*. Restriktive Handlungsfähigkeit, die sich auf den Verstoß gegen die eigenen objektiven Interessen gründet, beinhaltet nach Auffassung *Holzkamp*s zugleich immer auch Selbstfeindschaft. Sie kennzeichnet den einen Pol für die Entwicklung von Handlungsfähigkeit, deren anderer die *„verallgemeinerte Handlungsfähigkeit"* ist. Diese zielt auf die Erweiterung der Verfügbarkeit über die gesellschaftlichen Verhältnisse, während die restriktive Handlungsfähigkeit zu einem Einrichten in ihnen und zur Reproduktion der beschränkenden gesellschaftlichen Verhältnisse führt.

Sicherlich ist es ein Gewinn gegenüber der von *Holzkamp* kritisierten „Variablenpsychologie", das Konzept der möglichen Autonomie des Subjekts und seiner Handlungsfähigkeit in den Mittelpunkt zu stellen, andererseits bleibt letztlich weitgehend ungeklärt, wie Handlungsfähigkeit zustande kommt, da *Holzkamp* u. a. auf die Kategorien Persönlichkeit, Sinn und Bedeutungen, Widerspiegelung und Tätigkeit verzichtet. Für *Vorwerg* (1989), der die Kategorie „Handlungsfähigkeit" etwas anders begründet (und für den die Ansätze von *Holzkamp* und *Leontjew* bloße „Metatheorien" und nicht im eigentlichen Sinne psychologische Theorien sind; S. 14), ist diese Kategorie erforderlich, um den zentralen Aspekt der *„psychischen Regulation und Steuerung des Verhaltens"* in gesellschaftlichen Lebenszusammenhängen zu modellieren. Im Schema „Subjekt Tätigkeit – Objekt" tritt folglich bei ihm „Handlungsfähigkeit" an die Stelle des subjektiven Pols der Tätigkeit (Dialektik von Sinn und Bedeutung, die sich in der Dialektik von Abbild und Tätigkeit realisiert), während Tätigkeit als Bindeglied auf den ziel- und zweckbestimmten Handlungsprozeß reduziert wird. Da auch bei *Vorwerg* eine Ausarbeitung des Sinnaspekts fehlt, wird Psychisches letztlich nur als Prozeß der Handlungsregulation und -steuerung, entsprechend der handlungstheoretisch-kognitivistischen Hauptausrichtung in der Psychologie der DDR, verstanden.

Die Synthese von Handlungen, und damit Handlungsfähigkeit, ist jedoch von einer Reihe inter- und intrapsychischer Wechselwirkungen im sinnhaften und systemhaften Aufbau der psychischen Prozesse abhängig, (vgl. Kap. 4–6, sowie Abb. 10, Kap. 7), so daß aus meiner Sicht „Handlungsfähigkeit" zwar eine wichtige, nicht aber *die* zentrale Kategorie für die (Persönlichkeits-)Psychologie ist, wie dies *Holzkamp* oder *Vorwerg* postulieren.

9.5.2 Vom sozialen Prozeß zur Rekonstruktion von Persönlichkeit und Tätigkeit

Im diagnostischen Prozeß ist von der Rekonstruktion der sozialen Verhältnisse auszugehen, innerhalb derer, vermittelt durch die Tätigkeit des Subjekts, aus „interpsychischen" historischen und kulturellen Verhältnissen, Dialog, Kooperation, Kommunikation und sozialem Verkehr „intrapsychische" Prozesse und Strukturen entstanden sind. In die Richtung einer solchen Bestandsaufnahme zielt bereits *Schiepek*s Vorschlag der Erfassung solcher Umstände in „Checklisten" (s. o.). Dies reicht jedoch nicht aus, da für die Rekonstruktion der Wirkweise dieser Prozesse auch ihre Struktur und Logik bekannt sein müssen (vgl. z. B. Kap. 1). Zudem findet der Übergang dieser Struktur und Logik im *Alltag* statt, so daß auch eine Theorie des Alltags erforderlich ist, aus der heraus der Übergang von Objektivem in Subjektives und von Subjektivem in Objektives begriffen werden kann. Gesellschaftliche Verhältnisse eröffnen sich den Individuen nicht von Seiten der Produktion, sondern von der *Distribution* her (*Marx*, MEW 42, S. 31), also von der räumlichen, zeitlichen, natürlich-geographischen, infrastrukturellen, institutionellen Verteilung (zu einer Theorie des Alltags vgl. u. a. *Lukács* 1986, *Levebre* 1977, *Bourdieu* 1982).

Für *Sève* (1972) stellen gesellschaftliche Verhältnisse in dieser Hinsicht *„historische Individualitätsformen"* dar, die die Aneignungsmöglichkeiten und -notwendigkeiten der Menschen bestimmen. Darunter versteht er *objektiv determinierte Tätigkeitszyklen*, in denen die Individuen unter bestimmten historischen Umständen tätig sind (1986). Diese könnten sein: Schulbesuch, weibliche Sozialisation, Rechtsformen im Alltag usw., aber auch Behinderung, berufliche Arbeit usw. Im Schnittpunkt dieser Individualitätsformen findet klassen- und schichtenspezifische Vergesellschaftung der Individuen statt, d. h.

diese Individualitätsformen bilden nach Seiten der Individuen „*Aktivitätsmatrizen*", Tätigkeitsmöglichkeiten, in denen und über die hinaus die Individuen sich entwickeln. Der Alltag, in dem Individuen ihre Tätigkeit realisieren und ihre Persönlichkeit entwickeln, ist historisch dimensioniert. Dies habe ich in Kapitel 5 am Beispiel der Forschungen von *Kon* (1983) zur „Entdeckung des Ich" bereits andiskutiert. Wesentlich weiter in dieser Hinsicht führt für unsere Fragen der Versuch einer Sozialgeschichte der Tätigkeitsentwicklung durch *Kuckhermann* und *Wigger-Kösters* (1985a) in Verbindung mit Fragen der Rehabilitation von Behinderten (1985b). Woher stammen die Formen der Rehabilitation durch Arbeit in der Psychiatrie bzw. bei erwachsenen Behinderten? Obwohl hier gesellschaftlich entwertete Arbeitsformen vorliegen, wird ihnen gleichzeitig ein Wert für die Rehabilitation zugesprochen. Dies führte dazu, unterschiedliche *Tätigkeiten als Reproduktionszyklen von Menschen* in der bisherigen Menschheitsgeschichte zu untersuchen. „Tätigkeiten sind Re-Produktionen des Lebens, womit zugleich auf ihre zyklische und erweiternde (fortschreitende) Struktur hingewiesen ist" (*Kuckhermann* und *Wigger-Kösters* 1986, S. 179). Menschen produzieren unter allen Umständen in ihrer Tätigkeit Bedeutungen von gesellschaftlichen Prozessen und von ihrer Tätigkeit selbst. Sie produzieren diese aber unter historischen Bedingungen und Möglichkeiten, mit den jeweils vorgefundenen Mitteln und an ihrem jeweiligen historischen Ort. Und in diese Bedeutungsproduktion geht die bisherige Sozialgeschichte der Tätigkeit ein. D.h. Tätigkeiten ändern ihren sozialen Standort und ihre Bedeutung, alte werden entwertet und verschwinden, neue entstehen. Und entsprechend verändern sich die durch sie gesetzten Aneignungsbedingungen: So bleibt z.B. beim Brotbacken der stoffliche Aspekt seit dem Mittelalter im wesentlichen unverändert erhalten, während sich die Handlungsprozesse und die sozialen Beziehungen in diesem Prozeß verändern. *Aneignung* wird hier im sozialwissenschaftlichen Sinn als das *Verhältnis zum Eigentum* betrachtet, das durch Arbeitsteilung, Recht, Klassenspaltung in sehr unterschiedlicher Weise dem je einzelnen zugänglich ist. Insofern zeigt sich in der Rehabilitation von Behinderten ein ambivalentes Verhältnis: Einerseits werden die betroffenen Menschen durch die entwertete Arbeit (geringer Lohn) diskriminiert, und sie wissen dies auch sehr genau, andererseits wird die Arbeit als Mittel der Persönlichkeitsentwicklung und Selbststabilisierung empfunden und wirkt in dieser Hinsicht.

Auf der Basis dieser Überlegungen entwickelten *Kuckhermann* und *Wigger-Kösters* (1986) einen Vorschlag, wie von der Erfassung der sozialen Seite der Tätigkeit zur Rekonstruktion der Persönlichkeit vorangeschritten werden kann. Sie unterscheiden hierbei die folgenden vier Schritte, eingebettet in die Analyse der gesellschaftlichen Reproduktion erfolgen (im Sinne der Bestimmung von typischen Formen der individuellen Reproduktion, typischen Fähigkeits- und Bedeutungsprofilen sowie historisch bedeutsamen Formen der Orientierung, Subjektivität, Identität).

1. *„Was jemand tut – Lebenszusammenhang als tätige Verortung"*
Zunächst muß festgestellt werden, welche Tätigkeiten zum Reproduktionszyklus eines Menschen gehören. D.h. die „dominierenden Lebensbereiche eines Menschen, an denen er mit seinen Handlungen partizipiert" werden erfaßt und analysiert. Als einzelne Aspekte werden genannt: Betriebsstruktur, Arbeitsinhalte, Wohn- und Familienverhältnisse, Aktivitäten im Freizeitbereich. Es geht hier noch gänzlich um die „sozialen Fakten des persönlichen Lebens" (S. 193). Festzuhalten sind folgende drei Ebenen bei der *Gegenstands-* und *Handlungsprozeßanalyse:*
– „Stofflich-qualitative Merkmale der jeweiligen Tätigkeit";

- „Sozialform" (d. h. sozial-institutionelle Bedingungen der Lebenssituation);
- „Individualform" (d. h. Reproduktionszusammenhang des Individuums in einer bestimmten Lebenssituation).

Bei der *Beziehungsanalyse* sind direkte, gegenstandsvermittelte Kooperationsbeziehungen zu erfragen sowie die Beziehungsstruktur in Familie, Freundeskreis und außerhalb des Arbeitslebens.

2. *„Momente persönlicher Strukturierung der Tätigkeit"*
Hier wird nach der Art und Weise der Tätigkeit gefragt, nach den Tätigkeitsschwerpunkten, der Tätigkeitsvielfalt, dem Verhältnis von Routine und Veränderung, Ruhe und Aktion, Beziehungsdichte und Einsamkeit usw., also nach allen Momenten individueller Gestaltung der Tätigkeiten.

3. *„Die Geschichten des Tuns – Bedeutungs- und Sinnbildung in der Tätigkeit"*
Hier geht es um die Erfassung des *„semantischen Feldes"*, innerhalb dessen sich die Persönlichkeit reproduziert. Dabei wird vorgeschlagen, dieses Feld von Sinn und Bedeutungen insbesondere durch Interviews und Geschichten zu erfassen.
Zu ergänzen ist, daß hierher auch die Erfassung des *Hierarchieaspektes* gehört. Denn auch bei Erwachsenen ist das hierarchische Niveau der Tätigkeit nicht in allen Bereichen gleich.

So zeigt *Sameroff* (1978, S. 103 ff.) am Beispiel der Austauschbeziehungen zwischen Müttern und kleinen Kindern, daß hier sehr unterschiedliche Abbildniveaus die Tätigkeit bestimmen können:
- Die auf sensomotorischem Niveau tätige Mutter hat das Gefühl, durch ihre Tätigkeit unmittelbar etwas bewirken zu können. Entzieht sich das Kind ihren Intentionen, so kann Ablehnung und Unverständnis resultieren.
- Die präoperational organisierte Mutter sieht ihr Kind zwar von sich getrennt als eigenständig, jedoch statisch und isoliert. Sie unterstellt, daß das Kind seine Eigenschaften (häßlich, dumm, unbeliebt, schön, intelligent, liebenswert) immer behält.
- Auf der Ebene der konkreten Operationen kann die Mutter zwar die Veränderungen und altersspezifischen Besonderheiten des Kindes begreifen; ihre Grenzen bestehen jedoch darin, daß geforderten Verhaltensweisen jeder Altersstufe als „gegebene, dem Kinde innewohnende Merkmale menschlicher Wachstumsprozesse" (S. 105) zu verstehen.
- Auf dem formal-logischen Niveau erkennt die Mutter, das sich ihr Kind anders entwickeln würde, wenn sie sich anders verhalten würde.
- Und auf dialektischem Niveau erkennt sie, „daß ihr Verhalten Resultat ihrer sozio-kulturellen Erfahrungen ist, zu denen auch das Verhalten ihres eigenen Kindes gehört" (S. 106).

Ansonsten ist jedoch *Kuckhermann* und *Wigger-Kösters* zuzustimmen, daß über kleine Geschichten sehr viel Relevantes über Lebenssituationen in Erfahrung gebracht werden kann, sofern dem Diagnostiker eine Theorie der Lebenssituation und eine Theorie der psychischen Verarbeitung zur Verfügung steht, denn nur von dieser aus kann er das Einzelne verallgemeinern.
Hierher gehören darüber hinaus auch *Geschichten aus zweiter Hand*, *Akten* usw. Denn oft sind die Betroffenen, z. B. als Insassen von Psychiatrien oder Behindertenanstalten, „geschichtslos" geworden. D. h. sie können ihre Erinnerungen selbst nicht darstellen. Entscheidend ist es hier, die Logik dieser Berichterstattung aus zweiter Hand, die in der Regel stigmatisierend ist, umzukehren und systematisch nach Kompetenzen und Ent-

wicklung zu fragen. (Vgl. als exemplarisches Beispiel die biographische Analyse eines jungen Mannes mit schweren selbstverletzenden Verhaltensweisen in *Jantzen* u. *von Salzen* 1986, S. 62–89.) Damit ist bereits der Übergang zum letzen Schritt vollzogen:

4. *„Übergänge und Verbindungen – Das Drama des Lebens"*
Hier werden die Verhältnisse der drei bisher genannten Ebenen, ihre Übergänge und Verbindungen zueinander thematisiert. „Die Geschichten, in denen wir unser Leben strukturieren, und die Faktizität, mit der wir unsere Handlungen in der Welt verorten – in diesem Zusammenspiel wird die zweite Ebene des Spannungsfeldes (die erste liegt zwischen den äußeren Notwendigkeiten und dem wirklich gelebten Leben; W.J.) sichtbar, aus dem heraus sich unser Leben als Drama entwickelt, und hier liegt der Gegenstand der Psychologie der Persönlichkeit" (*Kuckhermann u. Wigger-Kösters* 1986, S. 200).

Auf der Basis unserer Überlegungen zur Syndromanalyse wird deutlich, daß diese im Sinne des „Aufsteigens vom Abstrakten zum Konkreten" im Übergang vom dritten zum vierten Schritt stattfindet. In den ersten drei Schritten erfolgt das „Aufsteigen im Abstrakten" im Sinne einer systematischen Materialsammlung, bei der von der gesellschaftlichen zur persönlichen Ebene vorangeschritten wird. Im vierten Schritt erfolgt das „Aufsteigen im Konkreten" als Rekonstruktion des Dramas des Lebens und als umfassende Rehistorisierung.

9.5.3 Einige Probleme des Übergangs von der systematischen Materialsammlung zur Rekonstruktion von Persönlichkeit und Tätigkeit

An dieser Stelle stellt sich die Frage, ob sich der Übergang zwischen den Schritten 3 und 4, dessen Kern die Syndromanalyse ist, noch genauer klären läßt, da es sich hier ja gleichzeitig um die systematische Zusammenfassung des Materials aus sehr unterschiedlichen empirischen und theoretischen Quellen handelt. Insbesondere stellt sich die Frage, mit welcher *inhaltlichen Strategie* bzw. welcher *Leitfrage* aus den „Geschichten des Tuns" bzw. anderen Daten auf der Ebene des Vorstellungskonkretums der *Ausgangspunkt* für die Rekonstruktion des Dramas des Lebens gefunden werden kann. Natürlich sind hier die 35 systembezogenen Fragen von *Schiepek* in struktureller Hinsicht nützlich, aber welche psychologisch-inhaltlichen Kriterien gibt es?

Nützlich für die Beantwortung dieser Frage scheint mir ein Schema von *Schröder* zu sein, das ich als Abbildung 39 wiedergebe.

Dieses für unsere weiteren Überlegungen nützliche Schema muß allerdings unter zwei Gesichtspunkten kritisch betrachtet werden: Dies sind die Behandlung der objektiven Lebenssituation an nachrangiger Stelle (Punkt 4) und der Ersatz persönlichkeitstheoretischer Kategorien durch das Konzept der Handlungsfähigkeit sowie deren weitere Bestimmung durch miteinander unvermittelte Dimensionen der Handlungsregulation (Punkt 3). Dem ersten Kritikpunkt wurde bereits Rechnung getragen, auf den zweiten gehe ich noch ein.

Wesentlich an dem Vorschlag *Schröders* ist das *Ausgehen von den Isolationsbedingungen im Leben der Persönlichkeit und der Rekonstruktion ihrer „alters- und positionsbezogenen Wirkung"*.

Abb. 39: Aufgaben und Diagnostizierungsgegenstände einer persönlichkeits-pathopsychologisch fundierten klinischen Psychodiagnostik (*Schröder* 1988, S. 35)

Diagnostik von:

1. **Persönlichkeitsentwicklung unter Isolationsbedingungen** („Rekonstruktion" im Längsschnitt: Prozeß und Phänomenologie von Kompensation und Bewältigung)

2. **Isolationsbedingungen in ihrer Struktur und Qualität sowie ihre alters- und positionsbezogene Wirkung** (biologisch, sozial, psychisch, materiell)

3. **Handlungsfähigkeit**
3.1. dominierende Tätigkeitsmotive
(Leistungsmotivation, Kontrollambition, Werthierarchie, Selbstbestätigungs-Motiv, Handlungs-/Lageorientierung, Dominanzbedürfnis, Hilfs- und Hoffnungslosigkeit, „irrationale Überzeugungen", ...)
3.2. Fähigkeiten der Anforderungsbewältigung
(Kognitive Umwelt- und Selbstkonzepte: subjektives Stressorkonzept, anforderungsbezogene Coping-Erfahrung, SK eigener Fähigkeiten; Problemlösefähigkeit; Entscheidungsfähigkeit; Kausalattribuierung; Bildung bedürfnis- und anforderungsgemäßer Handlungsziele)
3.3. Verhaltenstechniken (-fertigkeiten)
(habituelle Verhaltensprogramme, instrumentelles Verhalten: operative Bezugseinheiten des Bewältigungsverhaltens)
3.4. Stile der Handlungs- und Tätigkeitsregulation
Dauerbelastungs- und Frustrationsbedingungen (Abwehr-, Dekompensierungs- und Bewältigungsformen)

4. **Objektive Lebenssituation als Verhältnis von subjektiven/objektiven Ressourcen und Anforderungsstruktur**
4.1. objektive Ressourcen
(a. personale: Soziale Kompetenz, Sachkompetenz, Gesundheit
b. externale: Soziales Unterstützungsnetz, materielle Bedingungen, kognitive Hilfen)
4.2. Anforderungscharakteristik und Konfliktgehalt der Lebenssituation

5. **Pathopsychologisch relevanter Individualitätstyp**
(„Anforderungs-Bewältigungs-Konstellation", „Interaktionstyp")

Beziehen wir dies zurück auf die Vorgehensweise von *Kuckhermann* und *Wigger-Kösters*, so stellt sich auf der Ebene 3 ihres Vorgehens („Geschichten des Tuns") in Verbindung mit dem Erfassen des Hierarchieaspektes das zentrale Problem, gesellschaftliche Normalität und Anormalität des zu Diagnostizierenden aus der Logik des Entwicklungsprozesses als sinnvoll und systemhaft zu rekonstruieren.

Dies ist möglich, wenn bei allen uns unverständlich erscheinenden Verhaltensweisen zunächst nach möglichen Bedingungen der Isolation gefragt wird.

Auf der Basis der Erscheinungsform der Symptomatik, die als sinnvoll und zweckmäßig für das Subjekt anerkannt wird, ist dann anhand der vorliegenden „Leitsymptome" der Möglichkeitsraum zu bestimmen, innerhalb dessen eine entsprechende pathologische Struktur sich entwickelt haben könnte (vgl. Kap. 6.4).

Weiterhin ist, sofern die isolierenden Bedingungen primär durch biologische Schädigungen gesetzt sind, auch nach der Entwicklungslogik hieran ansetzender psychischer Syndrome zu fragen. Deren allgemeine Struktur (z.B. Blindheit, semantische Aphasie, Autismus, Trisomie 21) wird als zusätzliche Erklärungshilfe zur Aufklärung isolierender Bedingungen und ihrer Reproduktion in den Prozessen des Psychischen genutzt.

Es geht jedoch nicht nur um die Rekonstruktion der als „anormal" erscheinenden Tätigkeiten des Subjekts, sondern um seine *Handlungsfähigkeit* als Ganzes. Neben den sozialen Versagens- und Inkompetenzbereichen müssen auch die Kompetenzbereiche in gleicher Weise rekonstruiert werden. Es muß daher ebenso wie nach den isolierenden auch nach den *stabilisierenden, stützenden, entwickelnden Bedingungen* gefragt werden.

Auf welchem höchsten Niveau der Tätigkeit organisieren sich die Kompetenzen des betroffenen Menschen (und sei dies auch nur in sehr schmalem Umfang), und in welchen Lebensbereichen kann er sie anwenden?

Wo gab es in seiner Geschichte kooperative Beziehungen und Bindungen, die ihm halfen, sich gegen isolierende Bedingungen zu stabilisieren; wer sind die Menschen, die ihn (und sei es auch nur in Teilen ihrer Handlungen) unterstützt haben?

Welche Merkmale, Bedeutungen und Wirkungen haben die unter Bedingungen der Isolation neu aufgebauten Kompetenzen, sozialen Beziehungen und Bindungen?

Wie ist das Verhältnis von Wunsch und Wirklichkeit im Leben des Betroffenen?

Welche Bedingungen seiner Geschichte sind ihm zugänglich, welchen ist er ausgeliefert?

Für diese Rekonstruktion von Handlungsfähigkeit sind die von *Schröder* angeführten *handlungsregulatorischen Konzepte* allerdings *nicht hinreichend*. Dominierende Tätigkeitsmotive (wie z.B. Leistungsmotivation, Handlungs-/Lageorientierung usw.), Fähigkeiten der Anforderungsbewältigung, Verhaltenstechniken und -fertigkeiten sowie Stile der Handlungs- und Tätigkeitsregulation stellen ein buntes Sammelsurium der in der internationalen Diskussion unterdessen anerkannten und untersuchten handlungsorientierten Dimensionen von Persönlichkeit dar. Einerseits ist es positiv, daß durch solche Konzepte der traditionelle Eigenschaftsbegriff der Psychodiagnostik zu überwinden versucht wird. Andererseits ist jedoch kritisch zu vermerken, daß weder das Verhältnis dieser Konzepte zueinander geklärt wird, noch das ihnen anstelle des klassischen Eigenschaftsmodells zugrunde gelegte Verständnis als „habituelle Regulationskomponenten". All diese Kategorien sind vorrangig empirische Verallgemeinerungen; ihre theoretische Weiterverarbeitung über das Handlungsregulationsmodell hinaus steht im wesentlichen noch aus.

Es ist unbestritten, daß diese Kategorien sich auf Realität beziehen und wichtige Dimensionen erfassen. Ihre Nutzbarkeit für eine Rehistorisierung der Persönlichkeit bleibt aber doch eingeschränkt, solange ihre Reichweite und ihre Grundlagen nicht weiter geklärt sind. Die notwendige Klärung kann hier noch nicht im Detail geschehen und wird Aufgabe weiterer Forschung bleiben. Trotzdem lohnt es sich, das zugrunde gelegte Konzept der „*habituellen Regulationskomponenten*" (*Guthke* u.a. 1983, *Witzlack* 1984), das an die Stelle des klassischen Eigenschaftsbegriffs getreten ist, etwas näher zu beleuchten, um von hier aus einen Zugang zum erweiterten Begreifen dieser im Detail nützlichen und wichtigen Dimensionen diagnostischen Vorgehens zu erhalten.

Von „habitualisierten Person-Umwelt-Beziehungen" anstelle des traditionellen Eigenschaftsbegriffs ist bereits bei *Witzlack* 1977 (S. 28) die Rede. In seiner in der DDR-

Psychologie bisher wohl gründlichsten Bestimmung der „Grundlagen der Psychodiagnostik" beansprucht der Autor, durch ein tätigkeitsorientiertes Konzept die Mängel traditioneller Auffassungen zu überwinden. Nach traditioneller Auffassung werden Eigenschaften als Gegenstand des psychodiagnostischen Prozesses entweder als bloße Reiz-Reaktions-Verknüpfungen angesehen, die mit Verhalten gleichgesetzt werden, oder aber sie werden (insbesondere aufgrund faktorenanalytischer Verfahren) als (empirische) Abstraktionen von bestimmten Verhaltensweisen betrachtet bzw. als (angeborene oder erworbene Dispositionen) substantialisiert.

Dagegen sind für *Witzlack* Eigenschaften *widergespiegelte Wechselwirkungsbeziehungen in der Person-Umwelt-Beziehung*, die sowohl *Zustands-* wie *Prozeßqualitäten* aufweisen können (S. 29). Sie haben tätigkeitsregulierende Funktion. Ihre dynamische Funktion hängt von ihrem Bewußtseinsgrad ab. Sie können unterschieden werden nach ihrem Generalisierungsgrad (allgemein oder nur in bestimmten Situationen), nach ihrem Ausprägungsgrad sowie nach ihrer Stabilität bzw. Veränderbarkeit. Und bei dieser Auffassung bleibt es im wesentlichen in der Psychologie der DDR. *Psychisches* wird als *Regulationsprozeß besonderer Art* betrachtet. Neben der *Ausführungsregulation*, für die die *Leontjew*sche hierarchische Trennung von Handlungen und Operationen übernommen wird (vgl. *Hacker* 1973), wird die *Antriebsregulation* (Motive usw.) unterschieden, ohne daß der Bezug beider zueinander bestimmt werden könnte.

Einerseits wird hierdurch das Konzept von Eigenschaften als psychischem Vermögen, das in der klassischen Psychodiagnostik herrscht, aufgebrochen, da so verstandene Eigenschaften immer nur anforderungsabhängig sichtbar gemacht werden können, sie sich in der Tätigkeit entwickeln und zugleich Voraussetzungen für die Tätigkeit sind (*Schaarschmidt* 1985, S. 360). Die größere Dynamik der Konzeption, verbunden mit einer Weiterentwicklung empirisch-statistischer Verarbeitungsverfahren, führt insofern zu wesentlich differenzierteren Beschreibungen des Zusammenhangs von Anforderungen und Bewältigung.

So können *Schröder* und *Naumann* (1989) z. B. auf der Basis der Erfassung der vier Dimensionen der Handlungsfähigkeit und deren Subdimensionen fünf unterschiedliche Typen von Bewältigungsstrategien bei chirurgischen Patienten nachweisen. (Dies entspricht dem Punkt 5 in *Schröders* o. a. Überlegungen.) Diese Bewältigungsstrategien stehen in deutlichem Zusammenhang mit postoperativem psychischem Befinden und medizinischen Komplikationen, das bei den „passiv Ausgelieferten" und den „neurotisiert Mißtrauischen" im Unterschied zu den drei anderen Gruppen eher negativ ist. Auf der Basis dieser Ergebnisse können Patienten durch psychologische Vortests klassifiziert und adäquate Operationsvorbereitungen erhalten werden.

Es dürfte deutlich sein, daß dadurch der Populationsbezug spezifiziert und verfeinert wird und individualisierte Entscheidungen besser vorbereitet werden können. *Andererseits* kommt es durch fehlende Klärung der „habituellen" Grundlage der regulatorischen Subdimensionen der „Handlungsfähigkeit" zu vergleichbar dürren Abstraktionen in den diagnostischen Beschreibungen, wenn zur Analyse des Einzelfalles und zur Rekonstruktion von Tätigkeit und Persönlichkeit übergegangen wird. Es bleibt gänzlich unklar, in welchem Verhältnis diese regulatorischen Komponenten zu Kategorien wie „Tätigkeit", „Persönlichkeit" usw. stehen, obgleich sie sicherlich real sind.

Damit stoßen wir jedoch auf das allgemeine Problem, auf Test- oder Fragebogenebene erfaßte Eigenschaften in Bezug zur Entwicklung der Persönlichkeit zu setzen. Sollen wir sie als bloße Oberflächenphänomene, die nur die gesellschaftliche „Normalität" des

Subjekts widerspiegeln, zur Seite legen und uns auf die „Geschichten des Tuns" konzentrieren, oder bieten uns diese „Eigenschaften" bzw. „habitualisierten Regulationskomponenten" darüber hinausgehende Möglichkeiten? Die Ergebnisse *Schröders* sprechen ja immerhin dafür, daß ihnen bei gleichzeitiger Erfassung verschiedener Dimensionen zumindest wichtige prognostische Bedeutung zukommt.

Ich will kurz einen Lösungsweg andeuten, der sich auf der Basis des *Habitusbegriffes* anbietet. Ich beziehe mich hierzu auf verschiedene Arbeiten von *Brandes*, die in Einklang zu unseren bisherigen Überlegungen zu bringen sind. *Brandes* (1981) bezieht sich u. a. auf den französischen Soziologen *Bourdieu*, für den Habitusformen „Systeme dauerhafter Dispositionen" sind. *„Im Habitus wirkt der Körper des Menschen als eine Art ,praktisches Gedächtnis', in dem, ohne Notwendigkeit einer Bindung an Prozesse bewußter Verarbeitung, objektive Strukturen in ihrer Dimension der räumlichen Erfahrbarkeit subjektiv aufgehoben sind"* (S. 94).

Dies entspricht gänzlich den Ausführungen zum Körperselbstbild, das sich in einer Reihe von Synthesen im sozialen Verkehr entwickelt (Kap. 6.3) sowie neuropsychologisch sich als konkreter Raum in den kortikal-subkortikalen Prozessen sowie in der rechtshemisphärischen Regulation niederschlägt. In gleicher Weise hatte schon *Freud* (1950) im „Entwurf einer Psychologie" von 1895 (vgl. *Jantzen* 1989b) das Körperselbstbild (in Form der Gegenbesetzungen gegen Wahrnehmungsreize bzw. als Bahnung von Bewegungen aufgrund bisheriger Körpererfahrungen) als Grundlage der „Ich"-Funktion im Sinne der Vergangenheit deutlich abgesetzt vom Prozeß der Reizaufnahme (Gegenwart) und der Herausbildung des Zukünftigen im Prozeß des Bewußtseins (vgl. Kap. 12.2).

Der *Habitus* wäre in dieser Hinsicht die *sensorische* (einschließlich der propriozeptiven) *Erfahrungskumulation im konkreten* (und darüber hinaus im abstrakten) *Raum*, während sich für die Bewegungen selber kein unmittelbares Gedächtnis entwickelt. Dieses entsteht im Sinne von *Bernstein* bzw. *Bragina* und *Dubrochotova* (vgl. Kap. 8.2.2 bzw. 8.3.1) lediglich für die topologischen Aspekte der Bewegungen, also für ihre allgemeine räumliche (im inneren Regelkreis nur noch propriozeptive) Struktur. Außenwelt in diesem Sinne ist sowohl die reale Außenwelt (im spontanen Prozeß) als auch (im reflexiven Prozeß) jener Teil der im subjektiven Weltbild des Erwachsenen konstruierten bimodalen Innenwelt, in der dem Ich das „Körper-Ich" bzw. das „Ich als Du" gegenübersteht (vgl. Kap. 5.6). Aus dieser Dialektik von innen und außen entsteht die Dialektik von bewußter Zustands- und Prozeßregulation bzw. Lage- vs. Handlungsorientierung, von der *Schröder* (1989) unter Rückgriff auf *Kuhl* spricht.

Brandes (1989) bzw. *Brandes* und *Mies* (1988) vertiefen diesen Gedanken, den *Körper als* „Bedeutungsträger", d. h. als „soziales Gebilde" zu betrachten: „Das Verhältnis zum eigenen Körper wird durch das Verhalten der anderen zum eigenen bzw. das eigene Verhalten zum fremden Körper ausgebildet" (*Brandes* und *Mies* 1988, S. 356). Es liege die Vermutung nahe, daß in der „Frühphase der Entwicklung über die Konstituierung des Körpergefühls ein in spezifischer Weise (d. h. von der konkreten sozialen Lebenslage bestimmt) sozial geprägtes Verhältnis zum eigenen Körper angeeignet wird, das die folgende Entwicklung orientiert und zur Basis für Identitätsbildung und Weltsichten (über Geschmack, Lebensgewohnheiten bis zu politischen Ansichten) wird" (*Brandes* 1989, S. 79).

Habituelle Regulationskomponenten sind demnach nichts anderes als die auf der Basis der jeweiligen situationsspezifischen Afferenzsynthesen im Körperselbstbild in der Gegen-

wart realisierten sinnhaften und systemhaften Prozesse des Psychischen (vgl. Abb. 10) *unter dem Aspekt ihrer Realisierungsform.*

Ähnlich argumentiert z.B. auch der sowjetische Psychophysiologe *Rusalov* zur Frage des Temperaments als einer sehr allgemeinen und basalen habituellen Dimension. Die *formal-dynamischen Eigenschaften des Temperaments* (energo-dynamische Eigenschaften wie „Geschwindigkeit" und „Plastizität") sind als Möglichkeitsraum angeboren. Sie erhalten ihre Charakteristika jedoch erst durch die endgültige Ausgestaltung ihrer Zeitparameter im epigenetischen Prozeß (vgl. Kap. 7). Ihre ererbte Grundlage ist Voraussetzung dieses epigenetischen Prozesses, unterliegt jedoch in ihrer Ausgestaltung der Determination der funktionellen Systeme des Organismus durch die Variabilität der Bedingungen der äußeren Welt, auf die sich das Subjekt in seiner Tätigkeit aktiv bezieht (vgl. *Rusalov* 1987a und b). In inhaltlicher Hinsicht sind *habituelle Schemata* zunächst die angeeigneten körperlichen bzw. körpernahen, sozial vorgefundenen Formen und Mittel der Tätigkeit, mit und in denen sie sich realisiert (vgl. *Haselmann* 1988, S. 375). Darüber hinaus verlagern sich diese Schemata selbstverständlich durch den sozialen Verkehr auch in die innere Position des Erwachsenen (also in das über Sprache vermittelte Körperselbstbild des abstrakten, d.h. psychisch-reflexiven Raumes). Sie wirken dort insbesondere in Form unbewußter und/oder vorbewußter psychischer Prozesse (vgl. Kap. 12.2).

Habituelle Schemata weisen somit zwei Bestimmungsstücke auf:

(1) Sie sind Modi des „Hineinwachsens" der Vergangenheit in die Gegenwart. Sie sind damit *Voraussetzungen jeder Tätigkeit*, welche in Form der Afferenzsynthese im Körperselbstbild (afferentes Feld) realisiert werden. Sie bauen sich nach dem Modell der Dominante vor dem Eintritt in die Tätigkeit auf (s.o.). Sie bilden die Grundlage für die habituelle Regulation in der Tätigkeit selbst. D.h. sie sichern deren formal-dynamische Eigenschaften im Sinne von ins Körperselbstbild übergegangenen und sozial mit emotionaler Wertigkeit verbundenen Normen, Gebräuchen, Reaktionsformen usw. die in konstanter Weise den Intrasystemzusammenhang psychischer Funktionen modifizieren (erhöhte Anspannung, erhöhte Angst, Lage- statt Handlungsorientierung usw.).

(2) Als derartige *habituelle Regulationskomponenten* zeigen sie sich jedoch nur in der Tätigkeit. Sie kennzeichnen den (formal-dynamischen) Regulationstypus des Komplexes der psychischen Funktionen im Aufbau des Modells des Künftigen, d.h. der Verknüpfung der Vergangenheit/Gegenwart über die fließende Gegenwart mit der Zunkunft. Sie sind in dieser Hinsicht Bedingungen der Tätigkeit und entsprechen physiologisch den inneren formal-dynamischen Beziehungen im Handlungsakzeptor. D.h. die habituellen Schemata als Basis der Konstituierung der inneren (abstrakten und konkreten) Raum-Zeit (vgl. 8.3.2) werden über die habituellen Regulationskomponenten in der Tätigkeit mit den jeweiligen gegenständlichen Bedingungen der Tätigkeit vermittelt.

Verwischt man theoretisch diese beiden Aspekte der dialektischen Vermittlung von Vergangenheit/Gegenwart (Afferenzsynthese auf der Basis des Körperselbstbildes) mit den Prozessen der Herausbildung des Modell des Künftigen und der aus ihm entspringenden Regulierung der Tätigkeit (Bildung des Handlungsprogramms und -akzeptors), so landet man je nach Schwerpunktsetzung beim traditionellen Eigenschaftsbegriff oder beim Begriff der „habituellen Regulationskomponente". *Der traditionelle Eigenschaftsbegriff reduziert Subjektivität gänzlich auf die in der Gegenwart sich ausdrückende Vergangenheit* (Disposition bzw. Verhalten), ohne diese rekonstruieren und das Subjekt der Tätigkeit rehistorisieren zu können (Konstanz der Anforderungssituation unter quasiexperimentellen Testbedingungen). *Der handlungsregulatorische Ansatz der „habitualisierten Regulationskomponenten" thematisiert schwerpunktmäßig die Vermittlung von Gegenwart und Zukunft in den Handlungen* (Verhältnis von Anforderungen und Bewältigung). *Die Geschichte des Subjekts scheint jedoch nur als ungeklärter „habitueller" Anteil der Regulationskomponente auf.*

„Eigenschaften" oder „habituelle Regulationseigenschaften" sind damit jeweils *empirische Abstraktionen*, Verallgemeinerungen auf der Ebene des Vorstellungskonkretums. In gleicher Weise sind dies die mit ihnen korrespondierenden „pathopsychologisch relevanten Individualitätstypen", die *Schröder* unterscheidet. Sie selbst wie der zusammenfassende Oberbegriff „Handlungsfähigkeit" stellen ebenso wie der klassische Eigenschaftsbegriff und der mit ihm korrespondierende Begriff des „Verhaltens" (vgl. *Jantzen* 1989c) nur die *Endpunkte im „Aufsteigen zum Abstrakten"* dar. Das Aufsteigen vom Abstrakten zum Konkreten erfolgt anhand der syndromanalytischen Methode und der dabei zu stellenden inhaltlichen Fragen.

Im Ergebnis dieser Überlegungen wird allerdings auch deutlich, daß die von *Wygotski* als entscheidend für den diagnostischen Prozeß herausgearbeiteten Kriterien der Erklärung, Voraussage und wissenschaftlich begründeten Maßnahme auf gesundheitspolitischer Ebene durchaus mit der von *Schröder* entwickelten Strategie gewährleistet werden können. Was dabei ungeklärt bleibt – betrachten wir dies am Beispiel der von *Schröder* und *Naumann* (1989) untersuchten Bewältigungsstruktur bei chirurgischen Operationen –, ist die psychologisch neu zu strukturierende Vorbereitungssituation selbst. Auch diese kann natürlich ein gewisses Stück standardisiert werden. Trotzdem taucht unausweichlich ein ungeklärter Rest auf, wo dieses diagnostische Vorgehen nicht mehr ausreicht, ohne daß zusätzliche diagnostische Qualitäten des vorbereitenden Psychologen selbst ins Spiel kommen. Hier müssen dann in der Tat über die Strategien hinaus, die in den Bereichen 3 (Erfassung der Handlungsfähigkeit) und 5 (Identifizierung des pathopsychologisch relevanten Individualitätstyps) von *Schröder*s Schema letztlich für ihn den Schwerpunkt ausmachen, die Bereiche 4, 1 und 2 (objektive Lebenssituation, Persönlichkeitsentwicklung unter Isolationsbedingen sowie deren Struktur und Qualität und altersbezogenen Wirkung) an die erste Stelle treten. Die *handlungsregulatorischen Dimensionen* gerinnen aus dieser Sicht zu *Momentaufnahmen* im Prozeß des Dramas des Lebens, das einer eigenen Rekonstruktion bedarf. Aber hierfür sind auch diese Momentaufnahmen, und, bleiben wir im Bild, in möglichst großer Schärfe, erforderlich.

Abschließende Bemerkungen

Es konnte in diesem Kapitel nicht darum gehen, Strategien des Diagnostizierens im Detail zu entwickeln. Mein Anliegen war es, einige grundlegende Überlegungen zur Theorie und Praxis des diagnostischen Prozesses vorzutragen. Zur Ebene der theoretisch-diagnostischen Kompetenz (systematisch entwickeltes Menschenbild als begriffliches Werkzeug der Rehistorisierung) liefern die bisherigen sozialwissenschaftlichen, psychologischen und neurowissenschaftlichen Ausführungen eine differenzierte Grundlegung. Diese erweitert sich in den folgenden Kapiteln um verschiedene Aspekte von Dialog, Kommunikation, Kooperation und sozialem Verkehr. Zum Erwerb bzw. Ausbau von empirisch-diagnostischer Kompetenz kann auf die in den entsprechenden Abschnitten dargestellte Literatur verwiesen werden.

Nicht behandelt wurde das Problem der *Gutachtenerstellung*. Hier kann ich zur Einführung in die damit verbundenen sozialwissenschaftlichen und ethischen Dimensionen auf einen sehr informativen Artikel von *Hartmann* und *Haubl* (1985) verweisen. Einen darüber hinausgehenden Überblick verschafft das von beiden Autoren herausgegebene Buch „Psychologische Begutachtung" (*Hartmann* und *Haubl* 1984), das gleichzeitig einen Überblick über die wichtigsten Praxisfelder gibt. Schließlich gibt es für alle wichtigen Bereiche jeweils Fachliteratur zu den jeweiligen institutionellen Anforderungen an ein Gutachten, auf die ich verweise.

9.6 Vertiefende und weiterführende Literatur
(E = zur Einführung geeignet)

ADORNO, T. W.: Soziologie und empirische Forschung. In: E. Topitsch (Hrsg.): Logik der Sozialwissenschaften. Köln: Kiepenheuer & Witsch 1965, 511–525

BERGER, E. und JANTZEN, W.: Zur Methodologie der Einzelfallstudie am Beispiel pubertärer Selbstschädigung. In: O. Sasse und N. Stoellger (Hrsg.): Offene Sonderpädagogik. Frankfurt/M.: P. Lang 1989, 379–398

DSM-III-R. Diagnostische Kriterien und Differentialdiagnosen des Diagnostischen und Statistischen Manuals Psychischer Störungen. Beltz: Weinheim 1989

GREENACRE, Phyllis: Rekonstruktionen. Psyche 30 (1976), 702–722

GRUBITZSCH, S.: Psychodiagnostik. In: G. Rexilius und S. Grubitzsch (Hrsg.): Psychologie. Theorien – Methoden – Arbeitsfelder. Ein Grundkurs. Reinbek: Rowohlt 1986, 283–311 (E)

GUTHKE, J. et al.: Psychodiagnostik – gesellschaftliche Anforderungen, Trends, methodologische Probleme und Strategien. Psychologie für die Praxis 1 (1983) 1, 54–65

GUTJAHR, W.: Die Messung psychischer Eigenschaften. Berlin/DDR: DVdW 1974

HARTMANN, H. A. und HAUBL, R. (Hrsg.): Psychologische Begutachtung. München: Urban & Schwarzenberg 1984 (E)

HARTMANN, H. A. und HAUBL, R.: Der Konflikt zwischen Auftrag und Gewissen. Psychologie heute (1985) 4, 61–66 (E)

HENNIGE, Ute et al.: Die Erfassung und Förderung der sensomotorischen Kompetenz geistig Schwerstbehinderter. Sickte: Neuerkeröder Anstalten 1988

HERZOG, G.: Krankheits-Urteile. Logik und Geschichte in der Psychiatrie. Wunstorf: Psychiatrie-Verlag 1981

JANTZEN, W.: Diagnostik im Interesse der Betroffenen oder Kontrolle von oben? In: Fachschaftsinitiative Sonderpädagogik Würzburg (Hrsg.): Diagnostik im Interesse der Betroffenen. Würzburg 1982, 10–51 (E)

JANTZEN, W.: Die Bedeutung der Syndromanalyse nach Luria für die biographische Forschung, dargestellt am Beispiel psychopathologischer Prozesse. In: G. Auernheimer et al. (Hrsg.): Studien zur Tätigkeitstheorie IV. Marburg: Inst. f. Erz.wiss. d. Universität 1988, 147–184 (E)

JÜTTEMANN, G.: Klinisch-psychologische Diagnostik in neuer Sicht. In: G. Jüttemann (Hrsg.): Neue Aspekte klinisch-psychologischer Diagnostik. Göttingen: Hogrefe 1984, 35–60

JÜTTEMANN, G.: Das Allgemeine am Individuellen als Fragestellung der Allgemeinen Psychologie. In: G. Jüttemann und H. Thomae (Hrsg.): Biographie und Psychologie. Berlin/West: Springer 1987, 73–96

KORNMANN, R.: Beratung und Begutachtung im Bereich der Verhaltensgestörtenpädagogik. Kurseinheit 1: Diagnostisches Vorgehen zur Ermittlung von Merkmalen und Bedingungen von Verhaltensstörungen. Hagen: Fernuniversität 1982 (E)

KORNMANN, R. et al. (Hrsg.): Förderdiagnostik. Heidelberg: Schindele 1983

KRUSE, F. O.: Interaktionsdiagnostik in der Familie. In: G. Jüttemann (Hrsg.): Neue Aspekte klinisch-psychologischer Diagnostik. Göttingen: Hogrefe 1984, 102–123

KUCKHERMANN, R. und WIGGER-KÖSTERS, Annegret: Von der Geschichte der Tätigkeit zu Geschichten der Persönlichkeit. In: Institut für Marxistische Studien und Forschungen (Hrsg.): Marxistische Persönlichkeitstheorie. IMSF-Jahrbuch Bd. 10, Frankfurt/M. 1986, 172–202 (E)

LIENERT, G. A.: Testaufbau und Testanalyse. Beltz: Weinheim 1969, 3. erg. Aufl.

LORENZ, A.: Psychodiagnostik in der Psychiatrie. Gießen: Achenbach 1974 (E)

LURIA, A. R. and ARTE'MEVA, E. Yu.: Two Approaches to an Evaluation of the Reliability of Psychological Investigations (Reliability of a Fact and Syndrome Analysis). Soviet Psychology 8 (1970) 3–4, 271–282; erneut in: M. Cole (Ed.): The Selected Writings of A. R. Luria. New York: Sharpe 1978, 282–293

MAY, J. G.: Nosology and Diagnosis. In: J. D. Noshpitz (Ed.): Basic Handbook of Child Psychiatry. Vol. 2: Disturbances in Development. New York: Basic Books 1979, 111–144

PROBST, H.: Strukturbezogene Diagnostik. In: H. Probst (Hrsg.): „Kritische Behindertenpädagogik in Theorie und Praxis". Solms-Oberbiel: Jarick 1979, 113–135

PROBST, H.: Testverfahren zur Diagnostik spezifischer Lernvoraussetzungen. In: R. S. Jäger u. a. (Hrsg.): Tests und Trends. Weinheim: Beltz 1983, Bd. 3, 77–105 (E)

REMSCHMIDT, H. und SCHMIDT, M.: Multiaxiales Klassifikationsschema für psychiatrische Erkrankungen im Kindes- und Jugendalter nach RUTTER, SHAFFER und STURGE. Bern: Huber 1977

SCHAARSCHMIDT, U.: Neue Inhalte und Methoden in der Diagnostik geistiger Leistungsfähigkeit. Psychologie für die Praxis 7 (1989) Ergänzungsheft, 87–101

SCHIEPEK, G.: Systemische Diagnostik in der Klinischen Psychologie. München: Psychologie Verlags Union 1986 (E)

SCHMID, R.: Intelligenz- und Leistungsmessung. Geschichte und Funktion psychologischer Tests. Frankfurt/M.: Campus 1977

SCHMIDT, H.: Methodik der Strukturanalyse – ein Beitrag zur Modellbildung in der Psychologie. Zeitschrift für Psychologie 196 (1988) 2, 129–149

SCHRÖDER, H.: Persönlichkeitspsychologie, Pathopsychologie und klinische Psychologie. In: H. Schröder (Hrsg.): Fortschritte der klinischen Persönlichkeitstheorie und klinischen Psychodiagnostik. Leipzig: Barth 1988, 29–37

SCHULTE, D. (Hrsg.): Diagnostik in der Verhaltenstherapie. München: Urban & Schwarzenberg 1976, 2. Aufl.

WITZLACK, G.: Grundlagen der Psychodiagnostik. Berlin/DDR: DVdW 1977 (E)

10 Basale Pädagogik und humanes Lernen

Der *Grundmangel aller bisherigen Pädagogik* als Erziehungspraxis, Erziehungslehre und Erziehungswissenschaft ist es, *Teile der Gattung Menschheit auszuschließen.* Wesentliche soziale und ideologische Zusammenhänge dieses Ausschlusses habe ich bereits erörtert (vgl. Kap. 1 und 2). Erziehungspraktisch wie -wissenschaftlich erfolgt er als Ausgliederung besonderer Institutionen (z. B. Sonderschulen) und besonderer Pädagogiken. Deren Allgemeines bleibt in der sog. Allgemeinen Pädagogik unbestimmt. Sie beschäftigt sich in der Regel nur mit Fragen der Erziehung und Bildung nichtbehinderter, nicht „defektiver" Kinder, Jugendlicher und Erwachsener. (Ich spreche im folgenden, um den zweifelhaften Begriff „Zögling" zu vermeiden, meist von Kindern, meine damit aber auch Jugendliche und Erwachsene, soweit sie als Subjekt Objekt pädagogischer Bemühungen sind.)

Bevor Sonderpädagogik überhaupt auf ihre Klientel trifft, ist diese bereits ideologisch und praktisch ausgesondert und enthistorisiert. In einer Praxis, der der soziale Ausschluß vorweggeht, hat es die Sonderpädagogik doppelt schwer, ihr *Allgemeines als umfassende menschliche Entwicklungsfähigkeit* denken und realisieren zu können. Zum einen müßte sie von der historisch gewordenen Erscheinung der behinderten Menschen, mit denen sie in Berührung kommt, abstrahieren. Sie müßte grundsätzlich aus der Perspektive der Entwicklungsfähigkeit dieser Menschen denken und in entsprechender Praxis die hierzu notwendigen Voraussetzungen schaffen. Zum anderen müßte sie ihre Teilhabe an der Praxis des sozialen Ausschlusses als Ausübung repressiver Gewalt gegenüber Wehrlosen begreifen, unabhängig davon, ob sie dies damit beabsichtigt oder nicht. Und sie hätte darüber hinaus praktisch und politisch die Aufhebung aussondernder Institutionen zu betreiben: Dies bedeutet sowohl Aufhebung besonderer Einrichtungen wie grundlegende Veränderungen der allgemeinen Einrichtungen, die diesem Ausschluß vorgängig sind, d. h. ihn organisieren. In dem historisch vorfindbaren Auseinanderfallen von Allgemeiner und Sonder-Pädagogik (Heilpädagogik, Behindertenpädagogik) ist allerdings das notwendige Begreifen der Einheit des Menschen in der Menschheit ebenso verloren gegangen, wie der Zusammenhang ihrer Werkzeuge und Mittel (vgl. *Séguin* 1912, sowie mit Bezug auf diesen *Feuser* 1989).

Die Denkweise einer *Allgemeinen Behindertenpädagogik*, die ich hier verfolge, bedeutet eine Negation der beiden Seiten dieses historischen Prozesses. Sie negiert die Gleichmacherei der Allgemeinen Pädagogik ebenso wie die Segregation durch die Sonderpädagogik, indem sie dagegen die Realisierung und Schaffung umfassender Entwicklungsfähigkeit aller, d. h. auch behinderter Menschen durch Individualisierung und Integration denkt. Indem sie die bisher biologisierten und psychologisierten Tatbestände von Behinderung in der dialektischen Vermittlung biotischer, psychischer und sozialer Prozesse neu begreift und ihr im Einzelfall eine Rehistorisierung gelingt, denkt sie sozusagen *„von unten" gegen das herrschende Schul- und Bildungssystem* im Sinne eines *utopischen Potentials.*

Es sind zum einen Basiselemente des Erziehungsprozesses schlechthin und damit auch der gemeinsamen Erziehung und Bildung behinderter Kinder zu bestimmen. In diesem Sinne spreche ich von *basaler Pädagogik* (vgl. *Feuser* 1984, S. 14ff.). Diese ist Allgemeine Pädagogik, da sie die grundlegenden Kategorien pädagogischen Handelns als Voraussetzung und Bedingung für Prozesse humanen Lernens behandelt. Sie unterscheidet sich von bisherigen Entwürfen Allgemeiner Pädagogik dadurch, daß sie auf der Basis einer allgemeinen Humanwissenschaft (im Sinne einer materialistischen Anthropologie; vgl. *Jantzen* 1989d, 1990a), wie sie in den bisherigen Ausführungen zu entwickeln versucht wurde, die von ihr bisher diskutierten *pädagogischen Grundkategorien genauer und im Zusammenhang* zu bestimmen versucht. Dialog, Kommunikation, Kooperation, kollektives Subjekt, sozialer Verkehr und dann erst Erziehung und Bildung u. a. m. sind deshalb Grundkategorien, da vor allem anderen Pädagogik das gemeinsame Handeln und den sozialen Austausch von mindestens zwei Menschen als Bedingung beinhaltet. In die Bestimmung dieser Grundkategorien gehen in den bisherigen Ausführungen entwickelte Kategorien ein wie z. B. gegenständliche und engagierte Tätigkeit, Sinn und Bedeutungen u. a. m.

Zum anderen sind institutionelle Zusammenhänge, insbesondere das Verhältnis von Erziehung und Unterricht zu untersuchen, um die allgemeinpädagogischen Überlegungen in konkret-historische Zusammenhänge zurückzuführen. Dies erfolgt in Kapitel 11, in dem zugleich einige weitere Dimensionen Allgemeiner Pädagogik näher bestimmt werden.

10.1 Dialog

In Kapitel 6 habe ich herausgearbeitet, daß Sinnbildungsprozesse sich auf gattungsnormale Umwelten im ökologischen Sinne, insbesondere aber auf andere Individuen der Gattung richten. Sie realisieren sich in der Form von Bindungen, die mit jedem neuen Abbildniveau eine neue Qualität erreichen. In Kapitel 7 wurden die Prozesse der Herausbildung von Bedeutungen als Informationskonstruktion begriffen, die aufgrund der (gerichteten) Interaktion des biologischen Systems mit den Wechselwirkungen an seiner Peripherie entstehen. Die Prozesse der strukturellen Koppelung an die Umwelt wurden als Prozesse der Phasenverstellung biologischer Uhren begriffen, die durch Interaktionen mit der Umwelt, insbesondere aber mit Individuen der eigenen Gattung erfolgen. Die subjektive Seite dieser Prozesse stellt sich bei ungerader Phaseneinstellung als Emotion, bei gerader Phaseneinstellung als Affekt dar. Diese emotional-affektiven Wertungen werden modifiziert durch die Verhaltensprogramme/Operationen, über die ein Subjekt verfügt und die ins Modell des Künftigen eingehen. Dieses selbst wird reguliert über die antizipierten bedürfnisrelevanten Aspekte des Objektbereichs in Form des Motivs und über die inhaltlichen Aspekte des Objektsbereichs, auf die sich Tätigkeits- und Handlungsziele ebenso wie Operationen und psychophysische Reaktionen beziehen.

Bei *Subjekt – Tätigkeit – Subjekt – Beziehungen* ist daher zu erwarten, daß die Austauschprozesse sowohl in bedürfnisrelevanter Hinsicht (Phasenkoppelung bzw. -verstellung) wie in inhaltlicher Hinsicht (Informationsaustausch) stattfinden. Wenn ich im folgenden von Informationsaustausch spreche, so ist dies jeweils im Sinne von Informationskonstruktion sowie von Bezug auf die physikalische Außenwelt und ihre Modifizierung durch Handlungen des Subjekts zu verstehen.

Diesen Doppelaspekt der strukturellen Koppelung und des Informationsaustauschs finden wir im dialektischen Zusammenhang von Dialog und Kooperation wieder, die sich über die kommunikative Tätigkeit im Rahmen des sozialen Verkehrs vermitteln.

Dialog ist nach dem Historischen Wörterbuch der Philosophie (*Ritter* und *Gründer* 1972) „ein Gespräch, das durch wechselseitige Mitteilung jeder Art zu einem interpersonalen ‚Zwischen', d.h. zu einem den Partnern gemeinsamen Sinnbestand führt" (S. 226).

Nachdem im Dualismus des *Descartes* die erkennende Substanz („ich denke, also bin ich") von der ausgedehnten Substanz (materielle Welt) getrennt ist, müssen Überlegungen erfolgen, wie sich beide im Psychischen miteinander vermitteln, eine Frage, die *Descartes* selbst bereits vergeblich zu lösen versucht hatte (vgl. *Wallon* 1987). Wie kann ich in einem fremden, von mir wahrgenommenen Körper einen anderen Menschen, d.h. ein anderes denkendes Ich erkennen? Legt man die Bewegung des Seelischen nicht wie im Occasionalismus (vgl. Bd. 1, S. 115ff.) in das göttliche Prinzip, das die Vermittlung zwischen dem Ich (erkennende Substanz) und dem Du (Hineinnahme der ausgedehnten Substanz in die psychischen Prozesse) realisiert, so kann man entweder von einem Analogieschluß vom eigenen auf ein anderes Ich ausgehen, oder von einem Dialog, in dem eine „Gleichursprünglichkeit beider Gewißheiten" *(Jacobi)* gegeben ist. *Feuerbach*, der die Religion als den verhimmelten Reflex auf irdische Verhältnisse identifiziert, Gott ist also der verallgemeinerte Mensch, setzt daher an dessen Stelle den Menschen. „Der Mensch für sich ist Mensch (im gewöhnlichen Sinn); Mensch mit Mensch die Einheit von Ich und Du – ist Gott" und, gegen *Hegel* gewendet: „Die wahre Dialektik ist kein Monolog des einsamen Denkers mit sich selbst, sie ist ein Dialog zwischen Ich und Du" (zit. nach *Ritter* und *Gründer*, 1972, S. 227).

Feuerbach überwindet nach *Marx* (MEW Erg. Bd. 1, S. 570) den Hegelschen Idealismus, indem er das gesellschaftliche Verhältnis „des Menschen zum Menschen" zum positiven Ausgangspunkt der Philosophie macht. Was *Marx* und *Engels* hieran kritisieren, ist nicht die Grundfassung dieses Verhältnisses, sondern seine Gleichsetzung mit Religion: „Der Idealismus besteht bei *Feuerbach* darin, daß er die auf gegenseitiger Neigung beruhenden Verhältnisse der Menschen zueinander, Geschlechtsliebe, Freundschaft, Mitleid, Aufopferung usw., nicht einfach als das gelten läßt, was sie ohne Rückerinnerung an eine, auch für ihn der Vergangenheit angehörige Religion aus sich selbst sind, sondern behauptet, sie kämen erst zu ihrer vollen Geltung, sobald man ihnen eine höhere Weihe gibt durch den Namen Religion" (*Engels*, MEW 21, S. 284). Diese Gefühle als Sinnlichkeit (praktische Sinne) sind Resultat der gesamten Weltgeschichte (*Marx*, MEW Erg. Bd. 1, S. 541f.).

Während der *Dialog* die *Herausbildung von gemeinsamen Sinninhalten* darstellt und *nach der Seite des Subjekts* sich durch *Gefühle wie Liebe, Freundschaft, Mitleid* u.a. ausdrückt, hat der Begriff Kommunikation in philosophischer Hinsicht eine klar hiervon unterschiedene Bedeutung.

Kooperation ist nach *Marx* (MEW 23, Kap. 11) die Form der planmäßigen Zusammenarbeit vieler. Die Übernahme dieses Begriffs in die Psychologie führt nach dem „Wörterbuch der Psychologie" (*Clauß* u.a. 1981, S. 339f.) zum Begriff der *sozialen Wechselwirkung*. „Darunter wird das wechselseitige Aufeinanderwirken mindestens zweier Individuen während irgendeines beliebigen Aktes einer Lebenstätigkeit, der innerhalb eines gemeisamen raumzeitlichen Bezugssystems stattfindet, begriffen. Wird dieses unter dem Aspekt des beobachtbaren ‚offenen' Verhaltens betrachtet, so erscheint dieser Prozeß als *Interaktion*, untersucht man ihn unter dem Aspekt des Informations-

211

ausstausches, so heißt er *Kommunikation*", und, so müßten wir hinzufügen, erscheint er unter dem Aspekt der *gemeinsamen produktbezogenen Tätigkeit* (innerhalb derer die Individuen interagieren und kommunizieren), so erscheint er als *Kooperation*. Im Unterschied zum Dialog, dessen Funktion die Sinnvermittlung ist, liegt die Funktion der Kooperation in der Vermittlung von Bedeutungen. Dies gilt über den Arbeitsprozeß hinaus für alle Formen gemeinsamer produktbezogener menschlicher Tätigkeit.

Kommunikation kennzeichnet als philosophische Kategorie nach *Ritter* und *Gründer* (1976, S. 894) das *Bedeutungsfeld: Mitteilung, Gewährung, Verbindung, Austausch, Verkehr, Umgang, Gemeinschaft*. Nach *Klaus* und *Buhr* (1985, S. 640) ist sie der *„Austausch von Nachrichten zwischen Menschen"*. Etymologisch bedeutet „kommunizieren" neben „mitteilen" auch „gemeinschaftliches Tun". Insofern ist Kommunikation auch *Vermittlung mit dem Gemeinwesen*. Diese Auffassung findet sich in existenzphilosophischer Sicht bei *Jaspers*. Kommunikation ist für ihn die geschichtliche, durch Mitteilung erwirkte „Gemeinschaft gegenseitigen bewußten Verständlichwerdens" (zit. nach *Ritter* und *Gründer* ebd.).

Vergleichbare Unterscheidungen von Dialog und Kommunikation finden sich in Linguistik und Literaturwissenschaft. Insbesondere im Werk *Bachtins*, der in seiner Bedeutung für die marxistische Sprachwissenschaft mit *Wygotskis* Bedeutung für die Psychologie vergleichbar ist (vgl. *Wertsch* 1985, *Clark* und *Holquist* 1984), wird der Sinn- und Bedeutungsaspekt im Dialog unterschieden (vgl. z. B. *Bachtin* 1985). Die Kommunikation selbst wird nach *Vasil'eva* (1989) bei *Bachtin* als ein systembildender Faktor betrachtet. In der Äußerung im Dialog drückt sich nicht nur die *Objektwelt* aus, sondern auch die *Einstellung* (attitude). „Inhalt" und „Stimme" der Äußerung werden in vergleichbarer Weise unterschieden wie bei dem Schweizer Linguisten *Bally „Dictum"* und *„Modus"*. Dictum ist die Information über das Objekt, Modus die Einstellung des Subjekts zum Inhalt (bzw. zum Modus des anderen Subjekts). Der Modus (oder die Stimme) ist nach *Bally* die „Seele des Satzes". Nach *Bachtin* ist der *Dialog* (im engeren Sinne) ein *Alternieren zwischen Partnern auf gegenseitige modale Stimuli, d. h. zwischen Reaktionen auf subjektive Positionen*.

Auch *Lotman* (1989) unterscheidet den sinnhaften und bedeutungshaften Aspekt der Kommunikation, die gemeinsam den Kern von Semiosphären bilden (gesellschaftlichen Orten gleichen sprachlichen Signalgebrauchs, die sich von anderen abgrenzen [s. u.]). Er bringt diese Aspekte mit der Dominanz der beiden Hirnhemisphären in Verbindung.

Weitere Klarheit gewinnen wir, wenn wir *entwicklungspsychologische Arbeiten zur Entwicklung des Dialogs* aufgreifen. Hier hat insbesondere René *Spitz* zur Aufklärung der Sachverhalte beigetragen (1972, 1974, 1988).

Für *Spitz* (1972) ist der Dialog ein *Akt der Reziprozität*. „Es ist ein Dialog des Tuns und Reagierens, der in Form eines Kreisprozesses innerhalb der Dyade (Einheit von Mutter und Kind; W.J.) vor sich geht, als fortgesetzter, wechselseitig stimulierender Rückkopplungsstromkreis" (S. 255). In Aktion und Reaktion werden Gefühle unterschiedlichen Ausmaßes investiert. „Die Aktion kann mit einem Minimum von Emotion einhergehen; die Reaktion kann rein emotional sein, und umgekehrt" (S. 256). Wahrscheinlich ist es so, „daß mangelnde Rückkopplung das Hauptkriterium ist, an welchem das Kind das Belebte vom Unbelebten unterscheiden lernt" (ebd.). Als Grundlage der besonderen Bedeutung lebendiger Objekte nimmt Spitz verschiedene Faktoren an; er vermutet, daß „Befriedigung *und* Versagung, Libido *und* Aggression" daran beteiligt sind (S. 257). Der Dialog, der in den frühen Objektbeziehungen von Säuglingen beginnt, innerhalb derer etwa im Alter von 6 Monaten die Unterscheidung von Belebtem und Unbelebtem auftritt, ist für *Spitz* (1972, S. 263) die *Quelle* und der *Beginn* der *artspezifischen Anpassung.* „Der Dialog wirkt als Vektor der Entwicklung des Säuglings. Er beeinflußt deren Richtung und fördert die Anpassungsversuche und das psychische Wachstum" (*Spitz* 1974, S. 155).

Den Inhalt dieser Prozesse habe ich in Kapitel 6 bereits als Sinnbildung und Entwicklung von Bindung bestimmt. Die Reziprozität dieser Prozesse verdeutlicht *Spitz* (1988) am Ineinandergreifen der AAM bei Entenküken und Muttertieren. „Obwohl ihr Führungslaut vom Weinen des Entenkükens ganz verschieden ist, paßt er wie Schlüssel und Schloß zu dem Affekt des Kindes und der des Kindes zu ihrem. Die beiden Affekte greifen in einer beiderseitigen Interaktion ineinander ein" (S. 66). Bereits hier, aber erst recht auf stammesgeschichtlich höheren Entwicklungsniveaus, bewirken Dialoge über die emotionale Phasenkoppelung der Erbkoordinationen in ursprünglich durch AAM koordinierten Dialogsituationen, daß *Bedeutungen auf höherem Niveau synthetisiert* werden. Durch die positive emotionale Bekräftigung der einzelnen Handlungen und der durch den (erwachsenen) Dialogpartner vermittelten Gesamthandlung werden *vorher getrennte Handlungen aneinander gekoppelt.* Die entsprechend veränderte integrierende Funktion der Tätigkeit (Herausbildung des Modells des Künftigen als erwartetes Maß emotionaler Erfülltheit) führt dazu, daß dann auch die *emotionalen Bewertungen auf höherem Niveau* ansetzen. Durch reziproke Dialoge entstehen daher *Räume von Bestätigung, Vertrautheit und Sicherheit,* auf deren Grundlage *Neuigkeit* bewältigt werden kann.

Dialoge haben ihre *eigene Zeitdimension* (dies ist die Basis der Herausbildung kollektiver Subjektivität, s. u.). Sie realisieren sich in der Wechselwirkung von Rhythmus und Raumkoordination (*Spitz* 1974, S. 68) und beinhalten das Feedback des lebendigen Partners als Befriedigung (ebd., S. 69), d.h. sie sind synergetische Prozesse (vgl. Kap. 7).

Mit zunehmender Entwicklung schaffen sich Kinder selber solche Räume von Bestätigung, Vertrautheit und Sicherheit, indem sie sich im Unbelebten und im Reich der Phantasie imaginäre Partner schaffen. Insbesondere *Winnicott* (1976) hat derartige Prozesse als Schaffung von *„Übergangsobjekten"* beschrieben. Dies sind Gegenstände, die bei Alleinesein an die Stelle einer emotional positiv besetzten Person treten und damit Situationen des Alleineseins überbrückbar machen: der Daumen, an dem das Kind lutscht, die Schmusedecke, der Teddy u. ä. Insbesondere dienen diese Objekte der Überbrückung von Situationen, in denen Bestätigung und Vertrautheit verloren geht; dies ist bei Kindern vor allem der Übergang vom Wachsein zum Schlaf. Damit schafft sich das Kind selbst jenen *sinnstiftenden Zwischenraum,* der sonst durch den Dialog mit vertrauten Personen hergestellt wird (*Winnicott* 1984, S. 206).

Sicherheit als Basis der Bewältigung von Neuigkeit entsteht einerseits durch die *Abwesenheit von Angst,* andererseits durch den *Aufbau von Bindung* durch adäquate Erwiderung der ursprünglichen Kontaktsignale (*Grossmann* 1977a, S. 159.) Von Anfang an lernt ein Kind daher zwei Strategien. (1) Die Nichtbeantwortung oder nichtadäquate Beantwortung von Kontaktsignalen zu vermeiden bzw. unter pathologischen Bedingungen so zu antizipieren, daß es durch entsprechende Tätigkeiten und Handlungen seine Integration zu sichern vermag. (2) Sichere Bindung zu antizipieren und sie ggf. selbst durch entsprechende Kontaktstrategien im Dialog zu sichern, z. B. durch eindeutig liebevolle Begrüßung der Mutter nach kurzer Trennung. Dies bedeutet aber eine gefühlsmäßige Besetzung der Mutter als Ganzes, die den kurzfristigen Verlust durch die

Trennung nicht nur kompensiert, sondern die Rückkehr der Mutter nach der Trennung als emotional-befriedigend antizipiert. Unsichere Bindung dagegen führt zwar nach Rückkehr der Mutter nicht zur Dialogvermeidung, bewirkt aber doch, daß das Kind selbst nicht unmittelbar und auf höchstem Niveau dialogfähig ist. Eine Absicherung durch die Mutter nach der Trennung muß dann vorweggehen (Trösten), damit es wieder seine Tätigkeitskompetenz zurückgewinnt (vgl. *Grossmann* 1981).

Es ist jetzt möglich, auch die Kategorie Gefühl im Unterschied zu Affekt und Emotion (vgl. Bd. 1, Kap. 4) psychologisch genauer zu bestimmen. *Gefühle sind die mit der bedürfnisrelevanten Seite der Gegenstände der Tätigkeit verknüpften Antizipationen der emotionalen Erfülltheit.* Je vielseitiger ein Objekt (im Sinne eines psychischen Gegenstandes, insbesondere im Sinne eines anderen Subjekts) sich für ein Subjekt erschließt, je umfassender und je weniger gegensätzlich die Aspekte der ihm anhaftenden Bedürfnisrelevanz sind, desto umfassender und eindeutiger ist die *gefühlshafte Besetzung.* Je umfassender aber die gefühlshafte (positive oder negative) Besetzung eines Objekts ist (Liebe, Haß, Angst), desto weniger ändert die im je einzelnen Prozeß der Auseinandersetzung mit dem Objekt neu erfahrene emotionale Bewertung unmittelbar dieses Gefühl. *Leontjew* (1979) verdeutlicht den Unterschied der Kategorien Emotion, Affekt und Gefühl wie folgt: „Der junge *Rostow* befürchtet vor der Schlacht (und das ist eine Emotion), daß ihn die Angst überwältigen wird (ein Affekt). Eine Mutter kann mit einem ungezogenen Kind ernsthaft böse sein, ohne auch nur eine Minute lang aufzuhören, es zu lieben (ein Gefühl)" (S. 191).

In einer weiteren Arbeit untersucht *Spitz* (1974) die Bedingungen des *Mißlingens von Dialogen.* Er findet sie in ständig unterbrochenen Aktionszyklen vor ihrer Erledigung. „Die Schädigung beeinträchtigt die Anpassungsfähigkeit, die Fähigkeit, die Umwelt zu begreifen und zu meistern. Dies führt Schritt für Schritt in einem zunehmenden Maße zum Zusammenbruch der Kommunikation, des Dialogs" (S. 144). Entsprechend können an die Stelle von Dialogen *Pseudodialoge* treten als *„Austausch sinnloser Akte und falscher Reaktionen".* Am Beispiel von Überbevölkerungsexperimenten bei Ratten wird festgehalten: „Die Reaktionen werden nicht konsumiert. Kaum hat nämlich das Tier angefangen, auf einen Reiz zu reagieren, wird schon durch neuen Kontakt eine zweite Reaktion ausgelöst ... So kommt es zur Desorientierung" (S. 141). Ich denke, daß die Kategorie des Pseudodialogs geeignet ist, auch spezifisch menschliche Kommunikationssituationen zu analysieren: Seien es pathologische Familienstrukturen, die Überbehütung von Kindern durch ihre Eltern oder Dialogverweigerung aufgrund der Herausbildung von psychischen Abwehrmechanismen. Zu unterscheiden wären hiervon Situationen, die zwar an ihrer Oberfläche an Pseudodialoge erinnern, wie z.B. Partykommunikation, die aber von den genannten Situationen dadurch unterschieden sind, daß sie freiwillig und nicht dauerhaft eingegangen werden. Folglich ist hier eher von einer größeren sozialen Distanz zu Kommunikations-(und Dialog-)partnern zu sprechen als von Pseudodialog.

Innerhalb der *Pädagogik* findet die Kategorie des Dialogs zunehmende Beachtung. Dies steht sicher auch im Zusammenhang mit dem Scheitern der Amerikanisierung der Pädagogik in den 70er Jahren. Diese führte zu einer immer größeren Zerstückelung der Inhalte (Lernzielhierarchien, Lehrplanleisten, Leistungstests usw.). Pädagogik in dieser Form erwies sich als hilflos, den Problemen der Zeit angemessene Antworten zu geben.

Innerhalb der *Behindertenpädagogik* gibt der Bericht über die 24. Arbeitstagung der Dozenten für Sonderpädagogik, die dem Thema „Das Dialogische in der Heilpädagogik" gewidmet war, einen guten Einblick in die aktuelle Diskussion (*Iben* 1988).

214

Am präzisesten hat für mich *Reiser* (1988) einige Zusammenhänge des *Dialogs im pädagogischen Gruppenprozeß* beschrieben. In Abgrenzung von pädagogischen zu therapeutischen Prozessen bestimmt er die pädagogische Funktion des Dialogs: „Wo Übertragung war, soll Kontakt werden: Kontakt als die unmittelbare Erfahrung des eigenen und des anderen Selbst" (S. 34). Übertragung hingegen (vgl. *Freud* 1977, S. 33) würde die Projektion vergangener gefühlshafter Bindungen als Wiederholung in der aktuellen Situation bedeuten (gefühlshafte Verwechslung des Lehrers mit dem Vater, des Schülers mit dem eigenen Kind, dem Partner, den Eltern, anderer Schüler mit Vater, Mutter, Geschwistern usw; s. u. Kap. 12.4.2).

Damit aus einer Situation Dialog entstehen kann, sind *Grundbedingungen* zu realisieren:

1. Die reale Versorgung der Beteiligten muß sichergestellt sein. Dazu gehören sachliche Kontinuität der Einrichtung (Gruppe, Rahmen, Regeln) und die Versorgung durch persönliche Nähe und Zuwendung.
2. Für die Betreuer gehört dazu die Erfahrung, daß sie um ihrer selbst willen wahrgenommen und ernstgenommen werden und nicht nur als Funktionsträger. Dies ist möglich, wenn sie zugleich die notwendigen Bedingungen des „einfühlenden Verstehens der Beziehungsprozesse" erfüllen.
3. Der Prozeß, der zum Dialog führt, benötigt einen gemeinsamen Gegenstand, eine gemeinsame Tätigkeit, ein gemeinsames Thema (S. 35).

Dialog führen zu können bedeutet, den *Menschen als Gegenüber* zu sehen, d. h. ihn *als Objekt loslassen* zu können. „Das Loslassen-Können des Objekts geht einher mit der Entwicklung des Vertrauens in die eigene Fähigkeit, in der Welt bestehen zu können. Vertrauen ist auch Vertrauen in mich, das gute Objekt in mir bewahren zu können" (S. 37).

Die *Gruppe* ist hierbei über die Zweierbeziehung hinaus von doppelter Bedeutung:

1. Sie ermöglicht *Trauerarbeit*. D. h. „über die gegenseitige Identifikation hinaus wächst die Möglichkeit des Kontakts zum eigenen Schmerz und zum Erleben des anderen".
2. Sie trägt zur *Entfaltung des Ichs in der Welt* bei, „die sich stets an einem Sachinteresse entlang strukturiert. Die gemeinsame Tätigkeit in der Gruppe stärkt hier die vorwärtsgerichteten Kräfte des Ich, die ein Loslassen des realen oder imaginierten allversorgenden Objekts ermöglichen und auf die gemeinsame Lebensbewältigung gerichtet sind" (S. 39).

Reiser kennzeichnet damit die wesentliche Wirkung des Dialogs in der Gruppe in vergleichbarer Weise, wie ich dies mit Bezug auf *Grossmann* als Herausbildung von Bindung und Sicherheit hervorgehoben habe.

In seinem Verständnis von Dialog baut *Reiser* auf Martin *Buber* auf. Zugleich warnt er aber davor, „sich in wohlklingender Rede auf die Lücken oder Unklarheiten bei *Buber* zu stützen, die gesellschaftlichen Verhältnisse möglichst auszublenden, die materiell determinierten Störungen außer Acht zu lassen und ‚das Menschliche, die Beziehung' als die eigentliche Domäne der Erziehung gegen das Politische abzuheben" (S. 39).

Diese Warnung im Ohr, sollte es uns klar sein, daß wir bei der folgenden Darstellung der dialogischen Beziehung uns noch auf der *sozialpsychologischen Ebene* bewegen. Wir sind also von der psychischen Ebene des ganzheitlichen Menschens noch nicht wieder zur gesellschaftlichen Ebene zurückgekehrt. Um dort präzise denken zu können, müssen wir zunächst am Problem von Dialog, Kommunikation, Kooperation usw. allgemeine Voraussetzungen des Sozialen auf der psychischen Ebene klären.

Buber ist Schüler *Diltheys*, ist Jude und dem Chassidismus verpflichtet (Gott wird in dieser Auffassung nicht nur als Schöpfer der Welt betrachtet, sondern hat auch eine weltliche Gestalt). Er lehrt ab den 20er Jahren jüdische Religionswissenschaft und Ethik in Frankfurt, flüchtet 1938 nach Jerusalem, wo er 1965 stirbt. Als sein Hauptwerk wird das 1923 erschienene Buch „Ich und Du" betrachtet (*Buber* 1984). Philosophisch baut er auf *Feuerbach* auf und betrachtet „die Einheit des Menschen mit dem Menschen" als höchstes Prinzip. Ich stelle im folgenden seine wichtigsten Grundgedanken auf der Basis der Monographie von Jutta *Vierheilig* (1987) „Dialogik als Erziehungsprinzip" dar.

Für *Buber* ist das Dialogische die Entfaltung des Zwischenmenschlichen. *Der Mensch wird am Du zum Ich.* Dieses Verhältnis bezieht sich jedoch zugleich auf die Menschheit als Gattungswesen. „Nicht jeden einzelnen Menschen muß man lieben, sondern die Menschen an sich in ihrer allen gemeinsamen Eigenschaft als einmalige, einzigartige Wesen" (*Buber* nach *Vierheilig* 1987, S. 15).

Im Mittelpunkt von *Buber*s Auffassung steht die Kategorie der *Beziehung*. Es wäre interessant, dies in den Details mit der Konzeption des sowjetischen Psychologen *Mjassischtschew* zu vergleichen, der nach *Wassiljuk* (1987) neben der Tätigkeitstheorie *Leontjew*s und der Einstellungspsychologie *Usnadse*s das dritte große Paradigma sowjetischer Psychologie auf der Kategorie Beziehung aufgebaut hat. Leider ist das Werk von *Mjassischtschew* bisher weder auf Deutsch noch auf Englisch zugänglich. Nach *Buber* ist die Beziehung durch folgende Eigenschaften gekennzeichnet:

– *Authentizität*. Es geht darum, daß der in den Dialog eintretende Mensch dem anderen die Teilnahme an seinem Sein gewährt.
– *Gegenwärtigkeit*. Die Wirklichkeit des anderen ist nur im Augenblick der Beziehung erlebbar.
– *Gegenseitigkeit*. Beide Personen wirken an der jeweils anderen Person. Dies wird erst möglich, indem das grundsätzliche Anderssein des je anderen anerkannt wird. (Dies entspräche dem Prozeß der Rehistorisierung des anderen; vgl. Kap. 9). Die *Urdistanz des anderen* ist nach *Buber* der dialektische Gegenpol der Beziehung.
– *Ausschließlichkeit*. Im Augenblick der Begegnung existiert für die Beteiligten nur das jeweilige Du. Das Du „füllt den Himmelskreis", aber „nicht als ob nichts wäre als er (der andere Mensch als Du; W.J.): aber alles andere lebt in seinem Licht" (nach *Vierheilig*, S. 18).

Mit der Kategorie *Vergegenwärtigung* macht *Buber* deutlich, daß jede Beziehung zugleich von vorausgegangenen Komponenten bestimmt ist. Dies würde bedeuten, auch wenn ich den anderen nicht konkret historisch kenne, ihn mir aber als Mensch schlechthin vergegenwärtigen zu können. Erst dies schafft die Voraussetzung zur Beziehung und zum Dialog.

Die Betrachtungsweise des Dialogischen selbst ist das *Innewerden*, das man im Sinne von *Fromm*s (1976) Alternative des „Seins" statt des „Habens" als nicht einschränkendes Gewahrwerden des anderen verstehen kann. „Ein jeder aktualisiert die Kräfte des ihm gegenüberstehenden Du (‚Erschließung des Du') und bietet ihm in diesem Akt seine ‚Hilfe zum Selbstwerden' an" (*Vierheilig* 1987, S. 19). Aus diesem Prozeß resultiert die *dialogische Verantwortung* als Verantwortung für diese Situation (also als wechselseitige Verantwortung für „wirkliche Antworten"). Neben der „*Du-Welt*", die sich im Dialog erschließt, existiert die „*Es-Welt*", als Welt der Gegenstände unter Gegenständen, in die nach Beendigung des Dialogs und dem Verlassen der Du-Welt zurückgefallen wird. Es ist die „erhabene Schwermut unseres Loses, daß jedes Du in unserer Welt zum Es werden muß" (nach ebd., S. 21). Der *Aktualität der Begegnung* steht die *Latenz* gegenüber. Der andere ist „mein Du nicht mehr und noch nicht wieder" (nach *Vierheilig*, S. 22).

Auch *Buber* unterscheidet wie *Mjassischtschew* (nach *Lomov* 1987, S. 374) verschiedene (wenn auch z.T. andere) *Sphären der Beziehung:* Beziehungen im Leben mit der Natur, im Leben mit den Menschen und mit den „geistigen Wesenheiten". *Vierheilig* (1987, S. 25) bemerkt hierzu: „Die angesprochene Geistsphäre meint allerdings nicht eine direkte Beziehung zu Gott, denn dessen Du ist in jedem anderen Du immer auch mitgegenwärtig; was sie stattdessen ausmacht, muß an dieser Stelle offen bleiben, da selbst *Buber* sie verbal nicht fassen kann". Hier trifft erneut *Engels* Kritik an *Feuerbach:* Warum diese allgemeine Beziehung als Liebe zur Menschheit, Glaube an das Gute im Sinne des Menschenmöglichen u.a.m. nicht an sich gelten könne, sondern noch die Form der Religion benötige? Auf dem Hintergrund dieser Auffassungen, die Leben als Wechselseitigkeit der Beziehungen zur Natur, zu den Menschen und zur „Geistsphäre" (also zum menschlichen Gattungswesen) begreift, wird *Erziehung* als ein Prozeß der Wechselseitigkeit (Mutualität) verstanden. *Erst im Erzieher wird die Welt „zum wahren Subjekt ihres Wirkens"* (*Buber* nach *Vierheilig*, S. 27). D.h. dieser vermittelt die Wechselseitigkeit, in der er sich zugleich selbst befindet, nicht durch „Eingriff", sondern durch „*Einwirkung*" (ebd., S. 28).

Erziehung bedeutet, eine Atmosphäre des Vertrauens zu schaffen, nicht aber Konfliktfreiheit. Dies ist deshalb nicht möglich, da *Buber* in vergleichbarer Weise zu den bei *Marx* und *Engels* beschriebenen Grundbedürfnissen (Bedürfnis nach Arbeit, Bedürfnis nach Einheit zur Gattung) zwei Grundtriebe unterscheidet: den „*Urhebertrieb*", d.h. das Bedürfnis danach, „einen eigenen Anteil am Werden der Dinge zu haben" und den „*Trieb nach Verbundenheit*", denn „nur am Du wächst und reift der Mensch" (ebd., S. 30).

Die Erfahrung der gemeinsamen Situation von der Gegenseite her (als Schaffung einer Situation des Vertrauens) nennt *Buber Umfassung.* „Während innerhalb der Freundschaft volle Mutalität (Wechselseitigkeit; W.J.) waltet, d.h. beide Partner sich selbst von ihrem Standpunkt wie dem Standpunkt des anderen empfinden, ist das Verhältnis zwischen Erzieher und Zögling durch die zwar konkrete, aber einseitige Umfassung gekennzeichnet" (*Vierheilig* 1987, S. 37). Der Lehrer erlebt diese einseitige Umfassung als Auslösung von etwas durch sein pädagogisches Handeln. Diese Erfahrung der Gegenseite (*Klafki* nennt dies die Erschließung des Schülers durch die Sache) ermöglicht die *Selbstentdeckung des Lehrers:* „Am Du des Schülers lernt er seine eigenen Grenzen und Unzulänglichkeiten kennen" (ebd., S. 38). Um Lehrer zu sein, ist er demnach auf ständige Entwicklung verwiesen. Dies ist ein Verständnis von Erziehung, wie es *Marx* in den „Thesen über Feuerbach" gegen diesen so formuliert hatte: „Die materialistische (d.h. *Feuerbach*s; W.J.) Lehre von der Veränderung der Umstände und der Erziehung vergißt, daß die Umstände von den Menschen verändert und der Erzieher selbst erzogen werden muß. Sie muß daher die Gesellschaft in zwei Teile – von denen der eine (die Erzieher bzw. die Philosophen; W.J.) über ihr (d.h. den zu Erziehenden bzw. dem Volk; W.J.) erhaben ist – sondieren. Das Zusammenfallen des Änderns der Umstände und der menschlichen

Tätigkeit oder Selbstveränderung kann nur als revolutionäre Praxis gefaßt und rationell verstanden werden" (MEW Bd. 3, S. 5f.).

Wie eine solche Selbsterziehung der Erzieher im Sinne der *buber*schen Auffassungen auszusehen hätte, läßt sich wiederum mit *Marx* verdeutlichen, wenn er am Ende des Abschnittes über das Geld in den „Ökonomisch-Philosophischen Manuskripten" positiv der durch das Geld gesetzten Entfremdung entgegenhält: „Setze den *Menschen* als *Menschen* und sein Verhältnis zur Welt als ein menschliches voraus, so kannst du Liebe nur gegen Liebe austauschen, Vertrauen nur gegen Vertrauen etc. Wenn du die Kunst genießen willst, mußt du ein künstlerisch gebildeter Mensch sein; wenn du Einfluß auf andere Menschen ausüben willst, mußt du ein wirklich anregend und fördernd auf andere Menschen wirkender Mensch sein. Jedes deiner Verhältnisse zum Menschen – und zur Natur – muß eine *bestimmte*, dem Gegenstand deines Willens entsprechende *Äußerung* deines *wirklichen individuellen* Lebens sein. Wenn du liebst, ohne Gegenliebe hervorzurufen, d. h. wenn dein Lieben als Lieben nicht die Gegenliebe produziert, wenn du durch deine *Lebensäußerung* als liebender Mensch dich nicht zum *geliebten Menschen* machst, so ist deine Liebe ohnmächtig, ein Unglück" (MEW Erg. Bd. 1, S. 567). *Buber* (1962) selbst formuliert dementsprechend: „Pädagogisch fruchtbar ist nicht die pädagogische Absicht, sondern die pädagogische Begegnung" (S. 62). Dies verlangt eine entsprechende Sublimierung des pädagogischen *Eros* auf seiten des Lehrers. Pädagogischer Eros ist nicht nur auf erotische Ambitionen im Sinne von Übertragung beschränkt (vgl. hierzu *Bernfeld* 1967). Er entsteht auch aus der Situation des Dialogs, als Wunsch vom Schüler, verstanden und bestätigt zu werden. Als solcher muß er nach *Buber* jeweils in *Askese* aufgehoben werden, damit sich der Lehrer allen Schülern widmen kann und nicht nur denen, zu denen er sich hingezogen fühlt (*Vierheilig* 1987, S. 43).

Eine derartige dialogische Situation als Umfassung seitens des Erziehers
– schafft Vertrauen und ermöglicht damit Vertrauen,
– gesteht dem Schüler Autonomie zu und schafft damit die Voraussetzungen zur Entwicklung seiner Autonomie,
– widerspiegelt dem Schüler seine Humanität als Achtung vor ihm und schafft damit die Voraussetzungen zur Realisierung der eigenen Würde, die sich freilich nur im humanen Umgang mit anderen realisieren kann.
Sie entwickelt im Sinne von *Wygotski*s Auffassung, daß alle höheren psychischen Funktionen zweifach existieren, die Dimensionen von Vertrauen, Respektierung der Würde, Respektierung der Autonomie zunächst intersubjektiv, damit sie dann intrasubjektiv werden können.

In einer solchen Situation wird es dem Schüler möglich, seine eigenen Anteile am Zustandekommen bzw. Nicht-Zustandekommen dieser Situation zu erkennen, d. h. „daß durch die Umfassungserfahrung und den Dialog zwischen Lehrer und Schüler eine Art ‚innerer Dialog' ausgelöst wird" (*Vierheilig* 1987, S. 38).

Psychologisch können wir den *Dialog* damit als *wechselseitige Sinnverschränkung* kennzeichnen. Ich erinnere an *Leontjew*s (1979) Aussage, daß der Sinn durch das Leben entsteht, er aber Bedeutungen braucht, um sich auszudrücken. Bin ich zum Dialog fähig im Sinne der Vergenständlichung jener Situation, die ich zu erreichen wünsche (Liebe, Vertrauen usw.), so schaffe ich, indem ich die Bedeutungen für eine(n) andere(n) so organisiere, daß sie (er) darin Sinn zu finden vermag, gleichzeitig die Voraussetzungen, daß sie (er) meinen realisierten Bedeutungsstrukturen durch ihre (seine) Antwort Sinn verleiht.

Gehe ich als Erzieher aber nicht nur von einer Vergegenwärtigung der Erfahrungen mit diesem Menschen als konkretem Menschen aus, sondern habe mir *Menschsein generell* als *sinnhaften und systemhaften Aufbau der psychischen Prozesse* angeeignet, so bin ich auch dann *handlungsfähig*, wenn der Dialog zunächst *nicht* erwidert wird. Ich bin dann in der Lage, indem ich dem anderen dieses Menschsein unter allen Umständen zugestehe, mich unter allen Umständen um humanes Handeln zu bemühen. D.h. weder Verhaltensstörungen noch mir zunächst scheinbar unverständliche Handlungen werden mich dazu verleiten, wider die Gebote der Vernunft zu handeln, um es mit *Spinozas* „Ethik" (1987) zu sagen. Indem ich erkenne, daß alles „nach den ewigen Gesetzen und Regeln der Natur geschieht", werde ich aus dieser Perspektive nichts finden (weder Behinderung noch Verhaltensstörung), was „Haß, Spott oder Verachtung" verdient, sondern werde streben, „soweit die menschliche Tugend es vermag, gut zu handeln, wie man sagt, und fröhlich zu sein" (S. 262).

Eine solche Perspektive wird in unterschiedlichen Aspekten nicht nur in Ansätzen wie denen von *Séguin, Makarenko, Korczak* oder *Suchomlinski*, sondern insbesondere auch in der psychoanalytischen Pädagogik entwickelt. Ich verweise exemplarisch auf die von *Redl* und *Wineman* (1986a) herausgearbeiteten Strategien zur „Steuerung aggressiven Verhaltens beim Kinde", die genaugenommen *regulierende Prinzipien des eigenen Handelns* der Erzieher/innen darstellen. *Redl* und *Wineman* behandeln in ihrem Buch unterschiedliche „antiseptische" Eingriffsweisen in komplizierten Situationen, deren Ziel es ist, diese Situationen ohne Bestrafung und ohne Eskalation überwinden zu können. Beim Problem des notwendigen körperlichen Eingreifens, wenn die Gesundheit und das körperliche Wohlergehen der schwer verhaltensgestörten Kinder, mit denen sie arbeiteten, gefährdet waren, führen sie exemplarisch aus (vgl. auch *Redl* und *Wineman* 1986b):

„Der Erwachsene darf sich keine Gegenaggression leisten, auch kein Gramm mehr an Gegenkraft, als unbedingt notwendig ist, um das angestrebte Ziel zu erreichen. Er muß geduldig, freundlich und liebevoll bleiben. Er wird die Hiebe, die das Kind mit Händen und Zunge gegen ihn austeilt, weder mit Gegengewalt noch mit Tadel beantworten noch sich in diesem Stadium der Unbeherrschtheit des Kindes auf irgendwelche Argumente einlassen, die aus den Wahnvorstellungen des Kindes erwachsen könnten. ... Er wird die hinausgeschrieenen Anschuldigungen des Kindes ruhig beantworten: ‚Schon gut, mein Junge, alles ist in Ordnung, kein Grund zur Aufregung. Alles ist gut, sobald Du dich beruhigt hast. Du hast es gleich überstanden, reg dich nicht auf, es besteht kein Anlaß zur Beunruhigung – alles ist in Ordnung'" (*Redl/Wineman* 1986a., S. 85).

Einige Handlungsprinzipien höheren Allgemeinheitsgrades (ich gehe in Kap. 12.4.2 näher auf sie ein) habe ich selbst für therapeutische Intervention zu entwickeln versucht (*Jantzen* 1979, S. 134ff.). Eines dieser Prinzipien lautet z.B. „Radikale Parteinahme für den Klienten" und wird verdeutlicht mit *Makarenkos* Äußerung zum Kern seiner pädagogischen Erfahrungen (Werke Bd. 5, S. 155): „Möglichst hohe Forderungen an den Menschen und möglichst hohe Achtung vor ihm". Der *Sinn solcher Prinzipien* ist es, in komplizierten Situationen, in denen dem anderen Menschen ein Dialog nicht möglich ist, ja u. U. zugleich elementare Kommunikationsstrukturen zusammenbrechen, Handlungsrichtlinien zu haben. Diese ermöglichen es mir als Erzieher oder Therapeut, im Sinne der Aufrechterhaltung von Selbstkontrolle so zu handeln, daß die Voraussetzungen für die spätere Aufnahme eines Dialogs nicht zerstört werden bzw. erhalten bleiben bzw. entwickelt werden.

Gelingt es mir, eine derartige vernünftige Perspektive einzunehmen, so erlebe ich mich im inneren Dialog als sinnvoll handelnd, auch wenn im äußeren Dialog meine Bedeutungsangebote nicht immer als sinnstiftend aufgenommen werden. Warum diese Sinnstiftung nicht gelingt, hat allerdings jeweils Anlaß zu diagnostischer Reflexion und zur vertiefenden Rehistorisierung (Vergegenwärtigung) des anderen zu sein. Auf verschiedene Aspekte des dialogischen Austauschs komme ich in den weiteren Ausführungen noch zurück. Zunächst ist jedoch die Kategorie Kooperation zu klären.

10.2 Kooperation und Kollektiv

Innerhalb der Behindertenpädagogik hat ebenso wie der Dialogbegriff auch der Kooperationsbegriff in den letzten Jahren zunehmend an Bedeutung gewonnen. Er steht ebenso in *Feusers* integrativer Pädagogik und Didaktik (1984, 1989; *Feuser* und *Meyer* 1987) im Mittelpunkt wie in der von *Schönberger, Jetter* und *Praschak* vertretenen Kooperativen Pädagogik (1987). *Schönberger* (1987) definiert dabei *Kooperation* wie folgt:

– *Jede Kooperation, also auch schon die sensomotorische, gründet in der gemeinsamen Lösung eines gleichen Problems.*
– *Sie ist als solidarisches Handeln gleichberechtigter und freier Partner die vollendetste Form menschlicher Lebenstätigkeit.*
– *„Diese kooperative Lebensform prägt ... die Lebenswelt nur insoweit, wie die gesellschaftlichen Machtverhältnisse Gleichberechtigung und Freiheit ermöglichen"* (S. 119).

Nicht überall in der Pädagogik wird dieser Begriff so verstanden. Im „Pädagogischen Wörterbuch" (*Laabs* u. a. 1987) wird Kooperation definiert als „arbeitsteiliges, durch Kommunikation zwischen den Lernenden vermitteltes und vom Lehrer geführtes *Zusammenwirken zum Erreichen von Unterrichtszielen*" (S. 211; Hervorhebung W.J.).

Wie kommt es, daß dieser Begriff von Autoren, die sich jeweils auf *Marx* zurückbeziehen, einerseits als zentrale Kategorie und damit Zweck menschlichen Lebens verstanden wird, andererseits aber als Herrschaftsverhältnis (denn nichts anderes ist die von *Laabs* u. a. vorgenommene Instrumentalisierung der Kooperation als bloßes Erziehungsmittel)?

Eine gründliche Auseinandersetzung mit der *Marx*schen Fassung des Kooperationsbegriffs zeigt, daß beide Ansätze zu kurz greifen. *Schönberger*, indem er das Individuelle als das Eigentliche gegen das Gesellschaftliche denkt, das „Pädagogische Wörterbuch", indem es die „freie Entwicklung eines jeden" *(Marx)* hinter den gesellschaftlich notwendigen pädagogischen Vermittlungsprozeß zurücktreten läßt.

Kooperation ist nach *Marx* (MEW 23, Kap. 11) *„die Form der Arbeit vieler, die in demselben Produktionsprozeß oder in verschiednen, aber zusammenhängenden Produktionsprozessen planmäßig neben- und miteinander arbeiten"* (S. 344). Sie ermöglicht es, daß ein Arbeitsgegenstand einen Raum in kürzerer Zeit durchläuft (z. B. Bausteine werden in einer Kette weitergegeben) bzw. daß an einem Arbeitsgegenstand vielseitig im Raum angegriffen wird (bei einem Hausbau). Sie ermöglicht die Verteilung komplizierter Arbeitsprozesse auf viele (mit unterschiedlichen Qualifikationen ausgestattete) Arbeiter gleichzeitig und ermöglicht die Überwindung kritischer Momente im Sinne bestimmter Zeitabschnitte, innerhalb derer ein Produkt erstellt werden muß (z.B. rechtzeitiges Einbringen der Ernte) (S. 346f.).

Sie erreicht ihre *erhöhte Effektivität* zunächst dadurch, daß *im arbeitsteiligen Arbeitsprozeß der je andere Arbeiter als Arbeitsmittel gesetzt wird, das Arbeitsmittel (Werkzeuge) anwendet.* Über die so geschaffene neue „Kraftpotenz" der Kooperation durch die „Verschmelzung vieler Kräfte in eine Gesamtkraft" (S. 345) entstehen jedoch nicht nur *Subjekt-Objekt-Bezüge* zwischen den Arbeitern, sondern zugleich *Subjekt-Subjekt-Bezüge,* die die Effektivität der Arbeit erhöhen. Es „erzeugt bei den meisten produktiven Arbeiten der bloße gesellschaftliche Kontakt einen Wetteifer und eine eigne Erregung der Lebensgeister (animal spirits), welche die individuelle Leistungsfähigkeit der einzelnen erhöhen". Und der Text fährt fort: „Dies rührt daher, daß der Mensch, wenn nicht, wie Aristoteles meint, ein politisches, jedenfalls ein gesellschaftliches Tier ist" (S. 348f.). Die hiermit ins Spiel kommenden subjektiven Momente (Wetteifer, Bedürfnis des Menschen nach dem Menschen) verfolge ich z.T. weiter bei der Erörterung der Kategorie Kollektiv.

Die Gesamtheit dieser Momente macht die Überlegenheit der Kooperation aus. „Im planmäßigen Zusammenwirken mit anderen streift der Arbeiter seine individuellen Schranken ab und entwickelt sein Gattungsvermögen" (S. 349).

Nun bedarf aber jede gesellschaftliche oder gemeinschaftliche Arbeit in größerem Maßstab „mehr oder minder einer Direktion, welche die Harmonie der individuellen Tätigkeiten vermittelt und die allgemeinen Funktionen vollzieht, die aus der Bewegung des produktiven Gesamtkörpers im Unterschied von der Bewegung seiner selbständigen Organe entspringen. Ein einzelner Violinspieler dirigiert sich selbst, ein Orchester bedarf des Musikdirektors" (S. 350).

Diese *Leitungsfunktion* kann unter Bedingungen der Lohnarbeit gänzlich von der Kooperation der Arbeiter abgezogen werden. Sie erscheint als Leitungsverhältnis, das die Voraussetzung der Kombination ihrer Arbeit bildet, und tritt ihnen „ideell als Plan, praktisch als Autorität des Kapitalisten gegenüber, als Macht eines fremden Willens, der ihr Tun seinem Zweck unterwirft" (S. 351). Diese *Oberaufsicht,* die sich zur ausschließlichen Funktion festigt, ist nun ein *Herrschaftsverhältnis* geworden, das nicht mehr aus der Natur des gemeinschaftlichen Arbeitsprozesses entspringt, sondern durch den gesellschaftlichen Charakter dieses Prozesses bedingt ist. „Der Oberbefehl in der Industrie wird Attribut des Kapitals, wie zur Feudalzeit der Oberbefehl in Krieg und Gericht Attribut des Grundeigentums war" (S. 352).

In vergleichbarer Weise ist die im „Pädagogischen Wörterbuch" herausgestellte *Leitungsfunktion des Lehrers* im Unterricht von ihrer sachlichen Seite der je konkreten Vermittlung der Kooperation gelöst. Sie wird als Mittel der Erreichung von Unterrichtszielen betrachtet, an deren Realisierung der Wert der Arbeit des Lehrers geprüft wird; d.h., sie wird dem institutionellen Aspekt von Schule subsumiert. Denn, so *Bernfeld* (1967), „die Institution Schule ist nicht aus dem Zwecke des Unterrichts gedacht ... Sie entsteht aus dem wirtschaftlichen – ökonomischen, finanziellen Zustand, aus den politischen Tendenzen der Gesellschaft; aus den ideologischen und kulturellen Forderungen und Wertungen, die dem ökonomischen Zustand und seinen politischen Tendenzen entsprangen" (S. 27). Insofern muß es über *Schönbergers* Bestimmungen von Kooperation hinausgehend eine Grundfrage sein, wie die Leitungsfunktion wieder in die Kooperation selbst einbezogen werden und gegen die Herrschaftsfunktion von Schule und Unterricht entwickelt werden kann.

Wir halten fest: *Wesentliches Moment der Realisierung von Kooperation ist die Möglichkeit der Übernahme der Leitungsfunktion durch jeden Kooperierenden. Ist dies aus Gründen der entwickelten Arbeitsteilung nicht möglich, so muß im Sinne von umfassender Demokratisierung der Kooperation die Möglichkeit der Kontrolle dieser Funktion gegeben sein.* Dies ist im Verhältnis zwischen Pädagogen und Kind möglich, indem diesem selbst Verantwortung übertragen wird. Insbesondere *Praschak* (1989, S. 252ff.) hat dies für die Pädagogik pflegebedürftiger, schwerstbehinderter Menschen ausgezeichnet an Situationen der Mithilfe in der Pflege herausgearbeitet. So müssen bei der Entwicklung der Nahrungsaufnahme auf der Basis des Saugplanes (als unterstes Niveau sensomotorischer Kompetenz nach *Piaget*) einerseits Elemente einer humanen Kultur geschaffen werden: Schlucken lernen durch Essen; keine Verabreichung von Einheitsbrei; Speisen werden einzeln und nach individueller Vorliebe genossen; zum Essen wird etwas getrunken; die Essenssituation verlangt Zeit, Raum, Nähe und Konzentration; eine entspannte Grundhaltung ist abzusichern. Andererseits können erst in diesen Kontexten Austauschbeziehungen hervorgebracht werden, innerhalb derer subjektive Kompetenzen als solche entwickelt, angewendet und in ihren Wirkungen für den sozialen Austausch erfahren werden.

In diesem Zusammenhang ist auch die Konzeption der *Kooperation in der „Zone der nächsten Entwicklung"* neu und erweitert zu begreifen, die das Kernstück von *Wygotskis* Auffassung der pädagogischen Prozesse darstellt. Über das reale Entwicklungsniveau hinaus verfügt jedes Kind über eine Zone potentieller Leistungen/Fähigkeiten, die es alleine nicht, jedoch mit Hilfe anderer durch *Nachahmung* realisieren kann. Damit ist nicht nur die Nachahmung einer praktischen Tätigkeit gemeint. „Alles, was das Kind nicht selbständig auszuführen vermag, was es aber erlernen oder unter Anleitung beziehungsweise mit Hilfe hinführender Fragen ausführen kann, ist dem Gebiet der Nachahmung zuzuordnen" (*Wygotski* 1987, S. 83). „Was das Kind heute in Zusammenarbeit und unter Anleitung vollbringt," – so fährt *Wygotski* fort – „wird es morgen selbständig ausführen können" (ebd.). Inwieweit dies möglich ist, hängt von verschiedenen Bedingungen ab, auf die der Lehrer Einfluß nehmen kann. Werden dem Kind lediglich Mittel zur Aufgabenlösung zur Verfügung gestellt oder werden Möglichkeiten realisiert, in denen es sich selbst praktische und geistige Mittel der Lösung schaffen kann? Inwieweit werden Aufgaben einzeln oder unter Nutzung der Vorteile der Arbeitsteilung gemeinsam und kooperativ (z.B. im projektorientierten Unterricht) gelöst? Inwieweit knüpfen schulische Aufgaben an die bisherigen Erfahrungen der Schüler an? Inwieweit erfahren sie sinnbildende Unterstützung durch den Lehrer, indem Vertrauen in sie gesetzt und ihnen Verantwortung übertragen wird? Und inwieweit werden Voraussetzungen für Dialog und Kooperation zwischen den Schülern geschaffen?

Schließlich ist noch auf einen weiteren, bei *Schönberger* ebenfalls nicht erörterten Aspekt der Kooperation einzugehen, auf den *Feuser* aufmerksam macht. *Integration* bedeutet für *Feuser* (1984), *„daß alle Kinder an/mit einem gemeinsamen Gegenstand in Kooperation miteinander auf ihrem jeweiligen Entwicklungsniveau spielen und lernen"* (S. 18). Dies wird in einer späteren Publikation genauer bestimmt. „Der ‚gemeinsame Gegenstand' integrativer Pädagogik *ist nicht das materiell Faßbare*, das letztlich in der Hand des Schülers zum Lerngegenstand wird, *sondern der zentrale Prozeß*, der hinter den Dingen und beobachtbaren Erscheinungen steht und sie hervorbringt" (*Feuser* 1989, S. 32). Am Beispiel des gemeinsamen Kochens eines Gemüseeintopfes wird deutlich gemacht: „Die im Vorgang des Kochens durch die einwirkende Wärme entstehenden Veränderungen sind der gemeinsame Gegenstand des Unterrichts. Aber die Repräsentation und das Ziel dieses Unterrichts liegen für den einen Schüler auf der Ebene der sinnlich-konkreten Erfahrung dieses Vorgangs durch Wärmeausstrahlung, Isolierung, Düfte, Geräusche u.v.m., für den anderen auf der Ebene der mathematischen Bewältigung der physikalischen und chemischen Vorgänge oder der dazu bestehenden Theoriebildung", also der theoretischen Erfassung der vorher praktisch erfahrenen thermodynamischen Gesetzmäßigkeiten (ebd.).

In die Kooperation gehen folglich unterschiedliche inhaltliche Aspekte, d.h. *unterschiedliche Bedeutungsebenen und -aspekte eines gemeinsamen Gegenstandes als möglichem Produkt* ein. Die Gegenständlichkeit der realen Welt ist in ihrer sinnhaften und bedeutungshaften Erschließung jedem Kind je nach Entwicklung seiner Persönlichkeit in unterschiedlicher Weise gegeben. Erst durch die Kooperation kann es durch *Teilhabe an der Planung und Durchführung*, also im sozialen Austausch, in der Kommunikation, über den kooperativen Prozeß selbst seine *Fähigkeiten arbeitsteilig realisieren sowie weitere erwerben*. Der über seine Fähigkeiten hinausreichende kooperative Akt als Ausdruck des gemeinsamen Willens der Beteiligten organisiert produktbezogen einen überindividuellen subjektiven Prozeß, der von den Individuen entwickelt wird und zugleich diese entwickelt. Wir stoßen damit auf das Problem der *kollektiven Subjektivität*, deren elementare Form mit der Theorie des Kollektivs beschrieben werden kann. Dies sind in ihrem allgemeinen Aufbau vergleichbare Prozesse der Struktur- und Systembildung, wie sie auf der Stufe der Kooperation von Einzellern in der Quasimehrzelligkeit oder in der Kooperation von Zellpopulationen im ZNS beschrieben wurden (s.o.). Die Unterschiede liegen im Hierarchisierungsgrad der Tätigkeit und damit der für Menschen spezifischen Gesellschaftlichkeit der Tätigkeit (vgl. Kap. 5 zur Naturgeschichte des Psychischen).

Ein *Kollektiv* ist auf der Basis unserer Überlegungen zu Sinn und Bedeutungen bzw. auf allgemein-biotischem Niveau zu struktureller Koppelung (biorhythmische Phasenkoordination) und Informationskonstruktion eine *überindividuelle Einheit subjektiven Handelns, die durch Sinnbildung und Bedeutungsstiftung der Individuen entsteht sowie diese organisiert.* (Ein Kollektiv stellt synergetisch betrachtet einen „Ordner" dar.) Grundformen der Vermittlung von Individuen und Kollektiv sind Dialog und Kooperation. Damit entsteht ein funktionelles System höherer Art, in dem die Menschen „wie von einem Geiste gelenkt" handeln (so *Spinoza* im „Politischen Traktat" über den Staat, sofern und nur wenn dessen Tätigkeit gegenüber dem Volk den Gesetzen der Vernunft entspricht; 1988, S. 21). Auf die Pathologie dieser Prozesse, die dort entsteht, wo kollektive Subjektivität institutionell durch Mythosbildung und Gewalt, Angst vor Sinnverlust und schuldhafter Verstrickung durch Bedeutungsentfremdung erzwungen wird, gehe ich im nächsten Kapitel ein.

Für *Petrowski* (1983) unterscheidet sich das Kollektiv prinzipiell von der in der Sozialpsychologie vielfältig beschriebenen *diffusen Gruppe*. Diese wird gekennzeichnet durch die Gegensatzpaare Autonomie vs. Konformismus und Sympathie vs. Antipathie. Autonome werden als resistent gegenüber der Gruppe beschrieben, Konforme sind Träger des Gruppenprozesses. Durch Konformität wird gleichzeitig Sympathie erworben bzw. wahrgenommene Antipathie überwunden. Also würde Erziehung zur Gruppenfähigkeit nach diesen Auffassungen zur Konformität und zum Abbau von Autonomie führen. Deutlich hiervon unterschieden sind jedoch, dies arbeitet *Petrowski* auf der Basis umfassenden empirischen Materials heraus, *Gemeinschaften und Kollektive*. Dort gelten die für diffuse Gruppen benannten Gesetzmäßigkeiten nicht.

Neue Gesetzmäßigkeiten sind hier:

(1) Die *kollektive Selbstbestimmung*. Die Mitglieder argumentieren aufgrund gemeinsamer Wertvorstellungen auch gegen Gruppendruck. Entscheidend hierfür ist „die bewußte Solidarität der Persönlichkeit mit den Wertungen und Aufgaben des Kollektivs als einer Gemeinschaft, die vereint ist durch die über den Rahmen der gegebenen Gruppe hinausgehenden ... Ziele und Ideale" (S. 55).

(2) Die *Gruppeneinheitlichkeit in der Wertorientierung* (S. 60f.) und

(3) die *wirksame emotionale Identifikation mit der Gruppe* (S. 61).

In seiner stratometrischen Theorie des Kollektivs unterscheidet *Petrowski* drei Straten, d.h. Ebenen der Entwicklung: Zunächst existiert eine *diffuse Gruppe*, auf deren Basis eine *Gemeinschaft* entsteht, in der Beziehungen und Formen des Zusammenlebens durch die gemeinsame Tätigkeit vermittelt werden. Eine noch tiefere, *kernbildende Ebene des Kollektivs* stellt dann schließlich die durch die konkrete zielgerichtete Tätigkeit der Gruppe bestimmte Charakteristik der Gruppenaktivität dar (S. 71). Diese ergibt sich ersichtlich aus der *Dialektik zwischen den befriedigenden inneren Beziehungen* (emotionale Charakteristika, adäquater Beitrag zum gemeinsamen Produkt) *und den äußeren Bedingungen*, die durch die kollektive Tätigkeit motivgeleitet und gegenstandsadäquat verändert werden (S. 99–108). Die gegenständliche Tätigkeit des Kollektivs hat folglich *produktive wie reproduktive Aspekte*, d.h. sie kann oszillieren zwischen dem Pol der inneren Reproduktion der Kollektivität und dem Pol des Produkts der Kooperation, das als Ziel der gemeinsamen Tätigkeit hervorgebracht werden soll.

Insofern hat das Kollektiv nicht nur die Funktion, die Vorteile der Kooperation in besonderer Weise nutzen zu können und damit auch die Fähigkeiten der Mitglieder zu entwickeln (Bildungsfunktion). Es organisiert zugleich seine eigene innere Kohärenz in Form der Einflußnahme auf die Aufrechterhaltung bzw. notwendige Veränderung der gemeinsamen Werte durch die Mitglieder und der zuverlässigen Realisierung der Verwirklichung der je neu bestimmten Ziele (Erziehungsfunktion).

Diese Aspekte treten deutlich hervor in den von *Makarenko* und *Suchomlinski* geleisteten Beiträgen zur Theorie des Kollektivs, mit denen wir eine weitere Ebene der Konkretisierung der Kategorien einer basalen, allgemeinen Pädagogik beschreiten.

Makarenko definiert das Kollektiv wie folgt:

„Das Kollektiv ist ein zielbewußter Komplex von Individuen, die sich organisiert haben und Organe des Kollektivs besitzen. Dort, wo es eine Organisation des Kollektivs gibt, dort gibt es auch Organe des Kollektivs, dort gibt es eine Organisation bevollmächtigter Personen, Beauftragter des Kollektivs, und die Beziehungen von Kamerad zu Kamerad sind nicht solche der Freundschaft oder der Liebe oder der Nachbarschaft, sondern stellen eine verantwortungsvolle gegenseitige Abhängigkeit dar" (aus Makarenko Werke Bd. 5 1974, S. 220).

Diese verantwortungsvolle gegenseitige Abhängigkeit setzt als Gefühlsgrundlage die *Gruppensolidarität* voraus (*Kon* 1979, S. 8). Soweit die Organisationsform des Kollektivs in der Erziehung bereits bereits systematisch genutzt und beschrieben wird, spielen darüber hinaus dialogische Situationen zwischen dem Pädagogen und den Kollektivmitgliedern eine bedeutende Rolle für die Entwicklung der Fähigkeit zur Selbsterziehung.

Zwei Momente stehen in *Makarenkos* Auffassung zur Bedeutung des Kollektivs für die Erziehung im Vordergrund. Das eine ist die Erziehung der Jugendlichen zur *Aktivität und Verantwortung* sowohl in der Arbeit wie in der Selbstverwaltung (vgl. *Sauermann* 1987, S. 112f.). Im Rahmen dieser Erziehung ergibt sich die Entwicklung von der bloßen Einordnung in das Kollektiv (*Makarenko* erzog in den 20er Jahren in der Sowjetunion auf der Straße aufgefundene, verwahrloste Jugendliche in einer großen Erziehungskolonie) bis hin „zur freien Forderung des Kollektivs und des einzelnen an sich selbst" (Bd. 5, S. 159). Dies führte nach einigen Jahren hin zur Fähigkeit jedes Kollektivmitglieds, ein Kollektiv leiten zu können (ebd., S. 269). Das zweite Moment wird als „*Stil und Ton des Kollektivs*" (*Sauermann* 1987, S. 115) beschrieben, d. h. als bestimmte Seiten der Kultur, Ästhetik und Ethik des Kollektivs. „Eine besondere Rolle spielen dabei die Schönheit und das Glück im Kollektiv und durch das Kollektiv" (ebd.). Das wichtigste Merkmal für Stil und Ton des Kollektivs liegt in der Betonung und Durchsetzung des Gefühls der *Würde und Selbstachtung* aller Beteiligten. Dies geht einher mit der Entwicklung von *Orientierungsvermögen*. Dieses Orientierungsvermögen zielt auf die Realisierung humaner innerer Beziehungen des Kollektivs wie seiner Beziehungen zur Welt. Entsprechend führt *Makarenko* aus: „Kein Zögling, sei er auch noch so klein und schwach oder sei er ein Neuling im Kollektiv, soll sich isoliert und schutzlos fühlen. Niemand hat das Recht und nicht einmal die Möglichkeit, ein schwächeres Mitglied des Kollektivs ungestraft zu verhöhnen, zu tyrannisieren oder ihm Gewalt anzutun – das muß ein strenges Gesetz des Kollektivs sein" (Bd. 5, S. 88f.).

Die innere Seite der Tätigkeit des Kollektivs als Subjekt (sein Inhalt, sein Wesen) wird durch seine *Organisiertheit* (Leitungsfunktionen, demokratische Kontrolle, Regeln usw.) und ein „*System von Perspektiven*" realisiert, als dessen Hauptmerkmal *Makarenko* nicht materielle Anreize sieht, sondern „die Freude auf morgen" (Bd. 1, S. 602). Ein System solcher Perspektiven muß von nahen Perspektiven (warme Zimmer, ausreichendes Essen, Schutz vor Willkür usw.) über mittlere Perspektiven (z. B. Gestaltung eines Lagers in den Sommerferien) bis hin zu weiten Perspektiven reichen (z. B. Zukunft des eigenen Landes und seine Fortentwicklung) (Bd. 5, S. 78–86). *Auernheimer* (1979, S. 197) bestimmt unter Aufgreifen dieser Gedanken die Kategorie *Bildung* als Gewinnung von Identität „durch ein bewußtes und definiertes Verhältnis des Menschen zum eigenen Selbst, zur eigenen Klasse und zur Gesellschaft als ganzer unter der Perspektive ihrer Entwicklung in Richtung gleicher Mitwirkungs- und Entfaltungsmöglichkeiten für alle".

Entsprechend zielt *Makarenkos* Begriff von *Disziplin* nicht auf eine bloß formale Unterordnung, die er als „Ordnung" im Sinne ihrer Durchsetzung durch Disziplinarmaßnahmen ablehnt, sondern auf die Realisierung von Würde und Verantwortung im Sinne von humanem Handeln auf den verschiedenen Ebenen dieser Perspektiven (vgl. Bd. 4, S. 386).

Da die Wahrheit immer konkret ist, kann humanes Handeln später letztlich nur erfolgen, wenn es im Erziehungsprozeß und insbesondere im Kollektiv erfahren und realisiert wurde und wird. Dieser Gedanke steht im Kernpunkt von *Suchomlinskis* Pädagogik. Er leitete von Ende der 40er bis zu Beginn der 70er Jahre eine Schule in der Ukraine und hat in zahlreichen Publikationen das m. E. entwickeltste System marxistischer Pädagogik in Theorie und Praxis ausgearbeitet. (In deutscher Übersetzung liegen vor *Suchomlinski* 1962, 1963, 1974, 1977, 1979, 1982.)

In Kritik an jeder Art von „Kommandeurspädagogik" geht *Suchomlinski* (1963, S. 111) davon aus, daß „nicht die Unterordnung unter den persönlichen Willen des Leiters, sondern die Treue zu einer Idee ... den Menschen zu innerer Disziplin, geistiger Beharrlichkeit und Konsequenz im Kampf gegen Schwierigkeiten" erzieht. Diese Idee, die *Suchomlinski* im Sinne der Humanitätsforderung des *Marx*schen kategorischen Imperativs sieht (s.o., Kap. 1), muß in der Tätigkeit des Kollektivs selbst, in seinen inneren wie äußeren Beziehungen zum Ausdruck kommen. Das Kollektiv bildet seiner Auffassung nach (1979, S. 14ff.) eine *organisatorische und moralische Einheit.* Die Tätigkeit des Kollektivs ist ein „Eckpfeiler", der alleine aber nicht ausreicht. *Die Hauptkraft, die die Menschen im Kollektiv vereint, ist „die Sorge des Menschen um den Menschen, die Verantwortung des einen für den anderen, die Verantwortung des einzelnen gegenüber dem Kollektiv, gegenüber der Gesellschaft"* (S. 15). Mitgefühl mit allem Lebendigen, Verantwortung für alles, was lebt, Verabscheuung des Bösen, Sorge um das Gute und Schöne im Sinne des Humanen, Entwicklung eines Gefühls der Verantwortung: „So darf es nicht bleiben" und aktives Eingreifen, damit die Welt besser wird, dies sind Grundgedanken von *Suchomlinski*s pädagogischer Konzeption, die polytechnische und wissenschaftliche, moralische und ästhetische Erziehung und Bildung umfassend verbindet.

Entsprechend ist es die *Aufgabe der Kollektiverziehung,* „die zwischenmenschlichen Beziehungen so zu gestalten, daß die Persönlichkeit bereichert und in ihrer moralischen Schönheit bestärkt wird, daß der Mensch beim Umgang mit anderen Freude empfindet und den unwiderstehlichen Wunsch verspürt, mit anderen Menschen zusammen zu sein" (1979, S. 54). Diesen Prozeß zu unterstützen verlangt Behutsamkeit, Takt und pädagogische Kultur des Erziehers, der bei der Behandlung von Mängeln und Schwächen des Einzelnen im Kollektiv *niemals die Würde des einzelnen verletzen* darf (S. 30). Notwendig ist eine harmonische Einheit von ideologischem, intellektuellem, moralischem, ästhetischem und emotionalem Leben des Schulkollektivs, für welche die wesentliche Voraussetzung die *„Herrschaft des Denkens"* ist, ohne die von einem Kollektiv nicht gesprochen werden kann.

*Suchomlinski*s Bestimmung des Kollektivs beinhaltet eine im Vergleich zu *Makarenko* vertiefte *Vermittlung des Dialogischen mit dem Aspekt der Kooperation.* Dies wird besonders deutlich in dem Kernkapitel seines Buches „Die weise Macht des Kollektivs" (1979), das insgesamt zehn *Aspekte der Herausbildung des erzieherischen Einflusses des Kollektivs auf die Persönlichkeit* behandelt, von denen ich die ersten acht in Kürze skizzieren will. Dabei greifen diese Erörterungen bereits wesentlich über die Darstellung dieser Kategorie hinaus, da sie ihren Einbau in ein System basaler Pädagogik insgesamt skizzieren.

1. Als wesentliche Grundlage der *Sozialisierung der Persönlichkeit* muß das Kind für emotionale Einwirkungen zugänglich sein bzw. bleiben. Folglich muß das Kollektiv Möglichkeiten für das Kind schaffen, sich gut zu verhalten. Es muß ihm dazu verhelfen, so viele Taten wie möglich zu vollbringen, „die dem Streben nach moralischer Schönheit und dem Wunsch entspringen, den Menschen Gutes zu tun" (S. 54). Dabei ist davon auszugehen, daß moralische Disziplin über Furcht nicht aufgebaut werden kann. „Furcht gleicht Stricken, mit denen man nicht nur den Willen, sondern auch das Denken der Schüler fesselt" (S. 52).

2. Es ist Aufgabe der Kollektiverziehung, die *zwischenmenschlichen Beziehungen* so zu gestalten, daß „der Mensch beim Umgang mit anderen Freude empfindet und den unwiderstehlichen Wunsch verspürt, mit anderen Menschen zusammen zu sein" (S. 54). Hierbei kann nicht erwartet werden, daß sich diese Anregungen sofort im Tun der

Persönlichkeit niederschlagen (S. 62). Der erzieherische Wert dieser Freude liegt darin, daß Schüler daran gewöhnt werden, ihre Gedanken in das Kollektiv einzubringen und selbst Anregungen durch das Kollektiv zu erhalten (S. 56).

3. *Emotionaler Reichtum im Leben des Kollektivs* hat notwendig die Fähigkeit des Pädagogen zur Voraussetzung, „feinfühlig auf die seelischen Zustände der Schüler zu reagieren" (S. 64). Widerspenstigkeit und Eigenwillen der Schüler sind besser als stumme Unterwürfigkeit und Willenlosigkeit. Zwang führt zur psychischen Verkrüppelung (S. 68). Eine große Gefahr besteht darin, wenn Schüler immer nur die Gebote des Lehrers ausführen wollen. Je öfter es dem Lehrer gelingt, das Kollektiv zur Ausführungen von Tätigkeiten anzuregen, die „durch edle Gefühle stimuliert sind, desto reicher an Emotionen wird es, desto fester und zuverlässiger werden die ideellen Bindungen zwischen den Kollektivmitgliedern" (S. 63).

4. Das *geistige Leben des Kollektivs und der Persönlichkeit* kann nur gestärkt werden, wenn der Schüler täglich, in jeder Unterrichtsstunde etwas durch eigene Anstrengung erreicht (S. 85). „Denken zu können, bedeutet die Welt und die eigene Stellung in ihr klar und differenziert zu erkennen, zu verstehen und zu empfinden" (S. 74). Entsprechend muß der Entwicklung der Einstellung der Schüler zur Bildung einer eigenen Meinung sowie der Rolle des selbständigen und schöpferischen Denkens im Leben des Kollektivs und der Einzelpersönlichkeit besondere Bedeutung zukommen (S. 73).

5. Von besonderer Bedeutung ist das *Arbeitsleben des Kollektivs*, wobei es für Suchomlinski (vgl. insb. 1962) wesentlicher Aspekt der Arbeit ist, den Arbeitsprozeß geistig zu durchdringen. Gleichzeitig ist es aber die konkrete Arbeit (im Schulgarten, im polytechnischen Unterricht, in der Übernahme von Pflichten in der Nachbarschaft usw.), in der sich die Verantwortung für andere Menschen realisiert, die Würde verleiht und das moralische Recht gibt, über andere zu urteilen (1979, S. 88).

6. Für die *Entwicklung des Schöpfertums im Kollektiv* wird für die jüngeren Kinder die *Rolle der Märchen* hervorgehoben. „Armut der Sprache ist Ausdruck von Armut im Denken; Armut im Denken aber führt zu moralischer, intellektueller, emotionaler und ästhetischer Unempfindlichkeit" (S. 100). Hier können Märchen bei jüngeren Kindern, die diese besonders gerne im Kollektiv hören, eine wichtige Funktion erfüllen. „Je mehr das Kind über Unverständliches staunt, desto aktiver denkt es, desto wißbegieriger ist es. Das Staunen über Unklares, Unverständliches, besonders jedoch über Unwahrscheinliches und Phantastisches ist für das Kind deshalb so anziehend, weil es seine Begeisterung den Freunden zeigen und seine Eindrücke, Gefühle und Gedanken mit ihnen teilen will" (S. 108).

7. Von besonderer Bedeutung ist die „*Entwicklung von Freude und Güte, Kraft und Gewissen*". Gemeint ist jene Freude, „die im Leben, in unserem Umgang mit anderen aus Menschlichkeit, Herzlichkeit, Behutsamkeit und Sorge entspringt" (S. 113). „Gewissen, Ehrgefühl, Würde und die Fähigkeit, das Menschliche zu achten, müssen dem Kind von klein an anerzogen werden" (S. 120). Durch die Verantwortung in der Pflege von Lebendigem (Pflanzen, Tiere) im Zusammenhang des Kollektivs erwirbt das Kind die Fähigkeit, „etwas, das ihm teuer ist, in sein Herz zu schließen" (S. 121), und andere daran teilnehmen zu lassen. Es findet in diesem Sinn als eine Erziehung zur Begegnung (Buber) statt.

8. Bei den heranwachsenden Jugendlichen ist die Erziehung zu *idealen Vorstellungen von der Schönheit des Verhaltens* und die *Entwicklung der Selbsteinschätzung* von großer Bedeutung. D.h. es findet zunehmend eine Verlagerung der vorher angeeigneten Fähigkeiten und Haltungen in die innere Position statt. Besondere Bedeutung kommt in

diesem Übergang der Literatur zu. Darüber hinaus wird angestrebt, daß jeder Schüler verantwortlich in die Erziehungsarbeit jüngerer Schüler mit einbezogen wird (S. 126).

Aus diesen Überlegungen heraus ergibt sich als Kern einer optimalen Gestaltung kollektiver Beziehungen die Schaffung eines hohen Maßes an *wechselseitiger Verantwortung zwischen Persönlichkeit und Kollektiv*. Unter kooperativem Aspekt ist dabei die Übernahme der *Leitungsfunktion* sowohl für die Entwicklung von Kompetenz wie von Selbstachtung und von Verantwortlichkeit von besonderer Bedeutung. Diese bahnt sich an, indem das Kollektiv als Ganzes Verantwortung gegenüber dem einzelnen übernimmt, d.h. die Quellen des Mißlingens der Tätigkeit des einzelnen jeweils auch im Kollektiv selber gesucht werden. Leitungsfunktionen für ein Kollektiv zu übernehmen beinhaltet folglich die Realisierung sowohl des produktiven wie des reproduktiven Aspektes der kollektiven Tätigkeit. Dies verlangt auch, dialogische Fähigkeiten zur Begegnung mit anderen zu entwickeln. Hier wie überall ist von einer Zone der nächsten Entwicklung auszugehen, innerhalb derer die Schüler dies noch nicht allein, jedoch mit Unterstützung anderer bzw. des Lehrers können.

Dabei sind die bisher in diesem Buch entwickelten Kategorien mitzudenken. Übernahme von Verantwortung in der Dialektik von Persönlichkeit und Kollektiv kann jeweils nur entsprechend dem je realisierten Abbild- und Tätigkeitsniveau erfolgen und hat der spezifischen Entwicklung der Persönlichkeit Rechnung zu tragen. Dabei muß die Organisation der Tätigkeit jeweils auf höchstem Niveau erfolgen. Auf einige weitere Aspekte dieses Gedankens gehe ich bei der Behandlung der Kategorien Bildung und Erziehung ein.

10.3 Kommunikation und sozialer Verkehr

Kommunikation hatte ich oben definiert als (1) Austausch von Nachrichten und (2) Vermittlung mit dem Gemeinwesen. Im Sinne der Definition bei *Ritter* und *Gründer* (1976, S. 894) – als Bedeutungsfeld: Mitteilung, Gewährung, Verbindung, Austausch, Verkehr, Umgang, Gemeinschaft – ist Kommunikation eine Tätigkeitsform, in der die Vermittlung von Sinn und Bedeutungen zwischen Subjekten erfolgt. D.h. sie ist die *vermittelnde Einheit von Dialog und Kooperation*.

Innerartlicher *sozialer Verkehr*, in dem sich Kommunikation als Austausch zwischen Individuen vollzieht, beinhaltet auf tierischem Niveau Subjekt-Subjekt-Interaktionen in der sexuellen Reproduktion, in der Aufzucht der Jungen, im Zusammenleben tierischer Gemeinschaften, in der Abgrenzung eigener Reviere oder u.U. auch in der zielbezogenen gemeinsamen Tätigkeit bei der Jagd. Auf menschlichem Niveau ist der innerartliche soziale Verkehr gänzlich durch das historisch entstandene System gesellschaftlicher Verhältnisse in Produktion und Reproduktion bestimmt, d.h. er erfolgt über die Tätigkeit des gesellschaftlichen Gesamtarbeiters vermittelt.

Tierische Tätigkeit wird von *Tembrock* (1975, S. 23) als Verhalten in Raum-Zeit-Systemen verstanden, die durch Beharrungstendenzen, Ausweichtendenzen und Annäherungstendenzen strukturiert sind. *Biokommunikation* bezieht sich auf wechselseitige Regulierung von Distanz (Beharren, Ausweichen oder Annähern) zwischen Individuen oder die Orientierung an der von anderen Subjekten vorgenommenen oder angekündigten Regulierung der Distanz zu dritten Objekten oder Subjekten. D.h. bestimmten Ausdrucksformen von Individuen sind in der Kontaktkommunikation (Körperkontakt) bzw. der Telekommunikation (im Nahfeld oder Distanzfeld) bestimmte Bedeutungen zugeordnet. Sie haben Signalfunktion (vererbt oder erworben) für andere Individuen der Gattung. Durch strukturelle Koppelung (biorhythmische Synchronisation affektiv/emotionaler Wertungen) und Informationsvermittlung in der Population hat die Tierkommunikation in Populationen eine für die Selektion stabilisierende Rolle (vgl. *Tembrock* 1982, S. 201). Das Verhalten der je anderen Tiere wird zum Ansatzpunkt einer überindividuellen Orientierung über subjektiv relevante Lebensbedingungen.

Auf menschlichem Niveau werden solche Systeme der überindividuellen Orientierung selbst historisch hervorgebracht (Sprache und Arbeit). D.h. die Produkte menschlicher Tätigkeit, jeweils realisiert in der Produktion, in der Kultur, im sozialen Verkehr, werden jetzt zur Voraussetzung menschlicher Tätigkeit der je folgenden Generationen. Das kollektive Subjekt „gesellschaftlicher Gesamtarbeiter" weiß damit mehr als die je einzelnen Individuen, obwohl es durch nichts anderes als die Tätigkeit der einzelnen Individuen realisiert wird. (*Holzkamp* 1983a, 172ff. bezeichnet dies als Prozeß der „Zweck-Mittel-Verkehrung": Die Mittel werden von den Individuen „für den Fall von" angeeignet, ohne daß dieser bereits eingetreten ist.) Die Vermittlung der je neuen Voraussetzungen an die je folgenden Generationen (bzw. der arbeitsteiligen Vermittlung von Erfahrung in der je vorhandenen Generation) schafft das Problem von *Erziehung und Bildung* sowie seine Lösungsaspekte: Die Formen der Kommunikation müssen sowohl auf Sinnentwicklung wie auf Bedeutungstransfer ausgerichtet sein. Nur dies garantiert den Erhalt der zwei *Grundvoraussetzungen gesellschaftlicher Systeme:* Lernfähigkeit und Erhaltung, Regelung bzw. Weiterentwicklung ihrer eigenen Struktur (*Tjaden* 1977).

Diese innere Struktur der gesellschaftlichen Verhältnisse, innerhalb derer sich der Austausch der Individuen in der Kommunikation ereignet, bezeichnet Marx als Verkehr (vgl. MEW Bd. 3, u.a., S. 67ff., S. 70ff.). Der Begriff Verkehr bezieht sich also auf die *„Austauschprozesse zwischen den Subjekten eines Gemeinwesens und zwischen den Gemeinwesen als Ganzen"* (*Raeithel* 1983, S. 169). Dieser Verkehr vollzieht sich nicht beliebig, sondern hängt ab von den ausdifferenzierten gesellschaftlichen Verhältnissen in Basis und Überbau, in Produktion, Distribution, Zirkulation und Konsumtion ebenso wie in Staat, Recht, Religion, Sprache, Infrastruktur usw. Insofern ist er unter die jeweils gesellschaftlichen Verhältnisse subsumiert und findet in bestimmten „*Verkehrsformen*" statt. Die *Kategorie „Form"* ist in diesem Zusammenhang, so *Raeithel* (1983, S. 169), „am besten als ein System von Begrenzungskanälen für reproduktive Prozesse zu verstehen ... Eine Form wird gebildet durch das Insgesamt der zugehörigen Mittel und enthält zugleich den reproduktiven Zyklus dieser Mittel". Solche „Verkehrsformen" sind – so kann *Raeithels* Gedanke fortgeführt werden – an die kollektiven „Subjekte eines Gemeinwesens" gebunden, also an gesellschaftliche Institutionen bzw. antiinstitutionelle Bewegungen in einem Gemeinwesen. Persönlichkeitsentwicklung kann in dieser Hinsicht, so *Haselmann* (1985), auch als Reproduktion von „Sozialformen" verstanden werden. Ähnlich unterscheidet auch *Sève* (1972) Individualitätsformen (z.B. die des Arbeiters) als Ausdruck der objektiven historischen Logik gesellschaftlicher Verhältnisse, die nach seiten der Individuen zugleich Vergesellschaftungsmöglichkeiten, „Aktivitätsmatrizen" darstellen (1972). Eine entsprechende Bestimmtheit der Individualitätsform „Behinderung" wurde in Band 1 (Kap. 1 und 2) des vorliegenden Buches bereits dargestellt.

Alle diese Verkehrsformen, Sozialformen, Individualitätsformen (*Haselmann* spricht darüber hinaus noch von Beziehungsformen) sind in sich und untereinander über Verkehr (als Allgemeines) und Kommunikation (als Besonderes) vermittelt.

A.A. *Leontjew* (1982) definiert *Verkehr*, der vor allem und zunächst sprachlicher Verkehr ist, als *„Prozeß der Herstellung und Aufrechterhaltung eines zielgerichteten, direkten oder durch bestimmte Mittel vermittelten Kontakts zwischen Menschen, die in psychologischer Hinsicht irgendwie miteinander verbunden sind"* (S. 46). Dabei geht er unter Bezug auf *Marx* von drei Ebenen der gesellschaftlichen Verhältnisse aus.

(1) Die Basis bilden die materiellen Verhältnisse (Gesellschaftsformation, Produktionsverhältnisse, Produktivkräfte).

(2) Als „sekundäre Verhältnisse" werden die ideologischen Verhältnisse betrachtet, die sich insbesondere in der Entwicklung der Staatsformen widerspiegeln.

(3) Die Realisation dieser sekundären Verhältnisse als „tertiäre", „übertragene Produktionsverhältnisse" beinhaltet „die Typologie jener konkreten Spielarten, die der Verkehr je nach den verschiedenen Bedingungen annimmt, unter denen er abläuft" (S. 37).

Ideologische Verhältnisse spiegeln aber niemals nur die Produktion wider, sondern immer auch die Reproduktion, zu deren Gewährleistung allgemeine Produktionsbedingungen außerhalb der Produktion entstehen, d.h. Infrastrukturen, die sich in Form gesellschaftlicher Institutionen realisieren (vgl. Kap. 1). Ihre widersprüchliche Einheit mit den materiellen Verhältnissen der Produktion bildet in der Distribution – der räumlich-zeitlichen Verteilung gesellschaftlich-natürlicher Verhältnisse – nach seiten der Individuen hin die gesellschaftliche Oberfläche aus (vgl. *Marx*, MEW 42, S. 31). Von dieser als *Alltag* ausgehend und über sie hinaus (in der Dialektik von Individualitätsform und Aktivitätsmatrix), eignen sich die Individuen die gesellschaftliche Realität an (vgl. auch Abb. 17, Bd. 1). Diese Ebene der Infrastrukturen und Institutionen wäre als zwischen die Ebene 1 und 2 geschobene weitere Ebene (1a) zu betrachten.

Die widersprüchliche Vermittlung von Reproduktion und Produktion bedingt die Ausformung des Ideologischen, die sich in sprachlicher Form vergegenständlicht. Und dies ist die Struktur, in die hineinversetzt die Individuen im sozialen und sprachlichen Verkehr produzieren und kommunizieren. *Das Wesen des Ideologischen ist es, daß es in der sprachlichen Vermittlung von Bedeutungen zugleich Sinn bindet und Zustimmung organisiert.* Nach *Vološinov* (1975; Pseudonym für M. *Bachtin*) hat alles Ideologische Zeichencharakter (S. 54ff.). Das *Zeichen* ist für ihn weder rein subjektiv noch rein objektiv. Es hat (1) die Funktion der Stellvertretung von Wirklichkeit, die es (2) in der gesellschaftlichen Kommunikation als sozial vermittelte Verwirklichung des Zeichens erst realisiert, aber (3) nicht als unmittelbare Vermittlung, sondern in einem Prozeß der Kommunikation, der sich zwischen Individuen abspielt. Sagen wir es in der Terminologie von *Wygotski:* Indem das Zeichen an sich zum Zeichen für andere wird und damit Zeichen für mich (in seiner Bedeutung als soziales Werkzeug), wird es dies gleichzeitig in der *sinnvermittelten* Bedeutung, die es in diesem spezifischen Akt (oder diesen spezifischen Akten) des sozialen Verkehrs für mich hat. Ähnlich geht auch *Gramsci* (1984) davon aus, daß in letzter Konsequenz „jedes sprechende Wesen seine eigene, persönliche Sprache, das heißt seine eigene Art und Weise zu denken und zu fühlen, hat. Die Kultur in ihren unterschiedlichen Abstufungen faßt eine größere oder kleinere Menge von Individuen in zahlreichen Schichten zusammen, die in mehr oder weniger engem sprachlichen Kontakt zueinander stehen, die sich untereinander in unterschiedlichem Grad verstehen usw. Es sind diese historisch-sozialen Unterschiede und Verschiedenheiten, die in der Gemeinsprache ihren Niederschlag finden und jene ,Hindernisse' und jene ,Ursachen für Mißverständnisse' hervorbringen, die die Pragmatiker aufgegriffen haben" (S. 61).

Gleichzeitig resultieren aus diesem Kontext die Möglichkeiten der klassen-, rassen-, gruppenspezifischen *Umwertung der Werte* als Umwertung bzw. Entwertung der Bedeutungen. In den jeweiligen sinn- und bedeutungsvermittelnden Strukturen werden dann das Einzelne und das Allgemeine falsch verbunden und das Einzel- oder Gruppeninteresse dem Menschheitsinteresse übergeordnet. Gut ist dann das saubere Kind und böse das dreckige, gut ist der Deutsche und schlecht ist der Ausländer usw. Insofern ist *Vološinov* zuzustimmen, daß das Zeichen ein Ort des Klassenkampfes ist.

Der jeweilige Zeichengebrauch und damit die jeweilige Art der Kommunikation hängt von den unterschiedlichen Prozessen *kollektiver Subjektivität* ab, in die die Individuen durch Dialog und Kooperation eingebunden sind. Da sich während der Schulzeit und in der Pubertät die dialogischen wie kooperativen Beziehungen nach innen verlagern und in der Dialektik von „Ich" und anderem „Du" bzw. von „Ich" und „Ich als Du" präsent sind, beziehen sich Prozesse kollektiver Subjektivität nicht nur auf die unmittelbare Erfahrung, sondern erstrecken sich im Weltbild bis hin zur Teilhabe am kollektiven Subjekt Menschheit. Sei es in der verhimmelten Fassung der Gleichheit aller Gläubigen im himmlischen Regiment Gottes, in der Entsubstantialisierung des himmlischen Gottes bei *Feuerbach* oder in der modernen progressiven Theologie oder in einer atheistisch-humanistischen geistigen Aneignung des Weltverkehrs *(Marx)* auf der Basis des kategorischen Imperativs.

Kommunikation muß also immer als Teilhabe an kollektiven Prozessen begriffen werden, nach deren *Subjekt* zu fragen ist. „Wenn wir es also mit gemeinsamer Tätigkeit zu tun haben, können wir mit voller Berechtigung von einem kollektiven Subjekt oder vom Gesamtsubjekt dieser Tätigkeit sprechen, dessen Wechselwirkung mit den ‚individuellen Subjekten' nur über eine psychologische Analyse der Struktur der gemeinsamen Tätigkeit verstanden werden kann" (A.A. *Leontjew* 1980, S. 530; in gleicher Richtung äußert sich auch *Radsichowski* 1983, S. 569). Erst auf dieser Ebene erschließt sich auch der Prozeß der *Identitätsbildung*, insofern sich das Subjekt (abhängig vom Hierarchisierungsgrad seiner Persönlichkeit und seiner Reichweite und Tiefe seiner Beziehungen zu den Menschen und zur Welt) sich jeweils aus dem Bezug zu den anderen Menschen als identisch erfährt. Dies ist in besonderer Deutlichkeit von G.H. *Mead* (1975) herausgearbeitet worden. So ist Identität „im Grunde eine gesellschaftliche Struktur und erwächst aus der gesellschaftlichen Erfahrung" (S. 182). „Die organisierte Gemeinschaft oder gesellschaftliche Gruppe, die dem einzelnen seine einheitliche Identität gibt, kann ‚der (das) verallgemeinerte Andere' genannt werden. Die Haltung dieses verallgemeinerten Anderen (die das Subjekt zu sich selbst einnimmt; W.J.) ist die der ganzen Gemeinschaft" (S. 198). Entsprechend ist die Identität jeweils als „Struktur von Haltungen" im Gegensatz zu einer Struktur von Gewohnheiten zu verstehen (S. 205).

Der allgemeine Zusammenhang dieser Prozesse kollektiver Subjektivität, in denen Individuen ihre Identität entwickeln, wird auf der Ebene der Sprachprozesse von *Lotman* (1989) wie folgt analysiert.

Lotman geht davon aus, daß die Einheit der Sprache nicht das isolierte monologische Statement ist, sondern der Dialog. Dieser selbst ist aber wieder nur verständlich aus der Gesamtheit der sprachlichen Verhältnisse heraus. Um dies zu analysieren, formuliert *Lotman* in Anlehnung an das Konzept der „Noosphäre" des bedeutenden sowjetischen Naturwissenschaftlers *Vernadskii* das Konzept der *„Semiosphäre" als grundlegender Analyseeinheit*. Für *Vernadskii* ist die Biosphäre als Ort der lebendigen Materie ein kosmischer Mechanismus, der einen bestimmten Raum in einer planetarischen Einheit einnimmt. Die Noosphäre entsteht dann, wenn die menschliche Aktivität in diesem Prozeß eine dominante Rolle spielt (S. 43). In diesem Konzept wird das Leben als Einheit betrachtet, in der alle Organismen wechselseitig verbunden sind. Entsprechend geht *Lotman* von einem semiotischen Universum als Totalität individueller Texte und Sprachen aus, der Semiosphäre, die ihrerseits in partikuläre Semiosphären zerfällt (vermutlich vergleichbar dem Verhältnis Biosphäre zu Biotop).

Eine Semiosphäre ist *begrenzt* durch einen *nichtsemiotischen oder allo-semiotischen Raum* (d.i. ein Raum, in dem ein anderes System sprachlicher Signale gilt). Ihre Grenzlinien bestehen aus der Summe bilingualer Übersetzungsfilter. Bei Durchgang durch diese Filter wird der Text in eine unterschiedene Sprache außerhalb der partikulären Semiosphäre transformiert. Allo-semiotische Texte oder Nichttexte müssen in die Sprache des inneren Raumes übersetzt werden. Da das Konzept der Semiosphäre mit dem der Grenze korreliert, kann in dieser Hinsicht von einer Semiosphäre als *„semiotischer Person"* gesprochen werden. Wenn Grenzen von Semiosphären mit Grenzen von kulturellen Räumen zusammenfallen, so sind sie zugleich *Grenzen zwischen kulturellen und mythologischen Räumen* (z.B. zu den Barbaren; oder unter dem Aspekt der Ausländerfeindlichkeit zu den „Kanaken", „Türken", „Itakern"; der Behindertenfeindlichkeit zu den „Spastis", den „Irren" oder den „Idioten").

Es besteht eine *semiotische Ungleichmäßigkeit* nach außen und nach innen. Der äußere Raum kann ein Raum anderer Semiotik oder nichtsemiotisch sein. Im inneren Raum besteht eine *Kernstruktur*. Diese entsteht durch Fortschreiten zum Stadium der Selbstbeschreibung; sie bildet metalinguistische Sprachen (z.B. Grammatiken) heraus, mit denen sie sich nicht nur selbst, sondern auch den peripheren Raum beschreibt. Dies ist verbunden mit einer Vermischung von Niveaus, d.h. verschiedene linguistische Niveaus existieren gleichzeitig. Unter diesem Gesichtspunkt könnte man u.a. auch die altersspezifischen hierarchischen Niveaus des Sprachgebrauchs beschreiben. Sie würden aus Sicht dieser Theorie partiell allo-semiotisch, wenn sie durch verzögerte Entwicklung (Lernbehinderung) oder Nichtentwicklung (schwere geistige Behinderung) bzw. Andersentwicklung (Gebärdensprache der Gehörlosen) gegen die Regeln der Metasprache verstoßen. Die Schöpfung metasprachlicher Selbstbeschreibungen vergrößert die Starrheit der Struktur und schränkt die Entwicklung ein (S. 49).

Innerhalb der Semiosphären bestehen zahlreiche innere Grenzen. Ersichtlich geht *Lotman* davon aus, daß die elementarste Einheit durch *dialogische Situationen* geschaffen wird. Dazu sind zwei ähnliche, aber zu gleicher Zeit unterschiedliche Partner nötig. Die Besonderheit des Dialogs ist es, daß übermittelter und empfangener Text vom Standpunkt eines Dritten einen vereinheitlichten Text darstellen, d.h. daß also Rückkoppelung im Sinne kollektiver Subjektivität entsteht. Die jeweils übersendeten Texte müssen also in ihrer Antwort Elemente des Übergangs in eine fremde Sprache beinhalten, sonst ist ein Dialog unmöglich. Das bedeutet natürlich, daß jeder Dialogpartner letztlich bilingual sein muß und die elementarste partikuläre Semiosphäre sich im inneren Weltbild des je einzelnen Dialogpartners realisiert. Kommunikation ist daher ein Vorgang, der in einander umhüllenden Semiosphären stattfindet. Semiosphären können wir dabei als selbstorganisierte Einheiten kollektiver Subjektivität verstehen.

Dies führt uns zu dem Verständnis, daß Kommunikation, Dialog, Kooperation und Herausbildung kollektiver Subjektivität Prozesse mit nichtlinearen Übergängen zu je anderen Prozessen sind, innerhalb derer neue Raum-Zeit-Dimensionen entstehen und sich selbst koordinieren. Diese Koordination ist nicht beliebig, sondern entsteht vermittelt durch, in und gegen gesellschaftliche(n) Institutionen. Alles dies sind Prozesse, in denen Pädagogen als professionelle Mittler noch nicht auftreten. Trotzdem sind dies Prozesse von *Erziehung und Bildung* im Sinne einer ständigen Vermittlung von Sinn und Bedeutungen, Dialog und Kooperation in Prozessen der Herausbildung und des Vergehens kollektiver Subjektivität; Prozesse, in denen Interpsychisches zu Intrapsychischem wird, Menschen sich vergesellschaften, d. h. mit dem Gemeinwesen vermitteln. In welcher Weise dieser Prozeß durch gesellschaftliche Erziehung, die auf Konservierung und Reproduktion der Gesellschaft zielt (vgl. *Bernfeld* 1967), zugleich über diese hinaus im Sinne der Aufhebung von Entfremdung und Gewinnung von Vernunft und Humanität gestaltet werden kann, dies bedarf einer Präzision des Begriffs von Erziehung und Bildung sowohl innerhalb wie außerhalb der institutionalisierten Pädagogik.

10.4 Erziehung und Bildung

Erziehung wird bei *Koroljow* und *Gmurman* (1973) als „Lenkung der Entwicklung, als Einflußnahme auf die Entwicklung" (S. 93) verstanden. Sie ist aber keineswegs bloß die Summe solcher Einflüsse der Erzieher oder von Einflüssen des Lebens. „Sie vollzieht sich im Prozeß der Tätigkeit der Schüler, im Zusammenwirken von Lehrer und Schülern und schließlich durch Selbsterziehung" (S. 111). Etwas detaillierter definiert das „Pädagogische Wörterbuch" (*Laabs* u. a. 1987) „Erziehung" als „gesellschaftliche Tätigkeit zur bewußten und zielgerichteten Entwicklung von Persönlichkeiten, zu ihrer Befähigung für ihre Lebenstätigkeit insgesamt und für spezielle ihrer Betätigungsweisen" (S. 108).

Bernfeld (1967) betrachtet Erziehung generell als konservativen Vorgang, der die „Konservierung der biopsychischen und der sozialökonomischen, mit ihr der kulturellgeistigen Struktur der Gesellschaft" betreibt (S. 110). *Holzkamp* (1983b, c) kritisiert als Erziehungsförmigkeit, daß der Erwachsene von vorgegebenen Zielen aus deren Notwendigkeit dem Kind zu vermitteln versucht und seine Absichten gegen den Widerstand des Kindes mit Macht durchsetzt. Dieser Herangehensweise liege die Auffassung zugrunde, daß Kinder erst sozial werden müßten. Gezielte Beeinflussung auch mit fortschrittlichen Inhalten müsse daher letztlich durch diese Vorwegnahme des Zieles und den dadurch gesetzten Zwang ihr Gegenteil erreichen. Dagegen sei die Subjektlogik der Kinder zu setzen, die von Anfang an auf Aneignung der Welt und Verfügungserweiterung zielt. Entsprechend sei es das eigentliche Problem von Erziehung, daß der Erwachsene erst einmal lernen muß, mit Kindern so zu leben, daß sie seinen Rat und seine Unterstützung wirklich annehmen können. Erziehung positiv gewendet sei damit letztlich Unterstützungstätigkeit, in der die Entwicklungslogik nicht vorwegbestimmt werden könne.

Auernheimer (1984) sieht folgende grundlegenden Merkmale von Erziehung:
- die Interaktion zwischen Lernenden und solchen, die einen Schritt weiter sind (Entwicklungsvorsprung);
- sowie die Förderung des anderen (Lernenden) beabsichtigen (pädagogische Intention);
- dies impliziert, daß die Lernenden nicht von den Fortgeschrittenen an sich gebunden werden;
- und verlangt unverzichtbar Vertrauen seitens des Zöglings (zumindest aber Zustim-

mung). Ohne solche (und das damit verbundene Vertrauen) könne von Erziehung keine Rede sein.

Als Ziel einer kritischen erzieherischen Absicht formuliert *Auernheimer* (1984), vergleichbar zu seiner Definition von Bildung (1979, s.o.), „ein bewußtes und aktives Verhältnis des zu Erziehenden zur gegenständlichen Welt, zur Gesellschaft und zum eigenen Selbst. Sie muß also zu einem Begriff der Wirklichkeit verhelfen und Perspektiven der Veränderung vermitteln" (S. 181).

Aus all diesen Definitionen geht ein Verständnis von *Erziehung als soziale Form der Tätigkeit* (als institutionelle Tätigkeit, Tätigkeit von Erwachsenen gegenüber Kindern, Fortgeschrittenen gegenüber Lernenden) hervor. Erziehung wäre also der Prozeß, der zur Entwicklung von *Bildung* und über diese hinaus zur Realisierung eines gesellschaftlich allgemein oder z.T. gewünschten Verhaltens („Zucht"; Erzogenheit statt „Ungezogenheit") führt. Dabei unterscheiden sich die Auffassungen der (jeweils marxistisch orientierten) Autoren hinsichtlich der zu respektierenden und zu berücksichtigenden Autonomie des Subjekts. Diese ist am engsten gefaßt im „Pädagogischen Wörterbuch". Verfolgt man z.B. den von *Laabs* u.a. (1987) genannten Charakterbegriff dort weiter (S. 75), so erscheint Charakter als normative Kategorie im Sinne einer Wertorientierung an der „Weltanschauung und Moral der Arbeiterklasse". Er drückt sich aus in allgemeinen formalen Tugenden (Erzogenheit) wie Standhaftigkeit, Beharrlichkeit, Bescheidenheit, Ehrlichkeit, Höflichkeit im Gegensatz zu negativen, individualistischen Eigenschaften (Unerzogenheit) wie z.B. Egoismus, Egozentriertheit, Hochmut, extremer Ehrgeiz, Rücksichtslosigkeit, Mißachtung der Interessen anderer Menschen.

Ein positiver Inhalt von Erziehung auf der Seite des Subjekts im Sinne dessen, was das Resultat als Erzogensein bedeutet, ist in keiner der Definitionen zu finden. Dies müßte aber unabhängig von den Inhalten der Bildung bestimmbar sein, da sonst Erzogenheit letztlich nur einerseits als soziale Einschränkung menschlicher Natur begriffen werden könnte *(Bernfeld)*, andererseits mit Bildung im Sinne von Identitätsgewinnung zusammenfiele *(Auernheimer)*, oder schließlich ein positiver Begriff von ihr möglicherweise nicht statthaft wäre *(Holzkamp)*.

Der Wortstamm „ziehen" in „Erziehung" verweist auf die Förderung eines Entwicklungsprozesses (wie auch bei Pflanzen oder Tieren), dessen optimale Struktur letztlich dann realisiert wird, wenn die Bedingungen ihrer *Selbstorganisation und Autonomie* respektiert werden. Was ist aber das Wesen dieser Autonomie? Es ist nicht die Homöostase, sondern die *Selbstentwicklung* als Höherentwicklung gemäß den artspezifischen Möglichkeiten. In diesem Sinne kennzeichnet *Marx* (MEW 42, S. 396) menschliche Entwicklung ihrer Möglichkeit nach als „absolute Bewegung des Werdens", d.h. „Entwicklung aller menschlichen Kräfte als solcher, nicht gemessen an einem *vorhergegebenen* Maßstab" als „Selbstzweck". Ihr Ziel ist die Aufhebung von Entfremdung und die *universelle Realisierung des menschlichen Gattungswesens*. Am Beispiel des Verhältnisses des Mannes zur Frau bestimmt *Marx* (MEW Erg. Bd. 1, S. 535) dieses Ziel wie folgt: „In diesem Verhältnis zeigt sich auch, inwieweit das *Bedürfnis* des Menschen zum *menschlichen* Bedürfnis, inwieweit ihm also der andere Mensch als Mensch zum Bedürfnis geworden ist, inwieweit er in seinem individuellsten Dasein zugleich Gemeinwesen ist" (S. 535).

Die Realisierung des Bedürfnisses des Menschen nach dem Menschen wäre folglich als Inhalt von Erziehung zu betrachten, die hierzu die Voraussetzungen zu schaffen hätte. In diesem Sinne finden sich im Werk von *Suchomlinski* einige Aussagen zum Wesen von Erziehung:

„*Erziehung des Menschen heißt Herausbildung des geistigen Bedürfnisses des Menschen nach dem Menschen"* (1979, S. 82).

„Die Selbsterziehung ... beginnt damit, daß menschliche Einmaligkeit den Wunsch weckt, nachzuahmen" (also mit der Herausbildung des Bedürfnisses nach sich selbst als Mensch; W.J.). „Erziehung ist dann meisterhaft, wenn man erreicht, daß sich diese individuellen Wesenszüge im Streben der Persönlichkeit, in hochentwickelter menschlicher Würde, leidenschaftlicher Begeisterung und einer gesunden Selbstachtung äußern" (1982, S. 48), was sich praktisch jedoch nur in der Übernahme von Verantwortung für andere realisieren kann und muß (ebd., S. 49). Entsprechend steht im Kern von *Suchomlinskis* Erziehungskonzeption die Einheit von Ästhetischem, Emotionalem und Sittlichen (ebd., S. 46).

Für die *Haltung des Erziehers* zum Kinde gilt:

„Das Geheimnis der Erziehung besteht, wenn Sie so wollen, eben darin, den Wunsch des Kindes, daß sie zu seinem Freund werden, nicht verlorengehen zu lassen" (1979, S. 191).

Und: „Man sollte sich bei der Erziehung an folgende Regel halten: Die Beseitigung eines Übels darf kein neues hervorbringen" (ebd., S. 132).

Der Prozeß der Erziehung zielt folglich auf die Realisierung und Herausbildung der Fähigkeit zur Sinnentwicklung und Sinnverwirklichung in der menschlichen Tätigkeit als sozialer Tätigkeit, d.h. auf die Entwicklung humaner Beziehungen zu sich selbst, zu den Menschen und zur Natur. Sie zielt auf *humane gefühlsbegründete Haltungen,* während Bildung auf *Inhalte* zielt.

Es sollte dabei deutlich sein, daß derartige Gefühle als Ausdruck und Basis von Sinn je nach Ausprägungsgrad und Entwicklungsstand der Persönlichkeit sich auf unterschiedliche Objekte beziehen und ein unterschiedliches Maß an Tiefe beinhalten. So unterscheidet *Kon* (1979) Kameradschaft, Freundschaft und Liebe als Beziehungen je unterschiedlicher gefühlshafter Tiefe. Sexuelle Liebe als eine besondere Ausdrucksform der Liebe wird dabei in ihrer reifen Form als „eine organische Verbindung des sinnlichen Triebs mit dem Bedürfnis nach menschlicher Wärme, intimer Nähe" verstanden; ihre Entwicklung ist ein langwieriger Prozeß (S. 155). Hinzuzufügen wäre (religiöser) Glaube als personenbezogenes (auf eine mythische Figur wie Gottvater, Jesus, Maria usw. projiziertes) bzw. nicht personenbezogenes, auf die Gattung Menschheit gerichtetes Liebesgefühl.

Ethologisch scheint es verschiedene autonome „affektive Systeme" zu geben. Nach *Harlow* können bereits bei Affen unterschieden werden: Kindesliebe zur Mutter, Mutterliebe zum Kind, Liebe zwischen Geschwistern, heterosexuelle Attraktionen und schließlich Vaterliebe (*Kon* 1979, S. 149). Dies verweist auf vergleichbare, vom Stand der ontogenetischen Entwicklung abhängige Gefühlsdimensionen auf menschlichem Niveau (vgl. auch *Counts* Überlegungen zur entsprechenden Ausgestaltung der Verhaltens-Biogramme von Säugetieren unterschiedlicher Evolutionsniveaus; 1970).

Für *Lauster* (1982) ist Liebe Zuwendung als Resultat einer interessierten, positiven, verständnisbereiten Wachsamkeit, Aufmerksamkeit und Achtsamkeit. „Je mehr Sie sich aufmerksam anderen zuwenden, um so mehr werden sie spüren, daß dies in eine liebende Zuneigung übergeht", und zwar nicht nur gegenüber Menschen, „sondern gegenüber allem, was jetzt existiert" (S. 64). „Die Zuwendung zu allem Lebendigen ist die Grundlage der Liebesfähigkeit" (S. 65). Zuwendung geht einher mit meditativer Haltung: Die Aufmerksamkeit unterwirft sich dem Augenblick des Gefühls, Empfindens und Erkennens (S. 71). Liebe ist für *Lauster* psychische Gesundheit. Als Resultat in dieser Hinsicht nicht gesunder Prozesse der Entwicklung der Persönlichkeit entstehen Angst und ihr geschuldete zahlreiche Abwehrmechanismen (vgl. S. 77). Erziehung würde aus dieser Sicht (wie auch schon bei *Suchomlinski* betont) Angstabbau beinhalten und die Möglichkeit zu Beziehungen schaffen müssen, innerhalb derer positive gefühlshafte Besetzungen wieder möglich sind. In diesem Sinne spricht *Freud* in einem Brief an C. G. *Jung* davon, daß „Psychoanalyse (…) eigentlich eine Heilung durch Liebe (ist)" (zit. als Motto bei *Bettelheim* 1986).

Betrachte ich, wie oben begründet, Erziehung als Herausbildung gefühlsbegründeter humaner Haltungen, so finde ich eine der in diesem Sinne besten Bestimmungen positiver Aspekte des Erziehungsbegriffs in Dorothee *Sölles* Entwurf einer feministischen Theologie „Lieben und arbeiten" (1985).

Dort, wo bei *Marx* der schon zitierte kategorische Imperativ als Grundhaltung steht („alle Verhältnisse umzuwerfen, in denen der Mensch ein erniedrigtes, ein geknechtetes, ein verlassenes, ein verächtliches Wesen ist"), steht in *Sölles* Theologie der *kategorische Imperativ Jesajas* (56, 6–12):
„Löse die Fesseln der Ungerechtigkeit, sprenge die Bande der Gewalt. Gib frei die Mißhandelten. Jedes Joch sollt ihr zertrümmern. Brich dem Hungrigen dein Brot. Die Obdachlosen führe in dein Haus. Wenn du einen nackt siehst, so kleide ihn. Entzieh dich nicht deinen Brüdern".

In einem gänzlich entsubstantialisierten Gottesbegriff bestimmt *Sölle* Gott als *Liebhaber/in des Lebens*, die *wir Menschen* sind und werden können im Prozeß der Schöpfung, der nicht abgeschlossen ist. Mitschöpfer/in im Sinne der Realisierung dieses uns aufgegebenen menschlichen Wesens zu sein und zu werden bedeutet, „Widerstandskämpfer und Revolutionär" zu sein und zu werden. Es bedeutet Beteiligung an den drei Arten des Schöpfungsprozesses: „an der Erneuerung der Erde, an der Befreiung von Sklaverei und am Widerstand gegen den Tod und alle todbringenden Mächte" (S. 212).

Im einzelnen bedeutet dies:
(1) Erhalt und Fortführung der Schöpfung der Natur. Gegen Naturzerstörung und Vernichtung der Erde ist *„Zärtlichkeit für alles, was auf dieser Erde lebt"* (S. 211) zu entwickeln. Sie bildet die Grundlage unserer Fähigkeit zu Widerstand und zur Übernahme von Verantwortung.
(2) Auch die zweite Schöpfung (Exodus als Auszug aus der Fremdherrschaft) ist nicht abgeschlossen. Noch existieren Ausbeutung und Militärherrschaft, noch sind Frieden und Gerechtigkeit nicht erreicht. In diesem Sinne Liebhaber/in des Lebens zu werden bedeutet, im Sinne von *Jesajas* Imperativ, *Nächstenliebe als Basis von Widerstand* zu entwickeln als eine Beziehung, die jedem von Ausbeutung und Unterdrückung, Hunger und Armut betroffenen Menschen auf dieser Erde zukommt.
(3) Im Sinne des dritten Aspektes von Schöpfung geht es um die Bedrohung durch die todbringenden Mächte wie um unseren eigenen Tod. Dieser ist nicht der physische Tod, sondern der *Tod im Leben*, indem wir *psychisch absterben* und gleichgültig werden. Die Auferstehung findet demnach im Leben statt und ist die *Zurückgewinnung unserer menschlichen Würde als humanes Subjekt unserer Beziehungen zu den Menschen, zur Welt und zu uns selbst* (vgl. auch *Sölle* 1975, S. 7ff.: „Der Tod am Brot allein").

Bildung bezieht sich, wie dies in mehreren Zitaten bereits deutlich wurde, auf die inhaltliche Seite des im Erziehungsprozeß vermittelten Verhältnisses zu den Menschen und zur Welt, d. h. auf den bedeutungshaften Aspekt der Aneignung. Indem Pädagogik in der „Konstruktion dieser inhaltlichen geistigen Welt im Zögling" *(Herbart)* ihre „größte Aufgabe und Möglichkeit" hat, ist „jeder Vorgang in der Seele ein Bildungsprozeß" ... „Bildung' bedeutet dann die gesunde, wahrhafte und weitreichende Gliederung dieses seelisch-geistigen Zusammenhangs" *(Nohl* 1933, S. 47). Löst man den hierin steckenden Dualismus von Seele und Welt bzw. Seele und Geist auf, so geht es *im pädagogischen Prozeß sowohl um die Entwicklung von Sinn (Erziehung) wie um die Entwicklung von Bedeutungen als Aufbau des Weltbilds (Bildung) in der Tätigkeit. Dies ist ein Prozeß der wechselseitigen Vermittlung.*

Eine auf dieser von *Leontjew* vertretenen Auffassung (vgl. *Stöcker* 1986) aufbauende, exaktere Bestimmung des Bildungsbegriffs hat *Stegemann* (1983, 1984) versucht.

Stegemann (1984) geht davon aus, daß gegenwärtig keine geschlossene Bildungstheorie vorliegt. Im geisteswissenschaftlichen Bildungsbegriff stehe im Mittelpunkt die Entfaltung des subjektiven Geistes – innerhalb derer sich der allgemeinmenschliche Geist ausdrücke – zu höheren Formen. In kritisch-rationalistischer Sicht von Erziehung und Bildung seien Erziehungsphilosophie, Erziehungswissenschaft und Erziehungspraxis voneinander getrennte Bereiche. In der kritischen Theorie werde das Subjekt als etwas betrachtet, was sich gegen die Verhältnisse, in deren Negation entwickeln müsse; und die materialistische Pädagogik betrachte Bildung als Kulturfähigkeit, Qualifikation u. a. m., nicht aber als Selbstbewegung des Subjekts. Ein solcher Standpunkt müsse als Standpunkt des „inneren Beobachters" *(Maturana)* jedoch eingenommen werden, um auch den humanistischen Bildungsbegriff der geisteswissenschaftlichen Pädagogik dialektisch aufheben zu können.

Ansatzpunkte für eine solche Herangehensweise sieht *Stegemann* in *Leontjews* Tätigkeitstheorie. Entsprechend der dialektischen Entwicklung von Abbildniveau und Tätigkeitsniveau (s. o. Bd. 1. Kap. 5, insb. Abb. 17) schlägt er deshalb vor, *Bildung als Bewegung der Tätigkeit auf höhere(n) Niveaus* zu betrachten. Sie führt auf höheres Niveau und ereignet sich (weitet sich aus) auf höherem Niveau. *Stegemann* greift auf *Tjadens* (1977) Überlegung zurück, die Soziohistorie der Menschheit als stufenweisen Prozeß der Entwicklung (Entwicklung der Produktionsweisen) zu betrachten, in welchem aus nicht lösbaren Widersprüchen im Verhältnis von Arbeitsaufwand und Bruttoprodukt je neue Stufen entstehen. „Das jeweils neue, effektivere System entwickelt jeweils neue Mittel der Realisierung des Stoffwechsels mit der Natur. Die Bedeutungen dieser einzelnen Momente des Stoffwechsels evolvieren in die 5. Quasidimension (d. i. nach *Leontjew* das in der inneren Position sich realisierende Weltbild, das sich mit Bedeutungen füllt; W.J.) als gesellschaftliche Bedeutungen. Indem diese die historische Logik widerspiegeln, sind sie das Material der Tätigkeitsentwicklung des jeweiligen Systems gesellschaftlicher Produktion, damit des subjektiven Trägers dieser Produktion" (S. 139).

Ontogenetisch kommt es dabei zu einem *allgemeinen Entwicklungswiderspruch von Bildung*, den *Stegemann* darin sieht, daß die Tätigkeit jeweils mit neuen gesellschaftlichen Bedeutungen konfrontiert wird und notwendigerweise über die vorhandenen Bedeutungen hinausgreift. Sie ist also gezwungen, sich durch neue Bedeutungen zu organisieren, die adäquater ihren Bedürfnissen entsprechen. Dies ist der Prozeß, den ich in der Dialektik der Entwicklung von Abbildniveau und Tätigkeitsniveau in Kapitel 5 bereits dargestellt und auf der Basis seiner allgemeinen Regulation im Rahmen der Theorie funktioneller Systeme weiter ausgearbeitet habe. Er kann auf dieser Grundlage wie folgt bestimmt werden.

Der nützliche Endeffekt der Tätigkeit (vgl. Kap. 7, Abb. 10) ist das Maß der emotionalen Erfülltheit. Diese antizipierte emotionale Erfülltheit kann sich nur im objektiven Prozeß der Transformation des Gegenstandes in das Produkt realisieren und muß daher im Modell des Künftigen in Maße der pragmatischen Ungewißheit auf Handlungs- und Operationsebene transformiert werden. Da der Prozeß reichhaltiger ist als das Bewußtsein *(Leontjew)*, ist das Subjekt jeweils zur *Selbstüberschreitung* seiner bisherigen Fähigkeiten im Rahmen seiner gattungsspezifischen Möglichkeiten genötigt (sofern es nicht durch isolierende Bedingungen und Stereotypbildungen, letztlich also durch Angst hieran gehindert wird). Diese gattungsspezifischen Möglichkeiten zielen beim Menschen auf umfassende Aneignung des in Produktion und sozialem Verkehr in vergegenständlichter Form vorliegenden Gattungserbes. Nur über dessen (operative) Nutzung in Tätigkeiten und Handlungen kann sich der je einzelne Mensch niveauspezifisch mit anderen Subjekten der Gattung in Kooperation vermitteln und in dialogische Beziehungen eintreten.

Im Bildungsbegriff der philosophisch-pädagogischen Klassik, den *Stegemann* in seiner Bestimmung positiv aufzuheben versucht (vgl. insb. auch 1983, S. 35ff. zur Begriffsgeschichte), ist die Zentralidee der Aufklärung „aufgehoben" (*Klafki* 1987, S. 14). *Aufklärung* ist nach *Kant* „der Ausgang des Menschen aus selbstverschuldeter Unmündigkeit. Unmündigkeit ist das Unvermögen, sich seines Verstandes ohne Leitung eines anderen zu bedienen" (o.J., S. 225). Die Möglichkeit der Nutzung des eigenen Verstandes ohne Leitung anderer setzt an die Stelle der selbstverschuldeten Unmündigkeit die Entfaltung der *Vernunftfähigkeit*. Vernunftfähigkeit zielt aber über bloßen Verstand hinaus. Sie ist humane Nutzung des Verstandes, Synthese von Herz und Verstand, Moral und Denken usw. Insofern bedeutet Aufhebung der selbstverschuldeten Unmündigkeit die Aufhebung des Leidens an der Unmündigkeit in einem Begriff der dieses Leiden überwindenden humanen Perspektive (vgl. *Seidel* 1988, *Jantzen* 1990b). In dieser Weise hat insbesondere *Spinoza* den Vernunftbegriff bestimmt. In seiner „Ethik" schreibt er (Teil 4, 50. Lehrsatz):

„Mitleid ist bei einem Menschen, der nach der Leitung der Vernunft lebt, an und für sich schlecht und unnütz. Beweis: Denn Mitleid ist (...) Unlust, und daher (...) an und für sich schlecht. Das Gute aber, das aus ihm folgt, daß wir nämlich den bemitleideten Menschen von seinem Leid zu befreien suchen, (...) suchen wir nach dem bloßen Gebot der Vernunft zu tun (...), und nur von dem, was wir nach dem Gebot der Vernunft tun, können wir gewiß wissen, daß es gut ist. (...) Daher ist Mitleid bei einem Menschen, der nach der Leitung der Vernunft lebt, an und für sich schlecht und unnütz." Zusatz: „Hieraus folgt, daß der Mensch, welcher nach der Leitung der Vernunft lebt, soviel als möglich zu bewirken strebt, daß er nicht von Mitleid ergriffen werde."

Denn: „Wer richtig erkannt hat, daß alles aus der Notwendigkeit der göttlichen Natur folgt und nach den ewigen Gesetzen und Regeln der Natur geschieht, der wird sicherlich nichts finden, was Haß, Spott oder Verachtung verdient, noch wird er jemand bemitleiden, sondern er wird streben, soweit die menschliche Tugend es vermag, gut zu handeln, wie man sagt, und fröhlich zu sein. Hierzu kommt noch, daß derjenige, welcher leicht vom Affekt des Mitleids ergriffen und von dem Unglück und den Tränen eines andern bewegt wird, oft etwas tut, was ihn selbst später reut; sowohl weil wir im Affekt nichts tun, wovon wir gewiß wissen, daß es gut ist, als auch weil wir leicht durch falsche Tränen betrogen werden. Ich spreche jedoch hier ausdrücklich nur von einem Menschen, der nach der Leitung der Vernunft lebt. Denn wer weder durch die Vernunft noch durch Mitleid bewegt wird, andern Hilfe zu leisten, der wird mit Recht unmenschlich genannt, denn er scheint mit einem Menschen keine Ähnlichkeit zu haben" (Spinoza 1987, S. 262f.).

Ich finde, daß dieser Gedankengang eine sehr präzise Bestimmung von Vernunft leistet, die uns für die Diskussion des Bildungsbegriffes weiterhilft. Er verweist neben einer Bestimmung der *Vernunft als dialektische Einheit von Sinn und Bedeutungen*, die im Prozeß von Bildung und Erziehung sich realisiert, darüber hinaus auch auf die notwendige *Aufhebung affektiv-emotionaler Dimensionen* (Mitleid) *auf höherem Niveau*. Diese geistige (und gefühlshafte) Aneignung eigener Gefühlshaftigkeit bezeichnet *Gramsci* als „*Katharsis*". Er hält sie für das wesentliche Moment der geistigen Herausbildung von Humanität. In einem Brief an seine Frau schreibt er, bezogen auf die Lektüre von „Onkel Toms Hütte", „Krieg und Frieden" und auf die Betrachtung von Leonardos „Abendmahl": „Du siehst es wie einer, der sich bei der Berührung mit einer bestimmten Gefühlswelt davon angezogen oder abgestoßen fühlt, während er immer in der Atmosphäre des unmittelbaren Gefühls und der unmittelbaren Leidenschaft bleibt. Das ist es vielleicht auch, warum Du Dich nicht mehr wie früher von der Musik angezogen fühlst. Nach meiner Meinung muß es bei uns zu einer Katharsis kommen, wie die Griechen sagten, durch die die Gefühle sich künstlerisch als Schönheit neu beleben und nicht mehr als miterlittene und noch wirkende Leidenschaft" (*Gramsci* 1956, S. 280). Im Mittelpunkt dieses ästhetischen Prozesses steht für *Gramsci* (wie auch für *Suchomlinski*; vgl. u. a. 1963, S. 15; 1974, S. 40) die *moralische Schönheit des Menschen*. So schreibt *Gramsci* (1984): „Nicht die Sprache ist schön, sondern die poetischen Meisterwerke, und ihre Schönheit besteht darin, daß sie das innere Universum des Dichters getreu ausdrücken. Deshalb ist ein Vers aus der ‚Göttlichen Komödie' ebenso schön wie der Ausdruck naiver Bewunderung für ein Spielzeug" (S. 49). Oder er hebt an der Aufführung von *Ibsens* Nora als humanen Kern hervor: „das Streben edler Seelen zu einer höheren Form von Menschlichkeit ... deren Sitte in der Erfüllung des Innenlebens und in der Entfaltung der eigenen Persönlichkeit ... liegt" (1980, S. 314).

Dieses Moment der Katharsis, das Gefühl und Verstand in den Dimensionen des Ästhetischen und Moralischen, des Schönen und des Guten, neu verknüpft und als Vernunft dem Verstand humane Perspektiven gibt, hat *Wygotski* in seiner „*Psychologie der Kunst*" (1976, Kap. 9) vertieft analysiert. Emotionen, die in der Kunst erfahren werden, sind geistige Emotionen. Sie kommen nur in der Innenwelt zum Ausdruck, die als Bewußtsein, Phantasie usw. als Resultat der Aneignung des Sozialen (s. o.) verstanden wird. Da geistige Emotionen nicht nur in der Kunst auftreten, stellt sich die Frage nach ihrer Eigenart. Diese besteht darin, daß das Kunstwerk – insbesondere die Tragödie, an der *Wygotski* dies zunächst analysiert – nach dem Prinzp der Antithese wirkt und wechselseitig entgegengesetzte Gefühlsreihen hervorbringt. *Messmann* (1986) hat dies einmal an *Aitmatovs* Werk „Der weiße Dampfer" untersucht: Gefühle der Sorge um den Helden dieser Geschichte verknüpfen sich mit Gefühlen der Hoffnung auf die Durchsetzung von Humanität. Obwohl dies sich nicht realisiert, obwohl der Held scheitert, entsteht als kathartischer Effekt im Leser ein Gefühl, in dem dieser Widerspruch ausgelöscht wird: „So darf es nicht bleiben!" *Wygotski* analysiert diesen Widerspruch als Widerspruch von Form und Inhalt. Die ästhetische Form, insbesondere der Rhythmus, gehen über das Bestreben des Betrachters, sich auf den Inhalt einzulassen, hinweg. Der Inhalt wird in der kathartischen Reaktion „durch die Form vertilgt". In der „Selbstaustilgung" der Affekte besteht die kathartische Reaktion (S. 251f.).

Verknüpfen wir diesen Gedanken, der in der „Psychologie der Kunst" noch etwas unklar bleibt, mit den gerade auf deutsch erschienenen Notizen *Wygotskis* über „Konkrete Psychologie" (1989), so läßt sich der Prozeß der Katharsis, der unmittelbar mit der Genese der Vernunft zusammenfällt, wie folgt aufklären. Jede höhere psychische Funktion, so *Wygotski*, war zunächst eine Funktion zwischen den Menschen. „Die erneute Zerlegung des zu Einem Verschmolzenen … (führt; W.J.) zu einem kleinen Drama" (S. 295, unter Bezug auf *Politzers* „konkrete Psychologie"). So erweist sich das Nachdenken als Streit der Gedanken, wie früher der Streit das Resultat des auf verschiedene Kinder verteilten Denkens war (S. 297). Entsprechend ist m.E. der kathartische Prozeß nichts anderes als ein Prozeß des emotionalen Ergriffenseins, des Berührtseins, der sich vorher nicht auf die Tätigkeit in der Phantasie, sondern auf die Tätigkeit in der realen Welt bezog. Er ist Resultat des Hineinwachsens des Dialogs nach innen. Die im Dialog erfahrene humane Handlung, die zum „Innewerden" *(Buber)*, d.h. zur emotionalen Berührung führt, ist nun die in der inneren Position selbst in der Phantasie realisierte humane Handlung. Der innere Widerspruch von gut und böse, schön und häßlich, löst sich im Inhalt der Tragödie zum Obsiegen des Bösen oder des Häßlichen auf.

Gleichzeitig führt die Form des Kunstwerkes über die Vernichtung des Guten oder Schönen im Augenblick die Möglichkeit der Zukunft fort. Dies geschieht deshalb, weil die emotional-affektive Phasenverstellung (strukturelle Koppelung) durch den tragischen Ausgang gleichzeitig durch die Kontinuität der schönen (rhythmischen) Form ihre Brechung findet. Für den Betrachter entsteht damit in psychologischer Hinsicht über den Bruch hinaus eine emotional positive Kontinuität, die ihn zugleich mit der Verarbeitung des Verlustes konfrontiert. Indem der Betrachter in der Phantasie die gegen das Böse oder Häßliche gerichtete Möglichkeit als seine Möglichkeit erneut aufgreift, begegnet er im inneren Dialog sich selbst, erkennt sich als human. Die emotionale Bewertung dieser jäh auftauchenden Erkenntnis erscheint als Affekt in der Innenwelt und löscht die bisherige Gefühlsspannung in sich aus, insofern er gegen die Inhumanität der Welt die Möglichkeit des Humanen als Schönheit und Moralität im Betrachter selbst schafft. Diese im Ästhetischen entwickelte *Perspektive der Vernunft* im Sinne der Möglichkeit des Widerstandes gegen Inhumanität und des humanen Eingreifens wird von Peter *Weiss* in der „Ästhetik des Widerstands" als *geträumte Revolution* gedacht, die zusammen mit der wachen Revolution die „Revolution total" ergibt (Bd. 2, S. 56, S. 60). In diesem Prozeß entsteht Hoffnung auf eine humane Zukunft, die in der wachen Revolution durchgesetzt zu werden vermag (vgl. *Werner* 1987; bzw. *Messmanns* [1989] exemplarische Aufarbeitung dieses Prozesses am Gemälde von *Géricault* „Das Floß der Medusa", auf das *Weiss* ausführlich eingeht). Wache und geträumte Revolution in dieser Perspektive der Vernunftwerdung greifen jenes dialektische Verhältnis auf, das Marx in der dritten These über *Feuerbach* als Zusammenfallen des Änderns der Umstände und der Selbstveränderung kennzeichnet.

In ähnlicher Weise betrachtet *Lukács* (1987) die Dimension des Ästhetischen als Möglichkeit der Perspektive der Befreiung (Kap. 16) und Aufhebung der insbesondere durch die Form der Religion gesetzten Entfremdung. Das Ästhetische ist für ihn Medium der Umwandlung des ganzen Menschen in den „Menschen ganz" (S. 768). Es ist Ausdruck des Bedürfnisses, „eine Welt zu erleben, die real und objektiv ist und zugleich den tiefsten Anforderungen des Menschseins (des Menschengeschlechts) entspricht" (S. 523).

Es wird aus diesen Überlegungen deutlich, daß *Bildung und Erziehung gänzlich dynamisch, in Bewegung* gedacht werden müssen. Sie können *nicht an einem „vorgegebenen Maßstab"* (*Marx*, MEW Bd. 42, S. 396) gemessen werden, sondern nur *am Maß ihrer selbst*, als je im Augenblick realisierte Humanität. Um diesen Aspekt begrifflich zu fassen, scheinen mir vor allen anderen die Kategorien „Würde" und „Verantwortung" geeignet zu sein.

Ich habe diese Kategorien bereits an mehreren Stellen angeführt, so daß eine kurze

Definition hier ausreicht. „*Würde*" ist laut etymologischem Wörterbuch (Duden Bd. 7, 1989, S. 819) ein „Achtung gebietender Wert, der einem Menschen innewohnt". Für Ernst *Bloch* (1985a, S. 13) gibt es ein Naturrecht des Menschen auf menschliche Würde. Dies bedeutet ein Grundrecht auf Gemeinde, Humanismus und Demokratie, Erfülltheit eines humanen Lebens, in der es „mit der Freundlichkeit, der tiefdringenden, der Brüderlichkeit, der schwierigen" sehr ernst genommen wird (1985a, S. 314). Würde kann es ohne Ende der Not nicht geben. Es ist der „aufrechte Gang", der Würde verleiht und der sich in einer realen Hoffnungswelt im Sinne des *Marx*schen Imperativs in der Eigenschaft realisiert, „Materie nach vorwärts" zu sein (1985b, S. 1627). Würde zu ermöglichen und zu respektieren bedeutet immer, Identität im Sinne von Selbstachtung aufzubauen. Dies ist nur möglich über die Respektierung von Würde, über das in den anderen gesetzte humane Vertrauen, das ihn Verantwortung übernehmen läßt. Entsprechend ist für *Suchomlinski* die Mißachtung der Würde der Boden, aus dem die Wurzeln des Bösen sich nähren (1982, S. 121).

Eine bemerkenswerte Bestimmung von Würde, auf die *Rügemer* (1988) im Zusammenhang seiner Überlegungen zu Allgemeinbildung aufmerksam macht, findet sich im Abitursaufsatz des jungen *Marx* über die „Betrachtung eines Jünglings bei der Wahl eines Berufs":

„Würde kann aber nur der Stand gewähren, in welchem wir nicht als knechtische Werkzeuge erscheinen, sondern wo wir in unserem Kreise selbständig schaffen … Die Hauptlenkerin aber, die uns bei der Standeswahl leiten muß, ist das Wohl der Menschheit, unsere eigene Vollendung … Die Natur des Menschen ist so eingerichtet, daß er seine Vervollkommnung nur erreichen kann, wenn er für die Vollendung, für das Wohl seiner Mitwelt wirkt" (MEW Erg. Bd. 1, S. 593).

Würde ist demnach nicht nur etwas Zugestandenes, sondern aktiv Aufgegebenes: Sie ist die Würde des „nicht-knechtischen Werkzeugs".

„*Verantwortung*" ist nach Duden (Bd. 7, 1989, S. 777) „das Verantworten; Verpflichtung, für etwas einzutreten oder die Folgen zu tragen". Dies wird im rechtlichen Sinne als Verantwortung gegenüber Institutionen und den Herrschenden häufig zugleich zu einer Verweigerung der Antworten nach unten. In diesem Sinne sei an die Fassung von Verantwortung erinnert, die *Sève* (1985) versucht: „Vom ethischen Standpunkt aus bin ich für alles verantwortlich, auf was ich einwirken kann. Nur für dieses, aber für dieses alles" (S. 234).

Für *Schönberger* (1987) ist „Verantwortung" ein *grundlegendes sittliches Merkmal menschlichen Handelns.* „Sie besteht in der Verbindlichkeit, die das Handeln gewinnt unter dem Anspruch eines Problems. Dieser Anspruch entsteht, wenn der Handelnde eine Sachlage als nicht nur ihn allein betreffende Aufgabe erkennt und deren Lösung zwar in einer bestimmten Situation, jedoch gemessen an situationsübergreifenden Ordnungen und Gütemaßstäben als sinnvolles und erreichbares sowie verpflichtendes Ziel bewertet". „*Veranwortung entfaltet und erfüllt sich in Kooperation"; sie ist daher „ihrem Wesen nach Mit-Verantwortung"* (S. 119). Wir können hinzufügen: Sie ist Verantwortung für die äußeren und inneren Zusammenhänge der Kooperation, d.h. für die Realisierung des gemeinsamen Produkts ebenso wie für die Abstimmung der Tätigkeit im kollektiven Subjekt, sowohl in produktionsbezogener (Kooperation) wie reproduktionsbezogener Hinsicht (Dialog).

Bildung im bisher entwickelten Sinne ist der „*Anspruch eines jeden auf Entfaltung seiner*

Menschlichkeit" (*Stöcker* 1987, S. 33) *als Vermittlung zu einem Allgemeinen: zu seinem historisch gegebenen und aufgegebenen Gattungswesen, das er im Ensemble gesellschaftlicher Verhältnisse „außermittig"* (*Sève* 1972) *vorfindet und sich in Sinn wie in Bedeutungen aneignen muß, um sich mit sich als Mensch und damit zur Gattung vermitteln zu können.*

Allgemeinbildung in diesem Sinne ist vor allem durch Wolfgang *Klafki* (1963, 1974, 1987) sowohl in ihrem Charakter des Allgemeinen wie in ihren sinn- und bedeutungserschließenden Momenten als „kategoriale Bildung", bestimmt worden. *Klafki* (1985, S. 12–30, 1986) nennt *fünf Momente von Allgemeinbildung* (ich gebe sie in der weiterführenden Zusammenfassung von *Stöcker* 1987 wieder, dessen Argumentation ich folge und insbesondere in Bezug auf *Feuser* ergänze):

(1) Jeder Mensch ist *Subjekt*, d.h. „ein zur freien Willensbestimmung fähiges Wesen", d.h. in jedem Menschen realisiert sich die menschliche Vernunftnatur (subjektiver Aspekt von Allgemeinbildung).

(2) „Vernünftigkeit, Selbstbestimmung, Freiheit des Denkens und Handelns gewinnt das Subjekt nur in Aneignungs- und Auseinandersetzungsprozessen mit einer Inhaltlichkeit, die ihm zunächst nicht selbst entstammt, sondern Objektivation (Vergegenständlichung fügt *Stöcker*, S. 34, ein) bisheriger menschlicher Kulturtätigkeit i.w.S.d.W. ist" (*Klafki* 1986, S. 459f.). Die Entwicklung der Vernunftmöglichkeit zur Vernunftfähigkeit bedarf daher *historischer Vergegenständlichungen* als Medium eines Allgemeinen (objektiver Aspekt).

(3) Bildung als Allgemeinbildung muß *allen Menschen* möglich und zugänglich sein. Dies verlangt die Aufhebung des Bildungsmonopols herrschender Klassen und Schichten (vgl. *Alt* 1978) und den Aufbau einer Integrierten Gesamtschule (*Klafki* 1985, S. 19). Bei konsequenter Durchhaltung von *Klafki*s Anspruch muß und kann diese m.E. nur als reformpädagogisch orientierte Einheitsschule im Sinne von *Feuser*s Konzeption integrativer Pädagogik, d.h. ohne Ausschluß von Behinderten, realisiert werden (politischer Aspekt).

(4) Allgemeinbildung ist Bildung im Medium eines Allgemeinen, „d.h. in der Aneignung *von* und Auseinandersetzung *mit* dem die Menschen gemeinsam Angehenden, mit ihren gemeinsamen Aufgaben und Problemen, den in der Geschichte bereits entwickelten Denkergebnissen und Lösungsversuchen, den schon erprobten Möglichkeiten, den schon erworbenen Erfahrungen des Menschen als Individuum und zugleich als gesellschaftlichen Wesens, den bereits formulierten Fragestellungen, aber auch den sich abzeichnenden zukünftigen Entwicklungen und den darauf bezogenen, alternativen Lösungsvorschlägen" (*Klafki* 1985, S. 18). Allgemeinbildung ist in diesem Sinne Erziehung zur „*Gemeinschaftlichkeit"*; in ihrem Zentrum steht das Kriterium der „*Solidaritätsfähigkeit"*. Gefunden wird das Medium, in dem dieser Prozeß sich organisiert, in „*gesellschaftlichen Schlüsselproblemen"*, die von der Menschheit gelöst werden müssen, wenn die Gattung auf humane Weise überleben will (*Stöcker* 1987, S. 354 in Bezug auf *Klafki*). Schlüsselprobleme sind gemäß der Konzeption von *Baumgärtner* (1980), auf die *Klafki* hier zurückgreift, z.B. Krieg oder Frieden, sinnvolle Arbeit oder sinnentleerte Arbeitslosigkeit, reale Demokratie oder autoritärer Obrigkeitsstaat, denen *Klafki* selbst noch zahlreiche weitere Themen hinzufügt (1985, S. 21) wie z.B. individueller Glücksanspruch und zwischenmenschliche Verantwortlichkeit, Behinderte und Nichtbehinderte, „Verwissenschaftlichung" der modernen Welt und das alltägliche Verhältnis von Mensch und Wirklichkeit u.a.m. Die Diskussion um Projektmethode und projektorientierten Unter-

richt (s. u.) sowie zahlreiche Überlegungen in den Didaktiken der einzelnen Unterrichtsfächer zu einem vom menschlichen Leben und menschlichen Bedürfnissen ausgehenden Unterricht können sicherlich einen umfassenden Katalog weiterer Themen hinzufügen (sozialer Aspekt von Allgemeinbildung).

(5) Allgemeinbildung ist allseitige Bildung, ist im Sinne von *Pestalozzi* Bildung von Kopf, Herz und Hand. Sie umfaßt nach *Klafki* die *moralische*, die *kognitive* und die *ästhetische* Dimension. Sie muß zugleich praktisch-werktätige Bildung sein, um der grundlegenden Bedeutung dieses Aspekts für die Persönlichkeitsentwicklung Rechnung zu tragen und um von frühesten Phasen an der Bedeutung künftiger beruflicher Tätigkeit Rechnung zu tragen. Dem entspricht der Begriff der „*polytechnischen Bildung*" bei *Marx* (*Stöcker* 1987, S. 34). Die Vermittlung dieser verschiedenen Dimensionen des Bildungsprozesses ist m. E. bisher am überzeugendsten im Werk von *Suchomlinski* geleistet worden, aber selbstverständlich hat auch die vielfältige reformpädagogische Diskussion und Praxis außerordentlich wichtige Ergebnisse erbracht, die der Aufarbeitung in einer *allgemeinen Didaktik* bedürfen. Ich will zusätzlich darauf aufmerksam machen, daß mir in diesem Katalog die Dimension der *religiösen Bildung* fehlt. Ich folge dabei dem Verständnis von Ernst *Bloch* (1985a), daß in jeder künftigen Gesellschaft auch eine „Verwaltung des Sinns" gebraucht wird. „Etwas, das die Gemüter ordnet und das das Geister lehrt, um wieder, wie Kirche, in Bereitung und Richtung zu leben" (S. 310). Eine solche religiöse Bildung, deren Ansätze ich bei *Sölle* wie auch in der Theologie der Befreiung sehe, die aber bereits im St.Simonismus als wesentlichem Teil des utopischen Sozialismus als „soziales Christentum" gefaßt wurde, ist für mich – gerade als Atheist – eine fundamentale Dimension von Allgemeinbildung.

Bildung als Übergang vom Subjektiven zum Objektiven und vom Objektivem zum Subjektiven wird von *Klafki* als Prozeß der „*kategorialen Bildung*" bestimmt. „Bildung ist Erschlossensein einer dinglichen und geistigen Wirklichkeit für einen Menschen – das ist der objektive … Aspekt; aber das heißt zugleich: Erschlossensein dieses Menschen für diese seine Wirklichkeit – das ist der subjektive … Aspekt". Wesentliches Medium dieser wechselseitigen Erschließung ist „das Gewinnen von ‚Kategorien' auf Seiten des Subjekts" (1974, S. 43). Die Aufgabe des Pädagogen ist es folglich, diese Prozesse der wechselseitigen Erschließung zu realisieren.

Ein ähnlicher Gedanke zur wechselseitigen Erschließung des Schülers für die Sache und der Sache für den Schüler findet sich bei *Suchomlinski* (1982, S. 57f.). Pädagogische Meisterschaft setzt dreierlei voraus: 1. gute Kenntnisse im eigenen Fach und im Stoff, so daß sich der Lehrer nicht auf den Stoff, sondern auf den Schüler konzentrieren kann; 2. muß der Lehrer sich gedanklich an die Stelle des Schülers setzen können, d. h. dessen Schwierigkeiten bei der Aneignung des Stoffes müssen im Mittelpunkt des Denkens des Lehrers stehen; 3. muß der Lehrer sich „zum Verstand und zum Herzen der Schüler" hinwenden. Er „verkündet keine Wahrheiten, er spricht mit den Kindern und Jugendlichen". Die Erschließung, die in dieser Hinsicht als Erschließung des Sinns für Bedeutungen stattfindet, ist die Herausarbeitung eines ausgeprägten Verhältnisses zur Wahrheit (S. 114), sowohl in den menschlichen Beziehungen wie in den geistigen Anstrengungen zur Aneignung des Stoffes. In diesem Sinne gewinnt der Unterricht seine humane Dimension, die keineswegs in allzugroßer Nachsicht besteht. „Wahre Humanität bedeutet vor allem Gerechtigkeit als Verbindung von Achtung und hohen Ansprüchen" (S. 88).

Wechselseitige Erschließung bedeutet also Erschließung von Sinn und Erschließung von Bedeutungen. Hierzu ist ein Gedanke von Erich *Wulff* (1989) von zusätzlichem Nutzen. In der Analyse von Wahnzuständen arbeitet *Wulff* heraus, daß es wechselseitige, sozial realisierte Aufeinanderverweisungen von Sinn und Bedeutungen gibt. Es gibt eine *„Sinnbezogenheit von verallgemeinerten Bedeutungen"* und eine *„Verallgemeinerbarkeit von subjektivem Sinn"*. Diese *„Teilhaftigkeitsbeziehung"* zwischen Sinn und Bedeutungen ist zwar sozial möglich, wird aber immer nur in der Tätigkeit selbst durch Akte der Anerkennung (oder Aberkennung) realisiert. Dies kann im Bildungsprozeß nur dann systematisch unterstützt werden, wenn der Lehrer über Erschließungsmöglichkeiten der Bildungsdimensionen des Stoffes und der sozialen Situationen (in der genannten doppelten Hinsicht) verfügt, mit denen sich der Schüler in seiner Tätigkeit vermittelt.

Stoffe können daher nicht beliebig sein, um kategoriale Bildung zu ermöglichen. Sie müssen zum einen im Sinne von Allgemeinbildung adäquate Entwicklung von Sinn und Bedeutungen ermöglichen. In dieser Hinsicht müssen sie nach *Klafki „exemplarisch"* sein. Sie müssen zum anderen im konkreten Inhaltsbereich sowohl allgemein wie konkret historisch angemessene Kategorienbildung ermöglichen, d. h. verallgemeinerbare Bedeutungen in sich tragen. In dieser Hinsicht müssen sie *„elementar"* sein. Und sie müssen von ihrer sozialen Möglichkeit her sinnerschließend sein, d. h. „Teilhaftigkeitsbeziehungen" zwischen Sinn und Bedeutungen gestatten. In dieser Hinsicht müssen sie nach *Klafki „fundamental"* sein. (Diese Interpretation der Kategorien „elementar" und „fundamental", die von *Feuser* in gleicher Weise vorgenommen wird, stützt sich insbesondere auf *Klafki* 1963, S. 326f. sowie S. 330ff.)

Exemplarisches Lernen bedeutet, an einer begrenzten Zahl von Beispielen aktiv „allgemein, genauer: mehr oder weniger weitreichend verallgemeinerbare Kenntnisse, Fähigkeiten, Einstellungen" zu erarbeiten (*Klafki* 1985, S. 89). Die Dimension des Exemplarischen hat *Klafki* mit dem Begriff der „Schlüsselprobleme" bereits weiter verdeutlicht. Darüber hinaus kann das Exemplarische in verschiedenen *Grundformen* auftreten, die jeweils Allgemeines (Kategoriales) und Besonderes (Exemplarisches) vermitteln. Solche sind (ebd., S. 106f.):

– das Verhältnis „Gesetz" und „Fall", „Methode" und „Anwendungsfall", „Prinzip" und „Exempel";
– der „Typus", der an einem oder mehreren „Repräsentanten" erkennbar wird;
– das „Klassische" im Sinne der einmaligen, prägnanten, vorbildhaften Darstellung einer Grundmöglichkeit ästhetischer Gestaltung, individueller oder sozialer Lebensentscheidung, politischen Denkens oder Handelns;
– die „einfache ästhetische Form" musikalischen, bildnerischen, dichterischen, mimisch-gestischen Gestaltens und Gestalt-Verstehens;
– die „einfache Zweckform" der sprachlichen Kommunikation, des technischen Konstruierens, der gesellschaftlichen Daseinsregelungen, des Sports;
– das historisch-politisch Repräsentative, Wieder-Vergegenwärtigende.

Grundformen des Exemplarischen sind das *Fundamentale* und das *Elementare* (das *Klafki* 1963, S. 327 nochmals unterscheidet in die „kategorialen Voraussetzungen geistiger Aneignung" und das „Geschichtlich-Elementare"). *Feuser* (1989) begreift „das ‚Elementare' als die im Subjekt Bedeutung konstituierende und das ‚Fundamentale' (als) die sinnstiftende Seite ein und desselben Prozesses... Für die Unterrichtsplanung bedeutet dies, das Elementare und Fundamentale eines jeden Inhalts zu analysieren und als Mittelpunkt des Unterrichts den Schülern zu erschließen" (S. 33).

Im Sinne der drei genannten Schritte bei *Suchomlinski* erweist sich die Bestimmung des

Erschließenden im Stoff als dem ersten Schritt zugeordnet. Daß es von dieser Möglichkeit zur Wirklichkeit wird, verlangt dann die beiden folgenden Schritte im Sinne der Vermittlung des Exemplarischen als Fundamentales und Elementares mit der Lebensrealität der Schüler.

Feuser (1989) hat den Zusammenhang, um den es geht, wie folgt zusammengefaßt:

„Das Elementare und Fundamentale ... sind ... nicht im Sinne der naturwissenschaftlich-empirisch überprüfbaren Sachverhalte und extrahierbaren Naturgesetze per se in den Objekten verankert, sondern sozusagen erfahrungsbedingte Thesen des Subjekts über die objektive Realität, die es im Tätigkeitsprozeß zu konstituieren gilt" ... sie sind also „kategoriale Produkte der Bedeutungskonstitution auf der Basis des persönlichen Sinns, den das Subjekt sich selbst in bezug auf die Welt und der Welt für es selbst verleiht, die als didaktischer Kern eine Pädagogik erst als allgemeine und integrative konstituieren" (S. 35).

Wie am *diagnostischen Prozeß* bereits erörtert (vgl. Abb. 35), liegen auch hier die Sachverhalte sowohl in allgemeiner Form (möglicher Inhalt des Lernprozesses als Bedeutungsgehalt der Stoffstruktur) als auch in einzelner Form vor (Realität des Lernstoffes als kategoriale Bildung, vermittelt über den Sinn- und Bedeutungsaufbau des Subjekts). Das Besondere als Gedankenkonkretum, in dem beide Seiten zueinander vermittelt und damit die mögliche Entwicklungslogik des Schülers sichtbar und unterstützbar wird, kann erst als Resultat eines spezifischen Vermittlungsprozesses erfaßt werden. Diesen haben wir in allgemeiner Form bereits als diagnostischen Prozeß kennengelernt. Bezieht sich ein derartiger Prozeß auf die Vermittlung von einem oder mehreren Schülern mit einer spezifischen stofflichen Struktur mit dem Ziel von Bildung (im *Stegemann*schen wie *Klafki*schen Sinne), so sprechen wir von einem *didaktischen Prozeß*. Dieser umfaßt – als wesentliches Merkmal von Didaktik – die Analyse des Unterrichtsstoffes, bezogen auf seine kategoriale Struktur im Rahmen des gesamten Wissens- und Praxisgebietes, auf seinen exemplarischen Gehalt und auf das in ihm realisierte Fundamentale und Exemplarische.

In diesem Sinne existieren Fundamentales und Elementares sowohl auf Seiten des Objekts wie auf Seiten des Subjekts und gehen in der realen Tätigkeit jeweils neue Synthesen der Sinn- und Bedeutungsanerkennung (bzw. -aberkennung) ein. Das Exemplarische kann für den Schüler nur deshalb als Besonderes ein Allgemeines erschließen, weil es ihm selbst bereits als Allgemeines für bisherige Lebenserfahrungen zugänglich ist.

Nochmals *Feuser* (1989): „Das mit den didaktischen Kategorien des Elementaren und des Fundamentalen Gefaßte hat im intentionalen Erziehungs- und Bildungsprozeß nur dann eine das Subjekt erschließende und damit für es sinn- und bedeutungskonstituierende Funktion, wenn es jene aus dem Gesamt des unterschiedlichen Angebots extrahierbaren Sachverhalte in einer im Bereich der aktuellen Zone der Entwicklung liegenden Weise repräsentiert, ... daß das Wesen, das die erfahrbaren Sachverhalte hervorbringt, sozusagen im sinn- und bedeutungskonstituierenden Zukunftslichtkegel des lernenden Subjekts liegt, entwicklungslogisch also in der nächsten Zone der Entwicklung, was den Aneignungsprozeß des lernenden Subjekts bedingt. Das Elementare und das Fundamentale sind folglich keine Instrumente, die von der aktuellen Zone der Entwicklung der Schüler her gesehen diesen jedweden Sachverhalt aneigenbar machen oder jedweden Schüler für die Aneignung eines Sachverhaltes motivieren können" (S. 36).

Die *Erschließung der Unterrichtsinhalte* selbst, auf die ich im folgenden Kapitel noch näher eingehe, erfolgt historisch und aktuell.

Der Inhalt, über den sich die Kategorien vermitteln, „birgt in sich den Weg, auf dem er zum Inhalt wurde – er hebt diesen Weg in sich auf" (Klafki 1974, S. 41). *Alle „Wahrheiten"* sind Resultate der Anstrengung, die „unternommen wurde, sie zu erringen"* (Gramsci 1987, S. 73). „Kenntnisse, die losgelöst sind von dieser ganzen individuellen Mühsal des Suchens (sind) nichts weniger ... als Dogmen, absolute Wahrheiten" (ebd., S. 72). Zu zeigen, wie andere diesen Weg zur Wahrheit durchlaufen haben, „ist übrigens eine Lektion in Bescheidenheit, durch die es nicht zur Herausbildung jener äußerst lästigen Zunft von Besserwissern kommt, die schon glauben, das Universum ergründet zu haben, wenn sie nur dank einem guten Gedächtnis eine gewisse Zahl von Einzeldaten und -kenntnissen in dessen Schubfächern einzuordnen vermögen" (ebd., S. 74).

Wenn es auch der Weg zur wissenschaftlichen Wahrheit und damit der inhaltliche Weg zur Bildung ist, vom Irrtum zur Wahrheit vorzudringen, so ist er in Wiederholung des historischen Weges zu dieser Wahrheit für den Schüler nicht wiederholbar. Denn *die Fragen des Schülers an den Stoff sind aus seiner Lebenssituation heraus und zu einem anderen historischen Zeitpunkt andere.* Entsprechend zieht *Stöcker* (1986) zwei Schlußfolgerungen:

(1) „Nicht das *Stellen* von Aufgaben sollte der wesentliche Inhalt der Lehrertätigkeit sein, sondern die *Entwicklung* von Problemen, die die Entwicklung der Schülertätigkeit auf höhere(n) Niveaus fordern und fördern, die also den Widerspruch von Problemsituation und subjektiv nicht vorhandenen Mitteln ihrer Problembewältigung für die Schüler lösbar erscheinen lassen" (S. 139). D.h. neue Kenntnisse werden als „Mittel und Produkt von Problemlösungen *entwickelt*, nicht als fertige Ergebnisse dargestellt" (S. 140).

(2) „In der Struktur des Problems werden die Menschen hinter den Dingen der Welt sichtbar, kann das humanistische Menschenbild verkörpert werden, werden individuelle Lösungen in Übereinstimmung mit dem Menschenideal zugänglich und zum Bedürfnis. In der durch den Lehrer verkörperten humanistischen Position ist für die Schüler die Gewißheit aufgehoben, daß der Lehrer die Entwicklung des Schülers unterstützend und achtungsvoll begleiten wird" (S. 140).
Kooperation von Lehrer und Schülern in diesem Lernprozeß ist daher möglich, weil beide die gleichen Motive haben, „das Gattungswesen" durchzusetzen, sich selbst als „Mensch in der Menschheit" zu verwirklichen (S. 141).

Ob und wie diese Motive unter Bedingungen von Schule, Institutionalisierung und Entfremdung, von Isolation in der Persönlichkeitsentwicklung, Ausbildung von Stereotypen und Abwehrmechanismen realisiert bzw. wiederbelebt werden können, ist Gegenstand der beiden letzten Kapitel.

10.5 Vertiefende und weiterführende Literatur

(E = Zur Einführung geeignet)

AUERNHEIMER, G.: Zur Bedeutung der Perspektive für einen demokratischen Bildungsbegriff. Demokratische Erziehung 5 (1979) 2, 190–200 (E)

BAUMGÄRTNER, F.: Grundeinsichten als Strukturprinzip der Allgemeinbildung. Demokratische Erziehung 6 (1980) H. 4, 420–427

BERNFELD, S.: Sisyphos oder die Grenzen der Erziehung. Frankfurt/M.: Suhrkamp 1967 (E)

BUBER, M.: Reden über Erziehung. Heidelberg: Lambert Schneider 1962

FEUSER, G.: Allgemeine integrative Pädagogik und entwicklungslogische Didaktik. Behindertenpädagogik (28) 1989 1, 4–48 (E)

HOLZKAMP, K.: „We don't need no education …". Forum Kritische Psychologie Bd. 11 (1983), 113–125

KLAFKI, W.: Neue Studien zur Bildungstheorie und Didaktik. Weinheim: Beltz 1985 (E)

LEONTJEW, A. A.: Psychologie des sprachlichen Verkehrs. Weinheim: Beltz 1984

LOMOV, B.: Methodologische und theoretische Probleme der Psychologie. Berlin/DDR: Volk und Wissen 1987

LOTMAN, Yu. M.: The Semiosphere. Soviet Psychology 27 (1989) 1, 40–61

MAKARENKO, A. S.: Werke in 7 Bänden. Berlin/DDR: Volk und Wissen 1974

MEAD. G. H.: Geist, Identität und Gesellschaft. Frankfurt/M.: Suhrkamp 1975, 2. Aufl.

PETROWSKI, A. W.. Psychologische Theorie des Kollektivs. Berlin/DDR: Volk und Wissen 1983

RAEITHEL, A.: Tätigkeit, Arbeit und Praxis. Grundbegriffe für eine praktische Psychologie. Frankfurt/M.: Campus 1983

REDL, F. und WINEMAN, D.: Steuerung des aggressiven Verhaltens beim Kind. München: Piper 1986, 4. Aufl.

REISER, H.: Dialog im Gruppenprozeß – Zur Vermittlung dialogischer Philosophie und pädagogischer Praxis. In: G. Iben (Hrsg.): Das Dialogische in der Heilpädagogik. Mainz: Matthias-Grünewald-Verlag 1988, 23–40 (E)

SAUERMANN, E.: Makarenko und Marx. Praktisches und Theoretisches über die Erziehung der Arbeiterjugend. Berlin/DDR: Dietz 1987 (E)

SCHÖNBERGER, F.: Kooperation als pädagogische Leitidee. In: F. Schönberger u. a.: Bausteine der Kooperativen Pädagogik. Stadthagen: Bernhardt-Pätzold 1987, 69–139 (E)

SEIDEL, H.: Vernunft und Erbe. Zu theoretischen und praktischen Fragen der marxistisch-leninistischen Philosophie und Philosophiegeschichtsschreibung. Deutsche Zeitschrift für Philosophie 36 (1988) 6, 481–501 (E)

SÖLLE, Dorothee: Lieben und Arbeiten. Eine Theologie der Schöpfung. Stuttgart: Kreuz 1985 (E)

SPITZ, R. A.: Vom Dialog. München: dtv 1988 (E)

STEGEMANN, W.: Tätigkeitstheorie und Bildungsbegriff. Köln: Pahl-Rugenstein 1983

STEGEMANN, W.: Bildung. In: E. Reichmann (Hrsg.): Wörterbuch der kritischen und materialistischen Behindertenpädagogik. Solms-Oberbiel: Jarick 1984, 137–144 (E)

STÖCKER, H.: „Das Wesentliche ist für die Augen unsichtbar". Wolfgang Klafki zum 60. Geburtstag. Demokratische Erziehung 13 (1987) 7/8, 33–39 (E)

SUCHOMLINSKI, W.: Die weise Macht des Kollektivs. Berlin/DDR: Volk und Wissen 1979

SUCHOMLINSKI, W.: Gespräche mit einem jungen Schuldirektor. Berlin/DDR: Volk und Wissen 1982 (E)

TEMBROCK, G.: Biokommunikation. Reinbek: Rowohlt 1975

VASIL'EVA, I. I.: The Importance of M. M. Bakhtin's Idea of Dialogue and Dialogic Relations for the Psychology of Communication. Soviet Psychology 26 (1988) 3, 17–31

VIERHEILIG, Jutta: Dialogik als Erziehungsprinzip – Martin Buber: Anachronismus oder neue Chance für die Pädagogik? Frankfurt/M. Selbstverlag (Oberer Kirchwiesenweg 7) 1987 (E)

247

VOLOŠINOV, V. N.: Marxismus und Sprachphilosophie. Frankfurt/M.: Ullstein 1975
WYGOTSKI, L. S.: Das Problem der Altersstufen. In: L. S. Wygotski: Ausgewählte Schriften Bd. 2, Köln: Pahl-Rugenstein 1987, 53–90
WYGOTSKI, L. S.: Konkrete Psychologie des Menschen. In: M. Holodynski und W. Jantzen (Hrsg.): Studien zur Tätigkeitstheorie V. Bielefeld: Universität 1989, 292–308

11 Widersprüche und Möglichkeiten von Schulpädagogik und Didaktik

Nachdem im vergangenen Kapitel die Perspektive einer humanen Allgemeinen Pädagogik entwickelt wurde, die den Resultaten unseres langen Weges durch psychologische und neurowissenschaftliche Fragestellungen entspricht, ist nun erneut nach der *Realität gesellschaftlicher Verhältnisse* zu fragen. Ich habe diese in Kapitel 1 und 2 anskizziert, Kapitel 9 hat für die Geschichte der Diagnostik als angewandter Bevölkerungspolitik weiteres Material hinzugefügt, Kapitel 10 hat in Rückgriff auf das Verhältnis von struktureller Koppelung und Informationskonstruktion (vgl. Kap. 7) sozialpsychologische Grundlagen für das weitere Verständnis geschaffen. Erneut müssen wir hier auch die individualpathologische Ebene aufgreifen, die in psychologischer Hinsicht in Kapitel 6, in neurowissenschaftlicher Hinsicht in Teilen des Kapitels 8 (insbes. 8.5.2 zur Funktionsweise pathologischer funktioneller Systeme) entwickelt wurde. In der Vermittlung all dieser Fragen – und noch einiger weiterer, auf die ich noch eingehe – finden wir uns spätestens dann wieder, wenn wir über die praktische Realisierbarkeit der von mir entwickelten Perspektive für die Behindertenpädagogik reden, d. h. über die Bekämpfung des sozialen Ausschlusses und die Realisierung von Integration.

Beginnen wir mit der geschaffenen Realität. Während noch vor wenigen Jahren zur Frage der *Integration behinderter Kinder* in Regelkindergärten und -schulen weitgehende Ablehnung vorherrschte, hat sich unterdessen das Bild deutlich gewandelt. Sowohl der Verband Deutscher Sonderschulen als größter Lehrerfachverband auf diesem Gebiet als auch die Bundesvereinigung Lebenshilfe für geistig Behinderte, im außerschulischen Bereich der größte Verband, diskutieren, wenn auch noch immer vorsichtig, in Richtung Integration. In der Tat sind die positiven Forschungsergebnisse nicht mehr zu übersehen. Über den Kindergartenbereich informiert ausführlich eine Schriftenreihe des Deutschen Jugend-Instituts in München (zusammenfassend *Miedaner* 1986). Neben den dort erschienenen Berichten sei verwiesen auf *Kauter* und *Klein* (1982) sowie *Feuser* (1984).

Ich selbst arbeitete von 1980 bis 1983 in der wissenschaftlichen Begleitung der Auflösung eines Sonderkindergartens der Spastikerhilfe Bremen e. V. und seiner Umwandlung in einen integrativen Kindergarten mit (vgl. *Seidler* 1984, 1988; *Holste* 1984 sowie allgemein zur Integration behinderter Vorschulkinder in Bremen *Herzog* 1987). Das Projekt scheiterte trotz inhaltlich sehr erfolgreicher Arbeit am politischen Umfeld (vgl. *Jantzen* 1986b).

Alle vorliegenden Berichte verweisen im wesentlichen auf deutliche *Vorteile integrierter Vorschulerziehung*. Nur an wenigen Stellen wird jedoch bisher die u. a. von *Feuser* und mir vertretene Forderung nach Integration auch der schwerstbehinderten Kinder umgesetzt. Die sog. „Integration der Integrationsfähigen" unter Zurücklassung eines sogenannten „harten Kerns" (vgl. *Slavich* 1983) in Sondereinrichtungen zeigt sich noch deutlicher in der Diskussion um schulische Integration.

Aber auch hier sind die vorliegenden Forschungsberichte positiv. Behinderte Kinder (auch geistig behinderte) können in der Grundschule integriert werden; eine Unterforderung nichtbehinderter Schüler/innen in Integrationsklassen trat nicht auf (vgl. *Wocken* und *Antor* 1987, 1988 für den Hamburger Versuch; für die BRD insgesamt siehe die Überblicksarbeit von *Demmer-Dieckmann* 1989). Trotz unbestrittener erster Ergebnisse steht die *schulische Integration* noch am Anfang; die von *Demmer-Dieckmann* in Orientierung an dem Bremer Schulversuch (Zwischenbericht: *Feuser* und *Meyer* 1987) zusammengestellten Bedingungen schulischer Integration sind in kaum einem Versuch erfüllt (Abbildung 40).

Der rauhe Alltag zeigt sich vor allem dort, wo die Ausdehnung solcher Versuche auf die schulische Regelversorgung verlangt wird (Bremen) bzw. wo der Übergang aus der Grundschule in die Sekundarstufe I (Sek. I) erfolgt. In Berlin und Hessen wurde unter den Kultusminister/innen *Laurin* bzw. *Wagner* Kindern mit Trisomie 21 der Besuch der Sek. I in einer Regelschule verweigert, in Bremen scheiterte die weitere Durchführung des Schulversuchs an der schulischen Wirklichkeit der Sek. I. Nicht, daß sie pädagogisch nicht zu bewältigen gewesen wäre; aber Schule bzw. Schulverwaltung waren nicht zur Realisierung der dort nötigen Bedingungen bereit. (Der Abschlußbericht von *Feuser*, der daraufhin die wissenschaftliche Begleitung niederlegte, liegt gegenwärtig noch nicht vor.)

Abb. 40: Notwendige konzeptionelle Vorgaben für die schulische Integration behinderter Kinder

- **Regionalitätsprinzip/dezentrale Integration** (alle Schüler/innen kommen aus dem unmittelbaren Einzugsgebiet der Schule)
- **Aufnahme aller Schüler/innen** (unabhängig von Art und Schweregrad ihrer Behinderung, weitere Aufnahmekriterien, die bestimmte behinderte Schüler/innen ausschließen, darf es nicht geben)
- **Orientierung** der Klassenzusammensetzung in bezug auf die Relation behinderter/nichtbehinderter Schüler/innen **an der Normalverteilung** in der Bevölkerung (10%)
- **Kein Sonderschulstatus für behinderte Schüler/innen** (sie werden schulrechtlich an der integrativ arbeitenden Schule geführt und ohne Probezeit aufgenommen)
- **Gemeinsames Curriculum** für alle Schüler/innen
- **Berichte über individuelle Lernentwicklungen** für alle Schüler/innen statt Ziffernzensuren und Zeugnissen
- **Aufhebung der leistungsorientierten Versetzungsentscheide** für alle Schüler/innen
- **Dezentralisierung notwendiger personeller und materieller Hilfen**
- **In den Unterricht integrierte Therapiemaßnahmen**
- **Zuordnung der Sonderschullehrer/innen zum Kollegium der Integrationsschule** (keine stundenweise Abordnung von den Sonderschulen)
- **Team-Teaching** von Grund-/Gesamt- und Sonderschullehrer/innen in den überwiegenden Unterrichtsstunden
- **Offene und freie Arbeitsformen, Individualisierung, Innere Differenzierung, Projektunterricht**
- **Kooperative Unterrichtsplanung, -durchführung und -auswertung** des pädagogischen und therapeutischen Personals (Kooperationsstunden)
- **Kompetenztransfer** aller Mitarbeiter/innen der integrativen Arbeit
- **Supervision, wissenschaftliche Begleitung, spezifische Fortbildung** für das pädagogische und therapeutische Personal und die Mitarbeiter/innen im Unterricht.

Haben wir also wieder einmal in Sisyphosarbeit Steine auf den pädagogischen Idealberg gewälzt (*Bernfeld* 1967)? Und ist damit auch der in diesem Buch entwickelte Ansatz nichts als schöne Utopie? Vor einer Antwort die übereinstimmende Einschätzung der größten Schwierigkeiten sowohl der Schulversuche in Hamburg (*Wocken* und *Antor* 1987, 1988) als auch in Bremen (*Feuser* und *Meyer* 1987): Nicht etwa geistige Behinderungen, sondern Verhaltensstörungen (und die nicht nur bei behinderten Kindern) stellten das eine Hauptproblem dar, das andere lag in der unterentwickelten Fähigkeit der Lehrer/innen kooperativ, und in neuen Formen zu arbeiten. Fügen wir die Hauptprobleme hinzu, die *Demmer-Dieckmann* in ihrem Überblick über die Integrationsversuche insgesamt benennt: Sie liegen neben den schon benannten Problemen zum einen in der Zusammenarbeit mit Eltern, zum anderen in der Zusammenarbeit mit der Schulbürokratie.

Für die Vorhaben der Auflösung von Sondereinrichtungen insgesamt ist *Herzog* (1987) zuzustimmen, der in Anbetracht der Begrenztheit bzw. dem partiellen Scheitern von Integration für den Vorschulbereich in Bremen folgert: „Das Verarmen und Verelenden größerer Bevölkerungsteile als überregionale Entwicklung verweist die traditionellen psychosozialen Berufe auf den Platz von Partialbeiträgen, die immer zu spät kommen; es verweist die Behindertenarbeit auf den Platz von gutgemeinten Mühen für Minderheiten, bei fehlenden Hilfsmöglichkeiten für die weitaus größeren Problemgruppen" (S. 108).

Zurück zur Frage: Steine auf den pädagogischen Idealberg hätten wir gewälzt, hätten wir unsere gemeinsame Gedankenarbeit als Verfasser und Leser/innen dieses Buches nicht mit Kapitel 1 begonnen und würden jetzt nicht in die Wirklichkeit einer arbeitsteilig hochentwickelten und durch Klassenteilung gespaltenen Gesellschaft zurückkehren. Hier stoßen wir genau auf die *Grenzen der Erziehung*, die *Bernfeld* benannt hat: auf die in der Person des Schülers, die im Lehrer und die in der sozialen Wirklichkeit. Aber wir stoßen nicht mehr naiv auf sie. Wir wissen, daß weder die Grenzen in der Natur des Schülers noch in der Natur des Lehrers natürliche und/oder unumstößliche sind. Wir haben begonnen, diese Grenzen als soziale zu verstehen, die durch die Veränderung einer sozialen Wirklichkeit massiv verschoben werden können. Wir haben, so hoffe ich, ein Stück jenen „aufrechten Gang" (*Bloch*) gelernt, der für eine konkrete Utopie einer humanen Gesellschaft, für die Realisierung des „Prinzips Hoffnung" notwendig ist. Anders gesagt: Wir haben jenes Stück Revolution „geträumt", von der Peter *Weiss* spricht (s.o.), und kehren damit gerüstet und verändert in die soziale Realität zurück.

Diese Realität ist allerdings nicht nur ökonomisch determiniert, sondern Institutionen wie Staatsapparate, Schulen, Kindergärten usw. haben ihre eigene Logik und ihre eigenen Gesetzmäßigkeiten, innerhalb derer sie soziale Prozesse vermitteln. Diese Strukturen sollen am Beispiel der Schule als Institution näher betrachtet werden. Es soll dann verfolgt werden, wie institutionelle Bedingungen didaktische Sichtweisen bestimmen. Schließlich soll in diesem Kapitel auf der Basis vorhandener Forschungen und Reformansätze entwickelt werden, wie Schule, so wie sie ist, bereits anders gedacht und praktiziert, d. h. verändert werden könnte. Diese notwendige Veränderung sehe ich in der Perspektive einer Schule für alle und ohne Ausschluß.

11.1 Schule als Institution

„Schulen sind historisch gewachsene und bürokratische Institutionen zur Reproduktion der Gesellschaft und zur Sozialisation des einzelnen". Sie „erfüllen ihre Aufgaben nicht nur dadurch, daß sie die Sach-, Sozial- und Sprachkompetenzen der Schüler entwickeln, sondern auch dadurch, daß sie die Schüler fortwährend *selektieren* (sie also beurteilen, zensieren, in verschiedene Schulformen und Bildungsgänge einweisen, sie versetzen oder sitzenbleiben lassen), und dadurch, daß sie die Schüler zu einer *loyalen Haltung* gegenüber der ganzen Gesellschaft erziehen" *(Meyer* 1987, Bd. 1, S. 60f.). Entsprechend wird in der Literatur von einer *Qualifikations-, Selektions-* und *Legitimationsfunktion* gesprochen *(Fend* 1980, S. 13–54).

Wie alle Institutionen ist *Schule als Institution* weder eine Organisationsstruktur noch ein bestimmter konkreter Ort (Schule in der XY-Straße). Eine Institution ist die *„Art und Weise, wie bestimmte Dinge getan werden müssen";* sie entwickelt sich als *„eine Reihe von organisierten Verfahrensweisen"* normativer Art (ähnlich wie Recht, Brauch oder Sitte); *„einer Institution kann man nicht angehören, man ist ihr unterworfen"* *(König* 1958, S. 135, 138). Nach *Kuhn* (1990) sind Institutionen „Einrichtungen, in denen eine Gesellschaft oder Gruppe von Menschen zur Erreichung der in ihr herrschenden Zwecke ihre Kooperation, Kommunikation und den gegenseitigen Verkehr, samt der dabei auftretenden Widersprüche regelt".

Institutionen haben einen *Doppelcharakter:* Als gesellschaftliche Formen, d.h. Regulative, sichern sie einerseits die *Tätigkeit des gesellschaftlichen Gesamtarbeiters* oder seiner Teile. Andererseits sichern sie die Reproduktion der Gesellschaft durch die *Reproduktion der Menschen* in bestimmten Sozialformen (Familie, Gemeinde usw.). Die räumlich-zeitliche, energetische und stoffliche Vermittlung beider Aspekte findet in dem vorgefundenen gesellschaftlichen System von Arbeits- und Klassenteilung (gesellschaftliche Produktionsweise) durch den Prozeß der gesellschaftlichen (produktiven und reproduktiven) Arbeit selbst statt.

In beiderlei Hinsicht sind Schulen rechenschaftspflichtig. Zum einen müssen sie die Reproduktion gegenüber der Gesellschaft verantworten, zum anderen gegenüber Schülern und Eltern. Dies drückt sich aus in der *„Doppelform" der Note*, die zum Vermittlungsagens wird. Als *„Warenform"* (vgl. *Marx* MEW 23, S. 62) verspricht sie eine Auskunft über die inhaltliche Seite („Naturalform") der Qualifikation (des Arbeitsvermögens) der Schüler. Zugleich offenbart sie als *„Wertform"*, inwieweit die wertschaffende Arbeit des Lehrers ein adäquates Resultat hat. „Der Erfolg seiner Tätigkeit ist kontrollierbar. Jederzeit ist feststellbar, ob die Schüler den zum Prüfungstermine fälligen Stoff beherrschen. Der Lehrer wird durch Prüfung seiner Schüler geprüft" *(Bernfeld* 1967, S. 21). Hat er in historisch durchschnittlicher Weise Lehrerarbeit schlechthin (abstrakte Arbeit) in der Reproduktion der Schüler vergegenständlicht? Und hat er sie in der Arbeitsfähigkeit der Schüler schlechthin, relativ unabhängig vom inhaltlichen Wissen, vergegenständlicht? Genau dies wird mit der Note überprüft. Sie entspricht als Leistungsbewertung der *„Geldform"*, die im späteren Leben den Warentausch reguliert.

Insofern Schulen diesen Prozeß realisieren und überprüfen, müssen sie *bürokratisch* (Bürokratie = Schreibstubenherrschaft) organisiert sein. Der Gegenstand ihres verwaltungsförmigen Handelns ist der reibungslose Transfer von Lehrerarbeit in Schülerarbeit. Er wird über die *Noten* gemessen (Büro-) und mit *disziplinarischen Sanktionen* (-herrschaft) gegenüber Schülern wie Lehrern durchgesetzt. Dieser Gedanke findet sich bereits im Preußischen Landschulreglement von 1763: „§ 22. Die Disciplin muß weislich geschehen: so daß den Kindern die Eigenliebe als die Quelle aller Sünden entdeckt und ihre Abscheulichkeit gewiesen, der Eigensinn oder Eigenwille mit Fleiß gebrochen, auch das Lügen, Schimpfen, Ungehorsam, Zorn, Zank, Schlägerey etc. ernstlich, jedoch mit Unterschied und nach vorhergegangener gnugsamer Überzeugung des geschehenen Verbrechens bestrafet werden ...“ (zitiert nach *Gamm* 1979 S. 36f.). In dieser Hinsicht hat die Schule repressive Aufgaben, ist „Institution der Gewalt“ (*Basaglia* 1971). Ihre über bürokratisches Handeln stattfindende Selektionsfunktion umfaßt beide Aspekte: *Verhaltensauslese und Leistungsauslese.*

Da die Entwicklung der Warenform letztlich immer von der Entwicklung der Naturalform abhängig ist, es ohne Gebrauchswert keinen Wert geben kann, gewinnt Schule mit höherer Entwicklung in bestimmten Epochen eine gewisse *pädagogische Eigenständigkeit.* Gelingt es ihr, mit pädagogischen und nicht disziplinarischen Mitteln Probleme zu lösen, bzw. verbietet der demokratische Druck disziplinarische Lösungen, so stabilisiert sie sich als (relativ) autonomes System im Sinne pädagogischen Handelns gegenüber der staatlich-bürokratischen Determinierung ihrer Abläufe.

Führen wir diesen Gedanken zurück auf die Theorie der funktionellen und pathologischen funktionellen Systeme. Die Schule geht in derartigen Situationen von der Unterordnung unter ein pathologisches funktionelles System (Zielgröße: Vermeidung negativer Affekte durch Informationsreduktion; vgl. 8.5.2) in ihre *partielle Reorganisation als autonomes funktionelles System* (7.4) über, das in Kooperation mit anderen arbeitet. (Zur Anwendbarkeit neurobiologischer systemtheoretischer Vorstellungen auf soziale Systeme vgl. auch *Bergner* und *Mocek* 1986, S. 157 ff.)

Historisch gesehen haben sich Schulen mit dem Übergang zur bürgerlichen Gesellschaft und der Entwicklung der kapitalistischen Produktion endgültig durchgesetzt. Der Prozeß der Entwicklung von Wissenschaft, Technik, Produktion, Markt, nationaler und internationaler Ausbeutung usw. erforderte zunehmend ein differenziertes Bildungssystem, das für alle Klassen und Schichten *Reproduktionsleistungen* übernahm, die familiär in diesem Umfang nicht mehr erbracht werden konnten. Schulen für das Volk und Schulen für die herrschenden Klassen wuchsen so Stück für Stück zu einem *einheitlichen Schulsystem* zusammen.

In der sich entwickelnden sozialen Infrastruktur realisierte die Schule als Institution eine wichtige Teilfunktion. Sie wurde wesentliche Institution zur *Herstellung des Arbeitsvermögens.* Dafür mußten Teile der gesamtgesellschaftlich zur Verfügung stehenden wertschaffenden Arbeit (vgl. Kap. 1) in diesen Bereich transferiert, also aus der Ökonomie abgezogen werden. Als *subordinierte Sekundärarbeit* hat sie dort allgemeine Produktionsbedingungen (*Güther* 1977) zu realisieren. Ärzte, Schulmeister usw. schaffen nicht den Fond, aus dem sie bezahlt werden, „obgleich ihre Arbeiten in die Produktionskosten des Fonds eingehen, der überhaupt alle Werte schafft, nämlich die Produktionskosten des Arbeitsvermögens“ (*Marx* MEW Bd. 26.1, S. 138). Sie müssen innerhalb der kapitalistischen Produktion (aber auch in jeder nachkapitalistischen Gesellschaft) über vom Staat abgezweigte Teile des variablen Kapitals (bzw. Neuwerts) finanziert werden (Steuern, Schulgeld). Es besteht daher aus der *Kapitallogik* heraus ein Interesse, (1) daß diese Kosten nicht allzusehr expandieren, (2) daß die Lehrer ihre Arbeit adäquat realisieren und (3) daß durch die Erziehung der nächsten Generation Fortschritt im doppelten Sinne (vgl. hierzu die Thesen S. Kap. 2.3) gesichert wird: als

Fortschritt in der Entwicklung von Wissenschaft und Technik und als Fortschritt in der Durchsetzung des Gesellschaftsvertrags als bevölkerungspolitische Kontrolle der „Minderwertigen".

Dadurch entsteht einerseits eine *tendenzielle Nachrangigkeit* gegenüber der Entwicklung in der Produktion selbst. Die Arbeitsplatzstruktur wirkt auf die Berufsstruktur zurück und diese auf die Schulstruktur. Andererseits entstehen mit der Einrichtung von Infrastrukturen *sozial stabile Gebilde*. Sie sind weniger vom Willen und der Entwicklung des Einzelkapitals abhängig als von dem über die Staatsfunktion mit realisierten Ausdruck des Gesamtinteresses des Kapitals bzw. der mit ihm ideologisch und materiell verbundenen Bevölkerungsschichten. Insbesondere gehen auch die Ansprüche und Bedürfnisse der *in den Infrastrukturen* selbst arbeitenden Menschen in gesellschaftliche Planung mit ein. Ihnen wird in mehrfacher Hinsicht Rechnung getragen bzw. begegnet: zum einen als Weiterentwicklung der inneren Effizienz einmal geschaffener Infrastrukturen sowohl in technischer, in materieller und personeller Hinsicht, zum anderen im Sinne der politischen Loyalitätssicherung in diesem Bereich (Herausbildung traditioneller Intelligenz) gegen die Arbeiterklasse und mit ihr verbündete Schichten, zum dritten als Abwehr „übermäßiger" Forderungen in Bildung und Ausbildung (Chancengleichheit, Mitbestimmung, demokratische Inhalte usw.). D.h. jede neue Differenzierung der Infrastruktur schafft gleichzeitig *neue Voraussetzungen und Bedürfnisse*, auf die sich die weitere Planung beziehen, mit denen inhaltlich und politisch umgegangen werden muß. Dies geschieht gemäß dem über den Staat vermittelten gesellschaftlichen Gesamtinteresse (das wesentlich vom Kapital bestimmt ist) z.T. durch Realisierung, z.T. durch Abwehr von Forderungen. Hierbei wird je nach politischem Standort auf unterschiedliche Ideologeme zurückgegriffen (Sachzwang, Auswuchern des Sozialstaates, unerträgliche Indoktrinierung, widernatürliche Gleichmacherei usw.), die jeweils den Primat der Politik der ökonomisch und politisch herrschenden Kräfte sichern sollen.

In diesem Sinne realisiert sich das *bürgerliche Bildungsmonopol* (nach *Alt* 1978 neben dem Besitz- und dem Herrschaftsmonopol der dritte Hauptbaustein von Klassenherrschaft) als Einfluß auf den Umfang und das Wesen der Bildungsinhalte. Dieser Einfluß ist in der Schule und über sie hinaus vielfältig nachweisbar (vgl. *Bourdieu* 1982, *Tausendfreund* 1987). Er wird in vielfältiger Hinsicht durch Strukturen und Vereinigungen des politischen Konservatismus durchgesetzt. Dies weisen z.B. *Nyssen* (1970) am Einfluß wirtschaftlicher Interessenverbände in der Schulpolitik bzw. *Wanner* (1984, 1988) in der Rekonstruktion des institutionellen und ideologischen Geflechts des „Pädagogischen Konservatismus" nach. Dieses Geflecht umfaßt Verbindungen zwischen Monopolkapital und Staat, zu konservativen Parteien, Stiftungen, Eltern- und Lehrerverbänden, dem politischen Klerikalismus u.a.m. Diese Kräfte haben sich vor allem in der Bekämpfung der Gesamtschule, im militanten Vertreten eines Konzepts biologischer Begabung, in den Thesen „Mut zur Erziehung" und im massiven Einfluß auf Bildungsinhalte und Bildungsstrukturen hervorgetan. Ginge es nach einem ihrer bekannten Ideologen, Bernhard *Sutor*, so wäre es Kern von Didaktik, daß Schüler lernen, „daß die Würde des Menschen nur dort eine handlungsleitende Bedeutung hat, wo durch ihre Berücksichtigung die gegebene Ordnung und die eigenen Interessen nicht beeinträchtigt werden" (*Prim* 1989, S. 359).

Kehren wir zurück zur Definition von *Meyer*. Die dort angesprochene *Reproduktionsfunktion der Schule* ist ersichtlich in sehr unterschiedlicher Weise determiniert. Ökonomische Interessen (Herausbildung von Arbeitsvermögen) in kapitalistischer Bestimmtheit (als möglichst gut verwertbare Ware Arbeitskraft) treffen sich mit ideologischen Bestimmungen (doppelter Fortschrittsbegriff) und politischen Momenten (Funktion des bürgerlichen Staates, Eigendynamik der Infrastruktur).

Und diese Bestimmungen schneiden sich wiederum mit denen, die, (im Sinne *Gramscis*) vom „historischen Block des Sozialismus" ausgehend, gegen die herrschende Kapitallogik *umfassende humane und kulturelle Entwicklung bei grundlegender ökonomischer und sozialer Absicherung aller Menschen* fordern. Wir erinnern uns, daß es dieser Prozeß ist, der von den Herrschenden als fortschrittsfeindlich, als „Aufstand der Minderwertigen", „demokratische Krankheit", Ausdruck von Haß und Neid usw. begriffen und bekämpft wird (vgl. Kap. 2.3).

In diesem Sinne muß auch die *Sozialisationsfunktion* differenzierter betrachtet werden. Nicht nur die Schule als Institution erzieht (*Bernfeld* 1967 S. 28), sondern Erziehung bleibt immer konkret inhaltlich bestimmt durch Dialog, Kooperation, Kommunikation, sozialen Verkehr der Individuen in der Schule, und sei es auch nur in der gemeinsamen Tätigkeit der Schüler gegen die des Lehrers. Schule konditioniert daher nicht einfach nur in kapitalistische Alltagsnormen, sie ist auch immer zugleich Ort des Widerstands gegen diese. Dies ist sie umso umfassender, je mehr die inhaltliche Seite des Lernens mit ins Spiel kommt. (Vgl. historisch z.B. die Reduzierung der Volksschulbildung auf Gesinnungsunterricht durch die *Stiehl*schen Regulative von 1856 und die Neuaufnahme der Realien in den Allgemeinen Bestimmungen von 1873; diese inhaltlichen Veränderungen eröffneten jeweils fortschrittlichen Lehrern auch andere Spielräume.) Insofern muß auch die Sozialisationsfunktion dialektisch betrachtet werden und darf weder einseitig nach Konditionierung, Durchsetzung des heimlichen Lehrplans durch disziplinarische Anforderungen und Benotung u.ä. aufgelöst werden noch ebenso einseitig nach bloßer Qualifikationsvermittlung (als unterschiedliche Nuancierungen in dieser Debatte vgl. *Huisken* 1972, *Beck* 1974, *Bammé* und *Holling* 1976, *Auernheimer* u.a. 1979, *Jantzen* 1981).

Deutlich wird auf jeden Fall: In der Schule spiegelt sich nicht nur die Dialektik der Klassenkämpfe wider. *Die Schule ist ein Ort der realen und ideologischen Austragung des Klassenkampfes*, da sie als Institution diese Widersprüche in sich vereint. Verdeutlichen wir uns die objektive Dialektik, um die es geht, mit einer Passage aus dem Kommunistischen Manifest (*Marx* u. *Engels*, MEW Bd. 4):

„Die Bourgeoisie befindet sich in fortwährendem Kampfe: anfangs gegen die Aristokratie; später gegen die Teile der Bourgeoisie selbst, deren Interessen mit dem Fortschritt der Industrie in Widerspruch geraten; stets gegen die Bourgeoisie aller auswärtigen Länder. In allen diesen Kämpfen sieht sie sich genötigt, an das Proletariat zu appellieren, seine Hülfe in Anspruch zu nehmen und es so in die politische Bewegung hineinzureißen. Sie selbst fügt also dem Proletariat ihre eigenen Bildungselemente (1888 eingefügt: *politischen* und *allgemeinen*), d.h. Waffen gegen sich selbst, zu. Es werden ferner ... ganze Bestandteile der herrschenden Klasse ins Proletariat hinabgeworfen oder wenigstens in ihren Lebensbedingungen bedroht. Auch sie führen dem Proletariat eine Menge Bildungselemente zu" (1888: *Aufklärungs-* und *Fortschrittselemente*; S. 471). „Der Fortschritt der Industrie, dessen willenloser und widerstandsloser Träger die Bourgeoisie ist, setzt an die Stelle der Isolierung der Arbeiter durch die Konkurrenz ihre revolutionäre Vereinigung durch die Assoziation. Mit der Entwicklung der großen Industrie wird also unter den Füßen der Bourgeoisie die Grundlage selbst hinweggezogen, worauf sie produziert und ihre Produkte sich aneignet. Sie produziert vor allem ihre eigenen Totengräber" (S. 473f.).

Jenseits eines bloß verkürzten und militaristisch geprägten Revolutionsbegriffs, der mittlerweile im „realen Sozialismus" seine Grenzen erfahren hat, liefert diese Passage wesentliche Ansatzpunkte für ein dialektisches Verständnis des Verhältnisses von Klassenauseinandersetzungen in und außerhalb der Schule. Dieses Verständnis kann jedoch erst voll entfaltet werden, wenn wir den Vergesellschaftungsschub im Bildungssystem in den letzten 20 Jahren mit den bisherigen marxistischen Analysen der Institution Schule konfrontieren.

Ich deute dies in Auseinandersetzung mit *Bernfeld* (1967) an. Dort ist zu lesen (geschrieben 1925): „Die Institution Schule ist nicht aus dem Zweck des Unterrichts gedacht ... Sie entsteht aus dem wirtschaftlichen-ökonomischen, finanziellen Zustand, aus den politischen Tendenzen der Gesellschaft; aus den ideologischen und kulturellen Forderungen und Wertungen, die dem ökonomischen Zustand und seinen politischen Tendenzen entsprangen" (S. 27). Auf dem Hintergrund der im folgenden skizzierten Entwicklung der letzten zwanzig Jahre ist im Sinne der Passage aus dem Manifest hinzuzufügen: Und in der Durchsetzung eben jener ökonomischen, kulturellen und politischen Tendenzen setzen sich mit Notwendigkeit Momente der Allgemeinbildung, der Aufklärung und des Fortschritts in der Bildung der lohnabhängigen Teile der Bevölkerung durch, die auf Einengung und Überwindung der Kapitallogik zielen. Diese Widersprüche erfassen vor allem auch die Schule.

Ausgehend vom „Sputnikschock" 1956 und der Beschwörung der „Bildungskatastrophe" ergab sich Ende der 60er/Anfang der 70er Jahre ein deutlicher *Umbruch der Bildungspolitik*. Er wurde aufgrund des Übergangs von der extensiv erweiterten zur intensiv erweiterten Reproduktion des Kapitals erforderlich, d.h. Reproduktion unter zunehmender Nutzung wissenschaftlich-technischen Fortschritts (*Petrak* u.a. 1974). Die notwendige gesellschaftspolitische Korrektur der im internationalen Vergleich deutlichen Rückständigkeit des Bildungssystems der BRD fiel zusammen mit großen sozialen Bewegungen, die ihren Niederschlag im Regierungswechsel zur sozial-liberalen Koalition fanden bzw. über diese hinausreichten. Dies waren zum einen die Bestrebungen der SPD selbst nach sozialer und demokratischer Umgestaltung. Es war ein Erstarken der Gewerkschaften nach der schweren Krise des Jahres 1966/67, welche die ca. 10 Jahre andauernde Sozialpartnerschaftsillusion nach dem KPD-Verbot erschütterte. Es waren die Anti-Notstandsbewegung und die Studentenbewegung. In diesem Kontext entstand eine tiefgreifende *Umgestaltung des Bildungssystems*, die in *quantitativer* Hinsicht u.a. in den in Tabelle 2 zusammengestellten Zahlen zum Ausdruck kommt.

Mindestens ebenso bedeutend ist dieser Umbruch in *qualitativer* Hinsicht. Es kam zu inhaltlichen und unterrichtsorganisatorischen Veränderungen in fast allen Bereichen; insbesondere wurde mit der alten volkstümlichen Bildung im Primar- und Hauptschulbereich gebrochen. Historische und gesellschaftskritische Inhalte hielten Einzug in die Schulen. Naturwissenschaftliche Inhalte wurden im Rahmen der Curriculumreform gründlich verändert und erweitert. Ein Großteil der mit dieser Expansion entstehenden neuen Stellen an Schulen und Hochschulen (ihr entsprach eine vergleichbare Expansion im außerschulischen Bereich, insb. in sozialpädagogischen Berufen) wurde mit Lehrer/innen besetzt, die von den großen sozialen Bewegungen beeinflußt waren. Die Schülerbewegung an den Schulen sorgte für eine weitere Veränderung des Bildungsklimas. An den Hochschulen wurden zahlreiche Stellen mit von der Studentenbewegung beeinflußten Hochschullehrer/innen besetzt. Erziehungsfragen standen für einige Jahre im Mittelpunkt öffentlichen Interesses.

Durch ein Umdenken in Erziehungsfragen im Sinne einer zunehmenden Liberalisierung, das erhebliche Bevölkerungsteile erfaßte, durch veränderte Inhalte und z.T.

Tab. 2: Ausgewählte Kennziffern der Entwicklung im Bildungssystem der BRD von 1960 bis heute

a) Schulbesuch in Prozent der Gleichaltrigen bei Schülern zwischen 13 und 14 Jahren

	Hauptschule	Sonderschule	Gesamtschule	Realschule	Gymnasium
1960	70,1	3,0	–	11,3	15,0
1970	55,3	5,2	–	19,0	21,0
1980	39,2	4,9	3,8	25,4	26,7
1986	36,0	4,9	5,1	26,1	28,0

b) Schüler- und Studentenanteil in Prozent der Gleichaltrigen 21- bis 22jährigen

1960	1970	1980	1986
7,0	11,6	21,5	27,0

c) Schulabgänger in Prozent

	Hauptschule	Realschule	Hochschulreife
1970	63	26	11
1986	34	40	26

d) Kindergartenplätze je 1000 Kinder

1960	1970	1975	1980	1986
328	384	655	790	790

(aus: *Grund- und Strukturdaten* 1989/90, S. 20f., 24, 29, 72f.)

veränderte Lehr- und Lernformen, durch den großen Bewußtseinswandel in der Lehrerschaft (der sich besonders deutlich in den quantitativen und qualitativen Veränderungen in der Gewerkschaft Erziehung und Wissenschaft ausdrückt), durch eine enorme zeitliche Verlängerung des Bildungscurriculums (vgl. Tab. 2b) kam es zu einem *neuen Typus von Jugend*, der durch ein wesentlich differenzierteres und entwickelteres Ausmaß an Reflexion und Ichbildung gekennzeichnet ist (vgl. *Beck* 1986, *Dörre* 1987, *Jantzen* 1988e). Allerdings muß zugleich die widersprüchliche Form hervorgehoben werden, in der sich diese Prozesse in der Schule durchsetzten. Segmentierung des Lehrplans und des Unterrichts schreiten bei gleichzeitiger höherer Qualifikation fort, Mammutschulen entstehen, Vereinzelung greift um sich. Soweit die Selektionsfunktion nicht mehr durch Schultypen wie Gymnasium, Realschule, Volksschule, Sonderschule übernommen wird (also in Integrationsversuchen, Grundschule, Orientierungsstufe und Gesamtschule), verlagert sich das Problem der äußeren Differenzierung zwischen den Schulen als äußere und innere Differenzierung in die Schulen und wirft dort zahlreiche und neue Widersprüche auf (vgl. *Keim* 1979).

Die hervorgehobene *„unverhoffte Renaissance einer ‚enormen Subjektivität' innerhalb und außerhalb von Institutionen"* entstand nach *Beck* (1989, S. 12) zusätzlich durch die *„Selbstdemaskierung von Gefahren"*. Aber nicht nur hierdurch: Diese Selbstdemaskierung wurde erst auf dem Hintergrund der neuen sozialen Bewegungen möglich und erzwungen (Friedensbewegung, Frauenbewegung, Anti-AKW-Bewegung, Umweltbewegung), die ihrerseits erheblich zur Demaskierung der herrschenden Verhältnisse beitrugen. Hinzu kamen das zunehmende Engagement der Kirchen in Fragen der Dritten Welt, die erneute Auseinandersetzung mit der deutschen Geschichte u.a.m. Hiermit einher ging einerseits eine neue Verantwortlichkeit für Mensch und Natur, andererseits erfolgte ein massiver Zerfall gültiger Weltbilder (Sinnkrise). Es kam seitens der Herrschenden zu immer erneuten Angriffen auf Inhalte und Formen der Bildung. Insbesondere bedingt durch die Massenarbeitslosigkeit überschnitt sich die Herausbildung der Hauptschule als Restschule mit völliger inhaltlicher Perspektivlosigkeit für die Jugendlichen und Herausbildung eines neuen rechten Potentials (Zweidrittel-Gesellschaft).

In einem Zwischenresultat dieser Entwicklung konnte *Schwänke* (1979) festhalten, daß Schule zunehmend auch bildungsferne Schichten erfaßt hat, wodurch sie (so in Zusammenfassung der Entwicklung von Bildungschancen in der BRD 1945–1979) ihre Statusdeterminationsfunktion teilweise verloren habe. Das Bildungssystem sei „heute nicht mehr in so starkem Maße wie früher an der Zuweisung sozialer Positionen und an der Reproduktion gesellschaftlicher Schichten beteiligt". Eigentum, Berufsgruppenzugehörigkeit und familiäre Herkunft haben deutlichen Einfluß auf die berufliche Karriere (*Schwänke* 1979, S. 121f.).

Für die Schule heute resultiert zunehmend folgender Widerspruch: *Bei höherer Bildung, höherem Bewußtseinsstand der Persönlichkeit, bei durch Lehrerausbildung und Bildungsinhalte deutlich verbesserten Möglichkeiten, guten Unterricht zu realisieren einerseits, ist dies andererseits zunehmend erschwert durch Massenarbeitslosigkeit und Sinnzerfall aufgrund des Zustands der Welt sowie zunehmender häuslicher Sozialisationsdefizite. Insbesondere erweist sich die Zerstückelung schulischen Lernens als schwerwiegendes Hindernis.*

Zunehmend treten schwerere Störungen in den Grundschulen und Neofaschismus an den Hauptschulen auf, zunehmend erscheinen Reproduktion und Sozialisation durch die Institution Schule erschwert und verunmöglicht. Damit erreicht die Schule einen Zustand, wo die *„Naturalform"* des Arbeitsvermögens (die über Entwicklung, Erziehung und Bildung der Persönlichkeit hervorgebracht wird) beim jetzigen Stand schulischer Bildung und Erziehung nicht mehr so herausgebildet wird, daß ein dem Arbeitsmarkt entsprechend vermarktbares Arbeitsvermögen resultiert. Die Realisierung der *„Wertform"* der Arbeitskraft als Ware (vgl. *Marx*, MEW Bd. 23, S. 62), also ihre reale Vermarktbarkeit, stößt nicht nur auf Grenzen, weil die Arbeitsplätze beschränkt sind. Sie tut dies auch zunehmend durch nicht mehr von der Schule in der bisherigen Form behebbare Sozialisations- und Bildungsdefizite. Darüber hinaus ist der Ausverkauf „des unmittelbaren Interesses an einer freiheitlichen, dem Wohle aller Bürger verpflichteten Gesellschaftspraxis" (*Prim* 1989, S. 358) auch an den Schulen bei denjenigen ein „Systemtatbestand" geworden, die sie unter heutigen Bedingungen erfolgreich absolvieren und dabei gelernt haben, sich nur an Leistungen zu orientieren.

Der erhöhte Grad von Individualisierung und Engagement für human bedeutsame Fragen bei den Jugendlichen findet damit andererseits seinen dialektischen Gegensatz in einer „*Kultur des egoistischen Expansionismus*" (H.E. *Richter* nach *Prim* ebd.), die an Schulen und Universitäten bereits existiert. Diese Prozesse finden auf dem Hintergrund massiver gesellschaftlicher Umverteilung von unten nach oben statt, innerhalb derer Mittel für Schulreform ohne massiven sozialen Druck kaum zu erwarten sind. Andererseits ist in dieser Zuspitzung der Widersprüche, in der sowohl die reformpädagogische Diskussion als auch das „burn out" der Lehrer zunehmen, noch keine bildungspolitische Bewegung ausmachbar.

Schule als Institution gerät unter diesem Druck zunehmend an ihre Systemgrenzen und muß sich neu organisieren. Ordnet sie sich weiterhin lediglich der wertförmigen Leistungserstellung unter, so wird sie rapide zunehmend *dysfunktional*, da die Herstellung der Naturalform (Persönlichkeitsentwicklung, Arbeitsvermögen) in den heutigen gesellschaftlichen Bedingungen bereits so gestört ist, daß ohne Schulreform auf Dauer sich dieser Prozeß auf die Herstellung der benötigten Warenform massiv auswirken wird.

Im Zusammenhang des gegenwärtigen Entwicklungsstandes an Bewußtsein über die Gefährdung der Welt und gleichzeitig der Notwendigkeit einer hohen Qualifikation für den kapitalistischen gesellschaftlichen Arbeitsprozeß zeigen sich gegenwärtig *drei Tendenzen für schulische Sozialisation:* (1) Herausbildung einer tendenziell systemübergreifenden, fortschrittlichen Gesinnungs- bzw. Verantwortungsethik; (2) Herausbildung einer tendenziell systembejahenden Perspektive als Egoismus und Utilitarismus; (3) tiefgehender Perspektiv- und Sinnverlust mit neuer Sinnbildung, bezogen auf rückwärts gerichtete Ideale.

Die Struktur des ersten Sinnbildungsprozesses habe ich im vergangenen Kapitel in der Dialektik von Dialog, Kooperation, Kooperation, sozialem Verkehr als Möglichkeit tendenziell nichtentfremdeter Vergesellschaftung bereits herausgearbeitet. Genauso, wie dieser Typ an vielen Orten in der Gesellschaftsgeschichte auszumachen ist, spiegeln auch die beiden anderen Prozesse historisch vorweggehende, dort (partiell) erfolgreiche, jedoch entfremdete Sinnbildungsstrukturen wider, die sich in Pädagogik und Didaktik ebenso wie im schulischen Alltag wiederfinden. Ihre Herausbildung erfolgt über Disziplinierung, Unterordnung, Zwang und Bindungsversagung. Da sie einer allgemeinen und humanen Pädagogik entgegenstehen, aber durch Schule und Didaktik, wie sie sind, begünstigt wurden und werden, ist es wichtig, sie im Detail zu identifizieren. Der zweite Modus der Sinnbildung ist die Unterordnung unter die Logik von „Sachzwängen", die Orientierung an der Leistung und die Realisation von Ich-Entwicklung über individuelle Karriere. Mit ihm historisch teilweise verbunden, aber trotzdem getrennt ausweisbar ist der dritte Modus. Dies ist die Unterordnung in Ich-schwächende Formen kollektiver Subjektivität, die durch die Anrufung überindividueller Objekte und Mythen (Faschismus, Sektenbildung u.a.m.) bei gleichzeitiger massiver Abgrenzung gegen andere realisiert wird. In gebotener Kürze stelle ich einige ideologietheoretische Überlegungen dar, die insbesondere auf den dritten Sinnbildungsmodus (Vergesellschaftung durch Angst und Anrufung) Licht werfen.

11.2 Institution, Ideologie und Subjektwerdung

Diese drei Sinnbildungsmechanismen sind natürlich nicht strikt voneinander unterschieden; sie koexistieren und gehen ineinander über. Vergleichbar werden sie auch in einem Aufsatz über „*Angst und Politik*" von Franz *Neumann* aus dem Jahre 1954 beschrieben.

Neumanns (1986) Studie steht im Zusammenhang seiner Forschungen zur Wirkung des autoritären Staates. Er geht dabei von einem *logischen Zusammenhang von Entfremdung und Angst* aus. Angst kann als Realangst vorhanden sein, sie kann kathartisch wirken, wenn es gelingt, die angsthervorbringende Situation produktiv zu überwinden, sie kann aber auch zu neurotischer Angst werden. Diese entsteht aus der Versagung libidinöser Impulse in der Lebensgeschichte. Die Bindung an einen Führer ist dann die Rückgewinnung von libidinösen Beziehungen, die in einem Akt „der psychologischen Regression" (u. U. einer Ich-Beschädigung, ja sogar eines Ich-Verlusts) erfolgt (S. 268). Die Libido (in unserer Terminologie die in der Bindung realisierte Sinngebung, d. h. strukturelle Koppelung der Affekte) ist der „Zement", der Führer und Masse zusammenschweißt.

Neumann unterscheidet drei Arten des kollektiven Zusammenhangs. Sie entsprechen im wesentlichen meinen bisherigen Überlegungen. (1) *Affektlose Identifizierungen mit Organisationen* wie Kirche, Armee usw. Sie sind nicht immer libidobesetzt und weniger regressiv als affekthafte Identifizierungen (S. 269). Sie dürften dem zweiten von mir genannten, an „Sachzwängen" und Leistung orientierten Typus entsprechen. Demgegenüber werden zwei Typen affekthafter Identifizierung unterschieden.

(2) *Kooperativ-affektive Identifizierung.* Ihr Kennzeichen ist es, „daß sich viele Gleiche in kooperativer Weise so identifizieren, daß ihr Ich im Kollektiv-Ich aufgeht. Aber diese kooperative Form ist selten, auf kurze Perioden beschränkt oder jedenfalls nur für kleine Gruppen operativ gewesen" (S. 269). Dies stimmt vermutlich zu dem Zeitpunkt, da *Neumann* diesen Artikel geschrieben hat. Mit der heute deutlich höheren Entwicklung der Individualisierung der Persönlichkeit finden wir diesen Typus, der den Kern nichtentfremdeter, „solidarischer Selbstvergesellschaftung" (*Maase* 1985), bilden dürfte, in wesentlich neuen Formen. Die großen sozialen Bewegungen in der Bundesrepublik wie die Friedensbewegung (dort insbesondere in Form der Blockaden), die Anti-AKW-Bewegung, aber auch die großen revolutionären Massenbewegungen in den „real-sozialistischen" Ländern im Jahr 1989 sind m. E. deutliche Belege für diesen Typ von kollektiver Verbindung. Er entspricht dem ersten von mir genannten Modus von Sinnbildung.

(3) *Affektiv-regressive Identifizierung.* Diese regressivste Form, die „auf nahezu totalem Ich-Schwund" aufbaut, macht *Neumann* insbesondere in der *„caesaristischen Identifizierung"* aus. Ihr Indiz ist die „falsche Konkretheit", der sich Führer und Massen bedienen, d. h. die falsche Verbindung von Einzelnem und Allgemeinen (ein Beispiel im BILD-Zeitungsjargon: Weil jemand in meiner Nachbarschaft neben der Sozialhilfe schwarz gearbeitet hat, braucht man eine strengere Kontrolle und härtere Bestrafungen gegenüber allen Sozialhilfeempfängern und Schwarzarbeitern). Mit dem Wirksamwerden eines solchen Deutungsmusters entsteht eine positive Identifizierung nach innen (d. h. ich fühle mich in dem, was mich im Alltag stört, von meinem „Führer" angenommen und emotional bestätigt) und zugleich negativ nach außen durch (1) Intensivierung und Kanalisierung der Angst; (2) Identifizierung des Störenfriedes und (3) falsche Konkretheit, insofern immer etwas Wahres daran ist.

Dies entspricht im wesentlichen der Funktionsweise des von Hannah *Arendt* (1986) beschriebenen *totalitären Denkens*, dessen Kernpunkt die *Identifizierung eines* (sozialen) *„objektiven Gegners"* ist, zu dem *aufgrund äußerer Merkmale* willkürlich Personen zugerechnet werden; gleichgültig, ob sie als Subjekt real den damit verbundenen Zuschreibungen entsprechen oder nicht. Dabei kann sich der Verdacht potentiell auf alle erstrecken. „So zeigten sich auch die totalitären Tendenzen des sogenannten McCarthyism in den Vereinigten Saaten am deutlichsten in dem Versuch, nicht einfach Kommunisten zu verfolgen, sondern jeden Bürger dazu zu veranlassen, sich als Nichtkommunist auszuweisen" (S. 566). Solche Denkstrukturen finden sich auf sozialpsychologischer Ebene vergleichbar im Hitler-Faschismus ebenso wie im Stalinismus, aber keineswegs nur dort.

Neumann, der den Typ affektiv-regressiver Identifizierung in historischer Analyse in einer Reihe von Situationen ausmacht, hält fest:

„Für den Erfolg in der heutigen Gesellschaft ist es viel wichtiger, sich mit den Mächtigen gut zu stehen, als sich durch eigene Kraft zu bewähren. Das weiß der heutige Mensch. Das Destruktive, Angsterzeugende ist gerade die Machtlosigkeit des einzelnen, der sich der technologischen Apparatur einzufügen hat. ... Die soziale Entfremdung, das heißt die Furcht vor sozialer Degradation, ist allein nicht zureichend. Das Moment der politischen Entfremdung muß hinzutreten" (S. 280f.). Diese äußert sich in der Apathie, „weil der einzelne nicht die Möglichkeit sieht, durch seine Anstrengung etwas am System zu ändern" (ebd.). Hier finden die Techniken der Propaganda und des Terrors (Unberechenbarkeit der Sanktionen) ihren psychologischen Boden, die Massen und Führung koppeln. Hinzu tritt für die Anhänger einer Bewegung die Wahrnehmung von Schuld aufgrund des „gemeinsam begangenen Verbrechens", aber sicher darüber hinaus, wenn ich dies auf den folgenden Gedanken ausweite, des gemeinsam begangenen Unrechts schlechthin (für das es ja immer eine Legitimation gibt). Man darf, so *Neumann*, nämlich „nicht übersehen, ... daß jedes politische System auf Angst basiert ... Man kann vielleicht sagen, daß das total repressive System depressive und Verfolgungsangst, das halbwegs freiheitliche Realangst institutionalisiert" (S. 282). Wir können davon ausgehen, daß Schule als Institution an diesen Prozessen wesentlich beteiligt ist.

In gebotener Kürze stelle ich einige *ideologietheoretische Überlegungen* dar, die auf den affektlosen und den affektiv-regressiven Sinnbildungsmodus weiteres Licht werfen.

Im Rahmen des an der FU Berlin von der Gruppe um W. F. *Haug* betriebenen Projekts Ideologietheorie (PIT), verweist *Haug* (in *Behrens* u. a. 1979, Kap. 6) auf die Staatstheorie des französischen marxistischen Philosophen Louis *Althusser* (vgl. 1977).

Ideologische Formen, die Formen der Ausfechtung von Klassengegensätzen sind, untersucht *Althusser* als *Ideologische Staatsapparate* (ISA). Er geht von der Frage aus, was sich alles reproduzieren muß, damit sich die Gesellschaft als Ganzes reproduziert. Er stellt sich Gesellschaft als „topisch gegliedertes Ensemble relativ eigenständiger Zentren und Praxen" vor (*Behrens* u. a., S. 107). Für die Reproduktion als Ganzes sind nicht nur die repressiven Staatsapparate, sondern auch die ideologischen Staatsapparate von Bedeutung. „In jedem Apparat sind Gewalt und Ideologie ineinandergemischt, entscheidend ist das Machtverhältnis" (ebd., S. 111).

Entscheidend für die ideologische Reproduktion der Produktionsverhältnisse ist nicht die Reproduktion der ideologischen Regionen selbst, sondern die Reproduktion der Kräfteverhältnisse zwischen den ISAs sowie die regionalen Kompetenzverteilungen und Grenzziehungen. (ebd., S. 113). In dieser Hinsicht entspricht dies *Lotman*s Konzeption der „Semiosphäre" (s. o., Kap. 10.3). Die *unterwerfende Instanz*, die in und zwischen diesen Apparaten hervorgebracht wird (und die den Individuen als gesellschaftlich ordnungsbildender Faktor erscheint; *Haug* verwendet dafür den *Marx*schen Terminus „ideologische Macht"), nennt *Althusser* das *„SUBJEKT"*, dem sich der einzelne Mensch, das *„Subjekt"* unterwirft.

Den Prozeß der Vermittlung zwischen SUBJEKT und Subjekt faßt *Althusser* wie folgt (ebd., S. 119):

(1) Durch das SUBJEKT erfolgt ähnlich wie im Verhältnis Gott und Moses die Anrufung des Subjekts, das sich gegenüber dem SUBJEKT zu verantworten hat. Dieses wiederum ist dem Subjekt jedoch nicht rechenschaftspflichtig. (Wir erkennen hierin soziologisch die Struktur des Rechts, psychologisch die Struktur des Über-Ichs wieder; W.J.)

(2) Das Subjekt antwortet „Hier bin ich"; d.h. es definiert auf den Anrufenden hin bezogen sein eigenes Ich und unterwirft sich: „Moses als Diener Gottes, der Arbeiter als Sozialpartner, der Kleinbürger als guter Untertan". (Dies entspricht dem Prozeß der Herausbildung der Ich-Identität als innerer Dialog zwischen „Ich" und „Ich als Du"; an die Stelle des „Ichs" im Sinne des Gattungssubjektes Menschheit tritt ein weltliches oder verhimmeltes Subjekt der Macht und Ordnung; s.o., Kap. 5.)

(3) Die Identitätsbildung stabilisiert sich durch den Effekt der Wiedererkennung/Anerkennung (effet de reconnaissance). „Die Subjekte erleben ihre Identitätsbildung immer aufs Neue, indem sie sich sukzessiv im SUBJEKT ‚wiedererkennen' und sich in intersubjektiver Bezugnahme auf das SUBJEKT gegenseitig in den anderen Subjekten wiedererkennen (z.B. die soziale Kohäsion in der Gemeinde der Gläubigen)". (Wir erkennen dies wieder als die synergetische strukturelle Koppelung der individuellen sinnbildenden Strukturen im Prozeß der Herausbildung kollektiver Subjektivität; vgl. Kap. 7 u. 10).

(4) Es resultiert die „absolute Garantie, daß alles in Ordnung ist und daß alles gut gehen wird, solange die Subjekte nur wiedererkennen, was sie sind und sich dementsprechend verhalten".

Wir finden in dieser Analyse die Herausbildung (tendenziell bzw. real) pathologischer funktioneller Systeme auf der Ebene kollektiver Subjektivität beschrieben. Im Glauben an Sachzwänge und Leistung erfolgt die Orientierung nicht auf ein personelles oder personifiziertes Subjekt, sondern auf die Geordnetheit des Staatswesens und seiner Prozesse. Damit beginnt jedoch nach Seiten der Individuen der Übergang von isolierenden Bedingungen in eine innere Reproduktion der Isolation (s.o. Kap. 6). Dies läßt sie der Möglichkeit nach zum späteren Zeitpunkt mit rein pragmatischen Argumenten antihuman handeln (vgl. die Debatte um die Thesen von Peter *Singer* 1984 zur Euthanasie behinderter Menschen auf der Basis einer utilitaristischen Ethik; u.a. Behindertenpädagogik 28 (1989) H. 3 sowie *Jantzen* 1989e). Wesen dieser Einschränkung ist Informationsreduktion.

Erfolgt nun zusätzlich die Anrufung durch ein ideologisches SUBJEKT im Sinne des von *Neumann* beschriebenen affektiv-regressiven bzw. cäsaristischen Identifikationstypus, so haben wir alle Kennzeichen eines *pathologischen funktionellen Systems* vorliegen (s.o. Kap. 8.5.2). Die Tätigkeit des Systems realisiert sich in Situationen der zunehmend notwendigen Verarbeitung neuer Information in der beschriebenen Weise. Ein „Generator" pathologisch erhöhter Erregung, entstanden durch Informationsabschottung gegenüber der Außenwelt, unterwirft als „Determinante" die untergeordneten Strukturen im Sinne des Herstellens einer inneren strukturellen Koppelung bei beschleunigter Eigenzeit und Unterdrückung der Rückmeldungen. (Es zeigt sich hier das Moment der „totalen Organisation", auf das Hannah *Arendt* [1986, S. 575] verweist. In diesem, aber nur in diesem Sinne trifft *Haken*s Begriff der *Versklavung* in synergetischen Prozessen zu, die ansonsten eher Prozesse der Kooperation sind.) Die letzten Monate der *Ceaucescu-*Diktatur einschließlich des rhythmisch klatschenden Parteitags von ca. 5000 Personen sind ein beredtes Beispiel für derartige Prozesse, deren Struktur wir nunmehr erkennen können: *(1) Bindung (libidinöse Besetzung) im Sinne von Übertragung zur übergeord-neten Struktur (SUBJEKT) und untereinander nach innen, (2) Identifizierung eines „objektiven Gegners" außerhalb (3) auf dem Wege der Zuschreibung der gegnerischen Eigenschaft in falscher Konkretheit, (4) wodurch Angstpotential auf dem Wege der Pro-jektion kanalisiert wird, (5) bei Unterdrückung aller Rückmeldungen, die diese Informa-tion nicht bestätigen.*

Betrachten wir noch einige Überlegungen zur psychologischen Seite dieser Prozesse, die im wesentlichen meinen Überlegungen zur inneren Reproduktion von Isolation entspre-chen (s. o., Kap. 6).

Haug (1979) hält unter Anlehnung an die kritische Psychologie *Holzkamps* das „Über-Ich" für eine *innere Instanz des Zwangs*, sozusagen für „die Dépendance der ideologi-schen Macht im Individuum. Wenn die ‚produktiven Bedürfnisse' durch Umweltkon-trolle auf die Tabuschranken des Privateigentums und seiner komplexen soziokulturellen Ordner stoßen, führt der Konflikt zur Angst ... Als Gegenstück zur Sozialstruktur mit ihren ideologischen Apparaten entsteht ein psychischer Apparat. Seine ideologischen Instanzen ermöglichen es, daß das Individuum durch die Ideologien zur Ordnung gerufen wird" (S. 6). Dabei schließen sich „aufrechter Gang und ideologische Unterwerfung ... einander nicht aus" (*Haug* in *Behrens* u. a. 1979, S. 192).

Grundform der Ideologiebildung ist die „*Verhimmelung"* (*Haug* 1979, S. 9). Die Ob-rigkeit als von Gott eingesetzt, ein substanzialisierter Gott selbst, ein über uns stehender Führer, der es besser weiß, der „für uns" handeln kann, unhinterfragte Strukturen, die quasi naturhaft „Ordnung" sichern usw., werden als höher und schützenswerter ange-setzt, als die Bedürfnisse realer Menschen. Genau dies ist die *Konstitution* (Anerken-nung) des SUBJEKTs im Sinne *Althussers* durch die Individuen. Oder mit dem französischen Psychoanalytiker *Lacan* gesagt, auf den sich *Althusser* in seinem Denken deutlich bezieht: „Je mehr sich ein Wesen einem Sinn, den es nicht erbeten hat, unter-worfen sieht, desto eher hat es nur eine Lösung: diesen aufgezwungenen Bedeutungen entsprechend zu funktionieren. Dieses rettet es in psychischer Hinsicht, entfremdet es aber dem Sinn für immer" (Zusammenfassung von *Roedel* 1986, S. 129).

D. h. in den Habitus, ins Körperselbstbild, ins psychische Selbstbild gehen wesentliche Bedürfnisstrukturen mit ein, deren jeweiliges Modell des Künftigen auf die *Minimierung von Angst* zielt. Dies entspricht dem psychoanalytischen Mechanismus der *Verdrängung und Gegenbesetzung* von Angst (vgl. Kap. 12.2). Gleichzeitig sind diese Prozesse ge-koppelt an solche der aktiven *Bindungssuche* und von praktiziertem *Bindungsverhalten*. Darauf verweist *Grossmann* (1977) bei der Analyse der frühen Angstentstehung im Aufzeigen der Dialektik von Bindung und Sicherheit. „Je besser die Bindung gelingt, desto weniger Bindungsverhalten ist nötig. Bindung ist Sicherheit für das Kind" (S. 35). Fehlende Bindung in der frühen Kindheit determiniert keineswegs das spätere Entstehen autoritärer Strukturen. Als graduelle Anpassung an isolierende Bedingungen (vgl. Kap. 6.2.5) – und dadurch reduzierte Autonomie des Subjekts – erhöht sie jedoch die Möglichkeit, daß es unter neuen isolierenden (initiierenden) Bedingungen auf dieser Basis zu einer sinnhaften und systemhaften Umbildung der psychischen Prozesse kommt. D. h. ein Stereotyp entsteht.

Entsprechende Strukturen weist *Holzkamp-Osterkamp* (1981) bei der Analyse von *biographischen Dokumenten von NS-Mittäter/innen* nach:

„Die faschistische Ideologie besteht ... in dem Versprechen, kurzfristig und risikolos die Ohnmacht und Ausgeliefertheit der eigenen Existenz zu überwinden" (S. 157). Die Übernahme der faschistischen Wertorientierung entspringt einem „Gefühl, gebraucht zu werden", also nicht einer Lust an Unterwerfung als solcher. Sie ist „im Gegenteil ein Mittel der Überwindung individueller Ohnmacht und der erweiterten Möglichkeit, sich anderen gegenüber durchzusetzen" (S. 159). Dies läßt sich in den biographischen Analysen nachweisen. Bei den drei Untersuchten (Rudolf *Höß*, Melita *Maschmann*, Cornelia *Keller*) fallen „Beziehungslosigkeit und Isoliertheit der Existenz" und der „Mangel an befriedigenden sozialen Beziehungen auf" sowie eine Gestörtheit der Beziehungen, die sich u. a. in der Unfähigkeit zeigt, „sich Auseinandersetzungen zu stellen". Die Attraktion der Idee der Volksgemeinschaft bestand darin, „einerseits in der Gemeinschaft aufgehoben" zu sein und andererseits die privaten Probleme „im Dienste der Sache" hinter sich lassen zu können (S. 161 f.). Durch inhaltsleere kollektive Beziehungen wie „Treue" gelang der Schutz vor der größten seelischen Gefahr, der Angst. Es blieb die Aufgabe „mit seinem Mitleid fertig zu werden", aber schließlich führte die Tatsache, daß man „die Unmenschlichkeiten gegen sein natürliches Empfinden durchführte", dazu, daß man sich „von jeder persönlichen Schuld" freisprechen konnte (S. 167).

Holzkamp-Osterkamp folgert daraus, daß das Böse nicht in den Menschen liegt und auch nicht als „Gott-sei-bei-uns" über uns herkommt, sondern daß es ein Resultat der „prinzipiellen Bedeutungslosigkeit und Ungesichertheit der kapitalistischen Verhältnisse ist und im Faschismus seine Zuspitzung findet" (S. 170).

Dem kann zugestimmt werden. Wie steht es aber mit der möglichen Auflösung solcher Strukturen? Beide Wege sind uns aus der Theorie des pathologischen funktionellen Systems bekannt. Der eine zielt auf die Zerstörung seines Generators, der als Determinante wirkt. Dies führt aber keineswegs zur unmittelbaren Auflösung der Stereotypen, die sich in den untergeordneten Strukturen gebildet haben (vgl. zum Problem der Verarbeitung des Faschismus A. u. M. *Mitscherlich* 1977). Der zweite Wege ist es, Teile der Peripherie dem Einfluß der Determinante, also deren Macht- und Herrschaftsstrukturen, Ideologiestrukturen (Informationsbeeinflussung) und Bindungsstrukturen partiell zu entziehen. Dies geschieht nicht durch die Umkehrung des Herr-Knecht-Verhältnisses, darauf verweist Thea *Bauriedl* (1988) in einer der differenziertesten Untersuchungen zum Verhältnis von Psychoanalyse und Politik, sondern durch das *„Erkennen und Auflösen der eigenen Beteiligung an der Unterdrückung"* (S. 72; natürlich setzt sie dieses Prinzip nicht absolut. Es gibt Situationen, so z. B. KZ-Haft, wo eine derartige Beteiligung nicht vorliegt). „Die Spaltung zwischen Gut und Böse, zwischen richtig und falsch, zwischen Freund und Feind bleibt genau so lange bestehen, wie die Alternative zu dieser Spaltung, die Zunahme an menschlicher Nähe, an Konflikt- und Kontaktfähigkeit, nicht attraktiver ist als die Aufrechterhaltung des Status quo" (ebd., S. 107). Dies führt uns zurück zu unserer Diskussion des Dialogs im vergangenen Kapitel, wonach im Verständnis von *Reiser* die Ermöglichung von *Trauerarbeit* einen wesentlichen Beitrag zur Entfaltung des Ichs leistet.

Was gewinnen wir durch diese Analyse der gesellschaftlichen Funktion der Schule sowie der in ihr vorfindbaren Sinnfindungstypen? M. E. erhalten wir nicht nur Kriterien für eine realistischere Beurteilung von Schule als Institution, nicht nur Kriterien für die Beurteilung der humanen Qualität unterschiedlicher pädagogischer und didaktischer Ansätze, sondern vor allem auch geistige Mittel, in den Widersprüchen dieses Schulsystems gegen die herrschenden Verhältnisse denken und handeln zu lernen, ohne uns antihumane Mittel aufzwingen zu lassen. Diesen Aspekt will ich im folgenden bei der Behandlung der didaktischen Ebene vertiefen.

11.3 Was ist Didaktik?

Weiter oben hatte ich Didaktik allgemein als Vermittlung von einem oder mehreren Schülern mit einer spezifischen stofflichen Struktur mit dem Ziel von Bildung gekennzeichnet (Kap. 10.4). Sehen wir zunächst einmal ab von der bis hierhin mit untersuchten Formbestimmtheit des Unterrichts durch gesellschaftliche Reproduktion und Schule als Institution, so lassen sich mit *Gamm* (1978) *vier Funktionen der Schule* beschreiben:

1. „Schule begründet den ersten Kontakt zu öffentlichen Institutionen, zu jenen unübersichtlichen Mammutapparaten von Bürokratie, mit denen jedermann zeitlebens zu tun hat".
2. Sie „erschließt dem Kinde personale *Interaktionsformen*, die ihm die Kleinfamilie kaum bietet".
3. Sie schafft durch ihre „sekundäre Sozialisation" (im Unterschied zur primären in der Familie) „Voraussetzungen für das Leistungsprinzip in unserer Gesellschaft".
4. Über das Lernen „erbringt sie eine ihrer wesentlichsten Sozialisationsleistungen, die hier als *systematischer Zugang zur Gesellschaft in Geschichte und Gegenwart* gekennzeichnet werden soll" (*Gamm* 1978, S. 30).

Ziehen wir jetzt die Ausführungen über die Analyse von *Schule als Institution* und die Prozesse der „ideologischen Subjektion" *(Haug)* hinzu, so realisieren Prozesse schulischen Lernens sich in der Dialektik von ideologischer Subjektion und solidarischer Selbstvergesellschaftung. Dabei ergeben sich – und haben sich je nach historischer Situation und gesellschaftlicher Entwicklung ergeben – Verschiebungen nach der einen oder anderen Seite dieses Widerspruchs. Insofern gehen in didaktische Prozesse immer „*heimliche Lehrpläne*" (*Beck* 1974) ein, in denen etwas ganz anderes als die vorgegebenen Bildungsinhalte vermittelt werden. Durch „Lohn-Strafe-Systeme der Motivation", durch die „Zerstückelung aller Zusammenhänge im Fächersalat", durch die „Organisation dieser Trümmer im Stundenplan" (S. 147) wird gleichzeitig auch u.a. gelernt,
– „daß nur der Tüchtige weiterkommt",
– „die Kollegen als Konkurrenten zu bekämpfen",
– „daß Beruf von Berufung kommt", aber nur wenige berufen sind" und auch jemand „den Dreck wegräumen" muß,
– „daß die Oberen schon wissen, was richtig ist",
– „daß Ordnung, Sauberkeit, Gehorsam, Fleiß und Übung die Pflastersteine zum Erfolg und zu anständigem Leben sind" u.a.m. (S. 33f.).

Didaktik ist, soweit sie diese Zusammenhänge nicht hinterfragt, nach *Beck* (1974) die „*Rechtfertigung*" *des Unterrichts*, den die Lehrer machen, und ein *Sammelsurium von Tricks*, eine „*mit viel Aufwand entwickelte Technik, den Kindern das beizubringen, was sie absolut nicht lernen wollen*" (S. 101f.).

Eine dem schulischen Lernen angemessene Analyse von Didaktik wie ihre Weiterentwicklung hätte demnach beide Seiten dieses Prozesses zu reflektieren: allseitige Entwicklung der Naturform des Arbeitsvermögens der Schüler und auf dieser Grundlage die Entwicklung der Wertform einerseits; einschränkende Unterordnung unter den gesellschaftlichen (d.h. in der BRD den kapitalistischen) Arbeits- und Verwertungsprozeß, Disziplinierung, Reglementierung, Selektion und Bestrafung andererseits. Eine der wenigen Definitionen von *Didaktik*, die dies berücksichtigt, ist ein Handbuchartikel von Barbara *Rohr* (1984a). Für sie zielt Didaktik auf *„Handlungsanleitungen für den Unterricht. Gegenstand der allgemeinen Didaktik ist somit der vielschichtige Bereich des Lehrens und Lernens innerhalb der Bildungseinrichtungen – bezogen auf unterrichtliche Zielgruppen in allen Schulformen, auf allen -stufen und für alle -fächer"* (S. 167). Dabei sind drei Ebenen in der Aufarbeitung bisheriger Didaktik zu beachten und entsprechend zu befragen:

1. *Der Mensch als biosoziales Wesen.* „Welche Sichtweise von der menschlichen Persönlichkeit, ihren Lern- und Entwicklungsdimensionen liegt einer didaktischen Theorie zugrunde"?
2. *Schule als gesellschaftliche Institution.* „Welche gesellschaftliche Funktion vertritt eine didaktische Theorie? Welches sind ihre systemstabilisierenden und/oder ihre kritischen Elemente"?
3. *Unterricht in der Schule.* „Welches sind die handlungsleitenden Grundsätze einer didaktischen Theorie und wie sind sie wissenschaftlich begründet" (S. 168)?

Die Geschichte didaktischer Prinzipien zeigt die Berechtigung der Auseinanderhaltung dieser Ebenen. Der (konservative) Philosoph *Herbart* (1776–1841; vgl. Bd. 1, S. 52f.) hatte auf der Basis von Hauslehrertätigkeit und philosophischen Erwägungen eine differenzierte Auffassung von Persönlichkeitsentwicklung und Lernen entwickelt und mit ihr verbunden eine Theorie von Erziehung und Unterricht, in deren Mittelpunkt der „erziehende Unterricht" stand (vgl. *Ebert* 1976). Unter den Bedingungen der Massenschulen im Deutschen Kaiserreich machten die *Herbartianer* ein von *Herbart* entwickeltes lerntheoretisches Prinzip als *Phasenschema des Unterrichts* zum Kern jeder Unterrichtsplanung. Jede Unterrichtsstunde habe in folgenden Schritten als Wechsel zwischen Vertiefung und Besinnung abzulaufen. Als Formalstufen bezögen sie sich „ohne Rücksicht auf allen Inhalt nur auf geistige Verrichtungen und Übungen", als „psychische Formen, an die der Lernprozeß gebunden ist" (*Schorn* 1912, S. 415). Nach *Herbart* sind dies:

1. Klarheit: analytische Betrachtung, umfassende Anschauung des Gegenstandes;
2. Assoziation: noch systemlose Verbindung mit ähnlichen Vorstellungen, jedoch nicht völlig wahllos, da dies durch die Gegensätze der ersten Stufe verhindert wird;
3. System: Einordnung durch Überprüfung und Analyse des Bezugszusammenhangs in den Gedankenkreis;
4. Methode: Produktion neuer Glieder des Wissenssystems aus den vorhandenen.

Durch Hinzufügung eines weiteren Schrittes wandeln sich diese Stufen und leben bis in moderne Planungsschemata fort. (Dies wird durch Ersetzen von „Vergleichung" durch „Eigenarbeit der Schüler" noch deutlicher.) So lauten sie bei Wilhelm *Rein*, dem bedeutendsten Herbartianer um die Jahrhundertwende: 1. Vorbereitung, 2. Darbietung, 3. Vergleichung, 4. Zusammenfassung, 5. Anwendung.

Indem von der bei *Rohr* genannten ersten didaktischen Ebene unreflektiert zur dritten übergegangen wird, wird das berechtigte Anliegen, den Lerngesetzmäßigkeiten entsprechend zu unterrichten, in sein Gegenteil transformiert. Individuelle Lernprozesse von vielen (damals 70–80) Kindern werden quasi einem Maschinentakt subsumiert. Aus dem Planungsschema als notwendigem Mittel der *„Machtbalance" im Unterricht* (*Meyer* 1987,

1, S. 192), das durchaus mit den Schülern zusammen erarbeitet werden kann (ebd., S. 198ff.), wird damit (auf Ebene 2 gem. *Rohr*) ein *Herrschafts- und Disziplinierungsmittel.*

– *Meyer* (ebd., S. 51) definiert mit Max *Weber* (1976, S. 28) diese drei Kategorien wie folgt:
– *Macht* ist „jede Chance, innerhalb einer sozialen Beziehung den eigenen Willen auch gegen Widerstreben durchzusetzen, gleichviel worauf diese Chance beruht".
– *Herrschaft* ist ein Sonderfall von Macht, wenn diese institutionell abgesichert und durch Normen begründet wird. „*Herrschaft* soll heißen die Chance, für einen Befehl bestimmten Inhalts bei angebaren Personen Gehorsam zu finden;
– *Disziplin* soll heißen die Chance, kraft eingeübter Einstellung für einen Befehl prompten, automatischen und schematischen Gehorsam bei einer angebaren Vielheit von Menschen zu finden".

Das Schicksal der *Herbart*schen Theorie ist im übrigen kein Einzelfall. Mit der Lerntheorie des bekannten sowjetischen Psychologen *Galperin*, eines Mitarbeiters von A.N. *Leontjew*, auf die ich noch zurückkomme, wurde – durchaus in progressiver Absicht – häufig ähnlich verfahren (vgl. hierzu *Jantzen* 1983b, *Meyer* ebd., S. 186ff.).

Im folgenden werde ich mich aus Darstellungsgründen vorrangig auf die *im engeren Sinne didaktische Ebene „Unterricht in der Schule"* beziehen. Dabei sollten die hier (ich hoffe deutlich genug) hervorgehobenen Wechselwirkungen mitgedacht werden.
    Für *Meyer* (1987, 1, S. 22ff.) bestehen vier, nach Allgemeinheitsgrad übereinandergeschichtete Ebenen von pädagogisch relevanter Theoriebildung: 1. Unterrichts- und Methodenkonzepte, 2. allgemeindidaktische Modelle und Konzeptionen, 3. Theorien der Erziehungswissenschaft, 4. philosophisch/ sozialisationstheoretisch/ wissenschaftstheoretische Reflexion.
    Gemäß dem Pädagogischen Wörterbuch (*Laabs* u.a. 1987) untersucht Didaktik die *„Gesetzmäßigkeiten des Unterrichtsprozesses, insbesondere die Zusammenhänge zwischen Lehren und Lernen (Lerntätigkeit), Unterrichtszielen, Unterrichtsinhalten und Methoden"* (S. 83; ähnlich auch *Klingberg* o.J., S. 43).

Derartige allgemeine Gesetzmäßigkeiten des Unterrichtsprozesses werden in der Regel in bestimmten *„Didaktischen Prinzipien"* zu modellieren versucht. So nennt *Klingberg* (o.J., S. 251ff.), der bekannteste Didaktiker in der DDR, folgende neun Prinzipien (Ich stimme in der Tendenz überein; einige kritische Anmerkungen füge ich an.):

1. „Einheit von wissenschaftlicher Bildung und allseitiger sozialistischer Erziehung auf der Grundlage des Marxismus-Leninismus".

Ich annotiere: Statt sozialistisch sollte von „demokratrisch", statt von Marxismus-Leninismus von „radikalem Humanismus" gesprochen werden. Alles andere ist Indoktrination und drückt Mißtrauen in Menschen bezüglich ihrer Fähigkeit aus, in einer demokratischen und humanen Umgebung sich selbst für das Richtige entscheiden zu können.

2. „Verbindung von Unterricht und produktiver Arbeit, von Theorie und Praxis".
3. „Planmäßigkeit und Systematik des Unterrichts".
4. „Fachübergreifende Systematik der Unterrichtsarbeit".
5. „Prinzip der führenden Rolle des Lehrers und der Selbsttätigkeit der Schüler".

Ich annotiere: Bei Kenntnis der in der DDR (wie auch im Mainstream der BRD-Pädagogik) wenig entwickelten Diskussion um Dialog, Kooperation und Kollektiv, außer in instrumenteller Hinsicht als Gruppen- oder Partnerarbeit (vgl. *Jantos* in *Lompscher* 1989, Kap. 3, bzw. *Autorenkollektiv* 1988 Bd. 2) greift mir diese Formulierung zu kurz. Sie müßte präzisiert werden. Gleiches gilt für das 7. Prinzip.

6. „Faßlichkeit des Unterrichts".
7. „Individuelles Eingehen auf die Persönlichkeit des Schülers auf der Grundlage der Arbeit mit dem Schülerkollektiv".
8. „Anschaulichkeit des Unterrichts" (Ich problematisiere, daß dies u.U. zur Pseudokonkretheit führen und zum Lernhemmnis werden kann; vgl. *Leontjew* 1979, S. 242ff.).
9. „Ständige Ergebnissicherung".

Derartige Prinzipien haben für die wissenschaftliche Durchdringung und praktische Gestaltung von Unterricht hohe Bedeutung (vgl. auch *Rohrs* 1980, im Sinne von Prinzipien formulierten 18 Thesen zum „Handelnden Unterricht"; bzw. zu entsprechender Praxis im Bereich der Schule für Lernbehinderte *Kornmann* und *Ramisch* 1984).

Methodologisch sind sie auf der *Ebene zwischen Gesetz und Norm* anzusiedeln (vgl. *Fuchs* 1984, S. 199ff.). Dabei ist zu beachten, daß sie sich auf Didaktik im engeren wie im weiteren Sinne (s.u.) beziehen können. D.h. sie können *stoffbezogen*, *methodenbezogen* und *subjektbezogen* formuliert werden (ebd., S. 217f.). (Stoffbezogen: Auswahl der Unterrichtsinhalte, Stoffverteilung im Lehrplan, in der Jahresplanung, in der Unterrichtseinheit; methodenbezogen: z.B. „von den Sachen zu den Worten" oder vom „Allgemeinen zum Einzelnen"; subjektbezogen: Ausgehen von den Bedürfnissen der Kinder, Ausgehen von der Selbsttätigkeit). Je nach Enge oder Weite des Begriffs von Didaktik, je nach theoretischem Ansatz werden solche Prinzipien daher differieren. Ebenso wie bestimmte Unterrichtskonzepte (z.B. dialogische Gestaltung, Offener Unterricht, Projektorientierter Unterricht usw.) bieten sie *„Gesamtorientierungen methodischen Handelns"* (*Meyer* 1987, 2, S. 208).

Im Unterschied zu den bisher vorgestellten Auffassungen grenzt *Klafki* (1975) den Begriff der Didaktik explizit auf die Vermittlung von stoffbezogener und subjektbezogener Aspekte ein (wechselseitige Erschließung im Sinne kategorialer Bildung). Er kennzeichnet Didaktik im Sinne einer „Wissenschaft vom Unterricht" als *„Didaktik i.w.S."*. Er selbst folgt dem Vorschlag *Wenigers*, *Didaktik im engeren Sinne als Theorie der Bildungsinhalte bzw. Bildungskategorien* aufzufassen. Er wirft damit verbunden die kritische Frage auf, wie denn bei einer Didaktik i.w.S. (als Theorie des Unterrichts) von dieser die Methodik unterschieden werden könne, gegenüber der die didaktische Intentionalität den Primat haben müsse (S. 92). Ich folge diesem Verständnis, wie es auch in der folgenden Definition der Didaktik durch *Gamm* (1979) zum Ausdruck kommt.

„Sie erhebt, in welcher Ausprägung auch immer, den Anspruch, Kategorien bereitzustellen, um die vorfindliche Welt erschließbar zu machen und eine verantwortliche Auswahl aus der Materialfülle der Vergangenheit zu treffen" (S. 110). Entsprechend fasse ich Didaktik (in welche die beiden anderen bei *Rohr* hervorgehobenen Ebenen von Schule als gesellschaftliche Institution und Mensch als biosoziales Wesen, d.h. Subjekt seiner Tätigkeit, mit eingehen) als vom Allgemeinheitsgrad übergeordnet zu Theorie des Unterrichts und zu Methodik auf (vgl. Abb. 41).

Zur Methodik verweise ich auf die beiden Bände von *Meyer* (1987: 1, 2), zur Unterrichtsplanung auf die Monographie von *Schulz* (1981), zur allgemeinen Didaktikdiskussion auf *Blankertz* (1971). Ich verfolge diese Aspekte hier nicht weiter. Die sonderpäd-

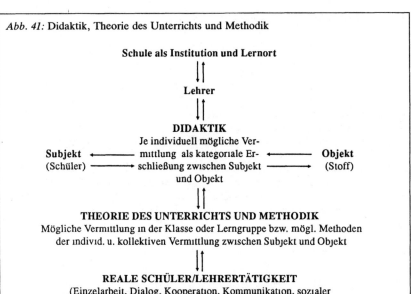

Abb. 41: Didaktik, Theorie des Unterrichts und Methodik

Schule als Institution und Lernort

‖

Lehrer

‖

DIDAKTIK
Je individuell mögliche Ver-
Subjekt ◄——————— mittlung als kategoriale Er- ◄——————— **Objekt**
(Schüler) ———————► schließung zwischen Subjekt ———————► (Stoff)
und Objekt

‖

THEORIE DES UNTERRICHTS UND METHODIK
Mögliche Vermittlung in der Klasse oder Lerngruppe bzw. mögl. Methoden
der individ. u. kollektiven Vermittlung zwischen Subjekt und Objekt

‖

REALE SCHÜLER/LEHRERTÄTIGKEIT
(Einzelarbeit, Dialog, Kooperation, Kommunikation, sozialer
Verkehr, ideologische Subjektion in individueller und kollektiver
Tätigkeit) Reale Vermittlung von Lehrer, Schüler, Schule und Stoff
im Unterricht

agogische Diskussion entspricht im wesentlichen der allgemeinen Didaktikdiskussion (vgl. *Kluge* 1976, *Bleidick* 1978, *Rohr* 1984a). Mit Ausnahme der Ansätze von *Feuser*, *Kutzer* und *Manske* sowie der ihnen verbundenen Arbeiten, gehe ich im folgenden nicht weiter auf diese Diskussion ein. Dies wäre Gegenstand einer speziellen Behindertenpädagogik und Didaktik. Ebensowenig gehe ich auf die Diskussion in der Sonderpädagogik der DDR ein (was *Bleidick* 1988, in einer Rezension zu Bd. 1 dieses Buches moniert). Zumindest im Hilfsschulbereich leistet die dortige Diskussion wenig mehr, als alte Hilfsschulpädagogik mit (vermeintlich) tätigkeitstheoretischen Ansätzen zu einem zwar praktisch handhabbaren, aber theoretisch unverdaulichen Konglomerat zusammenzurühren (vgl. *Baudisch* u.a. 1987. Natürlich hängt dies auch mit den Restriktionen im Volksbildungssystem vor der Wende im November 1989 zusammen. Die zukünftige Entwicklung bleibt abzuwarten). Insgesamt folge ich einem bildungstheoretischen und didaktischen Verständnis, das auf einer kritischen Diskussion von *Klafki*s Überlegungen (vgl. Kap. 10) ebenso aufbaut wie auf den Arbeiten *Feuser*s zur Integrativen Pädagogik. In dieser Perspektive, die ich in Kürze in ihren zentralen didaktischen Aussagen nochmals konkretisiere, behandele ich in den dann folgenden Abschnitten dieses Kapitels „Schulisches Lernen und Identitätsbildung" (subjektbezogener Aspekt), „Wissenschaft und Unterricht" (stoffbezogener Aspekt) sowie „Individualisierung und innere Differenzierung" als didaktisches, unterrichtliches und methodisches Kernproblem einer basalen, d.h. allgemeinen Pädagogik.

Integrative Pädagogik ist für *Feuser* (1989)

(1) *basale Pädagogik*. Sie ist bezogen auf Kinder und Jugendliche aller Entwicklungsniveaus, Grade der Realitätskontrolle, Denk- und Handlungskompetenz ohne sozialen Ausschluß;
(2) *kindzentriert*. Die Individualisierung ist an den Gesetzmäßigkeiten von Wahrnehmung und Entwicklung, d.h. an Subjekthaftigkeit, Persönlichkeitsentwicklung, Bedürfnissen und Motiven der Kinder orientiert;
(3) *allgemein*. Dies schließt keinen Menschen von der Aneignung der für alle Menschen in gleicher Weise bedeutsamen gesellschaftlichen Erfahrung aus.

Im Zentrum der in den Institutionen des öffentlichen Bildungswesens stattfindenen Integration (bei Auflösung von Sondereinrichtungen) stehen Individualisierung und innere Differenzierung. Um es im Sinne *Séguins* zu sagen (1912, S. 46): Die Achtung der Individualität verbietet die Verbesonderung nach gleichmacherischen Gesichtspunkten.

Als *didaktische Fragen* treten in den Mittelpunkt:

– Gegen das Prinzip der Segregierung die *innere Differenzierung*;
– gegen äußere und innere Differenzierung nach Curricula die *Individualisierung im gemeinsamen Curriculum*;
– gegen die Parzellierung und Reduzierung die *Projektarbeit* und *Kooperation am gemeinsamen Gegenstand*.

Flankierend treten hinzu der Kompetenztransfer zwischen pädagogisch und therapeutisch Kooperierenden sowie die integrative Therapie.
Diese Zusammenhänge, die auf eine umfassende Schulreform hinauslaufen, verdeutlicht *Feuser* (1989, S. 30) in didaktischer Hinsicht an folgendem Schema (Abb. 42), das zusammenfassend für die bisherige und als Ausgangspunkt für die weitere Analyse dienen soll.

11.4 Schulisches Lernen und Identitätsbildung

Über kaum ein Gebiet in der Psychologie gibt es gegenwärtig so *uneinheitliche Vorstellungen* wie über das *Lernen*. Während man sich in grundsätzlichen Definitionen sicherlich noch einigen kann, werden je nach Autor/in immer wieder unterschiedliche hierarchische Aufstellungen einzelner Lernformen vorgeschlagen (vgl. z.B. *Gagné* 1973, *Klix* 1976, *Clauß* 1987, *Witruk* 1989). Einerseits werden elementare Lernmechanismen wie Wahrnehmungslernen, Assoziationslernen und instrumentelles Lernen als universell hervorgehoben (vgl. *Feuser* 1984). Andererseits werden (meist unter Bezug auf die Sonderstellung des Menschen) z.B. Formen des „Urteilens" wie Hypothesenbildung, induktives und deduktives Schließen, analoges Schließen sowie Regellernen (heuristische Techniken) von derartigen Formen des „Bedingens" abgehoben (*Klix* 1982, *Witruk* 1989, Abs. 2.3.2).

270

Abb. 42: Das didaktische Feld integrativer Pädagogik

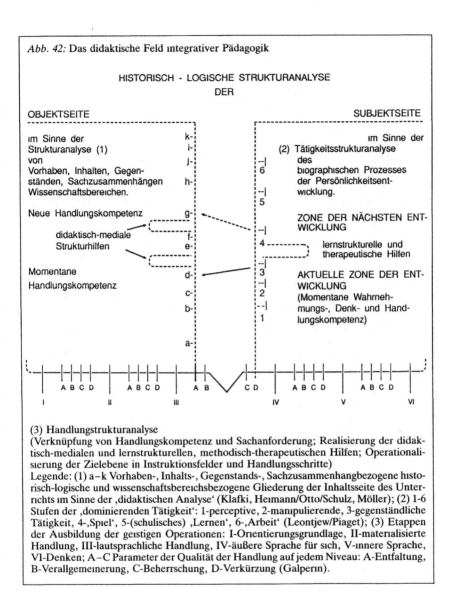

HISTORISCH - LOGISCHE STRUKTURANALYSE
DER

OBJEKTSEITE   SUBJEKTSEITE

im Sinne der   k-   im Sinne der
Strukturanalyse (1)   i-   (2) Tätigkeitsstrukturanalyse
von   j-   des
Vorhaben, Inhalten, Gegen-   6 biographischen Prozesses
ständen, Sachzusammenhängen   h-   der Persönlichkeitsent-
Wissenschaftsbereichen.   wicklung.
                                       5
Neue Handlungskompetenz   g-   ZONE DER NÄCHSTEN ENT-
                                          WICKLUNG
    didaktisch-mediale   f-
    Strukturhilfen   e-   4 lernstrukturelle und
                                          therapeutische Hilfen
Momentane   d-   3 AKTUELLE ZONE DER ENT-
Handlungskompetenz   WICKLUNG
                                c-   2 (Momentane Wahrneh-
                                b-   mungs-, Denk- und Hand-
                                       1 lungskompetenz)

                                a-

    ┤├┼┤ ├┤┼┤├ ┤   ┤ ├┼┤├ ┤├┼┤├
    A B C D   A B C D   A B   C D   A B C D   A B C D
    I   II   III   IV   V   VI

(3) Handlungstrukturanalyse
(Verknüpfung von Handlungskompetenz und Sachanforderung; Realisierung der didak-
tisch-medialen und lernstrukturellen, methodisch-therapeutischen Hilfen; Operationalisierung der Zielebene in Instruktionsfelder und Handlungsschritte)
Legende: (1) a–k Vorhaben-, Inhalts-, Gegenstands-, Sachzusammenhangbezogene historisch-logische und wissenschaftsbereichsbezogene Gliederung der Inhaltsseite des Unter-
richts im Sinne der ‚didaktischen Analyse' (Klafki, Heimann/Otto/Schulz, Möller); (2) 1-6
Stufen der ‚dominierenden Tätigkeit': 1-perceptive, 2-manipulierende, 3-gegenständliche
Tätigkeit, 4-‚Spiel', 5-(schulisches) ‚Lernen', 6-‚Arbeit' (Leontjew/Piaget); (3) Etappen
der Ausbildung der geistigen Operationen: I-Orientierungsgrundlage, II-materialisierte
Handlung, III-lautsprachliche Handlung, IV-äußere Sprache für sich, V-innere Sprache,
VI-Denken; A–C Parameter der Qualität der Handlung auf jedem Niveau: A-Entfaltung,
B-Verallgemeinerung, C-Beherrschung, D-Verkürzung (Galperin).

Weiterhin wird – ausgehend von der Theorie der „dominierenden Tätigkeit" (vgl. Bd. 1,
S. 198ff.) – in der didaktischen Diskussion ein bestimmtes Entwicklungsniveau (im we-
sentlichen Schulalter) als „Lernen" beschrieben. Das Wesen der hier stattfindenden
„*Lerntätigkeit*" sei vor allem dadurch bestimmt, „daß die Aneignung von Wissen und
Können hier zum eigentlichen Ziel und Inhalt der Tätigkeit wird" (*Lompscher* 1989,
S. 29). Und damit nicht genug: Im schulischen Lernen selbst werden *drei Repräsenta-*

271

tionsniveaus, d.h. Ebenen des Lernens unterschieden, die aufeinander aufbauen: (1) direkt handelnder Umgang mit der Wirklichkeit; (2) Handeln im Medium von Bildern, Schemata, Skizzen, anschaulichen Erzählungen und Berichten, Darstellungen; (3) Handeln im Medium abstrakter Begriffe („Symbole"), „nur noch" gedanklich vollzogener Operationen und theoretischer Argumentationen. Vorstellungen, die dieser von *Klafki* (1985 S. 103) in Bezug auf *Bruner* vorgenommenen Unterscheidung entsprechen, finden sich bei *Leontjew* (1974) und *Galperin* (materielle Handlung bzw. materialisierte Handlung, sprachliche Handlung, geistige Handlung).

Grundproblem dieser Klassifikationen ist es, daß sie *Entwicklungsniveau* und *Entwicklungsprozeß* nicht unterscheiden. Entwicklung findet durch das Lernen statt. Nach *Wygotskis* Konzept der Zone der nächsten Entwicklung muß gutes Lehren der Entwicklung stets eine Stufe voraus sein, findet Lernen im Prozeß von „Inter" zu „Intra" statt. Dies gilt auf allen Niveaus menschlicher Entwicklung (*Wygotski* 1987). Die Geste an sich wird, indem sie Geste für andere wird, Geste für mich. In einem solchen Prozeß ist es aber nicht erforderlich, daß jedes neue erreichte Niveau zugleich auch neue Lernformen hervorbringt. Aus der Dialektik von Abbildniveau und Tätigkeitsniveau entstehen qualitativ neue Motive und damit neue Formen der Vermittlung von Subjekt und Objekt. Sie erscheinen im jeweils weiteren Lernprozeß auf einem neuen Organisationsniveau des Psychischen als neue Formen des Lernens, ohne daß neue zugrunde liegende Mechanismen angenommen werden müßten. Dies zeigt sich auch bei der „dominierenden Tätigkeit des Lernens". Diese entwicklungspsychologische Auffassung wurde von mir auf ein neues Verhältnis von Abbild- und Tätigkeitsniveau zurückgeführt (vgl. Kap. 5, Abb. 17), auf dem die Aneignung der Gesellschaftlichkeit der Werkzeuge in den Vordergrund tritt. Entsprechend diesem neuen Organisationsniveau des Psychischen richten sich die Motive darauf, das eigene Wissen und Können zu erweitern. Die drei Repräsentationsniveaus im Sinne von *Klafki* erweisen sich dabei als nichts anderes als die entwicklungspsychologisch unter Bezug auf das Modell von *Klaus* (1969) identifizierten Ebenen: Nullebene, sprachliche Ebene 1, sprachliche Ebene 2: also Problemlösung auf (1) der sensomotorischen Ebene, (2) der Ebene von Ereigniskommunikation (Alltagssprache), (3) der Ebene von Relationskommunikation (Wissenschaftssprache, abstraktes Denken).

Eine vergleichbare Vorgehensweise finden wir bei *Piaget*, der den Modus der Umbildung von empirischer Abstraktion (Assimilation, d.h. Ausweitung eines Handlungsschemas auf neue Situationen und Gegenstände) in reflexive Abstraktion (Akkommodation, d.h. Reorganisation des Handlungsschemas aufgrund neuer Umstände) sorgfältig von dem Niveauaspekt der Herausbildung des Psychischen unterscheidet (vgl. Bd. 1, Abb. 13 und 14). Ohne mir anmaßen zu wollen, auf diesem sehr komplizierten Gebiet damit alle Fragen gelöst zu haben, bietet sich bei dieser Herangehensweise die im folgenden dargestellte Lösung an. Ich unterscheide zunächst *drei elementare Lernformen, die auf allen Organisationsniveaus des Psychischen wiederkehren*. Sie treten auf jedem Niveau in einer neuen Form der Vermitteltheit auf, entsprechend der jeweils qualitativ neuen Form der Integration von Bedeutungen (Abbildniveau). Im nächsten Schritt behandle ich die Besonderheiten der Identitätsbildung im Schulalter, um dann auf didaktische Modelle der Lerntätigkeit in diesem Alter einzugehen.

Mit *Jantsch* (1979) verstehe ich *Lernen* als die „*Koevolution erfahrungsbildender Systeme*" (S. 269). Durch ihre wechselseitige Vermittlung im Sinne von struktureller Koppelung (d.h. biorhythmischer Phasensynchronisation) und Auseinandersetzung mit einer zeitlich-räumlich organisierten Umwelt kommt es zur Informationskonstruktion

(s. o. Kap. 7). „Lernen beruht nicht auf der Einschleusung von Fremdwissen in ein System, sondern auf der Mobilisierung von Prozessen, die dem lernenden System selbst inhärent sind, zu seinem eigenen kognitiven Bereich gehören" (*Jantsch* ebd.). Entsprechend *Klix* (1976) können wir in einem zweiten Schritt Lernen definieren als *„jede umgebungsbezogene Verhaltensänderung, die als Folge einer individuellen (systemeigenen) Informationsverarbeitung eintritt"* (S. 347). Lernen ist von Erbkoordinationen abzugrenzen, ist umgebungsbezogen und besteht in der Ausbildung und Korrektur individueller Gedächtnisinhalte. In meinen Überlegungen zur Theorie funktioneller Systeme habe ich den nützlichen Endeffekt einer Tätigkeit als Maß der emotionalen Erfüllung bestimmt. Dieser Endeffekt kann aber nur durch die Reduzierung der pragmatischen Ungewißheit über die Umwelt im Prozeß der eigenen Handlungen realisiert werden. Lernen findet folglich (drittens) *auf der Basis emotionaler (positiver oder negativer) Bekräftigung* statt. Mit *Simonov* (1984) halten wir fest: „Der Bekräftigungsfaktor des Konditionierens ist nicht die Befriedigung eines Bedürfnisses, sondern die Maximierung eines positiven oder Minimierung eines negativen emotionalen Status" (S. 280). Lernen findet daher (viertens) dann am umfassendsten statt, *wenn Sicherheit und Bindung im innerartlichen Verkehr die positive Bekräftigung optimieren und ein umfassendes Explorations- und Neugierverhalten möglich machen* (vgl. *Grossmann* 1977 a, b, 1981).

Auf diesem Hintergrund können drei Formen des Lernens unterschieden werden, die von *Piaget* (1975 a, b), *Klix* (1976) und *Feuser* (1984) in unterschiedlicher Terminologie als elementar bezeichnet werden (Abb. 43).

Abb. 43: Elementare Lernformen

---

1. Wahrnehmungslernen
(*Piaget:* empirische Abstraktion (1975 a) bzw. wiedererkennende und generalisierende Assimilation (1975 b); *Klix:* Habituation; *Feuser:* Wahrnehmungslernen)

---

2. Signallernen
(*Piaget:* endogene Rekonstruktion spontaner Handlungsabläufe bzw. funktionelle, wiederholende, differenzierende Assimilation; *Klix:* bedingter Reflex und bedingte Reaktion; *Feuser:* Assoziationslernen)

---

3. Instrumentelles Lernen
(*Piaget:* reflexive Abstraktion bzw. Zirkulärreaktionen, Akkommodation; *Klix:* Instrumentelles Bedingen, bedingte Aktion; *Feuser:* Instrumentelles Lernen)

Ich erläutere diese Formen in Kürze:
1. *Wahrnehmungslernen.* In einer Situation, die unverändert bleibt, erfolgt die Gewöhnung an neue Reize (Habituation) im Sinne des Abgewöhnens (*Klix* 1976, S. 354). Der hohe Neuigkeitsgrad, der zunächst Abwendungs- oder Zuwendungsreaktionen hervorbringt, löst sich auf. Die Bekräftigung erfolgt im einen Fall durch die Minimierung einer negativen Emotion. In vergleichbarer Weise wird im anderen Fall ein positiver Reiz habituiert. Durch Abnahme der positiven Emotionen als Resultat der reduzierten Neu-

heit ist er zwar nicht mehr Gegenstand unmittelbarer Zuwendung, wird aber als vertrauter Gegenstand positiver Valenz wiedererkannt. Da Neuheit immer von vorher Erfahrenem abhängt, gehen gleichzeitig elementare Aspekte instrumentellen Lernens im Sinne der Stärke der Zu- oder Abwendungsreaktion mit ein. Insofern besteht ein dialektischer Zusammenhang von Assimilation und Akkommodation (*Piaget* 1975b, S. 43). Bei Vorherrschen der Assimilation als Erfahrungserweiterung kommt es bei ansonsten unveränderten Handlungsschemata zu ersten Anfängen eines Funktionswechsels, durch den erste Möglichkeiten des späteren Dominanzwechsels (qualitative Veränderung des Handlungsschemas) entstehen (vgl. Bd. 1, S. 92).

2. *Signallernen.* Ein vorher bedeutungsloser (aber auf der Ebene des Wahrnehmungslernens zugänglicher) Reiz (S 1) geht einem bedeutsamen Reiz (S 2) unmittelbar vorweg, auf den bezogen das Subjekt ein Handlungsschema anwendet. Spontane Handlungsabläufe aus der Ursprungssituation werden jetzt auf die durch den neuen Reiz gegebene neue Situation durch „assoziative Verknüpfung" beider Situationen *(Feuser)* bezogen. (Konditionierter Speichelfluß beim Hund im Sinne von *Pawlow:* Anstelle des Fleisches bewirkt ein der Fütterung vorweggehender Glockenton jetzt den Speichelfluß). Derartige Merkmale erhalten ihre Bedeutung immer nur im Rahmen einer Gesamtsituation, wie dies Versuche *Anochins* ergaben (vgl. *Klix* 1976, S. 366ff.). Derselbe Glockenton, der am Morgen zur Antizipation der Nahrung und zu einer Zuwendungsreaktion führt, führt aufgrund einer negativen Bekräftigung (Stromstoß) am Nachmittag zu einer heftigen Abwehrreaktion. D.h. das Signal entsteht im Rahmen wahrgenommener, situationsbezogener Verhaltensmöglichkeiten. Während beim Wahrnehmungslernen die Veränderung des Neuigkeitsgrades in der konstanten Situation zur Veränderung der emotionalen Wertung und damit zur Bekräftigung führt, erfolgt dies beim Signallernen durch die an das Signal gekoppelte Wahrnehmung der Neuigkeitsbewältigung durch eigenes Verhalten. Im Sinne unseres Schemas des funktionellen Systems (Abb. 10) hat der Übergang von der fließenden Gegenwart in Modelle des Künftigen stattgefunden, für die das Signal ein neues objektives Merkmal der Bedürfnisrelevanz des Gegenstandes darstellt. Die Gegenstände der potentiellen Motivbildung erweitern sich daher (differenzierende Assimilation), Handlungsschemata werden in neuen Situationen wiederholt (funktionelle, wiederholende Assimilation).

3. *Instrumentelles Lernen.* Über die Situationen des Wahrnehmungslernens (relevante Reize verlieren ihre Bedeutung, werden vertraut) und des Signallernens (bisher irrelevante Reize werden tätigkeitsrelevant) hinaus verbleiben Situationen, die keine eindeutigen Handlungsalternativen bieten. Gleichzeitig gibt es Bedarfszustände des Organismus, die ihn in psychologischer Hinsicht als Bedürfnisse zur Tätigkeit aktivieren. Es kommt zu einem Suchprozeß nach (1) motivbildenden Gegenständen und (2) auf sie bezogene Handlungen in einer unbekannten Umgebung.

Damit Handlungsalternativen verfügbar werden, müssen sie sich zuvor als Handlungswiederholungen von den Situationsmerkmalen getrennt haben. Die Trennung gelingt umso eher, je mehr Situationen generalisierend und differenzierend aus das Handlungsschema assimiliert sind. Dieses kann dann als Realität eigener Ordnung reflexiv (d.h. in auf das Körperselbstbild gerichteter Wahrnehmung) von der Situation getrennt werden. Physiologisch findet im Sinne *Bernsteins* ein Übergang auf den inneren Regelkreis statt, der die Wiederholung der Bewegung über propriozeptive Rückkoppelung gestattet. Instrumentelles Lernen bzw. „Akkommodation" bedeutet daher (1) die Trennung der propriozeptiven von den exterozeptiven Rückmeldungen, um dann (2) diese propriozeptive Gedächtnisstruktur als Handlungsmodell in einer neuen Situation der Suchaktivität anzuwenden. Die einmalige gelungene Anwendung wirkt als Bekräftigung im Sinne der Realisierung der durch das Motiv antizipierten emotionalen Erfüllung. Es entsteht ein neues, reflexives Handlungsschema höherer Ordnung („Operation" nach *Leontjew*, „Akkommodat" nach *Piaget*).

Alle höheren Formen des Lernens erweisen sich als Realisierung dieser drei elementaren Lernformen auf höheren Niveaus. So werden im *„Vicarious trial and error"-Lernen* (*Klix* 1976, S. 385) die Verhaltensalternativen nicht mehr in der praktischen Suchaktivität ausprobiert, sondern in der Orientierungstätigkeit vor Eintritt in die praktische Aktivität: Mäuse stocken bei Veränderung einer Konstellation in einem Labyrinth, das sie gewohnt sind, auf dem kürzesten Weg zu durchlaufen. Sie zeigen kurzes Orientierungsverhalten (z. B. Schnuppern) und laufen dann den kürzesten Weg. Beim *„Lernen durch Einsicht"* werden nicht mehr die Situationsmerkmale alleine (Gegenstandsbedeutungen! s. o. Kap. 5) in der Orientierungstätigkeit überprüft. Bestimmte Situationsmerkmale haben die „Eigenschaften von Werkzeugen" (*Klix* 1976, S. 395). Das instrumentelle Lernen hat sich nach innen verlagert und bezieht sich auf die alternative Überprüfung von in der Situation selbst gegebenen Gegenständen als potentielle Werkzeuge. Die Bekräftigung erfolgt durch die erfolgreiche praktische Handlung. Ab diesem Niveau (nach *Piaget* 6. sensomotorisches Stadium) beginnen sich präoperationale, über Symbole und Zeichenkörpersysteme vermittelte Handlungen von der sensomotorischen Tätigkeit zu lösen (Sprachentwicklung, vgl. Kap. 5). Auf dieser neuen Ebene treten erneut die drei Lernformen auf. Daß sie letztlich auch auf den höchsten Ebenen menschlichen Denkens auftreten, wird z. B. in den von *Galperin* unterschiedenen drei Orientierungstypen menschlichen Lernens (s. u.) deutlich.

Die Bestimmung elementarer Lernformen und ihre Anwendung auf die jeweiligen Organisationsniveaus des Psychischen liefert uns bisher noch fehlende Voraussetzungen zur Erfassung der Subjektlogik im Rahmen einer integrativen Pädagogik in Früherfassung, Kindergarten und Schule, d. h. auf allen Niveaus. Als allgemeine Voraussetzungen kategorialer Bildung (Erschließung des „Zöglings" für die Sache) bedürfen sie einer für jedes Organisationsniveau (und im Rahmen des diagnostischen Prozesses für jedes Kind) näheren Bestimmung der dort vorausgesetzten Prozesse der Ich- und Identitätsentwicklung. Ich verweise allgemein auf Kapitel 5 und 6 und gehe hier besonders auf das Schulalter ein.

Mit dem *Schulalter* entsteht ein Abbildniveau, das umfassend die Aneignung der Gesellschaftlichkeit der Werkzeuge ermöglicht. Der Funktionswechsel zu diesem neuen Niveau beginnt mit dem Regelspiel und der *Herausbildung der „inneren Position"*, die sich auch auf emotionale Wertungen bezieht. Die unterschiedlichen Regeln in der Verwendung verschiedener sozialer Gegenstände werden mit dem Beginn des Schulalters auf einer neuen Ebene im konkret-operativen Denken *(Piaget)* synthetisiert, also im oberbegrifflichen Denken, d. h. Denken mit sozialen Werkzeugen (Dominanzwechsel, vgl. Kap. 3). Diese Oberbegriffe werden auf der Ebene der inneren Sprache der Orientierungstätigkeit angewendet, durch die Ergebnisse der antizipierten Praxis bekräftigt und erweitert und bilden geistige Operationen. In diesen Prozessen kommt es zu einer *Justierung der Begriffe* in der Innenwelt und zur *räumlich-zeitlichen Reversibilität von geistigen Bewegungen* in einem *inneren Quasiraum* (s. o., insb. Kap. 5 und Kap. 8.3.2).

Mit der umfassenden Möglichkeit zur Invarianzbildung können Kinder sich jetzt selbst in der inneren Position als Benutzer von sozialen Werkzeugen und Regeln invariant betrachten. Im Unterschied zum Rollenspiel tritt im Wettkampf oder in der Kooperation eine *neue Stufe der Identität* auf, bei der das Kind „die Haltung aller anderen Beteiligten zu sich" einnehmen muß. „Die vom Teilnehmer angenommenen Haltungen der Mitspieler organisieren sich zu einer gewissen Einheit und diese Reaktion kontrolliert wieder die Reaktion des Einzelnen" (*Mead* 1975, S. 196). Auf der Basis der Auseinandersetzung mit den je bedeutsamen anderen Personen entsteht in der inneren Position die Betrachtung der eigenen Tätigkeit in der Haltung des „verallgemeinerten anderen", also vom *Standpunkt der Kooperation bzw. des Kollektivs* aus. Diese Blickweise wird zunächst ausschließlich auf der Handlungsebene eingenommen. Erst mit dem Übergang auf das Niveau des abstrakten Denkens bzw. der sozialen Tätigkeitsbedeutungen in der frühen Pubertät und der Entdeckung der Motive hinter den Handlungen sowie der Synthese dieser Formen in der zweiten und sozialen Geburt der Persönlichkeit (s. o.) ist der Prozeß der Herausbildung des reflexiven Ichs abgeschlossen, dessen erste Stufe mit Beginn des Schulalters erreicht wird.

Da sich das Kind als Kooperierende(r) vom Standpunkt des Wettkampfs bzw. der Kooperation bestimmt, bestimmt es das Gelingen seiner Tätigkeit nicht nur am Maßstab der Realisierung ihres individuellen Ergebnisses, sondern zugleich auch an der Bedeutung für das Kollektiv. Der *nützliche Endeffekt* liegt sowohl in der emotionalen Erfüllung durch die eigenen Handlungen als auch in der emotionalen Erfüllung aufgrund der objektiven Bedeutung der eigenen Handlungen für das Kollektiv (Kooperationsaspekt) und der Anerkennung dieser Handlungen durch die Mitglieder des Kollektivs (dialogischer Aspekt). Es entstehen daher *Motive in mehrfacher Hinsicht:* (1) Umfassende Herausbildung der eigenen Fähigkeiten (Lernmotiv); (2) Realisierung der eigenen Tätigkeit (Leistungsmotiv) (3) in sozial bedeutsamen Situationen (kooperatives Leistungsmotiv) unter (4) Bedingungen des Vergleichs mit anderen (Wettbewerbsmotiv) und (5) der Anerkennung durch andere bei (6) Gewährleistung der Anerkennung anderer (Bedürfnis nach Kameradschaft und Solidarität / Motiv zu Kameradschaft und Solidarität). Entsprechend vielfältig entwickeln sich die Interessen, die sich in diesem Alter insbesondere auf neue Verfahren (soziale Werkzeuge) zur Realisierung der eigenen Motive richten (vgl. *Leontjew* 1979, S. 272ff. zur Genese von Interessen).

Tritt durch die Wertorientierung der Schule (und den Druck der Eltern) anstelle des Wetteifers die Konkurrenz, anstelle der Solidarität der Egoismus und anstelle eines auf sozial bedeutsame Situationen gerichteten Leistungsmotivs ein lediglich auf die individuell bedeutsame Note gerichtetes Motiv, so wird die Identitätsbildung vereinseitigt erfolgen. Die o. g. egoistische und utilitaristische Tendenz schulischer Sozialisation kann folglich als Prozeß einer lediglich partiellen und damit gestörten Identitätsentwicklung in dieser Altersstufe begriffen werden. Dies wird noch deutlicher am Vergleich weiblicher und männlicher Sozialisation. Aufgrund der sozial bedingten und durch weibliche Sozialisation realisierten Geringerschätzung der eigenen Leistungsfähigkeit bei stärkerer Entwicklung von Einfühlungsvermögen und Harmoniebedürfnis (vgl. *Belotti* 1975, *Scheu* 1977), entstehen bei Mädchen gleichzeitig im Sinne von Humanität entwickeltere Identitätsmuster, verglichen mit der eher männlichen utilitaristisch-egoistischen Vereinseitigung. So verweist *Janssen-Jurreit* (1979, S. 495) auf geschlechtsspezifische Unterschiede beim *Milgram*-Experiment. (In einer experimentellen Situation soll durch Stromstöße nach „Fehlern" das Verhalten von Lernenden durch die Versuchspersonen beeinflußt werden. Die Lernenden simulieren dabei physische Schmerzen.) Männliche Versuchspersonen teilten größere Quantitäten aus und drückten den schockauslösenden Knopf länger.

Auf diesem identitätstheoretischen Hintergrund darf bei *lernbehinderten und leistungsbeeinträchtigten Schülern* nicht nur von Leistungsstörungen (erschwerter und unsicherer Übergang zum oberbegrifflichen Denken) ausgegangen werden. Wir müssen darüber hinausgehend *schwere Störungen der Identität und Selbstachtung* annehmen, die wiederum geschlechtsspezifisch unterschiedlich ausgeprägt sind (vgl. *Prengel* 1984). Ihre Überwindung verlangt nicht nur einen sorgfältigeren Begriffsaufbau (vgl. hierzu insbesondere die didaktischen Ansätze von *Kutzer*). Sie verlangt vor allem ein Klima von Humanität und Vertrauen, verbunden mit hohen Anforderungen in praktisch wichtigen Aufgaben (Problemen!), die in Prozessen der Kooperation bewältigt werden. Auf dieser Basis kann auch das theoretisch-oberbegriffliche Denken sich stabilisieren. Insbesondere ist aber der Besuch einer Sonderschule, und damit die äußere Stigmatisierung als leistungsunfähig, Gift für die Ausbildung einer stabilen Identität und eines positiven Selbstwertgefühls (vgl. u.a. *Aab* 1983).

Begabung und Schöpfertum, Lernen und Interesse, Motivation und Identität entwickeln sich ausgehend von der „zentralen Neubildung" (*Wygotski* 1987) einer kooperativen Ichstruktur im Schulalter. Gerade in dieser scheinbar nur kognitiven Entwicklungsphase (wenn man den Aussagen der meisten Didaktiken und schulischen Lerntheorien folgt) spielen die im vorweggegangenen Kapitel dargestellten allgemeinpädagogischen Zusammenhänge eine besonders wichtige Rolle. Dies verlangt eine grundsätzliche Neueinschätzung schulischen Lernens über bloße Theorien der Bedeutungsvermittlung hinaus, die auf höherem Niveau aufgehoben werden müssen. Damit dies möglich wird, sind derartige Lerntheorien zunächst darzustellen. Hier beschränke ich mich ausschließlich auf tätigkeitstheoretische Ansätze, weil sie m.E. in besonderer Weise die Probleme der Übergänge zwischen den bereis mehrfach mit G. *Klaus* hervorgehobenen semantischen Ebenen sichtbar machen.

Ich beginne mit der von *Galperin* (unter Bezug auf *Leontjew* 1974 sowie *Wygotski*s Konzept der Zone der nächsten Entwicklung) ausgearbeiteten *Interiorisationstheorie*, diskutiere aber in ihrem Kontext gleichzeitig bereits die insb. von *Lompscher* und *Dawydow* auf der Basis der Theorie der Lerntätigkeit entwickelte Strategie des Aufsteigens vom Abstrakten zum Konkreten (Strategie A→K). In Abbildung 44 (aus *Jantzen* 1980, S. 147) habe ich den systematischen Ort und die Struktur der Interiorisationstheorie wiedergegeben. Bei der Darstellung folge ich einer ausführlichen früheren Auseinandersetzung (*Jantzen* 1983, erneut in *Jantzen* 1986c).

Denken, um dessen Aufbau es in schulischen Lernprozessen geht, ist für *Galperin* *Orientierungstätigkeit auf der Ebene psychischer Abbilder*. Es geht „um die Orientierung in den Dingen auf der Grundlage des Abbilds dieser Dinge und nicht um die Dinge oder deren Abbilder selbst" (1967, S. 88). Im Mittelpunkt seiner Theorie steht nicht die Frage nach dem Kenntniserwerb (Assimilation im Sinne *Piaget*s), sondern nach dem *Aufbau neuer geistiger Operationen* (Akkommodation). Die Aneignung einer neuen geistigen Operation kann aber nicht ohne die Realisierung des Verstehens in materieller oder materialisierter (exemplarisch-modellhafter) Form erfolgreich sein. Dieser Ansatz entspricht unseren Überlegungen zum instrumentellen Lernen. Geistige Operationen als Suchaktivität auf Praxis angewendet (*Leontjew* 1975, S. 17f. spricht allgemein von der „schöpferischen Rolle des motorischen Gliedes") bedürfen der Bestätigung in der praktischen Handlung, um durch diese Bekräftigung manifest zu werden.

Entsprechend unterscheidet *Galperin* einen *Orientierungsteil* der Handlung von einem *Ausführungsteil*. Im Orientierungsteil werden Orientierungshandlungen im Sinne der Vorführung von Aufgabenlösungen vorgegeben oder im Sinne der Überprüfung von

Abb. 44: Struktur und systematischer Ort der Interiorisationstheorie *(Galperin)* im pädagogischen Prozeß

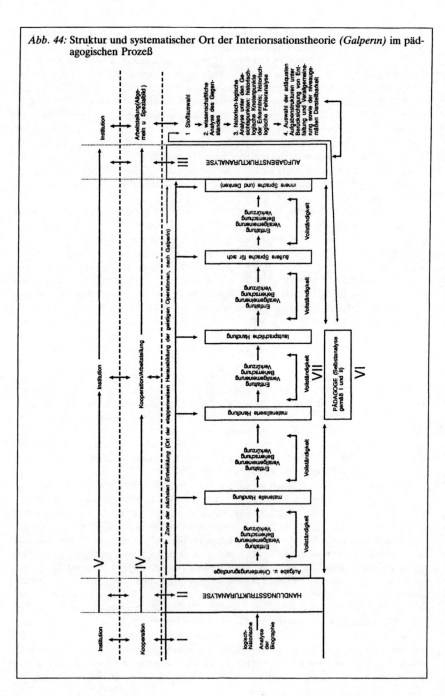

Handlungsalternativen entwickelt. Dabei unterscheidet *Galperin* drei in der Schule zur Anwendung kommende Orientierungstypen.

Orientierungstyp I (unvollständige Orientierungsgrundlage der Handlung) entspricht dem Wahrnehmungslernen: Die Aufgabenlösung wird an einem Beispiel vorgeführt. Das Lernen erfolgt nach Versuch und Irrtum. Die Übertragbarkeit der Lösungshandlung auf neue Aufgaben ist äußerst beschränkt.

Orientierungstyp II (empirisch aufgebaute vollständige Orientierungsgrundlage der Handlung) entspricht dem Assoziationslernen. Ein bestimmter Lösungstyp (Algorithmus) wird dem Schüler vermittelt und in seinem Werkzeugcharakter an mehreren Beispielen demonstriert. Die Durchführung der Handlung wird durch Vorgabe einer Reihe von Orientierungspunkten unterstützt. Im allgemeinen werden Handlungen dieses Typs ohne Ausprobieren sofort richtig ausgeführt. Die Übertragbarkeit auf neue Aufgaben ist bedeutend größer als beim ersten Typ, hängt aber wesentlich vom Vorhandensein identischer Elemente ab.

Orientierungstyp III (theoretisch aufgebaute vollständige Orientierungsgrundlage): An erster Stelle steht „die planmäßige Unterweisung in der Analyse neuer Aufgaben" (1969a, S. 377). Die Orientierung wird hier „auf der Grundlage der allgemeinen Konstruktion konkreter Erscheinungen eines gegebenen Gebietes, ihrer wesentlichen Einheiten und Regeln ihres Zusammenfügens aufgebaut. Nach der Beherrschung der Analyse der konkreten Erscheinungen (für derartige Einheiten und ihre Zusammenfügung) baut der ‚Schüler' selbständig eine vollständige Orientierungsgrundlage der Handlung für jede beliebige Erscheinung auf dem gegebenen Gebiet auf" (1966/67, S. 18). Die Übertragbarkeit auf neue Aufgaben ist sehr groß. Dieser Typ entspricht ersichtlich dem instrumentellen Lernen. Als *optimale Form* der Herausbildung einer Orientierungsgrundlage des Typus III kann die *Modellierung eines Zusammenhangs* (Herstellung eines Modells) betrachtet werden, die als *„Ausgangsabstraktum"* (vgl. *Lompscher* bzw. *Dawydow*) zum *Instrument des Lernens* wird.

Galperin spricht sich für den dritten Typus aus. Er hält ihn für die von *Piaget* theoretisch zugelassene Unterrichtsform, „bei der die Wissensaneignung gleichzeitig mit der geistigen Entwicklung erfolgt" (1969b, S. 1282).

Hier wie im Ausführungsteil der Handlung (Arbeitshandlung) unterscheidet *Galperin* vier Parameter, die jeweils zusammen das Kriterium der *Vollständigkeit* einer Lernhandlung oder eines Teilabschnittes ausmachen: *Entfaltung, Verallgemeinerung, Beherrschung, Verkürzung.* Daß sie in jedem Schritt der etappenweisen Aneignung geistiger Operationen auftreten, bedeutet, daß sie dies der Möglichkeit nach tun. Jeweils entsprechend den Lernvoraussetzungen, der Stoffstruktur usw. realisieren sich die Kriterien selbst in entfalteter oder verkürzter Form. Ihr heuristischer Wert liegt darin, dem Lehrer bei Lernschwierigkeiten Hinweise auf notwendige Handlungsschritte bei der Unterrichtsplanung und bei notwendigen Korrekturhandlungen zu geben: Verallgemeinerung kann sich nur auf der Basis von Entfaltung, Beherrschung nur auf der Basis von Verallgemeinerung vollziehen. Auf der Ebene der Orientierungshandlung entspricht das Kriterium der Entfaltung dem der allseitigen Erfassung des Gegenstandes, die erst eine Analyse des Gegenstandes von jedem seiner Einzelaspekte aus (Verallgemeinerung) möglich macht. (Der Gegenstand wird als das je Allgemeine des einzelnen Aspektes rekonstruiert.) Die Beherrschung dieser verallgemeinernden Verfahren realisiert sich im Modell, das zugleich eine Verkürzung der Handlungen (als Knotenpunkt der Erkenntnis) wie eine Verallgemeinerung auf höherem Niveau darstellt. Hier kann es zum Ausgangspunkt einer Untersuchung im Sinne neuer Entfaltung eines konkreten Zusammenhangs werden.

Gehen wir nun über zum *Ausführungs- bzw. Arbeitsteil*. Grundsätzlich gilt für schulisches Lernen die Bemerkung von *Suchomlinski* (1982): „Je größer der Kreis von Fakten, der durch eine abstrakte Aussage verallgemeinert wird, umso mehr müssen die Fakten von den Schülern selbständig analysiert und geistig verarbeitet werden, damit die Aussage fest eingeprägt wird" (S. 30). Nur dann ist ohne speziell darauf gerichtete Arbeit Einprägen durch das Verstehen von Regeln und deren Anwendung auf Fakten möglich.

Je reichhaltiger also eine theoretische Einsicht unter Bedingungen ihrer Nutzung als geistiges Werkzeug zur Anwendung kommt, desto umfassender erschließt sich die Praxis, und desto umfassender wird die Theorie überprüft. Dies geschieht zu Anfang des Schulalters noch aufbauend auf den praktischen Handlungen in *materiell gegebenen Situationen*, auf deren Basis (z.B. Ausmessen des Klassenraumes oder des Schulgeländes im Geographieunterricht) erst allgemeine Modelle gewonnen werden, mittels derer dann Wirklichkeit analysiert werden kann. In dieser Praxis selbst, die immer reichhaltiger ist als ihre Vorwegnahme in der Orientierungshandlung, entstehen neue Orientierungshandlungen, die sich auf der Ebene bloßer Wahrnehmung ebenso realisieren können, wie im bewußten Kennenlernen von Praxis. Zu warnen ist durchgängig von einer scheinbar von selbst wirkenden bloßen Anschaulichkeit.

Auf der Ebene der *Materialisierung* geht es um das praktische Arbeiten an Materialien, die für eine in der Situation nicht unmittelbar verfügbare Wirklichkeit (geographische Räume, historische Texte) stehen, sie materialisieren. Auch hier kann wieder auf der Ebene von Wahrnehmungslernen (Auffinden von Orten auf der Landkarte), Assoziationslernen (Anwendung von Meßverfahren zum maßstabgetreuen Ablesen) oder instrumentellem Lernen gearbeitet werden.

Modelle selbst, als spezifische Form der Materialisierung, sind wie alle Begriffe sowohl *Abbild* als auch *Werkzeug*. Mit ihnen kann ein empirischer Sachverhalt, der (materiell oder materialisiert) gegeben ist, analysiert werden, oder ihre Analyse selbst verhilft zu neuen Einsichten (vgl. *Fridman* 1982, S. 115f.). Entsprechend definiert *Lompscher* (1985): „*Der besondere Wert von Modellen besteht darin, daß sie nicht die konkreten Merkmale der einzelnen Erscheinungen oder Situationen, sondern nur konstitutive, im gegebenen Kontext wesentliche Merkmale und Relationen enthalten, also abstrakt sind. Sie sind aber gleichzeitig anschauliche Abbildungen und machen damit grundlegende Zusammenhänge und Wesensmerkmale der Wahrnehmung und Vorstellung zugänglich"* (S. 64). Demnach erfüllen *Modelle die Funktion von Primärbegriffen* (vgl. Bd. 1, S. 234f.) und bilden eine (mit z.B. graphischen Mitteln künstlich geschaffene) „Bevorzugungsebene klassifizierenden Erkennens" *(Klix)*, die im hierarchischen Denken die Ebene schneller Orientierung ist. In eben diesem Sinne sind auch die in diesem Buch verwendeten Abbildungen nicht Realität, sondern Repräsentationen von Realität (Abbild) und können als geistige Mittel (Werkzeug) zur Untersuchung eines komplexen Sachverhaltes verwendet werden. Sie bilden „Ausgangsabstrakta" für die Leser/innen, die der Anwendung auf Realität bedürfen, um im „Aufsteigen vom Abstrakten zum Konkreten" Ausgangspunkte begreifenden Erkennens werden zu können.

Verschiedene Arbeiten zur Anwendung der Strategie A→K liefern Beispiele in diesem Sinne (vgl. z.B. *Autorenkollektiv* 1988, *Dawydow* u.a. 1982, *Fischer* 1989). Wesentliche *Funktion des Modells als Ausgangsabstraktum* ist es, zur (relativen) *Auflösung des Widerspruchs* beizutragen, *„daß einerseits jedes Kenntnissystem Ergebnis eines mehr oder minder langwierigen Aneignungsprozesses ist, andererseits die Aneignung der entsprechenden Kenntnisse aber bereits ein Bezugssystem für die kognitive Verarbeitung und Speicherung erfordert"* (*Lompscher* 1989, S. 57).

Der Übergang auf die *sprachliche Handlung* erfolgt im Sinne *Galperins* zunächst durch die sprachliche Begleitung der praktischen Handlung und danach durch die äußere Sprache, getrennt von dieser. In der *„äußeren Sprache für sich"* erfolgt dann eine Verkürzung der Sprache vom Kommunikationsmittel zum Mittel des Denkens. Wesentliche Teile der Handlung erfolgen bereits in der *inneren Sprache*, nur noch wesentliche Teilergebnisse werden laut formuliert. Schließlich geht die Handlung insgesamt in das innere Sprechen über und verwandelt sich in einen *„reinen" Denkakt*.

Das *Grundproblem* dieser bis hierher vorgestellten theoretischen Überlegungen ist es, daß sie spätestens auf der sprachlichen Ebene nicht mehr nach dem *Motiv der Tätigkeit* fragen. Sie setzen es auf der Ebene der Lerntätigkeit quasi naturwüchsig als Leistungsmotiv (Lernen zu lernen) voraus. Ist der Unterricht nur interessant, verfügt er über gute Orientierungsgrundlagen, Materialisierungen und Ausgangsabstrakta, so könnte man *Galperin, Lompscher* oder *Dawydow* interpretieren, so lernen die Schüler wie von selbst. Dabei wird aber gänzlich übersehen, daß die *Versprachlichung* einer Einsicht ihr Motiv in den *kommunikativen und dialogischen Prozessen von Kooperation und Kollektiv*, d.h. im sozialen Verkehr findet. Ein Übergang zur *innersprachlichen* Ebene findet sein Motiv in der *Übernahme der Leitungstätigkeit* in Kooperation und Kollektiv. Dies verlangt die geistige Abstimmung der Teilaktivitäten und die Antizipation der Handlungen der je einzelnen, bezogen auf den Produktionsprozeß (Lernprozeß) wie je untereinander. Hierzu ist aber die Verfügbarkeit von entsprechenden Bedeutungen im Weltbild Voraussetzung, d.h. Kopfarbeit im Sinne von wissenschaftlichem Denken.

Da diese Theorien diese Sachverhalte nicht reflektieren, bleibt das *Individuum für die Didaktik ein isoliertes Einzelnes*, auch wenn Kooperation ihrer Form nach als Mittel zur Effektivierung von Unterricht diskutiert und untersucht wird. Bevor ich auf diesen Aspekt nochmals eingehe, einige *wichtige Ergänzungen* zur bisher vorgestellten Theorie.

Iris *Mann*, d.i. Christel *Manske* (1979, 1988), verweist darauf, daß vor dem Orientierungsteil der Tätigkeit der *Prozeß der Motivation* (Motivbildung) stehen muß. In besonderer Weise geeignet für die Herausbildung von Motiven sind *generative Themen* (*Freire* 1973), die aus der Lebenswirklichkeit der Menschen heraus ihren Bedürfnissen entsprechen, sowie durch ihre Struktur zugleich Ansätze zur Erschließung der Sache bieten (s.u.).

Ebenso wie *Mann* (1979, S. 72) hebt *Lompscher* (1985, S. 61ff., S. 68) die Bedeutung der *Exteriorisation*, der Vergegenständlichung hervor. Durch die insbesondere in der praktisch-gegenständlichen Tätigkeit (materiell oder materialisiert) mögliche entfaltete Handlungsausführung treten (1) „die zur Zielerreichung erforderlichen Bedingungen und Schritte", (2) „die dabei zu beachtenden Merkmale des Gegenstands und der eingesetzten Mittel", (3) „die durch die Handlung bewirkten Veränderungen des Gegenstands und der Mittel" (auch vorübergehende Zwischenzustände) so hervor, „daß sie vom Lernenden bemerkt und geistig verarbeitet werden können" (S. 62). D.h. *die Theorie wird nur wirksam, wenn sie zum Mittel der Praxis wird, und nur von hier aus erhält sie Impulse in der Form von Widersprüchen (Problemen), die ihre weitere Entwicklung erfordern.*

Von besonderer Wichtigkeit für schulisches Lernen ist die Entwicklung *willkürlicher*

Aufmerksamkeit. Sie muß als *geistige Kontrolltätigkeit* interiorisiert werden (*Galperin* 1973). Dies geschieht in materialisierter Form, indem über einen Vergleichsmaßstab (z. B. eine „Leitkarte", die alle beim Aufsatz- oder Diktatschreiben relevanten Aspekte der benötigten Aufmerksamkeit in Form von Kontrollhandlungen erfaßt; vgl. *Mann* 1977, 1979) die Kontrollhandlungen entfaltet werden. Auf dieser Basis wird im Prozeß der Versprachlichung und schließlich Verkürzung („Äußere Sprache für sich") aus der materiellen eine geistige Kontrollhandlung (vgl. *Mann* 1977, S. 93–103). Eine derartige Handlungskontrolle muß als *resultative,* als *handlungsbegleitende* und als *vorausschauende Selbstkontrolle* entwickelt werden (*Lompscher* 1985, S. 70ff.). Hierin liegt ein entscheidender Weg zur Reduzierung von Handlungsfehlern.

Einen wesentlichen Beitrag zur Überwindung von bloß an individuellem Lernen orientierten Auffassungen leistet *Engeströms* (1986, 1987; vgl. auch *Kauppi* 1988) *Konzept des „expandierenden Lernens".* Es ermöglicht eine Neubestimmung des Konzepts der „Zone der nächsten Entwicklung".

Engeström (1986) geht unter Bezug auf *Bateson* (1981) von verschiedenen *Niveaus des Lernens* aus, die er mit L.I bis L.IV kennzeichnet. (Lerntyp IV wird als Neuverknüpfung phylogenetischer [besser: soziogenetischer] und ontogenetischer Erfahrungen als Möglichkeit bestimmt, aber in dem Aufsatz nicht behandelt).

Basales Niveau ist *Lerntyp 0,* auf dem keine Korrektur stattfindet (Erbkoordinationen).

Bei *Lerntyp I* findet eine Korrektur von Irrtümern der Auswahl in einer Menge von Alternativen statt. Dies sind Habituation, bedingtes Konditionieren, operantes Verknüpfen (d. i. instrumentelles Lernen), beiläufiges Lernen, Auslöschung.

Bei *Lerntyp II,* der nochmals in zwei Unterformen aufgeteilt wird, findet eine Korrektur in der Menge der Alternativen oder in der Interpunktierung der Erfahrungsabfolge statt (Gewohnheiten und Charakter bilden sich). Dieses Niveau ist als *L.IIa* auch höheren Tieren eigen (ein Delphin konnte als Kriterium seiner Belohnung die Unerwartetheit von Handlungsanteilen lernen und zeigte eine Kombination mit acht völlig neuen Teilhandlungen). Bei L.IIa und L.IIb ist das Objekt/Ergebnis gegeben. Das Instrument wird bei *L.IIa* durch *Versuch und Irrtum* gefunden, bei *L.IIb* durch Experimentieren „ge- oder besser erfunden" (S. 156). Ein Objekt wird auf dieser Stufe als Problem aufgefaßt, das spezifische Bemühungen erfordert. D.h. auf Stufe IIb wäre „Lerntätigkeit" (im Sinne von *Lompscher* und *Dawydow*) als spezifisch menschliche Tätigkeit anzusiedeln, bei der ständig neue *Lerninstrumente* geschaffen werden.

Bei *Lerntyp III* finden die Veränderungen nicht in der Menge oder Interpunktion der Alternativen, sondern „im System der Mengen von Alternativen" statt. Dies würde im Sinne von *Klix* (s. o., Kap. 5.5.4) Änderungen in der Hierarchisierungsstruktur der Begriffe, also in der Art ihrer Justierung in der Innenwelt bedeuten. Eine solche Änderung kann jedoch m. E. nur durch ein hinter den Handlungen auftretendes neues Moment, also eine Veränderung der Sinn- und Motivstruktur erfolgen (s. o. Kap. 5.6 sowie Kap. 10.4 zum kathartischen Prozeß). Entsprechend beinhaltet L.III für *Engeström* den Prozeß der *bewußten Selbstveränderung.*

Anlässe für Veränderungen liegen für ihn in *sozialen Situationen, die Widersprüche schaffen.* (Soweit ich der Rezension seines Buches [*Engeström* 1987], das ich noch nicht in Händen habe, durch *Kauppi* [1988] entnehmen kann, bezieht er sich dort in dieser Frage ausdrücklich auf *Holzkamp* [1983]. Für diesen [vgl. S. 139ff.] ist Motivation die gelernte Antizipation positiver emotionaler Wertigkeiten in künftigen Situationen. Sie ist damit

Bestandteil des „autarken Lernens", das nicht mehr signalvermittelt, sondern signalverwertend stattfindet. Es gewährleistet die Hineinentwicklung in den Sozialverband, d.h. das Individuum wird grundsätzlich als sozial gedacht. Es muß durch die eigene Aktivität als Beitrag zum kollektiven Aktivitätserfolg motiviert sein [S. 171]. Auf menschlichem Niveau entspricht m.E. Lernen II dem Niveau der restringierten Handlungsfähigkeit nach *Holzkamp*, Lernen III dem Niveau der verallgemeinerten Handlungsfähigkeit). Aus dem *primären* (äußeren) *Widerspruch* zwischen Individuum und Umwelt aufgrund des Bedürfnisses wird in der (sozialen) Situation ein *sekundärer*, den *Engeström* mit *Bateson* als *„double bind"* bezeichnet. In Double-bind-Situationen erhält ein Individuum zwei Mitteilungen oder Befehle, die einander ausschließen. „Die einmal gelernte Gewohnheit wendet sich in einem oberflächlich ähnlichen, strukturell aber veränderten Kontext gegen das Individuum" (S. 153). Double bind als *innerer Widerspruch* ist typisch für das Niveau L.II.

Lernen III ist, da es aus Widerspruchssituationen im Lernen IIb hervorgeht, ein Produkt von Double-bind-Situationen. Bekanntestes Produkt von ständigem Double-bind ist Schizophrenie. „Sie ist eine tiefe Umstrukturierung des Bewußtseins des Subjekts, hervorgerufen von Kontexten, in denen das Subjekt unfähig ist, auf metakommunikative Weise auf die widersprüchlichen Botschaften oder Befehle zu reagieren, die es erhält" (S. 157). Weiter oben (Kap. 6.4.6) habe ich (mit *Wygotski*) Schizophrenie als Verlust der Kontakte mit dem „sozialen Selbst" gekennzeichnet. Es kommt zu inadäquaten, d.h. widersprüchlichen Bindungen zwischen Ich (Standpunkt der Menschheit oder einer sozialen Klasse, Gruppe usw.) und dem Ich als „Du", die alleine nicht aufgelöst werden können. Ihre Bearbeitung in Prozessen der Angst verschiebt sich in die Innenwelt und führt dort zu pathologischen Umbildungen.

Ein Beispiel, das *Engeström* für L.III gibt, belegt, daß es um Prozesse der Umbildung des eigenen Selbst unter den Bedingungen des Gattungsstandpunktes geht. Ein Verständnis von Entwicklung als plötzliche „Explosionen" im Sinne von Krisen oder als „stillschweigende, unsichtbare Beiträge", mit dem dieser Übergang zu beschreiben versucht wird, erklärt nicht die „vielleicht interessantesten Phänomene von Lernen III". „Man betrachte die ‚Kinderkampagne für nukleare Abrüstung' ... die 1981 in den USA begann. Innerhalb weniger Monate beteiligten sich Tausende von Kindern aus dem gesamten Land und aus dem Ausland an dieser Bewegung und schrieben Briefe an Präsident *Reagan*. Die Kinder, die die Kampagne begannen, erlebten weder persönliche Krisen noch waren ihre Beiträge unsichtbar, stillschweigend und unbewußt. Ihre kleinen Aktionen wurden rasch zu einer objektiv neuen Form gesellschaftlicher Tätigkeit" (S. 160f.). *Engeström* begreift dies als Prozeß der Selbstorganisation, den er (mit *Prigogine*) an folgendem Gedanken illustriert. Ein Stein wird ins Wasser geworfen, Wellenkreise breiten sich aus. Gleichzeitig findet ein entgegengesetzter Prozeß statt, Wellen kehren zum Kern zurück, verstärken den Ursprung des Impulses und kehren auf höherem Niveau wieder (ebd.).

Auf der Basis der Erörterung von Lerntyp III versucht *Engeström* folgende Neufassung des *Konzepts der Zone der nächsten Entwicklung*. In einem „provisorischen Begriff" ist sie die *„Distanz zwischen dem gegenwärtigen Alltagshandeln der Individuen und der historisch neuen Form gesellschaftlicher Tätigkeit, die kollektiv als Lösung für potentielle Double-bind-Situationen in den Alltagshandlungen hervorgebracht werden kann"* (S. 167). Das soziale double bind kann zur Regression (Verbleiben auf L.II) oder zur Expansion (auf L.III) führen. Insofern wird von *expandierendem Lernen* gesprochen. Dieser Übergang wird exemplarisch an Mark *Twain*s „Huckleberry Finn" dargestellt.

Der Möglichkeitsraum (Funktionswechsel) des Übergangs zu kollektivem (ich füge hinzu: der Humanität verpflichtetem) Handeln entsteht, als Huck sich entschließt, den mit ihm auf dem Floß fahrenden geflüchteten Neger gegen seine (Hucks) ursprüngliche Absicht nicht seinen (des Negers) Jägern auszuliefern, sondern diese belügt. Auf dieser Ebene entsteht eine zunächst „pragmatische (aber humanistische; W.J.) Moralphilosophie", die in einem späteren Schritt (Transformation von Aktionen in eine kollektive Tätigkeit) zur Wirklichkeit auf einer höheren Ebene (Dominanzwechsel) werden kann.

Damit gelingt *Engeström*, obwohl er m.E. in mindestens drei Aspekten verkürzt argumentiert, ein wichtiger Schritt zur Überwindung einer bloß kognitivistisch aufgefaßten Lerntheorie. Ich benenne zunächst diese Verkürzungen, um dann den positiven Gehalt hervorzuheben.

(1) Lernarten und Entwicklungsniveaus werden nicht differenziert. Damit werden die wesentlichen Selbstorganisationsprozesse auf dem Niveau des instrumentellen Lernens (Akkommodation) nicht erkannt. Die Möglichkeit konfliktbewältigender, selbstorganisierender Lernformen wird erst relativ spät zugestanden. Dies führt beim Zurückgehen auf niedere Lebensniveaus tendenziell immer stärker zur Auffassung des notwendigen äußeren Bedingens anstelle des selbstorganisierten Lernens (vgl. auch meine Auseinandersetzung mit *Leontjews* phylogenetischen Auffassungen in Kap. 5.1). Eine solche Verkürzung, die das Niedere eher als Minusvariante denn als eigene Qualität der Selbstorganisation sieht, die allen Lebensprozessen innewohnt und im Hierarchieaspekt lediglich in höheren Formen aufgehoben (d.h. nicht nur negiert, sondern auch konserviert) wird, hätte für die Bestimmung von Lernen und Entwicklung bei schwerstbehinderten Menschen außerordentlich nachteilige Folgen.

(2) Soziale Situationen wirken über den Prozeß der biorhythmischen Phasenverstellung (strukturelle Koppelung) auf allen Lebensniveaus als Zeitgebermechanismen (Synchronisation), durch die in emotional-affektiven Prozessen im lebendigen System selbst Systemzeit und damit Lernen entsteht. Derartige Aspekte können natürlich in *Engeströms* System noch nicht enthalten sein, da ich sie m.W. in diesem Buch erstmalig entwickele.

(3) Damit verbunden ist, daß Sinnbildungsmechanismen nicht erkannt und behandelt werden, obgleich sie auf allen Lebensniveaus in der Dialektik von Tätigkeit (sinnbildender, bedürfnisrelevanter Aspekt der Bedingungen der Welt) und Abbild (bedeutungsbildender, bedingungsrelevanter Aspekt) Widersprüche ständig ins Subjektive transformieren.

L. III erweist sich auf diesem Hintergrund damit lediglich als *hochentwickelter Spezialfall des Lernens* auf dem höchsten Niveau der Persönlichkeit, dem reflexiven Ich, als Lernen in der inneren Position des Erwachsenen, bezogen auf diese Position. Es geht hierbei um Prozesse der Vernunftwerdung und der Aufhebung der Entfremdung durch Herstellung der Einheit zur Gattung in kathartischen Prozessen. Auf niederen Entwicklungsniveaus verläuft dieser Prozeß niveauspezifisch zunächst zwischen verschiedenen Personen, bevor er sich in der inneren Position der Erwachsenen als dramatischer Prozeß nach innen verlagern kann. Seine synergetische Strukturbildung wird am Beispiel der Kinderkampagne deutlich. In ihr entsteht der Typ des affektiv-kooperativen Verhaltens (s.o.). Der Möglichkeitsraum einer bisher entwickelten pragmatischen (humanistischen) Moral findet in einer ordnungsbildenden Struktur seinen Pol der sozialen Sinngebung: für Frieden einzutreten. Indem Kinder selbst aus „freien" Stücken (sie sind nur dann „frei", wenn ihre Autonomie gewahrt bleibt) ihnen mögliche Tätigkeitsformen finden und sich in diesen Formen jeweils andere Kinder widerspiegeln, entsteht ein selbsorganisierter, synergetischer, kooperativer und selbstreferentieller Prozeß. Der „Ordner" (vgl. *Haken* 1983) in ihm ist eine ideelle Struktur, die an keine Person (sondern an eine „Semiosphäre"; vgl. Kap. 10.3) gebunden ist. Er entsteht als Widerspiegelung der je einzelnen im Prozeß der Menschheit, vermittelt über Kommunikation und sozialen Verkehr.

Die *Zone der nächsten Entwicklung* wird demnach nicht nur (1) durch den Stoffaspekt und ihm angemessene Lernsituationen (Interiorisationstheorie, Theorie der Lerntätigkeit), sondern (2) darüber hinaus (s.o., Kap. 10.2) durch kooperative und kollektive Aspekte bestimmt. Entscheidend (3) ist sie aber von Widerspruchssituationen abhängig, die es gestatten und erfordern, human zu sein bzw. zu werden. Dies ist ein Modus, den *Maase* (1985) als *solidarische Selbstvergesellschaftung* kennzeichnet und mit einer Zeile aus einem Gedicht von Nazim *Hikmet* als Buchtitel vorweggestellt hat: „Leben einzeln und frei wie ein Baum, aber brüderlich wie ein Wald ..." („... das ist unsere Sehnsucht"; W.J.).

Es wird Aufgabe einer integrativen, entwicklungslogischen Didaktik und Pädagogik (vgl. insb. *Feuser*) sein,

(1) auf allen Identitätsniveaus die jeweiligen Prozesse der Identitätsbildung sowohl allgemein wie in ihrer institutionellen Brechung genauer zu bestimmen, wie ich dies hier am Beispiel des Schulalters versucht habe;

(2) in der gleichen Differenziertheit, wie dies Interiorisationstheorie und Theorie der Lerntätigkeit vornehmen, auch auf allen anderen Entwicklungsniveaus die Spezifika des Lernens zu erfassen;

(3) auf der Basis der Überlegungen zum Konzept der Zone der nächsten Enwicklung eine der Überwindung des bisherigen kognitiven Reduktionismus angemessene Theorie von Lernsituationen zu entwickeln.

In dieser Hinsicht kann ein bei *Engeström* (1986) wiedergegebener Gedanke von *Griffin* und *Cole* (1984, S. 62) nur unterstrichen werden: „*Die Weisheit von Erwachsenen liefert keine Teleologie für die Entwicklung von Kindern. Soziale Organisation und dominierende Tätigkeit lassen eine Lücke, in der das Kind eine neue und kreative Analyse entwickeln kann (...) Eine Zone der nächsten Entwicklung ist ein Dialog zwischen dem Kind und seiner Zukunft; sie ist kein Dialog zwischen dem Kind und der Vergangenheit eines Erwachsenen"* (S. 165f.).

11.5 Wissenschaft und Unterricht

Wissenschaft habe ich bereits in Bd. 1 (Kap. 3.5) näher bestimmt. Für unsere Zwecke reicht es, hier nochmals hervorzuheben, daß sie eine *Form menschlicher Tätigkeit* (allgemeine Arbeit) darstellt, die auf die *theoretische Aneignung von Wirklichkeit* gerichtet ist. Ihre Ergebnisse sind wissenschaftliche Begriffe als Abbild und Werkzeug. Im System der Wissenschaft wurden und werden die Bedeutungsstrukturen herausgearbeitet bzw. präzisiert, die (1) als geistige Werkzeuge die kommunikative und kooperative Realisation der Tätigkeit des gesellschaftlichen Gesamtarbeiters sichern, und die (2) diese Funktion nur erfüllen können, indem sie als Bedeutungen (geistige Operationen) im Weltbild der einzelnen Individuen existieren. Aus der Transformation dieser Bedeutungen ins Weltbild der nächsten Generation entsteht das Problem des Unterrichts.

Unterricht ist nach *Fichtner* (1980) die „spezifische Organisationsweise institutionalisierter Erziehung ... bei der das Hauptgewicht in der systematischen Übermittlung gesellschaftlich notwendiger Gegenstände der Aneignung, d. h. der Bildungsvermittlung im weitesten Sinn, liegt" (S. 109).

Zwischen *Wissenschaft* und *Unterricht* gibt es verschiedene *komplizierte Vermittlungsvorgänge*.

(1) Dieses Verhältnis wird zunächst einmal durch die *soziale Funktion der Schule* vermittelt (s. o.). Hier realisieren sich Bildungsmonopol, Fächerstruktur, Lehrplanvorgaben, wissenschaftliche Ausbildung und administrative Kontrolle der Lehrer/innen u. a. m. Diese Strukturen haben sich in den siebziger Jahren (vgl. die in Tab. 2 zusammengestellten Daten) erheblich verändert. Die durch die gesellschaftliche Entwicklung gegebene Notwendigkeit, „Bildungsreserven" auszunutzen, führte dazu, daß das Verhältnis von Wissenschaft und Unterricht zu einem zentralen Problem der Lehrplanrevision wurde (vgl. *Frey* 1975). Wichtige Problemebenen, die eine Rolle spielten, waren u. a.

– die Auffassung *Bruners* (1970), daß ein wissenschaftlicher Inhalt auf jeder Altersstufe redlich vermittelt werden kann. Hieraus resultierte die Forderung nach einem *Spiralcurriculum*, in welchem Inhalte auf verschiedenen Niveaus wiederkehren;
– die Frage nach der *Struktur des Faches* („structure of discipline") als Grundlage der Entscheidung, was für das jeweilige Unterrichtsfach aus der Sicht der jeweiligen Wissenschaftsdisziplin auszuwählen sei;
– die Frage, wie *Lernzielvorgaben* in den Lehrplänen diesen Prozeß abzusichern vermochten (Entwicklung von Lernzieltaxonomien bzw. Operationalisierung von Lernzielen; vgl. *Bloom* 1972 bzw. *Mager* 1965).

(2) Im Verhältnis von Wissenschaft und Unterricht zeigen sich *zwei Verständnisse von Wissenschaft*, die einander diametral entgegenstehen.

Zum einen ist dies ein positivistisches Verständnis, das durch immer stärkere Zergliederung, kontrollierte Methoden und *empirische Verallgemeinerung* die Welt unabhängig vom forschenden Subjekt zu analysieren und zu beschreiben versucht. Wissenschaftliche Bildung in diesem Sinne beinhaltet ein immer größeres Wissen und Können in einem immer kleineren Teilgebiet, was insbesondere mathematisch, technische, experimentelle Verfahren voraussetzt.

Zum anderen existiert ein Verständnis von Wissenschaft, das den Forscher selbst als Bestandteil der Welt und des Erkenntnisprozesses begreift und zu einer historischen, ganzheitlichen, *theoretisch verallgemeinernden Sichtweise* strebt. Das eine ist philosophiehistorisch betrachtet die Weiterführung der cartesianischen, das andere die der spinozistischen Weltauffassung. Einerseits geht es um die immer umfassendere und immer exaktere Überführung der Struktur der „ausgedehnten Substanz" (Descartes) auf die Ebene des Vorstellungskonkretums. Hauptkriterien der Wissenschaftlichkeit sind methodologisch kontrollierte, experimentelle Erforschung und die Transformation in mathematische Modelle. Andererseits geht es um die monistische Rekonstruktion des Weltprozesses in Teil- oder Gesamttheorien auf der Ebene des Gedankenkonkretums. Am Beispiel der Biologie: Im einen Falle ist Leben auf der molekularen Ebene zu suchen, im anderen Falle kann es als Prozeß der Entwicklung und Differenzierung der Biosphäre (vgl. *Wahlert* 1977) in der Koevolution der Lebensformen (*Jantsch* 1979) begriffen werden (z. B. in den Intentionen der *Darwin*schen Theorie). Diese zweite Ebene, dies habe ich bereits in Kapitel 3 herausgearbeitet, schließt die erste Ebene nicht aus, sondern im Sinne ihrer Aufhebung ein. Je nachdem, welches herrschende Verständnis in jenen Teilen der Wissenschaft besteht, die sich im Prozeß der Lehrplangestaltung durchsetzen können, wird die Bestimmung der Struktur der Wissenschaft und damit die Bestimmung der wesentlichen Unterrichtsinhalte ausfallen.

In der Diskussion um die *Didaktik des Biologieunterrichts* unterscheiden sich *„fundamentale Ideen" (Bruner)*, die aus der (über empirische oder theoretische Verallgemeinerung bestimmten) Struktur des Faches abgleitet werden, z.b. wie folgt:
In der Konzeption von *Etschenberg* (zit. nach *Ewers* 1974, S. 90) erfolgt eine Orientierung an „Grundphänomenen des Lebendigen" wie z.B. Formenvielfalt, innerorganismische Struktur, Fortpflanzung, Entwicklung, Bewegung, Stoffwechsel, Steuerung und Evolution.

In der Konzeption von *Wahlert* und *Kattmann* wird Biologie als „Evolutionsökologie" und „Lehre von der Biosphäre" betrachtet, die „Lebewesen und Ökosysteme geschichtlich sieht ... Geschichte aber, von der man selbst betroffen ist, kann man nicht nur distanziert betrachten" (*Wahlert* 1977, S. 54f.). Entsprechend geht *Kattmann* (1980, S. 229) von der Position des Menschen in der Biosphäre aus und beginnt mit der Grundfrage „Welchen biologischen Grundlagen und Bedingungen verdankt der Mensch seine Existenz?". Aus dieser historischen und vom Menschen ausgehenden Betrachtungsweise resultieren die folgenden „fundamentalen Ideen": (1) „Träger des Lebens ist die Biosphäre"; (2) „Evolution vollzieht sich an Populationen, nicht an Individuen"; (3) „Selbstorganisation und Selbsterhaltung der Lebewesen sind Leistungen des gesamten Organismus, nicht der Moleküle"; (4) „Biosysteme sind offene Systeme im Fließgleichgewicht"; (5) „Biosysteme haben eine Geschichte" (1978, S. 266ff.).

In Betrachtung der *Wissenschaftsgeschichte* selbst zeigt es sich, daß entsprechend den sozial vorherrschenden soziogenetischen Abbildniveaus (vgl. Bd. 1, Abb. 11) und im Denken einzelner Wissenschaftler/innen immer über sie hinausreichend auch der Wissenschaftsprozeß verschiedene Etappen der Herausbildung des Weltbilds durchläuft. Am Beispiel der Biologie erörtert *Wahlert* drei entsprechende Biologien. Die erste (sie entspricht dem funktionalen Denken [Abb. 11, Bd. 1] bzw. dem konkret operativen Denken im Sinne von *Piaget*) ist die Klassifikation von Lebewesen (empirische Verallgemeinerung) aufgrund ihrer Ähnlichkeiten und Unterschiede durch *Linné*. Die zweite Biologie entspricht dem kategorialen Denken (abstraktes Denken im Sinne von *Piaget*). Es zergliedert durch Analyse und Experiment und beginnt in der Biologie mit der Synthese einer organischen Verbindung (Harnstoff) durch *Wöhler* 1820. Die dritte Biologie im Sinne dialektischen Denkens tritt mit der Theorie *Darwins* auf.

An diesen Überlegungen *Wahlerts* wird deutlich, daß jeweils ein Minimum von Wissen auf der vorweggehenden Ebene vorhanden sein bzw. genutzt werden muß, bevor auf der höheren Ebene eine realistische Lösung formuliert werden kann. Nur wenn beides zusammenkommt: (funktional)-empirische Abstraktion im Sinne von *Linné* und ganzheitliches Denken im Sinne von *Darwin*, kann eine nichtspekulative theoretische Lösung gelingen. Die gegenwärtige Krise des Darwinismus, für die es verschiedene Überwindungsversuche gibt, beruht z.B. vor allem darauf, daß die sowohl auf der Ebene der (kategorial)-empirischen Verallgemeinerung (molekularbiologische Teilkenntnisse) wie auf der Ebene der theoretischen (d.h. dialektischen) Verallgemeinerung (Selbstorganisationstheorie) hinzugetretenen Erkenntnisse bisher noch nicht mit den *Darwinschen* Auffassungen zu einer Synthese gebracht werden konnten (vgl. *Jantzen* 1989a). Es wird aber zugleich deutlich, daß ganzheitliches Denken bereits auf einer relativ wenig entwickelten Faktenbasis weitreichende Resultate bringen kann. In diesem Sinne müßte man auch die Denkmethoden von *Darwins* Vorgängern in neuer Weise aufgreifen und für den Unterricht fruchtbar machen.

(3) Im *Unterricht* selbst zeigen sich *zwei verschiedene Ansätze beim Herausbilden von Begriffen*. Das eine ist die am *Assoziationslernen und* der empirischen Verallgemeinerung orientierte, positivistische Methode, das andere die an der *Lerntätigkeit* der Schüler orientierte historische, theoretisch verallgemeinernde, ganzheitliche Methode. Das historische Verhältnis beider Lernmethoden kann noch nicht als erforscht gelten (vgl. *Dawydow* 1988). Trotzdem versuche ich einige Bemerkungen zu ihrer Einordnung und Charakterisierung. Historisch spiegeln sich in ihrem *Wechselverhältnis* mindestens folgende Dimensionen: (1) der Stand der Wissenschaftsentwicklung und das vorherrschende Verständnis in den Wissenschaften, die in Unterrichtsfächer eingingen; (2) der Entwicklungsstand von Pädagogik von einem Handwerk zu einer Wissenschaft hin; (3) das durch die Schule gesetzte Bildungsmonopol. (Das „Kunde"-Prinzip [z. B. „Naturkunde"] in der bis in die 60er Jahre im Sonderschul- und Hauptschulbereich in der BRD dominierenden „Volkstümlichen Bildung" blieb auf dem Niveau des anschaulich-präoperationalen Denkens und des klassifizierenden Benennens. Gleichzeitig wurde im Gymnasium in den naturwissenschaftlichen Fächern kategoriales und in den geisteswissenschaftlichen Fächern, aber gänzlich vom naturwissenschaftlichen Bereich getrennt, historisches und dialektisches Denken [z.B. in der Literatur] vermittelt); (4) das durch die Dialektik von Naturalform und Wertform in der Schule für den Lehrer entstehende Verhältnis, auf der Basis des Wohlverhaltens und der Noten seiner Schüler (Warenform) in seiner eigenen Arbeitswilligkeit und Fähigkeit institutionell überprüft zu werden; (5) das Verständnis von kindlicher Entwicklung und Lerntätigkeit; (6) das vorherrschende bürgerliche Bildungsverständnis im Sinne enzyklopädischen Wissens.

Durch diese Geschichte bedingt, herrscht noch heute ein positivistisches, am Assoziationslernen orientiertes Verständnis in der Praxis des schulischen Lernens vor (wenn auch theoretisch wie praktisch bestritten und umkämpft), während im nachschulischen Bereich in der Lehrlingsausbildung bereits an der Theorie der Lerntätigkeit orientierte Ausbildungsprozesse realisiert werden (Leittext-Methode bei den Ford-Werken Köln, vgl. *Rügemer* 1988; Ausbildungsberuf „Kommunikationselektronik" mit dem Lehrprogramm „Mausy" bei der Deutschen Bundespost. Hier wird zunächst ein Sachverhalt theoretisch gelernt, bevor er praktisch ausgeführt wird; vgl. Weser-Kurier v. 23.1.1990, S. 21). Die *positivistische Form der Begriffsbildung* stellt an gegebenen Gegenständen „durch Beschreibung, Vergleich und Situationsanalyse Eigenschaften" fest und verknüpft diese „additiv zu Begriffen". *Nestle* (1975, S. 25) wendet gegen eine solche Art des Vorgehens ein, daß „die durch Beobachtung und Experiment gewonnenen Erkenntnisse nicht das Sein der Natur an sich, sondern ein Wechselspiel zwischen Subjekt und Objekt zum Ausdruck bringen. Das bedeutet, daß die in Gesetzen erkannte Wirklichkeit als eine Verbindung von Interessen, Theorien und Versuchsbedingungen verstanden werden muß". Entsprechend stellen auch *Otte* und *Steinbring* (1975) heraus, daß es die „Begründung einer ,Struktur der Disziplin' nicht durch isolierte Momente, sondern durch den Gesamtzusammenhang des Wissensprozesses" gibt (S. 74). Dies bedeutet aber, daß es *„keine von der Aktivität des Erkenntnissubjekts bzw. des Lernenden unabhängige eindeutige und fest fixierte Struktur des Wissens gibt"* (S. 81).
Hierarchische Aufschlüsselungen von Unterrichtsinhalten, wie die von *Kutzer* und

Probst vorgeschlagenen theoretischen Bestimmungen und empirischen Ermittlungen von aufeinander aufbauenden Komplexitätsstufen eines Stoffes im Verhältnis zu den Niveaus der geistigen Repräsentation (vgl. Abb. 36 zur Aufschlüsselung des Hebelgesetzes) sind daher noch keine Lösung für das Problem der Vermittlung von Wissenschaft und Unterricht auf der didaktischen Ebene. Sie bewegen sich auf der Ebene der Unterrichtstheorie. Ihr Wert liegt neben ihrer diagnostischen Bedeutung (s.o.) vor allem darin, daß sie bei einmal gegebenen Lehrplänen und Lehrplanstrukturen diesen Stoff auf der Ebene der in Form von Operationen anzueignenden Bedeutungen besser unterrichtsbezogen differenzieren.

Auf der didaktischen Ebene selbst beinhaltet das Verhältnis von Wissenschaft und Unterricht zwei Fragen: die nach der *Struktur des Faches* und die nach der *Problemsituation*. Auf beide Aspekte will ich mit *Dawydow* in Kürze eingehen, um dann im Vorgehen *Freires* einen Lösungsweg anzudeuten.

Nach *Dawydow* (1967) *muß der „Aufbau von Lehrplänen der Bewegung vom Abstrakten zum Konkreten, vom Allgemeinen zum Besonderen entsprechen. Das Fundament eines solchen Lehrplans ist der Grundbegriff der jeweiligen Wissenschaft, der ihr ‚Gebäude‘ fixiert"* (S. 265f.). Ein am Aufbau theoretischen Denkens orientierter Unterricht ermöglicht auf dieser Grundlage die Rekonstruktion der realen Entwicklung, der Historizität des Gegenstandes, also „eine in sich gegliederte, systematische Totalität" (1977, S. 277) der Sache im Denken. Der theoretische Begriff fungiert dann als „Widerspiegelung des Zusammenhangs von Allgemeinem und Einzelnen" (ebd., S. 307). Nach Auffassung von *Dawydow* (1977) *soll der Unterricht „in komprimierter, verkürzter Form den tatsächlichen historischen Prozeß der Entstehung und Entwicklung ... des Wissens reproduzieren"* (S. 339), indem das Kind mit gesellschaftlich vorgefundenen Standards und Hilfsmitteln „von Anfang an in seiner Tätigkeit die allgemeinen Eigenschaften der Dinge reproduziert" (S. 348).

Dies deckt sich weitgehend mit für in der Biologiedidaktik durch *Kattmann* und *Wahlert* entwickelten Herangehensweise und entspricht *Klafki*s Forderung nach „Schüsselthemen" als Zentrum von Allgemeinbildung. Ein schönes Beispiel für einen an dieser Herangehensweise orientierten Biologieunterricht (unter Verwendung der Lehrstrategie A→K) liefert ein über ein Jahr laufendes Unterrichtsexperiment zur Evolutionstheorie von *Hedegaard* (1988) in Klasse 4 der dänischen Grundschule. Aus anderen Fächern liegen im Arbeitszusammenhang von *Lompscher* und *Dawydow* zahlreiche Beispiele vor.

Spielräume, die jeder einzelne Lehrer in diesem Sinn nutzen kann, sind natürlich bestimmt durch die Art des gegenwärtig noch vorgegebenen Lehrplans, durch die Zusammenarbeitsmöglichkeiten im Kollegium, durch die Zerstückelung bzw. Kombination der Fächer usw. Insbesondere im projektorientierten Unterricht gibt es vielfältige Erfahrungen mit einer derartigen Herangehensweise.

Offen bleibt aber bis heute ein *Hauptproblem: Was sind die logisch-psychologischen Grundlagen des Konzepts „Lernproblem"*? (*Dawydow* 1988, S. 32). Auf welcher Grundlage identifizieren sich also die Schüler mit einer Thematik. Wie wird der Gegenstand für sie „problematisch"? Im Sinne *Klafki*s geht es hierbei um die Erschließung des Schülers für die Sache. Ohne Zweifel gehören hierzu, wie *Dawydow* betont, ein gutes Verständnis der Geschichte der besonderen Disziplin und ihres Verhältnisses zu der Geschichte des „großen" theoretischen Denkens (im Sinne philosophischer Grundfragen) und darüber hinaus gute Voraussetzungen in dialektischer Logik. Was fehlt, ist aber ein Verständnis des logisch-psychologischen Inhalts des Lernproblems.

Zur Lösung dieser Frage könnte m. E. *Freires* (1973) *Konzept der generativen* Themen beitragen. Jede Epoche hat ihre (antithetischen) Themen, die *Freire* als Komplex von Ideen, Konzeptionen, Hoffnungen, Zweifeln, Werten und Herausforderungen versteht (S. 84). Alle diese Themen enthalten Grenzsituationen, in denen „die Existenz von Menschen mitgesetzt (ist), denen diese Situation direkt oder indirekt dient und von solchen, deren Existenzrecht durch sie bestritten liegt, und die man an die Leine gelegt hat" (S. 85). „Generative Themen können in konzentrischen Kreisen angesiedelt sein und sich vom Allgemeinen zum Besonderen bewegen. Die weiteste epochale Einheit ... enthält Themen von universellem Charakter. Das Fundamentalthema unserer Epoche ist meines Erachtens das der Herrschaft, das seinen Gegensatz, nämlich das Thema der Befreiung, mitsetzt als Ziel, das es zu erreichen gilt" (ebd.). Ebenso wie *Dawydow* geht auch *Freire* davon aus, daß nur durch Gewinnen von Abstraktionen das Konkrete durchdringbar und aneigenbar wird, in der Weise, „daß beide Elemente als Gegensätze aufrecht erhalten werden und sich im Akt der Reflexion dialektisch aufeinander beziehen" (S. 87). Es bedarf daher der *„Dekodierung"* von Situationen vom Teil zum Ganzen und dann zu den Teilen zurück, d. h. vom Abstrakten zum Konkreten aufzusteigen. Damit dies gelingt, *muß die Untersuchung der Thematik „die Untersuchung des Denkens der Leute" einschließen* (S. 90). Über die Entschlüsselung der kodierten Alltagssituation in dialogischen Aktionen (im Sinne *Bubers* verstanden) kann dann Kooperation entwikkelt werden, „um die Welt zu verwandeln" (S. 143).

Die *Gewinnung des Lernproblems* geschieht wie folgt (vgl. *Hernandez* 1977, S. 74f.):

(1) Zunächst erfolgt (hier bezogen auf das Lernen von Erwachsenen) die *Kontaktaufnahme*. In dieser Kontaktaufnahme wird die *Gegenwart als lebendiger Kodex* im Hinblick auf mögliche generative Themen betrachtet, der entziffert werden muß.

(2) Aus dem gewonnenen Material werden *Kodierungen* erstellt, die in einem zweiten Schritt den Zu-Erziehenden zur Dekodierung vorgelegt werden. „Dabei muß darauf geachtet werden, daß die Kodierungen nicht nur die ausdrücklichen Widersprüche darstellen, sondern auch die dialektisch enthaltenen Widersprüche" (S. 75).

(3) Die so kodierten, und damit thematisch und in ihren Widersprüchen verdichteten Sachverhalte, werden den Betroffenen zur *Dekodierung* (als forschender Prozeß!) vorgelegt. Im Ergebnis beginnen diese, „ihre Situation aus der Distanz zu betrachten und fangen an, sie in ihren Elementen und in ihrer Totalität zu verstehen" (ebd.).

(4) Auf dieser Basis werden dann die *Programme* (Lehrpläne) entwickelt, bezüglich ihrer Interdisziplinarität korrigiert und abgestimmt, gegebenenfalls kommen weitere „Scharnierthemen" hinzu, um Themen untereinander zu verbinden.

Dieses im Rahmen der Alphabetisierung in Ländern der sog. Dritten Welt entwickelte Konzept beinhaltet es m. E. (bei gleichzeitiger Übereinstimmung in vielen Grundfragen anders als bei *Dawydow*) *nicht unmittelbar vom Lehrplan auszugehen*. Vielmehr wäre der Lehrplan als Grundkonzept thematisch aufbereiteter Themen zu betrachten, die nur dann herangezogen werden, wenn sie im Rahmen der Auseinandersetzung der Betroffenen mit der Welt aus deren Perspektive (die psychologisch-logisch zu erschließen sowie durch Kodierung und Dekodierung herzustellen ist) zu einem realen Problem und zum Ausgangspunkt von Lernen werden können. *Schlüsselthemen nach Seiten der Struktur des*

Stoffes hin können sich demnach nur dann nach der Seite des Schülers hin erschließen und erschlossen werden, wenn sie zu generativen Themen werden. Von hier aus gibt es deutliche Bezüge sowohl zum Projektunterricht wie zur Forderung unterschiedlicher Fachdidaktiken, von konkreten Bezügen im Alltagsleben der Schüler auszugehen.

11.6 Individualisierung und Innere Differenzierung

Nach Behandlung der bildungstheoretischen Grundfragen (Kap. 10) sowie der näheren Bestimmung von Didaktik im Sinne von *Klafkis* Theorie kategorialer Bildung habe ich in diesem Kapitel bisher Subjektseite (Identitätsbildung und Lernen) sowie Objektseite (Wissenschaft und Unterricht) vertieft diskutiert. Damit einhergehend wurden zahlreiche Aspekte der Vermittlung beider Seiten in der Tätigkeit behandelt. Wie kann diese Vermittlung aber in einer *Klasse bestimmter Größe im Unterricht* stattfinden? Mit der Erörterung dieser Frage verlasse ich die im engeren Sinne didaktische Fragestellung und gehe zur Theorie des Unterrichts über (vgl. Abb. 41). Es geht hier nicht um die konkrete Ausführung aller Probleme dieser Ebene und schon gar nicht um die Ebene der Unterrichtsmethodik (vgl. *Meyer* 1987: 1 u. 2), sondern um die systematische Diskussion des Problems: Wie kann Bildung für alle in einer mit sehr heterogenen Schülern zusammengesetzten Klasse erfolgen? Dies wirft die Frage nach Individualisierung durch innere Differenzierung auf. Ihre Möglichkeit ist am ehesten gegeben, wenn einerseits ein Unterricht gestaltet wird, der sich an den bisherigen Überlegungen orientiert und andererseits trotzdem in wichtigen Aspekten auf die Aneignung fachsystematischen Denkens bezogen bleibt. Wie ist dieses an die Quadratur des Kreises erinnernde Problem zu lösen?

Ich gehe hierbei in mehreren Schritten vor. Zunächst skizziere ich (1) mit *Mann* (Ch. *Manske*) und *Feuser* den Gesamtansatz eines solchen handelnden Unterrichts, komme dann (2) auf die Projektmethode als Kern zu sprechen und schließlich (3) auf die bisherige Diskussion zur „Inneren Differenzierung". (*Rohrs* [1980] Konzept des handelnden Unterrichts, das in die gleiche Richtung argumentiert, behandele ich hier nicht näher, da es m. E. in verschiedenen Aspekten nicht die tätigkeits- und bildungstheoretische Konsistenz dieser beiden Ansätze erreicht.)

Iris *Mann* (1979) entwickelt aufbauend auf den Ideen Paolo *Freires* sowie auf der Interiorisationstheorie und der Theorie der Lerntätigkeit eine Konzeption des *handelnden Unterrichts* als Kernstruktur einer humanen Erziehung. Ich gebe in Kürze die von ihr aufgestellten grundlegenden *Thesen* wieder (S. 103ff.):

1. *„Wechselseitigkeit im Lernprozeß anstelle der Bankiersmethode".* Als „Bankiersmethode" bezeichnet *Freire*, daß der Lehrer Wissen austeilt und der Schüler es aufnimmt. Handelnder Unterricht (H.U.) geht davon aus, daß Lehrer/innen und Schüler/innen auch unterschiedliche Interessen haben. Diese Interessen werden als Ausgangspunkte für Erkenntnis betrachtet. Konflikte zwischen Schüler/innen und Lehrer/innen werden nicht unterdrückt, sondern von beiden Seiten ernsthaft diskutiert. Gewaltanwendung ist mit den Prinzipien des H.U. nicht vereinbar. „Das Wesentliche eines dialogischen Verhältnisses ist der Verzicht auf Lob und Tadel ... Das Lob schafft kein Selbstbewußtsein. Es schafft Abhängigkeit. Weder Lob noch Tadel sind dazu geeignet, daß die Kinder ein

Wissen über sich selbst entwickeln. Sie erfahren nur, wie die Lehrer über sie denken" (*Manske* 1988, S. 32).

2. *„Wissenschaftlichkeit anstelle von Vorurteilen".* Dies bedeutet nicht nur eine ständige Orientierung der Lehrer/innen am Stand der Wissenschaft, auf die sie sich beziehen und ihre adäquate Transformation in Unterricht in Form von Lernproblemen und Modellen, es bedeutet auch eine umfassende Weiterbildung zu entwicklungspsychologischen, persönlichkeitstheoretischen, sozialpsychologischen und gesellschaftlichen Fragen. Eine ähnliche Position vertritt *Suchomlinski* (1982).

3. *„Allseitige Ausbildung der Sinnestätigkeit anstelle der Trennung von Kopf- und Handarbeit".*

4. *„Dialektische Denkmethode und historische Herangehensweise anstelle von Denken auf der Erscheinungsebene".* Hier verweist *Manske* (1988) auf *Dawydow*s (1973) Überlegungen zur Herausbildung dialektischer Begriffe. Kinder lernen im H.U. Widersprüche zu begreifen, indem sie die Gegenstände historisch zu sehen beginnen und die verschiedenen Seiten von Konflikten hervorgehoben werden.

5. *„Förderung anstelle von Auslese",* d.h. im H.U. soll kein Kind scheitern (Lernen entsprechend dem Konzept der ‚Zone der nächsten Entwicklung‘).

6. *Gruppenarbeit anstelle von Einzelarbeit".*

7. *Lernen für die Gesellschaft anstelle des Lernens für den Lehrer".* „Die Kinder lernen im handelnden Unterricht, frühzeitig gesamtgesellschaftliche Verantwortung zu übernehmen. Sie lernen, sich aktiv und verantwortungsbewußt an der Lösung von Problemen ihrer unmittelbaren Umgebung, wie z.B. Umweltschutz, Gastarbeiterkinder, geschlagene Kinder, Jugendarbeitslosigkeit usw. einzusetzen. Sie lernen nicht in erster Linie für eine gute Note, sondern gute Schüler helfen als „kleine Lehrer" dem Lehrer bei der Förderung schwacher Mitschüler" (*Mann* 1979, S. 105). Auch bestehen deutliche Übereinstimmungen zur Schul- und Unterrichtskonzeption *Suchomlinski*s (1982).

8. *„Aufhebung der Entfremdung anstelle allseitiger Verarmung".* „Indem die Kinder im handelnden Unterricht lernen, sich in ihren Produkten selbst zu vergegenständlichen und füreinander sinnvoll tätig zu sein, lernen sie sich und die Mitschüler auf immer höherem Niveau kennen. Durch die warmherzige und geistige Nähe mit den Mitschülern und den Lehrern finden sie letztlich zu sich selbst" (*Mann* 1979, S. 105).

Ein solcher Unterricht steht, dies zeigen *Feuser*s bisherige Publikationen und Erfahrungen zur Integrativen Pädagogik, keinesfalls im Gegensatz zu einem wissenschaftlichen Lernen im Sinn der Fachsystematik, er geht nur gänzlich anders an diese Frage heran. Im Mittelpunkt des Unterrichts stehen Projektorientierung und Kooperation. Der *gemeinsame Gegenstand*, auf den sich die Kinder in diesem Lernzusammenhang beziehen, ist nach *Feuser* (1989) der *„zentrale Prozeß, der hinter den Dingen und beobachtbaren Erscheinungen steht und sie hervorbringt"* (S. 32). An ihm lernen die unterschiedlichen Kinder mit unterschiedlichen Zielen und auf unterschiedlichen Entwicklungsniveaus. Die Planung erfolgt „von unten nach oben" (S. 40), d.h. von behinderten oder schwerstbehinderten Kindern ausgehend zu den nichtbehinderten und dort von den weniger zu den mehr „leistungsfähigeren". Dabei lernen die Kinder auf allen Niveaus zahlreiche Selbsthilfetechniken (z.B. Lexika zum Nachschlagen usw.), so daß sie schnell zu selbständigen Prozessen des Erforschens gelangen. An der Nicht-mehr-Gewährleistung dieser Bedingungen in der Fortführung des Schulversuchs in der Orientierungsstufe scheiterten gerade die hochentwickelten Kinder an ihren Lehrern. Die Grenzen für diesen Unterricht lagen in der schulpolitischen Situation und in der (letztlich pädagogischen!) Unfähigkeit der Lehrer, nicht aber in der Struktur dieser sehr heterogen zusammengesetzten Klassen.

Trotzdem bedarf *Feusers* Bestimmung des gemeinsamen Gegenstandes einer weiteren *Präzisierung,* da der Lernprozeß, die Motive und die Interessen nicht nur durch den Gegenstand bestimmt werden, sondern auch durch den Kooperationsprozeß als Ganzes. Der gemeinsame Gegenstand liegt nicht nur im Prozeß, der die in den Unterricht hineingenommenen Dinge und Erscheinungen hervorbringt. Er liegt zugleich auch (vgl. Kap. 10) in den *Strukturen kollektiven Lernens,* in der Teilnahme an kooperativen und dialogischen Prozessen, die sowohl Herstellung des äußeren Produkts wie Herstellung des inneren Zusammenhangs des Kollektivs beinhalten. Die hierauf gerichteten Motive und Interessen beinhalten eigenständige Dimensionen der Entwicklung in diesem Alter jenseits und neben den Leistungsmotiven (vgl. 11.4). Die sich entwickelnden, auf Kooperation und Kollektiv bezogenen Bedürfnisse und Motive nach wechselseitiger Abstimmung und Unterstützung in der Arbeitsteilung und nach Leitung des Gesamtprozesses geben gerade auch „leistungsstärkeren" Schüler/innen umfassende Möglichkeiten ihrer allseitigen Entwicklung, indem sie, den Lehrer/innen zur Seite tretend, wie diese Lehrende und Forschende werden.

Bisherige Ausführungen zum *Projektunterricht* (exemplarisch aus der sehr umfangreichen Literatur nenne ich *Bastian* und *Gudjons* 1988, *Frey* 1982, *Duncker* und *Götz* 1984, *Heller* und *Semmerling* 1983, *Mayrhofer* und *Zacharias* 1977, *Struck* 1980 sowie für den Sonderschulbereich *Jarkowski* u.a. 1982) decken sich in vielerlei Hinsicht mit den hier entwickelten Grundauffassungen von Erziehung und Unterricht. So nennen *Bastian* und *Gudjons* (1988) unter Bezug auf *Freire* die *freie, selbstbestimmte, nicht hierarchische Problembearbeitung das „Herzstück"* des Projektunterrichts.

Schule, wie sie ist, läßt Projektunterricht leicht zu einer bloßen Methode zusammenschrumpfen, indem ihr dieses „Herzstück" herausgenommen wird. Insofern sei eher von projektorientiertem Unterricht zu sprechen (S. 15). Die für *projektorientierten Unterricht* genannten *Kriterien,*die ich an einigen Punkten erläutere und ergänze, sind dann:

(1) *Situationsbezug;*
(2) *Orientierung an den Interessen der Beteiligten;*
   Bei *Mayrhofer* u. *Zacharias* wird unter Aufzeigen zahlreicher entschlüsselbarer Situationen von „direkten Bezügen" gesprochen, die wiederhergestellt werden müßten. Interessierte Leser/innen finden dort eine lange Liste von Themen, die im Sinne *Freires* kodiert und dekodiert werden könnten (vgl. S. 56ff);
(3) *Selbstorganisation und Selbstverantwortung,* wobei es notwendig ist, daß Lehrer und Schüler sich gemeinsam sachkundig machen;
(4) *Gesellschaftliche Praxisrelevanz;*
(5) *Zielgerichtete Projektplanung;*
(6) *Produktorientierung;*
   Duncker und *Götz* (1984) machen darauf aufmerksam, daß Produkte als äußere (z.B. vorzeigbare Gegenstände, Ausstellungen, aber auch Verbesserung von Situationen) auftreten oder als innere (Wissen und Fertigkeiten, identitätsfördernde und persönlichkeitsgebundene Erkenntnisse, Einsichten, Einstellungen). *Jürgensen* (1988) verweist darauf, daß jedes Resultat, geistig wie materiell, sowohl Resultat wie Instrument sein kann. „Der Schüler kann sich die Gegenstandsbedeutung nur durch Handeln aneignen. Dabei muß er die Objekte verändern, um an ihnen Erfahrungen

machen zu können, Sachtexte in Dialoge und Bilder in Spielszenen umformen, Werkstoffe zu Modellen verarbeiten, Graphiken in Sprache umsetzen usw. Indem er solchermaßen Gebrauchsgegenstände baut, Videofilme dreht, Handpuppen anfertigt, Hörspiele bzw. Theaterstücke verfaßt und inszeniert, verbindet er konkrete mit geistigen Handlungen. Denn um die konkreten Handlungen herstellen zu können, muß er zugleich Kenntnisse, Erkenntnisse, Theorien und Lösungsstrategien entwikkeln. Einerseits sind diese theoretischen Erkenntnisse die geistigen Mittel zur Herstellung materieller Produkte, andererseits das geistige Ergebnis, zu dessen Erzeugung die materiellen Produkte das Mittel waren" (ebd., S. 10). Lernpsychologisch wird damit die bisherige Handlung vom Resultat gelöst und als Orientierungsteil (Instrument, Modell) für künftige Handlungen benutzt. D. h. aber, daß an diesen Stellen jeweils ein Übergang zu einem neuen Niveau instrumentellen, d. h. begrifflichen Lernens erfolgt (s. o.);

(7) *Einbeziehung vieler Sinne* (nicht so sehr im unmittelbaren sensualistischen Sinne, sondern eher als Sinnlichkeit und Genuß);

(8) *Soziales Lernen im Projekt*;

(9) *Interdisziplinarität*.

Unter Punkt (10) verweisen *Bastian* und *Gudjons* (1988) auf die *Grenzen des Projektunterrichts*. Diese bestehen dort, wo es um den *„Lehrgang"* als Kern schulischen Unterrichts geht. „Gegenüber dem Projektunterricht wird der Lehrgang dadurch gekennzeichnet, daß er sich nicht an die dingliche Ordnung des „Lebens" hält, sondern den Kategorien folgt, mit denen der Mensch die Mannigfaltigkeit der Erscheinungen zu erfassen gelernt hat. Er gliedert die Welt auf in ein System, das sich an der Systematik der Wissenschaften orientiert" (S. 25). Ich habe oben aufgezeigt, daß dies aus den unterschiedlichsten Gründen gerade nicht der Fall ist. Hier wie bei anderen Autoren (z.B. *Frey* 1982, der sich immerhin für die postindustrielle Gesellschaft eine ausschließlich nach der Projektmethode arbeitende Schule vorstellen kann; S. 199) scheint es, als stünden sie in dieser Frage vor einer Mauer, über die hinaus keine Schulreform denkbar ist.

Sie verkennen dabei, daß *projektorientiertes Lernen die systematische Vermittlung von Stoff nicht ausschließt, sondern erfordert.* Allerdings muß dies in einer *anderen Form* geschehen, als sie der traditionelle Unterricht gewährleistet. Wird die Struktur der Disziplin im Sinne theoretischer Verallgemeinerung neu bestimmt, so erscheinen in den Projekten, die auf entsprechende Gegenstände (z.B. Entwicklung des Lebens; vgl. *Hedegaard* 1988) bezogen sind, die *bisherigen Lerngegenstände des traditionellen Unterrichts* (z.B. mathematische oder physikalische Kenntnisse) nunmehr *als Mittel, die dringend der Aneignung bedürfen, um Problemlösungen vorzunehmen.* Neben den projektbezogenen, d.h. gegenstands- und kooperationsbezogenen Motiven entstehen *mittelbezogene Interessen.* (Interessen entstehen immer dort, wo sich der Aneignungsprozeß von dem Zielaspekt auf den Mittelaspekt verlagert und zugleich die Problemlösung als vorrangig für die Realisierung der Tätigkeit erkannt wird; vgl. *Leontjew* 1979, Kap. 7.10). Um ein Ökosystem zu erforschen, muß ein Minimum an physikalischen, chemischen und mathematischen Kenntnissen vorhanden sein. Entsprechende Kursangebote, z.B. über Selbstinstruktionsprogramme und eigene Experimentiermöglichkeiten unter Anleitung ergänzt und vermittelt, erhalten dann einen eigenen Motivierungscharakter. Dies bedeutet, das Bedürfnis nach adäquater Ausweitung der eigenen Mittel, Fähigkeiten und Fertigkeiten tritt motivbildend an die Stelle eines vorrangig auf die Note zielenden Leistungsmotivs.

Spätestens hier wird deutlich, daß das *Problem der inneren Differenzierung und Individualisierung* als zentrales Problem der unterrichtlichen Vermittlung von Schüler/innen und Sache(n) sowie der Schüler/innen untereinander (im Sinne von *Klafki*s Begriff der kategorialen Bildung) nicht über die Vorgabe von formalen Kriterienrastern gelöst werden kann, wie dies *Klafki* und *Stöcker* (1985, erstmals 1976) versuchen und wie es *Feuser* kritisch (1987) wieder aufgreift (vgl. Abb. 45).

Derartige Raster als Strukturierungshilfen und Suchraster, so hilfreich sie in der Praxis auch sein mögen, sind nichts anderes als *empirische Abstraktionen.* Sie orientieren sich nicht an der Struktur der Disziplin, für die *Klafki* so zentrale Neubestimmungen wie in der Theorie der Kategorialen Bildung oder in seinen Auffassungen zur Allgemeinbildung geleistet hat. Sie lösen das *zentrale Problem der inneren Differenzierung* nicht: *Wie können im schulischen Unterricht alle Schüler/innen gemeinsam und doch unterschiedlich an einem gemeinsamen Gegenstand Allgemeinbildung entwickeln und zugleich im Sinne allseitiger gefühlhafter und erkennender Vermittlung (Vernunft) mit den Menschen und der Welt erzogen werden?* Ohne diese Lösung wird die innere Differenzierung die Probleme der äußeren Differenzierung, an deren Stelle sie mit Recht tritt (vgl. *Keim* 1979), reproduzieren, und dies vor allem in Form der Entmutigung und Identitätsbeeinträchtigung der leistungsschwächeren Schüler. (Neben *Klafki* und *Stöcker*, deren Ausführungen durchgängig als die bisher differenziertesten bezeichnet werden, verweise ich zum Problem innerer Differenzierung exemplarisch auf *Kelly* 1981, *Meyer-Willner* 1979 und *Morawietz* 1980.)

Die Lösung des Problems der inneren Differenzierung und Individualisierung in der Unterrichtsmethodik verlangt zuvor seine Lösung in der Unterrichtstheorie im Sinne des mehrfach von mir herausgestellten Aufsteigens im Gedankenkonkretum, d. h. seine *theoretische Abstraktion.* Das erfordert, sich auf jeder Stufe der Theoriebildung des Gesamts an empirischem Material zu versichern und es auf höherem Niveau theoretisch aufzu-

---

Abb. 45: Kriterienraster der inneren Differenzierung nach *Klafki* und *Stöcker* (1985, S. 134)

B. *Differenzierungsaspekte* / A. *Unterrichtsphasen*	1. Stoffumfang/ Zeitaufwand	2. Komplexitätsgrad	3. Anzahl der notwendigen Durchgänge	4. Notwendigkeit direkter Hilfe/Grad der Selbstständigkeit	5. Art der inhaltl. od. method. Zugänge/der Vorerfahrungen	6. Kooperationsfähigkeit
C. *Aneignungs- bzw. Handlungsebenen* a) konkrete Aneignungs- bzw. Handlungsebene b) explizit-sprachliche Aneignungs- bzw. Handlungsebene c) rein gedankliche Aneignungs- bzw. Handlungsebene — I. Aufgabenstellung. – entwicklung						
II. Erarbeitung						
III. Festigung						
IV. Anwendung/ Transfer						

heben. D; h. die Widersprüche in ihm müssen ebenso aufgehoben werden wie die Widersprüche zwischen seiner theoretischen Aufhebung und der bisherigen Struktur der Theorie, die hier der entsprechenden detaillierten Bearbeitung, Erweiterung und in Teilen Neubestimmung bedarf, bis die Rekonstruktion geleistet ist. Diesen Weg weiterzugehen übersteigt Anliegen und Möglichkeiten des vorliegenden Buches. Mir kam es darauf an, unter Aufgreifen bisheriger Ansätze und an einigen Stellen über sie hinausgehend, Möglichkeiten zur theoretischen Lösung des Problems umfassender Integration aller Kinder in der Schule (und entsprechend natürlich vorher im Kindergarten) voranzutreiben. Was zu tun bleibt, ist eine Neubestimmung des gesamten didaktischen, unterrichtswissenschaftlichen und -praktischen sowie methodischen Feldes: Hierfür sehe ich die bisher besten, wenn auch beim bisherigen Publikationsstand in einigen Fragen noch nicht in jeder Hinsicht hinreichend entwickelten Voraussetzungen in *Feusers* Integrativer Pädagogik und Didaktik.

11.7 Vertiefende und weiterführende Literatur
(E = zur Einführung geeignet)

ALT, R.: Das Bildungsmonopol. Berlin/DDR: Akademie-Verl. 1978 (E)
BASTIAN, J. und GUDJONS, H. (Hrsg.): Das Projektbuch. Hamburg: Bergmann und Helbig 1988, 2. Aufl.
BECK, J.: Lernen in der Klassenschule. Reinbek: Rowohlt 1974
BEHRENS, M. u. a.: Theorien über Ideologie. Argument-Sonderband 40, Berlin/West: Argument 1979
BLANKERTZ, H.: Theorien und Modelle der Didaktik. München: Juventa 1971, 5. Aufl. (E)
DAWYDOW, W. W.: Über das Verhältnis zwischen abstrakten und konkreten Kenntnissen im Unterricht. In: Lompscher J. (Hrsg.): Sowjetische Beiträge zur Lerntheorie. Die Schule P. J. Galperins. Köln: Pahl-Rugenstein 1973, 241–260
DAWYDOW, W. W. u. a.: Ausbildung der Lerntätigkeit bei Schülern. Berlin/DDR: Volk und Wissen 1982 (E)
DEMMER-DIEKMANN, Irene: Zum Stand der Realisierung „schulischer Integration" im Schuljahr 1987/88 in der Bundesrepublik Deutschland und West-Berlin. Behindertenpädagogik 28 (1989) 1, 49–97
ENGESTRÖM, Y.: Die Zone der nächsten Entwicklung als grundlegende Kategorie der Erziehungspsychologie. Marxistische Studien. Jahrbuch des IMSF, Bd. 10. Frankfurt/M.: Inst. f. Marx. Studien u. Forsch. 1986, 151–171 (E)
FEUSER, G.: Zwischenbericht: Gemeinsame Erziehung behinderter und nichtbehinderter Kinder im Kindertagesheim. Bremen: Diakonisches Werk 1984
FEUSER, G.: Allgemeine integrative Pädagogik und entwicklungslogische Didaktik. Behindertenpädagogik (28) 1989 1, 4–48 (E)
FEUSER, G. und MEYER, Heike: Integrativer Unterricht in der Grundschule. Solms-Oberbiel: Jarick 1987
FREIRE, P.: Pädagogik der Unterdrückten. Reinbek: Rowohlt 1973 (E)
GALPERIN, P. J.: Zur Untersuchung der intellektuellen Entwicklung des Kindes. Sowjetwissenschaft: Gesellschaftswissenschaftliche Beiträge 22 (1969) 1270–1283
HOLZKAMP-OSTERKAMP, Ute: Faschistische Ideologie und Psychologie. Forum Kritische Psychologie Bd. 9, 1981, 155–170
JANTZEN, W.: Soziologie der Sonderschule. Beltz: Weinheim 1981
JANTZEN, W.: Galperin lesen. Demokratische Erziehung 8 (1983) 5, 30–37, erneut in: ders.: Abbild und Tätigkeit. Studien zur Entwicklung des Psychischen. Solms-Oberbiel 1986 (E)

JORKOWSKI, Renate u. a.: Wir können's ja doch! Projekterfahrungen an der Sonderschule. Solms-Oberbiel: Jarick 1982

KEIM, W.: Schulische Differenzierung. Königstein/Ts.: Athenäum 1979, 2. Aufl. (E)

KLAFKI, W.: Studien zur Bildungstheorie und Didaktik. Beltz: Weinheim 1975

KLAFKI, W. und STÖCKER, H.: Innere Differenzierung des Unterrichts. In: W. Klafki: Neue Studien zu Bildungstheorie und Didaktik. Weinheim: Beltz 1985, 119–154 (E)

KLINGBERG, L.: Einführung in die Allgemeine Didaktik. Frankfurt/M.: Fischer-Athenäum o. J. (E)

KLIX, F.: Information und Verhalten. Huber: Bern 1976 (E)

KUHN, H. M.: Institution. In: H. J. Sandkühler (Hrsg.): Europäische Enzyklopädie Philosophie und Wissenschaften. Hamburg: Meiners 1990 1. V.

LOMPSCHER, J. u. a.: Persönlichkeitsentwicklung in der Lerntätigkeit, Berlin/DDR: Volk und Wissen (1985) (E)

LOMPSCHER, J.: Psychologische Analysen der Lerntätigkeit. Berlin/DDR: Volk und Wissen 1989

MANN, Iris (d. i. Manske, Christel): Schlechte Schüler gibt es nicht. München: Urban & Schwarzenberg 1977

MANN, Iris (d. i. Manske, Christel): Lernprobleme. München: Urban & Schwarzenberg 1979 (E)

MEYER, H. Unterrichtsmethoden. I: Theorieband. II: Praxisband. Frankfurt/M.: Scriptor 1987 (E)

MIEDANER, L.: Gemeinsame Erziehung behinderter und nichtbehinderter Kinder. München: DJI Materialien 1986

PIAGET, J.: Das Erwachen der Intelligenz beim Kinde. Gesammelte Werke Bd. 1. Stuttgart: Klett 1975

ROHR, Barbara: Didaktik. In: E. Reichmann (Hrsg.): Handbuch der kritischen und materialistischen Behindertenpädagogik und ihrer Nebenwissenschaften. Solms-Oberbiel: Jarick 1984, 167–173

SCHWANKE, U.: Bildungschancen in der Bundesrepublik. Entwicklungen und Strukturen seit 1945/49. In: Schule und Erziehung. Das Argument SB 30. Berlin/W.: Argument-Verl. 1979, 109–122

SEIDLER, Dietlind: Integration von Behinderten. Grundpositionen, Thesen, Auswertung. Jahrbuch für Psychopathologie und Psychotherapie 4 (1984) 80–113

WANNER, K.: Pädagogischer Konservatismus. Köln: Pahl-Rugenstein 1984 (E)

12 Allgemeine und spezielle Therapie

Bei der Rehabilitation behinderter Menschen, oder besser beim Aufheben von Aus-schluß und isolierenden Bedingungen, geht es nicht nur um Probleme von Bildung und Erziehung. Häufig haben sich isolierende Bedingungen in Form von Stereotypen in der Tätigkeit der betroffenen Menschen manifestiert (vgl. Kap. 6); häufig treten zugleich körperliche Schädigungen bzw. Instabilitäten auf. Hier werden *Psychotherapie* oder *spezifische medizinische Heilverfahren* zu unabdingbaren Bestandteilen des rehabilitativen Prozesses. Um interdisziplinär miteinander arbeiten zu können, muß die Sprachverwir-rung überwunden werden, die gegenwärtig zwischen den Berufsgruppen herrscht, muß eine Rekonstruktion des gemeinsamen Gegenstandes (umfassende Persönlichkeitsent-wicklung der Betroffenen) erfolgen. D.h. es ist zunächst eine Verständigung über die *Grundbegriffe Gesundheit und Krankheit* vorzunehmen.

Entsprechend dem mehrfach behandelten Problem des Zusammenwirkens der drei Ebenen des ganzheitlichen Menschen (biotische, psychische und soziale Ebene) und ihrer spezifischen Wechselwirkungen gehe ich daher zunächst vorrangig auf den Gesundheits-begriff allgemein und in diesem Zusammenhang auf die biotische Ebene von Gesundheit und Krankheit ein (12.1). In einem zweiten Schritt greife ich das Problem der psycho-somatischen und psychischen Erkrankungen auf und diskutiere die Fragen des Unbe-wußten und der psychischen Abwehrmechanismen (12.2). Die soziale Ebene von Gesundheit und Krankheit wird im Kontext der Funktion der Medizin im Prozeß ge-sellschaftlicher Reproduktion behandelt (12.3). Vor allem aus dieser Funktion heraus bestimmt sich der Doppelcharakter von Heilverfahren als Instrumenten von Macht und gesellschaftlicher Ordnung einerseits und individueller Entwicklung andererseits. Er tritt besonders deutlich am Verhältnis von Psychotherapie und Verhaltenskontrolle hervor (12.4). Auf diesem Hintergrund kann dann das Verhältnis von Psychotherapie und realer Lebenssituation am Beispiel der Familientherapie genauer bestimmt (12.5) und abschlie-ßend auf das Verhältnis von allgemeiner und spezieller Therapie eingegangen wer-den.

12.1 Gesundheit und Krankheit

Nach der bekannten *Definition der WHO* (Weltgesundheitsorganisation) in der Präambel ihrer Satzung von 1946 ist *Gesundheit „ein Zustand des völligen körperlichen, geistigen und sozialen Wohlbefindens und nicht nur des Freiseins von Krankheit und Gebrechlich-keit".* Die Kategorie „Gesundheit als Wohlbefinden" blieb schwer faßbar und zog insbesondere vielfältige medizinische Kritik nach sich. Eine vorrangig an Begriffen der pathologischen Anatomie und defektiver Denkweise orientierte Ärzteschaft unterstellte immer wieder „Utopismus", „frühlingshafte Euphorie", „Verabsolutierung des Prinzips der Selbstentfaltung" u. a. m. (vgl. *Krumenacker* 1988, S. 163ff.). Nicht das Utopische ist allerdings Problem dieser Definition, sondern sein Abstraktbleiben, daß es nicht „konkrete Utopie" wird (ebd., S. 168ff.). *Konkrete Utopie* im Sinne *Blochs* (1985b) bedeutet die „Idee des Noch-Nicht-Seins", also die reale Möglichkeit als Antizipation denken zu können. Dies verlangt aber eine begriffliche Reproduktion der Mannigfaltigkeit der Erscheinungen und historisches Denken im Sinne des Aufsteigens im Konkreten (vgl. Kap. 3 und 9), d. h. eine wissenschaftliche Fundierung der Kategorien Gesundheit, Krankheit und Wohlbefinden auf der biotischen, psychischen und sozialen Ebene. Hierbei ist methodologisch im Sinne *Leontjews* (1979, Kap. 6) vorzugehen, wonach die je niedere Ebene als Voraussetzung der je höheren zu denken ist, die je höhere jedoch die je niedere determiniert.

In diesem Sinne hat der Gesundheitsbegriff der WHO unterdessen weitere Spezifizierungen erfahren. In der *Erklärung von Ottawa* (1986) wurde er mit Voraussetzungen verknüpft: „Um ein umfassendes körperliches, seelisches und soziales Wohlbefinden zu erlangen, ist es notwendig, daß sowohl einzelne als auch Gruppen ihre Bedürfnisse befriedigen, ihre Wünsche und Hoffnungen wahrnehmen und verwirklichen sowie ihre Umwelt meistern bzw. sie verändern können. In diesem Sinne ist Gesundheit als ein wesentlicher Bestandteil des alltäglichen Lebens zu verstehen und nicht als vorrangiges Lebensziel. Gesundheit steht für ein positives Konzept, das in gleicher Weise die Bedeutung sozialer und individueller Ressourcen für die Gesundheit ebenso betont wie die körperlichen Fähigkeiten". Folglich liegt die Verantwortung für Gesundheit auch nicht nur bei dem Gesundheitssektor, sondern bei allen Politikbereichen.

Trotz der berechtigten Aufnahme des Aspekts der Befriedigung von Bedürfnissen, Wünschen und Hoffnungen bleibt ungeklärt, was denn im engeren Sinne unter Wohlbefinden zu verstehen ist. Einen wichtigen Ansatzpunkt zum Weiterdenken liefert *Löther*, der im Wörterbuch „Philosophie und Naturwissenschaften" (*Hörz* 1983) *Gesundheit* wie folgt definiert. Sie „*ist das funktionelle Optimum des lebendigen Systems in der Totalität seiner aktiven und reaktiven Lebensäußerungen. Dieses Optimum wie die konkrete Totalität möglicher Lebensäußerungen ist von Art zu Art und innerhalb der Arten für Populationen, Geschlechter, Individuen und Stadien der Individualentwicklung verschieden*" (S. 323). *Krankheit ist hingegen eine „zeitweilige und labile Form des organismischen Lebens*" (ebd.). Funktionelles Optimum im Sinne von Wohlbefinden hat mit adäquater Selbstorganisation, Autonomie des Systems als Ganzem und adäquater funktioneller Integration seiner kooperierenden Teilsysteme zu tun. Bevor ich diesen Aspekt vertiefe, aber zunächst zu einer anderen Frage: Ist Nicht-Gesundheit bereits Krankheit? Zumindest legt dies die Definition von *Löther* nahe.

Betrachten wir den Krankheitsbegriff, wie er von *Löther* (1985) in einer weiteren Publikation zu bestimmen versucht wird: „Auf dem Gebiet der Krankheiten handelt das Leben gegen den Tod durch das organismische Potential der Selbstregulation, das in der Evolution von niederen zu höheren Formen gewachsen ist. Homöostase ist die Basis der Gesundheit. Bei einer Krankheit sind die Funktionen der homöostatischen Mechanismen darauf gerichtet, das alte oder neue interne Gleichgewicht zu suchen oder zu schützen" (S. 131). *Krankheiten* sind demnach *temporäre Beeinträchtigungen des Selbstorganisationsprozesses* (Krankheitsursache, Defekt) *und prozeßhafte Versuche der autopoietischen und selbstreferentiellen Wiederherstellung der Homöostase*. Sie existieren auf allen Lebensniveaus, so z.B. bereits bei Bakterien bei Virusinfektionen durch Bakteriophagen. Allerdings differenzieren sich auf den verschiedenen phylogenetischen Niveaus Arten und Formen der Krankheiten aus. Für das Ende einer Krankheit bestehen drei Möglichkeiten: Die Wiedergewinnung der Gesundheit (Heilung), ein eingeschränkt adaptiver Status beschränkter Lebensaktivität (Beschwerden bleiben) oder der Tod. Ein ähnlich dynamisches Verständnis von Krankheit entwickeln Hecht u. a. (1977): *„Krankheit ist eine natürliche Erscheinungsform des Lebens*, die sich *qualitativ* von der Gesundheit unterscheidet und auf einer *temporären* und grundsätzlich *reversiblen Störung der lebensdienlichen Prozesse und Wirkungsprinzipien* des Organismus, insbesondere seiner *bionomen Organisation* beruht. Sie ist das Ergebnis einer gegenüber der Resistenz und Anpassungsfähigkeit des Organismus *dominierenden Wirksamkeit äußerer und/oder innerer Krankheitsursachen und -bedingungen.* Krankheit ist ein *dynamischer Prozeß*, der unter dem Bild *funktioneller und morphologischer Atypien* verläuft und dabei den *Gesamtorganismus einbezieht.* Ihr liegt nicht nur eine Störung der somatischen und/oder psychischen Lebensvorgänge, sondern beim Menschen stets auch eine *Beziehung zur gesellschaftlichen Umwelt* und seines *sozialen Wohlbefindens* zugrunde. Sie ist in jedem Falle ein Zustand subjektiver und/oder objektiver *Hilfsbedürftigkeit* und *eingeschränkter Leistungsfähigkeit"* (S. 54). Entsprechend der Definition von Gesundheit als Wohlbefinden ist Krankheit „eine *Störung der körperlichen und/oder geistigen Gesundheit des Menschen, seiner gesellschaftlichen Beziehung und seines sozialen Wohlbefindens"* (ebd.).

Damit ist das Wesen des Krankheitsprozesses zwar ein Stück weiter verdeutlicht, aber die Frage des Übergangs von Krankheit und Gesundheit ebenfalls nicht hinreichend bestimmt. Ich werde diese Frage anhand der grundlegenden Arbeit von *Sershantow* verfolgen und gleichzeitig auf dem Hintergrund der bisherigen Ausführungen (insbesondere in Kap. 7 und 8) Präzisierungen versuchen.

Sershantow u. a. (1980) begreifen die Funktion des Organismus auf der Basis von *Anochins* Theorie funktioneller Systeme. Im Organismus kommt es in der Entwicklung zu stabilen Veränderungen in Organen und Organsystemen, d. h. organismische Struktur insgesamt, nicht nur im ZNS, muß als Gedächtnisbildungsprozeß betrachtet werden. Der Prozeß der *Ontogenese* ist in dieser Hinsicht die „Art und Weise der Akkumulation und Verarbeitung von Informationen aus der Wechselwirkung des sich entwickelnden Organismus mit der Umwelt, durch die seine Entropie verringert und seine Stabilität, die Widerstandsfähigkeit für das Überleben in dieser Umwelt gesteigert wird" (S. 52).

Dies entspricht *Bernsteins* Auffassung (1987, S. 225), daß der Organismus in seiner Entwicklung nicht auf einen Zustand oder eine Homöostase abzielt, „sondern auf die Weiterentwicklung in Richtung des artgemäßen Entwicklungs- und Selbsterhaltungsprogramms". Für die Prozesse der *Informationskonstruktion* (also im Sinne *Roths* die selbstreferentiellen Prozesse im ZNS, das selbst nicht autopoietisch ist, also die Selbsterhaltungsfähigkeit des Organismus voraussetzt; 1986, S. 210) gilt nach *Bernstein:* „keine Anpassung der Ist-Werte an die Soll-Werte, sondern *umgekehrt:* Umprogrammierung im Hinblick auf den Ablauf der Angelegenheit" (1989, S. 190). Aber auch die *autopoietischen Prozesse* sind an Informationskonstruktion gebunden: Sowohl auf Zell-, auf Organ- und auf Organismusebene. Ihre vom Standpunkt des inneren Beobachters veränderte Informationskonstruktion (Expression unterschiedlicher Strukturen des Genoms im Prozeß der Zelldifferenzierung, verbunden mit den jeweiligen Freiheitsgraden des Zell- und Organverhaltens) bildet nach außen, also im Zellverbund, bezogen auf je andere Zellen je andere Umwelten. In diesem Prozeß der epigenetischen Selbstkonstruktion der autopoietischen wie der selbstreferentiellen Strukturen (ZNS) des Organismus finden lebenslang konstruktive Veränderungen statt. Dabei spielen zunächst die

Prozesse der Herausbildung der autopoietischen Grundlage des Gesamtorganismus die führende Rolle (Embryo- und Fetogenese; vgl. u. a. *Patten* und *Carlson* 1977, *Pritchard* 1986), die zunehmend dem Prozeß der Informationskonstruktion des Organismus als Ganzes regulativ subsumiert werden (Herausbildung funktioneller Systeme unterschiedlichen Hierarchieniveaus; vgl. Kap. 7.5). Die Prozesse der Herausbildung des Psychischen unterliegen dabei, wie oben herausgearbeitet, der sozialen Determination.

Zentrale Fragen zur Regulation des Organismus sind daher folgende:
(1) Wie gehen Störungen der autopoietischen Grundlage des Organismus in die selbstreferentiellen Prozesse der Informationskonstruktion und einer dem Krankheitsprozeß angemessenen Lebenstätigkeit ein?
(2) Welche Ebenen bzw. Klassen von Adaptations-, Kompensations- und Reparaturmechanismen stehen zur Rekonstruktion einer wieder adäquaten autopoietischen Grundlage zur Verfügung?
(3) Was ist die Hauptstörung, die die Selbstherstellung des Organismus (Autopoiesis) bedroht?

Die erste dieser Fragen kann auf der Basis unserer bisherigen Überlegungen unmittelbar geklärt werden. Sowohl in der Theorie der Dominante (vgl. Kap. 7.4) wie in *Pribram*s Theorie der emotionalen Regulation (Kap. 8.2.3) werden *Übergangsmechanismen von Körperprozessen in psychische Prozesse* genauer bestimmt. Damit ein Bedarf (der sich auf der Ebene der Veränderung von Stoffwechselgradienten in und zwischen Zellen, Organen und Organsystemen ergibt) zum Bedürfnis wird, bedarf es der entsprechend veränderten Tätigkeit auf Zell-, Organ- und Organismusebene und des Übergangs in die Informationskonstruktionsprozesse des ZNS (vgl. Abb. 27, Bd. 1). Physikalisch betrachtet ist dabei das Problem zu lösen, daß der Organismus ein *optimales Verhältnis zwischen Energieaufnahme und Energieverausgabung* realisieren muß, um nach den Gesetzen der Thermodynamik effektiv zu sein. Dies geschieht, indem er Modelle des Künftigen, bezogen auf seinen eigenen physiologischen, funktionellen und energetischen Zustand, mit Modellen des Künftigen im System Subjekt – Tätigkeit – Objekt vergleicht (vorauseilende Widerspiegelung nach *Anochin*).

Von der Art und *Flexibilität der Energieverwertung*, also der Stabilität bzw. Ultrastabilität der autopoietischen Prozesse, ist es energetisch abhängig, auf welche Umwelten der Organismus sich beziehen kann (über welche energetischen Reserven er im Sinne von *Cannon*s Modell der Notfallreaktion, also der zusätzlichen energetischen Mobilisierung, verfügt). Inhaltlich ist der Vermittlungsprozeß von Organismus und Umwelt von der Art seiner phylo- und ontogenetischen *Abbildstrukturen* in der Informationskonstruktion abhängig.

Die Vermittlungsebene, über die sich beide Prozesse realisieren, ist die Herausbildung der *Afferenzsynthese* im ZNS als (widersprüchliche) Einheit der Gedächtnisbildungsprozesse des Organismus in der fließenden Gegenwart. Die Afferenzsynthese, also die aktuelle, situationsbezogene Realisierung des *Körperselbstbildes* in den psychischen Prozessen (vgl. auch Kap. 8.3.1) ist jeweils die Matrix, in die antizipierte energetische Veränderungen sowie Informationsstrukturen eingetragen sind. Letztere beziehen sich auf die Wahrnehmung des eigenen Körpers (interozeptive und propriozeptive Prozesse) sowie der im Weltbild (in den Prozessen des Psychischen) konstruierten Außenwelt (exterozeptive Prozesse). Durch den Rückgriff auf im Gedächtnis von der Situation getrennte eigene Tätigkeitsformen (innerer Regelkreis, propriozeptive Gedächtnisbildung im Sinne der Herausbildung von Operationen als subjektive Bedeutungsstrukturen) werden *Modelle des Künftigen* konstruiert. Diese Modelle orientieren sich an der möglichen *emotionalen Erfüllung*, die sich jedoch nur in Form der Reduktion von pragmatischer Ungewißtheit (Δ I im Sinne *Simonov*s) realisiert (vgl. Abb. 10).

Auf der Basis dieser Überlegungen läßt sich folgendes festhalten:

(1) Das jeweilige *funktionelle Optimum* im Sinne von Gesundheit als Wohlbefinden hängt vom adäquaten Verhältnis zwischen energetischer Verausgabung und bedürfnisrelevanter Reproduktion in der Tätigkeit ab. Dieses Verhältnis ist vermittelt über die bisher erworbenen Bedeutungsstrukturen (Abbildniveau). Wohlbefinden realisiert sich folglich immer in der fließenden Gegenwart in Form emotionaler Bewertungen. Diese können als Prozeß *harmonischer Vermittlung* im Augenblick verstanden werden. Sie realisieren, mit *Hegel* gesprochen (*Hegel* 1970, Bd. 13, S. 187), eine im Widerspruch „zusammenstimmende Einheit". Entsprechend zielt der Sinnbildungsprozeß jeweils auf solche Situationen harmonischer Vermittlung. Über die zur Verfügung stehenden Bedeutungen sollen Situationen hervorgebracht werden, die potentiell sinnstiftend sind. D.h. auf Grund der Erfahrungen mit der Objektwelt in der Vergangenheit liegt eine *affektive Wertigkeit der Objekte* für die Zukunft vor. (Dies ist die Grundlage für die Realisierung der „Teilhaftigkeitsbeziehung" zwischen Sinn und Bedeutungen, die ich oben, vgl. Kap. 10, unter Bezug auf einen Gedanken von *Wulff* erörtert habe.) Dieser Gedanke entspricht *Freud*s Auffassung der Objektbesetzung, die wiederum auf *Spinoza* zurückgeht (vgl. *Jantzen* 1989b). Da die Realisierung der emotionalen Erfüllung, abgesehen von der unerwarteten Erfüllung durch die Schönheit bzw. Humanität des Augenblicks, immer nur in Form von Handlungen geschehen kann (deren Ausgang tendenziell offen ist), hängt sie letztlich von der *Kooperations- und Dialogfähigkeit* der Individuen ab.

Wir erinnern uns, daß unsere Erbkoordinationen zur strukturellen Koppelung für andere Individuen unserer Gattung offen sind. Der Übergang vom biologischen zum individuellen bzw. persönlichen Sinn erfolgt durch Dialoge und sozialen Verkehr. Das Resultat dieser Prozesse ist *Bindung* (Kap. 6.3) sowie die Herausbildung *gegenständlicher Gefühle* (Kap. 10.4). Die reziproken Handlungen der je anderen Individuen können bei uns positive Affekte hervorrufen. Ich habe versucht, diesen Aspekt unter dem Gesichtspunkt der biorhythmischen Phasenkoppelung der emotional/affektiven Prozesse zu analysieren (Kap. 7.3). Letztlich realisieren wir unsere je individuellen psychischen Raum-Zeit-Strukturen durch wechselseitige emotional-affektive Phasenkoppelung. Insofern beinhaltet der Prozeß kollektiver Subjektivität (s.o.) die *wechselseitige Synchronisation* unserer inneren Raum-Zeit-Kontinua.

Wohlbefinden ist in dieser Hinsicht dann jeweils *gestört*, wenn durch inadäquate Antizipationsmöglichkeiten von Bindung und sozialem Verkehr (vgl. den Prozeß der Stereotypbildung, Kap. 6) Individuen sozial ausgeschlossen, partiell vom Kulturbildungsprozeß abgetrennt, isoliert sind. In sozialer Hinsicht entspricht diesem Prozeß die Kategorie der Entfremdung.

Die Komplexität der zu berücksichtigenden Zusammenhänge, die immer als *Einheit von Entfremdung und Kulturbildung* zu begreifen sind (vgl. Kap. 6), wird deutlich in der folgenden sozialmedizinischen Definition von *Gigase* (1987):

„Der Kranke nimmt seine Krankheit nur durch die Störung wahr, die sie in seinem täglichen Wohlbefinden verursacht. Seine Wahrnehmung der Krankheit, das Bewußtwerden dieser Wahrnehmung und die Art seiner Reaktion stehen in besonderem

Zusammenhang und äußern sich in Verhaltensweisen, die für den Fachmann, der diesen Zusammenhang nicht berücksichtigen würde, unverständlich blieben zumal es oft vorkommt, daß man keine objektive Ursache für das Unwohlsein findet. Die Krankheit wird empfunden in Verbindung mit früherer Erfahrung, mit einem ungewöhnlichen Zustand, dem durchschnittlichen Gesundheitsniveau der Umgebung, den gängigen Meinungen und Traditionen, der ethnischen, religiösen und ideologischen Zugehörigkeit des Kranken – kurz mit einem subtilen Netz kultureller Faktoren" (S. 4f.).

Im Unterschied zu rein naturwissenschaftlichen Versuchen, Krankheit zu erfassen, muß davon ausgegangen werden, daß nicht nur die subjektive Dimension von Krankheit als *„Kranksein"* sozial determiniert ist. Die durch den kulturellen Prozeß gegebene Stabilisierung oder Labilisierung des Subjekts, das sich subjektiv als krank wahrnimmt, verändert auch den Prozeß der Krankheit selbst (z.B. über die psycho-neuro-immunologische Rückkoppelung).

(2) Körperliche Veränderungen im Sinne von Krankheiten, Verletzungen usw. bewirken psychologisch gesehen eine *Veränderung im Körperselbstbild*, d.h. in der Afferenzsynthese, indem sie die Tätigkeit einschränken. Dies bewirkt eine Abnahme von Sicherheit und ggf. eine Zunahme von Furcht bzw. Angst, wie jeder Neuigkeitsprozeß. Der Grad der *Neuigkeit* ist dabei u.a. abhängig von der Art der zur Verfügung stehenden Bedeutungssysteme und Bewältigungsstrategien für Krankheit. Zugleich realisiert der körperliche Prozeß über Schmerzen, Ekel, Erbrechen, Schweißausbrüche, Schwindel u.a.m. eine Reihe von im Körperselbstbild wahrnehmbaren Veränderungen, die in hohem Maße – sowohl erbkoordiniert wie gelernt – mit *Aversionen* besetzt sind. Dies reduziert erneut Vertrautheit und provoziert Vermeidungsverhalten. Sofern dieses nicht aktiv möglich ist bzw. durch dichteren sozialen Verkehr und Dialog die Situation stabilisiert wird, wird Sicherheit passiv durch *Regression* realisiert. Diese gewährleistet auf dem Weg des Rückgriffs auf ontogenetisch basale Formen der Sicherheitsfindung (im Extremfall apathisches Zusammenrollen) die Bewältigung von Neuigkeit, d.h. Angstreduktion und partielle Restabilisierung. Krankheit ist in dieser Hinsicht eine isolierende Bedingung, die bei inadäquater Auflösung zur psychischen Reaktionsbildung (innere Reproduktion von Isolation, Herausbildung von Stereotypen) führen kann.

Die zweite, oben gestellte Frage war, welche *Regulationsmechanismen* zur *Wiederherstellung einer adäquaten autopoietischen Grundlage* führen.

Dabei gilt nach *Sershantow* u.a. (1980): „Der Zeitpunkt und die Reihenfolge der Einschaltung der Systeme der Erhaltung der Homöostase wird über den integralen Apparat des Gehirns verwirklicht. Über afferente Wege der Rückkoppelung (nervlicher oder humoraler Apparat) gelangt die Information über die Effektivität der Anpassungsreaktionen in den integralen Apparat des Gehirns, das mit den extero- und interozeptiven Apparaten des Organismus verbunden ist. Bei optimalen Parametern der Lebenstätigkeit des Organismus vollzieht sich eine automatische Aufrechterhaltung des herausgebildeten Regimes mit Hilfe von Kontrollvorrichtungen auf der Grundlage von Rückkoppelungen" (S. 50). Für Prozesse der Regulation ist es entscheidend, nicht von einzelnen Ursachen und Wirkungen auszugehen, sondern von „Systemen ursächlich miteinander verbundener Erscheinungen" (S. 51).

Abbildung 46 gibt diese systemische Betrachtungsweise wieder.

Insgesamt unterschieden *Sershantow* u.a. fünf *Klassen der Störungsregulation* (S. 47ff.).

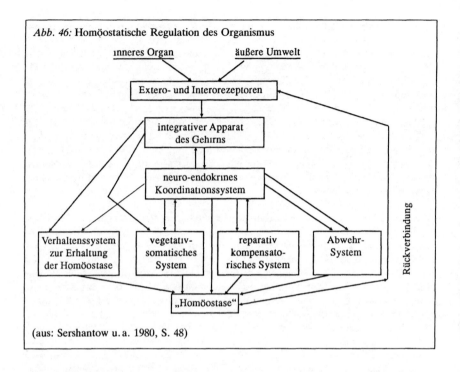

Abb. 46: Homöostatische Regulation des Organismus

(aus: Sershantow u. a. 1980, S. 48)

(1) *Neuro-endokrines System* zur Erhaltung der Homöostase. Es arbeitet über die biologischen Prozesse der Veränderung des innerzellulären Stoffwechselprozesses und hat eine besondere Bedeutung für die Realisierung energetischer Veränderung in den Anpassungsreaktionen.

(2) *Vegetativ-somatisches System.* Isolierte Aktivierung somatischer Reaktionen im Hinblick auf äußere Einwirkungen wie: Erbrechen, Durchfall, Schweißabsonderung, erhöhter arterieller Druck u. a.

(3) *Reparatorisch-kompensatives System.* Steigerung der Mitoseaktivität im Gebiet geschädigter Strukturen und damit Zellneubildung; kompensatorische Hypertrophie der Zellen durch Vergrößerung der Zahl und des Volumens intrazellulärer Organellen.

(4) *Abwehrsystem* (Immunschutz und Abwehrreaktionen).

(5) *Verhaltenssystem.*

Erst die koordinierte Wechselwirkung dieser Systeme sichert den *Prozeß der Selbstregulation* als grundsätzliche Anpassung des Organismus als Ganzes. Dabei wird der Zeitpunkt und die Reihenfolge der Einschaltung der Systeme über den integralen Apparat des Gehirns bewirkt. (Dies bedeutet aber: Es gibt zwar rein somatische Krankheitsursachen, aber keinen Krankheitsprozeß, der nicht psychosomatisch ist.)

Die dritte, oben gestellte Frage war nach der *basalen Störung* der *Autopoiese.*

Angriffspunkt aller Einwirkungen auf den Organismus sind die *„Zellelemente der Organe und Systeme"* (Sershantow u. a. 1980, S. 84). Dabei zeigen sich vergleichbare

Zellreaktionen auf die unterschiedlichsten Einwirkungen sowie drei universelle Anpassungsmechanismen:

(1) Die Zelle vergrößert ihr Volumen und befindet sich in einem Zustand erhöhter Aktivität (Hypertrophie sowie Hyperfunktion durch Erhöhung des Vorrats intrazellulärer, funktionell-struktureller Einheiten);
(2) Beschleunigung des Zyklus der Zelle zur Erneuerung ihrer Mikrostrukturen;
(3) Qualitative Veränderungen des intrazellulären Stoffwechsels.

Besondere Bedeutung kommt dabei der *Koppelung zeitlicher Strukturen* zu. Als eine der wesentlichsten Ursachen einer Dekompensation der Zelle wird das „Mißverhältnis zwischen der Zahl der Ultrastrukturen, die im Prozeß der Adaptation notwendig sind, und der Geschwindigkeit ihrer Herausbildung" betrachtet (S. 85).

Im Adaptationsprozeß werden zunächst die *Alarmreaktion*, dann die *kompensatorische Hyperfunktion* und schließlich entweder die *Heilung* oder das Stadium der *dauerhaften Schädigung* (bzw. des Untergangs) unterschieden. Entsprechende Verlaufsstrukturen finden sich nicht nur auf Zellebene, sondern auch bei nahezu allen Organen.

An dieser Stelle können wir zu unseren Überlegungen zur *Theorie funktioneller Systeme* zurückkehren. Die Überschwemmung mit Neuigkeit (Alarmphase) verlangt die Kontrolle der Afferenzen und die zeitliche Aktivierung der eigenen Tätigkeit. Dies bedeutet die Entstehung eines *Generators pathologisch erhöhter Aktivität* als Determinante im Sinne der Theorie des pathologischen funktionellen Systems (*Kryshanovsky*; vgl. Kap. 8.5.2). Das pathologische funktionelle System dient damit zunächst unmittelbar dem Heilungsprozeß als sinnvoller Kompensationsmechanismus einer pathogenen Einwirkung, kann sich aber bei Mißlingen der Kompensation ggf. verselbständigen, wie es die bei *Kryshanovsky* genannten Beispiele belegen.

In diesem Kapitel wurden bisher verschiedene *Wechselwirkungen der verschiedenen Ebenen* des Organismus, insbesondere aber die Wechselwirkung der biotischen und der psychischen Ebene andiskutiert. Auf der Basis dieser sicher sehr skizzenhaften Darstellung eröffnet sich m. E. eine Hintergrundtheorie, die es ermöglicht, medizinische, psychologische, bewegungstherapeutische, pädagogische usw. Dimensionen menschlicher Entwicklung zusammen zu denken. *Gesundheit und Krankheit erweisen sich als dialektische Gegenpole des Lebens*, die psychologisch in den beiden Grunddimensionen spinozistischen Denkens erfaßt werden können: *Freude* bzw. Glück im Sinne von Wohlbefinden sowie Gesundheit und *Leiden* im Sinne von Krankheit. Auf der biologischen Ebene besteht eine Dialektik, die durch die Wechselwirkung funktioneller und pathologischer funktioneller Systeme gekennzeichnet ist. Hier finden vielfältige Verschränkungen statt. So ist z. B. die Herausbildung pathologischer funktioneller Systeme dem Übergang in den Gesundungsprozeß, aber sofern es zum Persistieren kommt, in einen weiteren Krankheitsprozeß zuzurechnen. Aber auch bei einem Persistieren eines Symptoms (dauerhafte Schädigung) kann auf höherem Niveau wieder Kompensation und Wohlbefinden entstehen.

Gesundheit als Wohlbefinden ist deshalb vor allem etwas, was durch adäquaten sozialen Verkehr, durch Dialog und Kooperation, durch Gestaltung humaner Verhältnisse hergestellt wird. Sie ist etwas, „das genossen, nicht verbraucht werden soll" (*Bloch* 1985b, S. 546). Sie ist „ein sozialer Begriff, genau wie das organische Dasein der Menschen als

Menschen insgesamt. So ist sie überhaupt erst sinnvoll steigerbar, wenn das Leben, worin sie steht, nicht selber von Angst, Not und Tod überfüllt ist" (ebd., S. 541). Solange dies so ist, bedeutet Gesundheit auch Widerstand und die Fähigkeit, „ein unerträgliches Milieu abzulehnen" (*Krumenacker* 1988, S. 237). Es versteht sich, daß in den Prozessen von Krankheit und Gesundheit dem oben skizzierten Zusammenhang humaner Prozesse kollektiver Subjektivität (vgl. Kap. 10) eine fundamentale Bedeutung zukommt.

12.2 Psychosomatische Grundbegriffe: Körper, Unbewußtes, Abwehrmechanismen

Psychosomatische Grundkonzepte versuchen „den Dualismus in der Medizin zu überwinden, ohne die Unterschiede zwischen körperlichen und seelischen Phänomenen zu verwischen" (*Uexküll* 1981, S. 85). Sie tragen der Tatsache Rechnung, daß zahlreiche körperliche Krankheiten psychogenen Ursprungs sind, belastenden Lebenssituationen entspringen. Es ist hier nicht der Ort, näher auf Umfang und Art dieser Erkrankungen einzugehen (vgl. als Standardwerk *Uexküll* 1981) oder gar die vielfältigen Dimensionen ihrer Entstehung (z.B. Streßmechanismen, Psychoneuroendokrinologie, Psychoneuroimmunologie) zu behandeln.

Im Zusammenhang meiner bisherigen Ausführungen zur allgemeinen Theorie des Organismus und zur Rolle der Emotionen (zwei wesentliche Teilgebiete für die Diskussion der Entstehung psychosomatischer Störungen) ist es ersichtlich, daß psychosomatische Störungen wesentlich in der *Entkoppelung der zeitlichen Synchronisation von Organismus, Organsystemen, Organen und Zellpopulationen* bestehen, die sich nach dem Modus pathologischer funktioneller Systeme neu organisieren (vgl. *Kryshanovsky* 1986, aber auch *Sokolov* u.a. 1983, *Sokolov* und *Belova* 1985). Die dauernde Überbelastung bestimmter Körperfunktionen, indem ihre über das Körperselbstbild zurückgemeldeten Warnsignale nicht hinreichend beachtet, nicht wahrgenommen oder abgewehrt werden, führt zu ihrer Labilisierung. Unter Bedingungen hoher Belastung bei damit verbundener reduzierter immunologischer Abwehr ist einerseits die Empfänglichkeit des Organismus für spezifische Infektionen größer. Andererseits kommt es mit dem Abschluß von Tätigkeiten tendenziell zu einer Entkoppelung. Die Veränderung der führenden Ebene der Tätigkeit, innerhalb derer unter dem Aspekt eines subjektiv bedeutsamen Modells des Künftigen die körperlichen Kräfte überstrapaziert wurden, führt zu einer Entkoppelung der bis dahin überbelasteten Organsysteme (z.B. Herzinfarkt zu Beginn des Urlaubs u.ä.; vgl. auch *Jantzen* 1985b). Die auftretenden Krankheitserscheinungen können zum Teil eine Eigendynamik gewinnen, da sie in den entsprechenden sozialen Situationen die Situation des jetzt kranken Individuums verbessern (Krankheitsgewinn). Dies kann z.B. für die Familiensituationen anorektischer Patientinnen ebenso gezeigt werden wie für die soziale Funktion von Herzneurosen oder andere, meist geschlechtsspezifischen Reaktionsweisen, die auf neue Weise eine vorher unerträgliche soziale Situation partiell (und damit widersprüchlich) stabilisieren (vgl. z.B. *Minuchin* u.a. 1986, *Selvini-Palazzoli* 1984).

Auf der psychologischen Ebene ihrer Erklärungen greifen psychosomatische Theorien meist auf psychoanalytische Vorstellungen zurück, die sie in Gesamtschemata des Zusammenhangs von Körper und Psyche einführen. Bei *Uexküll* ist dies der „*Funktionskreis*". Über Wirkorgane (Effektoren) wirkt ein Subjekt im Rahmen seiner bisherigen

Bedeutungsverwertung in einer Umwelt auf bestimmte Aspekte der Umgebung. Seine Problemlösungsversuche wirken als Wirkmale auf die Umgebung und werden über Merkmale (neue Probleme) im Prozeß des Merkens über die Merkorgane (Rezeptoren) an das Subjekt zurückgemeldet, das ihnen neue Bedeutungen zuerteilt. Es ist deutlich: Hier wird im Schema Subjekt – Tätigkeit – Objekt gedacht, wobei deutliche Übereinstimmungen zur Theorie funktioneller Systeme bestehen.

Durch Lernen und Erfahrungsbildung weitet sich dieser Funktionskreis zum „Situationskreis" aus. Dies entspricht in unserem Ansatz dem Aspekt der Entwicklung der Persönlichkeit in der Ontogenese. Abb. 47 gibt diese Entwicklung wieder: Ausgehend vom Funktionskreis (A) im Rahmen von artspezifischen Programmen (Erbkoordinationen) kommt es zur partiellen Ausdifferenzierung von Subjekt und Objekt beim Säugling (B) bzw. zu einer umfassenden psychischen Vermittlung zwischen Individuum und Umgebung beim Erwachsenen (C) (*Uexküll* 1981, S. 26, 29, 32).

Daß diese Vorstellungen zwar in die richtige Richtung weisen, aber noch nicht hinreichend sind, sollte auf dem Hintergrund meiner bisherigen Ausführungen zum sinnhaften und systemhaften Aufbau der psychischen Prozesse wie ihrer neurobiologischen Grundlagen deutlich sein. Vor allem sind sie deshalb nicht hinreichend, weil die sukzessive Entwicklung des Körperselbstbildes in der Tätigkeit in ihnen nicht thematisiert wird. Sie verfügen über keine Kategorien für die ständigen Übergänge von psychischer in körperliche Strukturbildung (Lernen, Gedächtnis) und von körperlicher in psychische Strukturbildung (Dominante, Afferenzsynthese), die jeweils im Prozeß der Herausbildung funktioneller Systeme stattfinden. Und nur auf diesem Hintergrund kann das Problem beantwortet werden, warum *bestimmte Bereiche des Körperselbstbildes inadäquat entwickelt* sind bzw. *inadäquat in die Prozesse des Psychischen integriert* werden. Im Hinblick auf die psychischen Prozesse ist dies das Problem des *Unbewußten und der Abwehrmechanismen.*

Zur Lösung dieses Problems ist es sinnvoll, auf *Freud*s (1950) frühe psychophysiologische Vorstellungen zu diesen Prozessen im „Entwurf einer Psychologie" von 1895 zurückzugreifen. Das Modell, das er in dieser Hinsicht entwickelt (und auf das *Pribram* mehrfach positiv zurückgreift; Kap 8.2.3), habe ich graphisch zusammengefaßt (Abb. 48; erstmals in *Jantzen* 1989b, S. 52). An ihm läßt sich auf dem Hintergrund unseres bisherigen Wissens die hier anstehende Problematik in der nötigen Weise vereinfacht behandeln, ohne nochmals auf die vielen komplizierten neuropsychologischen Ebenen der Herausbildung des Körperselbstbildes eingehen zu müssen.

Freud nimmt aus logischen Gründen *drei unterschiedliche neuronale Systeme* an. Sie entsprechen im wesentlichen meinen Überlegungen zur zeitlichen Struktur psychischer Prozesse in Abb. 10. Im Psy-Neuronen-System des Gehirngraus erfolgt die Übersetzung der körperlichen Funktionen in das *Körperselbstbild*, das *Freud* als *„Ich"* bezeichnet. Dieses Ich repräsentiert die durch Erfahrungsbildung in es eingetragene Dimension der Vergangenheit/Gegenwart des Organismus. Es trägt aufgrund seiner bisherigen Erfahrung durch (motorische) Bahnung und (affektive) Besetzung (Reizabwehr) als bedürfnishafte Gerichtetheit die Möglichkeiten des Künftigen in sich.

Die Modellierung des Künftigen muß jedoch in einem anderen neuronalen System erfolgen, das über die Vergangenheit/Gegenwart hinausreicht. Dies ist das System der *Realitätsprüfung* und des *Bewußtseins* (Omega-Neuronen in der Hirnrinde). Seine Vermittlung mit dem Ich erfolgt über den Prozeß der Wahrnehmung in der (fließenden) Gegenwart. Diese *Wahrnehmung* (System der Phi-Neuronen) erfolgt in Form von Reizquantitäten, die bezogen auf das System des Ichs, also das Körperselbstbild (im Sinne

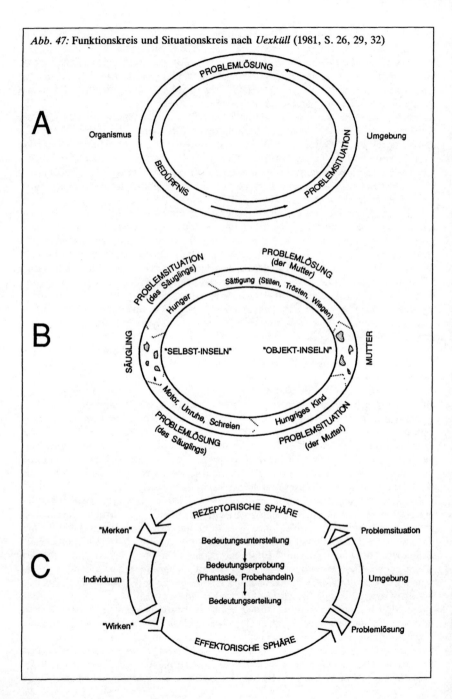

Abb. 47: Funktionskreis und Situationskreis nach *Uexküll* (1981, S. 26, 29, 32)

Abb. 48: Struktur der psychischen Funktionen in *Freud*s „Entwurf einer Psychologie" von 1895

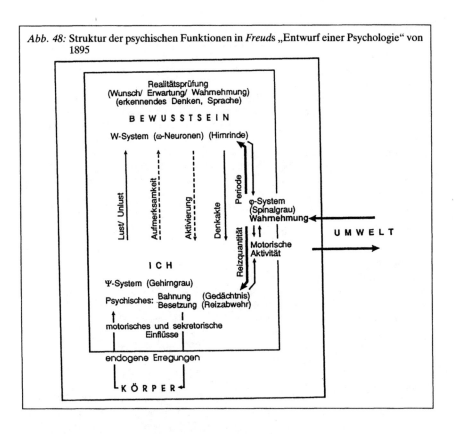

eines ständigen, gleitenden Prozesses der Afferenzsynthese) bewertet werden. Im Zusammenhang mit den latenten Bedürfnisstrukturen entsteht Lust oder Unlust, die aktivierenden und Aufmerksamkeit erregenden Einfluß auf das Bewußtsein (System der Omega-Neuronen) nimmt. Das Bewußtsein selbst greift über Aktivierung und Denkakte aktiv in das Körperselbstbild ein (in Abbildung 10 hatte ich dies vergleichbar als den Übergang von der äußeren Wahrnehmung zur Wahrnehmung der eigenen Verhaltensalternativen herausgearbeitet). Es selbst wird, so *Freud*, nicht über die einzelnen Quantitäten der Wahrnehmung aktiviert, sondern über deren Periode.

Soweit die Grundgedanken im Entwurf von 1895. Es läßt sich nachweisen, daß diese auch im „Abriß der Psychoanalyse", *Freud*s letztem und unvollendeten theoretischen Werk aus dem Jahre 1938 noch durchgängig präsent sind (vgl. *Jantzen* 1989b).

Über *Freud* und die Psychoanalyse hinausgehend versuchen *Brandes* (1989) bzw. *Brandes* und *Mies* (1988) unter Rückgriff auf die Tätigkeitstheorie, aber auch die kulturtheoretischen Ansätze von *Bourdieu* (1976, 1982) und *Elias* (1976), eine Begrifflichkeit zu entwickeln, „die zwar der Bindung des psychisch Unbewußten an die Körperlichkeit des Individuums Rechnung trägt, die aber sozialwissenschaftlich begründet und eingebunden ist" (Brandes 1989, S. 77). Im Unterschied zum *biologischen Konzept des Leibes* wird *Körper als sozial produzierter Gegenstand* verstanden. Ohne

309

diesen m. E. sehr differenzierten und richtungsweisenden Ansatz hier im Detail ausführen zu können, möchte ich mit einem längeren Zitat die Struktur seiner Herangehensweise verdeutlichen.

Die Sozialität des Körpers wird durch den „Umgang mit dem eigenen und dem fremden Körper" erworben. Dieser Umgang findet nicht in einem gesellschaftsfreien Raum statt, sondern ist strukturiert durch Sitten und Bräuche, Definitionen und Klassifikationen, „die für die Stabilität eines Gesellschaftssystems am unentbehrlichsten sind und daher in besonderer Weise als fraglos selbstverständlich erscheinen müssen" (*Brandes* und *Mies* 1988, S. 354).

Im einzelnen realisiert sich dieser Prozeß über „so fundamentale Aspekte des subjektiven Bezugs zur sozialen Wirklichkeit wie die Abgrenzung und Unterscheidung der eigenen Individualität von der anderen; die Fixierung zeitlicher und räumlicher Rahmen der Interaktion; das Eingebundensein in übergreifende Kooperationszusammenhänge; die Einstellung zu Interessenübereinstimmung und -konflikt, Nähe und Distanz, Stärke und Schwäche, Gewalt und Abhängigkeit, die Bewertung der materiellen und der ideellen Aspekte der Tätigkeit, folglich die Anforderungen, die an deren Kontrolle gestellt werden etc. Sie manifestieren sich in der Auswahl und Anordnung der Gegenstände, mit denen die Subjekte die unmittelbare Umgebung ihrer Körper gestalten und die sie sich als ähnlich zugehörig empfinden wie den Körper selbst. Sie zeigen sich in den durch Techniken beeinflußten Aspekten körperlicher Erscheinung und Bedürfnisbefriedigung wie Kleidung, Gesicht, Frisur, Sexualpraktiken, Eßgewohnheiten etc. Nicht zuletzt schlagen sie sich in den Dispositionen und Äußerungen der Körper nieder, die jeder Manipulation von außen gänzlich entzogen scheinen: Bewegungsmuster und Rhythmen, Haltungen und Physiognomie, Gesten und Sprechweise. Indem sie bestimmte Gebrauchsweisen und Bedeutungen in den Körper und die körpernahen Gegenstände einschreiben, legen sie zugleich ein bestimmtes Spektrum möglicher körperlicher bzw. körpernaher Interaktionen und damit auch die Positionen fest, die in diesen Interaktionen eingenommen werden können. Sie beinhalten, was Mann und Frau, Vater und Mutter, Eltern und Kinder, Tochter und Sohn, Bruder und Schwester etc. tun und zu unterlassen haben und was sie infolgedessen als historische Individualitätsformen charakterisiert" (ebd., S. 354f.).

Diese Auffassungen lassen sich ohne Schwierigkeit verbinden mit der von mir dargestellten Konzeption zur Entwicklung des Körperselbstbilds durch die frühen Dialoge (vgl. Kap. 6.3 und 10.1), des instrumentellen Lernens, der Realisierung sensomotorischer, sprachlicher und geistiger Operationen über den inneren (propriozeptiven) Regelkreis sowie der neuropsychologischen Organisation des Körperselbstbildes (insb. Kap. 8.2.3, 8.3.1).

Ins Körperselbstbild sind die unterschiedlichen Ebenen der herausgebildeten *Abbildniveaus* eingetragen (vgl. Abb. 17, Bd. 1), so ist aus unseren bisherigen Überlegungen zu schließen. Sie bilden jeweils das *afferente Feld*, innerhalb dessen sich das Subjekt in seiner Tätigkeit als Basis der Herausbildung der Modelle des Künftigen orientiert (vgl. die Ausführungen zum Problem der Aphasie; Kap. 8.3.2). Führen wir die verschiedenen Abbildniveaus auf die drei von *Klaus* (1969) benannten Ebenen zurück (Nullebene als sensomotorische Ebene, sprachliche Ebene 1 als Alltagssprache, d.h. Ereigniskommunikation bzw. zwischenbegriffliche Relationsbildung, sprachliche Ebene 2 als wissenschaftliche Sprache, d.h. Relationskommunikation bzw. innerbegriffliche Relationsbildung; vgl. Kap. 5.5), so bietet sich folgende Lösung für das Problem des Unbewußten an.

Unbewußt sind alle in den Erbkoordinationen eingetragenen bzw. auf der sensomotorischen Ebene erworbenen Erfahrungen, soweit sie nicht in die Symbolisierungen der Sprache übersetzt wurden. Dabei ist es möglich, daß über die Symbolisierung bestimmter Inhalte im kindlichen Spiel die zugleich mit diesen ursprünglich verbundenen Ängste, Schmerzen u. ä. wieder auftauchen. Das Kind muß sich jetzt nicht nur gegen angstmachende Situationen wehren, die situationsspezifisch in der Außenwelt oder vermittelt über seine situationsbezogene Erinnerung auftreten (wie noch auf der bloß sensomotorischen Ebene). Es muß sich jetzt auch gegen angstmachende Erinnerungen, die an symbolisch wiederholbare Situationen gekoppelt sind, schützen. Dies geschieht mit bestimmten Techniken, z. B. der Ritualisierung, oder durch Umdeutungen, wie am kindlichen Borderline-Syndrom (Kap. 6.4.3) bereits behandelt.

Prozesse dieser Art werden in der Psychoanalyse als *Abwehrmechanismen* bezeichnet. Sie schützen das Subjekt gegen die affektiven Folgen der von ihm selbst durch symbolisches (z. B. Spiel) bzw. alltagssprachliches Handeln realisierbaren Erinnerungen, indem versucht wird, diese durch bestimmte Techniken wieder aus dem Bewußtsein zu verdrängen. Dieser Prozeß wiederholt sich auf höherer Ebene in der Hierarchisierung der Innenwelt und dem Entstehen des reflexiven Ichs. Mit dem Übergang auf diese Etappe entsteht ein höherer Grad an Bewußtsein im Sinne von Bewußtheit der Historizität der eigenen Lebensprozesse. Alltagserfahrungen werden in höherer Weise aufgehoben, bleiben aber zum Teil auch auf dem Niveau der alltagssprachlichen Ebene (und natürlich werden auch in diese nicht alle sensomotorischen Erfahrungen überführt). Damit sind Teile des Körperselbstbildes als psychisches Selbstbild zwar prinzipiell bewußtseinsfähig, jedoch nicht über Begriffe abrufbar, sondern nur in bestimmten Situationen wieder erinnerbar. Dies könnte im wesentlich als *Ebene des Vorbewußten* betrachtet werden.

Da das *Weltbild im inneren Quasiraum* (innere Position des Erwachsenen) als Bewußtsein im Sinne der von *Leontjew* hervorgehobenen „5. Quasidimension der Bedeutungen" universell ist (Bewußtheit), bedarf es in diesem Innenraum der Regelung nach Zonen, die gerne und weniger gerne betreten werden. Denn alles einmal Erfahrene und Hierarchisierte ist prinzipiell präsent. Und es bedarf darüber hinaus eines bestimmten Schutzes, nicht alle erfahrenen Situationen, die in der Alltagssprache präsent sind, zu erinnern, da sie erneut Angst oder Schmerzen bzw. Leiden erzeugen würden. Von hier aus entwickeln sich im Denken *nach innen gerichtete Strategien*, bestimmte sprachlich durchaus faßbare und erinnerbare Erfahrungen (1) nicht ins Weltbild aufzunehmen oder aber (2) sie, sofern sie im Weltbild enthalten sind, mit bestimmten Techniken abzuwehren. Dies scheinen zum einen die Mechanismen zu sein, die den neurotischen Prozessen unterliegen, wo die Abwehr auf die Aufnahme bestimmter, im Prinzip erinnerbarer Erfahrungen ins innere Weltbild zielt. Zum anderen dürften dies die Mechanismen bei Schizophrenie oder (psychotischer) Depression sein, wo entsprechende, das Subjekt gefährdende Inhalte bereits in die Sinnbildungsprozesse in der inneren Position des Erwachsenen eingedrungen sind und durch entsprechende Abwehrmechanismen auf diesem Niveau wieder isoliert werden müssen (z. B. als Sinnbildungsprozesse durch selbstgeschaffene neue Bedeutungen im Wahn).

Nach meiner Auffassung decken sich die von *Freud* herausgearbeiteten *Ebenen des Unbewußten, des Vorbewußten und des Bewußten* mit den von *Klaus* benannten *semiotischen Ebenen* (Nullebene, sprachliche Ebene 1, sprachliche Ebene 2); d. h sie gehen einher mit der hierarchischen Entwicklung verschiedener *Abbildniveaus*. Entsprechend den isolierenden Bedingungen auf jedem Niveau und den Formen individueller Sinngebung mit neuen, selbstgeschaffenen Bedeutungen (Stereotypen) entstehen *Abwehrme chanismen* gegen angsterzeugende und ichbedrohende Erfahrungen *auf jedem dieser Niveaus.* Der Verdrängungsprozeß kann daher nicht nur als Verdrängungsprozeß ins Unbewußte verstanden werden. Vermutlich ist er (1) ein Verhindern des Übergangs von angstmachenden Erfahrungen auf eine höhere Ebene (sprachliche Symbolisierung bzw. Bewußtsein) und (2) eine Kontrolle angstmachender Inhalte auf der jeweiligen Ebene durch spezifische Techniken. Vergleichbar halten auch *Brandes* und *Mies* (1988) es für zweifelhaft, „daß Verdrängung und Ausschluß aus dem Bewußtsein identisch sind" (S. 358).

Erneut sieht es so aus, als bringe die Klärung des Ebenenproblems wie bereits bei *Lurias* Aphasietheorie (8.3.2) auch hier die klassifikatorische Lösung verschiedener offener Fragen voran. Ich kann diese Lösung für das Problem der Abwehrmechanismen hier noch nicht vorschlagen, will aber darauf aufmerksam machen, daß die Ausführungen in Anna *Freuds* klassischer Arbeit „Das Ich und die Abwehrmechanismen" teilweise in diese Richtung weisen (erstmals 1936). Ich verdeutliche dies in Kürze.

Bei der Neurose des Erwachsenen erfolgt die Triebabwehr (also die Versagung eigener Bedürfnisse) aus Über-Ich-Angst: „Das Ich fügt sich der höheren Instanz und nimmt gehorsam den Kampf gegen die Triebregung mit allen seinen Folgen auf" (Anna *Freud* 1987, S. 245).

Bei der infantilen Neurose erfolgt die Abwehr aus Realangst. Das Kind wehrt sich gegen sexuelle und aggressive Wünsche, „um nicht in Widerspruch mit den Verboten der Eltern zu kommen" (ebd., S. 247).

Insgesamt nennt Anna *Freud* folgende *Abwehrtechniken:* Verdrängung, Regression, Reaktionsbildung, Isolierung, Ungeschehenmachen, Projektion, Introjektion, Wendung gegen die eigene Person, Verkehrung ins Gegenteil, Sublimierung als Verschiebung des Triebziels. Letztere Technik gehört jedoch eher in den Bereich des Normalen als in den Bereich der Neurose (S. 235).

Als Grundprinzip gilt: „In letzter Linie dient jede einzelne Abwehrhandlung immer wieder der Sicherung des Ichs und der Ersparung von Unlust" (ebd., S. 257). Entsprechend beziehen sich die Abwehrmechanismen sowohl nach außen wie nach innen (vgl. Abb. 49).

Abb. 49: Abwehrtechniken nach innen und nach außen in der Konzeption von Anna Freud

nach innen gerichtet	nach außen gerichtet
Verdrängung: Beseitigung der Triebabkömmlinge	*Verleugnung:* Beseitigung der Außenweltreize
Reaktionsbildung: Sicherung gegen Rückkehr d. Verdrängten von Innen her	*Phantasie:* Sicherung gegen der Verleugnung gegen Erschütterung durch die Außenwelt
Hemmung der Triebregung nach Innen	*Ich-Einschränkung* zwecks Vermeidung nach außen
Intellektualisierung der Triebvorgänge (Gefahrverhütung nach innen)	*Wachsamkeit* für Gefahren der Außenwelt

Es ist nicht sinnvoll, hier darüber hinausgehend die bis heute unterschiedenen Abwehrtechniken zu katalogisieren. Wesentliche Aspekte einer theoretischen Neubearbeitung dieser Problematik sind m.E. die Dimension innen und außen sowie der Hierarchisierungsgrad der psychischen Prozesse. Ob es sinnvoll ist, pathologische Mechanismen von nicht-pathologischen zu unterscheiden, erscheint mir fraglich. M.E. ist dies eine von einer äußeren psychiatrischen Klassifikation herangetragene Unterscheidung, die in den Prozessen der Selbstorganisation des Psychischen und der oben diskutierten Dialektik von gesund und krank keine Entsprechung findet. Sicherlich ist es sinnvoll, das Konzept der Abwehrtechniken insgesamt auszuweiten (was sich bei Anna *Freud* andeutet) und mit den Bewältigungstechniken (Coping) in Zusammenhang zu bringen (vgl. *Franz* 1989). Theoretisch betrachtet, liegt die Thematik unterschiedlicher Techniken der Anforderungsbewältigung auf der gleichen Ebene wie das Problem der „habituellen Regulationskomponenten", zu dem ich oben ausführlich Stellung bezogen habe (9.5.3). Es handelt sich dabei um Bewegungen des Psychischen, untersucht im Sinne ihrer Realisierungsform. Sie sind als habituelle Schemata Kompetenzen, die erst im je konkreten Prozeß ihre inhaltliche Bedeutung erhalten und nicht losgelöst von diesem als pathologisch oder normal betrachtet werden dürfen.

Fassen wir zusammen: Psychosomatische Prozesse, aber auch psychopathologische Prozesse allgemein beinhalten das *Mißlingen von Situationen des Wohlbefindens aufgrund der fehlenden Verfügbarkeit über die eigene Körperlichkeit.* Diese Körperlichkeit selbst ist historisch geworden und die jeweilige Grundlage des Selbst (Körper-Ich, verallgemeinertes Ich, reflexives Ich). Sie realisiert sich in der Afferenzsynthese. In diesem Prozeß werden gleichzeitig *psychische Bewegungsformen als Verhaltensalternativen* benutzt, die durch Lernen erworben wurden. Sie dienen der Bewältigung äußerer oder innerer Anforderungen. Soweit diese Bewegungsformen sich auf Angstreduktion bzw. Vermeidung von Unlust beziehen, sind sie *Abwehrmechanismen*, die die Selbstwahrnehmung in bestimmten Aspekten verhindern. Dies kann zur fehlenden Rückkoppelung zwischen psychischen Prozessen und dem eigenen körperlichen Zustand (als sozialer Zustand) und damit zu Krankheit führen.

12.3 Medizin und gesellschaftliche Reproduktion

Weiter oben habe ich bei der Analyse der Institution Schule auf die gemeinsamen Aspekte der Tätigkeit von Ärzten und Lehrern verwiesen: Sie schaffen nicht den Fond, aus dem sie bezahlt werden, „obgleich ihre Arbeiten in die Produktionskosten des Fonds eingehen, der überhaupt alle Werte schafft, nämlich die Produktionskosten des Arbeitsvermögens" (*Marx*, MEW Bd. 26.1, S. 138). D.h. die Mediziner unterliegen in gleicher Weise wie die Lehrer dem institutionellen Zwang, durch den Transfer des Wertes ihrer Arbeitskraft die Arbeitskraft anderer Menschen her- bzw. wiederherzustellen.

Bisher habe ich nur die *Naturalform von Gesundheit und Krankheit* dargestellt. Bei der Betrachtung von Medizin als gesellschaftlicher Institution stoßen wir jetzt ebenso wie bei der Institution Schule auf die Problematik von *Warenform* und *Wertform:*

– Wird das Arbeitsvermögen des Behandelten als Ware Arbeitskraft auf dem Markt wieder verfügbar (Warenform)? Wird also insofern seine Arbeits- und Leistungsfähigkeit wieder hergestellt? Und was ist diese bzw. wie kann man sie überprüfen?

– Wird die Arbeitskraft des Arztes in adäquater Form (Wertform) verausgabt, so daß ein möglichst hohes Maß an Werttransfer stattfindet? Und wie kann dieses hohe Maß an Werttransfer bestimmt werden?

Führen wir uns nochmals das Wesen der Institutionen Schule sowie Medizin vor Augen, also ihre *gesellschaftliche Funktion*. Es besteht für den gesamtgesellschaftlichen Prozeß einerseits darin, daß in den entsprechenden Infrastrukturen Bildung und Gesundheit hergestellt werden, d.h. allgemeine Produktionsbedingungen realisiert werden. Andererseits muß jedoch *wertschaffende, abstrakte Arbeit aus der ökonomischen Produktion abgezogen* werden. Sie bleibt aus der Sicht der Produktion als basaler Prozeß diesem subordinierte Sekundärarbeit und steht dort nicht zur Verfügung. Dies verlangt aber eine sorgfältige Abstimmung der in der gesellschaftlichen Produktion und Reproduktion eingesetzten wertschaffenden Arbeit (Herstellung von Gütern bzw. Herstellung der Arbeitskraft) und eine entsprechende *Neuwertverteilung*, über die dieser Prozeß finanziert werden kann. Entweder muß der Arbeiter höhere Lohnanteile erhalten, um privat Leistungen der Medizin kaufen zu können. Oder aber der Kauf erfolgt über festgelegte Lohnanteile vermittelt, die in Pflichtversicherungen gezahlt werden. Aus diesen wird im Rahmen vertraglicher Gestaltung die Tätigkeit des Arztes honoriert. Und genau hier muß es in Klassengesellschaften zu einer *Interessenkollision* kommen, da jede Erhöhung des Lohns oder der sog. Lohnnebenkosten den Mehrwert schmälert und damit den Profit.

Dieser Interessenwiderspruch realisiert sich im Prozeß der medizinischen Versorgung auf sehr unterschiedlichen Ebenen, die ich in Kürze andiskutiere. Betrachten wir zunächst die unmittelbare *Ebene des Tauschverhältnisses:* Der niedergelassene Arzt (bzgl. der ökonomischen Situation des Krankenhauses vgl. *Kühn* 1980) erhält *Geld* für seine erbrachten Leistungen. Dies erhält er mittelbar vom (Privat)-Patienten oder über Privat- bzw. gesetzliche Krankenversicherungen, die über die kassenärztliche Vereinigung seine Leistungen mit ihm abrechnen.

Was für *Leistungen* erbringt er? Und wie werden sie bemessen? Gesundheit ist ein immaterielles Gut. Der Arzt wird nicht dafür bezahlt, daß jemand gesund, sondern daß jemand wieder *arbeitsfähig* wird. Dies wird definiert als das *Verschwinden von Symptomen*, die für fehlende Arbeitsfähigkeit, also Krankheit, stehen. Durch das naturwissenschaftliche Modell in der Medizin, gewonnen an der pathologischen Anatomie (vgl. zur Geschichte *Foucault* 1976), wird es möglich, *Krankheit* als einen Prozeß von auf verschiedene Weise feststellbaren *körperlichen Veränderungen* zu definieren. Entsprechend können für jede dieser Veränderungen spezifische Leistungen des Mediziners bestimmt werden, die zur Behebung bzw. zur Reduzierung der Krankheitssymptome und damit zur Heilung oder Besserung der Krankheit führen.

Die Heilung einer Krankheit wird damit zu einem meßbaren Prozeß, ohne daß auch nur annäherungsweise ein Begriff von Gesundheit oder Krankheit vorhanden sein muß. So stellt *Jaspers* fest: „Was gesund und was krank im allgemeinen bedeutet, darüber zerbricht sich der Mediziner am wenigsten den Kopf" (zitiert nach *Krumenacker* 1988, S. 77). Was der Mediziner kennen muß, sind lediglich die pathologischen Abweichungen aller Organsysteme. Er wird umfassend zum *humanbiologischen Meß- und Regeltechniker* ausgebildet. Dies ist bereits in der Ausbildung zu sehen. Von der Ganzheitlichkeit des Menschen ist im Medizinstudium in der Regel nicht die Rede. Kern des Studiums ist die weitgehende analytische Zerstückelung des menschlichen Körpers, der seinerseits nur als Organismus betrachtet wird. So ist bei *Dersee* und *Dupke* (1981, S. 93) die Rede von

„42 Ausbildungsfächern, deren Wissen in 1500 Fragen durch Ankreuzen der richtigen Anworten abgehakt werden soll". Dies fördert ein Studierverhalten, aus dem „Ärzte" hervorgehen, die orientierungslos im Fächer- und Stoffwust sind, keine Schwerpunkte mehr setzen und Wichtiges nicht von Unwichtigem unterscheiden können.

Ausgebildet als humanbiologischer Meß- und Regeltechniker, muß der Mediziner über vielfältige Meßverfahren verfügen, also *diagnostische Verfahren* im Sinne der Überführung des Realkonkretums auf die Ebene des Vorstellungskonkretums (vgl. Kap. 9, Abb. 36). Außerdem (und dies wird in der Ausbildung insb. im klinischen Teil bzw. in der Facharztausbildung vermittelt) müssen für jede Störung adäquate *therapeutische Interventionsstrategien* und *-techniken* vorhanden sein, die Erfolg aufweisen. Solche Strategien können den Einsatz von physikalischen Behandlungen (z. B. Kuren, Massagen, Bestrahlungen), von Hilfsmitteln (z. B. Herzschrittmacher, Schiene), von Medikamenten, von Eingriffstechniken (Operationen) aber u. U. auch von Gesprächen (Psychotherapie) oder einfach von Ruhe (Krankenhausaufenthalt) beinhalten. Sie werden unmittelbar bestimmten Diagnosen zugeordnet und (ohne rehistorisierende Rekonstruktion der Lebensprozesse des Patienten) als Reparaturtechniken zur Beseitigung des Symptoms eingesetzt (sog. „medizinisches Modell"; vgl. *Keupp* 1979).

Die Anwendung dieser Strategien erfolgt nach den Gesetzen der *Kostenökonomie*. Wenn zwei Strategien den gleichen sichtbaren Erfolg haben, dann ist nach dieser Betrachtungsweise die preiswertere vorzuziehen, auch wenn die andere in letzter Konsequenz zu einem erheblich höheren Maß an Wohlbefinden führt. Entsprechend gibt es umfassende Gebührenordnungen für Ärzte, in denen ihre Leistungen in der Anwendung dieser Strategien und Techniken nach Geldbeträgen aufgeschlüsselt sind. Nur wenn die vom Arzt erbrachten und die über Rezept zusätzlich herangezogenen Leistungen in einem bestimmten durchschnittlichen Zeitraum nicht bestimmte ökonomische Grenzen überschreiten, wird er in vollem Umfang honoriert.

Die medizinische Versorgung ist damit *Teil ökonomischer Kreisläufe*. Wir können sie als eingebettet in den Kreislauf des variablen Kapitals verstehen (Ausgaben für Löhne und sog. Lohnnebenkosten). Einen Überblick liefert das folgende, aus *Deppe* (1980, S. 111) übernommene Strukturschema (Abb. 50).

Neben der Funktion, durch Diagnose-Therapie-Zuordnungen nach dem medizinischen Modell die effektive Reparatur von Arbeitsvermögen zu erreichen, sind weitere Dimensionen der gesellschaftlichen Bestimmtheit von Medizin hervorzuheben. Um die Kolleg/innen aus der Medizin nicht schon hier zu verschrecken: Es geht mir hier genausowenig wie bei den Lehrer/innen (vgl. Kap. 11) darum, Menschen ihre humanen Motive abzusprechen. Was mich interessiert, ist, was im Rahmen der Institution Medizin aus diesen Motiven wird. D. h. hier steht im Vordergrund die *Formbestimmtheit der Medizin*, also ihre Bestimmtheit durch Warenverkehr und gesellschaftliche Produktion und Reproduktion.

Auf dieser Ebene tritt neben die Ausrichtung des medizinischen Blicks durch die pathologische Anatomie nach *Foucault* die technisch-politische Funktion der Medizin, der Zusammenhang von Heilen und Herrschen (vgl. *Krumenacker* 1988, *Foucault* 1976. 1979). Über die notwendige Ökonomie ihrer Tätigkeit werden die Mediziner in *bevölkerungspolitische Funktionen* eingebunden. Dies ergibt sich nach *Foucault* aus dem Einbezug der Medizin in die notwendige Verhütung von Epidemien. In Form der Information, Kontrolle und Zwangsdurchsetzung übernimmt sie hier polizeiliche Maßnahmen.

Daneben lassen sich eine Reihe weiterer bevölkerungspolitischer Aspekte nennen.

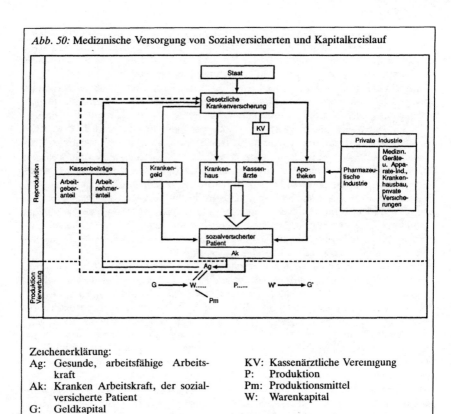

Abb. 50: Medizinische Versorgung von Sozialversicherten und Kapitalkreislauf

Zeichenerklärung:

Ag: Gesunde, arbeitsfähige Arbeitskraft
Ak: Kranken Arbeitskraft, der sozial-
versicherte Patient
G: Geldkapital

KV: Kassenärztliche Vereinigung
P: Produktion
Pm: Produktionsmittel
W: Warenkapital

Indem die Medizin die Grenze nichtverwertbarer Arbeitskraft zieht, ist sie *Institution des sozialen Ausschlusses.* Diese Grenzen werden zum einen mit psychiatrischen Diagnosen gezogen; zum anderen stellen Chronizität und Pflegebedürftigkeit Diagnosen dar, die zum massiven Entzug von sozialen Leistungen führen. Festzuhalten ist, daß in der psychiatrischen Klinik die Medizin Trägerin eines besonderen Gewaltverhältnisses ist, d.h. unmittelbar polizeiliche Aufgaben übernimmt. Die Geschichte der Medizin zeigt, daß Mediziner sich aus der bevölkerungspolitischen Logik, in der sie handeln, zu Herren über Leben und Tod aufschwingen können. Dies belegen das Verhältnis von Medizin und Faschismus (vgl. z.B. *Thom* und *Caregorodcev* 1989), aber auch die aktuelle Diskussion um Sterbehilfe und neue Euthanasie nur zu deutlich. In dieser Hinsicht sind *Heilen und Vernichten* im bevölkerungspolitischen Auftrag der Medizin aufs engste verknüpft. In ihren Gesundschreibetechniken orientiert sich die Medizin oft eher an den Anforderungen der Produktion als an der Gesundwerdung der Patienten. Dies resultiert nicht nur aus den erörterten Ware-Geld-Beziehungen. Hinzu kommen weitere *Formen der Kontrolle* durch die Institution Medizin (z.B. über Vertrauensärzte). Schließlich spielt für die Anerkennung von Berufskrankheiten, für Berentung u.ä. wiederum die Medizin eine entscheidende Rolle. Kliniken sind Orte sozialer Kontrolle par excellence und, in feu-

316

dalistischen Strukturen organisiert, Orte der Machtausübung der Chefärzte (die an den Universitäten zugleich als Professoren wesentlich die ideologische Ausrichtung der Medizin organisieren).

Durch die Ausrichtung an der Bekämpfung der Krankheit als Defekt des Organismus und der auf dieser Basis bestimmten technischen Verantwortung werden Mediziner/innen und medizinisches Hilfspersonal notwendig in die Rolle von funktionierenden Rädchen des Ganzen gebracht. Sie werden z. T. bei extremer Überbelastung bis an die Grenzen ihrer physischen Möglichkeiten ausgebeutet. Da die Klinikzeit ein Durchgangsstadium in der Ausbildung ist, erfolgt hier wie im Studium selbst eine *Sozialisierung in die Teilhabe an Machtverhältnissen* (die die Ärzte gegenüber dem Hilfspersonal reproduzieren müssen). Diese setzen sich als autoritäre Verkehrsformen, Administrieren usw. auch in den Alltag des Kassenarztes fort. Das Ganze ist gekleidet in die Formel der *besonderen Verantwortung*, die die Medizin als Bewahrerin des Lebens und der Gesundheit habe, und ist institutionalisiert über den Hippokratischen Eid.

Entsprechend anderen Gruppen der traditionellen Intelligenz (vgl. z.B. *Kuczynski* 1987) weisen Mediziner in der Regel materielle Motive oder Interesse an Macht weit von sich und erklären ihr Handeln aus dem *überzeitlich-humanen Auftrag* ihres Faches (vgl. *Wulff* 1969). Aus der Fähigkeit des Heilens und der Feststellung, daß die Medizin in besonderer Weise mit Leiden und Tod konfrontiert sei, wird eine besondere human-ethische Position des Mediziners abgeleitet. Da sich diese in der Regel unreflektiert mit den ideologischen Dimensionen herrschenden Denkens verbindet (vgl. Bd. 1, Kap. 2.3), wundert es nicht, daß Mediziner in ihrer Praxis in Ausübung ihrer bevölkerungspolitischen Funktionen historisch nicht gerade selten zu Handlangern des Inhumanen geworden sind. Neben den Sonderfällen aktiver Beteiligung am Mord, neben unzähligen Experimenten an Menschen ist eine *antihumane Handlungsweise* geradezu *Ausdruck der Institution Medizin in Klassengesellschaften*, wie ich es im folgenden Teilabschnitt am Beispiel des Doppelcharakters therapeutischen Handelns noch weiter hervorheben werde. Daß niedergelassene Ärzte sich diesem Widerspruch nicht entziehen können, verdeutlicht *Abholz* (1989). Der ökonomische Hebel des Honorierungssystems zwingt immer wieder dazu, eine Abhängigkeit, Inkompetenz usw. der Patienten herzustellen.

12.4 Zum Doppelcharakter von Therapie

Therapie als Bezeichnung für Kranken- und Heilbehandlung wurde im 18. Jahrhundert als medizinischer Begriff aus dem griechischen Wort „therapeia" gebildet, das ursprünglich *Dienen, Dienst, Pflege* bedeutet. Der *Therapeut* (griech.: „therapon") ist ursprünglich der *Diener* oder *Gefährte*. Aus den bisherigen Ausführungen wird deutlich, daß in dieser Frage des Dienens der Schlüssel zum Verständnis des Doppelcharakters von Therapie liegt. Dient der Therapeut dem Betroffenen, ist er Gefährte, der ihn im Prozeß der Zurückerlangung seines Wohlbefindens systematisch unterstützt? Oder aber ist er bloß humanbiologischer Meß- und Regeltechniker, Verhaltenskontrolleur, Diener der Herrschenden, Bevölkerungspolitiker? Nimmt er also vorrangig den Standpunkt der Erstellung der Naturalform von Gesundheit als Wohlbefinden, als funktionelles Optimum ein oder nimmt er den Standpunkt der möglichst preiswerten Realisierung der Warenform ein, versteht er also Gesundheit als Arbeits- und Leistungsfähigkeit, und Krankheit als biologischen Defekt?

Natürlich wird niemand bezweifeln, daß Therapie jeweils wieder auch die Arbeitsfähigkeit, also die Warenform herstellen muß, gegen die sich letztlich im gesellschaftlichen
Transfer das Honorar für die Heilberufe tauscht. Aber ebenso wie bei der Problematik
von Bildung und Erziehung ist auch hier zu beachten, daß eine Ware nur Wert haben
kann, wenn sie Gebrauchswert hat. In letzter Konsequenz kann Arbeitsfähigkeit in
umfassender Weise nur resultieren, wenn Gesundheit hervorgebracht wird. Je mehr dies
in den Institutionen des Gesundheitswesens von den Heilberufen her selbst thematisiert
und gedacht wird, desto eher kann, in Verbindung mit den Betroffenen, ein Stück relative
Autonomie erzwungen werden, innerhalb derer größere Spielräume für humanes Handeln und Gesundheit möglich sind. Insofern also Mediziner/innen, Psychotherapeut/in-
nen, Angehörige der Heilberufe sich dieser Dialektik stellen und bewußt werden, ist sie
zwar nicht aufgehoben, aber die Widersprüche in Richtung der Durchsetzung von Humanität werden deutlicher und können auf höherem Niveau zur Geltung gebracht
werden. Um eigene Handlungsspielräume gezielter und klarer ausnutzen zu können, ist
es wichtig, sich des Doppelcharakters therapeutischer Verfahren bewußt zu sein. Diene
ich als Therapeut den Betroffenen, bin also ihr „Gefährte", so ist Therapie *heilender
Dialog*, diene ich den Herrschenden, so ist sie *Verhaltenskontrolle und Zwang*. Ich diskutiere diese Dialektik im folgenden ausschließlich im Bereich der Psychotherapie bzw.
Verhaltenskontrolle, da sie hier in besonders deutlicher Form aufzufinden ist.

12.4.1 Therapie als Verhaltenskontrolle

Therapie als Verhaltenskontrolle tritt dort am deutlichsten hervor, wo gegen „anormales
Verhalten", also gegen die nicht gegebene Verwertbarkeit und Ausbeutbarkeit der Beherrschten, Disziplinierungs- und Kontrollverfahren entwickelt werden, die sie wieder
zum störungsfreien Funktionieren bringen sollen. Diese den „Fortschritt" durch Bekämpfung der „Minderwertigen" (vgl. Kap. 2.3) erhaltende bevölkerungspolitische
Funktion gegenüber sogenannter Gewalt (Verhaltensstörung) hinterfragt *Chorover*
(1982) wie folgt: „Die soziale Voreingenommenheit des medizinischen Erklärungsver-
suchs von Gewalt hat zur Folge, daß er sich voll auf die Unterschicht oder den einzelnen
Verzweifelten oder den Wahnsinnigen konzentriert ... Daher kommen diese Spezialisten
für die geistige Gesundheit dort, wo die Gewalt von Personen ausgeht, die in offizieller
Mission handeln, nicht selten mit ihren Etiketten und mit Therapievorschlägen; die hohen
Staatsbeamten, die die Zerstörung Indochinas durch amerikanische Bombenangriffe
anordneten, erfuhren keinerlei solche Diagnose oder Behandlung" (S. 201).
   Anormal ist in dieser Hinsicht, *was sich nicht in die gesellschaftliche Verwertungslogik
fügt.* Es wird als aktiver oder passiver Widerstand gegen die herrschende Ordnung
(Gewalt gegen die Herrschenden) begriffen und mit Mitteln der Verhaltenskontrolle zu
regulieren versucht. Je weiter der soziale Ausschluß bereits vollzogen, desto brutaler die
Mittel. *Im Mittelpunkt der Verhaltenskontrollstrategien steht das Brechen des Willens und
die Umorganisierung der Persönlichkeit im Sinne von Anpassung und Unterordnung.*
Derartige Techniken lassen sich in besonderer Weise in der Geschichte der Psychiatrie
aufspüren. An die Stelle der alten Gewaltverfahren (Dauerbäder, Drehstühle u. a. m.)
treten zunehmend modernere Behandlungsverfahren wie Psychochirurgie, Elektroschock, medikamentöse Behandlung sowie, insbesondere im Bereich der Foltermethoden, bestimmte psychologische Verfahren.

Der Ort, wo derartige Verfahren zunächst massenweise entwickelt und angewendet werden, ist die *Militärpsychiatrie*. Darüber hinaus wurde die Verwendung der unterschiedlichsten Verfahren für Kriminalitätskontrolle und Durchsetzung polizeilicher Aufgaben nicht nur verschiedentlich gefordert (vgl. *Chorover* 1982, *Pape* 1986), sondern im Bereich der *Folter* durchgängig angewendet. Einen ersten Überblick über die militärpsychiatrischen Zusammenhänge liefert *Siemen* (1982). Zur Bekämpfung der *Kriegsneurosen* im 1. Weltkrieg (vgl. S. 16ff.) entwickeln die Militärpsychiater ein umfangreiches Instrumentarium „*aktiver Therapien*", mit dem Ziel, diese Soldaten wieder funktionsfähig zu machen. Es geht darum, „keine Ungeheilten zu dulden". Der Arzt habe (so der führende Militärpsychiater *Nonne* 1922, S. 105ff.) die Maxime, „aus eigener Überzeugung heraus anderen seinen Willen aufzuzwingen". Neurotiker müßten dazu gebracht werden, „die Flucht in die Gesundheit der Flucht in die Krankheit vorzuziehen". Dazu wurden elektrische Ströme (sinus- und faradische Ströme) z.T. stundenlang angewendet, Scheinoperationen durchgeführt, Soldaten gezwungen, Erbrochenes wieder zu essen u.a.m. Ziel war es, die gestörten Soldaten, wenn schon nicht an der Front, so doch in Zwangseinsätzen in der Kriegsindustrie („Arbeitstherapie") weiter verwenden zu können. Wer die Schrecken des Krieges verarbeiten konnte, galt als gesund; wer nicht, als krank. Bei den Mannschaften zeigte sich nach Meinung der Psychiater hierin eine psychopathische Minderwertigkeit, bei den Offizieren als „von Haus aus gesunden Menschen" eine nervöse Erschöpfung, eine „Neurasthenie".

Eine neue Welle „aktiver Therapien" tritt dann in der Kriegswirtschaft des nationalsozialistischen Deutschlands Ende der 30er/Anfang der 40er Jahre auf. Insbesondere wird auf die neu entdeckten *Schocktherapien* (Elektro-, Cardiazol- und Insulinschock) zurückgegriffen, die einfach anzuwenden und billig waren. „Wer trotz Insulin, Cadiazol- und Elektroschocktherapie nicht gesund wurde, der galt als unheilbar und kam nach Langenhorn" (das psychiatrische Krankenhaus Hamburgs, das Zwischenstation für die Weiterleitung in das Vernichtungslager Meseritz-Obrawalde war; *Ebbinghaus* 1984, S. 144). Die Anwendung aktiver Verfahren in dieser Zeit erfolgt nicht nur in der Psychiatrie. Bei Tuberkulosebehandlung wird in vergleichbarer Weise mit „Gasbrustfüllungen" behandelt. Wer dies ablehnte, galt als asozial und wurde asyliert (*Roth* 1983, S. 123).

Die Anwendung der neu entdeckten aktiven Verfahren wie Psychochirurgie, Schockbehandlung, Psychopharmakaanwendung blieb keineswegs nur auf das faschistische Deutschland beschränkt, sondern wurde *medizinisches Allgemeingut*. Bis heute ist ihr Gebrauch weitgehend legitimiert und wird von Psychiatern vielfältig verteidigt, wobei die Gegenbefunde systematisch totgeschwiegen werden. Ich gebe im folgenden einen Überblick über die wichtigsten Verfahren.

Psychochirurgie: Hierunter werden „chirurgische Eingriffe am morphologisch gesund erscheinenden Gehirn verstanden, durch die psychiatrische Erkrankungen oder Störungen des Verhaltens gebessert oder behoben werden können" (*Dieckmann* und *Hasler* 1976, S. 1217). Durch Lobotomie (Zerstörung großer Teile der Frontallappen), die in den 40er Jahren und danach bei Zehntausenden von psychiatrischen Patienten in aller Welt durchgeführt wurde, traten schwerste Persönlichkeitsstörungen auf (vgl. die Ausführungen zum Frontalhirnsyndrom Kap. 8.3.2). Verbunden mit langer Negierung der hieran erwachsenen Kritik wurde zunehmend auf stereotaktische Verfahren übergegangen (Errechnung der zu zerstörenden Punkte, Einführung feiner Sonden über Röntgenkontrolle, Zerstörung des Gewebes durch Erhitzen). Als Indikationen werden nahezu alle psychiatrisch klassifizierten Störungen angegeben. Im wesentlichen existieren neben der klassischen *Lobotomie* fünf stereotaktische Methoden:

1. *Frontale Traktotomie:* Unterschneidung der Frontalorbitalregion bis zu 6 cm Tiefe und Trennung von Verbindungen zwischen Hypothalamus und Kortex;
2. *Thalamotomie:* Ausschaltung von Kernen in unterschiedlichen Regionen des Thalamus;
3. *Cingulotomie:* Ausschalten des Cingulumbündels;
4. *Amygdalotomie:* Ausschaltung der Amygdala;
5. *Hypothalamotomie.*

Für jedes Gebiet werden optimale Mengen an Gewebezerstörung genannt. Negative Folgen werden in der Regel von den Befürwortern negiert, obgleich sie vielfältig und deutlich nachweisbar sind. Eine beliebte ideologische Formel ist es, die operierten Gebiete jeweils zu „stillen Zonen" zu erklären, die zwar durch Entfernung Verhalten positiv beeinflussen, selbst aber keinen aktiven Beitrag für den Aufbau von Verhalten liefern. Dies galt zunächst für die Rechtfertigung der Lobotomie, findet sich aber heute noch z. B. in der Rechtfertigung der Cingulotomie (vgl. *Valenstein* 1980, Kap. 9–12). Durchgängig findet keinerlei neuropsychologische Argumentation in dieser Debatte statt. Ich überlasse es den Leser/innen dieses Buches, anhand der im Kapitel 8 aufgezeigten Zusammenhänge die jeweiligen Folgen von Schädigungen zu bewerten. Einen aktuellen Überblick über die Befürwortung stereotaktischer Operationen liefert das Buch von *Adler* und *Saupe* (1979); die unterschiedlichen Positionen in der Psychochirurgie-Debatte in den USA enthält das Buch von *Valenstein.* In einer neuropsychologischen Kritik der Psychochirurgie resümieren *Jantzen* und *Jüttner* (1980): *„Ein Eingriff bei nicht eindeutig lokalisierbaren Störungsherden bei psychischen Erkrankungen* (also z. B. Tumor als Indikation eines neurochirurgischen Eingriffs) *im Sinne der Störung gesunden Gewebes mit dem Ziel psychischer Veränderungen ist vom Effekt und vom Risiko her als unkalkulierbar zu kennzeichnen. Von der Kenntnis der Neuropsychologie aus ist er als dilettantisch zu betrachten und von den persönlichkeitstheoretischen Voraussetzungen her als unverantwortlich"* (S. 133).

Elektroschock: Die sog. Elektrokonvulsionstherapie (EKT) ist eine seit 1938 verwendete Methode der Beeinflussung von psychisch Kranken. Über an beiden Kopfseiten (im Bereich der Temporallappen) oder auch einseitig angebrachte Elektroden wird ein kurzer Stromstoß (0,1–0,5 sec. 110 V, 200–1600 mAmp) gegeben, der einen generalisierten Krampfanfall auslöst. Im Rahmen einer Behandlung werden bis zu 10 oder mehr derartige Stromstöße durchgeführt, selten erhält ein Patient weniger als 6–8 Schocks. Die Indikationen beziehen sich vor allem auf Psychosen, jedoch auch auf das Ruhigstellen von Anstaltspatienten. Darüber hinaus finden sich in der Literatur Berichte über die Anwendung in zahlreichen weiteren Einzelbereichen. Da die Methode billig ist und zur schnellen Ruhigstellung führt (Gedächtnisverlust über Tage, manchmal bleiben ganze Teile des Gedächtnisses für Jahre ausradiert), erfreut sie sich nach wie vor großer Beliebtheit im Krieg (vgl. *Pape* 1986, S. 174f.) wie im Frieden (als umfassendsten kritischen Überblick vgl. *Breggin* 1980). Die Protagonisten dieser Therapie, die sie gegen jede Kritik verteidigen, sind sich ihrer Wirkweise durchaus bewußt: so *Meyerson* (zit. nach *Pape* 1986, S. 189): „Ich sage das ohne Zynismus. Tatsache ist, daß man einige der allerbesten Heilerfolge bei den Individuen erzielt, die man fast bis zur Amentia reduziert".

Was weniger gerne zugegeben wird ist, daß Elektroschocks *schwere Hirnschäden* hervorbringen. Insbesondere die Arbeit von *Sommer* (1971) belegt, daß bereits bei drei Schocks Anzeichen von akuten Zellveränderungen auftreten. Vor allem im frontobasalen Bereich gibt es deutliche Veränderungen der Rinde. Nach 4 Schocks haben diese Prozesse deutlich zugenommen. Zahlreiche Nervenzellnekrosen in der III. und V. Rindenschicht treten auf. Nach 10 Schocks finden sich frontal sowie abnehmend temporalparietal schwerste Veränderungen in allen Rindengebieten. Die nicht vom Stromdurchlauf betroffenen Gebiete sind unverändert. Andere Schockverfahren, *Sommer* untersucht dies am Cardiazolschock, führen ebenfalls zu Hirnschädigungen. Dies gilt auch für die Vergabe des Neuroleptikums Chlorpromazin.

Sommer faßt zusammen: *„Durch den gewebeschädigenden Faktor werden zur Zeit noch in der Psychiatrie therapiebedingte hirnorganische Defektzustände geschaffen, die Besserungen oder sogenannte Heilungen vortäuschen"* (S. 106).

Neuroleptika: Neuroleptika sind chemische Mittel, die zur Dämpfung unruhiger Menschen mit psychiatrischen Diagnosen verwendet werden. Sie sind zur Zeit *das* psychiatrische Mittel der Wahl, wurden und werden bei Millionen von Menschen verwendet. Die beiden wichtigsten, *Chlorpromazin* und *Haloperidol* (Haldol), werden von der WHO in der Liste der unentbehrlichen Mittel aufgezählt (*Finzen* 1981, S. 16). Dies ändert nichts an der Tatsache, daß ihr Gebrauch und Dauergebrauch zu schweren Schädigungen führt. Auf einige Aspekte bin ich bereits oben eingegangen (8.4.1). Einen gründlichen Überblick über die Wirkungen liefert *Lehmann* (1986). Bei ihrem Dauergebrauch ist physiologisch von *Hirnschädigungen* und psychologisch von *Persönlichkeitsstörungen* auszugehen (schwere Gedächtnisstörungen, Gemütsstörungen, Zerfall und Entdifferenzierung der intellektuellen Leistungsfähigkeit).

Als letztes gehe ich auf die Struktur der *modernen psychologischen Foltermethoden* ein. Wer dies im hier diskutierten Kontext für abstrus hält, wird sehr bald feststellen, daß dort psychologische Methoden der Verhaltenskontrolle in extremer Weise angewendet werden, deren Bestandteile sich in zahlreichen psychotherapeutischen Strategien der Gegenwart ausmachen lassen. So ist die systematische Demütigung ein Bestandteil verschiedener Drogen- und Alkoholikerbehandlungen, die Herstellung von Doublebind-Situationen Kern der sog. „Festhaltetherapie" (vgl. Themenheft „Haltetherapie" der Zeitschrift Behindertenpädagogik, 1988). Verhaltenstherapeutische Ansätze (vgl. unsere Analyse zur Anorexia nervosa, *v. Hebel* u.a. 1986) arbeiten mit Kombinationen von extremer Isolation, Demütigung und totaler Kontrolle; Gruppentherapien arbeiten mit Frustration und Verweigerung therapeutischer Unterstützung, um die bisherigen Haltungen von Patient/innen erst zu zerstören, bevor neue aufgebaut werden (vgl. z.B. die Dynamisch intendierte Gruppentherapie; *Höck* 1981, Psychotherapieberichte 1981–1985). Und nicht zuletzt ist die Strategie, den Willen zu brechen, ein Bestandteil der gesamten „schwarzen Pädagogik".

Keller (1981) stellt bei einer Untersuchung der *Entwicklung der Foltertechniken* fest, daß es in Chile in den Jahren 1973 bis 1976 eine deutliche Verschiebung von brutaler physischer Folter über selektive physische Folter zu psychischen Folterungen ergeben hat (S. 40f.). Dort wiederum ist eine Verschiebung von traditionellen Techniken (z.B. Schein-Erschießungen, Demütigung, Isolation) zu verfeinerten Techniken festzustellen (auf Basis der Psychoanalyse, Doppelbindung, Hypnose usw.). Er unterscheidet insgesamt *fünf Gruppen von Techniken*, die in der Regel kombiniert angewendet werden.

1. *Deprivationstechniken* (z.B. Sinnesreizung, Schlaf, Nahrung);
2. *Hypnosetechniken* (die allerdings nur unter bestimmten Bedingungen Erfolg haben);
3. *Interaktionstechniken* (z.B. die Inszenierung von Sozialbeziehungen nach Drehbuch, Aufteilung der Rolle der Folterer in aggressive und verständnisvolle);
4. *Interviewtechniken* (Befragungen im sozialen Kontext und Anwendung dieses Wissens, vgl. die Situation des falschen Vaters; Bd. 1, S. 275f.);
5. *Kommunikationstechniken* (hohes Maß an double bind: z.B. eine rauhe Kapuze über den Kopf bei gleichzeitig freundlicher Gesprächsführung).

„Wie schmerzvoll die double-bind-Folter ist, belegt die Aussage, daß man eine physische Folter eher zu ertragen bereit wäre. Hier weiß das Folteropfer wenigstens, woran es ist. Im Falle systematischer double-bind-Kommunikation fällt es dem Gefangenen schwer, Abwehrmechanismen zu bilden. Er weiß nicht, ob er den Folterer hassen soll; ob er ihn fürchten soll. Er ist gefangen in einem Netzwerk von Zweideutigkeiten und wird dabei immer ohnmächtiger" (S. 49).

Die *Wirkungen der Folter* sind ähnliche wie die der *KZ-Haft*. Den zugrunde liegenden Mechanismus psychopathologischer Syndrombildung durch isolierende Bedingungen habe ich bereits in Kapitel 6 ausführlich erörtert. Zu Verhaltensänderungen kommt es dabei in den meisten Fällen; sie sind mit schweren Schädigungen der Persönlichkeit erkauft. *Keller* (1981) faßt u. a. folgende kurzfristigen und längerfristigen Wirkungen von Folter und KZ-Haft zusammen (vgl. auch *FIR* 1973, *Krystal* 1968, *Matussek* 1971, *Niederland* 1980).

Kurzfristige Wirkungen (Post-KZ-Syndrom):
Unspezifische Nervosität, reizbare Überaktivität, Depressionen, Erschütterungsreaktionen, psychosomatische Syndrome aller Organsysteme. Die „innerpsychischen Repräsentanten der Folter sind noch so aktiv und virulent, daß sie den Gefolterten auch weiterhin heimsuchen" (*Keller* 1981, S. 64); d.h. es haben sich noch keine wirksamen psychischen Abwehrmechanismen herausgebildet.

Langfristige Wirkungen:
Nervosität, Gedächtnisschwäche, dysphorische Verstimmung, Gefühlslabilität und Angst sind die häufigsten Störungen. Hinzu kommen Insuffizienzgefühle, Antriebsschwäche, Kopfschmerzen und vegetative Beschwerden.

Aus der Sicht des Überlebenden faßt Jean *Améry* (1977, zitiert nach *Keller* 1981, S. 68) zusammen:
„Wer der Folter erlag, kann nicht mehr heimisch werden in dieser Welt. Die Schmach der Vernichtung läßt sich nicht austilgen. Das zum Teil schon mit dem ersten Schlag, in vollem Umfang aber schließlich in der Tortur eingestürzte Weltvertrauen wird nicht wiedergewonnen. Daß der Mitmensch als Gegenmensch erfahren wurde, bleibt als gestauter Schrecken im Gefolterten liegen: Darüber blickt keiner hinaus in eine Welt, in der das Prinzip Hoffnung herrscht".
Durch die internationale Aufarbeitung der Folgen von KZ-Haft, insbesondere durch die Medizinischen Kongresse der Internationalen Widerstandskämpfervereinigung (FIR), können wir uns aus der Sicht der Betroffenen ein Bild von den Folgen von Folter und KZ-Haft machen. Das Resultat wird von *Niederland* (1980) zu Recht als „Seelen-

mord" zusammengefaßt. Wo aber sind die Berichte über die durch psychiatrische Gewaltverfahren wie Psychochirurgie, Elektroschock, jahrzehntelange Asylierung und/oder Anwendung von Neuroleptika gemordeten Seelen? Nur wenige können noch reden, aber die Erfahrungen und Gefühle sind vergleichbar (vgl. z.B. *Pape* 1981, 1984, 1986).

Um so wichtiger ist es, die uns in dieser Hinsicht vorliegende subjektive Sicht der Wirkung von Verhaltenskontrolle, Terror und Gewalt aufzuarbeiten und zu verallgemeinern. Dies bedeutet vor allem, zwei Fragen zu stellen: (1) *Was ist aus subjektiver Sicht das Gemeinsame der unterschiedlichen schweren Isolationserfahrungen?* Und (2): *Wie muß eine Therapie beschaffen sein, die hier Hilfe zu leisten vermag?* Mit der Beantwortung dieser Fragen gehe ich über zur Bestimmung von Therapie im positiven Sinne. Mit Bruno *Bettelheim* (1986; vorangestelltes Motto) sehe ich den Kern dieser positiven Bestimmung in *Freud*s Bemerkung in einem Brief an C.G. Jung: *„Psychoanalyse ist eigentlich eine Heilung durch Liebe".* Und mit *Bettelheim* (1970) bin ich zugleich der Meinung *„Liebe allein genügt nicht".*

12.4.2 Therapie als heilender Dialog

Bruno *Bettelheim* ist einer der ersten Wissenschaftler, der sich zur psychischen Verarbeitung traumatischer Erfahrungen der KZ-Insassen geäußert hat. Er konnte dies mit doppelter Kompetenz tun. Zum einen als Psychoanalytiker und zum anderen als Betroffener, der 1938/39 ein Jahr in den KZs Dachau und Buchenwald interniert war. Auf der Basis der Erfahrung dieser schweren Traumatisierung und der systematischen Registrierung des Verhaltens seiner Mithäftlinge beschrieb er nicht nur (m.W. als erster) den psychologischen Kern des sog. KZ-Syndroms (1985, S. 58ff.); er arbeitete in späteren Arbeiten darüber hinaus deutliche Gemeinsamkeiten mit der Situation psychotischer Kinder heraus, indem er die *Schizophrenie als Reaktion auf Extremsituationen* begriff (ebd., S. 126ff.). Zwar darf man zwischen psychotischen Kindern und KZ-Häftlingen die Unterschiede nicht außer acht lassen, „doch hindert das nicht, daß die emotionalen Reaktionen der beiden auf äußerlich völlig unterschiedliche Situationen eine erstaunliche Ähnlichkeit aufweisen" (S. 131).

Als Kern sieht er eine psychische Situation, die er wie folgt beschreibt: *„Der Mensch war machtlos, ganz und gar ohnmächtig. Am bezeichnendsten an dieser Situation war ihre Unausweichlichkeit, ihre ungewisse Dauer (mit der Aussicht, ein ganzes Leben zu dauern), die Tatsache, daß nichts an ihr vorhersagbar war, daß das Leben des Betroffenen in jedem Augenblick bedroht war und daß dieser nichts dagegen unternehmen konnte"* (ebd., S. 129).

Entsprechend braucht das kleine Kind, um eine Kindheitspsychose zu entwickeln, „nur überzeugt zu sein, daß sein Leben von gefühllosen, irrationalen und übergewaltigen Mächten bestimmt wird, die seine Existenz total kontrollieren und ihr nicht den geringsten Wert beimessen" (S. 131).

Er hält fest (*Bettelheim* und *Karlin* 1988): *„Zwischen uns und den Geisteskranken besteht kein so großer Unterschied. Wir haben alle die gleichen Probleme, wir machen alle die gleichen Schwierigkeiten durch. Der Unterschied ist, daß ein normaler Mensch hofft, diese Schwierigkeiten überwinden zu können, und er ist überzeugt, daß es wieder besser wird, daß er Menschen finden wird, die ihm helfen, daß er Freundschaft geben und Liebe*

323

empfangen kann; der Geisteskranke ist dagegen überzeugt, daß dies alles für ihn nicht gilt. Das ist aber auch der einzige Unterschied, und das seltsame Verhalten ist nur seine Reaktion auf dieses Gefühl, sich völlig außerhalb der Welt zu befinden" (S. 45). *„Wird der Mensch in eine derartige Extremsituation hineingezwungen, so vergiftet diese Erfahrung ein für allemal sein altes Leben und seine alte Persönlichkeit"* (1985, S. 138).

Dieses Verhalten und das dahinter stehende Selbstbild kann geändert werden, ein *Neuanfang* ist möglich, wenn bedürfnisbefriedigende Personen den ganzen Tag vorhanden sind und eine generelle Toleranz gegenüber dem Kind praktiziert wird. Dies ermöglicht es auch, der Gefahr zu begegnen, „daß andere physisch geschädigt werden" und zwanghafte Beschäftigungen sexueller oder auch anderer Art in Grenzen zu halten (S. 137). Entsprechende Eingriffstechniken, die ohne das geringste Maß an unnötiger Gewalt stattfinden und in Beziehungssituationen aufgelöst werden müssen, haben insbesondere *Redl* und *Wineman* (1986a) beschrieben (vgl. auch *Jantzen* und *v. Salzen* 1986, Kap. 4). Unter diesen Bedingungen können die *Symptome abgelegt* werden. Dies bedeutet aber noch keine Heilung, sondern im Mittelpunkt steht jetzt die schmerzliche Trennung des Kindes von den Menschen, die als Kern seiner Neugeburt überwunden werden muß: *„Gesundsein heißt, daß man überzeugt ist – im Innersten überzeugt ist und nicht bloß verbal –, daß man tatsächlich etwas wert ist, mit all den Grenzen, die wir alle haben. Daß man aber trotz allem, trotz der eigenen Vergangenheit überzeugt ist, wirklich etwas wert zu sein!"* (*Bettelheim* und *Karlin* 1988, S. 120).

Im Kernpunkt von Therapie steht demnach die *Wiederherstellung der Würde und Verantwortung des Subjekts*, wobei an letzter Stelle des Heilungsprozesses die Verantwortung für sich selbst wieder übernommen werden kann, indem über Bindung und Dialog wieder Vertrauen in andere Menschen und damit schließlich in sich selbst gewonnen wird. Dieser Prozeß ist z.T. von großer Dramatik (im Unterschied zu Isolationskrisen könnte man auch von Rückkehrkrisen sprechen), denn die Erwartung, daß ich, weil ich einmal extrem verletzt worden bin, es wieder werden könnte, verbunden mit der Suche nach Gründen in mir selbst, muß aufgegeben werden. Damit wird aber das Risiko eingegangen, ein zweites Mal in meinem guten, naiven Glauben zerbrochen und endgültig zerstört zu werden. In dieser Erfahrung und diesen Erwartungen liegt m.E. die Quelle des *Widerstandes* im therapeutischen Prozeß (vgl. *Freud* 1977, S. 36ff.).

Bevor ich auf die damit verbundenen Probleme des therapeutischen Prozesses, insbesondere das Problem von Übertragung und Gegenübertragung, eingehe, will ich in Behandlung der Frage: Wie muß eine Therapie beschaffen sein, die auch bei schweren Störungern Hilfe zu leisten vermag? die Erfahrungen des *Zentrums für Folteropfer in Kopenhagen* wiedergeben (*Kastrup* u.a., 1986).

Kastrup u.a. berichten über die Rehabilitationserfahrungen bei insgesamt 35 Patienten innerhalb von 2½ Jahren. Die psychische Situation entspricht den oben wiedergegebenen posttraumatischen Folgen: „Müdigkeit, Gereiztheit, Initiativlosigkeit, Schwächung des Konzentrations- und Erinnerungsvermögens, sexuelle Probleme – oft mit Impotenz –, Schwindelanfälle, Schlafschwierigkeiten, Albträume, Rastlosigkeit, sozialer Rückzug, Angstanfälle, Neigung zu Depressionen, Schuldgefühle und Wahntendenzen" (S. 162).

Folgende *Prinzipien* wurden bei der Behandlung beachtet:

(1) „Gleichzeitiger Beginn der physischen und psychischen Behandlung; die beiden Behandlungen sind untrennbar".

(2) „Die Behandlung soll nicht nur den Opfern, sondern auch ihren Ehegefährten und Kindern angeboten werden".

(3) „Behandlungsmethoden, die in irgendeiner Weise an die Foltersituation erinnern können, sollen vermieden werden" (S. 164).

Angeboten wurden: psychotherapeutische Behandlung; somatische Spezialbehandlung (u. a. chirurgisch; entsprechend den erlittenen Traumen); physiotherapeutische Behandlung; zahnärztliche Behandlung; Beratung durch Sozialarbeiter; kinderärztliche Behandlung bei Familien mit Kindern.

Im Behandlungsprozeß gab es *drei Phasen:*

(1) *Kognitiv:* Das Geschehene wird begreifbar.

(2) *Emotional:* „Die am stärksten traumatisierenden Erlebnisse" werden rekonstruiert „und das Opfer wird dadurch mit mehr oder weniger unterdrückten Erlebnissen in Kontakt gebracht. Der Kontakt des Opfers mit den eigenen Gefühlen macht es möglich, dem Opfer ein Verständnis des eigenen Verhaltens beizubringen und in Verbindung hiermit die Gefühle erkennen zu lassen, die während der Folter nicht zum Ausdruck gebracht werden konnten, obwohl sie vorhanden waren – insbesondere aggressive Gefühle".

(3) *Handlungsorientiert:* Der circulus vitiosus soll gebrochen werden und das Opfer dahin gebracht werden „daß es einen Ausweg aus seiner festgefahrenen Situation" sieht (S. 165).

Als *zentrales Problem* der Therapie wird die *Angst* betrachtet. „Hinter ihr liegt das Gefühl des Opfers, weder sich selbst noch die eigenen Reaktionen wiederzuerkennen". Die schlimmsten Traumen tauchen daher erst wieder in der Erinnerung auf, wenn sich das Opfer schon eine gewisse Zeit in Behandlung befunden hat. „Viele Opfer haben zum Ausdruck gebracht, daß sie sich während der Folter unglaublich gedemütigt gefühlt haben, vor allen Dingen sexuell, und sich nicht hatten vorstellen können, daß sie je imstande sein würden, über das Erlebte zu sprechen. Es ist daher wichtig, diese Demütigungen bis ins Detail zu diskutieren, um damit dem Opfer dafür Verständnis beizubringen, daß weniger das Opfer selbst als vielmehr diejenigen, die die Folter ausgeübt haben, dadurch degradiert worden sind" (S. 166).

In dieser Methode stecken m. E. mehrere Aspekte, die wesentliche *Grundbestandteile jedes therapeutischen Prozesses* zu sein hätten:

(1) die *Allseitigkeit der Behandlung;*

(2) die Orientierung daran, *Aspekte der traumatisierenden Situation* in der Therapie *nicht zu wiederholen* (dies bedeutet m. E. den Verzicht auf jegliche Formen von Zwang, außer zum unmittelbaren Schutz von Leben und körperlicher Unversehrtheit des Betroffenen sowie anderer Personen);

(3) das *Aufspüren der schlimmsten und am meisten demütigenden Erlebnisse* und die Gewährleistung ihres (dramatischen) *emotionalen Neuerlebens* und damit Begreifens;

(4) die systematische *Unterstützung bei der Rückgewinnung einer eigenen Lebensperspektive.*

Fragen wir nun nach *psychotherapeutischen Ansätzen,* die im Sinne einer basalen bzw.

allgemeinen Psychotherapie Kern eines Prozesses werden könnten, in dem Gesundheit wiederhergestellt wird, so stoßen wir auf eine ähnlich *verwirrende Vielfalt* von Überlegungen auf den unterschiedlichsten Ebenen wie in der Pädagogik. Neben Überlegungen zu Grundbegriffen und Grundzusammenhängen (Erziehung und Bildung, Dialog, Kooperation usw., Gesundheit, Krankheit und Therapie) finden wir solche zum grundliegenden Wechselverhältnis von Therapeut und Patient bzw. zur wechselseitigen Erschließung durch den Pädagogen (Ebene der Didaktik), zur Unterrichtssituation bzw. therapeutischen Situation und schließlich zu Unterrichtsmethoden bzw. Therapiemethoden (vgl. Abb. 41).

Neben Erörterungen in Grundfragen gibt es die bloße Anwendung von Techniken und neben seriöser Arbeit gibt es Demagogie und das Schüren von Heilserwartungen in einem *„Psychokult"*. So zählt *Bopp* (1985) für 1978 bei den „klassischen Verfahren" 15 tiefenpsychologische, 14 verhaltenstherapeutische, 12 erlebnisorientierte und 5 kommunikationsorientierte Schulen sowie ca. 200 weitere Organisationen. Ich gehe davon aus, daß in nahezu allen diesen Ansätzen ein Stück Realität steckt, aber daß je weniger die grundsätzlichen Fragen des Menschenbildes und des Gesundheits- wie Therapiebegriffs sowie der systematischen Haltung der Therapeut/innen geklärt sind, um so eher sich Verhaltenskontrolle und Wiederherstellung von Wohlbefinden in kaum noch durchschaubaren Netzen wechselseitiger Abhängigkeit herstellen. „Erlösungswünsche, Erlösungsversprechen und die Neigung, eine Therapie nach der anderen zu durchlaufen, bedingen sich gegenseitig" (*Bopp* 1985, S. 39).

Es ist gänzlich aussichtslos, dieses Gewirr zu lichten. Der einzige Weg ist die systematische Gewinnung theoretischer Abstraktionen, um auf diese Weise Stück für Stück den Kern einer humanen Konzeption von Psychotherapie als allgemeiner Therapie freizulegen. Obwohl alle großen Psychotherapierichtungen (Psychoanalyse, Gesprächspsychotherapie, Verhaltenstherapie, Gestalttherapie) nicht frei von Zwang, Manipulation und Psychotechnik sind, gibt es in ihnen jeweils deutliche Teile, die sich gegen derartige Verfahren aussprechen. So hebt *Beaumont* (1986, S. 31) für die Gestalttherapie hervor: „Der Therapeut muß in der Lage sein, eine intensive und persönliche Beziehung aufrechtzuerhalten" (vgl. auch *Walter* 1985). Die Gesprächspsychotherapie im Sinne *Rogers* betont von jeher stärker diese Seite. Im Mittelpunkt steht hier, die subjektive Welt des Klienten in dessen Bezugsrahmen zu verstehen. Hervorgehoben werden als Kern des Therapeutenverhaltens einfühlendes Verständnis (Empathie), unbedingte Wertschätzung sowie Kongruenz, d.h. Echtheit (vgl. *Rogers* u.a. 1975). *Hauptproblem ist zunehmend weniger die Ausbildung in Techniken als die „Ausbildung der Persönlichkeit des Therapeuten"* (*Lasogga* 1986, S. 47).

Das Problem des *Menschenbildes* des Therapeuten (vgl. Kap. 9) tritt damit zunehmend deutlicher in den Vordergrund. Wie soll der Therapeut sich aber adäquat und wertschätzend sowie unterstützend verhalten, wenn er nicht versteht, was der Patient tut? Und: Wie soll er adäquat handeln, wenn er nicht zugleich den Prozeß seines Handelns selbst und der Beziehungen, die er hierbei – bewußt und unbewußt – eingeht, bearbeiten und begreifen kann? Zur ersten Frage haben sowohl die Verhaltenstherapie (vgl. zur Einführung *Baade* u.a. 1984) als auch die Psychoanalyse differenzierte Annahmen über Entstehung und Abbau von Störungsprozessen vorgelegt. Auf beides gehe ich hier nicht mehr ein, da eine Theorie der Störungsprozesse oben bereits umfassend entwickelt wurde. Um so wichtiger ist aber die Behandlung der zweiten Frage, die die Historizität des Therapeuten selbst in den Mittelpunkt unserer Überlegungen stellt.

Diese Frage 'wurde von mir mit *Bubers* Forderung nach Dialogfähigkeit und Askese des Pädagogen bereits angesprochen, trat aber in der Behandlung des Bildungsprozesses als Prozeß wechselseitiger Erschließung (kategoriale Bildung) wieder in den Hintergrund. Betrachten wir das Wesen des therapeutischen Prozesses, so tritt neben die Erschließung der Klienten für ihre Lebenswelt und der Lebenswelt für sie selbst eine *Erschließung des Therapeuten für den/die Klienten.* An ihm erleben sie modellhaft die „emotionale Beziehung mit einem Partner ...*, der sich ganz anders verhält als alle Partner des Patienten bisher und sonst" (*Fürstenau* 1977, S. 849).

Wie eine solche Tätigkeit des Therapeuten zu begreifen ist, die ein Prozeß permanenter Selbstveränderung zu sein hätte, ein Prozeß, der im Dialog, in der Beziehung stattfindet (vgl. *Bauriedl* 1980), dies kann m.E. anhand der psychoanalytischen Diskussion von Übertragung und Gegenübertragung am besten herausgearbeitet werden. Mit diesen Begriffen wird die Tatsache beschrieben, daß in der psychotherapeutischen Beziehung, bezogen auf den je anderen, Sinnbildung, Bindung und gegenständliche Gefühle entstehen.

In der psychoanalytischen Diskussion stand zunächst die Diskussion der *Übertragung* im Vordergrund, d.h. der vom Patienten auf den Therapeuten gerichteten Gefühle (Objektbesetzung). Es wurde angenommen (*Freud* 1977, S. 33), daß es sich hier um eine *Wiederholung von Gefühlen* insbesondere zu den Eltern handelt, die zugleich die *Ambivalenz* der damaligen Gefühle wiederholen. Diese Übertragung schaffe dem Analytiker zum einen die Möglichkeit der Nacherziehung, wobei er grundsätzlich die Eigenart des Patienten zu respektieren habe. Zum anderen liege in ihrer Ambivalenz die Gefahr, daß bei Überwiegen der negativen Anteile die Behandlung abgebrochen werde. Solche Anteile entstehen durch das Nichtgewähren von Bedürfnissen. Der Analytiker kann und darf nicht alle Beziehungswünsche des Patienten (nicht nur sexueller Art, sondern auch Wünsche wie Bevorzugung, Intimität) erfüllen.

Ziel der Behandlung müsse es unter anderem sein, die Natur dieser Gefühle zu erfassen und durch den Prozeß der Rekonstruktion in der Analyse Stück für Stück ebenso unbewußte Anteile des Es aufzuarbeiten wie aus dem Über-Ich stammende Schuldgefühle. Aus der *Verdrängung* wie aus den *Schuldgefühlen* bestehe der *Kern des Widerstands*, der der psychoanalytischen Arbeit entgegengesetzt werde. Dieser Widerstand bediene sich vor allem der Übertragung. Deshalb ist es notwendig, daß der Analytiker (1) darauf hinwirkt, „weder die Verliebtheit noch die Feindseligkeit eine extreme Höhe erreichen" zu lassen (*Freud* 1977, S. 35), und (2) mit seinen Konstruktionen stufenweise dem Patienten Selbsterkenntis ermöglicht. „In der Regel verzögern wir die Mitteilung einer Konstruktion, die Aufklärung, bis er sich derselben so weit genähert hat, daß ihm nur ein Schritt, allerdings die entscheidende Synthese, zu tun übrig bleibt" (ebd., S. 36).

Dies geschieht in einer „Beziehung der Nichtbeziehung" (*Fürstenau* 1977, S. 852), in der der Patient in der Analyse dem Analytiker als wesentliches Material seine Assoziationen mitteilt.

Übertragung ist daher ein Mechanismus der Objektbesetzung (Realisierung von Sinn über Bindung und gegenständliche Gefühle), in dem Vergangenheit und Gegenwart verwechselt werden, sich noch unreife emotionale Beziehungen ausdrücken, die in der Analyse auf höheres Niveau entwickelt werden müssen (zum Ablauf vgl. *Fürstenaus* Darstellung der Verlaufsstruktur; 1977, S. 857ff.).

Nach *Greenson* bedeutet Übertragung (1966, S. 82, zit. nach *Hämmerling-Balzert* 1978, S. 1891) „das Erleben von Gefühlen, Trieben, Haltungen, Phantasien und Abwehrmechanismen gegenüber einem Menschen in der Gegenwart, die der gegenwärtigen Beziehung zu dieser Person unangemessen sind und eine Wiederholung, eine Verschiebung von Reaktionen darstellen, die von wichtigen Personen der frühen Kindheit herrühren".

Analysieren wir diesen Gedanken auf dem Hintergrund unserer bisherigen Erörterungen. Der dem Prozeß der Übertragung zugrunde liegende Gedanke findet sich bereits in Spinozas „Ethik" (1987; 3. Teil, 16. Lehrsatz). Dort heißt es: „Deshalb allein schon, weil wir uns vorstellen, daß ein Ding irgendeine Ähnlichkeit mit einem Gegenstand hat, welcher den Geist mit Lust oder Unlust zu erregen pflegt, werden wir dasselbe lieben oder hassen, auch wenn das, worin das Ding dem Gegenstande ähnlich ist, nicht die wirkende Ursache dieser Affekte ist" (S. 150).

In der Psychotherapie (die ich jetzt nur noch im positiven Sinne untersuche) wird die Art und Weise, wie mit Symptomatik, Geschichte und Person der Patienten umgegangen wird, als Ernstnehmen der eigenen Person wahrgenommen. Über die Beschäftigung mit der Sache erfolgt die Öffnung für den *Dialog*. Und indem ich mich (als Patient) für den Dialog öffne, kehren meine guten Erfahrungen wie Kränkungen in gelungenen wie mißlungenen dialogischen Beziehungen als Hoffnungen und Befürchtungen wieder. Sie bestimmen meine Gefühle gegenüber dem Psychotherapeuten. Dabei ist zu beachten, daß ich (als Patient) Abwehrmechanismen gegen das Wiedererleben der isolierenden und kränkenden Situationen ausgebildet habe. Ich bin also, insofern ich mich im Dialog für eine Beziehung öffne, in einer *ambivalenten Situation* gegenüber dem Psychotherapeuten. Ich öffne mich ihm und habe zugleich Angst, daß sich in ihm die Versagungen wiederholen, die ich früher erfahren habe. Und zudem weiß ich nicht, wo der Ausgangspunkt meiner Ängste ist, da ich diesen (innere Reproduktion der Isolation, Sinnbildung unter isolierenden Bedingungen als Ausbildung von Stereotypen; vgl. Kap. 6) im Sinne der Angstkontrolle durch Abwehrmechanismen gegenbesetzen mußte.

Wichtig ist es an dieser Stelle, eine Mystifikation im psychoanalytischen Denken zu kritisieren. Die Auffassung von Übertragung als Neuaufgreifen der gegenüber meinen Eltern entwickelten Gefühle trifft nur die Erscheinungsebene. Auf der Ebene wesentlicher Zusammenhänge geht es um die (Neu-)Konstitution des Gattungssubjektes in mir, die in meiner Geschichte nicht realisiert, verweigert wurde. Die wirkliche Urache ist nicht die Verweigerung der Beziehung durch meine Eltern, die wirkliche Ursache ist die *Verweigerung einer menschlichen Beziehung*, die ich in Form der Wiederholung meiner früheren Hoffnungen (die gegenständlich auf die Eltern gerichtet waren) jetzt bei dem Analytiker suche. Aus dieser Verweigerung resultiert die Regression in der Übertragung, die genauso Symptom ist wie der Widerstand oder die Abwehr. „Dynamisch gesehen haben sie alle den Zweck, Angst zu vermeiden", so *Bauriedl* (1980, S. 199), und, so wäre hinzuzufügen, *dialogische Beziehungen* zu suchen. *Um diese finden zu können, muß ich meine Angst verlieren, um meine Angst verlieren zu können, muß ich diese Beziehungen finden.* Dies ist der Widerspruch, den Psychotherapie zu lösen hat.

Da ich (als Patient) selbst mit individuellen Mitteln die graduelle Anpassung an die Isolation erreicht bzw. die Isolationskrise überwunden habe, kann mir als Kern meiner komplizierten Situation nicht die Bindungsunfähigkeit der anderen, d.h. meine Stigmatisierung und Zurückweisung durch sie erscheinen. Wäre dies der Fall, hätte ich die Situation bewältigen und verarbeiten können. Von meinem Standpunkt her, der ich mit individuellen Mitteln erneut Sinn gebildet habe (Stereotyp; vgl. Kap. 6), nachdem mir die sozialen Mittel verweigert wurden, muß ich *je mich als Ausgangspunkt der mißlin-*

genden Beziehungen betrachten. Dies bringt meine Schuldgefühle hervor, auf deren Basis Widerstand gegen Veränderung geleistet wird. (Zum Mechanismus dieses Aufbaus vgl. *Bettelheims* Aufarbeitung der psychischen Bedingungen des Überlebens von KZ-Haft; 1985, S. 58ff.).

Die psychoanalytische Situation bringt den Patienten damit in eine ambivalente Situation. Einerseits tauchen neue Bedürfnisse nach Nähe, Zuwendung, Intimität auf, die sich am Analytiker festmachen müssen. Er ist die Person, der dies durch die Methode der freien Assoziation gestattet. Zum anderen entstehen Schuldgefühle, sich selbst als Ausgangspunkt der Kommunikations- und Beziehungsunfähigkeit zu sehen. Diese können nur überwunden werden, indem in der Analyse Stück für Stück die inhaltlichen Rekonstruktionen angenommen und übernommen sowie im realen Leben Arbeits- und Liebesfähigkeit wiedergewonnen werden können. Da letzteres aber nicht Thema der Analyse im klassischen Sinne ist, sozusagen dem Selbstlauf überlassen bleibt, entsteht eine dauernde ambivalente und labile Situation. In ihr bleibt der Patient letztlich in seiner Selbstwahrnehmung beziehungsunfähig (die Beziehungsfähigkeit erlangt er nur in der äußeren Situation zurück), da der Analytiker ihm durch die „Beziehung der Nichtbeziehung" nichts anderes gestattet. Dadurch bleibt die psychoanalytische Situation in einer dauernden *Durchmischung von Gefühlsentwicklung und Trennungserfahrung*, d. h. ambivalent. Überwiegt weder die eine noch die andere Seite bei dieser Gratwanderung, so kann Nachreifung stattfinden.

So gut diese Mechanismen bei *Freud* bereits dargelegt und analysiert sind, so bleibt doch die Frage nach effektiveren Alternativen und nach der genaueren Bestimmung von „Beziehung". Ist die „Beziehung der Nichtbeziehung" tatsächlich die einzig mögliche im psychotherapeutischen Prozeß bzw. gibt es sie überhaupt? Und liegt nicht an dieser Stelle ein Mangel der Psychoanalyse, vergleichbar zu anders gelagerten Mängeln bei anderen Therapieverfahren, der es bewirkt, daß sie genausoviel oder -sowenig erfolgreich ist wie andere Verfahren? Aufgeworfen ist die Frage nach der *Beziehungsfähigkeit des Analytikers*, der sich in diesem Verhältnis weit eher durch Askese als durch Dialog auszeichnet. Die Gegenseitigkeit und damit die Ausschließlichkeit und Vergegenwärtigung im Sinne *Bubers* (s. o. Kap. 10.1) bleiben durch die Haltung des Analytikers weitgehend ausgeschlossen, während sie z. B. in der Gesprächspsychotherapie oder in der Gestalttherapie im Sinne von *Perls* weitaus stärker zu finden sind. Dort erfolgt freilich der weitgehende Verzicht auf die Dimension der Geschichtlichkeit des Patienten.

In dieser Frage führt uns die Diskussion über die Problematik der *Gegenübertragung* weiter. Gegenübertragung findet in allen Verhaltenswissenschaften statt. „*Ein* strategisches Phänomen ist jedoch in der Psychoanalyse gut bekannt, wenn nicht berüchtigt. Wenn bzw. soweit der Analytiker aus eigener ihm unbewußter Bedürftigkeit von dem Patienten(system) in bestimmter Weise abhängig ist, ist er nicht mehr frei, mit dem Widerstand des Patienten(systems) optimal psychoanalytisch-strategisch umzugehen (‚Übertragung' des Analytikers auf den Analysanden, unbewußter defensiver ‚Pakt' zwischen dem Analytiker und dem Analysanden)" (*Fürstenau* 1977, S. 855). Wenn der Psychoanalytiker diese Gegenübertragungsreaktionen nicht erkennt, besteht die Gefahr, daß er „seine Haltung neutraler freischwebender Aufmerksamkeit aufgibt und agiert anstatt zu interagieren" (*Hämmerling-Balzert* 1978, S. 1893).

Voraussetzung der Interaktion des Psychoanalytikers mit dem Patienten im klassischen Sinne ist es, im Sinne der *Abstinenzregel* zu interagieren. „Dies setzt eine Distanzierung von den üblichen Formen selbstverständlich gelebten Lebens voraus. Die Absetzung geschieht dadurch, daß der Analytiker mit Ausnahme der Vereinbarungen über die

Analyse nicht im Sinne des Alltagslebens mit dem Patienten interagiert und auf ihn reagiert" (*Fürstenau* 1977, S. 852). Die Geschichte der Psychoanalyse zeigt, daß diese Regel zwar durchgängig postuliert, aber häufig gebrochen wurde. Etliche prominente Psychoanalytiker heirateten ehemalige Patientinnen, sexuelle Beziehungen zwischen Therapeut und Klientinnen kommen in der Psychoanalyse genau so vor wie in anderen Therapien (vgl. *Chesler* 1974, Kap. 5).

Eine andere Seite dieser Abstinenzhaltung, dies decken die zunehmenden Forschungen zur Gegenübertragung auf, sind elitäre (und manchmal auch ausgesprochen zynische) Haltungen gegenüber den Patienten. So stellt *Beckmann* (1988) bei der Erforschung von Gegenübertragungsmechanismen fest, „daß alle untersuchten Analytiker mehr oder weniger mit phobischen Abwehrphantasien identifiziert sind, indem sie sich entweder narzisstisch gegen Normalkontakte absichern oder depressiv an Normalkontakten leiden. Die phobische Absicherung ist generalisiert, da sie einerseits Schutz gegen Kontakte bietet und andererseits die Empathie mit Patienten sichert, die schließlich bis zu ihrem Analytiker durchdringen". Dies sind aber nur leidlich aktive Patienten (S. 239f.).

Erst in jüngster Zeit wird anerkannt, daß „*im Rahmen der therapeutischen Rollenaufteilung auch eine natürliche und persönliche Beziehung von der Seite des Therapeuten eine Grundbedingung des therapeutischen Prozesses ist*" (*Bräutigam* 1988, S. 173). Je mehr die Psychoanalyse ihr klassisches Setting verläßt, desto eher ändert sich ihre Haltung in diesen Fragen.

So ist es sicherlich nicht zufällig, daß eine besonders entwickelte Position im Rahmen der psychoanalytischen Familientherapie vertreten wird. In ihrem Buch „Beziehungsanalyse" geht Thea *Bauriedl* (1980) von einer *positiven Bestimmung des Abstinenzbegriffes* aus. Abstinenz bedeutet *„Sich-nicht-verwenden-lassen-und-den-anderen-nicht-verwenden"* (S. 52). Man könnte m.E. auch davon sprechen, daß aus der Distanz Nähe gehalten wird. Bei fehlender Abstinenz einigen sich die beiden Beziehungspartner z.B. auf die gemeinsame Spielregel, daß *„den-anderen-verstehen"* gleichgesetzt werden soll mit *„tun-was-der-andere-will"* (S. 53). In dieser Bestimmung von Abstinenz, die in vollem Einklang mit *Buber*s Analyse der dialogischen Situation steht, sind Deutungen das, was in der Beziehung Bedeutung gewinnt (ebd.). Dies setzt die Fähigkeit des Analytikers voraus, „sich selbst in Beziehungen zu erleben" (S. 56). Abstinenz üben bedeutet dabei, sich gegen die folgenden Gefahren zu schützen (S. 129ff.): die Gefahr der Verschmelzung, die Gefahr der Bündnisbildung durch Manipulation, die typische Rollenzuschreibung durch sich selbst oder durch die Familie (Fachmann, autoritäre Einstellung).

„Der Ist-Zustand, an dem eine Familie aus beziehungsanalytischer Sicht leidet, ist die entfremdete Dissoziation und Beziehungsverlust innerhalb und zwischen den Familienmitgliedern" (S. 139). In dem kreativen Prozeß in der Veränderung in der Therapie geht es um das *„Gestaltwerdenlassen von Bedeutungen"* (S. 154ff.). D.h. jeder erfährt, wer er selbst ist und wer die anderen sind; der Machtanspruch kann aufgegeben werden, und die Familienbeziehungen werden wieder lebendig. Dabei geht *Bauriedl* davon aus (dies entspricht der Ansicht *Bettelheim*s, s.o.), „daß ein Symptom nur aufgegeben werden kann, wenn weniger Beziehungsangst herrscht" (S. 198).

Der Therapeut selbst sehnt sich ebenso wie die Patienten „nach diesem Gefühl der Resonanz, des Akzeptiertwerdens und des Akzeptierenkönnens" (S. 244). Sein „dialektisches Bedürfnis" äußert sich in dem *„Wunsch nach einer Ich-und-Du-Beziehung"* (ebd.). Dies ist ein mit Angst besetzter Vorgang (S. 189ff.), der scheitern kann. Dann kommt es zu „Fest-Stellungen", „Projektionen" und „Desensibilisierung" (S. 244f.).

Anstelle des *Tuns* in der Therapie tritt damit das „*Sein in der Beziehung*" (S. 249), das der Therapeut durch den Prozeß der *multiplen Identifikation* gewährleisten kann. Dies bedeutet, daß er „in sich die verschiedenen Übertragungsbilder bzw. Erlebnisweisen, die jeder Beteiligte von jedem hat, in einem dialektischen Spannungsfeld vereinigen kann" (S. 216).

Im Sinne unserer Diskussion zur Frage der Diagnostik heißt dies, daß er zur Rehistorisierung der je einzelnen Patienten fähig ist, und daß er dialogfähig ist.

Was bedeutet dieses Neubegreifen von Gegenübertragung für die Rolle und Haltung des Therapeuten, für seinen Erkenntnis- und Handlungsprozeß? Ich will dies unter den Gesichtspunkten Gegenübertragung als Prozeß der Vernunftwerdung (und damit ästhetischer Prozeß) sowie Psychotherapie als Drama in Kürze andiskutieren.

Gegenübertragung als Vernunftwerdung bedeutet jeweils die auftretenden Gefühle, Bindungen usw. auf höherem Niveau aufzuheben, so wie ich dies oben in der kathartischen Realisierung der Vernunft anskizziert habe. Es geht um eine Erschließung des Therapeuten für den Patienten im Sinne der Herstellung und Aufrechterhaltung seiner Dialogfähigkeit. In diesem Prozeß sind mindestens *drei Ebenen* zu beachten.

(1) *Die Anerkennung der Autonomie des Patienten und die Realisierung des eigenen Handelns als Instrument für diesen im Sinne der Ausweitung und Rückgewinnung seiner Autonomie auf höchstem Niveau.*
Da die Realisierung jedes therapeutischen Prozesses beim Therapeuten Angst vor dem Scheitern beinhaltet (und beinhalten muß!), benötigt er *Orientierungsprinzipien*. Derartige Prinzipien sind methodologisch auf der Ebene zwischen Gesetz und Norm angesiedelt (vgl. 11.3). Sie sichern sein Handeln in Situationen, in denen er keine Veränderung und keinen Erfolg sieht. Andernfalls würde er hier im Regelfall zu „bewährten Interventionstechniken" greifen müssen, um seine Angst zu bewältigen. Sein nicht mehr gegebenes Begreifen des anderen und seine eigene damit reduzierte Handlungsfähigkeit würden durch instrumentelle Anwendung von Verfahren die fehlende Handlungsfähigkeit zum Patienten verlagern. Nach Maßgabe dieser Verfahren würde er als „schwer behandelbar" oder „unbehandelbar" bestimmt werden. Der Aspekt der Warenform würde über den der Naturalform dominieren.
Entsprechend habe ich in früheren Arbeiten (*Jantzen* 1979, S. 134ff., *v. Hebel* u. a. 1986, S. 139f.) einige Prinzipien therapeutischen Handelns definiert, die hier erneut wiedergegeben werden sollen (vgl. die in beiden Arbeiten erfolgte Darlegung an praktischen Beispielen).

1. *„Radikale Parteinahme für den Klienten".*
Dies ist am ehesten mit dem *Makarenko*-Zitat auszudrücken: „Möglichst hohe Forderungen an den Menschen und möglichst hohe Achtung vor ihm" (Werke 5, S. 155).
2. *„Demokratisierung der Therapieprozesse und Entmystifizierung der Therapeutenrolle".*
Dies bedeutet Aufheben jeglicher Bevormundung des Klienten, gemeinsames und solidarisches Lernen und wo irgend möglich Öffnung der Therapie gegenüber Freunden, Verwandten usw. Insbesondere Überwindung des Zweiersettings (Therapeut/Klient), in welchem pathologische Formen der Übertragung und des Widerstands entstehen können, die dann der Schwere der Erkrankung des Patienten

zugeschlagen werden (vgl. auch die bei *Essberger* u.a. 1988, wiedergegebenen Erfahrungen im Rahmen der Solidarischen Psychosozialen Hilfe Bremen e.V.).

3. *„Absolute Eindeutigkeit des eigenen Handelns"*.

Dies bedeutet nicht, Fehler selbst vermeiden zu können, sondern die notwendige Selbstkritik in dem Sinne, Mißerfolge zunächst aus der Realität und Angemessenheit des eigenen Handelns zu bestimmen.

4. *„Positive Lösung der Machtfrage"*.

Therapieprozesse bedürfen der Absicherung nach außen. Einweisungsbeschlüsse, Ausübung polizeilicher Gewalt oder des besonderen Gewaltverhältnisses der Psychiatrie sind hier ebenso von Bedeutung wie das Problem der Hegemonie, also der Vorherrschaft in Einrichtungen des Therapiebereichs.

5. *„Aufbau individueller Realitätskontrolle*: Entfaltung von Bedürfnissen und Fähigkeiten in den Bereichen Produktion, Sprache und nichtsprachliche Kommunikation"* (*Jantzen* 1979, S. 139f.) bzw. *„Zurückeroberung der eigenen Geschichte bei gleichzeitiger Eroberung von Handlungs- und Lebensmöglichkeiten in der Gegenwart"* (*v. Hebel* u.a. 1986, S. 140).

6. *„Die Tätigkeit des Klienten ist als eingebettet in kollektive Lebensprozesse zu begreifen und zu organisieren"*.

Oft kommt der Organisation einer Unterstützung in der Familie oder in der Nachbarschaft, der Veränderung der Bedingungen dort, größere Bedeutung zu als dem unmittelbaren Einwirken des Therapeuten auf den Klienten. Zu warnen ist ebenso vor therapeutischer Arroganz und Omnipotenzglauben wie davor, den Betroffenen nach einem Bilde eigener Normalität formen zu wollen. Insbesondere sollte jeweils auch über die Möglichkeit von Gruppentherapie, Laienhilfe oder Selbsthilfegruppen nachgedacht werden.

7. *„Suche geeigneter Bündnispartner für Therapeut und Klient"*. Um Therapie gegen sozialen Ausschluß durchzusetzen, also gegen menschenverachtende Praktiken und Denkformen, bedarf es Gleichgesinnter sowie entsprechender Organisationen, die Träger einer humanistischen Denkweise sind (vgl. die Diskussion in der italienischen „Demokratischen Psychiatrie"; sowohl die Arbeiten von *Basaglia* wie auch *Pirella* 1975 bzw. zur jüngeren Diskussion *Riquelme* 1988).

Mit diesen Prinzipien wird Therapie nicht in Sozialarbeit aufgelöst, sondern umfassend nach ihren verschiedenen Ebenen und Bedingungen gefragt. Insbesondere die ersten drei Prinzipien zielen auf die Realisierung einer offenen und gleichberechtigten dialogischen Situation.

(2) *Die Rehistorisierung des Patienten im eigenen Denken als Kern des diagnostischen Prozesses.*

Dies habe ich im wesentlichen weiter oben unter dem Aspekt der Syndromanalyse behandelt. Erst eine solche Denkweise sichert die Dialogfähigkeit, weil ich erst dann die Seltsamkeiten, Auffälligkeiten, Symptome, die der Patient produziert, als Ausdruck seiner unter seinen Lebensumständen sinnvollen und systemhaften Tätigkeit entschlüsseln kann. Unter diesem Aspekt ist es wichtig, ihn *auf den höchsten Niveaus seiner Tätigkeit zu stabilisieren und zu unterstützen*. Nur so kann die notwendige Rückgabe von

Würde und Verantwortung eine praktische Basis finden. Zugleich ist der Patient *auf elementaren Niveaus abzusichern*. Hierzu gehört neben der *Gewährleistung von Krisenintervention* vor allem der bereits oben genannte Aspekt des Auffindens und des *Neudurchlebens der am meisten demütigenden Erfahrungen*. Dies ist dann der Kern von Psychotherapie als Drama (s.u.).

(3) *Aufhebung der eigenen Gefühle in der Gegenübertragung auf höherem Niveau (kathartischer Prozeß)*.

Basaglia spricht einmal davon, daß es nicht die Krankheit gibt, sondern nur das Leiden. Durch die Rehistorisierung gelange ich an den Punkt, das Leben des anderen nicht nur als sinnvoll und systemhaft zu begreifen. Indem ich mich in ihm als Mensch spiegele, der unter diesen Bedingungen um die Wiedererlangung seiner Würde kämpft, erfahre ich ihn nicht mehr als defektiv, als Behinderten, sondern als jemanden, der um die Realisierung von Humanität kämpft. Und indem ich hierin die Möglichkeit meines eigenen Humanseins spiegele, hebe ich meine Betroffenheit auf das höhere Niveau der Aneigung meiner Betroffenheit.

Dieses Begreifen, das kathartischer Prozeß ist, findet in einem Gedicht von Nazim *Hikmet* (1977, S. 216) folgenden Ausdruck:

BEGREIFEN.
Von den Wiegenliedern der Mütter
bis zu den Nachrichten des Ansagers
im Buch, im Herzen, auf der Straße
die Lüge besiegen.
Begreifen Liebste, welch ein unvorstellbares Glück,
Begreifen, was geht und was im Kommen ist.

Der Kern dieses Begreifens ist die Neugewinnung der eigenen humanen Perspektive als Sinnbildungsprozeß, von der aus der Therapieprozeß organisiert werden kann. Diese Organisation hat verschiedene Ebenen. Zum einen beinhaltet sie die *Aufarbeitung des historischen Materials*, zum anderen die *Bewältigung der realen gegenwärtigen Situation*. Dies ist der Prozeß kooperativer Arbeit, in den hinein vermittelt dann (dritte Ebene) dialogische Situationen zugleich die *therapeutische Beziehung* entwickeln. Entsprechend wurden auf dem Kongreß der DGVT 1990 in Berlin in einer Diskussionsveranstaltung „Psychotherapie wirkt! Fragt sich nur wie" (Diskussionsleitung Eva *Jaeggi*) drei Dimensionen hervorgehoben, die in unterschiedlichen psychotherapeutischen Verfahren wesentlich die Wirksamkeit der Therapie ausmachen: 1) die Art der Klient-Therapeut-Beziehung, die am Anfang hergestellt wird (also der Beziehungs-Aspekt, auf dem der weitere Prozeß aufbaut); 2) die gemeinsame Planung eines Therapieziels; 3) die Verständigung über Teilschritte im Prozeß der kooperativen Erreichung dieses Ziels.

Im Mittelpunkt des dialogischen Prozesses stehen Schritte, in denen an den Ort der größten Demütigung gelangt werden kann, um von hier aus im „*dramatischen Prozeß*" (der verschiedene Situationen und Stufen umfassen kann) die *Notwendigkeit von Abwehr und Verdrängung und das Vorherrschen des Gefühls der eigenen Schuld aufzuheben*. Wir haben in einer gemeinsamen Arbeit zum Problem der Anorexia Nervosa (verfaßt von der Betroffenen, ihrer Schwester wie von mir selbst; vgl. *v. Hebel* u.a. 1986) eine solche dramatische Situation publiziert; für den Prozeß der Gruppentherapie liegt eine erste Auswertung einer mit mir gemeinsam durchgeführten Therapie unter diesen Gesichtspunkten in der Arbeit von *Lauschke* (1989) vor.

Ich gebe in Kürze den Kern dieses dramatischen Prozesses aus der ersten Arbeit als exemplarisches Beispiel wieder. Vorweggegangen war eine lange gemeinsame Arbeit, in der eine komplizierte Familiensituation rehistorisiert werden konnte. Trotz extremen Abmagerns wurden weder Gewichts- noch Essenskontrolle noch sonstige Zwangsmaßnahmen eingesetzt. In einer entscheidenden Krise hatte Monika, die anorektisch erkrankte Frau (damals 22 Jahre alt), ihr extrem niedriges Gewicht offenbaren können, mit unserer Unterstützung selbst den (nach verschiedenen Krankenhausaufenthalten auf der Intensivstation zu Recht sehr gefürchteten) Gang zum Arzt unternehmen können und begonnen, sich zu stabilisieren.

Ich zitiere aus unserer Publikation die Situation, die von allen Beteiligten als *Schlüsselsituation* für die Gesundung betrachtet wurde (die Termine fanden jeweils in der Privatwohnung der Betroffenen und jeweils zu dritt statt):

„Wir beschließen in dieser Zeit, die Frage der Schule wieder aktiv anzugehen, da deren Besuch für Monika lebenswichtig ist. Ab 14. 08. besucht sie die Aufbauschule und wiegt kurz vorher (am 06. 08.) 35 kg. Die Schulsituation ist ungeheuer belastend für sie. Ständig fühlt sie sich angestarrt. Am 19. 08 ist sie ‚am Ende' und möchte umarmt werden. Am 27. 08. sitzt sie wieder aschgrau in der Ecke, wie am 26. 05. Ich spüre ihr Bedürfnis nach Nähe, das sie nicht ausdrücken kann und wage es selbst zu sagen: ‚Jetzt möchte ich Dich gerne in den Arm nehmen'. Monika sagt: ‚Ja, ich Dich auch', kommt und setzt sich auf meinen Schoß. Obwohl ich große Angst habe, es auszusprechen, denn an ihr Essen ließ Monika bisher niemanden, auch uns nicht, kommen, sage ich: ‚Und jetzt könnte ich Dir ein Fläschchen geben'. Monika ist ganz ruhig, gelassen, entspannt und sagt: ‚Ja, jetzt könntest Du mir ein Fläschchen geben'" (S. 153).

Zwei Monate später wurden die regelmäßigen Termine beendet, um Weihnachten hatte Monika ein Gewicht um 50 kg, das sie akzeptieren konnte. Außer einem Rückfall, dessen Auflösung auf höherem Niveau wir in dem Artikel ebenfalls beschreiben, gab es seit damals keine nennenswerten Einbrüche mehr.

Der Charakter der wiedergegebenen Situation, die nach den Annahmen der Gestalttherapie als die Herstellung einer guten Gestalt im Hier und Jetzt und als Erledigung einer unerledigten Sache gekennzeichnet werden kann, läßt sich am besten mit den ästhetiktheoretischen Annahmen von *Lukács* (1987) beschreiben. Hergestellt wurde ein *mimetisches Gebilde*, also eine spezifische ästhetische Form, die durch ihre Geschlossenheit eine wahre, dauernd wirksame Widerspiegelung der Wirklichkeit zustande bringt (vgl. Kap. 5). Das *Bedürfnis des Ästhetischen* ist es nach *Lukács* in allgemeinster Form, „eine Welt zu erleben, die real und objektiv ist und zugleich den tiefsten Anforderungen des Menschseins (des Menschengeschlechts) angemessen ist" (S. 523). Der *ästhetische Akt* beinhaltet in der Mimesis (also der ästhetischen Nachahmung der Wirklichkeit) die „bedingungslose Hingabe an die Wirklichkeit und den leidenschaftlichen Wunsch, sie zu übertreffen" (ebd.). Er findet statt als *Entäußerung* der Subjektivität in ihrer Hingabe an das Objekt und als *Rücknahme* im Sinne eines Aufbewahrens, Auf-höhere-Stufe-Hebens der durch die Entäußerung veränderten Objektivität (S. 532f.).

Was in unserem Beispiel für den Therapeuten mimetischer Prozeß der Gestaltung eines ästhetischen Gebildes ist, das in Dialog und Kooperation erstellt wird, ist für die Patientin die Auflösung und der Abschluß eines dramatischen Prozesses. Eine Katharsis findet statt. Die erstmals wieder erfahrbare Dimension der eigenen Humanität als dialogische Bespiegelung gibt an dieser Stelle den Glauben zurück, wieder *etwas wert* zu sein, wie dies *Bettelheim* als Kern eines Begriffs von Gesundheit definiert hatte.

Entsprechend versteht *Lauschke* (1989) unter Anwendung des Drama-Begriffs von *Politzer* (1974) sowie von *Wygotski* (1989; vgl. auch *Yaroshevsky* 1989, S. 211ff.: Psychology in Terms of Drama) dysfunktionale Regulationsmuster als „Kern" des persönlichen Dramas eines Ratsuchenden, das die Weiterentwicklung momentan blockiert. Um diese wieder in Gang zu bringen, ist es notwendig, „über eine dramatische Gestaltung zu diesem Kern (der Art und Weise, wie der Ratsuchende seine sozialen Beziehungsformen realisiert) vorzudringen und ihn aufzuheben" (S. 120). In diesem *Inszenierungsprozeß des Dramas* lassen sich die folgenden Stufen (hier bezogen auf eine Gruppensituation) darstellen (S. 118).

– Aufspüren des Konfliktes (Anfang der Sackgasse);
– Freisetzen verdrängter Affekte, mit denen der Schnittpunkt beladen ist und schrittweises Durchdringen der dramatischen Verstrickung;
– Integration der in der Vergangenheit ausgegrenzten Teile des Ichs in die lebendigen Kanäle der Gegenwart;
– Integration der Protagonisten in die Gruppe;
– Rückbezug der neugewonnen Einsichten auf das Ausgangsproblem;
– Auffinden bzw. Schaffen von Räumen des Probehandelns.

Therapie als heilender Dialog integriert jene Prozesse und baut auf ihnen auf, die ich bei der Behandlung der Probleme einer basalen Pädagogik und insbesondere bei der Bestimmung von Erziehung und Bildung ausführlich dargestellt habe. Seine eigene Qualität liegt darüber hinaus in der Schaffung ästhetischer Gebilde, in denen sich Vernunftwerdung des Therapeuten und des Klienten verschränken. Diese Gebilde habe ich in den Zusammenhang von Therapie als dramatischem Prozeß gestellt. Psychotherapie ist so verstanden nicht ein Tun sondern ein dialektischer Prozeß des Seins, wie es *Bauriedl* hervorgehoben hat. Sie versucht bei gänzlichem Verzicht auf Verhaltenskontrolle und Zwang, jedoch bei hohen Anforderungen in der Zone der nächsten Entwicklung, die Überlegungen verschiedener Therapieschulen positiv in sich aufzuheben. Daß diese Diskussion um die Herausbildung einer allgemeinen Therapiekonzeption noch sehr am Anfang ist, möchte ich ausdrücklich betonen.

12.5 Psychotherapie und reale Lebenssituation

Sowohl im Kapitel über Diagnostik (9.5) als auch im vorweggegangenen Abschnitt trat in den Mittelpunkt der notwendigen Rehistorisierung das Ausgehen von der *objektiven Bestimmtheit der individuellen Lebenssituation durch die soziale Lage*. Dies ist ein Prozeß, der sich über viele Ebenen und Zusammenhänge vermittelt im Alltag ereignet. Von entscheidender Bedeutung sind hier Zusammenhänge, die in der Regel „menschlicher Natur" zugeschlagen werden, wie *Kindheit, Familie, Geschlecht* u.a.m., obwohl sie zutiefst gesellschaftlich determiniert sind. Auch hier stellen sich die Fragen der Dialektik von Warenform und Naturalform, von Herrschaft und Dienen, von Unterdrückung, von Arbeitsteilung und Ausbeutung usw.

Dies schlägt sich u.a. nieder (1) in der geschlechtsspezifischen Verteilung der Krankheiten allgemein wie insbesondere auch der psychischen Erkrankungen (vgl. *Kolling* und *Mohr* 1982) und (2) unterschiedlichen Zugängen zu Therapien, die (3) darüber hinaus zum großen Teil dieser Problematik nicht Rechnung tragen. Die geschlechtsspezifische Verteilung psychischer Störungen in Familien kennzeichnet *Schmerl* (in *Hörmann* u. a. 1988) entsprechend: „Verheiratete Frauen riskieren größere Raten an Depressionen und psychischen Störungen als alleinlebende Frauen und umgekehrt: Verheiratete Männer zeigen geringere Raten an psychischen Störungen, Suizid und Alkoholismus; verheiratete Frauen aber weisen an all diesen Störungen höhere Anteile auf als verheiratete Männer. Ehe und Familie scheinen somit für Frauen eher gesundheitsbeeinträchtigend zu sein, für Männer dagegen gesundheitsförderlich" (S. 89).

Soweit ich sehe, sind diese Aspekte in der Therapiediskussion erst in Anfängen thematisiert und besonders auf die Entwicklung feministischer Therapieansätze (vgl. *Scheffler* 1986, *Eichenbaum* und *Orbach* 1982), kritisch-psychologische Ansätze (*Dreier* 1980) sowie eine erste Kritik der Familientherapie (*Hörmann* u. a. 1988) konzentriert. Viele der entscheidenden Grundkategorien für den Prozeß eines sozialwissenschaftlichen Neubegreifens sind erst in jüngster Zeit thematisiert und vor allem, aber nicht nur, durch feministische Forschung z. T. bereits genauer herausgearbeitet und bestimmt worden.

Ich diskutiere im folgenden einige Aspekte an, um zu verdeutlichen, wie unangemessen therapeutische Strategien sind, die von diesen Zusammenhängen abstrahieren. Dabei ist es an dieser Stelle gänzlich unmöglich, den umfassenden Kontext dieser Frage zu rekonstruieren. Mit *Engels* (MEW Bd. 21) ist der Ursprung der *Familie als sozialer Institution* mit der Entstehung des *Patriarchats* verknüpft. Dieses subsumiert als gesellschaftliches Verhältnis die Frau als sexuelles Eigentum des Mannes unter dem Aspekt von Reproduktionsarbeit für den Mann und die Familie. Mit dem Übergang zum Vaterrecht wird gleichzeitig die Aneignung von Eigentum in der Familie gegenüber dem ursprünglichen Gemeinwesen begünstigt (Vererbung an die Kinder). Und mit der Entstehung des Staates schließt sich der Übergang von der natürlichen zur gesellschaftlichen Lebensweise. Die Familie hat jetzt als Ort der natürlichen Reproduktion der Gattung in mehrfacher Hinsicht den Prozeß der gesellschaftlichen Reproduktion zu sichern: Reproduktion der Arbeitsfähigkeit des Mannes, Reproduktion der Gesellschaft durch Zeugung und Erziehung von Kindern, Reproduktion des Privateigentums (vgl. auch *Bornemann* 1975). Dadurch entsteht ein äußeres wie inneres Herrschaftssystem zwischen den Geschlechtern und in den Geschlechtern, das *Jurreit-Janssen* (1970) als *Sexismus* kennzeichnet (vgl. *Rohr* 1984b).

Wenn alle diese Verhältnisse auch schon in *vorbürgerlichen Gesellschaften* mehr oder weniger ausgeprägt angelegt sind, so gilt doch für diese, daß in ihnen das Subjekt nicht „vereinzeltes Individuum, sondern Mitglied eines Gemeinwesens" ist (*Altrogge* u. a. 1984, S. 27). Im Kontext dieser Verhältnisse entwickeln sich die Geschlechter- und Familienverhältnisse und werden in historisch neue Formen transformiert. So weist z. B. *Goody* (1989) nach, wie wesentliche Teile der Familiengesetzgebung auf den Einfluß der mittelalterlichen Kirche in Europa zurückgehen. Diese (als gesellschaftliche Institution) versuchte auf diesem Weg, sich Anteile an der Vererbung des Privateigentums zu sichern. Die nachgewiesenen Einflüsse reichen von dem Ehe- und Erbrecht über die Aberkennung des legalen Status nichtehelicher Kinder bis hin zur Reglementierung familiärer und sexueller Normen (vgl. zum letzteren Inquisition und Hexenverbrennung, aber auch heute Abtreibungs- und Verhütungsverbot). Im Kontext dieser Entwicklung veränderten sich die Situation der Geschlechter, der Kinder (vgl. *Ariès* 1975, *de Mause* 1977) und die Situation der Familie insgesamt (Übergang zur Kleinfamilie; vgl. *Weber-Kellermann* 1975).

Forschungsfragen, die auf diesem Hintergrund diskutiert werden, beziehen sich auf die

Klärung eines komplizierten Kategorienzusammenhangs, von dem ich nur einige Aspekte benennen will:

1. *Welche Art von Arbeit leistet die Frau in der Familie?* Mit welchen Kategorien kann ihre Reproduktionsarbeit, die sehr unterschiedliche Aspekte umfaßt (Führung des Haushalts, Erziehungstätigkeit, Liebestätigkeit, Beziehungsarbeit u.a.m.), im Rahmen gesellschaftlicher Reproduktion beschrieben werden? In welcher Form vermittelt sich das Verhältnis von Arbeit und Ausbeutung in die Familie?

2. *In welcher Weise muß die Kategorie Sexualität näher bestimmt werden?* Nach *Schunter-Kleemann* (1985) beruht der Klassenantagonismus auf der Ausbeutung fremder Arbeitskraft, der Antagonismus im Geschlechterverhältnis „auf der Kontrolle der weiblichen Sexualität zur Sicherung der Herrschaftsinteressen des Mannes" (S. 250). Inwieweit und in welchen Formen ist Sexualität Ansatz für Unterdrückung, Herrschaft, Gewalt bzw. wird ihr Entzug zur Waffe, inwieweit ist Sexualität Produktivkraft, Basis zur Entwicklung menschlicher Verhältnisse? (vgl. z.B. *Andresen* 1985).

3. *Wie kann die Kategorie Patriarchat im Verhältnis zur Kategorie Matriarchat bestimmt werden?* Ist die Familie als Ort zugleich autoritärer und demokratischer Vermittlungsstrukturen (*Buer* in *Hörmann* 1988, S. 119) auch zugleich der Ort von dort in rudimentärer Form überlebenden matriarchalischen Strukturen? Die ethnopsychiatrische Arbeit von *Carrer* (1983) über das Entstehen und die Verteilung psychischer Störungen in der Bretagne legt es nahe, diesen Gedanken zu verfolgen. Hier fand relativ spät der Übergang von einer matriarchalen keltischen Kultur in die patriarchale französische Kultur statt. Dabei erfolgte eine juristische und eine soziale Statusangleichung der Ehepartner an die französischen Verhältnisse, jedoch blieb der psychologische Status des Matriarchats in den Familien erhalten (ebd., S. 43f.).

4. *Wie kann im Schnittpunkt dieser Kategorien Familie als widersprüchliche Einheit von gesellschaftlicher und individueller Reproduktion verstanden werden?* Daß ein derartiges Neuverständnis nötig ist, liegt auf der Hand. Wie anders soll in der Familientherapie (und nicht nur dort), im Sinne *Bauriedls* (1980) als Beziehungsanalyse aufgefaßt, die „multiple Identifikation" des Therapeuten als umfassende Rehistorisierung der Standpunktlogik der je einzelnen Familienmitglieder möglich sein? Auf keinen Fall ist sie in Familientherapien möglich, die pragmatisch von diesem Kontext abstrahieren und Familie als soziales System scheinbar gleicher Individuen auffassen (so z.B. *Selvini-Palazzoli* 1984). Eine erste Kritik an dieser Art von Therapien leistet das Buch von *Hörmann* u.a. (1988). Ich greife einige Argumente auf, um weitere Aspekte einer künftigen Herangehensweise an diese Fragen zu thematisieren.

Familientherapie wird von den Autor/innen in der von ihnen vorgefundenen Form (vgl. den Beitrag von *Körner*, S. 153ff.) als *unhistorisch, gesellschaftsblind, ideologisch und affirmativ* (S. 9) gekennzeichnet. Durch ihren Pragmatismus komme es in vielfältiger Form zur Verschleierung von Macht- und Gewaltverhältnissen. Dies wird sowohl in der Analyse der theoretischen Begründung, an der Neubewertung von publizierten Beispielen als auch am Therapeutenverhalten nachgewiesen. Aus feministischer Sicht (*Schmerl*, S. 59ff.) wird insbesondere die Bedeutung des *Besitzrechts der Väter an ihren Kindern* herausgestellt. Dies schlägt sich schon im Preußischen Landrecht von 1794 als Eigentumsrecht an der Leibesfrucht auch bei Abtreibung nieder. Aus diesem Kontext sei auch die jahrhundertelange Verfolgung, Ächtung und sogar Tötung unehelicher Mütter zu verstehen (S. 71f.). Die patriarchalische Familie wird auf dieser Stufe der Entwicklung als „komplexes Absicherungssystem zur Durchsetzung und Erhaltung der Interessen der Väter" begriffen (S. 85). In diesem Abhängigkeits-System kommt es zu vielfältigen Formen somatischer, psychosomatischer wie psychischer Beeinträchtung von Frauen und Kindern (S. 92). Die Stabilität dieser Strukturen wird durch eine Reihe von Faktoren gewährleistet. Im einzelnen nennt *Schmerl* (S. 95) gesetzliche Bestimmungen, die Präsenz physischer Gewalt, die Erpreßbarkeit von Frauen durch die Existenz von Kindern, das ideologische Verbundsystem von Medien, Religion u. a. m., das die Institution Familie absichert. Hinzu treten der Mangel an anschaulichen und plastischen Alternativen und der Glaube, daß Bedürfnisse nach Liebe, Wärme und Nähe „nirgendwo und nirgendwie anders" realisierbar seien (S. 95).

Besonders deutlich wird die gesellschaftliche Determiniertheit und Abhängigkeit der Familie im Beitrag von *Gröll „Bürgerliche Familie und Staat"* (S. 13ff.).

Das Grundprinzip der Familie sind nicht, wie es (insbesondere die systemischen) Familientherapien unterstellen, äquivalente *Austauschbeziehungen*, sondern „wechselseitige *Verpflichtung* – in erster Linie von Ehemann/-frau – zur Erbringung umfassender, d. h. materieller und immaterieller Versorgungsleistungen … Grundlage der Familie ist also der rechtliche, in den eigenen Willen aufgenommene Zwang zur Ausübung von Nächstenliebe in Gestalt ehelicher, mütterlicher, väterlicher, kindlicher Tugend, wofür die Individuen ihre Besonderheit funktionalisieren müssen. Diesen Zwang erhält der Staat, der ihn auch in die Welt gesetzt hat … Der Staat monopolisiert Ehe und Familie als Sozialform der individuellen Reproduktion" (S. 17). Die Tätigkeit der je einzelnen in diesem Verbund muß sich daher als „Allgemeinwohlförmiges und -fähiges" bewähren (S. 21).

Im Vordergund der heutigen Kleinfamilie stehen der *Rekreation der Arbeitskraft* geschuldete Kompensationsanstrengungen, die absoluten Vorrang haben (vgl. auch *Stuhr* 1988 zum sozialen Transfer von Arbeit und Arbeitslosigkeit in den Gesundheitszustand der Familie). Diese Situation fordert „allen Familienmitgliedern ständig gegenseitige Rücksichtsnahme, Opfer und ‚selbstlose' Bemühungen und andererseits Dankbarkeit ab. Das Resultat ist eine Art moralischer Überbeanspruchung, weil die zu erbringenden ‚Liebesdienste' gegenüber dem Bedürfnis hoffnungslos im Rückstand bleiben müssen. Die moralische Verarbeitung in Kategorien wie ‚Schuld' und ‚Versagen' liegt nahe" (S. 37).

Familientherapeutische Ansätze betrachten Familie in der Regel als homöostatisches, d. h. Gleichgewichtssystem und fragen nicht, „Wie funktioniert das System?", so *Gröll*, d. h. sie führen zu einer *„Totalabstraktion von der Individualität"* (S. 44).

Ich belasse es bei dieser kurzen Skizze der außerordentlich vielfältigen und komplexen Probleme, mit denen sich hier die Rehistorisierung konfrontiert sieht, und gehe in einigen abschließenden Bemerkungen auf das Verhältnis der hier entwickelten Auffassung von allgemeiner Therapie zu speziellen Therapien über.

12.6 Abschließende Bemerkungen zum Verhältnis von allgemeiner und spezieller Therapie

Ähnlich wie eine allgemeine Pädagogik nicht spezielle Pädagogiken außer Kraft setzt, sondern geradezu fordert, so gilt dies auch für die Therapie. In beiden Fällen gilt jedoch, daß daraus keine Sonderbehandlungen werden dürfen: weder Sonderpädagogiken noch vom Lebenskontext losgelöste Spezialtherapien.

Jede Art von besonderer Pädagogik und Therapie bedarf einer *doppelten Vermittlung:* (1) Sie muß mit einem Allgemeinen im Sinne eines konsistenten und kategorial widerspruchsfreien humanen Menschenbildes vermittelbar sein. (Ob und inwieweit dessen Entwicklung mir hier gelungen ist, bleibt der Beurteilung der Leser/innen anheimgestellt.) (2) Sie muß mit einem konkreten Lebensprozeß im Sinne der Realisierung von Erziehung und Bildung sowie Gesundheit im hier definierten Sinne vermittelbar sein.

So wären z.B. bewegungsfördernde Therapien umfassend zu sichten, inwieweit sie ganz oder in Teilen mit der hier entwickelten Perspektive vereinbar sind, und was dies für ihre Praxis bedeutet. Ebenso müßte die Bestimmung des Allgemeinen auf dem Hintergrund der Wirkweise dieser Therapien zunehmend erweitert erfolgen. Therapien, die auf dem Grundverhältnis von Verhaltenskontrolle und -manipulation (wie z.B. die *Vojta*-Gymnastik; vgl. *Radzun* und *Schröder* 1983) aufbauen, wären zu verwerfen. Andere Ansätze wie z.B. die von *Bobath*, *Pethö* oder von *Ayres* wären systematisch auf ihre Wirkweise hin zu erforschen. Soweit die hier vorgelegte Theorie diese Wirkweise noch nicht restlos aufklären kann, ist sie zu präzisieren. Im Sinne dieser Theorie bereits erprobte spezielle Therapieansätze (vgl. *Leontjew* und *Zaporoshets* 1960) wären teils zu präzisieren, teils in die hier entwickelte notwendige Gesamtstrategie der Wiederherstellung von Gesundheit in ihrer Praxis systematisch zu integrieren. Dies gilt auch für die unterschiedlichen Ansätze in anderen Teilbereichen, z.B. für den von *Tsvetkova* (1982) entwickelten, auf *Luria* aufbauenden Ansatz der Aphasietherapie. Genauso wären andere Ansätze der Aphasietherapie systematisch zu sichten und aufzuarbeiten.

Dies bleibt ebenso eine Aufgabe der Zukunft wie die weitere Erarbeitung und Präzisierung einer allgemeinen Therapie, die, entsprechend den Ausführungen über Gesundheit in diesem Kapitel, sich ausgehend von der sozialen Ebene vorrangig auf die psychische Ebene des ganzheitlichen Menschen zu beziehen hat, um im heilenden Dialog Wohlbefinden wiederherzustellen. Die zahlreichen medizinischen Erkenntnisse und Vorgehensweisen bedürfen in dieser Hinsicht einer Neubestimmung und Aufhebung im Rahmen ganzheitlicher Gesundheitsstrategien. Die damit notwendige Kooperation unterschiedlichster Berufe und Berufsgruppen bedarf der Ausarbeitung der entsprechenden Zugänge zur Interdisziplinarität.

Dies gilt in gleicher Weise für die für unterschiedliche Probleme der Behinderung in der Behindertenpädagogik professionalisierten Bereiche. Kein Pädagoge der Zukunft wird alle heute aufgegliederten Teilbereiche sich aneignen können. Er bedarf über je spezifisch zu entwickelnde besondere Behindertenpädagogiken der Vermittlung mit einem allgemeinen interdisziplinären Rahmenkonzept, das auf der Basis der je besonderen Erfahrungen weiter entwickelt und erarbeitet sowie ggf. korrigiert werden muß. Diese Aufgabe liegt vor uns. Indem sie angegangen wird, reduziert sich gleichzeitig der im pädagogischen und therapeutischen Denken vorgenommene soziale Ausschluß; pädagogische und therapeutische Prozesse werden zunehmend in ihren für alle Menschen vergleichbaren Dimensionen erfaßbar. Auch wenn eine entsprechende Praxis unter den gegebenen Verhältnissen oft verwehrt bleibt, lohnt es sich im Sinne der „geträumten Revolution" (P. *Weiss*), *konkrete Utopien* dagegen zu denken.

12.7 Vertiefende und weiterführende Literatur
(E = Zur Einführung geeignet)

BAADE, F.-W. u. a.: Theorien und Methoden der Verhaltenstherapie. Tübingen: DGVT 1984, 10. Aufl.

BAURIEDL, Thea: Beziehungsanalyse. Frankfurt/M.: Suhrkamp 1980 (E)

BETTELHEIM, B.: Erziehung zum Überleben. Zur Psychologie der Extremsituation. München: dtv 1985, 2. Aufl. (E)

BETTELHEIM, B. und KARLIN, D.: Liebe als Therapie. München: Piper 1988, 4. Aufl.

BRANDES, H.: Die soziale Natur des Unbewußten. Einige Überlegungen zur Auseinandersetzung mit der psychoanalytischen Theorie des Unbewußten. Jahrbuch für Psychopathologie und Psychotherapie 9 (1989), 69–83

BRANDES, H. u. a. T.: Gruppenanalyse und Tätigkeitstheorie. Münster: Lit 1989

CHESLER, Phyllis: Frauen – das verrückte Geschlecht? Wien: Verlag Neue Presse (1974) (E)

CHOROVER, S. L.: Die Zurichtung des Menschen. Von der Verhaltenssteuerung durch die Wissenschaften. Frankfurt/M.: Campus 1982 (E)

DEPPE, H. U.: Vernachlässigte Gesundheit. Köln: Kiepenheuer & Witsch 1980

EICHENBAUM, Luise and ORBACH, Susie: Outside in . . . Inside out. Women's Psychology: A Feminist Psychoanalytic Approach. Harmondsworth/Middlesex: Penguin 1982

FOUCAULT, M.: Die Geburt der Klinik. Frankfurt/M.: Ullstein 1976

FREUD, Anna: Das Ich und die Abwehrmechanismen. Werke Bd. 1. Frankfurt/M.: Fischer 1987, 193–355

FÜRSTENAU, P.: Praxeologische Grundlagen der Psychoanalyse. In: Handbuch der Psychologie. Bd. 8, I. Klinische Psychologie. Göttingen: Hogrefe 1977, 847–888

HEBEL, Angelika v. et al.: Anorexia nervosa: Psychopathogenese und Psychotherapie. Jahrbuch für Psychopathologie und Psychotherapie 6 (1986), 105–158

HÖRMANN, G. u. a. (Hrsg.): Familie und Familientherapie. Opladen: Westdeutscher Verlag 1988 (E)

JANTZEN, W.: Grundriß einer allgemeinen Psychopathologie und Psychotherapie. Köln: Pahl-Rugenstein 1979 (E)

KASTRUP, Marianne u. a.: Rehabilitation von Folteropfern. Jahrbuch für Psychopathologie und Psychotherapie 6 (1986), 159–168

KELLER, G.: Die Psychologie der Folter. Frankfurt/M.: Fischer 1981 (E)

KRUMENACKER, F.: Gesundheit – von der Residualgröße zur konkreten Utopie. Köln: Pahl-Rugenstein 1988

KRYSTAL, H. (Ed.): Massive Psychic Trauma. New York: Intern. Univ. Press 1968

KUTTER, P. u. a. (Hrsg.): Die psychoanalytische Haltung. München: Verl. Int. Psychoanalyse 1988

NIEDERLAND, W. G.: Folgen der Verfolgung: Das Überlebenden-Syndrom Seelenmord. Frankfurt/M.: Suhrkamp 1980 (E)

PIRELLA, A.: Sozialisation der Ausgeschlossenen. Reinbek: Rowohlt 1975

ROGERS, C. u. a.: Die klientenzentrierte Gesprächspsychotherapie. München: Kindler 1975

THOM, A. und CAREGORODCEV, G. I. (Hrsg.): Medizin unterm Hakenkreuz. Berlin/DDR: Volk und Gesundheit 1989

UEXKÜLL, T. v. (Hrsg.): Lehrbuch der psychosomatischen Medizin. München: Urban & Schwarzenberg 1981, 2. Aufl. (E)

WALTER, J.: Gestalttheorie und Psychotherapie. Opladen: Westdeutscher Verlag 1985, 2. Aufl.

Literaturverzeichnis

AAB, Johanna: „Lernbehindert" – was ist das? In: Helga Deppe (Hrsg.): Behindert und abgeschoben. Weinheim: Beltz 1983, 145–151

ABERCROMBIE, M.: The Crawling Movement of Metazoan Cells. In: Ruth Bellairs et al. (Eds.): Cell Behaviour. London: Cambridge Univ. Press 1982, 19–48

ABHOLZ, H.: Das Dilemma des Kassenarztes: Gesundheit oder Medizin. Demokratisches Gesundheitswesen (1989) 7/8, 31–32

ADLER, J. in: Biological Chemistry Hoppe-Syler Band 368 (1987) 163 (Über Chemotaxis bei E. coli; zit. nach: Wie Bakterien riechen. Süddeutsche Zeitung Nr. 99, 30.4./1.5.1987, 72)

ADLER, M. und SAUPE, R.: Psychochirurgie. Stuttgart: Enke 1979

ADORNO, T. W.: Soziologie und empirische Forschung. In: E. Topitsch (Hrsg.): Logik der Sozialwissenschaften. Köln: Kiepenheuer & Witsch 1965, 511–525

AHRENDT, Hannah: Elemente und Ursprünge totaler Herrschaft. München: Piper 1986

AIRAPETJANZ, Violetta: Zur Frage der funktionellen Asymmetrie der Hirnhemisphären bei Kindern im Verlauf der Ontogenese. In: K. Hecht u. a. (Hrsg.): Zentralnervensystem. Entwicklung – Störungen – Lernen – Motivation. Berlin/DDR: DVdW 1981, 21–26

ALLEN, R. D. and WEISS, D. G.: Mikrotubuli als intrazelluläres Transportsystem. Spektrum der Wissenschaft (1987) 4, 76–85

ALT, R.: Das Bildungsmonopol. Berlin/DDR: Akademie 1978

ALTHUSSER, L.: Ideologie und ideologische Staatsapparate. Berlin/W.: VSA 1977

ALTROGGE, M. u. a. : Der soziale Ursprung des Patriarchats. Hamburg: VSA 1984

AMDP (Arbeitsgemeinschaft für Methodik und Dokumentation in der Psychiatrie): Das AMDP-System. Berlin/West: Springer 1981, 4. Aufl.

AMÉRY, J.: Jenseits von Schuld und Sühne. Bewältigungsversuche eines Überwältigten. Stuttgart 1977

ANANJEW, B. G.: Der Mensch als Gegenstand der Erkenntnis. Berlin/DDR: DVdW 1974

ANDRESEN, Sünne: Sexualität und Herrschaft. In: Frigga Haug und Kornelia Hauser: Subjekt Frau: Kritische Psychologie der Frauen. Berlin/W.: Argument 1985, 135–161

ANOCHIN, P. K.: Das funktionelle System als Grundlage der physiologischen Architektur des Verhaltensakts. Jena: Fischer 1967

ANOCHIN, P. K. (Anokhin, P. K.): Biology and Neurophysiology of the Conditioned Reflex and its Role in Adaptive Behavior. Oxford: Pergamon 1974

ANOCHIN, P. K.: Beiträge zur allgemeinen Theorie des funktionellen Systems. Jena: Fischer 1978

ARIÈS, P.: Geschichte der Kindheit. München: Hanser 1975

ATKINS, P. W.: Wärme und Bewegung. Heidelberg: Spektrum d. Wiss. 1986

AUERNHEIMER, G.: Zur Bedeutung der Perspektive für einen demokratischen Bildungsbegriff. Demokratische Erziehung 5 (1979) 2, 190–200

AUERNHEIMER, G.: Erziehung. In: E. Reichmann (Hrsg.): Wörterbuch der kritischen und materialistischen Behindertenpädagogik. Solms-Oberbiel: Jarick 1984, 180–184

AUERNHEIMER, G. u. a.: Reproduktionsqualifikation als eine Determinante von Pädagogik und Bildungspolitik. In: Schule und Erziehung. Das Argument SB 30. Berlin/W.: Argument-Verl. 1979, 88–109

Autorenkollektiv. Psychologische Methoden der Analyse und Ausbildung der Lerntätigkeit. Bericht über ein Symposium. Bd. 1–3, Berlin/DDR: APW der DDR 1988
AYRES, A. Jean: Southern California Sensory Integration Test. Los Angeles: Western Psychological Services 1972
AYRES, A. Jean: Lernstörungen. Sensorisch-integrative Dysfunktionen. Berlin/West: Springer 1979
AYRES, A. Jean: Bausteine der kindlichen Entwicklung. Berlin/West: Springer 1984
BAADE, F.-W. u. a.: Theorien und Methoden der Verhaltenstherapie. Tübingen: DGVT 1984, 10. Aufl.
BACHTIN, M.: Probleme der Poetik Dostoevskijs. Frankfurt/M.: Ullstein 1985
BAMMÉ, A. und HOLLING, E.: Qualifikationsentwicklung und Curriculumkonstruktion. Hamburg: Schletzer 1976
BARKEY, P. u. a.: Pädagogisch-psychologische Diagnostik am Beispiel von Lernschwierigkeiten. Huber: Bern 1976
BASAGLIA. F.: Die negierte Institution oder Die Gemeinschaft der Ausgeschlossenen. Frankfurt/M.: Suhrkamp 1971
BASAGLIA, F.: Was ist Psychiatrie? Frankfurt/M.: Suhrkamp 1974
BASAGLIA, F. u. a.: Befriedungsverbrechen. Über die Dienstbarkeit der Intellektuellen. Frankfurt/M.: EVA 1980
BASTIAN, J. und GUDJONS, H. (Hrsg.): Das Projektbuch. Hamburg: Bergmann und Helbig 1988, 2. Aufl.
BATESON, G.: Ökologie des Geistes. Frankfurt/M.: Suhrkamp 1981
BAUDISCH, W. u. a.: Hilfsschulpädagogik. Berlin/DDR: Volk und Wissen 1987, 3. Aufl.
BAUMGÄRTNER, F.: Grundeinsichten als Strukturprinzip der Allgemeinbildung. Demokratische Erziehung 6 (1980) H. 4, 420–427
BAURIEDL, Thea: Beziehungsanalyse. Frankfurt/M.: Suhrkamp 1980
BAURIEDL, Thea: Die Wiederkehr des Verdrängten. Psychoanalyse, Politik und der Einzelne. München: Piper 1988
BEAUMONT, H.: Gestalttherapie ist mehr als Fritz Perls. Psychologie heute 13 (1986) 7, 29–35
BECHTEREWA, N. P. (Hrsg.): Physiologie und Pathophysiologie der tiefen Hirnstrukturen des Menschen. Berlin/DDR: Volk und Gesundheit 1969
BECHTEREWA, N.P. and KAMBAROWA, D. K.: Neurophysiological Organization of Emotional States and Responses in Man. Activitas Nervosa Superior (Praha) 26 (1984) 3, 169–190
BECK, J.: Lernen in der Klassenschule. Reinbek: Rowohlt 1974
BECK, U.: Risikogesellschaft. Frankfurt/M.: Suhrkamp 1986
BECK, U.: Risikogesellschaft. In: Aus Politik und Zeitgeschichte. B (1989) 36
BECKMANN, D.: Aktionsforschungen zur Gegenübertragung. Rückblick auf ein Forschungsprogramm. In: P. Kutter u. a. (Hrsg.): Die psychoanalytische Haltung. München: Verl. Int. Psychoanalyse 1988, 231–243
BEHRENS, M. u. a.: Theorien über Ideologie. Argument-Sonderband 40, Berlin/West: Argument Verl. 1979
BELOTTI, Elena Gianini: Was geschieht mit kleinen Mädchen? München: Frauenoffensive 1975
BERGER, E. und JANTZEN, W.: Zur Methodologie der Einzelfallstudie am Beispiel pubertärer Selbstschädigung. In: O. Sasse und N. Stoellger (Hrsg.): Offene Sonderpädagogik. Frankfurt/M.: P. Lang 1989, 379–398
BERGNER, D. und MOCEK, R.: Gesellschaftstheorien. Berlin/DDR: Dietz 1986
BERNFELD, S.: Sisyphos oder die Grenzen der Erziehung. Frankfurt/M.: Suhrkamp 1967
BERNSTEIN, N. A.: Über den Aufbau der Bewegungen. Moskau 1947 (russ.)
BERNSTEIN, N. A: The Co-ordination and Regulation of Movements. Oxford: Pergamon 1966
BERNSTEIN, N. A.: Bewegungsphysiologie. Leipzig: Barth 1987, 2. Aufl.

BERNSTEIN, N. A.: Auszüge aus den Notizbüchern. Jahrbuch für Psychopathologie und Psychotherapie 9 (1989), 189–194

BERNTSON, G. G. and TORELLO, M. W.: The Paleocerebellum and the Integration of Behavioral Function. Physiological Psychology 10 (1982) 1, 2–12

BERRIDGE, M. J.: Signalübertragung in die Zelle. Spektrum der Wissenschaft (1985) 12, 136–146

BERSU, E. T.: Anatomical Analysis of the Developmental Effects of Aneuploidy in Man: The Down Syndrome. American Journal of Medical Genetics 5 (1980), 399–420

BETTELHEIM, B.: Liebe allein genügt nicht. Die Erziehung emotional gestörter Kinder. Stuttgart: Klett 1970

BETTELHEIM. B.: Erziehung zum Überleben. Zur Psychologie der Extremsituation. München: dtv 1985, 2. Aufl.

BETTELHEIM, B.: Freud und die Seele des Menschen. München: dtv 1986

BETTELHEIM, B. und KARLIN, D.: Liebe als Therapie. München: Piper 1988, 4. Aufl.

BIBL, W. R.: Diagnostische Möglichkeiten der kompetenzorientierten Verhaltensanalyse bei geistig schwerstbehinderten Menschen mit den Skalen von Uzgiris und Hunt (1975). Dissertation. Braunschweig: Technische Universität 1980

BIRBAUMER, N.: Physiologische Psychologie. Berlin/West: Springer 1975

BLAKESLEY, T. R.: The Right Brain. London: MacMillan 1980

BLANKERTZ, H.: Theorien und Modelle der Didaktik. München: Juventa 1971, 5. Aufl.

BLASS, E. M. (Ed.): Developmental Psychobiology and Developmental Neurobiology. Handbook of Behavioral Neurobiology Vol. 8. New York: Plenum 1986

BLEIDICK, U.: Konzeptionen der Lernbehindertendidaktik. In: H. Baier und U. Bleidick (Hrsg.): Handbuch der Lernbehindertendidaktik. Stuttgart: Kohlhammer 1983, 56–67

BLEIDICK, U.: Buchbesprechung. W. Jantzen: Allgemeine Behindertenpädagogik. Geistige Behinderung 27 (1988) 4, 290–293

BLOCH, E.: Naturrecht und menschliche Würde. Werkausgabe Bd. 6. Frankfurt/M.: Suhrkamp 1985 (a)

BLOCH, E.: Das Prinzip Hoffnung. Werkausgabe Bd. 5. Frankfurt/M.: Suhrkamp 1985 (b)

BLOOM, B. S. u. a.: Taxonomie von Lernzielen im kognitiven Bereich. Weinheim: Beltz 1972

BOLL, T. J.: The Halstead-Reitan Neuropsychology Battery. In: Susan B. Filskov and T. J. Boll (Eds.): Handbook of Clinical Neuropsychology. New York: Wiley 1981, 577–607

BOLL, T. J. and BARTH, J. T.: Neuropsychology of Brain Damage in Children. In: Susan B. Filskov and T. J. Boll: Handbook of Clinical Neuropsychology. New York: Wiley 1981, 418–452

BOPP, J.: Die Priesterherrschaft der Therapeuten. Psychologie heute 12 (1985) 11, 38–45

BORNEMANN, E.: Das Patriarchat. Frankfurt/M.: Fischer 1975

BOURDIEU, P.: Entwurf einer Theorie der Praxis auf der Grundlage der kabylischen Gesellschaft. Frankfurt/M.: Suhrkamp 1976

BOURDIEU, P.: Die feinen Unterschiede. Kritik der gesellschaftlichen Urteilskraft. Frankfurt/M.: Suhrkamp 1982

BRABYN, H.: Die Muttersprache beeinflußt die Gehirntätigkeiten. UNESCO-Kurier 23 (1982) 2, 10–13

BRAGYNA, N. N. und DUBROCHOTOWA, T. A.: Zu den Besonderheiten der Links- und Beidhänder. Sowjetwissenschaft: Gesellschaftswissenschaftliche Beiträge 33 (1980), 1203–1214

BRAGYNA, N. N. und DUBROCHOTOWA, T. A.: Funktionelle Asymmetrien des Menschen. Leipzig: Thieme 1984

BRANDES, H.: Theorieanwendung und sinnliche Praxis. Überlegungen zur Theorie-Praxis-Dimension in der Psychologie. Forum Kritische Psychologie 1981, Bd. 9, 82–98

BRANDES, H.: Die soziale Natur des Unbewußten. Einige Überlegungen zur Auseinandersetzung mit der psychoanalytischen Theorie des Unbewußten. Jahrbuch für Psychopathologie und Psychotherapie 9 (1989), 69–83

BRANDES, H. und MIES, T.: Thesen zur tätigkeitstheoretischen Konzeption des Unbewußten. In: M. Hildebrand-Nilshon und G. Rückriem (Hrsg.): Kongreßbericht des 1. Internationalen Kongresses zur Tätigkeitstheorie. Bd. 3: Workshopbeiträge zu ausgewählten Aspekten angewandter Forschung. Berlin/West: Hochschule der Künste 1988, 349–359

BRANDES H. u. a. Gruppenanalyse und Tätigkeitstheorie. Münster: Lit 1989

BREGGIN, P. R.: Elektroschock ist keine Therapie. München: Urban & Schwarzenberg 1980

BRETSCHER, M. S.: Wie tierische Zellen kriechen. Spektrum der Wissenschaft (1988) 2, 56–62

BRODMANN, K.: Vergleichende Lokalisationslehre der Großhirnrinde in ihren Prinzipien dargestellt auf Grund des Zellenbaues. Leipzig: Barth 1909

BROWN, J. W.: The Microstructure of Action. In: Ellen Perecman (Ed.): The Frontal Lobes Revisited. New York: IRBN Press 1987, 251–272

BROWN, J. W.: The Life of the Mind. Hillsdale N. J.: Lawrence Erlbaum 1988

BRUNER, J.: Der Prozeß der Erziehung. Düsseldorf: Schwann 1970

BUBER, M.: Reden über Erziehung. Heidelberg: Lambert Schneider 1962

BUBER, M.: Ich und Du. In: ders.: Das dialogische Prinzip. Heidelberg: Lambert Schneider 1984

BUCHWALD, Jennifer S.: Brainstem Substrates of Sensory Information Processing and Adaptive Behavior. In: N. A. Buchwald and Mary A. Brazier (Eds.): Brain Mechanisms in Mental Retardation. New York: Academic Press 1975, 315–333

BÜSCHER, P.: Einige testtheoretische Aspekte kriterienbezogener Leistungsmessung. In: K. Heller (Hrsg.): Leistungsbeurteilung in der Schule. Heidelberg: Quelle & Meyer 1978, 3. Aufl., 137–157

BUNDSCHUH, K.: Dimensionen der Förderdiagnostik. München: Reinhardt 1985

CANTWELL, D. P. et al: A Comparative Study of Infantile Autism and Specific Developmental Receptive Language Disorder – IV. Analysis of Syntax and Language Function. Journal of Child Psychology and Psychiatry 19 (1978), 351–362

CARR, Margaret: A Test of Clinical Utility: Children's Version of the Luria-Nebraska Neuropsychological Battery. Diss. (Ph. D.). Boston University Graduate School. Department of Psychology. Boston (1981?)

CARRER, P.: Le matriarcat psychologique des Bretons. Paris: Payot 1983

CASPERS, H. et al.: Electrogenesis of Slow Potentials of the Brain. In: T. Elbert et al.: Self-Regulation oft the Brain and Behavior. Berlin/West: Springer 1984, 26–41

CATTELL, R. B.: The Scientific Analysis of Personality. Harmondsworth/Middlesex: Penguin 1965

CHANGEUX, P.: Der neuronale Mensch. Reinbek: Rowohlt 1984

CHESLER, Phyllis: Frauen – das verrückte Geschlecht? Wien: Verlag Neue Presse (1974)

CHOROVER, S. L.: Die Zurichtung des Menschen. Von der Verhaltenssteuerung durch die Wissenschaften. Frankfurt/M.: Campus 1982

CHRISTENSEN, Anna Lisa: Luria's Neuropsychological Investigation. New York: Spectrum 1975

CIANARELLO, R. D. et al.: Intrinsic and Extrinsic Determinants of Neuronal Development: Relation to Infantile Autism. Journal of Autism and Developmental Disorders 12 (1982) 2, 115–145

CLARK, Katarina and HOLQUIST, M.: Mikhail Bakhtin. Cambridge/ Mass.: Belknap-Press 1984

CLAUSS, G.: Wörterbuch der Psychologie. Leipzig: Bibliogr. Inst. 1981

CLAUSS, G.: Differentielle Lernpsychologie. Berlin/DDR: Volk und Wissen 1982, 2. Aufl.

COHEN, D. J. et al.: Primary Childhood Aphasia and Childhood Autism. Clinical, Biological, and Conceptual Observations. Annual Progress in Child Psychiatry & Child Development (1977), 545–587

COTMAN, C. W. and NIETO-SAMPEDRO, M.: Brain Function, Synapse Renewal, and Plasticity. Annual Review of Psychology 33 (1982), 371–401

COUNT, E. W.: Das Biogramm. Frankfurt/M.: Fischer 1970

COUNT, E. W.: Kommunikation zwischen Tieren und die anthropologischen Wissenschaften.

344

Versuch eines Ausblicks. In: Ilse Schwidetzky (Hrsg.): Über die Evolution der Sprache. Frankfurt/M.: Fischer 1973, 165-225

COURCHESNE, E. et al.: Abnormal Neuroanatomy in a Nonretarded Person With Autism. Unusual Findings With Magnetic Resonance Imaging. Archives of Neurology 44 (1987) 3, 335-341

COURCHESNE, E. et al.: Hypoplasia of Cerebellar Vermal Lobules VI and VII in Autism. The New England Journal of Medicine 318 (1988) 21, 1349-1354

DAMASIO, A.R. and MAURER, R.G.: A Neurological Model for Childhood Autism. Archives of Neurology 35 (1978) 12, 777-786

DAMASIO, A.R. and HOESEN, G.W. van: Emotional Disturbances Associated with Focal Lesions of the Limbic Frontal Cortex. In: HEILMAN, K.W. and SATZ, P.: Neuropsychology of Human Emotion. New York: Guilford 1983, 85-110

DAVISON, A.N.: Neurobiology and Neurochemistry of the Developing Brain. In: J. Dobbing (Ed.): Scientific Studies in Mental Retardation. London: Royal Society of Medicine 1984, 107-117

DAVYDOV, V.V.: Learning Activity: The Main Problems Needing Further Research. Activity Theory 1 (1988) 1/2, 29-36

DAWYDOW, W.W.: Beziehungen zwischen der Theorie der Verallgemeinerung und der Lehrplangestaltung. In: Untersuchungen des Denkens in der sowjetischen Psychologie. Berlin/DDR: Volk und Wissen 1967, 253-269

DAWYDOW, W.W.: Über das Verhältnis zwischen abstrakten und konkreten Kenntnissen im Unterricht. In: J. Lompscher (Hrsg.): Sowjetische Beiträge zur Lerntheorie. Die Schule P.J. Galperins. Köln: Pahl-Rugenstein 1973, 241-260

DAWYDOW, W.W.: Arten der Verallgemeinerung im Unterricht. Berlin/DDR: Volk und Wissen 1977

DAWYDOW, W.W.: Inhalt und Struktur der Lerntätigkeit. In: W.W. Dawydow u.a.: Ausbildung der Lerntätigkeit bei Schülern. Berlin/DDR: Volk und Wissen 1982, 14-27

DAWSON, Geraldine: Cerebral Lateralization in Autism: Clues to Its Role in Language and Affective Development. In: D.L. Molfese and S.J. Segalowitz (Ed.): Brain Lateralization in Children. Developmental Implications. New York: Guilford 1988, 437-461

DeLONG, G.R. et al.: Acquired Reversible Autistic Syndrome in Acute Encephalopathic Illness in Children. Archives of Neurology 38 (1981), 191-194

DEMMER-DIEKMANN, Irene: Zum Stand der Realisierung „schulischer Integration" im Schuljahr 1987/88 in der Bundesrepublik Deutschland und West-Berlin. Behindertenpädagogik 28 (1989) 1, 49-97

DEPPE, H.U.: Vernachlässigte Gesundheit. Köln: Kiepenheuer & Witsch 1980

DERSEE, T. und DUPKE, S.: Bankrott der Gesundheitsindustrie. Eine Kritik des bestehenden medizinischen Versorgungssystems. Berlin/W.: Verlagsges. Gesundheit 1981

DEUSE, A.: Stottern bei Kindern, Jugendlichen und Erwachsenen. Köln: Pahl-Rugenstein 1984

DICKERSON, R.E.: Chemische Evolution und der Ursprung des Lebens. Spektrum der Wissenschaft (1979) 9, 99-115

DIECKMANN, G. und HASSLER, R.: Psychochirurgie. Deutsches Ärzteblatt 73 (1976) 1, 4-16, 31-32

DIMOND, S.: The Double Brain. Edinburgh: Churchill Livingstone 1972

DODRILL, C.B.: Neuropsychology of Epilepsy. In: Susan B. Filskov and T.J. Boll: Handbook of Clinical Psychology. New York: Wiley 1981, 366-395

DÖRNER, K. und PLOG, Ursula: Irren ist menschlich – Lehrbuch der Psychiatrie/Psychotherapie. Wunstorf: Psychiatrie-Verlag 1978

DÖRRE, K.: Die neuen Unberechenbaren. Demokratische Erziehung 13 (1987) H. 1, 5-10

DREIER, O.: Familiäres Sein und familiäres Bewußtsein. Frankfurt/M.: Campus 1980

DSM-III-R. Diagnostische Kriterien und Differentialdiagnosen des Diagnostischen und Statistischen Manuals Psychischer Störungen. Beltz: Weinheim 1989

Duden: Das Herkunftswörterbuch. Ethymologie der deutschen Sprache. Duden Bd. 7. Mannheim: Dudenverl. 1989, 2. Aufl.

DUNCKER, L. und GÖTZ, B.: Projektunterricht. Langenau-Ulm: Vaas 1984
DUVE, C. de: Die Zelle. Heidelberg: Spektrum d. Wiss. 1986, Bd. 1 u. 2
DYKES, R. W.: Parallel Processing of Somatosensory Information: A Theory. Brain Research
Reviews 6 (1983), 47–115
EBBINGHAUS, Angelika: Kostensenkung, „Aktive Therapie" und Vernichtung. In: Angelika Ebbinghaus u. a.: Heilen und Vernichten im Mustergau Hamburg. Hamburg: Konkret
1984, 136–146
EBERT, B.: Zur Ziel-Inhalt-Methode-Relation in der Pädagogik J. F. Herbarts. Jahrbuch für
Erziehungs- und Schulgeschichte 16 (1976), 79–125
ECCLES, J. C.: Die Psyche des Menschen. München: Reinhardt 1985
ECCLES, J. C. und POPPER, K. R.: Das Ich und sein Gehirn. München: Piper 1982
EDELMAN, G. M.: Group Selection and Phasic Reentrant Signalling: A Theory of Higher
Brain Function. In: F. O. Schmitt and F. G. Worden (Eds.): The Neurosciences. Fourth
Study Program. Cambridge/Mass.: MIT Press 1979
EDELMAN, G. M.: Zelladhäsionsmoleküle und embryonale Musterbildung. Spektrum der
Wissenschaft (1984) 6, 62–74
EICHENBAUM, Luise and ORBACH, Susie: Outside in ... Inside out. Women's Psychology: A Feminist Psychoanalytic Approach. Harmondsworth/Middlesex: Penguin 1982
EIGEN, M. u. a.: Ursprung der genetischen Information. Spektrum der Wissenschaft (1981) 6,
37–56
ELIAS, N.: Über den Prozeß der Zivilisation. 2 Bde. Frankfurt/M.: Suhrkamp 1976
ENGELS, F.: Dialektik der Natur. MEW Bd. 20. Berlin/DDR: Dietz 1972, 305 ff.
ENGELS, F.: Der Ursprung der Familie, des Privateigentums und des Staats. MEW Bd. 21.
Berlin/DDR: Dietz 1972, 25–173
ENGELS, F.: Ludwig Feuerbach und der Ausgang der klassischen deutschen Philosophie.
MEW Bd. 21. Berlin/DDR: Dietz 1972, 259–307
ENGESTRÖM, Y.: Die Zone der nächsten Entwicklung als grundlegende Kategorie der
Erziehungspsychologie. Marxistische Studien. Jahrbuch des IMSF, Bd. 10. Frankfurt/M.:
Inst. f. Marx. Studien u. Forsch. 1986, 151–171
ENGESTRÖM. Y.: Learning by Expanding. Helsinki: Orienta-Konsultit Oy 1987
ESSBERGER, N. u. a.: Die Solidarische Psychosoziale Hilfe Bremen. Jahrbuch für Psychopathologie und Psychotherapie 8 (1988) 184–193
EWERS, M.: Bildungskritik und Biologiedidaktik. Frankfurt/M.: Fischer-Athenäum 1974
FELDENKRAIS, M.: Abenteuer im Dschungel des Gehirns. Frankfurt/M.: 1981
FEND, H.: Theorie der Schule. München: Urban & Schwarzenberg 1980
FEUSER, G.: Grundlagen eines gesellschaftswissenschaftlich-erziehungswissenschaftlichen
Verständnisses des frühkindlichen Autismus als Basis einer Pädagogik autistischer Kinder.
Diss. phil. Marburg 1977; als Buch: Grundlagen zur Pädagogik autistischer Kinder. Weinheim: Beltz 1979
FEUSER, G.: Autistische Kinder. Solms-Oberbiel: Jarick 1980
FEUSER, G.: Zwischenbericht: Gemeinsame Erziehung behinderter und nichtbehinderter
Kinder im Kindertagesheim. Bremen: Diakonisches Werk 1984
FEUSER, G.: Allgemeine integrative Pädagogik und entwicklungslogische Didaktik. Behindertenpädagogik 28 (1989) 1, 4–48
FEUSER, G. und MEYER, Heike: Integrativer Unterricht in der Grundschule – Ein Zwischenbericht. Solms/Lahn: Jarick-Oberbiel 1987
FICHTNER, B.: Lerninhalte in Bildungstheorie und Unterrichtspraxis. Köln: Pahl-Rugenstein 1980
FINE, A.: Transplantationsversuche im Zentralnervensystem. Spektrum der Wissenschaft
(1986) 10, 86–95
FINZEN, A.: Medikamentenbehandlung bei psychischen Störungen. Wunstorf: Psychiatrie-Verlag 1981, 4. Aufl.
FIR (Fédération International de Résistants): Ermüdung und vorzeitiges Altern. Folge von
Extrembelastungen. Leipzig: Barth 1973
FISCHER, Magrit: Die Lehrstrategie des Aufsteigens vom Abstrakten zum Konkreten bei der
Einführung des Geographieunterrichts. Psychologie für die Praxis 7 (1989) 2, 151–162

FISSENI, H.-J.: Exploration und Fragebogen im Vergleich. In: G. Jüttemann und H. Thomae (Hrsg.): Biographie und Psychologie. Berlin/West: Springer 1987, 178–193

FOERSTER, H. von: Erkenntnistheorien und Selbstorganisation. In: S.J. Schmidt (Hrsg.): Der Diskurs des radikalen Konstruktivismus. Frankfurt/M.: Suhrkamp 1987, 133–158

FOUCAULT, M.: Die Geburt der Klinik. Frankfurt/M.: Ullstein 1976

FOUCAULT, M.: Überwachen und Strafen. Die Geburt des Gefängnisses. Frankfurt/M.: Suhrkamp 1979, 3. Aufl.

FOX, N.A. and DAVIDSON, R.J. (Eds.): The Psychobiology of Affective Development. Hillsdale N.J.: Lawrence Erlbaum 1984

FRANZ, H.-J.: Psychosoziale Belastungen, Bewältigungsverhalten und Gesundheit – Ein Überblick über das Coping-Konzept –. Prävention 12 (1989) 1, 10–15

FREIRE, P.: Pädagogik der Unterdrückten. Reinbek: Rowohlt 1973

FREUD, Anna: Das Ich und die Abwechmechanismen. Werke Bd. 1. Frankfurt/M.: Fischer 1987, 193–355

FREUD, S.: Entwurf einer Psychologie. In: ders.: Aus den Anfängen der Psychoanalyse 1887–1902. Briefe an Wilhelm Fließ. London: Imago 1950

FREUD, S: Abriß der Psychoanalyse. Frankfurt/M.: Fischer 1977

FREY, K.: Curriculum Handbuch. Bd. 1–3. München: Piper 1975

FREY, K.: Die Projektmethode. Weinheim: Beltz 1982

FRIDMAN, L.M.: Modellierung in der Lerntätigkeit. In: W.W. Dawydow et al.: Ausbildung der Lerntätigkeit bei Schülern. Berlin/DDR: Volk und Wissen 1982, 106–119

FROMM, E.: Haben oder Sein. Die seelischen Grundlagen einer neuen Gesellschaft. Stuttgart: DVA 1976

FRÜHAUF, K.. Neuropsychologisches Kurzverfahren nach Luria und Golden. NKLG. Manuskriptdruck. Berlin-Buch 1984

FUCHS, M.: Didaktische Prinzipien: Geschichte und Logik. Köln: Pahl-Rugenstein 1984

FÜRSTENAU, P.: Praxeologische Grundlagen der Psychoanalyse. In: Handbuch der Psychologie. Bd. 8, I. Klinische Psychologie. Göttingen: Hogrefe 1977, 847–888

GAGNÉ, R.M.: Die Bedingungen des menschlichen Lernens. Hannover: Schroedel 1975, 4. Aufl.

GALPERIN, P.J.: Orientierungstypen, Herausbildung von Begabungen, programmierter Unterricht. Wiss. Zeitschr. d. Päd. Inst. Güstrow 5 (1966/67) Reihe Grundstudium, Sondernummer, 17–19

GALPERIN, P.J.: Die Psychologie des Denkens und die Lehre von der etappenweisen Ausbildung geistiger Handlungen. In: Untersuchungen des Denkens in der sowjetischen Psychologie. Berlin/DDR: Volk und Wissen 1967, 81–119

GALPERIN, P.J.: Die Entwicklung der Untersuchungen über die Bildung geistiger Operationen. In: H. Hiebsch (Hrsg.): Ergebnisse der sowjetischen Psychologie. Stuttgart: Klett 1969, 367–405 (a)

GALPERIN, P.J.: Zur Untersuchung der intellektuellen Entwicklung des Kindes. Sowjetwissenschaft: Gesellschaftswissenschaftliche Beiträge 22 (1969), 1270–1283 (b)

GALPERIN, P.J.: Zum Problem der Aufmerksamkeit. In: J. Lompscher (Hrsg.): Sowjetische Beiträge zur Lerntheorie. Die Schule P.J. Galperins. Köln: Pahl-Rugenstein 1973, 15–23

GAMM, H.J.: Einführung in das Studium der Erziehungswissenschaft. Reinbek: Rowohlt 1978

GAMM, H.J.: Allgemeine Pädagogik. Reinbek: Rowohlt 1979

GEISSLER, H.G.: Hierarchien periodischer Vorgänge im Zentralnervensystem als Grundlage zeitlich-diskreter Strukturen psychischer Prozesse. In: H.G. Geißler und K. Reschke: Psychophysische Grundlagen mentaler Prozesse. In memoriam G.Th. Fechner (1801–1887). Leipzig: Karl-Marx-Universität 1987, 27–75

GERSTENBRAND, F.: Das traumatische appallische Syndrom. Wien: Springer 1967

GEUTER, U.: Polemos panton pater – Militär und Psychologie im Deutschen Reich 1914–1945. In: M.G. Ash und U. Geuter (Hrsg.): Geschichte der deutschen Psychologie im 20. Jahrhundert. Opladen: Westdeutscher Verlag 1985, 146–171

GIGASE, P.: Der Begriff der Gesundheit. Unesco-Kurier 28 (1987) 8, 4–6

GOLDBERG, E.: The Luria Battery of Tests: Techniques and Philosophy. In: S. A. Corson and Elizabeth O'Leary Corson (Eds.): Psychiatry and Psychology in the USSR. New York: Plenum 1976

GOLDEN, C. J.: A Standardized Version of Luria's Neuropsychological Test: a Quantitative and Qualitative Approach to Neuropsychological Evaluation. In: Susan B. Filskov and T. J. Boll (Eds.): Handbook of Clinical Neuropsychology. New York: Wiley 1981, 608–642

GOODMAN, C. S. und BASTIANI, M. J.: Wie embryonale Nervenzellen einander erkennen. Spektrum der Wissenschaft (1985) 2, 48–58

GOODY, J.: Die Entwicklung von Ehe und Familie in Europa. Frankfurt/M.: Suhrkamp 1989

GOULD, S. J.: Der falsch vermessene Mensch. Basel: Birkhäuser 1983

GRAMSCI, A.: Briefe aus dem Kerker. Berlin/DDR: Dietz 1956

GRAMSCI, A.: Zu Politik, Geschichte und Kultur. Frankfurt/M.: Röderberg 1980

GRAMSCI, A.: Notizen zu Sprache und Kultur. Leipzig: Kiepenheuer 1984

GRAMSCI, A.: Gedanken zur Kultur. Leipzig: Reclam 1987

GRAY, J. A.: The Neuropsychology of Anxiety. British Journal of Psychology 69 (1978), 417–434

GRAY, J. A.: The Neuropsychology of Anxiety: An Enquiry into the Functions of the Septo-Hippocampal System. Oxford: Univ. Press 1982

GREENACRE, Phyllis: Rekonstruktionen. Psyche 30 (1976), 702–722

GREENACRE, Phyllis: Reconstruction: Its Nature and Therapeutic Value. Journal of the American Psychoanalytic Association 29 (1981), 27–46

GREENSON, R.: Das Arbeitsbündnis in der Übertragungsneurose. Psyche 20 (1966) 2,

GRIFFIN, P. and COLE, M.: Current Activity for the Future: The Zoped. In: B. Rogoff and J. V. Wertsch (Eds.): Children's Learning in the „Zone of Proximal Development". San Francisco 1984, 45–64

GROSSMANN, K. E.: Frühe Entwicklung der Lernfähigkeit in der sozialen Umwelt. In: ders. (Hrsg.): Entwicklung der Lernfähigkeit in der sozialen Umwelt. München: Kindler 1977, 145–183 (a)

GROSSMANN, K. E.: Angst bei Kleinkindern. In: K. E. Grossmann und R. Winkel: Angst und Lernen. München: Kindler 1977, 19–84 (b)

GROSSMANN, K. E.: Aufbau von Beziehungen im Kleinkindalter. In: Psychosoziale Bedingungen der frühkindlichen Entwicklung – Ansatzmöglichkeiten für die Gesundheitserziehung. 5. Internat. Seminar für Gesundheitserziehung. Köln: BZfGA 1981, 49–62

GRUBITZSCH, S.: Psychodiagnostik. In: G. Rexilius und S. Grubitzsch (Hrsg.): Psychologie. Theorien – Methoden – Arbeitsfelder. Ein Grundkurs. Reinbek: Rowohlt 1986, 283–311

GRÜNWALD, H.: Die sozialen Ursprünge psychologischer Diagnostik. Darmstadt: Steinkopff 1980

GRÜSSER, O. J. und GRÜSSER-CORNEHLS, U.: Physiologie des Sehens. In: R. F. Schmidt (Hrsg.): Grundriß der Sinnesphysiologie. Berlin/West: Springer 1985, 5. neubearb. u. erw. Aufl., 174–241

Grund- und Strukturdaten 1989/90. Hrsg.: BMBW, Bonn 1989

GÜTHER, B.: Staat und Infrastruktur. Marburg: VAG 1977

GUILFORD, J. P.: Persönlichkeit. Weinheim: Beltz 1965 2./3. Aufl.

GUTHKE, J.: Zur Diagnostik der intellektuellen Lernfähigkeit. Berlin/DDR: DVdW 1972

GUTHKE, J. et al.: Psychodiagnostik – gesellschaftliche Anforderungen, Trends, methodologische Probleme und Strategien. Psychologie für die Praxis 1 (1983) 1, 54–65

GUTJAHR, W.: Die Messung psychischer Eigenschaften. Berlin/DDR: DVdW 1974

GUTMANN, W. und BONIK, K.: Kritische Evolutionstheorie. Hildesheim: Gerstenberg 1981

GUTMANN, W. F. und WEINGARTEN, M.: Die Autonomie der organismischen Biologie und der Versklavungsversuch der Biologie durch Synergetik und Thermodynamik von Ungleichgewichtsprozessen. Dialektik 13 (1987), 227–234

348

GUTMANN, W. F. und WEINGARTEN, M.: Evolution. In: H. J. Sandkühler (Hrsg.): Europäische Enzyklopädie Philosophie und Wissenschaften. Hamburg: Meiner 1990 (i. V.), zitiert nach Manuskript 1989

HACKER, W.: Allgemeine Arbeits- und Ingenieurspsychologie. Berlin/DDR: DVdW 1973, 2. erw. Aufl. 1978

HÄMMERLING-BALZERT, Christa: Grundlagen, Probleme und Ergebnisse der psychoanalytischen Therapie. In: Handbuch der Psychologie. Bd. 8, II. Klinische Psychologie. Göttingen: Hogrefe 1978, 1884–1910

HAKEN, H.: Erfolgsgeheimnisse der Natur. Synergetik: Die Lehre vom Zusammenleben. Stuttgart: DVA 1983, 3. Aufl.

HAKEN, H.: Entwicklungslinien der Synergetik. I. und II. Naturwissenschaften 75 (1988), 163–172 und 225–234

HAMSTER, W. u. a.: TÜLUC. Tübinger-Luria-Christensen Neuropsychologische Untersuchungsreihe. Weinheim: Beltz 1980

HARNAD, S. et al. (Eds.): Lateralization in the Nervous System. New York: Academic Press 1977

HARTLAGE, L. C. and TELZROW, Cathy F. (Eds): The Neuropsychology of Individual Differences. A Developmental Perspective. New York: Plenum 1985

HARTMANN, H. A. und HAUBL, R. (Hrsg.): Psychologische Begutachtung. München: Urban & Schwarzenberg 1984

HARTMANN, H. A. und HAUBL, R.: Der Konflikt zwischen Auftrag und Gewissen. Psychologie heute (1985) 4, 61–66

HASELMANN, Sigrid: Subjektivität, Verkehrsformen und Persönlichkeitsentwicklung. Zur sozialen Organisiertheit menschlichen Handelns. In: O. Kruse u. a.: Studien zur Tätigkeitstheorie (I). Berlin/West: Hochschule d. Künste 1985, 117–141

HASELMANN, Sigrid: Tätigkeitszusammenhänge als Reproduktionszyklen und die Persönlichkeit in ihren unbewußten Anteilen: Unbewußte Dynamik – Personale Subjektivität – Habitus. In: M. Hildebrand-Nilshon und G. Rückriem (Hrsg.): Kongreßbericht des 1. Internationalen Kongresses zur Tätigkeitstheorie. Bd. 3: Workshopbeiträge zu ausgewählten Aspekten angewandter Forschung. Berlin/ West: Hochschule der Künste 1988, 361–376

HAUG, F. W.: Ideologie/Warenästhetik/Massenkultur – Entwürfe zu einer theoretischen Synthese. Argument Studienheft 33. Berlin/W.: Argument-Verlag 1979

HEATH, R. G.: Feedback Loop Between Cerebellum and Septal-Hippocampal Sites: Its Role in Emotion and Epilepsy. Biological Psychiatry 15 (1980) 4, 541–556

HEBEL, Angelika v. u. a.: Anorexia nervosa: Psychopathogenese und Psychotherapie. Jahrbuch für Psychopathologie und Psychotherapie 6 (1986), 105–158

HECAEN, H.: Apraxias. In: Susan B. Filskov and T. J. Boll: Handbook of Clinical Neuropsychology. New York: Wiley 1981, 257–286

HECAEN, H. and ALBERT, M. L.: Human Neuropsychology. New York: Wiley 1978

HECHT, A. u. a.: Allgemeine Pathologie. Berlin/DDR: Volk und Gesundheit 1977, 2. Aufl.

HEDEGAARD, Marianne: Unterrichten und die Entwicklung der theoretischen Beziehung von Schülern zur Welt. In: Autorenkollektiv. Psychologische Methoden der Analyse und Ausbildung der Lerntätigkeit. Bericht über ein Symposium. Bd. 1, Berlin/DDR: APW der DDR 1988, 20–32

HEGEL, G. W. F.: Vorlesungen über die Ästhetik I. Werke Bd. 13. Frankfurt/M.: Suhrkamp 1970

HEIDEN, U. an der u. a.: Das Apriori-Problem und die kognitive Konstitution des Raumes. Bremer Beiträge zur Psychologie Nr. 56, März 1986

HEILMAN, K. W. and SATZ, P.: Neuropsychology of Human Emotion. New York: Guilford 1983

HELLER, A. und SEMMERLING, R. (Hrsg): Das ProWo-Buch. Leben, Lernen und Arbeiten in Projekten und Projektwochen. Königstein/Ts.: Scriptor 1983

HENATSCH, H.-D.: Bauplan der peripheren und zentralen sensomotorischen Kontrollen. In: J. Haase et al. (Hrsg.): Sensomotorik. Physiologie des Menschen Bd. 14. München: Urban & Schwarzenberg 1976, 193–263 (a)

HENATSCH, H.-D.: Zerebrale Regulation der Sensomotorik. In: J. Haase et al. (Hrsg.): Sensomotorik. Physiologie des Menschen Bd. 14. München: Urban & Schwarzenberg 1976, 265–420 (b)

HENATSCH, H.-D.: Paradigmenwechsel und Paradigmenstreit in der Neurophysiologie der Motorik. Naturwissenschaften 75 (1988), 67–76

HENNIGE, Ute u. a.: Die Erfassung und Förderung der sensomotorischen Kompetenz geistig Schwerstbehinderter. Sickte: Neuerkeröder Anstalten 1988

HERNANDEZ, J.: Pädagogik des Seins. Paolo Freires praktische Theorie einer emanzipatorischen Erwachsenenbildung. Lollar: Achenbach 1977

HERRSCHKOWITZ, N. N. and McKHANN, G. M.: Normal and Abnormal Development of the Human Nervous System. In: J. G. Nicholls (Ed.): Repair and Regeneration of the Nervous System. Berlin/West: Springer 1982, 23–39

HERZOG, G.: Krankheits-Urteile. Logik und Geschichte in der Psychiatrie. Wunstorf: Psychiatrie-Verlag 1981

HERZOG, G.: Behinderte Vorschulkinder in Bremen. München: DJI Materialien 1987

HESSE, R. und HIRTZ, P.: Koordinative Fähigkeiten im Sport. Auswahlbibliographie 1975–1984. Körperkultur und Sport. Thematische Information Leipzig: Zentr. f. Wiss.inf., Körperkultur u. Sport 1985

HIEBSCH, H. und SCHMIDT, H. D.: Was kann die Psychologie gesellschaftlich bewirken? Psychologie für die Praxis. 7 (1989) 2, 179–195

HIKMET, N.: Sie haben Angst vor unsern Liedern. Hrsg.: Türk. Akademiker u. Künstlerverein. Berlin/W. 1977

HILDEBRAND-NILSHON, M.: Die Entwicklung der Sprache. Phylogenese und Ontogenese. Frankfurt/M.: Campus 1980

HILKE, R.: Handlungstheoretisch orientierte psychologische Diagnostik: Ausweg aus der Krise der psychologischen Diagnostik. In: G. Jüttemann (Hrsg.): Neue Aspekte klinisch-psychologischer Diagnostik. Göttingen: Hogrefe 1984, 10–34

HOBOM, Barbara: Molekulare Platzanweiser im Nervensystem. FAZ v. 30.7.1988, 27f.

HOBSON, J. A. and McCarley, R. W.: The Brain as a Dream State Generator: An Activation-Synthesis-Hypothesis of the Dream Process. The American Journal of Psychiatry 134 (1977) 12, 1335–1348

HÖCK, K.: Konzeption der intendierten dynamischen Gruppenpsychotherapie. In: J. Ott: Theoretische Probleme der Gruppenpsychotherapie. Leipzig: Barth 1981, 13–34

HÖRMANN, G. u. a. (Hrsg.): Familie und Familientherapie. Opladen: Westdeutscher Verlag 1988

HÖRZ, H. u. a. (Hrsg.): Philosophie und Naturwissenschaften. Wörterbuch zu den philosophischen Fragen der Naturwissenschaften. Berlin/DDR: Dietz 1983

HOFMANN, W.: Was ist Stalinismus? Heilbronn: Distel-Verlag 1984 (Nachdruck aus: ders.: Stalinismus und Antikommunismus. Frankfurt/M.: Suhrkamp 1967)

HOFSTADER, D. R.: Gödel, Escher, Bach. Darmstadt: Deutsche Buchgemeinschaft o. J. (engl. Original 1979)

HOLST, E. v. und MITTELSTAEDT, H.: Das Reafferenzprinzip. In: E. v. Holst: Zur Verhaltensphysiologie bei Menschen und Tieren. Gesammelte Abhandlungen Bd. 1. München: Piper 1969, 135–166

HOLSTE, U.: Sprachaneignung als Ausbildung sprachlicher Handlungskompetenz: Überlegungen zum Verhältnis von Sprache, Kommunikation und Modalität kommunikativer Zeichensysteme. Jahrbuch für Psychopathologie und Psychotherapie 4 (1984), 62–80

HOLSTE, U.: Zur Bestimmung einiger grundlegender Ursache-Wirkungs-Zusammenhänge zwischen epileptischen Zellerregungen und -entladungsaktivitäten des Gehirns und den komplexen Intra- und Intersystembeziehungen der höheren kortikalen Funktionen beim Menschen. Jahrbuch für Psychopathologie und Psychotherapie 6 (1986), 79–104

HOLSTE, U.: Funktionale Störungen der Selbstprogrammierung und Selbststeuerung (Selbstregulation) menschlicher Sprache – Versuch einer Grundlegung des Aphasiebegriffs vor dem Hintergrund entwicklungsphysiologischer und entwicklungspsychologischer Überlegungen. Jahrbuch für Psychopathologie und Psychotherapie 8 (1988), 110–132

HOLSTE, U.: Menschliche Sprache – gesprochene Sprache – Gebärdensprache. Solms/Lahn: Jarick-Oberbiel 1990
HOLZKAMP, K.: Grundlegung der Psychologie. Frankfurt/M.: Campus 1983
HOLZKAMP, K.: „We don't need no education ...". Forum Kritische Psychologie Bd. 11 (1983), 113–125 (b)
HOLZKAMP, K.: Was kann man von Karl Marx über Erziehung lernen? Demokratische Erziehung 9 (1983) 1, 52–59 (c)
HOLZKAMP-OSTERKAMP, Ute: Faschistische Ideologie und Psychologie. Forum Kritische Psychologie Bd. 9, 1981, 155–170
HUBEL, D. H.: Auge und Gehirn. Heidelberg: Spektrum d. Wiss. 1989
HUBEL, D. H. und WIESEL, T. W.: Die Verarbeitung visueller Informationen. In: Gehirn und Nervensystem. Heidelberg: Spektrum d. Wiss. 1980, 122–133
HUBER, W. u. a.: Der Aachener Aphasie Test. Aufbau und Überprüfung der Konstruktion. Der Nervenarzt 51 (1980), 475–482
HÜHNE, K.: Zur Bedeutung der Aussagen Anochins über funktionelle Systeme – zur Genese und Bedeutung der vorgreifenden Widerspiegelung. In: Angelika von Hebel und W. Jantzen (Hrsg.): Studien zur Tätigkeitstheorie II. Bremen: Universität (FB 11, Studiengang Behindertenpädagogik) 1986, 157–185
HUISKEN, F.: Zur Kritik bürgerlicher Pädagogik und Bildungsökonomie. München: List 1972
IBEN, G.: (Hrsg.): Das Dialogische in der Heilpädagogik. Mainz: Matthias-Grünewald-Verlag 1988
IRLE, Eva: Lesion Size and Recovery of Function: Some New Perspectives. Brain Research Reviews 12 (1987), 307–320
ISSERLIN, M.: Psychiatrie und Heilpädagogik. In: H. Goepfert (Hrsg.): Bericht über den 1. Kongreß für Heilpädagogik. Berlin: Springer 1923, 1–10
JACKENDOFF, R.: Toward an Explanatory Semantic Representation. Linguistic Inquiry 7 (1976), 89–150
JÄGER, R. S. und NORD-RÜDIGER, Dietlinde: Biographische Analyse in der Pädagogischen Diagnostik. In: R. S. Jäger u. a. (Hrsg.): Tests und Trends. Weinheim: Beltz 1985, Bd. 4., 135–167
JÄGER, R. S. und KAISER, A.: Biographische Analyse und Biographische Diagnostik. In: G. Jüttemann und H. Thomae (Hrsg.): Biographie und Psychologie. Berlin/West: Springer 1987, 178–193
JÄGER, S.: Zur Herausbildung von Praxisfeldern der Psychologie bis 1933. In: M. G. Ash und U. Geuter (Hrsg.): Geschichte der deutschen Psychologie im 20. Jahrhundert. Opladen: Westdeutscher Verlag 1985, 83–112
JAHNSEN, H.: Responses of Neurons in Isolated Preparations of the Mammalian Central Nervous System. Progress in Neurobiology 27 (1986), 351–372
JANSSEN-JURREIT, Marieluise: Sexismus. Über die Abtreibung der Frauenfrage. Frankfurt/M.: Fischer 1979
JANTSCH, E.: Die Selbstorganisation des Universums. München: Hanser 1979
JANTZEN, W.: Grundriß einer allgemeinen Psychopathologie und Psychotherapie. Köln: Pahl-Rugenstein 1979
JANTZEN, W.: Menschliche Entwicklung, allgemeine Therapie und allgemeine Pädagogik. Solms/Oberbiel: Jarick 1980
JANTZEN, W.: Soziologie der Sonderschule. Beltz: Weinheim 1981
JANTZEN, W.: Diagnostik im Interesse der Betroffenen oder Kontrolle von oben? In: Fachschaftsinitiative Sonderpädagogik Würzburg (Hrsg.): Diagnostik im Interesse der Betroffenen. Würzburg 1982, 10–51
JANTZEN, W.: Abbildtheorie und Stereotypentwicklung – ein methodologischer Beitrag zur Diagnose des Lernens und der Persönlichkeitsentwicklung bei schwerstbehinderten Kindern und Jugendlichen. Jahrbuch für Psychopathologie und Psychotherapie. 3 (1983), 111–158 (a)
JANTZEN, W.: Galperin lesen. Demokratische Erziehung 8 (1983) 5, 30–37 (b)
JANTZEN, W.: Orientierungs- und Abbildintegration durch Tätigkeitsintegration – Zur Kri-

tik von Jean Ayres neurophysiologischer Theorie „Sensorisch-integrativer Dysfunktionen" als Grundlage der Therapie von Lernstörungen. Jahrbuch für Psychopathologie und Psychotherapie 4 (1984), 140-167

JANTZEN, W.: Eine neuropsychologische Theorie des Autismus. Behindertenpädagogik 24 (1985) 3, 274-288 (a)

JANTZEN, W.: Selbstorganisation, Ontogenese des psychischen Abbilds und Psychosomatik. Gestalt Theory 7 (1985) 4, 273-290 (b)

JANTZEN, W.: Sprache, Denken und geistige Behinderung. In: R. Mellies u.a. (Hrsg.): Erschwerte Kommunikation und ihre Analyse. Hamburg: Buske 1986, 77-107 (a)

JANTZEN, W.: Integration psychisch kranker und geistig behinderter Menschen in Bremen oder Asylierung und Amerikanisierung? Jahrbuch für Psychopathologie und Psychotherapie 6 (1986), 211-220 (b)

JANTZEN, W.: Abbild und Tätigkeit. Studien zur Entwicklung des Psychischen. Solms-Oberbiel 1986 (c)

JANTZEN, W.: Allgemeine Behindertenpädagogik Bd. 1: Sozialwissenschaftliche und psychologische Grundlagen. Weinheim: Beltz 1987

JANTZEN, W.: Gesundheit als Lebenswert in der sozialistischen Gesellschaft. Jahrbuch für Psychopathologie und Psychotherapie 8 (1988), 155-163 (a)

JANTZEN, W.: Begabung und Intelligenz - 2. Teil. Behindertenpädagogik 27 (1988) 3, 242-264 (b)

JANTZEN, W.: Die Bedeutung der Syndromanalyse nach Luria für die biographische Forschung, dargestellt am Beispiel psychopathologischer Prozesse. In: G. Auernheimer et al. (Hrsg): Studien zur Tätigkeitstheorie IV. Marburg: Inst. f. Erz.wiss. d. Universität 1988, 147-184 (c)

JANTZEN, W.: Das Konzept der Zone der nächsten Entwicklung - eine Kritik des kognitiven Reduktionismus in der Lernpsychologie. In: Evelin Witruk (Hrsg.): Anwendungsfelder differentieller Lernpsychologie. Beiträge eines interdisziplinären Kolloquiums an der Martin-Luther-Universität Halle-Wittenberg am 15.12.1988, Veröff. i.V. (d)

JANTZEN, W.: Jugend und Persönlichkeitsentwicklung in der Krise. In: G. Auernheimer u.a. (Hrsg.): Studien zur Tätigkeitstheorie IV. Marburg/L.: Inst. f. Erz.wiss. der Universität (W.-Röpke-Str. 6, 355 Marburg) 1988, S. 33-56 (e)

JANTZEN, W.: Biologische Evolutionstheorien. In: H.J. Sandkühler (Hrsg.): Europäische Enzyklopädie Philosophie und Wissenschaften. Hamburg: Meiner 1990 (i.V.), zit. nach Manuskript 1989 (a)

JANTZEN, W.: Freud und Leontjew oder: Die Aufhebung der Psychoanalyse im Marxismus. Jahrbuch für Psychopathologie und Psychotherapie 9 (1989), 44-68 (b)

JANTZEN, W.: Verhalten. In: H.J. Sandkühler (Hrsg.): Europäische Enzyklopädie Philosophie und Wissenschaften. Hamburg: Meiner 1990 (i.V.), zit. nach Manuskript 1989 (c)

JANTZEN, W.: Mensch. In: H.J. Sandkühler: Europäische Enzyklopädie Philosophie und Wissenschaften. Hamburg: Meiner 1990 (i.V.), zit. nach Manuskript 1989 (d)

JANTZEN, W.: Barbarei und Ideologie des Gefühls. Bemerkungen zu Peter Singer und der Euthanasie-Kampagne der ZEIT. Marxistische Blätter 27 (1989) 10, 104-108 (e)

JANTZEN W.: Psychologischer Materialismus, Tätigkeitstheorie, marxistische Anthropologie. Vorlesung auf dem Wilhelm-Wundt-Lehrstuhl der Karl-Marx-Universität Leipzig, WS 1987/88. Veröff. i.V. Köln und Leipzig 1990 (a)

JANTZEN, W.: Zum Vernunftbegriff - Thesen und Fragen zum Zusammenhang von Vernunft, Kultur und politischem Handeln. In: ders.: Erziehung - Humanismus - Hegemonie. Köln 1990 i.V. (b)

JANTZEN, W. und JÜTTNER, D.: Neuropsychologische Kritik der Psychochirurgie. Jahrbuch für Psychopathologie und Psychotherapie 1 (1981), 107-135

JANTZEN, W., v. SALZEN, W.: Autoaggressivität und selbstverletzendes Verhalten. Berlin/W.: Marhold 1986

JERVIS, G.: Kritisches Handbuch der Psychiatrie. Frankfurt/M.: Syndikat 1978

JOHN, E.R. et al.: Neurometric Evaluation of Cognitive Dysfunctions and Neurological Disorders in Children. Progress in Neurobiology 21 (1983), 239-290

JORKOWSKI, Renate u. a.: Wir können's ja doch! Projekterfahrungen an der Sonderschule. Solms-Oberbiel: Jarick 1982

JÜRGENSEN, E.: Ganzheitliches Lernen – Eine Ermutigung. Bremer Lehrerzeitung (1988) 12, 9–10

JÜTTEMANN, G.: Klinisch-psychologische Diagnostik in neuer Sicht. In: G. Jüttemann (Hrsg.): Neue Aspekte klinisch-psychologischer Diagnostik. Göttingen: Hogrefe 1984, 35–60

JÜTTEMANN, G. (Hrsg.): Qualitative Forschung in der Psychologie. Weinheim: Beltz 1985

JÜTTEMANN, G.: Das Allgemeine am Individuellen als Fragestellung der Allgemeinen Psychologie. In: G. Jüttemann und H. Thomae (Hrsg.): Biographie und Psychologie. Berlin/West: Springer 1987, 73–96

JUNG, R.: Einführung in die Bewegungsphysiologie. In: J. Haase et al. (Hrsg.): Sensomotorik. Physiologie des Menschen Bd. 14. München: Urban & Schwarzenberg 1976, 1–97

KAAS, J.H. et al: The Reorganisation of Somatosensory Cortex Following Periphal Nerve Damage in Adult and Developing Animals. Annual Review of Neurosciences 6 (1983), 325–356

KACZMAREK, B.L.J.: Regulatory Function of the Frontal Lobes: A Neurolinguistic Perspective. In: Ellen Perecman (Ed.): The Frontal Lobes Revisited. New York: IRBN Press 1987, 225–240

KAHLE, W.: Nervensystem und Sinnesorgane. Taschenatlas der Anatomie Bd. 3. Stuttgart: Thieme 1976

KANDEL, E.R.: Kleine Verbände von Nervenzellen. In: Gehirn und Nervensystem. Weinheim: Spektrum d. Wiss. 1980, 76–85

KANDEL, E.R. and SCHWARTZ, J.H.: Principles of Neural Science. New York: Elsevier 1985, 2nd Ed.

KANT, I.: Von den Träumen der Vernunft. Kleine Schriften zur Kunst, Philosophie und Politik. Leipzig o.J.

KASTRUP, Marianne u.a.: Rehabilitation von Folteropfern. Jahrbuch für Psychopathologie und Psychotherapie 6 (1986), 159–168

KATTMANN, U.: Biosphäre und Mensch. In: E. Busche et al. (Hrsg.): Natur in der Schule. Reinbek: Rowohlt 1978, 263–283

KATTMANN, U.: Bezugspunkt Mensch. Köln: Aulis 1980

KAUPPI, A.: From Expansive Learning to Development of Human Activities. Activity Theory 1 (1988) 1/2, 50–54

KAUTTER, H. und KLEIN, G.: Frühförderung entwicklungsverzögerter und entwicklungsgefährdeter Kinder. Reutlingen: Pädagogische Hochschule 1982

KEIM, W.: Schulische Differenzierung. Königstein/Ts.: Athenäum 1979, 2. Aufl.

KELLER, G.: Die Psychologie der Folter. Frankfurt/M.: Fischer 1981

KELLY, A.V.: Unterricht mit heterogenen Gruppen. Weinheim: Beltz 1981

KELLY, Ann E. and STINUS, L.: Neuroanatomical and Neurochemical Substrates of Affective Behavior. In: N.A. Fox and R.J. Davidson (Eds.): The Psychobiology of Affective Development. Hillsdale N.J.: Lawrence Erlbaum 1984, 1–75

KESSLING, V.: Tagebuch eines Erziehers. Berlin/DDR: Verlag Neues Leben 1980

KEUPP, H. (Hrsg.): Normalität und Abweichung. München: Urban & Schwarzenberg 1979

KIMURA, M.: Die „neutrale" Theorie der molekularen Evolution. In: Evolution: Die Entwicklung von den ersten Lebensspuren bis zum Menschen. Weinheim: Spektrum d. Wiss. 1983, 100–108

KINSBOURNE, M.: Evolution of Language in Relation to Lateral Action. In: M. Kinsbourne (Ed.): Asymmetrical Function of the Brain. London: Cambridge Univ. Press 1978, 553–565

KINSBOURNE, M. and BEMPORAD, Brenda: Lateralization of Emotion: A Model and the Evidence. In: N.A. Fox and R.J. Davidson (Eds.): The Psychobiology of Affective Development. Hillsdale N.J.: Lawrence Erlbaum 1984, 259–291

KISCHKEL, W.: Autismus. Eine Störung des fronto-limbischen Systems. Behindertenpädagogik 24 (1985) 3, 288–295

KISCHKEL, W.: Autismus als Störung des fronto-limbischen Systems: Ein Fallbeispiel. Im Manuskript 1986

KLAFKI, W.: Das pädagogische Problem des Elementaren und die Theorie der Kategorialen Bildung. Weinheim: Beltz 1963, 2. erw. Aufl.

KLAFKI, W.: Studien zur Bildungstheorie und Didaktik. Beltz: Weinheim 1974

KLAFKI, W.: Die Bedeutung der klassischen Bildungstheorien für ein zeitgemäßes Konzept allgemeiner Pädagogik. Zeitschrift für Pädagogik 32 (1986) 4, 455–476

KLAFKI, W.: Neue Studien zur Bildungstheorie und Didaktik. Weinheim: Beltz 1987

KLAFKI, W. und STÖCKER, H.: Innere Differenzierung des Unterrichts. In: W. Klafki: Neue Studien zu Bildungstheorie und Didaktik. Weinheim: Beltz 1985, 119–154

KLAUS, G.: Semiotik und Erkenntnistheorie. Berlin/DDR: DVdW, 1969, 2. Aufl.

KLAUS, G. und BUHR, M. (Hrsg.): Philosophisches Wörterbuch. Berlin/West: Das Europäische Buch 1985, 13. Aufl.

KLEIBER, D. (Hrsg.): Handlungstheorie in der Anwendung – Beiträge aus dem Bereich der klinischen und pädagogischen Psychologie. Tübingen: Deutsche Gesellschaft für Verhaltenstherapie 1981

KLINGBERG, F. und HASCHKE, W.: Neurophysiologie. In: D. Biesold und H. Matthies (Hrsg.): Neurobiologie. Stuttgart: Fischer 1977, 557–647

KLINGBERG, L.: Einführung in die Allgemeine Didaktik. Frankfurt/M.: Fischer-Athenäum o. J.

KLIX, F.: Information und Verhalten. Huber: Bern 1976

KLIX, F.: Are Learning Processes Evolutionary Invariant? – An Unproved Assumtion in Psychology of Learning Revisited. Zeitschrift für Psychologie 190 (1982) 4, 381–391

KLIX, F.: Erwachendes Denken. Berlin/DDR: DVdW 1980

KLIX, F.: Über Struktur und Funktion des semantischen Gedächtnisses. In: K. Hecht u. a. (Hrsg.): Zentralnervensystem. Entwicklung – Störungen – Lernen – Motivation. Berlin/DDR: DVdW 1981, 219–237

KLUGE, K.-J.: Einführung in die Sonderschuldidaktik. Darmstadt: Wiss. Buchges. 1976

KÖNIG, R.: Institution. In: R. König (Hrsg.): Soziologie. Fischer Lexikon. Frankfurt/M.: Fischer 1958, 134–140

KOLB, B. and WISHAW, I. Q.: Fundamentals of Human Neuropsychology. San Francisco: Freeman 1980

KOLLING, Rita und MOHR, Gisela: Psychische Störungen bei Frauen: Hinweise für die Prävention und Therapie. In: Gisela Mohr u. a. (Hrsg.): Frauen: Psychologische Beiträge zur Arbeits- und Lebenssituation. München: Urban & Schwarzenberg 1982, 123–148

KON, I.: Freundschaft. Geschichte und Sozialpsychologie der Freundschaft als soziale Institution und individuelle Beziehung. Reinbek: Rowohlt 1979

KON, I.: Die Entdeckung des Ichs. Köln: Pahl-Rugenstein 1983

KONOVALOV, V.F. et al.: Der Einfluß des Grades der emotionalen Anspannung auf die Dynamik der Hemisphärendominanz. Voprosy Psichologii (1981) 5, 137–142 (russ.)

KORNMANN, R. (Hrsg.): Diagnostik bei Lernbehinderten. Heidelberg 1974

KORNMANN, R.: Diagnose von Lernbehinderungen. Weinheim: Beltz 1977

KORNMANN, R.: Beratung und Begutachtung im Bereich der Verhaltensgestörtenpädagogik. Kurseinheit 1: Diagnostisches Vorgehen zur Ermittlung von Merkmalen und Bedingungen von Verhaltensstörungen. Hagen: Fernuniversität 1982 (a)

KORNMANN, R.: Die Einbeziehung aller Beteiligten in den förderungsdiagnostischen Erkenntnisprozeß – Erwünscht? Möglich? Notwendig? In: Fachschaftsinitiative Sonderpädagogik Würzburg (Hrsg.): Diagnostik im Interesse der Betroffenen. Würzburg 1982, 52–69 (b)

KORNMANN, R. u. a. (Hrsg.): Förderdiagnostik. Heidelberg: Schindele 1983

KORNMANN, R. und RAMISCH, Brigitte: Lernen im Abseits. Erfahrungen mit Handelndem Unterricht in der Sonderschule für Lernbehinderte. Heidelberg: Schindele 1984

KOROLJOW, F.F. und GMURMAN, W.J.: Allgemeine Grundlagen der marxistischen Pädagogik. Pullach: Verlag Dokumentation 1973

KOSHLAND, D. E.: Bacterial Chemotaxis in Relation to Neurobiology. Annual Review of Neurosciences 3 (1980), 43–75
KRUMENACKER, F.: Gesundheit – von der Residualgröße zur konkreten Utopie. Köln: Pahl-Rugenstein 1988
KRUPPA, J.: Vortrag auf der Jahrestagung der Deutschen Gesellschaft für Zellbiologie in München 1988 zum Thema Phosphorylisierung. Zitiert nach „Ribosomen-Protein kontrolliert Translation", Die Neue Ärztliche, Nr. 63 v. 31.3.1988, 9
KRUSE, F. O.: Interaktionsdiagnostik in der Familie. In: G. Jüttemann (Hrsg.): Neue Aspekte klinisch-psychologischer Diagnostik. Göttingen: Hogrefe 1984, 102–123
KRUSE, P. et al.: Raum-zeitliche Integration wahrgenommener Bewegung durch Frequenzanalyse. Gestalt Theory 5 (1983) 2, 83–113
KRYSHANOVSKY, G. N.: Central Nervous System Pathology. New York: Consultants Bureau 1986
KRYSTAL, H. (Ed.): Massive Psychic Trauma. New York: Intern. Univ. Press 1968
KUCKHERMANN, R. und WIGGER-KÖSTERS, Annegret: „Die Waren laufen nicht allein zum Markt . . ." Die Entfaltung von Tätigkeit und Subjektivität. Köln: Pahl-Rugenstein 1985 (a)
KUCKHERMANN, R. und WIGGER-KÖSTERS, Annegret: „Gerade wenn es mir schlecht geht, brauche ich einen Arbeitsplatz" – Eine Studie zur Arbeitsrehabilitation. Köln: Pahl-Rugenstein 1985 (b)
KUCKHERMANN, R. und WIGGER-KÖSTERS, Annegret: Von der Geschichte der Tätigkeit zu Geschichten der Persönlichkeit. In: Institut für Marxistische Studien und Forschungen (Hrsg.): Marxistische Persönlichkeitstheorie. IMSF-Jahrbuch Bd. 10, Frankfurt/M. 1986, 172–202
KUCZYNSKI, J.: Die Intelligenz. Studien zur Soziologie und Geschichte ihrer Großen. Berlin/DDR: Akademie Verlag 1987
KÜHN, H.: Politisch-ökonomische Entwicklungsbedingungen des Gesundheitswesens. Königstein/Ts.: Hain 1980
KUHN, H. M.: Institution. In: H. J. Sandkühler (Hrsg.): Europäische Enzyklopädie Philosophie und Wissenschaften. Hamburg: Meiner 1990 (i. V.)
KUTTER, P. u. a. (Hrsg): Die psychoanalytische Haltung. München: Verl. Int. Psychoanalyse 1988
KUTZER, R.: Über das Erfordernis einer Neuorientierung der Didaktik der Sonderschule für Lernbehinderte unter dem Aspekt der Emanzipation. In: Ilse Abé u. a.: Kritik der Sonderpädagogik. Gießen: Edition 2000 1973, 310–344
KUTZER, R.: Zur Kritik gegenwärtiger Didaktik der Schule für Lernbehinderte – aufgezeigt an Befunden der empirischen Überprüfung rechendidaktischer Entscheidungen. Diss. phil. Marburg 1976
KUTZER, R.: Strukturorientierter Mathematikunterricht in der Lernbehindertenschule. In: H. Probst (Hrsg.): „Kritische Behindertenpädagogik in Theorie und Praxis". Solms-Oberbiel: Jarick 1979, 29–62
KUTZER, R.: Mathematik entdecken und verstehen. Lehrerband 1 u. 2. Frankfurt: Diesterweg 1983 u. 1985
KUTZER, R.: Struktur- und niveauorientiertes Lernen als Voraussetzung für eine individuelle Lernförderung – dargestellt am Beispiel von Anzahlinvarianzen. In: Arbeitsgruppe Integration Würzburg (Hrsg.): „Wege zur Intergration". Würzburg: U. Reuter Verlag 1986, 143–178
LAABS, H.-J. u. a. (Hrsg.): Pädagogisches Wörterbuch. Berlin/DDR: Volk und Wissen 1987
LARBIG, W.: Limbisches System und Emotionen. In: Euler, H. A. und Mandl, H.: Emotionspsychologie. Ein Handbuch in Schlüsselbegriffen. München: Urban & Schwarzenberg 1983, 109–118
LASOGGA, F.: Gesprächspsychotherapie: Zuviel Ideologie? Psychologie heute 13 (1986) 8, 45–50
LASSEN, N. A. u. a.: Hirnfunktion und Hirndurchblutung. In: Gehirn und Nervensystem. Heidelberg: Spektrum d. Wiss. 1980, 135–143

LAUSCHKE, Elke: Förderung von Persönlichkeitsentwicklung durch psychologische Studentenberatung – ein tätigkeitstheoretischer Zugang. Leipzig: Karl-Marx-Universität, Diss. phil. 1989, unveröff.

LAUSTER, P.: Die Liebe. Psychologie eines Phänomens. Reinbek: Rowohlt 1982

LEFEBRE, H.: Kritik des Alltagslebens. Frankfurt/M.: Athenäum 1977

LEHMANN, P.: Der chemische Knebel. Warum Psychiater Neuroleptika verabreichen. Berlin/West: Antipsychiatrie-Verlag 1986

LEKTORSKI, V. A.: Subjekt – Objekt – Erkenntnis. Grundlegung einer Theorie des Wissens. Frankfurt/M.: P. Lang 1985

LENIN, W. I.: Materialismus und Empiriokritizismus. LW Bd. 14. Berlin/DDR: Dietz 1973

LENIN, W. I.: Philosophische Hefte. LW Bd. 38. Berlin/DDR: Dietz 1973, 77–229

LENNEBERG, E.: Biologische Grundlagen der Sprache. Frankfurt/M.: Suhrkamp 1972

LEONTJEW, A. A.: Tätigkeit und Kommunikation. Sowjetwissenschaft: gesellschaftswissenschaftliche Beiträge 33 (1980), 522–535

LEONTJEW, A. A.: Psychologie des sprachlichen Verkehrs. Weinheim: Beltz 1984

LEONTJEW, A. N.: Probleme der Entwicklung des Psychischen. Frankfurt/M.: Fischer-Athenäum 1973

LEONTJEW, A. N.: Das Lernen als Problem der Psychologie. In: P. J. Galperin u. a.: Probleme der Lerntheorie. Berlin/DDR: Volk und Wissen 1974, 4. Aufl.

LEONTJEW, A. N.: Tätigkeit, Bewußtsein, Persönlichkeit. Berlin/DDR: Volk und Wissen 1979 bzw. Köln: Pahl-Rugenstein 1982

LEONTJEW, A. N.: Psychologie des Abbilds. Forum Kritische Psychologie 1981, Bd. 9, 5–19 (a)

LEONTJEW, A. N.: Die Psychologie der Kunst und die schöne Literatur (russ.). Literaturnaja učeba (Literaturstudium) (1981) 2, 177–185 (b)

LEONT'EV, A. N. and ZAPOROZHETS, A. V.: Rehabilitation of Hand Function. New York: Pergamon 1960

LEVITIN, K.: One is not Born a Personality. Moskau: Progress Publishers 1982

LIENERT, G. A.: Testaufbau und Testanalyse. Weinheim: Beltz 1969, 3. erg. Aufl.

LÖTHER, R.: Evolutionary Aspects of Health and Disease. In: J. Mlikovsky and V. J. A. Novak (Eds.): Evolution and Morphogenesis. Praha: Academia 1985, 131–137

LOMOV, B.: Methodologische und theoretische Probleme der Psychologie. Berlin/DDR: Volk und Wissen 1987

LOMPSCHER, J.: Psychologische Analysen der Lerntätigkeit. Berlin/DDR: Volk und Wissen 1989

LOMPSCHER, J. u. a.: Persönlichkeitsentwicklung in der Lerntätigkeit. Berlin/DDR: Volk und Wissen 1985

LORENZ, A.: Psychodiagnostik in der Psychiatrie. Gießen: Achenbach 1974

LOTMAN, Yu. M.: The Semiosphere. Soviet Psychology 27 (1989) 1, 40–61

LÜCK, H. E. u. a.: Sozialgeschichte der Psychologie. Opladen: Leske 1987

LUKÁCS, G.: Zur Ontologie des gesellschaftlichen Seins. Bd. 1 und 2. Darmstadt: Luchterhand 1984 und 1986

LUKÁCS, G.: Die Eigenart des Ästhetischen. Berlin/DDR: AufbauVerl. 1987, 2 Bde.

LUNDBERG, U.: Modellierung interner Verhaltensstrukturen. In: G. Tembrock u. a. (Hrsg.): Philosophische und ethische Probleme der modernen Verhaltenswissenschaft. VI. Kühlungsborner Kolloquium. Berlin/DDR: Akademie Verl. 1978, 37–45

LURIA, A. R.: Restoration of Functions after Brain Injury. Oxford: Pergamon 1963

LURIA, A. R.: Die höheren kortikalen Funktionen des Menschen und ihre Störungen bei örtlichen Hirnschädigungen. Berlin/DDR: DVdW 1970 (a)

LURIA, A. R.: Traumatic Aphasia. The Hague: Mouton 1970 (b)

LURIA, A. R.: The Working Brain. Harmondworth/Middlesex: Penguin 1973

LURIA, A. R.: The Man with a Shattered World. Harmondworth/Middlesex: Penguin 1975

LURIA, A. R.: The Neuropsychology of Memory. New York: Wiley 1976 (a)

LURIA, A. R.: Basic Problems of Neurolinguistics. The Hague: Mouton 1976 (b)

LURIA, A. R.: Neuropsychological Studies in Aphasia. Amsterdam: Swets & Zeitlinger 1977

LURIA, A. R.: The Making of Mind. A Personal Account to Soviet Psychology. Cambridge/Mass.: Harvard 1979

LURIA, A. R.: Higher Cortical Functions in Man. New York: Basic Books 1980, 2nd revised and expanded edition

LURIA, A. R.: Sprache und Bewußtsein. Köln: Pahl-Rugenstein 1982

LURIA, A. R.: L. S. Wygotski und das Problem der funktionellen Lokalisation. In: Jahrbuch für Psychopathologie und Psychotherapie 4 (1984), 15–23

LURIA, A. R. and ARTEM'EVA, E. Yu.: Two Approaches to an Evaluation of the Reliability of Psychological Investigations (Reliability of a Fact and Syndrom Analysis). Soviet Psychology 8 (1970) 3–4, 271–282; erneut in: M. Cole (Ed.): The Scientific Work of A. R. Luria. New York: Sharpe 1978, 282–293

LURIA, A. R. und TSVETKOVA, Ljubov S.: Neuropsychologie und Probleme des Lernens in der Schule. Jahrbuch für Psychopathologie und Psychotherapie 9 (1989), 139–183

MAASE, K.: „Leben einzeln und frei wie ein Baum und brüderlich wie ein Wald . . .". Wandel der Arbeiterkultur und Zukunft der Lebensweise. Frankfurt/M.: Verl. Marx. Blätter 1985

MAGER, R.: Lernziele und Programmierter Unterricht. Weinheim: Beltz 1965

MAKARENKO, A. S.: Werke in 7 Bänden. Bde. 1, 4, 5. Berlin/DDR: Volk und Wissen 1974

MANDELBAUM, A.: Diagnosis in Family Treatment. Bulletin of the Menninger Clinic 40 (1976) 5, 497–504

MANGOLD, B. und OBENDORF, W.: Bedeutung der familiären Beziehungsdynamik in der Förderungsarbeit und Therapie mit behinderten Kindern. Praxis der Kinderpsychologie und Kinderpsychotherapie 30 (1981) 1, 12–18

MANN, Iris (d. i. Manske, Christel): Schlechte Schüler gibt es nicht. München: Urban & Schwarzenberg 1977

MANN, Iris (d. i. Manske, Christel): Lernprobleme. München: Urban & Schwarzenberg 1979

MANSKE, Christel: Handelnder Unterricht. päd. extra & demokratische Erziehung 1 (1988) 1, 32–37

MARGULIS, Lynn: Symbiosis in Cell Evolution. San Francisco: Freeman 1981

MARSHALL, J. F.: Neural Plasticity and Recovery of Function after Brain Injury. International Review of Neurobiology 26 (1985), 201–247

MARX, K.: Zur Kritik der Hegelschen Rechtsphilosophie. Einleitung. MEW Bd. 1. Berlin/DDR: Dietz 1974, 378–391

MARX, K.: Thesen über Feuerbach. MEW 3. Berlin/DDR: Dietz 1969, 5–7

MARX, K.: Das Kapital. Bd. 1. MEW Bd. 23. Berlin/DDR: Dietz 1970

MARX, K.: Theorien über den Mehrwert. Teil 1. MEW 26.1. Berlin/DDR: Dietz 1971

MARX, K.: Grundrisse der Kritik der politischen Ökonomie. MEW Bd. 42. Berlin/DDR: Dietz, 1983

MARX, K.: Ökonomisch-Philosophische Manuskripte aus dem Jahre 1844. MEW Erg. Bd. 1. Berlin/DDR: Dietz 1980, 465–588

MARX, K.: Betrachtung eines Jünglings bei der Wahl eines Berufs. MEW Erg. Bd. 1, 591–594

MARX, K. und ENGELS, F.: Die deutsche Ideologie. MEW Bd. 3. Berlin/DDR: Dietz 1969, 9–530

MARX, K. und ENGELS, F.: Manifest der Kommunistischen Partei. MEW Bd. 4. Berlin/DDR: Dietz 1972, 459–493

MASLAND, R. H.: Die funktionelle Architektur der Netzhaut. Spektrum der Wissenschaft (1987) 2, 66–75

MATURANA, H.: Biologie der Kognition. Paderborn: FEoll-Institut f. Wiss. u. Planungstheorie 1977

MATURANA, H.: Erkennen: Die Organisation und Verkörperung von Wirklichkeit. Braunschweig: Vieweg 1982

MATURANA, H. und VARELA, F.: Der Baum der Erkenntnis. Die biologischen Wurzeln menschlichen Erkennens. München: Scherz 1987

MATUSSEK, P.: Die Konzentrationslagerhaft und ihre Folgen. Berlin/West: Springer 1971

MAUSE, L. de: Hört ihr, wie die Kinder weinen. Eine psychogenetische Geschichte der Kindheit. Frankfurt/M.: Suhrkamp 1977

MAY, J.G.: Nosology and Diagnosis. In: J.D. Noshpitz (Ed.): Basic Handbook of Child Psychiatry. Vol 2: Disturbances in Development. New York: Basic Books 1979, 111-144

MAYEUX, R.: Emotional Changes Associated with Basal Ganglia Disorders. In: K.H. Heilman and P. Satz: Neuropsychology of Human Emotion. New York: Guilford 1983, 141-164

MAYRHOFER, H. und ZACHARIAS, W.: Projektbuch ästhetisches Lernen. Reinbek: Rowohlt 1977

McCARLEY, R.W.: Der Traum. Regie führt das Gehirn. Psychologie heute 6 (1979) 5, 64-67

McGUINESS, Diane and PRIBRAM, K.: The Neuropsychology of Attention: Emotional and Motivational Controls. In: M.C. Wittrock (Ed.): The Brain and Psychology. New York: Academic Press 1980, 95-140

McINTYRE, D.C. and RACINE, R.C.: Kindling Mechanisms: Current Progress on an Experimental Epilepsy Model. Progress in Neurobiology 27 (1986), 1-12

McLEAN, P.D.: A Triune Concept of the Brain and Behaviour. Toronto: University Press 1973

MEAD, G.H.: Geist, Identität und Gesellschaft. Frankfurt/M.: Suhrkamp 1975, 2. Aufl.

MEINEL, K. und SCHNABEL, G.: Bewegungslehre – Sportmotorik. Abriß einer Theorie der sportlichen Motorik unter pädagogischem Aspekt. Berlin/DDR: Volk u. Wissen 1987, 8. Aufl.

MELZACK, R.: The Puzzle of Pain. Harmondworth/Middlesex: Penguin 1973

MESSMANN, A.: Zur Herausbildung des Leitmotivs, dargestellt am Beispiel Dschingis Aitmatovs „Der weiße Dampfer". Vortrag 3. Tagung für Tätigkeitstheorie, Bielefeld 31.1.-2.2.1986, unveröff.

MESSMANN, A.: Kunst als Spiegel. Zum Verhältnis von Kunst und Subjekterfahrung, dargestellt an P. Weiss Interpretation von Géricaults Gemälde „Floß der Medusa". In: M. Holodynski, W. Jantzen (Hrsg.): Studien zur Tätigkeitstheorie V, Bielefeld: Universität 1989, 93-100

MÉTRAUX, A.: Der Methodenstreit und die Amerikanisierung der Psychologie in der Bundesrepublik 1950-1970. In: M.G. Ash und U. Geuter (Hrsg.): Geschichte der deutschen Psychologie im 20. Jahrhundert. Opladen: Westdeutscher Verlag 1985, 225-251

MEYER, H.: Unterrichtsmethoden. I: Theorieband. II: Praxisband. Frankfurt/M.: Scriptor 1987

MEYER-WILLNER, G: Differenzieren und Individualisieren. Bad Heilbrunn: Klinkhardt 1979

MIEDANER, L.: Gemeinsame Erziehung behinderter und nichtbehinderter Kinder. München: DJI Materialien 1986

MIKULEIT, B.: Ein Aphasiker erlebt seine Rehabilitation. Bonn: Reha-Verl. 1987, 2. Aufl.

MINUCHIN, S. et al.: Psychosomatische Krankheiten in der Familie. Stuttgart: Klett-Cotta 1986

MISHKIN, M. und APPENZELLER, T.: Die Anatomie des Gedächtnisses. Spektrum der Wissenschaft (1987) 8, 94-104

MITSCHERLICH, A. und MITSCHERLICH, Margarete: Die Unfähigkeit zu trauern. München: Piper 1977

MÖCKEL, K.: Hoffnung für Dan. Berlin/DDR: Verlag Neues Leben 1983

MOLFESE, D.L. and SEGALOWITZ, S.J.: Brain Lateralization in Children. Developmental Implications. New York: Guilford 1988

MORAWIETZ, H.: Unterrichtsdifferenzierung. Weinheim: Beltz 1980

MOUNTCASTLE, V.B.: The World Around us: Neural Command Functions for Selective Attention. Neurosciences Research Program Bulletin (Supplement) 14 (1976), 1–47

MOUNTCASTLE, V.B.: An Organizing Principle for Cerebral Function: The Unit Modul and the Distributed System. In: F.O. Schmitt and F.G. Worden (Eds.): The Neurosciences. Fourth Study Program. Cambridge/Mass.: MIT Press 1979

NADEL, Lynn (Ed.): The Psychobiology of Down Syndrome. Cambridge/Mass.: MIT Press 1988

NAUTA, W.J.H. and FEIRTAG, M.: Fundamental Neuroanatomy. San Francisco: Freeman 1986

NESTLE, W.: Fächerübergreifender „Sachunterricht" in der Haupt- und Sonderschule (L). Stuttgart: Metzler 1975

NEUMANN, F.: Demokratischer und autoritärer Staat. Frankfurt/M.: Fischer 1986

NICHOLLS, J.G. (Ed.): Repair and Regeneration in the Nervous System. Berlin/West: Springer 1982

NIEDERLAND, W.G.: Folgen der Verfolgung: Das Überlebenden-Syndrom Seelenmord. Frankfurt/M.: Suhrkamp 1980

NOHL, H.: Die Theorie der Bildung. In: H. Nohl und L. Pallat: Handbuch der Pädagogik. Bd. 1. Langensalza: Beltz 1933, 3–80 (Reprint Weinheim: Beltz 1981)

NONNE, M.: Therapeutische Erfahrungen an den Kriegsneurosen in den Jahren 1914–1918. In: Handbuch der ärztlichen Erfahrungen des Weltkrieges. Bd. 4. Leipzig 1922, 102–121

NYSSEN, F.: Schule im Kapitalismus. Köln: Pahl-Rugenstein 1970

OEHLER, Regina: Aplysia lehrt uns das Lernen. DIE ZEIT Nr. 5, 24.1.1986, 66

O'KEEFE, J. and NADEL, Lynn: The Hippocampus as a Cognitive Map. Oxford: Clarendon 1978

OTTE, M. und STEINBRING, H.: Zum Verhältnis von Wissenschaft und Unterricht. Demokratische Erziehung 1 (1975) 5, 71–89

PANDYA, D.N. and BARNES, C.L.: Architecture and Connections of the Frontal Lobe. In: Ellen Perecman (Ed.): The Frontal Lobes Revisited. New York: IRBN 1987, 41–72

PAPE, E.: Selbstdarstellung: Der BRD-Rechtsstaat und ich. Jahrbuch für Psychopathologie und Psychotherapie 1 (1981), 170–196

PAPE, E.: Pazifistische Psychiatrie zwecks Menschenwürde. Jahrbuch für Psychopathologie und Psychotherapie 4 (1984), 202–214

PAPE, E.: Schock-Krampfbehandlungen und andere Hirnverstümmlungen. Jahrbuch für Psychopathologie und Psychotherapie 6 (1986), 169–202

PATTON, B.M. and CARLSON B.M.: Foundations of Embryology. New Delhi: TATA Mc Graw-Hill 1977

PAVLYGINA, R.A.: The Dominant and its Role in Animal Behavior. In: E.A. Asratyan and P.V. Simonov (Eds.): The Learning Brain. Moskau: Mir Publishers 1983, 145–166

PEDERSEN, K.E.: Tidlig infantil autisme og dysfunktion af hippocampus. Nordisk Psychiatrisk Tidsskrift (Kobenhavn) 35 (1981) 2, 131–148

PETERMANN, F. und HEHL, F.-J. (Hrsg.): Einzelfallanalyse. München: Urban & Schwarzenberg 1979

PETERMANN, F.: Die (verlaufs)strukturorientierte Einzelfalldiagnostik und ihre Aussagekraft innerhalb der klinischen Psychologie. Zeitschrift für klinische Psychologie 10 (1981) 2, 110–134

PETRAK, H. u.a.: Proletariat in der BRD. Berlin/DDR: Dietz 1974

PETROWSKI, A.W.: Psychologische Theorie des Kollektivs. Berlin/DDR: Volk und Wissen 1983

PHILLIPS, A.G.: Brain Reward Circuitry: A Case for Separate Systems. Brain Research Bulletin 12 (1984) 2, 195–201

PHILLIPS, C.G.: Movements of the Hand. Liverpool: University Press 1986

PIAGET, J.: Biologische Anpassung und Psychologie der Intelligenz. Suttgart: Klett 1975 (a)

PIAGET, J.: Das Erwachen der Intelligenz beim Kinde. Gesammelte Werke Bd. 1. Stuttgart: Klett 1975 (b)

PICKENHAIN, L.: Das Verhalten. In: D. Biesold und H. Matthies: Neurobiologie. Stuttgart: Fischer 1977, 693–733

PICKENHAIN, L.: Towards a Holistic Conception of Movement Control. In: H. T. A. Whiting (Ed.): Human Motor Action. Bernstein reassessed. Amsterdam: North-Holland 1984, 505–528

PICKENHAIN, L.: Vortrag über die Pawlow-Schule am 3. 11. 1986 in Bremen. Persönliche Mitschrift 1986 (a)

PICKENHAIN, L.: Methodologische Fragen bei der interdisziplinären Erforschung der psychischen Steuerungsebene und der biotischen Prozesse im Organismus. Zeitschrift für Psychologie 194 (1986) 3, 273–284 (b)

PICKENHAIN, L.: N. A. Bernstein und die moderne Neuropsychologie der Bewegungen. Behindertenpädagogik 28 (1989) 4, 374–381

PICKENHAIN, L. und SCHNABEL, G.: Einführung. In: N. A. Bernstein: Bewegungsphysiologie. Leipzig: Barth 1987, 15–19

PIONTEK, F.: Differentielle Lernverlaufscharakterisierung durch Zeitreihenanalysen. In: Evelin Witruk (Hrsg.): Anwendungsfelder differentieller Lernpsychologie. Beiträge eines interdisziplinären Kolloquiums an der Martin-Luther-Universität Halle-Wittenberg am 15. 12. 1988, Veröff. i. V.

PIRELLA, A.: Sozialisation der Ausgeschlossenen. Reinbek: Rowohlt 1975

POGGIO, T. und KOCH, C.: Wie Synapsen Bewegung verrechnen. Spektrum der Wissenschaft (1987) 7, 78–84

POLITZER, G.: Kritik der klassischen Psychologie. Frankfurt/M.: EVA 1974

POLJAKOV, G. I.: Moderne Befunde über die Struktur des Kortex. In: A. R. Luria: Die höheren kortikalen Funktionen des Menschen und ihre Störung bei örtlicher Hirnschädigung. Berlin/DDR: DVdW 1970, 56–97

POLJAKOV, G. I.: Entwicklung der Neuronen der menschlichen Großhirnrinde. Leipzig: Thieme 1979

PRASCHAK, W.: Sensomotorische Kooperation mit Schwerstbehinderten als Herausforderung für eine allgemeine Pädagogik. Diss. phil. Universität Bremen 1989 (Veröff. i. V.)

PRENGEL, Annedore: Schulversagerinnen. Gießen: Focus 1984

PRESCOTT, J. W.: Early Somatosensory Deprivation as an Ontogenetic Process in the Abnormal Development of the Brain and Behavior. In: I. E. Goldsmith and J. Moor-Jankowski (Eds.): Medical Primatology. Basel: Karger 1971

PRIBRAM, K. H.: The New Neurology and the Biology of Emotion: A Structural Approach. In: K. H. Pribram (Ed.): Brain and Behaviour 4: Adaptation. Harmondsworth/Middlesex: Penguin 1969, 452–466 (a)

PRIBRAM, K. H.: The Foundation of Psychoanalytic Theory: Freud's Neuropsychological Model. In: K. H. Pribram (Ed.): Brain and Behaviour 4: Adaptation. Harmondsworth/Middlesex: Penguin 1969, 395–432 (b)

PRIBRAM K. H.: Languages of the Brain. Monterey/Cal.: Brooks/Cole 1977 (1. Aufl. New York: Prentice Hall 1971)

PRIBRAM, K. H.: Hologramme im Gehirn. Psychologie heute 6 (1979) 10, 32–54

PRIBRAM, K. H.: Emotions. In: Susan B. Filskov and T. J. Boll (Eds.): Handbook of Clinical Psychology. New York: Wiley 1981, 102–134

PRIBRAM, K. H.: The Subdivisions of the Frontal Cortex Revisited. In: Ellen Perecman (Ed.): The Frontal Lobes Revisited. New York: IRBN 1987, 11–39

PRIBRAM, K. H. and GILL, M. M.: Freud's Project Reassessed. Preface to Contemporary Cognitive Theory and Neuropsychology. New York: Basic Books 1976

PRIBRAM, K. H. et al.: Frequency Encoding in Motor Systems. In: H. T. A. Whiting (Ed.): Human Motor Action. Bernstein Reassessed. Amsterdam: North-Holland 1984, 121–156

PRIBRAM, K. H. and LURIA, A. R. (Eds.): Psychophysiology of the Frontal Lobes. New York: Academic Press 1973

PRIGOGINE, I.: Natur, Wissenschaft und neue Rationalität. Dialektik 12 (1986), 15–37

PRIGOGINE, I. und STENGERS, Isabelle: Dialog mit der Natur. München: Piper 1981

PRIM, R.: Politik, Moral und Pädagogik. Sozialstrukturelle Bedingungen moralischer Haltungspflege. Soziale Sicherheit 38 (1989) 12, 357–365

PRITCHARD, D.C.: Foundations of Developmental Genetics. London: Taylor & Francis 1986

PROBST, H.: Die scheinbare und wirkliche Funktion des Intelligenztests im Sonderschulüberweisungsverfahren. In: Ilse Abé u.a.: Kritik der Sonderpädagogik. Gießen: Edition 2000 1973, 107–183

PROBST, H.: Strukturbezogene Diagnostik. In: H. Probst (Hrsg.): Kritische Behindertenpädagogik in Theorie und Praxis. Solms-Oberbiel: Jarick 1979, 113–135

PROBST, H.: Diagnostik und Didaktik der Oberbegriffsbildung. Solms/L.: Jarick 1981

PROBST, H.: Testverfahren zur Diagnostik spezifischer Lernvoraussetzungen. In: R.S. Jäger u.a. (Hrsg.): Tests und Trends. Weinheim: Beltz 1983, Bd. 3, 77–105

PROBST, H. und WACKER, G.: Lesenlernen. Ein Konzept für alle. Solms-Oberbiel: Jarick 1986

Psychotherapieberichte des Hauses für Gesundheit. Hrsg. K. Höck und Helga Hess. Berlin/DDR 7/1981; 10, 11, 13, 14/1982; 16–21/1983; 22, 23, 24, 26, 27/1984; 28–30/1985

PUESCHEL, S.: New Perspectives in Neurodevelopmental Concerns in Children with Down Syndrome. In: Inge Flehmig und L. Stern: Kindesentwicklung und Lernverhalten. Stuttgart: G. Fischer 1986, 301–308

PUESCHEL, S. (Ed.): The Young Child with Down Syndrome. New York: Human Sciences Press 1984

RADSICHOWSKI, L.A.: Das Subjekt-Objekt-Problem in der psychologischen Theorie der Tätigkeit. Sowjetwissenschaft: Gesellschaftswissenschaftliche Beiträge 36 (1983) 4, 560–570

RADZUN, R. und SCHRÖDER, Astrid: Kritik der krankengymnastischen Methode nach Vojta. Jahrbuch für Psychopathologie und Psychotherapie 3 (1983), 158–182

RAEITHEL, A.: Tätigkeit, Arbeit und Praxis. Grundbegriffe für eine praktische Psychologie. Frankfurt/M.: Campus 1983

RASKIN, D.E.: On Diagnosing. Comprehensive Psychiatry 18 (1977) 2, 103–110

REDL, F. und WINEMAN, D.: Steuerung des aggressiven Verhaltens beim Kind. München: Piper 1986, 4. Aufl. (a)

REDL, F. und WINEMAN, D.: Kinder die hassen. München: Piper 1986 3. Aufl. (b)

REHDER, Helga: Pathology of Trisomie 21 – with Particular Reference to Persistent Common Atrioventricular Canal of the Heart. In: G.R. Burgio et al. (Eds.): Trisomy 21. An International Symposium. Berlin/West: Springer 1981, 57–73

REISER, H.: Dialog im Gruppenprozeß – Zur Vermittlung dialogischer Philosophie und pädagogischer Praxis. In: G. Iben (Hrsg.): Das Dialogische in der Heilpädagogik. Mainz: Matthias-Grünewald-Verlag 1988, 23–40

REMSCHMIDT, H. und SCHMIDT, M.: Multiaxiales Klassifikationsschema für psychiatrische Erkrankungen im Kindes- und Jugendalter nach RUTTER, SHAFFER und STURGE. Bern: Huber 1977

RICHTER, W.J.: Chiralität – ein Syntheseprinzip des Lebendigen. In: P. Plath und H.J. Sandkühler (Hrsg.): Theorie und Labor. Dialektik als Programm der Naturwissenschaft. Köln: Pahl-Rugenstein 1978, 327–339

RIQUELME, H. (Hrsg.): Die neue italienische Psychiatrie. Frankfurt/M: P. Lang 1988

RITTER, J. und GRÜNDER, K. (Hrsg.): Historisches Wörterbuch der Philosophie. Darmstadt: Wiss. Buchges. 1972, 1976, Bd. 2 u. 4

ROEDEL, Judith: Das heilpädagogische Experiment Bonneuil und die Psychoanalyse in Frankreich. Frankfurt/M.: Fachbuchhandl. f. Psychol. Verl. 1986

ROGERS, C. u.a.: Die klientzentrierte Gesprächspsychotherapie. München: Kindler 1975

ROHR, Barbara: Handelnder Unterricht. Rheinstetten: Schindele 1980

ROHR, Barbara: Didaktik. In: E. Reichmann (Hrsg.): Handbuch der kritischen und materialistischen Behindertenpädagogik und ihrer Nebenwissenschaften. Solms-Oberbiel: Jarick 1984, 167–173 (a)

ROHR, Barbara: Sexismus. In: E. Reichmann (Hrsg.): Handbuch der materialistischen und kritischen Behindertenpädagogik. Solms-Oberbiel: Jarick 1984, 558–564 (b)

ROLAND, P.E.: Somatosensory Detection of Microgeometry, Macrogeometry and Kinesthesia after Localized Lesions of the Cerebral Hemispheres in Man. Brain Research Reviews 12 (1987), 43-94

RONDAL, J. A.: Linguistic and Prelinguistic Development in Moderate and Severe Mental Retardation. In: J. Dobbing et al. (Eds.): Scientific Studies in Mental Retardation. London: Royal Society of Medicine 1984, 323-345

ROSS, Majorie H. et al.: Down's Syndrome. Is there a Decreased Population of Neurons? Neurology (Cleveland) 34 (1984) 7, 909-916

ROTH, G.: Die Bedeutung der biologischen Wahrnehmungsforschung für die philosophische Erkenntnistheorie. In: P.M. Hejl, W.K. Köck und G. Roth (Hrsg.): Wahrnehmung und Kommunikation. Frankfurt/M.: Lang 1978, 65-78

ROTH, G.: Selbstorganisation und Selbstreferentialität als Prinzipien der Organisation von Lebewesen. In: Dialektik 12, 1986, 194-213

ROTH, G.: Erkenntnis und Realität. Das reale Gehirn und seine Wirklichkeit. In: G. Pasternack (Hrsg.): Erklären, Verstehen, Begründen. Eine Ringvorlesung: Bremen: Zentr. Philosoph. Grundl. d. Wiss. d. Universität 1985, 87-109. Wiederabdruck in: S.J. Schmidt (Hrsg.): Der Diskurs des radikalen Konstruktivismus. Frankfurt/M.: Suhrkamp 1987, 229-255 (a)

ROTH, G.: Autopoiese und Kognition. Die Theorie H.R. Maturanas und die Notwendigkeit ihrer Weiterentwicklung. In: S.J. Schmidt (Hrsg.): Der Diskurs des radikalen Konstruktivismus. Frankfurt/M.: Suhrkamp 1987, 256-286 (b)

ROTH, K.H.: „Asoziale" und nationale Minderheiten. In: Was ist der Mensch wert? Orientierung im Schatten des Nationalsozialismus. Protokolldienst der Evangelischen Akademie Bad Boll 31, 1983, 120-134

ROUTTENBERG, A.: Das Belohnungssystem des Gehirns. In: Gehirn und Nervensystem. Weinheim: Spektrum d. Wiss. 1980, 160-167

RÜGEMER, W.: Die allgemeine Bildung des knechtischen Werkzeugs oder: Der unerledigte Skandal bundesdeutschen Bildungsverständnisses. Oldenburger Vordrucke Heft 40/1980. Universität Oldenburg, Zentrum für pädagogische Berufspraxis. Oldenburg 1988

RÜGEMER, W.: Die Bildung des Scorpio. Die Leittext-Methode in der beruflichen Ausbildung: Widersprüchliche Annäherungen. Päd. extra & demokratische Erziehung 1 (1988) 6, 6-9

RUSALOV, W.M.: Theoretische Probleme des Aufbaus einer speziellen Theorie der Individualität des Menschen. Behindertenpädagogik 26 (1987) 4, 357-370 (a)

RUSALOV, W.M.: Biologische Grundlagen individueller Unterschiede. Jahrbuch für Psychopathologie und Psychotherapie 7 (1987), 34-54 (b)

RUSINOV, V.S.: The Dominant Focus. Electrophysiological Investigations. New York: Consultants Bureau 1973

RUSINOV, V.S.: The Polarization Electrotonic Hypothesis of the Formation of Simple Forms of Temporary Connection. In: E.A. Asratyan and P.V. Simonov (Eds.): The Learning Brain. Moskau: Mir Publishers 1983, 9-21

SACKS, O.: Der Mann, der seine Frau mit einem Hut verwechselte. Reinbek: Rowohlt 1987

SAMEROFF, A.J.: Austauschmodelle für frühe soziale Beziehungen. In: K. Riegel (Hrsg.): Zur Ontogenese dialektischer Operationen. Frankfurt/M.: Suhrkamp 1978, 97-116

SANDKÜHLER, H.J. (Hrsg.): Europäische Enzyklopädie Philosophie und Wissenschaften. Hamburg: Meiner 1990 (i.V.)

SAUERMANN, Ekkehard: Makarenko und Marx. Praktisches und Theoretisches über die Erziehung der Arbeiterjugend. Berlin/DDR: Dietz 1987

SCHAARSCHMIDT, U.: Was brachte uns die Diagnostikdiskussion? Versuch einer abschließenden Stellungnahme. Psychologie für die Praxis 3 (1985) 4, 357-362

SCHAARSCHMIDT, U.: Neue Inhalte und Methoden in der Diagnostik geistiger Leistungsfähigkeit. in Psychologie für die Praxis 7 (1989) Ergänzungsheft, 87-101

SCHACHT, Lore: Die Entdeckung der Lebensgeschichten. Psyche 32 (1978), 97-110

SCHEU, Ursula: Wir werden nicht als Mädchen geboren – wir werden dazu gemacht. Frankfurt/M.: Fischer 1977

SCHIEPEK, G.: Systemische Diagnostik in der Klinischen Psychologie. München: Psychologie Verlags Union 1986

SCHLEE, J.: Förderdiagnostik – eine bessere Konzeption? In: R. S. Jäger u. a. (Hrsg.): Tests und Trends. Weinheim: Beltz 1985, Bd. 4., 82–108 (a)

SCHLEE, J.: Kann Diagnostik beim Fördern helfen? Anmerkungen zu den Ansprüchen der Förderdiagnostik. Zeitschrift für Heilpädagogik 36 (1985) 3, 153–165 (b)

SCHLEE, J.: Helfen verworrene Konzepte dem Denken und Handeln in der Sonderpädagogik? Zeitschrift für Heilpädagogik 36 (1985) 12, 860–891 (c)

SCHMID, R.: Intelligenz- und Leistungsmessung. Geschichte und Funktion psychologischer Tests. Frankfurt/M.: Campus 1977

SCHMIDT, H.: Methodik der Strukturanalyse – ein Beitrag zur Modellbildung in der Psychologie. Zeitschrift für Psychologie 196 (1989) 2, 129–149

SCHMIDT, H. und RESCHKE, K.: Zur Nutzung strukturanalytischer Auswertungsmethoden in der empirischen Forschung. Psychologie für die Praxis. Veröff. 1. V. 1989

SCHMIDT, S. J. (Hrsg.): Der Diskurs des radikalen Konstruktivismus. Frankfurt/M.: Suhrkamp 1987

SCHMIDT, S. J.: Der Radikale Konstruktivismus: Ein neues Paradigma im interdisziplinären Diskurs. In: S. J. Schmidt (Hrsg.): Der Diskurs des radikalen Konstruktivismus. Frankfurt/M.: Suhrkamp 1987, 11–88

SCHMOOK, C. u. a.: Verhaltensanalyse. In: W. J. Schraml und U. Baumann (Hrsg.): Klinische Psychologie II. Bern: Huber 1974, 353–375

SCHNAPF, Julie L. und BAYLOR, D. A.: Die Reaktion von Fotorezeptoren auf Licht. Spektrum der Wissenschaft (1987) 6, 116–124

SCHEFFLER, Sabine: Feministische Therapie. „... sich das Recht nehmen, nein zu sagen". Psychologie heute 13 (1986) 3, 34–37

SCHNEIDER, Ulrike: Sozialwissenschaftliche Methodenkrise und Handlungsforschung. Frankfurt/M.: Campus 1980

SCHÖNBERGER, F.: Kooperation als pädagogische Leitidee. In: F. Schönberger u. a.: Bausteine der Kooperativen Pädagogik. Stadthagen: Bernhardt-Pätzold 1987, 69–139

SCHÖNBERGER, F., JETTER, K. und PRASCHAK, W.: Bausteine der Kooperativen Pädagogik. Stadthagen: Bernhardt-Pätzold 1987

SCHORN, A.: Geschichte der Pädagogik. Berlin: Union Deutsche Verlagsgesellschaft 1912

SCHRÖDER, H.: Persönlichkeitspsychologie, Pathopsychologie und klinische Psychologie. In: H. Schröder (Hrsg.): Fortschritte der klinischen Persönlichkeitstheorie und klinischen Psychodiagnostik. Leipzig: Barth 1988, 29–37

SCHRÖDER, H. und NAUMANN, Kerstin: Persönlichkeitsbesonderheiten und die Bewältigung von chirurgischen Operationsanforderungen. Psychologie für die Praxis 7 (1989) 2, 163–178

SCHRÖDER, H. u. a.: Medizinische Psychologie. Von einer „Psychologie der Krankheit" zu einer „Psychologie der Gesundheit". Jahrbuch für Psychopathologie und Psychotherapie 8 (1988), 133–154; sowie Psychologie für die Praxis 7 (1989) Ergänzungsheft, 47–65

SCHULTE, D. (Hrsg.): Diagnostik in der Verhaltenstherapie. München: Urban & Schwarzenberg 1976, 2. Aufl. (a)

SCHULTE, D.: Diagnostische Einzelfallanalyse. Eine Antwort auf Westmeyers „Kritik der Verhaltensdiagnostik". Psychologische Rundschau 27 (1976), 118–122 (b)

SCHULZ, W.: Unterrichtsplanung. München: Urban & Schwarzenberg 1981, 3. erw. Aufl.

SCHUNTER-KLEEMANN, Susanne: Frau und Gesellschaft. Bremen: FB Wirtschaft der Hochschule 1985

SCHWÄNKE , U.: Bildungschancen in der Bundesrepublik. Entwicklungen und Strukturen seit 1945/49. In: Schule und Erziehung. Das Argument SB 30. Berlin/West: Argument-Verl. 1979, 109–122

SCOTT, B. S. et al.: Neurobiology of Down's Syndrome. Progress in Neurobiology 21 (1983), 199–237

SÉGUIN, E.: Die Idiotie und ihre Heilung nach physiologischer Methode. Wien: Graeser 1912

SEIDEL, H.: Vernunft und Erbe. Zu theoretischen und praktischen Fragen der marxistisch-leninistischen Philosophie und Philosophiegeschichtsschreibung. Deutsche Zeitschrift für Philosophie 36 (1988) 6, 481–501

SEIDLER, Dietlind: Integration von Behinderten. Grundpositionen, Thesen, Auswertung. Jahrbuch für Psychopathologie und Psychotherapie 4 (1984), 80–113

SEIDLER, Dietlind: Grundlagen, Intentionen, Aspekte der gemeinsamen Erziehung behinderter und nichtbehinderter Kinder aufgezeigt am Umwandlungsprozeß einer Sondereinrichtung in eine Integrationseinrichtung. Eine Gesamtauswertung der pädagogischen Prozesse auf Grundlage des Handlungsforschungsansatzes. Diplomarbeit in Behindertenpädagogik. Universität Bremen 1988 (unveröff.)

SELVINI-PALAZZOLI, Mara: Magersucht. Klett: Stuttgart 1984, 2. Aufl.

SERSHANTOW, W.F. u.a.: Organismus – Persönlichkeit – Krankheit. Ein Beitrag zu den philosophischen und biologischen Grundlagen der Medizin. Jena: G. Fischer 1980

SÈVE, L.: Marxismus und Theorie der Persönlichkeit. Frankfurt/M.: Marxistische Blätter 1972

SÈVE, L.: Wissen und Verantwortung. In: M. Buhr und H.J. Sandkühler (Hrsg.): Philosophie in weltbürgerlicher Absicht und wissenschaftlicher Sozialismus. Köln: Pahl-Rugenstein 1985, 232–243

SÈVE, L.: Historische Individualitätsformen und Persönlichkeit. In: Institut für Marxistische Studien und Forschungen (Hrsg.): Marxistische Persönlichkeitstheorie. IMSF-Jahrbuch Bd. 10, Frankfurt/M. 1986, 17–41

SHAPIRO, J.A.: Bakterien als Vielzeller. Spektrum der Wissenschaft (1988) 8, 52–59

SHEVRIN, H. and SHECTMAN, F.: The Diagnostic Process in Psychiatric Evaluations. Bulletin of the Menninger Clinic 37 (1973), 451–494

SHINKIN, N.J.: Mechanisms of Speech. The Hague: Mouton 1968

SHINKIN, N.J.: Zur Erforschung des Mechanismus der Sprache. In: H. Hiebsch (Hrsg.): Ergebnisse der sowjetischen Psychologie. Stuttgart: Klett 1969, 406–429

SIEMEN, H.L.: Das Grauen ist vorprogrammiert. Psychiatrie zwischen Faschismus und Atomkrieg. Gießen: Focus 1982

SIEVERS, Mechthild: Frühkindlicher Autismus. Köln: Böhlau 1982

SILBERMANN, E.K. and WEINGARTNER, H.: Hemispheric Lateralization of Functions Related to Emotion. Brain and Cognition 5 (1986) 3, 322–353

SIMONOV, P.V.: Widerspiegelungstheorie und Psychophysiologie der Emotionen. Berlin/DDR: Volk und Gesundheit 1975

SIMONOV, P.V.: Höhere Nerventätigkeit des Menschen. Motivationelle und emotionale Aspekte. Berlin/DDR: Volk und Gesundheit 1982

SIMONOV, P.V.: The Reinforcement Functions of Emotions. In: E.A. Asratyan and P.V. Simonov (Eds.): The Learning Brain. Moskau: Mir Publishers 1983, 167–183

SIMONOV, P.V.: The Need-Informational-Theory of Emotions. International Journal of Psychophysiology 1 (1984), 284–299

SIMONOV, P.V.: Interaction Between Forward and Backward Conditioned Connections as the Neurophysiological Basis of Behavior Motivation. Neuroscience and Behavioral Physiology 15 (1985) 5, 359–364

SIMONOV, P.V.: The Emotional Brain. Physiology, Neuroanatomy, Psychology and Emotion. New York: Plenum 1986

SINGER, P.: Praktische Ethik. Stuttgart: Reclam 1984

SINGER, W.: Recovery Mechanisms in the Mammalian Brain. In: J.G. Nicholls (Ed.): Repair and Regeneration in the Nervous System. Berlin: Springer 1982, 203–226

SINZ, R.: Neurobiologie und Gedächtnis. Stuttgart: G. Fischer 1979

SINZ, R.: Chronopsychophysiologie. Chronobiologie und Chronomedizin. Berlin/DDR: Akademie-Verlag 1980

SLAVICH, A.: Mythos und Realität des harten Kerns. Sozialpsychiatrische Informationen 13 (1983) 1, 34–37

SNYDER, S.H.: Signalübertragung zwischen Zellen. Spektrum der Wissenschaft (1985) 12, 126–135

SNYDER, S.H.: Chemie der Psyche. Drogenwirkungen im Gehirn. Weinheim: Spektrum d. Wiss. 1988

SÖLLE, Dorothee: Die Hinreise. Stuttgart: Kreuz 1975

SÖLLE, Dorothee: Lieben und Arbeiten. Eine Theologie der Schöpfung. Stuttgart: Kreuz 1985

SOKOLOV, E.I. et al.: Emotional Stress and Cardiovascular Disease. Moskau: Mir 1983

SOKOLOV, E.I. and BELOVA, E.V.: Emotions and Heart Diesease. Moskau: Mir 1985

SOKOLOV, E.N.: Neuronal Models and the Orienting Reflex. In: Mary A.B. Brazier (Ed.): The Central Nervous System and Behavior. New York: Macy 1960, 187–276

SOKOLOV, E.N. and VINOGRADOVA, E.N.: Neuronal Mechanisms of the Orienting Reflex. Hillsdale N.J.: Lawrence Erlbaum 1975

SOKOLOV, J.N: Die reflektorischen Grundlagen der Wahrnehmung. In: H. Hiebsch (Hrsg.): Ergebnisse der sowjetischen Psychologie. Stuttgart: Klett 1969, 61–93

SOMMER, Helga: Die aktive psychiatrische Therapie unter Berücksichtigung tierexperimenteller Untersuchungen. Jena: Fischer 1971

SPECK, O.: System Heilpädagogik: Eine ökologisch reflexive Grundlegung. München: Reinhardt 1987

SPECKMANN, E.-J. et al.: Neuronal Mechanisms Underlying the Generation of Field Potentials. In: T. Elbert et al. (Eds.): Self-Regulation of the Brain and Behavior. Berlin/West: Springer 1984, 9–25

SPINOZA, B.: Ethik. Leipzig: Reclam 1987

SPINOZA, B.: Politischer Traktat. Leipzig: Reclam 1988

SPITZ, R.A.: Diacritic and Coenesthetic Organizations. Psychoanalytic Review 32 (1945), 146–162

SPITZ, R.A.: Das Leben und der Dialog. Psyche 26 (1972) 4, 249–264

SPITZ, R.A.: Der Dialog entgleist. Psyche 28 (1974) 2, 135–156

SPITZ, R.A.: Die Evolution des Dialogs. In: R. Spitz: Vom Dialog. München: dtv 1988, 61–82

SPRINGER, Sally P. and DEUTSCH, G.: Left Brain, Right Brain. San Francisco: Freeman 1981 (dt.: Linkes/Rechtes Gehirn. Heidelberg: Spektrum der Wissenschaft 1987)

SPRUNG, L. und SPRUNG, Helga: Grundlagen der Methodologie und Methodik der Psychologie. Eine Einführung in die Forschungs- und Diagnosemethodik für empirisch arbeitende Humanwissenschaftler. Berlin/DDR: DVdW 1987, 2. Aufl.

STALIN, J.: Marxismus und Fragen der Sprachwissenschaft. München: Rogner & Berhard 1972

STEFFEN, H.: Psychologisches Umfeld von Behinderungen. In: H. Dennerlein und K. Schramm (Hrsg.): Handbuch der Behindertenpädagogik. München: Kösel 1979 Bd. 1, 127–146

STEGEMANN, W.: Tätigkeitstheorie und Bildungsbegriff. Köln: Pahl-Rugenstein 1983

STEGEMANN, W.: Bildung. In: E. Reichmann (Hrsg.): Wörterbuch der kritischen und materialistischen Behindertenpädagogik. Solms-Oberbiel: Jarick 1984, 137–144

STÖCKER, H.: Kategoriale Bildung (Klafki) als Einheit von Bildung und Erziehung am Beispiel des Technikunterrichts in der Grundschule. In: Angelika von Hebel, W. Jantzen (Hrsg.): Studien zur Tätigkeitstheorie II. Bremen: Universität 1986, 125–144

STÖCKER, H.: „Das Wesentliche ist für die Augen unsichtbar". Wolfgang Klafki zum 60. Geburtstag. Demokratische Erziehung 13 (1987) 7/8, 33–39

STONE, J. et al.: Hierarchical and Parallel Mechanisms in the Organization of Visual Cortex. Brain Research Review 1 (1979), 345–394

STRUCK, P.: Projektunterricht. Stuttgart: Kohlhammer 1980

STRYER, L.: Die Sehkaskade. Spektrum der Wissenschaft (1987) 9, 86–95

STUHR, U.: Die Entstehung psychosomatischer Krankheiten im intersystemischen Geschehen zwischen Arbeit und Familie. Jahrbuch für Psychopathologie und Psychotherapie 8 (1988), 73–91

SUCHOMLINSKI, W.: Erziehung zur Liebe zur Arbeit. Berlin/DDR: Volk und Wissen 1962

SUCHOMLINSKI, W.: Über die Erziehung des kommunistischen Menschen. Berlin/DDR: Volk und Wissen 1963
SUCHOMLINSKI, W.: Mein Herz gehört den Kindern. Berlin/DDR: Volk und Wissen 1974
SUCHOMLINSKI, W.: Vom Werden des jungen Staatsbürgers. Berlin/DDR: Volk und Wissen 1977, 2. Aufl.
SUCHOMLINSKI, W.: Die weise Macht des Kollektivs. Berlin/DDR: Volk und Wissen 1979
SUCHOMLINSKI, W.: Gespräche mit einem jungen Schuldirektor. Berlin/DDR: Volk und Wissen 1982
TANGUAY, P. E. and EDWARDS, Rose Mary: Electrophysiological Studies of Autism: The Whisper of the Bang. Journal of Autism and Developmental Disorders 12 (1982) 2, 177–184
TAUSENDFREUND, D.: Bildung und Kulturentwicklung. Frankfurt/M.: Lang 1987
TEMBROCK, G.: Biokommunikation. Reinbek: Rowohlt 1975
TEMBROCK, G.: Tierstimmenforschung. Eine Einführung in die Bioakustik. Wittenberg: Ziemsen 1982
THOM, A. und CAREGORODCEV, G. I. (Hrsg.): Medizin unterm Hakenkreuz. Berlin/DDR: Volk und Gesundheit 1989
THOMAE, H.: Psychologische Biographik als Synthese idiograpischer und nomothetischer Forschung. In: G. Jüttemann und H. Thomae (Hrsg.): Biographie und Psychologie. Berlin/West: Springer 1987, 108–116
TJADEN, K. H.: Naturevolution, Gesellschaftsformation, Weltgeschichte, gesellschaftswissenschaftliche Entwicklungstheorie. Das Argument 19 (1977) Nr. 101, 8–55
TROPP-ERBLAD, Ingrid: Katze fängt mit „S" an. Frankfurt/M.: Fischer 1985
TSCHASOW, J. u. a.: Die chemische Asymmetrie des Gehirns. Wissenschaft in der UdSSR (1987) 1, 21–29
TSVETKOVA, Ljubov S.: Aphasietherapie bei örtlichen Hirnschädigungen. Tübingen: G. Narr 1982
UEXKÜLL, T. v. (Hrsg.): Lehrbuch der psychosomatischen Medizin. München: Urban & Schwarzenberg 1981, 2. Aufl.
UZGIRIS, I. C. and HUNT, J. McV.: Assessment in Infancy: Ordinal Scales of Psychological Development. Urbana: University of Illinois Press 1975
VALENSTEIN, E. S. (Ed.): The Psychosurgery Debate. San Francisco: Freeman 1980
VARELA, F.: Principles of Biological Autonomy. New York: Elsevier-North Holland 1979
VARELA, F.: Die Biologie der Freiheit. Psychologie heute 9 (1982) 9, 82–93
VASIL'EVA, I. I.: The Importance of M. M. Bakhtin's Idea of Dialogue and Dialogic Relations for the Psychology of Communication. Soviet Psychology 26 (1988) 3, 17–31
VIERHEILIG, Jutta: Dialogik als Erziehungsprinzip – Martin Buber: Anachronimus oder neue Chance für die Pädagogik? Frankfurt/M.: Selbstverlag (Oberer Kirchwiesenweg 7) 1987
VILENSKY, J. A. et al.: Gait Disturbances in Patients With Autistic Behavior. Archives of Neurology 38 (1981) 10, 646–649
VINOGRADOVA, O. S. u. a.: Auffassungen zur Funktion des Hippokampus und der mit ihm verbundenen Strukturen im Prozeß der Informationsregistrierung. Zeitschrift für Psychologie 184 (1976), 329–351
VOCATE, Donna: The Theory of A. R. Luria: Functions of Spoken Language in the Development of Higher Mental Processes. Hillsdale N. J.: Lawrence Erlbaum 1987
VOLOŠINOV, V. N.: Marxismus und Sprachphilosophie. Frankfurt/M.: Ullstein 1975
VORWERG, M.: Handlungsfähigkeit als Grundkategorie der Persönlichkeitspsychologie. In: R. Czycholl und H. G. Ebner (Hrsg.): Aspekte der Personal- und Organisationsentwicklung in der DDR. Oldenburg: Bibliotheks- u. Informationssystem der Universität 1989, 11–24
WAHLERT, G. v. und WAHLERT, Heidi v.: Was Darwin noch nicht wissen konnte. Stuttgart: DVA 1977

WALLON, H.: Die Psychologie des Descartes. Jahrbuch für Psychopathologie und Psychotherapie 7 (1987), 157–171

WALTER, J.: Gestalttheorie und Psychotherapie. Opladen: Westdeutscher Verlag 1985, 2. Aufl.

WANNER, K.: Pädagogischer Konservatismus. Köln: Pahl-Rugenstein 1984

WANNER, K.: Pädagogischer Konservatismus. Studien zur Grundlegung einer materialistischen Konservatismuskritik und Entwicklung des pädagogischen Konservatismus als bildungspolitische Strömung 1970–1982. Diss. phil. Universität Bremen 1988 (unveröff.)

WASSILJUK, F.J.: Über die Einheit der allgemeinpsychologischen Theorie. Sowjetwissenschaft: Gesellschaftswissenschaftliche Beiträge 40 (1987) 5, 526–536

WATSON, L.C.: Understanding a Life History as a Subjective Document. Ethos 4 (1976) 1, 95–131

WATSON, P.J.: Nonmotor Functions of the Cerebellum. Psychological Bulletin 85 (1978) 5, 944–967

WEBER-KELLERMANN, Ingeborg: Die deutsche Familie. Versuch einer Sozialgeschichte. Frankfurt/M.: Suhrkamp 1975

WEHNER, T. et al.: Die Anwendung interpersoneller Biosignalverarbeitung für die Rehabilitation. Bremer Beiträge zur Psychologie Nr. 16, 1982

WEHNER, T. et al.: Intra- and Interpersonal Biosignal Processing: Further Developments of Common EMG-Biofeedback Procedures. Journal of Psychophysiology 1 (1987), 135–148

WEHNER-von SEGESSER, Sybille: Lernen durch Einschränkung. Die neurobiologischen Grundlagen der Prägung. Süddeutsche Zeitung v. 19. 3. 87

WEISS, P.: Die Ästhetik des Widerstands. 3 Bde. Frankfurt/M.: Suhrkamp 1976, 1978, 1981

WENIGER, D. u. a.: Der Aachener Aphasie Test. Reliabilität und Auswertungsobjektivität. Der Nervenarzt 52 (1981), 269–277

WERNER, K.: Peter Weiss' „Ästhetik des Widerstands" und Stephan Hermlins Literaturbegriff. Wiss. Ztschr. Friedrich-Schiller-Univ. Jena, Gesellschaftswiss. R. 36 (1987) 3, 359–365

WERTSCH, J. V.: Vygotsky and the Social Formation of Mind. Cambridge (Mass.): Harvard UP 1985

WHITING, H. T. A. (Ed.): Human Motor Action. Bernstein Reassessed. Amsterdam: North-Holland 1984

WILL, B.E.: Methods for Promoting Functional Recovery Following Brain Damage. In: S. R. Berenberg (Ed.): Brain. Fetal and Infant. The Hague: Nijhoff 1977, 330–344

WILLMES, K. u. a.: Der Aachener Aphasie Test. Differentielle Validität. Der Nervenarzt 51 (1980), 553–560

WINFREE, A. T.: Biologische Uhren. Zeitstrukturen des Lebendigen. Heidelberg: Spektrum d. Wiss. 1988

WING, J.K.: Frühkindlicher Autismus. Weinheim: Beltz 1973

WINNICOTT, D.W.: Von der Kinderheilkunde zur Psychoanalyse. München: Kindler 1976

WINNICOTT, D.W.: Familie und individuelle Entwicklung. Frankfurt/M.: Fischer 1984

WISE, R.A. and ROMPRE, P.P.: Brain Dopamine and Reward. Annual Review of Psychology 40 (1989), 191–225

WITRUK, Evelin: Individuelle Besonderheiten des Lernens. Im Manuskript. Ursprünglich vorgesehen Berlin/DDR: Volk und Wissen 1989

WITZLACK, G.: Grundlagen der Psychodiagnostik. Berlin/DDR: DVdW 1977

WITZLACK, G.: Thesen und Antithesen zur Forschungsstrategie in der Psychodiagnostik. Psychologie für die Praxis 2 (1984) 4, 337–341

WOCKEN, H. und ANTOR, G.: Integrationsklassen in Hamburg. Solms-Oberbiel: Jarick 1987

WOCKEN, H. u.a.: Integrationsklassen an Hamburger Grundschulen. Hamburg: Curio 1988

WOESLER DE PANAFIEU, Christine: „Wie weiblich kann Wissenschaft sein?". Psychologie heute 8 (1981) 7, 30–34

WOHL, A.: Das zweite Signalsystem als programmierendes und sich selbst steuerndes Bewegungssystem. Theorie und Praxis der Körperkultur. Sonderheft 1964, September, 83–119

WOHL, A.: Die Selbststeuerung des menschlichen Bewegungssystems in informationstheoretischer Sicht. Sportwissenschaft 3 (1973), 109–137

WOHL, A.: Bewegung und Sprache. Schorndorf: Hofmann 1977

WOLF, E.: Zur Diagnose des Sprachvermögens jugendlicher und erwachsener Geistigbehinderter. In: R. Mellies et al. (Hrsg.): Erschwerte Kommunikation und ihre Analyse. Hamburg: Buske 1986, 211–225

WOLF, E.: Ergebnisse der Untersuchung höherer kortikaler Funktionen jugendlicher und erwachsener Geistigbehinderter. Behindertenpädagogik 27 (1988) 3, 356–367

WULFF, E.: Der Arzt und das Geld. Das Argument 13 (1969) 11/12, Bd. 69, 955–970

WULFF, E.: Überlegungen zur Produktion von Wahnsinn versus sinnbezogener Vernunft. Jahrbuch für Psychopathologie und Psychotherapie 9 (1989), 114–138

WURTZ, R.H. u. a.: Neuronale Grundlagen der visuellen Aufmerksamkeit. In: Wahrnehmung und visuelles System. Heidelberg: Spektrum d. Wiss. 1986, 58–66

WYGOTSKI, L.S.: Psychologie der Kunst. Dresden: Verlag der Kunst 1976

WYGOTSKI, L.S.: Die Psychologie und die Lehre von der Lokalisation psychischer Funktionen. In: L.S. Wygotski: Ausgewählte Schriften Bd. 1, Köln: Pahl-Rugenstein 1985, 353–362 (a)

WYGOTSKI, L.S.: Die Krise der Psychologie in ihrer historischen Bedeutung. In: L.S. Wygotski: Ausgewählte Schriften Bd. 1, Köln: Pahl-Rugenstein 1985, 9–277 (b)

WYGOTSKI, L.S.: Das Problem der Altersstufen. In: L.S. Wygotski: Ausgewählte Schriften Bd. 2, Köln: Pahl-Rugenstein 1987, 53–90

WYGOTSKI, L.S.: Konkrete Psychologie des Menschen. In: M. Holodynski und W. Jantzen (Hrsg.): Studien zur Tätigkeitstheorie V. Bielefeld: Universität 1989, 292–307

YAROSHEVSKY, M.: Lev Vygotsky. Moscow: Progress 1989

ZELLWEGER, H.: The Story of Down's Syndrome which Preceded Langdon Down. Down's Syndrome 4 (1981), 1–3

ZIEGER, A.: Neurophysiologische und neuropsychologische Grundlagen des menschlichen Gehirns. Oldenburg: Zentrum für pädagogische Berufspraxis der Universität 1984

ZIMMERMANN, K. u. a.: Der HAWIK bei lernbehinderten Sonderschülern. Oberbiel: Jarick 1971

ICHS

International Cultural-historical Human Sciences
Herausgegeben von / Series Editors: Hartmut Giest und/and Georg Rückriem

Band 15: Hartmut Giest; Joachim Lompscher: Lerntätigkeit – Lernen aus kulturhistorischer Perspektive – Ein Beitrag zur Entwicklung einer neuen Lernkultur im Unterricht. Berlin 2006.

Band 16: Georg Rückriem (Hrsg.): Aleksej N. Leont'ev – Frühe Schriften Band II. Berlin 2006.

Band 17: Hartmut Giest (Hrsg.): Erinnerungen für die Zukunft - Pädagogische Psychologie in der DDR Tagungsband des Symposiums zum Andenken an Joachim Lompscher am 31. Aug. 2005 in Berlin. Berlin 2006.

Band 18: Birger Siebert: Begriffliches Lernen und entwickelnder Unterricht – Grundzüge einer kulturhistorischen Didaktik für den integrativen Unterricht. Berlin 2006.

Band 19: Joachim Lompscher: Tätigkeit Lerntätigkeit Lehrtätigkeit – Die Theorie der Lerntätigkeit und ihre empirische Erforschung. Redaktionell bearbeitet und herausgegeben von Hartmut Giest und Georg Rückriem. Berlin 2006.

Band 20: Wolfgang Jantzen: Allgemeine Behindertenpädagogik – Teil 1: Sozialwissenschaftliche und psychologische Grundlagen; Teil 2: Neurowissenschaftliche Grundlagen, Diagnostik, Pädagogik und Therapie. Berlin 2007.

Band 21: Georg Rückriem (Hrsg.): L. S. Vygotskij – Briefe/Correspondence. Berlin 2007.

Band 22: Wolfgang Jantzen: Kulturhistorische Psychologie heute – Methodologische Erkundungen zu L. S. Vygotskij. Berlin 2008.

Band 23: Katja Manski: Lernen im Medienumbruch – Ein Beitrag zur Integration von Lernen und Arbeiten am Beispiel der Arbeitsprozessorientierten Weiterbildung in der IT-Branche (APO-IT). Berlin 2008.

Band 24: Bernd Fichtner: Lernen und Lerntätigkeit – Ontogenetische, phylogenetische und epistemologische Studien. Berlin 2008.

Band 25: Yrjö Engeström: Entwickelnde Arbeitsforschung. Die Tätigkeitstheorie in der Praxis. Übersetzt und herausgegeben von Lisa Rosa. Berlin 2008.

Band 26: Wolf Michael Roth; Yew Jin Lee; Leanna Boyer: The Eternal Return – Reproduction and Change in Complex Activity Systems. The Case of Salmon Enhancement. Berlin 2008.

Band 27: Michael Herschelmann: „Boys-Talk" – Eine explorative Untersuchung zur narrativ-biographischen (Re) Konstruktion sozialer (selbst-reflexiver) Geschlechtsidentität. Berlin 2009.

Band 28: Georg Rückriem: Erik Grigo'evič Judin – Systemansatz und Tätigkeitsprinzip. Methodologische Probleme der modernen Wissenschaft. Berlin 2009.

Band 29: Raijo Miettinen: Dialogue and Creativity – Activity Theory in the Study of Science, Technology and Innovations. Berlin 2009.

Band 30: Michalis Kontopodis (Ed.): Culture and Emerging Educational Challenges. A Dialogue with Brazil / Latin America. Berlin 2009.

Band 31: Kristine Baldauf-Bergmann: Lernen im Lebenszusammenhang. Der Beitrag der subjektwissenschaftlichen Arbeiten Klaus Holzkamps zu einer pädagogischen Theorie des lebensbegleitenden Lernens. Berlin 2009.

Band 50	Andrea Tures: Im Dialog mit jungen Kindern. Einblicke in die Professionalisierungsprozesse von Frühpädagogikstudierenden. Eine interdisziplinäre und multimethodische Studie. Berlin 2015.
Band 51	Wolfgang Jantzen: Grundriss einer allgemeinen Psychopathologie und Psychotherapie. Berlin 2015.
Band 52	Aleksej Nikolaevič Leont'ev: Vorlesungen über Allgemeine Psychologie. Hrsg. Georg Rückriem. Berlin 2016.
Band 53	Wolfgang Jantzen: Einführung in die Behindertenpädagogik. Eine Vorlesung. Berlin 2016.
Band 54	Aljoscha Jegodtka: Individualisierte Diagnostik. Das revidierte klinische Interview und die Zone der nächsten Entwicklung in der Diagnostik von Schwierigkeiten im basalen mathematischen Bereich. Berlin 2016

B. Reihe ICHS - Praxis

Band 1	Christel Manske: Das Down-Syndrom – Begabte Kinder im Unterricht. Meine Erfahrungen mit diesen Kindern. Berlin 2011.
	Dazu erhältlich: Film-DVD als Begleit-DVD zum Buch "Das Down-Syndrom". Spieldauer 90 min. Berlin 2012.
Band 2	Wolfgang Jantzen, Willehad Lanwer: Diagnostik als Rehistorisierung. Methodologie und Praxis einer verstehenden Diagnostik am Beispiel schwer behinderter Menschen Diagnostik als Rehistorisierung. Berlin. 2011.
Band 3	Reimer Kornmann, Brigitte Ramisch-Kornmann: Lernen im Abseits. Erfahrungen mit Handelndem Unterricht in der Sonderschule für Lernbehinderte. 2. Auflage der Originalausgabe von 1984. Berlin 2012.
Band 4	Christel Manske: Inklusives Lesenlernen – für Kinder ab drei mit Down-Syndrom, für Leseratten und Legastheniker. Berlin 2013.
Band 5	Christel Manske: Epilepsie: Protokoll einer Heilung. Berlin 2013.
ohne Bandzählung	Christel Manske: Jenseits von Pisa. Lernen als Entdeckungsreise. Hamburg 2008.

C. Diplomarbeiten / Thesis
im Rahmen der ICHS-Reihe / in context of ICHS-Series:

Bruno Jeup: Bljuma V. Zejgarnik und ihre Forschungen zur Pathologie des Denkens. Berlin 2005.

Michael Blinzler: Zonen des Übergangs – Über Verbindungen dialogischer Philosophie und kulturhistorischer Theorie (Vygotskij). Berlin 2006.

Martina Klatt: Die pränatale Entwicklung – Ein dynamischer Ansatz unter besonderer Berücksichtigung der Austauschverhältnisse zwischen Mutter und Kind und deren Auswirkungen auf die kindliche Entwicklung. Berlin 2007.

Stefanie Surd-Büchele: Bilingualer Schriftspracherwerb – Kognitive Voraussetzungen und gesellschaftliche Rahmenbedingungen aus kulturhistorischer Perspektive. Berlin 2009.

Andrea Karsten: Vielfalt des Schreibens – Zur Dialogizität schriftlicher Äußerungen im Spannungsfeld von Konventionalisierung und Positionierung. Berlin 2009.

Barbara Kötter: Die Dimension der Intentionalität im Spätwerk von Vygotskij. Berlin 2010.

Jan Steffens: Der Begriff der Krise im Werk von Vygotskij. Berlin 2012.

Stefan Kehl: Lev Semёnovič VYGOTSKIJ und seine defektologische Konzeption. Berlin 2014.

Brigitte Reif: Übertragungsbrücken, Erleben und Dialog. Eine Neubearbeitung psychoanalytischer Konzepte aus kulturhistorischer Sicht. Berlin 2013.

Malte Ebner von Eschenbach: Intermediarität. Lernen in der Zivilgesellschaft. Eine Lanze für den Widerstand. Berlin 2014.

D. Übersetzungen / German Translations:

In deutscher Übersetzung erschienen bisher folgende Werke (nur Bücher) der Begründer der kulturhistorischen Traditionslinie:

I. Lev Semjonovič Vygotskij (manchmal Wygotski)

L. S. Vygotskij: Denken und Sprechen. Berlin: Akademie-Verlag 1964. Neu übersetzt und mit einem wissenschaftlichen Apparat versehen von Joachim Lompscher und Georg Rückriem. Weinheim: Beltz-Taschenbuchverlag 2002.

L. S. Vygotskij: Psychologie der Kunst. Dresden: Verlag der Kunst 1976.

L. S. Vygotskij: Ausgewählte Schriften, Bd. 1 und 2. Berlin: Volk und Wissen 1985/87. Lizenzausgabe bei Pahl-Rugenstein, Köln 1985/87. Nachdruck Lehmanns Media – LOB.de, Berlin 2003.

L. S. Vygotskij: Die Lehre von den Emotionen. Münster/Hamburg: LIT 1992.

L. S. Vygotskij: Geschichte der höheren psychischen Funktionen. Münster/Hamburg: LIT 1996.

L. S. Vygotskij: Vorlesungen über Psychologie. Marburg: BdWi-Verlag 1996. 2. verbesserte Auflage hrsg. von Georg Rückriem. Berlin 2011.

L. S. Vygotskij: Briefe/Correspondenz. Berlin 2007. 2. Auflage 2009.

II. Aleksej Nikolajevič Leont'ev (manchmal Leontjew)

A. N. Leont'ev: Probleme der Entwicklung des Psychischen. Berlin: Volk und Wissen 1964. Lizenzausgabe bei Pahl-Rugenstein, Köln 1967.

A. N. Leont'ev: Tätigkeit – Bewußtsein – Persönlichkeit. Berlin: Volk und Wissen 1979. Lizenzausgabe bei Pahl-Rugenstein, Köln, 1982. Neu übersetzt von Elena Hoffmann und hrsg. von Georg Rückriem. Berlin 2012.

A. N. Leont'ev: Frühschriften. Herausgegeben von Georg Rückriem. Berlin: Pro Business 2001.

A. N. Leont'ev: Frühe Schriften. Band II. Herausgegeben von Georg Rückriem. Berlin: Lehmanns Media 2006.

III. Aleksandr Romanovič Lurija (manchmal Luria)

A. R. Lurija: Die Funktion der Sprache in der geistigen Entwicklung des Kindes. Düsseldorf: Schwann 1970 (zusammen mit F. I. Judovič).

A. R. Lurija: Die höheren kortikalen Funktionen des Menschen und ihre Störungen bei örtlichen Hirnschädigungen. Berlin: Deutscher Verlag der Wissenschaften 1970.

A. R. Lurija: Sprache und Bewusstsein. Berlin: Volk und Wissen 1982. Lizenzausgabe bei Pahl-Rugenstein, Köln 1982.

A. R. Lurija: Die historische Bedingtheit individueller Erkenntnisprozesse. Berlin: Deutscher Verlag der Wissenschaften 1987.

A. R. Lurija: Der Mann, dessen Welt in Scherben ging. Reinbek: Rowohlt 1991.

A. R. Lurija: Das Gehirn in Aktion. Reinbek: Rowohlt 1992.

A. R. Lurija: Romantische Wissenschaft. Reinbek: Rowohlt 1993.

A. R. Lurija: Kulturhistorische Humanwissenschaft. Ausgewählte Schriften, hrsg. von Wolfgang Jantzen in der ICHS-Schriftenreihe 2002.

IV. Daniil Borisovič Èl'konin

D.B. Èl'konin, Psychologie des Spiels. Köln 1980. Nachdruck hrsg. von B. Siebert und G. Rückriem. Berlin 2010

E. Bücher über die Begründer der kulturhistorischen Traditionslinie / Books about the founders of cultural-historical school in German

Ingrid Rissom, Der Begriff des Zeichens in den Arbeiten Lev Semjonovich Vygotskijs. Die Kulturhistorische Konzeption des Zusammenhangs von Spracherwerb und kognitiver Entwicklung. Göppingen: Kümmerle Verlag 1985.

Janette Friedrich, Der Gehalt der Sprachform. Paradigmen von Bachtin bis Vygotskij. Berlin: Akademie Verlag 1993.

Wolfgang Jantzen (Hrsg.): Die neuronalen Verstrickungen des Bewusstseins. Zur Aktualität von A. R. Lurijas Neuropsychologie. Münster/Hamburg: Lit 1994.

Doris Mangott, Kontinuität und Wandel im Schaffensprozeß von L. S. Vygotskij. Ein russisch-deutsches Lexikon zur Ideengeschichte 1926-1934. Mit einer Bibliographie. 2 Bände. Leopold-Franzens Universität Innsbruck. Institut für Germanistik 1995.

Joachim Lompscher (Hrsg.): Entwicklung und Lernen aus kulturhistorischer Sicht. Was sagt uns Wygotski heute. Bd. 1 und 2. Marburg: BdWi-Verlag 1996.

Gita L. Vygodskaja & Tamara M. Lifanova: Lev Semjonovič Vygotskij. Leben – Tätigkeit – Persönlichkeit. Hrsg. von Joachim Lompscher und Georg Rückriem. Hamburg: Dr. Kovač 2000.

Danielle Ferrari/Sonja Kuipers, P. J. Gal'perin. Auf der Suche nach dem Wesen des Psychischen. Butzbach/Griedel: AFRA 2001.

Peter Keiler, Lev Vygotskij – ein Leben für die Psychologie. Weinheim und Basel: Beltz 2002.

Carlos Kölbl, Die Psychologie der kulturhistorischen Schule. Vygotskij. Lurija. Leont'ev. Mit einem Nachwort von Alexandre Métraux. Göttingen: Vandenhoek & Ruprecht 2006.

Dimitris Papadopoulos, L. S. Vygotskij. Werk und Rezeption. 2. Auflage. Berlin: Lehmanns Media 2010.

F. Tätigkeitstheorie. E-Journal hrsg. von G. Rückriem und H. Giest. „http: www.ich-sciences.de". Berlin: Lehmanns Media

Heft 1:   6. Workshop "Tätigkeitstheorie und kulturhistorische Schule". Ohrbeck 2009. Dokumentation der Tagungsbeiträge.

Heft 2:   Peter Keiler, "Understanding (A.N.) Leontiev": historisch-methodologische Studien zur Herausbildung der Tätigkeitstheorie in den 30 Jahren des 20. Jahrhunderts. 2010.

Heft 3:   7. Workshop "Tätigkeitstheorie und kulturhistorische Schule". Ohrbeck 2010. Dokumentation der Beiträge 80.

Heft 4:   "Situating Childhood & Child Development: Sociocultural Approaches and Educational Interventions". Dokumentation der Tagungsbeiträge in Potsdam 2010.

Heft 5:   Contributions to Cultural-Historical Psycholinguistics. 2011.

Heft 6:   Margarete Liebrand, Kinder sind verschieden. ADHS - Störungen, Defizite oder Entwicklungsbesonderheiten? 2011.

Heft 7:   Kristine Baldauf-Bergmann (Hrsg.), Veränderungen von Lernen und Wei-
            terbildung in der Transformationsgesellschaft. Dokumentation des Sym-
            posiums am 18.06.2011 an der Humboldt-Universität zu Berlin. 2012.

Heft 8:   Isolde Albrecht, Geschlechtsideologie und Sprache. Wie technische und
            soziale Arbeitsbegriffe alte Geschlechtslogiken transferieren. Eine kultur-
            historische Studie. 2012.

Heft 9:   8. Workshop "Tätigkeitstheorie und kulturhistorische Schule". Ohrbeck
            2011. Dokumentation der Tagungsbeiträge. 2012.

Heft 10:   9. Workshop "Tätigkeitstheorie und kulturhistorische Schule". Ohrbeck
            2013. Dokumentation der Tagungsbeiträge. 2014.

Heft 11:   Wolfgang Jantzen. Schriften zur kulturhistorischen Psychologie. 2014.